Microsoft®
Windows 2000 Professional – Original Microsoft Training

Microsoft®*Press*

Dieses Buch ist die deutsche Übersetzung von:
Microsoft Corporation, MCSE Training Kit – Microsoft Windows 2000 Professional
Microsoft Press, Redmond, Washington 98052-6399
Copyright 2000 by Microsoft Corporation

Das in diesem Buch enthaltene Programmmaterial ist mit keiner Verpflichtung oder Garantie irgendeiner Art verbunden. Autor, Übersetzer und der Verlag übernehmen folglich keine Verantwortung und werden keine daraus folgende oder sonstige Haftung übernehmen, die auf irgendeine Art aus der Benutzung dieses Programmmaterials oder Teilen davon entsteht.

Das Werk einschließlich aller Teile ist urheberrechtlich geschützt. Jede Verwertung außerhalb der engen Grenzen des Urheberrechtsgesetzes ist ohne Zustimmung des Verlags unzulässig und strafbar. Das gilt insbesondere für Vervielfältigungen, Übersetzungen, Mikroverfilmungen und die Einspeicherung und Verarbeitung in elektronischen Systemen.

15 14 13 12 11 10 9 8 7 6 5 4 3 2 1
01 00

ISBN: 3-86063-276-0
© Microsoft Press Deutschland
(ein Unternehmensbereich der Microsoft GmbH)
Edisonstraße 1, D-85716 Unterschleißheim
Alle Rechte vorbehalten

Übersetzung & Grafik: Thomas Barkow, Reinhard Christiansen, Waltraud Kopelent und Birgit Wünsch für Text und Form GmbH, München
Satz: Jan Carthaus, Allensbach
Umschlaggestaltung: HommerDesign, Haar (www.HommerDesign.com)
Herstellung, Druck und Bindung: Kösel, Kempten (www.KoeselBuch.de)

Inhaltsverzeichnis

Zu diesem Buch .... **xxv**
    An wen richtet sich dieses Buch? xxvi
    Voraussetzungen xxvi
    Referenzmaterial xxvi
    Aufbau dieses Buches xxvi
    Das Microsoft Certified Professional-Programm xxxviii
    Technischer Support xliii

Kapitel 1   Einführung in Windows 2000 .... **1**
    Über dieses Kapitel 1
    Bevor Sie beginnen 1
    Lektion 1: Überblick über die Windows 2000-Plattform 2
        Überblick über Windows 2000 2
        Zusammenfassung der Lektion 5
    Lektion 2: Windows 2000 Professional 6
        Benutzerfreundlichkeit 6
        Vereinfachte Verwaltung 8
        Erweiterte Hardwareunterstützung 9
        Verbesserte Dateiverwaltung 11
        Erweiterte Sicherheitsfunktionen 12
        Zusammenfassung der Lektion 12
    Lektion 3: Windows 2000-Arbeitsgruppen und -Domänen 14
        Windows 2000-Arbeitsgruppen 14
        Windows 2000-Domänen 15
        Zusammenfassung der Lektion 17
    Lektion 4: Anmeldung bei Windows 2000 19
        Lokale Anmeldung beim Computer 19

Der Authentifizierungsprozess von Windows 2000 21
Zusammenfassung der Lektion 22
Lektion 5: Das Dialogfeld Windows-Sicherheit 23
Das Dialogfeld Windows-Sicherheit verwenden 23
Zusammenfassung der Lektion 24
Lernzielkontrolle 25

Kapitel 2 Windows 2000 Professional installieren 27

Über dieses Kapitel 27
Bevor Sie beginnen 27
Lektion 1: So fangen Sie am besten an 28
Vor der Installation 28
Hardwareanforderungen 28
Hardwarekompatibilitätsliste 29
Festplattenpartitionen 30
Dateisysteme 31
Lizenzierung 32
Zugehörigkeit zu einer Domäne oder Arbeitsgruppe 34
Checkliste für die Vorbereitung der Installation 35
Zusammenfassung der Lektion 36
Lektion 2: Windows 2000 von CD-ROM installieren 38
Das Windows 2000-Setupprogramm 38
Das Setupprogramm ausführen 39
Den Setup-Assistenten ausführen 40
Die Windows-Netzwerkkomponenten installieren 42
Die Installation abschließen 42
Praxis: Windows 2000 von CD-ROM installieren 44
Zusammenfassung der Lektion 49
Lektion 3: Windows 2000 über Netzwerk installieren 50
Die Installation über das Netzwerk vorbereiten 50
Einen Distributionsserver einrichten 51
Die Installation über das Netzwerk durchführen 52
Den Setupprozess modifizieren 53
Den Setupprozess mit Winnt32.exe modifizieren 54
Zusammenfassung der Lektion 56

Inhaltsverzeichnis

Lektion 4: Probleme im Installationsprozess beheben 57
    Allgemeine Probleme lösen 57
    Setupprotokolle 58
    Zusammenfassung der Lektion 59
Lernzielkontrolle 60

Kapitel 3   Microsoft Management Console und Taskplaner verwenden **63**
Über dieses Kapitel 63
Bevor Sie beginnen 63
Lektion 1: Einführung in Microsoft Management Console 64
    Management-Konsolen 64
    Snap-Ins 66
    Konsolenoptionen 67
    Zusammenfassung der Lektion 69
Lektion 2: Konsolen verwenden 70
    Konsolen erstellen 70
    Konsolen zur Remoteverwaltung verwenden 71
    Praxis: Eine benutzerdefinierte Management-Konsole erstellen 71
    Zusammenfassung der Lektion 77
Lektion 3: Den Taskplaner verwenden 78
    Einführung in den Taskplaner 78
    Optionen 78
    Erweiterte Eigenschaften 79
    Praxis: Den Taskplaner verwenden 80
    Zusammenfassung der Lektion 83
Lernzielkontrolle 84

Kapitel 4   Die Windows-Systemsteuerung **85**
Über dieses Kapitel 85
Bevor Sie beginnen 86
Lektion 1: Die Hardwarekonfiguration festlegen 87
    Das Wichtigste über Hardwareprofile 87
    Hardwareprofile erstellen und bearbeiten 87
    Ein Hardwareprofil aktivieren 88
    Hardwareprofileigenschaften anzeigen 89
    Zusammenfassung der Lektion 89

Lektion 2: Den Bildschirm konfigurieren 90
    Anzeigeeigenschaften festlegen 90
    Mehrfachbildschirmanzeigen konfigurieren 94
    Problembehandlung bei der Mehrfachbildschirmanzeige 95
    Zusammenfassung der Lektion 95
Lektion 3: Betriebssystemeinstellungen konfigurieren 97
    Systemleistungsoptionen 97
    Umgebungsvariablen 104
    Optionen zum Starten und Wiederherstellen 105
    Praxis: Betriebssystemeinstellungen mit der Systemsteuerung
    ändern 108
    Zusammenfassung der Lektion 110
Lektion 4: Automatische Installation von Hardwarekomponenten 112
    Plug&Play-Hardware installieren 112
    Nicht Plug&Play-fähige Hardware installieren 112
    Mit dem Hardware-Assistenten arbeiten 113
    Die Hardwareinstallation überprüfen 113
    Zusammenfassung der Lektion 115
Lektion 5: Hardware manuell installieren 116
    Den Bedarf an Hardwareressourcen ermitteln 116
    Die verfügbaren Hardwareressourcen ermitteln 117
    Die Zuweisung von Hardwareressourcen ändern 118
    Zusammenfassung der Lektion 119
Lektion 6: Die Desktopumgebung konfigurieren und Probleme
beheben 120
    Gebietsschemas und Spracheinstellungen konfigurieren 120
    Praxis: Einen Rechner mithilfe der Systemsteuerung für die Arbeit
    mit mehreren Sprachen und Gebietsschemas konfigurieren 121
    Eingabehilfen konfigurieren und Probleme beheben 122
    Weitere Desktopeinstellungen konfigurieren und Fehler beheben 124
    Zusammenfassung der Lektion 124
Lernzielkontrolle 125

Kapitel 5   Die Registrierung **127**
    Über dieses Kapitel 127
    Bevor Sie beginnen 127

Lektion 1: Die Registrierung 128
  Funktion der Registrierung 128
  Die hierarchische Struktur der Registrierung 130
  Zusammenfassung der Lektion 134
Lektion 2: Der Registrierungs-Editor 136
  Regedt32.exe 136
  Praxis: Den Registrierungs-Editor verwenden 138
  Zusammenfassung der Lektion 142
Lernzielkontrolle 143

Kapitel 6 Datenträger verwalten 145
  Über dieses Kapitel 145
  Bevor Sie beginnen 145
  Lektion 1: Einführung in die Datenträgerverwaltung 146
    Die zur Einrichtung von Festplatten erforderlichen Arbeiten 146
    Datenträgertypen 147
    Partitionstypen (Basisfestplatten) 148
    Datenträgertypen (dynamische Festplatten) 149
    Dateisysteme 150
    Das Snap-In Datenträgerverwaltung 151
    Zusammenfassung der Lektion 151
  Lektion 2: Routineaufgaben der Datenträgerverwaltung 153
    Mit einfachen Datenträgern arbeiten 153
    Mit übergreifenden Datenträgern arbeiten 154
    Mit Stripesetdatenträgern arbeiten 156
    Festplatten hinzufügen 157
    Den Datenträgertyp ändern 158
    Datenträgerinformationen anzeigen und aktualisieren 160
    Festplatten auf Remoterechnern verwalten 162
    Praxis: Mit dynamischen Datenträgern arbeiten 163
    Zusammenfassung der Lektion 168
  Lernzielkontrolle 169

Kapitel 7 Netzwerkprotokolle installieren und konfigurieren 171
  Über dieses Kapitel 171
  Bevor Sie beginnen 171

Lektion 1: TCP/IP 172
    Grundlagen der TCP/IP-Protokollsuite 172
    TCP/IP zur Verwendung einer statischen IP-Adresse konfigurieren ... 175
    TCP/IP zum dynamischen Bezug einer IP-Adresse konfigurieren 177
    Die automatische private IP-Adressierung 179
    Die automatische IP-Adressierung deaktivieren 181
    TCP/IP-Dienstprogramme verwenden 181
    Die TCP/IP-Konfiguration testen 183
    Praxis: TCP/IP installieren und konfigurieren 185
    Zusammenfassung der Lektion 193
Lektion 2: NWLink 194
    Die Merkmale von NWLink 194
    NWLink installieren 195
    NWLink konfigurieren 196
    Praxis: NWLink installieren und konfigurieren 199
    Zusammenfassung der Lektion 200
Lektion 3: Andere Protokolle für Windows 2000 201
    NetBEUI 201
    DLC 202
    AppleTalk-Protokoll 202
    Netzwerkmonitortreiber 2 203
    Zusammenfassung der Lektion 203
Lektion 4: Netzwerkbindungen 204
    Bindung zwischen den Ebenen der Architektur 204
    Netzwerkbindungen kombinieren 205
    Netzwerkbindungen konfigurieren 205
    Bindungsreihenfolge festlegen 205
    Praxis: Mit Netzwerkbindungen arbeiten 206
    Zusammenfassung der Lektion 208
Lernzielkontrolle 209

Kapitel 8   Der DNS-Dienst 211
    Über dieses Kapitel 211
    Bevor Sie beginnen 211
    Lektion 1: Grundlegende Funktionsweise des DNS 212
        Domain Name Space 212

Richtlinien zur Benennung von Domänen 215
Zonen 215
Namenserver 216
Zusammenfassung der Lektion 217
Lektion 2: Namensauflösung 219
Forward-Lookup-Abfragen 219
Zwischenspeicherung auf Namenservern 220
Reverse-Lookup-Abfragen 221
Zusammenfassung der Lektion 223
Lektion 3: DNS-Clients konfigurieren 224
Die Konfiguration vorbereiten 225
Praxis: Einen DNS-Client konfigurieren 225
Zusammenfassung der Lektion 227
Lernzielkontrolle 228

Kapitel 9   Active Directory-Verzeichnisdienste **229**
Über dieses Kapitel 229
Bevor Sie beginnen 229
Lektion 1: Active Directory-Verzeichnisdienste im Überblick 230
Was sind Active Directory-Verzeichnisdienste? 230
Vereinfachte Verwaltung 230
Skalierbarkeit 231
Unterstützung offener Standards 231
Unterstützung von Standardnamensformaten 232
Zusammenfassung der Lektion 233
Lektion 2: Aufbau und Replikation von Active Directory 234
Logischer Aufbau 234
Standorte 237
Replikationen in einem Standort 237
Zusammenfassung der Lektion 239
Lektion 3: Grundlagen und Konzepte von Active Directory 241
Schema 241
Globaler Katalog 242
Namespace 243
Namenskonventionen 244
Zusammenfassung der Lektion 246
Lernzielkontrolle 247

Kapitel 10 Benutzerkonten einrichten und verwalten **249**
    Über dieses Kapitel 249
    Bevor Sie beginnen 249
    Lektion 1: Das Wichtigste über Benutzerkonten 250
        Lokale Benutzerkonten 250
        Domänenbenutzerkonten 251
        Vordefinierte Benutzerkonten 252
        Zusammenfassung der Lektion 253
    Lektion 2: Neue Benutzerkonten planen 254
        Namenskonventionen 254
        Richtlinien für Kennwörter 255
        Zusammenfassung der Lektion 256
    Lektion 3: Benutzerkonten erstellen 257
        Das Snap-In Computerverwaltung 257
        Praxis: Lokale Benutzerkonten erstellen 260
        Zusammenfassung der Lektion 261
    Lektion 4: Eigenschaften für Benutzerkonten festlegen 262
        Die Registerkarte Allgemein 262
        Die Registerkarte Mitgliedschaft 263
        Die Registerkarte Profil 263
        Übung: Eigenschaften von Benutzerkonten bearbeiten 267
        Zusammenfassung der Lektion 269
    Lernzielkontrolle 270

Kapitel 11 Gruppen einrichten und verwalten **271**
    Über dieses Kapitel 271
    Bevor Sie beginnen 271
    Lektion 1: Lokale Gruppen einrichten 272
        Grundlegende Informationen über Gruppen 272
        Lokale Gruppen 273
        Den Einsatz lokaler Gruppen vorbereiten 273
        Lokale Gruppen definieren 274
        Lokale Gruppen löschen 275
        Mitglieder in eine Gruppe aufnehmen 275

Praxis: Lokale Gruppen erstellen und verwalten 277
Zusammenfassung der Lektion 279
Lektion 2: Vordefinierte lokale Gruppen implementieren 280
Vordefinierte lokale Gruppen 280
Vordefinierte Systemgruppen 281
Zusammenfassung der Lektion 282
Lernzielkontrolle 283

Kapitel 12   Netzwerkdrucker einrichten und konfigurieren   285

Über dieses Kapitel 285
Bevor Sie beginnen 285
Lektion 1: Einführung in das Drucken mit Windows 2000 286
Terminologie 286
Voraussetzungen für das Drucken im Netzwerk 288
Richtlinien für das Drucken im Netzwerk 288
Zusammenfassung der Lektion 289
Lektion 2: Netzwerkdrucker einrichten 291
Einen logischen Drucker für einen lokalen Drucker einrichten
und freigeben 291
Einen logischen Drucker für einen Netzwerkdrucker einrichten
und freigeben 294
Clientcomputer einrichten 296
Praxis: Einen Netzwerkdrucker installieren 299
Zusammenfassung der Lektion 303
Lektion 3: Eine Verbindung zu Netzwerkdruckern herstellen 304
Den Druckerinstallations-Assistenten verwenden 304
Einen Webbrowser verwenden 306
Druckertreiber herunterladen 307
Zusammenfassung der Lektion 307
Lektion 4: Netzwerkdrucker konfigurieren 309
Einen vorhandenen Drucker freigeben 309
Einen Druckerpool anlegen 310
Den logischen Druckern Prioritäten zuweisen 312
Zusammenfassung der Lektion 313

Lektion 5: Fehlerbehandlung bei Netzwerkdruckern 314
    Fehlerszenarien 314
    Zusammenfassung der Lektion 315
Lernzielkontrolle 316

Kapitel 13 Netzwerkdrucker verwalten 317

Über dieses Kapitel 317
Bevor Sie beginnen 317
Lektion 1: Druckerverwaltung im Überblick 318
    Drucker verwalten 318
    Dokumente verwalten 318
    Fehlerbeseitigung 319
    Tätigkeiten, für die die Berechtigung Drucker verwalten
    erforderlich sind 319
    Auf Drucker zugreifen 319
    Den Zugriff auf Drucker steuern 320
    Zusammenfassung der Lektion 323
Lektion 2: Drucker verwalten 324
    Papierformate an Papierschächte zuweisen 324
    Eine Trennseite festlegen 325
    Druckaufträge anhalten, fortsetzen und abbrechen 326
    Dokumente an einen anderen Drucker umleiten 327
    Die Besitzrechte für einen logischen Drucker übernehmen 329
    Praxis: Drucker verwalten 330
    Zusammenfassung der Lektion 331
Lektion 3: Dokumente verwalten 332
    Den Druckvorgang für ein Dokument anhalten, neu starten
    und abbrechen 332
    Benachrichtigung, Priorität und Druckzeitpunkt festlegen 334
    Praxis: Dokumente verwalten 335
    Zusammenfassung der Lektion 337
Lektion 4: Drucker mithilfe eines Webbrowsers verwalten 339
    Webserver im Überblick 339
    Drucker mit einem Webbrowser verwalten 339
    Über einen Webbrowser auf logische Drucker zugreifen 340
    Zusammenfassung der Lektion 340

Lektion 5: Druckprobleme beseitigen 341
    Das Problem analysieren 341
    Problemursachen und Lösungsvorschläge 341
    Zusammenfassung der Lektion 342
Lernzielkontrolle 343

Kapitel 14   Ressourcen sichern mit NTFS-Berechtigungen 345

    Über dieses Kapitel 345
    Bevor Sie beginnen 345
Lektion 1: Grundsätzliches zu NTFS-Berechtigungen 346
    NTFS-Ordnerberechtigungen 346
    NTFS-Dateiberechtigungen 347
    Zusammenfassung der Lektion 348
Lektion 2: NTFS-Berechtigungen anwenden 349
    Zugriffssteuerungslisten 349
    Mehrfache NTFS-Berechtigungen 349
    Vererbung von NTFS-Berechtigungen 351
    Zusammenfassung der Lektion 352
Lektion 3: NTFS-Berechtigungen vergeben 353
    NTFS-Berechtigungen planen 353
    NTFS-Berechtigungen einrichten 354
    Praxis: NTFS-Berechtigungen planen und vergeben 356
    Zusammenfassung der Lektion 366
Lektion 4: Sonderberechtigungen vergeben 367
    Beschränkte Berechtigungen verwenden 367
    Berechtigungen ändern 368
    Besitzrechte übernehmen 368
    Sonderberechtigungen festlegen 369
    Besitzrechte einer Datei oder eines Ordners übernehmen 370
    Zusammenfassung der Lektion 371
Lektion 5: Dateien und Ordner kopieren und verschieben 372
    Dateien und Ordner kopieren 372
    Dateien und Ordner verschieben 373
    Zusammenfassung der Lektion 374
Lektion 6: Probleme bei Berechtigungen lösen 375
    Bearbeiten von Berechtigungsproblemen 375

Probleme mit Berechtigungen vermeiden 376
Praxis: NTFS-Berechtigungen verwalten 377
Zusammenfassung der Lektion 382
Lernzielkontrolle 383

Kapitel 15   Freigegebene Ordner verwalten 385
Über dieses Kapitel 385
Bevor Sie beginnen 386
Lektion 1: Grundlegende Informationen über freigegebene Ordner 387
Berechtigungen für freigegebene Ordner 387
Zugriffsrechte für freigegebene Ordner vergeben 389
Richtlinien zur Vergabe von Zugriffsrechten auf
freigegebene Ordner 390
Praxis: Zugewiesene Zugriffsrechte 391
Zusammenfassung der Lektion 392
Lektion 2: Die Freigabe von Ordnern planen 393
Programmordner 393
Datenordner 394
Zusammenfassung der Lektion 396
Lektion 3: Ordner freigeben 397
Voraussetzungen für die Freigabe von Ordnern 397
Administrative freigegebene Ordner 398
Einen Ordner freigeben 399
Zwischenspeicherung 400
Berechtigungen für freigegebene Ordner zuweisen 402
Freigegebene Ordner ändern 403
Eine Verbindung zu einem freigegebenen Ordner herstellen 404
Zusammenfassung der Lektion 405
Lektion 4: Berechtigungen für freigegebene Ordner und
NTFS-Berechtigungen kombinieren 406
Strategien für die Kombination von Berechtigungen für
freigegebene Ordner und NTFS-Berechtigungen 406
Praxis: Freigegebene Ordner verwalten 407
Zusammenfassung der Lektion 417
Lernzielkontrolle 418

Kapitel 16 Ressourcen und Ereignisse überwachen ... 419

- Über dieses Kapitel ... 419
- Bevor Sie beginnen ... 419
- Lektion 1: Grundlagen der Überwachung ... 420
  - Mit Überwachungsrichtlinien arbeiten ... 420
  - Sicherheitsprotokolle in der Ereignisanzeige überprüfen ... 421
  - Zusammenfassung der Lektion ... 421
- Lektion 2: Überwachungsstrategien planen ... 422
  - Richtlinien für Überwachungsstrategien ... 422
  - Zusammenfassung der Lektion ... 423
- Lektion 3: Überwachungsrichtlinien implementieren ... 424
  - Die Überwachung konfigurieren ... 424
  - Überwachungsrichtlinien festlegen ... 425
  - Datei- und Ordnerzugriffe überwachen ... 428
  - Zugriffe auf Drucker überwachen ... 430
  - Zusammenfassung der Lektion ... 432
- Lektion 4: Mit der Ereignisanzeige arbeiten ... 433
  - Das Wichtigste über Windows 2000-Protokolle ... 433
  - Sicherheitsprotokolle anzeigen ... 434
  - Ereignisse suchen ... 435
  - Überwachungsprotokolle verwalten ... 436
  - Protokolle archivieren ... 437
  - Praxis: Ressourcen und Ereignisse überwachen ... 438
  - Zusammenfassung der Lektion ... 442
- Lernzielkontrolle ... 443

Kapitel 17 Gruppenrichtlinien und lokale Sicherheitsrichtlinien konfigurieren ... 445

- Über dieses Kapitel ... 445
- Bevor Sie beginnen ... 445
- Lektion 1: Kontorichtlinien konfigurieren ... 446
  - Kennwortrichtlinien konfigurieren ... 446
  - Kontosperrungsrichtlinien konfigurieren ... 449
  - Praxis: Kontorichtlinien konfigurieren ... 451
  - Zusammenfassung der Lektion ... 454

Lektion 2: Sicherheitsoptionen konfigurieren 455
    Den Computer herunterfahren, ohne angemeldet zu sein 455
    Die Auslagerungsdatei des virtuellen Arbeitsspeichers beim
    Herunterfahren des Systems löschen 456
    Die Strg+Alt+Entf-Anforderung zur Anmeldung deaktivieren 456
    Letzten Benutzernamen nicht im Anmeldedialog anzeigen 457
    Praxis: Sicherheitseinstellungen konfigurieren 458
    Zusammenfassung der Lektion 459
Lernzielkontrolle 460

Kapitel 18   Verwaltung der Datenspeicherung 461

Über dieses Kapitel 461
Bevor Sie beginnen 461
Lektion 1: NTFS-Komprimierung 462
    Mit komprimierten Dateien und Ordnern arbeiten 462
    Dateien und Ordner komprimieren 462
    Die Anzeigefarbe komprimierter Dateien und Ordner einstellen 464
    Komprimierte Dateien und Ordner kopieren und verschieben 464
    Einsatzmöglichkeiten und -grenzen der NTFS-Komprimierung 466
    Praxis: NTFS-Komprimierung anwenden 467
    Zusammenfassung der Lektion 471
Lektion 2: Datenträger kontingentieren 472
    Die Verwaltung von Datenträgerkontingenten in Windows 2000 472
    Datenträgerkontingente festlegen 474
    Den Status von Datenträgerkontingenten prüfen 475
    Datenträgerkontingente überwachen 476
    Den Einsatz der Datenträgerkontingente optimieren 477
    Praxis: Datenträgerkontingente aktivieren und deaktivieren 478
    Zusammenfassung der Lektion 481
Lektion 3: Mehr Sicherheit mit EFS 482
    Das EFS-Dateisystem 482
    EFS-Verschlüsselung 484
    Die Verschlüsselung aufheben 485
    Das Dienstprogramm Cipher 485
    Einen Wiederherstellungsagenten einsetzen 486

  Praxis: Dateien ver- und entschlüsseln 487
  Zusammenfassung der Lektion 490
 Lektion 4: Das Defragmentierungsprogramm einsetzen 491
  Festplatten defragmentieren 491
  Das Defragmentierungsprogramm effizient einsetzen 493
  Zusammenfassung der Lektion 493
 Lernzielkontrolle 495

Kapitel 19 Daten sichern und wiederherstellen **497**

 Über dieses Kapitel 497
 Bevor Sie beginnen 497
 Lektion 1: Datensicherung und -wiederherstellung 498
  Die Sicherungsfunktionen in Windows 498
  Planungsschritte für das Windows-Sicherungsprogramm 499
  Sicherungstypen 501
  Zusammenfassung der Lektion 503
 Lektion 2: Daten sichern 505
  Vorbereitende Maßnahmen 505
  Dateien und Ordner für die Sicherung auswählen 506
  Sicherungsziel und Medieneinstellungen festlegen 507
  Erweiterte Sicherungseinstellungen festlegen 510
  Einen Zeitplan für Sicherungsaufträge erstellen 510
  Praxis: Dateien sichern 511
  Zusammenfassung der Lektion 517
 Lektion 3: Daten wiederherstellen 518
  Die Datenwiederherstellung vorbereiten 518
  Sicherungssätze, Dateien und Ordner für die Wiederherstellung
  auswählen 519
  Erweiterte Wiederherstellungsoptionen festlegen 520
  Praxis: Dateien wiederherstellen 522
  Zusammenfassung der Lektion 524
 Lektion 4: Voreinstellungen des Sicherungsprogramms ändern 525
  Zusammenfassung der Lektion 526
 Lernzielkontrolle 527

Kapitel 20 Netzwerkressourcen und -benutzer überwachen 529

Über dieses Kapitel 529
Bevor Sie beginnen 529
Lektion 1: Netzwerkressourcen überwachen 530
    Ziele der Überwachung von Netzwerkressourcen 530
    Berechtigungen zum Überwachen von Netzwerkressourcen 531
    Zusammenfassung der Lektion 531
Lektion 2: Den Zugriff auf freigegebene Ordner überwachen 532
    Freigegebene Ordner überwachen 532
    Geöffnete Dateien überwachen 534
    Benutzer von geöffneten Dateien trennen 536
    Praxis: Freigegebene Ordner verwalten 536
    Zusammenfassung der Lektion 537
Lektion 3: Ordner mit dem Snap-In Freigegebene Ordner freigeben 538
    Praxis: Freigegebene Ordner erstellen 539
    Ordner auf einem Remotecomputer freigeben 540
    Zusammenfassung der Lektion 542
Lektion 4: Netzwerkbenutzer überwachen 543
    Benutzersitzungen überwachen 543
    Benutzer trennen 544
    Adminwarnmeldungen an Benutzer senden 545
    Praxis: Konsolenmeldungen senden 546
    Zusammenfassung der Lektion 547
Lernzielkontrolle 548

Kapitel 21 Den Remotezugriff konfigurieren 549

Über dieses Kapitel 549
Bevor Sie beginnen 550
Lektion 1: Die neuen Authentifizierungsprotokolle in Windows 2000 ... 551
    Extensible Authentication Protocol (EAP) 551
    Remote Authentication Dial-in User Service 552
    Internet Protocol Security 553
    Layer 2-Tunnelprotokoll 553
    Bandwidth Allocation Protocol 554
    Zusammenfassung der Lektion 555

Lektion 2: Eingehende Verbindungen konfigurieren 556
    Eingehende DFÜ-Verbindungen zulassen 556
    Praxis: Eine eingehende DFÜ-Verbindung konfigurieren 559
    Zusammenfassung der Lektion 560
Lektion 3: Ausgehende Verbindungen konfigurieren 561
    DFÜ-Verbindungen 561
    Verbindungen zu einem virtuellen privaten Netzwerk 563
    Direkte Kabelverbindungen zu anderen Computern 563
    Praxis: Eine ausgehende Verbindung konfigurieren 564
    Zusammenfassung der Lektion 565
Lernzielkontrolle 566

Kapitel 22 Der Startprozess von Windows 2000 567

Über dieses Kapitel 567
Bevor Sie beginnen 567
Lektion 1: Der Startprozess 568
    Verwendete Dateien 568
    Die Phase vor dem Start 569
    Startsequenz 569
    Laden des Kernels 571
    Kernel-Initialisierung 572
    Anmeldung 574
    Zusammenfassung der Lektion 574
Lektion 2: Die Steuersätze in der Registrierung 575
    Windows 2000-Steuersätze 575
    Der LastKnownGood-Prozess 576
    Zusammenfassung der Lektion 579
Lektion 3: Erweiterte Startoptionen 580
    Abgesicherter Modus 580
    Zusätzliche erweiterte Startoptionen 581
    Zusammenfassung der Lektion 582
Lektion 4: Die Datei Boot.ini 583
    Inhalt der Datei Boot.ini 583
    ARC-Pfade 584
    Optionen der Datei Boot.ini 585

Die Datei Boot.ini bearbeiten 586
Zusammenfassung der Lektion 587
Lektion 5: Die Wiederherstellungskonsole 588
Die Wiederherstellungskonsole installieren und starten 588
Die Wiederherstellungskonsole verwenden 588
Befehle der Wiederherstellungskonsole 589
Praxis: Die Wiederherstellungskonsole von Windows 2000
verwenden 590
Zusammenfassung der Lektion 593
Lernzielkontrolle 594

Kapitel 23 Windows 2000 in Netzwerken verteilen 595

Über dieses Kapitel 595
Bevor Sie beginnen 595
Lektion 1: Installationen automatisieren 596
Installationen mit dem Windows 2000-Installations-Managers
automatisieren 596
Praxis: Die Windows-Programme zur Verteilung von
Installationen installieren 598
Zusammenfassung der Lektion 605
Lektion 2: Windows 2000 mithilfe von Datenträgerduplikaten
verteilen 606
Grundlagen der Festplattenduplikation 606
Das Windows 2000 Systemvorbereitungsprogramm extrahieren 606
Masterimages mit dem Windows 2000
Systemvorbereitungsprogramm erstellen 607
Praxis: Ein Masterfestplattenimage mit dem Windows 2000
Systemvorbereitungsprogramm erstellen 608
Windows 2000 von einem Masterfestplattenimage installieren 609
Praxis: Windows 2000 Professional mithilfe des
Windows 2000 Systemvorbereitungsprogramms installieren 610
Zusammenfassung der Lektion 612
Lektion 3: Remoteinstallationen durchführen 613
Grundlagen der Remoteinstallation 613
Die Remoteinstallationsdienste installieren und konfigurieren 614
Praxis: Die Remoteinstallationsdienste installieren 615
Clientvoraussetzungen für die Remoteinstallation 619

Net PCs 619
Computer, die der Net PC-Spezifikation nicht entsprechen 619
Startdisketten erstellen 620
Praxis: Remotestartdisketten erstellen 621
Zusammenfassung der Lektion 622
Lektion 4: Ältere Windows-Versionen mit Windows 2000
aktualisieren 623
Aktualisierungsmöglichkeiten für Clientbetriebssysteme 623
Hardwarevoraussetzungen und Kompatibiltätsfragen 624
Hardwarekompatibiltätsberichte erstellen 624
Die Softwarekompatibilität überprüfen 625
Kompatible Windows 95- und Windows 98-Rechner aktualisieren ... 626
Den Verzeichnisdienstclient installieren 627
Windows NT 3.51- und Windows NT 4-Clients aktualisieren 627
Zusammenfassung der Lektion 629
Lektion 5: Service Packs installieren 630
Slipstreaming von Service Packs 630
Service Packs nach der Installation von Windows 2000 verteilen 630
Zusammenfassung der Lektion 631
Lernzielkontrolle 632

Kapitel 24 Windows 2000 für mobile Computer konfigurieren **635**
Über dieses Kapitel 635
Bevor Sie beginnen 635
Lektion 1: Offlineordner und -dateien verwenden 636
Den Computer für die Verwendung von Offlineordnern und
-dateien konfigurieren 636
Praxis: Offlineordner konfigurieren 637
Den Computer so konfigurieren, dass er Offlineordner und
Dateien zur Verfügung stellt 638
Praxis: Offlineordner konfigurieren 638
Dateien synchronisieren 639
Die Synchronisationsverwaltung konfigurieren 640
Praxis: Die Synchronisationsverwaltung konfigurieren 641
Zusammenfassung der Lektion 642

Lektion 2: Die Energieoptionen konfigurieren 643
    Energieschemas konfigurieren 643
    Den Ruhezustand verwenden 643
    Advanced Power Management konfigurieren 644
    Praxis: Energieoptionen konfigurieren 645
    Zusammenfassung der Lektion 646
Lernzielkontrolle 647

Kapitel 25 Geräte und Treiber implementieren und verwalten 649

Über dieses Kapitel 649
Bevor Sie beginnen 650
Lektion 1: Mit dem Geräte-Manager und dem Snap-In
Systeminformationen arbeiten 651
    Einführung in den Geräte-Manager 651
    Geräte installieren 652
    Geräte konfigurieren und Geräteprobleme beheben 652
    Mit dem Snap-In Systeminformationen arbeiten 654
    Praxis: Mit dem Geräte-Manager und den Systeminformationen
    arbeiten 656
    Zusammenfassung der Lektion 658
Lektion 2: Treibersignaturoptionen konfigurieren und überprüfen
sowie Signaturprobleme beheben 659
    Treibersignaturoptionen konfigurieren 659
    Treibersignaturen überprüfen und Signaturprobleme beheben 660
    Mit der Dateisignaturverifizierung arbeiten 661
    Praxis: Mit der Dateisignaturverifizierung arbeiten 661
    Zusammenfassung der Lektion 662
Lektion 3: Computer mit mehreren Prozessoren konfigurieren und
die Systemperformance überwachen 663
    Skalierung 663
    Treiber aktualisieren 663
    Die Systemleistung mit dem Systemmonitor überwachen 664
    Leistungsindikatoren hinzufügen 665
    Zusammenfassung der Lektion 667

Lektion 4: Geräte installieren und verwalten 668
   Die Faxunterstützung konfigurieren und Probleme mit
   Faxgeräten beheben 668
   Eingabe-/Ausgabegeräte verwalten und Gerätefehler beheben 670
   Zusammenfassung der Lektion 672
Lernzielkontrolle 673

Anhang A   Fragen und Anworten **675**
   Kapitel 1 675
   Kapitel 2 676
   Kapitel 3 677
   Kapitel 4 678
   Kapitel 5 680
   Kapitel 6 681
   Kapitel 7 683
   Kapitel 8 687
   Kapitel 9 687
   Kapitel 10 688
   Kapitel 11 689
   Kapitel 12 690
   Kapitel 13 691
   Kapitel 14 693
   Kapitel 15 700
   Kapitel 16 705
   Kapitel 17 706
   Kapitel 18 708
   Kapitel 19 712
   Kapitel 20 713
   Kapitel 21 715
   Kapitel 22 715
   Kapitel 23 717
   Kapitel 24 718
   Kapitel 25 719

Anhang B   Setup-Disketten erstellen **721**

Anhang C   Mit dem DHCP-Dienst arbeiten **723**
    Das Bootstrap-Protokoll 723
    Manuelle und automatische TCP/IP-Konfiguration 724
    Voraussetzungen für DHCP-Server 725
    Voraussetzungen für DHCP-Clients 725
    Der Leasingvorgang 726
    Die Phase DHCPDISCOVER 726
    Die Phase DHCPOFFER 727
    Die Phase DHCPREQUEST 727
    Die Phase DHCPACK 727
    Die DHCPNACK-Meldung 728
    Eine IP-Lease erneuern und freigeben 728

Anhang D   Sicherungsbänder verwalten **731**
    Bänder rotieren und archivieren 731

Glossar **733**

Index **767**

Zu diesem Buch

Willkommen bei *Microsoft Windows 2000 Professional – Original Microsoft Training*. Dieses Buch enthält eine Einführung in die Windows 2000-Produktfamilie und stellt die Informationen bereit, die Sie für die Installation, Konfiguration, Verwaltung und den Support von Windows 2000 Professional benötigen.

Dieses Training macht Sie mit den Tools bekannt, die für die Verwaltung und Konfiguration von Windows 2000 zur Verfügung stehen: die Management-Konsole von Microsoft (MMC), den Taskplaner, die Systemsteuerung und die Registrierung. Sie lernen die Netzwerkprotokolle und Netzwerkdienste kennen, die mit Windows 2000 ausgeliefert werden. Die Erläuterungen konzentrieren sich dabei in erster Linie auf TCP/IP (Transmission Control Protocol/Internet Protocol), das in Windows 2000 als Netzwerkprotokoll eingesetzt wird. Außerdem wird der Internet- und TCP/IP-Standardnamensdienst DNS (Domain Name System) erläutert, der für Windows 2000-Domänen und die Verzeichnisdienste erforderlich ist, die auf der Active Directory-Technologie beruhen.

Sie finden in diesem Buch auch eine Beschreibung der Domänen und Active Directory-Verzeichnisdienste von Windows 2000, obwohl diese Funktionen nur in den Windows 2000 Server-Produkten zu Verfügung stehen. Active Directory-Verzeichnisdienste kombinieren das Konzept des Internet-Namespace mit dem Windows 2000-Verzeichnisdienst und verwenden DNS als Dienst für die Benennung und Speicherortadressierung. Aus diesem Grund sind Windows 2000-Domänennamen DNS-Namen, und das Kernstück der logischen Struktur von Active Directory-Verzeichnisdiensten ist die Domäne.

Alle Kapitel dieses Buches sind in Lektionen unterteilt. Die meisten Lektionen enthalten auch praktische Übungen, in denen eine bestimmte Funktion detailliert vorgestellt wird und anhand derer Sie Ihr neu erworbenes Wissen in die Praxis umsetzen können. Jede Lektion endet mit einer kurzen Zusammenfassung und jedes Kapitel wird mit einer Reihe von Fragen zur Lernzielkontrolle abgeschlossen, mit denen Sie überprüfen können, ob Ihnen der Inhalt des Kapitels bereits vollständig geläufig ist.

In dem Abschnitt *Vorbereitungen für die Arbeit mit diesem Buch* dieser Einführung finden Sie wichtige Hinweise darauf, welche Software- und Hardwarevoraussetzungen Ihr System erfüllen sollte, damit Sie dieses Buch praxisorientiert durcharbeiten können. Hier finden Sie auch Informationen zu der Netzwerkkonfiguration, die für die Ausführung einiger Übungen erforderlich ist. Lesen Sie diesen Abschnitt sorgfältig durch, bevor Sie die Lektionen in Angriff nehmen.

An wen richtet sich dieses Buch?

Dieses Trainingsbuch ist für alle Leser geeignet, die ihr Wissen über Windows 2000 Professional vertiefen wollen. Es richtet sich gezielt an IT-Verantwortliche (IT = Information Technology), die für Design, Planung, Implementierung und Support des Einsatzes von Windows 2000 Professional zuständig sind, sowie an Personen, die die Prüfung Microsoft Certified Professional 70-210, *Installing, Configuring, and Administering Microsoft Windows 2000 Professional* ablegen wollen.

Hinweis Ausführliche Informationen dazu, wie Sie das Zertifikat Microsoft Certified Systems Engineer erwerben können, finden Sie im Abschnitt *Das Microsoft Certified Professional-Programm* weiter hinten in diesem Kapitel.

Voraussetzungen

Teilnehmer dieses Kurses benötigen grundlegende Kenntnisse der aktuellen Netzwerktechnologie.

Referenzmaterial

Als Referenzmaterial zu diesem Trainingsbuch dient *Windows 2000 Professional – Die technische Referenz*.

Aufbau dieses Buches

Der Absatz *Bevor Sie beginnen* zu Beginn jedes Kapitels weist auf die Voraussetzungen hin, die für die vollständige Bearbeitung des jeweiligen Kapitels geschaffen werden müssen.

▶ Alle Kapitel dieses Buches sind in Lektionen unterteilt. Wann immer möglich, werden in den Lektionen die Arbeitsschritte aufgeführt, die Ihnen Gelegenheit geben, die vorgestellten Fertigkeiten praktisch umzusetzen oder eine Anwendung näher kennen zu lernen. Diese Abschnitte sind durch das Pfeilsymbol gekennzeichnet, das Sie auch neben diesem Absatz sehen.

Mit den Fragen im Abschnitt *Lernzielkontrolle* am Ende jedes Kapitels können Sie überprüfen, ob Ihnen die in den Lektionen behandelten Inhalte bereits vollständig geläufig sind. In Anhang A sind alle Anworten auf diese und die in den Praxisabschnitten gestellten Fragen zusammengestellt.

Hinweise

Sie finden in den Lektionen verschiedene Hinweistypen.

- Abschnitte mit der Überschrift **Tipp** enthalten Erläuterungen zu möglichen Ergebnissen oder alternativen Methoden.
- Abschnitte mit der Überschrift **Wichtig** enthalten Informationen, die für die Durchführung einer Aufgabe von grundlegender Wichtigkeit sind.
- Abschnitte mit der Überschrift **Hinweis** enthalten ergänzende Informationen.
- Abschnitte mit der Überschrift **Achtung** enthalten Warnungen vor einem möglichen Datenverlust.

Konventionen

Die folgenden Konventionen sind für das gesamte Trainingsbuch gültig.

Schreibweisen und Auszeichnungen

- Zeichen oder Befehle, die Sie eingeben, werden **fett** dargestellt.
- In Syntaxanweisungen werden Platzhalter für variable Informationen *kursiv* dargestellt. *Kursivschrift* wird außerdem für Elemente der Benutzeroberfläche, Verweise und Hervorhebungen verwendet.
- Namen von Dateien und Ordnern werden normal (mit großem Anfangsbuchstaben) geschrieben. Wenn nicht anders vermerkt, können Sie bei der Eingabe von Dateinamen in Dialogfelder und Befehle immer auch Kleinbuchstaben verwenden.
- Dateinamenserweiterungen werden in Kleinbuchstaben angegeben.
- Abkürzungen werden in Großbuchstaben geschrieben.
- `Nicht proportionale Schrift` wird für Programmbeispiele verwendet. Außerdem werden Befehlszeileneingaben und Eingaben in Initialisierungsdateien in dieser Form dargestellt.
- Mit eckigen Klammern ([ ]) werden optionale Elemente in Syntaxanweisungen gekennzeichnet. So bedeutet beispielsweise der Ausdruck [*Dateiname*] in einer Befehlssyntax, dass die Angabe eines Dateinamens bei diesem Befehl optional ist. (Die eckigen Klammern dürfen nicht mit eingegeben werden.)
- Mit geschweiften Klammern ({ }) werden erforderliche Elemente in Syntaxanweisungen gekennzeichnet. (Auch hier werden die Klammern nicht mit eingegeben.)

- Bestimmte Abschnitte im vorliegenden Buch sind durch Symbole gekennzeichnet:

Symbol	Bedeutung
	Ein Praxisabschnitt mit Übungen. Sie sollten die in diesem Abschnitt beschriebenen Übungen durchführen, um die praktische Umsetzung Ihres neu erworbenen Wissens einzuüben.
	Lernzielkontrolle. Mit den Fragen im Abschnitt *Lernzielkontrolle* am Ende jedes Kapitels können Sie prüfen, was Sie beim Durcharbeiten der Lektionen gelernt haben. In Anhang A sind alle Anworten auf diese Fragen zusammengestellt.

Konventionen für Tastatureingaben

- Sind zwei Tastenbezeichnungen durch ein Pluszeichen (+) miteinander verbunden, müssen die betreffenden Tasten gleichzeitig gedrückt werden. Wenn Sie beispielsweise die Anweisung „Drücken Sie Alt+Tab" vorfinden, halten Sie die Alt-Taste gedrückt, während Sie die Tab-Taste betätigen.

- Ein Komma zwischen zwei oder mehr Tastenbezeichnungen bedeutet, dass die Tasten nacheinander gedrückt werden müssen. Wenn Sie beispielsweise auf die Anweisung „Drücken Sie Alt, F, X" treffen, müssen Sie die betreffenden Tasten nacheinander drücken. Bei der Ausführung der Anweisung „Drücken Sie Alt+W, L" drücken Sie Alt und W gleichzeitig, lassen dann beide Tasten los und betätigen anschließend die Taste L.

- Sie können Menübefehle mithilfe der Tastatur auswählen. Drücken Sie zunächst die Taste Alt, um die Menüleiste zu aktivieren. Danach betätigen Sie nacheinander die Tasten, die den optisch hervorgehobenen oder unterstrichenen Buchstaben im gewünschten Menü- oder Befehlsnamen entsprechen. Für bestimmte Befehle können Sie auch die Tastenkombination verwenden, die Sie hinter dem entsprechenden Menübefehl sehen.

- In Dialogfeldern können Kontrollkästchen und Optionsschaltflächen über die Tastatur aktiviert und deaktiviert werden. Drücken Sie zunächst die Taste Alt und danach die Taste für den Buchstaben, der im Optionsnamen unterstrichen ist. Sie können stattdessen auch mehrmals die Tab-Taste drücken, bis die gewünschte Option optisch hervorgehoben ist, und das Kontrollkästchen bzw. die Optionsschaltfläche durch Drücken der Leertaste aktivieren bzw. deaktivieren.

- Mit der Esc-Taste können Sie ein angezeigtes Dialogfeld wie mit der Schaltfläche *Abbrechen* schließen.

Inhalt der Kapitel und Anhänge

Dieser Kursus, dessen Bearbeitungsgeschwindigkeit Sie selbst bestimmen können, kombiniert Erklärungen, konkrete Arbeitsanleitungen und Wiederholungsfragen, um Sie mit der Installation, Konfiguration und Verwaltung sowie dem Support von Windows 2000 Professional vertraut zu machen.

Die einzelnen Kapitel sollten nacheinander bearbeitet werden. Sie können aber auch selbst eine Reihenfolge festlegen und nur die Abschnitte bearbeiten, die Sie besonders interessieren. (Näheres finden Sie in dem folgenden Abschnitt *Wo fangen Sie am besten an*.) Wenn Sie sich für eine individuelle Reihenfolge entscheiden, sollten Sie sich im Abschnitt *Bevor Sie beginnen* am Anfang des betreffenden Kapitels immer über dessen Voraussetzungen informieren. Werden in einem Kapitel Konzepte und Prozeduren vorgestellt, zu deren Verständnis Sie ein oder mehrere vorangegangene Kapitel bearbeitet haben müssen, so werden diese Kapitel hier aufgeführt.

Dieses Buch ist in die folgenden Kapitel gegliedert:

- Diese Einführung enthält einen Überblick über diesen Kurs, dessen Ablauf Sie selbst bestimmen können, und stellt Ihnen die Komponenten vor, aus denen das Training besteht. Lesen Sie diesen Abschnitt sorgfältig durch. Hier können Sie feststellen, von welchen Lektionen Sie am meisten profitieren können, und die Bearbeitung entsprechend planen.

- Kapitel 1 enthält einen Überblick über das Betriebssystem Windows 2000 und die vier Produkte, aus denen sich die Windows 2000-Familie zusammensetzt. Es wird auf die wichtigsten neuen Funktionen von Windows 2000 eingegangen und erläutert, inwiefern Windows 2000 benutzerfreundlicher und einfacher zu verwalten ist und über eine weitreichendere Kompatibilität, mehr Dateiverwaltungsoptionen und eine höhere Sicherheit als die vorhergehenden Versionen verfügt. Außerdem enthält dieses Kapitel eine Einführung in Arbeitsgruppen und Domänen.

- Kapitel 2 befasst sich mit den Aufgaben, die vor der Installation von Windows 2000 Professional ausgeführt werden müssen, und beschreibt die Hardwarevoraussetzungen für die Installation des Betriebssystems. Danach werden die Schritte erläutert, die für eine Installation von CD ausgeführt werden müssen. In der anschließenden Übung installieren Sie Windows 2000 auf Ihrem Computer. Sie erfahren in diesem Kapitel auch, wie Windows 2000 mithilfe eines Netzwerks installiert werden kann und wie sich Probleme bei der Installation beheben lassen.

- Kapitel 3 erläutert zwei der wichtigsten Verwaltungstools von Windows 2000: die Management-Konsole (abgekürzt als MMC für Microsoft Management Console) und den Taskplaner. Es werden benutzerdefinierte Konsolen, Konsolenstrukturen, Detailausschnitte, Snap-Ins und Erweiterungen vorgestellt und die Unterschiede zwischen dem Autoren- und dem Benutzermodus erläutert. Sie erfahren, wie Sie benutzerdefinierte Konsolen für die Remoteverwaltung und zur Fehlerbehebung einsetzen können. In der ersten Übung erstellen Sie mithilfe von MMC benutzerdefinierte Konsolen und fügen danach ein Snap-In in eine dieser benutzerdefinierten Konsole ein. In der zweiten Übung konfigurieren Sie den Taskplaner so, dass er zu einem bestimmten Zeitpunkt ein Programm startet.

- Kapitel 4 stellt einige der Anwendungen in der Systemsteuerung vor, mit deren Hilfe Sie die Hardware- und Softwarekonfiguration für einen Computer anpassen können. Sie werden das Symbol *System* auswählen und durch die Definition entsprechender Hardwareprofile Hardwarekomponenten und Dienste konfigurieren. Außerdem legen Sie Leistungsoptionen, Umgebungsvariablen sowie die Einstellungen für Autostart und Wiederherstellung fest. In den Übungen des Abschnitts *Praxis* ändern Sie die Größe der Auslagerungsdatei und fügen eine Umgebungsvariable hinzu. Sie werden mithilfe des Symbols *Anzeige* Anzeigeeigenschaften einblenden und ändern. Windows 2000 unterstützt die gleichzeitige Verwendung von bis zu neun Bildschirmen. Das Kapitel enthält auch einen Abschnitt, in dem die Installation von Plug&Play-fähiger und nicht Plug&Play-fähiger Hardware erläutert wird. Sie erfahren hier, wie Sie den Hardware-Assistenten verwenden und Hardware manuell installieren können.

- Kapitel 5 befasst sich mit der Registrierung, der hierarchischen Datenbank, in der Windows 2000 Systemkonfigurationsdaten speichert. Das Kapitel enthält einen Überblick über den Registrierungs-Editor, der zur Anzeige und Änderung der Registrierung dient. In den Übungen des Abschnitts *Praxis* zeigen Sie mit diesem Editor Registrierungsinformationen an, durchsuchen die Registrierung mit dem Befehl *Schlüssel suchen*, ändern die Registrierung, indem Sie einen Wert einfügen, und speichern eine Unterstruktur als Datei, die anschließend mit einem Editor durchsucht werden kann.

- Kapitel 6 enthält einen Überblick über die Datenträgerverwaltung in Windows 2000. Sie haben die Möglichkeit, Festplatten von lokalen Computern oder Remotecomputern aus zu verwalten. Sie können eine benutzerdefinierte Konsole erstellen und in diese dann das Snap-In *Datenträgerverwaltung* aufnehmen oder das im vorkonfigurierten Snap-In *Computerverwaltung* enthaltene Snap-In *Datenträgerverwaltung* verwenden. Dieses Snap-In verfügt über Kontextmenüs, in denen die für das Objekt ausführbaren Operationen angeboten werden. Außerdem bietet es Assistenten, mit deren Hilfe Sie Partitionen und Datenträger erstellen sowie Datenträger aufrüsten können. In den Übungen im Abschnitt *Praxis* rüsten Sie einen Basisdatenträger zu einem dynamischen Datenträger auf, legen ein neuen Datenträger an und stellen ihn schließlich bereit.

- Kapitel 7 behandelt die Konfiguration von TCP/IP (Transmission Control Protocol/Internet Protocol) und die Installation anderer Netzwerkprotokolle wie NWLink, NetBEUI (NetBIOS Enhanced User Interface) und DLC (Data Link Protocol). Das Kapitel befasst sich außerdem mit der Konfiguration von Netzwerkbindungen. In den Übungen des Abschnitts *Praxis* überprüfen Sie die Konfiguration Ihres Computers und passen sie so an, dass eine statische IP-Adresse verwendet wird. Danach legen Sie fest, dass ein DHCP-Server für die automatische Zuweisung einer IP-Adresse an Ihren Computer verwendet werden soll, und testen dann das Windows 2000-Feature *automatische private IP-Adressierung*.

Schließlich installieren und konfigurieren Sie NWLink, ändern die Bindungsreihenfolge, heben die Bindung eines Protokolls auf und richten sie wieder ein.

- Kapitel 8 enthält eine Einführung in DNS (Domain Name System), eine verteilte Datenbank, die in TCP/IP-Netzwerken für die Übersetzung von Computernamen in IP-Adressen verwendet wird. In diesem Kapitel erfahren Sie auch, wie Clients für die Verwendung des DNS-Dienstes konfiguriert werden. In den Übungen des Abschnitts *Praxis* konfigurieren Sie einen Computer, auf dem Windows 2000 Professional installiert ist, als DNS-Client.

- Kapitel 9 stellt den Verzeichnisdienst von Windows 2000, die so genannten Active Directory-Verzeichnisse, vor. Ein Verzeichnisdienst sorgt für die eindeutige Identifizierung von Benutzern und Ressourcen im Netzwerk. Die Active Directory-Verzeichnisdienste bilden die Zentralstelle für die Verwaltung eines Netzwerks und ermöglichen es, Benutzer und Ressourcen aufzunehmen, zu löschen und neu zu positionieren. Diese Dienste stehen nur in Windows 2000 Server-Produkten zur Verfügung stehen.

- Kapitel 10 behandelt Benutzerkonten und deren Planung. Sie erfahren, wie Sie lokale Benutzerkonten erstellen und ihnen Eigenschaften zuweisen. In den Übungen des Abschnitts *Praxis* legen Sie lokale Benutzerkonten an. Anschließend testen Sie die angelegten Konten und ändern einige der zugewiesenen Eigenschaften. Danach führen Sie mit den geänderten Kontoeigenschaften einen erneuten Test durch.

- Kapitel 11 enthält eine Einführung in die Benutzergruppen und zeigt, wie das Gruppieren von Benutzerkonten die Zuweisung von Berechtigungen vereinfacht. Sie erfahren, wie lokale und vordefinierte Gruppen eingerichtet werden. In den Übungen des Abschnitts *Praxis* legen Sie lokale Gruppen an. Sie nehmen zunächst bei der Erstellung und dann nach der Erstellung der Gruppen neue Mitglieder auf. Sie entfernen ein Mitglied aus einer Gruppe und löschen dann eine der erstellten Gruppen.

- Kapitel 12 befasst sich mit der Windows 2000-Terminologie für das Drucken. Es behandelt die Einrichtung und Freigabe von Netzwerkdruckern sowie die Behebung von Problemen, die bei der Einrichtung von Netzwerkdruckern auftreten können. In den Übungen des Abschnitts *Praxis* installieren Sie mit dem Druckerinstallations-Assistenten einen lokalen Drucker und geben ihn frei. In diesem Kapitel wird auch auf Druckerpools und das Zuweisen von Prioritäten eingegangen.

- Kapitel 13 behandelt die vier wichtigsten Aufgabenfelder bei der Verwaltung von Netzwerkdruckern: Druckerverwaltung, Dokumentverwaltung, Fehlerbeseitigung bei Druckproblemen und Durchführen von Aufgaben, für die die Berechtigung *Drucker verwalten* erforderlich ist. Außerdem wird erläutert, wie Sie in Microsoft Windows 2000 durch die Zuweisung von Berechtigungen die Nutzung und Verwaltung von Druckern steuern können. In den Übungen des Abschnitts *Praxis* weisen Sie den Papierschächten ein bestimmtes Papierformat zu, definieren eine Trennseite und delegieren die Besitzrechte für einen Drucker.

Sie drucken ein Dokument, legen eine Benachrichtigung für ein Dokument fest, ändern die Druckpriorität eines Dokuments und brechen einen Druckvorgang ab.

- Kapitel 14 enthält eine Einführung in NTFS-Ordner- und Dateiberechtigungen und erläutert, wie diese Berechtigungen Benutzerkonten und Gruppen zugeordnet werden. Sie erfahren, wie sich das Verschieben und Kopieren von Dateien und Ordnern auf die NTFS-Datei- und Ordnerberechtigungen auswirkt, und wie Probleme behoben werden können, die beim Zugriff auf Ressourcen auftreten. In den Übungen des Abschnitts *Praxis* planen Sie basierend auf realistischen Geschäftsszenarien NTFS-Berechtigungen für Dateien und Ordner, wenden sie an und testen sie schließlich. Sie untersuchen die Folgen, die die Übernahme von Besitzrechten an einer Datei hat, und überprüfen, welche Auswirkung Berechtigungen und Besitzrechte auf das Verschieben und Kopieren von Dateien haben.

- Kapitel 15 befasst sich mit der Freigabe von Ordnern. Freigegebene Ordner stehen allen Benutzern im Netzwerk zur Verfügung. Sie erfahren, wie auf FAT- und FAT32-Partitionen Dateiressourcen durch die Freigabe von Ordnern abgesichert werden können. In den Übungen des Abschnitts *Praxis* geben Sie einen Ordner frei, legen Berechtigungen für den freigegeben Ordner fest und weisen Gruppen Berechtigungen dafür zu. Danach heben Sie die Freigabe für einen Ordner auf. In den optionalen Übungen stellen Sie eine Verbindung zu einem freigegebenen Ordner her und testen die Auswirkungen der Freigabe- und NTFS-Berechtigungen.

- Kapitel 16 stellt die beiden Windows 2000-Snap-Ins *Lokale Sicherheitsrichtlinie* und *Gruppenrichtlinie* vor, mit denen Sie unter anderem die *Überwachung* steuern können. *Überwachung* ist ein Tool zur Aufrechterhaltung der Netzwerksicherheit und dient zur Nachverfolgung aller Benutzeraktivitäten und Ereignisse im gesamten System. Das Kapitel befasst sich außerdem mit Überwachungsrichtlinien und den Aspekten, die Sie bei der Einrichtung dieser Richtlinien berücksichtigen müssen. Sie erfahren, wie Ressourcen überwacht und Sicherheitsprotokolle geführt werden. In den Übungen des Abschnitts *Praxis* planen und legen Sie eine Überwachungsrichtlinie für Ihren Computer fest und aktivieren die Überwachung bestimmter Ereignisse. Sie zeigen die Sicherheitsprotokolldatei an und konfigurieren die Ereignisanzeige so, dass bereits in der Protokolldatei verzeichnete Ereignisse überschrieben werden.

- Kapitel 17 erläutert, wie Sie mit den Windows 2000-Snap-Ins *Lokale Sicherheitsrichtlinie* und *Gruppenrichtlinie* die Sicherheit auf Ihrem Computer erhöhen können. Es werden die Kontorichtlinien von Windows 2000 und einige der verfügbaren Sicherheitsoptionen beschrieben. In der ersten Übung des Abschnitts *Praxis* legen Sie die Einstellung *Minimale Kennwortlänge* der Kontorichtlinien fest und testen sie. In der zweiten Übung konfigurieren und testen Sie drei Einstellungen der Sicherheitsrichtlinien.

- Kapitel 18 enthält eine Einführung in die Verwaltung von NTFS-formatierten Datenträgern. Zur Datenverwaltung gehört die Durchführung der Komprimierung, die Verwendung von Datenträgerkontingenten, die Erhöhung der Datei- und Ordnersicherheit mithilfe von EFS (Encrypting File System) und die Defragmentierung von Festplatten. In den Übungen des Abschnitts *Praxis* komprimieren Sie Dateien und Ordner, heben komprimierte Dateien und Ordner mit einer anderen Farbe hervor, dekomprimieren eine Datei und überprüfen, wie sich das Kopieren und Verschieben von Dateien auf die Komprimierung auswirkt. Sie schränken den Datenumfang ein, den Benutzer auf einem Laufwerk speichern können, indem Sie Voreinstellungen für die Verwaltung von Datenträgerkontingenten festlegen. Außerdem richten Sie für ein Benutzerkonto ein benutzerdefiniertes Datenträgerkontingent ein. Sie testen das Datenträgerkontingent und deaktivieren danach die Datenträgerkontingentverwaltung wieder. Schließlich verschlüsseln Sie eine Datei und versuchen dann, auf sie zuzugreifen.

- Kapitel 19 behandelt das Windows-Sicherungsprogramm, mit dem Sie Daten sichern und wiederherstellen können. Sie lernen die fünf Sicherungstypen (*Normal*, *Kopieren*, *Inkrementell*, *Differenziell* und *Täglich*) kennen und erfahren, wie Sie diese so kombinieren können, dass Ihre Sicherungsanforderungen erfüllt werden. In den Übungen des Abschnitts *Praxis* sichern Sie mit dem Sicherungs-Assistenten einige Dateien auf Ihrer Festplatte und erstellen dann mit dem Taskplaner einen Sicherungsauftrag, der eine Sicherung zu einem späteren Zeitpunkt ausführt. Danach stellen Sie einige der zuvor gesicherten Dateien wieder her.

- Kapitel 20 befasst sich mit der *Freigegebene Ordner* Überwachung von Netzwerkressourcen. Sie erfahren, wie Sie mit dem Snap-In *Freigegebene Ordner* Freigaben anzeigen und erstellen, Sitzungen anzeigen, Dateien öffnen und Verbindungen der Benutzer zu freigegebenen Ordnern lösen. In den Übungen des Abschnitts *Praxis* zeigen Sie freigegebene Ordner mithilfe des Snap-In an, öffnen Dateien und unterbrechen die Verbindung aller Benutzer zu allen geöffneten Dateien. Schließlich erstellen Sie eine neue Freigabe und heben sie danach wieder auf.

- Kapitel 21 stellt die neuen Protokolle für den Remotezugriff vor und erläutert die neuen Optionen und Schnittstellen, die in Windows 2000 zum Verbinden von Computern und Konfigurieren von Protokollen zur Verfügung stehen. In den Übungen des Abschnitts *Praxis* starten Sie mithilfe des Startmenübefehls *Netzwerk- und DFÜ-Verbindungen* den Netzwerkverbindungs-Assistenten, konfigurieren mit seiner Hilfe eine eingehende DFÜ-Verbindung und lassen virtuelle private Verbindungen zu. Anschließend richten Sie eine ausgehende Verbindung ein.

- Kapitel 22 enthält eine Einführung in den Startprozess von Microsoft Windows 2000 für Intel-basierte Computer. Sie lernen die Datei Boot.ini kennen und erfahren, wie eine Windows 2000-Startdiskette angelegt wird.

In den Übungen des Abschnitts *Praxis* erstellen Sie eine Windows 2000-Startdiskette für Intel-basierte Computer und testen sie anschließend. Außerdem lösen Sie mithilfe dieser Startdiskette und der Option *Letzte als funktionierend bekannte Konfiguration* ein Startproblem.

- Kapitel 23 behandelt den *Assistenten für den Installations-Manager* und die *Systemvorbereitungsinstallation*. Mit dem Assistenten für den Installations-Manager können Sie Unattend.txt-Dateien erstellen, die für skriptgesteuerte Installationen erforderlich sind. Das Tool *Systemvorbereitung* unterstützt Sie bei der Vorbereitung von Masterdiskimages für Masseninstallationen. Dieses Kapitel befasst sich außerdem mit Remoteinstallationen und der Installation und Konfiguration von Remoteinstallationsservern. Es werden die Clientvoraussetzungen für Remoteinstallationen erläutert und die einzelnen Schritte beschrieben, die zur Erstellung von Startdisketten und Remotestartdisketten für die Verteilung von Windows 2000 Professional ausgeführt werden müssen. Schließlich wird die Aufrüstung älterer Windows-Versionen auf Windows 2000 und die Verteilung von Service Packs erläutert.

- Kapitel 24 befasst sich mit den neuen Funktionen von Windows 2000 Professional, die die mobile Datenverarbeitung erleichtern. Dazu gehört neben der Verwendung von Offlineordnern und -Dateien die Synchronisationsverwaltung, die Konfiguration und Verwendung von Energieschemas sowie die Aktivierung des Modus *Ruhezustand* und *Advanced Power Management*.

- Kapitel 25 stellt den Geräte-Manager vor und erläutert die Verwaltung von Geräten und die Behebung von Problemen. Sie erfahren, wie Sie mit dem Snap-In *Systeminformationen* das System effizienter verwalten können. Sie lernen, wie man mithilfe des Geräte-Managers und der Dienstprogramme *Windows 2000-Systemdatei-Überprüfungsprogramm* und *Windows Signaturverifizierung* Treibersignaturen konfiguriert und überwacht und auftretende Probleme beseitigt. Es wird beschrieben, wie der Geräte-Manager zur Aufrüstung von Computern zu einem Multiprozessorsystem eingesetzt wird und wie die Systemleistung mit der Konsole *Systemmonitor* überwacht werden kann. Schließlich wird erläutert, wie man Geräte (Faxe, Scanner, Kameras, Mäuse usw.) installiert und konfiguriert und Gerätefehler beseitigt.

- Anhang A enthält die Antworten zu den Fragen, die in den Abschnitten *Praxis* und *Lernzielkontrolle* gestellt werden. Zu jeder Frage finden Sie neben der richtigen Antwort auch die Fundstelle (Kapitel und Abschnitt).

- Anhang B erläutert die Schritte zur Erstellung der Windows 2000-Startdisketten für Computer, die nicht von einem CD-ROM-Laufwerk aus gestartet werden können.

- Anhang C enthält eine Einführung in den DHCP-Dienst.

- Anhang D behandelt Rotation und Archivierung von Sicherungsbändern.

- Das Glossar enthält Definitionen der wichtigsten Begriffe und Konzepte, die in diesem Buch verwendet und beschrieben werden. Zusätzlich werden grundlegende Netzwerkbegriffe erläutert.

Ihr optimaler Einstiegspunkt

Da Sie das Bearbeitungstempo für dieses Buch selber festlegen können, können Sie einzelne Lektionen überspringen und jederzeit später darauf zurückkommen. Sie müssen allerdings die Arbeitsschritte in Kapitel 2 ausgeführt haben, damit Sie die Übungen in den restlichen Kapiteln nachvollziehen können. Mithilfe der folgenden Tabelle können Sie herausfinden, wo in diesem Buch sich der für Sie am besten geeignete Startpunkt befindet.

Wenn Sie	dann gehen Sie folgendermaßen vor:
sich auf die Prüfung Microsoft Certified Professional 70-210, *Installing, Configuring, and Administering Microsoft Windows 2000 Professional* vorbereiten,	lesen Sie den Abschnitt *Vorbereitungen für die Arbeit mit diesem Buch*. Bearbeiten Sie anschließend nacheinander die Kapitel 1 und 2. Danach können Sie die restlichen Kapitel in der von Ihnen gewünschten Reihenfolge bearbeiten.
die Behandlung bestimmter Prüfungsthemen wiederholen wollen,	verwenden Sie zur Orientierung den folgenden Abschnitt *So verwenden Sie dieses Buch für bestimmte Prüfungsthemen*.

So verwenden Sie dieses Buch für bestimmte Prüfungsthemen

Die folgenden Tabellen enthalten eine Zusammenstellung der Wissensgebiete, die in der Zertifizierungsprüfung 70-210 *Installing, Configuring, and Administering Microsoft Windows 2000 Professional* bewertet werden, und der Lektionen, in denen diese Inhalte behandelt werden.

Hinweis Die Prüfungsthemen können ohne vorherige Ankündigung von Microsoft geändert werden.

Windows 2000 Professional installieren

Prüfungsthemen	Fundort im Buch
Eine beaufsichtigte Installation von Windows 2000 Professional durchführen	Kapitel 2, Lektion 2 und 3
Eine unbeaufsichtigte Installation von Windows 2000 Professional durchführen.	Kapitel 23, Lektion 1 bis 3
Eine ältere Windows-Version auf Windows 2000 Professional aufrüsten	Kapitel 23, Lektion 1 und 4
Service Packs verteilen	Kapitel 23, Lektion 5
Fehlerbehebung bei fehlgeschlagenen Installationen	Kapitel 2, Lektion 4

Die Ressourcenverwaltung implementieren und durchführen

Prüfungsthemen	Fundort im Buch
Den Zugriff auf Dateien und Ordner überwachen und verwalten sowie auftretende Probleme beheben	Kapitel 14, Lektion 1 bis 6 Kapitel 18, Lektion 1
Den Zugriff auf freigegebene Ordner verwalten und auftretende Probleme beheben	Kapitel 15, Lektion 1, 3 und 4
Verbindungen zu lokalen Druckern und Netzwerkdruckern herstellen	Kapitel 12, Lektion 3 Kapitel 13, Lektion 1 bis 3
Dateisysteme konfigurieren und verwalten	Kapitel 2, Lektion 1

Hardwarekomponenten und Treiber implementieren, verwalten und auftretende Probleme beheben

Prüfungsthemen	Fundort im Buch
Plattenlaufwerke implementieren und verwalten sowie auftretende Probleme beheben	Kapitel 4, Lektion 4 und 5 Kapitel 6, Lektion 1 und 2 Kapitel 18, Lektion 2 Kapitel 25, Lektion 1
Anzeigegeräte implementieren und verwalten sowie auftretende Probleme beheben	Kapitel 4, Lektion 2, 4 und 5 Kapitel 25, Lektion 1
Mobile Computerhardware implementieren und verwalten sowie auftretende Probleme beheben	Kapitel 24, Lektion 2
Ein- und Ausgabegeräte implementieren und verwalten sowie auftretende Probleme beheben	Kapitel 25, Lektion 1 und 4

Die Ressourcenverwaltung implementieren und ausführen

Prüfungsthemen	Fundort im Buch
Treiber aufrüsten	Kapitel 25, Lektion 3
Multiprozessoreinheiten überwachen und konfigurieren	Kapitel 25, Lektion 3
Netzwerkkarten installieren und verwalten sowie auftretende Probleme beheben	Kapitel 7, Lektion 1 bis 4 Kapitel 25, Lektion 1

Die Systemleistung und Systemzuverlässigkeit überwachen und optimieren

Prüfungsthemen	Fundort im Buch
Treibersignaturen verwalten und auftretende Probleme beheben	Kapitel 25, Lektion 2
Den Taskplaner konfigurieren und verwalten sowie auftretende Probleme beheben	Kapitel 3, Lektion 3

(Fortsetzung)

Prüfungsthemen	Fundort im Buch
Die Verwendung und Synchronisation von Offlinedateien verwalten und auftretende Probleme beheben	Kapitel 24, Lektion 1
Multiprozessoreinheiten überwachen und konfigurieren	Kapitel 25, Lektion 3

Die Ressourcenverwaltung implementieren und durchführen

Prüfungsthemen	Fundort im Buch
Multiprozessoreinheiten überwachen und konfigurieren	Kapitel 25, Lektion 3

Vorbereitungen für die Arbeit mit diesem Buch

Für diesen Kursus können Sie das Bearbeitungstempo selbst festlegen. Das Buch beschreibt auch konkrete Verfahren, mit deren Hilfe Sie den Umgang mit Windows 2000 Professional praktisch üben können.

Hardwarevoraussetzungen

Jeder Computer muss die folgende Minimalausstattung aufweisen. Alle Hardwarekomponenten sollten dabei in der Microsoft Windows 2000 Professional Hardware Compatibility List (HCL) verzeichnet sein.

- Pentium CPU
- Mindestens 32 MB RAM (empfohlen werden 64 MB)
- Eine oder mehrere Festplatten mit mindestens 500 MB freiem Speicher (empfohlen wird 1 GB)
- Netzwerkkarte
- Bildschirmkarte mit VGA-Auflösung oder höher
- CD-ROM-Laufwerk mit einer Geschwindigkeit von mindestens 12X (für die Installation über ein Netzwerk wird kein CD-ROM-Laufwerk benötigt)
- Tastatur
- Microsoft-Maus oder ein kompatibles Zeigegerät

Softwarevoraussetzungen

- Um die in diesem Kursus dargestellten Prozeduren nachvollziehen zu können, müssen Sie eine Installations-CD-ROM von Windows 2000 Professional besitzen. Diesem Buch zum Selbststudium liegt eine deutsche 120-Tage-Testversion von Windows 2000 Professional bei.

- Informationen darüber, wie Sie eine englische Version von Windows 2000 Server (120-Tage-Testversion) erhalten sowie Downloadanweisungen finden Sie auf der Microsoft-Website unter http://microsoft.com/windows/2000/default.asp.

Einrichtung des Computers

Richten Sie den Computer gemäß den Anweisungen des Herstellers ein.

Das Microsoft Certified Professional-Programm

Das Programm Microsoft Certified Professional (MCP) ist der effektivste Weg, die Beherrschung aktueller Microsoft-Produkte und -Technologien unter Beweis zu stellen. Microsoft ist führend auf dem Gebiet der Zertifikate und fortschrittlichen Testmethoden. Die Prüfungen und Zertifikate wurden entwickelt, um Ihre Kompetenz bei der Bewältigung kritischer Aufgaben wie dem Entwurf oder der Entwicklung, der Implementierung und dem Support von Lösungen mithilfe von Microsoft-Produkten und -Technologien zu bewerten. Computerspezialisten mit einem Microsoft-Zertifikat sind als Experten anerkannt und in der gesamten Branche äußerst gefragt.

Das Microsoft Certified Professional-Programm bietet acht Zertifikate an, die verschiedene Spezialgebiete des technischen Fachwissens abdecken:

- *Microsoft Certified Professional (MCP).* Fundiertes Wissen zu mindestens einem Microsoft-Betriebssystem. Es können weitere Prüfungen zur Qualifizierung auf dem Gebiet der Microsoft BackOffice-Produkte, Entwicklungstools oder Desktopprogramme abgelegt werden.

- *Microsoft Certified Professional + Internet.* MCPs mit der Spezialprüfung für das Internet sind qualifiziert für Sicherheitsplanung, die Installation und Konfiguration von Serverprodukten, die Verwaltung von Serverressourcen, die Erweiterung von Servern für das Ausführen von CGI- oder ISAPI-Skripten, die Überwachung und Analyse der Systemleistung sowie die Fehlerbehebung.

- *Microsoft Certified Professional + Site Building.* Dieser Titel qualifiziert zur Planung, Einrichtung und Verwaltung von Websites mithilfe von Microsoft-Technologien und -Produkten.

- *Microsoft Certified Systems Engineer (MCSE).* Dieses Zertifikat qualifiziert für die Planung, Implementierung, Verwaltung und den Support von IS-Lösungen in einer Vielzahl von EDV-Umgebungen mit dem Betriebssystem Microsoft Windows NT Server und der integrierten Serversoftware der Microsoft BackOffice-Familie.

- *Microsoft Certified Systems Engineer + Internet (MCSE + Internet).* MCSEs mit einer erweiterten Qualifikation für die Erweiterung und Verteilung und Verwaltung von anspruchsvollen Intranet- und Internetlösungen, darunter Browser, Proxyserver, Hostserver, Datenbanken, Mail- und Geschäftskomponenten. Zusätzlich befähigt das MCSE+Internet-Zertifikat zum Verwalten und Analysieren von Websites.

- *Microsoft Database Administrator (MCDBA).* Dieses Zertifikat ist für Personen gedacht, die ihre Qualifikation zum Entwerfen physischer Datenbanklösungen, Entwickeln logischer Datenmodelle, Erstellen physischer Datenbanken, Erstellen von Datendiensten mittels Transact-SQL, Verwalten und Pflegen von Datenbanken, Konfigurieren und Verwalten der Sicherheit, Überwachen und Optimieren von Datenbanken sowie zum Installieren und Konfigurieren von Microsoft SQL Server unter Beweis stellen wollen.

- *Microsoft Certified Solution Developer (MCSD).* Dieser Titel qualifiziert zur Entwicklung kundenspezifischer Geschäftslösungen mithilfe von Microsoft-Entwicklungstools, -technologien und -plattformen, einschließlich Microsoft Office und Microsoft BackOffice.

- *Microsoft Certified Trainer (MCT).* Ein MCT verfügt über die didaktischen und technischen Kenntnisse, die für den Einsatz als Schulungsleiter im Rahmen des Microsoft Official Curriculum in einem Microsoft Certified Technical Education Center (CTEC) erforderlich sind.

Vorteile des Microsoft Certified Professional-Programms

Die Microsoft-Zertifizierung ist eines der umfassendsten Zertifizierungsprogramme für die Beurteilung und Vertiefung von Kenntnissen im Softwarebereich und stellt darüber hinaus einen zuverlässigen Maßstab für technische Fähigkeiten und Fachwissen dar. Um ein Microsoft-Zertifikat zu erhalten, muss der Bewerber anspruchsvolle Zertifizierungsprüfungen bestehen, in denen die Fähigkeit, mithilfe von Microsoft-Produkten bestimmte Aufgaben auszuführen und Lösungen zu entwickeln, unter Beweis zu stellen ist. Auf diese Weise wird nicht nur ein objektiver Maßstab für Arbeitgeber bereitgestellt, sondern auch Richtlinien für die Kenntnisse aufgestellt, über die Fachleute verfügen müssen. Die Zertifizierung bringt somit zahlreiche Vorteile für Bewerber, Arbeitgeber und Unternehmen mit sich.

Vorteile für den Einzelnen

Als Microsoft Certified Professional genießen Sie eine Reihe von Vorteilen:

- Industrieweite Anerkennung von Kenntnissen und Fähigkeiten im Umgang mit Microsoft-Produkten und -Technologien.
- Zugriff auf technische Informationen und Produktdokumentationen direkt von Microsoft über einen abgesicherten Bereich der MCP-Website.

- Logos, die Ihren Status als Microsoft Certified Professional beweisen.
- Einladungen zu Microsoft-Konferenzen, technischen Schulungen und speziellen Veranstaltungen.
- Ein MCP-Zertifikat.

Abhängig von Ihrem Zertifikat und Wohnort bieten sich noch weitere Vorteile:

- Microsoft TechNet und TechNet Plus: Falls Sie die CD-Version von TechNet bevorzugen, erhalten Sie im ersten Jahr nach der MCSE-Zertifizierung einen Rabatt von 50% auf den herkömmlichen Preis eines Ein-Jahres-Abonnements. (Die jeweiligen Lieferbedingungen entnehmen Sie bitte dem Begrüßungskit.)

Vorteile für Arbeitgeber und Unternehmen

Durch den Erwerb von Zertifikaten wird die Investitionsrentabilität von Microsoft-Technologie maximiert. Forschungsergebnisse bestätigen die folgenden Vorteile für Unternehmen:

- Sehr große Rentabilität der Investitionen für Schulungs- und Prüfungsausgaben durch Bereitstellen eines Standards für Schulungsanforderungen und Ergebnisbewertung.
- Gesteigerte Zufriedenheit des Kunden und sinkende Supportkosten durch verbesserten Service, gesteigerte Produktivität und größere technische Unabhängigkeit.
- Verlässliche Bewertungsmaßstäbe für Einstellung, Beförderung und Karriereplanung.
- Anerkennung und Belohnung von produktiven Mitarbeitern durch Bestätigung ihres Fachwissens.
- Weiterbildungsmöglichkeiten für schon länger beschäftigte Mitarbeiter, damit diese den effektiven Einsatz mit neuen Technologien erlernen.
- Qualitätssicherung beim Auslagern von Computerdiensten.

Weitere Informationen zu den Vorteilen der Zertifizierungsprogramme für Ihr Unternehmen können Sie den White Papers, Hintergrundinformationen sowie den Fallstudien entnehmen, die unter http://www.microsoft.com/mcp/mktg/bus_bene.htm zur Verfügung stehen:

- Das IDC-White Paper Financial Benefits to Supporters of Microsoft Professional Certification (1998wpidc.doc 1608 K)
- Prudential Case Study (prudentl.exe 70 K, selbstextrahierend)

- Microsoft Certified Professional Program Corporate Backgrounder (mcpback.exe 50 K)
- Ein White Paper (mcsdwp.doc 158 K) zum Zertifikat Microsoft Certified Solution Developer
- Ein White Paper (mcsestud.doc 161 K) zum Zertifikat Microsoft Certified Systems Engineer
- Fallstudie der Jackson Hole High School (jhhs.doc 180 K)
- Lyondel-Fallstudie (lyondel.doc 21 K)
- Stellcom-Fallstudie (stellcom.doc 132 K)

Voraussetzungen für den Erhalt des Microsoft Certified Professional-Zertifikats

Die Zertifizierungsvoraussetzungen unterscheiden sich je nach Zertifikat und wurden auf die spezifischen Produkte und die jeweiligen Zielgruppen abgestimmt.

Der Erhalt des Microsoft Certified Professional-Zertifikats setzt das Bestehen zahlreicher anspruchsvoller Prüfungen voraus. Auf diese Weise können die technische Kompetenz und das Fachwissen des Bewerbers zuverlässig eingeschätzt werden. Anhand der in Zusammenarbeit mit Spezialisten aus der Industrie entwickelten Prüfungen werden das Fachwissen und die Durchführung einer Aufgabe unter Verwendung eines bestimmten Produkts getestet. In den Prüfungsfragen wird die Verwendung von Microsoft-Produkten in Unternehmen demonstriert, wodurch die Aufgaben realistische Sachverhalte widerspiegeln.

Microsoft Certified Product Specialists müssen eine Prüfung zu einem Betriebssystem bestehen. Kandidaten, die ihre Kenntnisse über ein Microsoft BackOffice-Produkt, ein Entwicklungstool oder ein Desktopprogramm nachweisen möchten, müssen zusätzlich die entsprechende Prüfung zu diesem Programm ihrer Wahl absolvieren.

Microsoft Certified Professional + Internet Specialists müssen die vorgeschriebene Prüfung zu Microsoft Windows NT Server 4.0, TCP/IP und Microsoft Internet Information System ablegen.

Microsoft Certified Professionals mit dem Spezialgebiet Siteerstellung müssen zwei Prüfungen ablegen, in denen sie umfassende Kenntnisse und technische Kompetenz in Microsoft FrontPage, Microsoft Site Server und den Microsoft Visual InterDev-Technologien nachweisen.

Microsoft Certified Systems Engineers müssen eine Reihe von Prüfungen zu Microsoft Windows-Betriebssystemen und Netzwerkthemen und Prüfungen zu BackOffice-Themen ihrer Wahl ablegen.

Microsoft Certified Systems Engineers + Internet Specialists müssen ihre Kenntnisse und technische Kompetenz in sieben Prüfungen zu Betriebssystemen und zwei Prüfungen ihrer Wahl nachweisen.

Microsoft Certified Database Administrators müssen ihre Kenntnisse und technische Kompetenz in drei obligatorischen Prüfungen und einer Prüfung ihrer Wahl nachweisen.

Microsoft Certified Solution Developers müssen zwei Prüfungen zu Kerntechnologien der Microsoft Windows-Betriebssysteme sowie zwei Prüfungen ihrer Wahl zu BackOffice-Technologien ablegen.

Microsoft Certified Trainers müssen die didaktischen und technischen Voraussetzungen erfüllen, die für die Leitung des entsprechenden Kurses aus dem Microsoft Official Curriculum erforderlich sind. Weitere Informationen zum Erwerb dieses Titels finden Sie auf der Microsoft-Website unter http://www.microsoft.com/germany/training/trainer/mct/ oder wenden Sie sich diesbezüglich an eine Microsoft-Niederlassung in Ihrer Nähe.

Technische Schulung für Computerspezialisten

Die technische Schulung findet in unterschiedlichen Formen statt: Kurse mit Ausbildern, Onlineschulungen oder Kurse für das Selbststudium, die weltweit erhältlich sind.

Selbststudium

Für motivierte Studierende, die sich den Herausforderungen stellen, bietet das Selbststudium den flexibelsten und kostengünstigsten Weg zur Aneignung von Kenntnissen und Fähigkeiten.

Es steht ein umfassendes Angebot an Schulungsmaterialien für das Selbststudium sowohl in Buchform als auch als Onlinekurs direkt vom Anbieter – Microsoft Press – zur Verfügung. Die Kurspakete des Microsoft Official Curriculum wurden für fortgeschrittene Computerspezialisten entworfen und sind über Microsoft Press oder die Microsoft Developer Division erhältlich. Die Kurspakete zum Selbststudium von Microsoft Press bestehen aus gedrucktem Lehrmaterial in Kombination mit Produktsoftware auf CD, Multimediapräsentationen, Übungseinheiten und Übungsdateien.

Die Mastering Series bietet auf CD eine tief greifende, interaktive Schulung für erfahrene Entwickler. Beide Unterrichtsformen stellen effektive Vorbereitungsmöglichkeiten für die MCP-Prüfungen dar.

Onlineschulung

Eine flexible Alternative zu Schulungen durch Ausbilder stellen Onlineschulungen dar. Sie benötigen lediglich einen Internetanschluss, und schon können Sie einsteigen. Lernen Sie in dem von Ihnen gewählten Tempo und nach einem von Ihnen zusammengestellten Plan in einem virtuellen Klassenraum, mit einfachem Zugang zu einem Onlineausbilder. Um sich das geeignete Fachwissen anzueignen brauchen Sie also noch nicht einmal Ihren Schreibtisch zu verlassen. Die Onlineschulung deckt eine Vielzahl von Microsoft-Produkten und -Technologien ab. Die Schulungsoptionen reichen von Lehrinhalten des Microsoft Official Curriculum bis zu Inhalten, die bei keiner anderen Lehrmethode zur Verfügung stehen. Die Schulung steht auf Abruf bereit, und das rund um die Uhr. Die Onlineschulung wird von den Microsoft Certified Technical Education Centers bereitgestellt.

Microsoft Certified Technical Education Centers

Microsoft Certified Technical Education Centers (CTECs) sind die beste Quelle für Schulungen mit fachlicher Anleitung, die Ihnen bei der Vorbereitung auf die Prüfung zum Microsoft Certified Professional helfen. Das Microsoft CTEC-Programm ist ein weltweites Netzwerk qualifizierter technischer Schulungsorganisationen, die autorisiert sind, die Schulungen des Microsoft Official Curriculum für Computerfachleute unter der Anleitung von Microsoft-zertifizierten Kursleitern durchzuführen.

Weitere Informationen zu den CTEC-Standorten in Ihrer Nähe erhalten Sie unter **http://www.microsoft.com/germany/partner/ctec/** oder bei Ihrer lokalen Microsoft-Niederlassung.

Technischer Support

Bei der Erstellung dieses Buches wurde sorgfältig auf Fehlerfreiheit geachtet. Wenn Sie Fragen, Kommentare oder Vorschläge zu diesem Buch haben, senden Sie diese bitte per E-Mail an Microsoft Press:

E-Mail:
PRESSCD@MICROSOFT.COM

Korrekturen und zusätzliche Hinweise zu den Büchern von Microsoft Press finden Sie im World Wide Web unter der folgenden Adresse:

http://www.microsoft.com/germany/mspress

Beachten Sie bitte, das Sie unter den obigen Adressen keinen Produktsupport erhalten. Informationen zum Softwaresupport erhalten Sie unter der Adresse **http://www.microsoft.com/germany/support/**.

Wenn Sie Informationen zur Bestellung von Microsoft-Produkten benötigen, wenden Sie sich bitte telefonisch an die nächstgelegene Microsoft-Niederlassung oder besuchen Sie die Website von Microsoft unter **http://www.microsoft.com/germany**

KAPITEL 1

Einführung in Windows 2000

Lektion 1: Überblick über die Windows 2000-Plattform . . . 2

Lektion 2: Windows 2000 Professional . . . 6

Lektion 3: Windows 2000-Arbeitsgruppen und -Domänen . . . 14

Lektion 4: Anmeldung bei Windows 2000 . . . 19

Lektion 5: Das Dialogfeld Windows-Sicherheit . . . 23

Lernzielkontrolle . . . 25

Über dieses Kapitel

Dieses Buch enthält Erläuterungen, die Ihnen die Installation, Konfiguration und Verwaltung von Microsoft Windows 2000 Professional erleichtern sollen. Im vorliegenden Kapitel finden Sie einen Überblick über die neue Betriebssystemversion und ihre Einordnung in die Windows 2000-Produktfamilie, die sich aus vier Komponenten zusammensetzt: Windows 2000 Professional, Windows 2000 Server, Windows 2000 Advanced Server und Windows 2000 Datacenter Server.

Bevor Sie beginnen

Für dieses Kapitel sind keine Vorkenntnisse erforderlich.

Lektion 1: Überblick über die Windows 2000-Plattform

Die Windows 2000-Betriebssystemfamilie baut auf der Microsoft Windows NT-Technologie auf, erweitert sie aber um viele Funktionen und Eigenschaften. Diese Lektion bietet einen Überblick über die Windows 2000-Produktfamilie. Dabei werden vor allem die Hauptunterschiede zwischen den einzelnen Produkten erläutert und die Umgebung beschrieben, für die das jeweilige Produkt entwickelt wurde.

Am Ende dieser Lektion werden Sie in der Lage sein, die folgende Aufgabe auszuführen:

- Sie können die wichtigsten Merkmale von Windows 2000 beschreiben, einschließlich der speziellen Funktionen von Windows 2000 Professional und Windows 2000 Server.

Veranschlagte Zeit für die Lektion: 10 Minuten

Überblick über Windows 2000

Windows 2000 ist ein Mehrzweckbetriebssystem, das Client/Server- und Peer-To-Peer-Netzwerke unterstützt. Es bietet ein hohes Maß an Skalierbarkeit und kann sowohl in einem kleinen Netzwerk als auch in sehr großen Firmennetzwerken eingesetzt werden. Die in das Betriebssystem integrierten Technologien führen zu einer wesentlichen Verringerung der Gesamtbetriebskosten (abgekürzt als TCO für Total Cost Of Ownership). Unter den *Gesamtbetriebskosten* versteht man den Gesamtumfang an Geld und Zeit, der für den Erwerb der Computerhardware und -software sowie für deren Verteilung, Konfiguration und Verwaltung erforderlich ist. Zu den Gesamtbetriebskosten zählt auch der Aufwand für Hardware- und Softwareaufrüstungen, Schulung, Wartung, Verwaltung und technischen Support. Eine weitere wichtige Komponente, die bei den Gesamtbetriebskosten berücksichtigt werden muss, ist der Produktivitätsverlust, der verschiedene Gründe haben kann. Dazu zählen unter anderem Benutzerfehler, Hardwareprobleme oder Softwareaktualisierungen und der damit einher gehende Schulungsaufwand.

Die Windows 2000-Plattform besteht aus den folgenden vier Produkten:

- **Windows 2000 Professional** Dieses Produkt ist ein leistungsstarkes Desktop-Betriebssystem für Standalone-Computer und Clientcomputer in Firmennetzwerken. Es umfasst die wesentlichen Funktionen von Microsoft Windows 98, gleichzeitig wurden sie um Verwaltungsmöglichkeiten, Zuverlässigkeit, Sicherheit und Leistung von Windows NT Workstation Version 4 ergänzt und darüber hinaus erweitert und verbessert. Windows 2000 Professional ist das wichtigste Desktopbetriebssystem von Microsoft für Firmen und Organisationen jeder Größe.

- **Windows 2000 Server** Dieses Produkt ist ein Datei-, Druck- und Anwendungsserver und stellt gleichzeitig eine Webserver-Plattform bereit, die neben den Funktionen von Microsoft Windows 2000 Professional viele neue serverspezifische Funktionen unterstützt. Windows 2000 Server ist das ideale Produkt für die Anwendungsverteilung in kleinen bis mittelgroßen Firmen, für Webserver, Arbeitsgruppen und Agenturen.

- **Windows 2000 Advanced Server (früher Windows NT Server 5 Enterprise Edition)** Dieses Produkt ist ein noch leistungsfähigerer Abteilungs- und Anwendungsserver, der umfangreiche NOS- (Network Operating System) und Internetdienste bereitstellt. Da eine Beschreibung von Windows 2000 Advanced Server den Rahmen dieses Buches sprengen würde, wird hier nicht auf die spezifischen Funktionen dieses Produkts eingegangen.

- **Windows 2000 Datacenter Server** Dieses neue Produkt ist das leistungsfähigste Serverbetriebssystem, das bisher von Microsoft entwickelt wurde. Es wurde für große Data Warehouses, Wirtschaftsanalysen, umfangreiche wissenschaftliche und technische Simulationen und Projekte zur Serverkonsolidierung konzipiert. Auch eine Beschreibung von Windows 2000 Datacenter Server würde den Rahmen dieses Buches sprengen. Aus diesem Grund werden die für dieses Produkt spezifischen Funktionen hier nicht erläutert.

Tabelle 1.1 beschreibt die Merkmale und Vorteile von Windows 2000

Tabelle 1.1 Merkmale und Vorteile von Windows 2000

Merkmal	Vorteil
Geringere Gesamtbetriebskosten	Windows 2000 reduziert die Kosten für den Betrieb und die Verwaltung eines Netzwerks durch automatische Installation und Aufrüstung von Anwendungen und eine vereinfachte Konfiguration von Clientcomputern.
	Die Anzahl der Anfragen beim Support wird verringert, da die Microsoft Windows-Oberfläche den Benutzern und Administratoren bereits vertraut ist. Typisch für diese Oberfläche sind Assistenten, eine Hilfe mit interaktiven Elementen und zahlreiche andere benutzerfreundliche Funktionen.
	Der Administrator muss nicht jeden Desktop einzeln aufsuchen, um das Betriebssystem zu aktualisieren.
Sicherheit	Windows 2000 authentifiziert die Benutzer, bevor sie auf die Ressourcen oder Daten eines Computers oder Netzwerks zugreifen können.
	Das Betriebssystem sorgt für lokale und Netzwerksicherheit und überwacht den Zugriff auf Dateien, Ordner, Drucker und andere Ressourcen.

(Fortsetzung)

Merkmal	Vorteil
Verzeichnisdienste (nur bei Windows 2000 Server, Windows 2000 Advanced Server und Windows 2000 Datacenter verfügbar)	Mit diesen Diensten werden Informationen über Netzwerkressourcen (Benutzerkonten, Anwendungen, Drucker und Sicherheitsdaten usw.) gespeichert.
	Spezielle Dienste ermöglichen es den Benutzern, auf Ressourcen im gesamten Windows 2000-Netzwerk zuzugreifen und andere Benutzer, Computer und weitere Ressourcen ausfindig zu machen. Administratoren können mithilfe dieser Dienste Ressourcen verwalten und schützen.
	Dienste werden basierend auf der Active Directory-Technologie gespeichert und verwaltet. Die Active Directory-Dienste fungieren als Windows 2000-Verzeichnisdienst. Das Directory ist eine Datenbank, in der Informationen über Netzwerkressourcen (z. B. Computer und Drucker) gespeichert werden. Mithilfe der Verzeichnisdienste werden diese Informationen Benutzern oder Anwendungen zur Verfügung gestellt. Administratoren können mit den Active Directory-Verzeichnisdiensten den Zugriff auf die Ressourcen steuern.
Leistung und Skalierbarkeit	Auf Computern, die mit mehreren Mikroprozessoren ausgerüstet sind, wird SMP unterstützt. (SMP ist die Abkürzung für Symmetric Multiprocessing, Symmetrische Parallelverarbeitung.) Außerdem ist Multitasking für Systemprozesse und Programme möglich.
	Windows 2000 Professional unterstützt bis zu zwei Mikroprozessoren.
Netzwerk- und Kommunikationsdienste	Diese Dienste unterstützen die gängigen Netzwerkprotokolle (wie TCP/IP) und Netzwerkclientdienstprogramme, sorgen für die Konnektivität mit Novell NetWare, UNIX und AppleTalk und stellen ein DFÜ-Netzwerk bereit, das mobilen Benutzern die Einwahl in Windows 2000-Computer ermöglicht.
	Windows 2000 Professional ist auf eine eingehende DFÜ-Netzwerksitzung begrenzt. (Windows 2000 Server-Produkte unterstützen bis zu 256 eingehende DFÜ-Sitzungen, die gleichzeitig ausgeführt werden.)

(Fortsetzung)

Merkmal	Vorteil
Internetintegration	Windows 2000 integriert das Internet in die Benutzerdesktops, wodurch der Unterschied zwischen dem lokalen Computer und dem Internet überwunden wird. Benutzer können problemlos im Netzwerk, im Intranet und im Internet nach Ressourcen suchen und E-Mail-Nachrichten senden und empfangen.
	Windows 2000 Professional unterstützt einen persönlichen Webserver, der Benutzern die Bereitstellung einer persönlichen Website ermöglicht.
Integrierte Verwaltungstools	Windows 2000 unterstützt eine anpassbare Standardbenutzeroberfläche für die Verwaltung von lokalen und Remotecomputern.
	In die Standardoberfläche können Verwaltungstools von Fremdherstellern integriert werden.
Hardwareunterstützung	Windows 2000 unterstützt *USB (Universeller serieller Bus)*, einen externen Busstandard, der viele Einschränkungen beseitigt, die bei früheren Computerperipheriegeräten anzutreffen waren.
	Plug&Play-Hardware wird in Windows 2000 automatisch erkannt, installiert und konfiguriert.

Zusammenfassung der Lektion

In dieser Lektion haben Sie erfahren, dass Windows 2000 aus einer Familie mit vier separaten Produkten besteht. Dabei handelt es sich um Windows 2000 Professional, Windows 2000 Server, Windows 2000 Advanced Server und Windows 2000 Datacenter Server.

Lektion 2: Windows 2000 Professional

Windows 2000 Professional ist leichter zu bedienen und zu verwalten und besitzt gleichzeitig eine größere Kompatibilität sowie weitaus mehr Dateiverwaltungsmöglichkeiten und Sicherheitsfunktionen als frühere Windows-Versionen. In dieser Lektion erfahren Sie, wie in Windows 2000 Professional die Möglichkeiten früherer Windows-Versionen auf folgenden Gebieten verbessert wurden: Benutzerfreundlichkeit, vereinfachte Verwaltung, erhöhte Hardwareunterstützung, verbesserte Dateiverwaltung und erweiterte Sicherheitsfunktionen.

Am Ende dieser Lektion werden Sie in der Lage sein, die folgende Aufgabe auszuführen:

- Sie können die Funktionen und Erweiterungen von Windows 2000 Professional erläutern.

Veranschlagte Zeit für die Lektion: 15 Minuten

Benutzerfreundlichkeit

In Windows 2000 Professional wurden das Aussehen und die Funktionalität des Desktops, der Fenster und des Startmenüs geändert, um die Benutzerfreundlichkeit gegenüber früheren Versionen zu erhöhen. Außerdem verfügt Windows 2000 Professional über eine verbesserte Unterstützung mobiler Benutzer und neue Funktionen, die das Drucken vereinfachen und flexibler gestalten.

Erweiterungen der Benutzeroberfläche

Folgende Neuerungen und Funktionen führen zu einer Verbesserung der Benutzeroberfläche von Windows 2000 Professional:

- **Angepasstes Startmenü** Windows 2000 Professional verfügt über eine Option zur Anpassung von Menüs an benutzerspezifische Arbeitsweisen. Sie können damit beispielsweise das Menü *Programme* des Startmenüs so gestalten, dass darin nur diejenigen Programme angeboten werden, die Sie häufig benutzen. Anwendungen, die Sie nur selten aufrufen, werden ausgeblendet, sodass das Startmenü übersichtlicher wird. Informationen zu angepassten Startmenüs finden Sie in Kapitel 2.

- **Dialogfelder zum Anmelden und Beenden** Diese Dialogfelder verfügen nun über weniger, günstiger angeordnete Optionen und sind deshalb leichter zu bedienen. Informationen hierzu finden Sie in Kapitel 2.

- **Taskplaner** Mithilfe des erweiterten Taskplaners können Benutzer Skripts und Anwendungen zu einem bestimmten Zeitpunkt ausführen lassen. Informationen hierzu finden Sie in Kapitel 3.

Unterstützung mobiler Benutzer

Windows 2000 Professional unterstützt die neuesten Laptop-Technologien basierend auf APM (Advanced Power Management) und ACPI (Advanced Configuration and Power Interface). Die Stromversorgung des Monitors und der Festplatten wird unterbrochen, wenn diese längere Zeit nicht benutzt werden. Zum Auswechseln oder Entfernen von Komponenten muss der Computer nun nicht mehr ausgeschaltet werden. Auf Grund der Fähigkeiten von ACPI (Energieverwaltung, Funktionen zum Unterbrechen und Fortsetzen des Betriebs) verlängert sich die Lebensdauer der Batterien. Informationen zu APM und ACPI finden sie in Kapitel 24.

Folgende Funktionen dienen in Windows 2000 Professional zur Unterstützung mobiler Benutzer:

- **Netzwerkverbindungs-Assistent** Dieser Assistent konsolidiert alle Prozesse für die Erstellung von Netzwerkverbindungen. Benutzer können nun mit diesem Assistenten folgende Netzwerkfunktionen konfigurieren: DFÜ-Verbindungen zu einem privaten Netzwerk oder zum Internet, VPN-Verbindungen (VPN = Virtuelles Privates Netzwerk) über das Internet zu einem privaten Netzwerk, eingehende Anrufe und direkte Verbindungen zu einem anderen Computer. Informationen über den Netzwerkverbindungs-Assistenten finden Sie in Kapitel 21.
- **VPN-Unterstützung** Diese Funktion gewährleistet einen sicheren, externen Zugriff auf Firmennetzwerke, indem an Stelle einer DFÜ-Fernverbindung ein lokaler ISP (Internet Service Provider, Internetdienstanbieter) in Anspruch genommen wird. Informationen über die VPN-Unterstützung finden Sie in Kapitel 21.
- **Offlineordner** Mithilfe dieser Ordner können Sie Dokumente aus dem Netzwerk auf Ihren lokalen Computer kopieren. Die Dokumente können dann später bearbeitet werden, wenn keine Verbindung zum Netzwerk besteht. Informationen zu Offlineordnern finden Sie in Kapitel 24.
- **Synchronisationsverwaltung** Dieses Tool vergleicht Elemente im Netzwerk mit Elementen, die Sie im Offlinemodus geöffnet oder aktualisiert haben. Alle im Offlinemodus durchgeführten Änderungen an Dateien und Ordnern, Webseiten und E-Mail-Nachrichten werden in die entsprechenden Netzwerkversionen übernommen. Die Synchronisation wird durchgeführt, wenn Sie sich anmelden. Informationen zur Synchronisationsverwaltung finden Sie in Kapitel 24.

Verbesserte Druckmöglichkeiten

Die Druckmöglichkeiten in Windows 2000 Professional wurden erweitert, sodass nun ein flexibleres Druckernetzwerk genutzt werden kann. Folgende Druckfunktionen und Neuerungen stehen zur Verfügung:

- **IPP (Internet Printing Protocol)** Mit dieser Funktion können Benutzer Dokumente an jeden Drucker in einem Microsoft Windows 2000-Netzwerk senden, das mit dem Internet verbunden ist. Das Internetdrucken bietet folgende Vorteile:

  - Die Druckausgabe kann über ein Intranet oder das Internet an einen URL (Uniform Resource Locator) erfolgen.
  - Benutzer können mit jedem Browser Informationen zu Druckern und Druckjobs im HTML-Format (Hypertext Markup Language) anzeigen.
  - Druckertreiber können aus dem Internet heruntergeladen und installiert werden.

- **Druckerinstallations-Assistent** Dieser Assistent vereinfacht die Installation von lokalen und Netzwerkdruckern. Sie müssen nun nicht mehr den Systemordner *Drucker* öffnen oder Treibermodelle, Druckersprachen und Anschlüsse angeben, wenn Sie einen Drucker hinzufügen wollen. Informationen zum Druckerinstallations-Assistenten finden Sie in Kapitel 12.

- **ICM 2** Mithilfe dieser Farbverwaltungsfunktion können Sie qualitativ hochwertige Farbdokumente mit größerer Schnelligkeit und Zuverlässigkeit als bisher an einen Drucker oder einen anderen Computer senden. ICM 2 ist eine Betriebssystem-API, die dafür sorgt, dass die auf dem Bildschirm angezeigten Farben auf Scanner- und Druckerausgaben korrekt dargestellt werden.

Vereinfachte Verwaltung

Die Möglichkeiten zur Konfigurationsverwaltung von Windows 2000 sorgen für eine konsistentere Endbenutzerumgebung und stellen sicher, dass dem Benutzer alle erforderlichen Daten, Anwendungen und Betriebssystemeinstellungen zur Verfügung stehen.

Windows 2000 Professional verfügt hinsichtlich der Konfigurationsverwaltung über folgende Neuerungen:

- **Software-Assistent** Dieser Assistent vereinfacht die Installation und Deinstallation von Programmen. Die Benutzer können Anwendungen aus dem Firmennetzwerk oder dem Internet heraus installieren. Die Benutzeroberfläche besitzt zusätzliche Optionen, mit denen installierte oder verfügbare Anwendungen nach der Größe oder nach der Häufigkeit bzw. dem Zeitpunkt ihrer letzten Verwendung angezeigt werden können.

- **Windows Installer** Mit diesem Dienst können Anwendungen installiert, modifiziert, repariert und deinstalliert werden. Windows Installer stellt ein Standardformat für die Verwaltung von Komponenten eines Softwarepakets und eine API für die Verwaltung von Anwendungen und Tools bereit.

Tools für die Problembehandlung

Windows 2000 Professional bietet verschiedene Diagnose- und Problembehandlungstools, die den Umgang mit dem Betriebssystem erleichtern:

- **Kompatibilitätstool** Dieses Tool entdeckt Fehler und warnt den Benutzer, wenn installierte Anwendungen oder Komponenten das Fehlschlagen einer Aufrüstung verursachen könnten oder wenn die Gefahr besteht, dass eine Komponente nach der Aufrüstung nicht mehr funktionsfähig ist. Sie können dieses Tool aktivieren, indem Sie das Setup mit der Option */checkupgradeonly* starten. Nach der Überprüfung werden alle Elemente, die nicht mit Windows 2000 kompatibel sind, im Fenster *Systemkompatibilität* angezeigt. Informationen zu diesem Tool finden Sie in Kapitel 2.

- **Problembehandlungstools** Über die Online-Hilfe von Windows 2000 können verschiedene Problembehandlungs-Assistenten aufgerufen werden, die zur Lösung vieler allgemeiner Computerprobleme beitragen.

Erweiterte Hardwareunterstützung

Microsoft Windows 2000 Professional unterstützt gegenwärtig mehr als 7000 Hardwaregeräte (Infrarotgeräte, Scanner, digitale Kameras, Multimediageräte usw.), die von Windows NT Workstation 4 noch nicht unterstützt wurden. Windows 2000 Professional bietet hinsichtlich der Hardwareunterstützung folgende Erweiterungen:

- **Hardware-Assistent** Mit diesem Assistenten können Sie Peripheriegeräte installieren, deinstallieren, aufrüsten und auf Fehler überprüfen. Wenn ein Gerät nicht korrekt funktioniert, lässt sich mit diesem Assistenten der Betrieb des Geräts stoppen und das Gerät problemlos deinstallieren.

- **WDM (Win32 Driver Model)** Gerätetreiber, die auf diesem Modell basieren, können sowohl in Windows 98 als auch in Windows 2000 verwendet werden.

- **Plug&Play-Unterstützung** Die Plug&Play-Funktionalität wurde um folgende Möglichkeiten erweitert:
    - Automatische und dynamische Neukonfiguration installierter Hardware.
    - Laden geeigneter Treiber.
    - Registrierung von Gerätbenachrichtigungs-Ereignissen.
    - Austauschbare und demontierbare Geräte.

- **Energieoptionen** Mit diesen Optionen lässt sich ein unnötiger Stromverbrauch durch den Computer verhindern, da Komponenten nur bei Bedarf mit Strom versorgt werden. Welche Optionen verfügbar sind, hängt von der vorhandenen Hardware ab. Folgende Energiesparmodi stehen zur Verfügung:

  - **Standby** Monitor und Festplatten werden ausgeschaltet, sodass der Computer weniger Strom verbraucht.

  - **Ruhezustand** Monitor, Festplatten und der Computer selbst werden ausgeschaltet. Vorher werden die im Speicher vorhandenen Informationen auf Festplatte gespeichert. Nach dem Neustart wird der Desktop wieder in dem Zustand angezeigt, in dem er sich beim Ausschalten des Computers befunden hat.

Hinweis Microsoft Windows 2000 unterstützt DirectX 7. DirectX 7 stellt Low-Level-Anwendungs-APIs bereit, die eine hochleistungsfähige Medienbeschleunigung auf Microsoft Windows-Computern ermöglichen.

Symmetric Multiprocessing (SMP)

Windows 2000 ist ein Multiprocessing-Betriebssystem, das auf Computern mit mehreren Prozessoren ausgeführt werden kann. Windows 2000 Professional verfügt über SMP-Systemfunktionen (Symmetric Multiprocessing, Symmetrische Parallelverarbeitung) und unterstützt zwei Prozessoren. Das Betriebssystem geht davon aus, dass es sich um identische Prozessoren handelt, die auf den gleichen physischen Speicher zugreifen. Aus diesem Grund kann Windows 2000 alle Threads auf jedem Prozessor ausführen. Dabei spielt es keine Rolle, ob es sich bei dem Eigentümer des Thread um einen benutzer- oder systemspezifischen Prozess handelt.

Windows 2000 unterstützt außerdem die Prozessoraffinität, bei der ein Prozess oder Thread festlegen kann, dass er auf bestimmten Prozessoren ausgeführt werden soll. Wie die früheren Versionen von Windows NT verfügt auch Windows 2000 über APIs, die ein Prozess für die Prozessoraffinität nutzen kann. Diese APIs müssen in der Anwendung definiert sein, in der die Prozessoraffinität genutzt werden soll.

Windows 2000 richtet sich hinsichtlich der Planung auf einem Mehrfachprozessorsystem nach denselben Regeln wie auf einem System mit nur einem Prozessor. Aus diesem Grund werden immer die Threads ausgeführt, die die höchsten Priorität aufweisen.

Asymmetric Multiprocessing (ASMP)

Es gibt auch Systeme mit asymmetrischer Parallelverarbeitung, in denen sich die Prozessoren hinsichtlich des adressierten physischen Speicherraums oder in anderen Punkten voneinander unterschieden. In ASMP-Betriebssystemen werden bestimmte Prozesse (z. B. der Kernel) immer nur auf einem bestimmten Prozessor ausgeführt. ASMP wird von Windows 2000 nicht unterstützt.

Verbesserte Dateiverwaltung

Windows 2000 Professional weist wichtige Neuerungen bei der Dateiverwaltung auf. Die bestehende Dateiverwaltung wurde um folgende Funktionen erweitert:

- **NTFS-Dateisystem** Dieses System unterstützt die Dateiverschlüsselung und ermöglicht es, weitere NTFS-Datenträger zu installieren, ohne den Computer neu zu starten. Das System lässt die Überwachung verteilter Dateiverknüpfungen und benutzerbezogene Datenkontingente zu, um die Verwendung von Festplattenspeicher zu überwachen und zu begrenzen. Informationen zum NTFS-Dateisystem finden Sie in Kapitel 2.

- **FAT32-Dateisystem** Dieses System sorgt für die Kompatibilität mit Windows 95 OSR 2- und späteren Systemen. FAT32 ist eine erweiterte Version des FAT-Dateisystems, das für Festplattenlaufwerke mit mehr als 2 GB verwendet wird. Informationen zum FAT32-Dateisystem finden Sie in Kapitel 2.

- **Defragmentierungsprogramm** Dieses Programm ordnet auf der Festplatte des Computers verstreute Datei- und Programmfragmente neu zusammenhängend an, sodass Programme schneller ausgeführt und Dateien schneller geöffnet werden können. Informationen zum Defragmentierungsprogramm finden Sie in Kapitel 18.

- **Sicherungsprogramm** Dieses Programm bietet Schutz vor Datenverlusten, die auf Grund von Hardware- oder Speichermedienfehlern auftreten können. Das Sicherungsprogramm, das in Kapitel 19 ausführlich beschrieben wird, ermöglicht es Ihnen, den Zeitpunkt für automatische Sicherungen festzulegen. Sie können Daten auf vielen verschiedenen Speichermedien sichern, beispielsweise auf

    - Bandlaufwerken
    - externen Festplatten
    - ZIP-Laufwerken
    - beschreibbaren CDs
    - logischen Laufwerken.

- **Datenträger-Bereitstellungspunkte** Diese ermöglichen das Verbinden (Bereitstellen) eines lokalen Laufwerks mit einem leeren Ordner auf einem lokalen, NTFS-formatierten Datenträger.

Erweiterte Sicherheitsfunktionen

Windows 2000 Professional ist das sicherste Windows-Desktop-Betriebssystem für Standalone- oder in ein privates oder öffentliches Netzwerk eingebundene Computer. Windows 2000 Professional verfügt über die folgenden neuen und erweiterten Sicherheitsfunktionen:

- **Kerberos 5** Diese Funktion unterstützt Einzelanmeldungen und ermöglicht eine schnellere Authentifizierung und Netzwerkreaktion. Kerberos 5 ist das wichtigste Sicherheitsprotokoll für Domänen in Windows 2000.

- **EFS (Encrypting File System)** Dieses System erhöht die Sicherheit durch Verschlüsselung von auf der Festplatte gespeicherten Dateien. Auf diese Dateien können nur Personen zugreifen, die das korrekte Kennwort angeben.

- **IPSec (Internet Protocol Security)** Diese Funktion verschlüsselt den TCP/IP-Verkehr (Transmission Control Protocol/Internet Protocol), um die Kommunikation in einem Intranet abzusichern. Für den VPN-Verkehr über das Internet stellt IPSec die höchste Sicherheitsstufe dar.

- **Smartcard-Unterstützung** Smartcards ermöglichen Portabilität von vertraulichen und anderen privaten Informationen zwischen Computern im Büro, zu Hause und unterwegs. Bei Verwendung von Smartcards müssen wichtige Informationen wie Authenfizierungstickets und private Schlüsselwörter nicht über Netzwerke übertragen werden.

Zusammenfassung der Lektion

In Windows 2000 Professional wurden die Möglichkeiten früherer Windows-Versionen auf folgenden Gebieten erweitert und verbessert: Benutzerfreundlichkeit, vereinfachte Verwaltung, erhöhte Hardwareunterstützung, verbesserte Dateiverwaltung und erweiterte Sicherheitsfunktionen.

Zu den Verbesserungen im Hinblick auf die Benutzerfreundlichkeit gehören Änderungen in der Benutzeroberfläche, beispielsweise das persönlich angepasste Startmenü, in dem nur die häufig verwendeten Programme angeboten werden, und die einfacher bedienbaren Dialogfelder für die Anmeldung und Beendigung. Windows 2000 Professional unterstützt die neuesten Laptop-Technologien basierend auf APM und ACPI und stellt einen Netzwerkverbindungs-Assistenten und VPN-Unterstützung zur Verfügung. Mithilfe von Offlineordnern können Sie im Netzwerk gespeicherte Dokumente auf Ihren lokalen Computer kopieren, um im Offlinemodus Zugriff auf diese Dateien zu haben. Außerdem umfasst Windows 2000 Professional eine Synchronisationsverwaltung, die Elemente im Netzwerk mit denjenigen Elementen vergleicht, die Sie im Offlinemodus geöffnet oder aktualisiert haben, und diese dann synchronisiert.

Auch die Druckmöglichkeiten wurden in Windows 2000 Professional erweitert und verbessert. Mit IPP (Internet Printing Protocol) können Benutzer über ein Intranet oder über das Internet in einen URL drucken, mit jedem Browser Drucker- oder Druckjobinformationen im HTML-Format (Hypertext Markup Language) anzeigen und Druckertreiber aus dem Internet herunterladen und installieren. Der Druckerinstallations-Assistent von Windows 2000 Professional vereinfacht die Installation von lokalen und Netzwerkdruckern. Mit der Farbverwaltungsfunktion ICM 2 können Sie qualitativ hochwertige Farbdokumente mit größerer Schnelligkeit und Zuverlässigkeit als bisher an einen Drucker oder einen anderen Computer senden.

Windows 2000 vereinfacht auch die Einrichtung eines Computers. Mit einem Systemvorbereitungs-Tool können Sie ein Image einer Computerfestplatte erstellen und dieses dann verwenden, um die Festplatte mithilfe eines Fremdherstellerprogramms auf ähnlich konfigurierten Computern zu duplizieren. Ein Assistent zur Setupverwaltung führt Sie durch den Erstellungsprozess von Skripts, die eine unbeaufsichtigte Installation ermöglichen.

Microsoft Windows 2000 Professional unterstützt gegenwärtig mehr als 7000 Hardwaregeräte (Infrarotgeräte, Scanner, digitale Kameras, Multimediageräte usw.). Zu den weiteren Neuerungen gehören ein Hardware-Assistent, mit dem Sie Peripheriegeräte installieren, entfernen, aufrüsten und auf Fehler überprüfen können, die Unterstützung des Win32 Driver Model (WDM), auf Grund dessen Gerätetreiber, die in WDM geschrieben sind, sowohl für Windows 98 und als Windows 2000 verwendet werden können, eine erweiterte Plug&Play-Unterstützung, Energieoptionen, mit denen sich eine unnötiger Energieverbrauch des Computers verhindern lässt, sowie die Unterstützung von DirectX 7. Windows 2000 Professional ist SMP-fähig (SMP = Symmetric Multiprocessing). Das bedeutet, dass das Betriebssystem auf Computern ausgeführt werden kann, die mehr als einen Prozessor besitzen.

Zu den Neuerungen für die Dateiverwaltung gehören das Defragmentierungsprogramm für das NTFS-Dateisystem, sowie das NTFS-Dateisystem selbst, das eine Dateiverschlüsselung, die Überwachung verteilter Verknüpfungen und benutzerbezogene Datenkontingente unterstützt. Ein Sicherungsprogramm ermöglicht es Ihnen, Daten auf vielen verschiedenen Speichermedien zu sichern, beispielsweise auf Bandlaufwerken, externen Festplatten, ZIP-Laufwerken, beschreibbaren CDs und logischen Laufwerken.

Windows 2000 Professional ist das sicherste Windows-Desktop-Betriebssystem für eigenständige oder in ein privates oder öffentliches Netzwerk eingebundene Computer. Zu den neuen und verbesserten Sicherheitsfunktionen gehören die Unterstützung von Kerberos 5, das verschlüsselnde Dateisystem EFS, das die Sicherheit durch Verschlüsselung von Dateien auf der Festplatte erhöht, und IPSec (Internet Protocol Security), das den TCP/IP-Verkehr verschlüsselt und die höchste Sicherheitsstufe für den VPN-Verkehr im Internet darstellt.

Lektion 3: Windows 2000-Arbeitsgruppen und -Domänen

Windows 2000 unterstützt sichere Netzwerkumgebungen beliebiger Größe, in denen Benutzer Ressourcen gemeinsam nutzen können. Dabei wird zwischen zwei Arten von Netzwerken unterschieden: Arbeitsgruppen und Domänen.

Am Ende dieser Lektion werden Sie in der Lage sein, die folgende Aufgabe auszuführen:

- Sie können die wichtigsten Merkmale von Arbeitsgruppen und Domänen beschreiben.

Veranschlagte Zeit für die Lektion: 10 Minuten

Windows 2000-Arbeitsgruppen

Eine Windows 2000-*Arbeitsgruppe* ist eine logische Gruppe von Netzwerkcomputern, die Ressourcen (wie Dateien und Drucker) gemeinsam nutzen. Eine Arbeitsgruppe wird auch als *Peer-To-Peer-Netzwerk* bezeichnet, da alle Computer in der Arbeitsgruppe die Ressourcen ohne dedizierten Server gleichberechtigt verwenden. Jeder Computer in der Arbeitsgruppe, auf dem entweder Windows 2000 Professional oder Windows 2000 Server installiert ist, verwaltet eine Sicherheitsdatenbank (wie in Abbildung 1.1 gezeigt). Eine lokale *Sicherheitsdatenbank* besteht aus einer Liste mit Benutzerkonten und Informationen über die Ressourcensicherheit auf dem Computer, auf dem sich die Datenbank befindet. Die Verwaltung der Benutzerkonten und der Ressourcensicherheit einer Arbeitsgruppe erfolgt demnach dezentral.

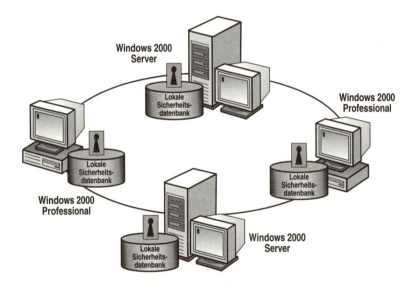

Abbildung 1.1 Eine Windows 2000-Arbeitsgruppe

Da in Arbeitsgruppen Verwaltung und Sicherheit dezentralisiert sind, gilt Folgendes:

- Ein Benutzer muss auf *jedem* Computer, auf den er zugreifen will, ein Benutzerkonto besitzen.
- Änderungen an Benutzerkonten (z. B. die Änderung eines Kennworts oder das Hinzufügen eines neuen Benutzerkontos) müssen auf *allen* Computern der Arbeitsgruppe durchgeführt werden. Wenn Sie beim Anlegen eines neuen Benutzerkontos einen Computer vergessen, kann sich der neue Benutzer bei diesem Computer nicht anmelden und nicht auf die dort vorhandenen Ressourcen zugreifen.

Eine Windows 2000-Arbeitsgruppe hat folgende Vorteile:

- Es auf keinem Computer Windows 2000 Server installiert sein, da keine zentralisierten Sicherheitsinformationen gespeichert werden müssen.
- Eine Arbeitsgruppe lässt sich einfach konzipieren und implementieren. Es ist keine umfangreiche Planung und Verwaltung erforderlich, wie dies bei einer Domäne der Fall ist.
- Arbeitsgruppen eignen sich sehr gut für eine überschaubare Anzahl von Computern, die nicht weit voneinander entfernt sind. In Umgebungen mit mehr als zehn Computern wird eine Arbeitsgruppe jedoch ineffektiv.

Hinweis Ein Arbeitsgruppencomputer, auf dem Windows 2000 Server installiert ist, wird als *eigenständiger Server* bezeichnet.

Windows 2000-Domänen

Eine Windows 2000-*Domäne* ist eine logische Gruppe von Netzwerkcomputern, die eine zentrale Verzeichnisdatenbank gemeinsam nutzen (siehe Abbildung 1.2). Die *Verzeichnisdatenbank* enthält Benutzerkonten und Sicherheitsinformationen für diese Domäne. Die Verzeichnisdatenbank wird als *Directory* bezeichnet und stellt den Datenbankteil der Active Directory-Verzeichnisdienste dar, die als Windows 2000-Verzeichnisdienst fungieren.

In einer Domäne befindet sich das Directory auf denjenigen Computern, die als Domänencontroller konfiguriert sind. Ein *Domänencontroller* ist ein Server, auf dem die sicherheitsbezogenen Aspekte der Benutzer-/Domänen-Interaktionen verwaltet werden. Sicherheit und Verwaltung sind somit zentralisiert.

Hinweis Als Domänencontroller kann ein Computer nur dann konfiguriert werden, wenn auf ihm Windows 2000 Server, Windows 2000 Advanced Server oder Windows 2000 Datacenter ausgeführt wird. Wenn auf allen Computern im Netzwerk Windows 2000 Professional läuft, ist als Netzwerktyp nur die Arbeitsgruppe verfügbar.

Der Begriff Domäne bezieht sich nicht auf einen bestimmten Standort oder eine spezielle Art der Netzwerkkonfiguration. Die Computer in einer Domäne können sich in einem LAN (Local Area Network) in physischer Nachbarschaft befinden oder über die ganze Welt verstreut sein. Die Kommunikation kann über verschiedene Verbindungen erfolgen, Telefonleitungen, ISDN-Verbindungen (Integrated Services Digital Network), Glasfaserleitungen, Ethernet-Leitungen, Token-Ring-Verbindungen, Frame Relay-Verbindungen, Satellitenverbindungen oder Standleitungen.

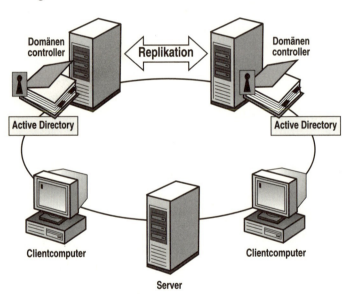

Abbildung 1.2 Eine Windows 2000-Domäne

Domänen haben folgende Vorteile:

- Eine Domäne ermöglicht eine zentrale Verwaltung, da alle Benutzerinformationen an einem Ort gespeichert sind.
- Benutzer müssen nur einen einzigen Anmeldeprozess ausführen, um auf die Netzwerkressourcen (wie Dateien, Drucker und Anwendungen) zugreifen zu können, für die sie Zugriffsberechtigungen besitzen. Das bedeutet, dass sich

ein Benutzer bei einem Computer anmelden und Ressourcen auf einem anderen Computer im Netzwerk nutzen kann, wenn er über die entsprechende Zugriffsberechtigung für die jeweilige Ressource verfügt.
- Eine Domäne ist unbegrenzt erweiterbar, sodass sehr große Netzwerke eingerichtet werden können.

Eine typische Windows 2000-Domäne weist folgende Computertypen auf:

- **Domänencontroller, auf denen Windows 2000 Server ausgeführt wird**
  Jeder Domänencontroller speichert und verwaltet eine Kopie des Directory. Sie legen in einer Domäne pro Benutzer nur ein Benutzerkonto an, das dann von Windows 2000 im Directory gespeichert wird. Wenn sich ein Benutzer bei einem Computer in der Domäne anmeldet, sucht der Domänencontroller im Directory nach Benutzername, Kennwort und Anmeldebeschränkungen, um den Benutzer zu authentifizieren. Wenn in einer Domäne mehrere Domänencontroller vorhanden sind, replizieren diese in regelmäßigen Abständen den Inhalt ihres Directory.

- **Mitgliedsserver, auf denen Windows 2000 Server ausgeführt wird** Ein Mitgliedsserver ist ein Server, der nicht als Domänencontroller konfiguriert ist. Auf ihm werden keine Directory-Informationen gespeichert und er kann keine Benutzer authentifizieren. Mitgliedsserver stellen gemeinsam nutzbare Ressourcen wie Dateien und Drucker bereit.

- **Clientcomputer, auf denen Windows 2000 Professional ausgeführt wird**
  Auf Clientcomputern wird die Desktopumgebung des Benutzers ausgeführt. Von hier aus können die Benutzer auf die Ressourcen in der Domäne zugreifen.

Zusammenfassung der Lektion

In dieser Lektion haben Sie Windows 2000-Arbeitsgruppen und -Domänen kennen gelernt. Eine Windows 2000-Arbeitsgruppe ist ein logische Gruppe von Netzwerkcomputern, die Ressourcen, wie Dateien und Drucker, gemeinsam nutzen. Eine Arbeitsgruppe wird auch als Peer-To-Peer-Netzwerk bezeichnet, da alle Computer in der Arbeitsgruppe die Ressourcen gleichberechtigt ohne dedizierten Server verwenden. Sicherheitsinformationen und Verwaltung sind in einer Arbeitsgruppe nicht zentralisiert, da jeder Computer eine eigene Liste mit Benutzerkonten und Informationen über die Ressourcensicherheit verwaltet.

Eine Windows 2000-Domäne ist eine logische Gruppe von Netzwerkcomputern, die eine zentrale Verzeichnisdatenbank gemeinsam nutzen, in der Benutzerkonten und Sicherheitsinformationen für die Domäne enthalten sind. Diese Verzeichnisdatenbank wird Directory genannt und stellt den Datenbankteil der Active Directory-Verzeichnisdienste dar, die als Windows 2000-Verzeichnisdienst fungieren.

In einer Domäne sind Sicherheitsinformationen und Verwaltung zentralisiert, da sich das Directory auf Domänencomputern befindet, auf denen die sicherheitsbezogenen Aspekte von Benutzer-/Domänen-Interaktionen verwaltet werden. Zur Erstellung einer Domäne muss mindestens ein Computer vorhanden sein, auf dem Windows 2000 Server ausgeführt wird und auf dem Active Directory-Verzeichnisdienste installiert sind.

Lektion 4: Anmeldung bei Windows 2000

In dieser Lektion wird das Dialogfeld *Windows-Anmeldung* erläutert und beschrieben, wie Windows 2000 während der Anmeldung die Identität des Benutzers überprüft. Durch diesen obligatorischen Authentifizierungsprozess wird sichergestellt, dass auf die Ressourcen und Daten eines Computers bzw. eines Netzwerks nur Benutzer zugreifen können, die über die entsprechende Berechtigung verfügen.

Am Ende dieser Lektion werden Sie in der Lage sein, die folgenden Aufgaben auszuführen:

- Sie können die Merkmale und Funktionen des Dialogfelds *Windows-Anmeldung* beschreiben.
- Sie können erklären, wie Windows 2000 einen Benutzer authentifiziert, der sich lokal oder bei einer Domäne anmeldet.

Veranschlagte Zeit für die Lektion: 10 Minuten

Lokale Anmeldung beim Computer

Für die Anmeldung bei einem Computer, auf dem Windows 2000 ausgeführt wird, ist die Angabe eines Benutzernamens und eines Kennworts erforderlich. Während des Anmeldevorgangs überprüft das Betriebssystem die Identität des Benutzers. Auf die Ressourcen und Daten eines Computers oder eines Netzwerks können nur Benutzer zugreifen, die die erforderliche Berechtigung besitzen. Windows 2000 führt diese Authentifizierung für Benutzer durch, die sich bei einem lokalen Computer oder bei einer Domäne anmelden.

Eine lokale Anmeldung ist auf folgenden Computern möglich:

- Computer, die Mitglieder einer Arbeitsgruppe sind.
- Computer, die Mitglieder einer Domäne aber kein Domänencontroller sind. Der Name des gewünschten Computers kann im Feld *Anmelden an* des Dialogfelds *Kennwort eingeben* ausgewählt werden.

Hinweis Ein lokale Anmeldung bei Domänencontrollern ist nicht möglich, da diese keine lokale Sicherheitsdatenbank verwalten und somit auch keine lokalen Benutzerkonten zur Verfügung stellen.

Nach dem Einschalten eines Computers, auf dem Windows 2000 Professional läuft, werden Sie zur Angabe eines Benutzernamens und eines Kennworts aufgefordert. Die entsprechenden Eingaben nehmen Sie im Dialogfeld *Windows-Anmeldung* vor, das in Abbildung 1.3 dargestellt ist.

Das Dialogfeld *Windows-Anmeldung* enthält die Schaltfläche *Optionen*, mit der Sie weitere Anmeldeoptionen ein- und ausblenden können. In Tabelle 1.2 finden Sie eine Beschreibung der im Dialogfeld *Windows-Anmeldung* enthaltenen Optionen.

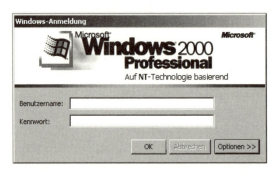

Abbildung 1.3 Das Dialogfeld *Windows-Anmeldung*

Tabelle 1.2 Optionen im Dialogfeld *Windows-Anmeldung*

Option	Beschreibung
Benutzername	Ein eindeutiger Anmeldename für einen Benutzer, der von einem Administrator festgelegt wurde. Damit sich ein Benutzer mit diesem Namen bei einer Domäne anmelden kann, muss sich das Benutzerkonto im Directory befinden.
Kennwort	Das Kennwort, das dem Benutzerkonto zugeordnet ist. Das Betriebssystem stellt anhand des Kennworts die Identität des Benutzers fest.
	Bei Kennwörtern wird zwischen Groß- und Kleinschreibung unterschieden. Aus Sicherheitsgründen werden bei der Eingabe des Kennworts im Feld *Kennwort* nur Sternchen (*) angezeigt. Um Unbefugte am Zugriff auf Ressourcen und Daten zu hindern, müssen die Benutzer ihr Kennwort geheim halten.
Über das DFÜ-Netzwerk anmelden	Dieses Kontrollkästchen wird angezeigt, wenn Sie auf die Schaltfläche *Optionen* klicken. Es ermöglicht den Verbindungsaufbau zu einem Domänenserver über eine DFÜ-Verbindung. Die Benutzer können sich von einem Remotestandort aus beim Server anmelden und mit dessen Daten arbeiten.
Herunterfahren	Diese Schaltfläche wird nach dem Klicken auf die Schaltfläche *Optionen* angezeigt. Wenn Sie auf *Herunterfahren* klicken, werden alle Dateien geschlossen und alle Betriebssystemdaten gespeichert. Der Computer befindet sich dann in einem Zustand, in dem er ohne Gefahr eines Datenverlusts ausgeschaltet werden kann.

(Fortsetzung)

Option	Beschreibung
Optionen	Mit dieser Schaltfläche können Sie die Dropdownliste *Anmelden an*, das Kontrollkästchen *Über das DFÜ-Netzwerk anmelden* und die Schaltfläche *Herunterfahren* ein- und ausblenden (siehe Abbildung 1.4).

Abbildung 1.4 Das erweiterte Dialogfeld *Windows-Anmeldung*

Der Authentifizierungsprozess von Windows 2000

Damit Benutzer auf einen Windows 2000-Computer und seine Ressourcen zugreifen können, müssen sie einen Benutzernamen und ein Kennwort eingeben.

Die Methode, die Windows 2000 zur Authentifizierung eines Benutzers verwendet, hängt davon ab, ob er sich lokal oder bei einer Domäne anmeldet. Abbildung 1.5 zeigt den Ablauf einer Benutzerauthentifizierung.

Abbildung 1.5 Der Windows 2000-Authentifizierungsprozess

Bei einer lokalen Anmeldung umfasst der Authentifizierungsprozess folgende Schritte:

1. Der Benutzer gibt die erforderlichen Informationen ein (Benutzername und Kennwort). Windows 2000 übergibt diese Informationen an das Sicherheitssystem des lokalen Computers.

2. Windows 2000 vergleicht die Anmeldeinformationen mit den Daten, die für den Benutzer in der lokalen Sicherheitsdatenbank gespeichert sind.

    Das Sicherheitssystem des lokalen Computers enthält die lokale Sicherheitsdatenbank, auf die Windows 2000 zur Überprüfung der Anmeldeinformationen zugreift.

3. Wenn die eingegebenen Informationen mit den Daten des entsprechenden Benutzerkontos übereinstimmen, erstellt Windows 2000 ein Zugriffstoken für den Benutzer.

    Das Zugriffstoken identifiziert den Benutzer auf dem lokalen Computer und enthält die Sicherheitseinstellungen des Benutzers. Diese Einstellungen bestimmen, auf welche Computerressourcen der Benutzer zugreifen kann und welche Systemoperationen er ausführen darf.

Hinweis Eine Authentifizierung findet nicht nur bei der Anmeldung statt, sondern bei jeder Verbindung, die zu einem Computer hergestellt wird. Dabei wird jeweils ein Zugriffstoken bereitgestellt. Dieser Authentifizierungsprozess erfolgt im Hintergrund und ist für den Benutzer nicht sichtbar.

Zusammenfassung der Lektion

In dieser Lektion haben Sie erfahren, dass beim Start eines Computers, auf dem Windows 2000 Professional läuft, das Dialogfeld *Windows-Anmeldung* angezeigt wird. Sie haben gelernt, dass zur Anmeldung die Eingabe eines gültigen Benutzernamens und eines gültigen Kennworts erforderlich ist, und welche Bedeutung die Optionen im Dialogfeld *Windows-Anmeldung* haben.

Benutzer können sich beim lokalen Computer oder bei einer Domäne anmelden (vorausgesetzt, der Computer ist Mitglied einer Domäne). Der Authentifizierungsprozess ist in beiden Fällen ähnlich. Wenn die Anmeldung lokal erfolgt, wird die Authentifizierung vom lokalen Computer durchgeführt. Meldet sich ein Benutzer bei einer Domäne an, nimmt der Domänencontroller die Authentifizierung vor. Bei einer lokalen Anmeldung überprüft Windows 2000 die eingegebenen Anmeldeinformationen anhand der Sicherheitsdatenbank auf dem lokalen Computer. Wenn sich ein Benutzer bei einer Domäne anmeldet, greift Windows 2000 zur Überprüfung der Anmeldedaten auf eine Kopie des Directory zu, die sich auf einem Domänencontroller befindet.

Lektion 5: Das Dialogfeld Windows-Sicherheit

Diese Lektion befasst sich mit den Optionen und der Funktionsweise des Dialogfelds *Windows-Sicherheit*.

Am Ende dieser Lektion werden Sie in der Lage sein, die folgende Aufgabe auszuführen:

- Sie können die Merkmale und Funktionen des Dialogfeld *Windows-Sicherheit* beschreiben.

Veranschlagte Zeit für die Lektion: 5 Minuten

Das Dialogfeld Windows-Sicherheit verwenden

Das Dialogfeld *Windows-Sicherheit* enthält Informationen zum Konto des aktuell angemeldeten Benutzers und zur Domäne bzw. zum Computer, bei der (dem) der Benutzer angemeldet ist. Diese Informationen sind für Benutzer wichtig, die über mehrere Benutzerkonten verfügen (z. B. ein normales Konto und eines mit Administratorrechten).

Sie können das Dialogfeld *Windows-Sicherheit* einblenden, indem Sie die Tastenkombination Strg+Alt+Entf drücken. Abbildung 1.6 zeigt dieses Dialogfeld. In Tabelle 1.3 finden Sie eine Beschreibung der im Dialogfeld enthaltenen Optionen.

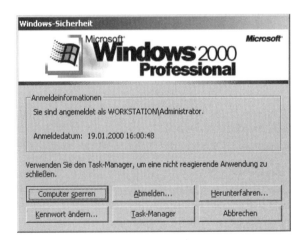

Abbildung 1.6 Das Dialogfeld *Windows-Sicherheit*

Tabelle 1.3 Optionen im Dialogfeld *Windows-Sicherheit*

Option	Beschreibung
Computer sperren	Der Computer wird gesperrt, ohne dass eine Abmeldung erfolgt. Die Ausführung aller Programme wird fortgesetzt. Sie können diese Option aktivieren, wenn Sie Ihren Arbeitsplatz für kurze Zeit verlassen.
	Um einen gesperrten Computer wieder zu aktivieren, müssen Sie ein gültiges Kennwort in das Feld *Kennwort* eingeben.
	Ein Administrator kann die Sperre eines Computers aufheben und gleichzeitig den aktuellen Benutzer abmelden.
Abmelden	Der aktuelle Benutzer wird abgemeldet und alle laufenden Programme werden beendet. Windows 2000 wird aber weiter ausgeführt.
Herunterfahren	Alle Dateien werden geschlossen und alle Betriebssystemdaten gespeichert. Der Computer befindet sich anschließend in einem Zustand, in dem er ohne Gefahr eines Datenverlusts ausgeschaltet werden kann.
Kennwort ändern	Das Kennwort für das Benutzerkonto kann geändert werden. Um ein neues Kennwort festzulegen, müssen Sie das alte Kennwort kennen. Sie können Ihr Kennwort nur mithilfe dieser Option ändern.
	Ihr Kennwort kann auch vom Administrator geändert werden.
Task-Manager	Im Task-Manager werden alle aktuell ausgeführten Programme, die gesamte CPU- und Speichernutzung sowie die Nutzung der CPU- und Speicherressourcen durch die einzelnen Programme, Programmkomponenten und Systemprozesse angezeigt.
	Sie können mit dem Task-Manager auch zwischen Programmen wechseln und Anwendungen beenden, die nicht mehr reagieren.
Abbrechen	Das Dialogfeld *Windows-Sicherheit* wird geschlossen.

Zusammenfassung der Lektion

In dieser Lektion haben Sie erfahren, dass Sie durch Drücken der Tasten Strg+Alt+Entf das Dialogfeld *Windows-Sicherheit* anzeigen können. Dieses Dialogfeld enthält Informationen zum Konto des aktuell angemeldeten Benutzers und zur Domäne bzw. zum Computer, bei der (dem) der Benutzer angemeldet ist. Sie haben gelernt, wie man mit den Optionen des Dialogfelds *Windows-Sicherheit* einen Computer sperrt, das Kennwort ändert, sich beim Computer abmeldet, ohne Windows 2000 zu beenden, den Computer herunterfährt und den Task-Manager verwendet.

Lernzielkontrolle

 Mithilfe der folgenden Fragen können Sie feststellen, ob Sie genug gelernt haben, um mit dem nächsten Kapitel fortfahren zu können. Wenn Ihnen die Beantwortung der Fragen Schwierigkeiten bereitet, sollten Sie das vorliegende Kapitel noch einmal lesen, bevor Sie mit der Lektüre des nächsten Kapitels beginnen. In Anhang A finden Sie die Antworten zu den folgenden Fragen.

1. Welcher Hauptunterschied besteht zwischen einer Arbeitsgruppe und einer Domäne?

2. Was versteht man unter den Active Directory-Verzeichnisdiensten und welche Aufgabe erfüllen sie?

3. Welche Informationen muss ein Benutzer eingeben, um sich bei einem Computer anzumelden?

4. Was geschieht, wenn sich ein Benutzer lokal bei einem Computer anmeldet?

5. Wie wird das Dialogfeld *Windows-Sicherheit* verwendet?

KAPITEL 2

Windows 2000 Professional installieren

Lektion 1: So fangen Sie am besten an . . . 28

Lektion 2: Windows 2000 von CD-ROM installieren . . . 38

Lektion 3: Windows 2000 über Netzwerk installieren . . . 50

Lektion 4: Probleme im Installationsprozess beheben . . . 57

Lernzielkontrolle . . . 60

Über dieses Kapitel

In diesem Kapitel erfahren Sie, wie Sie die Installation von Windows 2000 Professional vorbereiten.

Bevor Sie beginnen

Sie benötigen folgende Dinge:

- Einen Rechner, der die im Abschnitt *Hardwarevoraussetzungen* des Kapitels *Zu diesem Buch* angegebenen Mindestvoraussetzungen erfüllt.
- Eine Windows 2000 Professional-CD-ROM.
- Vier 3,5-Zoll-Disketten zum Erstellen der Setupdisketten, wenn Ihr Computer kein El Torito-kompatibles CD-ROM-Laufwerk besitzt, mit dem Sie Ihren Computer von der Windows 2000 Professional CD-ROM starten können.

Lektion 1: So fangen Sie am besten an

Bei der Installation von Windows 2000 Professional werden Sie von dem Windows 2000-Setupprogramm aufgefordert anzugeben, wie das Betriebssystem installiert und konfiguriert werden soll. Sie müssen sich daher gut vorbereiten, um Probleme während und nach der Installation zu vermeiden.

Am Ende dieser Lektion werden Sie in der Lage sein, die folgenden Aufgaben auszuführen:

- Sie können die der Installation vorangehenden Aufgaben erledigen, beispielsweise die erforderliche Hardware bestimmen und die Informationen beschaffen, die für die Installation von Microsoft Windows 2000 Professional notwendig sind.

Veranschlagte Zeit für die Lektion: 30 Minuten

Vor der Installation

Bevor Sie mit der Installation beginnen, müssen Sie folgende Aufgaben erledigen:

- Stellen Sie fest, welche Hardware zur Installation von Windows 2000 Professional erforderlich ist und sorgen Sie dafür, dass Ihre Hardware den Anforderungen entspricht.
- Überprüfen Sie, ob Ihre Hardware in der Hardwarekompatibilitätsliste (HCL) aufgeführt ist.
- Legen Sie fest, wie Sie die Festplatte, auf der Sie Windows 2000 installieren werden, partitionieren wollen.
- Wählen Sie ein Dateisystem für die Partition, auf der Sie Windows 2000 installieren.
- Überlegen Sie, ob Ihr Computer zu einer Domäne oder Arbeitsgruppe gehören wird.
- Erstellen Sie eine Checkliste mit allen Aufgaben, die Sie vor der Installation erledigen müssen, damit Sie die Installation sicher und erfolgreich durchführen können.

Hardwareanforderungen

Sie müssen die Mindestanforderungen kennen, die zur Installation und bei der Ausführung von Windows 2000 Professional an die Hardware gestellt werden, damit Sie entscheiden können, ob Ihre Hardware diesen Anforderungen entspricht (siehe Abbildung 2.1 und Tabelle 2.1). Stellen Sie sicher, dass Ihre Hardware diese Anforderungen erfüllt oder sie sogar übertrifft.

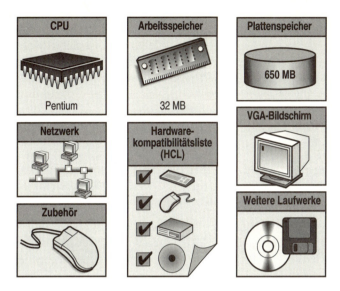

Abbildung 2.1 Mindestanforderungen bezüglich der Hardware

Tabelle 2.1 Hardwareanforderungen von Windows 2000 Professional

Komponente	Anforderungen
CPU	Pentium-Prozessor
Arbeitsspeicher	32 MB
	64 MB empfehlenswert
Festplattenspeicherplatz	Eine oder mehrere Festplatten mit mindestens 650 MB (empfohlen werden 2 GB) auf der Partition, auf der sich die Systemdateien befinden werden.
Netzwerk	Netzwerkadapterkarte
Bildschirm	Grafikkarte und Bildschirm mit VGA-Auflösung (VGA = Video Graphics Adapter) oder besser
Weitere Laufwerke	CD-ROM-Laufwerk, empfohlen wird die Geschwindigkeit 12X oder schneller (nicht notwendig, wenn Sie Windows 2000 über ein Netzwerk installieren
Zubehör	Tastatur und Maus oder ein anderes Zeigegerät

Hardwarekompatibilitätsliste

Bevor Sie Windows 2000 installieren, müssen Sie überprüfen, ob Ihre Hardware in der Windows 2000 Hardwarekompatibilitätsliste (HCL) enthalten ist. Nur für Geräte, die in dieser Liste aufgeführt sind, stellt Microsoft getestete Treiber zur Verfügung. Wenn Sie Hardware verwenden, die nicht in der Liste enthalten ist, können während und nach der Installation Probleme auftreten.

Sie finden die Liste in der Datei mit dem Namen *Hcl.txt* auf der Windows 2000 Professional CD-ROM im Ordner *Support*.

Die jeweils aktuelle Version der HCL für bereits auf dem Markt verfügbare Betriebssysteme finden Sie auch im Internet auf der Website von Microsoft (http://www.microsoft.com).

Hinweis Microsoft unterstützt nur Geräte, die in der HCL aufgelistet sind. Wenn Sie Hardware besitzen, die nicht in der Liste enthalten ist, fragen Sie bitte beim Hersteller nach, ob ein Treiber für Windows 2000 erhältlich ist.

Festplattenpartitionen

Das Setupprogramm von Windows 2000 prüft zunächst die bestehende Konfiguration der Festplatte. Sie können Windows 2000 dann entweder auf einer bereits vorhandenen Partition installieren oder eine neue Partition erstellen, auf der es installiert werden soll.

Eine neue Partition erstellen oder eine vorhandene Partition verwenden

Mit dem Setupprogramm können Sie ganz flexibel entscheiden, wie die Festplatte konfiguriert werden soll, bevor das Betriebssystem Windows 2000 installiert wird. Je nach Konfiguration der Festplatte können Sie während der Installation eine der folgenden Möglichkeiten auswählen:

- Wenn die Festplatte nicht partitioniert ist, müssen Sie die Partition, auf der Windows 2000 installiert werden soll, erstellen und ihre Größe festlegen.
- Wenn die Festplatte zwar bereits partitioniert ist, aber noch genügend nicht partitionierter Speicherplatz vorhanden ist, können Sie die Windows 2000-Partition in diesem nicht partitionierten Bereich einrichten.
- Wenn eine bestehende Partition auf der Festplatte groß genug ist, können Sie Windows 2000 auf dieser Partition installieren. Dabei werden allerdings alle auf dieser Partition gespeicherten Daten überschrieben.
- Wenn die Festplatte bereits partitioniert ist, können Sie die Partitionierung auch löschen, um mehr nicht partitionierten Speicherplatz zu erhalten, auf dem Sie dann die Windows 2000-Partition einrichten können.

Den restlichen freien Speicherplatz konfigurieren

Mit dem Setupprogramm können Sie zwar auch weitere Partitionen erstellen, Sie sollten jedoch nur die eine Partition einrichten und in der Größe festlegen, auf der Sie Windows 2000 installieren werden. Nachdem Sie Windows 2000 installiert haben, können Sie dann mit dem Datenträgerverwaltungsprogramm den restlichen, noch nicht partitionierten Speicherplatz auf der Festplatte partitionieren.

Die Größe der Partition für Windows 2000 festlegen

Microsoft empfiehlt, Windows 2000 auf einer Partition von mindestens 1 GB Größe zu installieren. Die Mindestanforderung zur Installation von Windows 2000 liegt zwar bei nur 650 MB, aber wenn Sie eine größere Partition verwenden, haben Sie noch Platzreserven für die Zukunft. Sollte es dann einmal notwendig werden, können Sie zusätzlich Updates für Windows 2000, Hilfsprogramme für das Betriebssystem oder andere von Windows 2000 benötigte Dateien installieren.

Dateisysteme

Nachdem Sie die Installationspartition erstellt haben, werden Sie vom Setupprogramm aufgefordert, das Dateisystem auszuwählen, mit dem die Partition formatiert werden soll. Windows 2000 unterstützt drei Dateisysteme: Windows 2000-Dateisystem (NTFS), FAT (File Allocation Table) und FAT 32. In Abbildung 2.2 werden einige der Merkmale dieser Dateisysteme dargestellt.

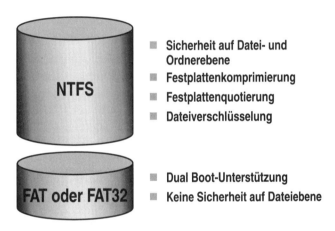

Abbildung 2.2 Zusammenfassung der Merkmale der Dateisysteme

NTFS

Wenn die Partition, auf der Windows 2000 installiert wird, eines der folgenden Merkmale besitzen soll, müssen Sie das Dateisystem NTFS verwenden:

- **Sicherheit auf Datei- und Ordnerebene.** Mithilfe von NTFS können Sie den Zugriff auf Dateien und auf Ordner beschränken. Weitere Informationen hierzu finden Sie in Kapitel 14.

- **Festplattenkomprimierung.** Mit NTFS werden Dateien komprimiert, sodass mehr Daten auf der Partition gespeichert werden können. Weitere Informationen hierzu finden Sie in Kapitel 18.

- **Festplattenquotierung.** Mit NTFS können Sie festlegen, wie viel Platz jeder einzelne Benutzer auf der Festplatte in Anspruch nehmen darf. Weitere Informationen hierzu finden Sie in Kapitel 18.

- **Verschlüsselung.** Mit NTFS können Sie die Daten in den Dateien auf der Festplatte verschlüsseln. Weitere Informationen hierzu finden Sie in Kapitel 18.

NTFS in Windows 2000 unterstützt darüber hinaus auch die Remote-Speicherung, dynamische Volumes und die Zuordnung von Volumes zu Ordnern. Windows 2000 und Windows NT sind die einzigen Betriebssysteme, die auf Daten auf einer mit NTFS formatierten lokalen Festplatte zugreifen können.

FAT und FAT 32

FAT und FAT32 sind auch mit anderen Betriebssystemen kompatibel, so dass diese auf die gespeicherten Daten zugreifen können. Wenn Sie Ihr System im Dual Boot-Modus einrichten wollen, sodass es mit Windows 2000 und mit einem anderen Betriebssystem gestartet werden kann, müssen Sie die Systempartition entweder mit FAT oder mit FAT32 formatieren.

In Abhängigkeit von der Größe der Installationspartition bestimmt das Setupprogramm, ob die Festplatte mit FAT oder mit FAT32 formatiert wird.

Größe der Partition	Format
Kleiner als 2 GB	Die Partition wird vom Setupprogramm mit FAT formatiert
Größer als 2 GB	Die Partition wird vom Setupprogramm mit FAT32 formatiert

FAT und FAT32 bieten nur wenige der Merkmale, die von NTFS unterstützt werden, beispielsweise bieten sie keine Sicherheit auf Dateiebene. In den meisten Fällen sollten Sie die Festplatte daher mit NTFS formatieren. Nur wenn das System im Dual Boot-Modus betrieben werden soll, müssen Sie FAT oder FAT32 verwenden. Wenn Sie Ihren Computer im Dual Boot-Modus einrichten, müssen Sie nur die Systempartition mit FAT bzw. FAT32 formatieren. Wenn beispielsweise das Laufwerk C als Systempartition verwendet wird, können Sie das Laufwerk C mit FAT bzw. FAT32 formatieren, während Sie das Laufwerk D mit NTFS formatieren.

Lizenzierung

Zusätzlich zu den Lizenzen, die zur Installierung und Ausführung von Windows 2000 Server sowie zur Installation und Ausführung eines Betriebssystems auf jedem Clientcomputer erforderlich sind, muss auch die Verbindung zwischen einem Client und dem Server lizenziert werden.

Zugriffslizenz für Clients (Client Access License, CAL)

Eine CAL gibt Clientcomputern das Recht, eine Verbindung zu Computern herzustellen, auf denen Windows 2000 Server ausgeführt wird, sodass die Clientcomputer auf Netzwerkdienste, gemeinsam genutzte Ordner und Drucker zugreifen können. Wenn Windows 2000 Server installiert ist, muss der Netzwerkadministrator einen CAL-Modus auswählen, nämlich entweder pro Arbeitsplatz oder pro Server.

Für die folgenden Dienste benötigen Sie keine CAL:

- Anonymer oder authentifizierter Zugriff auf Windows 2000 Server mit der Version 4 von Microsoft Internet Information Services (IIS) oder mit einer Webserveranwendung, die über das Hypertext Transfer Protocol (HTTP) die gemeinsame Nutzung von HTML-Dateien (HTML = Hypertext Markup Language) ermöglicht.
- Verbindungen über Telnet und File Transfer Protocol (FTP).

Hinweis Wenn in Ihrem Unternehmen Microsoft BackOffice-Produkte verwendet werden, müssen Sie auch dafür Lizenzen erwerben. Eine Lizenz für Windows 2000 gilt nicht für BackOffice-Produkte.

Arbeitsplatzlizenzierung

Im Modus der Arbeitsplatzlizenzierung muss jeder Clientcomputer, der für die grundlegenden Netzwerkdienste auf Windows 2000 Server zugreift, eine eigene CAL haben. Hat ein Clientcomputer eine CAL, können Sie mit ihm auf jeden Computer im Unternehmensnetzwerk zugreifen, auf dem Windows 2000 Server ausgeführt wird. Dieser Lizenzierungsmodus ist oft am günstigsten für große Netzwerke, in denen die Clientcomputer auf mehrere Server zugreifen.

Serverlizenzierung

Bei der Serverlizenzierung werden die CALs einem bestimmten Server zugeordnet. Jede CAL gilt für eine Verbindung zwischen einem Clientcomputer und dem Server für grundlegende Netzwerkdienste. Die Anzahl der CALs für diesen Server muss mindestens der maximalen Anzahl von Clientcomputern entsprechen, die gleichzeitig auf den Server zugreifen können.

Die Serverlizenzierung ist für kleinere Unternehmen am günstigsten, in denen Windows 2000 Server nur auf einem Computer ausgeführt wird. Darüber hinaus ist sie für Internet- oder Remote-Server geeignet, deren Clientcomputer manchmal keine Lizenz als Windows 2000-Netzwerkcomputer haben. In diesem Fall können Sie mit der Serverlizenzierung eine bestimmte Anzahl von gleichzeitig möglichen Verbindungen zum Server festlegen und alle darüber hinaus gehenden Loginversuche abweisen.

Zugehörigkeit zu einer Domäne oder Arbeitsgruppe

Bei der Installation müssen Sie auswählen, zu welcher Art von Netzwerksicherheitsgruppe Ihr Computer gehören wird. Sie haben die Wahl zwischen einer Domäne und einer Arbeitsgruppe (siehe Abbildung 2.3).

Einer Domäne beitreten

Sie können den Computer, auf dem Sie Windows 2000 Professional installieren, in eine vorhandene Domäne einfügen. Dieser Vorgang wird als *Beitritt zu einer Domäne* bezeichnet.

Wenn Sie den Computer bei der Installation einer Domäne hinzufügen wollen, benötigen Sie dazu:

- **Einen Domänennamen.** Fragen Sie den Domänenadministrator nach dem DNS-Namen (DNS = Domain Name System) der Domäne, in die Sie den Computer einfügen wollen. Ein Beispiel für einen DNS-kompatiblen Domänennamen ist *microsoft.com*, wobei *microsoft* für den DNS-Namen Ihres Unternehmens steht.

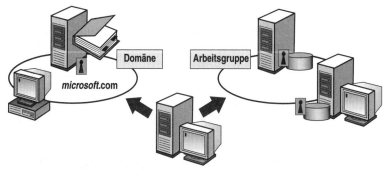

Um einer Domäne beizutreten, brauchen Sie:

- Einen Domänennamen
- Ein Computerkonto
- Einen verfügbaren Domänencontroller und einen DNS-Server

Um einer Arbeitsgruppe beizutreten, brauchen Sie:

- Eine neue oder vorhandene Arbeitsgruppe

Abbildung 2.3 Zugehörigkeit zu einer Domäne oder Arbeitsgruppe

- **Ein Computerkonto.** Bevor ein Computer in eine Domäne eingefügt werden kann, muss in der Domäne für ihn ein Konto eingerichtet werden. Bitten Sie den Domänenadministrator darum, vor der Installation für Sie ein Computerkonto anzulegen. Wenn Sie selbst Administratorrechte in der Domäne besitzen, können Sie das Konto auch während der Installation einrichten.

In diesem Fall werden Sie vom Setupprogramm aufgefordert, den Namen und das Kennwort eines Benutzerkontos einzugeben, das berechtigt ist, der Domäne Computerkonten hinzuzufügen.

- **Einen verfügbaren Domänencontroller und einen Server, auf dem der DNS-Dienst ausgeführt wird (einen so genannten DNS-Server).** Wenn Sie einen Computer in einer Domäne installieren, müssen in der betreffenden Domäne zumindest ein Domänencontroller und ein DNS-Server verfügbar sein.

Hinweis Sie können einer Domäne entweder während oder nach der Installation beitreten.

Einer Arbeitsgruppe beitreten

Sie können den Computer, auf dem Sie Windows 2000 Professional installieren, in eine vorhandene Arbeitsgruppe einfügen. Dieser Vorgang wird als *Beitritt zu einer Arbeitsgruppe* bezeichnet.

Hinweis Wenn Sie den Computer bei der Installation von Windows 2000 Server einer Arbeitsgruppe hinzufügen, wird der Computer als Stand-Alone-Server hinzugefügt. Ein Computer, auf dem Windows 2000 Server ausgeführt wird und der nicht zu einer Domäne gehört, wird als Stand-Alone-Server bezeichnet.

Wenn Sie den Computer während der Installation einer Arbeitsgruppe hinzufügen, müssen Sie ihm einen Arbeitsgruppennamen zuweisen. Es kann sich dabei um den Namen einer vorhandenen Arbeitsgruppe handeln, Sie können aber auch einen Namen für eine neue Arbeitsgruppe eingeben, die Sie bei der Installation erstellen.

Checkliste für die Vorbereitung der Installation

Im Folgenden sehen Sie eine Checkliste aller Aufgaben, die vor der Installation erledigt werden müssen. Mit ihrer Hilfe können Sie sicherstellen, dass Sie alle erforderlichen Informationen bereithaben, bevor Sie mit der Installation beginnen.

Aufgabe	Erledigt
Überprüfen Sie, ob Ihre Komponenten die Mindestanforderungen an die Hardware erfüllen.	❏
Überprüfen Sie, ob alle Ihre Geräte in der HCL aufgelistet sind.	❏
Überprüfen Sie, ob auf der Festplatte, auf der Sie Windows 2000 installieren wollen, noch mindestens 500 MB, möglichst aber 1 GB Speicherplatz frei sind.	❏

(Fortsetzung)

Aufgabe	Erledigt
Entscheiden Sie sich für ein Dateisystem auf der Windows 2000-Partition. Formatieren Sie alle Partitionen mit NTFS, es sei denn, Sie wollen Ihr System im Dual Boot-Modus mit zwei Betriebssystemen konfigurieren oder Sie besitzen Clients mit einem anderen Betriebssystem als Windows NT oder Windows 2000, die auf Informationen auf diesem Computer zugreifen müssen.	❏
Erkundigen Sie sich nach dem Namen der Domäne oder der Arbeitsgruppe, in die Sie den Computer einfügen wollen. Wenn Sie ihn in eine Domäne einfügen, schreiben Sie sich den DNS-Namen der Domäne auf. Legen Sie vor der Installation auch den Namen des Computers fest.	❏
Erstellen Sie in der Domäne, der Ihr Computer beitreten soll, ein Konto für Ihren Computer. Wenn Sie in der betreffenden Domäne Administratorrechte haben, können Sie das Computerkonto auch noch während der Installation erstellen.	❏
Vergeben Sie ein Kennwort für das Administratorkonto.	❏

Zusammenfassung der Lektion

In dieser Lektion wurden die Aufgaben genannt, die Sie vor der Installation von Windows 2000 kennen und erledigen müssen. Als Erstes müssen Sie wissen, welchen Mindestanforderungen die Hardware entsprechen muss, um Windows 2000 Professional installieren zu können, und Sie müssen dafür sorgen, dass Ihre Hardware diese Anforderungen erfüllt. Sie haben erfahren, was die Windows 2000 Hardwarekompatibilitätsliste ist, und Sie wissen nun, dass Ihre Geräte möglichst in dieser Liste enthalten sein sollten, damit sie mit Windows 2000 kompatibel sind.

Nachdem Sie sichergestellt haben, dass Ihre Geräte in der HCL aufgeführt sind, müssen Sie festlegen, wie die Festplatte, auf der Sie Windows 2000 installieren wollen, partitioniert werden soll. Darüber hinaus müssen Sie entscheiden, ob die Partition mit dem NTFS-Dateisystem formatiert werden soll, das Ihnen größere Sicherheit und umfangreichere Leistungsmerkmale zur Verfügung stellt, oder ob sie mit dem FAT- bzw. FAT32-Dateisystem formatiert werden soll, sodass auch andere Betriebssysteme auf die Daten auf der Installationspartition zugreifen können.

Es wurden auch die Zugriffslizenzen für Clients (Client Access Licenses, CAL) erklärt, und Sie wissen nun, dass eine CAL einen Clientcomputer – beispielsweise einen Computer, auf dem Windows 2000 Professional ausgeführt wird – dazu berechtigt, Verbindungen zu Computern mit dem Betriebssystem Windows 2000 Server herzustellen. Dabei müssen Sie für den Server entweder den Modus der Arbeitsplatzlizenzierung oder den Modus der Serverlizenzierung auswählen. Bei der Arbeitsplatzlizenzierung benötigt jeder Clientcomputer, der auf einen Windows 2000-Server zugreift, eine eigene Lizenz.

Hat ein Computer eine CAL, kann er auf jeden Computer im Unternehmensnetzwerk zugreifen, auf dem Windows 2000 Server ausgeführt wird. Bei der Serverlizenzierung werden die CAL einem bestimmten Server zugeteilt. Jede CAL berechtigt zu einer Verbindung zwischen einem Clientcomputer und dem Server, sodass die Mindestanzahl der benötigten CALs der Anzahl der Clientcomputer entspricht, die gleichzeitig mit dem Server in Verbindung treten werden.

Außerdem haben Sie erfahren, dass Ihr Computer bei der Installation von Windows 2000 einer Domäne oder einer Arbeitsgruppe beitreten muss. Wenn Ihr Computer als erster Rechner in einem Netzwerk installiert wird oder wenn aus einem anderen Grund keine Domäne zur Verfügung steht, der er beitreten kann, können Sie ihn zunächst einer Arbeitsgruppe zuweisen und ihn nach der Installation in eine Domäne einfügen. Schließlich beinhaltete die Lektion noch eine Checkliste der Aufgaben, die Sie vor der Installation erledigen sollten, damit Sie die Installation von Windows 2000 erfolgreich durchführen können.

Lektion 2: Windows 2000 von CD-ROM installieren

In dieser Lektion lernen Sie, wie Sie in einem aus vier Schritten bestehenden Prozess Windows 2000 Professional von CD-ROM installieren. Die vier Schritte sind:

- Ausführen des Setupprogramms
- Ausführen des Setup-Assistenten
- Installation der Netzwerkfunktionen von Windows
- Abschluss des Setupprogramms

Nachdem Sie alles über diese vier Schritte erfahren haben, können Sie Windows 2000 auf Ihrem Computer installieren.

Am Ende dieser Lektion werden Sie in der Lage sein, die folgenden Aufgaben auszuführen:

- Sie können Windows 2000 Professional von einer CD-ROM installieren.

Veranschlagte Zeit für die Lektion: 90 Minuten

Das Windows 2000-Setupprogramm

Die Installation von Windows 2000 erfolgt in vier Schritten (siehe Abbildung 2.4). Zuerst führen Sie das Setupprogramm aus, das die Festplatte vorbereitet und Dateien kopiert. Anschließend führt das Setupprogramm einen Assistenten aus, der Dialogfelder mit Informationen anzeigt, mit deren Hilfe Sie die weitere Installation durchführen können. Die vier Schritte des Installationsprozesses lassen sich folgendermaßen beschreiben:

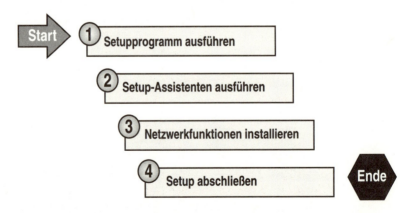

Abbildung 2.4 Die vier Schritte bei der Installation von Windows 2000

Wenn Sie Windows 2000 von einer CD-ROM auf eine freie Festplatte installieren, werden folgende vier Schritte durchgeführt:

1. Das Setupprogramm wird ausgeführt.

   Das Setupprogramm bereitet die Festplatte auf die späteren Phasen der Installation vor und kopiert die zur Ausführung des Setup-Assistenten notwendigen Dateien. Dieser Teil des Setups wird im Textmodus ausgeführt.

2. Der Setup-Assistent wird ausgeführt.

   Der Setup-Assistent fordert Sie auf, Informationen zur Einrichtung des Computers einzugeben. Dazu gehören Namen, Kennwörter, Ländereinstellungen usw. Dieser Teil des Setups wird im Grafikmodus ausgeführt.

3. Die Netzwerkfunktionen von Windows werden installiert.

   Nachdem der Setup-Assistent alle nötigen Informationen über den Computer gesammelt hat, fordert er Sie auf, Informationen über Ihr Netzwerk einzugeben. Anschließend installiert er die Netzwerkkomponenten, damit Ihr Computer mit den anderen Computern im Netzwerk kommunizieren kann.

4. Das Setupprogramm wird beendet.

   Am Ende des Installationsprozesses kopiert das Setupprogramm Dateien auf die Festplatte, es registriert die Komponenten und es konfiguriert den Computer. Nach Abschluss des Setupprozesses wird das System neu gestartet.

Das Setupprogramm ausführen

Verwenden Sie zum Starten des Setupprogramms die Setup-Startdisketten. Legen Sie die Diskette mit der Beschriftung *Windows 2000 Setup-Startdiskette* in das Laufwerk A ein und schalten Sie dann den Computer ein bzw. starten Sie ihn neu. Wenn Ihr Computer auch vom CD-ROM-Laufwerk gestartet werden kann, können Sie die Installation auch mit der Windows 2000-CD-ROM beginnen.

Wenn Sie das Setupprogramm auf einer freien Festplatte ausführen, werden folgende Schritte durchgeführt (siehe Abbildung 2.5):

1. Nach dem Starten des Computers wird eine Minimalversion von Windows 2000 in den Arbeitsspeicher kopiert. Diese Version von Windows 2000 startet das Setupprogramm.

2. Setup startet dann die text-basierte Version des Setupprogramms. Diese fordert Sie auf, das Lizenzabkommen zu lesen und zu akzeptieren.

3. Daraufhin werden Sie aufgefordert, die Partition anzugeben, auf der Windows 2000 installiert werden soll. Sie können entweder eine vorhandene Partition auswählen oder auf noch nicht partitioniertem Platz auf der Festplatte eine neue Partition einrichten. Sie können bei Bedarf sogar eine vorhandene Partition löschen und auf diese Weise die Partitionen auf der Festplatte neu konfigurieren.

4. Nachdem die Installationspartition erstellt wurde, werden Sie vom Setupprogramm aufgefordert, ein Dateisystem für die neue Partition auszuwählen. Anschließend wird die Partition mit diesem Dateisystem formatiert.

5. Sobald die Windows 2000-Partition formatiert wurde, kopiert das Setupprogramm Dateien auf die Festplatte und speichert die Konfigurationsinformationen.

6. Nun startet das Setupprogramm den Computer neu, und anschließend startet es den Windows 2000-Setup-Assistenten. Die Betriebssystemdateien von Windows 2000 werden standardmäßig im Ordner *C:\Winnt* installiert.

Hinweis Anweisungen zur Erstellung der Windows 2000-Setup-Startdisketten finden Sie in Anhang B.

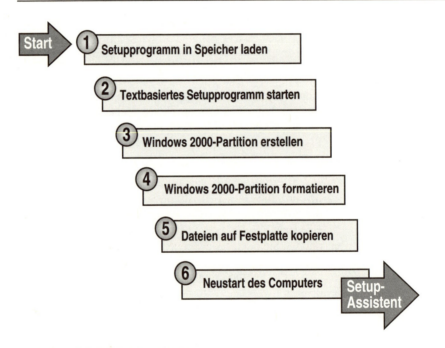

Abbildung 2.5 Die Schritte des Setupprogramms

Den Setup-Assistenten ausführen

Der Windows 2000-Setup-Assistent basiert auf einer grafischen Benutzeroberfläche (Graphical User Interface, GUI). Er führt Sie durch die nächste Phase des Installationsprozesses. Darin werden Informationen über Sie, über Ihr Unternehmen und über den Computer gesammelt.

Nach der Installation der Windows 2000-Sicherheitsmerkmale und nach der Installation und Konfiguration der Geräte fordert der Setup-Assistent Sie auf, folgende Informationen einzugeben:

- **Ländereinstellungen.** Stellen Sie ein, welche Sprache, welcher Ort und welche Tastatureinstellungen gelten sollen. Sie können Windows 2000 für mehrere Sprachen und Ländereinstellungen konfigurieren.

- **Name und Organisation.** Geben Sie den Namen der Person und der Organisation ein, für die diese Kopie von Windows 2000 Professional lizenziert ist.

- **Produktschlüssel.** Geben Sie den aus 25 Zeichen bestehenden Produktschlüssel ein. Sie finden ihn auf dem Aufkleber auf der Rückseite der CD-ROM-Hülle.

- **Computernamen.** Geben Sie einen Computernamen mit maximal 15 Zeichen ein. Der Computername muss sich von allen anderen Computer-, Arbeitsgruppen- und Domänennamen im Netzwerk unterscheiden. Der Windows 2000-Setup-Assistent schlägt Ihnen einen Namen vor, der auf Basis des Namens der Organisation erzeugt wurde, den Sie in einem früheren Stadium des Setupprozesses eingegeben haben.

- **Kennwort für das Administratorkonto.** Geben Sie ein Kennwort für das Benutzerkonto des Administrators ein, das während der Installation vom Setup-Assistenten erstellt wird. Das Administratorkonto besitzt die notwendigen Zugriffsrechte zur Verwaltung des Computers.

- **Einwählinformationen für Modems.** Wählen Sie das Land oder die Region aus, in der sich der Computer befindet. Dies wird auf der Grundlage der Ländereinstellungen oft bereits automatisch erledigt. Darüberhinaus müssen Sie den Vorwahlbereich (bzw. die Stadt) sowie die Nummer angeben, mit der Sie eine freie Leitung nach außen erhalten, sofern dies notwendig ist. Schließlich müssen Sie noch angeben, ob Ihr Telefonsystem Ton- oder Pulswahl verwendet.

Hinweis Wenn kein Modem an den Computer angeschlossen ist, auf dem Sie Windows 2000 Professional installieren, werden Sie nicht zur Eingabe der Einwählinformationen aufgefordert.

- **Datums- und Zeiteinstellungen.** Wenn nötig müssen Sie das aktuelle Datum und die Uhrzeit einstellen und die richtige Zeitzone auswählen. Diese Einstellungen sind jedoch meist bereits korrekt. Außerdem können Sie auswählen, ob Windows 2000 die Uhr des Computers automatisch an bei der Umstellung auf Sommer-/Winterzeit anpassen soll oder nicht.

Wenn Sie diese Phase der Installation abgeschlossen haben, beginnt der Windows 2000-Setup-Assistent mit der Installation der Windows-Netzwerkkomponenten.

Die Windows-Netzwerkkomponenten installieren

Nachdem das Windows-Setupprogramm die nötigen Informationen über Ihren Computer gesammelt hat, installiert es automatisch die Netzwerksoftware.

Im Folgenden wird beschrieben, in welchen Schritten die Netzwerkkomponenten von Windows 2000 Professional installiert werden:

1. **Die Netzwerkadapterkarten erkennen.** Der Windows 2000-Setup-Assistent erkennt und konfiguriert alle Netzwerkadapterkarten, die im Computer installiert sind.

2. **Die Netzwerkkomponenten installieren.** Windows 2000 installiert (kopiert) Dateien, die es Ihrem Computer ermöglichen, Verbindungen zu anderen Computern, Netzwerken und zum Internet herzustellen. Anschließend werden Sie vom Setupprogramm aufgefordert anzugeben, ob zur Konfiguration der folgenden Netzwerkkomponenten die Standardeinstellungen oder benutzerdefinierte Einstellungen verwendet werden sollen.

   - **Client für Microsoft-Netzwerke.** Mit dieser Komponente kann Ihr Computer auf Netzwerkressourcen zugreifen.

   - **Datei- und Druckerfreigabe für Microsoft-Netzwerke.** Diese Komponente ermöglicht es anderen Computern, auf die Datei- und Druckerressourcen auf Ihrem Computer zuzugreifen.

   - **TCP/IP.** Dies ist das Standardnetzwerkprotokoll, mit dem Ihr Computer über lokale Netzwerke (LAN) und Weitbereichsnetzwerke (WAN) kommunizieren kann.

   Andere Clients, Dienste und Netzwerkprotokolle (beispielsweise NetBIOS Enhanced User Interface [NetBEUI], AppleTalk und NWLink IPX/SPX/NetBIOS-kompatible Protokolle) können Sie jederzeit nach der Installation von Windows 2000 installieren.

3. **Einer Arbeitsgruppe oder Domäne beitreten.** Wenn Sie während der Installation für Ihren Computer ein Computerkonto in der Domäne erstellen, werden Sie vom Windows 2000-Setup-Assistenten aufgefordert, den Namen und das Kennwort einzugeben.

4. **Komponenten installieren.** Der Windows 2000-Setup-Assistent installiert und konfiguriert die von Ihnen ausgewählten Netzwerkkomponenten.

Die Installation abschließen

Nachdem die Netzwerkkomponenten installiert wurden, kopiert der Windows 2000 Professional-Setup-Assistent weitere Dateien zur Konfiguration von Windows 2000 Professional. Daraufhin startet das Setupprogramm automatisch den vierten Schritt im Installationsprozess, in dem eine Reihe von abschließenden Aufgaben durchgeführt werden (siehe Abbildung 2.6).

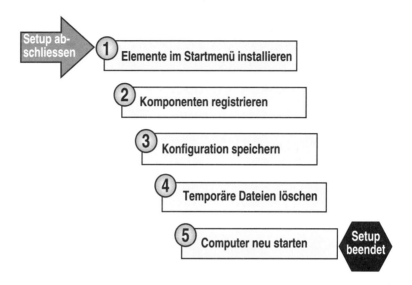

Abbildung 2.6 Die abschließenden Schritte im Installationsprozess

In der folgenden Liste werden die Aufgaben beschrieben, die das Setupprogramm zum Abschluss der Installation durchführt:

1. **Elemente für das Menü *Start* installieren.** Das Setupprogramm legt Verknüpfungen an, die im Menü *Start* angezeigt werden.

2. **Komponenten registrieren.** Das Setupprogramm überträgt die Konfigurationseinstellungen, die Sie in den Windows 2000-Setup-Assistenten eingegeben haben.

3. **Konfiguration speichern.** Das Setupprogramm speichert die Konfigurationseinstellungen auf die lokale Festplatte. Wenn Sie Windows 2000 das nächste Mal starten, wird automatisch diese Konfiguration verwendet.

4. **Temporäre Dateien entfernen.** Um Platz auf der Festplatte zu speichern, entfernt das Setupprogramm alle Dateien, die es zuvor nur für die Verwendung bei der Installation auf die Festplatte kopiert hat.

5. **Computer neu starten.** Nachdem die vorhergehenden Schritte abgeschlossen wurden, wird der Computer neu gestartet. Damit ist die Installation von Windows 2000 Professional auf einem Client oder Stand-Alone-System von einer CD-ROM abgeschlossen.

Praxis: Windows 2000 von CD-ROM installieren

In dieser Übung installieren Sie Windows 2000 Professional von CD-ROM.

▶ **So starten Sie die Textmodus-Installationsphase von Windows 2000 Professional:**

1. Legen Sie die Windows 2000 Professional-CD-ROM in das CD-ROM-Laufwerk ein.

   Hinweis Wenn Ihr Computer ein El-Torito-kompatibles CD-ROM-Laufwerk besitzt, können Sie Windows 2000 ohne Setupdisketten installieren. In diesem Fall können Sie das Setupprogramm ausführen, indem Sie die CD-ROM in das CD-ROM-Laufwerk einlegen und den Computer neu starten. Fahren Sie dann mit Schritt 4 dieser Anleitung fort. Wenn Sie die Setupdisketten noch erstellen müssen, finden Sie die Anleitung hierzu in Anhang B.

2. Legen Sie die Diskette mit der Beschriftung *Windows 2000 Setup-Startdiskette* in das Laufwerk A ein, und schalten Sie dann den Computer ein oder starten Sie ihn neu.

3. Wenn Sie dazu aufgefordert werden, legen Sie die Setupdiskette 2 in das Laufwerk A ein. Verfahren Sie ebenso mit den Setupdisketten 3 und 4.

4. Wenn auf dem Bildschirm des Windows 2000 Professional-Setupprogramms die Meldung erscheint, dass nun das Setup von Windows 2000 gestartet wird, dann drücken Sie die Eingabetaste, um fortzufahren.

   Auf dem Bildschirm wird die Willkommensmeldung des Setupprogramms angezeigt. Beachten Sie, dass Sie das Setupprogramm nicht nur zur Installation von Windows 2000 verwenden können, sondern auch zur Korrektur einer misslungenen Installation von Windows 2000.

   Hinweis Wenn Sie aus irgendeinem Grund das Setupprogramm zu diesem Zeitpunkt verlassen wollen, drücken Sie die Taste F3.

5. Lesen Sie die Willkommensmeldung und drücken Sie die Eingabetaste um fortzufahren.

   Auf dem Bildschirm wird das Windows 2000-Lizenzabkommen angezeigt.

6. Lesen Sie das Lizenzabkommen und drücken Sie F8, um die Bedingungen anzunehmen.

   Daraufhin werden Sie vom Setupprogramm aufgefordert, einen freien Speicherbereich oder eine vorhandene Partition auf der Festplatte auszuwählen, auf der Windows 2000 installiert werden soll. In dieser Phase der Installation gibt Ihnen das Setupprogramm die Möglichkeit, Partitionen auf der Festplatte zu erstellen und zu löschen.

7. Wenn Sie die standardmäßige Partition C: auswählen wollen, drücken Sie die Eingabetaste.

Hinweis Wenn auf Ihrer C-Partition bereits ein Betriebssystem installiert ist, können Sie eine andere Partition auswählen. Denken Sie dann während dieser Übung daran, die Eingabe C:\ durch den Buchstaben der Partition zu ersetzen, auf der Sie Windows 2000 Professional installieren.

Wenn Sie bereits eine Version von Windows 2000 Professional installiert haben und diese durch eine neu installierte Version ersetzen wollen, drücken Sie die Escapetaste. Wählen Sie nach der Aufforderung die Partition aus, auf der Windows 2000 installiert werden soll, drücken Sie die Eingabetaste und befolgen Sie die Anweisungen auf dem Bildschirm.

Das Setupprogramm zeigt eine Liste der verfügbaren Dateisysteme an.

8. Stellen Sie sicher, dass die Option *Partition mit dem NTFS-Dateisystem formatieren* markiert ist, und drücken Sie die Eingabetaste.

Hinweis Wenn Sie die Partition mit dem FAT-Dateisystem formatieren, steht Ihnen in Windows 2000 der Befehl *Konvertieren* zur Verfügung, mit dem Sie die Formatierung der Partition auch nachträglich noch in NTFS umändern können, ohne die Partition neu formatieren zu müssen, sodass die auf der Partition gespeicherten Informationen nicht verloren gehen.

Das Setupprogramm formatiert die Festplatte, prüft sie und kopiert anschließend Dateien in die Windows 2000-Installationsordner. Dieser Vorgang dauert einige Minuten. Daraufhin wird Windows 2000 initialisiert.

Hinweis Wenn die Partition bereits formatiert ist, wird vom Setupprogramm eine Warnmeldung eingeblendet, die Sie darauf hinweist, dass beim Formatieren des Laufwerks alle gespeicherten Dateien gelöscht werden. Wenn diese Meldung eingeblendet wird, Sie aber sicher sind, dass Sie Windows 2000 Professional auf der gewählten Partition installieren wollen, dann drücken Sie die Taste F, um das Laufwerk zu formatieren.

9. Wenn Sie vom Setupprogramm aufgefordert werden, den Computer neu zu starten, nehmen Sie alle Disketten und CD-ROMs aus den Laufwerken, und drücken Sie dann die Eingabetaste.

Achtung Wenn Ihr Computer vom CD-ROM-Laufwerk gestartet werden kann und wenn Sie die Windows 2000 Professional-CD-ROM nicht aus dem Laufwerk nehmen, bevor das Setupprogramm den Computer neu startet, wird der Computer eventuell von der Windows 2000 Professional-CD-ROM neu gestartet, sodass auch das Setupprogramm wieder von vorne beginnt. In diesem Fall nehmen Sie die CD-ROM heraus und starten Sie den Computer noch einmal neu.

Der Computer wird neu gestartet, und es wird eine Meldung angezeigt, die Sie auffordert, die CD-ROM mit der Beschriftung *Windows 2000 Professional* in das CD-ROM-Laufwerk einzulegen.

▶ **So starten Sie die Grafikmodus-Installationsphase von Windows 2000 Professional:**

1. Legen Sie die CD-ROM mit der Beschriftung *Windows 2000 Professional* in das CD-ROM-Laufwerk ein und klicken Sie auf OK.

   Der Windows 2000 Professional-Setup-Assistent wird eingeblendet.

2. Klicken Sie bei Bedarf auf *Weiter* um fortzufahren.

   Das Setupprogramm erkennt und installiert die Geräte. Dieser Vorgang dauert meist einige Minuten. Das Setupprogramm konfiguriert die NTFS-Zugriffsrechte auf die Ordner und Dateien des Betriebssystems, erkennt die im Computer installierten Hardwarekomponenten und installiert und konfiguriert daraufhin die entsprechenden Treiber, die die gefundenen Hardwarekomponenten unterstützen. Dieser Prozess dauert einige Minuten.

   Daraufhin werden Sie vom Setupprogramm aufgefordert, die Länder- und Spracheinstellungen in Windows 2000 vorzunehmen.

3. Wählen Sie den Ort, an dem sich das System und der Benutzer befinden, sowie das richtige Tastaturlayout bzw. stellen Sie sicher, dass die korrekten Einstellungen ausgewählt sind, und klicken Sie auf *Weiter* um fortzufahren.

   Hinweis Sie können die Ländereinstellungen auch nach der Installation von Windows 2000 mit dem Befehl *Ländereinstellungen* in der Systemsteuerung ändern. Weitere Informationen zu diesem Thema finden Sie in Kapitel 4.

   Auf dem Bildschirm wird das Dialogfeld *Benutzerinformationen* angezeigt. Hier müssen Sie Ihren Namen und den Namen Ihrer Organisation eingeben. Aus dem Namen Ihrer Organisation erstellt das Setupprogramm den standardmäßigen Computernamen. Viele der Anwendungen, die Sie später installieren werden, verwenden diese Informationen für die Registrierung des Produkts und die Identifizierung der Dokumente.

4. Geben Sie in das Feld *Name* Ihren Namen ein. Geben Sie in das Feld *Organisation* den Namen Ihrer Organisation ein. Klicken Sie auf *Weiter*.

   Das Dialogfeld *Produkt-ID* wird eingeblendet. Hier werden Sie aufgefordert, den aus 25 Zeichen bestehenden Produktschlüssel einzugeben. Sie finden ihn auf dem Aufkleber auf der Rückseite der CD-ROM-Hülle.

5. Geben Sie den aus 25 Zeichen bestehenden Produktschlüssel, den Sie auf der Rückseite der CD-ROM-Hülle finden, in die fünf Felder mit der Beschriftung *Produkt-ID* ein. Klicken Sie auf *Weiter*.

   Das Dialogfeld *Computername und Administratorkennwort* wird angezeigt.

6. Geben Sie in das Feld *Computername* **Pro1** ein.

   Beachten Sie, dass der Computername in Windows 2000 immer in Großbuchstaben angezeigt wird, unabhängig davon, wie Sie ihn eingeben.

   Achtung Wenn Ihr Computer zu einem Netzwerk gehört, müssen Sie mit dem Netzwerkadministrator Rücksprache halten, bevor Sie dem Computer einen Namen zuweisen. In allen Übungsabschnitten dieses Buchs wird der Computername *Pro1* verwendet. Wenn Sie Ihrem Computer einen anderen Namen geben, müssen Sie die Bezeichnung *Pro1* jeweils durch den Namen Ihres Computers ersetzen.

7. Geben Sie in die Felder *Administratorkennwort* und *Kennwort bestätigen* jeweils **kennwort** ein und klicken Sie auf *Weiter*.

   Achtung In den Übungsabschnitten dieses Buchs verwenden Sie für das Administratorkonto das Kennwort *kennwort*. Ansonsten sollten Sie jedoch ein komplexeres Kennwort (eines, das nicht einfach zu erraten ist) für das Administratorkonto wählen. Von Microsoft wird empfohlen, das Kennwort aus Groß- und Kleinbuchstaben, Zahlen und Symbolen zusammenzusetzen (Beispiel: Lp6*g9).

   Wenn an den Computer, auf dem Sie Windows 2000 Professional installieren, ein Modem angeschlossen ist, wird das Dialogfeld *Modemwählinformationen* angezeigt. Wenn nicht, wird das Dialogfeld *Datum- und Uhrzeiteinstellungen* angezeigt. Wenn Ihr Computer kein Modem hat, fahren Sie mit Schritt 12 fort.

8. Stellen Sie sicher, dass das richtige Land und die richtige Region ausgewählt sind.

9. Geben Sie die richtige Vorwahlnummer ein.

10. Wenn Sie zuerst eine Nummer vorwählen müssen, um eine Leitung nach außen zu erhalten, geben Sie diese Nummer ein.

11. Stellen Sie sicher, dass das richtige Telefonsystem aktiviert ist, und klicken Sie auf *Weiter*.

    Das Dialogfeld *Datum- und Uhrzeiteinstellungen* wird angezeigt.

12. Überprüfen Sie im Dialogfeld *Datum- und Uhrzeiteinstellungen*, ob die korrekten Datums- und Uhrzeitangaben sowie die korrekte Zeitzone eingestellt sind.

13. Wenn Windows 2000 die Uhrzeit beim Wechsel von Sommer- und Winterzeit automatisch umstellen soll, aktivieren Sie das Kontrollkästchen *Uhr automatisch auf Sommer-/Winterzeit umstellen*, und klicken Sie auf *Weiter*.

    Hinweis Wenn Ihr Computer im Dual-Boot-Modus konfiguriert ist und das andere Betriebssystem ebenfalls in der Lage ist, die Uhr Sommerzeit bedingt umzustellen, dürfen Sie dieses Merkmal nur für eines der Betriebssysteme aktivieren. Aktivieren Sie es in dem Betriebssystem, das Sie häufiger verwenden, damit die Umstellung nur einmal vorgenommen wird.

    Nun wird das Dialogfeld *Netzwerkeinstellungen* eingeblendet, und das Setupprogramm installiert automatisch die Netzwerksoftware, mit der Sie eine Verbindung zu anderen Netzwerken und zum Internet herstellen können. Dieser Vorgang dauert einige Minuten. Nachdem die Dateien kopiert wurden, müssen Sie angeben, ob zur Konfiguration der Netzwerkkomponenten die Standardeinstellungen oder benutzerdefinierte Einstellungen verwendet werden sollen.

14. Stellen Sie sicher, dass die Option *Standardeinstellungen* aktiviert ist, und klicken Sie auf *Weiter*.

    Das Dialogfeld *Arbeitsgruppe oder Computerdomäne* wird eingeblendet.

15. Aktivieren Sie die Option *Nein, dieser Computer ist entweder nicht im Netzwerk oder ist ohne Domäne im Netzwerk*. Stellen Sie sicher, dass im Feld *Arbeitsgruppe oder Computerdomäne* der Eintrag ARBEITSGRUPPE angezeigt wird, und klicken Sie auf *Weiter*.

    Das Dialogfeld *Komponenten installieren* wird eingeblendet. Die Statusmeldung lautet, dass Dateien für die Installation und Konfiguration von Windows 2000-Komponenten kopiert werden. Dieser Vorgang dauert einige Minuten.

    Anschließend wird das Dialogfeld *Abschließende Vorgänge durchführen* angezeigt. Die Statusmeldung lautet, dass die Elemente des Menüs *Start* installiert, Komponenten registriert, Einstellungen gespeichert und alle temporären Dateien gelöscht werden. Dieser Vorgang dauert ebenfalls einige Minuten.

    Nun wird das Dialogfeld *Fertigstellen des Assistenten* eingeblendet.

16. Nehmen Sie die CD-ROM aus dem CD-ROM-Laufwerk, und klicken Sie auf *Fertig stellen*, um die Installation von Windows 2000 Professional fortzusetzen.

Kapitel 2 Windows 2000 Professional installieren   49

> **Achtung** Wenn Ihr Computer vom CD-ROM-Laufwerk gestartet werden kann und wenn Sie die Windows 2000 Professional-CD-ROM nicht aus dem Laufwerk nehmen, bevor das Setupprogramm den Computer neu startet, wird der Computer eventuell von der Windows 2000 Professional-CD-ROM neu gestartet, sodass auch das Setupprogramm wieder von vorne startet. In diesem Fall nehmen Sie die CD-ROM heraus und starten Sie den Computer noch einmal neu.

Der Computer wird neu gestartet, und das Dialogfeld *Willkommen* des Assistenten für die Netzwerkanmeldung wird eingeblendet.

▶ **So konfigurieren Sie das Netzwerk:**

1. Klicken Sie auf *Weiter*, um den Assistenten für die Netzwerkanmeldung zu verwenden.

   Das Dialogfeld *Benutzer für diesen Computer* wird eingeblendet.

2. Aktivieren Sie die Option *Benutzer müssen für diesen Computer Benutzernamen und Kennwort eingeben* und klicken Sie auf *Weiter*.

   Das Dialogfeld *Fertigstellen des Assistenten* wird eingeblendet.

3. Klicken Sie auf *Fertig stellen*.

▶ **So melden Sie sich als Administrator an:**

1. Stellen Sie sicher, dass im Dialogfeld *Windows-Anmeldung* im Feld *Benutzername* der Eintrag *Administrator* angezeigt wird, und geben Sie in das Feld *Kennwort* **kennwort** ein.

2. Klicken Sie auf OK.

   > **Hinweis** Wenn der Assistent für das Suchen neuer Hardware eingeblendet wird, lesen Sie die angezeigten Informationen und klicken Sie auf *Fertig stellen*.

   Das Dialogfeld *Erste Schritte bei Windows 2000* wird eingeblendet.

3. Entfernen Sie die Markierung aus dem Kontrollkästchen *Diesen Dialog beim Start anzeigen* und klicken Sie auf *Beenden*, um das Dialogfeld *Erste Schritte bei Windows 2000* zu schließen.

Zusammenfassung der Lektion

In dieser Lektion haben Sie erfahren, dass die Installation von Windows 2000 Professional in vier Phasen abläuft. Sie kennen alle Aufgaben, die während jeder dieser vier Phasen durchgeführt werden und Sie haben zur Übung Windows 2000 Professional von der CD-ROM installiert. Während der Installation haben Sie die Installationspartition mit dem Dateisystem NTFS formatiert und den Computer in die standardmäßige Arbeitsgruppe eingefügt.

Lektion 3: Windows 2000 über Netzwerk installieren

Windows 2000 kann nicht nur von CD-ROM, sondern auch über Netzwerk installiert werden. In dieser Lektion werden die Übereinstimmungen und die Unterschiede zwischen diesen beiden Prozessen beschrieben. Der hauptsächliche Unterschied besteht im Speicherort der Dateien, die zur Installation von Windows 2000 benötigt werden. Darüberhinaus werden in dieser Lektion auch alle erforderlichen Voraussetzungen für die Installation über ein Netzwerk aufgelistet.

Am Ende dieser Lektion werden Sie in der Lage sein, die folgenden Aufgaben auszuführen:

- Sie kennen alle Schritte, die zur Installation von Windows 2000 über ein Netzwerk durchgeführt werden müssen.

Veranschlagte Zeit für die Lektion: 10 Minuten

Die Installation über das Netzwerk vorbereiten

Bei der Installation über ein Netzwerk befinden sich die Installationsdateien von Windows 2000 Professional auf einem gemeinsam genutzten Speicherplatz auf einem Netzwerk-Dateiserver, der als *Distributionsserver* bezeichnet wird. Sie stellen eine Verbindung von dem Computer, auf dem Windows 2000 installiert werden soll (dem Zielcomputer), zu dem Distributionsserver her und führen dann das Setupprogramm aus.

Die Hardware, die für eine Installation über das Netzwerk mindestens erforderlich ist, wird in Abbildung 2.7 gezeigt. Die Vorbereitungen, die für eine Installation über ein Netzwerk getroffen werden müssen, werden in der darauf folgenden Liste genauer beschrieben.

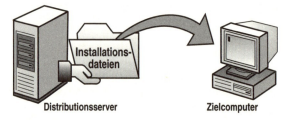

Anforderungen für eine Installation über Netzwerk:

- Distributionsserver
- FAT-Partition auf dem Zielcomputer
- Netzwerkclient

Abbildung 2.7 Die erforderliche Umgebung für eine Netzwerkinstallation

- **Bestimmen Sie einen Distributionsserver.** Auf dem Distributionsserver sind die Installationsdateien aus dem Order i386 von der Windows 2000 Professional-CD-ROM gespeichert. Diese Dateien müssen in einem vom gesamten Netzwerk gemeinsam genutzten Ordner gespeichert sein. Dieser gemeinsam genutzte Ordner ermöglicht allen Computern im Netzwerk den Zugriff auf die Installationsdateien. Den Pfad zu den Installationsdateien auf dem Distributionsserver erfragen Sie bei Ihrem Netzwerkadministrator.

Hinweis Wenn Sie einen Distributionsserver ermittelt oder eingerichtet haben, können Sie Windows 2000 über das Netzwerk gleichzeitig auf mehreren Computern installieren.

- **Eine FAT-Partition auf dem Zielcomputer erstellen.** Auf dem Zielcomputer muss sich eine formatierte Partition befinden, auf die die Installationsdateien kopiert werden können. Erstellen Sie eine Partition mit mindestens 650 MB Speicherplatz (empfohlen werden 1 GB oder mehr) und formatieren Sie sie mit dem FAT-Dateisystem.
- **Einen Netzwerkclient installieren.** Ein Netzwerkclient ist eine Software, mit deren Hilfe der Zielcomputer die Verbindung zum Distributionsserver herstellt. Einen Computer ohne Betriebssystem müssen Sie von einer Diskette mit einem Netzwerkclient starten, mit dessen Hilfe der Zielcomputer die Verbindung zum Distributionsserver herstellen kann.

Einen Distributionsserver einrichten

Auf dem Distributionsserver ist die Struktur der Distributionsordner gespeichert. Diese Struktur enthält alle Dateien, die zur Installation von Windows 2000 Professional über ein Netzwerk erforderlich sind. Wenn Sie Windows 2000 auf vielen Computern installieren müssen oder wenn Sie Windows 2000 auf mehreren Computern gleichzeitig installieren werden, müssen Sie mehrere Sätze von Distributionsordnern erstellen. Wenn die Distributionsordner auf mehreren Computern eingerichtet wurden, kann der Vorgang des Kopierens der Dateien während der Installation von Windows 2000 schneller durchgeführt werden. Selbst wenn Sie Windows 2000 auf mehreren verschiedenen Hardwarekonfigurationen installieren wollen, erstellen Sie nur einen Satz Distributionsordner, den Sie dann mit verschiedenen Antwortdateien verwenden, um Windows auf den verschiedenen Hardwaretypen zu installieren.

Hinweis Wenn Sie Windows 2000 auf einem Computer mit dem Betriebssystem Windows 95, Windows 98 oder mit einer früheren Version von Windows 2000 installieren, gibt Ihnen das Programm *Winnt32.exe* die Möglichkeit, bis zu acht Speicherorte für die Distributionsordner anzugeben.

Wenn Sie einen Distributionsserver einrichten wollen, gehen Sie in folgenden Schritten vor:

1. Melden Sie sich am Server als Administrator an, oder stellen Sie eine Verbindung zu dem Server her, auf dem Sie das Verzeichnis mit den Distributionsdateien erstellen wollen.

2. Erstellen Sie auf dem Server einen Ordner mit dem Namen *W2000P*.

Hinweis Der Name *W2000P* gilt für einen Distributionsordner, in dem die Quelldateien zur Installation von Windows 2000 Professional enthalten sind. Für Windows 2000 Server verwenden Sie am besten *W2000S* und für Windows 2000 Advanced Server verwenden Sie *W2000AS*. Wenn Sie Distributionsordner auf mehreren Servern erstellen, können Sie ihnen die Namen *W2000P1*, *W2000P2*, *W2000P3*, *W2000P4* usw. zuweisen.

3. Kopieren Sie den Inhalt des Ordners *i386* auf der Windows 2000 Professional-CD-ROM in den Ordner, den Sie auf dem Distributionsserver erstellt haben.

4. Erstellen Sie in dem von Ihnen erstellten Ordner *W2000P* den Unterordner *OEM*.

Hinweis In diesem Unterordner werden die Anwendungen, Treiber und Hilfsprogramme gespeichert, die vom Setupprogramm auf den Zielcomputer kopiert werden sollen.

Wenn das Setupprogramm den Ordner *OEM* im Stammverzeichnis des Distributionsordners findet, kopiert es alle Dateien, die sich in diesem Ordner befinden, in das temporäre Verzeichnis, das während der Textmodusphase des Setupprogramms erstellt wurde.

Hinweis Mit dem Schlüssel OEMFILESPATH in der Antwortdatei können Sie den Unterordner *OEM* außerhalb des Distributionsordners erstellen.

Die Installation über das Netzwerk durchführen

Das Windows 2000-Setupprogramm kopiert die Installationsdateien auf den Zielcomputer. Nach dem Kopieren der Installationsdateien startet das Setupprogramm den Zielcomputer neu. Ab diesem Punkt können Sie Windows 2000 dann auf dieselbe Art und Weise installieren wie von CD-ROM.

Die folgenden Schritte beschreiben den Prozess der Installation von Windows 2000 über ein Netzwerk (siehe Abbildung 2.8):

1. Starten Sie den Zielcomputer vom Netzwerkclient aus.
2. Stellen Sie eine Verbindung zum Distributionsserver her. Nachdem Sie die Netzwerkclient auf dem Zielcomputer gestartet haben, stellen Sie eine Verbindung zu dem gemeinsam genutzten Ordner auf dem Distributionsserver her, in dem die Installationsdateien von Windows 2000 Professional gespeichert sind.
3. Um das Setupprogramm zu starten, führen Sie *Winnt.exe* oder *Winnt32.exe* aus. Wenn der Distributionsserver mit dem Betriebssystem Windows 3.x arbeitet, verwenden Sie die Datei *Winnt.exe*, wenn er mit Windows 95, 98, NT 4 (oder NT 3,5) oder 2000 arbeitet, verwenden Sie die Datei *Winnt32.exe*. Die Dateien *Winnt.exe* und *Winnt32.exe* befinden sich beide in dem gemeinsam genutzten Ordner auf dem Distributionsserver. Wenn Sie *Winnt.exe* ausführen, geschieht Folgendes:

   - Der temporäre Ordner *Win_nt.~ls* wird auf dem Zielcomputer erstellt.
   - Die Installationsdateien von Windows 2000 werden aus dem gemeinsam genutzten Ordner auf dem Distributionsserver in den Ordner *Win_nt.~ls* auf dem Zielcomputer kopiert.

4. Installieren Sie Windows 2000. Das Setupprogramm startet den Zielcomputer neu und beginnt mit der Installation von Windows 2000.

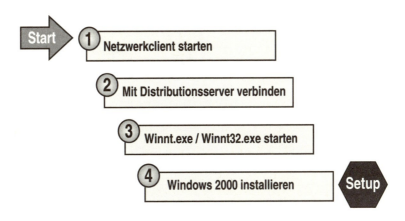

Abbildung 2.8 Windows 2000 über Netzwerk installieren

Den Setupprozess modifizieren

Sie können die serverbasierte Installation verändern, indem Sie einstellen, wie *Winnt.exe* den Setupprozess ausführt. In Tabelle 2.2 werden die Optionen beschrieben, mit denen Sie über die Datei *Winnt.exe* den Setupprozess steuern können.

Tabelle 2.2 Optionen für die Datei Winnt.exe

Option	Beschreibung
/a	Aktiviert Optionen für Eingabehilfen.
/e[:*befehl*]	Gibt einen Befehl an, der am Ende der Grafikmodusphase des Setupprogramms ausgeführt werden soll.
/r[:*ordner*]	Gibt einen optionalen Ordner an, der installiert werden soll. Dieser Ordner bleibt nach der Installation erhalten.
/rx[:*ordner*]	Gibt einen optionalen Ordner an, der kopiert werden soll. Dieser Ordner wird nach der Installation vom Setupprogramm gelöscht.
/s[:*quellpfad*]	Gibt den Speicherort der Windows 2000-Dateien auf dem Quellserver an. Es muss eine vollständige Pfadangabe in der Form x:\[Pfad] oder in der Form \\Server\gemeinsames_Verzeichnis\[Pfad] sein. Standardmäßig handelt es sich um den aktuellen Ordner.
/t[:*temp-laufwerk*]	Gibt ein Laufwerk an, auf dem die temporären Installationsdateien gespeichert werden sollen. Wenn Sie diese Option nicht angeben, versucht das Setupprogramm, ein Laufwerk zu bestimmen.
/u[:*antwortdatei*]	Führt eine unbeaufsichtigte Installation durch, bei der eine Antwortdatei verwendet wird. Diese Antwortdatei liefert die erforderlichen Eingaben auf einige oder alle Eingabeaufforderungen, auf die Sie ansonsten während des Setupprozesses reagieren müssten. Wenn Sie diese Option aktivieren, müssen Sie auch die Option /s angeben.
/udf:*id*[,UDF_*Datei*]	Legt eine Kennung fest, die angibt, wie eine UDF-Datei (Uniqueness Database File) eine Antwortdatei verändert (siehe /u). Der Parameter /udf überschreibt Werte in der Antwortdatei und die Kennung bestimmt, welche Werte der UDF-Datei zu verwenden sind. Wird keine UDF-Datei angegeben, fordert Setup zum Einlegen einer Diskette mit der Datei „$Unique$.udb" auf.

Den Setupprozess mit Winnt32.exe modifizieren

Sie können die Server basierte Installation verändern, indem Sie einstellen, wie *Winnt32.exe* den Setupprozess ausführt. In Tabelle 2.3 werden die Optionen beschrieben, mit denen Sie über die Datei *Winnt32.exe* den Setupprozess steuern können.

Tabelle 2.3 Optionen für die Datei Winnt32.exe

Option	Beschreibung
/checkupgradeonly	Prüft, ob der Computer auf Windows 2000 aufgerüstet werden kann; bei Upgrade-Installationen wird ein Bericht erstellt.
/copydir:*ordnername*	Erstellt im Ordner *Windows2000* (dem Ordner, in dem die Systemdateien von Windows 2000 gespeichert werden) einen zusätzlichen Ordner. Wenn beispielsweise Ihr Quellordner einen Ordner mit dem Namen *Meine_Treiber* enthält, geben Sie **/copydir:Meine_Treiber** ein, um den Ordner *Meine_Treiber* in den Ordner *Windows2000* zu kopieren. Mit der Option */copydir* können Sie beliebig viele zusätzliche Ordner erstellen.
/copysource:*ordnername*	Erstellt im Ordner *Windows2000* einen zusätzlichen Ordner. Nach Beendigung der Installation löscht das Setupprogramm die Dateien, die mit */copysource* erstellt wurden.
/cmd:*befehlszeile*	Führt vor der letzten Phase des Setupprogramms einen Befehl aus.
/cmdcons	Fügt dem Bildschirm zur Betriebssystemauswahl die Option *Wiederherstellungskonsole* zum Reparieren einer fehlgeschlagenen Installation hinzu.
/debug[*ebene*] [*dateiname*]	Erstellt ein Fehlerprotokoll auf der angegebenen Ebene. Standardmäßig wird die Datei *C:\Winnt32.log* auf Ebene 2 erstellt (der Warnebene).
/m:*ordnername*	Gibt an, dass zu ersetzende Dateien von Setup aus einem anderen Ordner kopiert werden. Weist Setup an, zuerst an der alternativen Quelle zu suchen. Wenn dort Dateien vorhanden sind, werden sie an Stelle der Dateien am Standardort verwendet.
/makelocalsource	Veranlasst das Setupprogramm, alle Installationsdateien auf die lokale Festplatte zu kopieren. Verwenden Sie diese Option, wenn Sie Windows 2000 von CD-ROM installieren und wenn das CD-ROM-Laufwerk nicht während des gesamten Installationsprozesses zur Verfügung steht, Sie aber trotzdem auf die Installationsdateien zugreifen müssen.
/noreboot	Verhindert, dass das Setupprogramm nach dem Kopieren der Dateien einen Neustart des Computers durchführt. So kann der Benutzer vor dem Abschluss des Setup einen Befehl eingeben.

(Fortsetzung)

Option	Beschreibung
/s:*quellpfad*	Gibt den Pfad zu dem Quellordner an, in dem die Windows 2000-Installationsdateien gespeichert sind. Wenn Sie Dateien aus mehreren Verzeichnispfaden gleichzeitig kopieren wollen, verwenden Sie für jeden dieser Pfade eine eigene Angabe der Option */s*.
/syspart:*laufwerksbuchstabe*	Kopiert die Startdateien des Setupprogramms auf eine Festplatte und markiert diese als aktives Laufwerk. Daraufhin können Sie das Laufwerk in einem anderen Computer installieren. Wenn Sie diesen Computer dann starten, beginnt die nächste Phase des Setupprogramms. Wenn Sie die Option */syspart* verwenden, müssen Sie auch die Option */tempdrive* angeben.
/tempdrive: *laufwerksbuchstabe*	Speichert temporäre Dateien auf dem angegebenen Laufwerk und installiert Windows 2000 auf diesem Laufwerk.
/unattend [zahl] [:*antwortdatei*]	Führt eine unbeaufsichtigte Installation durch. Die Antwortdatei liefert dabei die benutzerdefinierten Einstellungen, die Sie ansonsten während des Setupprozesses eingeben müssten. Wenn Sie keine Antwortdatei angeben, werden alle Benutzereinstellungen aus der vorhergehenden Installation übernommen.
/udf:id[,*udf_datei*]	Gibt einen Bezeichner (ID) an, mit dem Setup festlegt, wie eine Antwortdatei von einer UDB-Datei (UDB = Uniqueness Database) geändert wird. Die UDB überschreibt Werte in der Antwortdatei, der Bezeichner bestimmt, welche Werte in der UDB verwendet werden. Beispielsweise werden durch */udf:RAS_Benutzer,Unsere_Firma.udb* Einstellungen überschrieben, die in der Datei Unsere_Firma.udb für den Bezeichner RAS_Benutzer festgelegt wurden. Wenn für UDB-Datei kein Wert angegeben wird, fordert Setup den Benutzer auf, eine Diskette mit der Datei $Unique$.udf einzulegen.

Zusammenfassung der Lektion

In dieser Lektion haben Sie den Hauptunterschied zwischen einer Installation von CD-ROM und einer Installation über Netzwerk kennengelernt: Die Quelldateien befinden sich an einem anderen Speicherort. Sobald Sie die Verbindung zu dem gemeinsam genutzten Ordner mit den Quelldateien hergestellt und die Datei *Winnt.exe* bzw. *Winnt32.exe* gestartet haben, verläuft die weitere Installation genau so wie von CD-ROM. Für die Dateien *Winnt.exe* bzw. *Winnt32.exe* stehen verschiedene Optionen zur Verfügung, mit denen der Installationsvorgang abgewandelt werden kann.

Lektion 4: Probleme im Installationsprozess beheben

Die Installation von Windows 2000 sollte in der Regel problemlos ablaufen. In dieser Lektion werden dennoch einige allgemeine Hindernisse behandelt, auf die Sie während der Installation stoßen können.

Am Ende dieser Lektion werden Sie in der Lage sein, die folgenden Aufgaben auszuführen:

- Sie können bestimmte Probleme beseitigen, die sich während der Installation von Windows 2000 ergeben können.

Veranschlagte Zeit für die Lektion: 5 Minuten

Allgemeine Probleme lösen

In Tabelle 2.4 werden einige immer wieder auftretende Installationsprobleme und ihre Lösungen beschrieben.

Tabelle 2.4 Tipps zur Problemlösung

Problem	Lösung
Datenträgerfehler	Wenn Sie von CD-ROM installieren, verwenden Sie eine andere CD-ROM. Eine Ersatz-CD-ROM erhalten Sie von Microsoft oder von Ihrem Händler.
CD-ROM-Laufwerk wird nicht unterstützt	Ersetzen Sie das CD-ROM-Laufwerk durch ein anderes CD-ROM-Laufwerk, das unterstützt wird. Ist dies nicht möglich, versuchen Sie es mit einer anderen Installationsmethode, beispielsweise über Netzwerk. Nach abgeschlossener Installation können Sie den Treiber für die Adapterkarte des CD-ROM-Laufwerks hinzufügen, falls einer verfügbar ist.
Nicht genügend Speicherplatz auf der Festplatte	Erstellen Sie mithilfe des Setupprogramms eine Partition im noch vorhandenen freien Speicherplatz auf der Festplatte. Alternativ müssen Sie bei Bedarf Partitionen löschen und neu erstellen, um eine Partition zu erhalten, die groß genug für die Installation von Windows 2000 ist. Eventuell können Sie auch eine vorhandene Partition neu formatieren, um mehr Speicherplatz zu erhalten.
Ein abhängiger Dienst wird nicht gestartet	Kehren Sie im Windows 2000-Setup-Assistenten zum Dialogfeld *Netzwerkeinstellungen* zurück und prüfen Sie, ob Sie das richtige Protokoll und den richtigen Netzwerkadapter installiert haben. Prüfen Sie außerdem, ob die Konfigurationseinstellungen des Netzwerkadapters korrekt sind, beispielsweise der Transceivertyp, und stellen Sie sicher, dass der Name des Computers innerhalb des Netzwerks eindeutig ist.

(Fortsetzung)

Problem	Lösung
Keine Verbindung zum Domänencontroller	Prüfen Sie, ob der Server, auf dem der DNS-Service ausgeführt wird, und der Domänencontroller eingeschaltet und online sind. Wenn Sie keinen Domänencontroller finden können, installieren Sie den Computer zunächst als Mitglied einer Arbeitsgruppe und weisen Sie ihn erst nach der Installation einer Domäne zu.
	Prüfen Sie, ob der Domänenname korrekt ist.
	Prüfen Sie, ob die Einstellungen der Netzwerkadapterkarte und die Protokolleinstellungen korrekt sind.
	Wenn Sie Windows 2000 zum wiederholten Mal installieren und dabei denselben Computernamen verwenden, müssen Sie das Computerkonto zuerst löschen und dann erneut erstellen.
Windows 2000 wird nicht installiert oder startet nicht	Stellen Sie sicher, dass Windows 2000 alle Hardwaregeräte erkennt und dass diese alle in der HCL enthalten sind.

Setupprotokolle

Während der Installation erstellt Windows 2000 eine Reihe von Protokolldateien. Diese enthalten Informationen über den Installationsvorgang, mit deren Hilfe Sie die Probleme lösen können, die nach Abschluss des Setups eventuell auftreten. Zwei dieser Protokolle, das Aktionsprotokoll und das Fehlerprotokoll, sind in dieser Hinsicht besonders hilfreich.

Das Aktionsprotokoll verwenden

Im Aktionsprotokoll werden alle Aktionen, die das Setupprogramm durchführt, beschrieben. Die Aktionen werden in chronologischer Reihenfolge aufgezeichnet. Dazu gehören beispielsweise das Kopieren von Dateien und das Erstellen von Registrierungseinträgen. Darüber hinaus enthält das Aktionsprotokoll alle Einträge, die in das Fehlerprotokoll geschrieben werden. Das Aktionsprotokoll wird in der Datei *Setupact.log* gespeichert.

Das Fehlerprotokoll verwenden

Im Fehlerprotokoll werden alle Fehler, die während des Setups auftreten, beschrieben. Darüberhinaus enthält es eine Angabe darüber, wie gravierend die Fehler eingestuft werden. Wenn Fehler auftreten, wird das Fehlerprotokoll am Ende des Setups dem Benutzer angezeigt. Das Fehlerprotokoll wird in der Datei *Setuperr.log* gespeichert.

Weitere Protokolle

Während des Setups werden noch eine Reihe weiterer Protokolle erstellt. Zu ihnen gehören die folgenden Protokolle:

- *Windows2000\comsetup.log*   Beschreibt die Installation des Managers für optionale Komponenten und von Com+-Komponenten.

- *Windows2000\mmdet.log*   Dies ist ein Protokoll für Multimediageräte, das die Anschlussbereiche für jedes Gerät angibt.

- *Windows2000\setupapi.log*   In diesem Protokoll wird jedes Mal ein Eintrag erstellt, wenn eine Zeile aus einer .INF-Datei implementiert wird. Wenn aus irgendeinem Grund ein Fehler auftritt, werden hier Informationen dazu protokolliert.

- *Windows2000\debug\NetSetup.log*   Hier werden die Aktivitäten beim Hinzufügen des Computers zu einer Domäne oder Arbeitsgruppe aufgezeichnet.

Zusammenfassung der Lektion

In dieser Lektion haben Sie einige allgemeine Probleme kennen gelernt, die bei der Installation von Windows 2000 auftreten können. Fehlerhafte Datenträger können beispielsweise zu Problemen führen. In diesem Fall müssen Sie sich eine neue CD-ROM besorgen. Auch wenn Ihre Hardware nicht in der HCL aufgeführt ist, kann die Installation fehlschlagen. Wenn das CD-ROM-Laufwerk nicht in der Liste enthalten ist, können Sie es entweder austauschen oder Windows 2000 über Netzwerk installieren und den Treiber für das CD-ROM-Laufwerk nachträglich installieren, falls es einen gibt.

Wenn Sie sich nicht gründlich auf die Installation vorbereitet haben und keine der vorhandenen Partitionen groß genug für die Installation von Windows 2000 ist, können Sie aus dem noch freien Speicherplatz auf der Festplatte eine neue Partition erstellen. Wenn auch dafür nicht genügend Platz ist, können Sie einige der vorhandenen Partitionen löschen, um eine Partition zu erstellen, die groß genug für die Installation von Windows 2000 ist. Sie können auch eine vorhandene Partition formatieren, damit Sie genügend Platz für die Installation von Windows 2000 erhalten.

Darüberhinaus haben Sie einige Tipps für den Fall bekommen, dass Sie keine Verbindung zum Domänencontroller herstellen können. In diesem Fall können Sie den Computer zunächst in eine Arbeitsgruppe einfügen, um die Installation abschließen zu können. Nach abgeschlossener Installation und nachdem Sie herausgefunden haben, warum Sie keine Verbindung zu dem Domänencontroller herstellen konnten, können Sie den Computer nachträglich der Domäne hinzufügen.

Lernzielkontrolle

Mithilfe der folgenden Fragen können Sie feststellen, ob Sie genug gelernt haben, um mit dem nächsten Kapitel fortfahren zu können. Sollten Sie einige der Fragen nicht vollständig beantworten können, lesen Sie sich die Informationen in diesem Kapitel noch einmal durch, bevor Sie zum nächsten Kapitel übergehen. Die Antworten zu den Fragen finden Sie in Anhang A.

1. In Ihrem Unternehmen wurde beschlossen, Windows 2000 auf allen Computern zu installieren, die für Desktop-Benutzer neu gekauft werden. Was müssen Sie vor dem Kauf neuer Computer erledigen, damit sichergestellt ist, dass Windows 2000 darauf installiert und problemlos ausgeführt werden kann?

2. Sie versuchen, Windows 2000 Professional von CD-ROM zu installieren, aber Sie haben festgestellt, dass Ihr Computer nicht vom CD-ROM-Laufwerk aus gestartet werden kann. Wie schaffen Sie es, Windows 2000 zu installieren?

3. Sie installieren Windows 2000 Professional auf einem Computer, der ein Client in einer vorhandenen Windows 2000-Domäne sein wird. Sie wollen den Computer während der Installation in die Domäne einfügen. Welche Informationen benötigen Sie dafür und welche Computer müssen im Netzwerk verfügbar sein, bevor Sie das Setupprogramm ausführen?

4. Sie installieren Windows 2000 Professional von CD-ROM auf einem Computer, auf dem bisher ein anderes Betriebssystem installiert war. Wie müssen Sie die Festplatte konfigurieren, um den Installationsvorgang möglichst einfach zu gestalten?

5. Sie installieren Windows 2000 Professional über das Netzwerk. Was müssen Sie tun, bevor Sie Windows 2000 auf einem Clientcomputer installieren?

_____
_____
_____
_____

KAPITEL 3

Microsoft Management Console und Taskplaner verwenden

Lektion 1: Einführung in Microsoft Management Console . . . 64

Lektion 2: Konsolen verwenden . . . 70

Lektion 3: Den Taskplaner verwenden . . . 78

Lernzielkontrolle . . . 84

Über dieses Kapitel

Die wichtigsten Werkzeuge, mit denen Sie Microsoft Windows 2000 verwalten, sind das Tool *Microsoft Management Console* (MMC), mit dem Management-Konsolen erstellt werden können, der Taskplaner und die Systemsteuerung. In diesem Kapitel erhalten Sie einen Überblick über MMC und den Taskplaner. In Kapitel 4 wird die Systemsteuerung erklärt.

Bevor Sie beginnen

Zur Bearbeitung dieses Kapitels benötigen Sie Folgendes:

- Einen Rechner, der die im Abschnitt *Hardwarevoraussetzungen* des Kapitels *Zu diesem Buch* angegebenen Mindestvoraussetzungen erfüllt.
- Windows 2000 Professional muss auf dem Computer installiert sein.

Lektion 1: Einführung in Microsoft Management Console

Diese Lektion stellt das Tool MMC vor und erklärt die Begriffe Konsole, Konsolenstruktur, Detailfensterausschnitt, Snap-In und Erweiterungs-Snap-In. Ferner wird der Unterschied zwischen Autorenmodus und Benutzermodus erläutert. Schließlich wird die Dateinamenserweiterung .MSC beschrieben, die die Dateinamen benutzerdefinierter Konsolen ergänzt, sowie der Ordner *Verwaltung*, in dem die benutzerdefinierten Konsolen als Datei gespeichert werden. Auf diesen Ordner kann über das Menü *Programme* zugegriffen werden; er bietet einen einfachen Zugang auf die von Ihnen angelegten Konsolen.

Am Ende dieser Lektion werden Sie in der Lage sein, die folgende Aufgabe auszuführen:

- Sie können Bestandteile und Funktionsweise des Tools Microsoft Management Console einschließlich Snap-Ins, Konsolenoptionen und Bearbeitungsmodi beschreiben.

Veranschlagte Zeit für die Lektion: 20 Minuten

Management-Konsolen

Eines der wichtigsten Werkzeuge, mit denen Sie Windows 2000 verwalten, ist Microsoft Management Console. MMC stellt eine standardisierte Methode bereit, um Verwaltungswerkzeuge, die als *Konsolen* bezeichnet werden, anzulegen, zu speichern und zu öffnen. MMC bietet selbst keine Verwaltungsfunktionen, sondern dient als Programmumgebung für Verwaltungsanwendungen, die als *Snap-Ins* bezeichnet werden, und mit denen Sie verschiedene Verwaltungsaufgaben ausführen können. Außerdem ist MMC ein hervorragendes Werkzeug zur Problembehandlung.

Für folgende Funktionen können Sie MMC einsetzen:

- **Taskverwaltung und Problembehandlung** Mithilfe von MMC können Sie die meisten Verwaltungstasks durchführen und vielerlei Probleme behandeln. Es spart viel Zeit, da Sie all diese Aufgaben von einer Schnittstelle aus erledigen können.

- **Zentralisierte Verwaltung** Sie können Konsolen einsetzen, um die wichtigsten Verwaltungstasks von einem bestimmten Computer aus durchführen zu können.

- **Taskverwaltung und Problembehandlung remote durchführen** Die meisten Snap-Ins lassen sich für remote ausgeführte Taskverwaltung und Problembehandlung verwenden. Wenn ein Snap-In für die Verwendung auf Remotecomputern zur Verfügung steht, werden Sie von Windows 2000 in einem Dialogfeld aufgefordert, den Zielcomputer anzugeben.

Anmerkung Andere Softwarehersteller können ihre Verwaltungswerkzeuge so konzipieren, dass sie als Snap-Ins in MMC-Konsolen eingesetzt werden können.

Ein Konsole umfasst ein oder mehrere Snap-Ins. Sie wird als Datei mit der Erweiterung .MSC gespeichert. Alle Einstellungen für diejenigen Snap-Ins, die zu einer bestimmten Konsole gehören, werden in dieser Datei gespeichert und beim Öffnen der Datei wieder eingerichtet; das geschieht sogar auch dann, wenn die Konsolendatei auf einem anderen Computer oder in einem anderen Netzwerk geöffnet wird.

Konsolenstruktur und Detailfensterausschnitt

Zu jeder Konsole gehört eine Konsolenstruktur. Die *Konsolenstruktur* stellt die hierarchische Organisation der Snap-Ins dar, die in der Konsole enthalten sind. Die in Abbildung 3.1 gezeigte Konsole enthält die Snap-Ins *Defragmentierungsprogramm* und *Geräte-Manager auf lokalem Computer*.

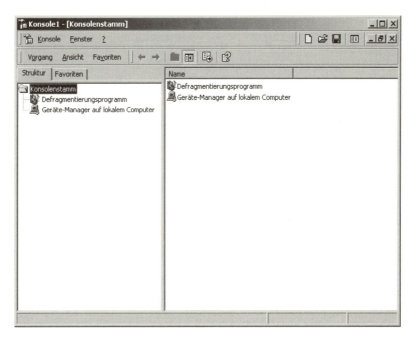

Abbildung 3.1 Das MMC-Fenster

Die Konsolenstruktur organisiert die Snap-Ins, die zu einer Konsole gehören. Dadurch können Sie ein bestimmtes Snap-In leicht auffinden. Wenn Sie ein Element in eine Konsole aufnehmen, wird es unter dem Konsolenstamm aufgeführt. *Der Detailfensterausschnitt* zeigt jeweils die Bestandteile des markierten Snap-Ins an.

Jede Konsole enthält ein Menü *Vorgang* und ein Menü *Ansicht*. Die Befehle dieser Menüs sind abhängig von der aktuellen Auswahl in der Konsolenstruktur.

Verwaltungstools

Standardmäßig speichert Windows 2000 benutzerdefinierte Konsolendateien (mit der Erweiterung .MSC) in dem Verzeichnis *Verwaltung* des angemeldeten Benutzers. Sofern das Betriebssystem Windows 2000 Professional auf Laufwerk C: installiert ist und Sie als Administrator angemeldet sind, lautet der Pfad zu diesen Dateien beispielsweise: C:\Dokumente und Einstellungen\Administrator\ Startmenü\Programme\Verwaltung. Die Verzeichnisstruktur unterhalb von C:\Dokumente und Einstellungen wird erst in dem Moment angelegt, in dem sich der erste Benutzer anmeldet.

Aber auch dann, wenn diese Verzeichnisstruktur bereits angelegt worden ist, kann es sein, dass das Verzeichnis *Verwaltung* im Menü *Programme* nicht sichtbar ist, weil seine Anzeige ausgeschaltet ist. Das ist nämlich die Voreinstellung bei der Neuinstallation von Windows 2000 Professional. Wenn Sie MMC ausführen und eine benutzerdefinierte Konsole speichern, schaltet Windows 2000 die Anzeige des Verzeichnisses *Verwaltung* automatisch für jeden Benutzer ein. (Um die Anzeige permanent einzuschalten, klicken Sie auf *Start*, zeigen auf *Einstellungen*, klicken dann auf *Taskleiste und Startmenü*, aktivieren im Dialogfeld *Eigenschaften von Taskleiste und Startmenü* auf der Registerkarte *Erweitert* das Kontrollkästchen *Verwaltung anzeigen*.)

Anmerkung Bei Windows 2000 Server befinden sich im Verzeichnis *Verwaltung* vordefinierte Konsolen für die Verwendung mit MMC.

Snap-Ins

Snap-Ins sind Anwendungen, die so konzipiert sind, dass sie in MMC integriert werden können. Es gibt zwei Arten von Snap-Ins: eigenständige Snap-Ins und Erweiterungs-Snap-Ins.

Eigenständige Snap-Ins

Eigenständige Snap-Ins werden normalerweise einfach als Snap-Ins bezeichnet. Sie verwenden eigenständige Snap-Ins, Verwaltungstasks für Windows 2000 auszuführen. Jedes Snap-In stellt eine Funktion oder eine Gruppe verwandter Funktionen bereit. Windows 2000 Server umfasst eine ganze Reihe von Standard-Snap-Ins während Windows 2000 Professional nur eine kleinere Anzahl von Standard-Snap-Ins umfasst.

Erweiterungs-Snap-Ins

Erweiterungs-Snap-Ins werden oft einfach als *Erweiterungen* bezeichnet. Man versteht darunter Snap-Ins, die zusätzliche Verwaltungsfunktionen für andere Snap-Ins bereit stellen.

Hier sind einige Charakteristika von Erweiterungs-Snap-Ins:

- Erweiterungen sind speziell für die Zusammenarbeit mit einem oder mehreren eigenständige Snap-Ins konzipiert; sie setzen auf der Funktionalität des jeweiligen eigenständigen Snap-In auf.
- Wenn Sie Erweiterungen einfügen, zeigt Windows 2000 nur diejenigen Erweiterungen an, die mit dem eigenständigen Snap-In kompatibel sind, das ergänzt werden soll. Windows 2000 platziert die Erweiterung innerhalb des eigenständigen Snap-In an der geeigneten Stelle.
- Wenn Sie ein Snap-In in eine Konsole einfügen, nimmt MMC standardmäßig auch alle verfügbaren Erweiterungen auf. Jede dieser Erweiterungen des Snap-In können Sie jedoch wieder entfernen.
- Zahlreichen Snap-Ins können um Erweiterungen ergänzt werden.

Abbildung 3.2 zeigt das Konzept von Snap-Ins und Erweiterungen. Wie mit einer Werkzeugkiste, in der sich eine Bohrmaschine befindet, die zusammen mit den üblichen, aber auch mit besonderen Bohreinsätzen verwendet werden kann, verhält es sich auch mit Snap-Ins und ihren Erweiterungen.

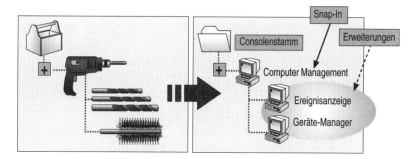

- **Snap-Ins sind Verwaltungswerkzeuge (Tools).**
- **Erweiterungen ergänzen die Snap-Ins durch zusätzliche Funktionalität.**
  - Erweiterungen sind bestimmten Snap-Ins zugewiesen.
  - Verschiedene Snap-Ins können die gleichen Erweiterungen nutzen.

Abbildung 3.2 Snap-Ins und Erweiterungen

Konsolenoptionen

Währen einige eigenständige Snap-Ins, beispielsweise die Computerverwaltung, lediglich durch Erweiterungen ergänzt werden können, können andere Snap-Ins wie die Ereignisanzeige sowohl als Snap-In als auch als Erweiterung fungieren.

Mithilfe der Konsolenoptionen, durch Auswahl des gewünschten *Konsolenmodus*, legen Sie fest, wie die Konsole arbeitet. Es gibt zwei verschiedene Konsolenmodi: den *Autorenmodus* und den *Benutzermodus*.

Autorenmodus

Wenn Sie eine Konsole im Autorenmodus speichern, ermöglichen Sie damit den vollständigen Zugriff auf die gesamte MMC-Funktionalität, einschließlich der Möglichkeit, die Konsole zu ändern. Wenn Sie eine Konsole im Autorenmodus speichern, stellen Sie dem Benutzer folgende Funktionen zur Verfügung:

- Snap-Ins hinzufügen oder entfernen
- Fenster einblenden
- Alle Teile der Konsolenstruktur anzeigen
- Konsolen speichern

Anmerkung Standardmäßig werden alle neuen Konsolen im Autorenmodus gespeichert.

Benutzermodus

Wenn Sie beabsichtigen, eine Konsole an andere Administratoren zu verteilen, sollten Sie die Konsole normalerweise im Benutzermodus speichern. In diesem Fall kann keiner der Benutzer Snap-Ins hinzufügen oder entfernen oder die Konsole speichern. Die drei verschiedene Benutzermodi bieten unterschiedliche Zugriffs- und Funktionalitätsstufen, die in Tabelle 3.1 beschrieben werden.

Tabelle 3.1 Die Benutzermodi für Konsolen

Benutzermodus	Funktionen
Vollzugriff	Verwenden Sie diesen Modus, wenn Sie dem Benutzer die gesamte MMC-Funktionalität zur Verfügung stellen wollen: Fenster einblenden, Taskpadansichten und Tasks erstellen sowie Zugriff auf die gesamte Konsolenstruktur. Dies umfasst jedoch *nicht* die Möglichkeit, Snap-Ins hinzuzufügen oder zu entfernen.
Benutzermodus – beschränkter Zugriff, mehrere Fenster	Verwenden Sie diesen Modus, wenn Sie dem Benutzer nicht ermöglichen wollen, neue Fenster zu öffnen oder Zugriff auf Teile der Konsolenstruktur zu erhalten. Der Benutzer soll allerdings in der Lage sein, mehrere Fenster in der Konsole anzusehen.
Benutzermodus – beschränkter Zugriff, Einzelfenster	Verwenden Sie diesen Modus, wenn der Benutzer lediglich in der Lage sein soll, die Konsole in dem Status zu nutzen, in dem sie sich bei ihrer Speicherung befunden hat. Dem Benutzer ist es hingegen nicht möglich, Fenster einzublenden oder auf andere Teile der Konsolenstruktur zuzugreifen.

Zusammenfassung der Lektion

In dieser Lektion haben Sie gelernt, dass Microsoft Management Console eines der wichtigsten Werkzeuge darstellt, mit denen Sie Windows 2000 verwalten. MMC stellt eine standardisierte Methode bereit, um Verwaltungswerkzeuge anzulegen, zu speichern und zu öffnen, die als *Konsolen* bezeichnet werden. Konsolen enthalten eine oder mehrere Anwendungen, die als *Snap-Ins* bezeichnet werden, und mit denen sie lokal oder auf Remotecomputern Verwaltungsaufgaben ausführen und Probleme behandeln können. Benutzerdefinierte Konsolendateien (mit der Erweiterung .MSC) speichert Windows 2000 in dem Verzeichnis *Verwaltung* des Benutzers, der die Konsole angelegt hat.

Sie haben außerdem erfahren, dass jede Konsole eine bestimmte Konsolenstruktur hat. Die Konsolenstruktur stellt die hierarchische Organisation der Snap-Ins dar, die in der Konsole enthalten sind. Dadurch finden Sie ein bestimmtes Snap-In vollkommen mühelos. Der Detailfensterausschnitt zeigt die Bestandteile des aktiven Snap-Ins an. Sie haben ferner gelernt, dass es zwei Arten von Snap-Ins gibt: eigenständige Snap-Ins und Erweiterungs-Snap-Ins. Ein eigenständiges Snap-In wird normalerweise einfach als Snap-Ins bezeichnet und stellt eine bestimmte Funktion oder eine Gruppe verwandter Funktionen bereit. Erweiterungs-Snap-Ins werden meist einfach als Erweiterung bezeichnet und stellen zusätzliche Verwaltungsfunktionen für bestehende Snap-Ins bereit. Erweiterungen sind speziell für die Zusammenarbeit mit einem oder mehreren eigenständigen Snap-Ins konzipiert; sie setzen auf der Funktionalität des jeweiligen eigenständigen Snap-Ins auf.

Schließlich haben Sie in dieser Lektion etwas über Konsolenoptionen erfahren. Mithilfe der Konsolenoptionen, durch Auswahl des gewünschten Konsolenmodus, legen Sie fest, wie die Konsole arbeitet. Ihnen stehen zwei verschiedene Konsolenmodi zur Verfügung: der Autorenmodus und der Benutzermodus. Wenn Sie eine Konsole im Autorenmodus speichern, ermöglichen Sie damit den vollständigen Zugriff auf die gesamte MMC-Funktionalität, einschließlich der Möglichkeit, die Konsole zu ändern, Snap-Ins hinzuzufügen oder zu entfernen, neue Fenster anzulegen, alle Teile der Konsolenstruktur anzuzeigen und die Konsole zu speichern. Wenn Sie beabsichtigen, eine Konsole an andere Administratoren zu verteilen, sollten Sie die Konsole normalerweise im Benutzermodus speichern. Dann kann kein Benutzer Snap-Ins hinzufügen oder entfernen oder die Konsole speichern.

Lektion 2: Konsolen verwenden

Diese Lektion erklärt, wie Sie Konsolen erstellen, benutzen und verändern können. Außerdem erfahren Sie in dieser Lektion, wie Sie Konsolen zur Remoteverwaltung verwenden können.

Am Ende dieser Lektion werden Sie in der Lage sein, die folgenden Aufgaben auszuführen:

- Sie können Konsolen erstellen und verwenden.
- Sie können eigene Konsolen zur Remoteverwaltung erstellen.

Veranschlagte Zeit für die Lektion: 40 Minuten

Konsolen erstellen

Sie erstellen eigene benutzerdefinierte Konsolen, indem Sie mehrere Snap-Ins kombinieren, die verwandte Tasks ausführen. Dazu lassen sich vordefinierte Snap-Ins sowie Snap-Ins von anderen Softwareherstellern verwenden. Dann verfahren Sie wie folgt:

- Speichern Sie die benutzerdefinierte Konsole, damit Sie sie mehrmals verwenden können.
- Verteilen Sie benutzerdefinierte Konsolen an andere Administratoren.
- Rufen Sie die benutzerdefinierten Konsolen von beliebigen Computern aus auf, um die erforderlichen administrativen Tasks zu zentralisieren und zu vereinheitlichen.

Wenn Sie eine benutzerdefinierte Konsole erstellen, können Sie diese genau an Ihre administrativen Anforderungen anpassen, indem Sie diejenigen Snap-Ins kombinieren, die Sie immer wieder für Verwaltungstasks verwenden. Wenn Sie eine benutzerdefinierte Konsole erstellen, brauchen Sie nicht mehr zwischen verschiedenen Programmen zu wechseln, weil sich alle Snap-Ins, die Sie für Ihre Arbeit benötigen, in der benutzerdefinierten Konsole befinden. Um MMC mit einer leeren Konsole zu starten, verfahren Sie wie folgt:

1. Klicken Sie auf die Schaltfläche *Start*.
2. Klicken Sie auf *Ausführen*.
3. Geben Sie **mmc** in das Eingabefeld *Öffnen* ein und klicken Sie auf *OK*.

   Ein Konsolenfenster mit dem Namen *Konsole1* wird geöffnet; es enthält im linken Fensterausschnitt den Ordner *Konsolenstamm*. Dabei handelt es sich um eine leere Konsole, die Sie nach Ihren Bedürfnissen einrichten können. Mithilfe des Menüs *Konsole* erstellen Sie Konsolen, öffnen und speichern sie und passen sie an. Die folgende Tabelle beschreibt, wozu Sie verschiedenen Befehle des Menüs *Konsole* verwenden können.

Befehl	Aufgabe
Neu	Erstellt eine neue benutzerdefinierte Konsole.
Öffnen	Öffnet eine zuvor gespeicherte Konsole zur Verwendung der Snap-Ins.
Speichern oder *Speichern unter*	Speichert die Konsole zur späteren erneuten Verwendung
Snap-In hinzufügen/entfernen	Fügt Snap-Ins samt den zugehörigen Erweiterungen in die Konsole ein oder entfernt sie.
Optionen	Konfiguration des Konsolenmodus und Erstellung benutzerdefinierter Konsolen

4. Schließen Sie das MMC-Fenster.

Konsolen zur Remoteverwaltung verwenden

Wenn Sie eine benutzerdefinierte Konsole erstellen, können Sie ein Snap-In für die Remoteverwaltung einrichten. Per Remoteverwaltung können Sie Verwaltungstasks von jedem Standort aus durchführen. Sie sind dann beispielsweise in der Lage, von einem Computer aus, der Windows 2000 Professional verwendet, Verwaltungstasks auf einem Computer unter Windows 2000 Server durchzuführen. Es lassen sich allerdings nicht alle Snap-Ins zur Remoteverwaltung verwenden; bei jedem Snap-In entscheidet sein besonderes Design darüber, ob es für Aufgaben der Remoteverwaltung verwendet werden kann.

Um remote zu verwalten

- können Sie Snap-Ins auf Computern mit Windows 2000 Professional oder Windows 2000 Server verwenden.
- müssen Sie spezifische Snap-Ins verwenden, die speziell für die Remoteverwaltung entworfen worden sind. Immer dann, wenn ein Snap-In zur Remoteverwaltung geeignet ist, werden Sie von Windows 2000 aufgefordert, den Zielcomputer auszuwählen, der verwaltet werden soll.

Praxis: Eine benutzerdefinierte Management-Konsole erstellen

In dieser Übung erstellen Sie eine benutzerdefinierte Konsole. Sie werden diese Konsole dazu verwenden herauszufinden, wann Ihr Computer zuletzt gestartet wurde. Außerdem werden Sie in diese Konsole ein Snap-In mit Erweiterungen aufnehmen.

▶ **So erstellen Sie eine benutzerdefinierte Konsole:**

1. Klicken Sie auf die Schaltfläche *Start* und klicken Sie auf *Ausführen*.
2. Geben Sie **mmc** in das Eingabefeld *Öffnen* ein und klicken Sie auf *OK*.

    MMC wird geladen und zeigt eine leere Konsole an.

3. Maximieren Sie das Fenster *Konsole1* mit einem Klick auf die Schaltfläche *Maximieren*.
4. Maximieren Sie Konsolenstamm mit einem Klick auf die Schaltfläche *Maximieren*.
5. Um die derzeit eingestellten Optionen zu prüfen, wählen Sie aus dem Menü *Konsole* den Befehl *Optionen*.

    Beachten Sie, dass standardmäßig der Autorenmodus eingestellt ist. Denken Sie daran, dass der Autorenmodus vollen Zugriff auf alle MMC-Funktionen bietet.

6. Vergewissern Sie sich, dass im Eingabefeld *Konsolenmodus* der Eintrag *Autorenmodus* markiert ist und klicken Sie auf *OK*.
7. Im Menü *Konsole* wählen Sie den Befehl *Snap-In hinzufügen/entfernen*.

    MMC zeigt das Dialogfeld *Snap-In hinzufügen/entfernen* an.

8. Klicken Sie auf *Hinzufügen*.

    MMC zeigt das Dialogfeld *Eigenständiges Snap-In hinzufügen*. (Vgl. Abbildung 3.3.)

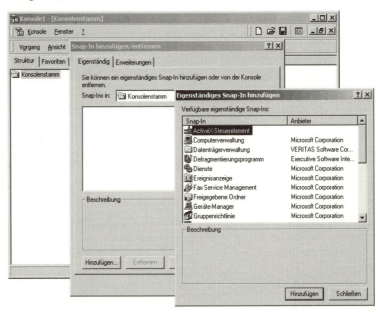

Abbildung 3.3 Das Dialogfeld *Eigenständiges Snap-In hinzufügen*

Beachten Sie die verfügbaren Snap-Ins. MMC bietet die Möglichkeit, ein oder mehrere Snap-Ins in eine Konsole einzufügen, womit Sie in der Lage sind, Ihre spezifischen Managementwerkzeuge zusammen zu stellen.

9. Wählen Sie *Computerverwaltung* und klicken Sie auf *Hinzufügen*.

   Das Dialogfeld *Computerverwaltung* wird angezeigt.

10. Vergewissern Sie sich, dass die Option *Dieses Snap-In verwaltet Lokalen Computer* aktiviert ist. (Das ist der Computer, auf dem die Konsole ausgeführt wird.) Klicken Sie dann auf *Fertig stellen*.

    Beachten Sie, dass jetzt *Computerverwaltung (Lokal)* in das Dialogfeld *Snap-In hinzufügen/entfernen* eingetragen ist.

11. Klicken Sie auf *Schließen*, um das Dialogfeld *Eigenständiges Snap-In hinzufügen* zu schließen.

12. Klicken Sie auf *OK*, um das Dialogfeld *Snap-In hinzufügen/entfernen* zu schließen.

13. Im Menü *Konsole* wählen Sie den Befehl *Speichern unter*.

    MMC öffnet das Dialogfeld *Speichern unter*.

14. Geben Sie in das Eingabefeld *Dateiname* **Alle Ereignisse** ein und klicken Sie auf *Speichern*.

    Der eingegebene Name erscheint in der Titelleiste der Konsole.

    Als Nächstes prüfen Sie, ob die Konsole korrekt im Verzeichnis *Verwaltung* gespeichert wurde. Dazu schließen Sie die Konsole und öffnen sie erneut.

▶ **So überprüfen Sie den Speicherort der benutzerdefinierten Konsole:**

1. Wählen Sie im Menü *Konsole* den Befehl *Beenden*.

   Die benutzerdefinierte Konsole mit dem Namen *Alle Ereignisse* ist jetzt angelegt und gespeichert.

2. Klicken Sie auf die Schaltfläche *Start*, dann auf *Ausführen*. Geben Sie **mmc** ein und klicken Sie auf *OK*.

3. Im Menü *Konsole* wählen Sie den Befehl *Öffnen*.

   MMC öffnet das Dialogfeld *Öffnen*. Beachten Sie, dass sich die von Ihnen erstellte Konsole (Alle Ereignisse.MSC) in dem Verzeichnis *Verwaltung* befindet.

4. Klicken Sie auf die Datei Alle Ereignisse.MSC, klicken Sie dann auf *Öffnen*.

   Windows 2000 öffnet die Konsole *Alle Ereignisse*, die Sie zuvor gespeichert haben.

▶ **So erweitern Sie die Konsole um das Snap-In *Ereignisanzeige*:**

1. Wählen Sie im Menü *Konsole* den Befehl *Snap-In hinzufügen/entfernen*.

    Beachten Sie, dass *Computerverwaltung* das einzige geladene Snap-In ist. Sie werden nun den Konsolenstamm um ein weiteres Snap-In ergänzen.

2. Im Dialogfeld *Snap-In hinzufügen/entfernen* klicken Sie auf *Hinzufügen*.

    MMC zeigt das Dialogfeld *Eigenständiges Snap-In hinzufügen* an.

3. Im Dialogfeld *Eigenständiges Snap-In hinzufügen* markieren Sie *Ereignisanzeige* und klicken auf *Hinzufügen*.

    MMC zeigt das Dialogfeld *Computer auswählen*, in dem Sie festlegen können, welchen Computer Sie mit dem Snap-In verwalten möchten.

    Beachten Sie, dass Sie sowohl den lokalen Computer, an dem Sie gerade arbeiten, mit der Ereignisanzeige verwalten können, als auch – sofern Ihr lokaler Computer Bestandteil eines Netzwerkes ist – jeden Remotecomputer.

    Um die Ereignisanzeige für einen Remotecomputer zu aktivieren, markieren Sie die Option *Dieses Snap-In verwaltet Anderen Computer*. Klicken Sie dann auf *Durchsuchen*. Im Dialogfeld *Computer auswählen* markieren Sie dann den Remotecomputer, für den Sie die Ereignisanzeige verwenden möchten; klicken Sie schließlich auf *OK*.

    In dieser Übung werden Sie die Ereignisanzeige für Ihren eigenen, das heißt den lokalen Computer einsetzen.

4. Vergewissern Sie sich, dass im Dialogfeld *Computer auswählen* der Eintrag *Dieses Snap-In verwaltet Lokalen Computer* markiert ist und klicken Sie auf *Fertig stellen*.

5. Im Dialogfeld *Eigenständiges Snap-In hinzufügen* klicken Sie auf *Schließen*; im Dialogfeld *Snap-In hinzufügen/entfernen* klicken Sie auf *OK*.

    In der Konsolenstruktur wird nun außer dem Eintrag *Computerverwaltung (Lokal)* auch der Eintrag *Ereignisanzeige (Lokal)* aufgeführt.

    Tipp Wenn der Verzeichnisname nur teilweise zu sehen ist, ziehen Sie die Trennlinie zwischen Konsole und Detailfensterausschnitt nach rechts.

▶ **So stellen Sie fest, wann Ihr Computer zuletzt gestartet wurde:**

1. In der Konsolenstruktur der Konsole *Alle Ereignisse* erweitern Sie den Ordner *Ereignisanzeige (Lokal)*. Klicken Sie dann auf *System*.

    MMC zeigt im Detailfensterausschnitt die letzten Systemereignisse an.

2. Doppelklicken Sie auf das letzte Informationsereignis, das in der Spalte *Quelle* als *eventlog* aufgeführt ist.

Falls im Textfeld *Beschreibung* nicht der Eintrag *Der Ereignisprotokolldienst wurde gestartet* angezeigt wird, klicken Sie auf die Schaltfläche mit dem nach oben weisenden Pfeil, bis diese Beschreibung angezeigt wird.

Der Dienst *eventlog* wird beim Systemstart ausgeführt. Die Angaben zu Datum und Zeit spiegeln daher die ungefähre Zeit wider, zu der ihr System zuletzt gestartet wurde.

3. Um das Dialogfeld *Eigenschaften von Ereignis* zu schließen, klicken Sie auf *OK*.

4. Wählen Sie im Menü *Konsole* den Befehl *Beenden*, um die Konsole *Alle Ereignisse* zu schließen.

   In dem Dialogfeld *Microsoft Management Console* werden Sie gefragt, ob Sie die Konsoleneinstellungen für *Alle Ereignisse* speichern möchten.

5. Klicken Sie auf *Nein*.

▶ **So entfernen Sie eine Erweiterung aus einem Snap-In:**

1. Klicken Sie auf die Schaltfläche *Start* und klicken Sie auf *Ausführen*.

2. Falls notwendig, geben Sie **mmc** in das Eingabefeld *Öffnen* ein und klicken auf *OK*.

   MMC zeigt eine leere Konsole an.

3. Maximieren Sie das Fenster *Konsole1* und das Fenster *Konsolenstamm* falls notwendig.

4. Im Menü *Konsole* wählen Sie den Befehl *Snap-In hinzufügen/entfernen*.

   MMC zeigt das Dialogfeld *Snap-In hinzufügen/entfernen* mit aktiver Registerkarte *Eigenständig* an.

5. Klicken Sie auf *Hinzufügen*.

   Bei allen hier aufgeführten Snap-Ins handelt es sich um eigenständige Snap-Ins.

6. Im Dialogfeld *Eigenständiges Snap-In hinzufügen* markieren Sie in der Liste *Verfügbare eigenständige Snap-Ins* den Eintrag *Computerverwaltung* und klicken Sie auf *Hinzufügen*.

   MMC öffnet das Dialogfeld *Computer auswählen*, in dem Sie festlegen können, welchen Computer Sie verwalten möchten. In diesem Fall werden Sie das Snap-In *Computerverwaltung* für Ihren eigenen Computer verwenden.

7. Vergewissern Sie sich, dass *Lokaler Computer* markiert ist, klicken Sie dann auf *Fertig stellen*.

8. Klicken Sie auf *Schließen*.

   In der Liste der eingefügten Snap-Ins erscheint der Eintrag *Computerverwaltung*.

9. Im Dialogfeld *Snap-In hinzufügen/entfernen* klicken Sie auf *OK*.

    MMC führt das Snap-In *Computerverwaltung* in der Konsolenstruktur unter dem Konsolenstamm auf. Der Konsolenstamm fungiert als Container, der verschiedene Kategorien von administrativen Funktionen aufnimmt.

10. Erweitern Sie das Strukturelement *Computerverwaltung* und sichten Sie die verfügbaren Funktionen, erweitern Sie dann den Eintrag *System*.

    Anmerkung Verwenden Sie zu diesem Zeitpunkt noch keines der Programme.

    Beachten Sie, dass mehrere Erweiterungen verfügbar sind, unter anderem *Ereignisanzeige*, *Systeminformationen* und *Geräte-Manager*. Sie können die Funktionalität eines Snap-In einschränken, indem Sie Erweiterungen entfernen.

11. Im Menü *Konsole* wählen Sie den Befehl *Snap-In hinzufügen/entfernen*.

    MMC zeigt das Dialogfeld *Snap-In hinzufügen/entfernen* mit aktiver Registerkarte *Eigenständig* an.

12. Klicken Sie auf *Computerverwaltung (Lokal)* und dann auf die Registerkarte *Erweiterungen*.

    MMC öffnet eine Liste der verfügbaren Erweiterungen für das Snap-In *Computerverwaltung*.

    Beantworten Sie an dieser Stelle die folgende Frage: Wovon hängt ab, welche Erweiterungen MMC in der Liste *Verfügbare Erweiterungen* anzeigt?

    _____

    _____

13. Deaktivieren Sie das Kontrollkästchen *Alle Erweiterungen hinzufügen* sowie in der Liste *Verfügbare Erweiterungen* die Kontrollkästchen *Geräte-Manager-Erweiterung* und *Erweiterung für Systeminformationen*.

14. Klicken Sie auf *OK*.

15. Erweitern Sie die Konsoleneinträge *Computerverwaltung* und *System* um sich zu vergewissern, dass der Erweiterungen *Geräte-Manager* und *Systeminformationen* entfernt wurden.

    Anmerkung Verwenden Sie zu diesem Zeitpunkt keines der Programme.

16. Schließen Sie die Konsole.

    MMC fragt nach, ob die Konsoleneinstellungen gespeichert werden sollen.

17. Klicken Sie auf *Nein*.

Zusammenfassung der Lektion

In dieser Lektion haben Sie gelernt, wie Sie benutzerdefinierte Konsolen erstellen, um bestimmte Verwaltungsaufgaben auszuführen. Wenn Sie eine benutzerdefinierte Konsolen erstellen wollen, können Sie auf MMC zugreifen, indem Sie den Befehl *Ausführen* des Startmenüs verwenden. In der Praxisübung dieser Lektion haben Sie zwei benutzerdefinierte Konsolen erstellt. Die erste Konsole enthielt das Snap-In *Computerverwaltung*; dieses haben Sie dann um das Snap-In *Ereignisanzeige* ergänzt. Mithilfe des Snap-Ins *Ereignisanzeige* haben Sie dann herausgefunden, wann Ihr Computer zuletzt gestartet wurde. Die zweite benutzerdefinierte Konsole, die Sie erstellt haben, enthielt das Snap-In *Computerverwaltung*. Nach Erstellung der zweiten benutzerdefinierten Konsole, haben Sie gelernt, wie Sie die Funktionalität einer Konsole dadurch begrenzen können, dass Sie Erweiterungen entfernen, die normalerweise Bestandteil des Snap-Ins sind. Ferner haben Sie in dieser Lektion erfahren, wie Sie eine benutzerdefinierte Konsole zur Remoteverwaltung erstellen können.

Lektion 3: Den Taskplaner verwenden

Sie verwenden den Taskplaner, um für Programme einen Zeitplan zu erstellen und um Batchdateien einmalig, in regelmäßigen Abständen oder zu bestimmten Zeiten auszuführen. Sie können den Taskplaner außerdem dazu verwenden, um beliebige Skripts, Programme oder Dokumente zu starten oder zu laden, und zwar zu einer bestimmten Zeit, in festgelegten Abständen oder wenn ein bestimmtes Betriebssystemereignis eintritt. Ferner können Sie den Taskplaner verwenden, um sich eine Vielzahl von Verwaltungstasks zu automatisieren.

Am Ende dieser Lektion werden Sie in der Lage sein, die folgenden Aufgaben auszuführen:

- Sie können den Taskplaner verwenden, um Zeitpläne für Tasks zu erstellen.

Veranschlagte Zeit für die Lektion: 25 Minuten

Einführung in den Taskplaner

Windows 2000 speichert Zeitpläne für Tasks im Ordner *Geplante Tasks*, der sich in der Systemsteuerung befindet. Außerdem können Sie auf den Ordner *Geplante Tasks* eines anderen Computers zugreifen, indem Sie mithilfe der *Netzwerkumgebung* die Ressourcen jenes Computers durchsuchen. Damit ist es möglich, Tasks von einem Computer zu einem anderen zu verschieben oder zu kopieren. Sie können beispielsweise Taskdateien für Wartungsarbeiten erstellen und diese bei Bedarf auf den Computer eines Benutzers übertragen.

Sie verwenden den Taskplaner,

- um Wartungsprogramme in bestimmten Abständen auszuführen.
- um bestimmte Programme dann aufzurufen, wenn der Computer wenig ausgelastet ist.

Optionen

Um einen Zeitplan für Tasks zu erstellen, verwenden Sie den *Assistenten für geplante Tasks*. Sie starten den Assistenten, indem Sie in dem Ordner *Geplante Tasks* auf *Geplanten Task hinzufügen* doppelklicken. Tabelle 3.2 beschreibt die Optionen, die Sie in dem *Assistenten für geplante Tasks* konfigurieren können.

Tabelle 3.2 Die Optionen des Assistenten für geplante Tasks

Option	Beschreibung
Anwendung	Die Anwendung, für die ein Zeitplan erstellt werden soll. Markieren Sie die gewünschte Anwendung in der Liste der Anwendungen, die unter Windows 2000 registriert sind, oder klicken Sie auf *Durchsuchen*, um ein anderes Programm oder eine Batchdatei auszuwählen.

(Fortsetzung)

Option	Beschreibung
Taskname	Ein beschreibender Name für den Task.
Häufigkeit	Die Häufigkeit, mit der Windows 2000 den Task ausführen soll. Sie können zwischen verschiedenen Optionen wählen, um den Task täglich, wöchentlich, monatlich oder auch nur einmalig ausführen zu lassen, oder bei jedem Systemstart bzw. wenn Sie sich anmelden.
Zeit und Datum	Datum und Uhrzeit der erstmaligen Ausführung des Tasks. Falls zutreffend, können Sie hier den Tag festlegen, an dem der Task wiederholt werden soll.
Name und Kennwort	Name des Benutzers und Kennwort. Sie können Namen und Kennwort für sich selbst oder einen anderen Benutzer eingeben, sodass die Anwendung mit den Sicherheitseinstellungen jenes Benutzerkontos ausgeführt wird.
	Falls das Benutzerkonto, unter dem Sie angemeldet sind, nicht über die notwendigen Berechtigungen zur Ausführung der geplanten Tasks verfügt, können Sie das Benutzerkonto eines anderen Benutzers verwenden, das über die notwendigen Berechtigungen verfügt. Sie könnten beispielsweise eine geplante Datensicherung unter Verwendung eines Benutzerkontos ausführen, das zwar über die notwendige Berechtigung zur Sicherung von Daten, nicht aber über andere Verwaltungsrechte verfügt.
Erweiterte Eigenschaften	Wenn Sie dieses Kontrollkästchen aktivieren, zeigt der Assistent das Dialogfeld *Erweiterte Eigenschaften* an, nachdem Sie auf *Fertig stellen* geklickt haben. Sie können dann zusätzliche Eigenschaften konfigurieren.

Erweiterte Eigenschaften

Zusätzlich zu den Optionen in dem Assistenten für geplante Tasks, haben Sie die Möglichkeit, einige weitere Optionen für einen Task einzustellen. Wenn Sie für einen Task *Erweiterte Eigenschaften* konfigurieren, können Sie sowohl Optionen ändern, die Sie mit dem Assistenten für geplante Tasks eingestellt haben, als auch ergänzende erweiterte Optionen festlegen.

Tabelle 3.3 beschreibt die Registerkarten des Dialogfelds *Erweiterte Eigenschaften* für einen geplanten Task.

Tabelle 3.3 Erweiterte Optionen des Assistenten für geplante Tasks

Registerkarte	Beschreibung
Task	Ändert den geplanten Task oder das Benutzerkonto, das verwendet wird, um den Task auszuführen. Außerdem können Sie den Task ein- und ausschalten.

(Fortsetzung)

Registerkarte	Beschreibung
Zeitplan	Für einen Task können Sie mehrere Zeitpläne festlegen und anzeigen. Sie können Datum, Zeit und Wiederholungen für einen Task einstellen. Ein Task kann beispielsweise jeden Freitag um 22:00 Uhr ausgeführt werden.
Einstellungen	Hier können Sie festlegen, wann ein Task beginnt oder endet, ob der Computer während der Ausführung des Tasks benutzt werden kann oder ob der Task auch bei Batteriebetrieb durchgeführt werden kann.
Sicherheit	Sie können eine Liste der Benutzer oder Gruppen mit Berechtigung zur Ausführung des Tasks bearbeiten und die Berechtigungen eines bestimmten Benutzers oder einer Gruppe einstellen.

Praxis: Den Taskplaner verwenden

In dieser Praxisübung werden Sie einen Zeitplan zum Start von WordPad zu einer bestimmten Zeit aufstellen. Außerdem werden Sie Optionen für den Taskplaner einstellen.

▶ **So erstellen Sie einen Zeitplan für den automatischen Start eines Tasks:**

1. Doppelklicken Sie auf *Arbeitsplatz*, dann auf *Systemsteuerung* und schließlich auf *Geplante Tasks*.

   Windows 2000 öffnet das Fenster *Geplante Tasks*. Wenn derzeit noch keine Tasks geplant sind, erscheint lediglich das Symbol *Geplanten Task hinzufügen*.

2. Doppelklicken Sie auf *Geplanten Task hinzufügen*.

   Der Assistent für geplante Tasks wird gestartet.

3. Klicken Sie auf *Weiter*.

   Windows 2000 zeigt eine Liste der gegenwärtig installierten Programme. Um für ein Programm einen Zeitplan anzulegen, das nicht bei Windows 2000 registriert ist, klicken Sie auf die Schaltfläche *Durchsuchen*.

4. Klicken Sie auf *Durchsuchen*.

   Das Dialogfeld *Programm für die Planung auswählen* erscheint.

5. Doppelklicken Sie auf *Programme*, danach auf *Windows NT*.

6. Doppelklicken Sie auf *Zubehör*, dann auf *WordPad*.

7. Geben Sie **WordPad starten** in das Eingabefeld *Name* ein. (Vgl. Abbildung 3.4.)

Im Eingabefeld *Name* ist es möglich, eine Beschreibung einzugeben, die intuitiver verständlich ist als der Name des Programms. Windows 2000 zeigt diese Beschreibung im Ordner *Geplante Tasks* an, nachdem Sie den Assistent beendet haben.

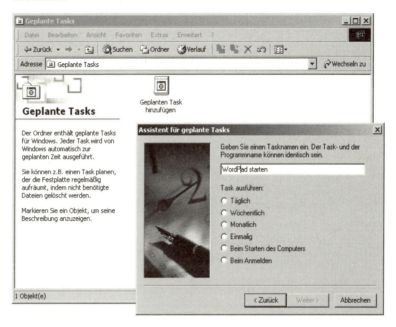

Abbildung 3.4 Der Assistent für geplante Tasks

8. Klicken Sie auf *Einmal* und klicken Sie auf *Weiter*.

9. Im Eingabefeld *Startzeit* geben Sie einen Zeitpunkt ein, der vier Minuten nach der augenblicklichen Systemzeit liegt. Notieren Sie die eingegebene Zeit.

   Um die augenblickliche Systemzeit herauszufinden, brauchen Sie nur einen Blick auf die Taskleiste zu werfen. Die Einstellungen für das Datum ändern Sie bitte nicht.

10. Klicken Sie auf *Weiter*.

    Es ist erforderlich, dass Sie in dem Assistenten den Namen und das Kennwort eines Benutzerkontos eingeben. Wenn der Taskplaner den geplanten Task ausführt, erhält das Programm alle Rechte und Berechtigungen des hier eingegebenen Benutzerkontos. Das Programm ist damit natürlich auch an alle Einschränkungen gebunden, denen das Benutzerkonto unterliegt. Beachten Sie, dass Ihr Benutzername, bereits standardmäßig eingetragen ist. Sie müssen in beide Kennwortfelder das korrekte Passwort des Benutzerkontos eingeben, bevor Sie fortfahren können.

    Sie erstellen im Folgenden einen Zeitplan, der mit Ihren Verwaltungsrechten ausgeführt wird.

11. Geben Sie **kennwort** in die Felder *Kennwort* und *Kennwortbestätigung* ein.

12. Klicken Sie auf *Weiter*.

    Markieren Sie noch nicht das Kontrollkästchen zum Öffnen des Dialogfelds *Erweiterte Eigenschaften* für diesen Task. Sie werden diese Eigenschaften in der nächsten Praxisübung prüfen.

13. Klicken Sie auf *Fertig stellen*.

    Beachten Sie, dass der Assistent den Task in die Liste der geplanten Tasks eingetragen hat.

14. Zur Bestätigung, dass Sie den Task erfolgreich geplant haben, warten Sie die Zeit ab, die Sie in Schritt neun festgelegt haben. Dann sollte WordPad starten.

15. Schließen Sie WordPad.

▶ **So konfigurieren Sie die erweiterten Optionen des Taskplaners:**

1. Doppelklicken Sie im Fenster *Taskplaner* auf **WordPad starten**.

   Windows 2000 zeigt das Dialogfeld *WordPad starten* an. Beachten Sie die Registerkarten und überprüfen Sie die Optionen auf den verschiedenen Registerkarten. Es handelt sich um die gleichen Optionen, die auch zur Verfügung stehen, wenn Sie das Kontrollkästchen zur Einstellung der erweiterten Optionen auf der letzten Seite des Assistenten für geplante Tasks aktivieren. Bitte ändern Sie keine der Einstellungen.

2. Klicken Sie auf die Registerkarte *Einstellungen*.

   Überprüfen Sie die Optionen auf dieser Registerkarte.

3. Markieren Sie das Kontrollkästchen *Task löschen, wenn er nicht erneut geplant wird*.

4. Klicken Sie auf die Registerkarte *Zeitplan* und stellen Sie die Startzeit auf zwei Minuten nach der augenblicklichen Systemzeit ein.

   Notieren Sie die eingegebene Zeit.

5. Klicken Sie auf *OK*.

   Zur Bestätigung, dass Sie den Task erfolgreich geplant haben, warten Sie die Zeit ab, die Sie in Schritt vier festgelegt haben. Dann sollte WordPad starten.

6. Schließen Sie WordPad.

   Beachten Sie, dass der geplante Task nun nicht mehr im Ordner *Geplante Tasks* verzeichnet ist. Die Option, einen abgeschlossenen Task automatisch zu löschen, ist sehr nützlich im Zusammenhang mit Tasks, die nur einmal ausgeführt werden sollen.

7. Schließen Sie das Fenster *Geplante Tasks*.

8. Melden Sie sich bei Windows 2000 ab.

Zusammenfassung der Lektion

In dieser Lektion haben Sie gelernt, dass Sie den Taskplaner verwenden können, um für Programme einen Zeitplan zu erstellen und um Batchdateien einmalig, in regelmäßigen Abständen, zu bestimmten Zeiten oder wenn ein bestimmtes Betriebssystemereignis eintritt auszuführen. Windows 2000 speichert Zeitpläne für Tasks im Ordner *Geplante Tasks*, der sich in der Systemsteuerung unter *Arbeitsplatz* befindet. Wenn Sie einen Zeitplan zur Ausführung eines Tasks erstellt haben, können Sie im Nachhinein alle Optionen und erweiterten Merkmale für den Task ändern, einschließlich des Programms, das ausgeführt werden soll.

Außerdem haben Sie gelernt, dass Sie auf den Ordner *Geplante Tasks* eines anderen Computers zugreifen können, indem Sie mithilfe von *Netzwerkumgebung* die Ressourcen jenes Computers durchsuchen. Damit ist es möglich, Tasks von einem Computer zu einem anderen zu verschieben oder zu kopieren. Sie können beispielsweise Taskdateien für Wartungsarbeiten erstellen und diese bei Bedarf auf den Computer eines Benutzers übertragen. In der Praxisübung dieser Lektion haben Sie den Assistenten für geplante Tasks verwendet, um einen Zeitplan zum Start von WordPad aufzustellen.

Lernzielkontrolle

Die folgenden Fragen sollen Ihnen dabei helfen festzustellen, ob Sie genug gelernt haben, um mit dem nächsten Kapitel fortfahren zu können. Falls Sie diese Fragen nicht beantworten können, blättern Sie bitte noch einmal zurück und sehen sich das Material dieses Kapitels erneut an, bevor Sie mit dem nächsten Kapitel beginnen. Die Antworten zu diesen und den im Lauf der praktischen Übungen gestellten Fragen finden Sie in Anhang A.

1. Wann und warum verwenden Sie eine Erweiterung?

2. Sie sollen eine benutzerdefinierte Konsole für einen Administrator erstellen, der lediglich das Snap-In *Computerverwaltung* und Active Directory-Funktionalität benötigt. Der Administrator

   a. darf keine weiteren Snap-Ins hinzufügen können.

   b. braucht vollen Zugriff auf die vorhandenen Snap-Ins.

   c. muss in der Lage sein, zwischen den Snap-Ins hin und her zu wechseln.

   Welchen Konsolenmodus würden Sie einstellen, um die benutzerdefinierte Konsole zu konfigurieren?

3. Was müssen Sie machen, um einen Computer mit Windows 2000 Server von einem Computer mit Windows 2000 Professional aus remote zu verwalten?

4. Sie müssen einen Zeitplan für ein Wartungsprogramm einrichten, das automatisch einmal in der Woche auf Ihrem Computer ausgeführt wird, der mit Windows 2000 Professional läuft. Was müssen Sie tun?

KAPITEL 4

Die Windows-Systemsteuerung

Lektion 1: Die Hardwarekonfiguration festlegen . . . 87

Lektion 2: Den Bildschirm konfigurieren . . . 90

Lektion 3: Betriebssystemeinstellungen konfigurieren . . . 97

Lektion 4: Automatische Installation von Hardwarekomponenten . . . 112

Lektion 5: Hardware manuell installieren . . . 116

Lektion 6: Die Desktopumgebung konfigurieren und Probleme beheben . . . 120

Lernzielkontrolle . . . 125

Über dieses Kapitel

Unter Microsoft Windows 2000 werden Konfigurationsdaten an zwei Orten abgelegt: in der Registrierung und in den auf der Active Directory-Technologie basierenden Verzeichnisdiensten. Jede Veränderung der Registrierung und der Active Directory-Verzeichnisdienste ist gleichbedeutend mit einer Änderung der Konfiguration der Windows 2000-Umgebung. Die Registrierung und die Active Directory-Verzeichnisdienste lassen sich mit den folgenden Tools bearbeiten:

- Microsoft Management Console (MMC; auch als Management-Konsole bezeichnet)
- Systemsteuerung
- Registrierungseditor

Die Systemsteuerung, mit der wir uns in diesem Kapitel beschäftigen werden, enthält Anwendungen, mit deren Hilfe Sie bestimmte Aspekte der Hardware- und Softwarekonfiguration eines Computers an Ihre Bedürfnisse anpassen können. Nähere Einzelheiten über die Microsoft Management-Konsole finden Sie in Kapitel 3. Der Registrierungseditor wird in Kapitel 5 behandelt.

Bevor Sie beginnen

Zur Bearbeitung dieses Kapitels benötigen Sie folgendes:

- Einen Rechner, der die im Abschnitt *Hardwarevoraussetzungen* des Kapitels *Zu diesem Buch* angegebenen Mindestvoraussetzungen erfüllt.
- Windows 2000 Professional muss auf Ihrem Rechner installiert sein.

Lektion 1: Die Hardwarekonfiguration festlegen

Mithilfe der Systemsteuerung können Sie die Hardwarekonfiguration festlegen sowie benutzerbezogene und benutzerunabhängige Einstellungen für einen Rechner verwalten. Diese Lektion bietet einen Überblick über die Systemsteuerungsprogramme, mit deren Hilfe sich Hardwarekomponenten oder -dienste konfigurieren lassen. Die Konfiguration der Hardware wird in Hardwareprofilen erfasst.

Am Ende dieser Lektion werden Sie in der Lage sein, die folgenden Aufgaben auszuführen:

- Sie können Hardwareprofile erstellen und verwalten.

Veranschlagte Zeit für die Lektion: 10 Minuten

Das Wichtigste über Hardwareprofile

In einem *Hardwareprofil* sind die Konfigurationseinstellungen für einen Satz von Geräte und Diensten gespeichert. Windows 2000 kann verschiedene Hardwareprofile speichern, um den unterschiedlichen Bedürfnissen eines Benutzers Rechnung zu tragen. Ein tragbarer Rechner könnte zum Beispiel je nachdem, ob er angedockt oder nicht angedockt ist, unterschiedliche Hardwarekonfigurationen verwenden. Der Benutzer eines solchen Rechners könnte entsprechend je ein Hardwareprofil für die beiden Zuständen (angedockt und nicht angedockt) erstellen und beim Start von Windows 2000 das passende Profil auswählen.

Hardwareprofile erstellen und bearbeiten

Um ein Hardwareprofil in der Systemsteuerung zu erstellen oder zu bearbeiten, gehen Sie folgendermaßen vor: Doppelklicken Sie auf das Symbol *System* und klicken Sie im daraufhin angezeigten Dialogfeld *Eigenschaften von System* auf die Registerkarte *Hardware*. Klicken Sie auf *Hardwareprofile*, um die Liste *Verfügbare Hardwareprofile* anzuzeigen (siehe Abbildung 4.1).

Tipp Um das Dialogfeld *Systemsteuerung* vom Desktop aus zu öffnen, klicken Sie mit der rechten Maustaste auf *Arbeitsplatz* und dann auf *Eigenschaften*.

Windows 2000 erstellt während der Installation ein Ausgangsprofil, das als *Profil 1 (Aktuell)* eingetragen wird. Sie können auf der Basis eines Profils ein neues Profil mit derselben Konfiguration erstellen. Gehen Sie zur Erstellung eines neuen Profils folgendermaßen vor: Markieren Sie in der Liste *Verfügbare Hardwareprofile* des Dialogfeldes *Hardwareprofile* das Profil, das Sie kopieren möchten, und klicken Sie dann auf *Kopieren*.

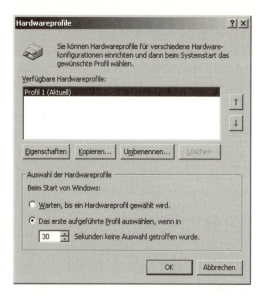

Abbildung 4.1 Registerkarte *Hardwareprofile* mit der Liste *Verfügbare Hardwareprofile*

Die Reihenfolge, in der die Profile in der Liste *Verfügbare Hardwareprofile* angeordnet sind, legt ihre Anwendung beim Start fest. Das erste Profil in der Liste wird durch diese Anordnung als Standard festgelegt. Mit den Pfeilschaltflächen rechts neben dem Listenfeld können Sie die Anordnung der Profile ändern.

Ein Hardwareprofil aktivieren

Falls zwei oder mehr Profile in der Liste *Verfügbare Hardwareprofile* enthalten sind, fordert Windows 2000 den Benutzer beim Hochfahren auf, ein Profil auszuwählen. Sie können festlegen, wie lange der Computer warten soll, bis er unter Verwendung der Standardkonfiguration fortfährt. Um die Wartezeit festzulegen, klicken Sie im Bereich *Auswahl der Hardwareprofile* auf die Option *Das erste aufgeführte Profil wählen, wenn in ... Sekunden keine Auswahl getroffen wurde* und geben die Anzahl der Sekunden an. Wenn Sie wollen, dass Windows 2000 immer mit dem Standardprofil starten soll, legen Sie einfach die Anzahl der Sekunden auf den Wert 0 fest. Um in diesem Fall die Standardeinstellung beim Hochfahren des Rechners außer Kraft zu setzen, drücken Sie während des Starts von Windows die Leertaste.

Achten Sie beim Umgang mit Hardwareprofilen darauf, nicht versehentlich mit dem *Geräte-Manager* aus der Systemsteuerung eines der Bootgeräte zu deaktivieren. Wenn Sie ein erforderliches Gerät deaktivieren, wird Windows 2000 möglicherweise nicht gestartet. Sie sollten eine Kopie des Standardprofils erstellen und danach die Änderungen an dem kopierten Profil vornehmen. Sie können dann auf das Standardprofil zurückzugreifen, falls ein Problem auftritt.

Hardwareprofileigenschaften anzeigen

Um die Eigenschaften von Hardwareprofilen anzuzeigen, markieren Sie in der Liste *Verfügbare Hardwareprofile* ein Profil und klicken Sie dann auf *Eigenschaften*. Daraufhin wird das Dialogfeld *Eigenschaften* für das betreffende Profil geöffnet.

Wenn Windows 2000 Ihren Rechner als portable Einheit identifiziert, ist das Kontrollkästchen *Dies ist ein tragbarer Computer* markiert. Wenn Windows dann feststellt, dass dieser portable Rechner angedockt ist, wird automatisch das passende Optionsfeld markiert. Nachdem Windows sie einmal markiert hat, können Sie diese Option nicht ändern.

Zusammenfassung der Lektion

In dieser Lektion haben Sie erfahren, wie mithilfe des Symbols *System* Geräte oder Hardwaredienste in Form von Hardwareprofilen konfiguriert werden. In einem Hardwareprofil sind Konfigurationseinstellungen für einen Satz Geräte und Dienste gespeichert.

Während der Installation erstellt Windows 2000 automatisch ein Ausgangsprofil, das Sie durch weitere Profile ergänzen können. Um ein neues Profil zu erstellen, markieren Sie in der Liste *Verfügbare Hardwareprofile* des Dialogfeldes *Hardwareprofile* das Profil, das als Bearbeitungsgrundlage kopiert werden soll, und klicken Sie danach auf *Kopieren*. Um die Eigenschaften eines Hardwareprofils anzuzeigen, markieren Sie in der Liste *Verfügbare Hardwareprofile* das Profil und klicken danach auf *Eigenschaften*. Daraufhin wird das Dialogfeld *Eigenschaften* für das ausgewählte Profil geöffnet.

Sie haben außerdem erfahren, dass Anwendung der Profile beim Systemstart durch die Reihenfolge in der Liste *Verfügbare Profile* festgelegt ist. Das erste Profil in der Liste ist das Standardprofil. Mithilfe der Pfeilschaltflächen können ein anderes Profil an diese Position bringen. Wenn die Liste *Verfügbare Hardwareprofile* mehrere Profile enthält, fordert Windows beim Start zur Auswahl eines Profils auf.

Lektion 2: Den Bildschirm konfigurieren

Benutzer mit der Berechtigung zum Installieren und Deinstallieren von Gerätetreibern können auch Bildschirmtreiber installieren und testen. Windows 2000 kann die Bildschirmauflösung dynamisch ändern, ohne dass ein Systemstart erforderlich wäre.

Am Ende dieser Lektion werden Sie in der Lage sein, die folgenden Aufgaben auszuführen:

- Sie können den Bildschirm mithilfe der Systemsteuerung konfigurieren.

Veranschlagte Zeit für die Lektion: 25 Minuten

Anzeigeeigenschaften festlegen

Um die Eigenschaften der Anzeige festzulegen, gehen Sie folgendermaßen vor: Doppelklicken Sie in der Systemsteuerung auf das Symbol *Anzeige*. Klicken Sie anschließend auf die Registerkarte *Einstellungen* (siehe Abbildung 4.2). Alternativ können Sie auch mit der rechten Maustaste auf den Desktop klicken und im daraufhin angezeigten Kontextmenü den Befehl *Eigenschaften* wählen. Zu den konfigurierbaren Anzeigeoptionen gehören die Anzahl der Farben, die Bildschirmauflösung, die Schriftgröße und die Bildschirmfrequenz.

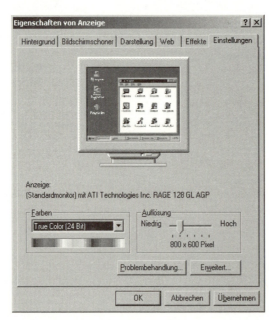

Abbildung 4.2 Dialogfeld *Eigenschaften von Anzeige* mit aktiver Registerkarte *Einstellungen*

In Tabelle 4.1 sind die Optionen aufgelistet, die auf der Registerkarte *Einstellungen* zur Konfiguration der Bildschirmeinstellungen zur Verfügung stehen.

Tabelle 4.1 Die Optionen auf der Registerkarte *Einstellungen* zur Konfiguration der Anzeige

Option	Beschreibung
Farben	In diesem Bereich werden die unterschiedlichen Farbtiefen der Grafikkarte aufgelistet.
Auflösung	Hier können Sie die Auflösung für die Grafikkarte festlegen.
Problembehandlung	Ein Klick auf diese Schaltfläche startet die Bildschirmproblembehandlung, die bei der Diagnose von Bildschirmproblemen hilft.
Erweitert	Ein Klick auf diese Schaltfläche öffnet das Dialogfeld *Eigenschaften* für die Grafikkarte (siehe Tabelle 4.2).

Um das Dialogfeld *Eigenschaften* für die Grafikkarte zu öffnen, klicken Sie auf die Schaltfläche *Erweitert*. In Tabelle 4.2 werden die für die Grafikkarte verfügbaren Optionen beschrieben.

Tabelle 4.2 Die erweiterten Grafikoptionen

Registerkarte	Optionsgruppe	Beschreibung
Allgemein	*Anzeige*	Hier werden unter anderem die Optionen *Große Schriftarten*, *Kleine Schriftarten* und *Andere* zur Verfügung gestellt.
		Mithilfe der Option *Andere* können Sie einen benutzerdefinierten Schriftgrad festlegen.
	Kompatibilität	Mithilfe dieser Option können Sie festlegen, was Windows tun soll, nachdem Sie die Bildschirmeinstellungen geändert haben. Nachdem Sie die Farbeinstellungen geändert haben, müssen Sie eine der folgenden Optionen wählen:
		■ *Vor dem Übernehmen der neuen Anzeigeeinstellungen neu starten.*
		■ *Die neuen Anzeigeeinstellungen ohne Neustart übernehmen.*
		■ *Zum Übernehmen der neuen Anzeigeeinstellungen auffordern.*

(Fortsetzung)

Registerkarte	Optionsgruppe	Beschreibung
Grafikkarte	*Grafikkarte*	Zeigt den Hersteller und die Modellnummer der installierten Grafikkarte an. Mit einem Klick auf die Schaltfläche *Eigenschaften* erhalten Sie zusätzliche Informationen, u.a. über den Gerätestatus, die Ressourceneinstellungen und mögliche Konflikte zwischen Geräten.
	Garfikkarteninformationen	Zeigt zusätzliche Informationen wie beispielsweise den Chiptyp der Grafikkarte, den Typ des Digital-Analog-Wandlers (DAC), die Speichergröße und das BIOS an.
	Alle Modi auflisten	Zeigt alle kompatiblen Modi für Ihre Grafikkarte an. Hier können Sie die Auflösung, die Farbtiefe und die Bildschirmfrequenz in einem Schritt festlegen.
Monitor	*Monitortyp*	Zeigt den Hersteller und die Modellnummer des aktuell installierten Monitors an. Mit einem Klick auf die Schaltfläche *Eigenschaften* erhalten Sie zusätzliche Informationen und können auf die Bildschirmproblembehandlung zugreifen, die Ihnen bei der Lösung von Monitorproblemen hilft.
	Monitoreinstellungen	Hier können Sie die Bildschirmfrequenz festlegen. Diese Option gilt nur für hoch auflösende Geräte. Wählen Sie keine Bildschirmfrequenz/Auflösungs-Kombination, die vom Monitor nicht unterstützt wird. Wenn Sie nicht sicher sind, schlagen Sie in Ihrer Bildschirmdokumentation nach, oder wählen Sie die niedrigste Bildschirmfrequenz.
Problembehandlung	*Hardwarebeschleunigung*	Hier können Sie die Beschleunigungsfeatures Ihrer Bildschirmhardware schrittweise herabsetzen, um Bildschirmprobleme zu isolieren und zu beheben.
Farbverwaltung		Hier können Sie ein Farbprofil für Ihren Monitor auswählen.

Neu in Windows 2000 ist auch die Unterstützung für die gleichzeitige Anzeige auf mehreren Bildschirmen. Mithilfe mehrerer Bildschirme können Sie Ihren Desktop auf mehrere Monitore erweitern (siehe Abbildung 4.3). Windows 2000 unterstützt die Erweiterung der Anzeige auf bis zu zehn Monitore.

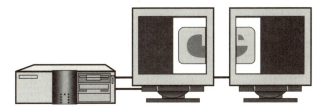

- Mithilfe mehrerer Bildschirme lässt sich der Desktop auf bis zu zehn Monitore erweitern.
- Bei der Anzeige auf mehreren Bildschirmen müssen PCI- oder AGP-Geräte (PCI = Peripheral Component Interconnect; AGP = Accelerated Graphics Port) verwendet werden.
- Die Hardwareanforderungen für Primär- (Haupt-) und Sekundärbildschirme sind unterschiedlich.

Abbildung 4.3 Der Desktop wird auf zwei Bildschirme verteilt angezeigt

Wichtig Bei der Konfiguration mehrerer Bildschirme müssen Sie PCI- oder AGP-Geräte verwenden.

Ist eine der Grafikkarten in die Hauptplatine integriert, müssen Sie folgende Punkte beachten:

- Die Grafikkarte auf der Hauptplatine wird immer zur Sekundärkarte. Sie muss die Anzeige auf mehreren Bildschirmen unterstützen können.
- Sie müssen Windows 2000 installiert haben, bevor Sie mit der Installation einer weiteren Grafikkarte beginnen können. Das Windows 2000-Setup würde nämlich die Karte auf der Hauptplatine deaktivieren, wenn es eine andere Karte entdeckt. Manche Systeme deaktivieren Onboard-Grafikkarten nach der Entdeckung einer Add-In-Karte vollständig. Nur wenn Sie die Suche nach der Onboard-Karte im BIOS außer Kraft setzen können, können Sie die Karte auf der Hauptplatine für die Mehrfachbildschirmanzeige nutzen.

Das System-BIOS legt normalerweise auf Grundlage der PCI-Slot-Reihenfolge fest, welcher Bildschirm der Hauptbildschirm wird. Bei manchen Rechnern erlaubt das BIOS allerdings auch dem Benutzer, den Hauptbildschirm festzulegen.

Der Hauptbildschirm kann nicht deaktiviert werden. Diese Tatsache muss insbesondere bei der Verwendung von Laptop-Rechnern mit Docking-Stations beachtet werden.

Manche Docking-Stations enthalten zum Beispiel eine Grafikkarte, die den integrierten Laptop-Bildschirm deaktiviert oder ausschaltet. Die Unterstützung für mehrere Bildschirme funktioniert bei diesen Konfigurationen nur dann, wenn Sie mehrere Grafikkarten an die Docking-Station anschließen.

Mehrfachbildschirmanzeigen konfigurieren

In einer Umgebung mit Mehrbildschirmanzeigen müssen Sie jeden Bildschirm einzeln konfigurieren.

Gehen Sie zur Konfiguration der Bildschirme in einer Mehrfachbildschirmumgebung folgendermaßen vor:

1. Doppelklicken Sie in der Systemsteuerung auf Anzeige.
2. Klicken Sie im Dialogfeld Eigenschaften von Anzeige auf die Registerkarte Einstellungen.
3. Klicken Sie auf die Monitornummer für das Hauptanzeigegerät.
4. Markieren Sie die Grafikkarte für den Hauptbildschirm und stellen Sie die gewünschte Farbtiefe und Auflösung ein.
5. Klicken Sie auf die Monitornummer für den Sekundärbildschirm.
6. Wählen Sie die Grafikkarte für den Sekundärbildschirm aus. Markieren Sie anschließend das Kontrollkästchen Windows-Desktop auf diesen Bildschirm erweitern.
7. Stellen Sie die gewünschte Farbtiefe und Auflösung für den Sekundärbildschirm ein.
8. Wiederholen Sie die Schritte 5 bis 7 für alle weiteren Bildschirme.

Windows 2000 legt mithilfe des Konzept des virtuellen Desktops die Beziehungen zwischen den einzelnen Bildschirms fest. Der virtuelle Desktop verfolgt die Position der einzelnen Desktopteile anhand eines Koordinatensystems.

Die Koordinate in der oberen linke Ecke des Hauptbildschirms lautet immer 0,0. Windows 2000 legt die Koordinaten der Sekundärbildschirme so fest, dass auf dem virtuellen Bildschirm alle einzelnen Bildschirme aneinander anschließen. Dadurch wird es dem System möglich, die Illusion eines einzigen großen Desktops zu erzeugen, auf dem Benutzer mit ihrer Maus alle Bildschirme ansteuern können.

Um die Bildschirmpositionen auf dem virtuellen Desktop zu verändern, gehen Sie folgendermaßen vor: Klicken Sie auf der Registerkarte *Einstellungen* auf *Identifizieren* und ziehen Sie die Bildschirmsymbole an die gewünschten Positionen. Die Positionen dieser Symbole definieren die Koordinaten und die Positionen der Bildschirme in Beziehung zueinander.

Problembehandlung bei der Mehrfachbildschirmanzeige

Wenn bei der Mehrfachbildschirmanzeige Probleme auftreten, können Sie diese mithilfe der in Tabelle 4.3 aufgeführten Anweisungen zur Bildschirmproblembehandlung beheben.

Tabelle 4.3 Tipps zur Problembehandlung bei Mehrfachbildschirmanzeigen

Problem	Lösung
Die Sekundärbildschirme zeigen nichts an.	Aktivieren Sie das Dialogfeld *Eigenschaften von Anzeige*.
	Überprüfen Sie, ob Sie den korrekten Bildschirmtreiber ausgewählt haben.
	Starten Sie den Computer neu, um zu überprüfen, ob der Sekundärbildschirm initialisiert wird. Ist das nicht der Fall, überprüfen Sie im Geräte-Manager den Status der Grafikkarte.
	Ändern Sie die Reihenfolge der Karten in den Slots. (Die Hauptkarte muss auch zur Verwendung als Sekundärkarte geeignet sein.)
Das Kontrollkästchen *Windows-Desktop auf diesen Bildschirm erweitern* wird nicht angezeigt.	Markieren Sie im Dialogfeld *Eigenschaften von Anzeige* den Sekundär- und nicht den Primärbildschirm.
	Stellen Sie sicher, dass der Sekundärbildschirm unterstützt wird.
	Überprüfen Sie, ob Windows 2000 den Sekundärbildschirm erkennt.
Eine Anwendung kann auf dem Sekundärbildschirm nicht angezeigt werden.	Führen Sie die Anwendung auf dem Hauptbildschirm aus.
	Führen Sie die Anwendung im Vollbildmodus (MS-DOS) oder in einem maximierten Fenster (Microsoft Windows) aus.
	Deaktivieren Sie den Sekundärbildschirm, um festzustellen, ob das Problem wirklich etwas mit der Unterstützung für Mehrfachbildschirmanzeigen zu tun hat.

Zusammenfassung der Lektion

In dieser Lektion haben Sie gelernt, dass Benutzer mit der Berechtigung zum Installieren und Deinstallieren von Gerätetreibern auch Bildschirmtreiber installieren und testen können. Unter Windows 2000 können Sie die Bildschirmauflösung dynamisch ändern, d.h., Sie müssen das System nach der Änderung nicht neu starten.

Sie haben außerdem erfahren, dass Sie Bildschirmeigenschaften wie etwa die Anzahl der Farben, die Bildschirmauflösung, den Schriftgrad oder die Bildschirmfrequenz mithilfe des Symbols *Anzeige* in der Systemsteuerung anzeigen und bearbeiten können. Und Sie haben gelernt, dass Windows 2000 Mehrfachanzeigen mit bis zu zehn zusätzlichen Bildschirmen unterstützt, die Sie einzeln konfigurieren müssen. Diese Lektion endete mit einem Überblick über die Möglichkeiten zur Fehlerbehebung bei Problemen mit der Mehrfachbildschirmanzeige.

Lektion 3: Betriebssystemeinstellungen konfigurieren

Betriebssystemeinstellungen lassen sich mithilfe bestimmter Systemsteuerungsprogramme vornehmen. Im Dialogfeld *Systemeigenschaften* können Sie folgende Bereiche konfigurieren:

- Systemleistung
- Größe der Registrierung
- Umgebungsvariablen
- Einstellungen zum Starten und Wiederherstellen

Die Systemsteuerungsprogramme zur Betriebssystemkonfiguration legen die Betriebssystemumgebung für alle Benutzer des Computers fest.

Am Ende dieser Lektion werden Sie in der Lage sein, die folgenden Aufgaben auszuführen:

- Sie können das Betriebssystem mithilfe der Systemsteuerung konfigurieren.

Veranschlagte Zeit für die Lektion: 30 Minuten

Systemleistungsoptionen

Das erste Systemsteuerungsprogramm, mit dem Sie das Betriebssystem konfigurieren können, lässt sich über die Systemeigenschaften aufrufen. Um die Optionen zur Konfiguration der Systemleistung anzuzeigen, doppelklicken Sie in der Systemsteuerung auf das Symbol *System*. Klicken Sie anschließend im Dialogfeld *Systemeigenschaften* auf die Registerkarte *Erweitert* und danach auf *Systemleistungsoptionen*. Das Dialogfeld *Systemleistungsoptionen* sehen Sie in Abbildung 4.4.

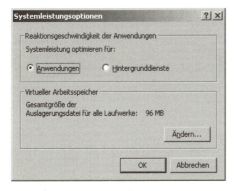

Abbildung 4.4 Das Dialogfeld *Systemleistungsoptionen*

Mithilfe der Optionen in diesem Dialogfeld können Sie die Reaktionsgeschwindigkeit der Anwendung und die Größe des virtuellen Arbeitsspeichers festlegen. Im Bereich *Reaktionsgeschwindigkeit der Anwendung* können Sie die Priorität von Anwendungen gegenüber Hintergrunddiensten festlegen.

Reaktionsgeschwindigkeit der Anwendung

Windows 2000 verwendet die Einstellungen für die Reaktionsgeschwindigkeit der Anwendung zur Aufteilung von Prozessorressourcen auf die ausgeführten Programme. Wenn Sie *Anwendungen* markieren, werden den Vordergrundanwendungen (d.h. den aktiven Anwendungen, die auf Benutzereingaben reagieren) mehr Ressourcen zugewiesen. Wenn Sie *Hintergrunddienste* markieren, werden die Ressourcen unter allen Programmen gleichmäßig aufgeteilt.

Virtueller Arbeitsspeicher

Das Windows 2000-Speichermodell basiert auf einem linearen 32-Bit-Adressraum. Windows 2000 verwaltet den virtuellen Speicher mit dem Verwaltungssystem *Virtual Memory Management System* (VMM). Dieses System bietet unter anderem folgende Vorzüge:

- Es können mehr Anwendungen gleichzeitig ausgeführt werden, als es bei der Größe des installierten Arbeitsspeichers normalerweise möglich wäre.
- Die Speicherressourcen sind geschützt. Das Verwaltungssystem verhindert, dass sich der Adressraum eines Prozess mit dem eines anderen Prozesses überschneidet.

Als *physischer Arbeitsspeicher* werden die RAM-Chips in Ihrem Rechner bezeichnet. Der Begriff *Virtueller Speicher* bezeichnet die Art und Weise, wie das Betriebssystem den Anwendungen physischen Speicher zur Verfügung stellt.

Windows 2000 stellt jedes Speicherbyte (sowohl physisch als auch virtuell) durch eine eindeutige Adresse dar. Die Größe des auf Ihrem Rechner installierten physischen Speichers begrenzt die Anzahl der verfügbaren physischen Adressen. Die Anzahl der virtuellen Adressen wird hingegen nur durch die Anzahl der Bits begrenzt, die für die virtuelle Adresse zur Verfügung stehen. Windows 2000, das ein virtuelles 32-Bit-Adressschema verwendet, stellt also 4 GB an virtuellen Adressen zur Verfügung.

Der *Virtual Memory Manager* (VMM) verwaltet den Speicher und hat zwei Aufgaben:

- Verwaltung einer Speicherzuordnungstabelle. Diese Tabelle listet sowohl die virtuellen Adressen auf, die zu einem Prozess gehören, als auch die Speicherorte der Daten, auf die in diesen virtuellen Adressen verwiesen wird (siehe Abbildung 4.5). Wenn ein Thread auf den Speicher zugreifen will, fordert er einen virtuellen Adressraum an.

Der VMM verwendet die vom Thread angeforderte Adresse zur Suche nach der entsprechenden physischen Adresse. Anschließend überträgt er die von Thread angeforderten Daten.

- Sofern notwendig, überträgt der VMM den Speicherinhalt auf die Festplatte und von der Festplatte. Dieser Vorgang wird als *Auslagerung* oder *Swap*-Vorgang bezeichnet.

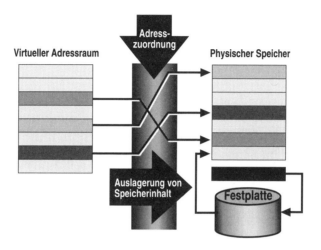

Abbildung 4.5 Funktionsweise des Virtual Memory Manager

Der virtuelle Adressraum

Eine *virtuelle Adresse* ist der Adressraum, den eine Anwendung zur Adressierung von Speicher verwendet. Wenn in Windows 2000 ein Prozess gestartet wird, stellt der VMM insgesamt 4 GB an virtuellem Adressraum zur Verfügung (siehe Abbildung 4.6).

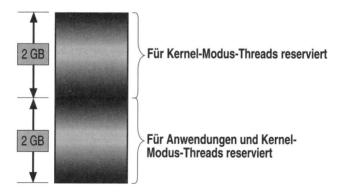

Abbildung 4.6 Der virtuelle Adressraum

Diese 4 GB an virtuellem Adressraum sind folgendermaßen aufgeteilt:

- Die oberen 2 GB sind für das System und für Kernel-Modus-Threads reserviert. Der untere Abschnitt dieser oberen 2 GB wird direkt von der Hardware belegt. Der Zugriff auf diesen unteren Abschnitt ist extrem schnell.
- Die unteren 2 GB stehen beiden Benutzermodus-Threads zur Verfügung: Kernel-Modus-Threads und beispielsweise Anwendungen. Wenn nötig, kann der VMM sie auf die Festplatte auslagern. Windows 2000 unterteilt den oberen Abschnitt in einen Auslagerungs- und einen Nicht-Auslagerungspool. Adressen im Auslagerungspool können auf die Festplatte ausgelagert werden, die anderen Adressen müssen im physischen Speicher verbleiben. Die Größe einer Seite beträgt 4 KB.

Daten auslagern – Paging

Das Verschieben von Daten in den physischen Speicher wird als *Auslagerung* bezeichnet. Wenn der physische Speicher belegt ist und ein Thread auf Programmcode oder Daten zugreifen muss, die sich nicht bereits im Speicher befinden, verschiebt der VMM einige Seiten aus dem physischen Speicher in einen Bereich auf der Festplatte – in die so genannte *Auslagerungsdatei* (siehe Abbildung 4.7). Danach lädt der VMM die vom Thread angeforderten Daten oder Codeabschnitte in den freigemachten Bereich des physischen Speichers.

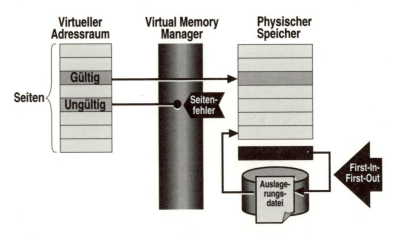

Abbildung 4.7 **Funktionsweise der Auslagerungsdatei**

Der einem Prozess zugewiesene virtuelle Adressraum ist in gültige und ungültige Seiten unterteilt. *Gültige Seiten* sind Seiten, die sich im physischen Speicher befinden und dem Prozess zur Verfügung stehen. *Ungültige Seiten* sind solche Seiten, die sich nicht dort befinden. Sie stehen dem Prozess nicht unmittelbar zur Verfügung, weil sie auf die Festplatte ausgelagert sind.

Wenn ein Thread versucht, eine ungültige Seite abzurufen, gibt der Mikroprozessor einen *Seitenfehler* aus. Der VMM fängt den Fehler ab, sucht die angeforderte Seite und lädt sie von der Festplatte in einen freien Seitenrahmen des physischen Speichers. Umgekehrt überträgt der VMM zur Freigabe von physischem Speicher den Inhalt bestimmter Seiten auf in die Auslagerungsdatei auf der Festplatte.

Im Zuge des Auslagerungsprozesses erledigt der VMM folgende drei Aufgaben:

- Er legt fest, welche Seiten aus dem physischen Speicher entfernt werden, wenn dieser voll ist. Der VMM zeichnet auf, welche Seiten sich pro Prozess im Speicher befinden. Diese Seiten werden auch als Arbeitsseiten des Prozesses bezeichnet. Zur Entscheidung, welche Seiten aus dem physischen Speicher entfernt werden sollen, geht der VMM nach der FIFO-Methode vor (FIFO = First In – First Out). Das bedeutet: Die Daten, die am längsten im physischen Speicher gewesen sind, werden als erste entfernt. Wenn ein Thread einen Seitenfehler erzeugt, untersucht der VMM die Arbeitsseiten des Threadprozesses und verschiebt die Seite, die am längsten im physischen Speicher gewesen ist, auf die Festplatte.

- Der VMM befördert Seiten von der Festplatte in den physischen Speicher – ein Prozess, der als *Abholen* bezeichnet wird. Der VMM arbeitet außerdem nach einer Methode, die als *Paging auf Abruf mit Clusterbildung* bezeichnet wird. Das bedeutet folgendes: Wenn ein Seitenfehler ausgelöst wird, lädt der VMM die benötigte Seite und zusätzlich noch einige der benachbarten Seiten in den Arbeitsspeicher. Dadurch lässt sich die Anzahl der erzeugten Seitenfehler reduzieren.

- Der VMM legt fest, wo die von der Festplatte abgerufenen Seiten platziert werden. Wenn der physische Speicher noch nicht voll ist, lädt der VMM die Daten in die erste freie Seite. Ist der physische Speicher jedoch voll, legt der VMM fest, welche Seiten zunächst aus dem Speicher auf die Festplatte verschoben werden, um im physischen Speicher Platz für die von der Festplatte geholten Seiten zu schaffen.

Die Größe von Auslagerungsdateien

Bei der Installation von Windows 2000 erstellt das Setupprogramm für den virtuellen Speicher (Pagefile.sys) eine Auslagerungsdatei auf der gleichen Partition, auf der auch Windows 2000 installiert wird. Die Mindestgröße für Auslagerungsdateien beträgt 2 MB. Als Standardgröße unter Windows 2000 Professional wird die anderthalbfache Größe des Arbeitsspeichers empfohlen. Normalerweise können Sie den Standardwert übernehmen. Unter bestimmten Umständen – zum Beispiel, wenn Sie sehr viele Anwendungen gleichzeitig ausführen wollen – sollten Sie mit einer größeren oder sogar mehreren Auslagerungsdateien arbeiten.

Um die Auslagerungsdatei zu konfigurieren, gehen Sie folgendermaßen vor: Klicken Sie im Dialogfeld *Systemleistungsoptionen* auf *Ändern*.

Im Dialogfeld *Virtueller Arbeitsspeicher* werden die Laufwerke angezeigt, auf denen die Auslagerungsdateien abgelegt sind. Dort können Sie auch die Größe der Auslagerungsdatei für ausgewählte Laufwerke ändern (siehe Abbildung 4.8).

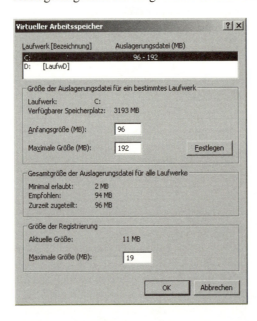

Abbildung 4.8 Konfiguration der Auslagerungsdateien

Auslagerungsdateien können die bei der Installation festgelegte Größe nicht unterschreiten. Nicht in Anspruch genommener Platz in der Auslagerungsdatei steht dem Virtual Memory Manager von Windows 2000 weiterhin intern zur Verfügung.

Wenn Sie für die Auslagerungsdatei eine Größe festlegen, die erheblich unter der empfohlenen Größe liegt, zeigt Windows 2000 möglicherweise das Mitteilungsfeld *Windows – Nicht genügend virtueller Speicher* an (siehe Abbildung 4.9). Diese Meldung weist darauf hin, dass Windows die virtuelle Auslagerungsdatei vergrößern wird. Während dies geschieht, werden die Programme langsamer ausgeführt oder sogar angehalten, weil Speicheranforderungen dieser Programme zurückgewiesen werden müssen. Nur Benutzer mit Administratorprivilegien können die Größe von Auslagerungsdateien mithilfe des Programms *System* heraufsetzen.

Abbildung 4.9 Die Meldung *Windows – Nicht genügend virtueller Speicher*

Die Auslagerungsdatei kann im Laufe ihrer Verwendung von der ursprünglichen Größe bis zur Maximalgröße anwachsen. Wenn die Datei die Maximalgröße erreicht hat, kann die Systemperformance sinken, wenn Sie das System durch das Ausführen weiterer Anwendungen belasten.

Beim Neustart eines Windows 2000-Rechners setzt das System alle Auslagerungsdateien auf ihren Ausgangswert zurück.

Die Größe der Registrierung

Im unteren Teil des Dialogfeldes *Virtueller Arbeitsspeicher* (siehe Abbildung 4.8), können Sie mithilfe der Option *Maximale Größe (MB)* die Maximalgröße der Registrierung festlegen. Mit dieser Einstellung wird kein bestimmter Platz für die Registrierung reserviert, die möglicherweise diese Maximalgröße gar nicht erreicht. Die Einstellung legt lediglich die Maximalgröße fest, bis zu der die Registrierung wachsen kann. Nähere Einzelheiten über die Registrierung finden Sie in Kapitel 5.

Die Performance verbessern

Die Performance Ihres Systems lässt sich mit mehreren Mitteln verbessern. Erstens: Wenn Ihr Rechner mehrere Festplatten hat, könnten Sie zum Beispiel für jede Festplatte eine eigene Auslagerungsdatei anlegen. Die Aufteilung von Daten auf mehrere Auslagerungsdateien verbessert die Performance, weil der Festplatten-Controller gleichzeitig von mehreren Festplatten lesen beziehungsweise auf sie schreiben kann. Beim Versuch, Daten in eine Auslagerungsdatei zu schreiben, versucht der VMM immer, die Seitendaten in die Auslagerungsdatei zu schreiben, die am wenigsten ausgelastet ist.

Zweitens: Sie können die Systemperformance außerdem dadurch verbessern, dass Sie die Auslagerungsdatei von dem Laufwerk entfernen, auf dem der Windows-Stammordner (in der Standardeinstellung *Winnt*) abgelegt ist. Dadurch vermeiden Sie, dass verschiedene Lese- und Schreibanforderungen miteinander konkurrieren. Auch wenn Sie eine Auslagerungsdatei auf der Windows 2000-Systempartition erstellt haben, um die Wiederherstellung zu erleichtern, die im Abschnitt *Optionen zum Starten und Wiederherstellen* weiter hinten in diesem Kapitel beschrieben wird, können Sie die Performance verbessern: In diesem Fall erstellen Sie einfach mehrere Auslagerungsdateien. Da der VMM bei Schreiboperationen zwischen den Auslagerungsdateien hin- und herwechselt, wird auf die auf der Boot-Partition gespeicherte Auslagerungsdatei seltener zugegriffen.

Drittens: Sie können die Systemperformance dadurch steigern, dass Sie die Ausgangsgröße der Auslagerungsdatei auf den Wert setzen, der im Feld *Maximale Größe* des Dialogfeldes *Virtueller Arbeitsspeicher* angezeigt wird. Dadurch entfällt der Zeitaufwand zur Vergrößerung der Datei von der Ausgangsgröße zur Maximalgröße.

> **Hinweis** Wenn Sie neue Einstellungen übernehmen wollen, denken Sie daran, zunächst auf *Festlegen* und erst danach auf *OK* zu klicken.

Umgebungsvariablen

Umgebungsvariablen definieren die System- und Benutzerumgebungsdaten und enthalten Laufwerk-, Pfad- und Dateinameninformationen. Umgebungsvariablen liefern die Daten, die Windows 2000 zur Steuerung verschiedener Anwendungen verwendet. Die Umgebungsvariable TEMP gibt zum Beispiel an, wo eine Anwendung ihre temporären Dateien ablegen soll.

Klicken Sie auf der Registerkarte *Erweitert* des Dialogfeldes *Systemeigenschaften* auf *Umgebungsvariablen*, um die aktuell geltenden System- und Benutzervariablen anzuzeigen (siehe Abbildung 4.10).

Systemvariablen

Die *Systemvariablen* gelten für das gesamte System. Das bedeutet, dass diese Variablen Auswirkungen auf alle Systembenutzer haben. Während der Installation konfiguriert das Setupprogramm die Standardsystemvariablen, einschließlich des Pfades zu den Windows 2000-Dateien. Nur ein Administrator kann die Systemvariablen ergänzen, bearbeiten oder entfernen.

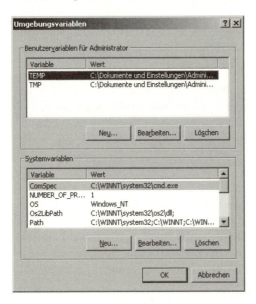

Abbildung 4.10 Das Dialogfeld *Umgebungsvariablen*

Benutzervariablen

Die *Benutzervariablen* gelten spezifisch für einen bestimmten Benutzer des Computers. Zu diesen Variablen gehören alle benutzerdefinierten Einstellungen (etwa ein bestimmtes Desktopmuster) und alle von Anwendungen definierten Variablen (wie der Pfad zum Speicherort der Anwendungsdateien). Die Benutzer können ihre Benutzervariablen im Dialogfeld *Systemeigenschaften* hinzufügen, bearbeiten und entfernen.

So legt Windows 2000 Umgebungsvariablen fest

Windows 2000 legt die Umgebungsvariablen in folgender Reihenfolge fest:

1. In der Standardeinstellung durchsucht Windows 2000 die Datei *Autoexec.bat* (wenn vorhanden) und legt dann alle Umgebungsvariablen fest.

2. Windows 2000 legt die Systemvariablen fest. Wenn sich bestimmte Systemvariablen mit den Umgebungsvariablen überschneiden, die sich aus der Durchsuchung der Datei *Autoexec.bat* ergeben haben, werden letztere außer Kraft gesetzt.

3. Windows 2000 legt die Benutzervariablen fest. Wenn sich bestimmte Benutzervariablen mit den Umgebungsvariablen, die sich aus der Durchsuchung der Datei *Autoexec.bat* ergeben haben und den Systemvariablen überschneiden, werden die beiden Letzteren außer Kraft gesetzt.

Wenn Sie zum Beispiel die Zeile SET TMP=C:\ in die Datei *Autoexec.bat* einfügen und die Benutzervariable TMP=X:\TEMP festgelegt ist, setzt die benutzerdefinierte Einstellung X:\TEMP die Einstellung C:\ außer Kraft.

Hinweis Sie können Windows 2000 daran hindern, die Datei Autoexec.bat zu durchsuchen. Setzen Sie dazu in der Registrierung den Wert des Eintrags ParseAutoexec auf 0. Den Eintrag ParseAutoexec finden Sie unter folgendem Teilschlüssel:
\HKEY_CURRENT_USER\SOFTWARE\Microsoft\Windows NT\CurrentVersion\Winlogon.

Optionen zum Starten und Wiederherstellen

Im Dialogfeld *Systemeigenschaften* können Sie außerdem die Optionen zum Starten und Wiederherstellen des Rechners festlegen. Als Alternative zum Doppelklick auf das Symbol *System* in der Systemsteuerung können Sie auch folgendermaßen vorgehen: Klicken Sie mit der rechten Maustaste auf *Arbeitsplatz*. Klicken Sie anschließend auf *Eigenschaften*, danach im Dialogfeld *Systemeigenschaften* auf die Registerkarte *Erweitert* und zum Abschluss auf *Starten und Wiederherstellen*.

Das Dialogfeld *Starten und Wiederherstellen* ist in zwei Bereiche unterteilt (siehe Abbildung 4.11). Die Optionen zum Systemstart steuern das Verhalten des Boot-Menüs. Die Optionen unter *Systemfehler* steuern die Aktionen, die Windows im Falle eines Systemfehlers durchführt, der den Computer anhält. Ein *Systemfehler* veranlasst Windows 2000, alle Prozesse anzuhalten. Systemfehler werden wegen des Bildschirmaussehens auch als Blue-Screen-Fehler bezeichnet.

Abbildung 4.11 Das Dialogfeld *Starten und Wiederherstellen*

Systemstart

Wenn Sie den Rechner zum ersten Mal einschalten, wird vom System ein Boot-Menü angezeigt, in dem – wenn mehr als ein Betriebssystem auf dem Rechner installiert ist – die verfügbaren Betriebssysteme aufgelistet werden. In der Standardeinstellung wählt das System das voreingestellte Betriebssysteme aus und zeigt einen Countdown an. Wenn Sie kein anderes Betriebssystem auswählen, startet das System das voreingestellte Betriebssystem, sobald der Countdown bei Null angekommen ist oder wenn Sie [Eingabe] drücken. Mithilfe der Optionen im Bereich *Systemstart* können Sie das *Standardbetriebssystem* festlegen, den Timer einstellen und festlegen, ob das Boot-Menü überhaupt angezeigt werden soll.

Systemfehler

In Tabelle 4.4 werden die vier Optionen zur Behandlung von Systemfehlern beschrieben, die von Windows 2000 zur Verfügung gestellt werden, um den Benutzern im Falle eines Systemfehlers zu helfen.

Wichtig Sie müssen als Mitglied der Administratorgruppe angemeldet sein, um die Optionen zum Umgang mit Systemfehlern festlegen zu können.

Tabelle 4.4 Wiederherstellungsoptionen

Option	Weitere Informationen
Eintrag im Systemprotokoll vornehmen	Markieren Sie dieses Kontrollkästchen, wenn Sie wollen, dass Windows 2000 das Ereignis in das Systemprotokoll einträgt, wenn das System unerwarteterweise angehalten wird.
Administratorwarnmeldung senden	Markieren Sie dieses Kontrollkästchen, um bei einem unerwarteten Anhalten des Systems eine Warnmeldung an den Administrator senden zu lassen.
Automatisch neu starten	Wenn Sie dieses Kontrollkästchen markieren, führt Windows 2000 bei einem unerwarteten Anhalten des Systems einen Neustart durch.
Debuginformationen speichern	Mit der ersten Option in dieser Gruppe können Sie festlegen, welche Daten Windows 2000 im Speicherdump *Memory.dmp* speichern soll. Sie haben folgende Möglichkeiten:
	(Keine) In der Speicherauszugsdatei wird nichts gespeichert.
	Kleines Speicherabbild (64 KB) Die Mindestmenge an Daten wird abgebildet. Der für die Auslagerungsdatei erforderliche Platz beträgt 64 KB. Im Verzeichnis der kleinen Speicherabbilder wird ein Verlauf dieser Dumps gespeichert. Es kann eigens konfiguriert werden. In der Standardeinstellung hat das Verzeichnis den Namen *%SystemRoot%\Minidump*.
	Kernelspeicherabbild In der Speicherauszugsdatei werden nur Kernel-Daten gespeichert. Je nach Größe Ihres Arbeitsspeichers müssen dafür zwischen 50 und 800 MB zur Verfügung stehen.
	Vollständiges Speicherabbild Der gesamte Inhalt des Systemspeichers wird bei einem unerwarteten Anhalten des Systems aufgezeichnet. Sie müssen auf dem Boot-Datenträger eine Auslagerungsdatei bereitstellen, die groß genug ist, den gesamten Arbeitsspeicher plus 1 MB aufzunehmen.

Hinweis Windows 2000 speichert Daten immer in derselben Speicherauszugsdatei: Memory.dmp. Nach einem Systemzusammenbruch sollten Sie die Speicherauszugsdatei umbenennen, damit sie nicht überschrieben werden kann.

Damit die Optionen im Bereich *Debuginformationen speichern* funktionieren können, müssen folgende Voraussetzungen erfüllt sein:

- Auf der Systempartition (d.h. die Partition, die das Installationsverzeichnis von Windows 2000 enthält) muss sich eine Auslagerungsdatei befinden.
- Die Auslagerungsdatei muss mindestens 1 MB größer als der auf dem Rechner installierte physische Arbeitsspeicher sein.
- Es muss genug Speicherplatz verfügbar sein, um die Datei an einem von Ihnen angegebenen Ort zu speichern. Wenn vorhandene Dateien überschrieben werden sollen, markieren Sie das Kontrollkästchen *Bereits vorhandene Datei überschreiben*.

Praxis: Betriebssystemeinstellungen mit der Systemsteuerung ändern

In dieser Übung werden Sie mithilfe der Registerkarte *Erweitert* aus dem Dialogfeld *Systemeigenschaften* einige der Systemeinstellungen verändern. Als Erstes werden Sie die Boot-Wartezeit ändern. Danach ändern Sie die Größe der Auslagerungsdatei. Zum Abschluss nehmen Sie eine neue Umgebungsvariable auf und testen.

Übung 1: Die Boot-Wartezeit verkürzen

In dieser Übung verändern Sie die Anzahl der Sekunden, die das System abwartet, bevor das Standardbetriebssystem geladen wird.

Hinweis Wenn Windows 2000 das einzige auf Ihrem Rechner installierte Betriebssystem ist, können Sie die Übung 1 überspringen. Wollen Sie die Änderung der Boot-Wartezeit aus Übungsgründen aber trotzdem mitmachen, denken Sie daran, dass Änderungen auf Ihren Rechner keine Auswirkungen haben werden.

▶ **So verkürzen Sie die Boot-Wartezeit:**

1. Melden Sie sich als Administrator an.
2. Doppelklicken Sie in der Systemsteuerung auf das Symbol *System*.

   Das Dialogfeld *Systemeigenschaften* wird geöffnet.
3. Klicken Sie auf der Registerkarte *Erweitert* auf *Starten und Wiederherstellen*.

   Das Dialogfeld *Starten und Wiederherstellen* wird geöffnet. Beachten Sie, dass die Liste mit den Betriebssystemen in der Standardeinstellung 30 Sekunden lang angezeigt wird.
4. Geben Sie im Feld *Liste der Betriebssysteme für ... Sekunden anzeigen* eine **0** ein und klicken Sie danach auf *OK*.

   Danach wird wieder das Dialogfeld *Systemeigenschaften* angezeigt.

5. Klicken Sie auf *OK*, um das Dialogfeld *Systemeigenschaften* zu schließen.
6. Schließen Sie die Systemsteuerung.
7. Führen Sie eine Neustart Ihres Rechners durch.

    Beachten Sie, dass das Boot-Menü nicht angezeigt wird.
8. Melden Sie sich als Administrator an.
9. Zeigen Sie das Dialogfeld *Starten und Wiederherstellen* wieder an, ändern Sie die Einstellung für die Boot-Wartezeit in 15 Sekunden und klicken Sie dann auf *OK*. Lassen Sie das Dialogfeld *Systemeigenschaften* weiterhin geöffnet.

Übung 2: Die Größe der Auslagerungsdateien ändern

In dieser Übung ändern Sie im Dialogfeld *Systemeigenschaften* die Größe der Windows 2000-Auslagerungsdatei.

▶ **So ändern Sie die Größe der Auslagerungsdatei**

1. Klicken Sie auf der Registerkarte *Erweitert* auf *Systemleistungsoptionen*.

    Das Dialogfeld Systemleistungsoptionen wird angezeigt.
2. Klicken Sie auf Ändern.

    Das Dialogfeld Virtueller Arbeitsspeicher wird geöffnet.
3. Klicken Sie, wenn nötig, im Feld Laufwerk auf das Laufwerk, auf dem Ihre Auslagerungsdatei abgelegt ist.
4. Erhöhen Sie den im Feld Anfangsgröße (MB) angezeigten Wert um 10 und klicken Sie dann auf Festlegen.
5. Klicken Sie auf OK, um das Dialogfeld Virtueller Arbeitsspeicher zu schließen.
6. Klicken Sie auf OK, um das Dialogfeld Systemleistungsoptionen zu schließen.

Übung 3: Eine Systemumgebungsvariable erstellen

In dieser Übung nehmen Sie mithilfe des Dialogfeldes *Systemeigenschaften* eine neue Systemumgebungsvariable auf. Anschließend werden Sie die neue Variable an der Eingabeaufforderung eingeben und testen.

▶ **So erstellen Sie eine Systemumgebungsvariable**

1. Klicken Sie im Dialogfeld *Systemeigenschaften* auf die Registerkarte *Erweitert* und anschließend auf *Umgebungsvariablen*.

    Das Dialogfeld Umgebungsvariablen wird geöffnet.
2. Klicken Sie im Bereich Systemvariablen auf Neu.

    Das Dialogfeld Neue Systemvariable wird geöffnet.
3. Geben Sie in das Feld Name der Variablen **Pro2000dir** ein.

4. Geben Sie in das Feld Wert der Variablen den Pfad zum Ordner Winnt auf Ihrem Rechner ein. Beispiel: C:\Winnt.

   Wenn Sie den Pfad nicht genau kennen, suchen Sie ihn mit dem Windows-Explorer.

5. Klicken Sie auf *OK*.

   Das Dialogfeld Umgebungsvariablen wird wieder angezeigt.

6. Klicken Sie auf *OK*, um das Dialogfeld Umgebungsvariablen zu schließen. Klicken Sie danach auf *OK*, um das Dialogfeld Systemeigenschaften zu schließen.

7. Schließen Sie die Systemsteuerung.

▶ **So testen Sie die neue Variable**

1. Zeigen Sie im Startmenü auf *Programme*, danach auf *Zubehör* und klicken Sie dann auf *Eingabeaufforderung*.

2. Geben Sie **set | more** an der Eingabeaufforderung ein. Drücken Sie anschließend [Eingabe].

   Der erste Teil der Liste der aktuellen Umgebungsvariablen wird angezeigt.

3. Drücken Sie die Leertaste, um die übrigen Umgebungsvariablen anzuzeigen.

4. Geben Sie, wenn nötig, **c:** ein und drücken Sie danach [Eingabe], um zu dem Laufwerk zu wechseln, auf dem Windows 2000 installiert ist. (Geben Sie gegebenenfalls einen anderen Laufwerksbuchstaben an.)

5. Geben Sie **cd** ein und drücken Sie [Eingabe], wenn nicht ohnehin schon der Stammordner angezeigt wird.

6. Geben Sie **cd %Pro2000dir%** ein und drücken Sie dann [Eingabe].

   Jetzt sollte der Ordner Winnt aktiviert sein.

7. Geben Sie **exit** ein und drücken Sie [Eingabe], um das Fenster Eingabeaufforderung zu schließen.

Zusammenfassung der Lektion

In dieser Lektion haben Sie gelernt, wie Sie mithilfe des Dialogfeldes *Systemeigenschaften* die Systemleistung, die Größe der Registrierung, Umgebungsvariablen sowie Optionen zum Starten und Wiederherstellen konfigurieren können. Mithilfe der Systemleistungsoptionen, auf die Sie über die Registerkarte *Erweitert* zugreifen können, lassen sich der virtuelle Arbeitsspeicher und die Reaktionsgeschwindigkeit von Anwendungen konfigurieren. Mit dieser Einstellung wird die Systemleistung für Anwendungen beziehungsweise Hintergrunddienste optimiert.

Umgebungsvariablen, auf die Sie ebenfalls über die Registerkarte *Erweitert* des Dialogfeldes *Systemeigenschaften* zugreifen können, sind System- und Benutzerumgebungsdaten, beispielsweise bestimmte Laufwerke, Pfade und Dateinamen. Umgebungsvariablen stellen die Daten zur Verfügung, mit deren Hilfe Windows 2000 verschiedene Anwendungen steuert.

Windows 2000 konfiguriert die Umgebung, indem es zuerst die Datei *Autoexec.bat* durchsucht (wenn vorhanden) und danach alle dort ermittelten Umgebungsvariablen festlegt. Danach werden die Systemvariablen gesetzt. Ergeben sich Überschneidungen zwischen den Umgebungsvariablen, die sich aus der Durchsuchung der Datei *Autoexec.bat* ergeben haben, setzen die Systemvariablen diese außer Kraft. Zum Schluss werden die Benutzervariablen gesetzt. Ergeben sich Überschneidungen mit den aus der Durchsuchung der Datei *Autoexec.bat* gewonnenen Umgebungsvariablen oder den Systemvariablen, setzen die Benutzervariablen diese außer Kraft.

Die Einstellungen zum Starten und Wiederherstellen werden ebenfalls auf der Registerkarte *Erweitert* aus dem Dialogfeld *Systemeigenschaften* vorgenommen. Die Optionen zum Systemstart steuern das Verhalten des Boot-Menüs. Durch Änderung der Optionen im Bereich *Systemstart* können Sie festlegen, welches Betriebssystem standardmäßig voreingestellt ist, wie lange der Timer ausgeführt wird und ob das Boot-Menü überhaupt angezeigt wird. Die Optionen im Bereich *Systemfehler* legen fest, welche Aktionen Windows 2000 im Fall eines Systemfehlers durchführen soll.

Die mit den Systemsteuerungsprogrammen zur Konfiguration des Betriebssystems festgelegte Betriebssystemumgebung gilt für alle Benutzer, die sich am Rechner anmelden.

Lektion 4: Automatische Installation von Hardwarekomponenten

Windows 2000 unterstützt sowohl Plug&Play- als auch nicht Plug&Play-fähige Hardware. Diese Lektion bietet Ihnen eine Einführung in die Windows 2000-Funktionen zur automatischen Hardwareinstallation.

Am Ende dieser Lektion werden Sie in der Lage sein, die folgenden Aufgaben auszuführen:

- Sie können beschreiben, wie Hardwarekomponenten automatisch installiert werden.

Veranschlagte Zeit für die Lektion: 15 Minuten

Plug&Play-Hardware installieren

Bei den meisten Plug&Play-Hardwarekomponenten wird das Gerät einfach an den Computer angeschlossen und Windows 2000 legt die neuen Einstellungen anschließend automatisch fest. Bei manchen Plug&Play-Komponenten muss die automatische Installation jedoch vorher manuell eingeleitet werden. Dieser Vorgang wird mit dem Hardware-Assistenten durchgeführt.

Nicht Plug&Play-fähige Hardware installieren

Auch bei vielen nicht Plug&Play-fähigen Hardwarekomponenten erkennt Windows 2000 die Hardware und installiert und konfiguriert sie anschließend automatisch. Bei Hardwarekomponenten, die Windows 2000 nicht erkennen, installieren und konfigurieren kann, leiten Sie die automatische Installation mit dem Hardware-Assistenten ein.

Bei einer automatischen Hardwareinstallation gehen Sie normalerweise nach folgendem Muster vor:

1. Sie beginnen die automatische Installation mit dem Start des Hardware-Assistenten.

   Windows 2000 führt eine Hardwareabfrage durch und ruft die Daten über die erforderlichen Hardwareressourcen und die Einstellungen für diese Ressourcen ab. Mithilfe von Hardwareressourcen können Geräte direkt mit dem Betriebssystem kommunizieren. Windows 2000 kann Konflikte zwischen Plug&Play-Hardware für Hardwareressourcen lösen.

2. Sie überprüfen die automatische Hardwareinstallation.

   Sobald Windows 2000 die Installation abgeschlossen hat, überprüfen Sie, ob die Installation ordnungsgemäß durchgeführt wurde, und konfigurieren anschließend die Hardware.

Mit dem Hardware-Assistenten arbeiten

Mit Hilfe des Hardware-Assistenten können Sie die automatische Installation einleiten und Probleme mit Hardwarekomponenten beheben. Der Assistent unterstützt Sie außerdem bei der Installation von Plug&Play- und nicht Plug&Play-fähigen Geräten, die von Windows 2000 nicht erkannt werden.

Zum Start des Hardware-Assistenten gehen Sie folgendermaßen vor:

1. Doppelklicken Sie in der Systemsteuerung auf *Hardware*.
2. Klicken Sie auf Weiter, um die Begrüßungsseite zu schließen.
3. Markieren Sie die Option Gerät hinzufügen bzw. Problem beheben. und klicken Sie danach auf Weiter.

    Windows sucht daraufhin nach neuen Geräten.

Nach seinem Start sucht der Hardware-Assistent nach neuer Plug&Play-Hardware und installiert alle eventuell gefundenen Geräte. Kann der Assistent keine neuen Geräte finden, wird die Seite *Gerät wählen* angezeigt (siehe Abbildung 4.12) und Windows 2000 fordert Sie auf, eines der installierten Geräte zur Fehlerbehebung zu markieren.

Abbildung 4.12 Schritt *Gerät wählen* des Hardware Assistenten

Die Hardwareinstallation überprüfen

Nach der Hardwareinstallation müssen Sie mithilfe des Geräte-Managers überprüfen, ob das betreffende Gerät korrekt installiert wurde.

Der Geräte-Manager lässt sich folgendermaßen starten:

1. Doppelklicken Sie in der Systemsteuerung auf das Symbol *System*.
2. Klicken Sie auf die Registerkarte Hardware und anschließend auf Geräte-Manager.

Im Geräte-Manager werden alle installierten Geräte angezeigt (siehe Abbildung 4.13).

Windows 2000 stellt die installierten Geräte durch Symbole dar. Wenn für einen bestimmten Gerätetyp kein Symbol vorliegt, wird ein Fragezeichen angezeigt.

Abbildung 4.13 Der Geräte-Manager

Erweitern Sie den Gerätebaum, um zu prüfen, ob das neue Gerät ordnungsgemäß installiert wurde. Die Art des Gerätesymbols weist darauf hin, ob das Gerät ordnungsgemäß funktioniert. Anhand der Erläuterungen in Tabelle 4.5 können Sie den Status eines Gerätes erkennen.

Tabelle 4.5 Bedeutung des im Geräte-Managers angezeigten Hardwarestatus

Symbol	Hardwarestatus
Normales Symbol	Die Hardware funktioniert ordnungsgemäß.
Stoppzeichen über dem Symbol	Windows 2000 hat den Gerätetreiber wegen Hardwarekonflikten deaktiviert, Gehen Sie zur Behebung des Fehlers folgendermaßen vor: Klicken Sie mit der rechten Maustaste auf das Gerätesymbol. Klicken Sie anschließend auf *Eigenschaften*. Richten Sie die Hardwareressourcen entsprechend den Möglichkeiten des Systems manuell ein.

(Fortsetzung)

Symbol	Hardwarestatus
Ausrufezeichen über dem Symbol	Das Gerät ist nicht korrekt konfiguriert, oder es fehlen Treiber.

Zusammenfassung der Lektion

In dieser Lektion haben Sie gelernt, dass Windows 2000 sowohl Plug&Play- als auch nicht Plug&Play-fähige Hardware unterstützt. Bei Plug&Play-Geräten reicht es, das betreffende Gerät einfach an den Rechner anzuschließen. Windows 2000 konfiguriert anschließend automatisch die neuen Einstellungen. Auch nicht Plug&Play-fähige Hardware wird in manchen Fällen von Windows 2000 erkannt und automatisch installiert und konfiguriert. Bei Plug&Play- und nicht Plug&Play-fähigen Geräten, die Windows 2000 nicht erkennen, installieren und konfigurieren kann, müssen Sie die automatische Hardwareinstallation mit dem Hardware-Assistenten einleiten.

Lektion 5: Hardware manuell installieren

Bei manchen Geräten versagt die automatische Erkennung von Windows 2000. In einem solchen Fall müssen Sie das betreffende Gerät manuell installieren. Sie müssen unter Umständen ein Gerät auch dann manuell installieren, wenn es ganz bestimmte Hardwareressourcen benötigt, für die Sie Sorge tragen müssen.

Um eine Hardware manuell zu installieren, gehen Sie nach folgenden Schritten vor:

- Stellen Sie fest, welche Hardwareressourcen das Gerät benötigt.
- Stellen Sie fest, welche Hardwareressourcen zur Verfügung stehen.
- Passen Sie die Zuweisungen der Hardwareressourcen entsprechend an.

Am Ende dieser Lektion werden Sie in der Lage sein, die folgenden Aufgaben auszuführen:

- Sie können Geräte manuell installieren.

Veranschlagte Zeit für die Lektion: 10 Minuten

Den Bedarf an Hardwareressourcen ermitteln

Wenn Sie ein neues Gerät installieren wollen, müssen Sie wissen, welche Ressourcen die Hardware nutzen kann. In der Produktdokumentation können Sie nachschlagen, welche Ressourcen ein bestimmtes Gerät benötigt. In Tabelle 4.6 finden Sie eine Beschreibung der Ressourcen, mit deren Hilfe Hardware mit einem Betriebssystem kommunizieren kann.

Tabelle 4.6 Hardwareressourcen

Ressource	Beschreibung
Interrupts (Unterbrechungsanforderungen)	Hardwaregeräte verwenden Interrupts zum Senden von Nachrichten, die vom Prozessor als so genannte Interrupt Requests (IRQs) wahrgenommen werden. Der Prozessor legt auf Grundlage dieser Daten fest, welches Gerät berücksichtigt werden und welcher Art diese Berücksichtigung sein muss. Windows 2000 stellt 16 Interrupts (mit den Nummern 0 bis 15) zur Verfügung, die den verschiedenen Geräten zugewiesen werden können. IRQ 1 weist Windows 2000 zum Beispiel immer der Tastatur zu.
Eingabe/Ausgabe (E/A)-Anschlüsse	E/A-Anschlüsse belegen einen Bereich im Arbeitsspeicher, den Hardwaregeräte zur Kommunikation mit dem Betriebssystem verwenden. Wenn der Prozessor einen IRQ erhält, überprüft das Betriebssystem die E/A-Anschlussadresse, um zusätzliche Informationen darüber zu erhalten, was das Hardwaregerät von ihm will. E/A-Anschluss werden als hexadezimale Zahl dargestellt.

(Fortsetzung)

Ressource	Beschreibung
Direkter Speicherzugriff (DMA)	DMAs (Direct Memory Access) sind Kanäle, über die Hardwaregeräte, etwa ein Diskettenlaufwerk, direkt auf den Arbeitsspeicher zugreifen kann, ohne einen IRQ an den Prozessor senden zu müssen. DMA-Kanäle beschleunigen den Zugriff auf den Arbeitsspeicher. Windows 2000 stellt acht DMA-Kanäle (mit den Nummern 0 bis 7) zur Verfügung.
Arbeitsspeicher	Viele Hardwaregeräte wie Netzwerkkarten (NACs = Network Adapter Cards) verwenden Onboard-Speicher oder reservierten Systemspeicher. Dieser reservierte Arbeitsspeicher steht anderen Geräten oder Windows 2000 nicht zur Verfügung.

Die verfügbaren Hardwareressourcen ermitteln

Nachdem Sie festgestellt haben, welche Ressourcen das Gerät benötigt, prüfen Sie die verfügbaren Ressourcen. Der Geräte-Manager zeigt eine Liste aller Hardwareressourcen an und macht Angaben über ihre Verfügbarkeit (siehe Abbildung 4.14).

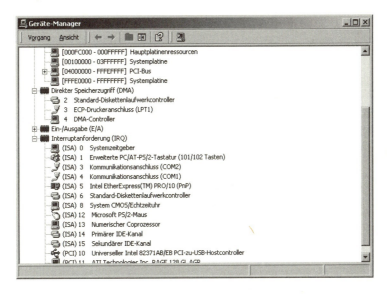

Abbildung 4.14 Ressourcenliste im Geräte-Manager

Gehen Sie zur Anzeige der Liste aller Hardwareressourcen folgendermaßen vor:

1. Klicken Sie im Dialogfeld *Systemeigenschaften* auf die Registerkarte *Hardware* und danach auf *Geräte-Manager*.

2. Klicken Sie im Menü *Ansicht* auf *Ressourcen nach Verbindung*.

   Der Geräte-Manager zeigt die aktuell verwendeten Ressourcen an.

3. Um eine andere Ansicht anzuzeigen, klicken Sie im Menü *Ansicht* auf die gewünschte Option.

Nachdem Sie festgestellt haben, welche Hardwareressourcen zur Verfügung stehen, können Sie die Hardware mit dem Hardware-Assistenten manuell installieren.

Hinweis Wenn Sie bei der manuellen Installation eine Hardwareressource auswählen, müssen Sie unter Umständen das Gerät so konfigurieren, dass es die Ressource auch verwenden kann. Damit eine Netzwerkkarte zum Beispiel den IRQ 5 verwenden kann, müssen Sie möglicherweise die Jumpereinstellung auf der Karte ändern und Windows 2000 so konfigurieren, dass es erkennen kann, dass die Karte jetzt den IRQ 5 verwendet.

Die Zuweisung von Hardwareressourcen ändern

Manchmal müssen Sie auch die Zuweisungen der Hardwareressourcen ändern. So könnte ein Gerät zum Beispiel eine spezielle Ressource benötigen, die zurzeit von einem anderen Gerät verwendet wird. Es könnte auch vorkommen, dass zwei Geräte dieselbe Ressource abrufen, was zu einem Konflikt führen würde.

Um die Ressourceneinstellung zu ändern, aktivieren Sie die Registerkarte *Ressourcen* im Dialogfeld *Eigenschaften* des betreffenden Gerätes. Gehen Sie dazu folgendermaßen vor:

1. Klicken Sie auf der Registerkarte Hardware des Dialogfeldes Systemeigenschaften auf Geräte-Manager.

2. Erweitern Sie die Geräteliste und klicken Sie mit der rechten Maustaste auf das betreffende Gerät. Klicken Sie anschließend auf den Befehl Eigenschaften.

3. Klicken Sie im Dialogfeld Eigenschaften für das betreffende Gerät auf die Registerkarte Ressourcen.

Tipp Bevor Sie eine Hardwareressource ändern, sollten Sie den Inhalt des Geräte-Managers als Aufzeichnung der aktuellen Hardwarekonfiguration ausdrucken. Bei eventuellen Problemen können Sie dann später anhand des Ausdrucks die Zuweisungen der Hardwareressourcen überprüfen.

Nach diesem Schritt können Sie wie sonst bei der manuellen Installation einer Hardwareressource vorgehen.

Hinweis Die Änderung der Ressourcenzuweisungen für nicht Plug&Play-fähige Geräte im Geräte-Manager verändert nicht die Ressourcen, die von dem betreffenden Gerät tatsächlich verwendet werden. Mithilfe des Geräte-Managers wird lediglich die Gerätekonfiguration für das Betriebssystem festgelegt. Wenn Sie die von einem nicht Plug&Play-fähigen Geräten tatsächlich verwendeten Ressourcen ändern möchten, schlagen Sie in der Gerätedokumentation nach, ob und welche Schalter und Jumper für das Gerät gesetzt werden müssen.

Zusammenfassung der Lektion

In dieser Lektion haben Sie gelernt, wie Hardwarekomponenten manuell installiert werden. Falls Windows 2000 ein Gerät nicht erkennt, oder wenn ein Gerät eine spezielle Hardwareressource benötigt, muss das betreffende Gerät manuell installiert werden. Bei der manuellen Hardwareinstallation müssen Sie feststellen, welche Ressourcen das betreffende Hardwaregerät benötigt. Zu den Hardwareressourcen gehören Interrupts, E/A-Anschlüsse und der Arbeitsspeicher. Welche Ressourcen ein bestimmtes Gerät benötigt, können Sie der Produktdokumentation entnehmen. Sie müssen außerdem feststellen, welche Hardwareressourcen zur Verfügung stehen. Der Geräte-Manager zeigt in einer Liste alle Ressourcen samt Verfügbarkeit an.

Sie haben weiterhin erfahren, dass Sie unter Umständen die Zuweisung von Hardwareressourcen ändern müssen. So kann ein bestimmtes Gerät eine bestimmte Ressource benötigen, die aber bereits von einem anderen Gerät verwendet wird. Sie haben erfahren, dass Sie zur Änderung einer solchen Hardwareressource ebenfalls den Geräte-Manager verwenden können. Um die von einem Gerät verwendeten Hardwareressourcen im Geräte-Manager anzuzeigen und zu ändern, gehen Sie folgendermaßen vor: Erweitern Sie die entsprechende Gerätekategorie und klicken Sie danach mit der rechten Maustaste auf das gewünschte Gerät. Klicken Sie auf *Eigenschaften*. Klicken Sie im Dialogfeld *Eigenschaften* für das Gerät auf die Registerkarte *Ressourcen*, um die aktuell verwendeten Ressourcen anzuzeigen. Klicken Sie anschließend auf *Einstellung ändern*, um Änderungen an den aktuell verwendeten Ressourcen vorzunehmen.

Lektion 6: Die Desktopumgebung konfigurieren und Probleme beheben

Windows 2000 bietet große Flexibilität, was die Konfiguration des Desktops angeht. Sie können Ihren Rechner für die Verwendung mehrerer Sprachen und mehrerer Gebietsschemas konfigurieren. Diese Möglichkeiten sind besonders für Mitarbeiter internationaler Unternehmen interessant, die Geschäftsbeziehungen mit Kunden verschiedener Länder oder in einem Land unterhalten, in dem mehrere Sprachen gesprochen werden. Windows stellt außerdem Eingabehilfen zur Verfügung, mit deren Hilfe sich die Arbeit mit Windows 2000 erleichtern lässt. Sämtliche Desktopeinstellungen, auf die Sie über die Systemsteuerung zugreifen können, lassen sich so einfach konfigurieren wie die in dieser Lektion im Detail besprochenen Einstellungen.

Am Ende dieser Lektion werden Sie in der Lage sein, die folgenden Aufgaben auszuführen:

- Sie können mehrere Sprachen konfigurieren und eventuelle Fehler beheben.
- Sie können mehrere Gebietsschemas konfigurieren und eventuelle Fehler beheben.
- Sie können Eingabehilfen konfigurieren und eventuelle Fehler beheben.
- Sie können Desktopeinstellungen konfigurieren und eventuelle Fehler beheben.

Veranschlagte Zeit für die Lektion: 25 Minuten

Gebietsschemas und Spracheinstellungen konfigurieren

Das Programm *Ländereinstellungen* aus der Systemsteuerung bietet Ihnen die Möglichkeit, Ihren Rechner für die Arbeit mit mehreren Sprachen und Gebietsschemas zu konfigurieren. Sie können auf der Registerkarte *Allgemein* des Dialogfeldes *Ländereinstellungen* mehrere Sprachen auswählen. Klicken Sie dazu auf die Kontrollkästchen für die Sprachen, die Ihr Rechner unterstützen soll. Wenn Sie mehrere Sprachen markieren, unterstützt Ihr Rechner diese Sprachen. Mithilfe der Ländereinstellungen können Sie Ihren Computer außerdem für die Arbeit mit mehreren Gebietsschemas konfigurieren. Auf der Registerkarte *Allgemein* wird das aktuell verwendete Gebietsschema angezeigt, auf der Registerkarte *Eingabegebietsschema* können Sie zusätzliche Gebietsschemas aufnehmen.

Das Dialogfeld *Ländereinstellungen* enthält weitere Registerkarten, auf denen Sie Aspekte konfigurieren können, die je nach Sprache unterschiedlich sind. Auf der Registerkarte *Zahlen* können Sie festlegen, wie Zahlen dargestellt werden sollen und mit welchen Dezimal- und Tausendertrennzeichen; hier können Sie auch das verwendete Maßsystem festlegen.

Das Dialogfeld enthält außerdem die Registerkarten *Währung*, *Uhrzeit* und *Datum*, mit deren Hilfe Sie die Darstellung von Geldbeträgen, die Uhrzeit und das Datum konfigurieren können.

Wenn Probleme bei der Arbeit mit mehreren Sprachen und Gebietsschemas auftreten, sollten Sie Ihre Einstellungen gründlich überprüfen. Sie könnten auch versuchen, die Unterstützung für mehrere Sprachen und Gebietsschemas zu deinstallieren. Stellen Sie zunächst sicher, dass bei Einstellung nur einer Sprache und nur eines Gebietsschemas Alles ordnungsgemäß funktioniert. Installieren und konfigurieren Sie anschließend die Unterstützung für mehrere Sprachen und Gebietsschemas neu.

Praxis: Einen Rechner mithilfe der Systemsteuerung für die Arbeit mit mehreren Sprachen und Gebietsschemas konfigurieren

In dieser Übung konfigurieren Sie Ihren Rechner mithilfe des Programms *Ländereinstellungen* für die Arbeit mit mehreren Sprachen und Gebietsschemas.

▶ **So konfigurieren Sie die Unterstützung für mehrere Sprachen**

1. Melden Sie sich als Administrator an.

2. Doppelklicken Sie in der Systemsteuerung auf das Symbol *Ländereinstellungen*.

   Das Dialogfeld *Ländereinstellungen* wird geöffnet,

3. Führen Sie im Feld *Das System ist so konfiguriert, dass Dokumente in mehreren Sprachen gelesen und geschrieben werden können* der Registerkarte *Allgemein* einen Bildlauf durch, um festzustellen, welche Sprache die aktuelle Standardsprache ist und welche anderen Sprachen zur Verfügung stehen.

   Hinweis Wenn Ihr System mehrere Sprachen unterstützen soll, müssen Sie lediglich auf die Kontrollkästchen für die Sprachen klicken, die unterstützt werden sollen.

4. Klicken Sie auf *Erweitert*.

   Das Dialogfeld *Erweiterte Ländereinstellungen* wird geöffnet.

5. Markieren Sie den Eintrag *1147 (IBM EBCDIC – Frankreich (20297 + Euro)* und klicken Sie danach auf *OK*.

6. Sofern Sie dazu aufgefordert werden, legen Sie die Windows 2000 Professional-CD-ROM in Ihr CD-ROM-Laufwerk ein.

   Nachdem alle Dateien kopiert wurden, ist Ihr System für mehrere Sprachen konfiguriert.

Hinweis Wenn die Konfiguration der Unterstützung für mehrere Sprachen alles wäre, was Sie an dieser Stelle tun wollten, würden Sie jetzt auf OK klicken, um das Dialogfeld Ländereinstellungen zu schließen. Lassen Sie das Dialogfeld jetzt aber für die nächste Übung weiterhin geöffnet.

▶ **So konfigurieren Sie die Unterstützung für mehrere Gebietsschemas**

1. Merken Sie sich das im Feld *Gebietsschema (Standort)* der Registerkarte *Allgemein* aufgeführte Gebietsschema und führen Sie einen Bildlauf durch einige der übrigen Einträge durch.

    Hinweis Ändern Sie das Standardgebietsschema nicht.

2. Klicken Sie auf die Registerkarte *Eingabe*.

    Hinweis Im Feld *Installierte Eingabegebietsschemas* werden die aktuell auf Ihrem Rechner installierten Gebietsschemas und das aktuelle Tastaturlayout angezeigt. In Deutschland werden Sie wahrscheinlich folgenden Eintrag sehen:
    DE   Deutsch (Deutschland)   Deutsch

3. Klicken Sie auf *Eigenschaften*.

    Das Dialogfeld Eigenschaften für Eingabegebietsschema wird geöffnet.

4. Klicken Sie auf den nach unten weisenden Pfeil der Dropdownliste Tastaturlayout/IME, um die übrigen Tastaturlayoutoptionen anzuzeigen.

    Hinweis Achten Sie darauf, das Tastaturlayout nicht zu verändern.

5. Klicken Sie auf *Abbrechen*.

    Das Dialogfeld Ländereinstellungen wird wieder aktiv.

6. Klicken Sie auf Hinzufügen.

    Das Dialogfeld Eingabegebietsschema hinzufügen wird wieder aktiviert.

    Hinweis In diesem Dialogfeld können Sie mehrere Gebietsschemas konfigurieren.

7. Klicken Sie auf *Abbrechen*.

Eingabehilfen konfigurieren und Probleme beheben

Windows 2000 bietet Ihnen die Möglichkeit, mithilfe des Programms *Eingabehilfen* aus der Systemsteuerung Eingabehilfen zu konfigurieren. Die fünf Bereiche, für die Sie Eingabehilfen festlegen können, werden über folgende Registerkarten gesteuert: *Tastatur*, *Sound*, *Anzeige*, *Maus* und *Allgemein*.

Tastaturhilfen

Auf der Registerkarte *Tastatur* können Sie so genannte *Einrastfunktionen* konfigurieren. Wenn die Einrastfunktion aktiviert ist, können Sie für Tastenkombination wie beispielsweise Strg+Alt+Entf alle Tasten auch nacheinander drücken. Diese Funktion ist praktisch für Menschen, die Schwierigkeiten haben, mehr als eine Taste gleichzeitig zu drücken. Die Funktion wird über ein Kontrollkästchen gesteuert und ist also entweder aktiviert oder deaktiviert.

Auf der Registerkarte *Tastatur* können Sie außerdem eine *Anschlagverzögerung* aktivieren. Bei aktivierter Anschlagverzögerung ignoriert die Tastatur kurze oder wiederholte Tastenanschläge. Mithilfe dieser Option können Sie außerdem die Wiederholrate sowie die Rate festlegen, mit der eine gedrückt gehaltene Taste den Tastenanschlag wiederholt. Diese Funktion wird über ein Kontrollkästchen gesteuert und ist also entweder aktiviert oder deaktiviert.

Auf der Registerkarte *Tastatur* können Sie auch eine *Statusanzeige* festlegen. Bei aktivierter Statusanzeige gibt der Rechner bei jeder Aktivierung der Num-Taste, der Feststelltaste und der Rollen-Taste einen hohen Warnton aus. Bei der Deaktivierung dieser Tasten wird ein tiefer Warnton erzeugt.

Soundoptionen

Auf der Registerkarte *Sound* können Sie so genannte *Darstellungsoptionen* für Windows 2000 konfigurieren. Die Darstellungsoptionen veranlassen Windows 2000, gleichzeitig mit dem Abspielen eines Warntons eine visuelle Warnung zu erzeugen. Auf der Registerkarte *Sounds* können Sie auch eine textliche *Sounddarstellung* konfigurieren, was Windows 2000-Programme veranlasst, kurze Textbeschreibungen für die von ihnen erzeugten Klänge oder Sprachausgaben anzuzeigen. Diese Optionen werden durch Markierung der entsprechenden Kontrollkästchen aktiviert beziehungsweise deaktiviert.

Anzeigeoptionen

Auf der Registerkarte *Anzeige* wird ein Kontrollkästchen zur Verfügung gestellt, mit dessen Hilfe Sie andere Farben und Schriftarten festlegen können, um die Lesbarkeit des Bildschirms zu verbessern.

Mausoptionen

Wenn Sie das auf der Registerkarte *Maus* angezeigte Kontrollkästchen *Tastaturmaus aktivieren* markieren, können Sie den Mauszeiger auch mit dem Zahlenblock der Tastatur steuern.

Die Optionen auf der Registerkarte Allgemein

Auf der Registerkarte *Allgemein* können Sie die Funktion *Einstellungen automatisch zurücksetzen* aktivieren, die nach einer bestimmten Leerlaufzeit des Rechners alle Eingabehilfen außer den externen Eingabehilfen deaktiviert.

Auf der Registerkarte *Allgemein* können Sie außerdem die Funktionen der externen Eingabehilfen aktivieren, wodurch Windows 2000 in die Lage versetzt wird, auch ein anderes an den seriellen Port angeschlossenes Eingabegerät (das auch als zusätzliches Kommunikationsgerät bezeichnet wird) zu unterstützen.

Zu den weiteren Optionen auf der Registerkarte *Allgemein* gehören das Merkmal *Benachrichtigung* und die Verwaltungsoptionen. Mithilfe der Benachrichtigungsfunktion können Sie eine Warnmeldung anzeigen lassen, wenn ein Merkmal aktiviert ist, oder einen Sound abspielen lassen, wenn ein Merkmal aktiviert beziehungsweise deaktiviert wird. Die Verwaltungsoptionen umfassen zwei Kontrollkästchen, mit deren Hilfe Sie alle konfigurierten Eingabehilfen auf einen bestimmten Benutzer beim Anmelden oder auf alle neu aufgenommenen Benutzern übertragen lassen können.

Weitere Desktopeinstellungen konfigurieren und Fehler beheben

Es gibt in Windows 2000 zahlreiche Desktopeinstellungen, die mit den Programmen der Systemsteuerung konfiguriert werden können. Zu diesen Programmen gehören zum Beispiel der Faxdienst, die Internetoptionen und die Telefon- und Modemoptionen. Um die durch diese Programme gesteuerten Einstellungen zu konfigurieren, gehen Sie folgendermaßen vor: Doppelklicken Sie auf das gewünschte Symbol, klicken Sie danach auf die gewünschte Registerkarte und nehmen Sie anschließend die geforderten Einstellungen vor.

Zusammenfassung der Lektion

In dieser Lektion haben Sie gelernt, wie man mithilfe des Programms *Ländereinstellungen* aus der Systemsteuerung die Unterstützung für mehrere Sprachen und Gebietsschemas konfiguriert. Sie haben weiterhin erfahren, wie Sie das Tastaturlayout ändern und die Einstellungen für die Darstellung von Währungs-, Datums- und Zeitangaben festlegen können.

Sie haben außerdem gelernt, wie man mithilfe des Programms *Eingabehilfen* Windows 2000 Professional noch benutzerfreundlicher machen kann. Alle Einstellungen für den Desktop, die in der Systemsteuerung vorgenommen werden können, lassen sich sehr einfach festlegen. Fehler sind ebenfalls einfach zu beheben. Doppelklicken Sie dazu einfach auf das entsprechende Symbol und nehmen Sie die erforderlichen Änderungen vor.

Lernzielkontrolle

 Mithilfe der folgenden Fragen können Sie feststellen, ob Sie sich bereits genug Wissen angeeignet haben, um mit der nächsten Lektion fortfahren zu können. Wenn Sie bei der Beantwortung dieser Fragen Schwierigkeiten haben, wiederholen Sie den Stoff dieses Kapitels, bevor Sie sich mit dem nächsten Kapitel beschäftigen. Die Antworten auf diese Fragen finden Sie in Anhang A.

1. Was können Sie unternehmen, wenn auf dem Sekundärbildschirm nichts angezeigt wird?

2. Sie haben die Wiederherstellungsoptionen auf einem Rechner mit Windows 2000 als Betriebssystem so konfiguriert, dass im Fall eines Systemfehlers Debuginformationen in einer Datei gespeichert werden sollen. Sie bemerken aber, dass diese Datei nicht erstellt wird. Wo liegt das Problem?

3. Wie lässt sich die Performance des virtuellen Arbeitsspeichers verbessern?

4. Sie haben eine neue Netzwerkkarte installiert, die aber nicht zu funktionieren scheint. Beschreiben Sie, wie Sie dieses Problem beheben würden.

KAPITEL 5

Die Registrierung

Lektion 1: Die Registrierung ... 128

Lektion 2: Der Registrierungs-Editor ... 136

Lernzielkontrolle ... 143

Über dieses Kapitel
Das Betriebssystem Windows 2000 speichert Informationen über die Systemkonfiguration in einer hierarchisch strukturierten Datenbank namens *Registrierung*. In diesem Kapitel erhalten Sie einen Überblick über die Registrierung und lernen den Registrierungs-Editor kennen, mit dem Sie die Registrierung anzeigen und bearbeiten können.

Bevor Sie beginnen
Zur Durchführung der Übungen in diesem Kapitel benötigen Sie folgende Hardware und Software:

- Einen Rechner, der die im Abschnitt *Hardwarevoraussetzungen* des Kapitels *Zu diesem Buch* angegebenen Mindestvoraussetzungen erfüllt.
- Das Betriebssystem Windows 2000 Professional.

Lektion 1: Die Registrierung

Microsoft Windows 2000 speichert Hardware- und Softwareeinstellungen zentral in einer hierarchisch strukturierten Datenbank namens *Registrierung*. Die Registrierung ersetzt viele der Systemdateien (beispielsweise .INI, .SYS und .COM), die in früheren Windows-Versionen verwendet wurden. Sie steuert das Betriebssystem Windows 2000, indem sie die entsprechenden Initialisierungsinformationen für den Start von Anwendungen und das Laden von Komponenten (beispielsweise von Gerätetreibern und Netzwerkprotokollen) bereitstellt.

Am Ende dieser Lektion werden Sie in der Lage sein, die folgenden Aufgaben auszuführen:

- Sie können den Zweck der Registrierung erklären.
- Sie können die hierarchische Struktur der Registrierung beschreiben.

Veranschlagte Zeit für die Lektion: 30 Minuten

Funktion der Registrierung

Die Registrierung enthält eine Vielzahl unterschiedlicher Daten. Dazu gehören Informationen über

- die im Computer integrierte Hardware. Dazu zählen neben anderen Informationen über die CPU (Central Processing Unit), den Bustyp, das Zeigegerät bzw. die Maus und die Tastatur.
- installierte Gerätetreiber.
- installierte Anwendungen.
- installierte Netzwerkprotokolle.
- Einstellungen der Netzwerkkarte, beispielsweise die Interruptnummer, die Speicherbasisadresse, die Basisadresse der Ein-/Ausgabeanschlüsse, die Bereitschaft des Ein-/Ausgabekanals und der Transceivertyp.

Die Registrierungsstruktur stellt Daten bereit, die von vielen Windows 2000-Komponenten gelesen, aktualisiert oder geändert werden. Diese Komponenten sind in Abbildung 5.1 dargestellt und werden in Tabelle 5.1 erläutert.

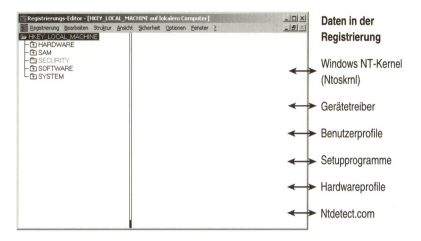

Abbildung 5.1 Der Registrierungs-Editor

Tabelle 5.1 Komponenten, die auf die Registrierung zugreifen

Komponente	Beschreibung
Windows NT-Kernel	Während des Starts liest der Windows 2000-Kernel (Ntoskrnl.exe) Informationen aus der Registrierung. Hierzu gehören unter anderem die zu ladenden Gerätetreiber sowie die Reihenfolge, in der sie geladen werden sollen. Der Kernel speichert Informationen über sich selbst (z. B. die Versionsnummer) in der Registrierung.
Gerätetreiber	Gerätetreiber beziehen Konfigurationsparameter aus der Registrierung und schreiben ihrerseits Informationen in die Registrierung. Ein Gerätetreiber speichert Informationen über die von ihm verwendeten Systemressourcen (etwa Hardware-Interupts oder DMA-Kanäle) in der Registrierung. Gerätetreiber protokollieren außerdem die ermittelten Konfigurationsdaten.
Benutzerprofile	Windows 2000 erstellt und verwaltet die Einstellungen für die Benutzerarbeitsumgebung in einem so genannten Benutzerprofil. Wenn sich ein Benutzer anmeldet, wird das Profil in der Registrierung zwischengespeichert. Windows 2000 schreibt Änderungen in der Benutzerkonfiguration zunächst in die Registrierung und danach in das Benutzerprofil.
Setupprogramme	Während des Starts eines Hardwaregeräts oder einer Anwendung kann ein Setupprogramm neue Konfigurationsdaten in die Registrierung eintragen. Es kann aber auch die Registrierung abfragen, um festzustellen, ob die erforderlichen Komponenten bereits installiert sind.

(Fortsetzung)

Komponente	Beschreibung
Hardwareprofile	Computer mit zwei oder mehr Hardwarekonfigurationen verwenden Hardwareprofile. Beim Start von Windows 2000 wählt der Benutzer ein Hardwareprofil aus, und Windows 2000 führt die entsprechende Konfiguration des Systems durch.
Ntdetect.com	Während des Systemstarts wird auf Intel-basierten Computern die Datei Ntdetect.com ausgeführt, mit der die vorhandene Hardware ermittelt wird. Diese dynamischen Hardwarekonfigurationsdaten werden in der Registrierung gespeichert.
	Auf RISC-Computern (Reduced-Instruction-Set-Computing) werden diese Daten aus der Computer-Firmware ermittelt.

Die hierarchische Struktur der Registrierung

Die Registrierung verfügt über eine hierarchische Struktur, die derjenigen von Ordnern und Dateien auf einer Festplatte ähnelt. In Abbildung 5.2 sehen Sie diese hierarchische Struktur, wie sie mit einem der Bearbeitungswerkzeuge für die Registrierung angezeigt wird. Diese Werkzeuge gehören zum Funktionsumfang von Windows 2000.

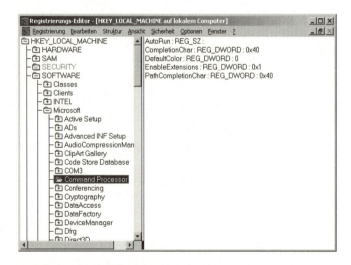

Abbildung 5.2 Der Registrierungs-Editor mit einer Anzeige der hierarchischen Registrierungsstruktur

Tabelle 5.2 beschreibt die einzelnen Komponenten, aus denen sich die hierarchische Struktur der Registrierung zusammensetzt.

Tabelle 5.2 Komponenten der Registrierung

Komponente	Beschreibung
Teilstruktur	Eine Teilstruktur (oder ein Teilstrukturschlüssel) entspricht dem Hauptordner auf einer Festplatte/Diskette. Die Registrierung von Windows 2000 verfügt über zwei Teilstrukturen: HKEY_LOCAL_MACHINE und HKEY_USERS. Um jedoch das Auffinden und die Anzeige von Informationen der Registrierung zu erleichtern, werden im Editor fünf vordefinierte Teilstrukturen angezeigt: HKEY_LOCAL_MACHINE HKEY_USERS HKEY_CURRENT_USER HKEY_CLASSES_ROOT HKEY_CURRENT_CONFIG
Schlüssel	Schlüssel entsprechen Ordnern und Unterordnern auf einer Festplatte und beziehen sich auf Hardware- oder Softwareobjekte und Objektgruppen. Unterschlüssel sind Schlüssel, die zu Schlüsseln auf einer höheren hierarchischen Ebene gehören.
Einträge	Schlüssel enthalten einen oder mehrere Einträge. Ein Eintrag besteht aus drei Teilen: Name, Datentyp und Wert (oder Konfigurationsparameter).
Zweig	Ein Zweig ist ein eindeutiges Element aus Schlüsseln, Unterschlüsseln und Einträgen. Zu jedem Zweig existiert eine entsprechende Registrierungs- und eine .LOG-Datei, die sich im Verzeichnis *Windows2000\System32\Config* befindet. Windows 2000 verwendet die .LOG-Datei, um Änderungen zu protokollieren und die Integrität der Registrierung sicherzustellen.
Datentypen	Der Wert jedes Eintrags muss einem der folgenden Datentypen entsprechen: ■ REG_DWORD. Ein einzelner Wert; er muss aus einem String mit 1 bis 8 hexadezimalen Ziffern bestehen. ■ REG_SZ. Ein einzelner Wert; Windows 2000 interpretiert diesen Wert als String, der gespeichert werden soll. ■ REG_EXPAND_SZ. Dieser Typ entspricht REG_SZ, mit dem Unterschied, dass der Textstring eine ersetzbare Variable enthalten kann. So ersetzt Windows 2000 beispielsweise in dem String *%systemroot%*\Ntvdm.exe die Umgebungsvariable *%systemroot%* durch den Pfad für den Windows 2000-Ordner *System32*. ■ REG_BINARY. Nur ein einzelner Wert; der String muss aus hexadezimalen Ziffern bestehen. Windows 2000 interpretiert jedes Zahlenpaar als einen Byte-Wert.

(Fortsetzung)

Komponente	Beschreibung
	■ REG_MULTI_SZ. Mehrere Werte möglich; Windows 2000 interpretiert jeden String als einzelne Komponente des MULTI_SZ-Wertes.
	■ REG_FULL_RESOURCE_DESCRIPTOR. Der Wert ist eine Ressourcenliste mit Hardwarekomponenten oder Treibern. Sie können einen Eintrag dieses Typs weder hinzufügen noch ändern.

Teilstrukturen der Registrierung

Wenn Sie den Sinn und Zweck der einzelnen Teilstrukturen kennen, können Sie Schlüssel und Werte schneller in der Registrierung ermitteln. Die folgenden fünf Teilstrukturen oder Teilstrukturschlüssel werden im Registrierungs-Editor angezeigt (siehe Abbildung 5.3).

- **HKEY_LOCAL_MACHINE.** Diese Teilstruktur enthält alle Konfigurationsdaten für den lokalen Computer, einschließlich der Hardware- und Betriebssystemdaten (beispielsweise über Bustyp, Systemspeicher, Gerätetreiber und zur Startsteuerung). Anwendungen, Gerätetreiber und das Betriebssystem verwenden diese Daten zur Ermittlung der Computerkonfiguration. Die Daten in dieser Teilstruktur bleiben konstant und sind vom jeweiligen Benutzer unabhängig.

- **HKEY_USERS.** Diese Teilstruktur enthält die Systemstandardeinstellungen (Systemstandardprofile) für die Identitäten und Arbeitsumgebungen der einzelnen Benutzer. Hierzu gehören die Einstellungen für den Desktop, für die Fensterumgebung bzw. die Benutzeroberfläche sowie für benutzerspezifische Software.

- **HKEY_CURRENT_USER.** Diese Teilstruktur enthält Daten über den aktuellen Benutzer. Es wird eine Kopie für jedes Benutzerkonto abgerufen, das zur Anmeldung beim Computer verwendet wird, und im Schlüssel *Windows2000\Documents And Settings\Benutzername* gespeichert.

- **HKEY_CLASSES_ROOT.** Diese Teilstruktur enthält Softwarekonfigurationsdaten, d. h. Daten zu OLE (Object Linking and Embedding) und den Dateiverknüpfungen. Diese Teilstruktur verweist auf den Unterschlüssel *Classes* in der Teilstruktur HKEY_LOCAL_MACHINE\SOFTWARE.

- **HKEY_CURRENT_CONFIG.** Diese Teilstruktur enthält Daten zum aktiven Hardwareprofil, die aus den Zweigen SOFTWARE und SYSTEM extrahiert werden. Mithilfe dieser Informationen werden bestimmte Einstellungen festgelegt (z. B. die zu ladenden Gerätetreiber und die Bildschirmauflösung).

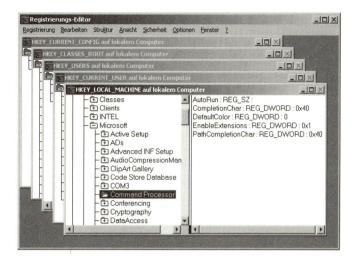

Abbildung 5.3 Teilstrukturen der Registrierung

Die Teilstruktur HKEY_LOCAL_MACHINE

Die Teilstrukturen der Registrierung sind alle nach demselben Muster aufgebaut. Im Folgenden wird exemplarisch die Teilstruktur HKEY_LOCAL_MACHINE erläutert, die über fünf Unterschlüssel verfügt. HKEY_LOCAL_MACHINE enthält spezielle Informationen über den lokalen Computer. Die Daten in dieser Teilstruktur bleiben konstant und sind vom jeweiligen Benutzer unabhängig.

Die fünf Unterschlüssel der Teilstruktur HKEY_LOCAL_MACHINE werden in der Tabelle 5.3 beschrieben.

Tabelle 5.3 Die Unterschlüssel von HKEY_LOCAL_MACHINE

Unterschlüssel	Beschreibung
HARDWARE	Typ und Status der mit dem Computer verbundenen physischen Geräte. Dieser Unterschlüssel hat keinen konstanten Wert, da Windows 2000 die entsprechenden Informationen während des Starts sammelt. Aus diesem Grund ist dieser Schlüssel auch keiner Datei auf der Festplatte zugeordnet. Anwendungen fragen diesen Schlüssel ab, um den Typ und den Status der Geräte festzustellen, die an den Computer angeschlossen sind.
SAM	Die Verzeichnisdatenbank des Computers. Der Zweig SAM ist den Dateien SAM und SAM.log im Ordner *Windows2000\ System32\Config* zugeordnet. Anwendungen, die SAM abfragen, müssen die entsprechenden APIs verwenden.

(Fortsetzung)

Unterschlüssel	Beschreibung
SECURITY	Die Sicherheitsinformationen für den lokalen Computer. Der Zweig SECURITY ist den Dateien Security und Security.log im Ordner *Windows2000*\System32\Config zugeordnet. Die Schlüssel, die in diesem Unterschlüssel enthalten sind, können von Anwendungen nicht geändert werden. Die Anwendungen müssen diese Sicherheitsinformationen mithilfe der Sicherheits-APIs abfragen.
SOFTWARE	Informationen über die lokale Computersoftware, die von den Konfigurationseinstellungen für die einzelnen Benutzer unabhängig sind. Dieser Zweig ist den Dateien Software, Software.log und Software.sav im Ordner *Windows2000*\System32\Config zugeordnet. Dieser Unterschlüssel kann auch Informationen zu Dateiverknüpfungen und OLE enthalten.
SYSTEM	Informationen über Systemgeräte und -dienste. Wenn Sie Gerätetreiber und Dienste installieren oder konfigurieren, werden Informationen in diesen Zweig eingefügt oder dort geändert. Der Zweig SYSTEM ist den Dateien System, System.log und System.sav im Ordner *Windows2000*\System32\Config zugeordnet. In der Datei System.alt wird eine Sicherungskopie der im Zweig SYSTEM enthaltenen Daten angelegt.

Zusammenfassung der Lektion

In dieser Lektion haben Sie gelernt, dass das Betriebssystem Microsoft Windows 2000 Hardware- und Softwareeinstellungen in der Registrierung speichert. Die Registrierung ist eine hierarchisch strukturierte Datenbank, die viele der .INI-, .SYS- und .COM-Konfigurationsdateien ersetzt, die in früheren Windows-Versionen verwendet wurden. Die Registrierung enthält eine Vielzahl unterschiedlicher Daten. Hierzu gehören Informationen über die auf dem Computer vorhandene Hardware sowie Daten zu den installierten Gerätetreibern, Anwendungen und Netzwerkprotokollen. Die Registrierung stellt außerdem die erforderlichen Initialisierungsinformationen für den Start von Anwendungen und für das Laden von Komponenten (wie Gerätetreibern und Netzwerkprotokollen) zur Verfügung.

Sie wissen nun, dass die Registrierungsstruktur Daten bereitstellt, die von vielen Windows 2000-Komponenten gelesen, aktualisiert und geändert werden. Die Hierarchie der Registrierung setzt sich aus verschiedenen Komponenten zusammen. Teilstrukturen (oder Teilstrukturschlüssel) sind mit dem Hauptordner auf einer Festplatte vergleichbar. Die Windows 2000-Registrierung besitzt zwei Teilstrukturen: HKEY_LOCAL_MACHINE und HKEY_USERS.

Um das Auffinden und Anzeigen von Informationen in der Registrierung zu erleichtern, werden im Editor aber fünf vordefinierte Teilstrukturen angezeigt: HKEY_LOCAL_MACHINE, HKEY_USERS, HKEY_CURRENT_USER, HKEY_CLASSES_ROOT und HKEY_CURRENT_CONFIG. Die Hierarchie der Registrierung umfasst außerdem Schlüssel, Einträge, Zweige und Datentypen.

Lektion 2: Der Registrierungs-Editor

Die Mehrzahl der Windows 2000-Benutzer muss nie auf die Registrierung zugreifen. Die Verwaltung der Registrierung fällt normalerweise in den Zuständigkeitsbereich des Systemadministrators. Dieser kann die Registrierungsdatenbank anzeigen, bearbeiten, sichern und wiederherstellen. Zur Anzeige und Änderung der Registrierung wird der Registrierungs-Editor verwendet.

Am Ende dieser Lektion werden Sie in der Lage sein, die folgenden Aufgaben auszuführen:

- Sie können die Registrierung mithilfe des Registrierungs-Editors bearbeiten

Veranschlagte Zeit für die Lektion: 40 Minuten

Regedt32.exe

Das Setupprogramm von Windows 2000 richtet den Registrierungs-Editor (Regedt32.exe) während der Installation im Ordner *Windows2000\System32* ein. Da die meisten Benutzer diesen Editor nicht benötigen, wird er nicht im Startmenü angezeigt. Wenn Sie den Editor starten wollen, klicken Sie im Startmenü auf den Befehl *Ausführen*.

Hinweis Mit dem Setupprogramm wird auch ein zweiter Registrierungs-Editor (Regedit.exe) installiert. Da dieser aber kein Sicherheitsmenü besitzt, keinen schreibgeschützten Modus kennt und weder den Datentyp REG_EXPAND_SZ noch den Datentyp REG_MULTI_SZ unterstützt, sollte er für Windows 2000 nicht verwendet werden.

Der Registrierungs-Editor wurde in erster Linie für die Fehlersuche und Problembeseitigung entwickelt. Sie können ihn aber auch für manuelle Änderungen in der Registrierung verwenden. Konfigurationsänderungen sollten generell über die Systemsteuerung oder die Funktion *Verwaltung* vorgenommen werden. Einige Konfigurationseinstellungen lassen sich aber nur direkt in der Registrierung ändern.

Achtung Eine unsachgemäße Verwendung des Registrierungs-Editors kann zu schwer wiegenden Problemen im gesamten System führen, die unter Umständen sogar eine erneute Installation von Windows 2000 erforderlich machen. Wenn Sie den Registrierungs-Editor für die Datenanzeige verwenden wollen, sollten Sie zuvor eine Sicherungskopie der Registrierungsdatei anlegen und im Menü *Optionen* auf *Schreibgeschützt* klicken, um Probleme durch eine versehentliche Änderung oder Löschung der Konfigurationsdaten zu vermeiden.

Der Registrierungs-Editor speichert alle Eingaben und Änderungen automatisch. Neue Registrierungseinträge werden sofort wirksam. Die wichtigsten Befehle zur Bearbeitung der Registrierung finden Sie in den Menüs *Registrierung* und *Ansicht* des Registrierungs-Editors. In Tabelle 5.4 werden die Befehle dieser Menüs erläutert.

Tabelle 5.4 Die Befehle des Registrierungs-Editors

Befehl	Menü	Beschreibung
Schlüssel speichern	*Registrierung*	Ein Teil der Registrierung (der aktuell ausgewählte Schlüssel und alle seine Unterschlüssel) wird in einer Datei im binären Format gespeichert. Sie können die in dieser Datei enthaltenen Werte wieder herstellen, nachdem Sie einen Testlauf mit geänderten Werten durchgeführt haben. Verwenden Sie zu diesem Zweck den Befehl *Wiederherstellen*.
Wiederherstellen	*Registrierung*	Die in der ausgewählten Datei enthaltenen Daten werden unter dem aktuell ausgewählten Schlüssel eingefügt. Wenn der ausgewählte Schlüssel in der Datendatei gespeichert war, überschreibt der Registrierungs-Editor den Schlüssel mit den Werten aus der Datei.
Teilstruktur speichern unter	*Registrierung*	Der ausgewählte Schlüssel und alle seine Unterschlüssel werden in einer Textdatei gespeichert. Sie können mit einem Texteditor nach einem bestimmten Wert oder Schlüssel suchen, der hinzugefügt oder geändert wurde. Diese Textdatei kann allerdings nicht mehr in Registrierungsdaten umgewandelt werden.
Computer auswählen	*Registrierung*	Die Registrierung eines entfernten Computers wird geöffnet. In Windows 2000 Server kann nur die Administratorgruppe auf entfernte Computer zugreifen. Windows 2000 erlaubt dagegen den Remotezugriff mit jedem gültigen Benutzerkonto. Wenn Sie die Rechte für einen Remotezugriff für eines der beiden Betriebssysteme ändern wollen, erstellen Sie folgenden Registrierungseintrag: HKEY_LOCAL_MACHINE\SYSTEM\ CurrentControlSet\Control\SecurePipeServers\ winreg vom Typ REG_DWORD. Vergeben Sie den Wert 1. Über die Berechtigungen in diesem Schlüssel wird festgelegt, wer einen Remotezugriff auf die Registrierung ausführen darf.

(Fortsetzung)

Befehl	Menü	Beschreibung
Schlüssel suchen	*Ansicht*	Die Registrierung wird nach einem bestimmten Schlüssel durchsucht. Die Schlüsselnamen werden im linken Teil des Registrierungs-Editors angezeigt. Die Suche beginnt beim aktuell ausgewählten Schlüssel. Von hier aus werden alle nachfolgenden Schlüssel nach dem angegebenen Schlüsselnamen durchsucht. Die Suche wird nur in der Teilstruktur ausgeführt, in der sie gestartet wurde. Wenn Sie beispielsweise in der Teilstruktur HKEY_LOCAL_MACHINE nach einem Schlüssel suchen, wird die Suche nicht auf die Teilstruktur HKEY_CURRENT_USER ausgeweitet.

Praxis: Den Registrierungs-Editor verwenden

In diesem Abschnitt werden Sie mit dem Registrierungs-Editor die Daten der Registrierung anzeigen. Sie möchten Informationen zu BIOS, zum Prozessor des Computers und zur Version des Betriebssystems ermitteln. Mit dem Befehl *Schlüssel suchen* des Registrierungs-Editors durchsuchen Sie die Registrierung nach bestimmten Schlüsselnamen. Danach geben Sie einen Wert ein und ändern so die Registrierung. Anschließend speichern Sie eine Teilstruktur als Datei, die Sie dann mit dem Editor durchsuchen können.

Übung 1: Die Registrierung anzeigen

In dieser Übung zeigen Sie mit dem Registrierungs-Editor den Inhalt der Registrierung an.

▶ **So zeigen Sie die Informationen in der Registrierung an:**

1. Stellen Sie sicher, dass Sie sich als Administrator angemeldet haben.

2. Rufen Sie den Registrierungs-Editor (Regedt32.exe) auf.

3. Klicken Sie im Menü *Optionen* auf *Schreibgeschützt*. Links neben der Option muss ein Häkchen angezeigt werden.

4. Stellen Sie sicher, dass im Menü *Ansicht* die Option *Struktur und Daten* ausgewählt ist.

5. Maximieren Sie das Fenster des Registrierungs-Editors sowie das Fenster mit dem Titel *HKEY_LOCAL_MACHINE auf lokalem Computer*.

6. Doppelklicken Sie auf den Unterschlüssel HARDWARE\DESCRIPTION\System, um ihn zu erweitern. Beantworten Sie anschließend die folgenden Fragen:

Mit welcher BIOS-Version (Basic Input/Output System) ist Ihr Computer ausgestattet und welches Datum trägt sie?

___

Die Antworten sind vom Inhalt der Einträge SYSTEMBIOSVERSION und SYSTEMBIOSDATE abhängig.

Welchen Computertyp hat Ihr lokaler Rechner entsprechend dem Eintrag *Identifier*?

___

Die Antwort hängt davon ab, welchen Computertyp Sie verwenden (z. B. einen AT/AT-kompatiblen Computer).

7. Erweitern Sie den Unterschlüssel SOFTWARE\Microsoft\Windows NT\CurrentVersion, und geben Sie die folgenden Informationen an:

Softwarekonfiguration	**Wert und String**
Aktuelle Buildnummer	
Aktuelle Version	
Registrierte Organisation	
Registrierter Besitzer	

Übung 2: Den Befehl *Schlüssel suchen* verwenden

In dieser Übung verwenden Sie den Befehl *Schlüssel suchen* des Registrierungs-Editors, um die Schlüsselnamen in der Registrierung nach einem bestimmten Wort zu durchsuchen.

▶ **So verwenden Sie den Befehl Schlüssel suchen:**

1. Klicken Sie auf den Unterschlüssel HKEY_LOCAL_MACHINE, um sicherzustellen, dass die gesamte Teilstruktur bei der Suche berücksichtigt wird.

2. Klicken Sie im Menü *Ansicht* auf den Befehl *Schlüssel suchen*.

   Das Dialogfeld *Suchen* wird geöffnet.

3. Geben Sie in das Feld *Suchen nach* das Wort **serial** ein.

4. Klicken Sie auf *Weitersuchen* und warten Sie, bis der erste passende Eintrag angezeigt wird.

5. Klicken Sie so oft auf *Weitersuchen*, bis Sie in einem Fenster darauf hingewiesen werden, dass der Registrierungs-Editor das gesuchte Wort nicht finden kann.

Beachten Sie, dass dieser Schlüssel an mehreren Stellen in der Registrierung vorkommt.

6. Klicken Sie auf *OK*, um das Meldungsfenster zu schließen.

7. Klicken Sie auf *Abbrechen*, um das Dialogfeld *Suchen* zu schließen.

Übung 3: Die Registrierung ändern

In dieser Übung fügen Sie einen Wert in die Registrierung ein.

▶ **So fügen Sie einen Wert in die Registrierung ein:**

1. Klicken Sie im Menü *Optionen* auf *Schreibgeschützt*.

   Die in Übung 1 aktivierte Option *Schreibgeschützt* wird dadurch deaktiviert.

2. Klicken Sie im Menü *Fenster* auf *HKEY_CURRENT_USER auf lokalem Computer*.

   Im Registrierungs-Editor wird das Fenster HKEY_CURRENT_USER in den Vordergrund versetzt.

3. Klicken Sie im linken Teil des Registrierungs-Editor-Fensters auf *Environment*.

   Die Werte des Schlüssels *Environment* werden im rechten Bereich des Registrierungs-Editors angezeigt.

4. Klicken Sie im Menü *Bearbeiten* auf *Wert hinzufügen*.

   Hinweis Wenn der Befehl *Wert hinzufügen* nicht angezeigt wird, überprüfen Sie, ob die Option *Schreibgeschützt* im Menü *Optionen* deaktiviert ist. Wenn die Deaktivierung dieser Option nicht möglich ist, beenden Sie den Registrierungs-Editor und starten ihn erneut.

   Das Dialogfeld *Wert hinzufügen* wird geöffnet.

5. Geben Sie in das Feld *Wertname* das Wort **test** ein.

6. Klicken Sie in der Liste *Datentyp* auf REG_EXPAND_SZ und klicken Sie anschließend auf *OK*.

   Das Dialogfeld *Zeichenfolgen-Editor* wird geöffnet.

7. Geben Sie **%windir%\system32** in das Feld *Zeichenfolge* ein und klicken Sie dann auf *OK*.

   Im rechten Teil des Editorfensters sollte nun folgender Eintrag zu sehen sein: *test:REG_EXPAND_SZ : %windir%\system32*.

8. Minimieren Sie das Fenster des Registrierungs-Editors.

▶ **So überprüfen Sie den neuen Registrierungseintrag:**

1. Klicken Sie mit der rechten Maustaste auf *Arbeitsplatz*. Klicken Sie im angezeigten Kontextmenü auf *Eigenschaften*.

   Das Dialogfeld *Systemeigenschaften* wird geöffnet.

2. Klicken Sie zunächst auf die Registerkarte *Erweitert* und anschließend auf *Umgebungsvariablen*.

   Das Dialogfeld *Umgebungsvariablen* wird geöffnet.

3. Schließen Sie nacheinander das Dialogfeld *Umgebungsvariablen* und das Dialogfeld *Systemeigenschaften*.

Übung 4: Eine Teilstruktur als Datei speichern

In dieser Übung speichern Sie eine Teilstruktur als Datei. Sie können diese Datei dann mit dem Editor oder einem anderen Textverarbeitungsprogramm durchsuchen. Die Datei kann auch gespeichert und gedruckt werden, sodass Sie ein Protokoll mit dem Inhalt der Teilstruktur zur Hand haben. Dieses Protokoll ist bei der Fehlersuche sehr hilfreich, die beispielsweise auf Grund einer versehentlichen Änderung der Registrierung erforderlich werden kann.

▶ **So speichern Sie eine Teilstruktur als Datei:**

1. Stellen Sie das Fenster mit dem Registrierungs-Editor wieder her.

2. Klicken Sie im Menü *Fenster* auf *HKEY_LOCAL_MACHINE auf lokalem Computer*.

3. Klicken Sie auf *HKEY_LOCAL_MACHINE\SOFTWARE*.

4. Klicken Sie im Menü *Registrierung* auf *Teilstruktur speichern unter*.

   Das Dialogfeld *Speichern unter* wird geöffnet.

5. Klicken Sie im Feld *Speichern in* auf *Desktop*.

6. Geben Sie in das Feld *Dateiname* den Namen **Software.txt** ein und klicken Sie auf *Speichern*.

Hinweis Unter Umständen dauert es eine gewisse Zeit, bis der Registrierungs-Editor die Teilstruktur gespeichert hat.

---

7. Beenden Sie den Registrierungs-Editor.

8. Doppelklicken Sie auf dem Desktop auf das Symbol *Software*.

   Die Datei *Software* wird im Editor geöffnet.

9. Klicken Sie im Menü *Bearbeiten* auf den Befehl *Suchen*.

   Das Dialogfeld *Suchen* wird geöffnet.

10. Geben Sie in das Feld *Suchen nach* das Wort **CurrentBuildNumber** ein und klicken Sie dann auf *Weitersuchen*.

11. Klicken Sie auf *Abbrechen*, um das Dialogfeld *Suchen* zu schließen.

12. Blättern Sie (wenn nötig) nach unten, um die Daten für *CurrentBuildNumber* anzuzeigen.

13. Schließen Sie den Editor.

Zusammenfassung der Lektion

In dieser Lektion haben Sie mit dem Registrierungs-Editor (Regedt32.exe) die Registrierungskonfiguration angezeigt und geändert. Der Registrierungs-Editor wurde in erster Linie für die Fehlersuche und nicht für die Bearbeitung der Registrierung entwickelt. Sie sollten deshalb Konfigurationsänderungen entweder über die Systemsteuerung oder mit der Funktion *Verwaltung* durchführen. Es gibt jedoch auch einige Konfigurationseinstellungen in der Registrierung, die nur direkt mit diesem Editor festgelegt werden können.

Sie haben die wichtigsten Befehle des Registrierungs-Editors kennen gelernt, die in den Menüs *Registrierung* und *Ansicht* angeboten werden. Hierzu gehört der Befehl *Schlüssel suchen*, mit dem Sie in der Registrierung nach einem bestimmten Schlüssel suchen können. Mit dem Befehl *Schlüssel speichern* können Sie einen Teil der Registrierung im binären Format speichern. Der Befehl *Teilstruktur speichern unter* ermöglicht es Ihnen, den ausgewählten Schlüssel mit allen Unterschlüsseln in einer Textdatei zu speichern. Mit dem Befehl *Computer auswählen* können Sie die Registrierung auf einem entfernten Computer öffnen.

Lernzielkontrolle

Anhand der folgenden Fragen können Sie feststellen, ob Sie über genügend Wissen verfügen, um mit dem nächsten Kapitel fortzufahren. Wenn Ihnen die Beantwortung der Fragen Schwierigkeiten bereitet, sollten Sie das vorliegende Kapitel noch einmal lesen, bevor Sie mit der Lektüre des nächsten Kapitels beginnen. In Anhang A finden Sie die Antworten zu den folgenden Fragen.

1. Was versteht man unter der Registrierung und welchen Zweck hat sie?

2. Was ist unter einem Zweig zu verstehen?

3. Welcher Editor sollte für die Anzeige und Bearbeitung der Registrierung herangezogen werden?

4. Welche Option sollten Sie aus welchem Grund bei der Anzeige der Registrierung aktivieren?

KAPITEL 6

Datenträger verwalten

Lektion 1: Einführung in die Datenträgerverwaltung . . . 146

Lektion 2: Routineaufgaben der Datenträgerverwaltung . . . 153

Lernzielkontrolle . . . 169

Über dieses Kapitel

Dieses Kapitel bietet Ihnen einen Überblick über die Datenträgerverwaltung unter Microsoft Windows 2000. Sie können eine eigene Management-Konsole (MMC = Microsoft Management Console) erstellen und ihr das Snap-In *Datenträgerverwaltung* hinzufügen. Die Datenträgerverwaltung ist auch in der Baumstruktur der vorkonfigurierten Management-Konsole enthalten. Dieses Snap-In stellt eine Reihe von Kontextmenüs zur Verfügung, in denen Sie sehen, welche Aufgaben Sie mit dem ausgewählten Objekt erledigen können. Es enthält außerdem mehrere Assistenten, die Ihnen bei der Erstellung von Partitionen und Datenträgern und der Aktualisierung von Festplatten helfen.

Bevor Sie beginnen

Zur Bearbeitung dieses Kapitels benötigen Sie Folgendes:

- Einen Rechner, der die im Abschnitt *Hardwarevoraussetzungen* des Kapitels *Zu diesem Buch* angegebenen Mindestvoraussetzungen erfüllt.
- Windows 2000 Professional muss auf Ihrem Rechner installiert sein.

Lektion 1: Einführung in die Datenträgerverwaltung

In dieser Lektion erfahren Sie etwas über die verschiedenen Konzepte der Datenträgerverwaltung. Wenn zum Beispiel auf Ihrer Festplatte noch Speicher frei, müssen Sie diesen Bereich erst partitionieren und formatieren, um Daten auf diesem Teil der Festplatte speichern zu können. Wenn Sie mehr als eine Festplatte haben, muss jede Festplatte partitioniert und formatiert sein, damit Daten auf ihnen abgelegt werden können.

Am Ende dieser Lektion werden Sie in der Lage sein, die folgenden Aufgaben auszuführen:

- Sie können die unterschiedlichen Konzepte der Datenträgerverwaltung beschreiben.

Veranschlagte Zeit für die Lektion: 25 Minuten

Die zur Einrichtung von Festplatten erforderlichen Arbeiten

Ob Sie nun den verfügbaren Speicherplatz auf einer Festplatte, auf der Windows 2000 installiert ist, oder eine ganz neue Festplatte einrichten wollen – Sie müssen in jedem Fall wissen, welche Aufgaben damit verbunden sind. Bevor Sie Daten auf einer neuen Festplatte speichern können, müssen Sie zur Vorbereitung der Festplatte folgende Arbeiten erledigen:

1. Initialisieren Sie die Festplatte mit einem Datenträgertyp. Die Initialisierung definiert die Grundstruktur einer Festplatte.

    Windows 2000 unterstützt Basisdatenträger und dynamische Datenträger.

2. Erstellen Sie Partitionen auf einer Basisfestplatte oder Datenträger auf einer dynamischen Festplatte.

3. Formatieren Sie die Festplatte. Nach Erstellung einer Partition oder eines Datenträgers müssen Sie diese mit einem bestimmten Dateisystem formatieren – NTFS, FAT oder FAT32.

    Das von Ihnen gewählte Dateisystem definiert, welche Festplattenoperationen später möglich sind. So wird durch das Dateisystem zum Beispiel festgelegt, wie Sie den Datenzugriff der Benutzer steuern können, wie Daten gespeichert werden, welche Betriebssysteme auf die Daten auf der Festplatte zugreifen können und letztlich auch die Kapazität die Festplatte.

Bevor Sie aber mit der Einrichtung einer Festplatte beginnen können, müssen Sie wissen, welche Festplatten-, Partitions- und Datenträgertypen in Windows 2000 zur Verfügung stehen.

Datenträgertypen

Windows 2000 unterstützt zwei Typen der Speicherung auf Festplatten: Basisdatenträger und dynamische Datenträger. Eine physische Festplatte ist entweder ein Basis- oder ein dynamischer Datenträger. Beide Datenträgertypen können niemals zusammen auf einer Festplatte verwendet werden. In einem System mit mehreren Festplatten können Sie jedoch beide Datenträgertypen einsetzen.

Basisdatenträger

Der traditionelle Einsatz einer Festplatte ist der als *Basisdatenträger*. Dieser Datenträgertyp erfordert die Aufteilung einer Festplatte in mehrere Partitionen (siehe Abbildung 6.1). Eine *Partition* ist ein Festplattenbereich, der als physisch getrennte Speichereinheit fungiert. Windows 2000 kennt primäre und erweiterte Partitionen. Eine als Basisdatenträger initialisierte Festplatte wird als Basisfestplatte bezeichnet. Eine Basisfestplatte kann primäre und erweiterte Partitionen sowie logische Laufwerke enthalten. Jede Festplatte, die in einem Windows 2000-Rechner neu installiert wird, ist zunächst eine Basisfestplatte.

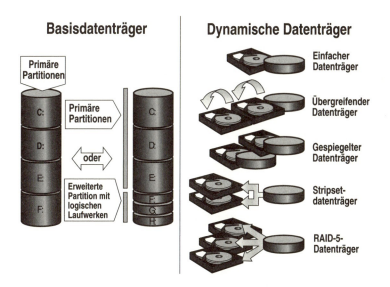

Abbildung 6.1 Basisdatenträger und dynamische Datenträger

Da der Basisdatenträger der Industriestandard ist, unterstützen alle Versionen von Microsoft Windows, MS-DOS, Windows NT und Windows 2000 diesen Datenträgertyp. Für Windows 2000 ist der Basisdatenträger der Standardspeichertyp. Alle Festplatten sind deshalb so lange Basisfestplatten, bis Sie sie in dynamische Festplatten umwandeln.

Dynamische Festplatte

Nur Windows 2000 unterstützt auch *dynamische Festplatten*. Dieser Standard erstellt eine einzige Partition, die sich über die gesamte Festplatte erstreckt. Eine als dynamischer Speicher initialisierte Festplatte wird als *dynamische Festplatte* bezeichnet.

Dynamische Festplatten lassen sich in *Datenträger* unterteilen, die aus einem oder mehreren Bereichen einer oder mehrerer physischer Festplatten bestehen können. Auf einer dynamischen Festplatte können Sie einfache, übergreifende oder Stripesetdatenträger erstellen. Nähere Einzelheiten dazu finden Sie weiter hinten in diesem Kapitel. Eine dynamische Festplatte lässt sich auf Grundlage einer Basisfestplatte erstellen.

Dynamische Datenträger sind nicht den Beschränkungen von Basisdatenträgern unterworfen. So lässt sich die Größe einer dynamischen Festplatte zum Beispiel verändern, ohne dass dafür ein Neustart des Rechners erforderlich ist.

Hinweis Wechselmedien enthalten nur primäre Partitionen. Sie können auf diesen Wechselmedien keine erweiterten Partitionen und keine logischen oder dynamischen Laufwerke erstellen. Sie können eine primäre Partition auf einem Wechselmedien nicht als aktiv markieren.

Partitionstypen (Basisfestplatten)

Sie können eine Basisfestplatte in primäre und erweiterte Partitionen aufteilen. *Partitionen* funktionieren wie physisch getrennte Speichereinheiten. Dadurch wird es möglich, unterschiedliche Datenarten von einander zu trennen. So könnten Sie beispielsweise Benutzerdaten auf einer Partition und Anwendungen auf einer anderen Partition ablegen. Eine Basisfestplatte kann bis zu vier primäre oder bis zu drei primäre und eine erweiterte Partition enthalten. Insgesamt können es immer nur vier Partitionen sein, wobei höchstens eine erweiterte Partition dabei sein darf (siehe Abbildung 6.2).

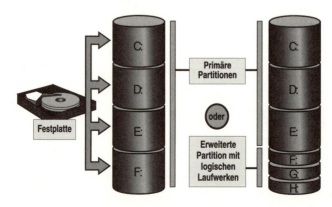

Abbildung 6.2 Partitionstypen

Primäre Partitionen

Die so genannten *primären Partitionen* kann Windows 2000 zum Start des Rechners verwenden. Nur eine primäre Partition kann als aktiv gekennzeichnet werden. Die aktive Partition ist der Ort, an dem die Hardware nach den Dateien zum Start des Betriebssystems sucht. Auf einer Festplatte kann es immer nur eine einzige aktive Partition gleichzeitig geben. Mithilfe mehrerer aktiver Partitionen können Sie unterschiedliche Betriebssysteme oder Datenarten voneinander trennen.

Um einen Windows 2000-Rechner als Dual-Boot-System zusammen mit Windows 95 oder MS-DOS zu betreiben, muss die aktive Partition FAT-formatiert sein, da Windows 95 FAT32- oder NTFS-formatierte Partitionen nicht lesen kann. Um den Windows 2000-Rechner zusammen mit Windows 95 OSR2 (eine neuere Windows 95-Version mit Verbesserungen wie etwa der Fähigkeit zum Lesen von FAT32-formatierten Partitionen) oder Windows 98 als Dual-Boot-System zu betreiben, muss die aktive Partition FAT- oder FAT32-formatiert sein.

Erweiterte Partitionen

Eine *erweiterte Partition* wird auf einem freien Teil der Festplatte erstellt. Es kann immer nur eine einzige erweiterte Partition auf einer Festplatte geben. Aus diesem Grund sollten Sie den gesamten freien Platz für die erweiterte Partition nutzen. Anders als primäre Partitionen werden erweiterte Partitionen nicht formatiert oder mit Laufwerksbuchstaben versehen, sondern in mehrere Segmente aufgeteilt. Jedes Segment ist ein logisches Laufwerk, dem ein Laufwerksbuchstabe zugewiesen wird. Danach wird dieses logische Laufwerk mit einem Dateisystem formatiert.

Hinweis Die Windows 2000-Systempartition ist die aktive Partition, auf der die hardwarespezifischen Dateien abgelegt sind, die zum Laden des Betriebssystems erforderlich sind. Die Windows 2000-Startpartition ist die primäre Partition oder das logische Laufwerk, auf dem die Betriebssystemdateien installiert sind. Die Start- und die Systempartition können gleich sein. Die Systempartition muss allerdings immer die aktive Partition sein (normalerweise Laufwerk C), während die Startpartition auch auf einer anderen primären oder erweiterten Partition liegen kann.

Datenträgertypen (dynamische Festplatten)

Sie können Basisfestplatten in dynamische Festplatten umwandeln und danach auf ihnen Windows 2000-Datenträger erstellen. Überlegen Sie, welcher Datenträgertyp Ihren Anforderungen an eine effiziente Nutzung von Festplattenplatz und an die Performance am besten entspricht.

- Ein *einfacher Datenträger* enthält den Speicherplatz eines einzigen Laufwerks und ist nicht fehlertolerant.

- Ein *übergreifender Datenträger* kann Speicherplatz von mehreren Festplatten (bis zu 32) enthalten. Bei einem übergreifenden Datenträger beschreibt Windows 2000 die erste Festplatte, bis diese voll ist, und verfährt auf diese Weise mit allen übrigen Festplatten. Ein übergreifender Datenträger ist nicht fehlertolerant. Wenn eine Festplatte innerhalb eines übergreifenden Datenträgers ausfällt, gehen die Daten des gesamten Datenträgers verloren.

- Ein *Stripesetdatenträger* fasst die freien Bereiche mehrerer Festplatten (bis zu 32) zu einem einzigen logischen Datenträger zusammen. Bei einem Stripesetdatenträger wird die Systemleistung dadurch optimiert, dass die Daten auf alle Festplatten gleichmäßig verteilt werden. Wenn eine Festplatte eines Stripesetdatenträgers ausfällt, gehen die Daten des gesamten Datenträgers verloren.

Hinweis Die Windows 2000 Server-Produkte bieten Fehlertoleranz für dynamische Festplatten. Fehlertoleranz ist die Fähigkeit eines Computers oder Betriebssystems, auf einen Zusammenbruch ohne Datenverlust reagieren zu können. Die Windows 2000 Server-Produkte erlauben die Erstellung von gespiegelten Laufwerken und RAID 5-Laufwerken mit Fehlertoleranz. Windows 2000 Professional bietet keine Fehlertoleranz.

Mithilfe von mehreren Partitionen oder Datenträgern auf einer einzigen Festplatte können Sie Ihre Dateien für solche Aufgaben wie beispielsweise die Datensicherung effizient organisieren. So könnten Sie zum Beispiel ein Drittel der Festplatte für das Betriebssystem, ein Drittel für Anwendungen und das letzte Drittel für die Aufnahme von Daten partitionieren. Wenn Sie dann eine Datensicherung vornehmen, können Sie die gesamte Partition und nicht nur einen bestimmten Ordner sichern.

Dateisysteme

Windows 2000 unterstützt die Dateisysteme NTFS, FAT und FAT32. Verwenden Sie NTFS, wenn eine Partition Sicherheitsvorkehrungen auf Datei- oder Ordnerebene, Datenträgerkompression, Datenträgerkontingente oder Verschlüsselung ermöglichen soll. Nur Windows 2000 und Windows NT können auf eine lokale NTFS-formatierte Festplatte zugreifen. Wenn Sie zum Beispiel vorhaben, einen Server zum Domänen-Controller heraufzustufen, sollten Sie die Installationspartition mit NTFS formatieren.

FAT und FAT32 sind auch mit anderen Betriebssystemen kompatibel. Das bedeutet: Diese Betriebssysteme können auf FAT- oder FAT32-formatierte Datenträger zugreifen. Um Windows 2000 zusammen mit anderen Betriebssystemen als Dual-Boot-System zu betreiben, formatieren Sie die Systempartition entweder mit FAT oder mit FAT32. FAT und FAT32 stellen nur wenige der von NTFS gebotenen Funktionen zur Verfügung. Aus diesem Grund sollten Sie eine Festplatte immer mit NTFS formatieren. Der einzige Grund für eine FAT- oder FAT32-Formatierung wäre der Wunsch, den Rechner als Dual-Boot-System zu betreiben.

Hinweis Eine Besprechung der Dateisysteme finden Sie in Kapitel 2.

Einen mit dem Dateisystem FAT FAT32 formatierten Datenträger können Sie unter Windows 2000 mit dem Befehl *Convert* in einen NTFS-Datenträger umwandeln, ohne ihn neu formatieren zu müssen. Geben Sie dazu im Fenster *Eingabeaufforderung* den folgenden Befehl ein:

Convert *Datenträger* /FS:NTFS /V

Datenträger bezeichnet das Medium, das konvertiert werden soll, und muss durch einen Laufwerksbuchstaben und einen Doppelpunkt ersetzt werden. Der Parameter */V* veranlasst das Programm, ausführliche Meldungen anzuzeigen. Wenn Sie zum Beispiel Laufwerk C von FAT in NTFS umwandeln wollten, würden Sie folgenden Befehl eingeben:

Convert C: /FS:NTFS /V

Das Snap-In Datenträgerverwaltung

Mithilfe des Snap-Ins *Datenträgerverwaltung* können Sie den Speicherplatz auf den Datenträgern verwalten. Die Datenträgerverwaltung kann Ihr Speichersystem in einer grafischen oder in einer Listenansicht darstellen. Mithilfe der Befehle im Menü *Ansicht* können Sie die Ansicht an Ihren Geschmack anpassen.

Zusammenfassung der Lektion

In dieser Lektion haben Sie gelernt, dass Sie vor den Speichern von Daten auf einem neuen Datenträger diesen mithilfe der Datenträgerverwaltung mit einem Datenträgertyp initialisieren müssen. Windows 2000 unterstützt Basisdatenträger und dynamische Datenträger. Eine Basisfestplatte kann primäre und erweiterte Partitionen sowie logische Laufwerke enthalten. Alle Versionen von Microsoft Windows, MS-DOS und Windows 2000 unterstützen Basisdatenträger. Bei Windows 2000 ist der Basisdatenträger die Standardeinstellung. Alle Festplatten sind solange Basisdatenträger, bis Sie sie in dynamische Datenträger umwandeln.

Sie haben weiterhin erfahren, dass bei dynamische Festplatten eine einzige Partition erstellt wird, die die gesamte Festplatte umfasst. Dynamische Festplatten werden in Datenträger unterteilt, die aus einem oder mehreren Bereichen einer oder mehrerer physischer Festplatten bestehen können. Eine dynamische Festplatte kann einfache und übergreifende Datenträger sowie Stripesetdatenträger enthalten. Dynamische Speicher sind nicht den für Basisdatenträger typischen Beschränkungen unterworfen. So lässt sich zum Beispiel die Größe einer dynamischen Festplatte verändern, ohne dass Windows 2000 anschließend neu gestartet werden müsste.

Danach haben Sie gelernt, dass Sie nach der Erstellung von Partitionen auf einer Basisfestplatte oder von Datenträgern auf einer dynamischen Festplatte jede Partition und jeden Datenträger mit einem Dateisystem wie etwa NTFS, FAT oder FAT32 formatieren müssen. Das von Ihnen gewählte Dateisystem hat Auswirkungen auf den Betrieb der Festplatte. Das Dateisystem legt zum Beispiel fest, wie der Benutzerzugriff gesteuert wird, wie die Daten gespeichert werden, wie viel Festplattenkapazität Ihnen zur Verfügung steht und welche Betriebssysteme auf die Daten zugreifen können. Mithilfe des Snap-Ins *Datenträgerverwaltung* können Sie Ihren Netzwerkspeicherplatz konfigurieren und verwalten.

Lektion 2: Routineaufgaben der Datenträgerverwaltung

Das Snap-In *Datenträgerverwaltung* ist die zentrale Stelle, an der Sie die Arbeiten im Zusammenhang mit der Datenträgerverwaltung wie etwa die Erstellung und das Löschen von Partitionen und Datenträgern durchführen können. Wenn Sie über die geeigneten Berechtigungen verfügen, können Sie von hier aus lokale Festplatten und Remote-Festplatten verwalten. Neben der Überwachung von Festplatteninformationen können Sie hier auch andere Verwaltungsarbeiten durchführen. Dazu gehört unter anderem die Aufnahme und das Entfernen von Festplatten und die Änderung des Datenträgertyps.

Diese Lektion führt Sie in die folgenden Aufgaben der Datenträgerverwaltung ein:

- Mit einfachen Datenträgern arbeiten
- Mit übergreifenden Datenträgern arbeiten
- Mit Stripesetdatenträgern arbeiten
- Festplatten hinzufügen
- Den Datenträgertyp ändern
- Informationen anzeigen und aktualisieren
- Festplatten auf einem Remoterechner verwalten

Am Ende dieser Lektion werden Sie in der Lage sein, die folgenden Aufgaben auszuführen:

- Sie können die wichtigsten Aufgabe der Datenträgerverwaltung beschreiben.
- Sie können eine dynamische Festplatte erstellen und konfigurieren.

Veranschlagte Zeit für die Lektion: 50 Minuten

Mit einfachen Datenträgern arbeiten

Ein einfacher Datenträger enthält nur den Speicherplatz einer einzigen Festplatte. Sie können einen einfachen Datenträger erweitern und den gesamten, nicht reservierten Platz auf derselben Festplatte einbeziehen.

Sie können einen einfachen Datenträger erstellen und mit NTFS, FAT oder FAT32 formatieren (siehe Abbildung 6.3). Erweitern lässt sich ein einfacher Datenträger aber nur, wenn er mit NTFS formatiert ist.

Folgen Sie diesen Schritten, um einen einfachen Datenträger zu erstellen:

1. Markieren Sie *Datenträgerverwaltung* im Abschnitt *Datenspeicher* des Snap-Ins *Computerverwaltung*.

2. Klicken Sie auf der dynamischen Festplatte, auf der Sie den Datenträger erstellen wollen, mit der rechten Maustaste auf den noch nicht zugewiesenen Bereich. Klicken Sie anschließend auf *Datenträger erstellen*.

   Der Assistent zum Erstellen von Datenträgern wird gestartet.

3. Klicken Sie im Assistenten zum Erstellen von Datenträgern auf *Weiter*.

4. Klicken Sie auf *Einfacher Datenträger* und folgen Sie dann den Anweisungen auf dem Bildschirm.

Abbildung 6.3 Einen einfachen Datenträger erstellen

Um einen einfachen NTFS-Datenträger zu erweitern, klicken Sie zunächst mit der rechten Maustaste auf den zu erweiternden Datenträger. Klicken Sie anschließend auf *Datenträger erweitern* und folgen Sie dann den Anweisungen auf Ihrem Bildschirm.

Mit übergreifenden Datenträgern arbeiten

Ein übergreifender Datenträger umfasst den Speicherplatz von mehreren Festplatten. Mithilfe von übergreifenden Datenträgern können Sie den gesamten verfügbaren Speicherplatz auf mehreren Festplatten effizienter nutzen. Übergreifende Datenträger lassen sich nur auf dynamischen Festplatten erstellen. Sie brauchen zur Erstellung eines übergreifenden Datenträgers wenigstens zwei dynamische Festplatten. Übergreifende Datenträger können nicht Teil eines Stripesetdatenträgers sein und sind nicht fehlertolerant. Abbildung 6.4 gibt Ihnen einen Überblick über die Möglichkeiten zur Kombination des verfügbaren Speicherplatzes, zur Erweiterung und zum Löschen übergreifender Datenträger.

- **Freien Speicherplatz kombinieren**
  - Übergreifende Datenträger kombinieren den Speicherplatz von 2 bis zu 32 Festplatten.
  - Daten werden so lange auf eine Festplatte geschrieben, bis diese voll ist.
- **Erweitern und Löschen**
  - Nur NTFS-formatierte Datenträger lassen sich erweitern.
  - Mit dem Löschen eines Teils eines übergreifenden Datenträgers wird der ganze Datenträger gelöscht.

Abbildung 6.4 Übergreifende Datenträger erstellen, erweitern und löschen

Freien Speicherplatz zu einem übergreifenden Datenträger zusammenfassen

Sie können übergreifende Datenträger erstellen, indem Sie freie Speicherbereiche unterschiedlicher Größe von 2 bis zu 32 Festplatten zu einem einzigen großen logischen Datenträger kombinieren. Die freien Speicherbereiche, aus denen sich ein übergreifender Datenträger zusammensetzt, können unterschiedlich groß sein. Windows 2000 organisiert übergreifende Datenträger so, dass Daten so lange auf dem verfügbaren Speicherplatz einer Festplatte abgelegt werden, bis diese voll ist. Danach werden die Daten auf der zweiten Festplatte gespeichert. Windows 2000 wiederholt diesen Vorgang für alle folgenden Festplatten (maximal 32).

Durch das Löschen kleinerer Datenträger und deren Kombination zu einem einzigen übergreifenden Datenträger können Sie Laufwerksbuchstaben für andere Zwecke freigeben und einen großen Datenträger zur Verwendung für das Dateisystem bereitstellen.

Übergreifende Datenträger erweitern und löschen

Sie können NTFS-formatierte übergreifende Datenträger erweitern, indem Sie freien Speicherplatz hinzufügen. Die Datenträgerverwaltung formatiert den neuen Bereich ohne Beeinträchtigungen der vorhandenen Dateien auf dem Ausgangsdatenträger. FAT- und FAT32-formatierte Datenträger lassen sich nicht erweitern.

Sie können übergreifende Datenträger auf bis zu 32 dynamische Festplatten erweitern. Nachdem ein Datenträger auf mehrere Festplatten erweitert wurde, kann er nicht mehr Teil eines Stripesetdatenträgers sein. Nach der Erweiterung eines übergreifenden Datenträgers wird mit dem Löschen eines beliebigen Teils des Datenträgers immer der gesamte übergreifende Datenträger gelöscht. System- und Startdatenträger können nicht erweitert werden.

Mit Stripesetdatenträgern arbeiten

Stripesetdatenträger bieten die beste Performance. Bei einem Stripesetdatenträger werden die Daten gleichmäßig in Einheiten von jeweils 64 KB auf alle physischen Festplatten verteilt (siehe Abbildung 6.5). Da alle zu einem Stripesetdatenträger gehörenden Festplatten wie eine einzige Festplatte funktionieren, kann Windows 2000 Ein-/Ausgabebefehle gleichzeitig an alle Festplatten weitergeben und verarbeiten. Auf diese Art und Weise können Stripesetdatenträger die Ein-/Ausgabegeschwindigkeit des Systems erhöhen.

Sie können Stripesetdatenträger erstellen, indem Sie freien Speicherplatz von mehreren Festplatten (2 bis 32 Einheiten) zu einem logischen Datenträger zusammenfassen. Bei einem Stripesetdatenträger schreibt Windows 2000 die Daten – ähnlich wie bei übergreifenden Datenträgern – auf mehrere Festplatten. In diesem Fall aber werden die Festplatten nicht nacheinander beschrieben, sondern Windows 2000 verteilt die Daten gleichmäßig auf alle Datenträger. Wie übergreifende Datenträger bieten auch Stripesetdatenträger keine Fehlertoleranz. Beim Ausfall einer Festplatte gehen die Daten des gesamten Datenträgers verloren.

Zur Erstellung eines Stripesetdatenträgers sind mindestens zwei dynamische Festplatten erforderlich. Ein Stripesetdatenträger kann sich über maximal 32 Festplatten erstrecken. Stripesetdatenträger können nicht erweitert werden.

Um einen Stripesetdatenträger zu erstellen, gehen Sie folgendermaßen vor:

1. Klicken Sie in der Datenträgerverwaltung mit der rechten Maustaste auf den verfügbaren Speicherplatz der dynamische Festplatte, auf der Sie den Stripesetdatenträger erstellen wollen. Klicken Sie anschließend auf *Datenträger erstellen*. Daraufhin wird der Assistent zum Erstellen von Datenträgern gestartet.

2. Klicken Sie im Assistenten zum Erstellen von Datenträgern auf die Schaltfläche *Weiter* und folgen Sie dann den Anweisungen auf dem Bildschirm.

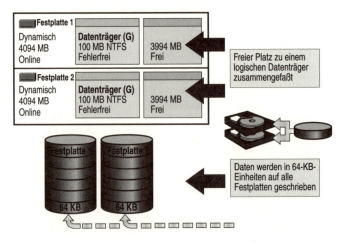

Abbildung 6.5 Diese Vorteile bieten Stripesetdatenträger

Festplatten hinzufügen

Wenn Sie auf einem Windows 2000-Rechner eine neue Festplatte installieren, wird diese immer als Basisdatenträger aufgenommen.

Neue Festplatten aufnehmen

Wenn Sie eine neue Festplatte in das System aufnehmen wollen, schließen Sie die neue physische Festplatte an und klicken Sie dann im Menü *Vorgang* der Datenträgerverwaltung auf *Festplatten neu einlesen* (siehe Abbildung 6.6). Sie müssen den Befehl *Festplatten neu einlesen* wählen, wann immer Sie eine Festplatte hinzufügen beziehungsweise entfernen.

Nachdem Sie die neue Festplatte hinzugefügt haben, sollte es nicht nötig sein, den Rechner neu zu starten – es sei denn, die Datenträgerverwaltung kann die neue Festplatte nach Ausführung des Befehls *Festplatten neu einlesen* nicht erkennen.

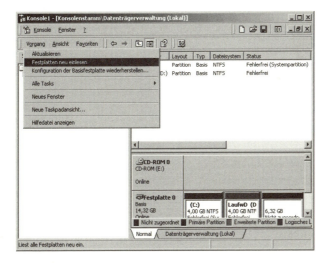

Abbildung 6.6 In diesem Fenster können Sie die Einstellungen zur Aufnahme einer neuen Festplatte vornehmen

Aus einem anderen Rechner entfernte Festplatten hinzufügen

Wenn Sie eine Festplatte aus einem Rechner entfernen wollen, um sie danach in einem anderen Computer zu installieren, müssen Sie nach einem etwas anderen Muster vorgehen:

1. Entfernen Sie die Festplatte aus dem alten Rechner und installieren Sie sie im neuen Computer.

2. Öffnen Sie die Datenträgerverwaltung.

   Die Datenträgerverwaltung zeigt die neue Festplatte mit der Bezeichnung *Fremd* an.

3. Klicken Sie mit der rechten Maustaste auf die neue Festplatte. Klicken Sie im daraufhin angezeigten Kontextmenü auf *Fremde Festplatten importieren*. Folgen Sie den Anweisungen des daraufhin angezeigten Assistenten.

Mehrere aus einem anderen Rechner entfernte Festplatten hinzufügen

Wenn Sie mehrere Festplatte aus einem Rechner entfernen wollen, um sie danach in einem anderen Computer zu installieren, gehen Sie folgendermaßen vor:

1. Entfernen Sie die Festplatten aus dem alten Rechner und installieren Sie sie im neuen Computer.

2. Öffnen Sie die Datenträgerverwaltung.

3. Klicken Sie mit der rechten Maustaste auf eine der neuen Festplatten. Klicken Sie im daraufhin angezeigten Kontextmenü auf *Fremde Festplatten importieren*. Alle neuen Festplatten werden in einer Gruppe angezeigt.

4. Um die Festplatten, die Sie aufnehmen möchten, innerhalb der Gruppe zu markieren, klicken Sie auf *Festplatten auswählen*. Wenn Sie keine dynamischen Festplatten installiert haben, werden alle Festplatten unabhängig von der von Ihnen getroffenen Auswahl aufgenommen.

Wenn Sie eine dynamische Festplatte auf Ihrem Computer installieren, die aus einem anderen Rechner stammt, auf dem ebenfalls Windows 2000 ausgeführt wird, können Sie alle bereits vorhandenen Datenträger auf dieser Festplatte anzeigen und verwenden. Wenn sich ein Datenträger auf einer fremden Festplatte jedoch auch auf andere Festplatten erstreckt und Sie nicht alle zu diesem Datenträger gehörenden Festplatten installiert haben, zeigt die Datenträgerverwaltung den auf der fremden Festplatte liegenden Abschnitt des Datenträgers nicht an.

Den Datenträgertyp ändern

Sie können eine Basisfestplatte jederzeit ohne Datenverlust in eine dynamische Festplatte ändern. Bei dieser Heraufstufung werden alle vorhandenen Partitionen auf der Basisfestplatte zu einfachen Datenträgern. Alle eventuell vorhandenen Stripesetdatenträger oder übergreifenden Datenträger, die unter Windows NT 4 erstellt worden sind, werden zu dynamischen übergreifenden Datenträgern beziehungsweise Stripesetdatenträgern.

Um erfolgreich aktualisiert werden zu können, muss eine Festplatte über mindestens 1 MB nicht zugewiesenen Speicherplatz verfügen. Schließen Sie vor der Aktualisierung alle Programme, die auf dieser Festplatte ausgeführt werden.

Tabelle 6.1 zeigt die Ergebnisse der Umwandlung einer Festplatte von einem Basisdatenträger zu einer dynamischen Festplatte.

Tabelle 6.1 Die Speicherorganisation von Basisfestplatten und dynamischen Festplatten

Organisation der Basisfestplatte	Organisation der dynamischen Festplatte
Systempartition	Einfacher Datenträger
Startpartition	Einfacher Datenträger
Primäre Partition	Einfacher Datenträger
Erweiterte Partition	Einfacher Datenträger (für alle logischen Laufwerke und den übrigen verfügbaren Speicherplatz)
Logisches Laufwerk	Einfacher Datenträger
Datenträgersatz	Übergreifender Datenträger
Stripeset	Stripesetdatenträger

Wichtig Erstellen Sie immer eine Sicherungskopie der Daten auf einer Festplatte, bevor Sie den Speichertyp ändern.

Basisfestplatten in dynamische Festplatten umwandeln

Um eine Basisfestplatte in eine dynamische Festplatte umzuwandeln, müssen Sie folgendermaßen vorgehen: Klicken Sie in der Datenträgerverwaltung mit der rechten Maustaste auf die Basisfestplatte, die heraufgestuft werden soll, und klicken Sie danach auf *Aktualisierung auf dynamische Festplatte*. Ein Assistent gibt Ihnen auf dem Bildschirm weitere Anweisungen. Der Aktualisierungsprozess endet mit einem Neustart des Rechners.

Nachdem Sie eine Basisfestplatte zu einer dynamischen Festplatte aktualisiert haben, können Sie auf dieser Festplatte Datenträger mit erweiterten Funktionen erstellen. Nach der Heraufstufung enthält eine dynamische Festplatte weder Partitionen noch logische Laufwerke. Der Zugriff auf dynamische Festplatten ist nur unter Windows 2000 möglich.

Dynamische Festplatten in Basisfestplatten umwandeln

Bevor Sie eine dynamische Festplatte zu einer Basisfestplatte herabstufen können, müssen Sie alle Datenträger entfernen. Klicken Sie zur Umwandlung einer dynamischen in eine Basisfestplatte mit der rechten Maustaste auf die betreffende Festplatte. Klicken Sie im daraufhin angezeigten Kontextmenü auf *In eine Basisfestplatte zurückkonvertieren*.

Achtung Die Umwandlung einer dynamischen Festplatte in eine Basisfestplatte führt zu einem vollständigen Datenverlust.

Datenträgerinformationen anzeigen und aktualisieren

Im Dialogfeld *Eigenschaften* für einen ausgewählten Datenträger finden Sie eine knappe Übersicht aller wichtigen Eigenschaften.

Festplatteneigenschaften

Um die Festplatteneigenschaften in der Datenträgerverwaltung anzuzeigen, klicken Sie im Fenster *Grafische Ansicht* auf den Namen einer Festplatte (und nicht auf einen ihrer Datenträger). Klicken Sie anschließend auf *Eigenschaften*. In Tabelle 6.2 finden Sie eine Beschreibung der im Dialogfeld *Eigenschaften* angezeigten Daten.

Tabelle 6.2 Inhalt des Dialogfeldes *Eigenschaften* für eine beliebige Festplatte

Kategorie	Beschreibung
Festplatte	Die Nummer der Festplatte im System, z. B. Festplatte 1, Festplatte 2 usw.
Typ	Datenträgertyp (Basisdatenträger, dynamischer Datenträger oder Wechselmedium)
Status	Der aktuelle Status der Festplatte (Online, Offline, Fremd oder Unbekannt)
Kapazität	Die Gesamtspeicherkapazität der Festplatte
Verfügbarer Speicher	Der verfügbare Speicherplatz
Gerätetyp	Der Gerätetyp – Integrated Device Electronics (IDE), Small Computer Systems Interface (SCSI) oder Enhanced IDE (EIDE) – und der verwendete IDE-Kanal (primär oder sekundär)
Hardwarehersteller	Der Hersteller des Gerätes und der Gerätetyp
Adaptername	Der Typ des Controllers, an den das Gerät angeschlossen ist
Datenträger auf diesem Laufwerk	Die auf der Festplatte enthaltenen Datenträger und deren Gesamtspeicherkapazität

Datenträgereigenschaften

Um die Datenträgereigenschaften in der Datenträgerverwaltung anzuzeigen, klicken Sie in den Fenstern *Grafische Ansicht* oder *Datenträgerliste* auf einen Datenträger. Klicken Sie anschließend auf *Eigenschaften*. In Tabelle 6.2 finden Sie eine Beschreibung der im Dialogfeld *Eigenschaften* für einen Datenträger enthaltenen Registerkarten.

Tabelle 6.3 Die Registerkarten des Dialogfeldes *Eigenschaften* für einen Datenträger

Registerkarte	Beschreibung
Allgemein	Zeigt die Datenträgerbezeichnung, den Typ, das Dateisystem sowie den belegten und den verfügbaren Speicherplatz an. Klicken Sie auf *Laufwerk bereinigen*, um überflüssige Dateien zu löschen. Bei NTFS-Datenträgern werden zwei Optionen angeboten: *Laufwerk komprimieren, um Speicherplatz zu sparen* und *Laufwerk für schnelle Dateisuche indizieren*.
Extras	Dies ist die zentrale Stelle, von der aus Sie Datenträger auf Fehler überprüfen, Sicherungskopien erstellen und Defragmentierungsaufgaben erledigen können.
Hardware	Hier können Sie die Eigenschaften der im System installierten Festplatten überprüfen sowie Fehler suchen und beheben.
Freigabe	Hier können Sie Parameter und Berechtigungen für im Netzwerk freigegebene Datenträger festlegen.
Sicherheit	Hier können Sie NTFS-Zugriffsberechtigungen festlegen. Diese Registerkarte steht nur in den NTFS-Versionen 4 und 5 zur Verfügung. (Windows 2000 verwendet NTFS Version 5.0.)
Kontingent	Hier können Sie Benutzerkontingente für NTFS 5-Datenträger festlegen.

Datenträgerinformationen aktualisieren und neu einlesen

Während der Arbeit mit der Datenträgerverwaltung sollten Sie ab und zu die Bildschirmanzeige aktualisieren. Die beiden Befehle zur Aktualisierung der Anzeige lauten *Aktualisieren* und *Festplatten neu einlesen*.

Der Befehl *Aktualisieren* aktualisiert die Angaben über den Laufwerksbuchstaben, das Dateisystem, den Datenträger und Wechselmedien und stellt fest, welche unlesbaren Datenträger jetzt lesbar geworden sind. Um die Angaben über Laufwerksbuchstaben, Dateisystem und Datenträger zu aktualisieren, klicken Sie auf *Vorgang* und danach auf *Aktualisieren*.

Der Befehl *Festplatten neu einlesen* aktualisiert Hardwareinformationen. Beim Einlesen von Festplatten durch die Datenträgerverwaltung werden alle angeschlossenen Festplatten auf Konfigurationsänderungen überprüft. Dieser Befehl aktualisiert außerdem die Informationen über Wechselmedien, CD-ROM-Laufwerke, Basisdatenträger, Dateisysteme und die Laufwerksbuchstaben. Je nach Anzahl der installierten Geräte kann das Einlesen von Festplatten mehrere Minuten dauern. Um Festplatteninformationen zu aktualisieren, klicken Sie auf *Vorgang* und anschließend auf *Festplatten neu einlesen*.

Festplatten auf Remoterechnern verwalten

Als Mitglied der Gruppen *Administratoren* oder *Serveroperatoren* können Sie Festplatten auf Windows 2000-Rechnern verwalten, die Mitglieder der gleichen Domäne oder einer vertrauenswürdigen Domäne eines anderen Windows 2000-Rechners innerhalb des gleichen Netzwerks sind.

Hinweis Zu einer Domäne gehört, dass auf mindestens einem Rechner eines der Windows 2000 Server-Produkte ausgeführt wird und der Rechner als Domänen-Controller für Ihr Netzwerk konfiguriert ist.

Auch wenn Sie Mitglied einer Arbeitsgruppe sind, können Sie Festplatten auf einem Windows 2000 Professional-Remoterechner verwalten. Voraussetzung ist allerdings, dass Sie auf beiden Rechnern das gleiche Konto mit exakt dem gleichen Kennwort eingerichtet haben. Stimmen die Kennwörter nicht überein, wird der Dienst nicht ausgeführt, und Sie können keine Festplatten auf Remoterechnern verwalten. In einer Arbeitsgruppe hat jeder einzelne Computer seine eigene Sicherheitsdatenbank.

Um einen Computer von einem anderen Computer aus zu verwalten *(Remoteverwaltung)*, müssen Sie eine benutzerdefinierte Konsole erstellen, die auf den Remoterechner ausgerichtet ist.

Gehen Sie zur Erstellung dieser benutzerdefinierten Konsole zur Remoteverwaltung folgendermaßen vor:

1. Klicken Sie auf *Start* und danach auf *Ausführen*. Geben Sie **mmc** ein und klicken Sie dann auf *OK*.
2. Klicken Sie im Menü *Konsole* auf *Snap-In hinzufügen/entfernen*.
3. Klicken Sie auf *Hinzufügen*.
4. Klicken Sie auf *Datenträgerverwaltung* und danach auf *Hinzufügen*.
5. Klicken Sie im Dialogfeld *Computer auswählen* (siehe Abbildung 6.7) auf *Anderer Computer* und geben Sie dann den Namen des Computers ein.
6. Klicken Sie auf *Fertig stellen*.

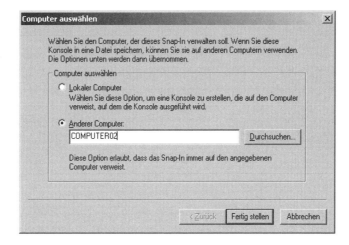

Abbildung 6.7 In diesem Dialogfeld legen Sie den Rechner fest, auf den die benutzerdefinierte Konsole verweisen soll

Praxis: Mit dynamischen Datenträgern arbeiten

Nach Bearbeitung dieses Übungsabschnitt werden Sie in der Lage sein, die folgenden Aufgaben zu erledigen:

- Basisfestplatten in dynamische Festplatten umwandeln
- Neue Datenträger erstellen
- Einen einfachen Datenträger installieren

Bevor Sie mit den folgenden Übungen beginnen, sollten Sie dieses Kapitel sorgfältig durchgearbeitet haben. Sie sollten vertraut sein mit der Verwaltung von Festplatten und der Arbeit mit dem Snap-In *Datenträgerverwaltung*.

Übung 1: Den Typ einer Festplatte ändern

In dieser Übung werden Sie mithilfe der Datenträgerverwaltung eine Basisfestplatte in eine dynamische Festplatte umwandeln.

▶ **So wandeln Sie eine Basisfestplatte in eine dynamische Festplatte um**

1. Vergewissern Sie sich, dass Sie als Administrator angemeldet sind.
2. Klicken Sie mit der rechten Maustaste auf *Arbeitsplatz* und danach auf den Befehl *Verwalten*.

   Das Fenster *Computerverwaltung* wird geöffnet.

3. Doppelklicken Sie im Konsolenbaum bei Bedarf auf *Datenspeicher*, um das Element zu erweitern. Klicken Sie anschließend auf *Datenträgerverwaltung*.

   Beachten Sie, dass die Festplatte 0 vom Typ *Basis* ist.

   Hinweis Wenn der Assistent für die Aktualisierung von Festplatten automatisch gestartet wird, klicken Sie auf Abbrechen. Das kann passieren, wenn Ihr Computer eine als Basisdatenträger konfigurierte Festplatte ohne Windows 2000-Startpartition enthält.

4. Klicken Sie im unteren rechten Ausschnitts des Fensters *Computerverwaltung* auf *Festplatte 0*. Klicken Sie anschließend auf den Befehl *Aktualisierung auf dynamische Festplatte*.

   Das Dialogfeld Aktualisierung auf dynamische Festplatte wird geöffnet.

5. Vergewissern Sie sich, dass die Festplatte 0 als einzige zur Umwandlung markiert ist, und klicken Sie dann auf *OK*.

   Das Dialogfeld *Zu aktualisierende Festplatten* wird geöffnet.

6. Klicken Sie auf *Aktualisieren*.

   Im daraufhin angezeigten Dialogfeld der Datenträgerverwaltung werden Sie darauf hingewiesen, dass Sie nach der Aktualisierung ältere Windows-Versionen von den Datenträgern auf dieser Festplatte nicht mehr werden starten können.

   Achtung Wenn Sie mit einem Dual-Boot-System arbeiten, bei dem zum Beispiel Windows 95 oder Windows 98 auf Laufwerk C geladen werden, können diese Betriebssysteme nicht mehr ausgeführt werden. Nur Windows 2000 kann auf ein dynamisches Laufwerk zugreifen.

7. Klicken Sie auf *Ja*.

   Im Dialogfeld *Festplatten aktualisieren* werden Sie darauf hingewiesen, dass das Dateisystem auf den zu aktualisierenden Festplatten zwangsweise aufgehoben wird.

8. Klicken Sie auf *Ja*.

   Im daraufhin angezeigten Bestätigungsfeld werden Sie darauf hingewiesen, dass zum Abschluss des Aktualisierungsprozesses ein Neustart durchgeführt wird.

9. Klicken Sie auf *OK*.

   Ihr Rechner wird neu gestartet.

▶ **So überprüfen Sie die Aktualisierung**

1. Melden Sie sich als Administrator an.

   Hinweis Wenn jetzt das Dialogfeld *Geänderte Systemeinstellungen* angezeigt wird und Sie auffordert, Ihren Computer neu zu starten, klicken Sie auf *Ja*. Wenn Sie nach dem Neustart und Ihrer erneuten Anmeldung als Administrator in diesem Dialogfeld noch einmal aufgefordert werden, den Rechner neu zu starten, klicken Sie auf *Nein*. Ein Neustart ist nicht noch einmal erforderlich.

2. Klicken Sie mit der rechten Maustaste auf *Arbeitsplatz* und anschließend auf den Befehl *Verwalten*.

   Das Fenster *Computerverwaltung* wird geöffnet.

3. Doppelklicken Sie im Verzeichnisbaum der Konsole auf *Datenspeicher*, um den Eintrag zu erweitern. Klicken Sie anschließend auf *Datenträgerverwaltung*.

   Hinweis Wenn in Ihrem Rechner mehr als eine Festplatte eingebaut ist, wird möglicherweise der Assistent für die Aktualisierung von Festplatten gestartet. Sollte das geschehen, klicken Sie auf *Abbrechen*.

   Beachten Sie, dass die Festplatte 0 jetzt den Typ *Dynamisch* hat.

4. Minimieren Sie das Fenster *Computerverwaltung*.

Übung 2: Einen Datenträger erweitern

In dieser Übung erstellen Sie mithilfe der Datenträgerverwaltung einen neuen einfachen Datenträger. Danach stellen Sie den neuen Datenträger in einem vorhandenen Ordner eines anderen Datenträgers bereit. Wenn Laufwerk C NTFS-formatiert ist, erstellen Sie einen Ordner mit dem Namen *Bereitstellen* unter dem Stammordner von Laufwerk C. Ist das Laufwerk C nicht NTFS-formatiert, erstellen Sie den Ordner *Bereitstellen* auf dem Datenträger, der NTFS-formatiert ist und die Windows 2000-Dateien enthält.

▶ **So erstellen Sie einen Ordner zur Bereitstellung des neuen Datenträgers**

1. Klicken Sie mit der rechten Maustaste auf *Arbeitsplatz*.
2. Klicken Sie auf *Explorer*.
3. Wenn Laufwerk C NTFS-formatiert ist, klicken Sie auf dieses Laufwerk. Anderenfalls klicken Sie auf die Festplatte, die NTFS-formatiert ist und die Windows 2000-Dateien enthält.
4. Klicken Sie im Menü *Datei* auf *Neu* und anschließend auf *Ordner*.
5. Geben Sie **Bereitstellen** ein und drücken Sie die Eingabetaste.

▶ **So erstellen Sie einen neuen einfachen Datenträger**

1. Zeigen Sie das Fenster *Computerverwaltung* wieder in voller Größe an.
2. Klicken Sie im unteren rechten Fensterausschnitt mit der rechten Maustaste auf den restlichen verfügbaren Speicherplatz von Festplatte 0. Klicken Sie anschließend auf *Datenträger erstellen*.

   Der Assistent zum Erstellen von Datenträgern wird gestartet.
3. Klicken Sie auf *Weiter*.

   Die Seite Wählen Sie einen Datenträgertyp wird angezeigt.
4. Klicken Sie auf *Weiter*.

   Die Seite *Wählen Sie eine Festplatte* wird angezeigt. Der im Feld *Für ausgewählte Festplatten* angezeigte Wert gibt den verfügbaren Speicherplatz auf Festplatte 0 an.
5. Legen Sie auf Grundlage des verfügbaren Speicherplatzes eine angemessene Größe für den Datenträger fest (25 MB wäre reichlich) und klicken Sie dann auf *Weiter*.

   Das Dialogfeld Laufwerkbuchstaben oder -pfad zuordnen wird geöffnet.
6. Klicken Sie auf *Diesen Datenträger in einem leeren Ordner bereitstellen, der Laufwerkpfade unterstützt* und geben Sie **X:\Bereitstellen** ein, wobei X der Buchstabe des Laufwerks ist, auf dem der Ordner *Bereitstellen* abgelegt ist.
7. Klicken Sie auf *Weiter*.

   Die Seite *Datenträger formatieren* wird angezeigt.
8. Stellen Sie sicher, dass die Option *Diese Partition mit folgenden Einstellungen formatieren* markiert und die Option *Zu verwendendes Dateisystem* auf *NTFS* gesetzt ist.
9. Geben Sie **Bereitgestellter Datenträger** in das Feld *Datenträgerbezeichnung* ein.
10. Klicken Sie auf *Formatierung mit QuickFormat durchführen* und danach auf *Weiter*.
11. Lesen Sie die Informationen auf der Seite *Fertigstellen des Assistenten* und klicken Sie dann auf *Fertig stellen*.

    Der neue Datenträger ist jetzt fertig formatiert und wird im Ordner *C:\Bereitstellen* bereit gestellt. Falls Laufwerk C nicht NTFS-formatiert ist, wird er dort bereit gestellt, wo Sie den Ordner *Bereitstellen* erstellt haben.
12. Lassen Sie das Fenster *Computerverwaltung* weiterhin geöffnet.

▶ **So testen Sie den neuen Datenträger**

1. Öffnen Sie den Windows-Explorer.
2. Klicken Sie, wenn nötig, auf *Lokaler Datenträger*, um das Fenster *Lokaler Datenträger* zu öffnen.

   Wichtig Wenn Sie Ihren Datenträger auf einem anderen als dem Laufwerk C bereitgestellt haben, klicken Sie auf dieses Laufwerk.

3. Klicken Sie mit der rechten Maustaste auf *Bereitstellen* und anschließend auf den Befehl *Eigenschaften*.

   Das Dialogfeld Eigenschaften von Bereitstellen wird geöffnet.

   Beachten Sie, dass *X:\Bereitstellen* (wobei X der Buchstabe des Laufwerks ist, auf dem der Datenträger bereitgestellt wird) jetzt ein bereitgestellter Datenträger ist.

4. Klicken Sie auf *OK*.
5. Erstellen Sie ein neues Textdokument im Ordner *X:\Bereitstellen*.
6. Schließen Sie den Windows-Explorer.
7. Öffnen Sie die Eingabeaufforderung.
8. Wechseln Sie zum Stammverzeichnis von Laufwerk C (wenn nötig) oder zum Stammverzeichnis des Laufwerks, auf dem Sie Ihren Datenträger bereit gestellt haben. Geben Sie **dir** ein und drücken Sie [Eingabe].

   Wie viel verfügbarer Speicherplatz wird angezeigt?

   _____

   Warum gibt es einen Unterschied zwischen dem für Laufwerk C und dem für *C:\Bereitstellen* angezeigten verfügbaren Speicherplatz? (Falls Sie Ihren Datenträger auf einem anderen als Laufwerk C bereitgestellt haben, ersetzen Sie C durch den entsprechenden Laufwerksbuchstaben.)

   _____

9. Schließen Sie die Eingabeaufforderung.
10. Schließen Sie das Fenster *Computerverwaltung*.

Zusammenfassung der Lektion

In dieser Lektion haben Sie gelernt, dass das Snap-In *Datenträgerverwaltung* die zentrale Stelle zur Anzeige von Informationen über Festplatten und für Verwaltungsaufgaben wie etwa die Erstellung und das Entfernen von Partitionen und Datenträgern ist. Wenn Sie über die entsprechende Berechtigung verfügen, können Sie Festplatten lokal und auf Remoterechnern verwalten. Zusätzlich zur Überwachung von Festplattendaten können Sie hier als weitere Verwaltungsaufgaben Festplatten hinzufügen und entfernen sowie den Festplattenspeichertyp ändern.

Diese Lektion hat Ihnen außerdem eine Einführung in die folgenden Verwaltungsaufgaben gegeben: Mit einfachen, übergreifenden und Stripesetdatenträgern arbeiten. Sie haben weiterhin gelernt, Festplatten aufzunehmen, den Speichertyp zu ändern, Datenträgerinformationen anzuzeigen und zu aktualisieren und Festplatten auf einem Remotecomputer zu verwalten.

Lernzielkontrolle

Anhand der folgenden Fragen können Sie feststellen, ob Sie genug gelernt haben und zur nächsten Lektion wechseln können. Wenn Sie bei der Beantwortung dieser Fragen Schwierigkeiten haben, wiederholen Sie den Stoff dieses Kapitels, bevor Sie sich mit dem nächsten Kapitel beschäftigen. Die Antworten auf diese Fragen finden Sie in Anhang A.

1. Sie wollen eine neue 10-GB-Festplatte installieren und sie in fünf gleich große 2-GB-Abschnitte aufteilen. Welche Möglichkeiten haben Sie?

   _____
   _____
   _____
   _____

2. Sie wollen zur Verbesserung der Systemleistung einen Stripesetdatenträger auf Ihrem Windows NT-Server erstellen. Sie stellen fest, dass genug Speicherplatz auf zwei Festplatten Ihres Rechners zur Verfügung steht. Wenn Sie aber mit der rechten Maustaste auf den Bereich des verfügbaren Speicherplatzes auf einer Festplatte klicken, stellen Sie fest, dass Sie nur die Möglichkeit zur Erstellung einer Partition haben. Wo liegt das Problem, und was können Sie zur Lösung dieses Problems unternehmen?

   _____
   _____
   _____
   _____

3. Sie haben eine neue Festplatte installiert und versuchen, einen vorhandenen Datenträger so zu erweitern, dass er sich bis auf die neue Festplatte erstreckt. Die Option zur Erweiterung des Datenträgers steht jedoch nicht zur Verfügung. Wo liegt das Problem, und was können Sie zur Lösung dieses Problems unternehmen?

   _____
   _____
   _____
   _____

4. Sie können Ihren Rechner sowohl mit Windows 98 als auch mit Windows 2000 Professional betreiben. Sie haben ein zweites Laufwerk – das Sie für Archivdateien verwenden – von einem Basisdatenträger in einen dynamischen Speicher umgewandelt. Wenn Sie versuchen, unter Windows 98 auf die Archivdateien zuzugreifen, können Sie sie nicht lesen. Warum nicht?

   _____

KAPITEL 7

Netzwerkprotokolle installieren und konfigurieren

Lektion 1: TCP/IP . . . 172

Lektion 2: NWLink . . . 194

Lektion 3: Andere Protokolle für Windows 2000 . . . 201

Lektion 4: Netzwerkbindungen . . . 204

Lernzielkontrolle . . . 209

Über dieses Kapitel

Unter einem *Protokoll* versteht man einen Satz Regeln und Konventionen zum Versand von Information über ein Netzwerk. Windows 2000 stützt sich auf das Protokoll TCP/IP. Es wird zum Anmelden, für Datei- und Druckdienste, zur Replikation von Information zwischen Domänencontrollern und für andere allgemeine Funktionen verwendet.

Dieses Kapitel vermittelt die notwendigen Fertigkeiten und Kenntnisse, um TCP/IP zu konfigurieren und andere Netzwerkprotokolle wie NWLink, NetBIOS Enhanced User Interface (NetBEUI) und Data Link Control (DLC) zu installieren. Das Kapitel erläutert außerdem den Prozess der Konfiguration von *Netzwerkbindungen*; darunter versteht man Verknüpfungen, die die Kommunikation zwischen Netzwerkkarten, Protokollen und Diensten ermöglichen.

Bevor Sie beginnen

Zur Bearbeitung dieses Kapitels benötigen Sie Folgendes:

- Einen Rechner, der die im Abschnitt *Hardwarevoraussetzungen* des Kapitels *Zu diesem Buch* angegebenen Mindestvoraussetzungen erfüllt.
- Windows 2000 Professional muss auf Ihrem Rechner installiert sein.

Lektion 1: TCP/IP

TCP/IP unterstützt die Kommunikation zwischen Netzwerken, die sich aus Computern mit unterschiedlicher Hardware-Architektur und verschiedenen Betriebssystemen zusammensetzen. Mit Microsofts Implementierung von TCP/IP werden Unternehmensnetzwerke unter Einbeziehung von Computern mit Windows 2000 ermöglicht.

Am Ende dieser Lektion werden Sie in der Lage sein, folgende Aufgaben auszuführen:

- Sie können die TCP/IP-Protokollsuite und die TCP/IP-Dienstprogramme beschreiben, die zusammen mit Windows 2000 ausgeliefert werden.
- Sie können TCP/IP konfigurieren.

Veranschlagte Zeit für die Lektion: 65 Minuten

Grundlagen der TCP/IP-Protokollsuite

TCP/IP ist eine Protokollsuite, die einen Industriestandard darstellt. Sie ermöglicht Unternehmensnetzwerke unter Einbeziehung von Computern mit dem Betriebssystem Windows 2000. Die Einbeziehung von TCP/IP in eine Windows 2000-Konfiguration bietet folgende Vorteile:

- Ein routing-fähiges Netzwerkprotokoll, das von den meisten Betriebssystemen unterstützt wird. Die meisten großen Netzwerke stützen sich auf TCP/IP.
- Eine Technologie zur Verbindung unterschiedlicher Systeme. Es stehen viele standardisierte Dienstprogramme für Datenzugriff und -transport bei Verbindungen zwischen unterschiedlichen Systemen zur Verfügung. Windows 2000 enthält eine umfassende Reihe dieser standardisierten Dienstprogramme.
- Ein robustes, skalierbares, plattformübergreifendes Client-Server-Framework. TCP/IP unterstützt die Schnittstelle Microsoft Windows Sockets (Winsock), die eine ideale Basis für die Entwicklung von Client-Server-Anwendungen darstellt.
- Eine Methode, um den Zugriff auf Internet-Ressourcen zu nutzen.

Die TCP/IP-Protokollsuite umfasst ein Bündel von Standards für die Kommunikation zwischen Computern und die Verbindung von Netzwerken. Die TCP/IP-Protokollsuite ist Bestandteil eines Vier-Schichten-Modells: Netzwerkschnittstelle, Internet, Transport und Anwendung (siehe Abbildung 7.1).

Netzwerkschnittstellenschicht

Die Netzwerkschnittstellenschicht bildet die Basis des Modells. Diese Schicht übergibt Datenblöcke (Frames) in die Leitung und nimmt Datenblöcke von der Leitung entgegen.

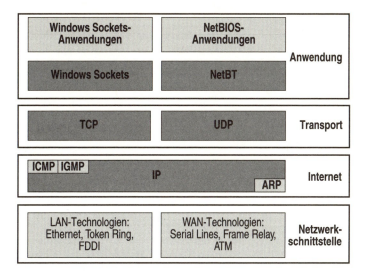

Abbildung 7.1 Die TCP/IP-Protokollsuite innerhalb der vier Schichten

Internetschicht

Die Protokolle der Internetschicht verschnüren Datenpakete zu Internet-Datagrammen und führen die notwendigen Routing-Algorithmen durch. Die vier Protokolle der Internetschicht heißen: Internet Protocol (IP), Address Resolution Protocol (ARP), Internet Control Message Protocol (ICMP) und Internet Group Management Protocol (IGMP). Tabelle 7.1 beschreibt diese vier Protokolle der Internetschicht

Tabelle 7.1 Die Protokolle der Internetschicht

Protokoll	Beschreibung
IP	Stellt die verbindungslose Auslieferung der Pakete für alle anderen Protokolle der Suite bereit. Keine Garantie für die Ankunft der Pakete oder für korrekte Paketreihenfolge.
ARP	Stellt die Zuordnung der IP-Adressen zu den Adressen der Teilschicht Media-Access-Control (MAC) bereit, um eine physische MAC-Control-Adresse des Ziels anzufordern. IP sendet im Rundsendeverfahren ein spezielles ARP-Anfragepaket, das die IP-Adresse des Zielsystems enthält. Das System mit dieser IP-Adresse antwortet auf die Anfrage, indem es seine physische Adresse übermittelt. Die MAC-Teilschicht kommuniziert unmittelbar mit der Netzwerkkarte; sie ist verantwortlich für die Auslieferung fehlerfreier Daten zwischen zwei Computern des Netzwerks.

(Fortsetzung)

Protokoll	Beschreibung
ICMP	Stellt eine spezielle Kommunikationsebene zwischen Hostsystemen bereit, die es ihnen erlaubt, Status- und Fehlerinformationen gemeinsam zu nutzen. High-Level-Protokolle verwenden diese Informationen für die Wiederherstellung nach Übertragungsproblemen. Netzwerk-Administratoren können diese Informationen nutzen, um Probleme im Netzwerk zu analysieren. Das Dienstprogramm Ping verwendet ICMP-Pakete, um herauszufinden, ob eine bestimmte IP-Komponente im Netzwerk einsatzbereit ist.
IGMP	Stellt Multicasting bereit, eine eingeschränkte Form des Broadcasting, mit dem alle Mitglieder in einer Multicastgruppe kommunizieren und Informationen verwalten. IGMP setzt benachbarte Multicast-Router davon in Kenntnis, welche Mitglieder der Host-Gruppe in einem bestimmten Netzwerk anwesend sind. Windows 2000 unterstützt Multicastfunktionen, die es Entwicklern ermöglichen, Multicastprogramme wie Windows 2000 Server NetShow Services zu erstellen.

Transportschicht

Die Protokolle der Transportschicht ermöglichen Kommunikationssitzungen zwischen Computern. Von der gewünschten Methode der Datenauslieferung hängt auch das Transportprotokoll ab. Die zwei Protokolle der Transportschicht sind Transmission Control Protocol (TCP) und User Datagram Protocol (UDP). Tabelle 7.2 beschreibt die beiden Protokolle der Transportschicht.

Tabelle 7.2 Die Protokolle der Transportschicht

Protokoll	Beschreibung
TCP	Stellt verbindungsorientiert eine zuverlässige Kommunikation für Anwendungen bereit, die typischerweise jeweils große Datenmengen übertragen oder die eine Bestätigung für empfangene Daten benötigen. TCP garantiert die Auslieferung der Pakete, stellt die korrekte Reihenfolge der Daten sicher und fügt eine Prüfsumme an, mit der sowohl der Header des Pakets als auch die Daten auf Richtigkeit geprüft werden.
UDP	Stellt eine verbindungslose Kommunikation bereit und garantiert nicht, dass Pakete wirklich zugestellt werden. Anwendungen, die UDP verwenden, übertragen typischerweise jeweils nur geringe Datenmengen. Die zuverlässige Auslieferung liegt dabei in der Verantwortung der Anwendung.

Anwendungsschicht

Die oberste Ebene des Modells bildet die Anwendungsschicht, mit der Anwendungen Zugriff auf das Netzwerk erhalten. Viele Standard-TCP/IP-Dienstprogramme sind auf der Ebene der Anwendungsschicht angesiedelt; dazu gehören unter anderen FTP, Simple Network Management Protocol (SNMP) und Domain Name System (DNS).

TCP/IP liefert zwei Schnittstellen für Netzwerkanwendungen, über die sich die Dienste des TCP/IP-Protokoll-Stacks nutzen lassen: Winsock und die Schnittstelle NetBIOS over TCP/IP (NetBT). Tabelle 7.3 beschreibt die beiden Schnittstellen, mit denen Netzwerkanwendungen die TCP/IP-Dienste nutzen.

Tabelle 7.3 Schnittstellen zu TCP/IP-Diensten für Netzwerkanwendungen

Schnittstelle	Beschreibung
Winsock	Dient als Standardschnittstelle zwischen Anwendungen auf Socketbasis und TCP/IP-Protokollen.
NetBT	Dient als Standardschnittstelle für NetBIOS-Dienste, wie Namens-, Datagramm- und Sitzungsdienste. Außerdem stellt es eine Standardschnittstelle zwischen Anwendungen auf NetBIOS-Basis und TCP/IP-Protokollen bereit.

TCP/IP zur Verwendung einer statischen IP-Adresse konfigurieren

Standardmäßig erhalten Client-Computer, die unter Windows 2000, Windows 95 oder Windows 98 laufen, Informationen zur TCP/IP-Konfiguration automatisch vom Dynamic Host Configuration Protocol-(DHCP-)Dienst. Allerdings müssen Sie auch in einer Umgebung mit DHCP-Fähigkeit bestimmten Netzwerkcomputern eine statische IP-Adresse zuordnen. Der Computer beispielsweise, auf dem der DHCP-Dienst läuft, kann kein DHCP-Client sein; deshalb benötigt er eine statische IP-Adresse. Wenn der DHCP-Dienst nicht verfügbar ist, müssen Sie auch TCP/IP zur Verwendung einer statischen IP-Adresse konfigurieren. Für jede Netzwerkkarte, die in einem Computer TCP/IP verwendet, können Sie eine IP-Adresse, eine Subnetzmaske und ein Standardgateway konfigurieren, wie Abbildung 7.2 zeigt.

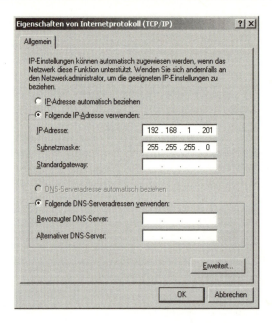

Abbildung 7.2 Konfiguration einer statischen IP-Adresse

Tabelle 7.4 beschreibt die Optionen, die bei der Konfiguration einer statische IP-Adresse verwendet werden.

Tabelle 7.4 Optionen zur Konfiguration einer statische IP-Adresse

Option	Beschreibung
IP-Adresse	Eine logische 32-Bit-Adresse, mit der ein TCP/IP-Host identifiziert wird. Jede Netzwerkkarte in einem Computer mit TCP/IP benötigt eine eindeutige IP-Adresse, wie etwa 192.168.1.108. Jede Adresse besteht aus zwei Teilen: einer Netzwerk-ID zur Identifikation aller Hosts im gleichen physischen Netzwerk und einer Host-ID, die einen bestimmten Host im Netzwerk identifiziert. In diesem Beispiel lautet die Netzwerk-ID 192.168.1, die Host-ID ist 108.
Subnetzmaske	Für Netzwerke in einer Umgebung mit vielen Netzwerken, die IP-Adressen verwenden, die von einer einzigen Netzwerk-ID abgeleitet sind. Subnetze teilen ein großes Netzwerk in viele physische Netzwerke, die untereinander durch Router verbunden sind. Eine Subnetzmaske blendet einen Teil der IP-Adresse aus, sodass TCP/IP die Netzwerk-ID von der Host-ID unterscheiden kann. Wenn TCP/IP-Hosts versuchen zu kommunizieren, bestimmt die Subnetzmaske, ob sich der Ziel-Host in dem lokalen Netzwerk oder einem Remote-Netzwerk befindet. Um in einem Netzwerk zu kommunizieren, müssen Computer die gleiche Subnetzmaske haben.

(Fortsetzung)

Option	Beschreibung
Standardgateway	Das Bindeglied in einem lokalen Netzwerk, das Netzwerk-IDs anderer Netzwerke des Unternehmens oder aus dem Internet speichert. Um mit einem Host eines anderen Netzwerkes zu kommunizieren, konfigurieren Sie eine IP-Adresse für das Standardgateway. TCP/IP sendet Pakete, die für ein Remote-Netzwerk bestimmt sind, an das Standardgateway (sofern keine andere Route konfiguriert wurde), das diese Pakete solange an andere Gateways weiterleitet, bis sie an ein Gateway ausgeliefert wurden, das mit dem angegebenen Ziel verbunden ist.

Mit folgendem Verfahren können Sie TCP/IP zur Verwendung einer statischen IP-Adresse konfigurieren:

1. Klicken Sie mit der rechten Maustaste auf *Netzwerkumgebung* und dann auf *Eigenschaften*.

2. Im Fenster *Netzwerk und DFÜ-Verbindungen* klicken Sie mit der rechten Maustaste auf *LAN-Verbindung* und dann auf *Eigenschaften*.

3. Im Dialogfeld *Eigenschaften von LAN-Verbindung* klicken Sie auf *Internetprotokoll (TCP/IP)*, stellen sicher, dass das Kontrollkästchen links daneben markiert ist, und klicken auf *Eigenschaften*.

4. Im Dialogfeld *Eigenschaften von Internetprotokoll (TCP/IP)* markieren Sie auf der Registerkarte *Allgemein* die Option *Folgende IP-Adresse verwenden* und geben die TCP/IP-Konfigurationsparameter ein. Dann klicken Sie auf *OK*.

5. Klicken Sie auf *OK*, um das Dialogfeld *Eigenschaften von LAN-Verbindung* zu schließen, und schließen Sie das Fenster *Netzwerk und DFÜ-Verbindungen*.

Vorsicht Wenn in einem Netzwerk IP-Adressen doppelt vergeben sind, kann die IP-Kommunikation fehlschlagen. Deshalb sollten Sie immer zusammen mit dem Netzwerkadministrator überprüfen, dass Sie eine gültige statische IP-Adresse vergeben.

TCP/IP zum dynamischen Bezug einer IP-Adresse konfigurieren

Wenn im Netzwerk ein Server verfügbar ist, auf dem der DHCP-Dienst läuft, kann er dem DHCP-Client dynamisch Informationen zur TCP/IP-Konfiguration zuordnen, wie in Abbildung 7.3 gezeigt wird. Dann können Sie jeden beliebigen Client unter Windows 2000, Windows 95 oder Windows 98 so konfigurieren, dass er dynamisch Informationen zur TCP/IP-Konfiguration vom DHCP-Dienst erhält.

Wenn Sie DHCP verwenden, um TCP/IP dynamisch auf Client-Computern zu konfigurieren, kann das die Verwaltung vereinfachen und sicherstellen, dass korrekte Konfigurationseinstellungen verwendet werden.

Anmerkung In Windows 2000 Professional ist der DHCP-Dienst nicht enthalten. Ausschließlich die Windows 2000 Server-Produkte stellen den DHCP-Dienst bereit.

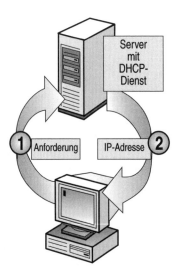

Abbildung 7.3 Ein Server mit DHCP-Dienst ordnet TCP/IP-Adressen zu

Anmerkung Windows 2000 enthält die Funktion *IP-Adresse automatisch beziehen*, die DHCP-Clients mit begrenzter Netzwerkfunktionalität ausstattet, falls während des Systemstarts kein DHCP-Server verfügbar ist.

Sie können den DHCP-Dienst verwenden, um Clients dynamisch mit Informationen zur TCP/IP-Konfiguration zu versorgen. Damit der Computer mit dem DHCP-Dienst zusammenarbeiten kann, müssen Sie ihn allerdings zuerst als DHCP-Client konfigurieren.

Mit folgendem Verfahren konfigurieren Sie einen DHCP-Client:

1. Klicken Sie mit der rechten Maustaste auf *Netzwerkumgebung* und dann auf *Eigenschaften*.

2. Im Fenster *Netzwerk und DFÜ-Verbindungen* klicken Sie mit der rechten Maustaste auf *LAN-Verbindung* und dann auf *Eigenschaften*.

3. Im Dialogfeld *Eigenschaften von LAN-Verbindung* klicken Sie auf *Internetprotokoll (TCP/IP)*, stellen sicher, dass das zugehörige Kontrollkästchen markiert ist, und klicken dann auf *Eigenschaften*.

4. Im Dialogfeld *Eigenschaften von Internetprotokoll (TCP/IP)* markieren Sie auf der Registerkarte *Allgemein* die Option *IP-Adresse automatisch beziehen*. Klicken Sie dann auf *OK*.

5. Klicken Sie auf *OK*, um das Dialogfeld *Eigenschaften von LAN-Verbindung* zu schließen, und schließen Sie das Fenster *Netzwerk und DFÜ-Verbindungen*.

Die automatische private IP-Adressierung

Die Implementierung von TCP/IP in Windows 2000 unterstützt ein neues Verfahren zur automatischen Adresszuordnung von IP-Adressen für einfache Netzwerkkonfigurationen auf LAN-Basis. Dieses Adressierungsverfahren stellt eine Erweiterung der dynamischen Zuordnung von IP-Adressen für LAN-Karten dar, mit der es möglich ist, IP-Adressen zu dynamisch – ohne statische Zuordnung – zu konfigurieren und auch ohne Zugriff auf einen DHCP-Dienst.

Damit das Merkmal *IP-Adresse automatisch beziehen* auf einem Computer unter Windows 2000 korrekt funktioniert, müssen Sie die Netzwerkkarte für TCP/IP konfigurieren und im Dialogfeld *Eigenschaften von Internetprotokoll (TCP/IP)* die Option *IP-Adresse automatisch beziehen* aktivieren.

Das Verfahren, nach dem die automatische IP-Adressierung funktioniert, ist in Abbildung 7.4 dargestellt und umfasst die folgenden Schritte:

1. TCP/IP von Windows 2000 versucht, im Netzwerk einen DHCP-Server zu finden, um eine dynamisch zugeordnete IP-Adresse zu erhalten.

2. Wenn während des Systemstarts kein DHCP-Server auffindbar ist (beispielsweise, weil er zwecks Wartung oder Reparatur heruntergefahren wurde), erhält der Client keine IP-Adresse.

3. Das Feature *automatische private IP-Adressierung* des Client generiert in diesem Fall eine IP-Adresse der Form 169.254.$x.y$ (wobei $x.y$ die eindeutige ID des Client darstellt) und eine Subnetzmaske mit dem Wert 255.255.0.0.

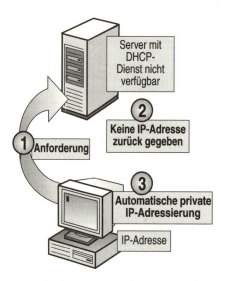

Abbildung 7.4 Die automatische private IP-Adressierung

Anmerkung Die Internet Assigned Numbers Authority (IANA) hat die Adressen 169.254.0.0 – 169.254.255.255 für die automatische private IP-Adressierung reserviert. Damit ist sicher gestellt, dass die automatische IP-Adressierung eine Adresse liefert, die garantiert zu keinen Konflikten mit routingfähigen Adressen führt.

Nachdem der Computer die Adresse generiert hat, sendet er eine Nachricht im Rundsendeverfahren an genau diese Adresse und ordnet sich dann selbst diese Adresse zu, sofern nicht ein anderer Computer antwortet. Der Computer benutzt die Adresse solange, bis er Informationen zur Konfiguration von einem DHCP-Server entdeckt und empfängt. Dadurch ist es möglich, dass zwei Computer, die an LAN-Hubs angeschlossen sind und ohne Konfiguration von IP-Adressen starten, trotzdem in der Lage sind, TCP/IP für lokale Netzwerkzugriffe zu benutzen.

Anmerkung Windows 98 unterstützt die automatische private IP-Adressierung ebenfalls.

Durch die automatische private IP-Adressierung werden jedoch nicht alle Informationen bereitgestellt, die den Clients normalerweise von DHCP geliefert werden, beispielsweise die Adresse des Standardgateways.

Daher können Computer, der mithilfe der privaten automatischen IP-Adressierung aktiviert wurden, nur mit Computern kommunizieren kann, die sich im gleichen Subnetz befinden und ebenfalls Adressen der Form 169.254.$x.y$ besitzen.

Die automatische IP-Adressierung deaktivieren

Das Merkmal *IP-Adresse automatisch beziehen* ist standardmäßig aktiviert. Es lässt sich aber auch deaktivieren. Dazu müssen Sie in der Registrierung in dem Unterschlüssel HKEY_LOCAL_MACHINE\SYSTEM\CurrentControlSet\Services\Tcpip\Parameters\Interfaces\Adapter den Eintrag IPAutoconfiguration-Enabled einfügen und seinen Wert auf 0 einstellen.

Anmerkung Dieser Unterschlüssel enthält auch die eindeutige Kennung, den Globally Unique Identifier (GUID), der LAN-Karte des Computers. Weitere Informationen über GUIDs finden Sie in Kapitel 9, weitere Informationen über die Registrierung in Kapitel 5.

Der Eintrag IPAutoconfigurationEnabled benötigt den Datentyp REG_DWORD. Um die automatische IP-Adressierung zu deaktivieren weisen Sie diesem Eintrag den Wert 0 zu. Wenn Sie die automatische IP-Adressierung wieder aktivieren wollen, stellen Sie den Wert auf 1 ein; das entspricht auch dem Standardwert, der gilt, wenn der Eintrag in der Registrierung nicht vorhanden ist.

TCP/IP-Dienstprogramme verwenden

Windows 2000 umfasst die in Abbildung 7.5 dargestellten Dienstprogramme. Sie können damit TCP/IP-Probleme behandeln und Verbindungen testen.

Abbildung 7.5 TCP/IP-Dienstprogramme von Windows 2000

Programme für die TCP/IP-Problembehandlung

Windows 2000 enthält zahlreiche Dienstprogramme, die Sie bei der Behandlung von TCP/IP-Problemen unterstützen. Tabelle 7.5 beschreibt die Dienstprogramme von Windows 2000, die Sie zur Behandlung von TCP/IP-Problemen benutzen können.

Tabelle 7.5 Dienstprogramme zur Behandlung von TCP/IP-Problemen

Programm	Beschreibung
Ping	Prüft Konfigurationen und testet Verbindungen
ARP	Zeigt lokal aufgelöste IP-Adressen als physische Adressen an
Ipconfig	Zeigt die gegenwärtige TCP/IP-Konfiguration an
Nbtstat	Zeigt Statistiken zu Verbindungen mit NetBIOS via TCP/IP an.
Netstat	Liefert TCP/IP-Protokollstatistiken und Verbindungen.
Route	Zeigt die lokale Routingtabelle an und ermöglicht Änderungen.
Hostname	Zeigt den Hostnamen des lokalen Computers zur Authentifizierung bei den Dienstprogrammen Remote Copy Protocol (RCP), Remote Shell (RSH) und Remote Execution (REXEC).
Tracert	Prüft die Route zu einem Remotesystem.

Diese Dienstprogramme zur Problembehandlung werden alle aus dem Fenster *Eingabeaufforderung* heraus aufgerufen. Sie erhalten Informationen darüber, wie diese Programme (außer Hostname und Tracert) verwendet werden, wenn Sie das Fenster *Eingabeaufforderung* öffnen, den Programmnamen gefolgt von **/?** eingeben und die Eingabetaste drücken. Informationen über den Befehl Ping erhalten Sie beispielsweise, wenn Sie das Fenster *Eingabeaufforderung* öffnen, **Ping /?** eingeben und die Eingabetaste drücken.

Um das Dienstprogramm Hostname zu verwenden, öffnen Sie das Fenster *Eingabeaufforderung*, tippen **Hostname** und drücken die Eingabetaste. Hostname gibt den Namen des lokalen Computers zurück.

Informationen zur Verwendung von Tracert erhalten Sie, wenn Sie das Fenster *Eingabeaufforderung* öffnen, **Tracert** eingeben und die Eingabetaste drücken.

Programme für TCP/IP-Tests und Dateiübertragungen

Windows 2000 stellt ferner Dienstprogramme zur Dateiübertragung bereit. Tabelle 7.6 beschreibt diese Dienstprogramme von Windows 2000.

Tabelle 7.6 Dienstprogramme zur Datenübertragung

Programm	Beschreibung
FTP	Ermöglicht bidirektionale Dateiübertragung zwischen einem Computer unter Windows 2000 und einem beliebigen TCP/IP-Host, auf dem FTP läuft. Windows 2000 Server umfasst die Möglichkeit, sowohl als FTP-Client als auch als Server zu fungieren.
Trivial File Transfer Protocol (TFTP)	Ermöglicht bidirektionale Dateiübertragung zwischen einem Computer unter Windows 2000 und einem TCP/IP-Host, auf dem TFTP läuft.
Telnet	Ermöglicht Terminal-Emulation gegenüber einem TCP/IP-Host, auf dem Telnet läuft. Windows 2000 Server umfasst die Möglichkeit, als Telnet-Client zu fungieren.
Remote Copy Protocol (RCP)	Kopiert Dateien zwischen Clients und Hosts, die RCP unterstützen, beispielsweise einem Computer unter Windows 2000 und einem UNIX-Host.
Remote Shell (RSH)	Führt Befehle auf einem UNIX-Host aus.
Remote Execution (REXEC)	Führt einen Prozess auf einem Remotecomputer aus.
Finger	Ruft Systeminformationen von einem Remotecomputer ab, der TCP/IP und das Dienstprogramm Finger unterstützt.

Die TCP/IP-Konfiguration testen

Nachdem Sie TCP/IP konfiguriert und den Computer neu gestartet haben, sollten Sie die Befehlszeilen-Dienstprogramme Ipconfig und Ping verwenden, um die Konfiguration und Verbindungen zu anderen TCP/IP-Hosts und Netzwerken zu testen. Diese Tests sind hilfreich, um herauszufinden, ob TCP/IP ordnungsgemäß funktioniert.

Ipconfig verwenden

Sie können das Dienstprogramm Ipconfig verwenden, um die Parameter der TCP/IP-Konfiguration eines Rechners zu überprüfen. Damit lässt sich ermitteln, ob die Konfiguration initialisiert wurde und ob möglicherweise eine doppelte IP-Adresse existiert. Verwenden Sie den Befehl ipconfig mit dem Parameter /all, um alle Konfigurationsinformationen zu überprüfen.

Tipp Um die Ausgabe von Ipconfig bildschirmseitenweise zu prüfen, geben Sie **ipconfig /all | more** ein; um weitere Bildschirmseiten anzuzeigen, drücken Sie die Leertaste.

Das Ergebnis des Befehls ipconfig /all sieht folgendermaßen aus:

- Wenn eine Konfiguration initialisiert wurde, zeigt das Dienstprogramm ipconfig die IP-Adresse, die Subnetzmaske und das Standardgateway an – falls dieses zugeordnet wurde.
- Wenn eine doppelte IP-Adresse existiert, zeigt das Dienstprogramm ipconfig an, dass die IP-Adresse konfiguriert wurde, die Subnetzmaske ist jedoch 0.0.0.0.
- Wenn der Computer keine IP-Adresse von einem Server erhalten kann, auf dem der DHCP-Dienst läuft, zeigt das Dienstprogramm ipconfig die IP-Adresse mit dem Zusatz an, dass es sich um eine Adresse handelt, die durch automatische private IP-Adressierung vergeben wurde.

Ping verwenden

Nachdem Sie die TCP/IP-Konfiguration überprüft haben, verwenden Sie das Dienstprogramm Ping, um die Verbindung zu testen. Das Dienstprogramm Ping ist ein Diagnosetool, das Sie dafür verwenden können, um TCP/IP-Konfigurationen zu testen und fehlerhafte Verbindungen zu diagnostizieren. Benutzen Sie Ping, um herauszufinden, ob ein bestimmter TCP/IP-Host verfügbar und kommunikationsbereit ist. Um die Verbindung zu testen, verwenden Sie den Befehl Ping mit folgender Syntax:

```
ping IP-Adresse
```

Ipconfig und Ping verwenden

Abbildung 7.6 stellt die Schritte dar, die zur Überprüfung der Konfiguration eines Computers und zum Test einer Routingverbindung notwendig sind.

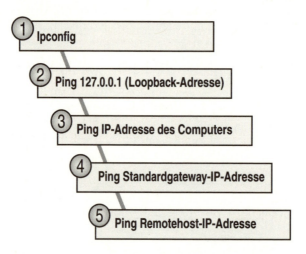

Abbildung 7.6 Einsatzabfolge von Ipconfig und Ping

Die folgende Liste erläutert die Schritte, die in Abbildung 7.6 dargestellt sind:

1. Verwenden Sie den Befehl Ipconfig, um zu überprüfen, ob die TCP/IP-Konfiguration initialisiert wurde.

2. Verwenden Sie den Befehl Ping mit der Loopback-Adresse (ping 127.0.0.1), um zu überprüfen, ob TCP/IP korrekt installiert und Ihre Netzwerkkarte entsprechend konfiguriert wurde.

3. Verwenden Sie den Befehl Ping mit der IP-Adresse Ihres Computers, um zu sicher zu stellen, dass Ihr Computer nicht die gleiche Adresse wie ein anderer Computer hat.

4. Verwenden Sie den Befehl Ping mit der IP-Adresse des Standardgateways, um zu überprüfen, ob das Standardgateway aktiv ist und ob Ihr Computer mit dem lokalen Netzwerk kommunizieren kann.

5. Verwenden Sie den Befehl Ping mit der IP-Adresse eines Remotehost, um zu überprüfen, ob Ihr Computer über einen Router kommunizieren kann.

Anmerkung Normalerweise können Sie bei einer erfolgreichen Ausführung von Schritt 5 (Ping zu einem Remotehost) davon ausgehen, dass auch die Tests der Schritte 1 bis 4 erfolgreich verlaufen. Falls umgekehrt die Schritte 1 bis 4 des Ping-Tests nicht aber Schritt 5 erfolgreich war, versuchen Sie es mit der IP-Adresse eines anderen Remotehost, bevor Sie den gesamten Diagnoseprozess nochmals durchlaufen, denn der erste Host könnte möglicherweise einfach nur ausgeschaltet sein.

Normalerweise sollten Sie bei einem erfolgreichen Ping-Befehl viermal die folgende Antwort erhalten:

Antwort von *IP-Adresse*

Praxis: TCP/IP installieren und konfigurieren

In dieser Praxisübung werden Sie zwei TCP/IP-Dienstprogramme verwenden, um die Konfiguration Ihres Computers zu überprüfen. Dann werden Sie Ihren Computer mit einer statischen IP-Adresse konfigurieren und diese neue Konfiguration überprüfen. Als Nächstes werden Sie Ihren Computer zur Nutzung eines DHCP-Servers konfigurieren, um Ihrem Computer automatisch eine IP-Adresse zuzuordnen, und zwar unabhängig davon, ob ein DHCP-Server in Ihrem Netzwerk verfügbar ist oder nicht. Schließlich werden Sie das Windows 2000-Merkmal *IP-Adresse automatisch beziehen* testen, indem Sie den DHCP-Server deaktivieren, sofern ein solcher in Ihrem Netzwerk existiert.

Um diese Praxisübung durchzuführen, benötigen Sie

- TCP/IP als einziges installiertes Protokoll.
- Optional: Einen Server mit DHCP-Dienst zur dynamischen Zuordnung von IP-Adressen. (Wenn Sie mit einem Computer arbeiten, der nicht Bestandteil eines Netzwerkes ist, und kein Server mit DHCP-Dienst verfügbar ist, können Sie einige Teile dieser Praxisübung nicht durchführen.)

Notieren Sie in der folgenden Tabelle IP-Adresse, Subnetzmaske und das Standardgateway soweit Sie diese Angaben von Ihrem netzwerkadministrator erfahren haben. Fragen Sie Ihren Netzwerkadministrator auch, ob Sie einen anderen Computer verwenden können, um die Verbindungsfähigkeit Ihres Computers zu testen, und notieren Sie dann auch die IP-Adresse dieses Computers. Wenn Sie nicht an ein Netzwerk angeschlossen sind, können Sie die empfohlenen Werte benutzen.

Parameter	Testwert	Ihr aktueller Wert
Statische IP-Adresse	192.168.1.201	
Subnetzmaske	255.255.255.0	
Standardgateway (falls notwendig)	kein	
Computer für Verbindungstest	nicht verfügbar	

Übung 1: Die TCP/IP-Konfiguration eines Computers überprüfen

In dieser Übung werden Sie zwei TCP/IP-Dienstprogramme verwenden, Ipconfig und Ping, um die Konfiguration Ihres Computers zu überprüfen.

Anmerkung Während Sie diese Praxisübungen bearbeiten, verwenden Sie die Fenster *Eingabeaufforderung* und *Netzwerk und DFÜ-Verbindungen* wiederholt. Es ist deshalb praktisch, wenn Sie die Fenster nur einmal öffnen und sie verkleinern und bei Bedarf jeweils wiederherstellen.

▶ **So überprüfen Sie die Konfiguration eines Computers**

1. Öffnen Sie das Fenster *Eingabeaufforderung*.

2. An der Eingabeaufforderung geben Sie **ipconfig /all | more** ein und drücken die Eingabetaste.

    Das Windows 2000-Dienstprogramm zur IP-Konfiguration zeigt die TCP/IP-Konfiguration Ihres Computers.

3. Drücken Sie die Leertaste solange, bis die Überschrift *LAN-Verbindung* angezeigt wird. Verwenden Sie die angezeigten Informationen, um die folgende Tabelle so weit wie möglich zu vervollständigen. Drücken Sie bei Bedarf die Leertaste, um sich weitere Informationen anzeigen zu lassen.

Kapitel 7   Netzwerkprotokolle installieren und konfigurieren   187

Einstellung	Wert
Hostname	
Beschreibung	
Physikalische Adresse	
DHCP-aktiviert	
Aktivierung der Autokonfiguration?	
IP-Adresse	
Subnetzmaske	
Standardgateway	
DNS-Server	

4. Drücken Sie bei Bedarf die Leertaste, um die Eingabeaufforderung wieder zu aktivieren.

5. Um zu überprüfen, ob die IP-Adresse für Ihre Karte konfiguriert ist und funktioniert, tippen Sie **ping 127.0.0.1** und drücken die Eingabetaste.

   Wenn Ping erfolgreich abläuft, sollte die Antwort ähnlich wie im Folgenden aussehen:

   ```
   Ping wird ausgeführt für 127.0.0.1. mit 32 Bytes Daten:

   Antwort von 127.0.0.1: Bytes=32 Zeit<10ms TTL=128
   Antwort von 127.0.0.1: Bytes=32 Zeit<10ms TTL=128
   Antwort von 127.0.0.1: Bytes=32 Zeit<10ms TTL=128
   Antwort von 127.0.0.1: Bytes=32 Zeit<10ms TTL=128

   Ping-Statistik für 127.0.0.1:
        Pakete: Gesendet = 4, Empfangen = 4, Verloren = 0 <0% Verlust>,
   Ca. Zeitangaben in Millisek.:
        Minimum = 0ms, Maximum = 0ms, Mittelwert = 0ms
   ```

6. Minimieren Sie das Fenster *Eingabeaufforderung*.

Übung 2: TCP/IP zur Verwendung einer statischen IP-Adresse konfigurieren

In dieser Übung werden Sie TCP/IP konfigurieren, um eine statische IP-Adresse zu verwenden.

▶ **So konfigurieren Sie TCP/IP zur Verwendung einer statischen IP-Adresse**

1. Klicken Sie mit der rechten Maustaste auf *Netzwerkumgebung* und dann auf *Eigenschaften*.

   Das Dialogfeld *Netzwerk und DFÜ-Verbindungen* wird geöffnet.

2. Klicken Sie mit der rechten Maustaste auf *LAN-Verbindung* und dann auf *Eigenschaften*.

   Das Dialogfeld *Eigenschaften von LAN-Verbindung* wird geöffnet; es zeigt die verwendete Netzwerkkarte und die bei der Verbindung verwendeten Netzwerkkomponenten.

3. Klicken Sie auf *Internetprotokoll (TCP/IP)* und stellen sicher, dass das Kontrollkästchen links daneben markiert ist.

4. Klicken Sie auf *Eigenschaften*.

   Das Dialogfeld *Eigenschaften von Internetprotokoll (TCP/IP)* wird geöffnet.

5. Aktivieren Sie die Option *Folgende IP-Adresse verwenden*.

6. Geben Sie in die Felder *IP-Adresse*, *Subnetzmaske* und (wenn notwendig) *Standardgateway* die Werte ein, die Sie in Schritt 3 von Übung 1 in die Tabelle eingetragen haben oder verwenden Sie die empfohlenen Werte, die in der Tabelle angegeben sind.

Wichtig Seien Sie bei der manuellen Eingabe von IP-Verbindungseinstellungen, besonders bei den numerischen Adressen sorgfältig. Die häufigste Ursache für TCP/IP-Verbindungsprobleme sind falsch eingegebene IP-Adressen.

---

7. Klicken Sie auf *OK*.

   Sie kehren damit zurück zum Dialogfeld *Eigenschaften von LAN-Verbindung*.

8. Klicken Sie auf *OK*, um das Dialogfeld *Eigenschaften von LAN-Verbindung* zu schließen.

9. Minimieren Sie das Fenster *Netzwerk und DFÜ-Verbindungen*.

▶ **So testen Sie die statische IP-Adresse**

1. Stellen Sie die Eingabeaufforderung wieder her.

2. An der Eingabeaufforderung geben Sie **ipconfig /all | more** ein und drücken die Eingabetaste.

   Das Dienstprogramm Windows 2000-IP-Konfiguration zeigt die TCP/IP-Konfiguration, so wie sie jetzt in Ihrem Computer konfiguriert ist.

3. Drücken Sie die Leertaste solange, bis die Überschrift *LAN-Verbindung* angezeigt wird.

4. Notieren Sie die augenblicklichen TCP/IP-Konfigurationseinstellungen für Ihre lokalen Verbindungen in der folgenden Tabelle.

Einstellung	Wert
IP-Adresse	
Subnetzmaske	
Standardgateway	

5. Drücken Sie bei Bedarf die Leertaste, um sich weitere Informationen anzeigen zu lassen und die Eingabeaufforderung wieder zu aktivieren.

6. Um zu überprüfen, ob die IP-Adresse für Ihre Karte konfiguriert ist und funktioniert, tippen Sie ping 127.0.0.1 und drücken die Eingabetaste.

   Was geschieht?

   _____

   _____

7. Wenn Sie einen zusätzlichen Computer zur Verfügung haben, um die Verbindung zu testen, tippen Sie **ping** *IP-Adresse* (wobei *IP-Adresse* die IP-Adresse des Computers darstellt, den Sie zum Testen der Verbindungsfähigkeit Ihres Computers benutzen) und drücken Sie die Eingabetaste. Wenn Sie keinen Computer zum Testen der Verbindungsfähigkeit zur Verfügung haben, fahren Sie mit Schritt 8 fort.

   Was geschieht?

   _____

   _____

8. Minimieren Sie die Eingabeaufforderung.

Übung 3: TCP/IP zum automatischen Bezug einer IP-Adresse konfigurieren

In dieser Übung werden Sie TCP/IP zum automatischen Bezug einer IP-Adresse konfigurieren. Dann werden Sie die Konfiguration testen, um zu überprüfen, ob der DHCP-Dienst die entsprechenden Informationen zur IP-Adressierung geliefert hat. Bearbeiten Sie den ersten Teil der Übung auch dann, wenn Sie nicht über einen Server für den DHCP-Dienst verfügen, weil Sie die dort ermittelten Einstellungen auch in Übung 4 wieder benötigen.

▶ **So konfigurieren Sie TCP/IP zum automatischen Bezug einer IP-Adresse**

1. Stellen Sie das Fenster *Netzwerk und DFÜ-Verbindungen* wieder her. Klicken Sie mit der rechten Maustaste auf *LAN-Verbindung* und dann auf *Eigenschaften*.

   Das Dialogfeld *Eigenschaften von LAN-Verbindung* wird geöffnet.

2. Klicken Sie auf *Internetprotokoll (TCP/IP)* und stellen Sie sicher, dass das Kontrollkästchen links daneben markiert ist.

3. Klicken Sie auf *Eigenschaften*.

   Das Dialogfeld *Eigenschaften von Internetprotokoll (TCP/IP)* wird geöffnet.

4. Markieren Sie die Option *IP-Adresse automatisch beziehen*.

   Welche IP-Adresseinstellungen nimmt der DHCP-Dienst für Ihren Computer vor?

   _____

5. Klicken Sie auf *OK*, um das Dialogfeld *Eigenschaften von Internetprotokoll (TCP/IP)* zu schließen.

6. Klicken Sie auf *OK*, um das Dialogfeld *Eigenschaften von LAN-Verbindung* zu schließen.

7. Minimieren Sie das Fenster *Netzwerk und DFÜ-Verbindungen*.

▶ **So testen Sie die TCP/IP-Konfiguration**

Anmerkung Wenn kein Server mit dem DHCP-Dienst zur Lieferung von IP-Adressen verfügbar ist, fahren Sie mit Übung 4 fort.

1. Stellen Sie die Eingabeaufforderung wieder her. Geben Sie **ipconfig /release** ein und drücken Sie die Eingabetaste.

2. An der Eingabeaufforderung geben Sie **ipconfig /renew** ein und drücken Sie die Eingabetaste.

3. An der Eingabeaufforderung geben Sie **ipconfig | more** ein und drücken Sie die Eingabetaste.

4. Drücken Sie, wenn notwendig, die Leertaste und notieren Sie in folgender Tabelle die augenblicklichen Einstellungen der TCP/IP-Konfiguration für Ihre LAN-Verbindung.

Einstellung	Wert
IP-Adresse	
Subnetzmaske	
Standardgateway	

5. Geben Sie **ping 127.0.0.1** ein, um zu überprüfen, ob TCP/IP korrekt arbeitet und Ihre Netzwerkkarte korrekt dafür konfiguriert ist. Dann drücken Sie die Eingabetaste.

Der interne Loopback-Test zeigt vier Antworten, wenn Ihre Netzwerkkarte korrekt für TCP/IP konfiguriert ist.

Übung 4: Bezug einer IP-Adresse durch die automatische private IP-Adressierung

Sofern Sie über einen DHCP-Server verfügen, müssen Sie ihn in dieser Übung deaktivieren, sodass er nicht in der Lage ist, Ihrem Computer eine IP-Adresse zu liefern. Ohne aktiven DHCP-Server beliefert das Windows 2000-Merkmal *IP-Adresse automatisch beziehen* Ihren Computer mit einer eindeutigen IP-Adresse. Falls der DHCP-Dienst nicht deaktiviert werden kann, entfernen Sie einfach das Kabel von der Netzwerkkarte an Ihrem Computer.

▶ **So beziehen Sie eine IP-Adresse von der automatischen privaten IP-Adressierung**

1. Geben Sie an der Eingabeaufforderung **ipconfig /release** ein und drücken Sie die Eingabetaste.

2. Geben Sie an der Eingabeaufforderung **ipconfig /renew** ein und drücken Sie die Eingabetaste.

   Es tritt eine kleine Pause ein, während der Windows 2000 versucht, einen DHCP-Server im Netzwerk zu finden.

   Welche Nachricht erscheint, und was bedeutet sie?

   _____

   _____

   _____

▶ **So testen Sie die TCP/IP-Konfiguration**

1. Geben Sie an der Eingabeaufforderung **ipconfig | more** ein und drücken Sie die Eingabetaste.

2. Drücken Sie die Leertaste, wenn notwendig, und notieren Sie in folgender Tabelle die augenblicklichen Einstellungen der TCP/IP-Konfiguration für Ihre LAN-Verbindung.

Einstellung	Wert
IP-Adresse	
Subnetzmaske	
Standardgateway	

   Ist dies dieselbe IP-Adresse, wie die in Übung 3 zugeordnete? Warum? Oder warum nicht?

   _____

   _____

3. Drücken Sie bei Bedarf die Leertaste, um sich alle Konfigurationsinformationen anzeigen lassen, und kehren Sie zur Eingabeaufforderung zurück.

4. Geben Sie **ping 127.0.0.1** ein, um zu überprüfen, ob TCP/IP korrekt arbeitet und Ihre Netzwerkkarte korrekt dafür konfiguriert ist. Dann drücken Sie die Eingabetaste.

   Der interne Loopback-Test zeigt vier Antworten, wenn Ihre Netzwerkkarte korrekt für TCP/IP konfiguriert ist.

5. Wenn Ihnen ein zusätzlicher Computer zur Verfügung steht, um die Verbindung zu testen, geben Sie **ping** *IP-Adresse* ein (wobei *IP-Adresse* die IP-Adresse des Computers darstellt, den Sie zum Testen der Verbindungsfähigkeit Ihres Computers benutzen), und drücken Sie die Eingabetaste.

   Wenn Ihnen kein Computer zum Testen der Verbindungsfähigkeit zur Verfügung steht, fahren Sie mit Übung 5 fort.

   Haben Sie Erfolg gehabt? Warum? Oder warum nicht?

   _____

   _____

   _____

   _____

Übung 5: Bezug einer IP-Adresse durch DHCP

Für diese Übung müssen Sie den DHCP-Dienst auf dem DHCP-Server wieder aktivieren (oder das Kabel wieder in die Netzwerkkarte Ihres Computers einstecken, wenn Sie es für Übung 4 entfernt haben). Ihr Computer erhält dann die erforderliche IP-Adresse vom DHCP-Server.

Anmerkung Sofern Sie über keinen Server verfügen, auf dem der DHCP-Dienst ausgeführt wird, um IP-Adressen zu liefern, überspringen Sie diese Übung.

▶ **So erhalten Sie eine IP-Adresse durch DHCP**

1. Geben Sie an der Eingabeaufforderung **ipconfig /release** ein und drücken Sie die Eingabetaste.

2. Geben Sie an der Eingabeaufforderung **ipconfig /renew** ein und drücken Sie die Eingabetaste.

   Nach einer kleinen Pause zeigt eine Nachricht die LAN-Verbindung Ihrer Karte an.

3. Geben Sie an der Eingabeaufforderung **ipconfig /all | more** ein und drücken Sie die Eingabetaste

4. Überprüfen Sie, ob der DHCP-Server Ihrem Computer eine IP-Adresse zugeordnet hat.

5. Schließen Sie das Fenster *Eingabeaufforderung*.

Zusammenfassung der Lektion

In dieser Lektion haben Sie gelernt, dass Microsofts Implementierung von TCP/IP Unternehmensnetzwerke und Verbindungen zwischen Computern ermöglicht, auf denen Windows 2000 ausgeführt wird. Sie bietet ein robustes, skalierbares, plattformübergreifendes Client-Server-Framework, das von den meisten großen Netzwerken, auch dem Internet unterstützt wird. Sie haben erfahren, dass die TCP/IP-Protokollsuite sich einem Vier-Schichten-Modell zuordnen lässt: Netzwerkschnittstelle, Internet, Transport und Anwendung.

Standardmäßig erhalten Client-Computer, die unter Windows 2000 laufen, Informationen zur TCP/IP-Konfiguration automatisch von dem Dienst Dynamic Host Configuration Protocol (DHCP). Allerdings benötigen manche Computer, beispielsweise der DHCP-Server selbst, auch in einer Umgebung mit DHCP-Fähigkeit eine statische IP-Adresse. Für jede Netzwerkkarte, die in einem Computer TCP/IP verwendet, können Sie eine IP-Adresse, eine Subnetzmaske und ein Standardgateway konfigurieren.

Sie haben außerdem gelernt, dass Windows 2000 Dienstprogramme umfasst, mit denen Sie TCP/IP-Probleme behandeln und Verbindungen zur Dateiübertragung nutzen und testen können. Ping und Ipconfig sind zwei der üblichen Dienstprogramme zur Problembehandlung, FTP und Telnet sind zwei Dienstprogramme für Verbindungen.

Schließlich haben Sie in dieser Lektion gelernt, dass die Windows 2000-Implementierung von TCP/IP die Funktion *IP-Adresse automatisch beziehen* bietet. Dabei handelt es sich um ein neues Verfahren zur automatischen Adresszuordnung von IP-Adressen für einfache Netzwerkkonfigurationen auf LAN-Basis. Dieses Adressierungsverfahren stellt eine Erweiterung der dynamischen Zuordnung von IP-Adressen für LAN-Karten dar. Mit ihm ist es möglich, IP-Adressen ohne statische Zuordnung aber auch ohne die Installation des DHCP-Dienstes zu konfigurieren. Das Merkmal *IP-Adresse automatisch beziehen* ist standardmäßig aktiviert. Es lässt sich aber auch deaktivieren. Dazu müssen Sie in die Registrierung den Eintrag IPAutoconfigurationEnabled aufnehmen.

Lektion 2: NWLink

Diese Lektion erörtert das NWLink IPX/SPX/NetBIOS-kompatible Transportprotokoll, das normalerweise kurz als NWLink bezeichnet wird. Es handelt sich dabei um Microsofts Implementierung von Novells Protokoll *NetWare Internetwork Packet Exchange/Sequenced Packet Exchange (IPX/SPX)*. NWLink wird am häufigsten in Umgebungen verwendet, in denen Clients, die unter einem Betriebssystem von Microsoft laufen, normalerweise auf Ressourcen von NetWare-Servern zugreifen oder in denen Clients, die unter NetWare laufen, normalerweise auf Ressourcen von Computern zugreifen, die unter einem Betriebssystem von Microsoft laufen.

Am Ende dieser Lektion werden Sie in der Lage sein, die folgende Aufgabe auszuführen:

- Sie können NWLink installieren und konfigurieren.

Veranschlagte Zeit für die Lektion: 30 Minuten

Die Merkmale von NWLink

Mit NWLink können Computer unter Windows 2000 mit anderen Netzwerkgeräten kommunizieren, die IPX/SPX verwenden. Außerdem können Sie NWLink in kleinen Netzwerken einsetzen, die nur aus Clients mit Windows 2000 und anderen Betriebssystemen von Microsoft bestehen.

NWLink unterstützt die Netzwerk-APIs, die den Dienst Interprocess Communication (IPC) bereitstellen, der in Tabelle 7.7 beschrieben wird.

Tabelle 7.7 Von NWLink unterstützte Netzwerk-APIs

Netzwerk-API	Beschreibung
Winsock	Unterstützt bestehende NetWare-Anwendungen, die den Anforderungen der NetWare-Schnittstelle IPX/SPX Sockets entsprechen
NetBIOS over IPX	Implementiert als NWLink-NetBIOS; unterstützt Kommunikation zwischen einem NetWare-Client mit NetBIOS und einem Computer unter Windows 2000 mit NWLink-NetBIOS

NWLink ermöglicht außerdem NetWare-Clients den Zugriff auf Anwendungen, die für Windows 2000 Server entworfen wurden, beispielsweise Microsoft SQL-Server oder Microsoft SNA-Server. Um NetWare-Clients zu unterstützen, die auf Datei- und Druckressourcen auf einem Computer unter Windows 2000 Server zugreifen, sollten Sie die Dienste File And Print Services For NetWare (FPNW) installieren.

Insgesamt stellt die mit Windows 2000 gelieferte 32-Bit-Implementierung von NWLink folgende Merkmale bereit:

- Unterstützung der Kommunikation mit NetWare-Netzwerken
- Unterstützung von Sockets und NetBIOS over IPX
- Unterstützung von NetWare-Clients mit Zugriff auf Windows 2000 Server

NWLink installieren

Das Verfahren zur Installation von NWLink ist das gleiche, wie bei der Installation irgendeines anderen Netzwerkprotokolls unter Windows 2000:

1. Klicken Sie mit der rechten Maustaste auf *Netzwerkumgebung* und dann auf *Eigenschaften*.

2. Im Fenster *Netzwerk und DFÜ-Verbindungen* klicken Sie mit der rechten Maustaste auf *LAN-Verbindung* und dann auf *Eigenschaften*.

   Das Dialogfeld *Eigenschaften von LAN-Verbindung* wird geöffnet; es zeigt die verwendete Netzwerkkarte und die bei der Verbindung verwendeten Netzwerkkomponenten.

3. Klicken Sie auf *Installieren*.

4. Im Dialogfeld *Typ der Netzwerkkomponente auswählen* klicken Sie auf *Protokoll* und dann Sie auf *Hinzufügen*.

5. Im Dialogfeld *Netzwerkprotokoll wählen* klicken Sie im Listenfeld *Netzwerkprotokoll* auf den Eintrag *NWLink IPX/SPX/NetBIOS-kompatibles Transportprotokoll* (vgl. Abbildung 7.7) und dann auf *OK*.

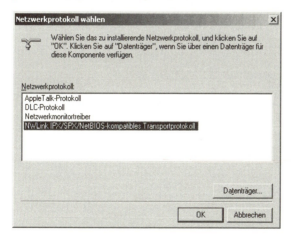

Abbildung 7.7 Das Dialogfeld *Netzwerkprotokoll wählen*

NWLink konfigurieren

Die Konfiguration von NWLink umfasst drei Komponenten: Rahmentyp, Netzwerknummer und Interne Netzwerknummer. Standardmäßig ermittelt Windows 2000 den Rahmentyp und die Netzwerknummer automatisch bei der Installation von NWLink. Windows 2000 liefert zusätzlich eine generische interne Netzwerknummer. Wenn Sie beabsichtigen, FPNW oder IPX-Routing einzusetzen, müssen Sie die interne Netzwerknummer jedoch manuell eingeben, wie Abbildung 7.8 zeigt.

Anmerkung Jede Netzwerkkarte, die an NWLink gebunden ist, benötigt einen Rahmentyp und eine Netzwerknummer.

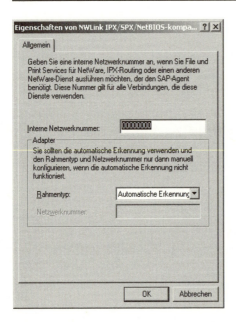

Abbildung 7.8 Konfiguration von NWLink

Rahmentyp

Der *Rahmentyp* legt fest, wie die Netzwerkkarte Daten formatiert. Um eine ordnungsgemäße Kommunikation zwischen einem Computer unter Windows 2000 und einem NetWare-Server zu gewährleisten, müssen Sie den Rahmentyp für NWLink so konfigurieren, dass er mit dem Rahmentyp des NetWare-Servers übereinstimmt.

> **Anmerkung** Ein Verbindung zwischen zwei Computern, die unterschiedliche Rahmentypen verwenden, ist dann möglich, wenn der NetWare-Server als Router eingesetzt wird. Diese Funktion ist aber wenig leistungsfähig und kann die Ursache für eine langsame Verbindung sein.

In Tabelle 7.8 sind die Topologien und Rahmentypen aufgeführt, die von NWLink unterstützt werden.

Tabelle 7.8 Topologien und Rahmentypen, die von NWLink unterstützt werden

Topologie	Rahmentyp
Ethernet	Ethernet II, 802.3, 802.2 und Sub Network Access Protocol (SNAP), das per Voreinstellung 802.2 entspricht.
Token Ring	802.5 und SNAP.
Fiber Distributed Data Interface (FDDI)	802.2 und SNAP.

> **Anmerkung** Ethernet-Netzwerke mit NetWare 2.2 und NetWare 3.11 verwenden normalerweise den Rahmentyp 802.3. Standard für NetWare 3.12 und höher ist 802.2.

Wenn Sie NWLink installieren, ermittelt Windows 2000 automatisch, welcher IPX-Rahmentyp in dem Netzwerk eingesetzt wird, und nimmt eine entsprechende NWLink-Rahmentypeinstellung vor. Auch wenn Windows 2000 während der Installation von NWLink zusätzlich zu 802.2 weitere Rahmentypen vorfindet, wird der Rahmentyp für NWLink per Voreinstellung auf 802.2 eingestellt.

Netzwerknummer

Jeder Rahmentyp, der für eine Netzwerkkarte konfiguriert wird, erfordert eine *Netzwerknummer*, die in jedem Netzwerksegment eindeutig sein muss. Alle Computer in einem Segment, die denselben Rahmentyp benutzen, *müssen* auch dieselbe Netzwerknummer verwenden, um miteinander zu kommunizieren.

> **Anmerkung** Auf einem Computer unter Windows 2000 können Sie an der Eingabeaufforderung **ipxroute config** eingeben, um die Netzwerknummer, den Rahmentyp und das verwendete Gerät anzeigen zu lassen.

Obwohl Windows 2000 bei der Installation von NWLink automatisch die Netzwerknummer feststellt, können Sie die Netzwerknummer auch mithilfe des Registrierungseditors festlegen.

Die Festlegung einer Netzwerknummer für einen bestimmten Rahmentyp erfordert zwei korrespondierende Einträge in der Registrierung, nämlich NetworkNumber und PktType in dem folgenden Unterschlüssel:
HKEY_LOCAL_MACHINE\SYSTEM\CurrentContrlSet\Services\ Nwlnkipx\Parameters\Adapters*Adapter*.

- NetworkNumber spezifiziert die Netzwerknummer (als Hexadezimalzahl) für die Karte. Wenn der Wert der Eintragung 0 ist, erhält NWLink während des laufenden Betriebs vom Netzwerk selbst eine Netzwerknummer geliefert. Netzwerknummern bestehen aus vier Bytes (acht hexadezimale Ziffern). Der Eintrag NetworkNumber ist vom Datentyp REG_MULTI_SZ.
- PktType spezifiziert die benutzte Paketform. Die Eintragung PktType ist vom Datentyp REG_MULTI_SZ. Tabelle 7.9 zeigt die möglichen Werte des Eintrags PktType und die zugehörigen von NWLink unterstützten Paketformen.

Tabelle 7.9 Von NWLink unterstützte Paketformen

Wert	Paketform
0	Ethernet_II
1	Ethernet_802.3
2	802.2
3	SNAP
4	ArcNet
FF (Standard)	Automatische Erkennung

Anmerkung Falls eine Karte mehrere unterschiedliche Pakettypen verwendet, können Sie die Netzwerknummer für jeden Pakettyp angeben, indem Sie die entsprechenden Werte dem Eintrag NetworkNumber hinzufügen.

Interne Netzwerknummer

Eine *interne Netzwerknummer* (auch als virtuelle Netzwerknummer bezeichnet) identifiziert einen Computer in einem Netzwerk eindeutig zum Zwecke des *internen* Routing. Diese achtstellige Hexadezimalzahl hat einen Standardwert von 00000000.

Die interne Netzwerknummer bezeichnet ein virtuelles Netzwerksegment innerhalb des Computers. Das bedeutet, dass das gesamte Netzwerk durch die interne Netzwerknummer um ein zusätzliches (virtuelles) Netzwerksegment erweitert wird. Wenn also eine interne Netzwerknummer für einen Computer unter Windows 2000 konfiguriert ist, vergrößert sich die Hopanzahl auf der Route von einem NetWare-Server oder einem Router bis zu diesem Computer.

In folgenden Situationen ist es notwendig, eine eindeutige, von Null verschiedene interne Netzwerknummer explizit zu vergeben:

- Wenn FPNW installiert ist und mehrere Rahmentypen auf einer Karte zum Einsatz kommen.
- Wenn FPNW installiert ist und NWLink an mehrere Karten im Computer gebunden ist.
- Wenn eine Anwendung das Service Advertising Protocol (SAP) von NetWare verwendet. Beispiele für Anwendungen, die SAP nutzen können sind SQL-Server und SNA-Server.

Anmerkung Wenn ein Computer über mehrere Netzwerkkarten verfügt, die an NWLink gebunden sind, und wenn Sie beabsichtigen, dass jede einen unterschiedlichen Rahmentyp benutzt, dann konfigurieren Sie jede Netzwerkkarte durch explizite Angabe des Rahmentyps. Außerdem müssen Sie für jede Netzwerkkarte eine Netzwerknummer und eine interne Netzwerknummer einstellen.

Praxis: NWLink installieren und konfigurieren

In dieser Übung werden Sie das NWLink IPX/SPX/NetBIOS-kompatible Transportprotokoll installieren und konfigurieren.

Anmerkung Mit diesem Verfahren können Sie jedes der verfügbaren Protokolle installieren.

▶ **So installieren und konfigurieren Sie NWLink**

1. Stellen Sie das Fenster *Netzwerk und DFÜ-Verbindungen* wieder her.
2. Klicken Sie mit der rechten Maustaste auf *LAN-Verbindung* und dann auf *Eigenschaften*.

   Das Dialogfeld *Eigenschaften von LAN-Verbindung* wird geöffnet; es zeigt die verwendete Netzwerkkarte und die bei der Verbindung verwendeten Netzwerkkomponenten.
3. Klicken Sie auf *Installieren*.
4. Klicken Sie auf *Protokoll* und dann auf *Hinzufügen*.

   Das Dialogfeld *Netzwerkprotokoll wählen* wird geöffnet.

   Welche Protokolle können Sie installieren?

5. Wählen Sie den Eintrag *NWLink IPX/SPX/NetBIOS-kompatibles Transportprotokoll* und klicken Sie auf *OK*.

   Das Dialogfeld *Eigenschaften von LAN-Verbindung* wird geöffnet. Beachten Sie, dass in der Liste *Komponenten NWLink IPX/SPX/NetBIOS-kompatibles Transportprotokoll* aufgeführt ist.

6. Markieren Sie den Eintrag *NWLink IPX/SPX/NetBIOS-kompatibles Transportprotokoll* und klicken Sie auf *Eigenschaften*.

   Welche Art Rahmentyperkennung ist standardmäßig markiert?

7. Klicken Sie auf *OK*, um das Dialogfeld *Eigenschaften von NWLink IPX/SPX/NetBIOS-kompatibles Transportprotokoll* zu schließen.

8. Klicken Sie auf *OK*, um das Dialogfeld *Eigenschaften von LAN-Verbindung* zu schließen.

Zusammenfassung der Lektion

In dieser Lektion haben Sie gelernt, dass es sich bei NWLink um Microsofts Implementierung von Novells Protokoll NetWare Internetwork Packet Exchange/Sequenced Packet Exchange (IPX/SPX) handelt. NWLink wird am häufigsten in solchen Umgebungen verwendet, in denen Clients, die unter einem Betriebssystem von Microsoft laufen, normalerweise auf Ressourcen von NetWare-Servern zugreifen oder in denen Clients, die unter NetWare laufen, normalerweise auf Ressourcen von Computern zugreifen, die unter einem Betriebssystem von Microsoft laufen. NWLink unterstützt die Netzwerk-APIs Winsock und NetBIOS over IPX. Winsock unterstützt bestehende NetWare-Anwendungen, die den Anforderungen der NetWare IPX/SPX Sockets-Schnittstelle entsprechen. NetBIOS over IPX ist als NWLink-NetBIOS implementiert und unterstützt die Kommunikation zwischen einem NetWare-Client mit NetBIOS und einem Computer unter Windows 2000 mit NWLink-NetBIOS.

Lektion 3: Andere Protokolle für Windows 2000

Windows 2000 unterstützt weitere Protokolle, insbesondere NetBEUI, DLC, AppleTalk-Protokoll sowie Netzwerkmonitortreiber 2.

Am Ende dieser Lektion werden Sie in der Lage sein, die folgende Aufgabe auszuführen:

- Sie können die Möglichkeiten und Grenzen von NetBEUI erklären.
- Sie können die Möglichkeiten und Grenzen von DLC erklären.
- Sie können weitere Protokolle beschreiben, die von Windows 2000 unterstützt werden.

Veranschlagte Zeit für die Lektion: 20 Minuten

NetBEUI

NetBEUI ist ein Protokoll, dass für Netzwerke mit etwa 20 bis 200 Computern entwickelt wurde. NetBEUI ist zwar ein kleines, schnelles und leistungsfähiges Protokoll, ist aber nicht routingfähig und lässt sich deshalb nicht in WAN-Umgebungen verwendbar.

Möglichkeiten von NetBEUI

NetBEUI stellt Kompatibilität mit bestehenden LANs her, die das NetBEUI-Protokoll verwenden. NetBEUI stellt für Computer mit Windows 2000 folgende Möglichkeiten bereit:

- Verbindungsorientierte und verbindungslose Kommunikation zwischen Computern
- Automatische Konfiguration und automatisches Tuning
- Fehlererkennung
- Geringer Speicherbedarf

Einschränkungen von NetBEUI

NetBEUI hat eine ganze Reihe von Einschränkungen:

- NetBEUI wurde konzipiert für LANs auf Abteilungsebene.
- NetBEUI ist nicht routingfähig. Wegen dieser Einschränkung können Sie Netzwerke mit Computern, die Windows 2000 und NetBEUI verwenden, nur über Bridges verbinden, nicht aber über Router.
- NetBEUI basiert auf dem Rundsendeverfahren. Es stützt sich bei vielen Funktionen, etwa bei der Namensregistrierung und -auflösung auf Broadcasting; dadurch entsteht eine höhere Verkehrsbelastung des Netzes als bei anderen Protokollen.

DLC

Wie Abbildung 7.9 zeigt, ist DLC ein nicht routingfähiges Protokoll für spezielle Aufgaben; es ermöglicht Computern unter Windows 2000 die Kommunikation mit:

- anderen Computern, die ebenfalls das DLC-Protokoll verwenden, etwa Großrechnern von IBM.
- Peripheriegeräten im Netzwerk, die mithilfe einer Netzwerkkarte unmittelbar mit dem Netzwerk verbunden sind. Dazu gehört beispielsweise der Drucker LaserJet 4Si von Hewlett-Packard, der mit einer HP JetDirect-Netzwerkkarte direkt mit dem Netzwerk verbunden werden kann.

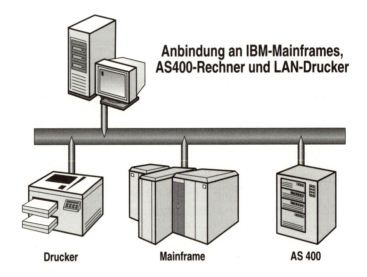

Abbildung 7.9 DLC-Verbindungen

Anmerkung Sie müssen das DLC-Protokoll nur auf dem Druckserver des Druckers installieren. Computer, die Druckjobs an den Druckserver senden benötigen kein DLC.

DLC ist nicht als primäres Protokoll für die Verwendung zwischen PCs gedacht; es sollte nur auf Computern installiert werden, die eine der vorgenannten Aufgaben zu verrichten haben.

AppleTalk-Protokoll

Das AppleTalk-Protokoll ermöglicht Computern mit Windows 2000 Server und Apple Macintosh-Clients die gemeinsame Nutzung von Dateien und Druckern.

Anmerkung Damit das AppleTalk-Protokoll ordnungsgemäß funktioniert, muss ein mit Windows 2000 Services for Macintosh konfigurierter Windows 2000 Server-Computer im Netzwerk verfügbar sein.

Netzwerkmonitortreiber 2

Auf einem Computer unter Windows 2000 sammelt Netzwerkmonitortreiber statistische Daten über die Aktivitäten der Netzwerkkarte des Computers und zeigt sie an. Sie können diese Statistiken mithilfe eines Computers ansehen, auf dem Network Monitor Agent Service läuft. Außerdem können Sie Microsoft Systems Management Server (SMS) und den Netzwerkmonitor verwenden, um statistische Daten von Computern zu sammeln, auf denen Network Monitor Agent läuft.

Zusammenfassung der Lektion

In dieser Lektion haben Sie gelernt, dass Windows 2000 außer TCP/IP und NWLink weitere Protokolle unterstützt, insbesondere NetBEUI, DLC, AppleTalk-Protokoll sowie Netzwerkmonitortreiber 2. NetBEUI ist ein Protokoll, dass für Netzwerke mit etwa 20 bis 200 Computern entwickelt wurde. NetBEUI ist zwar ein kleines, schnelles und leistungsfähiges Protokoll, doch es ist nicht routingfähig und lässt sich deshalb nicht in WAN-Umgebungen verwenden. NetBEUI stellt Kompatibilität mit bestehenden LANs her, die das NetBEUI-Protokoll bereits verwenden. DLC ist ein nicht routingfähiges Protokoll für spezielle Aufgaben; es ermöglicht Computern unter Windows 2000 die Kommunikation mit anderen Computern, die ebenfalls das DLC-Protokoll verwenden, beispielsweise Großrechnern von IBM. DLC wird ferner dazu verwendet, mit Peripheriegeräten im Netzwerk zu kommunizieren, die wie der Drucker LaserJet 4Si von Hewlett-Packard mithilfe einer Netzwerkkarte unmittelbar mit dem Netzwerk verbunden sind.

Lektion 4: Netzwerkbindungen

Netzwerkbindungen ermöglichen die Kommunikation zwischen Treibern für Netzwerkkarten, Protokollen und Diensten. Abbildung 7.10 zeigt ein Beispiel für Netzwerkbindungen. Dort ist der Workstationdienst an alle drei Protokolle gebunden und jedes Protokoll ist an mindestens eine Netzwerkkarte gebunden. Diese Lektion beschreibt die Wirkungsweise von Bindungen in einem Netzwerk und ihre Konfiguration.

Am Ende dieser Lektion werden Sie in der Lage sein, die folgende Aufgabe auszuführen:

- Sie können erklären, wie man Netzwerkbindungen konfiguriert.

Veranschlagte Zeit für die Lektion: 20 Minuten

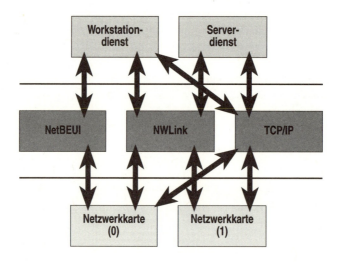

Abbildung 7.10 Netzwerkbindungen

Bindung zwischen den Ebenen der Architektur

Unter *Bindung* versteht man den Prozess der Verknüpfung von Netzwerkkomponenten unterschiedlicher Ebenen, um dadurch die Kommunikation zwischen diesen Komponenten zu ermöglichen. Eine Netzwerkkomponente kann an eine oder mehrere über- oder untergeordnete Komponenten gebunden sein. Die Dienste, die von einer Komponente bereitgestellt werden, können auch von allen anderen Komponenten, die an diese Komponente gebunden sind, genutzt werden. In Abbildung 7.10 ist TCP/IP beispielsweise sowohl an den Workstationdienst als auch an den Serverdienst gebunden.

Netzwerkbindungen kombinieren

Bei Netzwerkbindungen ist eine Vielzahl von Kombinationen möglich. In dem Beispiel von Abbildung 7.10 sind alle drei Protokolle an den Workstationdienst gebunden, aber nur die routingfähigen Protokolle NWLink und TCP/IP sind an den Serverdienst gebunden. Es ist möglich auszuwählen, welche Protokolle an jede einzelne Netzwerkkarte gebunden sind. Netzwerkkarte 0 ist an alle drei Protokolle gebunden, Netzwerkkarte 1 nur an die routingfähigen Protokolle. Nur wenn Sie Mitglied der Gruppe der Administratoren sind, haben Sie die Berechtigung festzulegen, welche Komponenten jeweils aneinander gebunden sind.

Wenn Sie Netzwerksoftware installieren, legt Windows 2000 automatisch für alle betroffenen Netzwerkkomponenten die entsprechenden Bindungen fest. Network Driver Interface Specification (NDIS) 5 bietet die Möglichkeit, mehrere Protokolle an mehrere Netzwerkkarten zu binden.

Netzwerkbindungen konfigurieren

Mithilfe der *Netzwerkumgebung* können Sie die Netzwerkbindungen konfigurieren.

Mit folgendem Verfahren können Sie Netzwerkbindungen konfigurieren:

1. Klicken Sie mit der rechten Maustaste auf *Netzwerkumgebung* und dann auf *Eigenschaften*.

2. Im Fenster *Netzwerk und DFÜ-Verbindungen* klicken Sie auf das Menü *Erweitert* und dann auf *Erweiterte Einstellungen*.

3. Im Dialogfeld *Erweiterte Einstellungen* haben Sie unter *Client für Microsoft-Netzwerke* die Auswahl unter folgenden Möglichkeiten:

   - Um das Protokoll an die markierte Verbindung zu binden, markieren Sie das zugehörige Kontrollkästchen.

   - Um die Bindung des Protokolls an die markierte Verbindung aufzuheben, entfernen Sie die Markierung aus dem zugehörigen Kontrollkästchen.

Anmerkung Nur ein erfahrener Netzwerkadministrator, der mit den Anforderungen der Netzwerksoftware vertraut ist, sollte die Bindungseinstellungen ändern.

Bindungsreihenfolge festlegen

Zum Zwecke der Leistungssteigerung eines Netzwerkes können Sie die Bindungsreihenfolge festlegen. Stellen Sie sich einen Computer unter Windows 2000 Professional vor, auf dem NetBEUI, NWLink IPX/SPX und TCP/IP installiert sind. Die meisten Server, zu denen dieser Computer Verbindungen aufbaut, verwenden TCP/IP. Sorgen Sie dafür, dass die Bindung der Workstation an TCP/IP *vor* den Bindungen der Workstation an andere Protokolle steht.

Wenn ein Benutzer beabsichtigt, eine Verbindung zu einem Server aufzubauen, versucht dann der Workstationdienst zuerst, die gewünschte Verbindung mithilfe von TCP/IP herzustellen.

Mit folgendem Verfahren können Sie die Bindungsreihenfolge festlegen:

1. Klicken Sie mit der rechten Maustaste auf *Netzwerkumgebung* und dann auf *Eigenschaften*.
2. Im Fenster *Netzwerk und DFÜ-Verbindungen* klicken Sie auf das Menü *Erweitert* und dann auf *Erweiterte Einstellungen*.
3. Im Dialogfeld *Erweiterte Einstellungen* klicken Sie unter *Client für Microsoft-Netzwerke* auf das Protokoll, für das Sie Bindungsreihenfolge ändern wollen.
4. Verwenden Sie die Schaltflächen mit den Pfeilen, um die Bindungsreihenfolge der Protokolle zu ändern, die an eine bestimmte Karte gebunden sind:
   - Um das Protokoll in der Bindungsreihenfolge nach oben zu verschieben, klicken Sie auf die Schaltfläche mit dem Pfeil nach oben.
   - Um das Protokoll in der Bindungsreihenfolge nach unten zu verschieben, klicken Sie auf die Schaltfläche mit dem Pfeil nach unten.

Praxis: Mit Netzwerkbindungen arbeiten

In dieser Übung werden Sie die Bindungsreihenfolge der Protokolle ändern, die an ihre Netzwerkkarte gebunden sind. Danach werden Sie die Bindung eines Protokolls an ihre Netzwerkkarte aufheben und anschließend ein Protokoll an Ihre Netzwerkkarte binden. Schließlich werden Sie ein Netzwerkprotokoll deinstallieren.

Nachdem Sie diese Praxisübung durchgeführt haben, können Sie

- die Bindungsreihenfolge der Protokolle ändern.
- ein Protokoll binden und die Bindung wieder aufheben.
- ein Protokoll deinstallieren.

Übung 1: Die Bindungsreihenfolge eines Protokolls ändern

In dieser Übung werden Sie die Bindungsreihenfolge der Protokolle ändern, die an ihre Netzwerkkarte gebunden sind

▶ **So ändern Sie die Bindungsreihenfolge der Protokolle**

1. Klicken Sie mit der rechten Maustaste auf *Netzwerkumgebung* und dann auf *Eigenschaften*.
2. Maximieren Sie das Fenster *Netzwerk und DFÜ-Verbindungen* und klicken Sie im Menü *Erweitert* auf den Befehl *Erweiterte Einstellungen*.

   Das Dialogfeld *Erweiterte Einstellungen* wird geöffnet.

Kapitel 7 Netzwerkprotokolle installieren und konfigurieren

In welcher Reihenfolge sind in der Liste *Bindungen für LAN-Verbindung* unter *Client für Microsoft-Netzwerke* die Protokolle aufgeführt?

_____

_____

3. Unter *Client für Microsoft-Netzwerke* klicken Sie auf *NWLink IPX/SPX/NetBIOS-kompatibles Transportprotokoll*.

4. Klicken Sie auf die Schaltfläche mit dem Pfeil nach unten.

   Beachten Sie, dass sich die Reihenfolge der Protokolle, die unter *Client für Microsoft-Netzwerke* aufgeführt sind, ändert. *NWLink IPX/SPX/NetBIOS-kompatibles Transportprotokoll* sollte nun unter *Internetprotokoll (TCP/IP)* aufgeführt sein. Falls das nicht so ist, klicken Sie nochmals auf die Schaltfläche mit dem Pfeil nach unten, um das Protokoll unter den Eintrag *Internetprotokoll (TCP/IP)* zu verschieben.

5. Lassen Sie das Dialogfeld *Erweiterte Einstellungen* geöffnet.

Übung 2: Die Bindung eines Protokolls aufheben

In dieser Übung werden Sie die Bindung des Protokolls TCP/IP an ihre Netzwerkkarte aufheben. Damit bleibt NWLink das einzige verfügbare Protokoll, um auf andere Computer zuzugreifen.

▶ **So heben Sie die Bindung von TCP/IP auf**

1. Im Dialogfeld *Erweiterte Einstellungen* finden Sie in der Liste *Bindungen für LAN-Verbindung* den Eintrag *Client für Microsoft-Netzwerke*; darin heben Sie die Bindung von *Internetprotokoll (TCP/IP)* auf, indem Sie das Kontrollkästchen links von diesem Eintrag deaktivieren.

   Damit ist TCP/IP nicht mehr an ihre Netzwerkkarte gebunden.

2. Klicken Sie auf *OK*, um das Dialogfeld *Erweiterte Einstellungen* zu schließen.

Übung 3: NWLink deinstallieren

In dieser Übung werden Sie *NWLink IPX/SPX/NetBIOS-kompatibles Transportprotokoll* deinstallieren.

▶ **So deinstallieren Sie NWLink**

1. Im Fenster *Netzwerk und DFÜ-Verbindungen* klicken Sie mit der rechten Maustaste auf *LAN-Verbindung* und dann auf *Eigenschaften*.

   Das Dialogfeld *Eigenschaften von LAN-Verbindung* wird geöffnet; es zeigt die verwendete Netzwerkkarte und die für die Verbindung verwendeten Netzwerkkomponenten.

2. Wählen Sie den Eintrag *NWLink IPX/SPX/NetBIOS-kompatibles Transportprotokoll* und klicken Sie auf *Deinstallieren*.

   Das Dialogfeld *NWLink IPX/SPX/NetBIOS-kompatibles Transportprotokoll deinstallieren* wird geöffnet.

3. Klicken Sie auf *Ja*, um fortzufahren.

   Beachten Sie, dass das *NWLink IPX/SPX/NetBIOS-kompatible Transportprotokoll* nun nicht mehr in der Liste der installierten Programme aufgeführt ist.

4. Klicken Sie auf *Schließen*.

5. Schließen Sie das Fenster *Netzwerk und DFÜ-Verbindungen*.

Übung 4: Ein Protokoll binden

In dieser Übung ist TCP/IP das einzige installierte Protokoll; Sie werden TCP/IP daher an ihre Netzwerkkarte binden.

▶ **So binden Sie TCP/IP**

1. Im Fenster *Netzwerk und DFÜ-Verbindungen* klicken Sie auf das Menü *Erweitert* und dann auf *Erweiterte Einstellungen*.

   Das Dialogfeld *Erweiterte Einstellungen* wird geöffnet.

2. Unter *Client für Microsoft-Netzwerke* wählen Sie *Internetprotokoll (TCP/IP)*, indem Sie das Kontrollkästchen links davon aktivieren.

3. Klicken Sie auf *OK*.

   Damit ist TCP/IP an Ihre Netzwerkkarte gebunden.

Zusammenfassung der Lektion

In dieser Lektion haben Sie gelernt, dass man unter Bindung den Prozess der Verknüpfung von Netzwerkkomponenten unterschiedlicher Ebenen versteht, um dadurch die Kommunikation zwischen diesen Komponenten zu ermöglichen. Eine Netzwerkkomponente kann an eine oder mehrere Komponenten höherer oder niedrigerer Ebenen gebunden sein. Die Dienste, die von einer Komponente bereitgestellt werden, können auch von allen anderen Komponenten, die an diese Komponente gebunden sind, gemeinsam genutzt werden. Wenn Sie Netzwerksoftware installieren, legt Windows 2000 automatisch für alle betroffenen Netzwerkkomponenten die entsprechenden Bindungen fest. NDIS 5 bietet die Möglichkeit, mehrere Protokolle an mehrere Netzwerkkarten zu binden. Zum Zwecke der Leistungssteigerung eines Netzwerkes können Sie die Bindungsreihenfolge festlegen.

Lernzielkontrolle

Die folgenden Fragen sollen Ihnen dabei helfen festzustellen, ob Sie genug gelernt haben, um mit dem nächsten Kapitel fortfahren zu können. Falls Sie diese Fragen nicht beantworten können, blättern Sie bitte noch einmal zurück und sehen sich das Material dieses Kapitels erneut an, bevor Sie mit dem nächsten Kapitel beginnen. Die Antworten zu diesen Fragen finden Sie in Anhang A.

1. Auf Ihrem Computer wird Windows 2000 Client für Microsoft-Netzwerke ausgeführt und er wurde von für die Verwendung von TCP/IP konfiguriert. Sie können zwar Verbindungen zu jedem Host in Ihrem eigenen Subnetz herstellen, nicht aber zu einem Host in einem Remote-Subnetz. Auch der Verbindungstest mittels Ping scheitert. Worin besteht vermutlich die Ursache für dieses Problem, und wie können Sie es beheben?

2. Ihr Computer läuft unter Windows 2000 Professional. Er kann mit einigen, aber nicht mit allen NetWare-Servern im Netzwerk kommunizieren. Manche NetWare-Server verwenden Rahmentyp 802.2, andere 802.3. Worin besteht vermutlich die Ursache für dieses Problem?

3. Welche Einschränkungen gelten für das Protokoll NetBEUI?

4. Welches ist die primäre Aufgabe des Protokolls DLC?

5. Worin besteht die Bedeutung der Bindungsreihenfolge von Netzwerkprotokollen?

_____
_____
_____
_____
_____

KAPITEL 8

Der DNS-Dienst

Lektion 1: Grundlegende Funktionsweise des DNS . . . 212

Lektion 2: Namensauflösung . . . 219

Lektion 3: DNS-Clients konfigurieren . . . 224

Lernzielkontrolle . . . 228

Über dieses Kapitel

Das Domain Name System (DNS) ist eine verteilte Datenbank, die in TCP/IP-Netzwerken verwendet wird, um Computernamen in IP-Adressen zu übersetzen. Dieses Kapitel bietet eine Einführung in das DNS und die Namensauflösung. Darüber hinaus vermittelt es die nötigen Kenntnisse und Fähigkeiten, um Clients so zu konfigurieren, dass sie den DNS-Dienst verwenden können.

Hinweis Der DNS-Dienst steht in Windows 2000 Professional nicht zur Verfügung. Um den DNS-Dienst von Microsoft in Anspruch nehmen zu können, brauchen Sie einen Computer, auf dem eines der Windows 2000 Server-Produkte ausgeführt wird.

Bevor Sie beginnen

Zur Bearbeitung dieses Kapitels benötigen Sie Folgendes:

- Einen Rechner, der die im Abschnitt *Hardwarevoraussetzungen* des Kapitels *Zu diesem Buch* angegebenen Mindestvoraussetzungen erfüllt.
- Windows 2000 Professional muss auf dem Computer installiert sein.
- TCP/IP muss als einziges Protokoll installiert sein.

Lektion 1: Grundlegende Funktionsweise des DNS

Das DNS wird meist mit dem Internet in Zusammenhang gebracht; es wird jedoch auch sehr häufig in privaten Netzwerken eingesetzt, um Computernamen aufzulösen und die einzelnen Computer in ihren lokalen Netzwerken und im Internet zu finden. Das DNS bietet folgende Vorteile:

- DNS-Namen sind benutzerfreundlich, da sie einfacher zu behalten sind als IP-Adressen.
- DNS-Namen sind dauerhafter als IP-Adressen. Die IP-Adresse eines Servers kann geändert werden, aber der Servername immer derselbe bleiben.
- Mithilfe des DNS können Benutzer zu lokalen Servern eine Verbindung mit der gleichen Namenskonvention wie im Internet herstellen.

Hinweis Weitere Informationen zum DNS finden Sie in der RFC 1034 und in der RFC 1035. Eine RFC (Request For Comment) ist ein veröffentlichtes Dokument über einen Standard, ein Protokoll oder eine andere Information im Zusammenhang mit dem Betrieb des Internet. Wenn Sie den Text dieser RFCs lesen wollen, suchen Sie mit Ihrem Webbrowser nach „RFC 1034" und „RFC 1035".

Am Ende dieser Lektion werden Sie in der Lage sein, die folgenden Aufgaben auszuführen:

- Sie können die Funktion des DNS und seiner Komponenten erklären.

Veranschlagte Zeit für die Lektion: 15 Minuten

Domain Name Space

Als *Domain Name Space* (Domänennamensbereich) wird das Benennungsschema bezeichnet, das die hierarchische Struktur für die DNS-Datenbank bildet. Jeder Knoten stellt eine Partition der DNS-Datenbank dar. Man bezeichnet diese Knoten als Domains oder – zu Deutsch – als Domänen.

Die DNS-Datenbank ist nach Namen indiziert, daher muss jede Domäne einen Namen haben. Wenn neue Domänen in die Hierarchiestruktur eingefügt werden, wird dem Namen der untergeordneten Domäne (der so genannten *Subdomäne*) der Name der übergeordneten Domäne nachgestellt. An dem Namen einer Domäne lässt sich also ihre Position in der Hierarchie erkennen. Der Domänenname *sales.microsoft.com* in Abbildung 8.1 kennzeichnet die Domäne *sales* als Subdomäne der Domäne *microsoft.com*, und *microsoft* als Subdomäne der Domäne *com*. Die Hierarchiestruktur des Domain Name Space besteht aus einer Stammdomäne, Top-Level-Domänen, Domänen zweiter Ebene und Hostnamen.

Hinweis Der Begriff „Domäne" im Zusammenhang mit dem Internet hat nichts mit den Domänen in den Windows 2000-Verzeichnisdiensten, die auf der Basis der Active Directory-Technologie arbeiten, zu tun. In Windows 2000 ist eine Domäne eine Gruppe von Computern und Geräten, die als Einheit verwaltet werden.

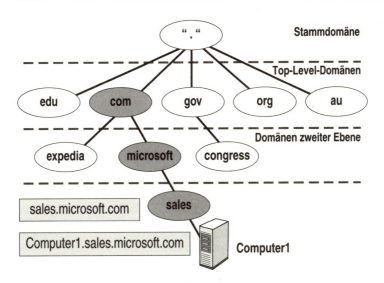

Abbildung 8.1 Hierarchiestruktur eines Domain Name Space

Die Stammdomäne

Die Stammdomäne steht an der Spitze der Hierarchiestruktur. Sie wird durch einen Punkt dargestellt (.). Die Stammdomäne des Internets wird von mehreren Organisationen verwaltet, darunter das Unternehmen Network Solutions, Inc.

Top-Level-Domänen

Die Top-Level-Domänen sind Codes aus zwei bis drei Buchstaben. Sie sind entweder nach Organisationsarten oder nach geografischen Gesichtspunkten gegliedert. In Tabelle 8.1 sind einige Beispiele für Namen von Top-Level-Domänen aufgelistet.

Tabelle 8.1 Top-Level-Domänen

Top-Level-Domäne	Beschreibung
gov	Regierungsorganisationen in den USA
com	Kommerzielle Unternehmen
edu	Bildungseinrichtungen in den USA
org	Nicht kommerzielle Organisationen

(Fortsetzung)

Top-Level-Domäne	Beschreibung
au	Ländercode von Australien
de	Ländercode von Deutschland

Top-Level-Domänen können Domänen zweiter Ebene und Hostnamen enthalten.

Domänen zweiter Ebene

Einzelpersonen und Organisationen müssen sich für das Internet von Organisationen, wie beispielsweise Network Solutions, Inc., eine Domäne zweiter Ebene zuweisen lassen und diese registrieren. Der Name einer Domäne zweiter Ebene besteht aus zwei Teilen: dem Top-Level-Namen und einem eindeutigen Namen auf zweiter Ebene. In Tabelle 8.2 sind einige Beispiele für Namen von Domänen zweiter Ebene aufgelistet.

Tabelle 8.2 Domänen zweiter Ebene

Domäne zweiter Ebene	Beschreibung
Ed.gov	Das Bildungsministerium in den USA
Microsoft.com	Microsoft Corporation
Stanford.edu	Die Stanford-Universität
W3.org	Das World Wide Web Consortium
Pm.gov.au	Der australische Premierminister

Hostnamen

Die Hostnamen sind die Namen der einzelnen Computern im Internet und in privaten Netzwerken. Der Name Computer1 in Abbildung 8.1 ist beispielsweise ein Hostname. Der Hostname steht ganz links in einem *voll qualifizierten Domänennamen* (Fully Qualified Domain Name, *FQDN*), der die genaue Position eines Hosts in der Hierarchiestruktur der Domänen angibt. Der Name *Computer1.sales.microsoft.com.* in Abbildung 8.1 ist ein solcher FQDN (einschließlich des Punkts am Ende, der die Stammdomäne repräsentiert).

Anhand des FQDN ordnet das DNS Namen und IP-Adressen einander zu.

Hinweis Der Hostname muss nicht mit dem Computernamen übereinstimmen. Allerdings wird der Computername bei der Installation von TCP/IP standardmäßig als Hostname verwendet, wobei unzulässige Zeichen ausgetauscht werden (der Unterstrich (_) wird beispielsweise durch einen Bindestrich (-) ersetzt). Die allgemein akzeptierten Konventionen für die Benennung von Domänen finden Sie in RFC 1035.

Richtlinien zur Benennung von Domänen

Beim Erstellen von einem Domain Name Space müssen Sie die folgenden Richtlinien und standardmäßigen Namenskonventionen beachten:

- Begrenzen Sie die Zahl der Hierarchieebenen. DNS-Hostnamen sollten in der Regel auf der dritten oder vierten und nicht tiefer als auf der fünften Hierarchieebene angesiedelt sein. Je mehr Ebenen vorhanden sind, desto größer wird der Verwaltungsaufwand.

- Verwenden Sie eindeutige Namen. Jede Subdomäne muss einen eindeutigen Namen innerhalb ihrer übergeordneten Domäne haben, damit sicher gestellt ist, dass der Name innerhalb des gesamten Name Space von DNS nur ein Mal vorkommt.

- Verwenden Sie einfache Namen. Einfache und klare Domänennamen sind für die Benutzer leichter zu behalten. Die Benutzer können Websites im Internet oder Intranet dann genau adressieren und daher leichter finden.

- Vermeiden Sie lange Domänennamen. Domänennamen können, einschließlich der Punkte, maximal 63 Zeichen lang sein. Die Gesamtlänge eines FQDN darf 255 Zeichen nicht überschreiten. Zwischen Groß- und Kleinschreibung wird *nicht* unterschieden.

- Verwenden Sie standardmäßige DNS-Zeichen und Unicode-Zeichen.

- Windows 2000 unterstützt die folgenden standardmäßigen DNS-Zeichen: A-Z, a-z, 0-9 und den Bindestrich laut Definition in der RFC 1035.

- Der DNS-Dienst unterstützt auch den Unicode-Zeichensatz. Dieser umfasst zusätzliche Zeichen, die in Sprachen wie Deutsch, Französisch und Spanisch verwendet werden und im ASCII-Zeichensatz (American Standard Code for Information Interchange) nicht enthalten sind.

Hinweis Unicode-Zeichen dürfen Sie nur dann verwenden, wenn alle Server in Ihrer Umgebung, auf denen der DNS-Dienst ausgeführt wird, Unicode unterstützen. Weitere Informationen über den Unicode-Zeichensatz finden Sie in RFC 2044. Suchen Sie mit Ihrem Webbrowser nach „RFC 2044".

Zonen

Eine Zone ist ein in sich geschlossener Bereich innerhalb des Domain Name Space. Zonen dienen dazu, den Domain Name Space in verschiedene Bereiche einzuteilen, die sich besser verwalten lassen (siehe Abbildung 8.2).

- Mithilfe verschiedener Zonen innerhalb eines Domain Name Space lassen sich die Verwaltungsaufgaben an mehrere Gruppen verteilen. In Abbildung 8.2 ist beispielsweise der Domain Name Space *microsoft.com* in zwei Zonen aufgeteilt.

Auf diese Weise kann ein Administrator die Domänen *microsoft* und *sales* verwalten, während ein anderer Administrator für die Domäne *development* zuständig ist.

- Eine Zone muss einen zusammenhängenden Domain Name Space *vollständig* umfassen. In dem Beispiel in Abbildung 8.2 wäre es nicht möglich, eine Zone zu bilden, die nur aus den Domänen *sales.microsoft.com* und *development.microsoft.com* besteht, weil diese beiden Domänen nicht miteinander zusammenhängen.

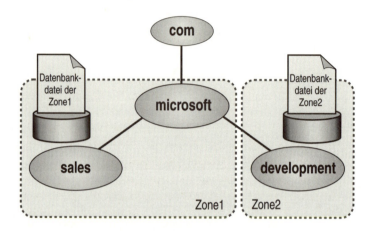

Abbildung 8.2 In Zonen aufgeteilter Domain Name Space

Die Zuordnungen von Namen zu IP-Adressen für eine Zone werden in der Datenbankdatei der Zone gespeichert. Jede Zone ist Teil einer bestimmten Domäne, die als Stammdomäne der Zone bezeichnet wird. Die Datenbankdatei einer Zone enthält nicht unbedingt alle Informationen über alle Subdomänen ihrer Stammdomäne. Meist enthält sie nur die Informationen über die Subdomänen innerhalb der Zone.

Die Stammdomäne von Zone1 in Abbildung 8.2 ist *microsoft.com* und die Datenbankdatei der Zone1 enthält die Informationen über die Zuordnung von Namen und IP-Adressen für die Domänen *microsoft* und *sales*. Die Stammdomäne für Zone2 ist *development* und ihre Datenbankdatei enthält nur die Zuordnungsinformationen für die Domäne *development*. In der Datenbankdatei der Zone1 sind die Zuordnungsinformationen für die Domäne *development* nicht gespeichert, obwohl *development* eine Subdomäne der Domäne *microsoft* ist.

Namenserver

Die Datenbankdatei einer Zone ist auf einem DNS-*Namenserver* gespeichert. Namenserver können die Daten von einer oder auch von mehreren Zonen speichern. Der Namenserver besitzt die Autorität für den Domain Name Space, den die Zone umfasst.

Auf einem Namenserver innerhalb einer Zone ist jeweils die Master-Datenbankdatei der Zone gespeichert, die auch als die *Primärdatenbankdatei* der Zone bezeichnet wird. Aus diesem Grund muss es in jeder Zone mindestens einen Namenserver geben. Wenn in eine Zone Domänen oder Hostrechner eingefügt werden, müssen diese Änderungen auf dem Server durchgeführt werden, auf dem sich die Primärdatenbankdatei der Zone befindet.

Zusätzliche Namenserver dienen als Sicherung für den Namenserver mit der Primärdatenbankdatei der Zone. Der Einsatz von mehreren Namenservern bringt folgende Vorteile mit sich:

- Sie können Zonentransfers durchführen. Die zusätzlichen Namenserver erhalten jeweils von dem Namenserver mit der Primärdatenbankdatei der Zone eine Kopie dieser Datenbankdatei. Diesen Vorgang bezeichnet man als *Zonentransfer*. Die anderen Namenserver rufen bei dem Server mit der Primärdatenbankdatei in regelmäßigen Abständen die aktualisierten Zonendaten ab.
- Sie sorgen für Redundanz. Sollte der Namenserver mit der Primärdatenbankdatei ausfallen, können die zusätzlichen Namenserver für ihn einspringen.
- Sie erhöhen die Zugriffsgeschwindigkeit für Remotecomputer. Wenn in einem Netzwerk viele Remoteclients vorhanden sind, lässt sich durch den Einsatz mehrerer Namenserver der Abfragedatenverkehr über langsame WAN-Verbindungen durch Verteilung reduzieren.
- Sie verringern die Belastung des Namenservers mit der Primärdatenbankdatei.

Zusammenfassung der Lektion

Das DNS wird meist mit dem Internet in Zusammenhang gebracht. In vielen privaten Netzwerken werden die Computernamen jedoch ebenfalls mithilfe des DNS aufgelöst; sie verwenden das DNS zur Positionsbestimmung der Computer innerhalb ihres lokalen Netzwerks und des Internets. In dieser Lektion haben Sie gelernt, dass das DNS viele Vorteile bietet, unter anderem benutzerfreundliche DNS-Namen, die sich nicht so häufig ändern wie IP-Adressen. Außerdem ermöglicht es den Benutzern, Verbindungen zu lokalen Servern mithilfe derselben Art von Namen herzustellen, die auch im Internet verwendet werden.

Darüber hinaus haben Sie erfahren, dass der Domain Name Space das Benennungsschema für die hierarchische Struktur der DNS-Datenbank ist. Die DNS-Datenbank ist nach Namen indiziert, sodass jede Domäne (jeder Knoten) einen Namen haben muss. Die Hierarchiestruktur des Domain Name Space besteht aus einer Stammdomäne, Top-Level-Domänen, Domänen zweiter Ebene und Hostnamen. Die Hostnamen sind die Namen einzelner Computer im Internet bzw. in einem privaten Netzwerk. Der Hostname ist der ganz links stehende Teil eines voll qualifizierten Domänennamens (FQDN), der die exakte Position eines Hosts innerhalb der Domänenhierarchie bezeichnet.

Schließlich haben Sie noch die folgenden Richtlinien für die Benennung von Domänen kennen gelernt: Die Zahl der Domänenebenen muss beschränkt werden und die Namen müssen eindeutig und möglichst einfach sein. Mithilfe von Zonen lässt sich der Domain Name Space in kleinere Bereiche einteilen, die jeweils in sich abgeschlossen sind. Die Datenbankdatei der Zone wird auf einem DNS-Namenserver gespeichert. Diese Datei wird repliziert, und die Replikationsvorgänge, die so genannten Zonentransfers lassen sich konfigurieren.

Lektion 2: Namensauflösung

Die *Namensauflösung* ist der Vorgang, bei dem Namen in IP-Adressen übersetzt werden. Sie entspricht der Suche im Telefonbuch, in dem ebenfalls jedem Namen eine bestimmte Telefonnummer zugeordnet ist. Wenn Sie beispielsweise eine Verbindung zur Website von Microsoft herstellen, verwenden Sie dazu den Namen *www.microsoft.com*. Das DNS ordnet dem Namen *www.microsoft.com* dann die zugehörige IP-Adresse zu. Die Zuordnung der Namen zu den IP-Adressen ist in der verteilten DNS-Datenbank gespeichert.

DNS-Namenserver lösen so genannte Forward- und Reverse-Lookup-Abfragen auf. Bei einer Forward-Lookup-Abfrage wird für einen Namen die zugehörige IP-Adresse gesucht, bei einer Reverse-Lookup-Abfrage wird umgekehrt der Name für eine bestimmte IP-Adresse identifiziert. Ein Namenserver kann eine Abfrage nur für eine Zone auflösen, für die er Autorität besitzt. Wenn ein Namenserver eine Abfrage nicht beantworten kann, gibt er sie an andere Server weiter, die die entsprechende Autorität besitzen. Der Namenserver speichert das Ergebnis der Abfrage in seinem Cache, um den DNS-Datenverkehr im Netzwerk zu verringern.

Am Ende dieser Lektion werden Sie in der Lage sein, die folgenden Aufgaben auszuführen:

- Sie können den Prozess der Namensauflösung erklären.

Veranschlagte Zeit für die Lektion: 5 Minuten

Forward-Lookup-Abfragen

Der DNS-Dienst verwendet für die Namensauflösung ein Client-Server-Modell. Zur Auflösung einer Forward-Lookup-Abfrage, bei der einem Namen eine IP-Adresse zugeordnet wird, sendet ein Client eine Abfrage an einen lokalen Namenserver. Der lokale Namenserver kann diese Abfrage entweder selbst beantworten oder sie an einen anderen Namenserver weiterleiten.

In Abbildung 8.3 wird dargestellt, wie ein Client eine Abfrage für die IP-Adresse von *www.microsoft.com* an den Namenserver sendet. Die Zahlen in der Abbildung stehen für folgende Vorgänge:

1. Der Client sendet eine Forward-Lookup-Abfrage für *www.microsoft.com* an den lokalen Namenserver.

2. Der lokale Namenserver sucht in seiner Datenbank nach den vom Client gewünschten Zuordnungsinformationen. Da der lokale Server aber keine Autorität für die Domäne *microsoft.com* besitzt, gibt er die Abfrage an einen der DNS-Stammserver weiter und fragt nach dem Hostnamen des zuständigen Servers für *com*-Domänen. Der Stammserver gibt die Adresse eines *com*-Namenservers zurück.

3. Der lokale Namenserver sendet nun eine Anforderung an einen *com*-Namenserver, der wiederum die Adresse der Namenserver von Microsoft zurückgibt.
4. Der lokale Namenserver sendet eine Anforderung an den Microsoft-Namenserver, der diese Anforderung empfängt. Da der Microsoft-Namenserver für diesen Bereich des Domain Name Space Autorität besitzt, kann er die IP-Adresse für *www.microsoft.com* an den lokalen Namenserver zurücksenden.
5. Der lokale Namenserver sendet die erhaltene IP-Adresse an den Client.
6. Die Namensauflösung wurde vollständig durchgeführt, und der Client kann nun auf www.microsoft.com zugreifen.

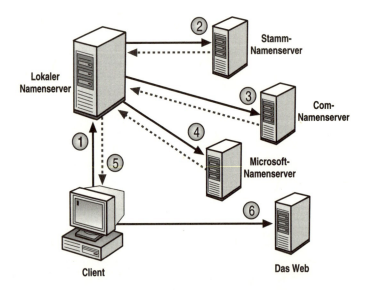

Abbildung 8.3 Auflösung einer Forward-Lookup-Abfrage

Zwischenspeicherung auf Namenservern

Wenn ein Namenserver eine Abfrage verarbeitet, muss er manchmal selbst mehrere Abfragen versenden, um die richtige Antwort zu finden. Bei jeder dieser Abfragen macht der Namenserver wieder neue Namenserver ausfindig, die Autorität für einen bestimmten Bereich im Domain Name Space besitzen. Diese Abfrageergebnisse speichert er in seinem Cache, um den Datenverkehr im Netzwerk möglichst gering zu halten.

Wenn ein Namenserver das Ergebnis einer Abfrage empfängt, finden folgende Vorgänge statt (siehe Abbildung 8.4):

1. Der Namenserver speichert das Ergebnis der Abfrage für einen bestimmten Zeitraum in seinem Cache. Der betreffende Zeitraum wird als Gültigkeitsdauer (Time to Live, TTL) bezeichnet.

> **Hinweis** Die TTL wird von der Zone bestimmt, die das Ergebnis der Abfrage liefert. Der Standardwert ist 60 Minuten.

2. Sobald der Namenserver das Ergebnis in seinem Cache gespeichert hat, beginnt die TTL abzulaufen.
3. Wenn die TTL abgelaufen ist, löscht der Namenserver das Ergebnis der Abfrage aus dem Cache.

Durch diese Zwischenspeicherung von Abfrageergebnissen kann der Namenserver andere Abfragen, die denselben Bereich des Domain Name Space betreffen, schneller beantworten.

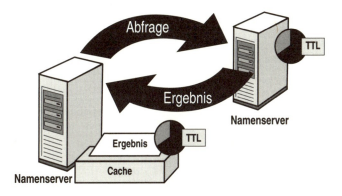

Abbildung 8.4 Zwischenspeicherung von Abfrageergebnissen im Cache

> **Hinweis** Kurze TTL-Werte stellen sicher, dass die Daten über den Domain Name Space im ganzen Netzwerk immer möglichst aktuell sind, doch gleichzeitig erhöhen sie die Belastung der Namenserver. Längere TTL-Werte sorgen für eine schnellere Namensauflösung, wenn sich im Netzwerk jedoch etwas verändert, erhält der Client die aktuelle Information erst, wenn die TTL abgelaufen ist und er eine erneute Abfrage über den betreffenden Bereich im Domain Name Space verarbeiten muss.

Reverse-Lookup-Abfragen

Bei einer Reverse-Lookup-Abfrage wird der zugehörige Name zu einer IP-Adresse gesucht. Solche Abfragen werden beispielsweise von Dienstprogrammen zur Problembeseitigung (beispielsweise dem Befehlszeilen-Dienstprogramm *nslookup*) verwendet, um Hostnamen zu liefern. Außerdem gründen sich in einigen Anwendungen die Sicherheitsfunktionen darauf, dass Verbindungen zu Namen und nicht zu IP-Adressen hergestellt werden.

Da die verteilte DNS-Datenbank nach Namen und nicht nach IP-Adressen indiziert ist, müssten bei Reverse-Lookup-Abfragen sämtliche Domänennamen vollständig durchsucht werden. Zur Lösung dieses Problems wurde eine spezielle Domäne zweiter Ebene mit dem Namen *in-addr.arpa* eingerichtet.

Die Domäne *in-addr.arpa* richtet sich nach demselben hierarchischen Benennungsschema wie der übrige Domain Name Space, basiert jedoch nicht auf Domänennamen, sondern auf IP-Adressen:

- Die Subdomänen werden nach der dezimalen Punkt-Darstellung der IP-Adresse benannt.
- Die Reihenfolge der Oktette in der IP-Adresse wird umgekehrt.
- Die Unternehmen verwalten die Subdomänen der Domäne *in-addr.arpa* auf der Grundlage der ihnen zugewiesenen IP-Adressen und der Adressierungsmaske.

In Abbildung 8.5 wird beispielsweise die dezimale Punkt-Darstellung der IP-Adresse 169.254.16.200 gezeigt. Ein Unternehmen mit einem zugewiesenen IP-Adressbereich von 169.254.16.0 bis 169.154.16.255 und einer Adressierungsmaske von 255.255.255.0 besitzt die Autorität über die Domäne 16.254.169.in-addr.arpa.

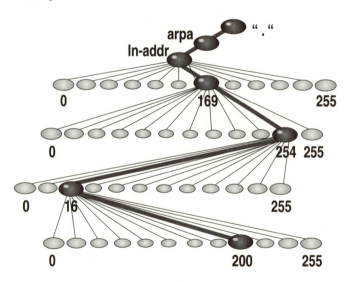

Abbildung 8.5 Die Domäne in-addr.arpa

Zusammenfassung der Lektion

In dieser Lektion haben Sie gelernt, dass man unter dem Begriff *Namensauflösung* den Prozess der Zuordnung von Namen zu IP-Adressen versteht und dass die dazu notwendigen Zuordnungsinformationen für Namen und IP-Adressen in der verteilten DNS-Datenbank gespeichert sind. Sie wissen nun, dass DNS-Namenserver Forward-Lookup-Anfragen auflösen, und Sie kennen den Prozess, der abläuft, wenn ein Client bei einem Namenserver eine IP-Adresse anfordert. Darüber hinaus haben Sie erfahren, dass die Namenserver einen Cachespeicher besitzen. In diesem Cache werden die Abfrageergebnisse zwischengespeichert, damit der Datenverkehr im Netzwerk möglichst gering gehalten wird.

Zusätzlich zu Forward-Lookup-Abfragen können DNS-Namenserver auch Reverse-Lookup-Abfragen auflösen. Bei einer Reverse-Lookup-Abfrage wird der zu einer IP-Adresse gehörige Name gesucht. Da die verteilte DNS-Datenbank nicht nach IP-Adressen, sondern nach Namen indiziert ist, wurde zu diesem Zweck eine spezielle Domäne zweiter Ebene mit dem Namen *in-addr.arpa* erstellt. Die Namensgebung in der Domäne *in-addr.arpa* erfolgt nach der gleichen Hierarchiestruktur wie im übrigen Domain Name Space, sie basiert jedoch nicht auf Domänennamen, sondern auf IP-Adressen.

Lektion 3: DNS-Clients konfigurieren

Wenn ein Computer in Ihrem Netzwerk Windows 2000 Server ausführt und wenn auf ihm der DNS-Dienst installiert und konfiguriert ist, müssen Sie wissen, wie Sie Ihren Computer konfigurieren, der mit Windows 2000 Professional als DNS-Client arbeiten soll. In dieser Lektion lernen Sie, DNS-Clients zu konfigurieren.

Am Ende dieser Lektion werden Sie in der Lage sein, die folgenden Aufgaben auszuführen:

- Sie können DNS-Clients konfigurieren

Veranschlagte Zeit für die Lektion: 10 Minuten

Da das DNS eine verteilte Datenbank ist, mit deren Hilfe in TCP/IP-Netzwerken Computernamen in IP-Adressen übersetzt werden, müssen Sie auf einem Client mit dem Betriebssystem Windows 2000 Professional zunächst TCP/IP installieren, bevor Sie ihn so konfigurieren können, dass er den DNS-Dienst nutzen kann. Nachdem Sie TCP/IP auf dem Client installiert haben, müssen Sie über das Dialogfeld *Netzwerk- und DFÜ-Verbindungen* das Dialogfeld *Eigenschaften* für das TCP/IP auf Ihrem Client öffnen. In diesem Dialogfeld können Sie den Client für die Nutzung des DNS-Dienstes konfigurieren.

Wenn Sie im Dialogfeld *Netzwerk- und DFÜ-Verbindungen* eine lokale Verbindung konfigurieren wollen, klicken Sie mit der rechten Maustaste auf *LAN-Verbindung* und klicken Sie dann auf *Eigenschaften*. Klicken Sie auf der Registerkarte *Allgemein* auf *TCP/IP* und klicken Sie dann auf *Eigenschaften* (siehe Abbildung 8.6). Wenn Sie eine andere Art der Verbindung konfigurieren wollen, klicken Sie im Dialogfeld *Eigenschaften* der jeweiligen Verbindung in der Registerkarte *Netzwerk* auf *Internetprotokoll (TCP/IP)* und anschließend auf *Eigenschaften*.

Sie müssen eine der beiden folgenden Optionen aktivieren:

- **DNS-Serveradresse automatisch beziehen** Wenn Sie diese Option aktivieren, muss in Ihrem Netzwerk ein DHCP-Server vorhanden sein, der die IP-Adresse eines DNS-Servers zur Verfügung stellt. Weitere Informationen über DHCP finden Sie in Anhang C.

- **Folgende DNS-Serveradressen verwenden** Wenn Sie diese Option aktivieren, müssen Sie die IP-Adressen der DNS-Server eingeben, die der Client verwenden soll.

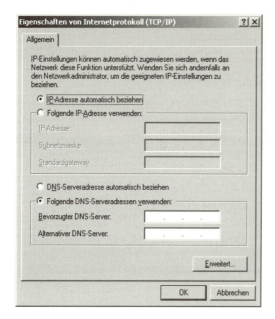

Abbildung 8.6 Das Dialogfeld *Eigenschaften von Internetprotokoll (TCP/IP)*

Die Konfiguration vorbereiten

Wenn Ihr Client mit einem Netzwerk verbunden ist, in dem ein DNS-Server vorhanden ist, sollten Sie auf diesem Server die folgenden Einstellungen überprüfen:

- Sorgen Sie dafür, dass dem DNS-Server eine feste IP-Adresse zugewiesen wurde.
- Stellen Sie sicher, dass dem DNS-Server die richtige IP-Adresse und der richtige Domänenname zugewiesen wurde. Klicken Sie dazu im Dialogfeld *Eigenschaften von Internetprotokoll (TCP/IP)* auf die Schaltfläche *Erweitert*, sodass Sie die weiteren Einstellungen für TCP/IP konfigurieren können. Prüfen Sie, welche DNS-Adresse und welcher Domänenname auf der Registerkarte *DNS* eingetragen sind.

Praxis: Einen DNS-Client konfigurieren

Wenn Sie diese Übung durchgeführt haben, werden Sie in der Lage sein, Computer mit dem Betriebssystem Windows 2000 Professional als Clients zu konfigurieren.

▶ **So konfigurieren Sie einen Client für die Nutzung des DNS-Dienstes**

1. Klicken Sie mit der rechten Maustaste auf *Netzwerkumgebung* und anschließend auf *Eigenschaften*.

2. Klicken Sie mit der rechten Maustaste auf *LAN-Verbindung* und anschließend auf *Eigenschaften*.

3. Klicken Sie auf *Internetprotokoll (TCP/IP)* und anschließend auf *Eigenschaften*.

4. Aktivieren Sie im Dialogfeld *Eigenschaften von Internetprotokoll (TCP/IP)* die Option *Folgende DNS-Serveradressen verwenden*.

5. Geben Sie in das Feld *Bevorzugter DNS-Server* die IP-Adresse des primären Namenservers für diesen Client ein.

Hinweis Wenn Ihr Computer an ein Netzwerk angeschlossen ist, fragen Sie den Netzwerkadministrator nach der IP-Adresse eines DNS-Servers, den Sie verwenden können, und geben Sie diese Adresse in das Feld *Bevorzugter DNS-Server* ein. Wenn sich Ihr Computer nicht in einem Netzwerk befindet oder wenn in Ihrem Netzwerk kein DNS-Server vorhanden ist, können Sie in das Feld *Bevorzugter DNS-Server* die IP-Adresse 192.168.1.203 eingeben.

6. Wenn der Client auch noch einen zweiten Namenserver nutzen kann, geben Sie dessen IP-Adresse in das Feld *Alternativer DNS-Server* ein.

Hinweis Wenn Ihr Computer an ein Netzwerk angeschlossen ist, fragen Sie den Netzwerkadministrator nach der IP-Adresse eines zweiten DNS-Servers, den Sie verwenden können, und geben Sie diese Adresse in das Feld *Alternativer DNS-Server* ein. Wenn sich Ihr Computer nicht in einem Netzwerk befindet oder wenn in Ihrem Netzwerk kein zweiter DNS-Server vorhanden ist, können Sie in das Feld *Alternativer DNS-Server* die IP-Adresse 192.168.1.205 eingeben.

Der Client versucht dann jeweils zuerst, seine Abfragen an den ersten angegebenen Namenserver zu senden. Erst wenn dieser Server nicht reagiert, sendet er die Abfrage an den zweiten Namenserver.

Tipp Wenn Sie mehrere Computer mit dem Betriebssystem Windows 2000 Professional als DNS-Clients konfigurieren wollen, richten Sie bei einigen von ihnen den alternativen Namenserver als bevorzugten Namenserver ein. So verringern Sie die Belastung des primären Servers.

7. Klicken Sie auf OK, um das Dialogfeld *Eigenschaften von Internetprotokoll (TCP/IP)* zu schließen.

8. Klicken Sie auf OK, um das Dialogfeld *Eigenschaften von LAN-Verbindung* zu schließen, und schließen Sie dann auch das Dialogfeld *Netzwerk- und DFÜ-Verbindungen*.

Zusammenfassung der Lektion

In dieser Lektion haben Sie gelernt, dass Sie auf einem Client mit dem Betriebssystem Windows 2000 Professional zuerst TCP/IP installieren müssen, bevor Sie ihn für die Nutzung des DNS-Dienstes konfigurieren können. Nach der Installation von TCP/IP können Sie den Client im Dialogfeld *Eigenschaften von Internetprotokoll (TCP/IP)* für die Nutzung des DNS-Dienstes konfigurieren. Dieses Dialogfeld lässt sich über das Dialogfeld *Netzwerk- und DFÜ-Verbindungen* öffnen. Bei der Konfiguration müssen Sie auswählen, ob der Client die Adresse eines DNS-Servers automatisch von einem DHCP-Server abrufen soll oder ob Sie selbst die Adresse eines DNS-Servers eingeben wollen. In dem Praxisabschnitt haben Sie Ihren Computer als DNS-Client konfiguriert.

Lernzielkontrolle

Mithilfe der folgenden Fragen können Sie feststellen, ob Sie genug gelernt haben, um mit dem nächsten Kapitel fortfahren zu können. Sollten Sie einige der Fragen nicht vollständig beantworten können, lesen Sie sich die Informationen in diesem Kapitel noch einmal durch, bevor Sie zum nächsten Kapitel übergehen. Die Antworten zu den Fragen finden Sie in Anhang A.

1. Welche Funktion haben die folgenden DNS-Komponenten?

   Domain Name Space

   _____

   _____

   Zonen

   _____

   _____

   Namenserver

   _____

   _____

   _____

2. Warum ist es günstig, mehrere Namenserver einzurichten?

   _____

   _____

   _____

   _____

3. Was ist der Unterschied zwischen einer Forward-Lookup-Abfrage und einer Reverse-Lookup-Abfrage?

   _____

   _____

   _____

4. In welchem Fall sollten Sie eine Verbindung so konfigurieren, dass die Adresse des DNS-Servers automatisch abgerufen wird?

   _____

   _____

   _____

   _____

KAPITEL 9

Active Directory-Verzeichnisdienste

Lektion 1: Active Directory-Verzeichnisdienste im Überblick . . . 230

Lektion 2: Aufbau und Replikation von Active Directory . . . 234

Lektion 3: Grundlagen und Konzepte von Active Directory . . . 241

Lernzielkontrolle . . . 247

Über dieses Kapitel

Über Verzeichnisdienste werden Benutzer und Ressourcen in einem Netzwerk eindeutig identifiziert. Die Verzeichnisdienste in Windows 2000, die auf der Active Directory-Technologie basieren, haben gegenüber den Diensten früherer Windows-Versionen wichtige Verbesserungen erfahren. Die Active Directory-Verzeichnisdienste bilden die zentrale Stelle für die Verwaltung eines Netzwerks. Sie vereinfachen das Hinzufügen, Löschen und Neupositionieren von Benutzern und Ressourcen. Dieses Kapitel enthält eine Einführung in die Active Directory-Verzeichnisdienste, die in Windows 2000 Server-Produkten zur Verfügung stehen.

Hinweis In Windows 2000 Professional sind die Active Directory-Verzeichnisdienste nicht verfügbar. Damit Sie diese Dienste verwenden können, benötigen Sie ein Windows 2000-Server Produkt auf einem Computer, der als Domänencontroller konfiguriert ist.

Bevor Sie beginnen

Zur Bearbeitung dieses Kapitels benötigen Sie Folgendes:

- Einen Rechner, der die im Abschnitt *Hardwarevoraussetzungen* des Kapitels *Zu diesem Buch* angegebenen Mindestvoraussetzungen erfüllt.
- Windows 2000 Professional muss auf dem Computer installiert sein.

Lektion 1: Active Directory-Verzeichnisdienste im Überblick

Bevor Sie Active Directory-Verzeichnisdienste implementieren, sollten Sie sich prinzipiell über den Zweck und die Funktion von Verzeichnisdiensten im Klaren sein und wissen, welche Rolle die Active Directory-Verzeichnisdienste in einem Windows 2000-Netzwerk spielen. Außerdem sollten Sie die wichtigsten Funktionen dieser Dienste kennen, die eine einfachere und flexiblere Netzwerkverwaltung ermöglichen.

Am Ende dieser Lektion werden Sie in der Lage sein, die folgende Aufgabe auszuführen:

- Sie können den Zweck und die Funktion der Active Directory-Verzeichnisdienste beschreiben.

Veranschlagte Zeit für die Lektion: 10 Minuten

Was sind Active Directory-Verzeichnisdienste?

Active Directory-Verzeichnisdienste fungieren in den Windows 2000 Server-Produkten als Verzeichnisdienst. Ein *Verzeichnisdienst* ist ein Netzwerkdienst, der alle Ressourcen in einem Netzwerk identifiziert und diese Ressourcen den Benutzern und Anwendungen zur Verfügung stellt.

Die Active Directory-Verzeichnisdienste setzen sich zusammen aus dem eigentlichen *Verzeichnis*, in dem die Informationen über Netzwerkressourcen gespeichert sind, und den Diensten, die diese Ressourcen zugänglich machen. Die im Verzeichnis gespeicherten Ressourcen (Benutzerdaten, Drucker, Server, Datenbanken, Gruppen, Computer und Sicherheitsrichtlinien) werden als Objekte bezeichnet.

Vereinfachte Verwaltung

Active Directory-Verzeichnisdienste ordnen die Ressourcen hierarchisch in so genannten Domänen an. Eine *Domäne* ist eine logische Gruppe von Servern und anderen Netzwerkressourcen, die unter einem Domänennamen zusammengefasst sind. Die Domäne ist die Basiseinheit für die Replikation und Sicherheit in einem Windows 2000-Netzwerk.

Jede Domäne enthält einen oder mehrere Domänencontroller. Ein *Domänencontroller* ist ein Computer, auf dem Windows 2000 Server installiert ist und auf dem sich ein vollständiges Replikat des Domänenverzeichnisses befindet. Um die Verwaltung zu vereinfachen, sind alle Domänencontroller in der Domäne gleichberechtigt. Wenn Sie auf einem Domänencontroller Änderungen vornehmen, werden diese Änderungen auf allen Domänencontrollern in der Domäne repliziert.

Die Verwaltung wird auch dadurch vereinfacht, dass die Active Directory-Verzeichnisdienste die zentrale Stelle für die Verwaltung aller Objekte im Netzwerk darstellen. Da diese Dienste die Anlaufstelle für die Anmeldung zu allen Netzwerkressourcen darstellen, kann sich ein Administrator bei einem Computer anmelden und von hier aus die Objekte auf allen Computern im Netzwerk verwalten.

Skalierbarkeit

Das Verzeichnis der Active Directory-Verzeichnisdienste ist in Bereiche eingeteilt, die extrem viele Objekte aufnehmen können. Das Verzeichnis kann an das Wachstum einer Organisation angepasst und entsprechend erweitert werden. Es ist möglich, eine kleine Installation mit einigen hundert Objekten ständig zu vergrößern und auf diese Weise eine Installation mit Millionen von Objekten zu schaffen.

Hinweis Verzeichnisinformationen können auf mehrere Computer in einem Netzwerk verteilt werden.

Unterstützung offener Standards

Active Directory-Verzeichnisdienste integrieren das Internet-Namespace-Konzept in die Windows 2000-Verzeichnisdienste. Dies ermöglicht die Vereinheitlichung und Verwaltung der verschiedenen Namespace-Formate, die gegenwärtig in den heterogenen Software- und Hardwareumgebungen von Firmennetzwerken vorhanden sind. Die Active Directory-Verzeichnisdienste verwenden DNS als Namenssystem und können Informationen mit allen Anwendungen und Verzeichnissen austauschen, die mit LDAP (Lightweight Directory Access Protocol) oder HTTP arbeiten.

Wichtig Active Directory-Verzeichnisdienste können Informationen gemeinsam mit anderen Verzeichnisdiensten nutzen, die die LDAP-Versionen 2 und 3 unterstützen, wie beispielsweise Novell Directory Services (NDS).

Domain Name System (DNS)

Die Namen von Windows 2000-Domänen sind DNS-Namen, da Active Directory-Verzeichnisdienste DNS für die Benennung und Standortfestlegung von Domänen verwenden. In Windows 2000 Server findet Dynamic DNS (DDNS) Verwendung, sodass Clients mit dynamisch zugewiesenen Adressen direkt auf einem Server registriert werden können, auf dem der DNS-Dienst ausgeführt wird. Dabei wird die DNS-Tabelle dynamisch aktualisiert. In einer homogenen Umgebung sind bei Verwendung von DDNS keine weiteren Internet Naming Services, wie WINS (Windows Internet Name Service), erforderlich.

> **Wichtig** Damit die Active Directory-Verzeichnisdienste und die dazugehörige Clientsoftware korrekt funktionieren, muss der DNS-Dienst installiert und konfiguriert sein.

Unterstützung von LDAP und HTTP

Active Directory-Verzeichnisdienste übernehmen durch die direkte Unterstützung von LDAP und HTTP weitere Internetstandards. LDAP ist ein Internetstandard für den Zugriff auf Verzeichnisdienste, der als einfachere Alternative zu DAP (Directory Access Protocol) entwickelt wurde. Wenn Sie weitere Informationen zu LDAP wünschen, können Sie mit Ihrem Webbrowser nach *RFC 1777* suchen und den Text dieses RFC-Dokuments (RFC = Request for Comment) abrufen. Active Directory-Verzeichnisdienste unterstützen die LDAP-Versionen 2 und 3. HTTP ist das Standardprotokoll für die Anzeige von Seiten im World Wide Web. Jedes Objekt in den Active Directory-Verzeichnisdiensten kann als HTML-Seite in einem Webbrowser angezeigt werden.

> **Hinweis** In Active Directory-Verzeichnisdiensten werden Informationen zwischen Verzeichnissen und Anwendungen mittels LDAP ausgetauscht.

Unterstützung von Standardnamensformaten

Active Directory-Verzeichnisdienste unterstützen viele gängige Namensformate, sodass Benutzer und Anwendungen für den Zugriff auf die Dienste meist das ihnen vertraute Namensformat verwenden können. In Tabelle 9.1 sind einige der Formate beschrieben, die von Active Directory-Verzeichnisdiensten unterstützt werden.

Tabelle 9.1 Standardnamensformate für Active Directory-Verzeichnisdienste

Format	Beschreibung
RFC 822	RFC 822-Namen werden in der Form *Name@Domäne* angegeben und sind den meisten Benutzern als Internet-E-Mailadressen bekannt.
HTTP URL	Benutzer, die mit Webbrowsern arbeiten, kennen dieses Namensformat, das in der Form *http://Domäne//Seitenpfad* angegeben wird.
UNC	Active Directory-Verzeichnisdienste unterstützen das UNC-Format, das in Windows 2000 Server-basierten Netzwerken verwendet wird und mit dem gemeinsam genutzte Datenträger, Drucker und Dateien benannt werden, z. B. \\microsoft.com\xl\budget.xls.

(Fortsetzung)

Format	Beschreibung
LDAP URL	In diesem Format werden der Server, auf dem sich die Active Directory-Verzeichnisdienste befinden, und der dem Objekt zugewiesene Name angegeben. Active Directory-Verzeichnisdienste unterstützen den im RFC 17779 dargelegten Entwurf und verwenden die Attribute wie im folgenden Beispiel:
	LDAP://someserver.microsoft.com/CN=FirstnameLastname,OU=sys,OU=product,OU=division,DC=devel
	OU=product,OU=division,DC=devel
	CN repräsentiert CommonName
	OU repräsentiert OrganisationalUnitName
	DC repräsentiert DomainComponentName

Zusammenfassung der Lektion

Active Directory-Verzeichnisdienste sind Bestandteil der Microsoft Windows 2000 Server-Produkte. In Windows 2000 Professional sind diese Dienste nicht verfügbar. Wenn sich Windows 2000 Professional-Clients jedoch in einer Windows 2000-Domäne befinden, stehen diese Dienste auch auf den Clients zur Verfügung.

Ein *Verzeichnisdienst* ist ein Netzwerkdienst, der alle Ressourcen in einem Netzwerk identifiziert und diese Ressourcen den Benutzern und Anwendungen zur Verfügung stellt. Zu den Active Directory-Verzeichnisdiensten gehört das *Verzeichnis*, in dem Informationen über Netzwerkressourcen (Benutzerdaten, Drucker, Server, Datenbanken, Gruppen, Computer und Sicherheitsrichtlinien) gespeichert sind. Das Verzeichnis kann eine kleine Installation mit einigen hundert Objekten oder eine sehr große Installation mit mehreren Millionen Objekten enthalten.

Active Directory-Verzeichnisdienste verwenden DNS als Dienst für die Benennung und Standortfestlegung von Domänen. Aus diesem Grund sind Windows 2000-Domänennamen DNS-Namen. In Windows 2000 Server wird Dynamic DNS (DDNS) verwendet, sodass Clients mit dynamisch zugewiesenen Adressen direkt auf einem Server registriert werden können, auf dem der DNS-Dienst ausgeführt wird. Hierbei wird die DNS-Tabelle dynamisch aktualisiert. In einer homogenen Umgebung sind bei Verwendung von DDNS keine weiteren Internet Naming Services, wie WINS (Windows Internet Name Service), erforderlich.

Lektion 2: Aufbau und Replikation von Active Directory

Mithilfe von Active Directory-Verzeichnisdiensten können Sie eine Verzeichnisstruktur anlegen, die den Gegebenheiten Ihrer Organisation entspricht. Vor der Installation der Active Directory-Verzeichnisdienste sollten Sie deshalb Aufbau und Abläufe in Ihrer Organisation erforschen. Active Directory-Verzeichnisdienste trennen die logische Struktur der Domänenhierarchie vollständig von der physischen Struktur.

Viele Firmen weisen eine zentralisierte Struktur auf. Normalerweise verfügen diese Firmen über kompetente IT-Mitarbeiter, die die Netzwerkstruktur bis in alle Einzelheiten festlegen und implementieren. Andere Organisationen, vor allem große Unternehmen, werden dezentral verwaltet. Diese Firmen haben meist mehrere Hauptgeschäftszweige. Um die Beziehungen zwischen den Geschäftsbereichen und Netzwerken verwalten zu können, muss ein dezentralisierter Ansatz gewählt werden.

Am Ende dieser Lektion werden Sie in der Lage sein, die folgende Aufgabe auszuführen:

- Sie können Aufbau und Replikation von Active Directory erläutern.

Veranschlagte Zeit für die Lektion: 15 Minuten

Logischer Aufbau

In Active Directory-Verzeichnisdiensten ordnen Sie die Ressourcen in einer hierarchischen Gliederung an. Auf Grund dieser logischen Gliederung können Ressourcen anhand ihres Namens anstatt nach ihrer physischen Position gesucht und ermittelt werden. Aus demselben Grund machen diese Dienste die physische Netzwerkstruktur für Benutzer transparent.

Objekt

Ein Objekt ist eine eindeutige, benannte Menge von Attributen, die eine Netzwerkressource darstellt. *Objektattribute* sind Merkmale der Objekte im Verzeichnis. Zu den Attributen eines Benutzerkontos gehören beispielsweise der Vor- und Nachname des Benutzers, seine Abteilung und seine E-Mailadresse (siehe Abbildung 9.1).

Sie können in den Active Directory-Verzeichnisdiensten die Objekte in *Klassen* (logisch aufgebaute Objektgruppen) einteilen. Eine Klasse kann beispielsweise Benutzerkonten, Gruppen, Computer, Domänen oder Organisationseinheiten enthalten.

Hinweis Bestimmte Objekte, die als *Container* bezeichnet werden, können andere Objekte enthalten. Eine Domäne ist ein Beispiel für ein Containerobjekt.

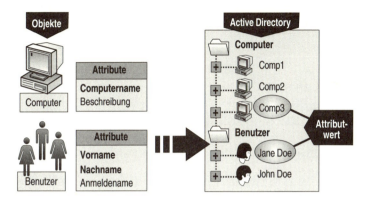

Abbildung 9.1 Objekte und Attribute von Active Directory

Organisationseinheiten

Eine *Organisationseinheit (OU)* ist ein Container, mit dessen Hilfe Sie die Objekte einer Domäne in logischen Verwaltungsgruppen zusammenfassen können. Eine OU kann Objekte wie Benutzerkonten, Gruppen, Computer, Drucker, Anwendungen, freigegebene Dateien und andere Organisationseinheiten enthalten (siehe Abbildung 9.2).

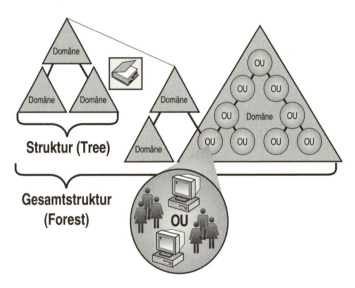

Abbildung 9.2 In einem hierarchischen Aufbau angeordnete Ressourcen

Die OU-Hierarchie in einer Domäne ist unabhängig von der OU-Hierarchiestruktur in anderen Domänen, da jede Domäne ihre eigene OU-Hierarchie implementieren kann. Hinsichtlich der Schachtelungstiefe der Hierarchie gibt es keine Beschränkung. OU-Hierarchien sollten aber aus Effektivitätsgründen nicht zu tief geschachtelt werden und nur so viele Ebenen umfassen, wie erforderlich sind.

> **Hinweis** Sie können Verwaltungsaufgaben delegieren, indem Sie den Organisationseinheiten entsprechende Berechtigungen zuweisen.

Domäne

Die wichtigste Einheit der logischen Gliederung in Active Directory-Verzeichnisdiensten ist die *Domäne*. Sie können Objekte in einer oder mehreren Domänen gruppieren und auf diese Weise die Organisationsstruktur Ihres Unternehmens im Netzwerk abbilden. Domänen besitzen folgende Merkmale:

- Alle Netzwerkobjekte befinden sich in einer Domäne. In jeder Domäne werden nur Informationen über die in ihr enthaltenen Objekte gespeichert. Theoretisch kann das Verzeichnis einer Domäne bis zu 10 Millionen Objekte aufnehmen. In der Praxis sollte eine Domäne aber nicht mehr als eine Million Objekte enthalten.

- Eine Domäne stellt eine Sicherheitszone dar. Der Zugriff auf die Objekte in einer Domäne wird über *ACLs* (*Access Control Lists*, deutsch *Zugriffssteuerungslisten*) gesteuert. Diese Listen enthalten die mit den Objekten verbundenen Berechtigungen, über die festgelegt wird, welche Benutzer auf ein Objekt zugreifen können und welche Art des Zugriffs auf die Objekte einem Benutzer gestattet ist. In Windows 2000 gehören Dateien, Ordner, Freigaben, Drucker und Active Directory-Objekte zu den Objekten. Alle Sicherheitsrichtlinien und -einstellungen (wie Administratorrechte, Sicherheitsrichtlinien und ACLs) gelten immer nur für die jeweilige Domäne. Der Domänenadministrator darf nur die Richtlinien für seine Domäne festlegen.

Struktur (Tree)

Eine *Struktur* (engl. Tree) ist eine Gruppe oder hierarchische Anordnung einer oder mehrerer Windows 2000-Domänen, die einen zusammenhängenden Namespace gemeinsam nutzen:

- Entsprechend den DNS-Standards besteht der Name einer untergeordneten Domäne aus dem relativen Namen dieser Domäne, an den der Name der übergeordneten Domäne angehängt wird.

- Alle Domänen einer Struktur stützen sich auf ein gemeinsames *Schema*, das eine formale Definition aller Objekttypen darstellt, die Sie in einer Active Directory-Verteilung speichern können.

- Alle Domänen einer Struktur nutzen einen gemeinsamen *globalen Katalog*, bei dem es sich um den zentralen Ablageort für Informationen über die Objekte einer Struktur handelt.

Gesamtstruktur (Forest)

Eine *Gesamtstruktur* (engl. Forest) ist eine Gruppe oder hierarchische Anordnung aus einem oder mehreren Bäumen, die einen getrennten Namespace nutzen. Gesamtstrukturen besitzen folgende Merkmale:

- Alle Strukturen in einer Gesamtstruktur sind Teil eines gemeinsamen Schemas.
- Strukturen einer Gesamtstruktur haben entsprechend ihren Domänen unterschiedliche Namensstrukturen.
- Alle Domänen einer Gesamtstruktur nutzen einen gemeinsamen globalen Katalog.
- Domänen einer Gesamtstruktur agieren unabhängig voneinander. Eine Gesamtstruktur ermöglicht jedoch die Kommunikation in der gesamten Organisation.

Standorte

Der physische Aufbau der Active Directory-Verzeichnisdienste basiert auf Standorten. Ein *Standort* ist eine Kombination aus einem oder mehreren IP-Subnetzen, die über einen Hochgeschwindigkeitslink miteinander verbunden sein sollten. Normalerweise hat ein Standort dieselbe Reichweite wie ein LAN. Wenn Sie in Ihrem Netzwerk Subnetze gruppieren, sollten Sie nur Subnetze verwenden, die über schnelle, kostengünstige und zuverlässige Verbindungen verfügen. Eine Netzwerkverbindung ist schnell, wenn sie mindestens 512 Kilobits pro Sekunde (Kbps) übertragen kann. Eine verfügbare Bandbreite von 128 Kbps und höher ist ausreichend.

Bei Active Directory-Verzeichnisdiensten sind Standorte nicht Bestandteil des Namespace. Wenn Sie den logischen Namespace durchsuchen, sehen Sie keine Standorte, sondern Domänen und Organisationseinheiten, in denen Computer und Benutzer zusammengefasst sind. Standorte enthalten nur Computer- und Verbindungsobjekte, die für die Konfiguration von Replikationen zwischen Standorten verwendet werden.

Hinweis Eine Domäne kann mehrere geografische Standorte umfassen, und ein Standort kann Benutzerkonten und Computer enthalten, die zu mehreren Domänen gehören.

Replikationen in einem Standort

Active Directory-Verzeichnisdienste besitzen eine Replikationsfunktion. Durch eine Replikation wird sichergestellt, dass Änderungen in einem Domänencontroller auf alle anderen Domänencontroller der Domäne übertragen werden. Um die Funktion einer Replikation zu verstehen, müssen Sie wissen, welchen Zweck ein Domänencontroller erfüllt. Ein Domänencontroller ist ein Computer, auf dem Windows 2000 Server ausgeführt wird, und auf dem ein Replikat des Domänenverzeichnisses gespeichert ist. In einer Domäne können mehrere Domänencontroller vorhanden sein.

Domänencontroller erfüllen folgende Funktionen:

- Auf jedem Domänencontroller wird eine vollständige Kopie der Active Directory-Informationen für die jeweilige Domäne gespeichert. Außerdem werden hier die Änderungen an diesen Informationen verwaltet und auf die anderen Domänencontroller in der Domäne repliziert.

- Alle Objekte in einer Domäne werden auf jedem Domänencontroller der Domäne repliziert. Wenn Sie eine Aktion ausführen, die eine Aktualisierung der Active Directory-Verzeichnisdienste nach sich zieht, findet die entsprechende Änderung auf einem der Domänencontroller statt. Der betreffende Domänencontroller repliziert die Änderung auf alle anderen Domänencontroller in der Domäne. Sie können den Replikationsverkehr zwischen den Domänencontrollern im Netzwerk steuern, indem Sie festlegen, wie oft eine Replikation erfolgen soll und wie viele Daten auf einmal repliziert werden sollen.

- Domänencontroller replizieren bestimmte wichtige Aktualisierungen sofort. Dazu gehört beispielsweise die Deaktivierung eines Benutzerkontos.

- Active Directory-Verzeichnisdienste verwenden eine Multimasterreplikation, bei der keiner der Domänencontroller die Rolle des Masterdomänencontrollers einnimmt. Stattdessen sind alle Domänencontroller in einer Domäne gleichberechtigt, und jeder Domänencontroller enthält eine Kopie der Verzeichnisdatenbank, in die Informationen aufgenommen werden können. Es kann vorkommen, dass Domänencontroller für kurze Zeit unterschiedliche Daten enthalten, bis die Änderungen an den Active Directory-Verzeichnisdiensten auf allen Domänencontrollern synchronisiert sind.

- Domänencontroller wirken sich auf die Fehlertoleranz aus. Diese ist sichergestellt, wenn in einer Domäne mehrere Domänencontroller vorhanden sind. Wenn sich ein Domänencontroller im Offlinemodus befindet, kann ein anderer Controller alle erforderlichen Funktionen bereitstellen, beispielsweise für das Speichern von Änderungen in Active Directory-Verzeichnisdiensten.

- Auf den Domänencontrollern werden alle Interaktionen zwischen Benutzern und der Domäne verwaltet (z. B. das Suchen von Active Directory-Objekten oder die Gültigkeitsüberprüfung bei Benutzeranmeldungen).

In einem Standort erzeugen die Active Directory-Verzeichnisdienste für die Replikation zwischen den Domänencontrollern einer Domäne automatisch eine Ringtopologie. Anhand dieser Topologie wird festgelegt, wie der Weg für Verzeichnisaktualisierungen zwischen den Domänencontrollern verlaufen soll, damit alle Controller berücksichtigt werden (siehe Abbildung 9.3).

Durch die Ringstruktur wird sichergestellt, dass mindestens zwei Replikationspfade von einem Domänencontroller zum anderen führen. Wenn ein Domänencontroller vorübergehend heruntergefahren ist, kann die Replikation auf allen anderen Controllern weiter ausgeführt werden.

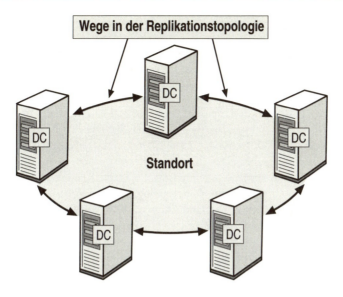

Abbildung 9.3 Replikationstopologie für Domänencontroller

Active Directory-Verzeichnisdienste analysieren in bestimmten Zeitabständen die Replikationstopologie in einem Standort, um sicherzustellen, dass sie funktionsfähig ist. Wenn Sie einen Domänencontroller in das Netzwerk oder in einen Standort einfügen oder von dort entfernen, konfigurieren die Active Directory-Verzeichnisdienste die Topologie neu, um dieser Änderung Rechnung zu tragen.

Zusammenfassung der Lektion

In dieser Lektion haben Sie gelernt, dass Sie mithilfe der Active Directory-Verzeichnisdienste eine Verzeichnisstruktur anlegen können, in der sich Aufbau und Arbeitsabläufe Ihres Unternehmens abbilden lassen. Active Directory-Verzeichnisdienste trennen die logische Gliederung der Domänenhierarchie vollständig von der physischen Gliederung. Auf Grund der logischen Gliederung von Ressourcen können Ressourcen anhand ihres Namens anstatt über ihre physische Position gesucht und ermittelt werden. Da Sie Ressourcen in logischen Gruppen zusammenfassen, machen Active Directory-Verzeichnisdienste die physische Netzwerkstruktur für Benutzer transparent.

Sie haben erfahren, dass die Domäne die Basiseinheit im logischen Aufbau der Active Directory-Verzeichnisdienste ist. Netzwerkobjekte befinden sich immer in einer Domäne. In jeder Domäne werden nur Informationen über die in ihr enthaltenen Objekte gespeichert. Eine Organisationseinheit (OU) ist ein Container, mit dessen Hilfe Sie die Objekte einer Domäne in logischen Verwaltungsgruppen zusammenfassen können. Eine OU kann Objekte wie Benutzerkonten, Gruppen, Computer, Drucker, Anwendungen, freigegebene Dateien und andere Organisationseinheiten enthalten.

Eine Struktur ist eine Gruppe oder hierarchische Anordnung einer oder mehrerer Windows 2000-Domänen, die einen zusammenhängenden Namespace gemeinsam nutzen. Eine Gesamtstruktur ist eine Gruppe oder hierarchische Anordnung aus einer oder mehreren Strukturen, die getrennte Namespaces nutzen.

Sie wissen nun, dass der physische Aufbau der Active Directory-Verzeichnisdienste auf Standorten basiert. Ein Standort ist eine Kombination aus einem oder mehreren IP-Subnetzen, die über einen Hochgeschwindigkeitslink miteinander verbunden sind. Active Directory-Verzeichnisdienste stellen über die Replikationsfunktion sicher, dass alle Änderungen in einem Domänencontroller auf alle Controller in der Domäne übertragen werden. In einem Standort erzeugen diese Dienste automatisch eine Ringtopologie für die Replikation zwischen den Domänencontrollern einer Domäne. Durch die Ringstruktur wird sichergestellt, dass mindestens zwei Replikationspfade von einem Domänencontroller zum anderen führen. Wenn ein Domänencontroller vorübergehend heruntergefahren ist, kann die Replikation auf allen anderen Controllern weiter ausgeführt werden. Wenn Sie einen Domänencontroller in das Netzwerk oder in einen Standort einfügen oder von dort entfernen, konfigurieren die Active Directory-Verzeichnisdienste die Topologie neu, um dieser Änderung Rechnung zu tragen.

Lektion 3: Grundlagen und Konzepte von Active Directory

Die Active Directory-Verzeichnisdienste verfügen über verschiedene neue Konzepte, die im Folgenden erläutert werden.

Am Ende dieser Lektion werden Sie in der Lage sein, die folgende Aufgabe auszuführen:

- Sie können die neuen Konzepte der Active Directory-Verzeichnisdienste erläutern.

Veranschlagte Zeit für die Lektion: 15 Minuten

Schema

Ein *Schema* enthält eine formale Definition des Inhalts und der Struktur von Active Directory-Verzeichnisdiensten. Die Definition umfasst alle Attribute, Klassen und Klasseneigenschaften (siehe Abbildung 9.4). In diesem Schema wird für jede Objektklasse festgelegt, welche Attribute für eine Klasseninstanz obligatorisch oder optional sind und welche Objektklasse der aktuellen Klasse übergeordnet sein kann.

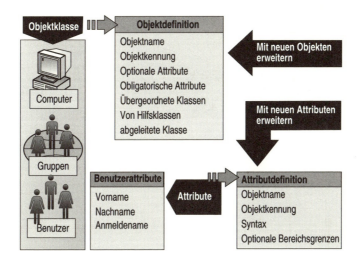

Abbildung 9.4 Das Schema mit der Definition des Inhalts und der Struktur von Active Directory-Verzeichnisdiensten

Die Domäne und das Schema werden erstellt, wenn Active Directory-Verzeichnisdienste auf dem ersten Computer in einem Netzwerk installiert werden. Das Standardschema enthält Definitionen für häufig verwendete Objekte und Eigenschaften (wie Benutzerkonten, Computer, Drucker, Gruppen usw.). Es umfasst außerdem Definitionen für Objekte und Eigenschaften, die intern von den Active Directory-Verzeichnisdiensten verwendet werden.

Das Active Directory-Schema ist erweiterbar. Das heißt, dass Sie neue Verzeichnisobjekttypen und Attribute sowie neue Attribute für vorhandene Objekte definieren können. Das Schema kann mithilfe des Snap-In *Active Directory-Schema* oder über ADSI (Active Directory Services Interface) erweitert werden.

Das Schema wird in den Active Directory-Verzeichnisdiensten (im globalen Katalog) implementiert und gespeichert und kann dynamisch aktualisiert werden. Aus diesem Grund können dem Schema in einer Anwendung neue Attribute und Klassen hinzugefügt werden, die sofort nutzbar sind.

Hinweis Per Voreinstellung verfügen nur die Mitglieder der Administratorgruppe über Schreibrechte für das Schema.

Globaler Katalog

Der globale Katalog ist der zentrale Ablageort für die Informationen über Objekte in einer Struktur oder Gesamtstruktur (siehe Abbildung 9.5). Active Directory-Verzeichnisdienste erzeugen während des normalen Replikationsprozesses den Inhalt des globalen Katalogs automatisch aus den Domänen, aus denen sich das Verzeichnis zusammensetzt.

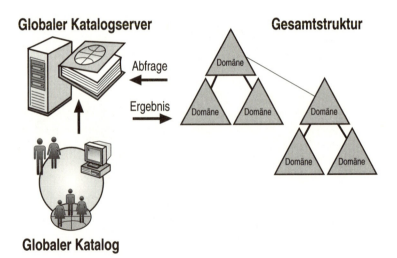

Abbildung 9.5 Der globale Katalog

Der globale Katalog ist ein Dienst und ein physischer Speicherort, der für jedes Objekt in den Active Directory-Verzeichnisdiensten ein Replikat bestimmter Attribute enthält. Per Vorgabe handelt es sich dabei um die Attribute, die am häufigsten in Suchoperationen verwendet werden (z. B. Vor- und Nachnamen von Benutzern, Anmeldenamen usw.) und die zur Ermittlung eines vollständigen Objektreplikats erforderlich sind.

Sie können den globalen Katalog deshalb zum Auffinden von Objekten im Netzwerk verwenden, ohne dass eine Replikation aller Domäneninformationen zwischen Domänencontrollern durchgeführt werden muss.

Hinweis Mit dem Snap-In *Active Directory-Schema* können Sie festlegen, welche Attribute in den Replikationsprozess für den globalen Katalog aufgenommen werden sollen.

Der erste Domänencontroller, auf dem Sie in einer neuen Gesamtstruktur die Active Directory-Verzeichnisdienste installieren, wird per Voreinstellung als Server für den globalen Katalog eingerichtet. Dieser Server ist ein Domänencontroller, auf dem sich eine Kopie des globalen Katalogs befindet. Der globale Katalogserver sollte so konfiguriert werden, dass er mehrere Hunderttausend bis zu einer Million Objekte unterstützt und bei Bedarf noch mehr Objekte aufnehmen kann.

Sie können mit dem Snap-In *Active Directory-Standorte und -Dienste* weitere Domänencontroller als globale Katalogserver definieren. Bei der Auswahl und Bereitstellung zusätzlicher globaler Katalogserver sollten Sie berücksichtigen, wie in Ihrer Netzwerkstruktur der Replikations- und Abfrageverkehr abgewickelt wird. Je größer die Anzahl der globale Katalogserver ist, umso stärker wird der Replikationsverkehr. Andererseits verkürzen sich bei Vorhandensein zusätzlicher globaler Katalogserver die Antwortzeiten für Benutzeranfragen. In der Regel sollte jeder Hauptstandort in einem Unternehmen über einen globalen Katalogserver verfügen.

Namespace

Active Directory-Verzeichnisdienste fungieren (wie alle Verzeichnisdienste) in erster Linie als so genannter Namespace. Unter einem *Namespace* versteht man einen festgelegter Bereich, in dem ein Name aufgelöst wird. Die *Namensauflösung* ist der Prozess, bei dem ein Name dem Objekt oder der Information zugeordnet wird, das bzw. die er repräsentiert. Der Active Directory-Namespace basiert auf dem DNS-Namensschema, sodass eine Interoperabilität mit Internettechnologien sichergestellt ist. In Abbildung 9.6 sehen Sie ein Beispiel für einen Namespace.

Durch die Verwendung eines gemeinsamen Namespace können Sie die Hardware- und Softwareumgebungen in Ihrem Netzwerk vereinheitlichen und verwalten. Zwei Namespace-Typen stehen zur Verfügung:

- **Zusammenhängender Namespace** Der Name des untergeordneten Objekts in einer Objekthierarchie enthält immer den Namen der übergeordneten Domäne. Eine Struktur ist ein Beispiel für einen zusammenhängenden Namespace.

- **Getrennter Namespace** Die Namen des übergeordneten und eines ihm untergeordneten Objekts stehen nicht in direkter Beziehung zueinander. Eine Gesamtstruktur ist ein Beispiel für einen getrennten Namespace.

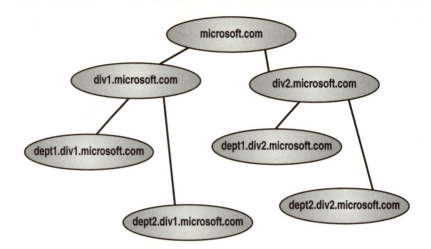

Abbildung 9.6 Namespace-Diagramm

Namenskonventionen

In Active Directory-Verzeichnisdiensten wird jedes Objekt über seinen Namen identifiziert. Die Dienste unterstützen verschiedene Namenskonventionen: definierte Namen, relative definierte Namen, global eindeutige Kennungen (GUID) und User Principal Names.

Definierte Namen

Jedes Objekt in Active Directory-Verzeichnisdiensten hat einen *definierten Namen* (DN), der das Objekt eindeutig identifiziert und genügend Informationen enthält, damit ein Client das Objekt im Verzeichnis ermitteln kann. Der definierte Name besteht aus dem Namen der Domäne, in der sich das Objekt befindet, und aus der vollständigen Pfadangabe (der Pfad durch die Containerhierarchie bis zu dem Objekt).

Der folgende definierte Name kennzeichnet beispielsweise das Benutzerobjekt *Vorname Nachname* in der Domäne microsoft.com (wobei *Vorname* und *Nachname* den tatsächlichen Vor- und Nachnamen eines Benutzerkontos repräsentieren):

/DC=COM/DC=microsoft/OU=div/CN=Benutzer/CN=Vorname Nachname

Tabelle 9.2 enthält ein Beschreibung der im Beispiel verwendeten Attribute.

Tabelle 9.2 Attribute für definierte Namen

Attribut	Beschreibung
DC	DomainComponentName
OU	OrganizationalUnitName
CN	CommonName

Definierte Namen müssen eindeutig sein. Active Directory-Verzeichnisdienste lassen keine doppelten definierten Namen zu.

Relative definierte Namen

Active Directory-Verzeichnisdienste ermöglichen Abfragen anhand von Attributen, sodass Sie ein Objekt auch dann finden können, wenn sein definierter Name unbekannt ist oder geändert wurde. Der *relative definierte Name* (RDN) eines Objekts ist der Teil des Namens, der ein Attribut des Objekts darstellt. Im obigen Beispiel lautet der relative definierte Name des Vorname-Nachname-Benutzerobjekts *Vorname Nachname*. Der relative definierte Name des übergeordneten Objekts lautet *Benutzer*.

Für Active Directory-Objekte können doppelte RDNs vorhanden sein. Innerhalb einer Organisationseinheit dürfen zwei Objekte allerdings nicht denselben relativen definierten Namen haben. Wenn beispielsweise ein Benutzerkonto den Namen Jane Doe hat, darf in derselben Organisationseinheit kein zweites Benutzerkonto mit diesem Namen vorhanden sein. Wenn sich die Objekte jedoch in unterschiedlichen Organisationseinheiten befinden, dürfen sie denselben Namen führen, da sie unterschiedliche definierte Namen haben (siehe Abbildung 9.7).

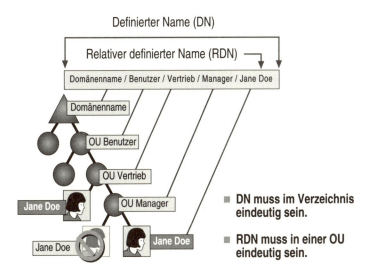

Abbildung 9.7 Definierte und relative definierte Namen

Global eindeutige Kennung (GUID, Gobally Unique Identifier)

Eine *global eindeutige Kennung (GUID)* besteht aus einer 128-Bitzahl, die immer eindeutig ist. GUIDs werden Objekten bei ihrer Erstellung zugewiesen. Eine GUID ändert sich nie. Dies gilt auch dann, wenn ein Objekt verschoben oder umbenannt wird. Anwendungen können diese Kennung speichern und mit ihrer Hilfe das Objekt unabhängig von seinem aktuell definierten Namen abrufen.

User Principal Name (UPN)

Benutzerkonten besitzen einen „beschreibenden" Namen, den User Principal Name (UPN). Der UPN setzt sich aus einer Kurzbezeichnung für das Benutzerkonto und dem DNS-Namen der Struktur zusammen, in dem sich das Benutzerkontoobjekt befindet. Beispielsweise könnte der Benutzer *Vorname Nachname* (Repräsentation des Vor- und Nachnamens eines tatsächlichen Benutzers) in der Struktur microsoft.com den UPN VornameN@microsoft.com haben (es wird also der vollständige Vorname und der erste Buchstabe des Nachnamens verwendet).

Zusammenfassung der Lektion

In dieser Lektion haben Sie gelernt, dass das Schema eine formale Definition für den Inhalt und die Struktur der Active Directory-Verzeichnisdienste enthält. Die Definition umfasst alle Attribute, Klassen und Klasseneigenschaften. In dem Schema wird für jede Objektklasse festgelegt, welche Attribute für eine Klasseninstanz obligatorisch oder optional sind und welche Objektklasse der aktuellen Klasse übergeordnet sein kann. Wenn Sie Active Directory-Verzeichnisdienste auf dem ersten Domänencontroller in einem Netzwerk installieren, wird ein Standardschema erstellt. Das Active Directory-Schema kann erweitert werden.

Sie haben erfahren, dass es sich bei dem globalen Katalog um einen Dienst und einen physischen Speicherort handelt, der für jedes Objekt in den Active Directory-Verzeichnisdiensten ein Replikat bestimmter Attribute enthält. Active Directory-Verzeichnisdienste erzeugen während des normalen Replikationsprozesses den Inhalt des globalen Katalogs automatisch aus den Domänen, aus denen sich das Verzeichnis zusammensetzt. Per Vorgabe enthält der globale Katalog die Attribute, die am häufigsten in Suchoperationen verwendet werden (z. B. Vor- und Nachnamen von Benutzern, Anmeldenamen usw.) und die für die Ermittlung eines vollständigen Objektreplikats erforderlich sind. Sie können den globalen Katalog deshalb zum Auffinden von Objekten im Netzwerk verwenden, ohne dass eine Replikation aller Domäneninformationen zwischen den Domänencontrollern durchgeführt werden muss.

Sie haben den zusammenhängenden und den getrennten Namespace kennen gelernt. In einem zusammenhängenden Namespace enthält der Name eines untergeordneten Objekts in einer Objekthierarchie immer den Namen der übergeordneten Domäne. Eine Struktur ist ein Beispiel für einen zusammenhängenden Namespace. In einem getrennten Namespace stehen die Namen des übergeordneten und eines ihm untergeordneten Objekts nicht in direkter Beziehung zueinander. Eine Gesamtstruktur ist ein Beispiel für einen getrennten Namespace.

Lernzielkontrolle

 Anhand der folgenden Fragen können Sie feststellen, ob Sie genug gelernt haben, um mit dem nächsten Kapitel fortfahren zu können. Wenn Ihnen die Beantwortung der Fragen Schwierigkeiten bereitet, sollten Sie das vorliegende Kapitel noch einmal lesen, bevor Sie mit der Lektüre des nächsten Kapitels beginnen. In Anhang A finden Sie die Antworten zu den folgenden Fragen.

1. Wie lauten die vier wichtigsten Funktionen der Active Directory-Verzeichnis-Dienste?

2. Was versteht man unter Standorten und Domänen und wodurch unterscheiden sie sich?

3. Was versteht man unter einem Schema und wie können Sie es erweitern?

4. Welche Windows 2000-Produkte unterstützen Active Directory-Verzeichnisdienste?

KAPITEL 10

Benutzerkonten einrichten und verwalten

Lektion 1: Das Wichtigste über Benutzerkonten . . . 250

Lektion 2: Neue Benutzerkonten planen . . . 254

Lektion 3: Benutzerkonten erstellen . . . 257

Lektion 4: Eigenschaften für Benutzerkonten festlegen . . . 262

Lernzielkontrolle . . . 270

Über dieses Kapitel

Dieses Kapitel gibt Ihnen eine Einführung in die Arbeit mit Benutzerkonten und zeigt Ihnen, wie Sie die Erstellung dieser Konten sinnvoll vorbereiten können. Es vermittelt Ihnen alle Kenntnisse und Fähigkeiten, die zur Erstellung von lokalen Benutzerkonten und zur Festlegung von Eigenschaften für diese Konten erforderlich sind.

Bevor Sie beginnen

Zur Bearbeitung dieses Kapitels benötigen Sie Folgendes:

- Einen Rechner, der die im Abschnitt *Hardwarevoraussetzungen* des Kapitels *Zu diesem Buch* angegebenen Mindestvoraussetzungen erfüllt.
- Windows 2000 Professional muss auf dem Computer installiert sein.

Lektion 1: Das Wichtigste über Benutzerkonten

Microsoft Windows 2000 stellt drei Arten von Benutzerkonten zur Verfügung: lokale Benutzerkonten, Domänenbenutzerkonten und vordefinierte Benutzerkonten. Mithilfe eines *lokalen Benutzerkontos* kann ein Benutzer sich bei einem bestimmten Computer anmelden, um sich Zugriff auf die Ressourcen dieses Rechners zu verschaffen. Mithilfe eines *Domänenbenutzerkontos* kann ein Benutzer sich bei einer Domäne anmelden und auf Netzwerkressourcen zugreifen. Mithilfe eines *vordefinierten Benutzerkontos* kann ein Benutzer Administratorarbeiten durchführen und auf lokale oder Netzwerkressourcen zugreifen.

Am Ende dieser Lektion werden Sie in der Lage sein, die folgenden Aufgaben auszuführen:

- Sie können die Aufgabe und den Zweck von Benutzerkonten beschreiben.

Veranschlagte Zeit für die Lektion: 10 Minuten

Lokale Benutzerkonten

Über ein lokales Benutzerkonto kann ein Benutzer sich nur bei dem Rechner anmelden und nur auf die Ressourcen des Rechners zugreifen, auf dem Sie das zugehörige lokale Benutzerkonto eingerichtet haben. Windows erstellt dieses Konto *nur* in der Sicherheitsdatenbank dieses Computers. Diese Datenbank wird auch als *lokale Sicherheitsdatenbank* bezeichnet wird (siehe Abbildung 10.1). Windows 2000 repliziert die Daten lokaler Benutzerkonten *nicht* an andere Computer. Nach der Erstellung eines lokalen Benutzerkontos überprüft der Computer mithilfe seiner lokalen Sicherheitsdatenbank die Berechtigung des lokalen Benutzerkontos, woraufhin der Benutzer sich bei diesem Computer anmelden kann.

Überblick über lokale Benutzerkonten

- verschaffen Zugriff auf die Ressourcen des lokalen Computers.
- können nur auf Computern erstellt werden, die nicht Teil einer Domäne sind.
- werden in der lokalen Sicherheitsdatenbank erstellt.

Abbildung 10.1 Lokales Benutzerkonto

Wenn Ihre Arbeitsgruppe beispielsweise aus fünf Windows 2000 Professional-Rechnern besteht und Sie ein lokales Benutzerkonto – zum Beispiel *Benutzer1* auf *Computer1* – erstellen, kann man sich bei Computer1 nur mit dem Konto *Benutzer1* anmelden. Wenn Sie in der Lage sein wollen, sich mit dem Konto *Benutzer1* bei allen fünf Rechnern der Arbeitsgruppe anzumelden, müssen Sie das lokale Benutzerkonto *Benutzer1* auf allen fünf Rechnern erstellen. Denken Sie daran: Wenn Sie später das Kennwort für das Konto *Benutzer1* allgemein ändern wollen, müssen Sie es für alle fünf Computer ändern, weil jeder einzelne Rechner seine eigene Sicherheitsdatenbank verwaltet.

Hinweis Erstellen Sie keine lokalen Benutzerkonten auf Windows 2000-Rechnern, die Teil einer Domäne sind, weil die Domäne lokale Benutzerkonten nicht erkennt. Der Benutzer würde sonst nicht auf die Ressourcen der Domäne zugreifen können und der Domänenadministrator könnte die Eigenschaften der lokalen Benutzerkonten nicht verwalten und keine Zugriffsberechtigungen für Domänenressourcen zuweisen.

Domänenbenutzerkonten

Mit Hilfe von Domänenbenutzerkonten können Benutzer sich bei der Domäne anmelden und sich Zugriff auf die Ressourcen des Netzwerks verschaffen. Der Benutzer muss bei der Anmeldung sein Kennwort und seinen Benutzernamen eingeben. Mithilfe dieser Daten überprüft Windows 2000 die Berechtigung des Benutzers und erstellt ein Zugriffstoken mit Daten über den Benutzer und die Sicherheitseinstellungen. Das Zugriffstoken identifiziert den Benutzer gegenüber Windows 2000-Rechnern, auf deren Ressourcen er zugreifen will. Windows 2000 vergibt das Zugriffstoken immer nur für die Dauer einer Sitzung.

Hinweis Sie können Domänenbenutzerkonten nur dann einrichten, wenn auch eine Domäne eingerichtet ist. Das wiederum setzt voraus, dass auf wenigstens einem Rechner eines der als Domänencontroller konfigurierten Windows 2000 Server-Produkte ausgeführt wird, und dass auf dem Domänencontroller die auf der Active Directory-Technologie basierenden Verzeichnisdienste installiert sind.

Ein Domänenbenutzerkonto wird in der Active Directory-Datenbank auf einem Domänencontroller eingerichtet (siehe Abbildung 10.2). Der Domänencontroller repliziert die Daten des neuen Benutzerkontos an alle Domänencontroller der Domäne. Danach können alle Domänencontroller der Domäne die Berechtigung des Benutzers bei der Anmeldung überprüfen.

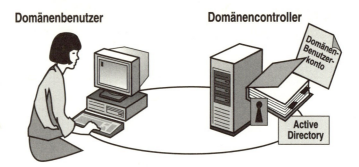

Überblick über Domänenbenutzerkonten
- bieten Zugriff auf Netzwerkressourcen.
- liefern das Zugriffstoken für die Authentifizierung.
- werden in den Active Directory-Verzeichnisdiensten auf einem Domänencontroller erstellt.

Abbildung 10.2 **Domänenbenutzerkonto**

Vordefinierte Benutzerkonten

Windows 2000 erstellt automatisch die so genannten *vordefinierten Benutzerkonten*. Zwei der am häufigsten verwendeten vordefinierten Benutzerkonten sind die Konten *Administrator* und *Gast*.

Administrator

Mithilfe des vordefinierten Benutzerkontos *Administrator* können Sie einen Computer verwalten. Ist Ihr Rechner Teil einer Domäne, können Sie mithilfe dieses vordefinierten Kontos die Domänenkonfiguration verwalten. Zu den Aufgaben, die sich mithilfe des Administratorkontos erledigen lassen, gehören die Erstellung und Bearbeitung von Benutzerkonten und Gruppen, die Verwaltung von Sicherheitsrichtlinien, die Installation von Druckern und die Vergabe bestimmter Rechten an die Benutzerkonten, sodass diese auf Ressourcen zugreifen können.

Wenn Sie selbst Administrator sind, sollten Sie ein Benutzerkonto erstellen, unter dem Sie sich immer dann anmelden, wenn Sie nicht-administrative Arbeiten durchführen wollen. Melden Sie sich mit dem Administratorkonto nur dann an, wenn Sie auch Administratoraufgaben wahrnehmen wollen.

Hinweis Das Administratorkonto lässt sich nicht löschen. Sie sollten es sich zur Gewohnheit machen, das vordefinierte Konto *Administrator* immer umzubenennen, umso ein größeres Maß an Sicherheit zu gewährleisten. Verwenden Sie einen Namen, der das Konto nicht als Administratorkonto kenntlich macht. Damit wird es für unberechtigte Benutzer schwerer, dieses Konto zu knacken, weil sie es erst gar nicht finden.

Gast

Verwenden Sie das vordefinierte Konto *Gast*, wenn Sie einem Benutzer die Möglichkeit bieten wollen, auf bestimmte Ressourcen zuzugreifen, die für ihn normalerweise nicht zur Verfügung stehen. Ein Mitarbeiter, der nur für eine kurze Zeit auf bestimmte Ressourcen zugreifen muss, kann dafür das Konto *Gast* verwenden.

Hinweis Das Konto *Gast* ist in der Standardeinstellung deaktiviert. Aktivieren Sie dieses Konto nur in Netzwerken, die lediglich ein niedriges Sicherheitsniveau benötigen, und weisen Sie ihm immer ein Kennwort zu. Das Konto *Gast* lässt sich zwar umbenennen, nicht aber löschen.

Zusammenfassung der Lektion

In dieser Lektion haben Sie gelernt, dass Sie unter Windows 2000 lokale und vordefinierte Benutzerkonten verwenden können. Bei einem lokalen Benutzerkonto meldet sich der Benutzer bei einem bestimmten Computer an, um sich Zugriff auf dessen Ressourcen zu verschaffen. Mithilfe der vordefinierten Benutzerkonten können Sie sowohl Administratorarbeiten durchführen als auch auf Ressourcen zugreifen.

Windows 2000 erstellt lokale Benutzerkonten ausschließlich in der Sicherheitsdatenbank des betreffenden Computers – in der so genannten lokalen Sicherheitsdatenbank. Wenn Sie auf mehrere Rechner einer Arbeitsgruppe zugreifen müssen, müssen Sie auf jedem Rechner der Arbeitsgruppe ein eigenes Konto einrichten. Vordefinierte Benutzerkonten müssen Sie nicht erstellen; das erledigt Windows 2000 automatisch.

Sie haben außerdem erfahren, dass Sie unter Windows 2000 auch mit Domänenbenutzerkonten arbeiten können, wenn Ihr Rechner Teil einer Domäne ist. Bei einem Domänenbenutzerkonto kann sich ein Benutzer bei einer Domäne anmelden, um auf Netzwerkressourcen zuzugreifen. Es gibt vordefinierte Domänenbenutzerkonten, mit deren Hilfe sich Administratoraufgaben wahrnehmen lassen und über die man auf Netzwerkressourcen zugreifen kann. Windows 2000 erstellt ein Domänenbenutzerkonto in der Active Directory-Datenbank auf einem Domänencontroller. Der Domänencontroller repliziert danach die neuen Benutzerkontodaten auf alle Domänencontroller innerhalb der Domäne, was eine einfache Verwaltung der Benutzerkonten ermöglicht.

Lektion 2: Neue Benutzerkonten planen

Durch sorgfältige Vorbereitung und Organisation der Daten für die Benutzerkonten können Sie den Prozess der Erstellung von Benutzerkonten weitgehend rationalisieren. Sie sollten Ihre Planung auf folgende Bereiche konzentrieren:

- Namenskonventionen für Benutzerkonten entwickeln
- Kennwortrichtlinien entwickeln

Am Ende dieser Lektion werden Sie in der Lage sein, die folgenden Aufgaben auszuführen:

- Sie können die Erstellung neuer Benutzerkonten strategisch planen.

Veranschlagte Zeit für die Lektion: 5 Minuten

Namenskonventionen

Namenskonventionen legen fest, wie sich Benutzer in einer Domäne identifizieren müssen. Mithilfe einer konsequent durchgesetzten Namenskonvention können Sie und Ihre Benutzer sich außerdem besser an ihre Anmeldenamen erinnern. In Tabelle 10.1 sind einige Punkte zusammengefasst, die Sie bei der Erstellung einer Namenskonvention für Ihre Organisation beachten sollten.

Tabelle 10.1 Namenskonventionen

Konvention	Erklärung
Anmeldenamen müssen eindeutig sein.	Lokale Benutzerkontonamen müssen auf dem Rechner, auf dem Sie das lokale Benutzerkonto einrichten, eindeutig sein. Anmeldenamen für Domänenbenutzerkonten müssen innerhalb des Active Directory-Verzeichnisses eindeutig sein.
Verwenden Sie maximal 20 Zeichen.	Benutzeranmeldenamen sollten maximal 20 Zeichen (in Groß- oder Kleinschreibung) lang sein. Das Eingabefeld kann zwar mehr als 20 Zeichen aufnehmen, aber Windows 2000 erkennt nur die ersten 20.
Vermeiden Sie ungültige Zeichen.	Die folgenden Zeichen sind ungültig: " / \ [ ] : ; | = * ? < >
Groß-/Kleinschreibung ist bei *Anmeldenamen* unerheblich.	Sie können eine Kombination von alphanumerischen Zeichen und Sonderzeichen zur eindeutigen Identifizierung von Benutzerkonten verwenden. Obwohl bei Anmeldenamen nicht zwischen Groß- und Kleinschreibung unterschieden wird, merkt sich Windows 2000 die Schreibweise.

(Fortsetzung)

Konvention	Erklärung
Statten Sie Ihre Mitarbeiter mit Doppelnamen aus.	Wenn zwei Benutzer Fritz Fischer heißen, könnten Sie beispielsweise den Vornamen und den Anfangsbuchstaben des Nachnamens verwenden und dem Nachnamen jeweils einen oder mehrere Buchstaben anhängen, um Benutzer mit gleichen Namen voneinander zu unterscheiden. Wenn ein Kontoname *FritzF* lauten würde, könnten Sie den zweiten Fritz Fischer *FitzFi* nennen. Eine weitere Möglichkeit wäre, dem Benutzernamen eine Zahl anzuhängen – Beispiel: *FritzF1* und *FritzF2*.
Beschreiben Sie, um welche Art von Mitarbeiter es sich handelt.	In manchen Unternehmen ist es sinnvoll, Aushilfskräfte durch ihren Benutzerkontonamen von festen Mitarbeiten zu unterscheiden. Zur Unterscheidung von Aushilfskräften könnten Sie beispielsweise dem Benutzernamen ein A und einen Bindestrich voranstellen. – Beispiel: *A-FritzF*. Als Alternative können Sie auch Klammern im Namen verwenden – Beispiel: *Fritz Fischer (Aushilfe)*.

Richtlinien für Kennwörter

Zum Schutz des Zugriffs auf den Computer sollte jedes Benutzerkonto ein Kennwort haben. Beachten Sie die folgenden Richtlinien für Kennwörter.

- Weisen Sie dem Administratorkonto immer ein Kennwort zu, um es gegen unberechtigte Zugriffe zu schützen.

- Legen Sie fest, in welcher Weise Administratoren und Benutzer Kennwörter festlegen und ändern können. Sie könnten zum Beispiel Benutzerkonten eindeutige Kennwörter zuweisen und die Benutzer daran hindern, sie zu verändern. Sie können Ihren Benutzern aber auch erlauben, bei ihrer erster Anmeldung eigene Kennwörter festzulegen. In den Regel sollten Sie diese Möglichkeit wählen.

- Verwenden Sie Benutzerkennwörter, die schwer zu erraten sind. Vermeiden Sie zum Beispiel Kennwörter mit einem offensichtlichen Bezug wie zum Beispiel die Namen von Familienmitgliedern.

- Kennwörter können bis zu 128 Zeichen lang sein. Eine Mindestlänge von acht Zeichen wird empfohlen.

- Verwenden Sie Groß- und Kleinbuchstaben, Zahlen und gültige Sonderzeichen. In Tabelle 10.1 sehen Sie, welche Sonderzeichen auch bei Kennwörtern nicht verwendet werden dürfen.

Zusammenfassung der Lektion

In dieser Lektion haben Sie erfahren, dass Sie zur Planung von Benutzerkonten Namenskonventionen für Benutzerkonten und Richtlinien für Kennwörter definieren sollten. Darüber hinaus können Sie weitere Anmeldeoptionen wie Anmeldezeiten, die Gültigkeitsdauer von Kennwörtern und die Computer festlegen, von denen aus Sie sich anmelden können. Sie haben gelernt, dass Domänenbenutzerkonten bis zu 20 Zeichen lang sein können und innerhalb der organisatorischen Einheit, in der das Benutzerkonto erstellt wurde, eindeutig sein müssen. Auch die Namen für lokale Benutzerkonten können bis zu 20 Zeichen lang sein und müssen auf dem Rechner, auf dem das lokale Benutzerkonto eingerichtet wurde, eindeutig sein. Wenn Sie diese Entscheidungen treffen, bevor Sie mit der eigentlichen Erstellung von Benutzerkonten beginnen, können Sie die dafür erforderliche Zeit reduzieren und die Verwaltung der Konten vereinfachen.

Lektion 3: Benutzerkonten erstellen

Mithilfe des Snap-In *Computerverwaltung* können Sie lokale Benutzerkonten erstellen. Ein lokales Benutzerkonto wird immer in der Sicherheitsdatenbank eines bestimmten Rechners erstellt.

Am Ende dieser Lektion werden Sie in der Lage sein, die folgenden Aufgaben auszuführen:

- Sie können ein lokales Benutzerkonto erstellen.

Veranschlagte Zeit für die Lektion: 10 Minuten

Das Snap-In Computerverwaltung

Lokale Benutzerkonten werden mit dem Snap-In *Computerverwaltung* (siehe Abbildung 10.3) erstellt.

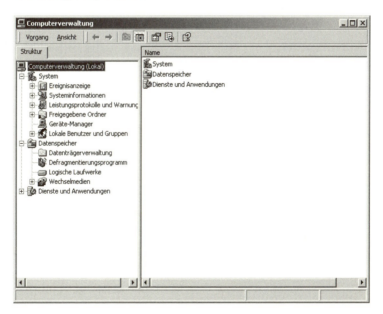

Abbildung 10.3 Das Snap-In Computerverwaltung

Gehen Sie zur Erstellung lokaler Benutzerkonten beispielsweise folgendermaßen vor:

1. Klicken Sie auf die Schaltfläche *Start*, zeigen Sie auf *Programme* und dann auf *Verwaltung*. Klicken Sie anschließend auf *Computerverwaltung*.

2. Klicken Sie im Konsolenausschnitt des Fensters *Computerverwaltung* auf *Lokale Benutzer und Gruppen*.

3. Klicken Sie im Detailausschnitt mit der rechten Maustaste auf *Benutzer* und danach auf den Befehl *Neuer Benutzer*.

4. Füllen Sie die Felder im Dialogfeld *Neuer Benutzer* (siehe Abbildung 10.4) aus und klicken Sie dann auf *Erstellen*.

Abbildung 10.4 Das Dialogfeld *Neuer Benutzer*

In Tabelle 10.2 finden Sie eine Zusammenfassung der Anmeldeoptionen des Dialogfeldes *Neuer Benutzer*.

Tabelle 10.2 Optionen für lokale Benutzerkonten

Option	Beschreibung
Benutzername	Der Anmeldename des Benutzers. Dieses Feld muss ausgefüllt werden.
Vollständiger Name	Der vollständige Name des Benutzers, d.h., dessen Vor- und Nachname.
Beschreibung	In dieses Feld können Sie eine Beschreibung des Benutzerkontos oder des Benutzers eingeben.
Kennwort	Das Kennwort, mit dem der Benutzer seine Zugriffsberechtigung nachweist. Aus Sicherheitsgründen sollten Sie *immer* ein Kennwort zuweisen. Sie werden feststellen, dass Sie das Kennwort nicht sehen können. Bei der Eingabe werden die einzelnen Zeichen des Kennwortes durch Sternchen dargestellt.

(Fortsetzung)

Option	Beschreibung
Kennwort bestätigen	Bestätigen Sie das Kennwort, indem Sie es ein zweites Mal eingeben. Damit können Sie überprüfen, ob Sie das Kennwort korrekt eingegeben haben. Diese zweite Eingabe ist erforderlich.
Benutzer muss das Kennwort bei der nächsten Anmeldung ändern	Markieren Sie dieses Kontrollkästchen, wenn der Benutzer sein Kennwort bei seiner ersten Anmeldung ändern soll. Mit dieser Option stellen Sie sicher, dass dann nur der Benutzer sein Kennwort kennt. Dieses Kontrollkästchen ist in der Standardeinstellung markiert.
Benutzer kann Kennwort nicht ändern	Markieren Sie dieses Kontrollkästchen, wenn mehr als ein Benutzer das gleiche Benutzerkonto verwendet (wie zum Beispiel beim Konto *Gast*) oder wenn Sie die Kennwortvergabe nicht aus der Hand geben wollen. Damit stellen Sie sicher, dass nur Administratoren die Kennwörter kontrollieren können. Wenn das Kontrollkästchen *Benutzer muss das Kennwort bei der nächsten Anmeldung ändern* markiert ist, steht diese Option natürlich nicht zur Verfügung.
Kennwort läuft nie ab	Markieren Sie dieses Kontrollkästchen, wenn das Kennwort niemals geändert werden soll, wie zum Beispiel für ein Benutzerkonto, das von einer Anwendung oder einem Windows 2000-Dienst verwendet werden soll. Wenn das Kontrollkästchen *Benutzer muss das Kennwort bei der nächsten Anmeldung ändern* markiert ist, steht das Kontrollkästchen *Kennwort läuft nie ab* nicht zur Verfügung.
Konto ist deaktiviert	Markieren Sie dieses Kontrollkästchen, wen Sie verhindern wollen, dass sich jemand mit diesem Konto anmeldet. Beispiel: Das Konto für einen neuen Mitarbeiter ist schon erstellt, der Mitarbeiter hat seine Stelle aber noch nicht angetreten.

Hinweis Verlangen Sie von neuen Benutzern immer, das Kennwort bei der ersten Anmeldung zu ändern. Damit zwingen Sie sie, Kennwörter zu verwenden, die dann nur sie kennen.

Tipp In Netzwerken sollten Sie als zusätzliche Sicherheitsmaßnahme Zufallskombinationen von Zahlen und Buchstaben als Anfangskennwörter erstellen. Mithilfe von Zufallskennwörtern können Sie das Benutzerkonto sicher machen.

Praxis: Lokale Benutzerkonten erstellen

In dieser Übung erstellen Sie die in der folgenden Tabelle aufgelisteten Benutzerkonten. Anschließend testen Sie die Anmeldeprozedur mit einem der zuvor erstellten Benutzerkonten.

Benutzername	Vollständiger Name	Kennwort	Kennwort ändern
Benutzer1	Benutzer Eins	(leer)	Ja
Benutzer2	Benutzer Zwei	(leer)	(leer)
Benutzer3	Benutzer Drei	Benutzer3	Ja
Benutzer4	Benutzer Vier	Benutzer4	(leer)

Die folgende Prozedur skizziert die Schritte, die zur Erstellung des ersten Benutzerkontos mithilfe des Snap-In *Computerverwaltung* erforderlich sind. Nach Erstellung des ersten Benutzerkontos wiederholen Sie die gleichen Schritte für die übrigen Konten. Verwenden Sie zur Erstellung die in der Tabelle weiter oben angegebenen Daten.

▶ **So erstellen Sie ein lokales Benutzerkonto**

1. Melden Sie sich als Administrator an.

2. Klicken Sie auf die Schaltfläche *Start*, zeigen Sie auf *Programme* und danach auf *Verwaltung*. Klicken Sie anschließend auf *Computerverwaltung*.

   Windows 2000 startet das Snap-In *Computerverwaltung*.

3. Klicken Sie auf *Lokale Benutzer und Gruppen*.

4. Klicken Sie mit der rechten Maustaste auf *Benutzer* und anschließend auf den Befehl *Neuer Benutzer*.

   Windows 2000 öffnet das Dialogfeld *Neuer Benutzer*.

5. Geben Sie in das Feld *Benutzername* **Benutzer1** ein.

6. Geben Sie in das Feld *Vollständiger Name* **Benutzer Eins** ein.

7. Geben Sie das Kennwort in die Felder *Kennwort* und *Kennwort bestätigen* ein. In den Fällen, in denen kein Kennwort vergeben werden soll, lassen Sie diese Felder leer.

   Bei der Eingabe wird das Kennwort als eine Reihe von Sternchen dargestellt. Dadurch wird verhindert, dass zufällige Zuschauer Ihr Kennwort bei der Eingabe sehen können.

In Umgebungen mit hohen Sicherheitsanforderungen sollten Sie den Benutzerkonten Anfangskennwörter zuweisen und von den Benutzern verlangen, bei ihrer erster Anmeldung das Kennwort zu ändern. Dadurch vermeiden Sie erstens, dass es Benutzerkonten ohne Kennwort gibt, und stellen zweitens sicher, dass nach der ersten Anmeldung und Änderung des Kennworts nur der Benutzer dieses kennt.

8. Geben Sie an, ob der Benutzer in der Lage sein soll, sein Kennwort zu ändern.

9. Klicken Sie nach Markierung der gewünschten Kennwortoption auf *Erstellen*.

    Die Daten im Dialogfeld *Neuer Benutzer* werden gelöscht, das Dialogfeld bleibt aber zur Erstellung weiterer Benutzerkonten geöffnet.

10. Wiederholen Sie die Schritte 5 bis 10 für die übrigen Benutzerkonten.

11. Wenn Sie mit der Erstellung von Benutzern fertig sind, klicken Sie zum Schließen des Dialogfeldes auf *Schließen*.

12. Schließen Sie das Fenster *Computerverwaltung*.

▶ **So testen Sie ein lokales Benutzerkonto**

1. Melden Sie sich als Administrator ab.

2. Melden Sie sich als *Benutzer1* an.

    Sie werden in einem Dialogfeld darauf aufmerksam gemacht, dass Sie Ihr Kennwort bei der ersten Anmeldung ändern müssen.

3. Bestätigen Sie dies durch Klick auf *OK*.

    Das Dialogfeld Kennwort ändern wird geöffnet.

4. Lassen Sie das Feld *Altes Kennwort* leer, geben Sie **Kennwort** in die Felder *Kennwort* und *Kennwort bestätigen* ein und klicken Sie danach auf *OK*.

    Sie erhalten die Meldung, dass Ihr Kennwort geändert wurde.

5. Klicken Sie auf *OK*.

Zusammenfassung der Lektion

In dieser Lektion haben Sie gelernt, wie Sie mithilfe des Snap-In *Computerverwaltung* ein neues Benutzerkonto erstellen können. Bei der Einrichtung von lokalen Benutzerkonten werden diese nur in der lokalen Sicherheitsdatenbank des betreffenden Computers erstellt. Sie können verschiedene Optionen für die von Ihnen erstellten Benutzerkonten festlegen, beispielsweise einen Benutzernamen, den vollständigen Namen und eine Beschreibung des Kontos. Darüber hinaus können Sie verschiedene Kennwortoptionen festlegen. So können Sie zum Beispiel von den Benutzern verlangen, ihr Kennwort bei der ersten Anmeldung zu ändern, oder festlegen, dass Benutzer ihr Kennwort gar nicht ändern können oder dass das Kennwort nie abläuft. Im Übungsabschnitt dieser Lektion haben Sie zum Abschluss vier lokale Benutzerkonten erstellt.

Lektion 4: Eigenschaften für Benutzerkonten festlegen

Mit jedem neu erstellten lokalen Benutzerkonto sind mehrere Standardeigenschaften verbunden. Nach der Erstellung eines lokalen Benutzerkontos können Sie die Kontoeigenschaften ändern. Das Dialogfeld *Eigenschaften* für ein Benutzerkonto enthält drei Registerkarten mit verschiedenen Optionen: die Registerkarten *Allgemein*, *Mitgliedschaft* und *Profil*.

Am Ende dieser Lektion werden Sie in der Lage sein, die folgenden Aufgaben auszuführen:

- Sie können Eigenschaften für Benutzerkonten festlegen.

Veranschlagte Zeit für die Lektion: 15 Minuten

Die Registerkarte Allgemein

Auf der Registerkarte *Allgemein* des Dialogfeldes *Eigenschaften* (siehe Abbildung 10.5) für ein Benutzerkonto können Sie alle Felder des Dialogfeldes *Neuer Benutzer* bis auf die Felder *Benutzername*, *Kennwort* und *Kennwort ändern* ausfüllen beziehungsweise ändern. Darüber hinaus enthält die Registerkarte noch ein weiteres Kontrollkästchen: *Konto ist gesperrt*.

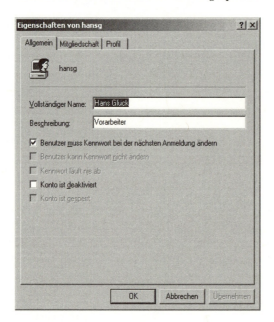

Abbildung 10.5 Die Registerkarte *Allgemein* **des Dialogfeldes** *Eigenschaften* **für ein Benutzerkonto**

Sie können das Kontrollkästchen *Konto ist gesperrt* nicht markieren, weil es nicht zur Verfügung steht, wenn das Konto aktiv ist und vom System nicht gesperrt wurde. Das System sperrt dann einen Benutzer, wenn er das festgelegte Limit für fehlgeschlagene Anmeldeversuche überschritten hat. Mit diesem Sicherheitsfeature soll es nicht berechtigten Benutzern erschwert werden, in das System einzudringen. Ist ein Konto vom System gesperrt worden, wird das Kontrollkästchen *Konto ist gesperrt* aktiv, und der Administrator muss die Markierung aufheben, wenn dem betreffenden Benutzer der Zugriff auf das System wieder ermöglicht werden soll.

Die Registerkarte Mitgliedschaft

Auf der Registerkarte *Mitgliedschaft* des Dialogfeldes *Eigenschaften* für ein Benutzerkonto können Sie ein Konto in eine Gruppe aufnehmen beziehungsweise es aus einer Gruppe entfernen. Nähere Einzelheiten über Gruppen finden Sie in Kapitel 11.

Die Registerkarte Profil

Auf der Registerkarte *Profil* des Dialogfeldes *Eigenschaften* für ein Benutzerkonto können Sie einen Pfad für ein Benutzerprofil, ein Anmeldeskript und einen Stammordner festlegen (siehe Abbildung 10.6).

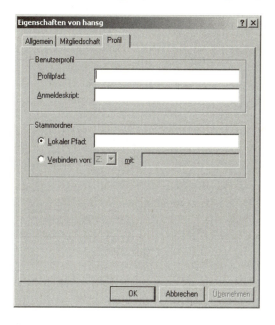

Abbildung 10.6 Die Registerkarte *Profil* des Dialogfeldes *Eigenschaften* für ein Benutzerkonto

Benutzerprofile

Ein *Benutzerprofil* besteht aus einer Reihe von Ordnern und Daten, in denen die aktuellen Desktop- und Anwendungseinstellungen sowie persönliche Daten des zugehörigen Benutzers gespeichert sind. In ein Benutzerprofil sind gegebenenfalls auch die Netzwerkverbindungen eingetragen, die hergestellt werden, wenn der Benutzer sich bei einem Computer anmeldet, beispielsweise Startmenüelemente und mit dem Netzwerkserver verbundene Laufwerke. Ein Benutzerprofil sorgt dafür, dass der Benutzer immer mit genau der Desktopumgebung arbeiten kann, wie sie vor der letzten Abmeldung vom Computer bestand.

Windows 2000 erstellt ein Benutzerprofil, wenn der Benutzer sich das erste Mal bei einem Rechner anmeldet und speichert es auf diesem Rechner. Diese Art von Benutzerprofil wird als *lokales Benutzerprofil* bezeichnet.

Benutzerprofile funktionieren folgendermaßen:

- Wenn ein Benutzer sich bei einem Windows 2000-Clientcomputer anmeldet, erhält er – gleichgültig, wie viele Benutzer den Rechner gemeinsam nutzen – immer seine individuellen Desktopeinstellungen und Verbindungen.

- Wenn ein Benutzer sich zum ersten Mal bei einem Windows 2000-Clientcomputer anmeldet, erstellt Windows 2000 für ihn ein Standardbenutzerprofil und speichert es im Stammverzeichnis der Systempartition im Ordner Dokumente und Einstellungen*Benutzeranmeldename* (normalerweise C:\\Dokumente und Einstellungen*Benutzeranmeldename*), wobei *Benutzeranmeldename* der Name ist, den der Benutzer bei der Systemanmeldung angibt.

- Ein Benutzerprofil enthält den Ordner *Eigene Dateien*, in dem Benutzer normalerweise ihre persönlichen Dateien ablegen. Der Ordner *Eigene Dateien* ist der Speicherort, der standardmäßig für die Befehle *Öffnen* und *Speichern unter* aus dem Menü *Datei* zur Verfügung steht. In der Standardeinstellung erstellt Windows 2000 das Symbol *Eigene Dateien* auf dem Desktop, was den Benutzern die Suche nach persönlichen Dokumenten erleichtert.

- Durch die Änderung von Desktopeinstellungen kann der Benutzer sein Profil ändern. Beispiel: Ein Benutzer richtet eine neue Netzwerkverbindung ein oder nimmt eine Datei in den Ordner *Eigene Dateien* auf. Wenn der Benutzer sich anschließend abmeldet, nimmt Windows 2000 die Änderungen in das Benutzerprofil auf. Meldet er sich später wieder an, kann er wieder auf die Netzwerkverbindung und die Datei zugreifen.

Hinweis Sie sollten die Benutzer ihre Dokumente in der Regel im Ordner *Eigene Dateien* speichern lassen. Die Alternative hierzu, *Stammordner*, werden weiter hinten in diesem Kapitel behandelt. Windows 2000 richtet den Ordner *Eigene Dateien* automatisch ein. Dieser Ordner ist der Standardspeicherplatz für Daten von Microsoft-Anwendungen.

Um ein Benutzerprofil zu kopieren, zu löschen oder zu ändern, muss der Administrator das Programm *System* aus der Systemsteuerung öffnen und auf die Registerkarte *Benutzerprofile* klicken. Durch eine Änderung des Profiltyps kann der Administrator ein lokales Benutzerprofil, das die Desktopumgebung eines bestimmten Computers festlegt, in ein servergespeichertes Benutzerprofil umwandeln. Servergespeicherte Benutzerprofile sind besonders praktisch in einer Domänenumgebung, weil sie für die Benutzer auf jedem beliebigen Rechner in der Domäne, bei dem sie sich anmelden, die gleiche Desktopumgebung einrichten.

Als dritten Benutzerprofiltyp gibt es dann noch das so genannte *verbindliche Benutzerprofil*, was nichts anderes als ein schreibgeschütztes servergespeichertes Benutzerprofil ist. Wenn der Benutzer sich abmeldet, werden die während der Sitzung vorgenommenen Änderungen nicht gespeichert, sodass der Benutzer bei der nächsten Anmeldung das Profil genau so wie bei der letzten Anmeldung vorfindet. Verbindliche Benutzerprofile lassen sich für einen bestimmten Benutzer oder für eine bestimmte Gruppe erstellen.

Hinweis Eine versteckte Datei mit dem Namen Ntuser.dat enthält den Teil der Windows 2000-Einstellungen, der für das individuelle Benutzerkonto gilt und die Benutzerumgebungseinstellungen enthält. Richten Sie ein Benutzerkonto ein, mit dessen Hilfe Sie Benutzerprofile erstellen können. Melden Sie sich mit dem gerade erstellten Benutzerkonto an und legen Sie die gewünschten verbindlichen Desktopeinstellungen fest. Melden Sie sich als Administrator an und suchen Sie die Datei Ntuser.dat im Ordner C:\Dokumente und Einstellungen*Benutzeranmeldename*. Danach machen Sie das Profil zu einem verbindlichen servergespeicherten Profil, indem Sie ihm den Namen Ntuser.man zuweisen. Danach können Sie das Profil kopieren und es für jeden Benutzer und jede Gruppe übernehmen.

Anmeldeskripts

Ein Anmeldeskript ist eine Datei, die Sie erstellen und einem Benutzerkonto zuweisen können, um die Arbeitsumgebung des betreffenden Benutzers zu konfigurieren. Ein Anmeldeskript könnte zum Beispiel zum Herstellen einer Netzwerkverbindung oder zum Start von Anwendungen verwendet werden. Immer wenn der betreffende Benutzer sich anmeldet, wird das ihm zugewiesene Anmeldeskript ausgeführt.

Stammordner

Neben dem Ordner *Eigene Dateien* zum Speichern persönlicher Dokumente bietet Windows 2000 Ihnen auch die Möglichkeit, zu diesem Zweck selber einen Ordner zu erstellen – den so genannten Stammordner. Sie können einen Stammordner auf einem Clientcomputer oder in einem freigegebenen Ordner auf einem Dateiserver speichern. In den meisten Fällen werden die Stammordner aller Benutzer an einem zentralen Ort auf einem Netzwerkserver abgelegt.

Wenn Sie alle Stammordner auf einem Dateiserver ablegen, genießen Sie folgende Vorteile:

- Die Benutzer können von jedem beliebigen Clientrechner im Netzwerk auf ihren Stammordner zugreifen.
- Die Sicherung und Verwaltung von Benutzerdokumenten erfolgt an einer zentralen Stelle.
- Der Zugriff auf die Stammordner kann von jedem Clientcomputer aus erfolgen, auf dem eines der Microsoft-Betriebssysteme ausgeführt wird (z. B. MS-DOS, Windows 95, Windows 98 oder Windows 2000).

Hinweis Speichern Sie die Stammordner auf einem NTFS-Datenträger, damit Sie die Benutzerdokumente mithilfe von NTFS-Berechtigungen schützen können. Wenn Sie Stammordner auf einem FAT-Datenträger ablegen würden, könnten Sie den Zugriff auf die Stammordner nur mithilfe der Berechtigungen einschränken, die für freigegebene Ordner möglich sind.

Gehen Sie zur Erstellung eines Stammordners auf einem Netzwerkdateiserver nach folgendem Muster vor:

1. Erstellen Sie einen Ordner zur Aufnahme aller Stammordner auf einem Netzwerkdateiserver und geben Sie ihn frei. In diesem freigegebenen Ordner liegen die Stammordner aller Benutzer.

2. Löschen Sie für diesen freigegebenen Ordner die Berechtigung *Vollzugriff* aus der Gruppe *Jeder* und weisen Sie diese Berechtigung der Gruppe *Benutzer* zu. Damit stellen Sie sicher, dass nur Benutzer mit Domänenbenutzerkonten auf den freigegebenen Ordner zugreifen können.

3. Geben Sie auf der Registerkarte *Profil* des Dialogfeldes *Eigenschaften* für das Benutzerkonto den Pfad zum Stammordner des Benutzers im freigegebenen übergeordneten Ordner an. Da der Ordner sich auf einem Netzwerkserver befindet, klicken Sie auf *Verbinden von* und geben Sie einen Laufwerksbuchstaben an. Geben Sie in das Feld *mit* einen UNC-Namen ein (Beispiel: *Servername**Name des freigegebenen Ordners**Benutzeranmeldename*). Verwenden Sie an Stelle des Benutzernamens die Variable *%userername%*, um den Stammordner des Benutzers automatisch mit seinem Benutzeranmeldenamen zu bezeichnen. (Geben Sie zum Beispiel ein: **\\Servername\Stammordnerverzeichnis\%userername%**.)

Wenn Sie die Variable *username* zur Benennung eines Ordners auf einem NTFS-Datenträger verwenden, wird dem betreffenden Benutzer die NTFS-Berechtigung *Vollzugriff* zugewiesen. Alle anderen Berechtigungen werden gelöscht – auch diejenigen für das Administratorkonto.

Gehen Sie zum Festlegen der Benutzerkontoeigenschaften folgendermaßen vor:

1. Klicken Sie im Menü *Verwaltung* auf *Computerverwaltung*.
2. Klicken Sie mit der rechten Maustaste auf das gewünschte Benutzerkonto und danach auf den Befehl *Eigenschaften*.
3. Klicken Sie für die Eigenschaft, die Sie eingeben oder ändern möchten, auf die entsprechende Registerkarte und geben Sie dann den Wert für die Eigenschaft ein.

Übung: Eigenschaften von Benutzerkonten bearbeiten

In diesem Übungsabschnitt sollen Sie die Eigenschaften eines Benutzerkontos ändern und anschließend testen.

Übung 1: Kontoeigenschaften testen

In dieser Übung testen Sie noch einmal die Eigenschaft *Benutzer muss Kennwort bei der nächsten Anmeldung ändern*, die Sie bei der Erstellung von Benutzerkonten in der vorigen Übung festgelegt haben. Danach legen Sie für Benutzer1 die Kontoeigenschaft *Benutzer kann Kennwort nicht ändern* und für Benutzer2 die Eigenschaft *Konto ist deaktiviert* fest. Anschließend werden Sie diese Kontoeigenschaften testen.

▶ **So testen Sie die Eigenschaft** *Benutzer muss Kennwort bei der nächsten Anmeldung ändern*

1. Falls bei Ihrem Rechner gerade ein Benutzer anmeldet ist, melden Sie ihn jetzt ab.
2. Melden Sie sich mit dem Namen *Benutzer3* beim System an. Das Kennwort dieses Benutzers lautet *Benutzer3*.

    Windows 2000 öffnet das Dialogfeld *Anmeldemeldung*. In diesem Dialogfeld werden Sie daran erinnert, Ihr Kennwort bei der ersten Anmeldung zu ändern.

3. Klicken Sie auf *OK*.

    Windows 2000 öffnet das Dialogfeld *Kennwort ändern*. Beachten Sie, dass das gerade eingegebene Kennwort im Feld *Altes Kennwort* angezeigt wird.

4. Geben Sie **Kennwort** in die Felder *Neues Kennwort* und *Kennwortbestätigung* ein.
5. Klicken Sie auf *OK*.

    Windows 2000 weist Sie darauf hin, dass Ihr Kennwort geändert worden ist.

6. Klicken Sie auf *OK*.

Übung 2: Benutzerkontoeigenschaften festlegen

In dieser Übung legen Sie die Eigenschaft *Benutzer kann Kennwort nicht ändern* fest und testen Sie anschließend.

▶ **So legen Sie die Eigenschaft *Benutzer kann Kennwort nicht ändern* fest**

1. Melden Sie sich als Benutzer3 ab.

2. Melden Sie sich als Administrator wieder an.

3. Starten Sie die Computerverwaltung (beispielsweise aus dem Menü *Verwaltung*).

4. Erweitern Sie den Eintrag *Lokale Benutzer und Gruppen* und klicken Sie dann auf *Benutzer*.

   Windows 2000 zeigt im rechten Fensterausschnitt alle Benutzer an.

5. Klicken Sie mit der rechten Maustaste auf *Benutzer1* und anschließend auf den Befehl *Eigenschaften*.

   Das Dialogfeld *Eigenschaften* für Benutzer1 wird geöffnet.

6. Markieren Sie das Kontrollkästchen *Benutzer kann Kennwort nicht ändern*.

   Das Kontrollkästchen *Benutzer kann Kennwort nicht ändern* sollte zum Zeichen, dass es markiert ist, ein Häkchen enthalten. Beachten Sie, dass das Kontrollkästchen *Benutzer muss Kennwort bei der nächsten Anmeldung ändern* jetzt nicht mehr zur Verfügung steht.

7. Klicken Sie auf *OK*, um das Dialogfeld *Eigenschaften* für Benutzer1 zu schließen.

8. Klicken Sie mit der rechten Maustaste auf *Benutzer2* und anschließend auf den Befehl *Eigenschaften*.

   Das Dialogfeld *Eigenschaften* für Benutzer2 wird geöffnet.

9. Markieren Sie die Option *Konto ist deaktiviert*.

   Das Kontrollkästchen *Konto ist deaktiviert* sollte zum Zeichen, dass es markiert ist, ein Häkchen enthalten.

10. Klicken Sie auf *OK*, um das Dialogfeld *Eigenschaften* für Benutzer2 zu schließen. Beenden Sie die Computerverwaltung und melden Sie sich anschließend ab.

▶ **So testen Sie die Benutzerkontoeigenschaften**

1. Melden Sie sich mit dem Namen *Benutzer1* und dem Kennwort *Kennwort* an.

2. Drücken Sie die Tasten Strg+Alt+Entf.

   Windows 2000 öffnet das Dialogfeld *Windows-Sicherheit*.

3. Klicken Sie auf *Kennwort ändern*.

   Das Dialogfeld *Kennwort ändern* wird geöffnet.

4. Geben Sie **Kennwort** in das Feld *Altes Kennwort* ein. Geben Sie **Benutzer1** in die Felder *Neues Kennwort* und *Kennwortbestätigung* ein.

5. Klicken Sie auf *OK*.

   Im Dialogfeld *Kennwort ändern* werden Sie darüber informiert, dass Sie zur Änderung des Kennworts nicht berechtigt sind.

6. Klicken Sie auf *OK*.

7. Klicken Sie auf *Abbrechen*, um das Dialogfeld *Kennwort ändern* zu schließen.

8. Melden Sie sich als Benutzer1 ab. Melden Sie sich danach als Benutzer2 ohne Kennwort wieder an.

   Im Dialogfeld *Anmeldemeldung* werden Sie darauf hingewiesen, dass Ihr Konto deaktiviert worden ist.

9. Klicken Sie auf *OK*, um das Dialogfeld *Anmeldemeldung* zu schließen.

Zusammenfassung der Lektion

In dieser Lektion haben Sie gelernt, dass mit jedem von Ihnen erstellten Benutzerkonto verschiedene Standardeigenschaften verbunden sind. Diese Eigenschaften legen zum Beispiel fest, ob ein Benutzer sein eigenes Kennwort ändern kann, ob Benutzer ihr Kennwort bei der ersten Anmeldung ändern müssen oder ob das Konto deaktiviert ist. Mithilfe der Computerverwaltung lassen sich diese Kontoeigenschaften sehr einfach festlegen und ändern.

Im Übungsabschnitt dieser Lektion haben Sie verschiedene Kontoeigenschaften festgelegt. Sie haben damit unter anderem ein Benutzerkonto deaktiviert und dafür gesorgt, dass Benutzer ihr Kennwort nicht selber ändern können. Zum Abschluss haben Sie die Kontoeigenschaften getestet, um zu überprüfen, ob sie erwartungsgemäß funktionieren.

Lernzielkontrolle

Mithilfe der folgenden Fragen können Sie feststellen, ob Sie genug gelernt haben, um mit dem nächsten Kapitel fortfahren zu können. Wenn Sie bei der Beantwortung dieser Fragen Schwierigkeiten haben, wiederholen Sie den Stoff dieses Kapitels, bevor Sie sich mit dem nächsten Kapitel beschäftigen. Die Antworten auf diese Fragen finden Sie in Anhang A.

1. An welcher Stelle erstellt Windows 2000 lokale Benutzerkonten?

2. Wodurch unterscheiden sich Domänenbenutzerkonten und lokale Benutzerkonten?

3. Welche Punkte sollten Sie bei der Planung neuer Benutzerkonten berücksichtigen?

4. Welche Daten sind zur Erstellung von lokalen Benutzerkonten erforderlich?

5. Was sind vordefinierte Konten, und wofür werden sie verwendet?

KAPITEL 11

Gruppen einrichten und verwalten

Lektion 1: Lokale Gruppen einrichten . . . 272

Lektion 2: Vordefinierte lokale Gruppen implementieren . . . 280

Lernzielkontrolle . . . 283

Über dieses Kapitel

In diesem Kapitel erfahren Sie, was Gruppen sind und wie Sie Benutzerkonten so gruppieren, dass Sie leichter Zugriffsrechte zuweisen können. Außerdem erwerben Sie hier die nötigen Kenntnisse und Fähigkeiten, um lokale und vordefinierte Gruppen einzurichten.

Bevor Sie beginnen

Zur Bearbeitung dieses Kapitels benötigen Sie Folgendes:

- Einen Rechner, der die im Abschnitt *Hardwarevoraussetzungen* des Kapitels *Zu diesem Buch* angegebenen Mindestvoraussetzungen erfüllt.
- Windows 2000 Professional muss auf Ihrem Rechner installiert sein.

Lektion 1: Lokale Gruppen einrichten

In dieser Lektion lernen Sie, was Gruppen sind und wie Sie sich mit ihrer Hilfe die Verwaltung der Benutzerkonten erleichtern können.

Am Ende dieser Lektion werden Sie in der Lage sein, die folgenden Aufgaben auszuführen:

- Sie können die wichtigsten Merkmale von Gruppen nennen.
- Sie können lokale Gruppen beschreiben.
- Sie können lokale Gruppen erstellen und löschen.
- Sie können neue Mitglieder in lokale Gruppen einfügen.
- Sie können Mitglieder aus lokalen Gruppen entfernen.

Veranschlagte Zeit für die Lektion: 30 Minuten

Grundlegende Informationen über Gruppen

Eine *Gruppe* besteht aus mehreren Benutzerkonten. Mithilfe von Gruppen lassen sich die Benutzerkonten leichter verwalten, weil Sie die Berechtigungen dann nicht mehr jedem einzelnen Benutzerkonto zuweisen müssen, sondern gleich einer ganzen Gruppe (siehe Abbildung 11.1).

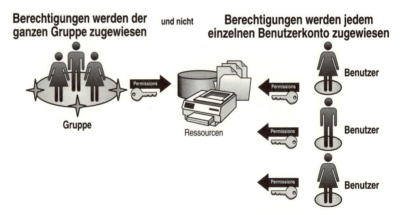

- Gruppen sind Sammlungen von mehreren Benutzerkonten.
- Berechtigungen werden Mitgliedern über die Gruppe zugewiesen.
- Benutzer können Mitglieder mehrerer Gruppen sein.
- Gruppen können ihrerseits Mitglieder anderer Gruppen sein.

Abbildung 11.1 Gruppen vereinfachen die Verwaltung

Berechtigungen legen fest, wie die verschiedenen Benutzer eine bestimmte Ressource, beispielsweise einen Ordner, eine Datei oder einen Drucker nutzen dürfen. Wenn Sie Berechtigungen zuweisen, geben Sie den Benutzern die Möglichkeit, auf eine Ressource zuzugreifen, und legen gleichzeitig fest, wie die Benutzer die Ressource nutzen können. Wenn beispielsweise mehrere Benutzer dieselbe Datei lesen müssen, können Sie ihre Konten zu einer Gruppe zusammenfassen. Dann können Sie dieser Gruppe die Berechtigung zum Lesen dieser Datei zuweisen. *Rechte* geben bestimmten Benutzer die Möglichkeit, Aufgaben im System durchzuführen, zum Beispiel die Uhr eines Computers umzustellen, Dateien zu sichern und wieder herzustellen oder sich lokal anzumelden.

Wenn Sie einer Gruppe neue Mitglieder hinzufügen, denken Sie daran, dass ein Benutzer zu mehreren Gruppen gehören kann. Eine Gruppe enthält eine Liste der Mitglieder mit Verweisen auf die jeweiligen Benutzerkonten. Aus diesem Grund können die Benutzer Mitglieder mehrerer Gruppen sein.

Lokale Gruppen

Eine lokale Gruppe besteht aus den Konten mehrerer Benutzer eines Computers. Mithilfe lokaler Gruppen können Sie die Zugriffsrechte auf Ressourcen festlegen, die der Computer, auf dem die lokale Gruppe erstellt wurde, zur Verfügung stellt. In Windows 2000 werden lokale Gruppen in der lokalen Sicherheitsdatenbank verwaltet.

Den Einsatz lokaler Gruppen vorbereiten

Für die Verwendung lokaler Gruppen gibt es folgende Richtlinien:

- Verwenden Sie lokale Gruppen auf Computern, die zu keiner Domäne gehören.

  Sie können lokale Gruppen nur auf dem Computer verwenden, auf dem Sie sie erstellt haben. Lokale Gruppen stehen zwar auf Mitgliedsservern und Domänencomputern, auf denen Windows 2000 Professional ausgeführt wird, zur Verfügung, Sie sollten sie aber trotzdem nicht auf Computern verwenden, die zu einer Domäne gehören, denn dann können Sie die Gruppen nicht zentral verwalten. Lokale Gruppen werden in Verzeichnisdiensten auf der Basis der Active Directory-Technologie nicht angezeigt, sodass Sie sie auf jedem einzelnen Computer separat verwalten müssen.

- Lokalen Gruppen können Sie nur Zugriffsrechte auf Ressourcen zuweisen, die der Computer zur Verfügung stellt, auf dem Sie die Gruppen erstellt haben.

Hinweis Auf Domänencontrollern können keine lokalen Gruppen erstellt werden, weil die Sicherheitsdatenbank auf Domänencontrollern nicht unabhängig von der Datenbank im Active Directory-Verzeichnisdienst arbeiten kann.

Für die Mitgliedschaft in lokalen Gruppen gelten folgende Regeln:

- Lokale Gruppen können nur lokale Benutzerkonten enthalten, d. h. Konten auf dem Computer, auf dem die lokale Gruppe erstellt wird.
- Lokale Gruppen können selbst nicht Mitglied in anderen Gruppen sein.

Lokale Gruppen definieren

Lokale Gruppen werden mit dem Snap-In *Computerverwaltung* definiert, das Sie in Abbildung 11.2 sehen können. Sie werden im Ordner *Gruppen* erstellt.

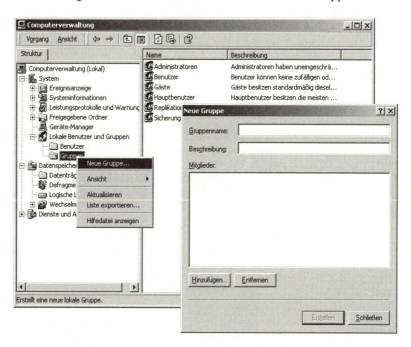

Abbildung 11.2 Das Snap-In *Computerverwaltung*

Sie können lokale Gruppen auf die folgende Weise definieren:

1. Erweitern Sie im Snap-In *Computerverwaltung* den Eintrag *Lokale Benutzer und Gruppen* und klicken Sie auf den Ordner *Gruppen*.

2. Klicken Sie mit der rechten Maustaste auf *Gruppen* und klicken Sie dann auf *Neue Gruppe*.

3. Geben Sie die erforderlichen Informationen in die Felder ein und klicken Sie auf die Schaltfläche *Erstellen*.

Tabelle 11.1 Optionen für neue lokale Gruppen

Option	Beschreibung
Gruppenname	Ein eindeutiger Name für die lokale Gruppe. Dieser Eintrag ist unbedingt erforderlich. Sie können alle Zeichen außer dem umgekehrten Schrägstrich (\) verwenden. Der Name kann aus maximal 256 Zeichen bestehen, wenn er allerdings sehr lang ist, wird er möglicherweise in manchen Fenstern nicht ganz angezeigt.
Beschreibung	Eine Beschreibung der Gruppe.
Hinzufügen	Fügt einen Benutzer in die Liste der Mitglieder ein.
Entfernen	Entfernt einen Benutzer aus der Liste der Mitglieder.
Erstellen	Erstellt die Gruppe.
Schließen	Schließt das Dialogfeld *Neue Gruppe*.

Bei der Definition einer lokalen Gruppe können Sie die Mitglieder mithilfe der Schaltfläche *Hinzufügen* in die Gruppe aufnehmen. Auch nach dem Erstellen der Gruppe ist es jederzeit möglich, weitere Benutzer hinzuzufügen.

Lokale Gruppen löschen

Lokale Gruppen können Sie mit dem Snap-In *Computerverwaltung* löschen. Jede von Ihnen erstellte Gruppe hat eine eindeutige und nicht wieder verwendbare Kennung. Anhand dieses Werts werden die Gruppen und die ihnen zugewiesenen Berechtigungen in Windows 2000 identifiziert. Wenn Sie eine Gruppe löschen, wird ihre Kennung in Windows 2000 nicht wieder verwendet, selbst wenn Sie erneut eine Gruppe mit demselben Namen wie die gelöschte Gruppe definieren. Daher können Sie den Zugriff auf bestimmte Ressourcen nicht dadurch wieder herstellen, dass Sie einfach die Gruppe erneut erstellen.

Beim Löschen einer Gruppe wird nur die Gruppe selbst gelöscht und die ihr zugewiesenen Berechtigungen entfernt. Die Benutzerkonten, die Mitglieder der Gruppe waren, werden dabei nicht gelöscht. Wenn Sie eine Gruppe löschen wollen, klicken Sie mit der rechten Maustaste auf die Gruppe und klicken Sie dann auf *Löschen*.

Mitglieder in eine Gruppe aufnehmen

Wenn Sie Mitglieder in eine Gruppe aufnehmen wollen, die bereits erstellt wurde, starten Sie das Snap-In *Computerverwaltung* und erweitern Sie den Eintrag *Lokale Benutzer und Gruppen*. Klicken Sie auf *Gruppen* und klicken Sie dann im rechten Detailfenster mit der rechten Maustaste auf die gewünschte Gruppe und anschließend auf *Eigenschaften*. Klicken Sie im Dialogfeld *Eigenschaften* auf *Hinzufügen*. Das Dialogfeld *Benutzer oder Gruppen auswählen* wird eingeblendet, wie in Abbildung 11.3 dargestellt.

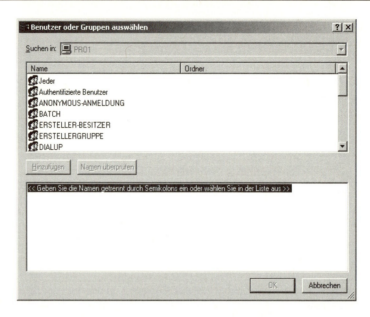

Abbildung 11.3 Das Dialogfeld Benutzer oder Gruppen auswählen

Stellen Sie sicher, dass in der Liste *Suchen in* der Computer ausgewählt ist, auf dem Sie die Gruppe erstellt haben. Markieren Sie im Feld *Name* das Benutzerkonto, das Sie in die Gruppe einfügen wollen, und klicken Sie auf *Hinzufügen*.

Hinweis Wenn Sie mehrere Benutzerkonten hinzufügen wollen, können Sie sie entweder nacheinander markieren und jeweils auf die Schaltfläche *Hinzufügen* klicken. Sie können aber auch die Umschalt- oder die Steuerungstaste gedrückt halten, während Sie auf die Benutzerkonten klicken, um sie alle auf ein Mal zu markieren. Bei gedrückter Umschalttaste werden mehrere untereinander stehende Benutzerkonten gleichzeitig markiert, bei gedrückter Steuerungstaste können Sie einzelne Konten markieren, die nicht direkt untereinander stehen. Sobald Sie alle gewünschten Konten markiert haben, klicken Sie auf die Schaltfläche *Hinzufügen*.

Wenn Sie auf *Hinzufügen* klicken, werden die markierten Benutzerkonten in eine Liste eingefügt. Prüfen Sie anschließend, ob Sie die Konten in der Liste wirklich in die Gruppe einfügen wollen, und klicken Sie dann auf OK. Damit werden sie in die Gruppe aufgenommen.

Hinweis Sie können ein Benutzerkonto auch über die Registerkarte *Mitgliedschaft* im Dialogfeld *Eigenschaften* des betreffenden Kontos einer Gruppe zuordnen. Mit dieser Methode können Sie ein bestimmtes Benutzerkonto schnell in mehrere Gruppen aufnehmen.

Praxis: Lokale Gruppen erstellen und verwalten

In dieser Übung werden Sie zwei lokale Gruppen erstellen. Sie fügen schon beim Erstellen der Gruppen Mitglieder ein und nehmen dann auch nachträglich noch einen zusätzlichen Benutzer in eine der Gruppen auf. Eines der Mitglieder wird wieder aus einer der Gruppen gelöscht. Schließlich löschen Sie eine der lokalen Gruppen, die Sie gerade erstellt haben.

Hinweis Für diese Übung benötigen Sie die Benutzerkonten, die Sie bei der Durchführung der Übung in Kapitel 10 erstellt haben. Wenn Sie die Benutzerkonten in Kapitel 10 nicht erstellt haben, müssen Sie diese Übung jetzt nachholen, damit Ihnen die nötigen Benutzerkonten zur Verfügung stehen.

Übung 1: Lokale Gruppen erstellen und Mitglieder hinzufügen und entfernen

In dieser Übung erstellen Sie die beiden lokalen Gruppen *Vertrieb* und *Tester*. In beide Gruppen fügen Sie beim Erstellen Mitglieder ein. Später fügen Sie der Gruppe *Tester* noch ein weiteres Mitglied hinzu und entfernen ein anderes Mitglied.

▶ **So erstellen Sie eine lokale Gruppe**

1. Melden Sie sich an Ihrem Computer als Administrator an.

2. Klicken Sie mit der rechten Maustaste auf das Symbol *Arbeitsplatz* und wählen Sie im Kontextmenü den Befehl *Verwalten*.

3. Erweitern Sie *Lokale Benutzer und Gruppen* und klicken Sie dann auf *Gruppen*.

   Im rechten Detailfenster der Computerverwaltung wird eine Liste der bereits erstellten und der vordefinierten lokalen Gruppen angezeigt.

4. Klicken Sie mit der rechten Maustaste auf *Gruppen* und anschließend auf *Neue Gruppe*, um eine neue Gruppe zu erstellen.

   Das Dialogfeld *Neue Gruppe* wird geöffnet.

5. Geben Sie in das Feld *Gruppenname* **Vertrieb** ein. Geben Sie in das Feld *Beschreibung* **Zugriff auf Kundendateien** ein.

6. Klicken Sie auf *Hinzufügen*.

   Das Dialogfeld *Benutzer oder Gruppen auswählen* wird geöffnet.

7. Halten Sie die Steuerungstaste gedrückt und markieren Sie *Benutzer1* und *Benutzer3*.

8. Klicken Sie auf *Hinzufügen*.

   In dem Feld unterhalb der Schaltfläche *Hinzufügen* sollten nun *PRO1\Benutzer1* und *PRO1\Benutzer3* aufgelistet sein.

> **Hinweis** Wenn Sie Ihren Computer nicht PRO1 genannt haben, steht an Stelle von PRO1 der Name Ihres Computers.

9. Klicken Sie auf OK.

   Beachten Sie, dass *Benutzer1* und *Benutzer3* jetzt im Dialogfeld *Neue Gruppe* im Feld *Mitglieder* aufgelistet sind.

10. Klicken Sie auf *Erstellen*.

    Windows 2000 erstellt die Gruppe und fügt sie in die Liste der Benutzer und Gruppen ein. Beachten Sie, dass das Dialogfeld *Neue Gruppe* weiterhin geöffnet ist, sodass es möglicherweise die Liste der Benutzer und Gruppen verdeckt.

11. Wiederholen Sie die Schritte 5 bis 10, um eine Gruppe mit dem Namen *Tester* zu erstellen. Schreiben Sie in das Feld *Beschreibung* nun **Zugriff auf Dateien mit Tipps zur Problemlösung**. Fügen Sie *Benutzer2* und *Benutzer4* als Mitglieder in die Gruppe *Tester* ein.

12. Nachdem Sie die beiden Gruppen *Vertrieb* und *Tester* erstellt haben, klicken Sie auf die Schaltfläche *Schließen*, um das Dialogfeld *Neue Gruppe* zu schließen.

    Beachten Sie, dass jetzt die beiden Gruppen *Vertrieb* und *Tester* im rechten Detailfenster der Computerverwaltung aufgelistet werden.

▶ **So fügen Sie Mitglieder in eine lokale Gruppe ein bzw. entfernen sie wieder**

1. Doppelklicken Sie im rechten Detailfenster der Computerverwaltung auf die Gruppe *Tester*.

   Im Dialogfeld *Eigenschaften von Tester* werden die Eigenschaften der Gruppe angezeigt. Beachten Sie, dass *Benutzer2* und *Benutzer4* im Feld *Mitglieder* aufgelistet sind.

2. Wenn Sie ein Mitglied in die Gruppe einfügen wollen, klicken Sie auf *Hinzufügen*.

   Das Dialogfeld *Benutzer oder Gruppen auswählen* wird geöffnet.

3. Markieren Sie im Feld *Name* den *Benutzer3*, klicken Sie auf *Hinzufügen* und klicken Sie dann auf OK.

   Im Dialogfeld *Eigenschaften von Tester* werden im Feld *Mitglieder* nun *Benutzer2*, *Benutzer3* und *Benutzer4* aufgelistet.

4. Markieren Sie nun *Benutzer4* und klicken Sie auf *Entfernen*.

   Benutzer4 wird nun nicht mehr in der Liste des Feldes *Mitglieder* aufgeführt. Sein lokales Benutzerkonto ist zwar noch vorhanden, aber er ist nicht mehr Mitglied der Gruppe *Tester*.

5. Klicken Sie auf OK.

Übung 2: Eine lokale Gruppe löschen

In dieser Übung löschen Sie die lokale Gruppe *Tester*.

▶ **So löschen Sie eine lokale Gruppe**

1. Klicken Sie im rechten Detailfenster der Computerverwaltung mit der rechten Maustaste auf die Gruppe *Tester* und klicken Sie anschließend auf *Löschen*.

   Das Dialogfeld *Lokale Benutzer und Gruppen* wird eingeblendet, und Sie werden aufgefordert zu bestätigen, dass Sie die Gruppe wirklich löschen wollen.

2. Klicken Sie auf *Ja*.

   Die Gruppe *Tester* wird aus der Liste im rechten Detailfenster der Computerverwaltung entfernt. Die Mitglieder der Gruppe wurden jedoch nicht gelöscht. *Benutzer2* und *Benutzer3* sind weiterhin lokale Benutzerkonten auf dem Computer PRO1.

3. Schließen Sie die Computerverwaltung.

Zusammenfassung der Lektion

In dieser Lektion haben Sie gelernt, dass eine Gruppe aus mehreren Benutzerkonten besteht. Gruppen vereinfachen die Verwaltung, weil Sie Berechtigungen nicht mehr jedem einzelnen Benutzerkonto zuweisen müssen, sondern sie jeweils einer ganzen Gruppe zuweisen können.

Geben Sie den einzelnen Gruppen möglichst aussagekräftige Namen. Mit dem Snap-In *Computerverwaltung* können Sie Gruppen erstellen, Mitglieder hinzufügen, Mitglieder aus Gruppen entfernen und Gruppen löschen. Im Praxisteil dieser Lektion haben Sie zwei lokale Gruppen erstellt und ihnen gleichzeitig Mitglieder hinzugefügt. Daraufhin haben Sie in eine Gruppe noch ein weiteres Mitglied aufgenommen und ein anderes gelöscht. Schließlich haben Sie eine der beiden lokalen Gruppen wieder gelöscht.

Lektion 2: Vordefinierte lokale Gruppen implementieren

In Windows 2000 gibt es zwei Kategorien vordefinierter Gruppen: lokale Gruppen und Systemgruppen. Bei vordefinierten Gruppen sind die Gruppenmitglieder oder die Benutzerberechtigungen bereits vorgegeben. Windows 2000 erstellt diese Gruppen für Sie, damit Sie für häufig benutzte Aufgaben nicht eigens Gruppen definieren und Berechtigungen zuweisen müssen.

Am Ende dieser Lektion werden Sie in der Lage sein, die folgenden Aufgaben auszuführen:

- Sie können die in Windows 2000 vordefinierten Gruppen beschreiben.

Veranschlagte Zeit für die Lektion: 10 Minuten

Vordefinierte lokale Gruppen

Alle Stand-Alone-Server, Mitgliedsserver und Computer mit dem Betriebssystem Windows 2000 Professional haben vordefinierte lokale Gruppen. *Vordefinierte lokale Gruppen* geben ihren Mitgliedern das Recht, jeweils bestimmte Systemaufgaben auf einem Computer auszuführen, beispielsweise das Recht, Dateien zu sichern und wieder herzustellen, die Systemuhr einzustellen und Systemressourcen zu verwalten. Die vordefinierten lokalen Gruppen sind in Windows 2000 in der Computerverwaltung im Ordner *Gruppen* abgelegt.

In Tabelle 11.2 wird beschrieben, welche Aufgaben die Mitglieder der am häufigsten in Anspruch genommenen vordefinierten lokalen Gruppen erledigen können. Wenn es nicht anders angegeben ist, haben diese Gruppen zunächst keine Mitglieder.

Tabelle 11.2 Vordefinierte lokale Gruppen

Lokale Gruppe	Beschreibung
Administratoren	Die Mitglieder dieser Gruppe können alle administrativen Aufgaben an dem Computer durchführen. Standardmäßig ist das vordefinierte Administrator-Benutzerkonto ein Mitglied dieser Gruppe.
	Wenn ein Mitgliedsserver oder ein Computer, auf dem Client für Microsoft-Netzwerke ausgeführt wird, in eine Domäne eingefügt wird, fügt Windows 2000 die Gruppe *Domänen-Admins* in die lokale Gruppe *Administratoren* ein.
Sicherungs-Operatoren	Die Mitglieder dieser Gruppe können mithilfe des Sicherungsprogramms von Windows die Daten auf dem Computer sichern und wieder herstellen.

(Fortsetzung)

Lokale Gruppe	Beschreibung
Gäste	Die Mitglieder dieser Gruppe können nur die Aufgaben ausführen und auf die Ressourcen zugreifen, für die Sie ihnen die entsprechenden Berechtigungen zugewiesen haben. Die Mitglieder können ihre Desktopumgebung nicht dauerhaft ändern. Standardmäßig gehört das vordefinierte Benutzerkonto *Gast* zu dieser Gruppe.
	Wenn ein Mitgliedsserver oder ein Computer, auf dem Client für Microsoft-Netzwerke ausgeführt wird, in eine Domäne eingefügt wird, fügt Windows 2000 die Gruppe *Domänen-Gäste* in die lokale Gruppe *Gäste* ein.
Hauptbenutzer	Die Mitglieder dieser Gruppe können lokale Benutzerkonten auf dem Computer erstellen und verändern sowie Ressourcen freigeben.
Replikations-Operator	Unterstützt die Replikation von Dateien innerhalb einer Domäne.
Benutzer	Die Mitglieder dieser Gruppe können nur die Aufgaben ausführen und auf die Ressourcen zugreifen, für die Sie ihnen die entsprechenden Berechtigungen zugewiesen haben. Standardmäßig fügt Windows 2000 lokale Benutzerkonten, die Sie auf einem Computer erstellen, in die Gruppe *Benutzer* ein.
	Wenn ein Mitgliedsserver oder ein Computer, auf dem Client für Microsoft-Netzwerke ausgeführt wird, in eine Domäne eingefügt wird, fügt Windows 2000 die Gruppe *Domänen-Benutzer* in die lokale Gruppe *Benutzer* ein.

Vordefinierte Systemgruppen

Vordefinierte Systemgruppen gibt es auf allen Computern mit dem Betriebssystem Windows 2000. Systemgruppen haben keine bestimmte Mitgliedschaft, die Sie verändern können. Welche Benutzer sie jeweils zu einem bestimmten Zeitpunkt repräsentieren, hängt von der Art und Weise ab, wie die Benutzer auf einen Computer oder eine Systemressource zugreifen. Die Systemgruppen tauchen bei der Gruppenverwaltung nicht auf. Sie stehen nur dann zur Verfügung, wenn Sie Rechte und Berechtigungen für Ressourcen vergeben. In Windows 2000 basiert die Mitgliedschaft in einer Systemgruppe nicht darauf, wer den Computer benutzt, sondern nur darauf, wie er auf den Computer zugreift. In Tabelle 11.3 werden die am häufigsten verwendeten vordefinierten Systemgruppen beschrieben.

Tabelle 11.3 Häufig verwendete vordefinierte Systemgruppen

Systemgruppe	Beschreibung
Jeder	Umfasst alle Benutzer, die auf den Computer zugreifen. Seien Sie vorsichtig, wenn Sie dieser Gruppe Berechtigungen zuweisen und das Benutzerkonto *Gast* aktivieren. Ein Benutzer ohne gültiges Benutzerkonto wird in Windows 2000 automatisch als Gast authentifiziert, und auf diese Weise erhält er automatisch alle Rechte und Berechtigungen, die Sie der Gruppe *Jeder* zugewiesen haben.
Authentifizierte Benutzer	Umfasst alle Benutzer mit einem gültigen Benutzerkonto auf dem Computer (wenn Ihr Computer zu einer Domäne gehört, umfasst die Gruppe alle Benutzer im Active Directory-Verzeichnisdienst). Wenn Sie den anonymen Zugriff auf eine Ressource verhindern wollen, müssen Sie an Stelle der Gruppe *Jeder* diese Gruppe verwenden.
Ersteller-Besitzer	Umfasst das Benutzerkonto des Benutzers, der eine Ressource erstellt oder sie in Besitz genommen hat. Wenn ein Mitglied der Gruppe *Administratoren* eine Ressource erstellt, ist die Gruppe *Administratoren* der Besitzer der Ressource.
Netzwerk	Umfasst jeden Benutzer, der zum aktuellen Zeitpunkt eine Verbindung von einem anderen Computer im Netzwerk zu einer freigegebenen Ressource auf dem Computer aufrecht erhält.
Interaktiv	Umfasst das Benutzerkonto des Benutzers, der an dem Computer angemeldet ist. Die Mitglieder dieser Gruppe können auf die Ressourcen des Computers zugreifen, an dem sie gerade sitzen. Sie melden sich an und erhalten durch ihre „Interaktion" mit dem Computer Zugriff auf seine Ressourcen.
Anonymous-Anmeldung	Umfasst alle Benutzerkonten, die von Windows 2000 nicht authentifiziert wurden.
Dialup	Umfasst alle Benutzer, die zum aktuellen Zeitpunkt eine DFÜ-Verbindung zu dem Computer aufrecht erhalten.

Zusammenfassung der Lektion

In dieser Lektion haben Sie gelernt, dass es in Windows 2000 zwei Kategorien von vordefinierten Gruppen gibt: lokale Gruppen und Systemgruppen. Darüberhinaus haben Sie erfahren, dass vordefinierte Gruppen jeweils vorgegebene Berechtigungen oder Mitglieder haben. Diese Gruppen werden von Windows 2000 automatisch erstellt, damit Sie für häufig genutzte Aufgaben nicht selbst Gruppen erstellen und Rechte und Berechtigungen vergeben müssen.

Lernzielkontrolle

Anhand der folgenden Fragen können Sie feststellen, ob Sie genug gelernt haben, um mit dem nächsten Kapitel fortfahren zu können. Sollten Sie einige der Fragen nicht vollständig beantworten können, lesen Sie sich die Informationen in diesem Kapitel noch einmal durch, bevor Sie zum nächsten Kapitel übergehen. Die Antworten zu den Fragen finden Sie in Anhang A.

1. In welchen Fällen ist es günstig, mit Gruppen zu arbeiten?

2. Wie erstellen Sie eine lokale Gruppe?

3. Hat das Löschen von Gruppen irgendwelche Auswirkungen?

4. Was ist der Unterschied zwischen vordefinierten lokalen Gruppen und anderen lokalen Gruppen?

KAPITEL 12

Netzwerkdrucker einrichten und konfigurieren

Lektion 1: Einführung in das Drucken mit Windows 2000 . . . 286

Lektion 2: Netzwerkdrucker einrichten . . . 291

Lektion 3: Eine Verbindung zu Netzwerkdruckern herstellen . . . 304

Lektion 4: Netzwerkdrucker konfigurieren . . . 309

Lektion 5: Fehlerbehandlung bei Netzwerkdruckern . . . 314

Lernzielkontrolle . . . 316

Über dieses Kapitel

Dieses Kapitel beschäftigt sich mit der Einrichtung und Konfiguration von Netzwerkdruckern, die Benutzern die Möglichkeit bieten, über das Netzwerk zu drucken. Sie erfahren außerdem, wie Druckprobleme beseitigt werden, die bei der Einrichtung von Netzwerkdruckern auftreten können.

Bevor Sie beginnen

Zur Bearbeitung dieses Kapitels benötigen Sie Folgendes:

- Einen Rechner, der die im Abschnitt *Hardwarevoraussetzungen* des Kapitels *Zu diesem Buch* angegebenen Mindestvoraussetzungen erfüllt.
- Einen Computer, auf dem Windows 2000 Professional installiert ist.

Hinweis Zur Ausführung der Übungen in diesem Kapitel benötigen Sie *keinen* Drucker.

Lektion 1: Einführung in das Drucken mit Windows 2000

Beim Drucken mit Windows 2000 können Sie alle freigegebenen Druckressourcen im Netzwerk verwenden und den Druckvorgang von einer zentralen Stelle aus verwalten. Sie haben die Möglichkeit, Clientcomputer, auf denen Windows 2000, Windows NT 4, Windows 98 oder Windows 95 installiert ist, so einzurichten, dass von ihnen aus gedruckt werden kann.

Am Ende dieser Lektion werden Sie in der Lage sein, die folgende Aufgabe auszuführen:

- Sie können die Begriffe erklären, die im Zusammenhang mit dem Drucken unter Windows 2000 verwendet werden.

Veranschlagte Zeit für die Lektion: 15 Minuten

Terminologie

Bevor Sie Drucker einrichten, sollten Sie sich mit der Windows 2000-Terminologie für die Beschreibung des Druckprozesses vertraut machen, um nachvollziehen zu können, wie die einzelnen Komponenten zusammenwirken (siehe Abbildung 12.1).

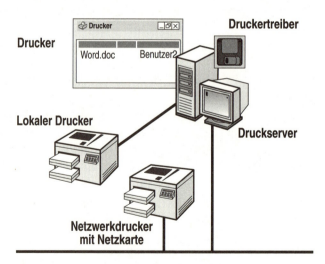

Abbildung 12.1 Druckterminologie

Wenn Sie Windows 2000 noch nicht kennen, wird Sie die Bedeutung einiger Begriffe unter Umständen überraschen. Im Folgenden werden einige Termini erläutert, die sich auf den Druckvorgang in Windows 2000 beziehen:

- **Logischer Drucker** Ein *logischer Drucker* ist die Softwareschnittstelle zwischen dem Betriebssystem und dem eigentlichen Drucker. Mithilfe des logischen Druckers wird festgelegt, an welche Stelle ein Dokument übertragen wird, bevor es zum Drucker gelangt (an einen lokalen Anschluss, an einen Anschluss für eine Netzwerkverbindung oder in eine Datei), wann es an den Drucker übertragen wird und wie bestimmte Prozesse während des Druckvorgangs ablaufen. Wenn Benutzer eine Verbindung zu logischen Druckern herstellen, geben sie einen Druckernamen an, der sich auf einen oder mehrere Drucker bezieht.

- **Drucker** Ein *Drucker* ist das physische Gerät (die Hardwarekomponente), auf dem der Ausdruck der Dokumente erfolgt. Windows unterstützt folgende Drucker:
    - *Lokale Drucker*, die über einen physischen Anschluss mit dem Druckserver verbunden sind.
    - *Netzwerkdrucker*, die statt über einen lokalen Anschluss über das Netzwerk mit einem Druckserver verbunden sind. Für diese Drucker sind eigene Netzwerkschnittstellenkarten und eigene Netzwerkadressen erforderlich. Sie können aber auch an einer externen Netzwerkkarte angeschlossen sein.

- **Druckeranschluss** Ein *Druckeranschluss* ist die Softwareschnittstelle, über die ein Computer (mittels einer lokalen Schnittstelle) mit einem Drucker kommuniziert. Windows 2000 unterstützt folgende Schnittstellen: LPT, COM, USB und mit dem Netzwerk verbundene Geräte, wie HP JetDirect und Intel NetPort.

- **Druckserver** Ein *Druckserver* ist der Computer, auf dem sich die logischen Drucker befinden, die mit den lokalen und den Netzwerkdruckern verbunden sind. Der Druckserver empfängt und verarbeitet Dokumente von Clientcomputern. Logische Netzwerkdrucker werden auf Druckservern eingerichtet und freigegeben.

- **Druckertreiber** Unter einem *Druckertreiber* versteht man eine oder mehrere Dateien, die Informationen enthalten, die von Windows 2000 für die Umwandlung von Druckbefehlen in eine bestimmte Druckersprache (z. B. PostScript) benötigt werden. Diese Umwandlung ermöglicht es, dass ein Drucker Dokumente ausdrucken kann. Ein Druckertreiber ist jeweils für ein spezifisches Druckermodell ausgelegt.

Voraussetzungen für das Drucken im Netzwerk

Folgende Voraussetzungen müssen erfüllt sein, damit ein Windows 2000-Netzwerk für das Drucken eingerichtet werden kann:

- Es muss mindestens ein Computer als Druckserver fungieren. Wenn der Druckserver sehr viele stark frequentierte logische Drucker verwalten muss, empfiehlt Microsoft einen dedizierten Druckserver. Auf diesem Computer kann eines der folgenden Betriebssysteme installiert sein:

    - Windows 2000 Server, mit dem eine große Anzahl von Verbindungen verwaltet und Macintosh- sowie UNIX-Computer und NetWare-Clients unterstützt werden können.

    - Windows 2000 Professional, das maximal zehn gleichzeitige Verbindungen mit anderen Computern für Datei- und Druckdienste verwalten kann. Macintosh-Computer und NetWare-Clients werden nicht unterstützt, während UNIX-Computer verwendet werden können.

- Es muss ausreichend RAM für die Verarbeitung von Dokumenten vorhanden sein.

    Wenn ein Druckserver eine große Zahl von logischen Druckern oder sehr viele umfangreiche Dokumente verwalten oder verarbeiten muss, benötigt der Server unter Umständen zusätzlichen RAM, der über den für Windows 2000 erforderlichen Umfang hinausgeht. Hat ein Druckserver für die Bewältigung der Druckaufträge nicht ausreichend RAM zur Verfügung, verringert sich die Druckgeschwindigkeit.

- Auf dem Druckserver muss genügend Festplattenspeicher vorhanden sein. Nur dadurch ist sichergestellt, dass Windows 2000 die Dokumente speichern kann, die an den Druckserver gesendet werden und dort verbleiben, bis sie an den Drucker weitergeleitet werden können.

    Speicherplatzprobleme können auftreten, wenn Dokumente sehr groß sind oder wenn viele Dokumente auf einmal an den Druckserver geschickt werden. Senden beispielsweise zehn Benutzer gleichzeitig große Dokumente an den Druckserver, muss dieser über genügend Festplattenspeicher verfügen, um die Dokumente so lange aufnehmen zu können, bis sie an den Drucker weitergeleitet werden. Wenn nicht genügend Speicherplatz vorhanden ist, erhalten Benutzer Fehlermeldungen, und der Druck wird nicht ausgeführt.

Richtlinien für das Drucken im Netzwerk

Bevor Sie Druckdienste im Netzwerk einrichten, sollten Sie eine netzwerkbezogene Strategie für das Drucken festlegen. Darin müssen Sie die Druckanforderungen der Benutzer berücksichtigen und darauf achten, dass es nicht zu unnötigen Ressourcenverdoppelungen oder Wartezeiten kommt. In Tabelle 12.1 finden Sie einige Richtlinien, die Sie bei der Planung dieser Strategie beachten sollten.

Tabelle 12.1 Richtlinien für das Drucken im Netzwerk

Richtlinie	Beschreibung
Ermitteln Sie die Druckanforderungen der Benutzer.	Ermitteln Sie Anzahl der Benutzer, die drucken werden, sowie die zu erwartenden Druckaufträge. Beispielsweise verursachen zehn Personen in einer Rechnungsabteilung, die fortlaufend Rechnungen ausdrucken, eine höhere Zahl an Aufträgen und benötigen in der Regel mehr logische und physische Drucker (und möglicherweise sogar mehr Druckserver), als zehn Softwareentwickler, die nur im Onlinemodus arbeiten.
Ermitteln Sie die Druckanforderungen des Unternehmens.	Stellen Sie die Anforderungen fest, die in Ihrem Unternehmen in Bezug auf Druckarbeiten vorhanden sind. Hierzu gehören die Anzahl und der Typ der erforderlichen Drucker. Berücksichtigen Sie außerdem die Art der Druckaufträge, mit der die einzelnen Drucker belastet werden. Verwenden Sie keinen persönlichen Drucker als Netzwerkdrucker.
Bestimmen Sie die Anzahl der erforderlichen Druckserver.	Stellen Sie fest, wie viele Druckserver im Netzwerk erforderlich sind, damit alle logischen Drucker verwaltet werden können.
Legen Sie die Standorte der Drucker fest.	Legen Sie die Standorte der Drucker so fest, dass die Benutzer schnell und einfach an ihre ausgedruckten Dokumente gelangen.

Zusammenfassung der Lektion

Sie haben in dieser Lektion verschiedene Begriffe kennen gelernt, die in Windows 2000 zur Beschreibung des Netzwerkdruckens verwendet werden. So versteht man unter einem logischen Drucker die Softwareschnittstelle zwischen dem Betriebssystem und dem eigentlichen Drucker. Der Drucker ist das physische Gerät, auf dem die Dokumente gedruckt werden. Windows 2000 unterstützt lokale Drucker, die an einen physischen Anschluss des Druckservers angeschlossen sind, sowie Netzwerkdrucker, die über das Netzwerk mit dem Druckserver verbunden sind.

Sie wissen nun, dass ein Druckserver ein Computer ist, auf dem Windows 2000 Professional oder Windows 2000 Server installiert ist, und auf dem sich die logischen Drucker befinden. Der Druckserver empfängt und verarbeitet die Dokumente von Clientcomputern. Die logischen Netzwerkdrucker werden auf Druckservern eingerichtet und freigegeben. Unter einem Druckertreiber versteht man eine oder mehrere Dateien, die Informationen enthalten, die von Windows 2000 für die Umwandlung von Druckbefehlen in eine bestimmte Druckersprache (z. B. PostScript) benötigt werden. Diese Umwandlung ermöglicht es, dass ein Drucker Dokumente ausdrucken kann. Ein Druckertreiber ist jeweils für ein spezifisches Druckermodell ausgelegt.

Sie haben gelernt, dass bestimmte Voraussetzungen erfüllt sein müssen, damit das Drucken in einem Windows 2000-Netzwerk möglich ist. So muss mindestens ein Computer als Druckserver fungieren. Wenn der Druckserver viele stark frequentierte logische Drucker verwalten muss, empfiehlt Microsoft einen dezidierten Druckserver. Auf einem Druckerserver, auf dem Windows 2000 Professional installiert ist, können maximal zehn gleichzeitige Verbindungen mit anderen Computern für Datei- und Druckdienste verwaltet werden. Macintosh-Computer oder NetWare-Clients werden von Windows 2000 Professional nicht unterstützt, während UNIX-Computer verwendet werden können.

Lektion 2: Netzwerkdrucker einrichten

Wenn Sie einen logischen Netzwerkdrucker einrichten und freigeben, können mehrere Benutzer diesen Drucker für ihre Druckaufträge verwenden. Sie können einen logischen Drucker für einen lokalen Drucker einrichten, der direkt an den Druckserver angeschlossen ist. Sie haben aber auch die Möglichkeit, einen logischen Drucker für einen Netzwerkdrucker einzurichten, der über das Netzwerk mit dem Druckserver verbunden ist. In größeren Organisationen sind die meisten logischen Drucker mit Netzwerkdruckern verbunden.

Am Ende dieser Lektion werden Sie in der Lage sein, die folgenden Aufgaben auszuführen:

- Sie können die Voraussetzungen nennen, die für die Einrichtung von logischen Netzwerkdruckern und Netzwerkressourcen erfüllt sein müssen.
- Sie können einen neuen logischen Drucker für einen lokalen oder einen Netzwerkdrucker hinzufügen und freigeben.
- Sie können Clientcomputer einrichten.

Veranschlagte Zeit für die Lektion: 30 Minuten

Einen logischen Drucker für einen lokalen Drucker einrichten und freigeben

Die Schritte, die zur Einrichtung eines logischen Druckers für einen lokalen Drucker ausgeführt werden müssen, sind nahezu identisch mit denen für einen Netzwerkdrucker. Im Folgenden richten Sie zunächst einen logischen Drucker für ein lokalen Drucker ein.

1. Melden Sie sich beim Druckserver als Administrator an.

2. Klicken Sie auf *Start*, zeigen Sie auf *Einstellungen* und klicken Sie dann auf *Drucker*.

    Der Drucker wird mithilfe des *Druckerinstallations-Assistenten* im Ordner *Drucker* eingerichtet und freigegeben.

3. Doppelklicken Sie auf *Drucker hinzufügen*, um den Assistenten aufzurufen.

    Das Dialogfeld *Willkommen* wird geöffnet.

4. Klicken Sie auf *Weiter*. Die Seite *Lokaler oder Netzwerkdrucker* wird angezeigt (siehe Abbildung 12.2).

Der Druckerinstallations-Assistent führt Sie durch die Schritte, die bei der Einrichtung eines Drucker ausgeführt werden müssen. Die Anzahl der lokalen Drucker, die über physische Anschlüsse mit dem Druckserver verbunden werden können, hängt von der jeweiligen Hardwarekonfiguration ab.

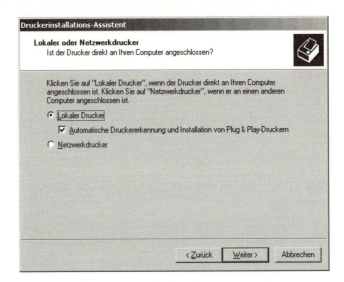

Abbildung 12.2 Die Seite *Lokaler oder Netzwerkdrucker*

Tabelle 12.2 enthält eine Beschreibung der Optionen des Druckerinstallations-Assistenten, die bei der Einrichtung eines logischen Druckers für einen lokalen Drucker zur Verfügung stehen.

Tabelle 12.2 Die Optionen des Druckerinstallations-Assistenten für einen lokalen Drucker

Option	Beschreibung
Lokaler Drucker	Diese Option gibt an, dass Sie einen Drucker an ihren lokalen Computer anschließen, der gleichzeitig den Druckserver darstellt.
	Über das Kontrollfeld *Automatische Druckererkennung und Installation von Plug & Play-Druckern* können Sie festlegen, ob Windows 2000 einen Plug & Play-Drucker automatisch feststellen und installieren soll.
Vorhandenen Anschluss verwenden	Hiermit legen Sie den Anschluss des Druckservers fest, an dem der Drucker angeschlossen ist.
	Wenn die Druckausgabe nicht an einen Standardanschluss erfolgen soll (sondern z. B. an eine Netzwerkschnittstellenverbindung), können Sie einen neuen Anschluss definieren.
Hersteller	Hier geben Sie den korrekten Druckertreiber für den lokalen Drucker an. Wählen Sie den Hersteller des verwendeten Druckers aus.
Drucker	Wählen Sie hier das verwendete Druckermodell. Wenn Ihr Drucker nicht in der Liste enthalten ist, müssen Sie den korrekten Druckertreiber selbst bereitstellen oder ein Modell in der Liste wählen, das dem verwendeten Drucker entspricht.

(Fortsetzung)

Option	Beschreibung
Druckername	Dies ist der Name, über den die Benutzer den logischen Drucker identifizieren. Geben Sie einen einfachen und aussagekräftigen Namen für den Drucker an. Einige Anwendungen akzeptieren maximal 31 Zeichen für Server- und Druckernamenkombinationen.
	Wenn Ihr Computer, auf dem Windows 2000 Professional installiert ist, Teil einer Domäne ist, wird der hier vergebene Name als Ergebnis eine Active Directory-Suche angezeigt.
Standarddrucker	Dies ist der logische Standarddrucker für alle Windows-Anwendungen. Klicken Sie bei der Option *Sollen auf Windows basierende Programme diesen Drucker als Standarddrucker verwenden* auf *Ja*, damit die Benutzer nicht für jede Anwendung einen logischen Drucker einrichten müssen. Wenn Sie zum ersten Mal einen logischen Drucker für den Druckserver einrichten, wird diese Option nicht angezeigt, da der angegebene logische Drucker automatisch als Standarddrucker ausgewählt wird.
Freigeben als	Hier bestimmen Sie den Freigabenamen, den Benutzer (die über die entsprechende Berechtigung verfügen) verwenden können, um über das Netzwerk eine Verbindung zum logischen Drucker herzustellen. Dieser Name wird angezeigt, wenn die Benutzer nach einem logischen Drucker suchen oder einen Pfad zu einem logischen Drucker angeben.
	Der Freigabename muss mit den Namenskonventionen für die Clientcomputer im Netzwerk kompatibel sein. Per Voreinstellung wird als Freigabename der auf das 8.3-Format verkürzte Druckername verwendet. Wenn Sie einen Freigabenamen verwenden, der länger als 8.3 Zeichen ist, können manche Clientcomputer unter Umständen keine Verbindung herstellen.
Standort	Geben Sie hier neben dem Standort des Druckers auch Informationen an, anhand derer die Benutzer feststellen können, ob der Drucker ihren Anforderungen entspricht.
Kommentar	Die Benutzer können nach den Informationen, die Sie hier oder im Feld *Standort* eingeben, in den Active Directory-Verzeichnisdiensten suchen. Auf Grund dieser Suchmöglichkeit sollten Sie die hier eingegebenen Informationen standardisieren, damit die Benutzer die logischen Drucker in den Suchergebnissen vergleichen können.
Soll eine Testseite gedruckt werden?	Mit dieser Funktion können Sie feststellen, ob der logische Drucker korrekt installiert wurde. Wählen Sie *Ja*, um die Testseite zu drucken.

Einen logischen Drucker für einen Netzwerkdrucker einrichten und freigeben

In größeren Unternehmen werden in erster Linie Netzwerkdrucker als Drucker verwendet. Netzwerkdrucker bieten den Vorteil, dass sie nicht mit dem Druckserver gesucht werden müssen. Außerdem werden die Daten über Netzwerkverbindungen schneller als über Druckerkabel übertragen.

Ein logischer Drucker für einen Netzwerkdrucker wird mithilfe des Druckerinstallations-Assistenten eingerichtet. Der Hauptunterschied gegenüber der Einrichtung eines lokalen Druckers liegt darin, dass Sie für einen Netzwerkdrucker zusätzliche Informationen über den Anschluss und das Netzwerkprotokoll angeben müssen.

Das Standardnetzwerkprotokoll für Windows 2000 ist TCP/IP. Dieses Protokoll wird von den meisten Netzwerkdruckern unterstützt. Die zusätzlichen Anschlussinformationen für TCP/IP werden im Assistenten zum Hinzufügen eines Standard-TCP/IP-Druckerports angegeben.

In Abbildung 12.3 sehen Sie die Seite *Druckeranschluss auswählen* des Druckerinstallations-Assistenten. Tabelle 12.3 enthält eine Beschreibung der Optionen auf der Seite *Druckeranschluss auswählen*, die zur Einrichtung eines Netzwerkdruckers dienen.

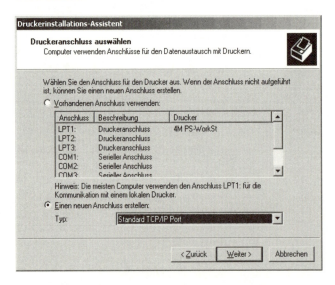

Abbildung 12.3 Die Seite *Druckeranschluss auswählen* im Druckerinstallations-Assistenten

Tabelle 12.3 Optionen bei Einrichtung eines Netzwerkdruckers auf der Seite *Druckeranschluss auswählen*

Option	Beschreibung
Einen neuen Anschluss erstellen	Mit dieser Option wird die Erstellung eines neuen Anschlusses für den Druckserver gestartet, mit dem der Netzwerkdrucker verbunden ist. In diesem Fall verweist der neue Anschluss auf die Netzwerkverbindung des Druckservers.
Typ	Mit dieser Option wird das Netzwerkprotokoll festgelegt, das für die Verbindung verwendet werden soll. Wenn Sie *Standard TCP/IP Port* auswählen, wird der Assistent zum Hinzufügen eines Standard-TCP/IP-Druckerports gestartet.

In Abbildung 12.4 sehen Sie die Seite *Port hinzufügen* des Assistenten zum Hinzufügen eines Standard-TCP/IP-Druckerports. Tabelle 12.4 enthält eine Beschreibung der Optionen auf der Seite *Port hinzufügen* des Assistenten zum Hinzufügen eines Standard-TCP/IP-Druckerports.

Abbildung 12.4 Die Seite *Port hinzufügen* des Assistenten zum Hinzufügen eines Standard-TCP/IP-Druckerports

Tabelle 12.4 Optionen zum Hinzufügen eines Netzwerkdruckers auf der Seite *Port hinzufügen*

Option	Beschreibung
Druckername oder IP-Adresse	Dies ist die Netzwerkposition des Druckers. Sie müssen entweder die IP-Adresse oder einen DNS-Namen für den Netzwerkdrucker eingeben.
	Wenn Sie eine IP-Adresse verwenden, stellt Windows 2000 automatisch einen Anschlussnamen für den Drucker in der Form *IP_IPAdresse* bereit.
	Falls Windows 2000 keine Verbindung zum Netzwerkdrucker herstellen und das Gerät nicht identifizieren kann, müssen Sie weitere Informationen zum Druckertyp angeben. Damit eine automatische Erkennung möglich ist, muss der Drucker eingeschaltet und mit dem Netzwerk verbunden sein.
Portname	Dies ist der Name, den Windows 2000 dem Anschluss zuweist, den Sie erstellt und definiert haben. Sie haben die Möglichkeit, einen anderen Namen anzugeben.
	Nachdem Sie den Anschluss erstellt haben, wird er auf der Seite *Druckeranschluss auswählen* des Druckerinstallations-Assistenten angezeigt. Sie müssen den Anschluss nicht umdefinieren, wenn alle weiteren logischen Drucker auf diesen Drucker verweisen.

Hinweis Wenn der Drucker nicht mit dem TCP/IP-Protokoll arbeitet, müssen Sie das benötigte Netzwerkprotokoll installieren, bevor Sie einen logischen Drucker für den Drucker einrichten. Nach der Installation des Protokolls können Sie weitere Anschlüsse definieren, die dieses Protokoll verwenden. Wie Sie bei der Konfiguration eines Druckeranschlusses vorgehen müssen, hängt von verwendeten Netzwerkprotokoll ab.

Clientcomputer einrichten

Nachdem Sie einen logischen Drucker eingerichtet und freigegeben haben, müssen Sie die Clientcomputer einrichten, damit die Benutzer drucken können. Die Schritte, die hierzu erforderlich sind, hängen vom verwendeten Betriebssystem ab. Voraussetzung ist aber in jedem Fall, dass ein Druckertreiber auf dem Clientcomputer installiert ist.

Im Folgenden finden Sie Informationen zur Installation der Druckertreiber in Abhängigkeit von dem Betriebssystem, das auf dem betreffenden Computer installiert ist.

- Windows 2000 lädt automatisch die Druckertreiber für Clientcomputer herunter, auf denen Windows 2000, Windows NT Version 4 oder früher, Windows 98 oder Windows 95 installiert ist.

- Auf Clientcomputern, auf denen ein anderes Microsoft-Betriebssystem vorhanden ist, müssen die Druckertreiber manuell installiert werden.
- Für Clientcomputer, auf denen kein Microsoft-Betriebssystem vorhanden ist, müssen die Druckertreiber und Druckdienste auf dem Druckserver installiert werden.

Clientcomputer mit Windows 2000, Windows NT, Windows 98 oder Windows 95

Benutzer von Clientcomputern, auf denen Windows 2000, Windows NT, Windows 98 oder Windows 95 installiert ist, müssen lediglich eine Verbindung zum freigegebenen logischen Drucker herstellen. Der Clientcomputer lädt den entsprechenden Druckertreiber automatisch herunter. Voraussetzung hierfür ist, dass sich eine Kopie des Treibers auf dem Druckserver befindet.

Wenn auf Ihrem Clientcomputer Windows 2000 ausgeführt wird, und wenn Sie eine Verbindung zum freigegebenen logischen Drucker herstellen wollen, starten Sie den Druckerinstallations-Assistenten auf dem Clientcomputer. Wählen Sie auf der Seite *Lokaler oder Netzwerkdrucker* die Option *Netzwerkdrucker* und klicken Sie auf *Weiter*. Die Seite *Drucker suchen* wird angezeigt (siehe Abbildung 12.5).

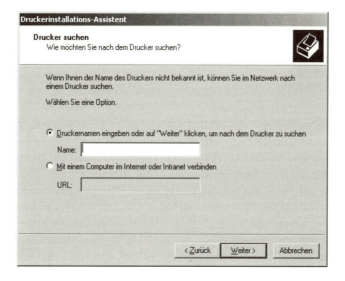

Abbildung 12.5 Die Seite *Drucker suchen*

Wenn Sie nicht genau wissen, wie der Name des freigegebenen logischen Druckers lautet, können Sie nach ihm suchen, indem Sie das Feld *Name* leer lassen und auf *Weiter* klicken. Daraufhin wird die Seite *Drucker suchen* geöffnet (siehe Abbildung 12.6).

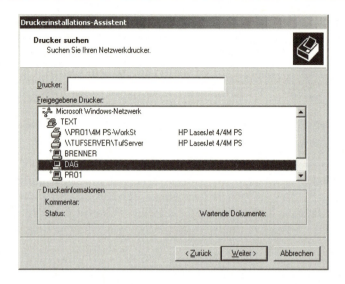

Abbildung 12.6 Die Seite *Drucker suchen*

Wenn Sie den freigegebenen logischen Drucker gefunden und ausgewählt haben, klicken Sie auf *Weiter*. Sie werden gefragt, ob dieser Drucker als logischer Standarddrucker fungieren soll. Klicken Sie auf *Ja*, wenn Sie dies wünschen, andernfalls klicken Sie auf *Nein* und danach auf *Weiter*. Die Seite *Fertigstellen des Assistenten* wird geöffnet. Überprüfen Sie die angezeigten Informationen und klicken Sie danach auf *Fertig stellen*. Sie haben nun eine Verbindung von Ihrem Clientcomputer zum freigegebenen logischen Drucker hergestellt.

Clientcomputer mit anderen Microsoft-Betriebssystemen

Damit Clientcomputer, auf denen andere Microsoft-Betriebssysteme (wie Windows 3.x oder MS-DOS) installiert sind, einen freigegebenen, auf Windows 2000 basierenden Drucker verwenden können, müssen Sie einen Druckertreiber manuell auf dem Clientcomputer installieren. Sie finden den entsprechenden Druckertreiber auf den Installationsdisketten für den Clientcomputer oder erhalten ihn beim Hersteller des Druckers.

Clientcomputer mit Betriebssystemen, die nicht von Microsoft stammen

Damit Benutzer von Clientcomputern, auf denen kein Microsoft-Betriebssystem installiert ist, ebenfalls drucken können, müssen auf dem Druckserver zusätzliche Dienste installiert werden. Tabelle 12.5 enthält die Dienste, die für Macintosh- und UNIX-Clientcomputer oder für Computer mit einem NetWare-Client erforderlich sind.

Tabelle 12.5 Dienste für Clientcomputer, auf denen kein Microsoft-Betriebssystem installiert ist

Clientcomputer	Erforderlicher Dienst
Macintosh	Datei- und Druckdienste für Macintosh werden nur von Windows 2000 Server, nicht aber von Windows 2000 Professional zur Verfügung gestellt.
UNIX	Druckdienste für Unix, die auch als LPD-Dienst (Line Printer Daemon) bekannt sind, gehören zum Lieferumfang von Windows 2000 Server, werden aber nicht standardmäßig installiert.
NetWare	Datei- und Druckdienste für NetWare (FPNW) sind ein optionaler Add-On-Dienst für Windows 2000 Server. Windows 2000 Server und Windows 2000 Professional verfügen nicht über FPNW.

Praxis: Einen Netzwerkdrucker installieren

In dieser Übung werden Sie mit dem Druckerinstallations-Assistenten einen lokalen logischen Drucker installieren und freigeben. Ein freigegebener logischer Drucker steht allen Benutzern im Netzwerk zur Verfügung. Sie werden den logischen Drucker in den Offlinemodus schalten und danach ein Dokument drucken. Das Dokument wird dadurch in die Druckwarteschlange gestellt.

Übung 1: Einen logischen Drucker einrichten und freigeben

In dieser Übung richten Sie mit dem Druckerinstallations-Assistenten einen logischen lokalen Drucker auf Ihrem Computer ein und geben ihn frei.

▶ **So richten Sie einen lokalen logischen Drucker ein**

1. Melden Sie sich als Administrator an.

2. Klicken Sie auf die Schaltfläche *Start*, zeigen Sie auf *Einstellungen* und klicken Sie auf *Drucker*.

    Windows 2000 öffnet das Fenster *Drucker*. Wenn Sie ein Faxmodem installiert haben, wird im Systemordner *Drucker* ein Faxsymbol angezeigt.

3. Doppelklicken Sie auf *Drucker hinzufügen*.

4. Klicken Sie im Druckerinstallations-Assistenten auf *Weiter*.

    Der Assistent fordert Sie auf, die Position des logischen Druckers anzugeben. Da Sie den logischen Drucker auf dem Computer einrichten, an dem Sie gerade arbeiten, wird dieser logische Drucker als lokaler Drucker bezeichnet.

5. Klicken Sie auf *Lokaler Drucker*, stellen Sie sicher, dass das Kontrollkästchen *Automatische Druckererkennung und Installation von Plug & Play-Druckern* deaktiviert ist, und klicken Sie auf *Weiter*.

Welche Anschlusstypen verfügbar sind, hängt von den installierten Netzwerkprotokollen ab. Für diese Übung wird davon ausgegangen, dass der einzurichtende Drucker direkt mit dem LPT1-Anschluss Ihres Computers verbunden ist.

Hinweis Wenn der Drucker mit einem Anschluss verbunden ist, der nicht aufgeführt ist, klicken Sie auf *Einen anderen Anschluss erstellen* und geben dann den entsprechenden Anschlusstyp ein.

6. Vergewissern Sie sich, dass die Option *Vorhandenen Anschluss verwenden* ausgewählt ist, und markieren Sie *LPT1*.

7. Klicken Sie auf *Weiter*.

   Der Assistent fragt nach dem Druckerhersteller und dem Druckermodell. Sie werden einen logischen Drucker für den HP LaserJet 5Si hinzufügen.

   Tipp Die Druckerliste ist alphabetisch sortiert. Wenn Sie einen Druckernamen nicht finden können, sollten Sie überprüfen, ob Sie an der richtigen Position suchen.

8. Klicken Sie bei *Hersteller* auf *HP* und bei *Drucker* auf *HP LaserJet 5Si*. Klicken Sie danach auf *Weiter*.

   Der Assistent öffnet die Seite *Drucker benennen*. In das Feld *Druckername* trägt Windows 2000 automatisch den Druckernamen *HP LaserJet 5Si* ein. Für diese Übung lassen Sie den Namen unverändert.

9. Wenn bereits andere logische Drucker installiert sind, fragt der Assistent, ob dieser Drucker als Standarddrucker verwendet werden soll. Sobald die Meldung *Sollen auf Windows basierende Programme diesen Drucker als Standarddrucker verwenden* angezeigt wird, klicken Sie auf *Ja*.

10. Klicken Sie auf *Weiter*, um den vorgeschlagenen Druckernamen zu akzeptieren.

    Die Seite *Druckerfreigabe* wird angezeigt, in der Sie zur Eingabe von Informationen über die Druckerfreigabe aufgefordert werden.

▶ **So geben Sie einen lokalen logischen Drucker frei**

1. Wählen Sie im Druckerinstallations-Assistenten auf der Seite *Druckerfreigabe* die Option *Freigeben als*.

   Sie können auch dann einen Freigabenamen zuweisen, wenn Sie bereits einen Druckernamen angegeben haben. Der Freigabename wird zur Identifizierung eines logischen Druckers im Netzwerk verwendet und muss einer Namenskonvention entsprechen. Dieser Name unterscheidet sich von dem zuvor eingegebenen Druckernamen. Der Druckername wird zusammen mit dem Druckersymbol im Systemordner *Drucker* und in den Active Directory-Verzeichnisdiensten angezeigt.

2. Geben Sie in das Feld *Freigeben als* den Namen **Drucker1** ein und klicken Sie auf *Weiter*.

   Die Seite *Standort und Kommentar* wird geöffnet.

   Hinweis Wenn Ihr Windows 2000 Professional-Computer Bestandteil einer Domäne ist, und ein Benutzer die Active Directory-Verzeichnisdienste nach einem Drucker durchsucht, zeigt Windows 2000 die Werte an, die Sie auf der Seite *Standort und Kommentar* eingegeben haben. Die Eingabe von Informationen auf dieser Seite ist zwar optional, Sie können dem Benutzer aber die Suche nach einem Drucker erleichtern.

3. Geben Sie in das Feld *Standort* **Dritte Etage Ost** und in das Feld *Kommentar* **Postraum** ein und klicken Sie dann auf *Weiter*.

   Die Seite *Testseite drucken* wird geöffnet und Sie werden gefragt, ob Sie eine Testseite ausdrucken wollen.

4. Klicken Sie zunächst auf *Nein* und anschließend auf *Weiter*.

   Der Assistent zeigt die Seite *Fertigstellen des Assistenten* sowie eine Zusammenfassung der Installationsoptionen an.

   Hinweis Wenn Sie die Zusammenfassung überprüfen und dabei einen Fehler entdecken, klicken Sie auf *Zurück* und nehmen die erforderlichen Änderungen vor.

5. Bestätigen Sie die Installationseinstellungen und klicken Sie auf *Fertig stellen*.

   Windows 2000 kopiert entweder Dateien aus dem Ordner Windows 2000 oder öffnet das Dialogfeld *Erforderliche Dateien*, damit Sie den Standort für die Windows 2000 Professional-Verteilungsdateien angeben können. Wenn das Dialogfeld *Erforderliche Dateien* angezeigt wird, fahren Sie mit Schritt 6 fort. Ansonsten erstellt Windows 2000 den freigegebenen logischen Drucker und zeigt ein Symbol für den HP LaserJet 5Si im Fenster *Drucker* an. In diesem Fall müssen Sie die Schritte 6 bis 8 nicht ausführen.

6. Legen Sie die Windows 2000 Professional-CD ein und warten Sie ca. zehn Sekunden.

7. Wenn Windows das Fenster *Windows 2000 CD* anzeigt, schließen Sie es.

8. Klicken Sie auf *OK*, um das Dialogfeld *Datenträger* zu schließen.

   Windows 2000 kopiert die Druckerdateien und erstellt den freigegebenen logischen Drucker. Im Fenster *Drucker* wird ein Symbol für den HP LaserJet 5Si eingeblendet.

   Beachten Sie, dass Windows 2000 eine geöffnete Hand unter dem Druckersymbol anzeigt. Daran erkennen Sie, dass es sich um einen freigegebenen logischen Drucker handelt. Über dem Druckersymbol sehen Sie ein Häkchen, das den logischen Drucker als Standarddrucker kennzeichnet.

Übung 2: Einen logischen Drucker in den Offlinemodus schalten und ein Dokument drucken

In dieser Übung schalten Sie den logischen Drucker, den Sie eingerichtet haben, in den Offlinemodus. Solange sich der Drucker in diesem Modus befindet, verbleiben alle Dokumente, die an ihn gesendet werden, in der Druckwarteschlange auf dem Computer. Auf diese Weise werden Fehlermeldungen über nicht verfügbare Drucker in späteren Übungen vermieden. Windows 2000 zeigt derartige Fehlermeldungen an, wenn Dokumente an einen Drucker gesendet werden, der nicht mit dem Computer verbunden ist.

▶ **So schalten Sie einen logischen Drucker in den Offlinemodus**

1. Klicken Sie im Fenster *Drucker* auf das Symbol *HP LaserJet 5Si*.
2. Klicken Sie im Menü *Datei* auf den Befehl *Drucker offline verwenden*.

   Beachten Sie, dass Windows 2000 das Symbol ändert und damit anzeigt, dass der logische Drucker nicht verfügbar ist. Der Status des Druckers lautet nun *Drucker wird offline verwendet*.

▶ **So drucken Sie ein Testdokument**

1. Doppelklicken Sie im Fenster *Drucker* auf das Symbol *HP LaserJet 5Si*.

   Die Liste der Dokumente, die an den Drucker gesendet werden sollen, ist leer.

2. Klicken Sie auf die Schaltfläche *Start*, zeigen Sie zunächst auf *Programme*, danach auf *Zubehör* und klicken Sie auf *Editor*.
3. Geben Sie im Editor irgendeinen Text ein.
4. Ordnen Sie die Fenster des Editors und des HP LaserJet 5Si so an, dass Sie den Inhalt beider Fenster sehen können.
5. Klicken Sie im Menü *Datei* des Editors auf den Befehl *Drucken*.

   Das Dialogfeld *Drucken* wird geöffnet, in dem Sie den logischen Drucker und die Druckoptionen auswählen können.

   Hinweis In vielen Programmen, die unter Windows 2000 ausgeführt werden, sieht das Dialogfeld *Drucken* gleich aus.

   Im Dialogfeld *Drucken* werden die Standort- und Kommentarinformationen anzeigt, die Sie bei der Erstellung des logischen Druckers eingegeben haben. Hier sehen Sie auch, dass sich der Drucker augenblicklich im Offlinemodus befindet. Mithilfe dieses Dialogfelds können Sie außerdem die Active Directory-Verzeichnisdienste nach einem Drucker durchsuchen.

   Beachten Sie, dass HP LaserJet 5Si als logischer Drucker ausgewählt ist.

6. Klicken Sie auf *Drucken*.

   Im Editor wird für kurze Zeit eine Meldung eingeblendet, in der Ihnen mitgeteilt wird, dass die Ausgabe des Dokuments auf den Computer erfolgt. Bei einem sehr schnellen Rechner können Sie diese Meldung unter Umständen nicht sehen.

   Im Fenster *HP LaserJet 5Si* sehen Sie, dass das Dokument auf die Weiterleitung an den Drucker wartet. Windows 2000 hält das Dokument zurück, da Sie den Drucker in den Offlinemodus geschaltet haben. Andernfalls würde Windows 2000 nun das Dokument an den Drucker senden.

7. Schließen Sie den Editor. Wenn Sie gefragt werden, ob die Änderungen im Dokument gespeichert werden sollen, klicken Sie auf *Nein*.

8. Da das Dokument, das sich gegenwärtig in der Druckwarteschlange befindet, nicht gedruckt werden soll, wählen Sie es im Fenster *HP LaserJet 5Si* aus und klicken dann im Menü *Drucker* auf den Befehl *Alle Druckaufträge abbrechen*.

   Es wird das Dialogfeld *Drucker* geöffnet, in dem Sie gefragt werden, ob Sie wirklich alle Aufträge abbrechen wollen.

9. Klicken Sie auf *ja*.

   Das Dokument wird aus dem Fenster *HP LaserJet 5Si* entfernt.

10. Schließen Sie die Fenster *HP LaserJet 5Si* und *Drucker*.

Zusammenfassung der Lektion

In dieser Lektion haben Sie gelernt, dass ein logischer Drucker für einen lokalen oder einen Netzwerkdrucker mithilfe des Druckerinstallations-Assistenten im Ordner *Drucker* eingerichtet und freigegeben wird. Ein freigegebener lokaler Drucker kann von mehreren Netzwerkbenutzern zum Drucken verwendet werden.

Sie haben erfahren, dass Benutzer von Clientcomputern, auf denen Windows 2000, Windows NT, Windows 98 oder Windows 95 installiert ist, nur eine Verbindung zum freigegebenen logischen Drucker herstellen müssen, um Dokumente auszudrucken. Der Clientcomputer lädt automatisch die entsprechenden Druckertreiber herunter. Voraussetzung hierfür ist, dass sich eine Kopie des Treibers auf dem Druckserver befindet. Damit Clientcomputer, auf denen andere Microsoft-Betriebssysteme (etwa Windows 3.x oder MS-DOS) installiert sind, auf einem freigegebenen, unter Windows 2000 eingerichteten Drucker drucken können, müssen Sie einen Druckertreiber manuell auf dem Clientcomputer installieren. Sie finden den entsprechenden Druckertreiber auf den Installationsdisketten für den Clientcomputer oder erhalten ihn beim Hersteller des Druckers. Damit Benutzer von Clientcomputern, auf denen kein Microsoft-Betriebssystem installiert ist, ebenfalls drucken können, müssen auf dem Druckserver zusätzliche Dienste installiert werden.

Lektion 3: Eine Verbindung zu Netzwerkdruckern herstellen

Wenn Sie den Druckserver mit den erforderlichen Druckertreibern für die freigegebenen logischen Drucker ausgestattet haben, können die Benutzer von Clientcomputern, auf denen Windows 2000, Windows NT, Windows 98 oder Windows 95 installiert ist, sofort eine Verbindung herstellen und den Ausdruck starten. Sind die entsprechenden Druckertreiber auf dem Druckserver vorhanden, laden die meisten auf Windows basierenden Clientcomputer automatisch den logischen Drucker herunter, zu dem der Benutzer eine Verbindung herstellt.

Wenn Sie einen logischen Drucker einrichten und freigeben, können per Voreinstellung alle Benutzer eine Verbindung zu ihm herstellen und Dokumente drucken. Wie die Verbindung zum Drucker hergestellt wird, hängt von dem Clientcomputer ab. Auf Clientcomputern, auf denen Windows 2000, Windows NT, Windows 98 oder Windows 95 ausgeführt wird, kann der Druckerinstallations-Assistent verwendet werden. Dieser Assistent verfügt in Windows 2000 über weitaus mehr Funktionen als in früheren Versionen. Clientcomputer, die unter Windows 2000 laufen, können auch über einen Webbrowser eine Verbindung zu einem logischen Drucker herstellen.

Am Ende dieser Lektion werden Sie in der Lage sein, die folgende Aufgabe auszuführen:

- Sie können mit dem Druckerinstallations-Assistenten oder mit einem Webbrowser eine Verbindung zu einem Netzwerkdrucker herstellen.

Veranschlagte Zeit für die Lektion: 10 Minuten

Den Druckerinstallations-Assistenten verwenden

Mit dem Druckerinstallations-Assistenten kann auf Clientcomputern, auf denen Windows 2000, Windows NT, Windows 98 oder Windows 95 installiert ist, eine Verbindung zu einem logischen Drucker hergestellt werden. Es handelt sich hierbei um denselben Assistenten, mit dem logische Drucker hinzugefügt und freigegeben werden. Welche Optionen für die Lokalisierung und den Verbindungsaufbau verfügbar sind, hängt vom Betriebssystem ab, das auf dem jeweiligen Clientcomputer installiert ist (siehe Abbildung 12.7).

Clientcomputer, auf denen Windows 2000 installiert ist

Wenn Sie den Druckerinstallations-Assistenten auf Clientcomputern verwenden, auf denen Windows 2000 installiert ist, haben Sie folgende Möglichkeiten, um eine Verbindung zu einem logischen Drucker herzustellen:

- Verwenden Sie den UNC-Namen.

    Sie können den UNC-Namen (*Druckserver**Druckername*) benutzen, um eine Verbindung herzustellen.

Zu diesem Zweck wählen Sie im Druckerinstallations-Assistenten auf der Seite *Drucker suchen* die Option *Druckernamen eingeben oder auf "Weiter" klicken, um nach dem Drucker zu suchen*. Wenn Sie den UNC-Namen kennen, kommen Sie mit dieser Methode sehr schnell ans Ziel.

- Durchsuchen Sie das Netzwerk.

  Um das Netzwerk nach dem gewünschten logischen Drucker zu durchsuchen, wählen Sie im Druckerinstallations-Assistenten auf der Seite *Drucker suchen* die Option *Druckernamen eingeben oder auf "Weiter" klicken, um nach dem Drucker zu suchen*, lassen das Feld *Name* leer und klicken auf *Weiter*.

- Verwenden Sie den URL-Namen.

  Um eine Verbindung zu einem logischen Drucker über das Internet oder Ihr Intranet zu erstellen, wählen Sie im Druckerinstallations-Assistenten auf der Seite *Drucker suchen* die Option *Mit einem Computer im Internet oder Intranet verbinden*.

- Durchsuchen Sie die Active Directory-Verzeichnisdienste.

  Wenn Ihr Windows 2000 Professional-Computer Mitglied einer Domäne ist, können Sie einen logischen Drucker suchen, indem Sie die Suchfunktionen der Active Directory-Verzeichnisdienste nutzen. Sie können entweder das gesamte Verzeichnis oder nur einen Teil davon durchsuchen. Sie haben auch die Möglichkeit, die Suche einzuschränken, indem Sie Eigenschaften des logischen Druckers (z. B. Farbdruck) angeben.

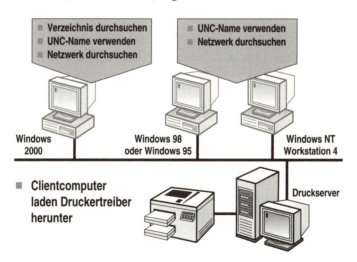

Abbildung 12.7 Mit den Druckerinstallations-Assistenten einen Netzwerkdrucker suchen und eine Verbindung zu ihm herstellen

Clientcomputer, auf denen Windows NT Version 4, Windows 98 oder Windows 95 installiert ist

Auf Clientcomputern, auf denen Windows NT Version 4, Windows 98 oder Windows 95 installiert ist, können Sie mit dem Druckerinstallations-Assistenten nur einen UNC-Namen eingeben oder die *Netzwerkumgebung* nach dem logischen Drucker durchsuchen.

Hinweis Sie können die Verbindung zu einem logischen Drucker auch mit dem Befehl *Ausführen* im Startmenü herstellen. Geben Sie den UNC-Namen des logischen Druckers in das Feld *Öffnen* ein und klicken Sie auf *OK*.

Clientcomputer, auf denen andere Microsoft-Betriebssysteme installiert sind

Benutzer von Clientcomputern, auf denen Windows 3.x oder Windows für Workgroups installiert ist, verwenden an Stelle des Druckerinstallations-Assistenten den Druck-Manager, um die Verbindung zu einem logischen Drucker herzustellen.

Von jedem auf Windows basierenden Clientcomputer kann mit dem folgendem Befehl eine Verbindung zu einem Netzwerkdrucker hergestellt werden:

```
net use lptx: \\Servername\Freigabename
```

Hierbei steht *x* für die Nummer des Druckeranschlusses.

Auf Clientcomputern, auf denen MS-DOS oder OS/2 mit Microsoft LAN Manager-Clientsoftware installiert ist, kann die Verbindung zu einem Netzwerkdrucker nur mit dem Befehl *Net Use* hergestellt werden.

Einen Webbrowser verwenden

Wenn Sie mit einem Clientcomputer arbeiten, auf dem Windows 2000 installiert ist, können Sie über das Firmenintranet eine Verbindung zu einem logischen Drucker herstellen. Sie müssen dazu lediglich im Webbrowser den betreffenden URL-Namen eingeben. Der Druckerinstallations-Assistent wird nicht benötigt. Sobald die Verbindung hergestellt ist, kopiert Windows 2000 automatisch die richtigen Druckertreiber auf den Clientcomputer.

Ein Webdesigner kann diese Webseite anpassen und beispielsweise einen Stockwerksgrundriss mit den Standorten der Drucker bereitstellen, zu denen die Benutzer eine Verbindung herstellen können. Es gibt zwei Möglichkeiten, um mithilfe eines Webbrowsers eine Verbindung zu einem logischen Drucker herzustellen:

- http://*Servername*/printers

   Diese Webseite enthält alle freigegebenen logischen Drucker auf dem Druckserver, für die Sie eine Zugriffsberechtigung besitzen.

Sie finden hier außerdem Informationen über die logischen Drucker, wie den Druckernamen, den Status von Druckaufträgen, den Standort, das Modell und Kommentare, die bei der Installation des logischen Druckers eingegeben wurden. Diese Informationen erleichtern Ihnen die Auswahl des logischen Druckers, der Ihren Anforderungen gerecht wird. Für die Verwendung des logischen Druckers müssen Sie die entsprechende Berechtigung besitzen.

- http://*Servername/Druckerfreigabename*

  Geben Sie den Intranetpfad für den gewünschten logischen Drucker an. Damit Sie den logischen Drucker verwenden können, benötigen Sie die entsprechende Berechtigung.

Druckertreiber herunterladen

Wenn Benutzer von Clientcomputern, auf denen Windows 2000, Windows NT, Windows 98 oder Windows 95 installiert ist, zum ersten Mal eine Verbindung zu einem logischen Drucker auf dem Druckserver herstellen, lädt der Clientcomputer automatisch den Druckertreiber herunter. Voraussetzung hierfür ist, dass sich auf dem Druckserver eine Kopie des entsprechenden Druckertreibers befindet.

Danach überprüfen Clientcomputer, auf denen Windows 2000 oder Windows NT läuft, bei jedem Druckvorgang, ob sie über den aktuellen Druckertreiber verfügen. Wenn das nicht der Fall ist, wird die neue Version des Treibers heruntergeladen. Für diese Clientcomputer müssen die Druckertreiber nur auf dem Druckserver aktualisiert werden. Clientcomputer, auf denen Windows 98 oder Windows 95 installiert ist, überprüfen die Druckertreiber nicht auf ihre Aktualität, sodass Sie die neuen Druckertreiber manuell installieren müssen.

Zusammenfassung der Lektion

In dieser Lektion haben Sie gelernt, dass auf Clientcomputern, auf denen Windows 2000, Windows NT, Windows 98 oder Windows 95 installiert ist, mithilfe des Druckerinstallations-Assistenten eine Verbindung zu einem logischen Drucker hergestellt werden kann. Auf Clientcomputern, auf denen Windows 2000 läuft, können Sie diese Verbindung auch mit den Suchfunktionen der Active Directory-Verzeichnisdienste herstellen oder sie durch Auswahl der Option *Mit einem Computer im Internet oder Intranet verbinden* auf der Seite *Drucker suchen* des Druckerinstallations-Assistenten aufbauen. Wenn Sie den UNC-Namen kennen, können Sie diesen angeben oder das Netzwerk nach dem gewünschten logischen Drucker durchsuchen.

Auf Clientcomputern, auf denen Windows NT 4, Windows 98 oder Windows 95 installiert ist, können Sie mit dem Druckerinstallations-Assistenten nur einen UNC-Namen eingeben oder die *Netzwerkumgebung* nach dem logischen Drucker durchsuchen. Benutzer von Clientcomputern, auf denen Windows 3.x oder Windows für Workgroups installiert ist, verwenden an Stelle des Druckerinstallations-Assistenten den Druck-Manager, um die Verbindung zu einem logischen Drucker herzustellen.

Sie haben erfahren, dass Benutzer von allen Windows-basierten Clientcomputern die Verbindung zu einem Netzwerkdrucker mit dem Befehl *Net Use* herstellen können. Auf Clientcomputern, auf denen MS-DOS oder OS/2 mit Microsoft LAN Manager-Clientsoftware installiert ist, kann die Verbindung zu einem Netzwerkdrucker nur mit dem Befehl *Net Use* hergestellt werden.

Kapitel 12 Netzwerkdrucker einrichten und konfigurieren

Lektion 4: Netzwerkdrucker konfigurieren

Nachdem Sie Netzwerkdrucker eingerichtet und freigegeben haben, müssen Sie unter Umständen die Druckereinstellungen an benutzer- und unternehmensspezifische Anforderungen anpassen. Sie können beispielsweise folgende Änderungen vornehmen:

- Freigeben eines vorhandenen, noch nicht freigegeben logischen Druckers, wenn die Druckanforderungen steigen.
- Anlegen eines Druckerpools, aus dem die Druckjobs automatisch an den ersten verfügbaren Drucker weitergeleitet werden. Die Benutzer müssen dann nicht mehr nach einem verfügbaren Drucker suchen.
- Zuweisen von Prioritätsstufen an logische Drucker, sodass wichtige Dokumente immer vor anderen Dokumenten gedruckt werden.

Am Ende dieser Lektion werden Sie in der Lage sein, die folgenden Aufgaben auszuführen:
- Sie können einen vorhandenen logischen Drucker freigeben.
- Sie können einen Druckerpool anlegen.
- Sie können den logischen Druckern Prioritäten zuweisen.

Veranschlagte Zeit für die Lektion: 15 Minuten

Einen vorhandenen Drucker freigeben

Wenn die Druckanforderungen in Ihrem Netzwerk steigen und ein nicht freigegebener logischer Drucker für einen Drucker vorhanden ist, können Sie ihn für die gemeinsame Nutzung im Netzwerk freigeben.

Wenn Sie einen logischen Drucker freigeben, müssen Sie ihm einen Freigabenamen zuweisen, der in *Arbeitsplatz* angezeigt wird. Vergeben Sie einen einfachen und aussagekräftigen Namen, um den Benutzern die Suche zu erleichtern.

Sie können für alle Versionen von Windows NT, für Windows 95 und Windows 98 sowie für Windows 2000 und Windows NT, die auf unterschiedlichen Hardwareplattformen ausgeführt werden, Druckertreiber hinzufügen.

Zur Freigabe eines vorhandenen Druckers verwenden Sie die Registerkarte *Freigabe* im Dialogfeld *Eigenschaften* des Druckers (siehe Abbildung 12.8).

So greifen Sie auf die Registerkarte *Freigabe* des Dialogfelds *Eigenschaften* eines logischen Druckers zu:

1. Klicken Sie im Ordner *Drucker* auf das Symbol für den logischen Drucker, den Sie freigeben wollen.
2. Klicken Sie im Menü *Datei* auf *Eigenschaften*.

3. Klicken Sie im Dialogfeld *Eigenschaften* auf die Registerkarte *Freigabe*.

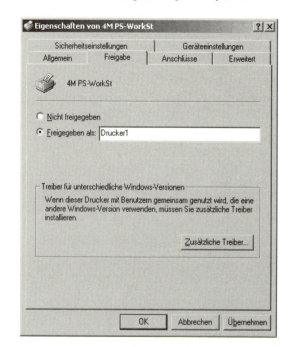

Abbildung 12.8 Die Registerkarte *Freigabe* im Dialogfeld *Eigenschaften* eines Druckers

Sobald Sie den logischen Drucker freigegeben haben, zeigt Windows 2000 eine geöffnete Hand unter dem Druckersymbol an, um den Drucker als freigegeben zu kennzeichnen.

Einen Druckerpool anlegen

Ein *Druckerpool* ist ein logischer Drucker, der über verschiedene Anschlüsse eines Druckservers mit mehreren Druckern verbunden ist. Bei den Druckern kann es sich um lokale Drucker oder um Netzwerkdrucker handeln. Ein Druckerpool sollte nur identische Drucker enthalten. Wenn sich die Drucker unterscheiden, müssen sie zumindest denselben Druckertreiber verwenden (siehe Abbildung 12.9).

Bei Vorhandensein eines Druckerpools können die Benutzer Dokumente drucken, ohne zuvor nach einem verfügbaren Drucker suchen zu müssen. Diese Aufgabe übernimmt der logische Drucker.

Hinweis Die Drucker, die über den Druckerpool angesprochen werden, sollten sich im selben Raum befinden, damit die Benutzer problemlos an ihre ausgedruckten Dokumente gelangen.

- **Ein logischer Drucker mit mehreren identischen Druckermodellen**
- **Lokale oder mit Netzkarten ausgerüstete Netzwerkdrucker**
- **Das Dokument wird an den ersten verfügbaren Drucker gesendet**

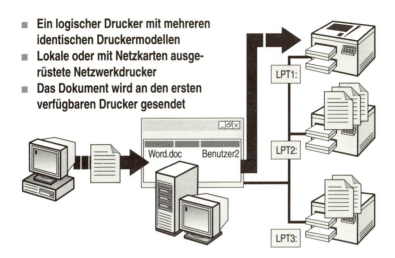

Abbildung 12.9 Ein Druckerpool

Ein Druckerpool hat folgende Vorteile:

- In einem Netzwerk mit hohem Druckaufkommen trägt er zur Verringerung der Wartezeit bei, die die Dokumente in der Warteschlange auf dem Druckserver verbringen.
- Er vereinfacht die Verwaltung, da mehrere Drucker über einen einzigen logischen Drucker angesprochen werden können.

Bevor Sie einen Druckerpool anlegen, müssen Sie sicherstellen, dass die Drucker mit einem Druckserver verbunden sind.

So legen Sie einen Druckerpool an:

1. Klicken Sie im Dialogfeld *Eigenschaften* des Druckers auf die Registerkarte *Anschlüsse*.
2. Aktivieren Sie das Kontrollkästchen *Druckerpool aktivieren*.
3. Aktivieren Sie das Kontrollkästchen für alle Anschlüsse, an die Drucker angeschlossen sind, die in den Druckerpool aufgenommen werden sollen. Klicken Sie danach auf *OK*.

Den logischen Druckern Prioritäten zuweisen

Durch das Zuweisen von Prioritäten an logische Drucker können Sie festlegen, dass bestimmte Dokumentgruppen Vorrang vor anderen Dokumentgruppen haben, die auf demselben Drucker ausgedruckt werden. Wenn mehrere logische Drucker auf denselben Drucker zugreifen, können die Benutzer wichtige Dokumente an einen logischen Drucker mit hoher Priorität und weniger wichtige Dokumente an einen Drucker mit niedrigerer Priorität senden. Die wichtigen Dokumente werden immer zuerst gedruckt. Prioritäten können auf zwei Arten zugewiesen werden:

- Ordnen Sie einem Drucker (d. h. einem Anschluss) zwei oder mehr logische Drucker zu. Bei dem Anschluss kann es sich um einen physischen Anschluss auf dem Druckserver oder um einen Anschluss handeln, der mit einem Netzwerkdrucker verbunden ist.

- Weisen Sie jedem logischen Drucker, der mit dem Drucker verbunden ist, eine andere Prioritätsstufe zu. Veranlassen Sie dann, dass bestimmte Benutzergruppen mit unterschiedlichen logischen Druckern arbeiten oder legen Sie fest, dass die Benutzer unterschiedliche Dokumentarten an verschiedene logische Drucker senden.

In Abbildung 12.10 sehen Sie ein Beispiel dazu. Benutzer 1 sendet Dokumente an einen logischen Drucker mit der niedrigsten Prioritätsstufe (1), während Benutzer 2 Dokumente an einen logischen Drucker mit der höchsten Prioritätsstufe (99) sendet. Die Dokumente von Benutzer 2 werden immer vor den Dokumenten von Benutzer 1 gedruckt.

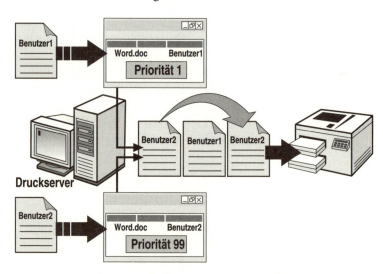

Abbildung 12.10 Ein Druckerpool mit unterschiedlichen Prioritäten

So legen Sie die Priorität für einen logischen Drucker fest:

1. Klicken Sie im Dialogfeld *Eigenschaften* des Druckers auf die Registerkarte *Erweitert*.
2. Wählen Sie im Feld *Priorität* den gewünschten Wert und klicken Sie anschließend auf OK.

   Windows 2000 legt die Priorität für den logischen Drucker fest.

Zusammenfassung der Lektion

In dieser Lektion haben Sie gelernt, dass ein vorhandener, nicht freigegebener logischer Drucker durch Auswahl der Option *Freigeben als* auf der Registerkarte *Freigabe* im Dialogfeld *Eigenschaften* des logischen Druckers freigegeben werden kann. Nach der Freigabe zeigt Windows 2000 unter dem Druckersymbol eine geöffnete Hand an, um den Drucker als freigegeben zu kennzeichnen.

Sie haben erfahren, dass ein Druckerpool ein logischer Drucker ist, der über verschiedene Anschlüsse eines Druckservers mit mehreren Druckern verbunden ist. Ein Druckerpool sollte nur identische Drucker enthalten. Wenn sich die Drucker unterscheiden, müssen sie zumindest denselben Druckertreiber verwenden. Ein Druckerpool verringert die Wartezeit, die Dokumente in der Warteschlange auf dem Druckserver verbringen müssen, und vereinfacht die Verwaltung, da mehrere Drucker über einen einzigen logischen Drucker angesprochen werden können. Um einen Druckerpool anzulegen, aktivieren Sie auf der Registerkarte *Anschlüsse* im Fenster *Eigenschaften* des betreffenden logischen Druckers das Kontrollkästchen *Druckerpool aktivieren*.

Durch das Zuweisen von Prioritäten an logische Drucker können Sie festlegen, dass bestimmte Dokumentgruppen Vorrang vor anderen Dokumentgruppen haben, die auf demselben Drucker ausgedruckt werden. Wenn mehrere logische Drucker auf denselben Drucker zugreifen, können die Benutzer wichtige Dokumente an einen logischen Drucker mit hoher Priorität und weniger wichtige Dokumente an einen Drucker mit niedrigerer Priorität senden. Die wichtigen Dokumente werden immer vor den weniger wichtigen gedruckt.

Lektion 5: Fehlerbehandlung bei Netzwerkdruckern

Während der Einrichtung und Konfiguration von Netzwerkdruckern können Fehler auftreten. In dieser Lektion werden einige häufigere Probleme besprochen und Lösungsmöglichkeiten vorgestellt.

Am Ende dieser Lektion werden Sie in der Lage sein, die folgende Aufgabe auszuführen:

- Sie können Fehler beseitigen, die bei Netzwerkdruckern auftreten.

Veranschlagte Zeit für die Lektion: 5 Minuten

Fehlerszenarien

Tabelle 12.6 enthält einige der häufiger auftretenden Einrichtungs- und Konfigurationsfehler sowie eine Auflistung der möglichen Ursachen und denkbarer Lösungsvorschläge.

Tabelle 12.6 Druckerprobleme und Lösungsvorschläge

Problem	Mögliche Ursache	Lösungsvorschlag
Die Testseite wird nicht gedruckt. Der Drucker ist angeschlossen und eingeschaltet.	Der ausgewählte Anschluss ist nicht korrekt.	Konfigurieren Sie den logischen Drucker für den korrekten Anschluss. Stellen Sie bei einem logischen Drucker für einen Netzwerkdrucker sicher, dass die richtige Netzwerkadresse angegeben ist.
Die Testseite oder die Dokumente werden nicht korrekt gedruckt, z. B. wird der Text verstümmelt ausgegeben.	Der installierte logische Druckertreiber ist nicht korrekt.	Installieren Sie den logischen Drucker mit dem passenden Druckertreiber neu.
Benutzer, die auf einem Druckserver mit Windows 2000 drucken wollen, erhalten eine Fehlermeldung, in der sie zur Installation eines Druckertreibers aufgefordert werden.	Auf dem Druckserver sind keine Druckertreiber für Clientcomputer installiert.	Installieren Sie die entsprechenden Druckertreiber für die Clientcomputer auf dem Druckserver. Verwenden Sie dazu die Betriebssystem-CD des Clientcomputers oder einen Druckertreiber vom Hersteller des Druckers.

(Fortsetzung)

Problem	Mögliche Ursache	Lösungsvorschlag
Die Dokumente eines Clientcomputers werden nicht gedruckt, während beim Ausdruck der Dokumente von anderen Clientcomputern keine Probleme auftreten.	Der Clientcomputer ist mit dem falschen logischen Drucker verbunden.	Löschen Sie den logischen Drucker auf dem betreffenden Clientcomputer und richten Sie den richtigen logischen Drucker ein.
Die Dokumente werden nur auf einigen Druckern eines Druckerpools korrekt gedruckt.	Die Druckermodelle im Druckerpool sind nicht identisch.	Überprüfen Sie, ob alle Druckermodelle im Druckerpool identisch sind oder ob alle Drucker denselben Druckertreiber verwenden. Entfernen Sie die Drucker, die diese Voraussetzungen nicht erfüllen.
Die Dokumente werden nicht gemäß den Prioritätsstufen gedruckt.	Die Zuweisung der Druckprioritäten an die logischen Drucker ist nicht korrekt.	Korrigieren Sie die Prioritäten für die logischen Drucker, die mit dem Drucker verbunden sind.

Zusammenfassung der Lektion

In dieser Lektion haben Sie die Fehlerbehandlung bei Netzwerkdruckern kennen gelernt. Bestimmte Probleme lassen sich auf Grund der Szenarien in dieser Lektion lösen. Andere Probleme haben Sie unter Umständen bereits früher in einem anderen Zusammenhang kennen gelernt und gelöst. In vielen Fällen ist am besten, die möglichen Ursachen der Reihe nach zu beseitigen, bis das Problem behoben ist.

Lernzielkontrolle

Anhand der folgenden Fragen können Sie feststellen, ob Sie genug gelernt haben, um mit dem nächsten Kapitel fortfahren zu können. Wenn Ihnen die Beantwortung der Fragen Schwierigkeiten bereitet, sollten Sie das vorliegende Kapitel noch einmal lesen, bevor Sie mit der Lektüre des nächsten Kapitels beginnen. In Anhang A finden Sie die Antworten zu den folgenden Fragen.

1. Welcher Unterschied besteht zwischen einem logischen Drucker und einem Drucker?

2. Ein Druckertreiber kann mit zwei verschiedenen Druckertypen verbunden werden. Um welche Typen handelt es sich dabei und wie unterscheiden sie sich voneinander?

3. Sie haben einen freigegebenen logischen Drucker hinzugefügt. Welche Schritte müssen Sie für die Einrichtung von Clientcomputern, auf denen Windows 2000 installiert ist, ausführen, damit die Benutzer drucken können. Aus welchen Gründen sind diese Schritte notwendig?

4. Welche Vorteile bringt die Verbindung zu einem logischen Drucker mit http://*Servername*/printers für die Benutzer?

5. Zu welchem Zweck verbinden Sie mehrere logische Drucker mit einem Drucker?

6. Zu welchem Zweck wird ein Druckerpool angelegt?

KAPITEL 13

Netzwerkdrucker verwalten

Lektion 1: Druckerverwaltung im Überblick . . . 318

Lektion 2: Drucker verwalten . . . 324

Lektion 3: Dokumente verwalten . . . 332

Lektion 4: Drucker mithilfe eines Webbrowsers verwalten . . . 339

Lektion 5: Druckprobleme beseitigen . . . 341

Lernzielkontrolle . . . 343

Über dieses Kapitel

Dieses Kapitel befasst sich mit der Konfiguration und Verwaltung von Netzwerkdruckern. Sie erfahren, wie man Drucker und Dokumente verwaltet und Probleme beseitigt, die während des Druckens auftreten können.

Bevor Sie beginnen

Zur Bearbeitung dieses Kapitels benötigen Sie Folgendes:

- Einen Rechner, der die im Abschnitt *Hardwarevoraussetzungen* des Kapitels *Zu diesem Buch* angegebenen Mindestvoraussetzungen erfüllt.
- Windows 2000 Professional muss auf dem Computer installiert sein.

Hinweis Zur Ausführung der Übungen in diesem Kapitel benötigen Sie *keinen* Drucker.

Lektion 1: Druckerverwaltung im Überblick

Nachdem Sie die Netzwerkdrucker eingerichtet haben, sind Sie für ihre Verwaltung zuständig. Netzwerkdrucker können vom Druckserver aus oder im Remotemodus über das Netzwerk verwaltet werden. In dieser Lektion lernen Sie die vier wichtigsten Tätigkeiten kennen, die Sie als Verwalter von Netzwerkdruckern ausführen. Dazu gehören die Druckerverwaltung, die Dokumentverwaltung, die Fehlerbeseitigung und Operationen, für die die Berechtigung *Drucker verwalten* erforderlich ist. Außerdem werden Sie erfahren, wie man auf Drucker zugreift und den Zugriff auf Drucker steuert.

Am Ende dieser Lektion werden Sie in der Lage sein, die folgenden Aufgaben auszuführen:

- Sie können die Tätigkeiten nennen, die bei der Verwaltung von Netzwerkdruckern ausgeführt werden müssen.
- Sie können zu Verwaltungszwecken auf Drucker zugreifen.
- Sie können Benutzerkonten und Gruppen eine Berechtigung für den Druckerzugriff zuweisen.

Veranschlagte Zeit für die Lektion: 20 Minuten

Drucker verwalten

Zur Druckerverwaltung gehören folgende Tätigkeiten:

- Zuweisen von Papierformaten an Papierschächte.
- Festlegen einer Trennseite.
- Anhalten, Fortsetzen und Abbrechen des Druckvorgangs.
- Umleiten von Dokumenten.
- Übernahme der Besitzrechte für einen Drucker.

Dokumente verwalten

Ein wichtiger Aspekt bei der Druckerverwaltung ist die Verwaltung von Dokumenten. Hierzu gehören folgende Tätigkeiten:

- Anhalten und Fortsetzen des Dokumentausdrucks.
- Festlegen der Benachrichtigung, der Prioritätsstufe und des Druckzeitpunkts.
- Löschen eines Dokuments.

Fehlerbeseitigung

Zur Druckerverwaltung gehört auch die Beseitigung von Fehlern, die während des Druckens auftreten. Sie müssen in der Lage sein, alle Druckerprobleme zu erkennen und zu beseitigen. Als Verwalter von Netzwerkdruckern können Sie z. B. mit folgenden Problemsituationen konfrontiert werden:

- Ein Drucker ist nicht ansprechbar oder offline.
- In einem Drucker fehlen Papier, Tinte oder Toner.
- Benutzer können nicht oder nicht korrekt drucken.
- Benutzer können auf bestimmte Drucker nicht zugreifen.

Tätigkeiten, für die die Berechtigung Drucker verwalten erforderlich sind

Die folgenden Aufgaben können nur mit der Berechtigung *Drucker verwalten* ausgeführt werden:

- Einrichten und Entfernen von Druckern.
- Freigeben von Druckern.
- Übernahme der Besitzrechte für einen Drucker.
- Ändern von Eigenschaften und Berechtigungen für einen Drucker.

Per Vorgabe besitzen alle Administratoren und Hauptbenutzer die Berechtigung *Drucker verwalten*.

Auf Drucker zugreifen

Der Zugriff auf Drucker zu Verwaltungszwecken erfolgt über das in Abbildung 13.1 gezeigte Fenster *Drucker*. Um dieses Fenster zu öffnen, klicken Sie auf die Schaltfläche *Start*, zeigen auf *Einstellungen* und klicken auf den Systemordner *Drucker*. Das Fenster *Drucker* bildet den Ausgangspunkt für alle Aktionen zur Druckerverwaltung. Führen Sie folgende Schritte aus, um einen bestimmen Drucker für die Verwaltung auszuwählen:

1. Klicken Sie auf die Schaltfläche *Start*, zeigen Sie auf *Einstellungen* und klicken Sie auf *Drucker*.

2. Markieren Sie im Fenster *Drucker* das Symbol für den gewünschten Drucker.

3. Wählen Sie einen der folgenden Befehle im Menü *Datei*:

    - Klicken Sie auf *Öffnen*, um das Fenster für den Drucker anzuzeigen und Aktionen zur Dokumentverwaltung auszuführen.
    - Klicken Sie auf *Eigenschaften*, um das Dialogfeld *Eigenschaften* für den gewählten Drucker zu öffnen. Hier können Sie Zugriffsberechtigungen für den Drucker ändern oder seine Active Directory-Informationen bearbeiten.

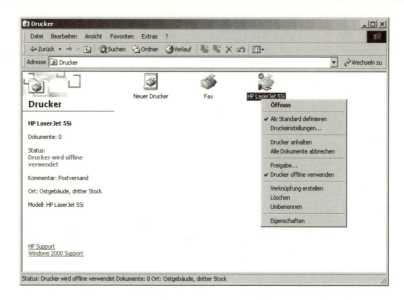

Abbildung 13.1 Druckerzugriff über das Fenster *Drucker*

Den Zugriff auf Drucker steuern

Sie können in Windows 2000 die Verwendung eines Druckers und die Möglichkeiten, die zu seiner Verwaltung zur Verfügung stehen, über entsprechende Berechtigungen steuern. Durch die Zuweisung von Druckerberechtigungen legen Sie fest, wer auf einen Drucker zugreifen kann und welche Verwaltungsaktionen (z. B. Drucker- oder Dokumentverwaltung) die einzelnen Benutzer durchführen können.

Aus Sicherheitsgründen kann es sinnvoll sein, den Benutzerzugriff auf bestimmte Drucker zu beschränken. Durch die Vergabe von Druckerberechtigungen können Sie die Verantwortung für bestimmte Drucker an Benutzer delegieren, die keine Administratoren sind. Windows 2000 bietet drei verschiedene Berechtigungsstufen für den Druckerzugriff: *Drucken*, *Dokumente verwalten* und *Drucker verwalten*. Tabelle 13.1 enthält die Aktionen, die in den verschiedenen Berechtigungsstufen zulässig sind.

Tabelle 13.1 Druckerberechtigungen in Windows 2000

Zulässige Aktionen	Berechtigungen		
	Drucken	Dokumente verwalten	Drucker verwalten
Dokumente drucken	✓	✓	✓
Druckvorgang für das eigene Dokument eines Benutzers anhalten, fortsetzen, neu starten und abbrechen	✓	✓	✓

(Fortsetzung)

Zulässige Aktionen	Berechtigungen		
	Drucken	Dokumente verwalten	Drucker verwalten
Verbindung zum Drucker herstellen	✓	✓	✓
Druckauftragseinstellungen für alle Dokumente steuern		✓	✓
Druckvorgang für die Dokumente aller Benutzer anhalten, fortsetzen, neu starten und abbrechen		✓	✓
Druckvorgang für alle Dokumente abbrechen			✓
Drucker freigeben			✓
Druckereigenschaften ändern			✓
Drucker löschen			✓
Druckerberechtigungen ändern			✓

Druckerberechtigungen können zugewiesen und verweigert werden. Die Verweigerung einer Berechtigung setzt zugewiesene Berechtigungen außer Kraft. Wenn Sie beispielsweise für die Gruppe *Jeder* das Kontrollkästchen *Verweigern* neben der Berechtigung *Dokumente verwalten* markieren, ist niemand mehr zur Dokumentverwaltung berechtigt. Dies gilt auch für Benutzerkonten und Gruppen, denen das Recht zur Verwaltung von Dokumenten vorher zugewiesen wurde. Grund hierfür ist, dass alle Benutzerkonten Mitglieder der Gruppe *Jeder* sind.

Druckerberechtigungen zuweisen

In Windows 2000 verfügen Mitglieder der vordefinierten Gruppe *Jeder* standardmäßig für alle Drucker über die Berechtigung *Drucken*. Somit haben alle Benutzer die Möglichkeit, Dokumente an die Drucker zu senden. Wenn Sie Benutzern oder Gruppen bestimmte Druckerberechtigungen zuweisen möchten, gehen Sie folgendermaßen vor:

1. Öffnen Sie das Dialogfeld *Eigenschaften* für den gewünschten Drucker und klicken Sie dann zunächst auf die Registerkarte *Sicherheitseinstellungen* und danach auf *Hinzufügen*.

2. Wählen Sie im Dialogfeld *Benutzer, Computers oder Gruppen auswählen* das gewünschte Benutzerkonto oder die Gruppe aus, und klicken Sie auf *Hinzufügen*. Wiederholen Sie diesen Schritt für alle Benutzer und Gruppen, die Sie hinzufügen möchten.

3. Klicken Sie auf *OK*.

4. Wählen Sie auf der (in Abbildung 13.2 gezeigten) Registerkarte *Sicherheitseinstellungen* ein Benutzerkonto oder eine Gruppe und führen Sie einen der folgenden Schritte aus:

- Klicken Sie im unteren Teil des Dialogfelds auf die Berechtigungen, die Sie zuweisen möchten.
- Klicken Sie auf *Erweitert*, weisen Sie zusätzliche Druckerberechtigungen zu, die nicht durch die vordefinierten Berechtigungen auf der Registerkarte *Sicherheitseinstellungen* abgedeckt sind, und klicken Sie auf *OK*.

Im unteren Teil des Dialogfelds werden die Berechtigungen für den Benutzer oder die Gruppe angezeigt, der (die) im oberen Teil des Dialogfeld markiert ist.

5. Klicken Sie auf OK, um das Dialogfeld *Eigenschaften* zu schließen.

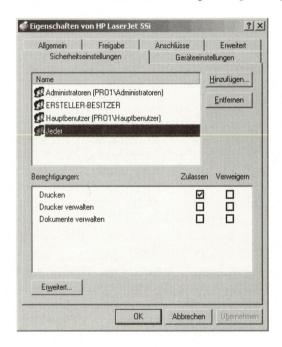

Abbildung 13.2 Druckerberechtigungen zuweisen

Druckerberechtigungen ändern

Wenn Sie die Standarddruckerberechtigungen von Windows 2000 oder die für einen Benutzer oder eine Gruppe festgelegten Druckerberechtigungen ändern möchten, gehen Sie folgendermaßen vor:

1. Öffnen Sie das Fenster *Drucker*.
2. Klicken Sie mit der rechten Maustaste auf den *Drucker* und wählen Sie *Eigenschaften*.

3. Markieren Sie auf der Registerkarte *Sicherheitseinstellungen* des Dialogfelds *Eigenschaften* das gewünschte Benutzerkonto oder die Gruppe und führen Sie danach einen der folgenden Schritte aus:

   - Klicken Sie auf die Berechtigungen, die Sie ändern möchten.

   - Klicken Sie auf *Erweitert* und ändern Sie zusätzliche Druckerberechtigungen, die nicht durch die vordefinierten Berechtigungen auf der Registerkarte *Sicherheitseinstellungen* abgedeckt sind.

4. Klicken Sie auf *OK*.

Zusammenfassung der Lektion

Sie haben in dieser Lektion die vier wichtigsten Tätigkeiten kennen gelernt, die Sie bei der Verwaltung von Netzwerkdruckern ausführen: Druckerverwaltung, Dokumentverwaltung, Fehlerbeseitigung und Operationen, für die die Berechtigung *Drucker verwalten* erforderlich ist. Sie greifen zu Verwaltungszwecken auf einen Drucker zu, indem Sie auf die Schaltfläche *Start* klicken, auf *Einstellungen* zeigen und den Systemordner *Drucker* auswählen.

Sie wissen nun, dass in Windows 2000 die Nutzung und Verwaltung von Druckern über Druckerberechtigungen gesteuert wird. Durch das Zuweisen einer entsprechenden Druckerberechtigung können Sie den allgemeinen Zugriff auf einen bestimmten Drucker verhindern oder die Verantwortung für einen bestimmten Drucker an Benutzer delegieren, die keine Administratoren sind.

Lektion 2: Drucker verwalten

Zur Druckerverwaltung gehört neben dem Zuweisen von Papierformaten an Papierschächte auch das Festlegen einer Trennseite und das Anhalten, Fortsetzen und Abbrechen des Druckvorgangs. Ein Abbruch kann erforderlich sein, wenn bei der Ausgabe eines Dokuments ein Problem auf dem Drucker auftritt. Wenn ein Druckgerät fehlerhaft ist oder ein neuer Drucker in das Netzwerk aufgenommen wird, müssen Dokumente unter Umständen an einen anderen Drucker umgeleitet werden. Es kann auch vorkommen, dass die Verantwortung für die Verwaltung der Drucker an eine andere Person übertragen werden muss. Dies geschieht durch die Übergabe von Besitzrechten.

Am Ende dieser Lektion werden Sie in der Lage sein, die folgenden Aufgaben auszuführen:

- Sie können Papierformate an Papierschächte zuweisen.
- Sie können eine Trennseite festlegen.
- Sie können den Druckvorgang für ein Dokument anhalten, fortsetzen und abbrechen.
- Sie können Dokumente an einen anderen Drucker umleiten.
- Sie können die Besitzrechte für einen Drucker übergeben.

Veranschlagte Zeit für die Lektion: 30 Minuten

Papierformate an Papierschächte zuweisen

Wenn ein Drucker mehrere Papierschächte besitzt, die Papier unterschiedlicher Formate enthalten, können Sie einem Papierschacht ein bestimmtes *Papierformat* (eine Papiergröße) zuweisen. Die Benutzer müssen dann nur noch das gewünschte Format in ihren Anwendungen auswählen. Wenn ein Benutzer den Ausdruck startet, leitet Windows 2000 den Druckauftrag automatisch zu dem Papierschacht, in dem sich das Papier mit dem entsprechenden Format befindet. Gängige Papierformate sind z. B. A4, Legal, Letter und Executive.

So weisen Sie einem Papierschacht ein Papierformat zu:

1. Klicken Sie mit der rechten Maustaste auf den gewünschten Drucker. Klicken Sie anschließend auf *Eigenschaften*.
2. Klicken Sie im Dialogfeld *Eigenschaften* des Druckers auf die Registerkarte *Geräteeinstellungen*.
3. Klicken Sie in der Dropdownliste neben jedem Papierschacht auf das gewünschte Papierformat (siehe Abbildung 13.3).
4. Klicken Sie auf *OK*.

Nachdem Sie einen Papierschacht konfiguriert haben, müssen die Benutzer in ihren Anwendungen nur noch das gewünschte Papierformat angeben. Windows 2000 sorgt automatisch dafür, dass der Schacht mit dem betreffenden Format verwendet wird.

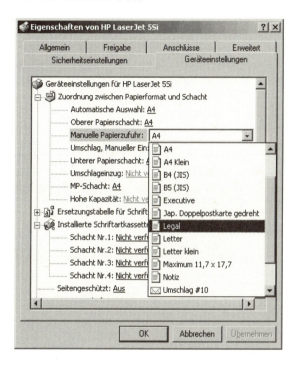

Abbildung 13.3 Papierformate für einen Drucker einrichten

Eine Trennseite festlegen

Eine *Trennseite* ist ein Datei, die Druckerbefehle enthält. Trennseiten erfüllen zwei Funktionen:

- Sie identifizieren und trennen ausgedruckte Dokumente voneinander.
- Mit ihnen lassen sich Drucker in verschiedene Druckmodi versetzen. Einige Drucker können zwischen Druckmodi wechseln, um verschiedene Druckereigenschaften zu nutzen. Mithilfe von Trennseiten lässt sich die passende Seitenbeschreibungssprache angeben. So können Sie beispielsweise PostScript oder PLC (Printer Control Language) für einen Drucker angeben, der zwar zwischen Druckmodi wechseln kann, aber nicht automatisch die Sprache erkennt, die für einen Druckauftrag verwendet wird.

Windows 2000 verfügt über vier Trennseitendateien, die sich im Ordner *Windows 2000*\System32 befinden. Tabelle 13.2 enthält die Dateinamen und eine Funktionsbeschreibung der einzelnen Trennseitendateien.

Tabelle 13.2 Trennseitendateien

Dateiname	Funktion
Sysprint.sep	Vor jedem Dokument wird eine Seite gedruckt. Diese Funktion ist mit PostScript-Druckern kompatibel.
Pcl.sep	Drucker der HP-Serie werden in den PCL-Modus versetzt, und vor jedem Dokument wird eine Seite gedruckt.
Pscript.sep	Drucker der HP-Serie werden in den PostScript-Modus versetzt. Es wird jedoch keine Seite vor jedem Dokument gedruckt.
Sysprtj.sep	Eine Version von Sysprint.sep für den Druck von japanischen Zeichen.

Wenn Sie sich zur Verwendung einer Trennseite entschlossen und eine entsprechende Datei ausgewählt haben, legen Sie auf der Registerkarte *Erweitert* im Dialogfeld *Eigenschaften* des Druckers fest, dass die Trennseite am Beginn jedes Druckauftrags ausgegeben werden soll.

So konfigurieren Sie eine Trennseite:

1. Klicken Sie auf der Registerkarte *Erweitert* im Dialogfeld *Eigenschaften* des Druckers auf *Trennseite*.
2. Geben Sie im Feld *Trennseite* den Namen der gewünschten Trennseitendatei ein. Sie können auch nach der Datei suchen.
3. Klicken Sie zweimal nacheinander auf *OK*.

Druckaufträge anhalten, fortsetzen und abbrechen

Wenn ein Druckproblem auftritt, müssen Sie unter Umständen den Drucker anhalten. Kann das Problem gelöst werden, setzen Sie den Druckvorgang fort, ansonsten müssen alle Druckaufträge abgebrochen werden.

Um Druckaufträge anzuhalten oder abzubrechen, klicken Sie mit der rechten Maustaste im Ordner *Drucker* auf den betreffenden Drucker. Klicken Sie anschließend auf den gewünschten Befehl. Wenn der Druckvorgang fortgesetzt werden soll, klicken Sie mit der rechten Maustaste auf den Drucker und entfernen die Markierung vom Befehl *Drucker anhalten*.

Tabelle 13.3 enthält eine kurze Beschreibung der Aktionen, die Sie zum Anhalten, Fortsetzen und Abbrechen des Druckvorgangs ausführen müssen. Zu jeder dieser Tätigkeiten finden Sie ein Beispiel.

Tabelle 13.3 Anhalten, Fortsetzen und Abbrechen des Druckvorgangs

Aufgabe	Aktion	Beispiel
Druckvorgang anhalten	Klicken Sie auf den Befehl *Drucker anhalten*. Neben dem Befehl wird ein Häkchen angezeigt, das kenntlich macht, dass der Drucker angehalten wurde.	Halten Sie den Druckvorgang an, bis ein Problem mit dem logischen oder physischen Drucker gelöst ist.
Druckvorgang fortsetzen	Klicken Sie auf den Befehl *Drucker anhalten*. Das neben dem Befehl angezeigte Häkchen verschwindet, und der Drucker ist wieder aktiv.	Setzen Sie den Druckvorgang nach der Beseitigung des Problems fort.
Alle Druckaufträge abbrechen	Klicken Sie auf den Befehl *Alle Druckaufträge abbrechen*. Alle Druckaufträge für den Drucker werden gelöscht.	Brechen Sie alle Druckaufträge ab, wenn sich in einer Druckwarteschlange zu viele veraltete Dokumente befinden, die nicht mehr gedruckt werden müssen.

Hinweis Sie können einen Drucker auch anhalten, indem Sie ihn in den Offlinemodus versetzen. Die Dokumente bleiben in der Druckwarteschlange, auch wenn Sie den Druckserver herunterfahren und danach neu starten. Um den Drucker in den Offlinemodus zu schalten, öffnen Sie das Fenster für den Drucker und klicken im Menü *Drucker* auf den Befehl *Drucker offline verwenden*.

Dokumente an einen anderen Drucker umleiten

Dokumente können an einen anderen Drucker umgeleitet werden. Wenn beispielsweise ein logischer Drucker mit einem defekten physischen Drucker verbunden ist, können Sie durch eine Umleitung verhindern, dass die Benutzer ihre Dokumente erneut senden müssen. Es können nur alle Aufträge für einen Drucker umgeleitet werden. Die Umleitung einzelner Aufträge ist nicht möglich. Der neue Drucker muss denselben Druckertreiber verwenden wie der ursprüngliche Drucker.

So leiten Sie Dokumente an einen anderen Drucker um:

1. Öffnen Sie das Fenster *Drucker* und klicken Sie mit der rechten Maustaste auf den gewünschten Drucker. Klicken Sie anschließend auf *Eigenschaften*.
2. Klicken Sie im Dialogfeld *Eigenschaften* auf die Registerkarte *Anschlüsse*.
3. Klicken Sie auf die Schaltfläche *Hinzufügen*.

4. Klicken Sie in der Liste *Verfügbare Anschlusstypen* auf *Local Port* und anschließend auf die Schaltfläche *Neuer Anschluss*.

5. Geben in das entsprechende Feld des Dialogfelds *Anschlussname* den UNC-Namen des Druckers (beispielsweise \\prntsrv6\HPLaser5) ein, zu dem die Dokumente umgeleitet werden sollen (siehe Abbildung 13.4).

6. Klicken Sie auf *OK*, um das Dialogfeld *Anschlussname* zu schließen.

7. Klicken Sie auf *Schließen*, um das Dialogfeld *Druckeranschlüsse* zu schließen.

8. Klicken Sie auf *Schließen*, um das Dialogfeld *Eigenschaften* des Druckers zu schließen.

Wenn für den aktuellen Druckserver ein anderer physischer Drucker zur Verfügung steht, können Sie denselben logischen Drucker einsetzen und ihn für die Verwendung mit dem anderen Drucker konfigurieren. Um einen logischen Drucker für die Verwendung mit einem anderen lokalen Drucker oder Netzwerkdrucker mit demselben Druckertreiber zu konfigurieren, wählen Sie den entsprechenden Anschluss des Druckservers und heben die Auswahl des aktuellen Anschlusses auf.

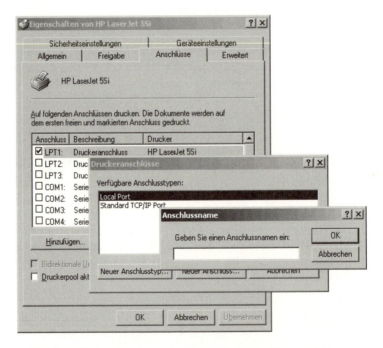

Abbildung 13.4 Dokumente an einen anderen Drucker umleiten

Die Besitzrechte für einen logischen Drucker übernehmen

Wenn der eigentliche Besitzer eines logischen Druckers diesen nicht mehr verwalten kann oder will, können Sie die Besitzrechte für den Drucker übernehmen. Dadurch ändert sich die Zuständigkeit für die Verwaltung des Druckers. Per Vorgabe verfügt derjenige Benutzer über die Besitzrechte, der den logischen Drucker installiert hat. Wenn dieser Benutzer den Drucker nicht mehr verwalten kann (weil er z. B. die Firma verlassen hat), sollten Sie die Besitzrechte übernehmen.

Folgende Benutzer können die Besitzrechte für einen logischen Drucker übernehmen:

- Benutzer oder Mitglieder einer Gruppe, die über die Berechtigung *Drucker verwalten* für den Drucker verfügen.

- Mitglieder der Administratoren- oder Hauptbenutzergruppe. Diese Gruppen besitzen standardmäßig die Berechtigung *Drucker verwalten*, die die Übernahme der Besitzrechte erlaubt.

So übernehmen Sie die Besitzrechte für einen logischen Drucker:

1. Klicken Sie im Dialogfeld *Eigenschaften* des betreffenden logischen Druckers auf die Registerkarte *Sicherheitseinstellungen* und klicken Sie anschließend auf *Erweitert*.

2. Klicken Sie im Dialogfeld *Zugriffseinstellungen* auf die Registerkarte *Besitzer*. Klicken Sie danach unter *Besitzer ändern auf* auf Ihr Benutzerkonto (siehe Abbildung 13.5).

Abbildung 13.5 Die Besitzrechte für einen Drucker übernehmen

> **Hinweis** Wenn Sie ein Mitglied der Administratorengruppe sind und diese Gruppe die Besitzrechte für den Drucker übernehmen soll, klicken Sie auf die Gruppe *Administratoren*.

3. Klicken Sie zunächst auf *OK* und danach auf *Schließen*.

Praxis: Drucker verwalten

In dieser Übung führen Sie drei Aufgaben aus, die zur Verwaltung von Druckern gehören. Als Erstes weisen Sie Papierschächten bestimmte Papierformate zu. Danach legen Sie eine Trennseite fest und übernehmen schließlich die Besitzrechte für einen Drucker.

Übung 1: Papierformate an Papierschächte zuweisen

In dieser Übung weisen Sie einem Papierschacht ein Papierformat zu. Wenn Benutzer dann mit diesem bestimmten Papierformat drucken, werden die entsprechenden Druckaufträge automatisch an den richtigen Papierschacht geleitet und entsprechend angepasst.

▶ **So weisen Sie Papierschächten ein Papierformat zu**

1. Klicken Sie auf *Start*, zeigen Sie auf *Einstellungen* und klicken Sie anschließend auf *Drucker*.

2. Klicken Sie mit der rechten Maustaste auf das Symbol für Ihren Drucker und klicken Sie dann auf *Eigenschaften*.

3. Klicken Sie im Dialogfeld *Eigenschaften* auf die Registerkarte *Geräteeinstellungen*.

   Unter *Zuordnung zwischen Papierformat und Schacht* werden mehrere Auswahlmöglichkeiten angeboten. Einige dieser Optionen haben die Beschriftung *Nicht verfügbar*, da sie sich auf Optionen beziehen, die nicht installiert sind.

4. Klicken Sie auf *Lower Cassette* und wählen Sie *Legal*.

   Wenn ein Benutzer mit dem Format *Legal* druckt, weist Windows 2000 den Drucker an, das Papier aus dem unteren Papierschacht zu verwenden.

5. Klicken Sie auf *Übernehmen* und lassen Sie das Dialogfeld *Eigenschaften* für die nächste Übung geöffnet.

Übung 2: Trennseiten festlegen

In dieser Übung legen Sie eine Trennseite fest, die zwischen verschiedenen Dokumenten ausgedruckt werden soll. Die Seite enthält den Namen des Benutzers sowie das Datum und die Uhrzeit, an der das Dokument gedruckt wurde.

▶ **So legen Sie eine Trennseite fest**

1. Klicken Sie im Dialogfeld *Eigenschaften* auf die Registerkarte *Erweitert*.

2. Klicken Sie auf *Trennseite*.

   Das Dialogfeld *Trennseite* wird geöffnet.

3. Klicken Sie in diesem Dialogfeld auf *Durchsuchen*.

   Ein weiteres *Trennseite*-Dialogfeld wird angezeigt.

4. Wählen Sie *Sysprint.sep* und klicken Sie auf *Öffnen*.

   Der Pfad der ausgewählten Trennseitendatei wird im ersten *Trennseite*-Dialogfeld angezeigt.

5. Klicken Sie auf *OK*.

   Windows 2000 druckt nun zwischen den Druckaufträgen eine Trennseite aus.

6. Lassen Sie das Dialogfeld *Eigenschaften* für die nächste Übung geöffnet.

Übung 3: Die Besitzrechte für einen logischen Drucker übergeben

In dieser Übung übergeben Sie die Besitzrechte für einen logischen Drucker.

▶ **So übergeben Sie die Besitzrechte für einen Drucker**

1. Klicken Sie im Dialogfeld *Eigenschaften* auf die Registerkarte *Sicherheitseinstellungen*.

2. Klicken Sie auf der Registerkarte *Sicherheitseinstellungen* auf *Erweitert* und anschließend auf die Registerkarte *Besitzer*.

   Wer hat augenblicklich die Besitzrechte an diesem logischen Drucker?

   _____

3. Wählen Sie im Feld *Name* einen anderen Benutzer, um die Besitzrechte für den Drucker an diesen Benutzer zu übergeben.

4. Wenn Sie die Besitzrechte wirklich übergeben wollten, müssten Sie nun auf *Übernehmen* klicken. Klicken Sie jetzt aber auf *Abbrechen*, um die Besitzrechte unverändert zu lassen.

5. Klicken Sie auf *OK*, um das Dialogfeld *Eigenschaften* zu schließen. Schließen Sie dann das Fenster *Drucker* und melden Sie sich bei Windows 2000 ab.

Zusammenfassung der Lektion

In dieser Lektion haben Sie gelernt, dass zur Verwaltung von Druckern folgende Aufgaben gehört: Zuweisen von Papierformaten an Papierschächte, Festlegen von Trennseiten, Anhalten, Fortsetzen und Abbrechen von Druckaufträgen, Umleiten von Dokumenten an einen anderen Drucker und Übergabe bzw. Übernahme der Besitzrechte für einen Drucker. Im Abschnitt *Praxis* haben Sie einem Papierschacht ein Papierformat zugewiesen und eine Trennseite festgelegt. Sie haben gesehen, wie die Zuständigkeit für die Verwaltung eines Druckers geändert werden kann, indem die Besitzrechte an einen anderen Benutzer übergeben werden.

Lektion 3: Dokumente verwalten

In Windows 2000 können Sie nicht nur Drucker, sondern auch Dokumente verwalten. Zur Verwaltung von Dokumenten gehört das Anhalten, Fortsetzen, Neustarten und Abbrechen eines Druckauftrags, wenn beim Drucken ein Problem auftritt. Sie können außerdem festlegen, dass ein Benutzer von der Beendigung eines Druckauftrags benachrichtigt werden soll. Sie haben die Möglichkeit, Prioritätsstufen zu vergeben, damit wichtige Dokumente vor allen anderen Dokumenten gedruckt werden, und Sie können einen bestimmten Zeitpunkt für den Ausdruck eines Dokuments festlegen.

Am Ende dieser Lektion werden Sie in der Lage sein, die folgenden Aufgaben auszuführen:

- Sie können den Druckvorgang für ein Dokument anhalten, fortsetzen, neu starten und abbrechen.
- Sie können eine Benachrichtigung, eine Prioritätsstufe und eine Druckzeit festlegen.
- Sie können ein Dokument aus der Druckwarteschlange löschen.

Veranschlagte Zeit für die Lektion: 20 Minuten

Den Druckvorgang für ein Dokument anhalten, neu starten und abbrechen

Wenn beim Drucken eines bestimmten Dokuments ein Problem auftritt, können Sie den Druckvorgang anhalten und nach der Behebung des Problems fortsetzen. Das Drucken kann auch neu gestartet oder abgebrochen werden. Um diese Aktionen ausführen zu können, müssen Sie die Berechtigung *Dokumente verwalten* für den entsprechenden logischen Drucker besitzen. Da der Ersteller eines Dokuments diese Berechtigung standardmäßig besitzt, können die Benutzer alle genannten Aktionen für ihre eigenen Dokumente ausführen.

Um ein Dokument zu verwalten, klicken Sie mit der rechten Maustaste auf den Drucker für das Dokument und klicken anschließend auf *Öffnen*. Wählen Sie das gewünschte Dokument aus und klicken Sie auf das Menü *Dokument* (es können auch mehrere Dokumente ausgewählt werden). Wählen Sie danach den gewünschten Befehl (siehe Abbildung 13.6).

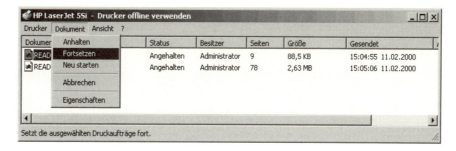

Abbildung 13.6 Dokumente verwalten

In Tabelle 13.4 werden die Aufgaben zur Dokumentverwaltung und deren konkrete Ausführung beschrieben. Sie finden auch jeweils ein Beispiel für eine Situation, in der die Aktion ausgeführt werden muss.

Tabelle 13.4 Dokumente verwalten

Aufgabe	Aktion	Beispiel
Den Druckvorgang für ein Dokument anhalten	Wählen Sie das Dokument aus, für das der Druckvorgang angehalten werden soll, und klicken Sie auf *Anhalten* (der Status ändert sich in *Angehalten*).	Halten Sie den Druckvorgang an, wenn ein Problem mit dem Dokument auftritt.
Den Druckvorgang für ein Dokument fortsetzen	Wählen Sie das Dokument aus, für das der Druckvorgang fortgesetzt werden soll, und klicken Sie auf *Fortsetzen* (der Status ändert sich in *Wird gedruckt*).	Setzen Sie den Druckvorgang fort, nachdem Sie den Fehler behoben haben, der zum Anhalten des Druckvorgangs geführt hat.
Den Druckvorgang für ein Dokument neu starten	Wählen Sie das Dokument aus, für das der Druckvorgang neu gestartet werden soll, und klicken Sie auf *Neustart*. Der Druckvorgang wird neu gestartet.	Starten Sie den Druckvorgang für ein teilweise gedrucktes Dokument neu, sobald Sie das Problem beseitigt haben, das bei dem Dokument oder dem Drucker aufgetreten ist.
Den Druckvorgang für ein Dokument abbrechen	Wählen Sie das Dokument aus, für das der Druckvorgang abgebrochen werden soll, und klicken Sie auf *Abbrechen*. Sie können zu diesem Zweck auch die Taste Entf drücken.	Wenn für ein Dokument nicht die richtigen Druckereinstellungen ausgewählt sind oder wenn das Dokument nicht mehr benötigt wird, löschen Sie den zugehörigen Druckauftrag.

Benachrichtigung, Priorität und Druckzeitpunkt festlegen

Sie können Druckaufträge steuern, indem Sie eine Benachrichtigung, Prioritätsstufen und einen Druckzeitpunkt festlegen. Um diese Dokumentverwaltungsaufgaben ausführen zu können, müssen Sie die Berechtigung *Dokumente verwalten* für den entsprechenden logischen Drucker besitzen.

Die oben genannten Festlegungen für ein Dokument werden auf der Registerkarte *Allgemein* im Dialogfeld *Eigenschaften* des betreffenden Dokuments vorgenommen (siehe Abbildung 13.7). Um das Dialogfeld *Eigenschaften* für ein oder mehrere Dokumente zu öffnen, wählen Sie die gewünschten Dokumente im Fenster des betreffenden logischen Druckers aus und klicken anschließend zunächst auf das Menü *Dokument* und danach auf *Eigenschaften*.

In Tabelle 13.5 werden die Aufgaben zur Steuerung von Druckaufträgen und deren konkrete Ausführung beschrieben. Zu jeder dieser Tätigkeiten finden Sie ein Beispiel.

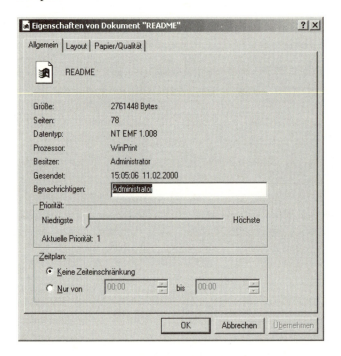

Abbildung 13.7 Benachrichtigung, Priorität und Druckzeitpunkt für ein Dokument festlegen

Tabelle 13.5 Eine Benachrichtigung definieren, Prioritäten ändern und den Druckzeitpunkt bestimmen

Aufgabe	Aktion	Beispiel
Eine Benachrichtigung definieren	Geben Sie in das Feld *Benachrichtigen* den Anmeldenamen des Benutzers ein, der die Benachrichtigung erhalten soll. Per Vorgabe enthält das Feld den Namen des Benutzers, der das Dokument ausdruckt.	Legen Sie fest, dass die Benachrichtigung nicht an den druckenden, sondern an einen anderen Benutzer gesendet werden soll.
Die Priorität eines Dokuments ändern	Bewegen Sie den Schieberegler auf die gewünschte Priorität. Die höchste Stufe hat den Wert 99, die niedrigste den Wert 1.	Ändern Sie die Prioritätsstufe, damit ein wichtiges Dokumente vor allen anderen ausgedruckt wird.
Den Druckzeitpunkt bestimmen	Um den Zeitpunkt für den Ausdruck festzulegen, klicken im Bereich *Zeitplan* auf *Nur von* und geben dann den Zeitraum an, in dem das Dokument gedruckt werden soll.	Legen Sie die Druckzeitpunkt für ein großes Dokument so fest, dass es außerhalb der üblichen Bürostunden (z. B. in der Nacht) gedruckt wird.

Praxis: Dokumente verwalten

In den folgenden Übungen drucken Sie ein Dokument, definieren eine Benachrichtigung für das Dokument, ändern seine Priorität und brechen den Druckvorgang ab.

▶ **So überprüfen Sie, ob sich ein Drucker im Offlinemodus befindet**

1. Melden Sie sich als Administrator an.
2. Klicken Sie auf *Start*, zeigen Sie auf *Einstellungen* und klicken Sie auf *Drucker*.
3. Klicken Sie im Fenster *Drucker* auf das Symbol des Druckers.
4. Führen Sie einen der folgenden Schritte aus, um festzustellen, ob der Drucker im Offlinemodus ist:
   - Überprüfen Sie, ob die Option *Drucker offline verwenden* im Menü *Datei* ausgewählt ist.
   - Klicken Sie mit der rechten Maustaste auf das Druckersymbol und überprüfen Sie, ob die Option *Drucker offline verwenden* ausgewählt ist.
   - Wenn das Fenster *Drucker* in einem Webbrowser angezeigt wird, überprüfen Sie, ob im linken Bereich des Ordnerfensters *Drucker offline verwenden* eingeblendet ist.

5. Überprüfen Sie, ob im Menü *Datei* die Option *Als Standarddrucker verwenden* ausgewählt ist (Sie können auch mit der rechten Maustaste auf das Druckersymbol klicken, und die Option dort überprüfen).

   Das Druckersymbol ist mit einem Häkchen versehen, um den Drucker als Standarddrucker zu kennzeichnen. Drücken Sie bei Bedarf F5, um die Anzeige zu aktualisieren.

6. Minimieren Sie das Fenster *Drucker*.

Hinweis Belassen Sie den logischen Drucker im Offlinemodus, um die Aktivierung eines nicht vorhandenen Druckers zu verhindern. Dadurch werden in späteren Übungen Fehlermeldungen unterdrückt, wenn Dokumente gespoolt werden.

▶ So drucken Sie ein Dokument

1. Legen Sie die Windows 2000 Professional-CD in das CD-ROM-Laufwerk ein.
2. Klicken Sie im angezeigten Dialogfeld *Microsoft Windows 2000 CD-ROM* auf *Diese CD durchsuchen*.
3. Doppelklicken Sie auf *Readme.doc*.

   WordPad wird gestartet und die Datei Readme.doc angezeigt.
4. Klicken Sie zunächst auf *Datei* und anschließend auf *Drucken*.

   Das Dialogfeld *Drucken* wird geöffnet. Als Drucker ist der HP LaserJet 5Si eingestellt.
5. Klicken Sie auf *Drucken* und schließen Sie WordPad.

▶ So definieren Sie eine Benachrichtigung

1. Stellen Sie das Fenster *Drucker* wieder her.
2. Doppelklicken auf *HP LaserJet 5Si*.
3. Wählen Sie im Fenster *Drucker* die Datei README.doc aus und klicken Sie im Menü *Dokument* auf den Befehl *Eigenschaften*.

   Windows 2000 öffnet das Dialogfeld *Eigenschaften von Dokument "README.txt"*, in dem die Registerkarte *Allgemein* aktiv ist.

   Welcher Benutzer ist im Feld *Benachrichtigen* angegeben und warum?

   _____

Hinweis Wenn eine andere Person benachrichtigt werden soll, geben Sie den entsprechenden Namen in das Feld *Benachrichtigen* ein und klicken auf *Übernehmen*.

▶ **So erhöhen Sie die Priorität eines Dokuments**

1. Aktivieren Sie im Dialogfeld *Eigenschaften von Dokument "README.txt"* die Registerkarte *Allgemein*, und stellen Sie fest, welche Priorität voreingestellt ist.

   Welche Prioritätsstufe ist gegenwärtig eingestellt. Handelt es sich um die niedrigste oder höchste Stufe?

   _____

   _____

2. Bewegen Sie im Feld *Priorität* den Schieberegler nach rechts, um die Priorität des Dokuments zu erhöhen, und klicken Sie anschließend auf *OK*.

   Im Fenster *HP LaserJet 5Si – Drucker offline verwenden* hat sich nichts geändert.

3. Klicken Sie im Menü *Drucker* auf *Drucker offline verwenden*, um diese Option zu deaktivieren. Klicken Sie danach erneut auf diese Option.

   Hinweis Wenn in einem *Druckerordner*-Dialogfeld gemeldet wird, dass der Druckeranschluss nicht verfügbar ist, führen Sie den folgenden Schritt aus und klicken dann im Dialogfeld auf *Abbrechen*.

4. Überprüfen Sie den Status der Datei README.txt, um festzustellen, ob Windows 2000 den Ausdruck des Dokuments gestartet hat.

▶ **So brechen Sie den Druckvorgang eines Dokuments ab**

1. Markieren Sie die Datei README.txt in der Dokumentliste im Fenster des Druckers.

2. Klicken Sie im Menü *Dokument* auf *Abbrechen*.

   In der Statusspalte wird nun *Wird gelöscht* angezeigt, und die Datei README.doc wird aus der Dokumentliste gelöscht.

   Tipp Sie können ein Druckvorgang für ein Dokument auch abbrechen, indem Sie die Taste Entf drücken.

3. Schließen Sie das Fenster für den Drucker und das Fenster *Drucker*.

Zusammenfassung der Lektion

In dieser Lektion haben Sie gelernt, dass zur Verwaltung von Dokumenten folgende Aufgaben gehören: das Anhalten, Fortsetzen, Neustarten und Abbrechen des Druckvorgangs für ein Dokument, das Festlegen des Benutzers, der von der Beendigung eines Druckvorgangs benachrichtigt wird, das Zuweisen einer Priorität an Dokumente, sodass wichtige Dokumente immer zuerst gedruckt werden, und das Festlegen eines Druckzeitpunkts.

Um diese Aufgaben ausführen zu können, benötigen Sie die Berechtigung *Dokumente verwalten* für den betreffenden logischen Drucker. Der Benutzer, der ein Dokument erstellt, besitzt per Voreinstellung die Berechtigungen für die Verwaltung dieses Dokuments, sodass er alle beschriebenen Aktionen mit seinen eigenen Dokumenten ausführen kann.

Lektion 4: Drucker mithilfe eines Webbrowsers verwalten

In Windows 2000 können Sie Drucker auf jedem Computer verwalten, auf dem ein Webbrowser zur Verfügung steht. Auf diesem Computer muss weder Windows 2000 noch der entsprechende Druckertreiber installiert sein. Mit einem Webbrowser können Sie dieselben Verwaltungsaufgaben wie mit den Verwaltungstools von Windows 2000 ausführen. Der einzige Unterschied liegt in der webbasierten Benutzeroberfläche des Webbrowsers. Damit Sie mit einem Webbrowser auf einen logischen Drucker zugreifen können, muss auf dem Druckserver, auf dem sich der betreffende Drucker befindet, IIS installiert sein.

Am Ende dieser Lektion werden Sie in der Lage sein, die folgenden Aufgaben auszuführen:

- Sie können die Vorteile der Druckerverwaltung nutzen, die die Verwendung eines Webbrowsers mit sich bringt.
- Sie können beschreiben, wie Drucker mithilfe eines Webbrowsers verwaltet werden.

Veranschlagte Zeit für die Lektion: 5 Minuten

Webserver im Überblick

Ein *Webserver* ist ein Computer, der auf die Anforderungen eines Benutzerbrowsers reagiert. Die Verknüpfungen oder Links, die von einem Benutzercomputer zu einer Ressource auf einem Webserver bestehen, werden als *Webordner* oder *HTTP-Ordner* bezeichnet. Damit auf einem Webserver Webordner bereitgestellt werden können, muss er eines der folgenden Protokolle (oder eine der folgenden Erweiterungen) unterstützen: WEC-Protokoll (Web Extension Client), FrontPage-Erweiterungen oder das WebDAV-Protokoll (Web Distributed Authoring and Versioning) und IIS.

Drucker mit einem Webbrowser verwalten

Die Druckerverwaltung mit einem Webbrowser hat folgende Vorteile:

- Logische Drucker können von jedem Computer aus verwaltet werden, auf dem ein Webbrowser zur Verfügung steht. Auf dem Computer muss weder Windows 2000 noch der entsprechende Druckertreiber installiert sein.
- Die Benutzeroberfläche kann angepasst werden. Sie haben beispielsweise die Möglichkeit, eine eigene Webseite anzulegen, die einen Grundrissplan mit den Standorten der Drucker und den Verbindungen zu diesen Druckern enthält.
- Auf einer Zusammenfassungsseite wird der Status aller logischen Drucker eines Druckservers angezeigt.

- Es können Echtzeitinformationen über die Drucker angezeigt werden. Sie können beispielsweise sehen, ob sich ein Drucker im Energiersparmodus befindet. Dies ist aber nur möglich, wenn der Drucktreiber derartige Informationen zur Verfügung stellen kann. Im Fenster *Drucker* werden diese Daten nicht angezeigt.

Über einen Webbrowser auf logische Drucker zugreifen

Wenn Sie mithilfe eines Webbrowsers auf alle logischen Drucker eines Druckservers zugreifen wollen, öffnen Sie den Webbrowser und geben dann Folgendes in das Adressfeld ein:

http://Druckservername/printers

Um auf einen bestimmten logischen Drucker zuzugreifen, öffnen Sie den Webbrowser und geben Folgendes in das Adressfeld ein:

http://Servername/Druckerfreigabename

Zusammenfassung der Lektion

In dieser Lektion haben Sie die Vorteile kennen gelernt, die eine Druckerverwaltung mithilfe eines Webbrowsers mit sich bringt. Sie können logische Drucker von jedem Computer aus verwalten, auf dem sich ein Webbrowser befindet. Dabei spielt es keine Rolle, ob auf dem Computer Windows 2000 oder der entsprechende Druckertreiber installiert ist.

Lektion 5: Druckprobleme beseitigen

In dieser Lektion werden Lösungen für Probleme vorgestellt, die während Druckens im Netzwerk auftreten können.

Am Ende dieser Lektion werden Sie in der Lage sein, die folgende Aufgabe auszuführen:

- Sie können die Fehlerbehandlung für gängige Druckprobleme erläutern.

Veranschlagte Zeit für die Lektion: 5 Minuten

Das Problem analysieren

Wenn Sie auf ein Druckproblem stoßen, sollten Sie als Erstes prüfen, ob der Drucker eingeschaltet und mit dem Druckserver verbunden ist. Bei einem Netzwerkdrucker müssen Sie sicherstellen, dass eine Netzwerkverbindung zwischen dem Drucker und dem Druckserver besteht.

Um die Ursache für das Problem einzugrenzen, sollten Sie zunächst versuchen, von einem anderen Programm aus zu drucken. Auf diese Weise können Sie erkennen, ob ein druckerspezifisches Problem oder ein Programmfehler vorliegt. Wenn es sich um ein Druckerproblem handelt, beantworten Sie die folgenden Fragen:

- Können die anderen Benutzer problemlos drucken? Wenn das der Fall ist, hat das Problem wahrscheinlich einen der folgenden Gründe: unzureichende Berechtigungen, fehlende Netzwerkverbindung oder Komplikationen auf dem Clientcomputer.
- Verwendet der Druckserver den richtigen Druckertreiber?
- Ist der Druckserver funktionsfähig und verfügt er über ausreichend Plattenspeicher für den Spoolvorgang?
- Verfügt der Clientcomputer über den richtigen Druckertreiber?

Problemursachen und Lösungsvorschläge

In allen Netzwerkumgebungen kommt es hin und wieder zu Problemen beim Drucken von Dokumenten. Tabelle 13.6 enthält eine Beschreibung der gängigsten Probleme sowie mögliche Ursachen und Lösungsvorschläge.

Tabelle 13.6 Probleme, Ursachen und Lösungsvorschläge

Problem	Mögliche Ursache	Lösungsvorschlag
Ein Benutzer erhält beim Versuch, einen logischen Drucker in einer Anwendung (z. B. in älteren Microsoft Excel-Versionen) zu konfigurieren, die Meldung, dass der Zugriff verweigert wird.	Der Benutzer besitzt nicht die erforderliche Berechtigung für das Ändern von Druckerkonfigurationen.	Ändern Sie die Benutzerberechtigung oder konfigurieren Sie den Drucker für den Benutzer.
Das Dokument wird nicht vollständig gedruckt oder der Text ist verstümmelt.	Es wird ein falscher Druckertreiber verwendet.	Installieren Sie den richtigen Druckertreiber.
Es finden ununterbrochen Festplattenzugriffe statt und das Dokument gelangt nicht zum Druckserver.	Der Speicherplatz auf der Festplatte reicht für den Spoolvorgang nicht aus.	Sorgen Sie für freien Speicherplatz auf der Festplatte.

Zusammenfassung der Lektion

In dieser Lektion wurden die wichtigsten Verfahrensschritte erläutert, die zur Lösung von Druckproblemen ausgeführt werden müssen. Es wurden einige häufig auftretende Druckprobleme und ihre möglichen Ursachen sowie Lösungsvorschläge vorgestellt. Meist ist es am Erfolg versprechendsten, das aufgetretene Problem genau zu analysieren und eine logische Abfolge von Lösungsschritten auszuführen, bis das Problem behoben ist.

Lernzielkontrolle

Anhand der folgenden Fragen können Sie feststellen, ob Sie genug gelernt haben, um mit dem nächsten Kapitel fortfahren zu können. Wenn Ihnen die Beantwortung der Fragen Schwierigkeiten bereitet, sollten Sie das vorliegende Kapitel noch einmal lesen, bevor Sie mit der Lektüre des nächsten Kapitels beginnen. In Anhang A finden Sie die Antworten zu den folgenden Fragen.

1. Welche Druckerberechtigung benötigt ein Benutzer, um die Priorität für ein fremdes Dokument (das Dokument eines anderen Benutzers) zu ändern?

2. Wie können Sie in einer Umgebung, in der viele Benutzer denselben Drucker verwenden, das Risiko verringern, dass Benutzer die falschen Ausdrucke an sich nehmen?

3. Kann ein einzelnes Dokument umgeleitet werden?

4. Sie müssen ein großes Dokument drucken. Wie können Sie den Ausdruck des Dokuments zu einem späteren Zeitpunkt veranlassen, an dem Sie selbst nicht anwesend sind?

5. Welche Vorteile hat die Druckverwaltung mithilfe eines Webbrowsers?

KAPITEL 14

Ressourcen sichern mit NTFS-Berechtigungen

Lektion 1: Grundsätzliches zu NTFS-Berechtigungen . . . 346

Lektion 2: NTFS-Berechtigungen anwenden . . . 349

Lektion 3: NTFS-Berechtigungen vergeben . . . 353

Lektion 4: Sonderberechtigungen vergeben . . . 367

Lektion 5: Dateien und Ordner kopieren und verschieben . . . 372

Lektion 6: Probleme bei Berechtigungen lösen . . . 375

Lernzielkontrolle . . . 383

Über dieses Kapitel

Dieses Kapitel stellt Ihnen das Dateisystem NTFS (New Technology File System) von Windows 2000 mit den Möglichkeiten der Datei- und Ordnerberechtigungen vor. Sie lernen, wie Sie NTFS-Ordner- und Dateiberechtigungen an Benutzer- und Gruppenkonten vergeben; außerdem werden Sie sehen, welche Auswirkungen das Verschieben und Kopieren von Dateien und Ordnern auf NTFS-Datei- und Ordnerberechtigungen hat. Daneben erfahren Sie, wie Sie auf Probleme beim Zugriff auf Ressourcen reagieren können.

Bevor Sie beginnen

Zur Bearbeitung dieses Kapitels benötigen Sie Folgendes:

- Einen Rechner, der die im Abschnitt *Hardwarevoraussetzungen* des Kapitels *Zu diesem Buch* angegebenen Mindestvoraussetzungen erfüllt.
- Windows 2000 Professional muss auf Ihrem Rechner installiert sein.

Lektion 1: Grundsätzliches zu NTFS-Berechtigungen

Sie verwenden NTFS-Berechtigungen, um festzulegen, welche Benutzer und Gruppen Zugriff auf Dateien und Ordner erhalten und was sie mit dem Inhalt der Dateien und Ordner machen dürfen. Sie können NTFS-Berechtigungen nur für NTFS-Datenträger vergeben. NTFS-Berechtigungen finden *keine* Anwendung auf Datenträger, die mit den Dateisystemen FAT oder FAT32 formatiert wurden. Das NTFS-Sicherheitssystem ist sowohl beim Zugriff auf einen lokalen Computer als auch über ein Netzwerk wirksam. Die Berechtigungen, die Sie für Ordner vergeben unterscheiden sich von den Berechtigungen für Dateien.

Am Ende dieser Lektion werden Sie in der Lage sein, die folgende Aufgabe auszuführen:

- Sie können die normalen NTFS-Ordner- und Dateiberechtigungen erklären.

Veranschlagte Zeit für die Lektion: 5 Minuten

NTFS-Ordnerberechtigungen

Sie vergeben Ordnerberechtigungen, um die Zugriffsmöglichkeiten der Benutzer auf Ordner, darin enthaltene Unterordner und auf Dateien festzulegen.

In Tabelle 14.1 sind die üblichen NTFS-Ordnerberechtigungen aufgeführt, die Sie vergeben können, und die Art des Zugriffs, die jede Berechtigung erlaubt.

Tabelle 14.1 NTFS-Ordnerberechtigungen

NTFS-Ordnerberechtigung	erlaubt dem Anwender, folgende Aktionen auszuführen
Lesen	Dateien lesen, Unterordner in dem Ordner auflisten, Ordnerbesitzrechte, Berechtigungen und Attribute (wie Schreibgeschützt, Versteckt, Archiv und System) ansehen.
Schreiben	Neue Dateien erstellen, Unterordner in dem Ordner erstellen, Attribute ändern, Ordnerbesitzrechte und Berechtigungen lesen.
Ordnerinhalt auflisten	Namen von Dateien und Unterordnern in dem Ordner lesen und auflisten.
Lesen & Ausführen	Bewegen durch Ordner, um andere Dateien und Ordner zu erreichen, auch wenn die Benutzer keine Berechtigung für jene Ordner haben; alle Aktionen durchführen, die den Berechtigungen *Lesen* und *Ordnerinhalt auflisten* entsprechen.

(Fortsetzung)

NTFS-Ordnerberechtigung	erlaubt dem Anwender, folgende Aktionen auszuführen
Ändern	Ordner löschen und alle Aktionen durchführen, die den Berechtigungen *Schreiben* und *Lesen & Ausführen* entsprechen.
Vollzugriff	Berechtigungen ändern, Besitz übernehmen, Unterordner und Dateien löschen und alle Aktionen durchführen, die allen anderen NTFS-Ordnerberechtigungen entsprechen.

Sie können einem Benutzerkonto oder auch einer Gruppe Berechtigungen entziehen. Wollen Sie, dass ein Benutzer oder eine Gruppe kein Zugriff auf einen Ordner möglich ist, verweigern Sie den Vollzugriff auf diesen Ordner.

NTFS-Dateiberechtigungen

Sie vergeben Dateiberechtigungen, um den Zugriff der Benutzer auf Dateien zu reglementieren. In Tabelle 14.2 sind die üblichen NTFS-Dateiberechtigungen aufgeführt, die Sie vergeben können und die Art des Zugriffs, die jede Berechtigung erlaubt.

Tabelle 14.2 NTFS-Dateiberechtigungen

NTFS-Dateiberechtigung	erlaubt dem Anwender, folgende Aktionen auszuführen
Lesen	Datei lesen; Attribute, Berechtigungen und Dateibesitzrechte ansehen.
Schreiben	Datei überschreiben; Attribute ändern; Dateibesitzrechte und Berechtigungen ansehen.
Lesen & Ausführen	Anwendungen ausführen; alle Aktionen durchführen, die der Berechtigung *Lesen* entspricht.
Ändern	Datei ändern und löschen; alle Aktionen durchführen, die den Berechtigungen *Schreiben* und *Lesen & Ausführen* entsprechen.
Vollzugriff	Berechtigungen ändern; Besitz übernehmen; alle Aktionen durchführen, die den anderen NTFS-Dateiberechtigungen entsprechen.

Zusammenfassung der Lektion

In dieser Lektion haben Sie gelernt, dass Sie mit NTFS-Berechtigungen festlegen können, welche Benutzer und Gruppen Zugriff auf Dateien und Ordner erhalten und was sie mit dem Inhalt der Dateien und Ordner machen dürfen. Sie können NTFS-Berechtigungen nur für NTFS-Datenträger vergeben. Das NTFS-Sicherheitssystem ist sowohl beim Zugriff auf einen lokalen Computer als auch über ein Netzwerk wirksam. Die Ordnerberechtigungen lauten: *Lesen*, *Schreiben*, *Ordnerinhalt auflisten*, *Lesen & Ausführen*, *Ändern* und *Vollzugriff*. Die Dateiberechtigungen sind den Ordnerberechtigungen sehr ähnlich. Die Dateiberechtigungen lauten: *Lesen*, *Schreiben*, *Lesen & Ausführen*, *Ändern* und *Vollzugriff*.

Lektion 2: NTFS-Berechtigungen anwenden

Administratoren, die Besitzer von Dateien und Ordnern und Benutzer mit Vollzugriff sind in der Lage, NTFS-Berechtigungen an Benutzer und Gruppen zuzuweisen, um den Zugriff auf Dateien und Ordner zu regeln.

Am Ende dieser Lektion werden Sie in der Lage sein, die folgende Aufgabe auszuführen:

- Sie können erklären, welche Wirkung die Kombination der Berechtigungen eines Benutzerkontos mit denen eines Gruppenkontos hat.
- Sie können erklären, welche Wirkung es hat, wenn sich Ordnerberechtigungen von den Berechtigungen der darin enthaltenen Dateien unterscheiden.

Veranschlagte Zeit für die Lektion: 5 Minuten

Zugriffssteuerungslisten

NTFS sichert eine *Zugriffssteuerungsliste (Access Control List, ACL)* zusammen mit jeder Datei und jedem Ordner auf einem NTFS-Datenträger. Die Zugriffssteuerungsliste enthält eine Liste aller Benutzerkonten und Gruppen, denen Zugriff auf eine Datei oder einen Ordner gewährt wurde sowie die Art des gewährten Zugriffs. Damit ein Benutzer auf eine Ressource zugreifen kann, muss die ACL für das Benutzerkonto oder die Gruppe, zu der der Benutzer gehört, einen Eintrag enthalten, der als *ACL-Eintrag (ACE)* bezeichnet wird. Der Eintrag muss für den Benutzer die Art des gewünschten Zugriffs zulassen (zum Beispiel den Lesezugriff). Falls in der ACL keine entsprechende ACE vorhanden ist, erhält der Benutzer keinen Zugriff auf die Ressource.

Mehrfache NTFS-Berechtigungen

Sie können einem Benutzerkonto und jeder Gruppe, der der Benutzer angehört, Berechtigungen erteilen. Um Berechtigungen zu vergeben, müssen Sie die Regeln und Prioritäten verstehen, nach denen NTFS mehrfache Berechtigungen vergibt und kombiniert, und Sie müssen wissen, wie die Vererbung von NTFS-Berechtigungen funktioniert.

Kumulierte Berechtigungen

Die *effektiven Berechtigungen* eines Benutzers für eine bestimmte Ressource setzen sich aus der Summe der NTFS-Berechtigungen zusammen, die Sie dem einzelnen Benutzerkonto und allen Gruppen gewähren, denen der Benutzer angehört. Wenn ein Benutzer für einen Ordner über die Leseberechtigung verfügt und Mitglied einer Gruppe ist, die für den gleichen Ordner Schreibberechtigung hat, so stehen dem Benutzer damit die Berechtigungen Lesen und Schreiben zu.

Ordnerberechtigungen durch Dateiberechtigungen überschreiben

NTFS-Dateiberechtigungen genießen Priorität vor NTFS-Ordnerberechtigungen. Ein Benutzer mit Zugriffsrechten für eine Datei kann diesen Zugriff auch dann ausüben, wenn er keinen Zugriff auf den Ordner hat, in dem diese Datei gespeichert ist. Ein Benutzer kann auf die Dateien zugreifen, für die er über die entsprechenden Berechtigungen verfügt, indem er zum Öffnen der Datei mit der entsprechenden Anwendung den vollständigen Pfadnamen angibt. Der Pfadname kann entsprechend der *universal naming convention (UNC)* oder als lokaler Pfad angegeben werden. Die Datei kann auch dann geöffnet werden, wenn der Ordner für den Benutzer gar nicht sichtbar ist, weil dieser Benutzer nicht über die notwendige Berechtigung verfügt. Mit anderen Worten: Wenn Sie nicht die Berechtigung besitzen, den Ordner anzusehen, in dem sich die Datei befindet, auf die Sie zugreifen möchten, dann müssen Sie den vollständigen Pfad kennen, um die Datei zu öffnen. Ohne Zugriffsberechtigung für den Ordner können Sie ihn auch nicht nach der gewünschten Datei durchsuchen.

Andere Berechtigungen durch Verweigern überschreiben

Sie können den Zugriff auf eine bestimmte Datei für ein Benutzerkonto oder eine Gruppe verweigern, obwohl dies eigentlich nicht die empfehlenswerte Methode darstellt, um den Zugriff auf Ressourcen zu überwachen. Die Verweigerung einer Berechtigung überschreibt alle anderen Instanzen, die eine Berechtigung erteilen. Auch wenn ein Benutzer als Mitglied einer Gruppe die Berechtigung erhalten hat, auf eine Datei oder einen Ordner zuzugreifen, so blockiert die Verweigerung jede andere Berechtigung, über die der Benutzer für die entsprechende Datei oder diesen Ordner verfügt (siehe Abbildung 14.1)

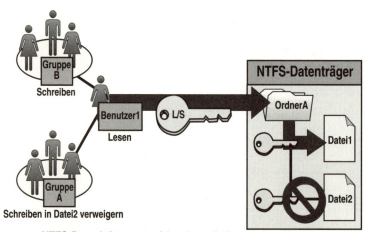

- NTFS-Berechtigungen wirken kumulativ.
- Dateiberechtigungen haben Vorrang vor Ordnerberechtigungen.
- Verweigern überschreibt andere Berechtigungen.

Abbildung 14.1 Mehrfache NTFS-Berechtigungen

In Abbildung 14.1 verfügt Benutzer 1 über die Berechtigung *Lesen* für Ordner A und ist Mitglied von Gruppe A und Gruppe B. Gruppe B hat Schreibberechtigung für Ordner A. Gruppe A ist die Schreibberechtigung für Datei 2 verweigert worden.

Benutzer 1 verfügt damit hinsichtlich Datei 1 über die Berechtigungen Lesen und Schreiben. Er kann Datei 2 lesen, aber wegen der Mitgliedschaft in Gruppe A nicht in die Datei schreiben, denn der Gruppe A ist die Schreibberechtigung für Datei 2 verweigert worden.

Vererbung von NTFS-Berechtigungen

Standardmäßig werden Berechtigungen, die Sie einem übergeordneten Ordner erteilen, an die Unterordner und die im übergeordneten Ordner enthaltenen Dateien weitergegeben, man sagt: vererbt. Es ist aber möglich, die Vererbung von Berechtigungen zu unterbinden, wie Abbildung 14.2 zeigt.

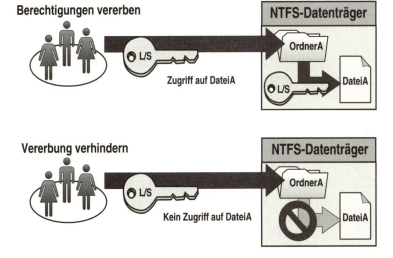

Abbildung 14.2 Vererbung

Grundsätzliches zur Vererbung von Berechtigungen

Alle Berechtigungen, die Sie an einen Ordner vergeben, werden an die darin enthaltenen Dateien und seine Unterordner weitergegeben. Wenn Sie NTFS-Berechtigungen für den Zugriff auf einen Ordner vergeben, so vergeben Sie damit Berechtigungen für den Ordner, für alle darin befindlichen Dateien und Unterordner sowie für alle neuen Dateien und Unterordner, die später in dem Ordner angelegt werden.

Die Vererbung von Berechtigungen verhindern

Sie können die Vererbung der Berechtigungen, die Sie einem übergeordneten Ordner erteilen, an die in diesem Ordner enthaltenen Dateien und Unterordner verhindern.

Eine solche Festlegung ist aber nicht für den übergeordneten Ordner möglich, sondern nur für die in diesem Ordner enthaltenen Objekte. Sie müssen dazu angeben, dass das Objekt (die Datei oder der Ordner) die vererbbaren übergeordneten Berechtigungen nicht übernehmen soll. Diese Einstellung gilt im Falle von Ordnern dann auch für die in ihm enthaltenen Objekte.

Zusammenfassung der Lektion

Diese Lektion hat Ihnen gezeigt, dass Administratoren, Besitzer von Dateien und Ordnern und Benutzer mit Vollzugriff in der Lage sind, NTFS-Berechtigungen an Benutzer und Gruppen zu vergeben, um den Zugriff auf Dateien und Ordner zu reglementieren. NTFS sichert eine ACL zusammen mit jeder Datei und jedem Ordner auf einem NTFS-Datenträger. Die ACL enthält eine Liste aller Benutzerkonten und Gruppen, denen Zugriff auf eine Datei oder einen Ordner gewährt wurde sowie die Art des gewährten Zugriffs. Damit ein Benutzer auf eine Ressource zugreifen kann, muss er eine entsprechende Berechtigung für die Art des Zugriffs erhalten haben.

Sie haben außerdem gelernt, dass Sie einem Benutzer mehrfache Berechtigungen erteilen können, indem Sie sowohl seinem individuellen Benutzerkonto Berechtigungen vergeben als auch jeder Gruppe, der dieser Benutzer als Mitglied angehört. Regeln und Prioritäten legen fest, wie NTFS mehrfache Berechtigungen vergibt und kombiniert; NTFS-Dateiberechtigungen genießen beispielsweise Priorität vor NTFS-Ordnerberechtigungen. Die effektiven Berechtigungen eines Benutzers für eine bestimmte Ressource setzen sich aus den NTFS-Berechtigungen zusammen, die Sie dem jeweiligen Benutzerkonto und allen Gruppen gewähren, denen der Benutzer angehört.

Lektion 3: NTFS-Berechtigungen vergeben

Bei der Vergabe von NTFS-Berechtigungen sollten Sie gewissen Richtlinien folgen. Erteilen Sie Berechtigungen entsprechend den Bedürfnissen der Gruppen und Benutzer und erlauben oder verhindern Sie dabei die Berechtigungsvererbung von einem übergeordneten Ordner auf die darin enthaltenen Dateien und Unterordner.

Am Ende dieser Lektion werden Sie in der Lage sein, die folgende Aufgabe auszuführen:

- Sie können NTFS-Ordner- und Dateiberechtigungen an Benutzerkonten und Gruppen vergeben.

Veranschlagte Zeit für die Lektion: 60 Minuten

NTFS-Berechtigungen planen

Wenn Sie sich ein wenig Zeit nehmen, die Vergabe der NTFS-Berechtigungen zu planen und dabei ein paar Grundregeln befolgen, stellen Sie fest, dass NTFS-Berechtigungen einfach zu verwalten sind. Beachten Sie die folgenden Richtlinien, wenn Sie NTFS-Berechtigungen erteilen:

- Um die Verwaltung zu vereinfachen, gruppieren Sie Dateien in Anwendungsordner, Datenordner und Basisordner. Zentralisieren Sie Basisordner und öffentliche Ordner auf einem Datenträger, der unabhängig von den Anwendungen und dem Betriebssystem ist. Dieses Vorgehen bietet folgende Vorteile:
    - Sie brauchen Berechtigungen nur für Ordner zu vergeben, nicht für einzelne Dateien.
    - Die Datensicherung ist weniger komplex, denn Sie brauchen keine Anwendungsdateien zu sichern, und alle Basisordner und öffentlichen Ordner befinden sich an einem Standort.
- Vergeben Sie an die Benutzer nur die Zugriffsrechte, die sie wirklich benötigen. Wenn ein Benutzer eine Datei nur lesen muss, erteilen Sie dem entsprechenden Benutzerkonto für diese Datei die Berechtigung *Lesen*. So reduzieren Sie die Wahrscheinlichkeit, dass ein Benutzer versehentlich wichtige Dokumente oder Anwendungsdateien ändert oder löscht.
- Stellen Sie aus Benutzern mit gleichen Zugriffsbedürfnissen auf Ressourcen Gruppen zusammen, und vergeben Sie die entsprechenden Berechtigungen an die Gruppe. Berechtigungen für individuelle Benutzerkonten erteilen Sie nur, wenn es notwendig ist.

- Wenn Sie Berechtigungen für die Arbeit mit Daten oder Anwendungsordnern vergeben, teilen Sie der Gruppe *Benutzer* und der Gruppe *Administratoren* die Berechtigung *Lesen & Ausführen* zu. Dies verhindert, dass Anwendungsdateien durch Benutzer oder Viren versehentlich gelöscht oder beschädigt werden.

- Wenn Sie Berechtigungen für öffentliche Datenordner vergeben, teilen Sie der Gruppe *Benutzer* die Berechtigung *Lesen & Ausführen* sowie die Berechtigung *Schreiben* zu, an die Gruppe *ERSTELLER-BESITZER* vergeben Sie die Berechtigung *Vollzugriff*. Standardmäßig ist der Benutzer, der eine Datei anlegt, auch der Besitzer der Datei. Wenn Sie eine Datei erstellt haben, können Sie einem anderen Benutzer das Recht zugestehen, den Besitz zu übernehmen. Die Person, die den Besitz übernimmt wird damit zum Besitzer der Datei. Wenn Sie an die Gruppe *Benutzer* die Berechtigung *Lesen & Ausführen* sowie die Berechtigung *Schreiben* und an die Gruppe *ERSTELLER-BESITZER* die Berechtigung *Vollzugriff* vergeben, dann haben die Benuter einerseits die Möglichkeit, Dokumente zu lesen und zu ändern, die andere Benutzer erstellt haben und andererseits die Möglichkeit, die Dateien und Ordner zu lesen, zu ändern und zu löschen, die sie selbst angelegt haben.

- Sie sollten Berechtigungen nur dann verweigern, wenn es wichtig ist, eine bestimmte Zugriffsart für ein Benutzerkonto oder eine Gruppe zu unterbinden.

- Halten Sie Benutzer dazu an, den von ihnen angelegten Dateien und Ordnern Berechtigungen zuzuordnen, und zeigen Sie Ihnen, wie das am zweckmäßigsten geschieht.

NTFS-Berechtigungen einrichten

Wenn Sie einen Datenträger mit NTFS formatieren, wird normalerweise der Gruppe *Jeder* die Berechtigung *Vollzugriff* erteilt. Sie sollten diese Standardeinstellung ändern und eine andere geeignete NTFS-Berechtigung vergeben, um den Zugriff der Benutzer auf die Ressourcen zu reglementieren.

Berechtigungen vergeben oder ändern

Administratoren, Benutzer mit der Berechtigung *Vollzugriff* und die Besitzer von Dateien und Ordnern (ERSTELLER-BESITZER) können Benutzerkonten und Gruppen Berechtigungen erteilen.

Um NTFS-Berechtigungen für eine Datei oder einen Ordner zu erteilen oder zu ändern, konfigurieren Sie die Optionen auf der Registerkarte *Sicherheitseinstellungen* im Dialogfeld *Eigenschaften* der jeweiligen Datei oder des Ordners. Abbildung 14.3 zeigt das Dialogfeld und in Tabelle 14.3 werden die Möglichkeiten erklärt.

Kapitel 14 Ressourcen sichern mit NTFS-Berechtigungen

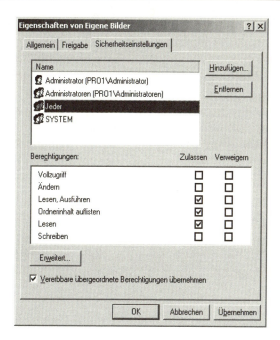

Abbildung 14.3 Dialogfeld *Eigenschaften* mit Registerkarte *Sicherheitseinstellungen*

Tabelle 14.3 Optionen der Registerkarte Sicherheitseinstellungen

Option	Beschreibung
Name	Wählen Sie einen Listeneintrag (Benutzerkonto oder Gruppe), um den Eintrag zu entfernen oder die Berechtigungen zu ändern.
Berechtigungen	Aktivieren Sie ein Kontrollkästchen unter *Zulassen*, um eine Berechtigung zu erteilen.
	Aktivieren Sie ein Kontrollkästchen unter *Verweigern*, um eine Berechtigung zu verweigern.
Hinzufügen	Öffnet das Dialogfeld *Benutzer, Computer der Gruppen auswählen*; dort können Sie Benutzerkonten oder Gruppen auswählen, um sie der Liste *Namen* hinzuzufügen.
Entfernen	Entfernt das gewählte Benutzerkonto oder die Gruppe und die zugehörigen Berechtigungen für Dateien oder Ordner.
Erweitert	Öffnet die *Zugriffseinstellungen* für den gewählten Ordner, sodass Sie zusätzliche Berechtigungen vergeben oder verweigern können.

Vererbung von Berechtigungen verhindern

Standardmäßig übernehmen oder ererben Dateien und Unterordner übergeordnete Berechtigungen des Ordners, in dem sie sich befinden. Dies wird im Dialogfeld *Eigenschaften* auf der Registerkarte *Sicherheitseinstellungen* durch das aktivierte Kontrollkästchen *Vererbbare übergeordnete Berechtigungen übernehmen* angezeigt. Um zu verhindern, dass eine Datei oder ein Unterordner Berechtigungen von dem Ordner übernimmt, in dem sich die Datei oder der Unterordner befindet, deaktivieren Sie das Kontrollkästchen *Vererbbare übergeordnete Berechtigungen übernehmen*. Wenn Sie das Kontrollkästchen deaktivieren, werden Sie aufgefordert eine der Optionen zu wählen, die in Tabelle 14.4 beschrieben sind.

Tabelle 14.4 Optionen bei der Verhinderung der Berechtigungsvererbung

Option	Beschreibung
Kopieren	Kopiert die Berechtigungen des übergeordneten Ordners zum aktuellen Ordner und verhindert dann weitere Berechtigungsvererbung von übergeordneten Ordner
Entfernen	Entfernt die Berechtigungen, die vom übergeordneten Ordner übernommen wurden und erhält nur diejenigen Berechtigungen, die ausdrücklich für eine Datei oder einen Ordner erteilt wurden.
Abbrechen	Beendet das Dialogfeld und stellt das aktivierte Kontrollkästchen *Vererbbare übergeordnete Berechtigungen übernehmen* wieder her.

Praxis: NTFS-Berechtigungen planen und vergeben

In dieser Praxisübung werden Sie im Rahmen eines Szenarios aus der Geschäftswelt NTFS-Berechtigungen für Ordner und Dateien planen. In einem zweiten Szenario werden Sie NTFS-Berechtigungen für Ordner und Dateien auf Ihrem Computer realisieren. Schließlich werden Sie die NTFS-Berechtigungen, die Sie eingerichtet haben, testen und prüfen, ob sie ordnungsgemäß funktionieren.

Bevor Sie mit den folgenden Übungen beginnen, legen Sie bitte anhand der folgenden Tabelle die benötigten Benutzer und Gruppen an

Gruppe	Benutzerkonto
Manager	Benutzer81 (Kein Kennwort)
	Legen Sie fest, dass der Benutzer das Kennwort bei der nächsten Anmeldung nicht ändern muss.
	Mitglied der Gruppe Manager.
Buchhaltung	Benutzer82 (Kein Kennwort)
	Legen Sie fest, dass der Benutzer das Kennwort bei der nächsten Anmeldung nicht ändern muss.
	Mitglied der Gruppe Buchhaltung.

(Fortsetzung)

Gruppe	Benutzerkonto
	Benutzer83 (Kein Kennwort)
	Legen Sie fest, dass der Benutzer das Kennwort bei der nächsten Anmeldung nicht ändern muss.
	Mitglied der Gruppen Manager und Buchhaltung.
	Benutzer84 (Kein Kennwort)
	Legen Sie fest, dass der Benutzer das Kennwort bei der nächsten Anmeldung nicht ändern muss.
	Kein Mitglied der Gruppen Manager und Buchhaltung.

Legen Sie folgende Ordner an:

- C:\Öffentlich
- C:\Öffentlich\Bibliothek
- C:\ÖffentlichDokumentation
- C:\Öffentlich\Bibliothek\Vermischtes

Übung 1: NTFS-Berechtigungen planen

In dieser Übung werden Sie auf der Grundlage eines Szenarios, das im nächsten Abschnitt beschrieben wird, planen, wie Sie auf einem Computer unter Windows 2000 Professional NTFS-Berechtigungen für Ordner und Dateien festlegen.

Szenario

Üblicherweise verfügt die Gruppe *Jeder* über die NTFS-Ordner- und Dateiberechtigungen *Vollzugriff*. Abbildung 14.4 zeigt die bei dieser Übung verwendete Ordner- und Dateistruktur. Sie sollen die folgenden Sicherheitskriterien überprüfen und die Änderungen, die Sie an den NTFS-Ordner- und Dateiberechtigungen durchführen, um die Sicherheitskriterien zu realisieren, schriftlich festhalten.

Abbildung 14.4 Ordner- und Dateistruktur für diese Übung

Um NTFS-Berechtigungen zu planen, müssen Sie folgende Entscheidungen treffen:

- Welche Gruppen müssen angelegt werden und welche vordefinierten Gruppen können verwendet werden?
- Welche Berechtigungen benötigen die Benutzer für den Zugriff auf Ordner und Dateien?
- Soll die Option *Vererbbare übergeordnete Berechtigungen übernehmen* des Ordners oder der Datei, für die Sie Berechtigungen festlegen wollen, deaktiviert werden?

Behalten Sie die folgenden Richtlinien im Auge:

- Wenn Sie für einen Ordner NTFS-Berechtigungen einrichten, werden sie von allen darin enthaltenen Dateien und Unterordnern übernommen. Um Berechtigungen für alle Dateien und Ordner im Ordner *Anwendungen* festzulegen, brauchen Sie lediglich NTFS-Berechtigungen für den Ordner *Anwendungen* zu vergeben.
- Um für Dateien oder Ordner, die Berechtigungen übernehmen, restriktivere Berechtigungen einzurichten, müssen Sie entweder die unerwünschten Berechtigungen *verweigern* oder die Übernahme verhindern, indem Sie die Option *Vererbbare übergeordnete Berechtigungen übernehmen* deaktivieren.

Ihre Entscheidungen basieren auf folgenden Kriterien:

- Zusätzlich zu den vordefinierten Gruppen wurden folgende Gruppen angelegt:
    - Buchhaltung
    - Manager
    - Sachbearbeiter
- Administratoren benötigen die Berechtigung *Vollzugriff* für alle Dateien und Ordner.
- Alle Benutzer führen Programme im Ordner *Textverarbeitung* aus, aber sie sollen nicht in der Lage sein, Dateien in diesem Ordner zu ändern.
- Nur Mitglieder der Gruppen Buchhaltung, Manager und Sachbearbeiter sollen die Möglichkeit haben, Dokumente in den Anwendungsordnern *Tabellenkalkulation* und *Datenbank* zu lesen, indem sie die jeweilige Tabellenkalkulations- oder Datenbankanwendung ausführen, aber sie sollen nicht in der Lage sein, Dateien in diesen Ordnern zu ändern.
- Alle Benutzer sollen im Ordner *Öffentlich* Dateien erstellen und lesen können.
- Alle Benutzer sollen daran gehindert werden, im Ordner *Öffentlich\Bibliothek* Dateien zu ändern.

- Nur Benutzer81 soll das Recht haben, im Ordner *Öffentlich\Bibliothek* Dateien zu ändern und zu löschen.

Welche der normalerweise vergebenen Berechtigungen sollten Sie entfernen, wenn Sie eigene Berechtigungen für eine Datei oder einen Ordner festlegen?

Vervollständigen Sie die folgende Tabelle, um die Vergabe von Berechtigungen zu planen und zu dokumentieren:

Pfad	Benutzerkonto oder Gruppe	NTFS-Berechtigungen	Übernahme verhindern (ja/nein)
Anwendungen			
Anwendungen\Textverarbeitung			
Anwendungen\Tabellenkalkulation			
Anwendungen\Datenbank			
Öffentlich			
Öffentlich\Bibliothek			
Öffentlich\Dokumentation			

Übung 2: NTFS-Berechtigungen für den Ordner *Öffentlich* vergeben

In dieser Übung werden Sie NTFS-Berechtigungen für den Ordner *Öffentlich* vergeben, die sich an dem folgenden Szenario orientieren.

Szenario

Die Berechtigungen, die Sie vergeben, stützen sich auf folgende Kriterien:

- Alle Benutzer sollen im Ordner *Öffentlich* Dokumente und Dateien lesen können.

- Alle Benutzer sollen im Ordner *Öffentlich* Dokumente anlegen können.
- Alle Benutzer sollen im Ordner *Öffentlich* in der Lage sein, für die Dokumente, die sie anlegen, Inhalt, Attribute und Berechtigungen zu ändern.

▶ **So entfernen Sie Berechtigungen für die Gruppe *Jeder***

1. Melden Sie sich als Administrator an.
2. Klicken Sie mit der rechten Maustaste auf *Arbeitsplatz*, dann klicken Sie auf *Explorer*.
3. Erweitern Sie *Lokaler Datenträger (C:)*, klicken Sie mit der rechten Maustaste auf den Ordner *Öffentlich* und klicken dann auf *Eigenschaften*.

   Windows 2000 zeigt das Dialogfeld *Eigenschaften von Öffentlich* an, wobei die Registerkarte *Allgemein* aktiv ist.
4. Klicken Sie auf die Registerkarte *Sicherheitseinstellungen*, um die Eigenschaften des Ordners *Öffentlich* anzuzeigen.

   Windows 2000 zeigt das Dialogfeld *Eigenschaften von Öffentlich* an, wobei die Registerkarte *Sicherheitseinstellungen* aktiv ist.

   Welche Ordnerberechtigungen gelten aktuell?

   _____

   Beachten Sie, dass die derzeitigen Berechtigungen nicht verändert werden können.
5. Wählen Sie im Listenfeld *Name* die Gruppe *Jeder*, dann klicken Sie auf *Entfernen*.

   Was bemerken Sie?

   _____

   _____

6. Klicken Sie auf *OK*, um das Meldungsfeld zu schließen.
7. Deaktivieren Sie das Kontrollkästchen *Vererbbare übergeordnete Berechtigungen übernehmen*, um die Übernahme von Berechtigungen zu verhindern.

   Windows 2000 zeigt das Dialogfeld *Sicherheitseinstellungen* und fordert Sie auf, entweder die derzeit übernommenen Berechtigungen auf die Dateien und Unterordner zu kopieren oder alle übernommenen Berechtigungen zu entfernen, wobei diejenigen Berechtigungen bestehen bleiben, die ausdrücklich für eine Datei oder einen Ordner erteilt wurden.
8. Klicken Sie auf *Entfernen*.

   Welche Ordnerberechtigungen gelten jetzt noch?

   _____

▶ **So erteilen Sie der Gruppe *Benutzer* Berechtigungen für den Ordner *Öffentlich***

1. Klicken Sie im Dialogfeld *Eigenschaften von Öffentlich* auf *Hinzufügen*.

    Windows 2000 zeigt das Dialogfeld *Benutzer, Computer der Gruppen auswählen* an.

2. Prüfen Sie, ob im Auswahlfeld *Suchen in* oben im Dialogfeld der Name Ihres Computers (PRO1) ausgewählt ist.

    Wenn Sie Berechtigungen vergeben wollen, ermöglicht Ihnen das Auswahlfeld *Suchen in* den Computer, die Arbeitsgruppe oder die Domäne zu wählen, unter deren Benutzerkonten, Gruppen oder Computer Sie Ihre weitere Auswahl treffen. Sie sollten Ihre Arbeitsgruppe oder Domäne angeben, um unter den Benutzerkonten oder Gruppen auswählen zu können, die Sie selbst angelegt haben.

3. Im Feld *Name* markieren Sie *Benutzer* und klicken auf *Hinzufügen*.

    Das Dialogfeld zeigt unten im Feld *Name* den Eintrag *PRO1/Benutzer*.

4. Klicken Sie auf *OK*, um zum Dialogfeld *Eigenschaften von Öffentlich* zurückzukehren.

    Welche Ordnerberechtigungen gelten jetzt?

    _____

    _____

    _____

5. Vergewissern Sie sich, dass die Gruppe *Benutzer* ausgewählt ist, und aktivieren Sie das Kontrollkästchen *Zulassen* neben der Berechtigung *Schreiben*.

6. Klicken Sie auf *Übernehmen*, um die Änderungen zu speichern.

▶ **So erteilen Sie der Gruppe *ERSTELLER-BESITZER* Berechtigungen für den Ordner *Öffentlich***

1. Klicken Sie im Dialogfeld *Eigenschaften von Öffentlich* auf *Hinzufügen*.

    Windows 2000 zeigt das Dialogfeld *Benutzer, Computer der Gruppen auswählen* an.

2. Prüfen Sie, ob im Auswahlfeld *Suchen in* oben im Dialogfeld der Name Ihres Computers ausgewählt ist.

3. Im Feld *Name* markieren Sie *ERSTELLER-BESITZER* und klicken auf *Hinzufügen*.

    Das Dialogfeld zeigt unten im Feld *Name* den Eintrag *ERSTELLER-BESITZER*.

4. Klicken Sie auf *OK*, um zum Dialogfeld *Eigenschaften von Öffentlich* zurückzukehren.

5. Prüfen Sie nach, dass die Gruppe *ERSTELLER-BESITZER* ausgewählt ist, und aktivieren Sie das Kontrollkästchen *Zulassen* neben der Berechtigung *Vollzugriff*.

6. Klicken Sie auf *Erweitert*, um die zusätzlichen Berechtigungen anzuzeigen.

   Windows 2000 zeigt das Dialogfeld *Zugriffseinstellungen für Öffentlich*.

7. Falls notwendig markieren Sie in der Liste *Berechtigungseinträge* den Eintrag *ERSTELLER-BESITZER*.

   Welche Berechtigungen sind für *ERSTELLER-BESITZER* vergeben und worauf beziehen sich diese Berechtigungen?

   _____

   Der Benutzer, der eine neue Datei oder einen neuen Ordner anlegt, erhält die Berechtigungen, die für *ERSTELLER-BESITZER* für den übergeordneten Ordner vergeben sind.

8. Klicken Sie auf *OK*, um das Dialogfeld *Zugriffseinstellungen für Öffentlich* zu schließen.

9. Klicken Sie auf *OK*, um das Dialogfeld *Eigenschaften von Öffentlich* zu schließen.

10. Schließen Sie den Windows Explorer.

▶ **So testen Sie die Ordnerberechtigungen, die Sie dem Ordner *Öffentlich* erteilt haben**

1. Melden Sie sich als Benutzer81 an und starten Sie den Windows Explorer.

2. Erweitern Sie den Ordner *Öffentlich*.

3. Versuchen Sie, im Ordner *Öffentlich* eine Textdatei namens *Benutzer81* anzulegen.

   Ist es Ihnen gelungen? Warum oder warum nicht?

   _____

4. Versuchen Sie die folgenden Arbeiten mit der Datei durchzuführen, die Sie soeben angelegt haben, und notieren Sie die Arbeiten, die Sie ausführen konnten.

   - Datei öffnen
   - Datei ändern
   - Datei löschen

   Sie können die Datei öffnen, ändern und löschen, weil an die Angehörigen der Gruppe *ERSTELLER-BESITZER* für den Ordner *Öffentlich* die Berechtigung *Vollzugriff* vergeben wurde.

5. Schließen Sie die Anwendung und melden Sie sich bei Windows 2000 ab.

Übung 3: NTFS-Berechtigungen vergeben

In dieser Übung werden Sie entsprechend dem Szenario, das im folgenden Abschnitt beschrieben ist, Berechtigungen an die Ordner *Öffentlich*, *Bibliothek*, *Dokumentation* und *Vermischtes* vergeben.

Szenario

Erteilen Sie nach folgender Tabelle die entsprechenden Berechtigungen an die Ordner.

Name des Ordners	Benutzerkonto oder Gruppe	Berechtigung
Öffentlich	Gruppe Benutzer	Lesen & Ausführen
	Gruppe Administratoren	Vollzugriff
Öffentlich\Bibliothek	Gruppe Benutzer	Lesen & Ausführen
	Gruppe Administratoren	Vollzugriff
	Gruppe Manager	Ändern
Öffentlich\Bibliothek\Vermischtes	Gruppe Benutzer	Lesen & Ausführen
	Gruppe Administratoren	Vollzugriff
	Benutzer82	Ändern
Öffentlich\Dokumentation	Gruppe Benutzer	Lesen & Ausführen
	Gruppe Administratoren	Vollzugriff
	Gruppe Buchhaltung	Ändern

▶ **So vergeben Sie NTFS-Berechtigungen für einen Ordner**

1. Melden Sie sich als Administrator an und starten Sie den Windows Explorer.

2. Erweitern Sie den Ordner, der den oder die Ordner enthält, für die Sie Berechtigungen vergeben möchten.

3. Klicken Sie mit der rechten Maustaste auf den Ordner, dessen Berechtigungen Sie ändern möchten, und klicken dann auf *Eigenschaften*.

   Windows 2000 zeigt das Dialogfeld *Eigenschaften* für den Ordner an, wobei die Registerkarte *Allgemein* aktiv ist.

4. Klicken Sie im Dialogfeld *Eigenschaften* für den Ordner auf die Registerkarte *Sicherheitseinstellungen*.

5. Falls Sie die übernommenen Berechtigungen ändern müssen, deaktivieren Sie auf der Registerkarte *Sicherheitseinstellungen* die Option *Vererbbare übergeordnete Berechtigungen übernehmen*; sobald Sie aufgefordert werden, übernomme Berechtigungen zu kopieren oder zu entfernen, klicken Sie auf *Kopieren*.

6. Um für den Ordner zusätzliche Berechtigungen an Benutzerkonten oder Gruppen zu vergeben, klicken Sie auf *Hinzufügen*.

   Windows 2000 zeigt das Dialogfeld *Benutzer, Computer der Gruppen auswählen* an.

7. Prüfen Sie, ob im Auswahlfeld *Suchen in* oben im Dialogfeld der Name Ihres Computers PRO1 gewählt ist.

8. Dem oben beschriebenen Szenario folgend markieren Sie im Feld *Name* den entsprechenden Namen des Benutzerkontos oder der Gruppe und klicken dann auf *Hinzufügen*.

   Windows 2000 zeigt unten im Feld *Name* den Namen des Benutzerkontos oder der Gruppe an.

9. Wiederholen Sie Schritt 8 für alle Benutzerkonten und Gruppen, die für den Ordner in dem oben beschriebenen Szenario aufgeführt sind.

10. Klicken Sie auf *OK*, um zum Dialogfeld *Eigenschaften* des Ordners zurückzukehren.

11. Falls das Dialogfeld *Eigenschaften* des Ordners Benutzerkonten und Gruppen enthält, die in dem oben beschriebenen Szenario nicht aufgeführt sind, markieren Sie das Benutzerkonto oder die Gruppe (mit Ausnahme der Gruppe *ERSTELLER-BESITZER*) und klicken auf *Entfernen*.

12. Für alle Benutzerkonten und Gruppen, die für den Ordner in dem oben beschriebenen Szenario aufgeführt sind, markieren Sie im Listenfeld *Name* das Benutzerkonto oder die Gruppe und aktivieren dann – wieder entsprechend dem oben beschriebenen Szenario – neben der jeweiligen Berechtigung das Kontrollkästchen *Zulassen* oder *Verweigern*.

13. Klicken Sie auf *OK*, damit Ihre Änderungen wirksam werden, und schließen Sie das Dialogfeld *Eigenschaften* des Ordners.

14. Wiederholen Sie die gesamte Prozedur für jeden Ordner, für den Sie entsprechend dem oben beschriebenen Szenario Berechtigungen vergeben sollen.

15. Melden Sie sich bei Windows ab.

Übung 4: NTFS-Berechtigungen testen

In dieser Übung werden Sie sich unter Verwendung unterschiedlicher Benutzerkonten anmelden und die NTFS-Berechtigungen testen.

▶ **So testen Sie die Berechtigungen für den Ordner *Vermischtes* während Sie als Benutzer81 angemeldet sind**

1. Melden Sie sich als Benutzer81 an und starten Sie den Windows Explorer.

2. Im Windows Explorer erweitern Sie den Ordner *Öffentlich\Bibliothek\Vermischtes*.

3. Versuchen Sie, im Ordner *Vermischtes* eine Datei anzulegen.

   Ist es Ihnen gelungen? Warum oder warum nicht?

4. Schließen Sie den Windows Explorer und melden Sie sich bei Windows 2000 ab.

▶ **So testen Sie die Berechtigungen für den Ordner *Vermischtes* während Sie als Benutzer82 angemeldet sind**

1. Melden Sie sich als Benutzer82 an und starten Sie den Windows Explorer.

2. Im Windows Explorer erweitern Sie den Ordner *Öffentlich\Bibliothek\ Vermischtes*.

3. Versuchen Sie, im Ordner *Vermischtes* eine Datei anzulegen.

   Ist es Ihnen gelungen? Warum oder warum nicht?

4. Schließen Sie den Windows Explorer und melden Sie sich bei Windows 2000 ab.

▶ **So testen Sie die Berechtigungen für den Ordner *Dokumentation* während Sie als Administrator angemeldet sind**

1. Melden Sie sich als Administrator an und starten Sie den Windows Explorer.

2. Im Windows Explorer erweitern Sie den Ordner *Öffentlich\Dokumentation*.

3. Versuchen Sie, im Ordner *Dokumentation* eine Datei anzulegen.

   Ist es Ihnen gelungen? Warum oder warum nicht?

4. Schließen Sie den Windows Explorer und melden Sie sich bei Windows 2000 ab.

▶ **So testen Sie die Berechtigungen für den Ordner *Dokumentation* während Sie als Benutzer81 angemeldet sind**

1. Melden Sie sich als Benutzer81 an und starten Sie den Windows Explorer.

2. Im Windows Explorer erweitern Sie den Ordner *Öffentlich\Dokumentation*.

3. Versuchen Sie, im Ordner *Vermischtes* eine Datei anzulegen.

   Ist es Ihnen gelungen? Warum oder warum nicht?

4. Schließen Sie den Windows Explorer und melden Sie sich bei Windows 2000 ab.

▶ **So testen Sie die Berechtigungen für den Ordner *Dokumentation* während Sie als Benutzer82 angemeldet sind**

1. Melden Sie sich als Benutzer82 an und starten Sie den Windows Explorer.
2. Im Windows Explorer erweitern Sie den Ordner *Öffentlich\Dokumentation*.
3. Versuchen Sie, im Ordner *Vermischtes* eine Datei anzulegen.

   Ist es Ihnen gelungen? Warum oder warum nicht?

4. Schließen Sie alle Anwendungen und melden Sie sich bei Windows 2000 ab.

Zusammenfassung der Lektion

In dieser Lektion haben Sie gelernt, dass bei der Formatierung eines Datenträgers mit NTFS normalerweise der Gruppe *Jeder* die Berechtigung Vollzugriff erteilt wird. Sie sollten diese Standardeinstellung ändern und eine andere geeignete NTFS-Berechtigung vergeben, um den Zugriff der Benutzer auf die Ressourcen zu reglementieren. Um NTFS-Berechtigungen für eine Datei oder einen Ordner zu erteilen oder zu ändern, verwenden Sie die Registerkarte *Sicherheitseinstellungen* im Dialogfeld *Eigenschaften* der jeweiligen Datei oder des Ordners.

Sie haben außerdem gelernt, dass standardmäßig Dateien und Unterordner die Berechtigungen des übergeordneten Ordners übernehmen, in dem sie sich befinden. Sie können dieses Merkmal außer Kraft setzen, sodass Dateien und Unterordner nicht mehr die Berechtigungen von dem übergeordneten Ordner übernehmen. In den Praxisübungen haben Sie einige Ordner angelegt, NTFS-Berechtigungen vergeben und die Berechtigungen dann getestet, um zu prüfen, ob Sie alles korrekt festgelegt haben.

Lektion 4: Sonderberechtigungen vergeben

Die NTFS-Standardberechtigungen stellen im Allgemeinen einen hinreichenden Zugriffsschutz bereit, um Ihre Ressourcen zu sichern. Manchmal allerdings bieten die üblichen NTFS-Berechtigungen doch nicht die besonderen Zugriffsmöglichkeiten, die Sie einem Benutzer ermöglichen möchten. Um ganz bestimmte Möglichkeiten des Zugriffs bereitzustellen, können Sie NTFS-Sonderberechtigungen vergeben, die auch beschränkte Berechtigungen genannt werden.

Am Ende dieser Lektion werden Sie in der Lage sein, die folgende Aufgabe auszuführen:

- Sie können Benutzern die Möglichkeit geben, die Berechtigungen für eine Datei oder einen Ordner selbst zu ändern.
- Sie können Benutzern die Möglichkeit geben, die Besitzrechte an einer Datei oder einem Ordner zu übernehmen.

Veranschlagte Zeit für die Lektion: 5 Minuten

Beschränkte Berechtigungen verwenden

Insgesamt gibt es 14 unterschiedliche beschränkte Berechtigungen. Zwei von ihnen, dargestellt in Abbildung 14.5, sind besonders nützlich bei der Steuerung des Zugriffs auf Ressourcen: *Berechtigungen ändern* und *Besitzrechte übernehmen*.

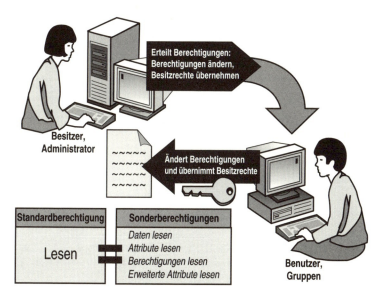

Abbildung 14.5 Die Sonderberechtigungen *Berechtigungen ändern* und *Besitzrechte übernehmen*

Wenn Sie beschränkte Berechtigungen für Ordner vergeben, können Sie festlegen, wie weit die Berechtigungen auf Unterordner und Dateien übertragen werden sollen.

Berechtigungen ändern

Sie können anderen Administratoren und Benutzern die Möglichkeit geben, Berechtigungen für eine Datei oder einen Ordner zu ändern, ohne dass Sie die Berechtigung *Vollzugriff* für diese Datei oder diesen Ordner erteilen. Auf diese Weise kann der Administrator oder der Benutzer die Datei bzw. den Ordner weder löschen noch hineinschreiben, aber er kann Berechtigungen für die Datei oder den Ordner vergeben.

Um Administratoren die Möglichkeit zu geben, Berechtigungen zu ändern, vergeben Sie für die Datei oder den Ordner an die Gruppe *Administratoren* die Berechtigung *Berechtigungen ändern*.

Besitzrechte übernehmen

Sie können das Besitzrecht an Dateien oder Ordnern von einem Benutzerkonto oder einer Gruppe auf ein anderes Benutzerkonto oder eine andere Gruppe übertragen. Sie können jemandem die Möglichkeit geben, ein Besitzrecht zu übernehmen, und als Administrator können Sie das Besitzrecht an einer Datei oder einem Ordner übernehmen.

Bei der Übernehme des Besitzrechtes an einer Datei oder einem Ordner gelten folgende Regeln:

- Der gegenwärtige Besitzer oder ein beliebiger Benutzer mit der Berechtigung *Vollzugriff* kann die Standardberechtigung *Vollzugriff* oder die Sonderberechtigung *Besitzrechte übernehmen* an ein anderes Benutzerkonto oder eine Gruppe vergeben; damit ist das Benutzerkonto oder ein Mitglied der Gruppe berechtigt, die Besitzrechte zu übernehmen.

- Ein Administrator kann unabhängig von den vergebenen Berechtigungen die Besitzrechte an einer Datei oder einem Ordner übernehmen. Wenn ein Administrator die Besitzrechte übernimmt, wird die Gruppe *Administratoren* zum Besitzer; jedes Mitglied der Gruppe *Administratoren* kann dann Berechtigungen für die Datei oder den Ordner ändern und einem anderen Benutzerkonto bzw. einer Gruppe die Berechtigung *Besitzrechte übernehmen* erteilen.

Wenn ein Mitarbeiter beispielsweise das Unternehmen verlässt, kann ein Administrator die Besitzrechte an den Dateien des Mitarbeiters übernehmen und einem anderen Mitarbeiter die Berechtigung *Besitzrechte übernehmen* erteilen; dann ist dieser Mitarbeiter in der Lage, die Besitzrechte an den Dateien des früheren Mitarbeiters zu übernehmen.

Anmerkung Es ist nicht möglich, irgendjemandem die Besitzrechte an einer Datei oder einem Ordner *zuzuordnen*. Der Besitzer einer Datei, ein Administrator oder jemand mit der Berechtigung *Vollzugriff* kann die Berechtigung *Besitzrechte übernehmen* an ein Benutzerkonto oder eine Gruppe vergeben; damit erhält das Benutzerkonto oder die Gruppe die Erlaubnis, das Besitzrecht zu übernehmen. Um Besitzer einer Datei oder eines Ordners zu werden, muss ein Benutzer oder das Mitglied einer Gruppe mit der Berechtigung *Besitzrechte übernehmen* ausdrücklich das Besitzrecht an der Datei oder dem Ordner übernehmen. Wie das funktioniert, wird später in diesem Kapitel erklärt.

Sonderberechtigungen festlegen

Um Benutzern die Möglichkeit zu geben, Berechtigungen zu ändern oder Besitzrechte an Dateien oder Ordnern zu übernehmen, vergeben Sie beschränkte Berechtigungen auf folgende Weise:

1. Im Dialogfeld *Zugriffseinstellungen* für eine Datei oder einen Ordner markieren Sie auf der Registerkarte *Berechtigungen* das Benutzerkonto oder die Gruppe, für die Sie NTFS-Sonderberechtigungen vergeben wollen.

2. Klicken Sie auf *Anzeigen/Bearbeiten*, um das Dialogfeld *Berechtigungseintrag* zu öffnen (siehe Abbildung 14.6).

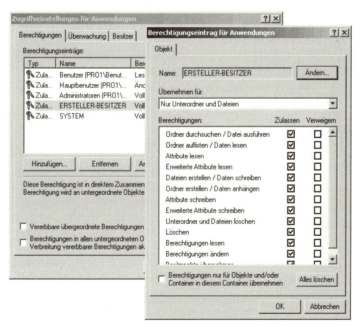

Abbildung 14.6 Das Dialogfeld *Berechtigungseintrag*

Die Optionen des Dialogfeldes *Berechtigungseintrag* sind in Tabelle 14.5 beschrieben.

Tabelle 14.5 Optionen des Dialogfeldes *Berechtigungseintrag*

Option	Beschreibung
Name	Benutzerkonto oder Gruppenname. Um ein anderes Benutzerkonto oder eine andere Gruppe zu wählen, klicken Sie auf *Ändern*.
Übernehmen für	Stufe in der Ordnerhierarchie, bis wohin NTFS-Sonderberechtigungen übernommen werden sollen. Standard ist *Diesen Ordner, Unterordner und Dateien*.
Berechtigungen	Die beschränkten Berechtigungen. Um die Berechtigungen *Berechtigungen ändern* oder *Besitzrechte übernehmen* zu vergeben, aktivieren Sie das Kontrollkästchen *Zulassen*.
Berechtigungen nur für Objekte und/oder Container in diesem Container übernehmen	Legen Sie fest, ob Dateien und Unterordner innerhalb eines Ordners beschränkte Berechtigungen von dem Ordner übernehmen. Aktivieren Sie das Kontrollkästchen, um beschränkte Berechtigungen an Dateien und Unterordner weiterzugeben. Deaktivieren Sie das Kontrollkästchen, um Übernahme von Berechtigungen zu verhindern.
Alles löschen	Klicken Sie auf diese Schaltfläche, um alle markierten Berechtigungen zu deaktivieren.

Anmerkung Im Dialogfeld *Zugriffseinstellungen* können Sie auf der Registerkarte *Berechtigungen* sehen, welche Berechtigungen für eine Datei oder einen Ordner vergeben wurden, wer der Besitzer ist, und auf welche Objekte sich die Berechtigungen beziehen. Falls beschränkte Berechtigungen erteilt wurden, zeigt Windows 2000 in der Spalte *Berechtigungen* den Eintrag *Speziell* an.

Besitzrechte einer Datei oder eines Ordners übernehmen

Um die Besitzrechte an einer Datei oder einem Ordner zu übernehmen, muss der Benutzer oder ein Angehöriger der Gruppe, der über die Berechtigung *Besitzrechte übernehmen* verfügt, ausdrücklich die Besitzrechte folgendermaßen übernehmen:

1. Wählen Sie im Dialogfeld *Zugriffseinstellungen* auf der Registerkarte *Besitzer* im Listenfeld *Besitzer ändern auf* Ihren Namen aus.
2. Aktivieren Sie das Kontrollkästchen *Besitzer für Untercontainer und Objekte ersetzen*, um die Besitzrechte aller Dateien und Unterordner zu übernehmen, die in dem Ordner enthalten sind.

Zusammenfassung der Lektion

In dieser Lektion haben Sie gelernt, dass es 14 unterschiedliche beschränkte Berechtigungen gibt, und dass zwei von ihnen besonders nützlich sind: *Berechtigungen ändern* und *Besitzrechte übernehmen*. Sie können Administratoren und anderen Benutzern die Möglichkeit geben, Berechtigungen für eine Datei oder einen Ordner zu ändern, ohne dass Sie die Berechtigung *Vollzugriff* für diese Datei oder diesen Ordner erteilen. Auf diese Weise kann der Administrator oder Benutzer die Datei oder den Ordner nicht löschen oder hineinschreiben, aber er kann Berechtigungen für die Datei oder den Ordner vergeben.

Sie haben außerdem gelernt, dass Sie das Besitzrecht an Dateien oder Ordnern von einem Benutzerkonto oder einer Gruppe auf ein anderes Benutzerkonto oder eine andere Gruppe übertragen können. Der gegenwärtige Besitzer oder ein beliebiger Benutzer mit der Berechtigung *Vollzugriff* kann die Standardberechtigung *Vollzugriff* oder die Sonderberechtigung *Besitzrechte übernehmen* an ein anderes Benutzerkonto oder eine Gruppe vergeben; damit ist das Benutzerkonto oder ein Mitglied der Gruppe berechtigt, die Besitzrechte zu übernehmen. Ein Administrator kann unabhängig von den vergebenen Berechtigungen die Besitzrechte an einer Datei oder einem Ordner übernehmen. Wenn ein Administrator die Besitzrechte an einer Datei oder einem Ordner übernimmt, wird die Gruppe *Administratoren* zum Besitzer; jedes Mitglied der Gruppe *Administratoren* kann dann Berechtigungen für die Datei oder den Ordner ändern und einem anderen Benutzerkonto oder einer Gruppe die Berechtigung *Besitzrechte übernehmen* erteilen.

Lektion 5: Dateien und Ordner kopieren und verschieben

Wenn Sie Dateien und Ordner kopieren oder verschieben, können sich die Berechtigungen ändern, die der Datei zugeordnet wurden. Besondere Regeln legen fest, wann und wie sich die Berechtigungen ändern. Beim Kopieren oder Verschieben müssen Sie wissen, wie und wann sich die Berechtigungen ändern; in dieser Lektion wird es erklärt.

Am Ende dieser Lektion werden Sie in der Lage sein, die folgende Aufgabe auszuführen:

- Sie können die Auswirkungen eines Kopiervorgangs auf eine NTFS-Datei oder einen Ordner beschreiben.
- Sie können die Auswirkungen eines Verschiebevorgangs auf eine NTFS-Datei oder einen Ordner beschreiben.

Veranschlagte Zeit für die Lektion: 5 Minuten

Dateien und Ordner kopieren

Wenn Sie Dateien oder Ordner von einem Ordner zu einem anderen Ordner oder von einem Datenträger zu einem anderen Datenträger kopieren, dann ändern sich die Berechtigungen, wie in Abbildung 14.7 dargestellt.

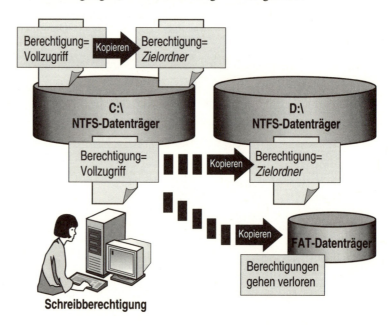

Abbildung 14.7 Dateien oder Ordner zwischen Ordnern oder Datenträgern kopieren

Wenn Sie eine Datei innerhalb eines einzigen NTFS-Datenträgers oder zwischen zwei NTFS-Datenträgern kopieren:

- behandelt Windows 2000 die Datei wie eine neue Datei. Als eine neue Datei übernimmt sie die Berechtigungen des Zielordners.
- benötigen Sie die Berechtigung *Schreiben* für den Zielordner, um Dateien oder Ordner zu kopieren.
- werden Sie *ERSTELLER-BESITZER*.

Anmerkung Wenn Sie Dateien und Ordner auf einen FAT-Datenträger kopieren, verlieren die Dateien und Ordner ihre NTFS-Berechtigungen, weil FAT-Datenträger keine NTFS-Berechtigungen unterstützen.

Dateien und Ordner verschieben

Wenn Sie Dateien oder Ordner verschieben, dann ist es davon abhängig, wohin Sie die Dateien oder Ordner verschieben, ob sich die Berechtigungen ändern oder nicht ändern (siehe Abbildung 14.8).

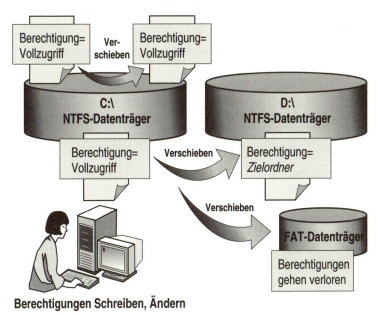

Abbildung 14.8 Dateien oder Ordner zwischen Ordnern oder Datenträgern verschieben

Innerhalb eines NTFS-Datenträgers verschieben

Wenn Sie eine Datei innerhalb eines einzigen NTFS-Datenträgers verschieben:

- behält die Datei oder der Ordner die ursprünglichen Berechtigungen.

- benötigen Sie die Berechtigung *Schreiben* für den Zielordner, weil Sie eine Datei oder einen Ordner hineinschreiben.
- benötigen Sie die Berechtigung *Ändern* für die Quelldatei oder den Quellordner. Die Berechtigung *Ändern* ist zum Verschieben einer Datei oder eines Ordners deshalb notwendig, weil Windows 2000 die Datei oder den Ordner *nach* dem Kopieren in den Zielordner aus dem Quellordner löscht.
- Der Besitzer der Datei oder des Ordners ändert sich nicht.

Zwischen NTFS-Datenträgern verschieben

Wenn Sie eine Datei oder einen Ordner zwischen zwei NTFS-Datenträgern verschieben

- übernimmt die Datei oder der Ordner die Berechtigungen des Zielordners.
- benötigen Sie die Berechtigung *Schreiben* für den Zielordner, weil Sie eine Datei oder einen Ordner hineinschreiben.
- benötigen Sie die Berechtigung *Ändern* für die Quelldatei oder den Quellordner. Die Berechtigung *Ändern* ist zum Verschieben einer Datei oder eines Ordners deshalb notwendig, weil Windows 2000 die Datei oder den Ordner *nach* dem Kopieren in den Zielordner aus dem Quellordner löscht.
- werden Sie *ERSTELLER-BESITZER*.

Anmerkung Wenn Sie Dateien und Ordner auf einen FAT-Datenträger verschieben, verlieren die Dateien und Ordner ihre NTFS-Berechtigungen, weil FAT-Datenträger keine NTFS-Berechtigungen unterstützen.

Zusammenfassung der Lektion

In dieser Lektion haben Sie gelernt, dass sich die Berechtigungen, die der Datei zugeordnet wurden, beim Kopieren oder Verschieben von Dateien und Ordnern ändern können. Besondere Regeln legen fest, wann und wie sich die Berechtigungen ändern. Wenn Sie Dateien oder Ordner von einem Ordner zu einem anderen Ordner oder von einem Datenträger zu einem anderen Datenträger kopieren, dann ändern sich die Berechtigungen. Windows 2000 behandelt die Datei wie eine neue Datei, deshalb übernimmt die neue Datei die Berechtigungen des Zielordners.

Sie haben außerdem gelernt, dass Sie zum Kopieren von Dateien oder Ordnern die Berechtigung *Schreiben* für den Zielordner benötigen. Wenn Sie eine Datei kopieren, werden Sie *ERSTELLER-BESITZER*. Wenn Sie eine Datei innerhalb eines einzigen NTFS-Datenträgers verschieben, behält die Datei oder der Ordner seine ursprünglichen Berechtigungen. Wenn Sie aber eine Datei oder einen Ordner zwischen zwei NTFS-Datenträgern verschieben, übernimmt die Datei oder der Ordner die Berechtigungen des Zielordners.

Lektion 6: Probleme bei Berechtigungen lösen

Wenn Sie NTFS-Berechtigungen für Dateien und Ordner vergeben oder ändern, treten möglicherweise Probleme auf. Es ist wichtig, auf solche Probleme zu reagieren, damit die Ressourcen für die Benutzer verfügbar bleiben.

Am Ende dieser Lektion werden Sie in der Lage sein, die folgende Aufgabe auszuführen:

- Sie können Probleme beim Zugriff auf Ressourcen lösen.

Veranschlagte Zeit für die Lektion: 20 Minuten

Bearbeiten von Berechtigungsproblemen

Tabelle 14.6 beschreibt einige allgemeine Berechtigungsprobleme, mit denen Sie konfrontiert werden könnten, und macht Ihnen Vorschläge, an denen Sie sich bei der Lösung dieser Probleme orientieren können.

Tabelle 14.6 Berechtigungsprobleme und Problemlösungen

Problem	Lösung
Einem Benutzer wird der Zugriff auf eine Datei oder einen Ordner verweigert.	Falls die Datei oder der Ordner kopiert oder auf einen anderen NTFS-Datenträger verschoben wurde, könnten sich die Berechtigungen geändert haben.
	Prüfen Sie die Berechtigungen, die dem Benutzerkonto oder den Gruppen erteilt wurden, denen der Benutzer angehört. Es könnte sein, dass der Benutzer keine Berechtigung hat oder dass ihm der Zugriff entweder individuell oder als Mitglied einer Gruppe verweigert wurde.
Sie machen ein Benutzerkonto zum Mitglied einer Gruppe, um einem Benutzer den Zugriff auf eine Datei oder einen Ordner zu ermöglichen, aber der Benutzer erhält trotzdem keinen Zugriff.	Damit Zugriffsberechtigungen aktualisiert werden (die neue Zugehörigkeit zu einer Gruppe), muss der Benutzer sich entweder ab- und wieder anmelden, oder er muss alle Netzwerkverbindungen zu dem Computer, auf dem die Datei oder der Ordner liegt, schließen und danach neue Verbindungen aufbauen.
Ein Benutzer mit der Berechtigung *Vollzugriff* für einen Ordner löscht eine Datei in dem Ordner, obwohl der Benutzer keine Berechtigung zum Löschen dieser Datei hat. Sie wollen verhindern, dass der Benutzer weitere Dateien löschen kann.	Sie müssen die Sonderberechtigung (Kontrollkästchen *Unterordner und Dateien löschen*) für den Ordner deaktivieren, um Benutzer mit der Berechtigung *Vollzugriff* daran zu hindern, Dateien im Ordner löschen zu können.

> **Anmerkung** Windows 2000 unterstützt POSIX-Anwendungen, die für die Ausführung unter UNIX geschrieben wurden. Auf UNIX-Systemen ermöglicht die Berechtigung *Vollzugriff* das Löschen von Dateien in einem Ordner. Bei Windows 2000 schließt die Berechtigung *Vollzugriff* die Sonderberechtigung *Unterordner und Dateien löschen* mit ein; dadurch haben Sie (unabhängig von den Berechtigungen, die Sie für die Dateien in dem Ordner haben) die Möglichkeit, in dem Ordner Dateien zu löschen.

Probleme mit Berechtigungen vermeiden

In der folgenden Liste finden Sie einige in der Praxis bewährte Tipps, die Ihnen helfen, Probleme bei der Einrichtung von NTFS-Berechtigungen zu vermeiden.

- Vergeben Sie die restriktivsten NTFS-Berechtigungen, die es Benutzern und Gruppen noch ermöglicht, ihre Aufgaben auszuführen.

- Vergeben Sie Berechtigungen auf der Ebene der Ordner, nicht auf Dateiebene. Fassen Sie Dateien, für die Sie den Zugriff der Benutzer einschränken wollen, in einem separaten Ordner zusammen, und vergeben Sie für den Ordner eingeschränkte Zugriffsrechte.

- Allen Dateien zur Programmausführung erteilen Sie für die Gruppe *Administratoren* die Berechtigungen *Lesen & Ausführen* und *Ändern*, und für die Gruppe *Benutzer* erteilen Sie die Berechtigung *Lesen & Ausführen*. Beschädigungen an Programmdateien sind normalerweise Resultat von Zufällen oder Viren. Wenn Sie die Berechtigungen *Lesen & Ausführen* der Gruppe *Benutzer* und *Lesen & Ausführen* sowie *Ändern* der Gruppe *Administratoren* erteilen, können Sie Benutzer und Viren daran hindern, Programmdateien zu beschädigen oder zu löschen. Um Dateien zu aktualisieren, können Mitglieder der Gruppe *Administratoren* für ihr Benutzerkonto die Berechtigung *Vollzugriff* vergeben, die Änderungen durchführen und schließlich ihrem Benutzerkonto wieder die Berechtigungen *Lesen & Ausführen* und *Ändern* zuweisen.

- Erteilen Sie der Gruppe *ERSTELLER-BESITZER* die Berechtigung *Vollzugriff* für Ordner mit öffentlichen Daten, sodass Benutzer Dateien und Ordner, die sie erstellt haben, löschen und ändern können. Dadurch erhält jeder Benutzer in dem Ordner mit öffentlichen Daten nur für die Dateien und Ordner vollen Zugriff, die er selbst erstellt hat (als *ERSTELLER-BESITZER*).

- Für öffentliche Ordner erteilen Sie die Berechtigung *Vollzugriff* für die Gruppe *ERSTELLER-BESITZER* und die Berechtigungen *Lesen* und *Schreiben* für die Gruppe *Jeder*. Dadurch erhalten Benutzer vollen Zugriff auf die Dateien, die sie erstellt haben, aber Mitglieder der Gruppe *Jeder* können in dem Ordner nur Dateien lesen und neue hinzufügen.

- Verwenden Sie lange, beschreibende Namen nur dann, wenn auf die Ressource nur von dem Computer aus zugegriffen wird. Falls ein Ordner gemeinsam genutzt werden soll, verwenden Sie Ordner- und Dateinamen, auf die alle Clientcomputer zugreifen können.

- Vergeben Sie besser Berechtigungen als Verweigerungen. Falls Sie nicht wollen, dass ein Benutzer oder eine Gruppe Zugriff auf einen bestimmten Ordner oder eine Datei erhält, vergeben Sie keine Berechtigungen. Die Verweigerung einer Berechtigung sollte eine Ausnahme darstellen, nicht die übliche Praxis.

Praxis: NTFS-Berechtigungen verwalten

In dieser Praxisübung werden Sie sehen, welche Auswirkungen es hat, wenn Sie die Besitzrechte an einer Datei übernehmen. Danach werden Sie feststellen, welche Auswirkungen Berechtigungen und Besitzrechte auf das Kopieren und Verschieben von Dateien haben. Schließlich werden Sie sehen, was passiert, wenn einem Benutzer mit der Berechtigung *Vollzugriff* für einen Ordner, für eine Datei dieses Ordners alle Zugriffsrechte verweigert werden, und er dann versucht, die Datei zu löschen.

Um diese Praxisübung erfolgreich zu bearbeiten, müssen Sie Lektion 3, *NTFS-Berechtigungen vergeben*, in diesem Kapitel abgeschlossen haben.

Übung 1: Besitzrecht an einer Datei übernehmen

In dieser Übung werden Sie sehen, welche Auswirkungen es hat, wenn Sie die Besitzrechte an einer Datei übernehmen. Dafür müssen Sie ermitteln, welche Berechtigungen für eine Datei erteilt wurden, an ein Benutzerkonto die Berechtigung *Besitzrechte übernehmen* vergeben und dann als dieser Benutzer die Besitzrechte übernehmen.

▶ **So ermitteln Sie, welche Berechtigungen für eine Datei erteilt wurden**

1. Melden Sie sich als Administrator an und starten Sie den Windows Explorer.
2. Legen Sie im Ordner *Öffentlich* eine Textdatei namens *Besitzer* an.
3. Klicken Sie mit der rechten Maustaste auf *Besitzer.txt* und klicken dann auf *Eigenschaften*.

    Windows 2000 zeigt das Dialogfeld *Eigenschaften von Besitzer* an, wobei die Registerkarte *Allgemein* aktiv ist.

4. Klicken Sie auf die Registerkarte *Sicherheitseinstellungen*, um die Eigenschaften der Datei *Besitzer.txt* anzuzeigen.

    Welche Dateiberechtigungen bestehen augenblicklich für *Besitzer.txt*?

    _____

5. Klicken Sie auf die Schaltfläche *Erweitert*.

    Windows 2000 zeigt das Dialogfeld *Zugriffseinstellungen für Besitzer* an, wobei die Registerkarte *Berechtigungen* aktiv ist.

6. Klicken Sie auf die Registerkarte *Besitzer*.

    Wer ist der augenblickliche Besitzer der Datei *Besitzer.txt*?

    _____

▶ **So erteilen Sie einem Benutzer die Berechtigung** *Besitzrechte übernehmen*

1. Klicken Sie im Dialogfeld *Zugriffseinstellungen für Besitzer* auf die Registerkarte *Berechtigungen*.

2. Klicken Sie auf *Hinzufügen*.

   Windows 2000 zeigt das Dialogfeld *Benutzer, Computer der Gruppen auswählen* an.

3. Prüfen Sie, ob im Auswahlfeld *Suchen in* oben im Dialogfeld der Name Ihres Computers ausgewählt ist.

4. Wählen Sie im Listenfeld *Name* den Eintrag *Benutzer84* und klicken Sie auf *OK*.

   Windows 2000 zeigt das Dialogfeld *Berechtigungseintrag für Besitzer* an.

   Beachten Sie, dass keinerlei Berechtigungen ausgewählt sind.

5. Im Listenfeld *Berechtigungen* aktivieren Sie das Kontrollkästchen *Zulassen* für die Berechtigung *Besitzrechte übernehmen*.

6. Klicken Sie auf *OK*.

   Das Dialogfeld *Zugriffseinstellungen für Besitzer* wird erneut angezeigt, und die Registerkarte *Berechtigungen* ist aktiv.

7. Klicken Sie auf *OK*, um zum Dialogfeld *Eigenschaften von Besitzer* zurückzukehren.

8. Klicken Sie auf *OK*, damit Ihre Änderungen wirksam werden, und schließen dann auch das Dialogfeld *Eigenschaften von Besitzer*.

9. Beenden Sie alle Anwendungen und melden Sie sich bei Windows 2000 ab.

▶ **So übernehmen Sie die Besitzrechte an einer Datei**

1. Melden Sie sich als Benutzer84 an und starten Sie den Windows Explorer.

2. Erweitern Sie den Ordner *Öffentlich*.

3. Klicken Sie mit der rechten Maustaste auf *Besitzer.txt* und klicken dann auf *Eigenschaften*.

   Windows 2000 zeigt das Dialogfeld *Eigenschaften von Besitzer* an, wobei die Registerkarte *Allgemein* aktiv ist.

4. Klicken Sie auf die Registerkarte *Sicherheitseinstellungen*, um die Eigenschaften der Datei *Besitzer.txt* anzuzeigen.

   Windows 2000 zeigt das Meldungsfeld *Sicherheitseinstellungen* an, das Ihnen mitteilt, dass Sie zwar die aktuellen Berechtigungseinstellungen nicht sehen dürfen, sich jedoch als Besitzer der Datei anmelden können.

5. Klicken Sie auf *OK*.

   Windows 2000 zeigt das Dialogfeld *Eigenschaften von Besitzer an*, wobei die Registerkarte *Sicherheitseinstellungen* aktiv ist.

6. Klicken Sie auf *Erweitert*, um das Dialogfeld *Zugriffseinstellungen für Besitzer* anzuzeigen, und klicken Sie dann auf die Registerkarte *Besitzer*.

   Wer ist der derzeitige Besitzer von *Besitzer.txt*?

   _____

7. Wählen Sie im Listenfeld *Besitzer ändern auf* den Eintrag *Benutzer84* aus und klicken Sie auf *Übernehmen*.

   Wer ist jetzt der Besitzer von *Besitzer.txt*?

   _____

8. Klicken Sie auf *Abbrechen*, um das Dialogfeld *Zugriffseinstellungen für Besitzer* zu schließen.

   Das Dialogfeld *Eigenschaften von Besitzer* wird erneut angezeigt und die Registerkarte *Sicherheitseinstellungen* ist aktiv.

9. Klicken Sie auf *OK*, um das Dialogfeld *Eigenschaften von Besitzer* zu schließen.

▶ **So testen Sie als Besitzer die Berechtigungen einer Datei**

1. Während Sie als Benutzer84 angemeldet sind, vergeben Sie die Berechtigung *Vollzugriff* für die Datei *Benutzer.txt* an Benutzer84 und klicken dann auf *Übernehmen*.

2. Deaktivieren Sie das Kontrollkästchen *Vererbbare übergeordnete Berechtigungen übernehmen*.

3. Klicken Sie auf der Registerkarte *Sicherheitseinstellungen* auf *Entfernen*.

4. Klicken Sie auf *OK*, um das Dialogfeld *Eigenschaften von Besitzer* zu schließen.

5. Löschen Sie die Datei *Benutzer.txt*.

Übung 2: Ordner kopieren und verschieben

In dieser Übung werden Sie sehen, welche Auswirkungen Berechtigungen und Besitzrechte auf das Kopieren und Verschieben von Dateien haben.

▶ **So legen Sie einen Ordner an, während Sie als Benutzer angemeldet sind**

1. Während Sie als Benutzer84 angemeldet sind, legen Sie im Windows Explorer auf dem Datenträger C einen Ordner namens *Temp1* an.

   Welche Berechtigungen werden für den Ordner vergeben?

   _____

   Wer ist der Besitzer? Warum?

   _____

2. Beenden Sie alle Anwendungen und melden Sie sich bei Windows 2000 ab.

▶ **So legen Sie einen Ordner an, während Sie als Administrator angemeldet sind**

1. Melden Sie sich als Administrator an und starten Sie den Windows Explorer.

2. Legen Sie auf dem Datenträger C zwei Ordner an: *Temp2* und *Temp3*.

   Welche Berechtigungen werden für die Ordner vergeben, die Sie gerade angelegt haben?

   _____

   Wer ist der Besitzer der Ordner *Temp2* und *Temp3*? Warum?

   _____

3. Entfernen Sie die Gruppe *Jeder*, und vergeben Sie dann die folgenden Berechtigungen an die Ordner *Temp2* und *Temp3*. Dazu müssen Sie das Kontrollkästchen *Vererbbare übergeordnete Berechtigungen übernehmen* deaktivieren.
   Um eine Gruppe auszuwählen, markieren Sie den Namen der Gruppe im Listenfeld *Name* und klicken dann auf *Hinzufügen*.

Ordner	Vergeben Sie diese Berechtigungen
Temp2	Administratoren: Vollzugriff; Benutzer: Lesen & Ausführen
Temp1	Sicherungs-Operatoren: Lesen & Ausführen; Benutzer: Vollzugriff

▶ **So kopieren Sie einen Ordner innerhalb eines Windows 2000 NTFS-Datenträgers in einen anderen Ordner**

1. Kopieren Sie im Windows Explorer C:\Temp2 nach C:\Temp1, indem Sie C:\Temp2 markieren, die Strg-Taste gedrückt halten und C:\Temp2 nach C:\Temp1 ziehen.

   Durch den Kopiervorgang sollten nun sowohl C:\Temp2 als auch C:\Temp1\Temp2 existieren.

2. Markieren Sie C:\Temp1\Temp2 und vergleichen Sie Berechtigungen und Besitzrechte mit C:\Temp2.

   Wer ist Besitzer von C:\Temp1\Temp2? Welche Berechtigungen gelten? Warum?

   _____

   _____

   _____

3. Beenden Sie alle Anwendungen und melden Sie sich bei Windows 2000 ab.

▶ **So verschieben Sie einen Ordner innerhalb eines NTFS-Datenträgers**

1. Melden Sie sich als Benutzer84 an.

2. Im Windows Explorer markieren Sie C:\Temp3 und verschieben ihn dann in C:\Temp1.

Was geschieht mit den Berechtigungen und Besitzrechten für
C:\Temp1\Temp3? Warum?

_____

_____

_____

_____

3. Schließen Sie alle Fenster und melden Sie sich ab.

Übung 3: Eine Datei löschen während alle Berechtigungen verweigert sind

In dieser Übung werden Sie einem Benutzer für einen Ordner die Berechtigung *Vollzugriff* erteilen, aber für eine Datei in dem Ordner alle Berechtigungen verweigern. Sie werden dann beobachten, was passiert, wenn der Benutzer versucht, die Datei zu löschen.

▶ **So vergeben Sie die Berechtigung *Vollzugriff* für einen Ordner**

1. Melden Sie sich als Administrator an und starten Sie den Windows Explorer.

2. Erweitern Sie den Datenträger C, dann legen Sie einen Ordner namens *VollerZugriff* an.

3. Überprüfen Sie, dass die Gruppe *Jeder* über die Berechtigung *Vollzugriff* für den Ordner *VollerZugriff* verfügt.

▶ **So legen Sie eine Datei an und verweigern den Zugriff darauf**

1. Legen Sie im Ordner *VollerZugriff* eine Textdatei mit dem Namen *KeinZugriff.txt* an.

2. Verweigern Sie der Gruppe *Jeder* die Berechtigung *Vollzugriff* für die Datei *KeinZugriff.txt*.

   Windows 2000 zeigt das Meldungsfeld *Sicherheitseinstellungen* mit folgender Meldung an:

   Sie haben allen den Zugriff auf KeinZugriff verweigert. Kein Benutzer kann auf KeinZugriff zugreifen, nur der Besitzer kann die Berechtigungen ändern.

   Möchten Sie den Vorgang fortsetzen?

3. Klicken Sie auf *Ja*, um Ihre Änderungen zu bestätigen, dann schließen Sie das Meldungsfeld *Sicherheitseinstellungen*.

▶ **So sehen Sie das Ergebnis der Berechtigung *Vollzugriff* für einen Ordner**

1. Klicken Sie im Windows Explorer auf *KeinZugriff.txt*, um die Datei zu öffnen.

   Ist es Ihnen gelungen? Warum oder warum nicht?

   _____

2. Klicken Sie auf die Schaltfläche *Start*, zeigen Sie auf *Programme*, zeigen Sie auf *Zubehör* und klicken dann auf *Eingabeaufforderung*.
3. Wechseln Sie in der Ordner *C:\VollerZugriff*.
4. Löschen Sie die Datei *KeinZugriff.txt*.

   Ist es Ihnen gelungen? Warum oder warum nicht?

   _____

   _____

   Wie würden Sie Benutzer mit der Berechtigung *Vollzugriff* für einen Ordner daran hindern, in dem Ordner eine Datei zu löschen, für die Ihnen die Berechtigung *Vollzugriff* verweigert wurde?

   _____

   _____

Zusammenfassung der Lektion

Wenn Sie NTFS-Berechtigungen für Dateien und Ordner vergeben oder ändern, treten möglicherweise Probleme auf. Es ist wichtig, auf diese Probleme zu reagieren, damit die Ressourcen für die Benutzer verfügbar bleiben. In dieser Lektion haben Sie einige allgemeine Berechtigungsprobleme kennen gelernt sowie einige mögliche Lösungen, um diese Probleme zu klären. In den Praxisübungen dieser Lektion haben Sie festgestellt, welche Berechtigungen für eine Datei erteilt wurden, an ein Benutzerkonto die Berechtigung *Besitzrechte übernehmen* vergeben und dann als dieser Benutzer die Besitzrechte übernommen. Sie haben außerdem gesehen, welche Auswirkungen Berechtigungen und Besitzrechte auf das Kopieren und Verschieben von Dateien haben. Schließlich haben Sie in diesen Übungen an Ordner und Dateien Berechtigungen vergeben, und dann die Auswirkungen gesehen, die sich ergeben, wenn ein Benutzer für einen Ordner zwar über die Berechtigung *Vollzugriff* verfügt, ihm aber für eine Datei in dem Ordner alle Berechtigungen verweigert wurden.

Lernzielkontrolle

Anhand der folgenden Fragen können Sie festzustellen, ob Sie genug gelernt haben, um zum nächsten Kapitel weiterzugehen. Falls Sie diese Fragen nicht beantworten können, blättern Sie bitte noch einmal zurück und sehen sich das Material dieses Kapitels erneut an, bevor Sie mit dem nächsten Kapitel beginnen. Die Antworten zu diesen Fragen finden Sie im Anhang A.

1. Welches ist die normale Berechtigung, wenn ein Datenträger mit NTFS formatiert wird? Wer hat Zugriff auf den Datenträger?

2. Wenn ein Benutzer für einen Ordner die Berechtigung *Schreiben* hat und auch Mitglied einer Gruppe ist, die über die Berechtigung *Lesen* für den Ordner verfügt, wie sieht dann die effektive Berechtigung des Benutzers für den Ordner aus?

3. Wenn Sie einem Benutzerkonto für einen Ordner die Berechtigung *Ändern* und für eine Datei die Berechtigung *Lesen* zuweisen und dann diese Datei in den Ordner kopieren, welche Berechtigung hat der Benutzer dann für die Datei?

4. Was geschieht mit den Berechtigungen, die einer Datei erteilt worden sind, wenn die Datei von einem Ordner in einen anderen Ordner auf demselben NTFS-Datenträger verschoben wird? Was passiert, wenn die Datei in einen Ordner auf einem anderen NTFS-Datenträger verschoben wird?

5. Angenommen, ein Mitarbeiter verlässt das Unternehmen. Was müssen Sie tun, um die Besitzrechte an seinen Dateien oder Ordnern an einen anderen Mitarbeiter zu übertragen?

6. Welche drei Punkte sollten Sie überprüfen, wenn ein Benutzer keinen Zugriff auf eine Ressource erhält?

_____
_____
_____
_____
_____

KAPITEL 15

Freigegebene Ordner verwalten

Lektion 1: Grundlegende Informationen über freigegebene Ordner . . . 387

Lektion 2: Die Freigabe von Ordnern planen . . . 393

Lektion 3: Ordner freigeben . . . 397

Lektion 4: Berechtigungen für freigegebene Ordner und NTFS-Berechtigungen kombinieren . . . 406

Lernzielkontrolle . . . 418

Über dieses Kapitel

In Kapitel 14 wurden die Berechtigungen des Microsoft Windows 2000-Dateisyssstems (NTFS) behandelt. Mithilfe dieser Berechtigungen können Sie festlegen, welche Benutzer und Gruppen auf bestimmte Dateien und Ordner zugreifen können und was sie mit deren Inhalt tun dürfen. NTFS-Berechtigungen stehen nur auf NTFS-Laufwerken zur Verfügung. Die NTFS-Sicherheit ist unabhängig davon gewährleistet, ob ein Benutzer an dem Computer selbst oder über das Netzwerk auf die Dateien und Ordner zugreift.

In diesem Kapitel werden Sie nun lernen, wie Sie dafür sorgen können, dass der Zugriff auf bestimmte Ordner über das Netzwerk möglich ist. Sie können nur auf die Dateien und Ordner auf einem Computer zugreifen, wenn Sie sich entweder an dem Computer selbst anmelden oder über das Netzwerk auf einen freigegebenen Ordner zugreifen. Die Freigabe von Ordnern ist die einzige Möglichkeit, diese Ordner zusammen mit ihrem Inhalt über das Netzwerk zugänglich zu machen. Außerdem bieten freigegebene Ordner eine weitere Möglichkeit, Dateiressourcen zu sichern. Sie können diese Methode auf FAT- und FAT32-Partitionen anwenden. In diesem Kapitel werden Sie auch lernen, wie Sie Dateiressourcen freigeben, sie mit Berechtigungen sichern und den Zugriff auf sie ermöglichen können.

Bevor Sie beginnen

Zur Bearbeitung dieses Kapitels benötigen Sie Folgendes:

- Einen Rechner, der die im Abschnitt *Hardwarevoraussetzungen* des Kapitels *Zu diesem Buch* angegebenen Mindestvoraussetzungen erfüllt.
- Windows 2000 Professional muss auf dem Computer installiert sein.

Lektion 1: Grundlegende Informationen über freigegebene Ordner

Mithilfe von freigegebenen Ordnern können Sie Benutzern im Netzwerk den Zugriff auf Dateiressourcen ermöglichen. Wenn ein Ordner freigegeben ist, können Benutzer über das Netzwerk eine Verbindung zu dem Ordner herstellen und auf die in ihm gespeicherten Dateien zugreifen. Damit Benutzer jedoch auf Dateien zugreifen können, benötigen sie die Berechtigung zum Zugriff auf den freigegebenen Ordner.

Am Ende dieser Lektion werden Sie in der Lage sein, die folgenden Aufgaben auszuführen:
- Sie können Ordner für den Zugriff über das Netzwerk freigeben.
- Sie können erklären, wie sich verschiedene Berechtigungen auf den Zugriff auf freigegebene Ordner auswirken.

Veranschlagte Zeit für die Lektion: 15 Minuten

Berechtigungen für freigegebene Ordner

Ein freigegebener Ordner kann Anwendungen, Daten oder auch die persönlichen Daten eines Benutzers enthalten. Im letzteren Fall wird er als *Stammordner* bezeichnet. Für jeden Datentyp sind bei der Freigabe andere Berechtigungen notwendig.

Berechtigungen für freigegebene Ordner haben folgende Eigenschaften:

- Die Berechtigungen gelten für den ganzen Ordner und nicht für einzelne darin gespeicherte Dateien. Da die Berechtigungen immer nur dem ganzen Ordner und nicht einzelnen Unterordnern oder Dateien zugewiesen werden können, lässt sich mit ihnen die Sicherheit nicht so detailliert regeln wie mit den NTFS-Berechtigungen.

- Die Berechtigungen für freigegebene Ordner können nicht verhindern, dass ein Benutzer auf den Ordner zugreift, der sich an dem betreffenden Computer selbst angemeldet hat. Sie gelten nur für Benutzer, die über das Netzwerk eine Verbindung zu dem Ordner herstellen.

- Die Berechtigungen für freigegebene Ordner sind die einzige Möglichkeit, Netzwerkressourcen auf einem FAT-Laufwerk zu sichern. Auf FAT-Laufwerken stehen die NTFS-Berechtigungen nicht zur Verfügung.

- Die standardmäßige Berechtigung für freigegebene Ordner ist *Vollzugriff* Diese Berechtigung wird der Gruppe *Jeder* zugewiesen, wenn ein Ordner freigegeben wird.

Hinweis Ein freigegebener Ordner wird im Windows Explorer durch das Symbol einer Hand gekennzeichnet, die den Ordner trägt. Sie sehen das Symbol in Abbildung 15.1.

Sie vergeben Berechtigungen für freigegebene Ordner, um festlegen zu können, wie andere Benutzer auf diese Ordner zugreifen dürfen.

In Tabelle 15.1 wird beschrieben, welche Aufgaben die Benutzer mit den verschiedenen Berechtigungen jeweils ausführen dürfen. Die Reihenfolge reicht dabei von der restriktivsten zur umfassendsten Berechtigung.

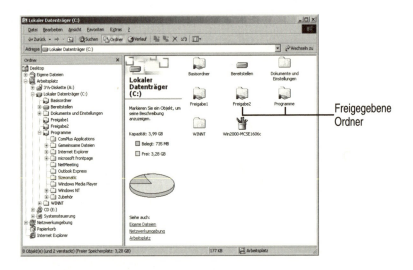

Abbildung 15.1 Freigegebene Ordner im Windows Explorer

Tabelle 15.1 Berechtigungen für freigegebene Ordner

Mit dieser Berechtigung	kann der Benutzer
Lesen	Ordnernamen, Dateinamen, Dateidaten und -attribute anzeigen, Programmdateien ausführen und die Unterordner des freigegebenen Ordners öffnen.
Ändern	Ordner erstellen, Dateien in Ordner einfügen, Daten in Dateien ändern, Daten am Ende von Dateien einfügen, Dateiattribute ändern, Ordner und Dateien löschen. Außerdem kann er alle Aufgaben ausführen, die die Berechtigung *Lesen* ermöglicht.
Vollzugriff	die Berechtigungen für Dateien ändern und sich selbst zum Besitzer der Datei machen. Außerdem kann er alle Aufgaben ausführen, die die Berechtigung *Ändern* ermöglicht.

Sie können Berechtigungen für freigegebene Ordner entweder gewähren oder verweigern. In der Regel ist es am besten, sie zuzulassen und sie nicht einzelnen Benutzern, sondern einer ganzen Gruppe zuzuweisen. Sie sollten Berechtigungen nur dann verweigern, wenn Sie anderweitig zugewiesene Berechtigungen außer Kraft setzen wollen. In den meisten Fällen sollten Sie eine Berechtigung nur dann verweigern, wenn Sie einem bestimmten Benutzer aus einer Gruppe, die eine Berechtigung besitzt, diese Berechtigung nicht gewähren wollen. Wenn Sie einem Benutzer beispielsweise den Zugriff auf einen Ordner vollständig verbieten wollen, verweigern Sie ihm einfach die Berechtigung *Vollzugriff*.

Zugriffsrechte für freigegebene Ordner vergeben

Die Vergabe von Zugriffsrechten an Benutzerkonten und Gruppen beeinflusst den Zugriff auf einen freigegebenen Ordner. Wenn Sie ein Zugriffsrecht verweigern, hat dies Vorrang vor den Rechten, die Sie gewähren. In der folgenden Liste werden die Auswirkungen der Vergabe von Zugriffsrechten beschrieben.

- Mehrere Berechtigungen werden kombiniert. Ein Benutzer kann Mitglied in mehreren Gruppen mit unterschiedlichen Zugriffsrechten auf einen freigegebenen Ordner sein. Wenn Sie einem Benutzer ein Zugriffsrecht auf einen freigegebenen Ordner zuweisen und er Mitglied in einer Gruppe ist, der Sie eine andere Berechtigung zugewiesen haben, gelten für den Benutzer beide Zugriffsrechte. Wenn der Benutzer selbst beispielsweise Lesezugriff besitzt und gleichzeitig Mitglied in einer Gruppe ist, die das Recht zum Ändern des Ordners hat, hat der Benutzer letztendlich die Berechtigung *Ändern*, die den Lesezugriff ohnehin einschließt.

- Die Verweigerung von Zugriffsrechten setzt andere Berechtigungen außer Kraft. Verweigerte Zugriffsrechte haben Vorrang vor allen anderen Berechtigungen, die Sie Benutzerkonten und Gruppen ansonsten zuweisen. Wenn Sie einem Benutzer den Zugriff auf einen freigegebenen Ordner verweigern, dann kann er auf den Ordner auch dann nicht zugreifen, wenn er Mitglied in einer Gruppe ist, die das entsprechende Recht besitzt.

- Auf NTFS-Laufwerken sind NTFS-Berechtigungen erforderlich. Die Berechtigungen für freigegebene Ordner reichen aus, um den Zugriff auf Dateien und Ordner auf einem FAT-Laufwerk zu ermöglichen. Auf einem NTFS-Laufwerk genügen sie nicht. Auf FAT-Laufwerken können die Benutzer, die die entsprechende Berechtigung besitzen, auf freigegebene Ordner und ihren Inhalt zugreifen. Um dagegen auf einem NTFS-Laufwerk auf einen Ordner und seinen Inhalt zugreifen zu können, benötigen sie einerseits das Zugriffsrecht auf den freigegebenen Ordner und andererseits die entsprechenden NTFS-Berechtigungen für jede einzelne darin enthaltene Datei und jeden Unterordner.

- Kopierte oder verschobene Ordner sind nicht automatisch freigegeben. Wenn Sie einen freigegebenen Ordner kopieren, bleibt der ursprüngliche Ordner freigegeben, aber die Kopie ist es nicht. Wenn Sie einen freigegebenen Ordner verschieben, erlischt die Freigabe.

Richtlinien zur Vergabe von Zugriffsrechten auf freigegebene Ordner

In der folgenden Liste finden Sie einige allgemeine Richtlinien zur Verwaltung freigegebener Ordner und für die Vergabe von Zugriffsrechten.

- Legen Sie fest, welche Gruppen auf die einzelnen Ressourcen zugreifen müssen und welcher Art dieser Zugriff sein soll. Schreiben Sie auf, welche Gruppe welche Art von Zugriff auf eine Ressource braucht.
- Weisen Sie die Berechtigungen nicht den einzelnen Benutzern, sondern den Gruppen zu, damit Sie die Zugriffsrechte leichter verwalten können.
- Weisen Sie jeder Ressource ein möglichst restriktives Zugriffsrecht zu, mit dem die Benutzer nur die für sie notwendigen Aufgaben erledigen können. Wenn die Benutzer beispielsweise die Informationen in einem Ordner nur lesen und niemals Dateien löschen oder erstellen müssen, dann sollten Sie nur den Lesezugriff erlauben.
- Organisieren Sie die Ressourcen so, dass alle Ordner mit gleichen Sicherheitsanforderungen innerhalb eines übergeordneten Ordners gespeichert werden. Wenn die Benutzer beispielsweise Lesezugriff auf mehrere Programmordner benötigen, dann speichern Sie diese Programmordner am besten in einem übergeordneten Ordner, den Sie dann zum Lesen freigeben. So müssen Sie nicht jeden einzelnen Programmordner freigeben.
- Verwenden Sie aussagekräftige Namen für die freigegebenen Ordner, damit die Benutzer die Ressourcen leicht erkennen und finden können. Für einen Ordner *Programme* können Sie beispielsweise den Namen *Prog* verwenden. Außerdem sollten Sie nur Namen verwenden, die von allen Betriebssystemen auf den Clients verarbeitet werden können.

In Windows 2000 können Sie zwar sehr lange Freigabenamen vergeben, Sie sollten jedoch trotzdem darauf achten, dass sie nicht länger als etwa 12 Zeichen sind. Kürzere Namen sind einfacher zu behalten und zu schreiben. Andere Betriebssysteme wie MS-DOS, Windows 3.x und Windows für Workgroups können nur Namen im 8.3-Format verarbeiten.

Microsoft Windows 2000 stellt Namen zur Verfügung, die dem 8.3-Format entsprechen, doch diese sind für die Benutzer nicht immer aussagekräftig. Auf Client computern mit dem Betriebssystem MS-DOS, Windows 3.x oder Windows für Workgroups würde ein Ordner namens *Buchhaltungsdatenbank* beispielsweise unter dem Namen *BUCHHA~1* angezeigt.

Praxis: Zugewiesene Zugriffsrechte

In dem folgenden Praxisabschnitt wurden dem *Benutzer101* sowohl selbst als auch als Mitglied einer Gruppe bestimmte Zugriffsrechte auf Ressourcen zugewiesen, wie in Abbildung 15.2 gezeigt. Geben Sie an, welche Zugriffsrechte *Benutzer101* in jeder der folgenden Situationen tatsächlich hat.

1. *Benutzer101* ist Mitglied von *Gruppe1*, *Gruppe2* und *Gruppe3*. *Gruppe1* hat Lesezugriff und *Gruppe3* hat Vollzugriff auf *OrdnerA*, *Gruppe2* wurden bezüglich *OrdnerA* keine Zugriffsrechte zugewiesen. Welches Zugriffsrecht auf *OrdnerA* hat *Benutzer101*?

   _____
   _____
   _____

2. *Benutzer101* ist außerdem Mitglied in der Gruppe *Vertrieb*, die Lesezugriff auf *OrdnerB* besitzt. Als einzelnem Benutzer wurde *Benutzer101* die Berechtigung *Vollzugriff* auf den freigegebenen *OrdnerB* verweigert. Welches Zugriffsrecht auf *OrdnerB* hat Benutzer101?

   _____
   _____
   _____

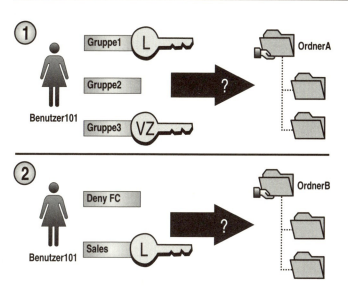

Abbildung 15.2 Zugewiesene Zugriffsrechte

Zusammenfassung der Lektion

In dieser Lektion haben Sie gelernt, dass Sie einen Ordner und seinen Inhalt für andere Benutzer im Netzwerk zugänglich machen können, indem Sie ihn freigeben. Die Vergabe von Berechtigungen für freigegebene Ordner ist auf FAT-Laufwerken die einzige Möglichkeit, Dateien vor unbefugtem Zugriff zu schützen. Die Berechtigungen gelten jeweils für einen Ordner, nicht jedoch für einzelne Dateien.

Die Berechtigungen für freigegebene Ordner können nicht verhindern, dass Benutzer, die sich an dem Computer anmelden, auf dem ein Ordner gespeichert ist, auf diesen Ordner zugreifen. Sie gelten nur für Benutzer, die über das Netzwerk eine Verbindung zu dem Ordner herstellen wollen.

Zudem haben Sie die drei Berechtigungen für freigegebene Ordner kennen gelernt: *Lesen*, *Ändern* und *Vollzugriff*. Benutzer mit *Lesezugriff* können die Ordnernamen und Dateinamen sowie die Daten in den Dateien und die Dateiattribute anzeigen. Außerdem können sie Programmdateien ausführen und innerhalb des freigegebenen Ordners die Ordner wechseln. Benutzer mit *Änderungszugriff* können Ordner erstellen, Dateien in die Ordner einfügen, Daten in Dateien ändern, Daten am Ende von Dateien hinzufügen, Dateiattribute ändern und Ordner und Dateien löschen. Darüberhinaus können sie alle Aktionen durchführen, die der Lesezugriff ermöglicht. Benutzer mit *Vollzugriff* können die Zugriffsrechte auf Dateien ändern, sich zum Besitzer von Dateien machen und alle Aufgaben ausführen, die der Änderungszugriff erlaubt. Standardmäßig gilt für freigegebene Ordner die Berechtigung *Vollzugriff*. Sie wird bei der Freigabe des Ordners der Gruppe *Jeder* zugewiesen.

Lektion 2: Die Freigabe von Ordnern planen

Wenn Sie die Freigabe von Ordnern im Voraus planen, verringern Sie dadurch Ihren Verwaltungsaufwand und erleichtern den Zugriff für andere Benutzer. Sie können dann Ressourcen, die gemeinsam genutzt werden sollen, entsprechend der notwendigen Zugriffsart in Ordnern zusammenfassen. Außerdem können Sie festlegen, welche Ressourcen gemeinsam genutzt werden sollen, sie dann nach Funktion und Einsatzbereich ordnen und bestimmen, wie Sie die Ressourcen verwalten werden.

Freigegebene Ordner können Anwendungen und Daten enthalten. Mithilfe von freigegebenen Programmordnern können Sie die Verwaltung zentralisieren. Freigegebene Ordner stellen einen zentralen Speicherort für gemeinsam genutzte Dateien dar. Wenn alle Datendateien in einem freigegebenen Ordner abgelegt werden, sind sie für die Benutzer leicht zu finden. Die Daten in zentralisierten Datenordnern lassen sich außerdem leichter sichern, ebenso wie Anwendungssoftware in zentralisierten Programmordnern einfacher zu aktualisieren ist.

Am Ende dieser Lektion werden Sie in der Lage sein, die folgenden Aufgaben auszuführen:

- Sie können vorausplanen, welche Zugriffsrechte für freigegebene Daten- und Programmordner Sie an Benutzerkonten und Gruppen vergeben.

Veranschlagte Zeit für die Lektion: 5 Minuten

Programmordner

Freigegebene Programmordner werden für Anwendungen verwendet, die auf einem Netzwerkserver installiert wurden und von Clientcomputern ausgeführt werden können. Der hauptsächliche Vorteil von gemeinsam genutzten Anwendungen ist, dass die meisten ihrer Komponenten nicht auf jedem einzelnen Computer installiert und aktualisiert werden müssen. Die Programmdateien von Anwendungen können auf einem Server gespeichert werden, aber die Konfigurationsinformationen für die meisten Netzwerkanwendungen werden in der Regel auf den einzelnen Clientcomputern abgelegt. Auf welche Weise Sie Programmordner freigeben hängt von der jeweiligen Anwendung, von der Netzwerkumgebung und von der Organisation des Unternehmens ab.

Beachten Sie bei der Freigabe von Programmordnern die Punkte in Abbildung 15.3. Diese Punkte werden im Folgenden genauer ausgeführt:

- Erstellen Sie einen freigegebenen Ordner für Programme und ordnen Sie alle Anwendungen in Unterordnern dieses Ordners ein. Auf diese Weise legen Sie einen Ort fest, an dem alle Anwendungen installiert und aktualisiert werden können.

- Weisen Sie der Gruppe *Administratoren* das uneingeschränkte Zugriffsrecht auf den Programmordner zu, damit sie die Anwendungen verwalten und die Zugriffsrechte der Benutzer festlegen können.

- Entziehen Sie der Gruppe *Jeder* das uneingeschränkte Zugriffsrecht und weisen Sie der Gruppe *Benutzer* das Lesezugriffsrecht zu. Auf diese Weise erhöhen Sie die Sicherheit, denn die Gruppe *Benutzer* umfasst nur die Benutzerkonten, die Sie eingerichtet haben, während die Gruppe *Jeder* alle Personen umfasst, die Zugang zu Netzwerkressourcen haben, also auch das Benutzerkonto *Gast*.

- Weisen Sie den Gruppen, die für die Aktualisierung der Anwendungen und für die Problemlösung zuständig sind, das Zugriffsrecht *Ändern* zu.

- Erstellen Sie außerhalb der Hierarchie des Ordners *Programme* einen separaten Ordner für alle Anwendungen, für die Sie abweichende Zugriffsrechte vergeben wollen. Weisen Sie dann diesem Ordner die gewünschten Berechtigungen zu.

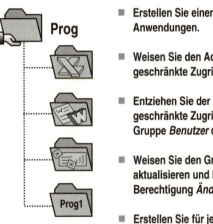

- Erstellen Sie einen freigegebenen Ordner für Anwendungen.
- Weisen Sie den Administratoren das uneingeschränkte Zugriffsrecht zu.
- Entziehen Sie der Gruppe *Jeder* das uneingeschränkte Zugriffsrecht und weisen Sie der Gruppe *Benutzer* das Lesezugriffsrecht zu.
- Weisen Sie den Gruppen, die die Anwendungen aktualisieren und Probleme beseitigen, die Berechtigung *Ändern* zu.
- Erstellen Sie für jede abweichende Kombination von Zugriffsrechten einen separaten Ordner.

Abbildung 15.3 Programmordner erstellen und freigeben

Datenordner

Die Benutzer in einem Netzwerk verwenden Datenordner, um öffentliche Daten und Arbeitsdaten auszutauschen. Ordner mit Arbeitsdaten werden von den Mitgliedern eines Teams verwendet, die gemeinsam auf freigegebene Dateien zugreifen müssen. Ordner mit öffentlichen Daten werden von größeren Benutzergruppen verwendet, die alle Zugriff auf dieselben Daten haben müssen.

Gemeinsam genutzte Datenordner erstellen Sie am besten auf einem Laufwerk, auf dem weder das Betriebssystem noch andere Anwendungen installiert sind. Die Datendateien sollten häufig gesichert werden, und wenn sie sich auf einem separaten Laufwerk befinden, ist dies bequem möglich. Sollte es nötig werden, das Betriebssystem neu zu installieren, kann das Laufwerk mit den Datendateien unverändert bleiben.

Öffentliche Daten

Wenn Sie Ordner mit öffentlichen Daten freigeben wollen, gehen Sie folgendermaßen vor:

- Verwenden Sie zentralisierte Datenordner, damit die Daten leichter gesichert werden können.

- Weisen Sie der Benutzergruppe des öffentlichen Ordners die Berechtigung *Ändern* zu (siehe Abbildung 15.4). Auf diese Weise verfügen die Benutzer über einen zentralen und für alle zugänglichen Speicherort für öffentliche Dateien, die sie mit anderen Benutzern gemeinsam nutzen wollen. Die Benutzer können dann auf den Ordner zugreifen und die in ihm enthaltenen Dateien lesen und bearbeiten oder neue erstellen.

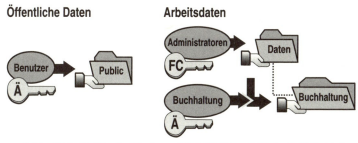

Abbildung 15.4 Freigegebene Ordner für öffentliche und Arbeitsdaten

Arbeitsdaten

Wenn Sie Ordner mit Arbeitsdaten freigeben wollen, gehen Sie folgendermaßen vor:

- Weisen Sie der Gruppe *Administratoren* das uneingeschränkte Zugriffsrecht für einen zentralen Datenordner zu, damit die Administratoren die Ordner pflegen können.

- Geben Sie die untergeordneten Ordner des zentralen Ordners für die entsprechenden Gruppen frei. Wenn Sie den Zugriff auf diese Ordner beschränken müssen, weisen sie den Gruppen die Berechtigung *Ändern* zu.

Ein Beispiel sehen Sie in Abbildung 15.4. Um die Daten im Ordner *Buchhaltung*, einem Unterordner des Ordners *Daten*, zu schützen, geben Sie den Ordner *Buchhaltung* frei und weisen Sie die Berechtigung zum Ändern nur der Gruppe *Buchhaltung* zu, sodass nur die Mitglieder der Gruppe *Buchhaltung* auf den Ordner zugreifen können.

Zusammenfassung der Lektion

In dieser Lektion haben Sie gelernt, dass Sie mithilfe von freigegebenen Programmordnern die Verwaltung zentralisieren und die Aktualisierung vereinfachen können. Bei freigegebenen Programmordnern sollte die Gruppe *Administratoren* das uneingeschränkte Zugriffsrecht erhalten, damit die Mitglieder dieser Gruppe die Anwendungen verwalten und die Zugriffsrechte der übrigen Benutzer festlegen können. Der Gruppe *Jeder* sollten Sie dagegen das uneingeschränkte Zugriffsrecht entziehen und der Gruppe *Benutzer* sollten Sie den Lesezugriff erlauben. Auf diese Weise sind die Daten besser geschützt, denn die Gruppe *Benutzer* umfasst nur Benutzerkonten, die Sie selbst erstellt haben, während die Gruppe *Jeder* alle Personen einschließt, die auf die Netzwerkressourcen zugreifen können, und dazu gehört auch das Benutzerkonto *Gast*.

Außerdem haben Sie gelernt, dass freigegebene Datenordner als zentraler Speicherort dienen, an dem alle Benutzer ihre gemeinsam genutzten Dateien ablegen und auf sie zugreifen können. Datenordner sollten Sie am besten auf einem Laufwerk erstellen und freigeben, auf dem weder das Betriebssystem noch andere Anwendungen installiert sind, denn wenn sie sich auf einem separaten Laufwerk befinden, können Sie sie leichter häufig sichern.

Lektion 3: Ordner freigeben

Sie können Ressourcen mit anderen gemeinsam nutzen, indem Sie die Ordner freigeben, in denen diese Ressourcen gespeichert sind. Um einen Ordner freigeben zu können, müssen Sie je nach der Rolle des Computers, auf dem der Ordner gespeichert ist, Mitglied in einer von mehreren Gruppen sein. Sie können bei der Freigabe eines Ordners den Zugriff auf ihn beschränken, indem Sie festlegen, dass nur eine bestimmte Zahl von Benutzern gleichzeitig auf ihn zugreifen kann. Außerdem können Sie den Ordner und seinen Inhalt vor unbefugtem Zugriff schützen, indem Sie nur ausgewählten Benutzern und Gruppen eine Zugriffsberechtigung erteilen. Nach der Freigabe müssen die anderen Benutzer über das Netzwerk eine Verbindung zu dem Ordner herstellen und über die nötigen Zugriffsrechte verfügen, um auf ihn zugreifen zu können. Sie können den Ordner auch nach der Freigabe noch verändern, beispielsweise die Freigabe aufheben, den Freigabenamen ändern und auch die Zugriffsrechte von Benutzern und Gruppen neu festlegen.

Am Ende dieser Lektion werden Sie in der Lage sein, die folgenden Aufgaben auszuführen:

- Sie können freigegebene Ordner erstellen und bearbeiten.
- Sie können eine Verbindung zu einem freigegebenen Ordner herstellen.

Veranschlagte Zeit für diese Lektion: 20 Minuten

Voraussetzungen für die Freigabe von Ordnern

In Windows 2000 Professional können die Mitglieder der vordefinierten Gruppen *Administratoren* und *Hauptbenutzer* Ordner freigeben. Welche Gruppen auf welchen Computern Ordner freigeben können, hängt davon ab, ob die Computer zu einer Arbeitsgruppe oder einer Domäne gehören und auf welchem Typ von Computer die Ordner gespeichert sind.

- In einer Windows 2000-Domäne, können die Gruppen *Administratoren* und *Server-Operatoren* alle Ordner auf allen Computern in der Domäne freigeben. Die Gruppe *Hauptbenutzer* ist eine lokale Gruppe, deren Mitglieder nur Ordner auf dem Stand-Alone-Server oder dem Computer mit Windows 2000 Professional freigeben können, auf dem die Gruppe angelegt wurde.

- In einer Windows 2000-Arbeitsgruppe können die Gruppen *Administratoren* und *Hauptbenutzer* die Ordner auf dem Stand-Alone-Server mit dem Betriebssystem Windows 2000 Server oder auf dem Computer mit Windows 2000 Professional freigeben, auf dem die Gruppe angelegt wurde.

> **Hinweis** Wenn der Ordner, der freigegeben werden soll, auf einem NTFS-Laufwerk gespeichert ist, brauchen die Benutzer zumindest Lesezugriff für diesen Ordner, wenn sie in der Lage sein sollen, ihn zu nutzen.

Administrative freigegebene Ordner

In Windows 2000 werden Ordner für administrative Aufgaben automatisch freigegeben. Die Namen dieser freigegebenen Ordner enden alle mit einem Dollarsymbol ($), sodass die Ordner vor Benutzern, die die Ordnerhierarchie durchsuchen, verborgen bleiben. Das Stammverzeichnis auf jedem Laufwerk, der Ordner, in dem die Betriebssystemdateien abgelegt sind, und der Ordner für die Druckertreiber sind solche verborgenen, freigegebenen Ordner, auf die über das Netzwerk zugegriffen werden kann.

In Tabelle 15.2 wird der Zweck der administrativen freigegebenen Ordner beschrieben, die in Windows 2000 automatisch zur Verfügung gestellt werden.

Tabelle 15.2 Die administrativen freigegebenen Ordner in Windows 2000

Ordnername	Aufgabe
C$, D$, E$, usw.	Das Stammverzeichnis jedes Laufwerks wird automatisch freigegeben, und als Freigabename wird der Laufwerksbuchstabe mit dem Dollarsymbol verwendet. Wenn Sie eine Verbindung zu diesem Ordner herstellen, haben Sie Zugriff auf das gesamte Laufwerk. Mithilfe dieser administrativen freigegebenen Ordner können Sie sich remote am Computer anmelden und Verwaltungsaufgaben ausführen. In Windows 2000 besitzt die Gruppe *Administratoren* uneingeschränktes Zugriffsrecht.
	In Windows 2000 werden auch CD-ROM-Laufwerke automatisch freigegeben, und auch hier besteht der Freigabename aus dem Laufwerksbuchstaben und einem Dollarsymbol.
Admin$	Das Stammverzeichnis des Betriebssystems, das standardmäßig *C:\Winnt* heißt, wird als *Admin$* freigegeben. Die Administratoren können auf diesen Ordner zugreifen, um Windows 2000 zu verwalten, ohne zu wissen, in welchem Ordner es genau installiert wurde. Auf diesen freigegebenen Ordner haben nur die Mitglieder der Gruppe *Administratoren* Zugriff. In Windows 2000 besitzt die Gruppe *Administratoren* uneingeschränktes Zugriffsrecht.
Print$	Wenn Sie den ersten gemeinsam genutzten Drucker installieren, wird der Ordner *Windows2000\System32\Spool\Drivers* als *Print$* freigegeben. Dieser Ordner bietet für Clients Zugriff auf die Druckertreiberdateien. Nur Mitglieder der Gruppen *Administratoren*, *Server-Operatoren* und *Druck-Operatoren* haben Vollzugriff auf diesen Ordner. Die Gruppe *Jeder* hat Lesezugriff.

Es kann neben den vom System automatisch erstellten auch weitere verborgene Ordner geben. Sie können andere Ordner freigeben und an den Freigabenamen ein Dollarsymbol anhängen. Dann können nur Benutzer, die den Ordnernamen kennen, auf ihn zugreifen, wenn sie zudem auch die entsprechenden Zugriffsrechte besitzen.

Einen Ordner freigeben

Wenn Sie einen Ordner freigeben, können Sie ihm einen Freigabenamen geben, in einem Kommentar den Ordner und seinen Inhalt beschreiben, die Zahl der Benutzer, die auf ihn zugreifen können, beschränken, Zugriffsrechte zuweisen und denselben Ordner mehrfach freigeben.

Zum Freigeben eines Ordners führen Sie folgende Schritte durch:

1. Melden Sie sich mit einem Benutzerkonto an, das Mitglied in einer Gruppe ist, die das Recht zur Freigabe von Ordnern besitzt.
2. Klicken Sie mit der rechten Maustaste auf den Ordner, den Sie freigeben wollen, und klicken Sie dann auf *Eigenschaften*.
3. Konfigurieren Sie im Dialogfeld *Eigenschaften* auf der Registerkarte *Freigabe* die Optionen so, wie in Abbildung 15.5 gezeigt. Die Optionen werden in Tabelle 15.3 beschrieben.

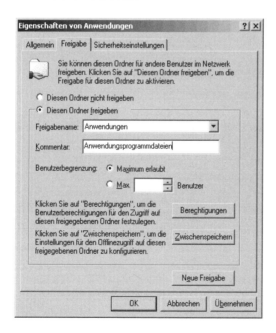

Abbildung 15.5 Die Registerkarte *Freigabe* im Dialogfeld *Eigenschaften* eines Ordners

Tabelle 15.3 Die Optionen auf der Registerkarte *Freigabe*

Option	Beschreibung
Freigabename	Der Name, den die Benutzer von Remotecomputern beim Herstellen einer Verbindung zu dem freigegebenen Ordner verwenden. Der Freigabename muss eingegeben werden.
Kommentar	Eine optionale Beschreibung der freigegebenen Ressource. Der Kommentar wird zusätzlich zu dem Freigabenamen angezeigt, wenn Benutzer an einem Clientcomputer den Server nach freigegebenen Ordnern durchsuchen. Sie können damit den Inhalt eines Ordners beschreiben
Benutzerbegrenzung	Die Anzahl von Benutzern, die gleichzeitig eine Verbindung zu dem freigegebenen Ordner herstellen können. Wenn Sie hier auf *Maximum erlaubt* klicken, unterstützt Windows 2000 Professional maximal zehn Verbindungen. Windows 2000 Server unterstützt dagegen eine unbegrenzte Zahl von Verbindungen, aber dennoch wird die Zahl der möglichen Verbindungen durch die Zahl der von Ihnen erworbenen Client-Zugriffslizenzen (CAL) eingeschränkt.
Berechtigungen	Die Zugriffsrechte für den freigegebenen Ordner, die *nur* für Benutzer gelten, die über das Netzwerk auf den Ordner zugreifen. Standardmäßig wird der Gruppe *Jeder* für alle neuen freigegebenen Ordner das unbeschränkte Zugriffsrecht zugewiesen.
Zwischenspeichern	Diese Einstellungen legen fest, wie Benutzer offline auf den freigegebenen Ordner zugreifen können.

Zwischenspeicherung

Damit freigegebene Ordner auch offline zur Verfügung stehen, werden Kopien der Dateien in einem reservierten Bereich auf der Festplatte gespeichert, der als *Cache* bezeichnet wird. Da sich der Cache auf der Festplatte befindet, kann der Computer darauf zugreifen, unabhängig davon, ob er mit dem Netzwerk verbunden ist oder nicht. Die Größe des Cache ist standardmäßig auf 10 Prozent des verfügbaren Festplattenspeicherplatzes eingestellt. Sie können diese Größe auf der Registerkarte *Offlinedateien* im Dialogfeld *Ordneroptionen* verändern. Wenn Sie wissen wollen, wie viel Platz der Cache in Anspruch nimmt, öffnen Sie den Ordner *Offline Files Folder* und klicken Sie im Menü *Datei* auf *Eigenschaften*.

Hinweis Freigegebene Netzwerkdateien werden im Stammverzeichnis der Festplatte gespeichert. Wenn Sie dem Cache einen anderen Speicherort zuweisen und die Offlinedateien verschieben wollen, können Sie dazu das Programm *Cachemov.exe* aus dem Windows 2000 Professional Resource Kit verwenden.

Wenn Sie einen Ordner freigeben, können Sie dafür sorgen, dass der Ordner auch offline für andere zur Verfügung steht. Klicken Sie dazu im Dialogfeld *Eigenschaften* des Ordners auf *Zwischenspeichern*. In dem Dialogfeld *Einstellungen für die Zwischenspeicherung* (siehe Abbildung 15.6) können Sie den Cache aktivieren bzw. deaktivieren, indem Sie das Kontrollkästchen *Zwischenspeichern der Dateien in diesem freigegebenen Ordner zulassen* markieren oder nicht.

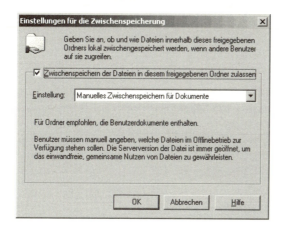

Abbildung 15.6 Das Dialogfeld *Einstellungen für die Zwischenspeicherung*

Das Dialogfeld *Einstellungen für die Zwischenspeicherung* bietet drei verschiedene Optionen:

- *Manuelles Zwischenspeichern für Dokumente*. Nur die Dateien, die von jemandem, der Ihren freigegebenen Ordner verwendet, speziell (manuell) identifiziert werden, stehen auch offline zur Verfügung. Diese Option wird für freigegebene Netzwerkordner empfohlen, die Dateien enthalten, die von mehreren Benutzern bearbeitet werden müssen. Sie ist standardmäßig eingestellt.

- *Automatisches Zwischenspeichern für Dokumente*. Alle Dateien, die von jemandem in Ihrem freigegebenen Ordner geöffnet werden, stehen dieser Person offline zur Verfügung. Nicht geöffnete Dateien stehen offline nicht zur Verfügung.

- *Automatisches Zwischenspeichern für Programme*. Bietet Offlinezugriff auf freigegebene Ordner mit Dateien, die zwar gelesen, referenziert oder ausgeführt, dabei aber nicht verändert werden. Mit dieser Einstellung wird der Datenverkehr im Netzwerk verringert, da ohne den Umweg über die Dateien im Netzwerk direkt auf die Offlinedateien zugegriffen wird. Diese können in der Regel auch schneller gestartet und ausgeführt werden.

Hinweis Weitere Informationen über die Zwischenspeicherung und Offlineordner finden Sie in *Kapitel 24*.

Berechtigungen für freigegebene Ordner zuweisen

Nachdem Sie einen Ordner freigegeben haben, müssen Sie im nächsten Schritt festlegen, welche Benutzer auf ihn zugreifen dürfen. Zu diesem Zweck weisen Sie bestimmten Benutzerkonten und Gruppen Berechtigungen für freigegebene Ordner zu.

Wenn Sie Benutzerkonten und Gruppen Berechtigungen für freigegebene Ordner zuweisen wollen, gehen Sie in folgenden Schritten vor:

1. Klicken Sie im Dialogfeld *Eigenschaften* des freigegebenen Ordners auf der Registerkarte *Freigabe* auf *Berechtigungen*.

2. Stellen Sie sicher, dass im Dialogfeld *Berechtigungen* die Gruppe *Jeder* markiert ist, und klicken Sie auf *Entfernen*.

3. Klicken Sie im Dialogfeld *Berechtigungen* auf *Hinzufügen* (siehe Abbildung 15.7).

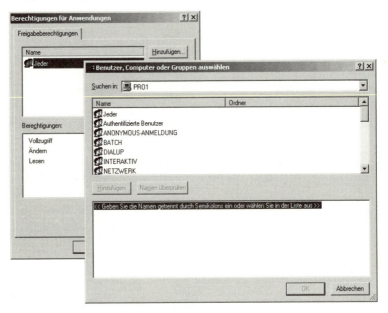

Abbildung 15.7 Berechtigungen für einen freigegebenen Ordner zuweisen

4. Klicken Sie im Dialogfeld *Benutzer, Computer oder Gruppen auswählen* auf das Benutzerkonto oder die Gruppe, der Sie Berechtigungen zuweisen wollen.

5. Klicken Sie auf *Hinzufügen*, um das Benutzerkonto oder die Gruppe dem Ordner hinzuzufügen. Wiederholen Sie diesen Schritt für alle Benutzerkonten und Gruppen, denen Sie Berechtigungen zuweisen wollen.

6. Klicken Sie auf OK.

7. Klicken Sie im Dialogfeld *Berechtigungen* des freigegebenen Ordners auf das Benutzerkonto oder die Gruppe. Markieren Sie dann im Bereich *Berechtigungen* das Kontrollkästchen *Zulassen* oder das Kontrollkästchen *Verweigern* für jede Berechtigung, die Sie dem Benutzer oder der Gruppe zuweisen bzw. verweigern wollen.

Freigegebene Ordner ändern

Sie können freigegebene Ordner ändern, die Freigabe widerrufen, den Freigabenamen ändern und die Berechtigungen für den Ordner neu festlegen.

Wenn Sie den freigegebenen Ordner ändern wollen, führen Sie folgende Schritte durch:

1. Klicken Sie im Dialogfeld *Eigenschaften* des freigegebenen Ordners auf die Registerkarte *Freigabe*.
2. Um eine bestimmte Aufgabe auszuführen, gehen Sie vor wie in Tabelle 15.4 beschrieben.

Tabelle 15.4 Schritte zum Ändern eines freigegebenen Ordners

Wenn Sie	dann
die Freigabe aufheben wollen,	klicken Sie auf *Diesen Ordner nicht freigeben*.
den Freigabenamen ändern wollen,	klicken Sie auf *Diesen Ordner nicht freigeben*, um die Freigabe aufzuheben. Klicken Sie auf *Übernehmen*, um die Änderung zu bestätigen. Klicken Sie auf *Diesen Ordner freigeben* und geben Sie in das Dialogfeld *Freigabename* den neuen Freigabenamen ein.
die Berechtigungen für den freigegebenen Ordner ändern wollen,	klicken Sie auf *Berechtigungen*. Klicken Sie im Dialogfeld *Berechtigungen* auf *Hinzufügen* oder *Entfernen*. Klicken Sie im Dialogfeld *Benutzer, Computer oder Gruppen auswählen* auf das Benutzerkonto oder die Gruppe, deren Berechtigungen geändert werden sollen.
den Ordner mehrfach freigeben wollen,	klicken Sie auf *Neue Freigabe*, um den Ordner unter einem weiteren Freigabenamen freizugeben. Auf diese Weise können Sie mehrere freigegebene Ordner zu einem Ordner zusammenfassen, während die Benutzer weiterhin den gewohnten Freigabenamen verwenden können.
einen Freigabenamen entfernen wollen,	klicken Sie auf *Freigabe entfernen*. Diese Option ist nur dann aktiv, wenn der Ordner mehrfach freigegeben wurde.

Hinweis Wenn Sie eine Freigabe aufheben, während ein Benutzer eine Datei aus dem freigegebenen Ordner geöffnet hat, gehen dem Benutzer möglicherweise Daten verloren. Wenn ein Benutzer zu dem Zeitpunkt, an dem Sie auf *Diesen Ordner nicht freigeben* klicken, mit dem freigegebenen Ordner verbunden ist, wird in Windows 2000 ein Dialogfeld eingeblendet, das Sie auf diese Tatsache aufmerksam macht.

Eine Verbindung zu einem freigegebenen Ordner herstellen

Wenn Sie auf einen freigegebenen Ordner auf einem anderen Computer zugreifen wollen, können Sie dazu den Assistenten *Netzlaufwerk verbinden*, den Befehl *Ausführen* oder die *Netzwerkumgebung* verwenden. Wenn Sie den Assistenten *Netzlaufwerk verbinden* verwenden wollen, gehen Sie in folgenden Schritten vor:

1. Klicken Sie auf das Symbol *Netzwerkumgebung* auf dem Desktop und anschließend auf *Netzlaufwerk verbinden*.

2. Klicken Sie im Dialogfeld des Assistenten *Netzlaufwerk verbinden*, der in Abbildung 15.8 gezeigt wird, in das Feld *Ordner* und geben Sie einen UNC-Pfad zu dem Ordner ein (z. B. *\\computername\freigegebener_Ordner*).

3. Geben Sie in das Listenfeld *Laufwerk* den Buchstaben ein, der dem freigegebenen Ordner als Laufwerksname zugeordnet werden soll.

4. Markieren Sie das Kontrollkästchen *Verbindung bei Anmeldung wiederherstellen*, wenn die Verbindung jedes Mal wieder hergestellt werden soll, wenn Sie sich am Computer anmelden.

5. Wenn Sie ein anderes Benutzerkonto verwenden wollen, um die Verbindung herzustellen, klicken Sie auf die Verknüpfung *Verbindung unter anderem Benutzernamen herstellen*. Geben Sie dann in das Dialogfeld *Verbinden als* den betreffenden Benutzernamen und das zugehörige Kennwort ein.

Wenn Sie die Verbindung zu dem freigegebenen Ordner mit dem Befehl *Ausführen* herstellen wollen, gehen Sie in folgenden Schritten vor:

1. Klicken Sie auf die Schaltfläche *Start*, klicken Sie auf *Ausführen* und geben Sie in das Feld *Öffnen* **\\computername** ein.

   Windows 2000 zeigt die freigegebenen Ordner auf dem Computer an.

2. Doppelklicken Sie auf den freigegebenen Ordner, zu dem Sie eine Verbindung herstellen wollen.

Wenn Sie die Verbindung zu dem freigegebenen Ordner über die *Netzwerkumgebung* herstellen wollen, gehen Sie in folgenden Schritten vor:

1. Doppelklicken Sie auf das Symbol *Netzwerkumgebung*.
2. Suchen Sie den Computer, auf dem der freigegebene Ordner gespeichert ist.
3. Doppelklicken Sie auf den freigegebenen Ordner, zu dem Sie eine Verbindung herstellen wollen.

Abbildung 15.8 Der Assistent *Netzlaufwerk verbinden*

Zusammenfassung der Lektion

In dieser Lektion haben Sie gelernt, dass Sie Ressourcen mit anderen Benutzern gemeinsam nutzen können, indem Sie die Ordner freigeben, die diese Ressourcen enthalten. Um einen Ordner freigeben zu können, müssen Sie je nach der Rolle des Computers, auf dem der betreffende Ordner gespeichert ist, Mitglied in einer von mehreren Gruppen sein, die das Recht zur Freigabe besitzen. Der Zugriff auf freigegebene Ordner lässt sich einschränken, indem Sie die Anzahl der Benutzer begrenzen, die gleichzeitig auf ihn zugreifen können. Außerdem können Sie festlegen, dass nur bestimmte Benutzerkonten und Gruppen auf den Ordner zugreifen können, indem Sie ihnen entsprechende Berechtigungen zuweisen. Benutzer, die auf einen freigegebenen Ordner zugreifen wollen, müssen eine Verbindung zu ihm herstellen und zudem die entsprechenden Zugriffsrechte haben. Freigegebene Ordner können Sie bearbeiten, Sie können die Freigabe wieder aufheben, den Freigabenamen ändern und die Berechtigungen für Benutzerkonten und Gruppen verändern.

Lektion 4: Berechtigungen für freigegebene Ordner und NTFS-Berechtigungen kombinieren

Ordner werden freigegeben, damit die Benutzer im Netzwerk Zugriff auf bestimmte Ressourcen erhalten. Wenn Sie ein FAT-Laufwerk haben, können Sie die Dateien und Unterordner in den freigegebenen Ordnern nur dadurch schützen, dass Sie die Zugriffsrechte für den freigegebenen Ordner definieren. Wenn Sie dagegen ein NTFS-Laufwerk haben, können Sie einzelnen Benutzern und Gruppen NTFS-Berechtigungen zuweisen, um den Zugriff auf die Dateien und Unterordner in freigegebenen Ordnern genau festzulegen. Wenn für einen Ordner gleichzeitig beide Arten von Zugriffsrechten definiert wurden, überwiegt jeweils die restriktivere Berechtigung.

Am Ende dieser Lektion werden Sie in der Lage sein, die folgenden Aufgaben auszuführen:

- Sie können die Berechtigungen für freigegebene Ordner und die NTFS-Berechtigungen kombinieren.

Veranschlagte Zeit für die Lektion: 45 Minuten

Strategien für die Kombination von Berechtigungen für freigegebene Ordner und NTFS-Berechtigungen

Wenn Sie Benutzern den Zugriff auf Ressourcen auf einem NTFS-Laufwerk gewähren wollen, können Sie die Strategie anwenden, die Ordner zunächst mit den standardmäßigen Berechtigungen für freigegebene Ordner freizugeben und dann den Zugriff im Einzelnen durch NTFS-Berechtigungen zu kontrollieren. Bei der Freigabe von Ordnern auf NTFS-Laufwerken werden beide Arten von Berechtigungen kombiniert, um die Dateiressourcen zu schützen.

Die Berechtigungen für freigegebene Ordner bieten lediglich begrenzten Schutz für Ihre Ressourcen. Höchste Flexibilität erreichen Sie nur, wenn Sie den Zugriff auf freigegebene Ordner mithilfe der NTFS-Berechtigungen regeln. Zudem gelten die NTFS-Berechtigungen sowohl für den Zugriff über ein Netzwerk als auch für den lokalen Zugriff.

Für die Verwendung der Berechtigungen für freigegebene Ordner auf NTFS-Laufwerken gelten folgende Regeln:

- NTFS-Berechtigungen können Sie auf die Dateien und Unterordner in dem freigegebenen Ordner anwenden. Sie können jeder Datei und jedem Unterordner in dem freigegebenen Ordner eine eigene NTFS-Berechtigung zuweisen.

- Die Benutzer benötigen zusätzlich zu den Berechtigungen für freigegebene Ordner auch die entsprechenden NTFS-Berechtigungen für die in dem freigegebenen Ordner enthaltenen Dateien und Unterordner, um auf diese zugreifen zu können. Dadurch unterscheiden sich NTFS-Laufwerke von FAT-Laufwerken, auf denen die Dateien und Unterordner in dem freigegebenen Ordner lediglich durch die Berechtigungen für freigegebene Ordner geschützt sind.
- Wenn Sie Berechtigungen für freigegebene Ordner und NTFS-Berechtigungen kombiniert anwenden, gilt jeweils die restriktivere Berechtigung.

In Abbildung 15.9 besitzt die Gruppe *Jeder* die Berechtigung für freigegebene Ordner *Vollzugriff* auf den Ordner *Public* und die NTFS-Berechtigung *Lesen* für die *DateiA*. Auf diese Weise hat die Gruppe *Jeder* effektiv nur Lesezugriff auf *DateiA*, weil dies die restriktivere der beiden Berechtigungen ist. Auf *DateiB* hat die Gruppe *Jeder* dagegen Vollzugriff, weil sowohl die Berechtigungen für freigegebene Ordner als auch die NTFS-Berechtigungen uneingeschränkten Zugriff erlauben.

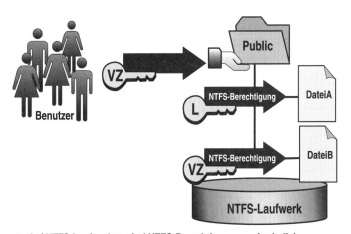

- Auf NTFS-Laufwerken sind NTFS-Berechtigungen erforderlich.
- NTFS-Berechtigungen werden Dateien und Unterordnern zugewiesen.
- Effektiv gilt die restriktivere Berechtigung.

Abbildung 15.9 Berechtigungen für freigegebene Ordner und NTFS-Berechtigungen kombinieren

Praxis: Freigegebene Ordner verwalten

In dieser Übung ermitteln Sie die effektiven Zugriffsrechte von Benutzern, planen die Freigabe von Ordnern, planen die zugehörigen Berechtigungen, geben einen Ordner frei, weisen Berechtigungen für freigegebene Ordner zu, stellen eine Verbindung zu einem freigegebenen Ordner her, heben die Freigabe eines Ordners wieder auf und testen die kombinierte Wirkung von Berechtigungen für freigegebene Ordner und NTFS-Berechtigungen.

Achtung Wenn Sie die optionalen Übungen (5 und 8) durchführen wollen, brauchen Sie zwei in einem Netzwerk miteinander verbundene Computer. Auf dem einen Computer muss Windows 2000 Professional ausgeführt werden, auf dem anderen eines der folgenden Windows 2000-Produkte: Windows 2000 Professional, Windows 2000 Server oder Windows 2000 Advanced Server. Auf beiden Computern sollte das Benutzerkonto *Administrator* eingerichtet sein, und als Kennwort für dieses Benutzerkonto sollte *kennwort* verwendet werden.

Übung 1: Berechtigungen kombinieren

In Abbildung 15.10 werden Beispiele für freigegebene Ordner auf NTFS-Laufwerken gezeigt. Diese freigegebenen Ordner enthalten Unterordner, denen NTFS-Berechtigungen zugewiesen wurden. Stellen Sie fest, welche Berechtigungen die Benutzer in jedem dieser Beispiele effektiv besitzen.

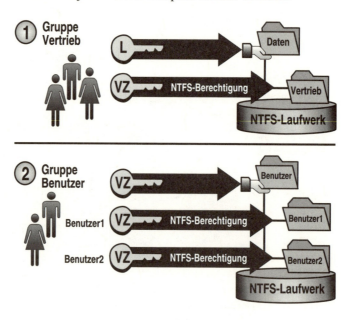

Abbildung 15.10 Kombinierte Berechtigungen

1. Im ersten Beispiel wurde der Ordner *Daten* freigegeben. Die Gruppe *Vertrieb* hat die Berechtigung *Lesen* für den freigegebenen Ordner *Daten* und die NTFS-Berechtigung *Vollzugriff* auf den Unterordner *Vertrieb*.

   Welches Zugriffsrecht hat die Gruppe *Vertrieb* effektiv auf den Unterordner *Vertrieb*, wenn eines ihrer Mitglieder über den freigegebenen Ordner *Daten* auf den Ordner *Vertrieb* zugreift?

2. Im zweiten Beispiel enthält der Ordner *Benutzer* die Basisordner der Benutzer. Jeder Basisordner enthält Daten, die nur für den Benutzer zugänglich sind, nach dem der Ordner benannt wurde. Der übergeordnete Ordner *Benutzer* ist freigegeben, und die Gruppe *Benutzer* hat die Berechtigung *Vollzugriff* für diesen freigegebenen Ordner. *Benutzer1* und *Benutzer2* haben jeweils die NTFS-Berechtigung *Vollzugriff* nur für ihren eigenen Ordner und keine NTFS-Berechtigung für andere Ordner. Sie sind beide Mitglieder der Gruppe *Benutzer*.

Welche Zugriffsrechte besitzt Benutzer1, wenn er über den freigegebenen Ordner *Benutzer* auf den Unterordner *Benutzer1* zugreift? Welche Zugriffsrechte hat Benutzer1 für den Unterordner *Benutzer2*?

Übung 2: Die Freigabe von Ordnern planen

In dieser Übung planen Sie im Voraus, wie Sie die Ressourcen auf den Servern in der Hauptgeschäftsstelle eines Fertigungsbetriebs freigeben. Zeichnen Sie Ihre Entscheidungen in der Tabelle am Ende dieser Übung auf.

In Abbildung 15.11 ist ein Teil der Ordnerstruktur auf den Servern des Fertigungsbetriebs dargestellt.

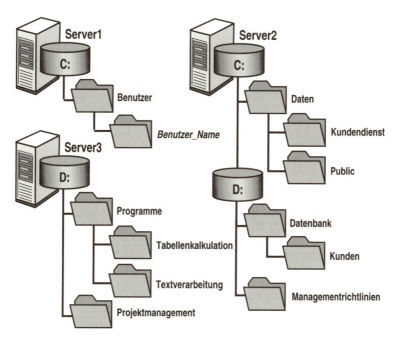

Abbildung 15.11 Ein Teil der Ordnerstruktur auf den Servern in einem Fertigungsbetrieb

Sie müssen bestimmte Ressourcen auf diesen Servern für die Benutzer im Netzwerk zugänglich machen. Zu diesem Zweck müssen Sie festlegen, welche Ordner freigegeben werden sollen und welche Berechtigungen die einzelnen Gruppen, einschließlich der vordefinierten Gruppen, erhalten sollen.

Legen Sie Ihrer Planung die folgenden Kriterien zu Grunde:

- Die Mitglieder der Gruppe *Manager* müssen Dokumente im Ordner *Managementrichtlinien* lesen und überarbeiten können. Außer ihnen darf niemand auf diesen Ordner Zugriff haben.

- Die Administratoren brauchen vollständigen Zugriff auf alle freigegebenen Ordner mit Ausnahme des Ordners *Managementrichtlinien*.

- Die Abteilung Kundendienst benötigt für ihre Arbeitsdateien einen eigenen Speicherplatz im Netzwerk. Alle Angestellten im Kundendienst sind Mitglieder der Gruppe *Kundendienst*.

- Alle Mitarbeiter benötigen einen Speicherplatz im Netzwerk, um Informationen austauschen zu können.

- Alle Mitarbeiter müssen die Tabellenkalkulation, die Datenbank und die Textverarbeitung verwenden können.

- Nur die Mitglieder der Gruppe *Manager* dürfen Zugriff auf die Projektmanagement-Software haben.

- Die Mitglieder der Gruppe *KundenDBVoll* müssen die Kundendatenbank lesen und aktualisieren können.

- Die Mitglieder der Gruppe *KundenDBLesen* müssen die Kundendatenbank nur lesen können und dürfen sie nicht verändern.

- Jeder Benutzer benötigt für seine eigenen Dateien einen eigenen Speicherort im Netzwerk. Dieser Speicherort darf nur für den Benutzer selbst zugänglich sein.

- Die Freigabenamen müssen in Windows 2000, Windows NT, Windows 98, Windows 95 und auf anderen Plattformen, die nicht auf Windows basieren, verwendbar sein.

Zeichnen Sie Ihre Antworten in der folgenden Tabelle auf.

Ordnername und Ort	Freigabename	Gruppen und Berechtigungen
Beispiel:		
Managementrichtlinien	Mgmtrtl	Manager: Vollzugriff
_____	_____	_____
_____	_____	_____
_____	_____	_____
_____	_____	_____

Übung 3: Ordner freigeben

In dieser Übung werden Sie einen Ordner freigeben.

▶ **So geben Sie einen Ordner frei**

1. Melden Sie sich als Administrator an.

2. Starten Sie den Windows Explorer, erstellen Sie den Ordner *C:\MktAnw*, klicken Sie mit der rechten Maustaste auf den Ordner *MktAnw* und klicken Sie dann auf *Eigenschaften*.

3. Klicken Sie im Dialogfeld *Eigenschaften* des Ordners *MktAnw* auf die Registerkarte *Freigabe*.

   Beachten Sie, dass der Ordner noch nicht freigegeben ist.

4. Klicken Sie auf *Ordner freigeben*.

   Beachten Sie, dass im Feld *Freigabename* standardmäßig der Name des Ordners angezeigt wird. Wenn Sie einen anderen Freigabenamen verwenden wollen, müssen Sie ihn hier ändern.

5. Geben Sie in das Feld *Kommentar* **Freigegebene Marketinganwendungen** ein und klicken Sie auf OK.

   Beachten Sie, dass unter dem Symbol des Ordners *Programme* im Windows Explorer nun eine Hand angezeigt wird. Dies bedeutet, dass der Ordner freigegeben ist.

Übung 4: Berechtigungen für freigegebene Ordner zuweisen

In dieser Übung stellen Sie fest, welche aktuellen Berechtigungen für einen freigegebenen Ordner gelten, und weisen Gruppen in Ihrer Domäne Berechtigungen für freigegebene Ordner zu.

▶ **So stellen Sie fest, welche Berechtigungen für den freigegebenen Ordner *MktAnw* aktuell definiert sind**

1. Klicken Sie im Windows Explorer mit der rechten Maustaste auf *C:\MktAnw* und klicken Sie dann auf *Eigenschaften*.

2. Klicken Sie im Dialogfeld *Eigenschaften von MktAnw* auf die Registerkarte *Freigabe* und anschließend auf *Berechtigungen*.

   Das Dialogfeld *Berechtigungen für MktAnw* wird eingeblendet.

   Beachten Sie, dass für den Ordner *MktAnw* als standardmäßige Berechtigung der Vollzugriff für die Gruppe *Jeder* eingestellt ist.

▶ **So entfernen Sie die Berechtigungen für eine Gruppe**

1. Stellen Sie sicher, dass die Gruppe *Jeder* markiert ist.

2. Klicken Sie auf *Entfernen*.

▶ **So weisen Sie der Gruppe *Administratoren* das uneingeschränkte Zugriffsrecht zu**

1. Klicken Sie auf *Hinzufügen*.

   Das Dialogfeld *Benutzer, Computer oder Gruppen auswählen* wird eingeblendet.

2. Stellen Sie sicher, dass im Feld *Suchen in* der Name Ihres Computers, *PRO1*, angezeigt wird. Klicken Sie im Feld *Name* auf *Administratoren* und klicken Sie auf *Hinzufügen*.

3. Klicken Sie auf OK.

   Die *Administratoren* werden von Windows 2000 in die Liste der Namen mit Berechtigungen eingefügt.

   Welche Zugriffsart wird den *Administratoren* in Windows 2000 standardmäßig zugewiesen?

   _____

4. Klicken Sie im Bereich *Berechtigungen* unter *Zulassen* in das Kontrollkästchen *Vollzugriff*.

   Warum wurde im Windows Explorer zusätzlich automatisch die Berechtigung *Ändern* markiert?

   _____

5. Klicken Sie auf OK, um das Dialogfeld *Berechtigungen für MktAnw* zu schließen.

6. Klicken Sie auf OK, um das Dialogfeld *Eigenschaften von MktAnw* zu schließen.

7. Schließen Sie den Windows Explorer.

Übung 5 (Optional): Eine Verbindung zu einem freigegebenen Ordner herstellen

In dieser Übung werden Sie mit zwei verschiedenen Methoden eine Verbindung zu einem freigegebenen Ordner herstellen.

Achtung Wenn Sie die Übung 5 durchführen wollen, brauchen Sie zwei in einem Netzwerk miteinander verbundene Computer. Auf dem einen Computer muss Windows 2000 Professional ausgeführt werden, auf dem anderen muss entweder Windows 2000 Professional, Windows 2000 Server oder Windows 2000 Advanced Server ausgeführt werden. Auf beiden Computern sollte das Benutzerkonto *Administrator* eingerichtet sein, und als Kennwort für dieses Benutzerkonto sollte *kennwort* verwendet werden.

▶ **So stellen Sie mithilfe des Befehls *Ausführen* eine Verbindung zu einem Laufwerk im Netzwerk her**

1. Melden Sie sich auf dem zweiten Computer als Administrator an.
2. Klicken Sie auf die Schaltfläche *Start* und anschließend auf *Ausführen*.
3. Geben Sie in das Feld *Öffnen* **\\PRO1** ein. (Wenn Ihr Computer nicht den Namen *PRO1* hat, verwenden Sie in dieser Anleitung den richtigen Namen.) Klicken Sie auf OK.

   In Windows 2000 wird das Fenster *PRO1* angezeigt. Beachten Sie, dass für Benutzer im Netzwerk nur die Ordner angezeigt werden, die freigegeben sind.
4. Doppelklicken Sie auf *MktAnw*, um sicherzustellen, dass Sie auf den Inhalt dieses Ordners zugreifen können.

   Der Ordner *MktAnw* enthält keine Dateien und Unterordner, auf die Sie zugreifen könnten, aber das System öffnet den Ordner.
5. Schließen Sie das Fenster *MktAnw auf PRO1*.

▶ **So stellen Sie von einem Laufwerk im Netzwerk mithilfe des Befehls *Netzlaufwerk verbinden* eine Verbindung zu einem freigegebenen Ordner her**

1. Klicken Sie mit der rechten Maustaste auf das Symbol *Netzwerkumgebung* und klicken Sie dann auf *Netzlaufwerk verbinden*.
2. Geben Sie im Dialogfeld des Assistenten *Netzlaufwerk verbinden* in das Feld *Ordner* **\\PRO1\MktAnw** ein. (Wenn Ihr Computer nicht den Namen *PRO1* hat, verwenden Sie in dieser Anleitung den richtigen Namen.)
3. Wählen Sie im Feld Laufwerk das Laufwerk P.
4. Entfernen Sie die Markierung aus dem Kontrollkästchen *Verbindung bei Anmeldung wiederherstellen*.

   Sie wollen nur in dieser Übung auf den Ordner zugreifen. Wenn Sie diese Option deaktivieren, wird Windows 2000 später nicht automatisch erneut versuchen, eine Verbindung zu diesem Ordner herzustellen.
5. Klicken Sie auf *Fertig stellen*, um die Verbindung endgültig herzustellen.

   In Windows 2000 wird das Fenster *MktAnw auf 'PRO1'* angezeigt.

   Wie wird im Windows Explorer angezeigt, dass dieses Laufwerk auf einen freigegebenen Ordner auf einem Remotecomputer zeigt?

   _____

   _____

6. Schließen Sie das Fenster *MktAnw auf 'PRO1'*.

▶ **So trennen Sie die Verbindung zu einem Laufwerk im Netzwerk mithilfe des Windows Explorers**

1. Starten Sie den Windows Explorer.

2. Klicken Sie mit der rechten Maustaste auf *MktAnw auf 'PRO1' (P:)* und klicken Sie dann auf Verbindung trennen.

   Windows 2000 entfernt den Eintrag *MktAnw auf 'PRO1' (P:)* aus dem Fenster des Windows Explorers.

3. Schließen Sie den Windows Explorer.

Übung 6: Die Freigabe eines Ordners aufheben

In dieser Übung widerrufen Sie die Freigabe eines Ordners.

▶ **So heben Sie die Freigabe eines Ordners wieder auf**

1. Melden Sie sich am Computer PRO1 (oder an dem Computer mit dem von Ihnen gewählten Namen, auf dem Windows 2000 Professional ausgeführt wird) als Administrator an. Starten Sie den Windows Explorer.

2. Klicken Sie mit der rechten Maustaste auf *C:\MktAnw* und klicken Sie auf *Eigenschaften*.

3. Klicken Sie im Dialogfeld *Eigenschaften von MktAnw* auf die Registerkarte *Freigabe*.

4. Klicken Sie auf *Diesen Ordner nicht freigeben* und klicken Sie auf OK.

   Beachten Sie, dass nun in Windows 2000 das Symbol der Hand, das einen freigegebenen Ordner kennzeichnet, unter dem Ordner *Prog* nicht mehr angezeigt wird. Möglicherweise müssen Sie die Bildschirmanzeige aktualisieren. Drücken Sie dazu die Taste F5.

5. Schließen Sie den Windows Explorer.

Übung 7: NTFS-Berechtigungen zuweisen und Ordner freigeben

In dieser Übung weisen Sie den Ordnern *MktAnw*, *Public* und *Doku* NTFS-Berechtigungen zu. Anschließend geben Sie die drei Ordner frei.

▶ **So weisen Sie NTFS-Berechtigungen zu**

Verwenden Sie den Windows Explorer, um die drei Ordner zu erstellen und ihnen die in der unten stehenden Tabelle aufgeführten NTFS-Berechtigungen zuzuweisen. Bei keinem der drei Ordner dürfen vererbte Berechtigungen an das Objekt weitergegeben werden. Entfernen Sie alle bisher vorhandenen NTFS-Berechtigungen.

Pfad	Gruppe oder Benutzerkonto	NTFS-Berechtigung
C:\MktAnw	Administratoren	Vollzugriff
	Benutzer	Lesen & Ausführen
C:\MktAnw\Doku	Administratoren	Vollzugriff
	Benutzer	Lesen & Ausführen
C:\MktAnw\Public	Administratoren	Vollzugriff
	Benutzer	Vollzugriff

▶ **So geben Sie Ordner frei und weisen Berechtigungen für freigegebene Ordner zu**

Geben Sie die entsprechenden Programmordner frei und weisen Sie den Konten der Netzwerkbenutzer die in der unten stehenden Tabelle angegebenen Berechtigungen zu. Entfernen Sie alle anderen Berechtigungen für freigegebene Ordner.

Pfad und Ordnername	Gruppe oder Benutzerkonto	Berechtigungen für freigegebene Ordner
C:\MktAnw freigegeben als *MktAnw*	Administratoren	Vollzugriff
	Benutzer	Vollzugriff

Übung 8 (Optional): NTFS-Berechtigungen und Berechtigungen für freigegebene Ordner testen

In dieser Übung verwenden Sie verschiedene Benutzerkonten, um die Berechtigungen zu testen, die Sie in Übung 7 zugewiesen haben. Zur Beantwortung der Fragen in dieser Übung können Sie die Daten in den Tabellen aus Übung 7 verwenden.

Achtung Wenn Sie die Übung 8 durchführen wollen, brauchen Sie zwei in einem Netzwerk miteinander verbundene Computer. Auf dem einen Computer muss Windows 2000 Professional ausgeführt werden, auf dem anderen entweder Windows 2000 Professional, Windows 2000 Server oder Windows 2000 Advanced Server. Auf beiden Computern sollte das Benutzerkonto *Administrator* eingerichtet sein, und als Kennwort für dieses Benutzerkonto sollte *kennwort* verwendet werden.

▶ **So testen Sie die Berechtigungen des Ordners *Doku* für einen lokal angemeldeten Benutzer**

1. Melden Sie sich als *Benutzer1* mit dem Kennwort *kennwort* am Computer PRO1 an (oder an dem Computer mit dem von Ihnen gewählten Namen, auf dem Windows 2000 Professional ausgeführt wird).

2. Erweitern Sie im Windows Explorer *C:\MktAnw\Doku*.

3. Versuchen Sie, im Ordner *Doku* eine Datei zu erstellen.

   Hatten Sie damit Erfolg? Warum?

   _____

   _____

4. Schließen Sie den Windows Explorer und melden Sie sich ab.

▶ **So testen Sie die Berechtigungen des Ordners *Doku* für einen Benutzer, der sich über das Netzwerk anmeldet**

1. Melden Sie sich an dem zweiten Computer als Administrator mit dem Kennwort *kennwort* an.

2. Erstellen Sie ein Benutzerkonto für *Benutzer1* mit dem Kennwort *kennwort* und entfernen Sie bei Bedarf die Markierung aus dem Kontrollkästchen *Benutzer muss Kennwort bei nächster Anmeldung ändern*.

Hinweis In einer Arbeitsgruppe gibt es keine zentrale Datenbank für die Benutzerkonten, daher müssen Sie ein Benutzerkonto und das zugehörige Kennwort auf jedem Computer in der Arbeitsgruppe erstellen. Dies gilt auch für das Benutzerkonto des Administrators.

3. Melden Sie sich ab und melden Sie sich dann als *Benutzer1* erneut an dem zweiten Computer an.

4. Klicken Sie auf die Schaltfläche *Start* und dann auf *Ausführen*.

5. Geben Sie in das Feld *Öffnen* **\\PRO1\MktAnw** ein und klicken Sie auf OK.

6. Doppelklicken Sie im Fenster *MktAnw auf PRO1* auf *Doku*.

7. Versuchen Sie im Fenster des Ordners *Doku* eine Datei zu erstellen.

   Waren Sie erfolgreich? Warum?

   _____

   _____

   _____

8. Schließen Sie alle Fenster und melden Sie sich ab.

▶ **So testen Sie die Berechtigungen des Ordners *Doku* für einen Benutzer, der sich über das Netzwerk als Administrator anmeldet**

1. Melden Sie sich an Ihrem zweiten Computer (nicht PRO1) als Administrator mit dem Kennwort *kennwort* an.

2. Stellen Sie eine Verbindung zu dem freigegebenen Ordner *C:\MktAnw* auf PRO1 her.

3. Doppelklicken Sie im Fenster *MktAnw auf PRO1* auf *Doku*.

4. Versuchen Sie, im Fenster des Ordners *Doku* eine Datei zu erstellen.

   Waren Sie erfolgreich? Warum?

   _____

   _____

   _____

5. Schließen Sie alle Fenster und melden Sie sich ab.

▶ **So testen Sie die Berechtigungen des Ordners *Public* für einen Benutzer, der sich über das Netzwerk anmeldet**

1. Melden Sie sich als *Benutzer1* mit dem Kennwort *kennwort* an Ihrem zweiten Computer an.
2. Klicken Sie auf die Schaltfläche *Start* und anschließend auf *Ausführen*.
3. Geben Sie in das Feld *Öffnen* **\\PRO1\MktAnw** ein und klicken Sie auf OK.
4. Doppelklicken Sie im Fenster *MktAnw auf PRO1* auf *Public*.
5. Versuchen Sie, im Fenster des Ordners *Public* eine Datei zu erstellen.

   Waren Sie erfolgreich? Warum?

   _____

   _____

   _____

6. Schließen Sie alle Fenster und melden Sie sich ab.

Zusammenfassung der Lektion

In dieser Lektion haben Sie gelernt, dass Sie Ordner freigeben können, um den Benutzern im Netzwerk Zugriff auf bestimmte Ressourcen zu ermöglichen. Auf FAT-Laufwerken können Sie freigegebene Ordner und die Ordner und Dateien, die sie enthalten, nur durch die Vergabe von Berechtigungen für freigegebene Ordner schützen. Auf NTFS-Laufwerken können Sie einzelnen Benutzern und Gruppen NTFS-Berechtigungen zuweisen, um den Zugriff auf die Dateien und Unterordner in freigegebenen Ordnern genauer zu regeln. Wenn Berechtigungen für freigegebene Ordner und NTFS-Berechtigungen kombiniert werden, gilt immer die restriktivere Berechtigung.

Im Praxisabschnitt in dieser Lektion haben Sie Ordner erstellt und freigegeben. Sie haben die Freigabe wieder aufgehoben, Ordner erstellt, NTFS-Berechtigungen zugewiesen und die Ordner freigegeben. Wenn Sie über einen zweiten Computer verfügen, konnten Sie auch testen, wie die kombinierten Berechtigungen für freigegebene Ordner und NTFS-Berechtigungen beim Zugriff auf Ressourcen zusammenwirken.

Lernzielkontrolle

Anhand der folgenden Fragen können Sie feststellen, ob Sie genug gelernt haben, um mit dem nächsten Kapitel fortfahren zu können. Sollten Sie einige der Fragen nicht vollständig beantworten können, lesen Sie sich die Informationen in diesem Kapitel noch einmal durch, bevor Sie zum nächsten Kapitel übergehen. Die Antworten zu den Fragen finden Sie in Anhang A.

1. Wenn ein Ordner auf einem FAT-Laufwerk freigegeben wird, worauf kann dann ein Benutzer mit der Berechtigung *Vollzugriff* zugreifen?

2. Welche Berechtigungen für freigegebene Ordner gibt es?

3. Welche Berechtigungen werden einem freigegebenen Ordner standardmäßig zugewiesen?

4. Wenn ein Ordner auf einem NTFS-Laufwerk freigegeben wird, worauf kann dann ein Benutzer mit der Berechtigung für freigegebene Ordner *Vollzugriff* zugreifen?

5. Warum sollten Sie bei der Freigabe eines öffentlichen Ordners zentralisierte Datenordner verwenden?

6. Wie können Sie Dateien und Ordner, die Sie auf einem NTFS-Laufwerk freigeben, am besten sichern?

KAPITEL 16

Ressourcen und Ereignisse überwachen

Lektion 1: Grundlagen der Überwachung . . . 420

Lektion 2: Überwachungsstrategien planen . . . 422

Lektion 3: Überwachungsrichtlinien implementieren . . . 424

Lektion 4: Mit der Ereignisanzeige arbeiten . . . 433

Lernzielkontrolle . . . 443

Über dieses Kapitel

In diesem Kapitel erfahren Sie etwas über die lokalen Sicherheitsrichtlinien von Microsoft Windows 2000. Eines der Merkmale, die über lokale Sicherheitsrichtlinien gesteuert werden, ist die Überwachung. Die *Überwachung* ist ein Verwaltungsprogramm für die Netzwerksicherheit, mit dessen Hilfe Sie Benutzeraktivitäten und systemweite Ereignisse verfolgen und aufzeichnen können. Darüber hinaus erfahren Sie hier, was Überwachungsrichtlinien sind und welche Punkte Sie bedenken müssen, bevor Sie sie festlegen können. Sie werden außerdem lernen, wie die Überwachung von Ressourcen festgelegt wird und wie Sicherheitsprotokolle verwaltet werden.

Bevor Sie beginnen

Zur Bearbeitung dieses Kapitels benötigen Sie Folgendes:

- Einen Rechner, der die im Abschnitt *Hardwarevoraussetzungen* des Kapitels *Zu diesem Buch* angegebenen Mindestvoraussetzungen erfüllt.
- Windows 2000 Professional muss auf Ihrem Rechner installiert sein.

Lektion 1: Grundlagen der Überwachung

Mithilfe der Überwachungsfunktionen können Sie sowohl Benutzeraktivitäten als auch Windows 2000-Aktivitäten, die auch als *Ereignisse* bezeichnet werden, auf einem Computer aufzeichnen lassen. Sie können festlegen, dass Windows 2000 einen Bericht über ein Ereignis im Sicherheitsprotokoll speichert. Im *Sicherheitsprotokoll* wird eine Aufzeichnung aller gültigen und ungültigen Anmeldeversuche und der Ereignisse im Zusammenhang mit dem Erstellen, Öffnen und Löschen von Dateien und anderen Objekten verwaltet. Ein Überwachungseintrag im Sicherheitsprotokoll enthält folgende Angaben:

- Die durchgeführte Aktion
- Der Benutzer, der die Aktion durchgeführt hat
- Der Erfolg beziehungsweise Fehlschlag und der Zeitpunkt des Ereignisses

Am Ende dieser Lektion werden Sie in der Lage sein, die folgenden Aufgaben auszuführen:

- Sie können die Ziele der Überwachung definieren.

Veranschlagte Zeit für die Lektion: 5 Minuten

Mit Überwachungsrichtlinien arbeiten

Eine *Überwachungsrichtlinie* definiert, welche Arten sicherheitsrelevanter Ereignisse Windows 2000 im Sicherheitsprotokoll eines Computers aufzeichnen soll. Das Sicherheitsprotokoll erlaubt Ihnen, alle von Ihnen dort festgelegten Ereignisse festzuhalten und zu überprüfen.

Windows 2000 speichert die Ereignisse im Sicherheitsprotokoll des Rechners, auf dem das Ereignis eingetreten ist. Wenn zum Beispiel jemand versucht, sich anzumelden, und der Anmeldeversuch schlägt fehl, schreibt Windows 2000 ein Ereignis in das Sicherheitsprotokoll des betreffenden Computers.

Eine Überwachungsrichtlinie für einen Rechner kann Folgendes leisten:

- Sie kann die Erfolge beziehungsweise Fehlschläge von Ereignissen aufzeichnen, beispielsweise Anmeldeversuche, die Versuche bestimmter Benutzer, auf Dateien zuzugreifen oder Änderungen an Benutzerkonten beziehungsweise an der Gruppenmitgliedschaft und Änderungen an den Sicherheitseinstellungen vorzunehmen.
- Sie kann das Risiko der unberechtigten Nutzung von Ressourcen ausschalten oder minimieren.

Sicherheitsprotokolle in der Ereignisanzeige überprüfen

In der Ereignisanzeige können Sie die Ereignisse überprüfen, die Windows 2000 im Sicherheitsprotokoll aufgezeichnet hat. Sie können außerdem Protokolldateien archivieren, um Trends aufzuzeichnen. Anhand der aufgezeichneten Trends könnten Sie zum Beispiel feststellen, wie oft auf Drucker oder Dateien zugegriffen wurde, oder überprüfen, wie häufig versucht wurde, unberechtigterweise auf Ressourcen zuzugreifen.

Zusammenfassung der Lektion

In dieser Lektion haben Sie das Wichtigste über die Windows 2000-Überwachung erfahren, mit deren Hilfe Sie Benutzeraktivitäten und Ereignisse systemweit überwachen und dadurch Ihr Netzwerk schützen können. Mithilfe der Überwachung können Sie Windows 2000 anweisen, einen Bericht dieser Ereignisse in einem Sicherheitsprotokoll aufzuzeichnen. In einer Überwachungsrichtlinie legen Sie fest, welche Ereignisse aufgezeichnet werden sollen. In der Ereignisanzeige können Sie das Sicherheitsprotokoll überprüfen. Jeder Überwachungseintrag im Sicherheitsprotokoll gibt an, welche Aktion von welchem Benutzer durchgeführt wurde und ob die Aktion erfolgreich war oder fehlgeschlagen ist. Sie können Protokolldateien außerdem zur Ermittlung von Trends archivieren.

Lektion 2: Überwachungsstrategien planen

Bei der Planung einer Überwachungsstrategie müssen Sie festlegen, welche Ereignisse überwacht werden sollen, und auf welchen Computern die Überwachung konfiguriert werden soll.

Am Ende dieser Lektion werden Sie in der Lage sein, die folgenden Aufgaben auszuführen:

- Sie können eine Überwachungsstrategie planen und festlegen, welche Ereignisse überwacht werden sollen.

Veranschlagte Zeit für die Lektion: 5 Minuten

Richtlinien für Überwachungsstrategien

Bei der Planung Ihrer Überwachungsstrategie müssen Sie zunächst einmal festlegen, auf welchen Computern eine Überwachung eingerichtet werden soll. In der Standardeinstellung ist die Überwachung immer deaktiviert. Wenn Sie festlegen, welche Computer überwacht werden, müssen Sie auch festlegen, was auf den betreffenden Computern überwacht werden soll. Windows 2000 zeichnet die überwachten Ereignisse für jeden Computer getrennt auf.

Sie können folgende Ereignisse überwachen lassen:

- Zugriffe auf Dateien und Ordner
- An- und Abmeldeversuche
- Herunterfahren und Neustarts von Windows 2000-Rechnern
- Änderungen von Benutzerkonten und Gruppen
- Versuche, Änderungen an Objekten in den auf der Active Directory-Technologie basierenden Verzeichnisdiensten vorzunehmen (falls Ihr Windows 2000-Computer Teil einer Domäne ist)

Nachdem Sie festgelegt haben, welche Ereignistypen überwacht werden sollen, müssen Sie angeben, ob nur erfolgreiche, nur fehlgeschlagene Versuche oder beides aufgezeichnet werden sollen. Anhand der Aufzeichnung erfolgreicher Versuche können Sie erkennen, wie häufig von Windows 2000 oder von Benutzern auf bestimmte Dateien, Drucker oder andere Objekte zugegriffen wird. Diese Daten können Sie für Ihre Ressourcenplanung verwenden.

Die Aufzeichnung fehlgeschlagener Ereignisse kann Ihnen Hinweise auf mögliche Sicherheitslücken geben. Wenn Sie zum Beispiel eine Menge fehlgeschlagener Anmeldeversuche von einem bestimmten Benutzerkonto bemerken – besonders, wenn diese Anmeldeversuche außerhalb der normalen Geschäftszeiten erfolgen – können Sie davon ausgehen, dass ein unberechtigter Benutzer versucht hat, in Ihr System einzudringen.

Beachten Sie bei der Gestaltung Ihrer Überwachungsrichtlinien auch folgende Punkte:

- Wenn Sie Trends hinsichtlich der Systemnutzung ermitteln wollen, müssen Sie die Ereignisprotokolle archivieren. Sie können dann anhand dieser Protokolle erkennen, wie sich die Nutzung im Laufe der Zeit verändert und wann Sie die Systemressourcen aufstocken sollten, bevor ein Engpass zu einem Problem werden kann.

- Überprüfen Sie die Sicherheitsprotokolle in kurzen Abständen. Sie sollten einen Terminplan aufstellen und die Sicherheitsprotokolle regelmäßig überprüfen, weil die Überwachung allein Sie nicht auf Sicherheitslücken aufmerksam machen kann.

- Definieren Sie sinnvolle Überwachungsrichtlinien, die sich auch verwalten lassen. Lassen Sie vertrauliche Daten immer überwachen. Überwachen Sie nur solche Ereignisse, die ihnen aussagekräftige Informationen über die Netzwerkumgebung liefern können. Dadurch verringern Sie eine Überlastung der Computerressourcen und sorgen dafür, dass sich wichtige Informationen leichter auffinden lassen. Die Überwachung von zu vielen Ereignistypen kann zu Performanceeinbußen führen.

- Überwachen Sie den Zugriff auf Ressourcen mithilfe der Gruppe *Jeder* und nicht mithilfe der Gruppe *Benutzer*. Damit stellen Sie sicher, dass jeder, der eine Verbindung mit dem Netzwerk herstellen kann, überwacht wird – und nicht nur die Benutzer, für die Sie Benutzerkonten in der Domäne eingerichtet haben.

Zusammenfassung der Lektion

In dieser Lektion haben Sie gelernt, dass Sie bei der Planung von Überwachungsrichtlinien festlegen müssen, für welche Computer eine Überwachung installiert werden soll und welche Ereignisse überwacht werden sollen. Sie können folgende Ereignisse überwachen lassen: Zugriffe auf Dateien und Ordner, Anmelde- und Abmeldeversuche, Herunterfahren und Neustarten eines Windows 2000 Professional-Computers und Änderungen an Benutzerkonten und Gruppen.

Sie haben weiterhin erfahren, dass Sie sowohl fehlgeschlagene als auch erfolgreiche Versuche oder auch beide zusammen überwachen lassen können. Anhand der Aufzeichnungen über erfolgreiche Versuche können Sie feststellen, wie oft Windows 2000 oder Ihre Benutzer auf bestimmte Dateien und Drucker zugegriffen haben. Die daraus gewonnen Informationen können Sie in Ihre Ressourcenplanung einfließen lassen. Mit einer Überwachung der fehlgeschlagenen Versuche können Sie mögliche Sicherheitsrisiken aufdecken. Um bestimmte Trends in der Systemnutzung zu ermitteln, können Sie die Überwachungsprotokolle archivieren.

Lektion 3: Überwachungsrichtlinien implementieren

Die Überwachung ist ein leistungsfähiges Tool zur Verfolgung von Ereignissen, die auf den Rechnern in Ihrer Organisation auftreten. Zur Implementierung einer Überwachung müssen Sie zunächst die Überwachungsvoraussetzungen definieren und anschließend eine Überwachungsrichtlinie festlegen. Danach können Sie die Überwachung von Dateien, Ordnern und Druckern implementieren.

Am Ende dieser Lektion werden Sie in der Lage sein, die folgenden Aufgaben auszuführen:
- Eine Überwachung für Dateien und Ordner einrichten
- Eine Überwachung für Drucker einrichten

Veranschlagte Zeit für die Lektion: 25 Minuten

Die Überwachung konfigurieren

Eine Überwachung muss für jeden Windows 2000 Professional-Rechner separat eingerichtet werden.

Überwachungsvoraussetzungen

Zur Einrichtung und Verwaltung von Überwachungsrichtlinien müssen Sie folgende Voraussetzungen erfüllen:

- Sie müssen die Berechtigung *Verwalten von Überwachungs- und Sicherheitsprotokollen* für den Computer haben, auf dem Sie eine Überwachungsrichtlinie festlegen oder ein Überwachungsprotokoll überprüfen wollen. Diese Rechte werden von Windows 2000 standardmäßig der Gruppe *Administratoren* zugewiesen.
- Die zu überwachenden Dateien und Ordner müssen auf NTFS-formatierten Datenträgern abgelegt sein.

Eine Überwachung einrichten

Die Einrichtung einer Überwachung erfolgt in zwei Schritten:

1. Als Erstes definieren Sie die Überwachungsrichtlinie. Eine Überwachungsrichtlinie erlaubt Ihnen, Objekte zu überwachen, aktiviert jedoch nicht die Überwachung bestimmter Objekte.

2. Danach müssen Sie die Überwachung bestimmter Ressourcen aktivieren. Dazu müssen Sie festlegen, welche Ereignisse für Dateien, Ordner, Drucker und Active Directory-Objekte überwacht werden sollen. Windows 2000 verfolgt anschließend diese Ereignisse und zeichnet die angegebenen Ereignisse auf.

Überwachungsrichtlinien festlegen

Der erste Schritt bei der Implementierung einer Überwachungsrichtlinie besteht in der Auswahl der Ereignistypen, die Windows 2000 überwachen soll. Für jedes Ereignis, das überwacht werden kann, können Sie in den Überwachungseinstellungen angeben, ob erfolgreiche oder fehlgeschlagene Versuche überwacht werden sollen. Überwachungsrichtlinien werden im Fenster *Lokale Sicherheitseinstellungen* festgelegt. Wählen Sie zum Öffnen dieses Fensters den Befehl *Lokale Sicherheitsrichtlinie* aus dem Menü *Verwaltung*.

In Tabelle 16.1 werden die unterschiedlichen Ereignistypen beschrieben, die Sie überwachen lassen können.

Tabelle 16.1 Die Ereignistypen, die von Windows 2000 überwacht werden können

Ereignis	Beschreibung
Anmeldeversuche	Dieses Ereignis tritt ein, wenn ein Domänencontroller eine Anforderung zur Überprüfung eines Benutzerkontos erhält. (Dies gilt nur, wenn Ihr Windows 2000-Rechner Teil einer Windows 2000-Domäne ist.)
Kontoverwaltung	Dieses Ereignis tritt ein, wenn ein Administrator ein Benutzerkonto oder eine Gruppe erstellt, bearbeitet oder löscht, wenn ein Benutzerkonto umbenannt, deaktiviert oder aktiviert wird oder wenn ein Kennwort eingerichtet bzw. geändert wird.
Active Directory-Zugriff	Dieses Ereignis tritt ein, wenn ein Benutzer auf ein Active Directory-Objekt zugreift. Wenn diese Art von Ereignis aufgezeichnet werden soll, müssen Sie das betreffende Active Directory-Objekt zur Überwachung konfigurieren. (Active Directory-Verzeichnisdienste stehen nur dann zur Verfügung, wenn Ihr Windows 2000-Rechner Teil einer Windows 2000-Domäne ist.)
Anmeldeereignisse	Diese Ereignisse treten ein, wenn ein Benutzer sich an- und abmeldet oder eine Netzwerkverbindung mit dem Rechner herstellt beziehungsweise aufhebt.
Objektzugriffe	Diese Ereignisse treten ein, wenn ein Benutzer auf eine Datei, einen Ordner oder einen Drucker zugreift. Sie müssen festlegen, welche Dateien, Ordner oder Dateien überwacht werden sollen.
Richtlinienänderung	Dieses Ereignis tritt ein, wenn Benutzersicherheitsoptionen, Benutzerrechte oder Überwachungsrichtlinien geändert werden.
Rechteverwendung	Dieses Ereignis tritt ein, wenn ein Benutzer ein bestimmtes Recht, beispielsweise das Recht zur Änderung der Systemzeit ausübt. (Ausgeschlossen sind allerdings die mit der An- und Abmeldung verbundenen Rechte.)

(Fortsetzung)

Ereignis	Beschreibung
Prozessverfolgung	Dieses Ereignis tritt ein, wenn ein Programm eine Aktion durchführt. Diese Informationen sind im Allgemeinen nur für Programmierer wichtig, die die Details der Programmausführung aufzeichnen wollen.
Systemereignisse	Diese Ereignisse treten ein, wenn ein Benutzer den Rechner herunterfährt beziehungsweise startet oder wenn die Windows 2000-Sicherheit oder das Sicherheitsprotokoll betroffen ist. (Beispiel: Das Überwachungsprotokoll ist voll, und Windows 2000 beginnt mit dem Löschen von Überwachungseinträgen.)

Um eine Überwachungsrichtlinie auf einem Windows 2000 Professional-Rechner einzurichten, gehen Sie folgendermaßen vor:

1. Klicken Sie auf *Start*, zeigen Sie auf *Programme* und danach auf *Verwaltung*. Klicken Sie anschließend auf *Lokale Sicherheitsrichtlinie*.

2. Doppelklicken Sie im Strukturausschnitt des Fensters *Lokale Sicherheitseinstellungen* auf *Lokale Richtlinien*. Klicken Sie anschließend auf *Überwachungsrichtlinien*.

Im rechten Fensterausschnitt der Konsole werden die aktuellen Einstellungen der Überwachungsrichtlinie angezeigt (siehe Abbildung 16.1).

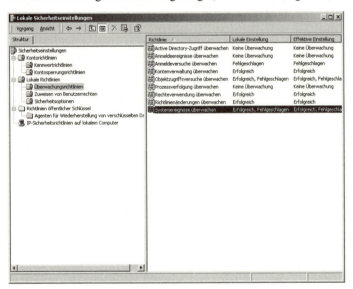

Abbildung 16.1 Diese Ereignisse kann Windows 2000 überwachen

3. Markieren Sie den zu überwachenden Ereignistyp und klicken Sie danach im Menü *Vorgang* auf *Sicherheitseinstellungen*.

   Das Dialogfeld *Lokale Sicherheitsrichtlinie* für das ausgewählte Ereignis wird geöffnet. In Abbildung 16.2 sehen Sie das Dialogfeld *Lokale Sicherheitsrichtlinie* für die Überwachung der Anmeldeversuche. In Tabelle 16.2 finden Sie eine Zusammenstellung der im Dialogfeld *Lokale Sicherheitsrichtlinie* zur Verfügung stehenden Felder.

4. Markieren Sie das Kontrollkästchen *Erfolgreich*, das Kontrollkästchen *Fehlgeschlagen* oder beide.

5. Klicken Sie auf *OK*.

6. Führen Sie einen Neustart Ihres Rechners durch.

Abbildung 16.2 Das Dialogfeld *Lokale Sicherheitsrichtlinie* für die zu überwachenden Anmeldeversuche

Tabelle 16.2 Die Felder im Dialogfeld *Lokale Sicherheitsrichtlinie*

Feld	Beschreibung
Einstellung der effektiven Richtlinie	Zeigt an, ob die Überwachung aktiviert ist. *Keine Überwachung* zeigt an, dass keine Ereignisse überwacht wird. *Fehlgeschlagen* zeigt an, dass fehlgeschlagene Versuche überwacht werden. *Erfolgreich* zeigt an, dass erfolgreiche Versuche überwacht werden.

(Fortsetzung)

Feld	Beschreibung
Einstellung der lokalen Richtlinie	*Erfolgreich, Fehlgeschlagen* zeigt an, dass alle Versuche überwacht werden.
	Ein Häkchen im Kontrollkästchen *Erfolgreich* zeigt an, dass die Überwachung erfolgreicher Versuche aktiviert ist.
	Ein Häkchen im Kontrollkästchen *Fehlgeschlagen* zeigt an, dass die Überwachung fehlgeschlagener Versuche aktiviert ist.

Bedenken Sie, dass die an der Überwachungsrichtlinie Ihres Rechners vorgenommenen Änderungen erst nach einem Neustart des Computers wirksam werden.

Datei- und Ordnerzugriffe überwachen

Wenn Sie sich in Ihrer Organisation um mögliche Sicherheitslücken Sorgen machen, können Sie eine Überwachung für die Dateien und Ordner auf NTFS-Partitionen einrichten. Um die Benutzerzugriffe auf Dateien und Ordner überwachen zu können, müssen Sie zunächst eine Richtlinie zur Überwachung von Zugriffen auf Objekte festlegen, zu denen sowohl Dateien als auch Ordner gehören können.

Anschließend müssen Sie die Überwachung ausgewählter Dateien und Ordner aktivieren und festlegen, welche Zugriffsarten und welche Benutzer oder Gruppen überwacht werden sollen.

Sie können die Überwachung für bestimmte Dateien und Ordner folgendermaßen aktivieren:

1. Klicken Sie auf der Registerkarte *Sicherheitseinstellungen* des Dialogfeldes *Eigenschaften* für eine Datei oder einen Ordner auf *Erweitert*.

2. Klicken Sie auf der Registerkarte *Überwachung* auf *Hinzufügen*, wählen Sie die Benutzer und Gruppen aus, deren Zugriff auf Dateien und Ordner Sie überwachen wollen, und klicken Sie dann auf *OK*.

3. Markieren Sie im Dialogfeld *Überwachungseintrag* für das Ereignis, das überwacht werden soll, eines der Kontrollkästchen *Erfolgreich* oder *Fehlgeschlagen*. Eine Liste aller Ereignisse sehen Sie in Abbildung 16.3.

    Tabelle 16.3 beschreibt, wann diese Ereignisse überwacht werden sollten.

4. Klicken Sie auf *OK*, um das Dialogfeld *Zugriffseinstellungen* wieder anzuzeigen.

    In der Standardeinstellung gelten die Änderungen, die Sie an einem übergeordneten Ordner vornehmen, für alle untergeordneten Ordner sowie alle Dateien im übergeordneten und in den untergeordneten Ordnern.

5. Damit die im übergeordneten Ordner vorgenommenen Änderungen nicht auf die aktuell markierte Datei oder den aktuell markierten Ordner übertragen werden, heben Sie die Markierung des Kontrollkästchens *Überwachungseinträge nur für Objekte und/oder Container dieses Containers übernehmen* auf.
6. Klicken Sie auf *OK*.

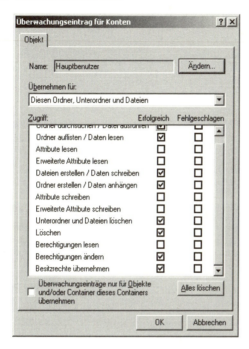

Abbildung 16.3 Diese Ereignisse lassen sich für Dateien und Ordner überwachen

Tabelle 16.3 Benutzerereignisse und ihre Auslöser

Ereignis	Auslöser
Ordner durchsuchen/Datei ausführen	Start eines Programms oder Zugriff auf einen Ordner, um das Verzeichnis zu wechseln
Ordner auflisten/Daten lesen	Anzeige des Inhalts einer Datei oder eines Ordners
Attribute lesen Erweiterte Attribute lesen	Anzeige der Eigenschaften einer Datei oder eines Ordners
Dateien erstellen/Daten schreiben	Änderungen des Inhalts einer Datei oder Erstellen neuer Dateien in einem Ordner
Ordner erstellen/Daten anhängen	Erstellen von Unterordnern

(Fortsetzung)

Ereignis	Auslöser
Attribute schreiben Erweiterte Attribute schreiben	Änderungen von Attributen einer Datei oder eines Ordners
Unterordner und Dateien löschen	Löschen einer Datei oder eines Unterordners
Löschen	Löschen einer Datei oder eines Ordners
Berechtigungen lesen	Berechtigungen oder den Besitzer einer Datei oder eines Ordners anzeigen
Berechtigungen ändern	Änderungen von Berechtigungen für eine Datei oder einen Ordner
Besitzrechte übernehmen	Übernahme des Besitzrechts an einer Datei oder an einem Ordner

Zugriffe auf Drucker überwachen

Lassen Sie den Zugriff auf Drucker überwachen, wenn Sie aufzeichnen wollen, wer auf bestimmte Drucker zugreift. Zur Überwachung von Druckerzugriffen müssen Sie eine Richtlinie zur Überwachung von Zugriffen auf Objekte festlegen, wozu auch Drucker gehören. Aktivieren Sie anschließend die Überwachung bestimmter Drucker und geben Sie an, welche Zugriffsarten überwacht werden sollen und welche Benutzer Zugriff auf den Drucker haben. Nachdem Sie einen Drucker ausgewählt haben, gehen Sie nach den gleichen Schritten vor, nach denen Sie die Überwachung für Dateien und Ordner eingerichtet haben:

1. Klicken Sie im Dialogfeld *Eigenschaften* für den Drucker auf die Registerkarte *Sicherheitseinstellungen* und anschließend auf *Erweitert*.

2. Klicken Sie auf der Registerkarte *Überwachung* auf *Hinzufügen*, markieren Sie die Benutzer oder Gruppen, deren Druckerzugriff überwacht werden soll. Klicken Sie danach auf *OK*.

3. Markieren Sie im Feld *Übernehmen für* des Dialogfeldes *Überwachungseintrag*, wofür die Überwachung gelten soll.

4. Markieren Sie im Bereich *Zugriff* das Kontrollkästchen *Erfolgreich* oder das Kontrollkästchen *Fehlgeschlagen* für die Ereignisse, die überwacht werden sollen.

5. Klicken Sie in allen geöffneten Dialogfeldern auf *OK*, um den Vorgang abzuschließen.

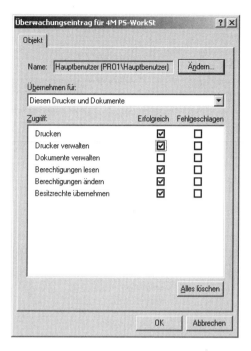

Abbildung 16.4 Diese Druckerereignisse können überwacht werden

In Tabelle 16.4 finden Sie eine Zusammenstellung der Überwachungsereignisse für Drucker und ihrer Auslöser.

Tabelle 16.4 Druckerereignisse und ihre Auslöser

Ereignis	Auslöser
Drucken	Drucken einer Datei
Drucker verwalten	Änderung der Druckereinstellungen, Anhalten, Freigabe oder Entfernen eines Druckers
Dokumente verwalten	Änderung der Einstellungen für Druckaufträge; Anhalten, Fortfahren, Verschieben oder Löschen von Dokumenten, Freigabe eines Druckers oder Änderung von Druckereigenschaften
Berechtigungen lesen	Anzeigen von Druckerberechtigungen
Berechtigungen ändern	Ändern von Druckerberechtigungen
Besitzrechte übernehmen	Besitzrecht am Drucker übernehmen

Zusammenfassung der Lektion

In dieser Lektion haben Sie gelernt, dass Sie zur Implementierung einer Überwachungsrichtlinie als Erstes die Ereignisse auswählen müssen, die unter Windows 2000 überwacht werden können. Sie können Ereignisse auswählen, die für Dateien und Ordner überwacht werden sollen, und solche, die für Drucker überwacht werden sollen. Für jedes Ereignis, das überwacht werden kann, geben die Konfigurationseinstellungen an, ob nur erfolgreiche Versuche, nur fehlgeschlagene Versuche oder beide aufgezeichnet werden sollen. Die Überwachungsrichtlinien werden im Fenster *Lokale Sicherheitseinstellungen* festgelegt. Zur Aktivierung dieser Einstellungen müssen Sie einen Neustart Ihres Rechners durchführen.

Sie haben außerdem erfahren, wie eine Überwachung für den Zugriff auf Dateien, Ordner und Drucker in NTFS-Partitionen eingerichtet wird. Dazu müssen Sie zuerst einmal eine Richtlinie für die Überwachung von Zugriffen auf Objekte festlegen, wozu Dateien, Ordner und Drucker gehören. Danach müssen Sie die Überwachung für bestimmte Dateien, Ordner oder Drucker aktivieren und angeben, welche Art von Zugriffen und welche Benutzer oder Gruppen überwacht werden sollen.

Lektion 4: Mit der Ereignisanzeige arbeiten

Mithilfe der Ereignisanzeige können Sie eine Vielzahl von Aufgaben durchführen: So können Sie in der Ereignisanzeige beispielsweise die Überwachungsprotokolle anschauen, die aus der Einrichtung einer Überwachungsrichtlinie und der Überwachung von Ereignissen resultieren. Mithilfe der Ereignisanzeige können Sie außerdem den Inhalt von Sicherheitsprotokolldateien anzeigen und bestimmte Ereignisse in den Protokolldateien herausfiltern.

Am Ende dieser Lektion werden Sie in der Lage sein, die folgenden Aufgaben auszuführen:

- Sie können ein Protokoll anzeigen.
- Sie können bestimmte Ereignisse aus einem Protokoll herausfiltern.
- Sie können Sicherheitsprotokolle archivieren.
- Sie können die Größe von Überwachungsprotokollen festlegen.

Veranschlagte Zeit für die Lektion: 45 Minuten

Das Wichtigste über Windows 2000-Protokolle

In der Ereignisanzeige können Sie die in Windows 2000-Protokollen enthaltenen Daten darstellen. In der Standardeinstellungen stehen in der Ereignisanzeige drei Protokolle zur Anzeige zur Verfügung. Eine Zusammenstellung dieser Protokolle finden Sie in Tabelle 16.5.

Tabelle 16.5 Die Windows 2000-Protokolle

Protokoll	Beschreibung
Anwendungsprotokoll	Enthält Fehler, Warnmeldungen oder Informationen, die von Programmen (z. B. einem Datenbank- oder E-Mail-Programm) erzeugt wurden. Der Programmentwickler legt fest, welche Ereignisse aufgezeichnet werden sollen.
Sicherheitsprotokoll	Enthält Informationen über Erfolg beziehungsweise Fehlschlag überwachter Ereignisse. Welche Ereignisse von Windows 2000 aufgezeichnet werden, legen Sie in Ihren Überwachungsrichtlinien fest.
Systemprotokoll	Enthält von Windows 2000 erzeugte Fehler, Warnmeldungen und Informationen. Welche Ereignisse aufgezeichnet werden, ist durch Windows 2000 vorgegeben.

Hinweis Wenn weitere Dienste installiert sind, erzeugen diese unter Umständen eigene Protokolle.

Sicherheitsprotokolle anzeigen

Das Sicherheitsprotokoll enthält Informationen über Ereignisse, die von einer Überwachungsrichtlinie aufgezeichnet werden (z. B. erfolgreiche oder fehlgeschlagene Anmeldeversuche). Gehen Sie zur Anzeige des Sicherheitsprotokolls folgendermaßen vor:

1. Klicken Sie auf die Schaltfläche *Start*, zeigen Sie auf *Programme* und danach auf *Verwaltung*. Klicken Sie anschließend auf *Ereignisanzeige*.

2. Markieren Sie in der Konsolenstruktur den Eintrag *Sicherheitsprotokoll*.

   Im rechten Ausschnitt stellt die Ereignisanzeige eine Liste mit Protokolleinträgen und den entsprechenden Daten dar (siehe Abbildung 16.5).

   Erfolgreiche Ereignisse werden durch ein Schlüsselsymbol gekennzeichnet. Fehlgeschlagene Ereignisse werden durch ein Vorhängeschloss gekennzeichnet. Darüber hinaus werden auch das Datum und die Uhrzeit, zu der das Ereignis eingetreten ist, die Ereigniskategorie und der Benutzer, der das Ereignis ausgelöst hat, angegeben.

   Die Kategorie bezeichnet den Ereignistyp (z. B. Objektzugriff, Kontoverwaltung, Active Directory-Zugriff oder Anmeldeversuch)

3. Um zusätzliche Informationen für ein Ereignis anzuzeigen, markieren Sie das Ereignis und klicken Sie dann im Menü *Vorgang* auf *Eigenschaften*.

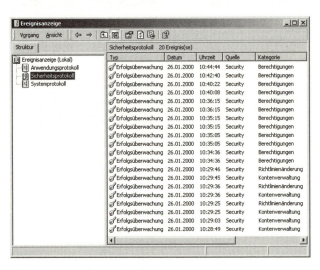

Abbildung 16.5 Die Ereignisanzeige mit einem Beispielprotokoll

Windows 2000 zeichnet Ereignisse im Sicherheitsprotokoll des Computers auf, auf dem das Ereignis eingetreten ist. Sie können diese Ereignisse aber auf jedem anderen Rechner anzeigen, wenn Sie Administratorrechte für den Rechner haben, auf dem das Ereignis eingetreten ist.

Um das Sicherheitsprotokoll auf einem Remotecomputer anzuzeigen, öffnen Sie die Management-Konsole und erstellen Sie eine benutzerdefinierte Konsole. Richten Sie bei der Aufnahme dieses Snap-Ins in die Konsole die Ereignisanzeige auf einen Remotecomputer aus.

Ereignisse suchen

Beim ersten Start der Ereignisanzeige werden automatisch alle in dem ausgewählten Protokoll aufgezeichneten Ereignisse angezeigt. Zur Änderung der Standardanzeige können Sie mithilfe des Befehls *Filter* die Anzeige auf bestimmte Ereignisse einschränken. Mithilfe des Befehls *Suchen* können Sie bestimmte Ereignisse im Protokoll suchen lassen.

Wenn Sie Ereignisse suchen oder herausfiltern wollen, starten Sie die Ereignisanzeige und klicken Sie dann im Menü *Ansicht* auf *Filter* oder *Suchen* (siehe Abbildung 16.6).

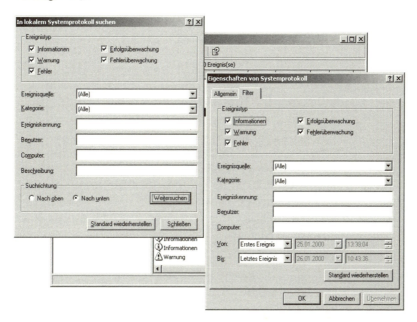

Abbildung 16.6 In der Ereignisanzeige können Sie bestimmte Ereignisse suchen und herausfiltern

Tabelle 16.6 beschreibt die Optionen zum Filtern und Suchen von Ereignissen.

Tabelle 16.6 Such- und Filteroptionen in der Ereignisanzeige

Option	Beschreibung
Von bzw. Bis	Das Zeitintervall, für das Ereignisse angezeigt werden sollen (nur auf Registerkarte *Filter*)

(Fortsetzung)

Option	Beschreibung
Ereignistyp	Der Ereignistyp, der angezeigt werden soll
Ereignisquelle	Die Software oder der Komponententreiber, die oder der das Ereignis protokolliert hat
Kategorie	Der Ereignistyp, wie beispielsweise An- oder Abmeldeversuch oder Systemereignis
Ereigniskennung	Die Identifikationsnummer eines Ereignisses. Anhand dieser Nummer können Supportmitarbeiter das betreffende Ereignis ermitteln.
Computer	Der Name des Computers
Benutzer	Der Anmeldename des Benutzers
Beschreibung	Angaben zur Beschreibung eines Ereignisses (nur im Dialogfeld *Suchen*)
Suchrichtung	Die Richtung (*Nach oben* oder *Nach unten*), in der das Protokoll durchsucht werden soll (nur im Dialogfeld *Suchen*)

Überwachungsprotokolle verwalten

Wenn Sie die Ereignisprotokolle archivieren und die Protokolle verschiedener Perioden miteinander vergleichen, können Sie in Windows 2000 auch Trends aufzeichnen. Die Ermittlung von Trends kann Ihnen bei der Bestimmung der Ressourcenauslastung und Erweiterungsplänen helfen. Falls unberechtigte Zugriffe in Ihrem System zu einem Sicherheitsproblem geworden sind, können Sie anhand der archivierten Protokolle außerdem ein Zugriffsmuster ermitteln. Mithilfe von Windows 2000 können Sie festlegen, wie groß ein Protokoll maximal sein kann und welche Aktionen Windows 2000 unternehmen soll, wenn ein Protokoll diese Maximalgröße erreicht hat.

Sie können die Eigenschaften jedes Überwachungsprotokolls einzeln festlegen. Um die Einstellungen für Protokolle zu konfigurieren, markieren Sie das gewünschte Protokoll in der Ereignisanzeige und öffnen Sie dann das Dialogfeld *Eigenschaften* für das betreffende Protokoll.

Im Dialogfeld *Eigenschaften* für ein Überwachungsprotokoll können Sie folgende Attribute festlegen:

- Die Protokollgröße. Ein Protokoll kann zwischen 64 KB und 4.194.240 KB (1 GB) groß sein. Die Standardgröße beträgt 512 KB.
- Die Aktion, die Windows 2000 durchführen soll, wenn das Protokoll seine Maximalgröße erreicht hat. Dazu müssen Sie eine der in Tabelle 16.7 beschriebenen Optionen markieren.

Tabelle 16.7 Optionen für den Umgang mit vollen Überwachungsprotokollen

Option	Beschreibung
Ereignisse nach Bedarf überschreiben	Wenn Sie diese Option wählen, gehen Daten verloren, falls das Protokoll voll ist, bevor Sie es archivieren. Diese Einstellung erfordert jedoch keinen Verwaltungsaufwand.
Ereignisse überschreiben, die älter sind als ... Tage	Wenn Sie diese Option markieren, gehen Daten verloren, falls das Protokoll voll ist, bevor Sie es archivieren. Es gehen allerdings nur Daten verloren, die älter als x Tage sind. Geben Sie einen Wert für die Tage ein.
Ereignisse nicht überschreiben (manuell aufräumen)	Wenn Sie diese Option markieren, müssen Sie das Protokoll manuell aufräumen. Wenn das Protokoll voll ist, nimmt Windows 2000 keine weiteren Einträge auf. Allerdings werden bei dieser Option keine Protokolleinträge überschrieben.

Protokolle archivieren

Wenn Sie Ihre Sicherheitsprotokolle archivieren, können Sie damit eine Chronik aller sicherheitsbezogenen Ereignisse aufzeichnen. Viele Unternehmen haben Richtlinien zur Aufbewahrung von Protokollen definiert, um sicherheitsrelevante Daten für einen bestimmten Zeitraum verfolgen zu können.

Um ein Protokoll zu archivieren, aufzuräumen oder anzuzeigen, markieren Sie es in der Ereignisanzeige, klicken Sie danach auf das Menü *Vorgang* und markieren Sie anschließend eine der in Tabelle 16.8 beschriebenen Optionen.

Tabelle 16.8 Optionen zum Archivieren, Aufräumen und Löschen einer Protokolldatei

Wenn Sie	dann gehen Sie folgendermaßen vor:
das Protokoll archivieren wollen,	Klicken Sie auf *Protokolldatei speichern unter* und geben Sie dann einen Dateinamen ein.
das Protokoll aufräumen wollen,	Klicken Sie auf *Alle Ereignisse löschen*. Windows 2000 erstellt einen Protokolleintrag mit dem Hinweis, dass das Protokoll aufgeräumt wurde.
ein archiviertes Protokoll anzeigen wollen,	Klicken Sie auf *Neue Protokollansicht*, um eine weitere Ansicht des ausgewählten Protokolls zu öffnen.

Praxis: Ressourcen und Ereignisse überwachen

In diesem Übungsabschnitt entwickeln Sie zuerst eine Überwachungsstrategie für Ihren Rechner. Danach legen Sie eine Überwachungsrichtlinie fest, indem Sie die Überwachung bestimmter Ereignisse aktivieren. Anschließend werden Sie eine Überwachung für eine Datei und einen Drucker festlegen. Danach sollen Sie die Sicherheitsprotokolldatei anzeigen und die Ereignisanzeige so konfigurieren, dass Ereignisse überschrieben werden, wenn die Protokolldatei voll ist.

Übung 1: Eine Überwachungsrichtlinie entwickeln

In dieser Übung entwickeln Sie eine Überwachungsstrategie für Ihren Rechner. Sie müssen sich dabei folgende Fragen beantworten:

- Welche Ereignistypen sollen überwacht werden?
- Sollen nur fehlgeschlagene oder nur erfolgreiche Versuche oder beide Arten überwacht werden?

Treffen Sie Ihre Entscheidungen auf Grundlage folgender Kriterien:

- Wenn Sie sich vor unberechtigten Zugriffe schützen wollen, zeichnen Sie fehlgeschlagene Zugriffsversuche auf.
- Wenn Sie Ihre Kundendatenbank schützen wollen, zeichnen Sie unberechtigte Zugriffe auf die Dateien Ihrer Kundendatenbank auf.
- Wenn Sie die Druckerkosten senken wollen, zeichnen Sie auf, in welcher Weise der Farbdrucker verwendet wird.
- Wenn Sie befürchten müssen, dass sich jemand an der Hardware des Rechners zu schaffen macht, zeichnen Sie diese Versuche auf.
- Wenn Sie wissen wollen, welche Aktionen ein Administrator unternimmt, um unberechtigte Zugriffe zu verfolgen, zeichnen Sie diese auf.
- Wenn Sie sich vor Datendiebstahl schützen wollen, zeichnen Sie die Vorgänge im Zusammenhang mit Datensicherungen auf.
- Wenn Sie Ihre wichtigen oder vertraulichen Active Directory-Objekte schützen wollen, zeichnen Sie unberechtigte Zugriffsversuche auf.

Zeichnen Sie Ihre Entscheidungen bezüglich der Überwachung erfolgreicher beziehungsweise fehlgeschlagener Versuche oder beider in der folgenden Tabelle auf:

Zu überwachender Vorgang	Erfolgreich	Fehlgeschlagen
Anmeldeversuche	❑	❑
Kontoverwaltung	❑	❑
Active Directory-Zugriffe	❑	❑

(Fortsetzung)

Zu überwachender Vorgang	Erfolgreich	Fehlgeschlagen
Anmeldeereignisse	❏	❏
Objektzugriffsversuche	❏	❏
Richtlinienänderungen	❏	❏
Rechteverwendung	❏	❏
Prozessverfolgung	❏	❏
Systemereignisse	❏	❏

Übung 2: Eine Überwachungsrichtlinie festlegen

In dieser Übung aktivieren Sie die Überwachung bestimmter Ereignisse.

▶ **So legen Sie eine Überwachungsrichtlinie fest**

1. Melden Sie sich als Administrator bei Ihrem Rechner an.

2. Klicken Sie auf *Start*, zeigen Sie auf *Programme*, danach auf *Verwaltung* und klicken Sie dann auf *Lokale Sicherheitsrichtlinie*.

3. Doppelklicken Sie in der Konsolenstrukturansicht des Fensters *Lokale Sicherheitseinstellungen* auf *Lokale Richtlinien* und klicken Sie danach auf *Überwachungsrichtlinien*.

4. Doppelklicken Sie zur Festlegung der Überwachungsrichtlinie auf die gewünschten Ereignistypen und markieren Sie dabei entweder das Kontrollkästchen *Erfolgreich* oder das Kontrollkästchen *Fehlgeschlagen* im Bereich *Einstellung der lokalen Richtlinie*, wie in folgender Tabelle dargestellt.

Ereignis	Erfolgreiche Versuche überwachen	Fehlgeschlagene Versuche überwachen
Anmeldeversuche	❏	❏
Kontoverwaltung	❏	❏
Active Directory-Zugriff	❏	❏
Anmeldeereignisse	❏	☑
Objektzugriffsversuche	☑	☑
Richtlinienänderungen	❏	❏
Rechteverwendung	☑	❏
Prozessverfolgung	❏	❏
Systemereignisse	☑	☑

5. Schließen Sie das Fenster *Lokale Sicherheitsrichtlinie*.

6. Führen Sie einen Neustart Ihres Rechners durch.

Übung 3: Eine Überwachung für Dateien einrichten

In dieser Übung richten Sie eine Überwachung für Dateien ein.

▶ **So richten Sie eine Überwachung für Dateien ein:**

1. Erstellen Sie im Stammordner Ihres Systemlaufwerks im Windows-Explorer eine Textdatei mit dem Namen *Überwachen* (z. B. *C:\Überwachen.txt*).
2. Klicken Sie mit der rechten Maustaste auf die Datei *Überwachen.txt* und anschließend auf den Befehl *Eigenschaften*.
3. Klicken Sie im Dialogfeld *Eigenschaften* auf die Registerkarte *Sicherheitseinstellungen* und danach auf *Erweitert*.
4. Klicken Sie im Dialogfeld *Zugriffseinstellungen* auf die Registerkarte *Überwachung*.
5. Klicken Sie auf *Hinzufügen*.
6. Doppelklicken Sie in der Liste der Benutzerkonten und Gruppen im Dialogfeld *Benutzer, Computer oder Gruppe auswählen* auf *Jeder*.
7. Markieren Sie im Dialogfeld *Überwachungseintrag* die Kontrollkästchen *Erfolgreich* und *Fehlgeschlagen* für die folgenden Ereignisse:
   - Dateien erstellen/Daten schreiben
   - Löschen
   - Berechtigungen ändern
   - Besitzrechte übernehmen
8. Klicken Sie auf *OK*.

   Windows 2000 zeigt im Dialogfeld *Zugriffseinstellungen* die Gruppe *Jeder* an.
9. Klicken Sie auf *OK*, um die Änderungen zu übernehmen.

▶ **So ändern Sie Dateiberechtigungen**

1. Ändern Sie im Dialogfeld *Eigenschaften* die NTFS-Berechtigungen für die Datei so um, dass die Gruppe *Jeder* nur noch die Leseberechtigung hat. Löschen Sie alle anderen Berechtigungen und deaktivieren Sie die Übertragung von vererbbaren Berechtigungen an untergeordnete Dateien.
2. Klicken Sie auf *OK*, um das Dialogfeld *Eigenschaften* zu schließen. Schließen Sie anschließend auch den Windows-Explorer.

Übung 4: Eine Überwachung für einen Drucker einrichten

In dieser Übung richten Sie eine Überwachung für einen Drucker ein.

▶ **So richten Sie die Überwachung für einen Drucker ein**

1. Klicken Sie auf die Schaltfläche *Start*, zeigen Sie auf *Einstellungen* und klicken Sie anschließend auf *Drucker*.

2. Klicken Sie im Fenster *Drucker* mit der rechten Maustaste auf *HP LaserJet 5Si* und danach auf den Befehl *Eigenschaften* (Die Installation dieses Druckers wird in Kapitel 12 beschrieben.)

3. Klicken Sie auf die Registerkarte *Sicherheitseinstellungen* und anschließend auf *Erweitert*.

4. Klicken Sie im Dialogfeld *Eigenschaften von HP LaserJet 5Si* auf die Registerkarte *Überwachung* und danach auf *Erweitert*.

5. Doppelklicken Sie im Listenfeld des Dialogfeldes *Benutzer, Computer oder Gruppe auswählen* auf *Jeder*.

6. Markieren Sie im Dialogfeld *Überwachungseintrag für HP LaserJet 5Si* für alle Zugriffsarten das Kontrollkästchen *Erfolgreich*.

7. Klicken Sie auf *OK*.

   Windows 2000 zeigt die Gruppe *Jeder* im Dialogfeld *Zugriffseinstellungen für HP LaserJet 5Si* an.

8. Klicken Sie auf *OK*, um die Änderungen zu übernehmen.

9. Klicken Sie auf OK, um das Dialogfelds *Eigenschaften von HP LaserJet 5Si* zu schließen.

10. Schließen Sie das Fenster *Drucker*.

Übung 5: Sicherheitsprotokolle anzeigen

In dieser Übung zeigen Sie das Sicherheitsprotokoll Ihres Rechners an. Danach filtern Sie mithilfe der Ereignisanzeige bestimmte Ereignisse heraus und suchen nach potenziellen Sicherheitslücken.

▶ **So zeigen Sie das Sicherheitsprotokoll Ihres Rechners an**

1. Klicken Sie auf die Schaltfläche *Start*, zeigen Sie auf *Programme*, klicken Sie auf *Verwaltung* und anschließend auf *Ereignisanzeige*.

2. Klicken Sie in der Konsolenstrukturansicht nacheinander auf die drei Protokolle, um deren Inhalt anzuzeigen. Doppelklicken Sie beim Durchblättern der Protokolle auf mehrere Ereignisse, um die entsprechenden Beschreibungen anzuzeigen.

Übung 6: Sicherheitsprotokolle verwalten

In dieser Übung konfigurieren Sie die Ereignisanzeige so, dass Ereignisse überschrieben werden, wenn das Protokoll voll ist. Anschließend legen Sie die Maximalgröße des Sicherheitsprotokolls auf 2048 KB fest.

▶ **So steuern Sie die Größe und den Inhalt einer Protokolldatei**

1. Vergewissern Sie sich, dass das Sicherheitsprotokoll in der Konsolenstruktur markiert ist.
2. Klicken Sie im Menü *Vorgang* auf *Eigenschaften*.
3. Klicken Sie im Dialogfeld *Eigenschaften für Sicherheitsprotokoll* auf *Ereignisse nach Bedarf überschreiben*.
4. Legen Sie im Feld *Maximale Protokollgröße* 2048 KB als Maximalgröße für die Protokolldatei fest. Klicken Sie anschließend auf *OK*.

   Windows 2000 lässt die Protokolldatei jetzt bis auf 2048 KB anwachsen und überschreibt danach bei Bedarf ältere Ereignisse.
5. Schließen Sie die Ereignisanzeige.

Zusammenfassung der Lektion

In dieser Lektion haben Sie folgenden drei Standardprotokollarten von Windows 2000: Anwendungs-, Sicherheits- und Systemprotokoll. In der Ereignisanzeige können Sie den Inhalt der Windows 2000-Protokolle ansehen. Mithilfe der Befehle *Filter* und *Suchen* können Sie bestimmte Ereignisse herausfiltern beziehungsweise heraussuchen. Sie können die Windows 2000-Protokolle archivieren und mithilfe der archivierten Protokolle Trends ermitteln. Als weitere Verwaltungsfunktion können Sie auch die Größe der Protokolldatei steuern. Im Übungsabschnitt konnten Sie erste Erfahrungen mit diesen Funktionen sammeln.

Lernzielkontrolle

Anhand der folgenden Fragen können feststellen, ob Sie genug gelernt haben und zur nächsten Lektion wechseln können. Wenn Sie bei der Beantwortung dieser Fragen Schwierigkeiten haben, wiederholen Sie den Stoff dieses Kapitels, bevor Sie sich mit dem nächsten Kapitel beschäftigen. Die Antworten auf diese Fragen finden Sie in Anhang A.

1. Nach welchem Muster gehen Sie vor, um Dateizugriffe überwachen zu lassen?

2. Wer kann die Überwachung für einen Computer einrichten?

3. Wie erkennen Sie bei der Anzeige eines Sicherheitsprotokolls, ob ein Ereignis erfolgreich war oder fehlgeschlagen ist?

4. Sie haben im Dialogfeld *Eigenschaften* für ein Überwachungsprotokoll die Option *Ereignisse nicht überschreiben* markiert. Was passiert, wenn die Protokolldatei ihre maximale Größe erreicht hat?

KAPITEL 17

Gruppenrichtlinien und lokale Sicherheitsrichtlinien konfigurieren

Lektion 1: Kontorichtlinien konfigurieren . . . 446

Lektion 2: Sicherheitsoptionen konfigurieren . . . 455

Lernzielkontrolle . . . 460

Über dieses Kapitel

In diesem Kapitel werden Sie lernen, mit den Windows 2000-Snap-Ins *Gruppenrichtlinie* und *Lokale Sicherheitsrichtlinie* zu arbeiten, um den Schutz Ihres Rechners zu verstärken. In Kapitel 16 haben Sie etwas über die Überwachung erfahren – eines der Features, das sich sowohl durch die Erstellung einer benutzerdefinierten Konsole für Gruppenrichtlinien als auch mithilfe von lokalen Sicherheitsrichtlinien steuern lässt. In diesem Kapitel erfahren Sie, wie Sie die beiden Kontorichtlinien *Kennwortrichtlinie* und *Kontosperrungsrichtlinien* konfigurieren können. Darüber hinaus werden Sie lernen, wie einige der verfügbaren Sicherheitsoptionen konfiguriert werden.

Bevor Sie beginnen

Zur Bearbeitung dieses Kapitels benötigen Sie Folgendes:

- Einen Rechner, der die im Abschnitt *Hardwarevoraussetzungen* des Kapitels *Zu diesem Buch* angegebenen Mindestvoraussetzungen erfüllt.
- Windows 2000 Professional muss auf Ihrem Rechner installiert sein.

Lektion 1: Kontorichtlinien konfigurieren

In Lektion 10 haben Sie erfahren, wie Sie Benutzerkennwörter zuweisen und ein vom System gesperrtes Konto wieder entsperren können. In diesem Kapitel werden Sie lernen, wie Sie die Sicherheit von Benutzerkennwörtern noch verbessern und außerdem festlegen können, unter welchen Umständen das System ein Benutzerkonto sperren sollte.

Am Ende dieser Lektion werden Sie in der Lage sein, die folgenden Aufgaben auszuführen:

- Sie können Kontorichtlinien konfigurieren.

Veranschlagte Zeit für die Lektion: 35 Minuten

Kennwortrichtlinien konfigurieren

Durch die Installation von Kennwortrichtlinien, mit denen Sie steuern können, wie Kennwörter erstellt und verwaltet werden, können Sie das Sicherheitsniveau Ihres Rechners weiter erhöhen. In den Kennwortrichtlinien könnten Sie zum Beispiel festlegen, wie lange ein Kennwort maximal verwendet werden kann, bevor der Benutzer es ändern muss. Durch regelmäßigen Wechsel der Kennwörter lässt sich die Wahrscheinlichkeit für ein unberechtigtes Eindringen in Ihren Rechner verringern. Für den Fall, dass ein Hacker das Kennwort für ein Benutzerkonto auf Ihrem Rechner herausgefunden hat, könnte ein regelmäßiger Kennwortwechsel dafür sorgen, dass er mit dem herausgefundenen Kennwort nicht zugreifen kann und aus dem System ausgesperrt wird.

In den Kennwortrichtlinien stehen noch weitere Einstellungen zur Verfügung, mit denen Sie den Schutz Ihres Rechners verbessern können. So könnten Sie zum Beispiel eine minimale Kennwortlänge festlegen. Je länger ein Kennwort ist, desto schwerer lässt es sich knacken. Sie können außerdem eine Chronik aller bisher verwendeten Kennwörter verwalten und damit verhindern, dass ein Benutzer nur zwei Kennwörter verwendet, die er regelmäßig wechselt.

Sie können die Kennwortrichtlinien auf einem Windows 2000 Professional-Rechner mithilfe der Gruppenrichtlinie und der lokalen Sicherheitsrichtlinie konfigurieren. Gehen Sie zur Konfiguration der Kennwortrichtlinien mithilfe der Gruppenrichtlinie folgendermaßen vor:

1. Erstellen Sie mithilfe der Management-Konsole (MMC = Microsoft Management Console) eine benutzerdefinierte Konsole, fügen Sie das Snap-In *Gruppenrichtlinie* hinzu und speichern Sie sie unter dem Namen *Gruppenrichtlinie*. (Weitere Informationen über die Arbeit mit der MMC zur Erstellung benutzerdefinierter Konsolen finden Sie in Kapitel 3.)

Kapitel 17 Gruppenrichtlinien und lokale Sicherheitsrichtlinien konfigurieren

2. Erweitern Sie den Eintrag *Lokale Sicherheitsrichtlinien*, erweitern Sie im Bereich *Computerkonfiguration* den Eintrag *Windows-Einstellungen*. Erweitern Sie anschließend *Sicherheitseinstellungen*, danach *Kontorichtlinien* und klicken Sie dann auf *Kennwortrichtlinien*.

3. Wählen Sie die Einstellung aus, die konfiguriert werden soll, und klicken Sie im Menü *Vorgang* auf *Sicherheit*.

Im Detailausschnitt der Konsole werden die unterschiedlichen Einstellungen der Kennwortrichtlinien angezeigt (siehe Abbildung 17.1).

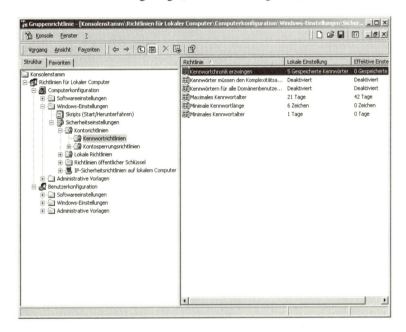

Abbildung 17.1 Die mit der Gruppenrichtlinie vorgenommenen Einstellungen der Kennwortrichtlinien

In Tabelle 17.1 finden Sie eine Zusammenstellung der in den Kennwortrichtlinien verfügbaren Einstellungen.

Tabelle 17.1 Einstellungen der Kennwortrichtlinien

Einstellung	Beschreibung
Kennwortchronik erzwingen	Der hier eingegebene Wert gibt an, wie viele Kennwörter in der Kennwortchronik gespeichert werden sollen.
	Der Wert 0 zeigt an, dass keine Kennwortchronik geführt wird. Dies ist die Standardeinstellung.

(Fortsetzung)

Einstellung	Beschreibung
	Sie können Werte von 0 bis 24 festlegen und damit festlegen, wie viele Kennwörter in der Chronik gespeichert werden sollen. Dieser Wert gibt an, wie viele andere Kennwörter ein Benutzer verwenden muss, bevor er ein altes Kennwort erneut verwenden kann.
Maximales Kennwortalter	Der hier eingegebene Wert gibt an, wie lange (in Tagen) ein Benutzer ein Kennwort verwenden kann, bevor es geändert werden muss.
	Der Wert 0 bedeutet, dass das Kennwort kein Ablaufdatum hat.
	Der Standardwert beträgt 42 Tage. Sie können einen Wert im Bereich von 0 bis 999 Tagen einsetzen.
Minimales Kennwortalter	Der hier eingegebene Wert gibt an, wie lange (in Tagen) ein Benutzer ein Kennwort verwenden muss, bevor es geändert werden kann.
	Der Wert 0 bedeutet, dass das Kennwort sofort geändert werden kann. Dies ist die Standardeinstellung. Wenn Sie die Aufzeichnung einer Kennwortchronik erzwingen, sollten Sie diesen Wert nicht auf 0 setzen.
	Sie können einen Wert im Bereich von 0 bis 999 Tagen einsetzen. Dieser Wert gibt an, wie lange der Benutzer warten muss, bevor er sein Kennwort wechseln kann. Mithilfe dieses Wertes können Sie verhindern, dass ein Benutzer, der vom System zur Änderung seines Kennwortes gezwungen wurde, es sofort wieder wechselt.
	Das minimale Kennwortalter muss niedriger sein als das maximale Kennwortalter.
Minimale Kennwortlänge	Der hier eingegebene Wert gibt an, wie viele Zeichen in einem Kennwort mindestens verwendet werden müssen. Der Wert kann in einem Bereich von 0 bis 14 Zeichen liegen.
	Der Wert 0 zeigt an, dass kein Kennwort erforderlich ist. Dies ist die Standardeinstellung.
Kennwörter müssen den Komplexitätsanforderungen entsprechen	Diese Einstellung kann aktiviert beziehungsweise deaktiviert (Standard) sein.
	Wenn Sie aktiviert ist, müssen alle Kennwörter die Minimallänge erreichen beziehungsweise übersteigen. Sie müssen den Kennwortchronikeinstellungen entsprechen. Sie müssen Großbuchstaben, Zahlen und Satzzeichen enthalten, dürfen allerdings nicht den vollständigen Anmeldenamen des Benutzers enthalten.

(Fortsetzung)

Einstellung	Beschreibung
Kennwörter für alle Domänenbenutzer mit umkehrbarer Verschlüsselung speichern	Diese Einstellung kann aktiviert beziehungsweise deaktiviert (Standard) sein.
	Wenn diese Einstellung aktiviert ist, kann Windows 2000 umkehrbar verschlüsselte Kennwörter für alle Benutzer in der Domäne speichern – die zum Beispiel für das CHAP-Protokoll (CHAP = Challenge Handshake Authentication Protocol) verwendet werden können. Diese Option kann nur verwendet werden, wenn Ihr Windows 2000 Professional-Rechner Teil einer Domäne ist.

Das Dialogfeld *Lokale Sicherheitsrichtlinie* für die markierte Richtlinie wird angezeigt. In Abbildung 17.2 sehen Sie das Dialogfeld *Lokale Sicherheitsrichtlinie* für die Richtlinie *Maximales Kennwortalter*.

Überlegen Sie sorgfältig, bevor Sie die Optionen für Ihre Kennwortrichtlinien festlegen. Je geringer die Wahrscheinlichkeit ist, dass ein unberechtigter Benutzer sich Zugriff auf Ihr System verschaffen kann, desto sicherer ist Ihr Rechner.

Abbildung 17.2 Das Dialogfeld *Lokale Sicherheitsrichtlinie* für die Richtlinie *Maximales Kennwortalter*

Kontosperrungsrichtlinien konfigurieren

Mithilfe der Einstellungen für die Kontosperrungsrichtlinie können Sie das Sicherheitsniveau Ihres Systems weiter erhöhen.

Wenn keine Kontosperrungsrichtlinie installiert ist, kann ein unberechtigter Benutzer wiederholt versuchen, in Ihr System einzudringen. Haben Sie jedoch eine Kontosperrungsrichtlinie eingerichtet, wird in einem solchen Fall das System das Konto gemäß den in der Kontosperrungsrichtlinie festgelegten Bedingungen sperren.

Auf die Kontosperrungsrichtlinien können Sie genau wie bei der Konfiguration der Kennwortrichtlinien entweder über das Snap-In *Gruppenrichtlinie* oder über das Fenster *Lokale Sicherheitsrichtlinie* zugreifen. Die Konsole *Gruppenrichtlinie* mit den aktuellen Einstellungen der Kontosperrungsrichtlinien im Detailausschnitt sehen Sie in Abbildung 17.3.

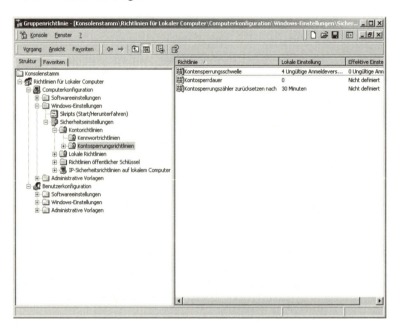

Abbildung 17.3 Die aktuellen Einstellungen der Kontosperrungsrichtlinien

In Tabelle 17.2 finden Sie eine Zusammenstellung der in den Kontosperrungsrichtlinien verfügbaren Einstellungen.

Tabelle 17.2 Die für die Kontosperrungsrichtlinien verfügbaren Einstellungen

Einstellung	Beschreibung
Kontosperrdauer	Der hier eingegebene Wert gibt an, wie lange (in Minuten) das Konto gesperrt ist. Der Wert 0 bedeutet, dass das Konto so lange gesperrt bleibt, bis der Administrator die Sperre aufhebt. Sie können hier einen Wert von 0 bis 99.999 Minuten festlegen, was ungefähr 69,4 Tagen entspricht.

(Fortsetzung)

Einstellung	Beschreibung
Kontensperrungs-schwelle	Der hier eingegebene Wert gibt an, nach wie vielen ungültigen Anmeldeversuchen das Konto gesperrt wird.
	Der Wert 0 zeigt an, dass das Konto nicht gesperrt wird – egal, wie viele ungültige Anmeldeversuche unternommen werden.
	Sie können einen Wert im Bereich von 0 bis zu 999 Versuchen angeben.
Kontosperrungszähler zurücksetzen nach ... Minuten	Der hier eingegebene Wert gibt an, nach wie vielen Minuten Wartezeit bevor der Kontosperrungszähler zurückgesetzt wird.
	Sie können hier einen Wert von 0 bis 99.999 Minuten eingeben.

Praxis: Kontorichtlinien konfigurieren

In dieser Übung werden Sie die Kontorichtlinien für Ihren Rechner konfigurieren und diese anschließend testen, um die ordnungsgemäße Konfiguration zu überprüfen.

Übung 1: Die minimale Kennwortlänge festlegen

In dieser Übung legen Sie die minimale Kennwortlänge für Ihren Rechner fest. Danach testen Sie, ob die gerade festgelegte Kennwortlänge auch ordnungsgemäß konfiguriert wurde.

▶ **So legen Sie die minimale Kennwortlänge fest**

1. Melden Sie sich als Administrator bei Ihrem Computer an.

2. Erstellen Sie mithilfe der Management-Konsole eine benutzerdefinierte Konsole mit dem Snap-In *Gruppenrichtlinie*.

3. Erweitern Sie in der Konsole *Gruppenrichtlinie* nacheinander die Einträge *Richtlinien der lokalen Gruppe*, *Computerkonfiguration*, *Windows-Einstellungen* und *Sicherheitseinstellungen* und klicken Sie danach auf *Kontorichtlinien*.

4. Klicken Sie in der Strukturansicht der Konsole auf *Kennwortrichtlinien*.

5. Klicken Sie im Detailausschnitt auf *Minimale Kennwortlänge* und anschließend auf *Sicherheit*.

6. Geben Sie den Wert **6** in das Feld *Zeichen* ein und klicken Sie dann auf *OK*.

7. Schließen Sie das Fenster *Lokale Sicherheitseinstellungen*.

▶ **So testen Sie die Einstellung für die minimale Kennwortlänge**

1. Drücken Sie Strg+Alt+Entf und klicken Sie im Dialogfeld *Windows-Sicherheit* anschließend auf *Kennwort ändern*.

2. Geben Sie **Kennwort** in das Feld *Altes Kennwort* ein. Geben Sie danach **Feuer** in die Felder *Neues Kennwort* und *Kennwortbestätigung* ein.

3. Klicken Sie auf *OK*.

    Im Mitteilungsfeld *Kennwort ändern* werden Sie darauf hingewiesen, dass Ihr neues Kennwort mindestens sechs Zeichen lang sein muss. Die neue Einstellung für die maximale Kennwortlänge funktioniert also.

4. Klicken Sie auf *OK* und danach auf *Abbrechen*.

5. Klicken Sie auf *Abbrechen*, um das Dialogfeld *Windows-Sicherheit* zu schließen.

Übung 2: Weitere Einstellungen für Kontorichtlinien konfigurieren und testen

In dieser Übung konfigurieren und testen Sie weitere für die Kontorichtlinien.

▶ **So konfigurieren Sie Einstellungen für Kontorichtlinien**

1. Verwenden Sie das Snap-In *Gruppenrichtlinie* zur Konfiguration der folgenden Kontorichtlinien:

    - Ein Benutzer soll mindestens 5 unterschiedliche Kennwörter verwendet haben, bevor er auf ein bereits verwendetes Kennwort zurückgreifen kann.
    - Nach Änderung des Kennworts muss ein Benutzer mindestens 24 Stunden warten, bevor er es erneut ändern kann.
    - Ein Benutzer soll sein Kennwort mindestens alle drei Wochen ändern.

    Welche Einstellungen verwenden Sie für diese drei Richtlinien?

2. Schließen Sie das Snap-In *Gruppenrichtlinie*.

▶ **So testen Sie die Einstellungen der Kontorichtlinien**

1. Melden Sie sich als Administrator bei Ihrem Computer an.

    Hinweis Wenn das Anmeldungsdialogfeld mit dem Hinweis geöffnet wird, dass Ihr Kennwort nach einer bestimmten Anzahl von Tagen abläuft, und Sie fragt, ob Sie das Kennwort jetzt ändern wollen, klicken Sie auf *Nein*.

2. Ändern Sie Ihr Kennwort in **Wasser** um.

    War die Änderung erfolgreich? Warum oder warum nicht?

Kapitel 17 Gruppenrichtlinien und lokale Sicherheitsrichtlinien konfigurieren

3. Ändern Sie Ihr Kennwort in **Papier** um.

   War die Änderung erfolgreich? Warum oder warum nicht?

   _____

4. Schließen Sie alle Fenster und melden Sie sich ab.

Übung 3: Die Kontosperrungsrichtlinie konfigurieren

In dieser Übung konfigurieren Sie die Einstellungen der Kontosperrungsrichtlinien und testen sie anschließend, um zu überprüfen, ob sie erwartungsgemäß funktioniert.

▶ **So konfigurieren Sie die Einstellungen der Kontosperrungsrichtlinien**

1. Melden Sie sich als Administrator bei Ihrem Rechner an.

2. Klicken Sie auf *Start*, zeigen Sie auf *Programme*, danach auf *Verwaltung* und klicken Sie anschließend auf *Gruppenrichtlinie*.

3. Doppelklicken Sie in der Konsolenstrukturansicht gegebenenfalls nacheinander auf *Richtlinie für lokalen Computer*, *Computerkonfiguration*, *Windows-Einstellungen*, *Sicherheitseinstellungen* und *Kontorichtlinien*.

4. Klicken Sie auf *Kontosperrungsrichtlinien*.

5. Legen Sie mithilfe der Einstellungen für die Kontosperrungsrichtlinien folgende Punkte fest:

   - Lassen Sie ein Benutzerkonto nach fünf ungültigen Anmeldeversuchen sperren.

   - Lassen Sie Benutzerkonten so lange sperren, bis der Administrator die Sperrung wieder aufhebt.

   Mithilfe welcher Einstellungen der Kontosperrungsrichtlinien legen Sie diese beiden Bedingungen fest?

   _____

6. Melden Sie sich als Administrator ab.

▶ **So testen Sie die Einstellungen der Kontosperrungsrichtlinien**

1. Versuchen Sie, sich mit dem Benutzernamen *Benutzer4* und dem Kennwort *Papier* anzumelden. Wiederholen Sie diesen Versuch insgesamt vier Mal.

2. Versuchen Sie, sich mit dem Benutzernamen *Benutzer4* und dem Kennwort *Papier* anzumelden.

   Sie werden in einem Mitteilungsfeld darüber informiert, dass das Konto gesperrt ist.

3. Klicken Sie auf *OK* und melden Sie sich als Administrator an.

Zusammenfassung der Lektion

In dieser Lektion haben Sie gelernt, wie Sie im Windows 2000-Fenster *Lokale Sicherheitseinstellungen* die Sicherheitsvorkehrungen für Ihren Rechner verbessern können. Mit diesen Einstellungen können Sie es nicht berechtigten Benutzern sehr viel schwerer machen, sich Zugriff auf den Rechner zu verschaffen. Die Kennwortrichtlinien sind eine der Möglichkeiten zur Steigerung der Rechnersicherheit. Mithilfe der Einstellungen in diesen Richtlinien können Sie die auf Ihrem Rechner verwendeten Kennwörter verwalten. Zu den Kennwortrichtlinien gehören zum Beispiel Einstellungen, mit deren Hilfe Sie Benutzer zwingen können, ihre Kennwörter regelmäßig zu ändern. Mit diesen Richtlinien können Sie außerdem festlegen, welche Mindestlänge ein Kennwort nicht unterschreiten darf.

Sie haben noch eine weitere Methode zur Verbesserung der Rechnersicherheit kennen gelernt: die Arbeit mit den Kontosperrungsrichtlinien. Wenn keine Kontosperrungsrichtlinien installiert sind, könnte ein unberechtigter Benutzer wiederholt versuchen, in Ihr Computersystem einzudringen. Mithilfe dieser Richtlinien können Sie festlegen, nach wie vielen ungültigen Anmeldeversuchen ein Benutzer gesperrt wird und wie lange ein Konto gesperrt bleiben soll. Sie können mithilfe der Kontosperringsrichtlinien sogar festlegen, dass ein gesperrtes Konto nur vom Administrator selbst manuell entsperrt werden kann. Im Übungsabschnitt dieser Lektion haben Sie verschiedene Kontoeinstellungen vorgenommen und getestet.

Lektion 2: Sicherheitsoptionen konfigurieren

Der Knoten *Sicherheitsoptionen* ist ein Teilknoten des Knotens *Lokale Richtlinien*. Hier stehen nahezu 40 weitere Sicherheitsoptionen zur Verfügung, mit deren Hilfe Sie den Schutz Ihres Rechners weiter verstärken können. In dieser Lektion lernen Sie einige dieser Optionen kennen.

Am Ende dieser Lektion werden Sie in der Lage sein, die folgenden Aufgaben auszuführen:

- Sie können Sicherheitsoptionen konfigurieren.

Veranschlagte Zeit für die Lektion: 15 Minuten

Den Computer herunterfahren, ohne angemeldet zu sein

In der Standardeinstellung muss ein Benutzer unter Windows 2000 Professional nicht angemeldet sein, um den Computer herunterfahren zu können. Mithilfe der Sicherheitsoptionen können Sie aber dieses Feature deaktivieren und festlegen, dass nur angemeldete Benutzer den Rechner herunterfahren können. Der Zugriff auf die Sicherheitsoptionen erfolgt wie bei der Konfiguration der Kontorichtlinien über das Snap-In *Gruppenrichtlinie*. Nachdem Sie die das Snap-In *Gruppenrichtlinie* geöffnet haben, erweitern Sie nacheinander die Einträge *Richtlinie für lokalen Computer*, *Computerkonfiguration*, *Windows-Einstellungen*, *Sicherheitseinstellungen* sowie *Lokale Richtlinien* und klicken Sie dann auf *Sicherheitsoptionen*.

In Abbildung 17.4 sehen Sie das Dialogfeld *Lokale Sicherheitsrichtlinien* für die Option *Herunterfahren des Systems ohne Anmeldung zulassen*.

Die Option ist entweder aktiviert (Standardeinstellung) oder deaktiviert.

Abbildung 17.4 In diesem Dialogfeld können Sie die Option *Herunterfahren des Systems ohne Anmeldung zulassen* festlegen

Die Auslagerungsdatei des virtuellen Arbeitsspeichers beim Herunterfahren des Systems löschen

In der Standardeinstellung löscht Windows 2000 Professional die Auslagerungsdatei des virtuellen Arbeitsspeichers nicht, wenn das System heruntergefahren wird. In manchen Organisationen wird diese Einstellung aber als Sicherheitsrisiko betrachtet, weil auf die Daten der Auslagerungsdatei dann auch von unberechtigten Benutzern zugegriffen werden könnte. Um dieses Feature zu aktivieren und die Auslagerungsdatei bei jedem Herunterfahren zu löschen, öffnen Sie das Snap-In *Gruppenrichtlinie*, erweitern Sie nacheinander die Einträge *Richtlinien für Lokaler Computer*, *Computerkonfiguration*, *Windows-Einstellungen*, *Sicherheitseinstellungen* sowie *Lokale Richtlinien* und markieren Sie dann *Sicherheitsoptionen*. Klicken Sie mit der rechten Maustaste auf den Eintrag *Auslagerungsdatei des virtuellen Arbeitsspeichers beim Herunterfahren des Systems löschen* und anschließend auf den Befehl *Sicherheitseinstellungen* (siehe Abbildung 17.5). Dieses Feature ist entweder aktiviert oder deaktiviert.

Abbildung 17.5 In diesem Dialogfeld können Sie die Option *Auslagerungsdatei des virtuellen Arbeitsspeichers beim Herunterfahren des Systems löschen* aktivieren beziehungsweise deaktivieren

Die Strg+Alt+Entf-Anforderung zur Anmeldung deaktivieren

In der Standardeinstellung von Windows 2000 Professional ist es nicht erforderlich, zur Anmeldung beim Rechner die Tastenkombination Strg+Alt+Entf zu drücken. Diese Einstellung können Sie aber zum zusätzlichen Schutz Ihres Rechners deaktivieren.

Wenn Sie Benutzer zwingen, die Tastenkombination Strg+Alt+Entf zu drücken, verwenden Sie eine nur von Windows erkannte Tastenkombination und sorgen dadurch dafür, dass das Kennwort nur an Windows 2000 weitergegeben wird und nicht an ein Trojanisches Pferd, das nur darauf wartet, Ihr Kennwort abzufangen. Diese Option lässt sich mithilfe des Snap-Ins *Gruppenrichtlinie* konfigurieren. Sie sollten dieses Feature deaktivieren und damit die Benutzer zwingen, die Tastenkombination Strg+Alt+Entf zu verwenden (siehe Abbildung 17.6).

Abbildung 17.6 In diesem Dialogfeld können Sie die Option *STRG+ALT+ENTF-Anforderung zur Anmeldung deaktivieren* festlegen

Letzten Benutzernamen nicht im Anmeldedialog anzeigen

In der Standardeinstellung zeigt Windows 2000 Professional in den Dialogfeldern *Windows-Sicherheit* und *Windows-Anmeldung* den Namen des letzten Benutzers an, der sich beim Rechner angemeldet hat. Dies könnte aber ein Sicherheitsrisiko sein, weil ein unberechtigter Benutzer in diesem Fall ein gültiges Konto auf dem Bildschirm sehen könnte, was es ihm erleichtern würde, in das System einzudringen.

Um diese Option zu aktivieren und dadurch zu verhindern, dass der letzte Benutzername angezeigt wird, öffnen Sie das Snap-In *Gruppenrichtlinie*, erweitern Sie in der Konsolenstrukturansicht nacheinander die Einträge *Richtlinien für Lokaler Computer*, *Computerkonfiguration*, *Windows-Einstellungen*, *Sicherheitseinstellungen* sowie *Lokale Richtlinien* und markieren Sie dann *Sicherheitsoptionen*. Klicken Sie im Detailausschnitt mit der rechten Maustaste auf den Eintrag *Letzten Benutzernamen nicht im Anmeldedialog anzeigen* und anschließend auf den Befehl *Sicherheit*. Deaktivieren Sie anschließend dieses Feature. Dieses Feature ist entweder aktiviert oder deaktiviert (siehe Abbildung 17.7).

Abbildung 17.7 In diesem Dialogfeld können Sie die Option *Letzten Benutzernamen nicht im Anmeldedialog anzeigen* aktivieren beziehungsweise deaktivieren

Praxis: Sicherheitseinstellungen konfigurieren

In diesem Übungsabschnitt konfigurieren Sie mehrere Sicherungsoptionen für Ihren Rechner.

▶ **So konfigurieren und testen Sie Sicherungsoptionen**

1. Melden Sie sich als Administrator bei Ihrem Rechner an.

2. Klicken Sie auf *Start*, zeigen Sie auf *Programme* und danach auf *Verwaltung*. Klicken Sie anschließend auf *Gruppenrichtlinie*.

3. Doppelklicken Sie in der Strukturansicht der Konsole *Gruppenrichtlinie* auf *Richtlinien für Lokalen Computer* und erweitern Sie nacheinander die Einträge *Computerkonfiguration*, *Windows-Einstellungen*, *Sicherheitseinstellungen* sowie *Lokale Richtlinien*. Klicken Sie zum Abschluss auf *Sicherheitsoptionen*.

4. Konfigurieren Sie Ihren Rechner so, dass die folgenden Bedingungen erfüllt werden:

    - Benutzer müssen zum Herunterfahren des Computers angemeldet sein.
    - Benutzer müssen zur Anmeldung die Tastenkombination Strg+Alt+Entf drücken.
    - Windows 2000 zeigt im Dialogfeld *Windows-Sicherheit* das zuletzt angemeldete Benutzerkonto nicht an.

5. Melden Sie sich ab,

    Sie werden aufgefordert, zur Anmeldung die Tastenkombination Strg+Alt+Entf zu drücken.

6. Drücken Sie die Tastenkombination Strg+Alt+Entf.

   Beachten Sie, dass das Dialogfeld *Windows-Anmeldung* mit leerem Feld *Benutzername* und grau schattierten Optionen zum Herunterfahren angezeigt wird. (Klicken Sie auf *Optionen*, wenn Sie die Schaltfläche *Herunterfahren* nicht sehen können.)

Zusammenfassung der Lektion

Einige Computer müssen stärker geschützt werden als andere. In dieser Lektion haben Sie gelernt, wie Sie mithilfe der Sicherheitsoptionen aus den Snap-Ins *Gruppenrichtlinie* und *Lokale Sicherheitsrichtlinie* die Schutzmaßnahmen für Ihre Computer verstärken können. So können Sie beispielsweise unberechtigte Benutzer daran hindern, Ihren Rechner herunterzufahren, indem Sie alle Benutzer zwingen, sich vor dem Herunterfahren anzumelden.

Sie haben weiterhin gelernt, wie Sie vermeiden können, dass Trojanische Pferde Ihre Kennwörter abfangen. Dazu müssen Sie die Benutzer zwingen, die Tastenkombination Strg+Alt+Entf zu drücken, bevor Sie sich anmelden können. Windows erkennt diese Tastenkombination, und nur Windows kann dann mit den für den Benutzernamen und das Kennwort eingegebenen Zeichen etwas anfangen. Sie können den Systemschutz auch dadurch verbessern, dass Sie gültige Benutzernamen und das zuletzt angemeldete Benutzerkonto in den Dialogfeldern *Windows-Sicherheit* und *Windows-Anmeldung* nicht anzeigen lassen. Diese und andere Sicherheitsoptionen können dazu beitragen, die Sicherheit in Ihrem Netzwerk zu erhöhen.

Lernzielkontrolle

Anhand der folgenden Fragen können Sie feststellen, ob Sie genug gelernt haben und zur nächsten Lektion wechseln können. Wenn Sie bei der Beantwortung dieser Fragen Schwierigkeiten haben, wiederholen Sie den Stoff dieses Kapitels, bevor Sie sich mit dem nächsten Kapitel beschäftigen. Die Antworten auf diese Fragen finden Sie in Anhang A.

1. Aus welchem Grund sollten Sie Benutzer zwingen, ihre Kennwörter zu ändern?

2. Aus welchem Grund sollten Sie eine Länge für die in Ihrem Computersystem verwendeten Kennwörter festlegen?

3. Aus welchem Grund sollten Sie ein Benutzerkonto sperren lassen?

4. Warum sollten Sie Benutzer zwingen, die Tastenkombination Strg+Alt+Entf zur Anmeldung zu drücken?

5. Wie können Sie verhindern, dass der Name des zuletzt angemeldeten Benutzers in den Dialogfeldern *Windows-Sicherheit* und *Window-Anmeldung* angezeigt wird?

KAPITEL 18

Verwaltung der Datenspeicherung

Lektion 1: NTFS-Komprimierung . . . 462

Lektion 2: Datenträger kontingentieren . . . 472

Lektion 3: Mehr Sicherheit mit EFS . . . 482

Lektion 4: Das Defragmentierungsprogramm einsetzen . . . 491

Lernzielkontrolle . . . 495

Über dieses Kapitel

In diesem Kapitel wird die Verwaltung des Speichers für Daten auf NTFS-Laufwerken behandelt. Sie erfahren, wie Sie die Daten komprimieren können, sodass Sie mehr Daten auf der Festplatte speichern können. Außerdem lernen Sie die so genannten Datenträgerkontingente kennen, mit deren Hilfe Sie festlegen können, wie viel Speicherplatz jeder Benutzer auf der Festplatte in Anspruch nehmen darf. Auch das Verschlüsselnde Dateisystem (Encrypting File System, EFS), mit dem Sie die Sicherheit der Dateien und Ordner auf Ihrem Computer erhöhen können, wird vorgestellt. Schließlich erfahren Sie, wie Sie eine Festplatte defragmentieren, sodass Ihr System den Zugriff auf Dateien sowie die Speicherung in Dateien und Ordnern effizienter abwickeln kann.

Bevor Sie beginnen

Zur Bearbeitung dieses Kapitels benötigen Sie Folgendes:

- Einen Rechner, der die im Abschnitt *Hardwarevoraussetzungen* des Kapitels *Zu diesem Buch* angegebenen Mindestvoraussetzungen erfüllt.

- Windows 2000 Professional muss auf dem Computer installiert sein.

Lektion 1: NTFS-Komprimierung

In Microsoft Windows 2000 können Sie Dateien und Ordner mithilfe der NTFS-Komprimierung speichern. Komprimierte Dateien und Ordner nehmen auf einem mit NTFS formatierten Laufwerk weniger Speicherplatz ein, sodass Sie mehr Daten darauf unterbringen. Jede Datei und jeder Ordner auf einem NTFS-Laufwerk hat einen bestimmten Komprimierungszustand, nämlich entweder komprimiert oder nicht komprimiert.

Am Ende dieser Lektion werden Sie in der Lage sein, die folgenden Aufgaben auszuführen:

- Sie können die Datenträgerkomprimierung handhaben.
- Sie können Dateien und Ordner komprimieren und dekomprimieren.

Veranschlagte Zeit für die Lektion: 40 Minuten

Mit komprimierten Dateien und Ordnern arbeiten

Im Rahmen von NTFS kann jede Anwendung auf der Basis von Microsoft Windows oder MS-DOS in komprimierte Dateien schreiben bzw. komprimierte Dateien öffnen, ohne dass Sie sie vorher mit anderen Programmen dekomprimieren müssten. Wenn beispielsweise ein Programm wie Microsoft Word für Windows oder ein Betriebssystembefehl wie *Kopieren* Zugriff auf eine komprimierte Datei anfordert, wird die Datei von NTFS automatisch dekomprimiert, damit dieser Zugriff möglich wird. Wenn Sie eine Datei schließen oder speichern, wird sie von NTFS wieder komprimiert.

Die Grundlage für den von NTFS zugewiesenen Speicherplatz auf der Festplatte bildet jedoch die nicht komprimierte Datei. Wenn Sie daher eine komprimierte Datei auf ein fast volles NTFS-Laufwerk kopieren wollen, auf dem zwar genug Platz für die komprimierte Datei, aber nicht genug Platz für die Datei in Originalgröße ist, erhalten Sie möglicherweise eine Fehlermeldung, die besagt, dass nicht genug Speicherplatz vorhanden ist. Die Datei wird dann nicht auf das Laufwerk kopiert.

Dateien und Ordner komprimieren

Sie können den Komprimierungszustand von Dateien und Ordnern einstellen und die Farbe verändern, mit der komprimierte Dateien und Ordner im Windows Explorer dargestellt werden.

Wenn Sie den Komprimierungszustand eines Ordners oder einer Datei einstellen wollen, klicken Sie im Windows Explorer mit der rechten Maustaste auf den Ordner oder die Datei, klicken Sie auf *Eigenschaften* und klicken Sie dann auf die Schaltfläche *Erweitert*.

Markieren Sie im Dialogfeld *Erweiterte Attribute* das Kontrollkästchen *Inhalt komprimieren, um Speicherplatz zu sparen*, wie in Abbildung 18.1 gezeigt. Klicken Sie auf OK und klicken Sie im Dialogfeld *Eigenschaften* auf die Schaltfläche *Übernehmen*.

Hinweis Dateien und Ordner können auf NTFS-Laufwerken nur entweder komprimiert oder aber verschlüsselt werden. Wenn Sie also das Kontrollkästchen *Inhalt verschlüsseln, um Daten zu schützen* markieren, können Sie den Ordner oder die Datei nicht mehr komprimieren.

Abbildung 18.1 Das Dialogfeld *Erweiterte Attribute*

Achtung Wenn Sie den Komprimierungszustand einer Datei bzw. eines Ordners ändern wollen, brauchen Sie das Schreibzugriffsrecht.

Die Dateien und Unterordner in einem Ordner müssen nicht denselben Komprimierungszustand haben wie der Ordner selbst. Selbst wenn ein Ordner komprimiert ist, können alle darin gespeicherten Dateien nicht komprimiert sein. Umgekehrt kann auch ein nicht komprimierter Ordner komprimierte Dateien enthalten.

Wenn Sie einen Ordner komprimieren, wird in Windows 2000 das Dialogfeld *Änderungen der Attribute bestätigen* angezeigt, das unter anderem die beiden in Tabelle 18.1 beschriebenen Optionen enthält.

Tabelle 18.1 Optionen im Dialogfeld *Änderungen der Attribute bestätigen*

Option	Beschreibung
Änderungen nur für diesen Ordner übernehmen	Komprimiert nur die ausgewählten Dateien
Änderungen für diesen Ordner, Unterordner und Dateien übernehmen	Komprimiert den Ordner und alle darin enthaltenen und auch später eingefügten Unterordner und Dateien

Hinweis Windows 2000 unterstützt keine NTFS-Komprimierung für Cluster, die größer als 4 KB sind, weil eine Komprimierung von großen Clustern die Leistung beeinträchtigt. Wenn Sie bei der Formatierung eines NTFS-Laufwerks eine größere Clustergröße wählen, lassen sich die Daten auf dem Laufwerk nicht komprimieren.

Die Anzeigefarbe komprimierter Dateien und Ordner einstellen

Im Windows Explorer können Sie ganz leicht erkennen, ob eine Datei bzw. ein Ordner komprimiert ist, denn Sie können für die Anzeige dieser Dateien und Ordner eine andere Farbe auswählen, um sie von den nicht komprimierten Dateien und Ordnern zu unterscheiden.

Wenn Sie eine andere Farbe für die Anzeige von komprimierten Dateien und Ordnern einstellen wollen, führen Sie folgende Schritte durch:

1. Klicken Sie im Windows Explorer im Menü *Extras* auf *Ordneroptionen*.
2. Markieren Sie auf der Registerkarte *Ansicht* das Kontrollkästchen *Komprimierte Dateien und Ordner in anderer Farbe anzeigen*.

Komprimierte Dateien und Ordner kopieren und verschieben

Es gibt spezielle Regeln, die bestimmen, ob die Komprimierung von Dateien und Ordnern erhalten bleibt, wenn sie innerhalb bzw. zwischen NTFS- und FAT-Laufwerken hin und her kopiert oder verschoben werden. In der folgenden Liste wird beschrieben, wie Windows 2000 in den möglichen verschiedenen Fällen den Komprimierungszustand von Dateien und Ordnern behandelt.

- **Dateien innerhalb eines NTFS-Laufwerks kopieren** Wenn Sie eine Datei innerhalb eines NTFS-Laufwerks kopieren (siehe Beispiel A in Abbildung 18.2), übernimmt die Datei den Komprimierungszustand des Zielordners. Wenn Sie beispielsweise eine komprimierte Datei in einen nicht komprimierten Ordner kopieren, wird die Datei automatisch dekomprimiert.

- **Dateien oder Ordner innerhalb eines NTFS-Laufwerks verschieben** Wenn Sie eine Datei oder einen Ordner innerhalb eines NTFS-Laufwerks verschieben (siehe Beispiel B in Abbildung 18.2), behalten sie ihren ursprünglichen Komprimierungszustand. Wenn Sie beispielsweise eine komprimierte Datei in einen nicht komprimierten Ordner verschieben, bleibt die Datei komprimiert.

- **Dateien oder Ordner von einem NTFS-Laufwerk zum anderen kopieren** Wenn Sie eine Datei oder einen Ordner von einem NTFS-Laufwerk zum anderen kopieren, (siehe Beispiel C in Abbildung 18.2) übernimmt die Datei bzw. der Ordner den Komprimierungszustand des Zielordners.

- **Dateien oder Ordner von einem NTFS-Laufwerk zum anderen verschieben** Wenn Sie eine Datei oder einen Ordner von einem NTFS-Laufwerk zum anderen verschieben, (siehe Beispiel C in Abbildung 18.2) übernimmt die Datei bzw. der Ordner den Komprimierungszustand des Zielordners, da Windows 2000 das Verschieben der Dateien bzw. Ordner in diesem Fall als Kopieren und anschließendes Löschen realisiert.

- **Dateien oder Ordner auf ein FAT-Laufwerk kopieren oder verschieben** Da Windows 2000 die Komprimierung nur für NTFS-Dateien unterstützt, werden NTFS-Dateien oder Ordner, die auf ein FAT-Laufwerk kopiert oder verschoben werden, automatisch dekomprimiert.

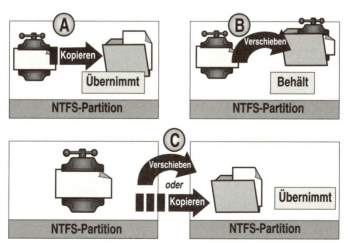

Abbildung 18.2 Behandlung komprimierter Dateien beim Kopieren und Verschieben

- **Komprimierte Dateien oder Ordner auf eine Diskette kopieren oder verschieben** Wenn Sie komprimierte NTFS-Dateien bzw. -Ordner auf Diskette kopieren oder verschieben, werden sie von Windows 2000 automatisch dekomprimiert.

Hinweis Wenn Sie eine komprimierte NTFS-Datei kopieren, wird die Datei in Windows 2000 zunächst dekomprimiert, dann kopiert und die Kopien schließlich wieder komprimiert. Aus diesem Grund kann die Leistung des Computers durch diesen Vorgang herabgesetzt werden.

Einsatzmöglichkeiten und -grenzen der NTFS-Komprimierung

In der folgenden Liste finden Sie die besten Methoden für den Einsatz von Komprimierung auf NTFS-Laufwerken.

- Da sich manche Dateitypen stärker komprimieren lassen als andere, sollten Sie die Dateien, die Sie komprimieren wollen, nach der zu erwartenden Dateigröße auswählen. Da Windows-Bitmapdateien beispielsweise mehr redundante Daten enthalten als ausführbare Anwendungsdateien, lassen sie sich stärker komprimieren und ergeben wesentlich kleinere Dateien. Bitmaps lassen sich oft auf weniger als 50 Prozent der ursprünglichen Dateigröße komprimieren, während Anwendungsdateien höchstens auf 75 Prozent ihrer ursprünglichen Größe reduziert werden können.

- Speichern Sie komprimierte Dateien wie PKZIP-Dateien nicht in komprimierten Ordnern. Windows 2000 versucht in diesem Fall, die Datei zu komprimieren, und verschwendet dabei Zeit, ohne dadurch mehr Speicherplatz zu gewinnen.

- Verwenden Sie eine andere Farbe zur Anzeige von komprimierten Dateien und Ordnern, damit Sie sie schneller finden.

- Komprimieren Sie keine Daten, die häufig geändert werden, sondern bevorzugt Daten, die über längere Zeit statisch sind. Durch die Komprimierung und Dekomprimierung wird das System belastet. Wenn Sie Dateien komprimieren, auf die selten zugegriffen wird, wird auch nur wenig Systemzeit auf Komprimierungs- und Dekomprimierungsaktivitäten verwendet.

- Die NTFS-Komprimierung kann sich beim Kopieren und Verschieben von Dateien negativ auf die Systemleistung auswirken. Wenn eine komprimierte Datei kopiert wird, wird sie dekomprimiert, kopiert und anschließend wieder komprimiert. Komprimieren Sie daher am besten nur statische Daten und keine Daten, die häufig verändert, kopiert oder verschoben werden.

Praxis: NTFS-Komprimierung anwenden

In diesem Praxisabschnitt werden Sie Dateien und Ordner komprimieren und sie anschließend in einer anderen Farbe anzeigen. Schließlich werden Sie eine Datei dekomprimieren und testen, welche Wirkung das Kopieren und Verschieben auf eine komprimierte Datei hat.

Hinweis Bei dieser Übung wird davon ausgegangen, dass Sie Windows 2000 Professional auf dem Laufwerk C installiert haben und dass das Laufwerk mit NTFS formatiert ist. Wenn Sie Windows 2000 Professional auf einer anderen Partition installiert haben, die mit NTFS formatiert ist, verwenden Sie stattdessen jedes Mal, wenn in dieser Übung das Laufwerk C genannt wird, deren Laufwerksbuchstaben.

Übung 1: Dateien in einer NTFS-Partition komprimieren

In dieser Übung verwenden Sie den Windows Explorer, um Dateien und Ordner zu komprimieren, damit auf der NTFS-Partition mehr Speicherplatz zur Verfügung steht. Sie konfigurieren Windows Explorer so, dass die komprimierten Dateien und Ordner in einer anderen Farbe angezeigt werden. Daraufhin dekomprimieren Sie eine Datei und prüfen schließlich, wie sich das Kopieren und Verschieben auf komprimierte Dateien auswirkt.

▶ **So prüfen Sie, welche Kapazität das Laufwerk C hat und wie viel Speicherplatz noch frei ist**

1. Melden Sie sich als Administrator an und klicken Sie mit der rechten Maustaste auf das Symbol *Arbeitsplatz* auf dem Desktop. Klicken Sie dann auf *Explorer*.

2. Klicken Sie mit der rechten Maustaste auf das Laufwerk *C* und anschließend auf *Eigenschaften*.

    Das Dialogfeld *Eigenschaften von Lokaler Datenträger (C:)* wird geöffnet. Die Registerkarte *Allgemein* ist aktiv.

    Welche Kapazität hat Laufwerk C?

    Wie viel freier Speicherplatz ist auf Laufwerk C vorhanden?

3. Klicken Sie auf *Abbrechen*, um das Dialogfeld *Eigenschaften von Lokaler Datenträger (C:)* zu schließen und zum Windows Explorer zurückzukehren.

▶ **So komprimieren Sie eine Ordnerhierarchie**

1. Erweitern Sie im Windows Explorer die Festplatte C.

2. Erstellen Sie auf Laufwerk C einen Ordner mit dem Namen *KomprTest*.

3. Doppelklicken Sie auf den Ordner *KomprTest*, um ihn zu erweitern.
4. Erstellen Sie im Ordner *KomprTest* einen weiteren Ordner mit dem Namen *KomprTest2*.
5. Klicken Sie mit der rechten Maustaste auf den Ordner *KomprTest* und anschließend auf *Eigenschaften*.

   Das Dialogfeld *Eigenschaften von KomprTest* wird geöffnet. Die Registerkarte *Allgemein* ist aktiv.

6. Klicken Sie auf der Registerkarte *Allgemein* auf die Schaltfläche *Erweitert*.

   Das Dialogfeld *Erweiterte Attribute* wird geöffnet.

7. Markieren Sie das Kontrollkästchen *Inhalt komprimieren, um Speicherplatz zu sparen*.
8. Markieren Sie das Kontrollkästchen *Inhalt verschlüsseln, um Daten zu schützen*.

   Beachten Sie, dass die Markierung des Kontrollkästchens *Inhalt komprimieren, um Speicherplatz zu sparen* automatisch entfernt wird.

9. Markieren Sie das Kontrollkästchen *Inhalt komprimieren, um Speicherplatz zu sparen*.
10. Klicken Sie auf OK, um in das Dialogfeld *Eigenschaften von KomprTest* zurückzukehren.
11. Klicken Sie auf *Übernehmen*, um die Einstellungen zu übernehmen.

    Das Dialogfeld *Änderungen der Attribute bestätigen* wird geöffnet. Hier werden Sie aufgefordert anzugeben, ob nur dieser eine Ordner oder auch alle seine Unterordner und alle darin enthaltenen Dateien komprimiert werden sollen.

12. Markieren Sie das Kontrollkästchen *Änderungen für diesen Ordner, Unterordner und Dateien übernehmen* und klicken Sie auf OK.

    In einem Meldungsdialogfeld werden der Fortschritt des Vorgangs sowie die Pfade und Namen der Ordner und Dateien angezeigt, die gerade komprimiert werden. Da der Vorgang für nur wenige Daten durchgeführt wird, wird die Komprimierung so schnell beendet, dass Sie das Dialogfeld höchstens kurz sehen.

13. Klicken Sie auf OK, um das Dialogfeld *Eigenschaften* zu schließen.

▶ **So zeigen Sie komprimierte Dateien und Ordner in einer anderen Farbe an**

1. Klicken Sie im Windows Explorer auf die lokale Festplatte (C:) und klicken Sie im Menü *Extras* auf *Ordneroptionen*.

   Das Dialogfeld *Ordneroptionen* wird eingeblendet. Die Registerkarte *Allgemein* ist aktiv.

2. Klicken Sie auf die Registerkarte *Ansicht*.

3. Markieren Sie in der Liste *Erweiterte Einstellungen* das Kontrollkästchen *Komprimierte Dateien und Ordner in anderer Farbe anzeigen*.

4. Klicken Sie auf OK, um die Einstellung anzuwenden.

   Die Namen der komprimierten Ordner und Dateien werden blau angezeigt.

▶ **So dekomprimieren Sie einen Ordner**

1. Erweitern Sie im Windows Explorer den Ordner *KomprTest*.

2. Klicken Sie im Ordner *KomprTest* mit der rechten Maustaste auf den Ordner *KomprTest2* und anschließend auf *Eigenschaften*.

   Das Dialogfeld *Eigenschaften von KomprTest2* wird geöffnet. Die Registerkarte *Allgemein* ist aktiv.

3. Klicken Sie auf der Registerkarte *Allgemein* auf die Schaltfläche *Erweitert*.

   Das Dialogfeld *Erweiterte Attribute* wird geöffnet.

4. Entfernen Sie die Markierung aus dem Kontrollkästchen *Inhalt komprimieren, um Speicherplatz zu sparen* und klicken Sie auf OK, um diese Änderung zu übernehmen und zum Dialogfeld *Eigenschaften von KomprTest2* zurückzukehren.

5. Klicken Sie auf OK, um das Dialogfeld *Eigenschaften von KomprTest2* zu schließen.

   Da der Ordner *KomprTest2* leer ist, wird das Dialogfeld *Änderungen der Attribute bestätigen*, in dem Sie angeben müssten, ob nur der Ordner oder auch die in ihm enthaltenen Unterordner und Dateien komprimiert werden sollen, nicht eingeblendet.

   Woran können Sie erkennen, dass der Ordner *KomprTest2* nicht mehr komprimiert ist?

   _____

Übung 2: Dateien kopieren und verschieben

In dieser Übung werden Sie sehen, welche Auswirkungen das Kopieren und Verschieben auf komprimierte Dateien hat.

▶ **So erstellen Sie eine komprimierte Datei**

1. Klicken Sie im Windows Explorer auf den Ordner *KomprTest*.

2. Klicken Sie im Menü *Datei* auf *Neu* und anschließend auf *Textdatei*.

3. Geben Sie **Text1** ein und drücken Sie die Eingabetaste.

   Wie können Sie feststellen, ob *Text1* komprimiert ist?

   _____

   _____

▶ **So kopieren Sie eine komprimierte Datei in einen dekomprimierten Ordner**

1. Kopieren Sie *Text1* in den Ordner *KomprTest\KomprTest2*.

   Stellen Sie sicher, dass Sie die Datei kopieren und nicht verschieben (halten Sie die Taste Strg gedrückt, während Sie die Datei ziehen).

2. Prüfen Sie die Eigenschaften der Datei *Text1* im Ordner *KomprTest2*.

   Ist die Datei *Text1* im Ordner *KomprTest2* komprimiert oder nicht? Warum?

   _____

   _____

▶ **So verschieben Sie eine komprimierte Datei in einen dekomprimierten Ordner**

1. Prüfen Sie die Eigenschaften der Datei *Text1.txt* im Ordner *KomprTest*.

   Ist die Datei *Text1.txt* komprimiert oder nicht?

   _____

2. Verschieben Sie die Datei *Text1.txt* in den Ordner *KomprTest\KomprTest2*. Wenn das Dialogfeld *Ersetzen von Dateien bestätigen* eingeblendet wird, in dem Sie bestätigen müssen, dass Sie die Datei ersetzen wollen, klicken Sie auf *Ja*.

3. Prüfen Sie die Eigenschaften der Datei *Text1.txt* im Ordner *KomprTest2*.

   Ist die Datei *Text1.txt* komprimiert oder nicht? Warum?

   _____

   _____

▶ **So dekomprimieren Sie den NTFS-Ordner**

1. Klicken Sie im Windows Explorer mit der rechten Maustaste auf den Ordner *KomprTest* und klicken Sie anschließend auf *Eigenschaften*.

   Das Dialogfeld *Eigenschaften von KomprTest* wird geöffnet. Die Registerkarte *Allgemein* ist aktiv.

2. Klicken Sie auf der Registerkarte *Allgemein* auf die Schaltfläche *Erweitert*.

   Das Dialogfeld *Erweiterte Attribute* wird geöffnet.

3. Entfernen Sie die Markierung aus dem Kontrollkästchen *Inhalt komprimieren, um Speicherplatz zu sparen*. Klicken Sie auf OK, um zum Dialogfeld *Eigenschaften von KomprTest* zurückzukehren.

4. Klicken Sie auf *Übernehmen*.

   Das Dialogfeld *Änderungen der Attribute bestätigen* wird eingeblendet. Darin müssen Sie angeben, ob nur dieser eine Ordner oder auch alle darin enthaltenen Unterordner dekomprimiert werden sollen.

5. Klicken Sie auf *Änderungen für diesen Ordner, Unterordner und Dateien übernehmen* und anschließend auf OK.

   Das kurz eingeblendete Mitteilungsfeld wird möglicherweise so schnell wieder ausgeblendet, dass Sie es nicht sehen.

6. Klicken Sie auf OK, um das Dialogfeld *Eigenschaften* zu schließen und schließen Sie dann auch den Windows Explorer.

Zusammenfassung der Lektion

In dieser Lektion haben Sie gelernt, wie Sie Dateien und Ordner auf NTFS-Laufwerken komprimieren und dekomprimieren können. Sie wissen nun, dass alle auf Microsoft Windows bzw. MS-DOS basierenden Anwendungen Dateien öffnen und in Dateien schreiben können, ohne dass diese zuvor von einem anderen Programm dekomprimiert werden müssen. Das NTFS-Dateisystem in Windows dekomprimiert die Datei automatisch, bevor sie zur Verfügung gestellt wird, und wenn Sie sie wieder schließen oder speichern, wird sie ebenso automatisch wieder komprimiert.

Außerdem haben Sie gelernt, wie Sie die Farbe ändern können, in der komprimierte Dateien und Ordner im Windows Explorer angezeigt werden. Auf diese Weise können Sie sie leicht von nicht komprimierten Dateien und Ordnern unterscheiden. Sie haben zudem erfahren, dass Dateien und Ordner nicht gleichzeitig verschlüsselt und komprimiert werden können.

Schließlich haben Sie gelernt, was beim Kopieren und Verschieben von komprimierten Dateien geschieht. Wenn Sie eine Datei innerhalb eines NTFS-Laufwerks kopieren, übernimmt die Datei den Komprimierungszustand des Zielordners. Wenn Sie Dateien bzw. Ordner innerhalb eines NTFS-Laufwerks verschieben, behalten sie ihren ursprünglichen Komprimierungszustand. Wenn Sie Dateien bzw. Ordner von einem NTFS-Laufwerk auf ein anderes kopieren oder verschieben, übernehmen sie den Komprimierungszustand des Zielordners. Wenn Sie komprimierte NTFS-Dateien bzw. -Ordner auf ein FAT-Laufwerk oder eine Diskette kopieren oder verschieben, werden sie von Windows 2000 automatisch dekomprimiert.

Lektion 2: Datenträger kontingentieren

Mithilfe von Datenträgerkontingenten können Sie den Speicherverbrauch in verteilten Umgebungen kontrollieren. Sie ermöglichen es Ihnen, den Benutzern eine bestimmte Speicherplatzgröße zur Speicherung derjenigen Ordner und Dateien zuzuweisen, die sie besitzen. Sie können Datenträgerkontingente, Schwellenwerte und Grenzwerte sowohl für alle Benutzer als auch für einzelne Benutzer festlegen. Darüber hinaus können Sie überwachen, wie viel Festplattenspeicherplatz die einzelnen Benutzer bereits in Anspruch nehmen und wie weit sie ihre Kontingente ausgeschöpft haben.

Am Ende dieser Lektion werden Sie in der Lage sein, die folgenden Aufgaben auszuführen:

- Sie können Datenträgerkontingente konfigurieren und verwalten.

Veranschlagte Zeit für die Lektion: 20 Minuten

Die Verwaltung von Datenträgerkontingenten in Windows 2000

Mit Datenträgerkontingenten in Windows 2000 verfolgen und steuern Sie, wie viel Speicherplatz die verschiedenen Benutzer auf den verschiedenen Laufwerken in Anspruch nehmen dürfen. Windows 2000 zeichnet Datenträgerkontingente für jedes Laufwerk auf, auch wenn sich die Laufwerke auf derselben physischen Festplatte befinden. Da die Kontingente für jeden Benutzer einzeln aufgezeichnet werden, wird der Speicherplatz, den ein Benutzer in Anspruch nimmt, unabhängig davon, in welchen Ordnern sich seine Dateien befinden, vollständig aufgezeichnet. Die Eigenschaften der Datenträgerkontingente in Windows 2000 werden in Tabelle 18.2 beschrieben.

Tabelle 18.2 Die Eigenschaften von Datenträgerkontingenten

Eigenschaft	Beschreibung
Die Ermittlung des Speicherplatzverbrauchs jedes Benutzers orientiert sich daran, welche Dateien und Ordner er besitzt.	Windows 2000 errechnet die Beanspruchung des Speicherplatzes auf der Grundlage der Dateien und Ordner, die ein Benutzer besitzt. Wenn ein Benutzer eine neue Datei auf ein NTFS-Laufwerk kopiert bzw. sie darauf speichert oder wenn er den Besitz einer Datei auf einem NTFS-Laufwerk übernimmt, wird der Speicherplatz dieser Datei von Windows 2000 zu dem von seinen übrigen Dateien belegten Platz addiert und als Beanspruchung seines Kontingents gewertet.

(Fortsetzung)

Eigenschaft	Beschreibung
Bei der Datenträgerkontingentierung wird Komprimierung nicht berücksichtigt.	Bei der Berechnung des Speicherplatzes auf der Festplatte ignoriert Windows 2000 eine etwaige Komprimierung. Der von jedem Benutzer beanspruchte Speicherplatz wird in Byte auf der Basis der dekomprimierten Dateien errechnet, unabhängig davon, wie viel Speicherplatz tatsächlich verbraucht wird. Damit wird auch die Tatsache berücksichtigt, dass verschiedene Dateitypen unterschiedlich stark komprimiert werden. Dateien, die in nicht komprimiertem Zustand gleich groß sind, können nach der Komprimierung unterschiedlich groß sein.
Anwendungen werden von freiem Speicherplatz nach Maßgabe der Kontingentgrenze informiert.	Wenn Sie Datenträgerkontingente aktivieren, meldet Windows 2000 den verwendeten Anwendungen nur so viel freien Speicherplatz auf dem Laufwerk wie innerhalb des Kontingents des Benutzers noch zur Verfügung steht.

Hinweis Datenträgerkontingente können nur auf Windows 2000-NTFS-Laufwerken definiert werden.

Mithilfe von Datenträgerkontingenten können Sie die Beanspruchung von Speicherplatz auf den Festplatten überwachen und steuern. Systemadministratoren haben dabei folgende Möglichkeiten:

- Sie können einen Grenzwert festlegen, der angibt, wie viel Speicherplatz jeder Benutzer in Anspruch nehmen darf.

- Sie können eine Warnung definieren, d. h. festlegen, wann Windows 2000 das Ereignis als eingetreten protokollieren soll, dass ein Benutzer seine Grenze fast erreicht hat.

- Sie können die Grenzwerte durchsetzen und den Benutzern den Zugriff auf weiteren Festplattenspeicher sperren, wenn sie ihren Grenzwert überschreiten. Ebenso können sie aber den Benutzern auch in diesem Fall den Zugriff weiterhin erlauben.

- Sie können ein Ereignis protokollieren lassen, wenn ein Benutzer einen bestimmten Schwellenwert überschreitet. Dieser Schwellenwert könnte beispielsweise das Überschreiten des Grenzwerts selbst oder auch das Überschreiten des Wertes sein, an dem die Warnung ausgelöst wird.

Nachdem Sie die Datenträgerkontingente für ein Laufwerk aktiviert haben, sammelt Windows 2000 die Daten über die Beanspruchung der Festplatte von allen Benutzern, die Dateien und Ordner auf dem Laufwerk besitzen. Auf diese Weise können Sie überwachen, wie viel Speicherplatz jeder einzelne Benutzer in Anspruch nimmt. Standardmäßig können nur Mitglieder der Gruppe Administratoren die Kontingenteinstellungen anzeigen und ändern. Sie können jedoch auch den Benutzern erlauben, die Einstellungen einzusehen.

Datenträgerkontingente festlegen

Sie können Datenträgerkontingente, Kontingentwarnungen und Grenzwerte entweder für alle Benutzer gleich oder für die einzelnen Benutzer festlegen.

Wenn Sie die Kontingente aktivieren wollen, öffnen Sie das Dialogfeld *Eigenschaften* für ein Laufwerk, klicken auf die Registerkarte *Kontingent* und konfigurieren die Optionen, die in Tabelle 18.3 beschrieben und in Abbildung 18.3 gezeigt werden.

Tabelle 18.3   Optionen auf der Registerkarte *Kontingent*

Option	Beschreibung
Kontingentverwaltung aktivieren	Wenn Sie dieses Kontrollkästchen markieren, wird die Kontingentverwaltung aktiviert.
Speicher bei Kontingentüberschreitung verweigern	Wenn Sie dieses Kontrollkästchen markieren, erhalten Benutzer, die den ihnen zugewiesenen Speicherplatz auf der Festplatte überschreiten, eine dementsprechende Meldung und können keine Dateien mehr auf das Laufwerk speichern.
Speicherplatz nicht beschränken	Wenn Sie diese Option aktivieren, wird der Speicherplatz auf der Festplatte für die Benutzer nicht begrenzt.
Speicherplatz beschränken auf	Hier können Sie einstellen, wie viel Speicherplatz die Benutzer in Anspruch nehmen dürfen.
Warnstufe festlegen auf	Hier können Sie einstellen, wie viel Speicherplatz die Benutzer belegen dürfen, bis Windows 2000 das Ereignis protokolliert, dass ein Benutzer seinen Grenzwert bald erreicht hat.
Kontingenteinträge	Wenn Sie auf diese Schaltfläche klicken, wird das Fenster *Kontingenteinträge für* geöffnet. Hier können Sie neue Einträge einfügen, vorhandene Einträge löschen und die Informationen über die Quoten der einzelnen Benutzer anzeigen.

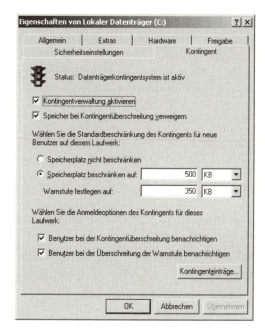

Abbildung 18.3 Die Registerkarte *Kontingent*

Wenn Sie für alle Benutzer dieselben Kontingente festlegen wollen, gehen Sie in folgenden Schritten vor:

1. Geben Sie in die Felder *Speicherplatz beschränken auf* und *Warnstufe festlegen auf* die Werte für den Grenzwert und für den Schwellenwert, bei dem eine Warnung ausgelöst wird, ein.

2. Markieren Sie das Kontrollkästchen *Speicher bei Kontingentüberschreitung verweigern*.

Windows 2000 überwacht daraufhin die Beanspruchung der Festplatte und verhindert, dass Benutzer, die ihren Grenzwert überschritten haben, auf dem Laufwerk neue Dateien speichern oder Ordner erstellen.

Den Status von Datenträgerkontingenten prüfen

Den Status der Datenträgerkontingente können Sie im Dialogfeld *Eigenschaften* eines Laufwerks feststellen, indem Sie das Ampelsymbol und die rechts daneben angezeigte Statusmeldung prüfen (siehe Abbildung 18.3):

- Das rote Ampelsignal bedeutet, dass die Datenträgerkontingente nicht aktiviert sind.

- Das gelbe Ampelsignal bedeutet, dass Windows 2000 die Informationen über die Datenträgerkontingente neu erstellt.

- Das grüne Ampelsignal bedeutet, dass die Datenträgerkontingentierung aktiv ist.

Wenn Sie für bestimmte Benutzer unterschiedliche Kontingente festlegen wollen, gehen Sie in folgenden Schritten vor:

1. Öffnen Sie das Dialogfeld *Eigenschaften* für einen Datenträger, klicken Sie auf die Registerkarte *Kontingent* und klicken Sie dann auf die Schaltfläche *Kontingenteinträge*.
2. Doppelklicken Sie im Fenster *Kontingenteinträge für Lokaler Datenträger (C:)*, das in Abbildung 18.4 gezeigt wird, auf das Benutzerkonto, für das Sie eine Kontingentgrenze festlegen wollen. Alternativ können Sie auch einen neuen Eintrag erstellen, indem Sie im Menü *Kontingent* auf *Neuer Kontingenteintrag* klicken.
3. Konfigurieren Sie so die Kontingentgrenze und die Warnstufe für jeden einzelnen Benutzer.

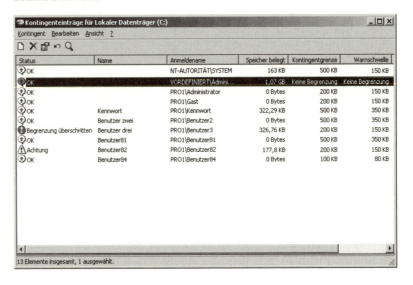

Abbildung 18.4 Das Fenster *Kontingenteinträge für Lokaler Datenträger (C:)*

Datenträgerkontingente überwachen

Im Fenster *Kontingenteinträge für* können Sie alle Benutzer überwachen, die Dateien oder Ordner auf das betreffende Laufwerk kopiert bzw. verschoben haben oder sie besitzen. Windows 2000 durchsucht das Laufwerk und zeichnet jeweils den Speicherplatz auf, den jeder Benutzer für sich in Anspruch nimmt. Im Fenster *Kontingenteinträge für* können Sie Folgendes überwachen:

- Die Größe des Speicherplatzes, den die einzelnen Benutzer aktuell beanspruchen.

- Benutzer, die ihre Warnstufe überschritten haben. Dies wird durch ein gelbes Dreiecksymbol angezeigt.
- Benutzer, die ihre Kontingentgrenze überschritten haben. Dies wird durch ein rotes Kreissymbol angezeigt.
- Die Warnstufe und die Kontingentgrenze jedes Benutzers.

Den Einsatz der Datenträgerkontingente optimieren

In der folgenden Liste finden Sie Richtlinien zur optimalen Verwendung von Datenträgerkontingenten:

- Wenn Sie die Einstellungen für Datenträgerkontingente auf dem Laufwerk aktivieren, auf dem Windows 2000 installiert ist, und wenn Ihrem Benutzerkonto ein Kontingent zugewiesen wurde, melden Sie sich als Administrator an, wenn Sie zusätzliche Komponenten und Anwendungen von Windows 2000 installieren wollen. Auf diese Weise verbucht Windows 2000 den Speicherplatz für diese Anwendungen nicht auf Ihrem Benutzerkonto.
- Sie können die Beanspruchung der Festplatte überwachen und Informationen darüber generieren, ohne die Benutzer an der Speicherung ihrer Daten zu hindern. Zu diesem Zweck entfernen Sie beim Aktivieren der Datenträgerkontingente die Markierung aus dem Kontrollkästchen Speicher bei Kontingentüberschreitung verweigern.
- Legen Sie für alle Benutzerkonten möglichst restriktive Grenzwerte fest und erhöhen Sie diese dann speziell für bestimmte Benutzer, die mit großen Dateien arbeiten müssen.
- Wenn Computer mit dem Betriebssystem Windows 2000 Professional von mehreren Benutzer gemeinsam genutzt werden, legen Sie für alle Laufwerke des Computers Kontingente fest, sodass der Speicherplatz gleichmäßig auf alle Benutzern des Computers verteilt wird.
- Bei gemeinsam genutzten Laufwerken sollten Sie generell Kontingente definieren, um den Speicherplatz der einzelnen Benutzer zu begrenzen. Setzen Sie auch für öffentliche Ordner und Netzwerkserver Kontingente fest, damit sicher gestellt ist, dass der Speicherplatz gerecht auf die Benutzer verteilt wird. Wenn der Speicherplatz generell knapp ist, empfiehlt es sich, für alle gemeinsam genutzten Festplatten Kontingente zu definieren.
- Löschen Sie die Kontingenteinträge für Benutzer, die auf einem Laufwerk keine Daten mehr speichern. Die Kontingenteinträge eines Benutzers können erst dann gelöscht werden, wenn alle Dateien, die dieser Benutzer besitzt, von dem Laufwerk gelöscht oder von einem anderen Benutzer in Besitz genommen wurden.
- Bevor Sie also den Kontingenteintrag eines Benutzers löschen können, müssen Sie oder der Benutzer selbst alle Dateien, die er besitzt, von dem Laufwerk entfernen. Alternativ muss ein anderer Benutzer deren Besitz übernehmen.

Praxis: Datenträgerkontingente aktivieren und deaktivieren

In diesem Praxisabschnitt konfigurieren Sie standardmäßige Einstellungen für Datenträgerkontingente, um die Datenmenge, die die Benutzer auf dem Laufwerk C (ihrem Festplattenlaufwerk) speichern dürfen, zu beschränken. Daraufhin konfigurieren Sie eine spezielle Einstellung für ein bestimmtes Benutzerkonto. Dabei erhöhen Sie die Datenmenge, die dieser Benutzer auf Laufwerk C speichern kann, auf 20 MB. Die Warnstufe legen Sie auf 16 MB fest. Schließlich deaktivieren Sie die Datenträgerkontingente auf Laufwerk C wieder.

> **Hinweis** Wenn Sie Windows 2000 Professional nicht auf Laufwerk C installiert haben, verwenden Sie im Verlauf dieser Übungen an Stelle des Laufwerks C die NTFS-Partition, auf der Windows 2000 Professional installiert ist.

Übung 1: Einstellungen für Datenträgerkontingente konfigurieren

In dieser Übung konfigurieren Sie die Einstellungen für Datenträgerkontingente auf Laufwerk C, damit die Benutzer auf diesem Laufwerk nur eine begrenzte Menge von Daten speichern können. Daraufhin legen Sie spezielle Einstellungen für ein bestimmtes Benutzerkonto fest.

▶ **So konfigurieren Sie Standardeinstellungen für Datenträgerkontingente**

1. Melden Sie sich als Administrator an und erstellen Sie das Benutzerkonto *Benutzer5*. Weisen Sie ihm das Kennwort *kennwort* zu und entfernen Sie die Markierung aus dem Kontrollkästchen *Benutzer muss Kennwort bei nächster Anmeldung ändern*.

2. Klicken Sie im Windows Explorer mit der rechten Maustaste auf das Laufwerk *C* und anschließend auf *Eigenschaften*.

   Das Dialogfeld *Eigenschaften von Lokaler Datenträger (C:)* wird geöffnet. Die Registerkarte *Allgemein* ist aktiv.

3. Klicken Sie auf die Registerkarte *Kontingent*.

   Beachten Sie, dass die Kontingente standardmäßig nicht aktiviert sind.

4. Klicken Sie auf der Registerkarte *Kontingent* in das Kontrollkästchen *Kontingentverwaltung aktivieren*.

   Wie hoch ist die standardmäßige Kontingentgrenze für neue Benutzer?

   _____

5. Markieren Sie das Kontrollkästchen *Speicher bei Kontingentüberschreitung verweigern*.

6. Klicken Sie in das Feld *Speicherplatz beschränken auf*.

7. Geben Sie in das Feld *Speicherplatz beschränken auf* 10 ein und geben Sie in das Feld *Warnstufe festlegen auf* 6 ein.

   Beachten Sie, dass die standardmäßige Einheit KB ist.

8. Ändern Sie die Einheit in MB und klicken Sie auf *Übernehmen*.

   Das Meldungsdialogfeld *Datenträgerkontingent* wird eingeblendet. Darin werden Sie darauf aufmerksam gemacht, dass beim Aktivieren der Kontingente die Festplatte neu durchsucht wird, um die Daten über ihre Beanspruchung zu aktualisieren.

9. Klicken Sie auf OK, um die Datenträgerkontingente zu aktivieren.

▶ **So konfigurieren Sie Kontingenteinstellungen für einen bestimmten Benutzer**

1. Klicken Sie im Dialogfeld *Eigenschaften von Lokaler Datenträger (C:)* auf der Registerkarte *Kontingent* auf die Schaltfläche *Kontingenteinträge*.

   Das Fenster *Kontingenteinträge für Lokaler Datenträger (C:)* wird geöffnet.

   Wird darin eine Liste mit Benutzerkonten angezeigt? Warum?

   _____

   _____

2. Klicken Sie im Menü *Kontingent* auf *Neuer Kontingenteintrag*.

   Das Dialogfeld *Benutzer auswählen* wird geöffnet.

3. Markieren Sie im Feld *Suchen in* PRO1.

   Hinweis Wenn Ihr Computer nicht PRO1 heißt oder wenn er Mitglied in einer Domäne ist, markieren Sie den entsprechenden Computer- bzw. Domänennamen.

4. Markieren Sie im oberen Teil des Dialogfelds im Feld *Name* den Eintrag *Benutzer5* und klicken Sie auf *Hinzufügen*.

   Der Benutzername wird in der Liste *Name* im unteren Teil des Dialogfelds angezeigt.

5. Klicken Sie auf OK.

   Das Dialogfeld *Neuen Kontingenteintrag hinzufügen* wird geöffnet.

   Welche Standardeinstellungen gelten für den Benutzer, für den Sie gerade eine Kontingentgrenze festgelegt haben?

   _____

   _____

6. Erhöhen Sie die Datenmenge, die *Benutzer5* auf Laufwerk C speichern kann, indem Sie in das Feld *Speicherplatz beschränken auf* 20 MB und in das Feld *Warnstufe festlegen auf* 16 MB eingeben.

7. Klicken Sie auf OK, um zum Fenster *Kontingenteinträge* zurückzukehren.
8. Schließen Sie das Fenster *Kontingenteinträge*.
9. Klicken Sie auf OK, um das Dialogfeld *Eigenschaften von Lokaler Datenträger (C:)* zu schließen.
10. Melden Sie sich ab,

▶ **So prüfen Sie die Einstellungen für die Datenträgerkontingente**

1. Melden Sie sich als *Benutzer5* mit dem Kennwort *kennwort* an.
2. Starten Sie den Windows Explorer und erstellen Sie auf Laufwerk C den Ordner *Benutzer5*.
3. Legen Sie die Installations-CD-ROM von Windows 2000 Professional in das CD-ROM-Laufwerk ein.
4. Wenn daraufhin ein Dialogfeld eingeblendet wird, schließen Sie es.
5. Kopieren Sie den Ordner *i386* von der CD-ROM in den Ordner *Benutzer5*.

   Windows 2000 Professional beginnt, die Dateien aus dem Ordner *i386* von der CD-ROM in einen neuen Ordner *i386* innerhalb des Ordners *Benutzer5* auf Laufwerk C zu kopieren. Nachdem einige Dateien kopiert wurden, wird jedoch das Dialogfeld *Fehler beim Kopieren der Dateien oder des Ordners* eingeblendet, das Sie darauf aufmerksam macht, dass auf der Festplatte nicht genügend Speicherplatz zur Verfügung steht.

   Warum haben Sie diese Fehlermeldung erhalten?

   _____

   _____

6. Klicken Sie auf OK, um das Dialogfeld zu schließen.
7. Klicken Sie mit der rechten Maustaste auf den Ordner *Benutzer5* und klicken Sie dann auf *Eigenschaften*.

   Beachten Sie, dass der Wert *Dateigröße* fast Ihre festgesetzte Kontingentgrenze von 20 MB erreicht hat.
8. Schließen Sie alle geöffneten Fenster und melden Sie sich ab.

Übung 2: Die Datenträgerkontingente deaktivieren
In dieser Übung deaktivieren Sie die Einstellungen für Datenträgerkontingente auf Laufwerk C.

▶ **So deaktivieren Sie die Einstellungen für Datenträgerkontingente auf Laufwerk C**

1. Melden Sie sich als Administrator an und starten Sie den Windows Explorer.

2. Löschen Sie den Ordner *Benutzer5*.

3. Klicken Sie mit der rechten Maustaste auf Laufwerk *C* und klicken Sie dann auf *Eigenschaften*.

   Das Dialogfeld *Eigenschaften von Lokaler Datenträger (C:)* wird geöffnet. Die Registerkarte *Allgemein* ist aktiv.

4. Klicken Sie auf die Registerkarte *Kontingent*.

5. Entfernen Sie auf der Registerkarte *Kontingent* die Markierung aus dem Kontrollkästchen *Kontingentverwaltung aktivieren*.

   Beachten Sie, dass alle Einstellungen für Kontingente auf Laufwerk C entfernt werden.

6. Klicken Sie auf *Übernehmen*.

   Das Meldungsdialogfeld *Datenträgerkontingent* wird eingeblendet. Sie werden darauf aufmerksam gemacht, dass nach der Deaktivierung der Kontingente das Laufwerk bei einer späteren Reaktivierung erneut durchsucht werden muss.

7. Klicken Sie auf OK, um das Meldungsdialogfeld zu schließen.

8. Klicken Sie auf OK, um das Dialogfeld *Eigenschaften von Lokaler Datenträger (C:)* zu schließen.

9. Schließen Sie alle Anwendungen.

Zusammenfassung der Lektion

In dieser Lektion haben Sie gelernt, dass Sie mithilfe der Datenträgerkontingente festlegen können, wie viel Speicherplatz die einzelnen Benutzer in Anspruch nehmen dürfen. Sie können Datenträgerkontingente, Schwellenwerte und Kontingentgrenzen sowohl für alle Benutzer als auch für bestimmte Benutzer definieren. Außerdem können Sie überwachen, wie viel Speicherplatz auf der Festplatte die einzelnen Benutzer aktuell belegen und wie viel ihnen in Anbetracht des zugewiesenen Kontingents noch zur Verfügung steht. Sie haben erfahren, dass Windows 2000 eine etwaige Komprimierung bei der Berechnung des verfügbaren Speicherplatzes nicht berücksichtigt und dass Sie Kontingente nur auf NTFS-Laufwerken in Windows 2000 definieren können.

In den Datenträgerkontingenten in Windows 2000 wird überwacht und aufgezeichnet, wie viel Speicherplatz jeder einzelne Benutzer auf einer bestimmten Festplatte in Anspruch nimmt. Windows 2000 zeichnet die Kontingente für jedes Laufwerk einzeln auf, selbst wenn sich mehrere Laufwerke auf einer Festplatte befinden. Da die Kontingente für jeden einzelnen Benutzer aufgezeichnet werden, wissen Sie immer, wie viel Speicherplatz jeder Benutzer belegt, gleichgültig in welchen Ordnern seine Dateien gespeichert sind.

Lektion 3: Mehr Sicherheit mit EFS

Mit dem Microsoft Encrypting File System (EFS, Dateiverschlüsselungssystem) lassen sich Daten verschlüsseln, die auf der Festplatte in NTFS-Dateien gespeichert sind. EFS-Verschlüsselung basiert auf öffentlichen Schlüsseln und wird als integrierter Systemdienst ausgeführt, sodass sie leicht zu verwalten und zugleich schwer zu knacken ist. Für den Besitzer der Dateien ist die Verschlüsselung transparent, sodass er von Einzelheiten nicht behelligt wird. Wenn ein Benutzer, der auf eine verschlüsselte Datei zugreifen will, den privaten Schlüssel zu der Datei besitzt, kann die Datei entschlüsselt werden, und der Benutzer kann sie öffnen und mit ihr arbeiten wie mit einem normalen Dokument, ohne von dem Prozess etwas zu bemerken. Einem Benutzer, der den privaten Schlüssel nicht hat, wird der Zugriff dagegen verweigert.

In Windows 2000 gibt es zudem das Befehlszeilen-Dienstprogramm Cipher, mit dessen Hilfe Sie Dateien und Ordner ver- und entschlüsseln können. Außerdem stellt Windows 2000 einen Wiederherstellungsagenten zur Verfügung. Wenn also ein Besitzer den privaten Schlüssel verliert, kann dieses Programm die verschlüsselte Datei trotzdem wiederherstellen.

Am Ende dieser Lektion werden Sie in der Lage sein, die folgenden Aufgaben auszuführen:

- Sie können Ordner und Dateien verschlüsseln.
- Sie können Ordner und Dateien entschlüsseln.

Veranschlagte Zeit für die Lektion: 30 Minuten

Das EFS-Dateisystem

Mit EFS können Benutzer NTFS-Dateien mithilfe einer sicheren, auf einem öffentlichen Schlüssel basierenden kryptografischen Methode verschlüsseln. Dabei werden alle Dateien innerhalb eines Ordners verschlüsselt. Benutzer mit *servergespeicherten* Profilen, können denselben Schlüssel auch auf vertrauenswürdigen Remotesystemen verwenden. Zu Beginn entsteht keinerlei administrativer Aufwand und die meisten Operationen laufen transparent ab. Sicherungen und Kopien von verschlüsselten Dateien, die auf NTFS-Laufwerken erstellt werden, sind ebenfalls verschlüsselt und Dateien, die verschoben oder umbenannt werden, bleiben verschlüsselt. Das Verschlüsselungsziel wird weder durch temporäre im Zuge von Bearbeitungsvorgängen erstellten Dateien gefährdet noch durch Auslagerungsdateien.

Bei Bedarf können Sie Richtlinien für die Wiederherstellung der mit EFS verschlüsselten Daten festlegen. Die Richtlinien für die Wiederherstellung sind in die umfassenden Sicherheitsrichtlinien in Windows 2000 integriert. Die Überwachung dieser Richtlinien kann an Personen delegiert werden, die das Recht zum Wiederherstellen besitzen.

Für verschiedene Teile eines Unternehmens lassen sich unterschiedliche Wiederherstellungsrichtlinien definieren. Bei Wiederherstellung einer Datei werden nur die Daten entschlüsselt. Der verwendete Schlüssel wird nicht offen gelegt. Es gibt mehrere Schutzmechanismen, die sicherstellen, dass sich die Daten wiederherstellen lassen und dass auch im Fall eines totalen Systemausfalls keine Daten verloren gehen.

EFS wird entweder im Windows Explorer oder über die Befehlszeile implementiert. Es kann für einen Computer, eine ganze Domäne oder auch für eine organisatorische Einheit aktiviert bzw. deaktiviert werden. Dazu bearbeiten Sie in der MMC-Konsole *Gruppenrichtlinien* die Sicherheitseinstellungen, insbesondere die Wiederherstellungsrechte.

Hinweis Wenn Sie die Gruppenrichtlinien für eine Domäne bzw. Organisation einstellen wollen, muss Ihr Computer Mitglied in einer Windows 2000-Domäne sein.

Sie können mit EFS Daten auf Remote-Dateiservern ver- und entschlüsseln, aber Sie können keine Daten verschlüsseln, die über das Netzwerk übermittelt werden. Zur Verschlüsselung von Daten bei Netzwerkübertragungen gibt es in Windows 2000 geeignete Protokolle, beispielsweise die Secure Sockets Layer-Authentifizierung (SSL).

In Tabelle 18.4 finden Sie eine Liste der wichtigsten Leistungsmerkmale von EFS in Windows 2000.

Tabelle 18.4 Leistungsmerkmale von EFS

Merkmal	Beschreibung
Transparente Verschlüsselung	Bei der EFS-Verschlüsselung muss der Besitzer einer Datei diese nicht bei jedem Zugriff erst ent- und dann wieder verschlüsseln. Diese Vorgänge laufen bei jeder Lese- und Schreiboperation transparent im Hintergrund ab.
Sicherer Schutz der Schlüssel	Die Verschlüsselung mit öffentlichen Schlüsseln widersteht auch ausgefeilten Dekodierungsangriffen. Beim EFS werden die Schlüssel, die zur Verschlüsselung der Dateien verwendet werden, selber wieder mithilfe eines öffentlichen Schlüssels verschlüsselt, der aus dem Zertifikat des Benutzers gebildet wird. (Anmerkung: Windows 2000 verwendet X.509 v3-Zertifikate). Diese werden zusammen mit der verschlüsselten Datei gespeichert und nur für diese Datei verwendet. Der Besitzer der Datei liefert einen privaten Schlüssel zur Entschlüsselung der Datei, über den nur er allein verfügt.

(Fortsetzung)

Merkmal	Beschreibung
Wiederherstellung aller Daten	Wenn der private Schlüssel des Besitzers nicht zur Verfügung steht, kann der Wiederherstellungsagent die Datei mithilfe seines eigenen privaten Schlüssels öffnen. Es kann mehrere Wiederherstellungsagenten mit jeweils unterschiedlichen öffentlichen Schlüsseln geben. Um aber eine Datei verschlüsseln zu können, muss zumindest ein öffentlicher Wiederherstellungsschlüssel im System vorhanden sein.
Sicherheit für temporäre und ausgelagerte Dateien	Beim Bearbeiten eines Dokuments werden von vielen Anwendungen temporäre Dateien erstellt. Diese werden oft unverschlüsselt auf der Festplatte abgelegt. Da das verschlüsselnde Dateisystem jedoch auf Computern mit dem Betriebssystem Windows 2000 auf Ordnerebene implementiert wird, werden alle temporären Kopien einer verschlüsselten Datei ebenfalls verschlüsselt. Allerdings müssen sich die Dateien auf NTFS-Laufwerken befinden. Das EFS befindet sich im Kernel des Betriebssystems Windows und es speichert die Schlüssel zum Verschlüsseln von Dateien in dem nicht ausgelagerten Pool, sodass sichergestellt ist, dass sie nie in die Auslagerungsdatei kopiert werden.

EFS-Verschlüsselung

Zum Verschlüsseln von Dateien wird empfohlen, zunächst einen NTFS-Ordner zu erstellen und diesen zu „verschlüsseln". Zu diesem Zweck klicken Sie im Dialogfeld *Eigenschaften* für den Ordner auf die Registerkarte *Allgemein*. Klicken Sie dort auf die Schaltfläche *Erweitert* und markieren Sie dann das Kontrollkästchen *Inhalt verschlüsseln, um Daten zu schützen*. Daraufhin werden alle Dateien in dem Ordner verschlüsselt und der Ordner wird als verschlüsselt markiert. Ordner, die als verschlüsselt markiert sind, sind selbst nicht verschlüsselt. Nur die in ihnen enthaltenen Dateien sind verschlüsselt.

Hinweis Komprimierte Dateien können nicht verschlüsselt werden und umgekehrt.

Nachdem Sie einen Ordner verschlüsselt haben, wird jede Datei, die in ihm gespeichert wird, mithilfe von *Schlüsseln* verschlüsselt. Es handelt sich um schnelle symmetrische Schlüssel, die zur Verschlüsselung großer Datenmengen entwickelt wurden. Die Datei wird blockweise verschlüsselt, wobei für jeden Block ein anderer Schlüssel verwendet wird. Alle Schlüssel werden im Datenentschlüsselungsfeld (Data Decryption Field, DDF) und im Datenwiederherstellungsfeld (Data Recovery Field, DRF) im Dateiheader gespeichert und verschlüsselt.

Hinweis Standardmäßig bietet EFS die normale 56-Bit-Verschlüsselung. Benutzer in Nordamerika können bei Microsoft zusätzlich das Enhanced CryptoPAK mit 128-Bit-Verschlüsselung bestellen, wenn Sie mehr Sicherheit wünschen. Dateien, die mit dem CryptoPAK verschlüsselt wurden, können auf Systemen, die nur die 56-Bit-Verschlüsselung unterstützen, weder entschlüsselt noch geöffnet oder wiederhergestellt werden.

Verschlüsselte Dateien lassen sich genauso verwenden wie alle anderen Dateien, denn die Verschlüsselung ist für den Benutzer transparent. Sie brauchen verschlüsselte Dateien vor dem Zugriff nicht zu entschlüsseln. Wenn Sie eine verschlüsselte Datei öffnen, wird Ihr privater Schlüssel auf das DDF angewendet, um die Liste der Schlüssel zu entschlüsseln, sodass der Inhalt der Datei in normalem Text angezeigt werden kann. Das EFS erkennt eine verschlüsselte Datei automatisch und sucht dann das Benutzerzertifikat und den zugehörigen privaten Schlüssel. Sie öffnen die Datei, bearbeiten sie und speichern sie wie jede andere Datei. Wenn jedoch ein anderer Benutzer versucht, Ihre verschlüsselte Datei zu öffnen, kann er nicht auf sie zugreifen und erhält die Meldung, dass ihm der Zugriff verweigert wird.

Hinweis Verschlüsselte Dateien können nicht freigegeben werden.

Die Verschlüsselung aufheben

Wenn Sie die Verschlüsselung einer Datei bzw. eines Ordner aufheben wollen, entfernen Sie im Dialogfeld *Erweiterte Attribute* der Datei bzw. des Ordners die Markierung aus dem Kontrollkästchen *Inhalt verschlüsseln, um Daten zu schützen*. Auf dieses Dialogfeld können Sie über das Dialogfeld *Eigenschaften* zugreifen. Wenn die Verschlüsselung aufgehoben wurde, bleibt sie inaktiv, bis Sie das Kontrollkästchen *Inhalt verschlüsseln, um Daten zu schützen* erneut markieren. Der einzige Grund für die Aufhebung der Verschlüsselung kann darin bestehen, dass andere Benutzer auf den Ordner bzw. die Datei zugreifen können sollen, beispielsweise wenn Sie den Ordner freigeben oder die Datei im gesamten Netzwerk zur Verfügung stellen wollen.

Das Dienstprogramm Cipher

In Windows 2000 stehen zahlreiche Befehlszeilen-Dienstprogramme für bestimmte Verwaltungsaufgaben zur Verfügung. Das Befehlszeilen-Dienstprogramm Cipher bietet die Möglichkeit, Dateien und Ordner von der Eingabeaufforderung aus zu ver- und entschlüsseln.

In dem folgenden Beispiel sehen Sie die Optionen, die für Cipher zur Verfügung stehen. Sie werden in Tabelle 18.5 beschrieben.

```
cipher     [/e | /d] [/s:ordnername] [/a] [/i] [/f] [/q] [/h] [/k]
[dateiname [...]]
```

Tabelle 18.5 Die Optionen des Befehls Cipher

Option	Beschreibung
/e	Verschlüsselt die angegebenen Ordner. Die Ordner werden markiert, sodass auch Dateien, die später in ihnen gespeichert werden, verschlüsselt werden.
/d	Entschlüsselt die angegebenen Ordner. Die Ordner werden markiert, sodass auch Dateien, die später in ihnen gespeichert werden, nicht mehr verschlüsselt werden.
/s	Führt die angegebene Operation in dem angegebenen Ordner und in seinen Unterordnern durch.
/a	Führt die angegebene Operation sowohl für Ordner als auch Dateien durch. Wenn der übergeordnete Ordner nicht verschlüsselt ist, könnten beispielsweise Dateien zum Bearbeiten dauerhaft entschlüsselt werden. Um dies zu vermeiden, sollten Sie die Datei und den übergeordneten Ordner verschlüsseln.
/i	Fährt mit der angegebenen Operation fort, auch wenn Fehler auftreten. Standardmäßig wird der Befehl Cipher angehalten, wenn ein Fehler auftritt.
/f	Erzwingt die Verschlüsselung aller angegebenen Dateien, selbst wenn einige von ihnen bereits verschlüsselt sind. Standardmäßig werden bereits verschlüsselte Dateien übersprungen.
/q	Berichtet nur die wichtigsten Informationen.
/h	Zeigt auch verborgene Dateien und Systemdateien an, die standardmäßig nicht angezeigt werden.
/k	Erstellt einen neuen Schlüssel für den Benutzer, der den Befehl Cipher ausführt. Wenn Sie diese Option verwenden, werden alle anderen Optionen ignoriert.
dateiname	Datei oder Ordnername oder Muster mit Platzhaltern zur Generierung einer Namensliste.

Wenn Sie den Befehl Cipher ohne Parameter ausführen, zeigt er den Verschlüsselungszustand des aktuellen Ordners und der darin enthaltenen Dateien an. Sie können mehrere Dateinamen angeben und auch Platzhalter verwenden. Zwischen den Parametern muss jeweils ein Leerzeichen eingegeben werden.

Einen Wiederherstellungsagenten einsetzen

Wenn der private Schlüssel des Besitzers einer Datei nicht zur Verfügung steht, kann eine Person, die als Wiederherstellungsagent angegeben wurde, die Datei mit ihrem privaten Schlüssel öffnen. Dieser wird dann auf das DRF angewendet, um die Liste der Schlüssel zu entschlüsseln. Wenn der Wiederherstellungsagent auf einem anderen Computer im Netzwerk angemeldet ist, müssen Sie ihm die Datei übersenden. Der Wiederherstellungsagent kann zwar seinen Schlüssel auch auf den Computer des Besitzers kopieren, doch im Hinblick auf die Wahrung der Sicherheit ist es niemals zu empfehlen, seinen privaten Schlüssel auf einen anderen Computer zu kopieren.

> **Hinweis** Standardmäßig ist der Administrator des lokalen Computers als Wiederherstellungsagent vorgesehen, es sei denn, der Computer gehört zu einer Domäne. In einer Domäne fungiert der Domänenadministrator als standardmäßiger Wiederherstellungsagent.

Im Hinblick auf die Sicherheit empfiehlt es sich, dass sich die Wiederherstellungsagenten nach dem Rotationsprinzip abwechseln. Wenn allerdings der angegebene Agent gewechselt wird, wird dem neuen Agenten der Zugriff auf die Datei noch verweigert. Microsoft empfiehlt daher, dass Sie die Wiederherstellungszertifikate und die privaten Schlüssel so lange aufbewahren, bis Sie alle Dateien aktualisiert haben.

Die als Wiederherstellungsagent vorgesehene Person besitzt ein spezielles Zertifikat und einen dazu gehörigen privaten Schlüssel, der die Wiederherstellung der Daten ermöglicht. Zu diesem Zweck muss der Wiederherstellungsagent folgendermaßen vorgehen:

1. Er stellt mithilfe des Programms Backup oder eines anderen Sicherungsprogramms die gesicherte Version der verschlüsselten Datei bzw. des Ordners auf dem Computer wieder her, auf dem sich sein Wiederherstellungszertifikat befindet.

2. Er öffnet im Windows Explorer das Dialogfeld *Eigenschaften* für den Ordner bzw. die Datei und klickt auf der Registerkarte *Allgemein* auf die Schaltfläche *Erweitert*.

3. Er entfernt die Markierung aus dem Kontrollkästchen *Inhalt verschlüsseln, um Daten zu sichern*.

4. Er erstellt eine Sicherungsversion der entschlüsselten Datei bzw. des Ordners und gibt sie dem Benutzer zurück.

Praxis: Dateien ver- und entschlüsseln

In diesem Praxisabschnitt verschlüsseln Sie einen Ordner und die darin enthaltenen Dateien.

Übung 1: Dateien verschlüsseln

▶ **So verschlüsseln Sie eine Datei**

1. Stellen Sie sicher, dass Sie als Administrator angemeldet sind. Erstellen Sie im Windows Explorer im Stammverzeichnis des Laufwerks C den Ordner *Geheim*. Erstellen Sie im Ordner *Geheim* die *Datei1.txt*. Klicken Sie mit der rechten Maustaste auf *Datei1.txt* und klicken Sie auf *Eigenschaften*.

Das Dialogfeld *Eigenschaften von Datei1.txt* wird angezeigt. Die Registerkarte *Allgemein* ist aktiv.

2. Klicken Sie auf *Erweitert*.

   Das Dialogfeld *Erweiterte Attribute* wird geöffnet.

3. Klicken Sie in das Kontrollkästchen *Inhalt verschlüsseln, um Daten zu schützen* und anschließend auf OK.

4. Klicken Sie auf OK, um das Dialogfeld *Eigenschaften von Datei1.txt* zu schließen.

   In einem Meldungsdialogfeld werden Sie darauf aufmerksam gemacht, dass Sie eine Datei verschlüsseln wollen, die sich nicht in einem verschlüsselten Ordner befindet. Standardmäßig sollten Ordner und Datei verschlüsselt werden, Sie können aber auch nur die Datei verschlüsseln.

5. Klicken Sie auf *Abbrechen*. Klicken Sie dann erneut auf *Abbrechen*, um das Dialogfeld *Eigenschaften* zu schließen.

6. Klicken Sie im Windows Explorer mit der rechten Maustaste auf den Ordner *Geheim* und klicken Sie auf *Eigenschaften*.

7. Klicken Sie auf die Schaltfläche *Erweitert*.

   Das Dialogfeld *Erweiterte Attribute* wird geöffnet.

8. Klicken Sie in das Kontrollkästchen *Inhalt verschlüsseln, um Daten zu schützen* und anschließend auf OK.

9. Klicken Sie auf OK, um das Dialogfeld *Eigenschaften von Geheim* zu schließen.

   Das Dialogfeld *Änderungen der Attribute bestätigen* macht Sie darauf aufmerksam, dass Sie dabei sind, einen Ordner zu verschlüsseln. Sie haben zwei Möglichkeiten: Sie können entweder nur den Ordner oder auch den Ordner und alle darin enthaltenen Dateien und Unterordner verschlüsseln.

10. Aktivieren Sie die Option *Änderungen für diesen Ordner, Unterordner und Dateien übernehmen* und klicken Sie auf OK.

▶ **So prüfen Sie, ob der Inhalt des Ordners verschlüsselt ist**

1. Klicken Sie im Ordner *Geheim* mit der rechten Maustaste auf *Datei1* und klicken Sie dann auf *Eigenschaften*.

   Das Dialogfeld *Eigenschaften von Datei1* wird geöffnet.

2. Klicken Sie auf *Erweitert*.

   Das Dialogfeld *Erweiterte Attribute* wird geöffnet. Beachten Sie, dass das Kontrollkästchen *Inhalt verschlüsseln, um Daten zu schützen* markiert ist.

3. Schließen Sie das Dialogfeld *Erweiterte Attribute*.

4. Schließen Sie das Dialogfeld *Eigenschaften von Datei1*.

5. Schließen Sie alle Fenster und melden Sie sich ab.

Übung 2: Verschlüsselte Dateien testen

In dieser Übung melden Sie sich mit dem Benutzerkonto *Benutzer drei* an und versuchen, eine verschlüsselte Datei zu öffnen. Anschließend versuchen Sie, die Verschlüsselung der Dateien aufzuheben.

▶ **So testen Sie eine verschlüsselte Datei**

1. Melden Sie sich als *Benutzer3* mit dem Kennwort *kennwort* an.

2. Starten Sie den Windows Explorer und öffnen Sie die Datei *Datei1.txt* im Ordner *Geheim*.

    Was geschieht?

    _____

    _____

3. Schließen Sie den Editor.

▶ **So versuchen Sie, die Verschlüsselung aufzuheben**

1. Klicken Sie mit der rechten Maustaste auf *Datei1.txt* und klicken Sie dann auf *Eigenschaften*.

2. Klicken Sie auf *Erweitert*.

3. Entfernen Sie die Markierung aus dem Kontrollkästchen *Inhalt verschlüsseln, um Daten zu schützen* und klicken Sie auf OK.

4. Klicken Sie auf OK, um das Dialogfeld *Eigenschaften von Datei1* zu schließen.

    Das Dialogfeld *Fehler beim Übernehmen der Attribute* wird eingeblendet. Sie werden darauf aufmerksam gemacht, dass Sie keinen Zugriff auf die Datei haben.

5. Klicken Sie auf *Abbrechen*.

6. Schließen Sie alle geöffneten Fenster und Dialogfelder.

7. Melden Sie sich als *Benutzer3* ab und als *Administrator* wieder an.

Übung 3: Die Verschlüsselung von Ordnern und Dateien aufheben

In dieser Übung heben Sie die Verschlüsselung des der Datei, die Sie zuvor verschlüsselt haben, auf.

▶ **So heben Sie die Verschlüsselung einer Datei auf**

1. Starten Sie den Windows Explorer.

2. Klicken Sie mit der rechten Maustaste auf *Datei1.txt* und klicken Sie dann auf *Eigenschaften*.

3. Klicken Sie auf *Erweitert*.

4. Entfernen Sie die Markierung aus dem Kontrollkästchen *Inhalt verschlüsseln, um Daten zu schützen*. Klicken Sie auf OK.

5. Klicken Sie auf OK, um das Dialogfeld *Eigenschaften von Datei1* zu schließen.

6. Schließen Sie den Windows Explorer und melden Sie sich ab.

Zusammenfassung der Lektion

In dieser Lektion haben Sie gelernt, dass EFS die wichtigste Dateiverschlüsselungstechnologie für die Speicherung von NTFS-Dateien auf der Festplatte ist. Mit EFS können Benutzer NTFS-Dateien mithilfe eines sicheren kryptografischen Schemas verschlüsseln, das auf öffentlichen Schlüsseln basiert und alle Dateien in einem Ordner verschlüsselt. Benutzer mit servergespeicherten Profilen können ihren Schlüssel auch auf vertrauenswürdigen Remotecomputern verwenden. Sicherungen und Kopien verschlüsselter Dateien sind ebenfalls verschlüsselt, solange sie sich auf NTFS-Laufwerken befinden. Dateien bleiben auch verschlüsselt, wenn sie verschoben oder umbenannt werden. Die Schlüssel werden nicht in Auslagerungsdateien abgelegt und sind somit dort auch nicht unverschlüsselt einsehbar. Windows 2000 stellt einen Wiederherstellungsagenten zur Verfügung. Wenn ein Besitzer seinen privaten Schlüssel verliert, kann der Wiederherstellungsagent die verschlüsselten Dateien trotzdem entschlüsseln.

Außerdem haben Sie erfahren, dass EFS entweder über den Windows Explorer oder mit dem Befehlszeilenaufruf Cipher implementiert wird. EFS kann für einen Computer, eine Domäne oder eine organisatorische Einheit aktiviert bzw. deaktiviert werden. Dazu müssen in der MMC-Konsole *Gruppenrichtlinien* die Sicherheitseinstellungen, insbesondere die Wiederherstellungsrechte bearbeitet werden.

Schließlich haben Sie gelernt, dass Sie mit EFS zwar Dateien auf Remotecomputern ver- und entschlüsseln, aber keine verschlüsselten Daten im Netzwerk versenden können. Zu diesem Zweck gibt es in Windows 2000-Netzwerkprotokolle wie SSL, mit denen Daten für das Versenden über das Netzwerk verschlüsselt werden.

Lektion 4: Das Defragmentierungsprogramm einsetzen

Windows 2000 speichert Dateien und Ordner auf der Festplatte nicht unbedingt in einem zusammenhängenden Bereich, sondern an dem Speicherort, der physisch am schnellsten erreichbar ist. Aus diesem Grund sind die Dateien und Ordner auf der Festplatte meist fragmentarisch gespeichert. Wenn viele der Dateien und Ordner auf der Festplatte fragmentiert gespeichert sind, dauert es länger, bis der Computer auf sie zugreifen kann, weil mehrere Lesevorgänge notwendig sind, um die verstreuten Teile zu finden. Auch das Speichern neuer Dateien und Ordner dauert länger, weil auf der Festplatte kein zusammenhängender freier Speicherplatz mehr vorhanden ist und der Computer die neuen Dateien und Ordner auf mehrere Speicherorte auf der Festplatte verteilen muss. In dieser Lektion wird das Windows 2000-Dienstprogramm Defragmentierung vorgestellt, mit dessen Hilfe Sie die Festplatten besser organisieren können.

Am Ende dieser Lektion werden Sie in der Lage sein, die folgenden Aufgaben auszuführen:

- Sie können die Defragmentierung erklären.
- Sie können mithilfe des Defragmentierungsprogramms die Festplatten neu organisieren.

Veranschlagte Zeit für die Lektion: 15 Minuten

Festplatten defragmentieren

Den Vorgang, bei dem die Teile fragmentierter Dateien und Ordner aufgespürt und wieder zusammen abgespeichert werden, bezeichnet man als *Defragmentierung*. Das Defragmentierungsprogramm sucht nach fragmentierten Dateien und Ordnern und defragmentiert sie. Dabei werden die verschiedenen Teile jeder Datei und jedes Ordners so verschoben, dass sie wieder zusammenhängend auf der Festplatte abgelegt sind. Daraufhin kann das System wieder schneller zugreifen und zurückspeichern. Im Zuge der Konsolidierung der Dateien und Ordner wird auch der verfügbare freie Speicherplatz auf der Festplatte konsolidiert, sodass neue Dateien und Ordner mit größerer Wahrscheinlichkeit ebenfalls zusammenhängend abgespeichert werden. Das Defragmentierungsprogramm kann auf FAT-, FAT32- und NTFS-Laufwerken angewendet werden.

Wenn Sie das Defragmentierungsprogramm aufrufen wollen, klicken Sie auf die Schaltfläche *Start*. Zeigen Sie auf *Programme*, *Zubehör* und *Systemprogramme* und klicken Sie auf *Defragmentierung*. Das Fenster des Defragmentierungsprogramms ist in drei Bereiche aufgegliedert, wie in Abbildung 18.5 dargestellt.

Im oberen Teil des Fensters werden die Laufwerke aufgelistet, die Sie analysieren und defragmentieren können. Im mittleren Bereich befindet sich eine grafische Darstellung des ausgewählten Laufwerks, in der erkennbar ist, wie stark fragmentiert das Laufwerk ist.

Im unteren Teil des Fensters wird in einer dynamischen, laufend aktualisierten Grafik der Fortschritt der Defragmentierung des Laufwerks dargestellt. Die Farben symbolisieren dabei verschiedene Fragmentierungszustände:

- Rot dargestellt sind fragmentierte Dateien.
- Blau werden zusammenhängend abgespeicherte (nicht fragmentierte) Dateien symbolisiert.
- Freier Speicherplatz auf dem Laufwerk ist weiß.
- Grün dargestellt sind Systemdateien, die vom Defragmentierungsprogramm nicht verschoben werden können.

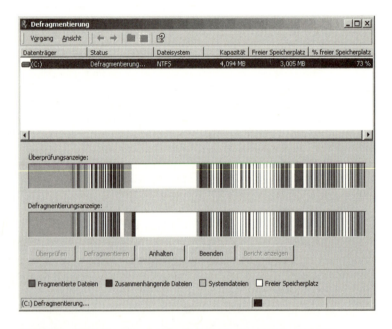

Abbildung 18.5 Das Fenster des Defragmentierungsprogramms

Wenn Sie während der Defragmentierung und nach ihrem Abschluss die *Überprüfungsanzeige* und die *Defragmentierungsanzeige* miteinander vergleichen, erkennen Sie schnell, wie sich die Defragmentierung positiv auf das Laufwerk auswirkt.

Wenn Sie ein Laufwerk überprüfen und defragmentieren wollen, öffnen Sie das Defragmentierungsprogramm im Schnellverfahren, indem Sie entweder im Windows Explorer oder im Fenster *Arbeitsplatz* das betreffende Laufwerk markieren. Klicken Sie dann im Menü *Datei* auf *Eigenschaften*, aktivieren Sie die Registerkarte *Extras* und klicken Sie auf die Schaltfläche *Jetzt defragmentieren*. Klicken Sie dann auf eine der Schaltflächen, die in Tabelle 18.6 beschrieben werden.

Tabelle 18.6 Die Optionen des Defragmentierungsprogramms

Option	Beschreibung
Überprüfen	Wenn Sie auf diese Schaltfläche klicken, wird die Festplatte auf fragmentierte Dateien überprüft. Nach der Überprüfung wird die Fragmentierung des Laufwerks in der *Überprüfungsanzeige* grafisch dargestellt.
Defragmentieren	Wenn Sie auf diese Schaltfläche klicken, wird die Festplatte defragmentiert. Während der Defragmentierung wird der Defragmentierungsfortschritt des Laufwerks in der *Defragmentierungsanzeige* grafisch dargestellt.

Das Defragmentierungsprogramm effizient einsetzen

In der folgenden Liste finden Sie einige Richtlinien zur Verwendung des Defragmentierungsprogramms.

- Führen Sie das Defragmentierungsprogramm dann aus, wenn der Computer am wenigsten benutzt wird. Während der Defragmentierung werden Daten auf der Festplatte verschoben und der Prozess der Defragmentierung belastet auch den Mikroprozessor sehr stark. Während des Defragmentierungsprozesses ist der Zugriff auf andere Ressourcen auf der Festplatte stark verlangsamt.

- Fordern Sie die Benutzer auf, ihre lokalen Festplatten regelmäßig mindestens ein Mal pro Monat zu defragmentieren, damit erst gar nicht so viele fragmentierte Dateien entstehen.

- Überprüfen Sie das Ziellaufwerk, bevor Sie umfangreiche Anwendungen installieren, und defragmentieren Sie es bei Bedarf. Die Installation läuft schneller ab, wenn auf dem Ziellaufwerk genügend zusammenhängender Speicherplatz vorhanden ist, und außerdem sind dann auch Zugriffe auf die Anwendung schneller.

- Wenn Sie viele Dateien oder Ordner löschen, kann die Festplatte dadurch stark fragmentiert werden. Daher sollten Sie sie im Anschluss an den Löschvorgang überprüfen. Im Allgemeinen sollten Sie die Festplatten auf viel genutzten Servern häufiger defragmentieren als die Festplatten auf Clientcomputern, die nur von einem Benutzer verwendet werden.

Zusammenfassung der Lektion

In dieser Lektion haben Sie gelernt, dass Windows 2000 Dateien und Ordner nicht unbedingt an einem zusammenhängenden Speicherort auf der Festplatte, sondern an dem am schnellsten verfügbaren Speicherort ablegt. Dadurch entstehen fragmentierte Dateien und Ordner. Wenn auf einer Festplatte sehr viele fragmentierte Dateien und Ordner vorhanden sind, benötigt der Computer länger, um auf sie zuzugreifen und um neue Dateien und Ordner zu erstellen.

Außerdem haben Sie das Windows 2000-Systemprogramm Defragmentierung kennen gelernt. Dieses Programm spürt fragmentierte Dateien und Ordner auf und defragmentiert sie. Daraufhin kann das System effizienter auf Dateien und Ordner zugreifen und sie auch schneller speichern. Durch die Konsolidierung von Dateien und Ordnern wird gleichzeitig der noch freie Speicherplatz konsolidiert, sodass neu erstellte Dateien mit größerer Wahrscheinlichkeit ebenfalls nicht oder geringer fragmentiert werden. Das Defragmentierungsprogramm kann auf FAT-, FAT32- und NTFS-Laufwerken verwendet werden.

Lernzielkontrolle

Mithilfe der folgenden Fragen können Sie feststellen, ob Sie genug gelernt haben, um mit dem nächsten Kapitel fortfahren zu können. Sollten Sie einige der Fragen nicht vollständig beantworten können, lesen Sie sich die Informationen in diesem Kapitel noch einmal durch, bevor Sie zum nächsten Kapitel übergehen. Die Antworten zu den Fragen finden Sie in Anhang A.

1. Sie sind Administrator eines Computers mit dem Betriebssystem Windows 2000 Professional und wollen festlegen, dass jeder Benutzer nur 25 MB des verfügbaren Speicherplatzes nutzen kann. Wie konfigurieren Sie die Laufwerke des Computers?

2. Die Vertriebsabteilung archiviert ältere Vertriebsdaten auf einem Netzwerkcomputer mit dem Betriebssystem Windows 2000 Professional. Der Server wird auch von mehreren anderen Abteilungen genutzt. Benutzer in den anderen Abteilungen haben sich bei Ihnen beschwert, weil nur noch wenig freier Speicherplatz auf dem Computer vorhanden ist. Wie können Sie das Problem lösen?

3. Ihre Abteilung hat vor Kurzem mehrere Gigabyte Daten von einem Computer mit dem Betriebssystem Windows 2000 Professional auf CD-ROM archiviert. Nun ist Ihnen aufgefallen, dass Zugriffe auf die Festplatte langsamer als früher sind, wenn Benutzer auf dem Computer neue Dateien erstellen. Wie erhöhen Sie die Zugriffsgeschwindigkeit auf die Festplatte?

KAPITEL 19

Daten sichern und wiederherstellen

Lektion 1: Datensicherung und -wiederherstellung . . . 498

Lektion 2: Daten sichern . . . 505

Lektion 3: Daten wiederherstellen . . . 518

Lektion 4: Voreinstellungen des Sicherungsprogramms ändern . . . 525

Lernzielkontrolle . . . 527

Über dieses Kapitel

Um eine dauerhaft zuverlässige Arbeit mit Microsoft Windows 2000 Professional sicher zu stellen, müssen Sie auch Maßnahmen zur Sicherung der Daten ergreifen. Windows 2000 Professional stellt Ihnen zu diesem Zweck den Sicherungs-Assistenten zur Verfügung. Dieses Kapitel beschäftigt sich sowohl mit der Sicherung als auch der Wiederherstellung von Daten.

Bevor Sie beginnen

Zur Bearbeitung dieses Kapitels benötigen Sie Folgendes:

- Einen Rechner, der die im Abschnitt *Hardwarevoraussetzungen* des Kapitels *Zu diesem Buch* angegebenen Mindestvoraussetzungen erfüllt.
- Windows 2000 Professional muss auf dem Computer installiert sein.

Lektion 1: Datensicherung und -wiederherstellung

Sinn und Zweck von Sicherungsaufträgen ist es, eine Möglichkeit zur schnellen Wiederherstellung verlorener Daten zu schaffen. Unter einem *Sicherungsauftrag* versteht man einen einzelnen Datensicherungsvorgang. Durch die regelmäßige Sicherung der Daten auf den Server- und Clientcomputerfestplatten verhindern Sie, dass bei Laufwerksfehlern, Stromausfällen, Virusinfektionen usw. größere Datenverluste auftreten. Wenn Sie Sicherungsaufträge sorgfältig planen und regelmäßig durchführen, können die Daten im Falle eines Datenverlusts wiederhergestellt werden. Dabei spielt es keine Rolle, ob es sich um eine einzelne Datei oder den gesamten Inhalt einer Festplatte handelt.

Am Ende dieser Lektion werden Sie in der Lage sein, die folgenden Aufgaben auszuführen:

- Sie können den Zweck von Datensicherung und -wiederherstellung erläutern.
- Sie können die Benutzerrechte nennen, die für die Sicherung und Wiederherstellung von Daten erforderlich sind.
- Sie können die Planungsschritte für Datensicherungen beschreiben.
- Sie können die verschiedenen Sicherungsmethoden erläutern.

Veranschlagte Zeit für die Lektion: 20 Minuten

Die Sicherungsfunktionen in Windows

Windows 2000 stellt verschiedene Sicherungs- und Wiederherstellungstools bereit (siehe Abbildung 19.1). Dazu gehören der Sicherungs- und der Wiederherstellungs-Assistent, mit denen Sie Daten sichern und wiederherstellen können. Um das Sicherungsprogramm zu starten, zeigen Sie im Startmenü auf *Programme*, *Zubehör* und *Systemprogramme* und klicken dann auf *Sicherung*. Sie können stattdessen auch im Startmenü auf *Ausführen* zu klicken, **ntbackup** eingeben und auf *OK* klicken. Mit dem Sicherungsprogramm können Sie Daten entweder manuell sichern oder einen Zeitplan für die Ausführung regelmäßiger, unbeaufsichtigter Sicherungsaufträge festlegen. Die Daten werden in einer Datei oder auf Band gesichert. Die Dateien können auf Festplatten, auswechselbaren Platten (beispielsweise Iomega Zip- oder Jaz-Laufwerken), beschreibbaren CDs oder optischen Laufwerken gespeichert werden.

Damit Sie Daten auf einem Windows 2000 Professional-Computer sichern und wiederherstellen können, müssen Sie die entsprechenden Berechtigungen und Benutzerrechte besitzen, die im Folgenden erläutert werden.

- Alle Benutzer können ihre eigenen Dateien und Ordner sichern. Außerdem dürfen sie Dateien sichern, für die sie die Berechtigung *Lesen*, *Lesen*, *Ausführen*, *Ändern* oder *Vollzugriff* besitzen.

- Alle Benutzer können Dateien und Ordner wiederherstellen, für sie die Berechtigung *Schreiben*, *Ändern* oder *Vollzugriff* besitzen.
- Mitglieder der Gruppen Administratoren und Sicherungs-Operatoren können alle Dateien sichern und wiederherstellen (unabhängig von den zugewiesenen Berechtigungen). Per Voreinstellung verfügen Mitglieder dieser Gruppen über die Benutzerrechte, Dateien und Verzeichnisse sichern und wiederherstellen zu dürfen.

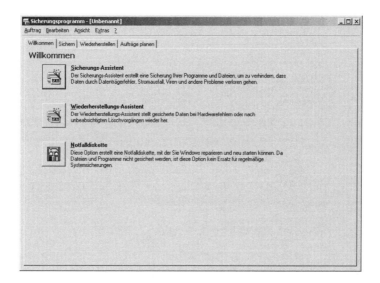

Abbildung 19.1 Das Sicherungsprogramm von Windows 2000

Planungsschritte für das Windows-Sicherungsprogramm

Sie sollten die Ausführung der Sicherungsaufträge sorgfältig planen, damit sie allen Anforderungen Ihres Unternehmens gerecht werden. Die wichtigste Zielsetzung bei der Datensicherung ist die Wiederherstellung der Daten. Aus diesem Grund sollten Sie bei der Erstellung eines Sicherungsplans auch die Art und Weise festlegen, in der die Daten im Bedarfsfall wiederhergestellt werden. Die Datenwiederherstellung sollte vor allem schnell und problemlos durchführbar sein. Es gibt allerdings keinen allgemein gültigen Plan, der auf alle Computer und Netzwerke anwendbar wäre.

Gehen Sie bei der Zusammenstellung Ihres Sicherungsplans folgendermaßen vor.

Legen Sie fest, welche Dateien und Ordner gesichert werden sollen

Sichern Sie immer alle wichtigen Dateien und Ordner, die für den Geschäftsablauf in Ihrem Unternehmen unerlässlich sind. Hierzu gehören beispielsweise alle Verkaufs- und Finanzdaten, die Registrierung für jeden Server und – bei Mitgliedschaft in einer Domäne – die Verzeichnisdienstdateien für die Active Directory-Technologie.

Legen Sie fest, wie oft Sicherungen durchgeführt werden sollen

Daten, die für den Geschäftsablauf Ihres Unternehmens unerlässlich sind, sollten täglich gesichert werden. Wenn Benutzer einmal wöchentlich Berichte erstellen oder ändern, genügt eine wöchentliche Sicherung dieser Arbeiten. Wie oft bestimmte Daten gesichert werden müssen, hängt also von der Änderungsfrequenz der Daten ab. So müssen Sie beispielsweise keine täglichen Sicherungen von Dateien anlegen, die nur selten geändert werden (z. B. Monatsberichte).

Legen Sie fest, welche Zielmedien für die Datensicherung verwendet werden sollen

Mit dem Sicherungs-Assistenten können Daten auf folgenden auswechselbaren Datenträgern gesichert werden:

- **Dateien** Sie können Dateien auf einem auswechselbaren Datenträger (z. B. auf einem Iomega Zip-Laufwerk) oder an einer bestimmten Netzwerkposition (z. B. auf einem Dateiserver) sichern. Die erstellte Datei hat die Namenserweiterung .BKF. Sie enthält die Dateien und Ordner, die Sie für die Sicherung ausgewählt haben. Benutzer können ihre persönlichen Daten auf einem Netzwerkserver sichern. Diese Möglichkeit sollte aber nur für temporäre Sicherungsaufträge genutzt werden.

- **Band** Ein Magnetband ist im Vergleich mit anderen Medien nicht nur kostengünstiger, sondern auf Grund seiner Speicherkapazität für umfangreiche Sicherungsaufträge auch geeigneter. Allerdings haben Magnetbänder eine begrenzte Haltbarkeit. Befolgen Sie auf jeden Fall sorgfältig die Herstellerhinweise, wenn Sie ein Bandlaufwerk verwenden.

Ausführliche Informationen zur Rotation und Archivierung der Bänder finden Sie in Anhang D.

Hinweis Wenn Sie zur Sicherung und Wiederherstellung von Daten einen auswechselbaren Datenträger verwenden, müssen Sie sicherstellen, dass das Gerät von der Windows 2000 Hardwarekompatibilitätsliste (HCL) unterstützt wird.

Legen Sie fest, ob Netzwerk- oder lokale Sicherungsaufträge ausgeführt werden sollen

Eine Netzwerksicherung kann Daten von verschiedenen Netzwerkcomputern aufnehmen. Sie können also die Daten von mehreren Computern auf einem einzigen auswechselbaren Sicherungsdatenträger zusammenfassen. Administratoren können mit Netzwerksicherungsaufträgen Daten des gesamten Netzwerks sichern. Es hängt von den zu sichernden Daten ab, ob Netzwerksicherungsaufträge oder nur lokale Sicherungsaufträge durchgeführt werden können. So können Sie beispielsweise die Registrierung und die Active Directory-Verzeichnisdienste nur von dem Computer sichern, auf dem Sie den Sicherungsvorgang ausführen.

Wenn Sie die Ausführung von lokalen Sicherungsaufträgen beabsichtigen, müssen Sie den Sicherungsauftrag auf jedem Computer, auch auf den Servern und Clientcomputern, einzeln durchführen. Dabei sind einige Punkte zu berücksichtigen. So müssen Sie sich zu jedem Computer begeben und dort die Sicherung durchführen oder sich darauf verlassen, dass die Benutzer die Daten auf ihren Computern selbst sichern. Eine regelmäßige Sicherung wird aber von den wenigsten Benutzern durchgeführt. Ein weiterer Punkt, der bei lokalen Sicherungen zu bedenken ist, betrifft die Anzahl der auswechselbaren Datenträger. Wenn Sie beispielsweise Bänder verwenden, muss jeder Computer mit einem Bandlaufwerk ausgestattet sein. Ist dies nicht der Fall, müssen Sie mit einem Bandlaufwerk von Computer zu Computer gehen, um ein lokale Sicherung durchzuführen.

Netzwerksicherungsaufträge und lokale Sicherungsaufträge können auch miteinander kombiniert werden. Sie sollten diese Möglichkeit in Erwägung ziehen, wenn sich wichtige Daten sowohl auf Clientcomputern als auch auf den Servern befinden und nicht jeder dieser Computer mit einem auswechselbaren Datenträger ausgerüstet ist. Bei dieser Konstellation können die Benutzer lokale Sicherungen durchführen und ihre Dateien auf einem Server sichern. Danach müssen Sie nur noch eine Sicherung des Servers einplanen.

Sicherungstypen

Der Sicherungs-Assistent unterstützt fünf Sicherungstypen (siehe Abbildung 19.2). Der Sicherungstyp legt fest, welche Daten gesichert werden (beispielsweise nur die Dateien, die seit der letzten Sicherung geändert wurden).

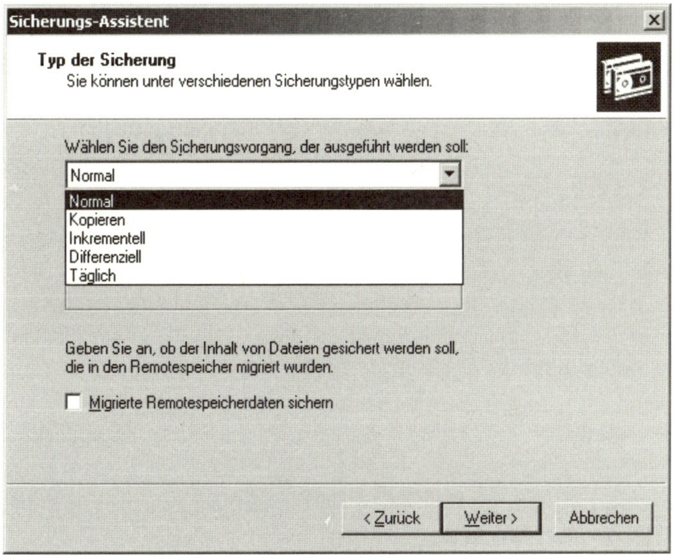

Abbildung 19.2 Auswahl des Sicherungstyps

Einige Sicherungstypen verwenden so genannte *Markierungen* (oder Archivattribute), die eine Datei als geändert kennzeichnen. Sobald ein Benutzer eine Änderung an einer Datei vornimmt, wird sie mit einem Attribut versehen, das deutlich macht, dass die Datei seit der letzten Sicherung geändert wurde. Wenn Sie die Datei dann sichern, wird das Attribut wieder zurückgesetzt.

Normal

Bei einer *normalen* Sicherung werden alle ausgewählten Dateien und Ordner gesichert. Es werden keine Markierungen verwendet, um die zu sichernden Dateien zu ermitteln. Während einer normalen Sicherung werden vorhandene Markierungen gelöscht und alle Dateien als gesichert gekennzeichnet. Normale Sicherungen beschleunigen den Wiederherstellungsprozess, da alle Sicherungsdateien die aktuellsten Dateien enthalten und Sie nur einen einzigen Sicherungsauftrag wiederherstellen müssen.

Kopieren

Bei einer Sicherung des Typs *Kopieren* werden alle ausgewählten Dateien und Ordner gesichert. Dabei wird weder nach Markierungen gesucht noch werden Markierungen gelöscht. Verwenden Sie diesen Sicherungstyp, wenn Markierungen nicht gelöscht und die Resultate der Sicherungen eines anderen Typs unverändert erhalten bleiben sollen. Sie können beispielsweise zwischen einer normalen und einer inkrementellen Sicherung eine Kopieren-Sicherung durchführen, um für Archivierungszwecke eine Momentaufnahme der Netzwerkdaten zu erhalten.

Inkrementell

Bei einer *inkrementellen* Sicherung werden nur die Dateien und Ordner gesichert, die mit einer Markierung gekennzeichnet sind. Nach der Sicherung werden die Markierungen gelöscht. Eine Datei, die seit der letzten inkrementellen Sicherung nicht geändert wurde, wird also nicht berücksichtigt.

Differenziell

Bei einer *differenziellen* Sicherung werden nur die Dateien und Ordner gesichert, die mit einer Markierung gekennzeichnet sind. Nach der Sicherung werden die Markierungen aber nicht gelöscht. Eine Datei, die seit der letzten differenziellen Sicherung nicht geändert wurde, wird deshalb bei der nächsten differenziellen Sicherung erneut gesichert.

Täglich

Bei einer *täglichen* Sicherung werden alle ausgewählten Dateien und Ordner gesichert, die sich im Laufe des Tages geändert haben. Der Sicherungs-Assistent sucht weder nach Markierungen noch löscht er sie.

Sicherungstypen kombinieren

In der Regel besteht eine wirkungsvolle Sicherungsstrategie aus einer Kombination verschiedener Sicherungstypen. Einige Sicherungstypen benötigen zwar mehr Zeit beim Sichern der Daten, sorgen jedoch für eine schnellere Wiederherstellung. Bei anderen Sicherungstypen zeigt sich das entgegengesetzte Zeitverhalten. Wenn Sie Sicherungstypen miteinander kombinieren, kommt den Markierungen besondere Bedeutung zu. Bei inkrementellen und differenziellen Sicherungen wird nach Markierungen gesucht und der Sicherungsvorgang entsprechend durchgeführt.

Im Folgenden finden Sie einige Beispiele für mögliche Kombinationen.

- **Normale und differenzielle Sicherungen** Am Montag wird eine normale Sicherung und von Dienstag bis Freitag werden differenzielle Sicherungen durchgeführt. Bei den differenziellen Sicherungen werden die Markierungen nicht gelöscht. Aus diesem Grund umfassen die seit Montag durchgeführten Sicherungen sämtliche Änderungen. Würden die Daten am Freitag aus irgendeinem Grund beschädigt werden, müssten Sie nur die normale Sicherung vom Montag und die differenzielle Sicherung vom Donnerstag wiederherstellen. Bei dieser Strategie wird für die Sicherung relativ viel Zeit aufgewendet, dafür ist aber eine Wiederherstellung im Bedarfsfall schnell durchführbar.

- **Normale und inkrementelle Sicherungen** Am Montag wird eine normale Sicherung und von Dienstag bis Freitag werden inkrementelle Sicherungen durchgeführt. Da die Markierungen bei einer inkrementellen Sicherung gelöscht werden, umfasst jede Sicherung nur die Dateien, die sich seit der vorhergehenden Sicherung geändert haben. Würden die Daten am Freitag aus irgendeinem Grund beschädigt werden, müssten Sie die normale Sicherung vom Montag und alle inkrementellen Sicherungen vom Dienstag bis zum Freitag wiederherstellen. Bei dieser Strategie wird weniger Zeit für Sicherungen benötigt, dafür dauert die Wiederherstellung länger.

- **Normale, differenzielle und Kopieren-Sicherungen** Diese Strategie entspricht der ersten Kombination, wobei allerdings am Mittwoch eine Kopieren-Sicherung durchgeführt wird. Bei einer Kopieren-Sicherung werden alle ausgewählten Dateien berücksichtigt und keine Markierungen gelöscht. Der bestehende Sicherungszeitplan wird durch sie nicht tangiert. Somit enthält jede differenzielle Sicherung alle Änderungen seit Montag. Sollte am Freitag eine Wiederherstellung der Daten erforderlich sein, würde die Kopieren-Sicherung nicht berücksichtigt. Kopieren-Sicherungen sind sinnvoll, wenn für besondere Zwecke eine Momentaufnahme der Daten benötigt wird.

Zusammenfassung der Lektion

Die effiziente Wiederherstellung verlorener Daten ist das Hauptziel aller Sicherungsaufträge. Wenn Daten verloren gegangen sind und Sie regelmäßige Sicherungen geplant und auch durchgeführt haben, können Sie die Informationen wiederherstellen.

In dieser Lektion haben Sie gelernt, dass Sie mithilfe des Sicherungsprogramms von Windows 2000 Professional Daten sichern und wiederherstellen können. Sie können Daten manuell sichern oder einen Zeitplan für die Ausführung regelmäßiger, unbeaufsichtigter Sicherungsaufträge festlegen. Der Sicherungs-Assistent unterstützt fünf Sicherungstypen: *Normal*, *Kopieren*, *Differenziell*, *Inkrementell* und *Täglich*. Sie können entweder einen dieser Typen wählen oder sich für eine Kombination verschiedener Typen entscheiden, um Ihre Daten zu sichern.

Lektion 2: Daten sichern

Nachdem Sie den Sicherungstyp ausgewählt und den Zeitplan für die Sicherungsaufträge festgelegt haben, müssen Sie die Sicherung der Daten vorbereiten. Wenn alle Vorbereitungsmaßnahmen abgeschlossen sind, können Sie unbeaufsichtigte Sicherungen planen und ausführen.

Am Ende dieser Lektion werden Sie in der Lage sein, die folgenden Aufgaben auszuführen:

- Sie können Daten auf einem Computer oder im Netzwerk sichern.
- Sie können einen Sicherungsauftrag zeitlich festlegen und automatisch ausführen lassen.
- Sie können die Sicherungsoptionen festlegen.

Veranschlagte Zeit für die Lektion: 45 Minuten

Vorbereitende Maßnahmen

Für jeden Sicherungsauftrag sind bestimmte Vorbereitungen erforderlich. Sie müssen beispielsweise dafür sorgen, dass alle Dateien, die gesichert werden sollen, geschlossen sind. Bitten Sie darum die Benutzer, alle Dateien zu schließen, bevor Sie mit der Datensicherung beginnen. Der Sicherungs-Assistent sichert auch keine Dateien, die von Anwendungen geöffnet wurden. Um den Benutzern die entsprechenden Richtlinien zukommen zu lassen, können Sie ihnen entweder eine E-Mail senden oder im Snap-In *Computerverwaltung* das Dialogfeld *Konsolenmeldung senden* verwenden.

So senden Sie eine Konsolennachricht:

1. Zeigen Sie im Startmenü zunächst auf *Programme*, danach auf *Verwaltung* und klicken Sie anschließend auf *Computerverwaltung*.

2. Klicken Sie im Menü *Vorgang* auf *Alle Tasks* und klicken Sie anschließend auf *Konsolenmeldung senden*.

    Das Dialogfeld *Konsolenmeldung senden* wird geöffnet (siehe Abbildung 19.3).

3. Geben Sie die gewünschte Nachricht in das entsprechende Feld ein. Das Feld *Empfänger* enthält die Empfänger der Nachricht. Sie können hier Empfänger hinzufügen oder entfernen.

4. Klicken Sie auf *Senden*, um die Nachricht an die aufgeführten Empfänger zu senden.

Ausführliche Informationen zum Senden von Konsolennachrichten finden Sie in Kapitel 20.

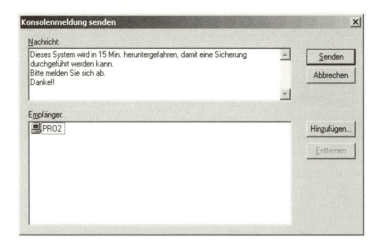

Abbildung 19.3 Das Dialogfeld *Konsolenmeldung senden*

Wenn Sie einen auswechselbaren Datenträger verwenden, müssen Sie folgende Vorbereitungen treffen:

- Vergewissern Sie sich, dass das Sicherungsgerät an einen Computer im Netzwerk angeschlossen und eingeschaltet ist. Wenn die Sicherung auf Band erfolgt, muss das Gerät an den Computer angeschlossen sein, auf dem der Sicherungs-Assistent ausgeführt wird.
- Der Datenträger muss in der Windows 2000-HCL verzeichnet sein.
- Es muss sich ein Datenträger im Sicherungsgerät befinden. Wenn Sie beispielsweise ein Bandlaufwerk benutzen, müssen Sie sicherstellen, dass ein Band eingelegt ist.

Dateien und Ordner für die Sicherung auswählen

Wenn alle Vorbereitungsmaßnahmen abgeschlossen sind, können Sie die Sicherung durchführen. Klicken Sie auf die Schaltfläche *Sicherungs-Assistent*, um den Assistenten zu starten (siehe Abbildung 19.4). Sie können stattdessen auch auf *Start* klicken, auf *Programme*, *Zubehör* und dann auf *Systemprogramme* zeigen und anschließend zuerst auf *Sicherung* und danach auf *Sicherungs-Assistent* klicken. Eine weitere Möglichkeit für den Start des Sicherungs-Assistenten bietet der Befehl *Ausführen* im Startmenü. Starten Sie das Programm Ntbackup und klicken Sie anschließend auf *Sicherungs-Assistent*. Klicken Sie nach dem Start des Assistenten auf *Weiter*, um die Registerkarte *Willkommen* zu schließen und die Seite *Zu sichernde Daten* zu öffnen.

Als Erstes legen Sie fest, welche Daten gesichert werden sollen. Wählen Sie dazu eine der folgenden Optionen:

- **Alle Dateien auf dem Computer sichern** Es werden alle Dateien auf dem Computer gesichert, auf dem sich der Sicherungs-Assistent befindet. Ausgenommen davon sind Dateien, die der Assistent per Voreinstellung nicht berücksichtigt (z. B. bestimmte Energieverwaltungsdateien).

- **Ausgewählte Dateien, Laufwerke oder Netzwerkdaten sichern** Alle ausgewählten Dateien und Ordner werden gesichert. Dazu können die Dateien und Ordner auf dem Computer, auf dem sich der Sicherungs-Assistent befindet gehören sowie alle freigegebenen Dateien und Ordner im Netzwerk. Wenn Sie diese Option auswählen, zeigt der Sicherungs-Assistent eine Verzeichnisstruktur des Computers und des Netzwerks (über *Netzwerkumgebung*) an.

- **Nur die Systemstatusdaten sichern** Wichtige Systemkomponenten (z. B. die Registrierung und die Boot-Dateien) des Computers, auf dem sich der Sicherungs-Assistent befindet, werden gesichert.

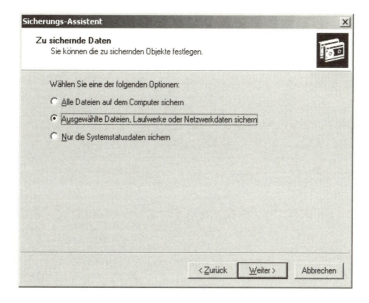

Abbildung 19.4 Die Seite *Zu sichernde Daten* des Sicherungs-Assistenten

Sicherungsziel und Medieneinstellungen festlegen

Wenn Sie die Daten ausgewählt haben, die gesichert werden sollen, müssen Sie Informationen über die Sicherungsmedien angeben. Tabelle 19.1 enthält eine Beschreibung der Einstellungen, die Sie auf der Seite *Speicherort der Sicherung* festlegen müssen.

Tabelle 19.1 Die Optionen auf der Seite *Speicherort der Sicherung* des Sicherungs-Assistenten

Option	Beschreibung
Sicherungsmedientyp	Das verwendete Zielmedium, z. B. ein Band oder eine Datei. Eine Datei kann auf jeder Art von Plattenlaufwerk gespeichert werden, beispielsweise auf einer Festplatte, einem freigegebenen Netzwerkordner oder einer Wechselplatte (z. B. einem Iomega Zip-Laufwerk).
Sicherungsmedium oder Dateiname	Die Position, an der das Windows-Sicherungsprogramm die Daten speichern soll. Wenn Sie ein Band verwenden, geben Sie den Bandnamen ein. Erfolgt die Sicherung in eine Datei, müssen Sie den Pfad für die Datei angeben.

Wenn Sie diese Informationen eingegeben haben, wird die Seite *Fertigstellen des Assistenten* angezeigt. Sie haben nun zwei Möglichkeiten:

- Starten Sie den Sicherungsprozess. Wenn Sie auf *Fertig stellen* klicken, zeigt der Sicherungs-Assistent im Dialogfeld *Status: Sicherungsvorgang* Informationen über den Fortgang des Sicherungsauftrags an.

- Legen Sie die erweiterten Sicherungsoptionen fest. Wenn Sie auf die Registerkarte *Erweitert* klicken, können Sie die in Tabelle 19.2 beschriebenen Einstellungen festlegen.

Tabelle 19.2 *Erweiterte Sicherungseinstellungen*

Option	Beschreibung
Wählen Sie den Sicherungsvorgang, der ausgeführt werden soll	Wählen Sie den Sicherungstyp für den Sicherungsauftrag. Folgende Typen stehen zur Verfügung: *Normal*, *Kopieren*, *Inkrementell*, *Differenziell* und *Täglich*.
Migrierte Remotespeicherdaten sichern	Der Inhalt von Dateien wird gesichert, die zu einem Remotespeicher migriert wurden. Windows 2000 Server verschiebt Dateien, die nur selten verwendet werden, automatisch in einen Remotespeicher.
Daten nach der Sicherung überprüfen	Die Sicherung der Daten wird auf ihre Richtigkeit überprüft. Der Sicherungs-Assistent vergleicht die gesicherten Daten mit den Quelldaten, um festzustellen, ob sie identisch sind. *Microsoft empfiehlt, diese Option auszuwählen.*

(Fortsetzung)

Option	Beschreibung
Hardwarekomprimierung verwenden, wenn verfügbar	Auf Bandlaufwerken wird eine Hardwarekomprimierung durchgeführt. Voraussetzung hierfür ist, dass das verwendete Bandlaufwerk eine solche Komprimierung unterstützt. Ist das nicht der Fall, steht diese Option nicht zur Verfügung.
Optionen für den Fall, dass das Archivierungsmedium bereits Sicherungen enthält:	
Sicherungskopie dem Medium anhängen	Wählen Sie diese Option, um mehrere Sicherungsaufträge auf einem Speichermedium zu speichern.
oder	
Daten auf dem Medium durch diese Sicherung ersetzen	Wählen Sie diese Option, wenn Sie die vorherigen Sicherungen nicht beibehalten und nur die aktuellsten Sicherungsdaten aufbewahren möchten.
Nur dem Besitzer und dem Administrator Zugriff auf die Sicherungsdaten und alle angehängten Sicherungen erlauben	Mit dieser Option können Sie die Zugriffsberechtigung auf eine Sicherungsdatei oder ein Band auf bestimmte Personen beschränken. Die Option ist nur verfügbar, wenn vorhandene Sicherungsdaten auf Sicherungsmedien überschrieben und nicht angefügt werden. Wählen Sie diese Option aus, wenn Sie die Registrierung oder die Active Directory-Verzeichnisdienste sichern. Sie verhindern dadurch, dass unbefugte Personen Kopien von diesem Sicherungsauftrag herstellen können.
Sicherungsbezeichnung	Sie können dem Sicherungsauftrag einen Namen und eine Beschreibung zuweisen. Der Name und die Beschreibung werden im Sicherungsprotokoll angezeigt. Der Standardname lautet *Satz am* Datum *um* Uhrzeit *erstellt*. Sie können diese Voreinstellung durch einen aussagekräftigeren Namen ersetzen (beispielsweise durch Verkäufe - normale Sicherung am 14. September 2000).
Medienbezeichnung	Sie können dem Sicherungsmedium einen Namen zuweisen (beispielsweise den Bandnamen). Der Standardname lautet *Medium am* Datum *um* Uhrzeit *erstellt*. Hierbei gibt *Datum* das aktuelle Datum und *Uhrzeit* die aktuelle Uhrzeit an. Sie können einen Namen festlegen, wenn Sie das erste Mal eine Sicherung auf einem neuen Medium anlegen oder einen vorhandenen Sicherungsauftrag überschreiben, beispielsweise *Active Directory-Sicherung*.

(Fortsetzung)

Option	Beschreibung
Zeitpunkt der Sicherung	Als Zeitpunkt können Sie *Jetzt* oder *Später* wählen. Bei der Auswahl der Option *Später* geben Sie den Auftragsnamen und das Anfangsdatum an. Sie können auch einen Zeitplan für Sicherungen festlegen.

Hinweis Sobald die Sicherung abgeschlossen ist, können Sie sich den Sicherungsbericht (das Sicherungsprotokoll) ansehen. Das Sicherungsprotokoll ist eine Textdatei, in der alle Sicherungsvorgänge aufgezeichnet sind. Die Datei wird auf der Festplatte des Computers gespeichert, auf dem Sie den Sicherungs-Assistenten ausführen.

Erweiterte Sicherungseinstellungen festlegen

Wenn Sie erweiterte Sicherungseinstellungen festlegen, wirken sich diese nur auf den aktuellen Sicherungsauftrag aus. Die erweiterten Sicherungseinstellungen betreffen das Sicherungsmedium und die Eigenschaften des Sicherungsauftrags.

Abhängig davon, ob Sie die Sicherung sofort oder später ausführen möchten, bietet Ihnen der Sicherungs-Assistent zwei Möglichkeiten für die Weiterarbeit an:

- Wenn Sie den Sicherungsvorgang fertig stellen wollen, zeigt der Sicherungs-Assistent zusammengefasst die vorgenommenen Einstellungen an und bietet Ihnen die Möglichkeit, den Assistenten zu beenden und die Sicherung sofort zu starten. Während des Sicherungsvorgangs werden Statusinformationen zum Sicherungsauftrag eingeblendet.

- Wenn Sie sich für eine spätere Ausführung der Sicherung entscheiden, werden weitere Dialogfelder angezeigt, in denen Sie einen Zeitplan für die Ausführung erstellen können. Informationen hierzu finden Sie im nächsten Abschnitt.

Einen Zeitplan für Sicherungsaufträge erstellen

Bei der Erstellung eines Zeitplans für einen Sicherungsauftrag legen Sie fest, dass eine automatische (unbeaufsichtigte) Sicherung zu einem späteren Zeitpunkt durchgeführt wird, der beispielsweise außerhalb der Arbeitszeit der Benutzer liegt und zu dem alle Dateien geschlossen sind. Sie können Sicherungsaufträge auch in regelmäßigen Zeitabständen einplanen. Zu diesem Zweck kombiniert Windows 2000 den Sicherungs-Assistenten mit dem Taskplaner-Dienst.

So erstellen Sie den Zeitplan für einen Sicherungsauftrag:

1. Klicken Sie auf der Seite *Zeitpunkt der Sicherung* des Sicherungs-Assistenten auf die Option *Später*.

    Im Taskplaner wird das Dialogfeld *Kontoinformationen festlegen* geöffnet. Darin werden Sie zur Eingabe Ihres Kennworts aufgefordert. Das Benutzerkonto muss über die Benutzerrechte verfügen, die zur Ausführung von Sicherungsaufträgen erforderlich sind.

    > **Hinweis** Wenn der Taskplaner-Dienst nicht bereits ausgeführt wird oder nicht automatisch gestartet werden kann, öffnet Windows 2000 ein Dialogfeld, in dem Sie zum Starten des Dienstes aufgefordert werden. Nachdem Sie auf *OK* geklickt haben, wird das Dialogfeld *Kontoinformationen festlegen* angezeigt.

2. Geben Sie Ihr Kennwort in die Felder *Kennwort* und *Kennwortbestätigung* ein und klicken Sie anschließend auf *OK*.

    Die Seite *Zeitpunkt der Sicherung* wird geöffnet. Hier müssen Sie den Namen für den Sicherungsauftrag eingeben. Der Assistent zeigt per Voreinstellung das aktuelle Datum und die aktuelle Uhrzeit als Startzeitpunkt an.

3. Geben Sie den gewünschten Namen in das Feld *Auftrag* ein.

4. Klicken Sie auf *Zeitplan festlegen*, um ein anderes Anfangsdatum und eine andere Anfangsuhrzeit einzugeben. Daraufhin wird das Dialogfeld *Auftrag planen* geöffnet.

    In diesem Dialogfeld geben Sie das Datum und die Uhrzeit für die Ausführung des Sicherungsauftrags an. Außerdem legen Sie hier fest, wie oft der Auftrag wiederholt werden soll, z. B. jeden Freitag um 10.00 vormittags. Sie können sich außerdem alle geplanten Aufgaben für den Computer anzeigen lassen, in dem Sie das Kontrollkästchen *Mehrfache Zeitpläne anzeigen* aktivieren. Auf Grund dieser Informationen lässt sich verhindern, dass auf einem Computer verschiedene Operationen zur selben Zeit ausgeführt werden.

Wenn Sie auf die Schaltfläche *Erweitert* klicken, können Sie außerdem festlegen, für wie viele Tage, Wochen, Monate und Jahre der Zeitplan gelten soll.

Nachdem Sie den Zeitplan für den Sicherungsauftrag festgelegt und den Sicherungs-Assistenten fertig gestellt haben, wird der Auftrag in den Kalender auf der Registerkarte *Aufträge planen* eingefügt. Der Sicherungsauftrag wird dann zum angegebenen Zeitpunkt automatisch gestartet.

Praxis: Dateien sichern

In den folgenden Übungen werden Sie mithilfe des Sicherungs-Assistenten einige auf Ihrer Festplatte gespeicherte Dateien sichern. Danach erstellen Sie einen Sicherungsauftrag, der zu einem späteren Zeitpunkt ausgeführt werden soll. Für die Festlegung des Zeitpunkts verwenden Sie den Taskplaner.

Übung 1: Einen Sicherungsauftrag ausführen

In dieser Übung rufen Sie den Sicherungs-Assistenten auf. Sie werden mit seiner Hilfe Dateien Ihrer Festplatte sichern.

▶ **So sichern Sie Dateien mit dem Sicherungs-Assistenten**

1. Melden Sie sich als Administrator an.
2. Klicken Sie auf *Start*, zeigen Sie nacheinander auf *Programme*, *Zubehör* und *Systemprogramme* und klicken Sie dann auf *Sicherung*.
3. Klicken Sie auf der Registerkarte *Willkommen* auf *Sicherungs-Assistent*.

    Der Sicherungs-Assistent wird gestartet und die Seite *Willkommen* geöffnet.
4. Klicken Sie auf *Weiter*, um den Sicherungsauftrag zu erstellen.

    Der Assistent öffnet die Seite *Zu sichernde Daten*, auf der Sie den Umfang der Sicherung festlegen.
5. Klicken Sie auf *Ausgewählte Dateien, Laufwerke oder Netzwerkdaten sichern* und anschließend auf *Weiter*.

    Die Seite *Zu sichernde Elemente* wird geöffnet, auf der Sie die lokalen Laufwerke und Netzwerklaufwerke, Ordner und Dateien auswählen, die gesichert werden sollen.
6. Erweitern Sie zunächst *Arbeitsplatz*, dann Laufwerk *C* und klicken Sie anschließend auf *C*.

    Sie wählen in diesem Schritt Laufwerk C *nicht* aus. Das Kontrollkästchen vor Laufwerk C darf kein Häkchen enthalten.
7. Wählen Sie im Detailbereich die Datei Boot.ini aus.

    Das Kontrollkästchen links neben dem Dateinamen Boot.ini muss nun ein Häkchen enthalten.

    Hinweis Boot.ini ist eine der Startdateien von Windows 2000 Professional. Ausführlichen Informationen zu dieser Datei finden Sie in Kapitel 22.
8. Klicken Sie auf *Weiter*.

    Die Seite *Speicherort der Sicherung* wird geöffnet.

    Hinweis Wenn kein Bandlaufwerk an den Computer angeschlossen ist, steht als Sicherungsmedium nur die Option *Datei* zur Verfügung.
9. Geben Sie in das Feld *Sicherungsmedium oder Dateiname* den Pfad **c:\backup1.bkf** ein und klicken Sie auf *Weiter*.

> **Hinweis** Normalerweise legen Sie für die Dateien eines Laufwerks keine Sicherungsdateien auf demselben Laufwerk an, wie dies in der vorliegenden Übung geschieht. Sie würden die Dateien vielmehr auf einem Band oder in einer Datei sichern, die sich auf einer anderen Festplatte, auf einer Wechselplatte (z. B. einem Iomega Zip- oder Jaz-Laufwerk), auf einer beschreibbaren CD oder einem optischen Laufwerk befindet.

Die Seite *Fertigstellen des Assistenten* wird geöffnet. Auf dieser Seite können Sie den Assistenten beenden und den Sicherungsvorgang starten oder weitere Optionen festlegen.

10. Klicken Sie auf *Erweitert*, um zusätzliche Sicherungsoptionen festzulegen.

    Die Seite *Typ der Sicherung* wird geöffnet, auf der Sie einen Sicherungstyp für den Sicherungsauftrag auswählen.

11. Stellen Sie sicher, dass in der Liste *Wählen Sie den Sicherungsvorgang, der ausgeführt werden soll* die Option *Normal* ausgewählt ist.

12. Stellen Sie sicher, dass das Kontrollkästchen *Migrierte Remotespeicherdaten sichern* deaktiviert ist, und klicken Sie auf *Weiter*.

    Die Seite *Sicherungsoptionen* wird geöffnet, auf der Sie angeben, ob die gesicherten Daten nach der Beendigung des Sicherungsauftrags überprüft werden sollen.

13. Aktivieren Sie das Kontrollkästchen *Daten nach der Sicherung überprüfen* und klicken Sie auf *Weiter*.

    Die Seite *Optionen der Medien* wird geöffnet, auf der Sie angeben, ob der Sicherungsauftrag an Sicherungen auf einem vorhandenen Medium angefügt wird oder ob die Sicherungsdaten auf dem Zielmedium überschrieben werden.

14. Klicken Sie auf *Daten auf dem Medium durch diese Sicherung ersetzen*.

    Wann sollte das Kontrollkästchen *Nur dem Besitzer und dem Administrator Zugriff auf die Sicherungsdaten und die angehängten Sicherungen erlauben* aktiviert werden?

    _____

    _____

15. Stellen Sie sicher, dass das Kontrollkästchen *Nur dem Besitzer und dem Administrator Zugriff auf die Sicherungsdaten und die angehängten Sicherungen erlauben* deaktiviert ist und klicken Sie auf *Weiter*.

    Die Seite *Sicherungsbezeichnung* wird geöffnet, auf der Sie eine Bezeichnung für den Sicherungsauftrag und das Sicherungsmedium angeben.

    Der Sicherungs-Assistent erstellt automatisch eine Sicherungs- und Medienbezeichnung, die auf dem aktuellen Datum und der aktuellen Uhrzeit basiert.

16. Drücken Sie Tab, um die voreingestellte Sicherungsbezeichnung zu übernehmen und in das Feld *Medienbezeichnung* zu gelangen.

17. Geben Sie in dieses Feld die Bezeichnung **Datei Boot.ini für Pro1** ein und klicken Sie auf *Weiter*.

    Die Seite *Zeitpunkt der Sicherung* wird geöffnet. Hier legen Sie fest, ob der Sicherungsauftrag jetzt ausgeführt oder für später eingeplant werden soll.

18. Stellen Sie sicher, dass die Option *Jetzt* ausgewählt ist.

    Die Seite *Fertigstellen des Assistenten* wird geöffnet. Sie enthält eine Zusammenfassung der von Ihnen ausgewählten Optionen und Einstellungen für diesen Sicherungsauftrag.

19. Klicken Sie auf *Fertig stellen*, um den Sicherungsauftrag zu starten.

    Der Sicherungs-Assistent blendet kurz das Dialogfeld *Auswahlinformationen* ein, in dem der geschätzte Umfang der Daten und die geschätzte Bearbeitungszeit für den Sicherungsauftrag angezeigt werden.

    Danach wird das Dialogfeld *Status: Sicherungsvorgang* geöffnet, in dem der Status des Sicherungsauftrags, der geschätzte und der tatsächliche Umfang der zu verarbeitenden Daten, die bisherige Dauer sowie die noch verbleibende geschätzte Bearbeitungszeit angezeigt werden.

▶ **So zeigen Sie den Sicherungsbericht an**

1. Sobald im Dialogfeld *Status: Sicherungsvorgang* angezeigt wird, dass der Sicherungsvorgang beendet ist, klicken Sie auf *Bericht*.

    Der Editor wird geöffnet und der Sicherungsbericht eingeblendet.

    Dieser Bericht enthält die wichtigsten Details über den Sicherungsvorgang, wie die Anfangszeit und die Anzahl der gesicherten Dateien.

2. Überprüfen Sie den Bericht und beenden Sie dann den Editor.

3. Klicken Sie im Dialogfeld *Status: Sicherungsvorgang* auf *Schließen*.

    Das Fenster *Sicherungsprogramm* bleibt geöffnet und die Registerkarte *Willkommen* ist aktiv.

Übung 2: Einen unbeaufsichtigten (automatischen) Sicherungsauftrag erstellen und ausführen

In dieser Übung erstellen Sie einen Sicherungsauftrag, der zu einem späteren Zeitpunkt ausgeführt werden soll. Zu diesem Zweck verwenden Sie den Taskplaner.

1. Kicken Sie auf der Registerkarte *Willkommen* auf *Sicherungs-Assistent*.

    Der Sicherungs-Assistent wird gestartet und die Seite *Willkommen* geöffnet.

2. Klicken Sie auf *Weiter*, um den Sicherungsauftrag zu erstellen.

    Der Sicherungs-Assistent öffnet die Seite *Zu sichernde Daten*, auf der Sie den Umfang der Sicherung festlegen.

3. Klicken Sie auf *Ausgewählte Dateien, Laufwerke oder Netzwerkdaten sichern* und Sie anschließend auf *Weiter*.

   Die Seite *Zu sichernde Elemente* wird geöffnet, auf der Sie die lokalen Laufwerke und Netzwerklaufwerke, Ordner und Dateien auswählen, die gesichert werden sollen.

4. Erweitern Sie zunächst *Arbeitsplatz*, dann Laufwerk *C* und aktivieren Sie anschließend das Kontrollkästchen *System Volume Information*.

5. Klicken Sie auf *Weiter*.

   Die Seite *Speicherort der Sicherung* wird geöffnet, auf der Sie das Ziel für die Datensicherung angeben.

6. Geben Sie in das Feld *Sicherungsmedium oder Dateiname* den Pfad **c:\backup2.bkf** ein und klicken Sie auf *Weiter*.

   Die Seite *Fertigstellen des Assistenten* wird geöffnet.

7. Klicken Sie auf *Erweitert*, um zusätzliche Sicherungsoptionen festzulegen.

   Die Seite *Typ der Sicherung* wird geöffnet, auf der Sie den Sicherungstyp für den Sicherungsauftrag auswählen können.

8. Stellen Sie sicher, dass in der Liste *Wählen Sie den Sicherungsvorgang, der ausgeführt werden soll* die Option *Normal* ausgewählt ist, und klicken Sie auf *Weiter*.

   Die Seite *Sicherungsoptionen* wird geöffnet, auf der Sie angeben, ob die gesicherten Daten nach der Beendigung des Sicherungsauftrags überprüft werden sollen.

9. Aktivieren Sie das Kontrollkästchen *Daten nach der Sicherung überprüfen* und klicken Sie auf *Weiter*.

   Die Seite *Optionen der Medien* wird geöffnet, auf der Sie angeben, ob der Sicherungsauftrag an die auf einem vorhandenen Medium gespeicherten Sicherungen angehängt wird oder ob die auf dem Zielmedium vorhandenen Sicherungsdaten überschrieben werden.

10. Klicken Sie auf *Daten auf dem Medium durch diese Sicherung ersetzen*.

11. Stellen Sie sicher, dass das Kontrollkästchen *Nur dem Besitzer und dem Administrator Zugriff auf die Sicherungsdaten und die angehängten Sicherungen erlauben* deaktiviert ist und klicken Sie auf *Weiter*.

    Die Seite *Sicherungsbezeichnung* wird geöffnet, auf der Sie eine Bezeichnung für den Sicherungsauftrag und das Sicherungsmedium angeben.

12. Geben Sie in das Feld *Medienbezeichnung* den Namen **Sicherungsdatei 2 für Pro1** ein und klicken Sie auf *Weiter*.

    Die Seite *Zeitpunkt der Sicherung* wird geöffnet. Hier legen Sie fest, ob der Sicherungsauftrag jetzt ausgeführt oder für später geplant werden soll.

13. Klicken Sie auf *Später*.

    Das Dialogfeld *Kontoinformationen festlegen* wird geöffnet, in dem Sie zur Eingabe des Kennworts für das Administratorkonto aufgefordert werden. (Wenn der Taskplaner-Dienst nicht für den automatischen Start eingestellt ist, wird zunächst ein Dialogfeld eingeblendet. Darin werden Sie gefragt, ob Sie den Taskplaner starten wollen. Klicken Sie auf *OK*. Das Dialogfeld *Kontoinformationen festlegen* wird geschlossen.)

    Da der Taskplaner-Dienst Anwendungen automatisch im Sicherheitskontext eines gültigen Computerbenutzers oder einer Domäne ausführt, werden Sie nach dem Namen und dem Kennwort gefragt, unter dem der geplante Sicherungsauftrag ausgeführt werden soll. Für geplante Sicherungsaufträge sollten Sie ein Benutzerkonto angeben, das zur Gruppe Sicherungs-Operatoren gehört und die Zugriffsberechtigung für alle zu sichernden Ordner und Dateien besitzt.

    In dieser Übung verwenden Sie für die Ausführung des Sicherungsauftrags das Administratorkonto.

14. Stellen Sie sicher, dass im Feld *Ausführen als* der Eintrag *Pro1\Administrator* (bzw. der Name des entsprechenden Computers) angezeigt wird. Geben Sie in die Felder *Kennwort* und *Kennwortbestätigung* das zugehörige Kennwort ein.

15. Klicken Sie auf *OK*.

16. Geben Sie in das Feld *Auftrag* den Namen **Pro1-Sicherung** ein und klicken Sie auf *Zeitplan festlegen*.

    Das Windows-Sicherungsprogramm öffnet das Dialogfeld *Auftrag planen*. Hier legen Sie die Anfangszeit und die weiteren Einstellungen für den Auftrag fest.

17. Wählen Sie im Feld *Task ausführen* die Option *Einmal*. Geben Sie in das Feld *Startzeit* eine zwei Minuten nach der aktuellen Zeit liegende Uhrzeit ein. Klicken Sie dann auf *OK*.

    Die Seite *Zeitpunkt der Sicherung* mit den Informationen über den geplanten Auftrag bleibt geöffnet.

18. Klicken Sie auf *Weiter*.

    Die Seite *Fertigstellen des Assistenten* wird geöffnet. Sie enthält die von Ihnen ausgewählten Optionen und Einstellungen für diesen Sicherungsauftrag.

19. Klicken Sie auf *Fertig stellen*, um den Sicherungsauftrag zu starten.

    Das Fenster *Sicherungsprogramm* bleibt geöffnet und die Registerkarte *Willkommen* ist aktiv.

20. Schließen Sie das Fenster.

    Wenn der Zeitpunkt für die Ausführung des Sicherungsauftrags erreicht ist, wird das Windows-Sicherungsprogramm gestartet und der angegebene Sicherungsvorgang ausgeführt.

▶ **So überprüfen Sie, ob der Sicherungsauftrag ausgeführt wurde**

1. Starten Sie den Windows-Explorer und klicken Sie auf Laufwerk C.

   Ist die Datei Backup2.bkf vorhanden?

2. Melden Sie sich bei Windows 2000 ab.

Zusammenfassung der Lektion

In dieser Lektion haben Sie gelernt, dass zusätzlich zur Planung der Sicherung vorbereitende Maßnahmen für den Sicherungsauftrag durchgeführt werden müssen. Sie müssen z. B. dafür sorgen, dass die zu sichernden Dateien geschlossen sind, da dass Sicherungsprogramm keine Dateien sichern kann, die geöffnet sind. Danach kann die Sicherung durchgeführt werden.

Sie wissen nun, dass bei der Ausführung des Sicherungs-Assistenten zunächst die Elemente angegeben werden müssen, die gesichert werden sollen. Sie können wählen, ob alle Dateien auf dem Computer, alle ausgewählten Dateien, Laufwerke oder Netzwerkdaten oder nur die Systemstatusdaten gesichert werden. Nach Auswahl der gewünschten Elemente müssen Sie das Ziel und das Sicherungsmedium bzw. den Dateinamen angeben. Danach stellen Sie die Sicherung fertig oder wählen zusätzliche Sicherungsoptionen aus.

In den Übungen haben Sie einen Teil Ihrer Dateien gesichert. Danach haben Sie einen Auftrag für eine unbeaufsichtigte (automatische) Sicherung erstellt und ausgeführt.

Lektion 3: Daten wiederherstellen

In dieser Lektion lernen Sie, wie gesicherte Daten wiederhergestellt werden können. Die Wiederherstellung beschädigter oder verlorener Daten ist für einen reibungslosen Geschäftsverlauf von größter Wichtigkeit und das Hauptanliegen von Sicherungen. Um die korrekte Wiederherstellung der Daten sicherzustellen, sollten Sie bestimmte Richtlinien einhalten, zu denen unter anderem die sorgfältige Dokumentation aller Sicherungsaufträge gehört.

Am Ende dieser Lektion werden Sie in der Lage sein, die folgende Aufgabe auszuführen:

- Sie können Daten (ein komplettes Sicherungsmedium oder eine einzelne Datei) wiederherstellen.

Veranschlagte Zeit für die Lektion: 30 Minuten

Die Datenwiederherstellung vorbereiten

Zur Wiederherstellung von Daten müssen Sie die entsprechenden Sicherungen (Sicherungssätze, Dateien und/oder Ordner) auswählen. Bei Bedarf können Sie auch zusätzliche Einstellungen festlegen. Normalerweise verwenden Sie zur Wiederherstellung der Daten den Wiederherstellungs-Assistenten des Sicherungsprogramms. Es ist aber auch möglich, gesicherte Daten ohne diesen Assistenten wiederherzustellen.

Wenn wichtige Daten verloren gegangen sind, müssen Sie diese in möglichst kurzer Zeit wiederherstellen können. Halten Sie sich bei der Vorbereitung der Datenwiederherstellung an folgende Richtlinien:

- Berücksichtigen Sie bei der Wiederherstellungsstrategie den Sicherungstyp, der für die Sicherung der Daten gewählt wurde. Wenn bei der Wiederherstellung die Zeitdauer eine wichtige Rolle spielt, müssen die Sicherungstypen, die Sie für die Datensicherung wählen, eine schnelle Wiederherstellung zulassen. Verwenden Sie beispielsweise normale und differenzielle Sicherungen, sodass Sie im Bedarfsfall nur die letzte normale und die letzte differenzielle Sicherung wiederherstellen müssen.

- Führen Sie in regelmäßigen Abständen eine Probewiederherstellung durch, um sicherzustellen, dass die Datensicherungen des Sicherungs-Assistenten ihren Zweck erfüllen. Anhand einer Probewiederherstellung können Hardwareprobleme aufgedeckt werden, die durch Softwareüberprüfungen nicht feststellbar sind. Stellen Sie die Daten auf einem zweiten Speichermedium wieder her und vergleichen Sie die wiederhergestellten Daten mit den ursprünglichen Daten auf der Festplatte.

- Dokumentieren Sie alle Sicherungsaufträge. Erstellen und drucken Sie für jeden Auftrag ein detailliertes Sicherungsprotokoll. Das Protokoll muss alle Dateien und Ordner enthalten, die gesichert wurden. Anhand dieses Protokolls können Sie sofort feststellen, welches Speichermedium die Dateien enthält, die Sie wiederherstellen wollen, ohne dass Sie hierzu die Kataloge laden müssen. Ein *Katalog* ist ein Index mit den Dateien und Ordnern eines Sicherungsauftrags, der von Windows 2000 automatisch erstellt und mit dem Sicherungsauftrag auf dem Computer gespeichert wird, auf dem der Sicherungs-Assistent ausgeführt wird.

- Dokumentieren Sie die Sicherungsaufträge in einem Kalender, in dem die Tage markiert sind, an denen die einzelnen Aufträge ausgeführt werden. Notieren Sie zu jedem Auftrag den Sicherungstyp und den verwendeten Speicherort, beispielsweise eine Bandnummer oder den Namen des Iomega Zip-Laufwerks. Wenn Sie dann Daten wiederherstellen müssen, können Sie in dieser Auflistung sehr schnell die verschiedenen über einen Zeitraum von mehreren Wochen durchgeführten Sicherungsaufträge überblicken und das zutreffende Band ermitteln.

Sicherungssätze, Dateien und Ordner für die Wiederherstellung auswählen

Um Daten wiederherzustellen, müssen Sie sie zunächst auswählen. Dazu können Sie einzelne Dateien und Ordner, einen kompletten Sicherungsauftrag oder einen Sicherungssatz wiederherstellen. Ein *Sicherungssatz* besteht aus den Dateien und Ordnern einer Speichereinheit, die bei der Ausführung eines Sicherungsauftrags gesichert wurden. Wenn Sie mit einem Sicherungsauftrag den Inhalt von zwei Laufwerken einer Festplatte sichern, besteht der Auftrag aus zwei Sicherungssätzen. Die Auswahl der wiederherzustellenden Daten erfolgt im Katalog.

So stellen Sie mithilfe des Wiederherstellungs-Assistenten Daten wieder her:

1. Erweitern Sie im Wiederherstellungs-Assistenten die Struktur des Medientyps, der die gewünschten Daten enthält. Dabei kann es sich um ein Band oder um eine Datei handeln.

2. Erweitern Sie die Struktur des entsprechenden Medientyps so lange, bis die gewünschten Daten angezeigt werden. Sie können einen kompletten Sicherungssatz oder bestimmte Dateien und Ordner wiederherstellen.

3. Wählen Sie die gewünschten Daten aus und klicken Sie auf *Weiter*.

   Der Wiederherstellungs-Assistent zeigt zusammengefasst die Einstellungen für die Wiederherstellung an.

4. Führen Sie eine der folgenden Aktionen aus:

- Stellen Sie den Wiederherstellungsvorgang fertig. Der Assistent fordert während der Wiederherstellung eine Bestätigung der Wiederherstellungsquelle und führt dann die Wiederherstellung durch. Während der Wiederherstellung werden Statusinformationen über den Vorgang eingeblendet.
- Legen Sie zusätzliche Wiederherstellungsoptionen fest.

Erweiterte Wiederherstellungsoptionen festlegen

Die erweiterten Optionen im Wiederherstellungs-Assistenten hängen vom Typ des Sicherungsmediums ab, das zur Wiederherstellung verwendet wird (z. B. ein Bandlaufwerk oder ein Iomega Zip-Laufwerk). Tabelle 19.3 enthält eine Beschreibung der zusätzlichen Wiederherstellungsoptionen, die Ihnen im Assistenten und im Sicherungsprogramm zur Verfügung stehen.

Tabelle 19.3 Erweiterte Wiederherstellungsoptionen

Option	Beschreibung
Dateien wiederherstellen in:	Geben Sie die Zielposition für die wiederherzustellenden Daten an. Sie können zwischen folgenden Speicherorten wählen:
	Ursprünglicher Bereich Beschädigte oder verlorene Daten werden ersetzt.
	Alternativer Bereich Die Wiederherstellung erfolgt als Kopie. Verwenden Sie diese Option, wenn Sie eine ältere Version einer Datei wiederherstellen oder eine Probewiederherstellung durchführen wollen.
	Einzelner Ordner Die aus einer hierarchischen Struktur stammenden Dateien werden in einem Ordner wiederhergestellt. Sie können diese Option beispielsweise verwenden, wenn Sie Kopien bestimmter Dateien wünschen, aber nicht die gesamte hierarchische Struktur der Dateien wiederherstellen wollen.
	Wenn Sie einen alternativen Bereich oder einen einzelnen Ordner wählen, müssen Sie den entsprechenden Pfad angeben.
Beim Wiederherstellen einer bestehenden Datei (Diese Optionen stehen Ihnen im Sicherungsprogramm auf der Registerkarte *Wiederherstellen* des Dialogfeldes *Optionen* zur Verfügung; klicken Sie im Menü *Extras* auf *Optionen*.)	Legen Sie fest, ob vorhandene Dateien überschrieben werden sollen. Sie können zwischen folgenden Optionen wählen:
	Datei auf meinem Computer nicht ersetzen (empfohlen) Diese Option verhindert ein unbeabsichtigtes Überschreiben vorhandener Daten. (Diese Option ist voreingestellt.)

(Fortsetzung)

Option	Beschreibung
	Datei auf dem Datenträger nur ersetzen, wenn die Datei auf dem Datenträger älter ist Es wird sichergestellt, dass die jeweils aktuellste Kopie auf dem Computer hergestellt wird.
	Datei auf meinem Computer immer ersetzen Der Wiederherstellungs-Assistent fordert keine Bestätigung ein, wenn während des Wiederherstellungsvorgangs ein identischer Dateiname angetroffen wird.
Wählen Sie die gewünschten Wiederherstellungsoptionen (Klicken Sie auf der Registerkarte *Wiederherstellen* des Sicherungsprogramms auf die Schaltfläche *Wiederherstellung starten* und dann auf *Erweitert*, um auf diese Optionen zuzugreifen.)	Legen Sie fest, ob Sie Sicherheitsdaten oder bestimmte Systemdateien wiederherstellen wollen. Sie können zwischen folgenden Optionen wählen:
	Sicherheitsdaten wiederherstellen Die ursprünglichen Berechtigungen für Dateien, die Sie auf einem NTFS-Datenträger wiederherstellen, werden beibehalten. Zu den Sicherheitseinstellungen gehören Zugriffsberechtigungen, Überwachungseinträge und Besitzerrechte. Diese Option ist nur verfügbar, wenn Sie Daten von einem NTFS-Datenträger gesichert haben und diese auch auf einem NTFS-Datenträger wiederherstellen.
	Datenbank der Wechselmedien wiederherstellen Die Konfigurationsdatenbank für Wechselspeichermedien und die Medienpooleinstellungen werden wiederhergestellt. Die Datenbank befindet sich im Verzeichnis *Windows 2000*\system32\remotestorage.
	Abzweigungspunkte und Dateien bzw. Ordner an den Abzweigungspunkten wiederherstellen Die Abzweigungspunkte auf der Festplatte und die Daten, auf die sie verweisen, werden wiederhergestellt. Wenn Sie über bereitgestellte Laufwerke verfügen und die Daten wiederherstellen wollen, auf die diese Laufwerke verweisen, müssen Sie dieses Kontrollkästchen aktivieren. Andernfalls wird zwar der Abzweigungspunkt wiederhergestellt, aber die Daten, auf die dieser Punkt verweist, sind unter Umständen nicht verfügbar.
	Die wiederhergestellten Daten in replizierten Datensätzen als primäre Daten für alle Replikate markieren Die Daten aller replizierten Datenmengen werden wiederhergestellt.

Wenn Sie die Arbeit mit dem Wiederherstellungs-Assistenten beendet haben, übernimmt das Windows-Sicherungsprogramm die weitere Ausführung.

- Es fordert Sie auf, die Auswahl des Quellmediums zu überprüfen, das für die Wiederherstellung verwendet wird. Danach wird der Wiederherstellungsvorgang gestartet.
- Statusinformationen teilen Ihnen den Fortschritt des Wiederherstellungsvorgangs mit. Wie beim Sicherungsvorgang können Sie sich auch hier den Wiederherstellungsbericht (das Wiederherstellungsprotokoll) anzeigen lassen. Der Bericht enthält unter anderem die Anzahl der Dateien, die wiederhergestellt wurden und Angaben zur Dauer des Vorgangs.

Praxis: Dateien wiederherstellen

In den folgenden Übungen werden Sie die Datei wiederherstellen, die Sie in Übung 1 der Lektion 2 dieses Kapitels gesichert haben.

> **Wichtig** Bevor Sie mit den Übungen in diesem Abschnitt beginnen, müssen Sie die Übungen der vorhergehenden Lektion ausgeführt haben. Sie können ersatzweise aber auch andere Dateien wiederherstellen, die Sie gesichert haben.

▶ **So stellen Sie Dateien aus einem Sicherungsauftrag wieder her**

1. Klicken Sie im Sicherungsprogramm auf der Registerkarte *Willkommen* auf *Wiederherstellungs-Assistent*.

   Der Wiederherstellungs-Assistent wird gestartet und die Seite *Willkommen* angezeigt.

2. Klicken Sie auf *Weiter*, um mit der Erstellung des Wiederherstellungsauftrags fortzufahren.

   Die Seite *Wiederherzustellendes Objekt* wird geöffnet. Hier wählen Sie das Sicherungsmedium aus, auf dem sich die wiederherzustellenden Dateien befinden.

3. Erweitern Sie im Feld *Wiederherzustellende Objekte* den Dateiknoten, den Sie erstellt haben.

   Die Objekte *Datei Boot.ini für Pro1* und *Sicherungsdatei 2 für Pro1* werden angezeigt.

4. Erweitern Sie *Datei Boot.ini für Pro1*.

   Unter *Datei Boot.ini für Pro1* wird Laufwerk C angezeigt.

5. Erweitern Sie Laufwerk C.

   Das Dialogfeld *Sicherungsdateiname* wird geöffnet.

6. Vergewissern Sie sich, dass im Feld *Diese Sicherungsdatei katalogisieren* der Eintrag *C:\Backup1.bkf* vorhanden ist, und klicken Sie auf *OK*.

   Das Dialogfeld *Vorgangsstatus* wird angezeigt und wieder geschlossen.

7. Wählen Sie Laufwerk C aus und klicken Sie auf *Weiter*.

   Die Seite *Fertigstellen des Assistenten* wird geöffnet.

8. Klicken Sie auf *Erweitert*.

   Die Seite *Zielort der Wiederherstellung* wird geöffnet.

9. Markieren Sie in der Liste *Dateien wiederherstellen in* die Option *Alternativer Bereich*.

   Das Feld *Alternative* wird in das Dialogfeld eingeblendet.

10. Geben Sie in dieses Feld **C:\Wiederhergestellte Daten** ein und klicken Sie auf *Weiter*.

    Die Seite *Optionen der Wiederherstellung* wird geöffnet, auf der Sie festlegen, wie doppelt vorhandene Dateien bei der Wiederherstellung behandelt werden.

11. Stellen Sie sicher, dass das Kontrollkästchen *Datei nicht ersetzen (empfohlen)* aktiviert ist, und klicken Sie auf *Weiter*.

    Die Seite *Erweiterte Wiederherstellungsoptionen* wird geöffnet. Hier können Sie Sicherheitsoptionen für den Wiederherstellungsauftrag festlegen.

12. Stellen Sie sicher, dass alle Kontrollkästchen deaktiviert sind, und klicken Sie auf *Weiter*.

    Die Seite *Fertigstellen des Assistenten* wird geöffnet. Sie enthält die von Ihnen ausgewählten Wiederherstellungsoptionen.

13. Klicken Sie auf *Fertig stellen*, um den Wiederherstellungsvorgang zu starten.

    Das Sicherungsprogramm öffnet das Dialogfeld *Namen der Sicherungsdatei eingeben*, in dem Sie den Namen der Sicherungsdatei, in der sich die wiederherzustellenden Dateien und Ordner befinden, angeben oder den angezeigten Namen bestätigen.

14. Vergewissern Sie sich, dass das Feld *Wiederherstellen von* die Datei *Backup1.bkf* enthält, und klicken Sie auf *OK*.

    Das Sicherungsprogramm öffnet das Dialogfeld *Auswahlinformationen*, in dem der geschätzte Datenumfang und die Bearbeitungszeit für den Wiederherstellungsauftrag angegeben werden. (Das Dialogfeld wird unter Umständen nur sehr kurz angezeigt, da nur eine Datei wiederhergestellt werden muss.)

    Danach wird das Dialogfeld *Status: Wiederherstellen* geöffnet, in dem der Status des Wiederherstellungsvorgangs, der geschätzte und der tatsächliche Umfang der zu verarbeitenden Daten, die bisherige Dauer sowie die noch verbleibende geschätzte Bearbeitungszeit angezeigt werden.

▶ **So zeigen Sie den Wiederherstellungsbericht an**

1. Klicken Sie auf *Bericht*, wenn im Dialogfeld *Status: Wiederherstellen* angezeigt wird, dass der Wiederherstellungsvorgang abgeschlossen ist.

   Der Bericht wird im Editor geöffnet. Beachten Sie, dass die Details zum Wiederherstellungsvorgang an das vorhergehende Sicherungsprotokoll angefügt wurden. Der Bericht enthält somit alle Statusinformationen über die durchgeführten Sicherungs- und Wiederherstellungsoperationen.

2. Überprüfen Sie den Bericht und beenden Sie dann den Editor.

3. Klicken Sie im Dialogfeld *Status: Wiederherstellen* auf *Schließen*.

   Das Fenster *Sicherungsprogramm* bleibt geöffnet und die Registerkarte *Willkommen* ist aktiv.

▶ **So überprüfen Sie, ob die Daten wiederhergestellt wurden**

1. Starten Sie den Windows-Explorer und erweitern Sie Laufwerk C.

   Ist der Ordner *Wiederhergestellte Daten* vorhanden?

   _____

   Welchen Inhalt hat dieser Ordner?

   _____

   Hinweis Wenn der Ordner *Wiederhergestellte Daten* leer zu sein scheint, stellen Sie sicher, dass er markiert ist. Klicken Sie dann im Menü *Extras* auf den Befehl *Ordneroptionen*. Deaktivieren Sie auf der Registerkarte *Ansicht* im Dialogfeld *Ordneroptionen* die Option *Geschützte Systemdateien ausblenden (empfohlen)*. Klicken Sie auf *Ja*, wenn Sie zur Bestätigung dieser Aktion aufgefordert werden. Klicken Sie anschließend auf *OK* und überprüfen Sie, ob der Eintrag *Boot* (bzw. die Datei Boot.ini) im Ordner *Wiederhergestellte Daten* angezeigt wird.

2. Schließen Sie den Windows-Explorer und das Fenster *Sicherungsprogramm*.

Zusammenfassung der Lektion

In dieser Lektion haben Sie erfahren, dass Daten normalerweise mit dem Wiederherstellungs-Assistenten des Sicherungsprogramms wiederhergestellt werden. Gesicherte Daten lassen sich aber auch ohne diesen Assistenten wiederherstellen. Sie können einzelne Dateien und Ordner, einen kompletten Sicherungsauftrag oder einen Sicherungssatz wiederherstellen. Die erweiterten Optionen im Wiederherstellungs-Assistenten und im Sicherungsprogramm hängen vom Typ des Sicherungsmediums ab, das zur Wiederherstellung verwendet wird. In den Übungen des Abschnitts *Praxis* haben Sie die Daten wiederhergestellt, die in Übung 1 von Lektion 2 gesichert wurden.

Lektion 4: Voreinstellungen des Sicherungsprogramms ändern

Das Windows-Sicherungsprogramm ermöglicht es Ihnen, die Voreinstellungen zu ändern, die für alle Sicherungs- und Wiederherstellungsaufträge gelten. Diese Einstellungen befinden sich auf den Registerkarten im Dialogfeld *Optionen*. Um dieses Dialogfeld zu öffnen, klicken Sie im Menü *Extras* des Windows-Sicherungsprogramms auf den Befehl *Optionen*.

Am Ende dieser Lektion werden Sie in der Lage sein, die folgende Aufgabe auszuführen:

- Sie können erläutern, wie die Voreinstellungen des Sicherungsprogramms geändert werden.

Veranschlagte Zeit für die Lektion: 5 Minuten

Die folgenden Registerkarten enthalten Voreinstellungen für das Windows-Sicherungsprogramm:

- **Allgemein** Die Einstellungen auf dieser Registerkarte betreffen die Datenüberprüfung, die Statusinformationen für Sicherungs- und Wiederherstellungsaufträge, Warnungen und die zu sichernden Daten (siehe Abbildung 19.5). Das Kontrollkästchen *Daten standardmäßig nach Sicherung bestätigen* sollte immer aktiviert sein, da die Integrität der gesicherten Daten sehr wichtig ist.

- **Wiederherstellen** Mit den Einstellungen dieser Registerkarte legen Sie fest, was geschehen soll, wenn die wiederherzustellende Datei mit einer vorhandenen Datei identisch ist.

- **Sicherungsart** Die Einstellungen auf dieser Registerkarte betreffen den Standardsicherungstyp für Sicherungsaufträge. Welche Optionen Sie auswählen, hängt davon ab, wie oft und wie schnell eine Wiederherstellung ausgeführt werden soll und wie viel Speicherplatz zur Verfügung steht.

- **Sicherungsprotokoll** Die Einstellungen auf dieser Registerkarte betreffen die Informationen, die in das Sicherungsprotokoll aufgenommen werden.

- **Dateien ausschließen** Die Einstellungen auf dieser Registerkarte legen fest, welche Dateien bei Sicherungsaufträgen nicht berücksichtigt werden.

Einige Voreinstellungen des Sicherungs-Assistenten können für einzelne Sicherungsaufträge geändert werden. Beispielsweise ist *Normal* als Standardsicherungstyp voreingestellt. Sie können für einen Sicherungsauftrag jederzeit einen anderen Sicherungstyp festlegen. Wenn Sie jedoch den Assistenten das nächste Mal aufrufen, ist wieder die Voreinstellung (*Normal*) aktiv.

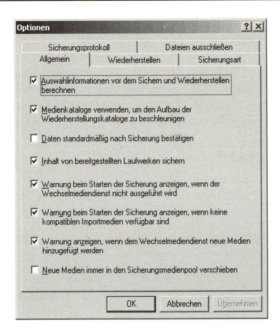

Abbildung 19.5 Die Registerkarte *Allgemein* im Dialogfeld *Optionen* des Windows-Sicherungsprogramms

Zusammenfassung der Lektion

In dieser Lektion haben Sie die voreingestellten Optionen des Windows-Sicherungsprogramms kennen gelernt und erfahren, wie sie mithilfe der Registerkarten im Dialogfeld *Optionen* geändert werden können. Einige Voreinstellungen können auch für einzelne Aufträge überschrieben werden.

Lernzielkontrolle

 Mithilfe der folgenden Fragen können Sie feststellen, ob Sie genug gelernt haben, um mit dem nächsten Kapitel fortfahren zu können. Wenn Ihnen die Beantwortung der Fragen Schwierigkeiten bereitet, sollten Sie das vorliegende Kapitel noch einmal lesen, bevor Sie mit der Lektüre des nächsten Kapitels beginnen. In Anhang A finden Sie die Antworten zu den folgenden Fragen.

1. Welche Voraussetzung muss erfüllt sein, damit ein Benutzer Sicherungen durchführen kann?

2. Sie haben an einem Montag eine normale Sicherung durchgeführt. Für die anderen Wochentage möchten Sie nur die Dateien und Ordner sichern, die sich während des Tages geändert haben. Welchen Sicherungstyp wählen Sie?

3. Was spricht für die Verwendung von Bändern als Sicherungsmedium?

4. Sie stellen eine Datei wieder her, die denselben Namen hat wie eine Datei auf dem Datenträger, auf dem die Wiederherstellung durchgeführt wird. Sie wissen nun nicht, bei welcher Datei es sich um die aktuelle Version handelt. Was können Sie in diesem Fall tun?

KAPITEL 20

Netzwerkressourcen und -benutzer überwachen

Lektion 1: Netzwerkressourcen überwachen . . . 530

Lektion 2: Den Zugriff auf freigegebene Ordner überwachen . . . 532

Lektion 3: Ordner mit dem Snap-In Freigegebene Ordner freigeben . . . 538

Lektion 4: Netzwerkbenutzer überwachen . . . 543

Lernzielkontrolle . . . 548

Über dieses Kapitel

Dieses Kapitel bereitet Sie auf die Überwachung von Netzwerkressourcen vor. Sie werden hier erfahren, wie man mit den Snap-Ins *Computerverwaltung* und *Freigegebene Ordner* freigegebene Ressourcen anzeigt und erstellt. Darüber hinaus werden Sie lernen, wie Sie mithilfe dieser Snap-Ins Sitzungen anzeigen, Dateien öffnen und die Verbindung von Benutzern zu Ihren freigegebenen Orden trennen können.

Bevor Sie beginnen

Zur Bearbeitung dieses Kapitels benötigen Sie Folgendes:

- Einen Rechner, der die im Abschnitt *Hardwarevoraussetzungen* des Kapitels *Zu diesem Buch* angegebenen Mindestvoraussetzungen erfüllt.
- Windows 2000 Professional muss auf Ihrem Rechner installiert sein.

Lektion 1: Netzwerkressourcen überwachen

Mit den in Windows 2000 integrierten Snap-Ins *Computerverwaltung* und *Freigegebene Ordner* können Sie den Zugriff auf Netzwerkressourcen auf einfache Art und Weise überwachen und Benutzern Adminwarnungen senden. Der Zugriff auf Netzwerkressourcen sollte überwacht werden, um die aktuelle Auslastung der Netzwerkserver zu bewerten und verwalten.

Am Ende dieser Lektion werden Sie in der Lage sein, die folgenden Aufgaben auszuführen:

- Sie können drei Gründe für eine Überwachung von Zugriffen auf Netzwerkressourcen nennen.
- Sie kennen die Windows 2000-Tools, mit deren Hilfe Sie den Zugriff auf Netzwerkressourcen überwachen und Adminwarnungen senden können.
- Sie wissen, wer den Zugriff auf Netzwerkressourcen überwachen kann.

Veranschlagte Zeit für die Lektion: 5 Minuten

Ziele der Überwachung von Netzwerkressourcen

Die drei Hauptgründe für die Überwachung und Verwaltung von Netzwerkressourcen finden Sie in folgender Aufstellung:

- **Wartung und Pflege** Wenn Sie Wartungsaufgaben an Netzwerkressourcen durchführen, müssen Sie gelegentlich bestimmte Ressourcen dem Benutzerzugriff entziehen. Dazu müssen Sie feststellen können, welche Benutzer zurzeit eine bestimmte Ressource verwenden, um sie vor dem vorübergehenden oder dauerhaften Entzug der Ressource benachrichtigen zu können.

- **Sicherheit** Zum Schutz eines Netzwerks müssen Sie Benutzerzugriffe auf vertrauliche oder sichere Ressourcen daraufhin überwachen, dass tatsächlich nur berechtigte Benutzer auf sie zugreifen können.

- **Planung** Um den ständig wachsenden Bedürfnissen der Netzwerkbenutzer entsprechen und für zukünftige Erweiterungen vorausplanen zu können, müssen Sie feststellen können, welche Ressourcen in welchem Umfang belastet sind.

Windows 2000 enthält die Snap-Ins *Computerverwaltung* und *Freigegebene Ordner*, mit denen Sie den Zugriff auf Netzwerkressourcen auf einfache Weise überwachen und Benutzern Adminwarnungen senden können. Bei der Aufnahme der Snap-Ins *Computerverwaltung* und *Freigegebene Ordner* in eine benutzerdefinierte Konsole, müssen Sie angeben, ob sie Ressourcen auf dem lokalen Rechner oder auf einem Remotecomputer überwachen wollen.

Berechtigungen zum Überwachen von Netzwerkressourcen

Nicht alle Benutzer können den Zugriff auf Netzwerkressourcen überwachen lassen. Tabelle 20.1 zeigt Ihnen, welche Gruppen dazu berechtigt sind.

Tabelle 20.1 Gruppen mit Überwachungszugriff auf Netzwerkressourcen

Gruppe	Überwachung folgender Ressourcen
Administratoren oder Serveroperatoren für eine Domäne	Alle Computer einer Domäne
Administratoren oder Hauptbenutzer für einen Mitgliedsserver	Lokale Computer und Remoterechner innerhalb der Arbeitsgruppe

Zusammenfassung der Lektion

In dieser Lektion haben Sie gelernt, dass Sie mithilfe einer Überwachung von Netzwerkressourcen feststellen können, ob bestimmte Ressourcen noch gebraucht werden und sicher sind. Die Überwachung von Ressourcen hilft Ihnen auch bei der Planung künftiger Erweiterungen. Mithilfe der in Windows 2000 integrierten Snap-Ins *Computerverwaltung* und *Freigegebene Ordner* können Sie den Zugriff auf Netzwerkressourcen auf einfache Weise überwachen. Sowohl Ressourcen auf lokalen Rechnern als auch Ressourcen auf Remoterechnern können überwacht werden. Um Ressourcen auf einem Remoterechner zu überwachen, müssen Sie bei der Aufnahme der Snap-Ins *Computerverwaltung* beziehungsweise *Freigegebene Ordner* den Computer angeben, dessen Ressourcen überwacht werden sollen.

Sie haben weiterhin erfahren, dass in einer Arbeitsgruppe nur Mitglieder der Gruppe *Administratoren* oder *Hauptbenutzer* die Ressourcen eines lokalen Computers oder eines Remoterechners der Arbeitsgruppe überwachen können. Innerhalb einer Domäne können nur Mitglieder der Gruppen *Administratoren* oder *Serveroperatoren* für die Domäne die Ressourcen auf allen Rechnern innerhalb der Domäne überwachen.

Lektion 2: Den Zugriff auf freigegebene Ordner überwachen

Mit der Überwachung des Zugriffs auf freigegebene Ordner können Sie feststellen, wie viele Benutzer zu einem bestimmten Zeitpunkt eine Verbindung mit einem Ordner hergestellt haben. Sie können auch geöffnete Dateien überwachen, um festzustellen, welche Benutzer zu einem bestimmten Zeitpunkt auf diese Dateien zugreifen. Darüber hinaus haben Sie die Möglichkeit, die Verbindung von Benutzern mit einer oder allen geöffneten Dateien zu trennen.

Am Ende dieser Lektion werden Sie in der Lage sein, die folgenden Aufgaben auszuführen:

- Sie können die freigegebenen Ordner auf einem Rechner anzeigen.
- Sie können freigegebene Ordner überwachen.
- Sie können die Eigenschaften eines freigegebenen Ordners anzeigen und bearbeiten.
- Sie können geöffnete Dateien überwachen.
- Sie können alle Verbindungen eines Benutzers zu geöffneten Dateien trennen.

Veranschlagte Zeit für die Lektion: 15 Minuten

Freigegebene Ordner überwachen

Mithilfe des Ordners *Freigaben* können Sie in den Snap-Ins *Computerverwaltung* und *Freigegebene Ordner* eine Liste aller freigegebenen Ordner auf dem Rechner anzeigen und feststellen, wie viele Benutzer eine Verbindung mit den verschiedenen Ordnern haben. In Abbildung 20.1 ist der Ordner *Freigaben* im Strukturausschnitt der Konsole *Computerverwaltung* markiert; im Detailausschnitt werden alle freigegebenen Ordner auf dem Rechner angezeigt.

Tabelle 20.2 enthält eine Zusammenstellung der im Detailausschnitt des Fensters *Computerverwaltung* angezeigten Daten.

Tabelle 20.2 Die im Ordner *Freigaben* angezeigten Daten

Spalte	Beschreibung
Freigegebener Ordner	Die auf diesem Rechner freigegebenen Ordner. Der hier angezeigte Name wurde dem Ordner bei dessen Freigabe zugewiesen.
Freigegebener Pfad	Der Pfad zum freigegebenen Ordner
Typ	Das Betriebssystem, mit dessen Hilfe man auf den Ordner zugreifen kann

(Fortsetzung)

Spalte	Beschreibung
Anzahl der Clientumleitungen	Die Anzahl der Clients, die eine Remoteverbindung mit dem freigegebenen Ordner hergestellt haben
Kommentar	Eine Beschreibung des Ordners. Dieser Kommentar wird bei der Freigabe des Ordners eingegeben.

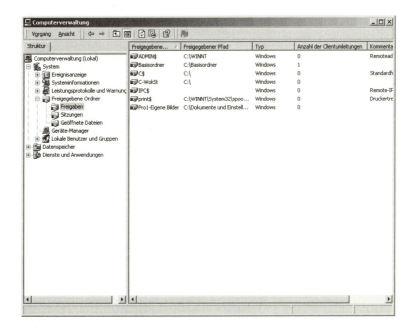

Abbildung 20.1 Der Ordner *Freigaben* im Fenster *Computerverwaltung*

Hinweis Microsoft Windows 2000 aktualisiert die Listen der freigegebenen Ordner, geöffneten Dateien und Benutzersitzungen nicht automatisch. Um die Listen zu aktualisieren, müssen Sie im Menü *Vorgang* auf *Aktualisieren* klicken.

Die Anzahl der gleichzeitigen Zugriffe auf einen freigegebenen Ordner festlegen

Mithilfe der Snap-Ins *Computerverwaltung* beziehungsweise *Freigegebene Ordner* können Sie festlegen, wie viele Benutzer höchstens gleichzeitig auf einen freigegebenen Ordner zugreifen können.

Markieren Sie dazu zunächst im Detailausschnitt den freigegebenen Ordner und klicken Sie danach im Menü *Vorgang* auf *Eigenschaften*. Daraufhin wird das Dialogfeld *Eigenschaften* für den betreffenden Ordner geöffnet. Auf der Registerkarte *Allgemein* sehen Sie das Benutzerlimit. In Windows 2000 Professional können höchstens zehn Benutzer gleichzeitig zugreifen. Sie können hier aber auch einen niedrigeren Wert festlegen.

Mithilfe der Snap-Ins *Computerverwaltung* beziehungsweise *Freigegebene Ordner* können Sie außerdem feststellen, ob die Höchstzahl der Benutzer, die gleichzeitig auf einen freigegebenen Ordner zugreifen können, erreicht wurde. Auf diese Weise lassen sich Verbindungsprobleme sehr schnell diagnostizieren und beheben. Wenn ein Benutzer zum Beispiel keine Verbindung mit einer freigegebenen Ressource herstellen kann, ermitteln Sie schnell, wie viele Verbindungen bestehen und wie viele höchstens erlaubt sind. Wurde die Höchstzahl bereits erreicht, kann der Benutzer die Verbindung mit der freigegebenen Ressource nicht herstellen.

Die Eigenschaften freigegebener Ordner bearbeiten

Im Ordner *Freigaben* können Sie auch vorhandene Ordner und die entsprechenden Ordnerberechtigungen bearbeiten. Um die Eigenschaften eines freigegebenen Ordners zu bearbeiten, markieren Sie den gewünschten Ordner und klicken Sie danach im Menü *Vorgang* auf *Eigenschaften*. Auf der Registerkarte *Allgemein* des Dialogfeldes *Eigenschaften* werden der Name und der Pfad der freigegebenen Ressource sowie alle eventuell eingegebenen Kommentare angezeigt. Auf dieser Registerkarte können Sie außerdem das Benutzerlimit für den freigegebenen Ordner anzeigen und bearbeiten. Auf der Registerkarte *Sicherheit* können Sie die Berechtigungen für den freigegebenen Ordner anzeigen und ändern.

Geöffnete Dateien überwachen

Im Ordner *Geöffnete Dateien* der Snap-Ins *Computerverwaltung* beziehungsweise *Freigegebene Ordner* können Sie eine Liste der in freigegebenen Ordnern abgelegten geöffneten Dateien und der Benutzer anzeigen, die zu einem bestimmten Zeitpunkt eine Verbindung mit diesen Dateien haben (siehe Abbildung 20.2). Anhand der Angaben in dieser Liste können Sie entscheiden, welche Benutzer darüber informiert werden müssen, wenn Sie das System in Kürze herunterfahren wollen. Anhand dieser Daten können Sie außerdem feststellen, welche Benutzer zu einem bestimmten Zeitpunkt eine Verbindung mit einer bestimmten Datei haben und benachrichtigt werden sollten, wenn ein anderer Benutzer auf diese gerade genutzte Datei zugreifen will.

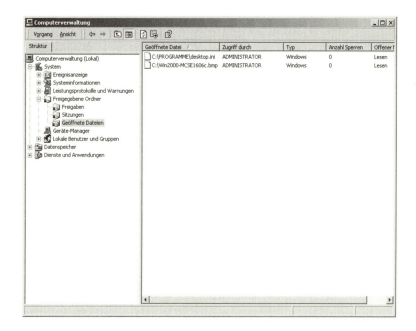

Abbildung 20.2 Der Ordner *Geöffnete Dateien*

In Tabelle 20.3 finden Sie eine Zusammenstellung der im Ordner *Geöffnete Dateien* angezeigten Daten.

Tabelle 20.3 Die im Ordner *Geöffnete Dateien* **angezeigten Daten**

Spalte	Beschreibung
Geöffnete Datei	Die Namen der auf diesem Rechner geöffneten Dateien
Zugriff durch	Der Name des Benutzers, der die Datei geöffnet hat
Typ	Das Betriebssystem des Rechners, bei dem der Benutzer angemeldet ist
Anzahl Sperren	Die Anzahl der Sperren für die Datei. Programme können das Betriebssystem anweisen, eine Datei zu sperren, um exklusiv auf die Datei zugreifen zu können und zu verhindern, dass andere Programme gleichzeitig darauf zugreifen.
Offener Modus	Der beim Öffnen der Datei von der Anwendung des Benutzers angeforderte Zugriffstyp (Beispiel: *Lesen* oder *Schreiben*).

Benutzer von geöffneten Dateien trennen

Sie haben die Möglichkeit, Benutzer von einer oder allen geöffneten Dateien zu trennen. Wenn Sie Änderungen an den NTFS-Berechtigungen für eine aktuell geöffnete Datei vornehmen, werden die neuen Berechtigungen erst dann für den Benutzer wirksam, wenn er die Datei schließt und anschließend wieder öffnet.

Sie können diese Änderungen aber auch sofort wirksam werden lassen. Gehen Sie dazu folgendermaßen vor:

- Trennen Sie die Verbindungen aller Benutzer zu allen geöffneten Dateien. Klicken Sie dazu in der Strukturansicht der Konsole *Freigaben* auf *Geöffnete Dateien* und anschließend im Menü *Vorgang* auf *Alle geöffneten Dateien trennen*.

- Trennen Sie die Verbindungen aller Benutzer zu einer geöffneten Datei. Klicken Sie dazu in der Strukturansicht der Konsole *Freigaben* auf *Geöffnete Dateien*. Markieren Sie in der Detailansicht die geöffnete Datei und klicken Sie im Menü *Vorgang* auf *Geöffnete Datei schließen*.

Achtung Die Trennung von Benutzern zu geöffneten Dateien kann zu Datenverlust führen.

Praxis: Freigegebene Ordner verwalten

In dieser Übung zeigen Sie die freigegebenen Ordner und geöffneten Dateien auf Ihrem Rechner im Fenster *Computerverwaltung* an. Danach trennen Sie die Verbindungen aller Benutzer zu allen geöffneten Dateien.

▶ **So zeigen Sie die freigegebenen Ordner auf Ihrem Computer an**

1. Klicken Sie auf die Schaltfläche *Start*, zeigen Sie auf *Programme* und anschließend auf *Verwaltung*. Klicken Sie danach auf *Computerverwaltung*.

2. Erweitern Sie im Strukturausschnitt der Konsole den Eintrag *System* und danach *Freigegebene Ordner*.

3. Klicken Sie in der Strukturausschnitt der Konsole auf den Unterordner *Freigaben* im Ordner *Freigegebene Ordner*.

   Im Detailausschnitt wird eine Liste der freigegebenen Ordner auf Ihrem Rechner angezeigt.

▶ **So zeigen Sie die auf Ihrem Rechner geöffneten Dateien an**

- Klicken Sie im Strukturausschnitt auf *Geöffnete Dateien* im Ordner *Freigaben*.

  Wenn Sie mit einem Rechner arbeiten, der keine Verbindung mit einem Netzwerk hat, können keine geöffneten Dateien angezeigt werden. Bei der Anzeige von geöffneten Dateien werden nämlich nur die Verbindungen von einem Remoterechner zu einer freigegebenen Ressource auf Ihrem Rechner angezeigt.

▶ **So trennen Sie alle Benutzer von geöffneten Dateien auf Ihrem Computer**

1. Markieren Sie im Strukturausschnitt der Konsole den Unterordner *Geöffnete Dateien* von *Freigaben* und klicken Sie im Menü *Vorgang* auf *Alle geöffneten Dateien trennen*.

   Wenn Sie nicht an ein Netzwerk angeschlossen sind, gibt es keine Dateien, die getrennt werden könnten.

2. Lassen Sie das Fenster *Computerverwaltung* für die nächste Übung weiterhin geöffnet.

Zusammenfassung der Lektion

In dieser Lektion haben Sie gelernt, wie Sie mithilfe des Ordners *Freigaben* in den Snap-Ins *Computerverwaltung* beziehungsweise *Freigegebene Ordner* eine Liste der auf Ihrem Rechner freigegebenen Ordner anzeigen und feststellen können, wie viele Benutzer eine Verbindung zu den einzelnen Ordnern haben. Auf der Registerkarte *Allgemein* des Dialogfeldes *Eigenschaften* für einen freigegebenen Ordner wird das Benutzerlimit angezeigt, d.h. die Anzahl der Benutzer, die maximal gleichzeitig auf diese freigegebene Ressource zugreifen können.

Sie haben ferner erfahren, wie Sie vorhandene freigegebene Ordner und die entsprechenden Berechtigungen bearbeiten können. Um die Eigenschaften eines freigegebenen Ordners zu ändern, markieren Sie ihn und klicken Sie anschließend im Menü *Vorgang* auf *Eigenschaften*. Auf der Registerkarte *Allgemein* des Dialogfeldes *Eigenschaften* können Sie den Wert für die maximal möglichen gleichzeitigen Benutzerzugriffe ändern. Auf der Registerkarte *Sicherheit* können Sie die Berechtigungen für den betreffenden freigegebenen Ordner anzeigen und ändern.

Lektion 3: Ordner mit dem Snap-In Freigegebene Ordner freigeben

Mithilfe der Snap-Ins *Computerverwaltung* beziehungsweise *Freigegebene Ordner* können Sie sowohl vorhandene Ordner freigeben als auch neue Ordner erstellen und auf dem lokalen Computer oder dem Remoterechner freigeben. Bei der Freigabe können Sie den betreffenden Ordner und dessen NTFS-Berechtigungen auch bearbeiten.

Am Ende dieser Lektion werden Sie in der Lage sein, die folgenden Aufgaben auszuführen:

- Sie können mit dem Snap-In *Freigegebene Ordner* einen Ordner freigeben.
- Sie können mit dem Snap-In *Freigegebene Ordner* die Freigabe eines Ordners aufheben.

Veranschlagte Zeit für die Lektion: 15 Minuten

Sie können den Assistenten *Freigabe erstellen* sowohl im Snap-In *Computerverwaltung* als auch im Snap-In *Freigegebene Ordner* starten, um einen neuen Ordner zu erstellen und anschließend freizugeben. Wenn Sie einen Ordner mit dem Snap-In *Freigegebene Ordner* erstellen und freigeben, weist Windows 2000 der Gruppe *Jeder* standardmäßig die Ordnerberechtigung *Vollzugriff* zu. Bei der Freigabe eines Ordners können Sie aber auch NTFS-Berechtigungen vergeben. Tabelle 20.4 enthält eine Zusammenstellung der Standardfreigabeberechtigungen, die Sie einem neu erstellten freigegebenen Ordner mithilfe des Assistenten *Freigabe erstellen* zuweisen können.

Tabelle 20.4 Standardfreigabeberechtigungen

Option	Beschreibung
Alle Benutzer haben Vollzugriff	Der Assistent *Freigabe erstellen* weist der Gruppe *Jeder* sowohl die Freigabeberechtigung *Vollzugriff* als auch die NTFS-Berechtigung *Vollzugriff* für den Ordner zu.
Administratoren haben Vollzugriff, andere Benutzer haben schreibgeschützten Zugriff	Der Assistent *Freigabe erstellen* weist der Gruppe *Administratoren* die Freigabeberechtigung *Vollzugriff* und der Gruppe *Jeder* die Freigabeberechtigung *Lesen* zu. Der Assistent weist der Gruppe *Jeder* außerdem die NTFS-Berechtigung *Vollzugriff* für den Ordner zu.
Administratoren haben Vollzugriff, andere Benutzer haben keinen Zugriff	Der Assistent *Freigabe erstellen* weist der Gruppe *Administratoren* die Freigabeberechtigung *Vollzugriff* und die NTFS-Berechtigung *Vollzugriff* für den Ordner zu.
Freigabe- und Ordnerberechtigungen anpassen	Wählen Sie diese Option, wenn Sie eigene benutzerdefinierte Berechtigungen zusammenstellen wollen.

Hinweis Die Erstellung eines freigegebenen Ordners auf einem Remoterechner ist ausschließlich mit den Snap-Ins *Computerverwaltung* beziehungsweise *Freigegebene Ordner* möglich. Wenn Sie anders vorgehen wollen, müssen Sie zur Freigabe direkt auf den Rechner zugreifen können, auf dem der Ordner abgelegt ist.

Praxis: Freigegebene Ordner erstellen

In dieser Übung erstellen Sie mithilfe des Snap-Ins *Freigegebene Ordner* einen neuen freigegebenen Ordner auf Ihrem Rechner.

▶ **So erstellen Sie einen neuen freigegebenen Ordner auf Ihrem Rechner**

1. Klicken Sie im Strukturausschnitt der Konsole auf den Unterordner *Freigaben* im Ordner *Freigegebene Ordner*.

2. Klicken Sie im Menü *Vorgang* auf *Neue Dateifreigabe*.

    Der Assistent *Freigabe erstellen* wird gestartet.

3. Geben Sie im Assistenten *Freigabe erstellen* **C:\Bibliothek** in das Feld *Freizugebender Ordner* ein.

4. Geben Sie **Bibliothek** in das Feld *Freigabename* ein.

5. Klicken Sie auf *Weiter*.

    Eventuell werden Sie in einem Mitteilungsfeld gefragt, ob Sie den Ordner *C:\Bibliothek* erstellen wollen.

6. Klicken Sie in diesem Fall auf *Ja*.

    Der Assistent *Freigabe erstellen* zeigt auf dem Abschlussbildschirm die Optionen für Standardfreigabeberechtigungen an. Eine Beschreibung dieser Berechtigungen finden Sie in Tabelle 20.4 weiter oben. Sie können sowohl eine der Standardberechtigungen verwenden als auch eine benutzerdefinierte Berechtigung erstellen.

7. Klicken Sie auf *Fertig stellen*, um die voreingestellten Berechtigungen zu übernehmen.

    Im Dialogfeld *Freigabe erstellen* werden Sie darüber informiert, dass der Ordner erfolgreich erstellt wurde. Sie werden außerdem gefragt, ob Sie einen weiteren freigegebenen Ordner erstellen wollen.

8. Klicken Sie auf *Nein*.

    Mit dem Snap-In *Freigegebene Ordner* können Sie die Freigabe eines Ordners auch aufheben.

▶ **So heben Sie die Freigabe eines Ordners auf**

1. Klicken Sie im Strukturausschnitt der Konsole auf den Unterordner *Freigaben* des Ordners *Freigegebene Ordner*.
2. Markieren Sie im Detailausschnitt den Ordner *Bibliothek*.
3. Klicken Sie im Menü *Vorgang* auf *Freigabe beenden*.

   Sie werden in einem Mitteilungsfeld gefragt, ob Sie die Freigabe des Ordners tatsächlich beenden wollen.
4. Klicken Sie auf *OK*.

   Der bislang freigegebene Ordner *Bibliothek* wird nicht mehr in der Liste der freigegebenen Ordner angezeigt.
5. Schließen Sie das Fenster *Computerverwaltung*.

Achtung Falls Sie die Freigabe eines Ordners beenden, während ein Benutzer eine Datei aus diesem Ordner geöffnet hat, verliert dieser Benutzer möglicherweise Daten.

Ordner auf einem Remotecomputer freigeben

Wenn Sie einen Ordner auf einem Remotecomputer freigeben möchten, müssen Sie das Snap-In *Freigegebene Ordner* in eine Management-Konsole aufnehmen. Richten Sie dabei das Snap-In auf den Remotecomputer aus, auf dem Sie freigegebene Ordner erstellen und verwalten wollen.

Gehen Sie zur Erstellung der Konsole *Freigegebene Ordner*, mit der Sie auf Remoterechner zugreifen können, folgendermaßen vor:

1. Klicken Sie im Startmenü auf *Ausführen*, geben Sie **MMC** ein und klicken Sie dann auf *OK*.

   Eine benutzerdefinierte Konsole wird geöffnet.
2. Klicken Sie im Menü *Konsole* auf *Snap-In hinzufügen/entfernen*.

   Das Dialogfeld *Snap-In hinzufügen/entfernen* wird geöffnet.
3. Klicken Sie auf *Hinzufügen*.
4. Klicken Sie im Dialogfeld *Eigenständiges Snap-In hinzufügen* auf *Freigegebene Ordner* und anschließend auf *Hinzufügen*.

   Das Dialogfeld *Freigegebene Ordner* wird geöffnet (siehe Abbildung 20.3).

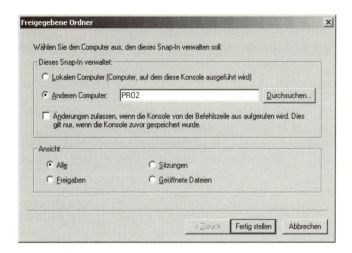

Abbildung 20.3 Das Dialogfeld *Freigegebene Ordner* dient auch zur Auswahl eines Remoterechners

5. Markieren Sie im Dialogfeld *Freigegebener Ordner* das Optionsfeld *Anderer Computer* und geben Sie dann den Namen des anderen Rechners ein.

Hinweis Wenn Sie das Kontrollkästchen Änderungen zulassen, wenn die Konsole von der Befehlszeile aus aufgerufen wird. Dies gilt nur, wenn die Konsole vorher gespeichert wurde markieren, können Sie auswählen, auf welchem Rechner Sie Freigaben erstellen und verwalten wollen. Wenn Sie dieses Kontrollkästchen nicht markieren, bleibt die Konsole immer auf den gleichen Remoterechner ausgerichtet.

---

6. Klicken Sie auf *Fertig stellen*.
7. Schließen Sie die Dialogfelder *Snap-In hinzufügen/entfernen* und *Eigenständiges Snap-In hinzufügen*.

Hinweis Wenn Sie freigegebene Ordner auf Remotecomputern erstellen und verwalten wollen, aber nicht Mitglied einer Domäne sind, müssen Sie das gleiche Benutzerkonto mit dem gleichen Kennwort auf jedem einzelnen Rechner erstellen. In einer Arbeitsgruppe gibt es keine zentrale Datenbank mit allen Benutzerkonten, sondern jeder Rechner unterhält seine eigene lokale Sicherheitsdatenbank. Nähere Einzelheiten über lokale Sicherheitsdatenbanken finden Sie in Kapitel 10.

Zusammenfassung der Lektion

In dieser Lektion haben Sie erfahren, dass Sie mithilfe der Snap-Ins *Computerverwaltung* beziehungsweise *Freigegebene Ordner* einen vorhandenen Ordner freigeben und neue Ordner sowohl auf lokalen Rechnern als auch auf Remotecomputern erstellen und freigeben können. Sie können bei der Freigabe sowohl den betreffenden Ordner einrichten als auch NTFS-Berechtigungen festlegen. Die in eine Konsole eingebundenen Snap-Ins *Computerverwaltung* und *Freigegebene Ordner* sind die einzigen Tools in Windows 2000, mit denen Sie einen freigegebenen Ordner auf einem Remotecomputer erstellen können.

Sie haben gelernt, dass Sie zur Erstellung und Verwaltung von freigegebenen Ordnern auf einem Remoterechner zunächst einmal mithilfe der Management-Konsole eine benutzerdefinierte Konsole erstellen und in diese Konsole das Snap-In *Computerverwaltung* beziehungsweise *Freigegebene Ordner* einfügen müssen. Bei der Einrichtung einer benutzerdefinierten Konsole zur Erstellung und Verwaltung von Freigaben auf Remotecomputern haben Sie zwei Optionen: Sie können einen bestimmten Rechner angeben oder auch zulassen, dass der gewünschte Remoterechner beim Start der benutzerdefinierten Konsole angegeben wird.

Lektion 4: Netzwerkbenutzer überwachen

Mithilfe der Snap-Ins *Computerverwaltung* beziehungsweise *Freigegebene Ordner* können Sie auch überwachen, welche Benutzer zu einem bestimmten Zeitpunkt von einem Remoterechner auf freigegebene Ordnerressourcen auf einem Server zugreifen, und die Ressourcen anzeigen, mit denen die Benutzer verbunden sind. Sie können diese Verbindungen trennen und zuvor Adminwarnungen an Computer und Benutzer senden – auch an Computer und Benutzer, die aktuell keine Verbindung mit den Netzwerkressourcen aufgenommen haben.

Am Ende dieser Lektion werden Sie in der Lage sein, die folgenden Aufgaben auszuführen:

- Sie können die Netzwerkverbindung eines bestimmten Benutzers trennen.
- Sie können Benutzern Adminwarnungen zusenden.

Veranschlagte Zeit für die Lektion: 20 Minuten

Benutzersitzungen überwachen

Mithilfe der Snap-Ins *Computerverwaltung* beziehungsweise *Freigegebene Ordner* können Sie anzeigen lassen, welche Benutzer eine Verbindung mit welchen offenen Dateien auf einem Server hergestellt haben. Mithilfe dieser Daten können Sie entscheiden, welche Benutzer Sie benachrichtigen müssen, wenn Sie die Freigabe eines Ordners aufheben oder den Server herunterfahren wollen, auf dem der freigegebene Ordner abgelegt ist. Sie können einen oder auch mehrere Benutzer trennen, um beispielsweise inaktive Verbindungen mit einem freigegebenen Ordner wieder einer aktiven Nutzung zuzuführen, um eine Dateisicherungs- oder Wiederherstellungsoperation vorzubereiten, um den Server herunterzufahren oder um die Gruppenmitgliedschaft oder die Berechtigungen für einen freigegebenen Ordner zu ändern.

Im Ordner *Sitzungen* in den Snap-Ins *Computerverwaltung* beziehungsweise *Freigegebene Ordner* können Sie eine Liste aller Benutzer mit aktueller Netzwerkverbindung zu dem überwachten Computer anzeigen (siehe Abbildung 20.4).

In Tabelle 20.5 sind die Informationen aufgelistet, die Ihnen im Ordner *Sitzungen* zur Verfügung gestellt werden.

Tabelle 20.5 Im Ordner *Sitzungen* zur Verfügung gestellte Informationen

Spalte	Beschreibung
Benutzer	Alle Benutzer mit einer aktuellen Netzwerkverbindung zu diesem Computer.
Computer	Der Name des Benutzerrechners.

(Fortsetzung)

Spalte	Beschreibung
Typ	Das auf dem Benutzerrechner ausgeführte Betriebssystem.
Geöffnete Dateien	Anzahl der Dateien, die der Benutzer geöffnet hat.
Verbundene Zeit	Die Zeit, die seit Beginn der aktuellen Sitzung vergangen ist.
Leerlaufzeit	Die Zeit, die seit dem letzten Zugriffs des Benutzers auf den Rechner verstrichen ist.
Gast	Gibt an, ob die Berechtigung des Benutzers als Mitgliedschaft beim integrierten Konto *Gast* nachgewiesen wurde.

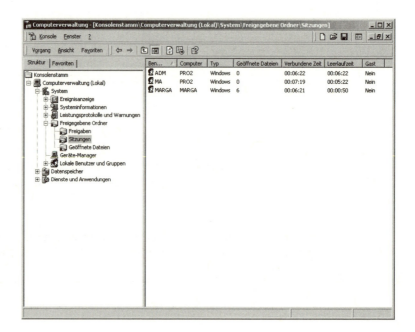

Abbildung 20.4 Der Ordner *Sitzungen*

Benutzer trennen

Sie können die Netzwerkverbindung eines oder aller Benutzer zu einem Computer trennen. Diese Trennung kann aus folgenden Gründen erforderlich sein:

- Sie trennen die Verbindungen, um Änderungen an freigegebenen Ordnern oder NTFS-Berechtigungen sofort wirksam werden zu lassen. Der Benutzer behält für die Dauer der Verbindung alle Berechtigungen für freigegebenen Ressourcen, die Windows 2000 ihm bei der Verbindungsaufnahme zugewiesen hat. Windows 2000 überprüft die Berechtigungen erst dann erneut, wenn die Verbindung neu hergestellt wird.

- Sie trennen die Verbindungen, wenn die Höchstzahl der Benutzer erreicht ist und inaktive Verbindungen anderen Benutzern zur Verfügung gestellt werden sollten. Benutzerverbindungen zu Ressourcen können noch mehrere Minuten lang aktiv bleiben, nachdem der Benutzer den Zugriff auf die Ressource beendet hat.
- Sie trennen die Verbindungen, um den Server herunterzufahren.

Hinweis Nachdem Sie einen Benutzer getrennt haben, kann er sofort danach eine neue Verbindung herstellen. Wenn ein Benutzer von einem Windows-Clientrechner aus auf einen freigegebenen Ordner zugreift, wird dieser Rechner die Verbindung mit dem freigegebenen Ordner sofort wieder herstellen. Diese Verbindung wird dabei ohne Mitwirkung des Benutzer hergestellt – es sei denn, Sie ändern die Berechtigung, um einem Benutzer den Zugriff auf den freigegebenen Ordner zu verwehren, oder Sie heben die Freigabe des Ordners auf, um allen Benutzern den Zugriff auf den freigegebenen Ordner zu verwehren.

Um einen einzelnen Benutzer zu trennen, gehen Sie folgendermaßen vor:

1. Klicken Sie im Strukturausschnitt der Konsole auf den Unterordner *Sitzungen* im Ordner *Freigegebene Ordner*.
2. Markieren Sie in der Benutzerliste im Detailausschnitt den Benutzer, dessen Verbindung getrennt werden soll, und klicken Sie im Menü *Vorgang* anschließend auf *Sitzung schließen*.

Hinweis Wenn Sie die Verbindungen aller Benutzer trennen wollen, klicken Sie im Strukturausschnitt auf Sitzungen und anschließend im Menü Vorgang auf *Alle Sitzungen trennen*.

Wenn Sie vorhaben, die Freigabe eines Ordners aufzuheben oder den Rechner herunterzufahren, benachrichtigen Sie zur Vermeidung von Datenverlusten die Benutzer, die gerade auf freigegebene Ordner oder Dateien zugreifen.

Adminwarnmeldungen an Benutzer senden

Sie können einem oder mehreren Benutzern Adminwarnmeldungen zusenden. Senden Sie den Benutzern mit aktueller Verbindung zu einem Computer mit freigegebenen Ressourcen Adminwarnungen zu, wenn sie mit einer Unterbrechung der Computer- oder Ressourcenverfügbarkeit rechnen müssen. Sie sollten Ihren Benutzern insbesondere in folgenden Fällen Warnmeldungen zukommen lassen:

- Sie haben vor, Daten zu sichern beziehungsweise wiederherzustellen.
- Sie haben vor, Benutzer von einer Ressource zu trennen.

- Sie wollen demnächst eine Software- oder Hardwareaktualisierung durchführen.
- Sie wollen den Rechner demnächst herunterfahren.

Verwenden Sie zum Senden von Adminwarnungen die Snap-Ins *Computerverwaltung* beziehungsweise *Freigegebene Ordner*. In der Standardeinstellung werden alle aktuell angeschlossenen Computer, an die Sie Adminwarnungen senden können, in der Empfängerliste angezeigt. Sie können weitere Benutzer oder Rechner in die Liste aufnehmen, auch wenn diese keine aktuelle Verbindung zu den Ressourcen auf dem Rechner haben.

Praxis: Konsolenmeldungen senden

In dieser Übung versenden Sie mithilfe des Snap-Ins *Freigegebene Ordner* eine Konsolennachricht.

▶ **So senden Sie eine Konsolennachricht**

1. Klicken Sie im Strukturausschnitt der Konsole auf *Sitzungen* im Ordner *Freigegebene Ordner*.
2. Zeigen Sie im Menü *Vorgang* auf *Alle Tasks* und klicken Sie dann auf *Konsolenmeldung senden*.
3. Geben Sie in das Feld *Nachricht* **Melden Sie sich jetzt ab. PRO1 wird in 5 Minuten heruntergefahren** ein.

   Wenn Ihr Rechner keine Verbindung zu einem Netzwerk hat, steht die Schaltfläche *Senden* nicht zur Verfügung und das Feld *Empfänger* ist leer.
4. Klicken Sie auf *Hinzufügen*.

   Das Dialogfeld *Empfänger hinzufügen* wird geöffnet.
5. Geben Sie **PRO1** in das Feld *Empfänger* ein.

   PRO1 ist in diesem Beispiel der Name Ihres Rechners. Hat Ihr Rechner einen anderen Namen, geben Sie diesen in das Feld *Empfänger* ein.
6. Klicken Sie auf *OK*.

   Beachten Sie, dass die Schaltfläche *Senden* jetzt auf jeden Fall aktiviert ist.
7. Klicken Sie auf *Senden*.

   In einem Mitteilungsfeld wird kurz angezeigt, dass die Nachricht gesendet wird. Danach wird das Dialogfeld *Nachrichtendienst* geöffnet (siehe Abbildung 20.5), in dem mitgeteilt wird, dass eine Nachricht von PRO1 an PRO1 gesendet wurde. Dieses Dialogfeld zeigt außerdem die Nachricht und das Datum sowie die Uhrzeit an, zu der die Nachricht gesendet wurde.

8. Klicken Sie auf *OK*, um das Dialogfeld zu schließen.
9. Schließen Sie alle Fenster und melden Sie sich ab.

Abbildung 20.5 Das Dialogfeld *Nachrichtendienst*

Zusammenfassung der Lektion

In dieser Lektion haben Sie erfahren, wie Sie mithilfe der Snap-Ins *Computerverwaltung* beziehungsweise *Freigegebene Ordner* Benutzer mit einer Verbindung zu geöffneten Dateien sowie die betreffenden Dateien anzeigen können. Im Ordner *Sitzungen* können Sie die Verbindungen zu geöffneten Dateien anzeigen und die Verbindung eines einzelnen oder auch aller Benutzer trennen.

Sie haben ferner gelernt, dass Sie mithilfe der Snap-Ins *Computerverwaltung* beziehungsweise *Freigegebene Ordner* Adminwarnungen an einen oder mehrere Benutzer bzw. Computer senden können. In der Standardeinstellung werden alle aktuell angeschlossenen Computer, an die Sie Warnmeldungen senden können, in einer Empfängerliste angezeigt. Schließlich haben Sie erfahren, dass Sie Benutzer oder Computer auch dann in die Empfängerliste für Adminwarnungen aufnehmen können, wenn sie keine aktuelle Verbindung zu Ressourcen auf dem Computer haben.

Lernzielkontrolle

Mithilfe der folgenden Fragen können Sie feststellen, ob Sie genug gelernt haben, um mit dem nächsten Kapitel fortfahren zu können. Wenn Sie bei der Beantwortung dieser Fragen Schwierigkeiten haben, wiederholen Sie den Stoff dieses Kapitels, bevor Sie sich mit dem nächsten Kapitel beschäftigen. Die Antworten auf diese Fragen finden Sie in Anhang A.

1. Warum sollten Sie den Zugriff auf Netzwerkressourcen überwachen?

2. Was können Sie mithilfe der Snap-Ins *Computerverwaltung* beziehungsweise *Freigegebene Ordner* in einem Netzwerk überwachen?

3. Aus welchem Grund sollten Sie Benutzern mit einer aktuellen Verbindung Adminwarnungen zusenden?

4. Was können Sie tun, um zu verhindern, dass Benutzer die Verbindung zu einem freigegebenen Ordner wieder herstellen, nachdem Sie sie gerade von diesem Ordner getrennt haben?

5. Wie können Sie Freigaben auf einem Remotecomputer erstellen und verwalten?

KAPITEL 21

Den Remotezugriff konfigurieren

Lektion 1: Die neuen Authentifizierungsprotokolle
 in Windows 2000 . . . 551

Lektion 2: Eingehende Verbindungen konfigurieren . . . 556

Lektion 3: Ausgehende Verbindungen konfigurieren . . . 561

Lernzielkontrolle . . . 566

Über dieses Kapitel

Microsoft Windows 2000 umfasst mehrere neue Protokolle für den Remotezugriff und darüber hinaus auch neue Assistenten und andere Bedienungselemente für die Konfiguration vielfältiger Netzwerkverbindungen. Der *Netzwerkverbindungs-Assistent* stellt beispielsweise eine leicht zu bedienende Benutzeroberfläche zum Erstellen und Konfigurieren einfacher ein- und ausgehender Verbindungen dar. Dieses Kapitel bietet Ihnen eine Einführung in die neuen Optionen und Bedienungselemente für den Remotezugriff mit Windows 2000, sodass Sie in die Lage versetzt werden, Computer an ein Netzwerk anzuschließen und die erforderlichen Protokolle korrekt zu konfigurieren.

Bevor Sie beginnen

Zur Bearbeitung dieses Kapitels benötigen Sie Folgendes:

- Einen Rechner, der die im Abschnitt *Hardwarevoraussetzungen* des Kapitels *Zu diesem Buch* angegebenen Mindestvoraussetzungen erfüllt.
- Windows 2000 Professional muss auf einem Computer installiert sein, der die im vorhergehenden Punkt genannten Hardwarevoraussetzungen erfüllt. Der Computer muss Mitglied einer Arbeitsgruppe sein, und TCP/IP muss als einziges Protokoll installiert sein.
- Einen Computer mit einer statischen IP-Adresse.
- Die Windows 2000 Professional-CD-ROM.

Lektion 1: Die neuen Authentifizierungsprotokolle in Windows 2000

Version 4 von Windows NT unterstützt mehrere Authentifizierungsprotokolle zur Überprüfung der Anmeldedaten von Benutzern, die eine Verbindung zu einem Netzwerk herstellen. Es handelt sich um folgende Protokolle:

- Password Authentication Protocol (PAP)
- Challenge Handshake Authentication Protocol (CHAP)
- Microsoft Challenge Handshake Authentication Protocol (MS-CHAP)
- Shiva Password Authentication Protocol (SPAP)
- Point-to-Point Tunneling Protocol (PPTP), ein Tunnelprotokoll

Windows 2000 unterstützt zusätzlich einige weitere Protokolle, die Ihnen in puncto Authentifizierung, Verschlüsselung und Mehrfachverbindungen wesentlich mehr Optionen bieten. Diese in Windows 2000 neu hinzugekommenen Protokolle sind das Extensible Authentication Protocol (EAP), Remote Authentication Dial-in User Service (RADIUS), Internet Protocol Security (IPSec), Layer-2-Tunnelingprotokoll (L2TP) und Bandwidth Allocation Protocol (BAP).

Am Ende dieser Lektion werden Sie in der Lage sein, die folgenden Aufgaben auszuführen:

- Sie können die von Windows 2000 unterstützten neuen Protokolle beschreiben.

Veranschlagte Zeit für die Lektion: 15 Minuten

Extensible Authentication Protocol (EAP)

Das Extensible Authentication Protocol (EAP) ist eine Erweiterung des Point-to-Point-Protokolls (PPP), das für DFÜ-, PPTP- und L2TP-Clients verwendet wird. Durch EAP kann eine DFÜ-Verbindung mittels einer beliebigen Authentifizierungsmethode überprüft werden. Welche Art der Authentifizierung im Einzelfall verwendet wird, wird zwischen dem DFÜ-Client und dem Remoteserver ausgehandelt. EAP unterstützt folgende Authentifizierungsmethoden:

- **Generische Tokenkarten** Eine physische Karte, die Kennwörter zur Verfügung stellt. Tokenkarten können mehrere Authentifizierungsmethoden unterstützen, beispielsweise auch Codes, die sich bei jeder erneuten Verwendung verändern.

- **MD5-CHAP** Das Message Digest 5 Challenge Handshake Authentication Protocol. Dieses Protokoll verschlüsselt Benutzernamen und Kennwörter mit einem MD5-Algorithmus.

- **Transport Level Security (TLS)** TLS unterstützt Smartcards oder andere Zertifikate. Bei der Verwendung von Smartcards sind eine Karte und ein Lesegerät erforderlich. Auf der Smartcard sind das Zertifikat und der private Schlüssel eines Benutzers elektronisch gespeichert.

Unabhängige Softwarehersteller, die EAP-Anwendungsprogrammierungsschnittstellen verwenden, können in ihre Software neue Client-/Server-Authentifizierungsmodule für Technologien wie Tokenkarten, Smartcards, biometrische Hardware wie beispielsweise Netzhautscanner oder nur einmalig nutzbare Kennwortsysteme integrieren. EAP sieht auch eine Unterstützung von Authentifizierungsmethoden vor, die noch gar nicht entwickelt sind. Sie können die EAP-Authentifizierungsmethoden auf dem RAS-Server im Dialogfeld *Eigenschaften* auf der Registerkarte *Sicherheit* aktivieren.

Hinweis Weitere Informationen über EAP finden Sie in RFC 2284.

Remote Authentication Dial-in User Service

Da in den Netzwerken heutiger Unternehmen sehr viel verschiedene Hardware und unterschiedliche Betriebssysteme eingesetzt werden, muss die Authentifizierung von Remotebenutzern unabhängig vom Hersteller und in Netzwerken aller Größen funktionieren. Der von Windows 2000 unterstützte Remote Authentication Dial-in User Service (RADIUS) ermöglicht diese Art der Benutzerüberprüfung. Gleichzeitig bietet er vielfältig skalierbare sowie fehlertolerante Authentifizierungsmodelle die einerseits die Leistung und andererseits die Verlässlichkeit erhöhen.

RADIUS stellt Authentifizierungs- und Kontoführungsdienste für verteilte DFÜ-Netzwerke zur Verfügung. Windows 2000 kann als RADIUS-Client, als RADIUS-Server oder als beides gleichzeitig fungieren.

Ein RADIUS-Client, in der Regel ein ISP-DFÜ-Server, ist ein RAS-Server, der die Authentifizierungsanforderungen empfängt und an einen RADIUS-Server weiterleitet. Als RADIUS-Client gibt Windows 2000 zudem Kontoführungsinformationen an einen RADIUS-Kontoführungsserver weiter. RADIUS-Clients werden auf dem RAS-Server im Dialogfeld *Eigenschaften* auf der Registerkarte *Sicherheit* konfiguriert.

Ein RADIUS-Server überprüft die Anfragen des RADIUS-Client. Die Windows 2000 Internet Authentication Services (IAS) führen die Authentifizierung durch. In der Funktion als RADIUS-Server speichert IAS die Kontoinformationen der RADIUS-Clients in Protokolldateien. IAS ist eine der optionalen Komponenten, die Sie bei der Installation von Windows 2000 auswählen können. Sie können IAS auch noch nachträglich über den Befehl *Software* in der *Systemsteuerung* installieren. Aufgerufen wird IAS über das Menü *Start* und das Menü *Verwaltung*.

> **Hinweis** Weitere Informationen über RADIUS finden Sie in RFC 2138/2139.

Internet Protocol Security

Internet Protocol Security (IPSec) ist ein Satz von Sicherheitsprotokollen und kryptografischen Diensten, der die Sicherheit von privaten Verbindungen in IP-Netzwerken garantiert. IPSec bietet einen aggressiven Schutz vor Angriffen auf private Netzwerke und das Internet, ist aber dennoch leicht zu bedienen. Die Clients handeln dabei eine Sicherheitszuordnung (Security Association, SA) aus, die als privater Schlüssel zur Verschlüsselung des Datenflusses verwendet wird.

Zur Konfiguration der IPSec-Sicherheitsdienste werden keine Anwendungen bzw. Betriebssysteme verwendet, sondern die IPSec-Richtlinien. Diese stellen variable Sicherheitsniveaus für fast alle Arten der Datenübertragung in den meisten Arten von Netzwerken zur Verfügung. Ihr für die Sicherheit zuständiger Netzwerkadministrator kann die IPSec-Richtlinien so konfigurieren, dass sie die Sicherheitsanforderungen eines Benutzers, einer Gruppe, einer Anwendung, einer Domäne, einer Site oder eines weltumspannenden Unternehmens erfüllen.

Windows 2000 bietet zum Erstellen und Verwalten der IPSec-Richtlinien eine administrative Benutzeroberfläche, die *IP-Sicherheitsrichtlinienverwaltung* (entweder zentral für Mitglieder einer Domäne auf der Ebene von Gruppenrichtlinien oder lokal auf Computern, die nicht zu einer Domäne gehören). Die IP-Sicherheitsrichtlinienverwaltung ist ein Snap-In, das Sie in jede beliebige benutzerdefinierte MMC-Konsole (MMC = Microsoft Management Console) einfügen können. Einzelheiten zur Konfiguration der IPSec-Richtlinien würden im Rahmen dieses Trainingskurses nicht behandelt.

> **Hinweis** Die Sicherheitsmechanismen für IP sind in RFC 1825 definiert.

Layer 2-Tunnelprotokoll

Das Layer 2-Tunnelprotokoll (L2TP) ist dem PPTP insofern ähnlich, als sein Hauptzweck darin besteht, einen verschlüsselten Tunnel durch ein nicht vertrauenswürdiges Netzwerk zu schaffen. Es unterscheidet sich jedoch von PPTP dadurch, dass es zwar einen Tunnel herstellt, aber selbst keine Verschlüsselung bietet. L2TP schafft einen sicheren Tunnel, indem es mit anderen Verschlüsselungstechnologien zusammenarbeitet, beispielsweise mit IPSec. IPSec benötigt zwar L2TP nicht, aber seine Verschlüsselungsfunktionen ergänzen L2TP zu einer sicheren VPN-Lösung.

Sowohl PPTP als auch L2TP verwenden PPP als ursprüngliche Verpackung für die Daten und fügen dann für die Übertragung durch das Transitnetzwerk zusätzliche Header hinzu. Die hauptsächlichen Unterschiede zwischen PPTP und L2TP werden in der folgenden Liste beschrieben.

- PPTP erfordert ein Transitnetzwerk auf IP-Basis. Bei L2TP muss nur gewährleistet sein, dass das Tunnelmedium eine paketorientierte Punkt-zu-Punkt-Verbindung herstellt. L2TP kann in einem IP-Netzwerk mit dem User Datagram Protocol (UDP), mit permanenten virtuellen Verbindungen (PVCs) auf Frame Relay-Basis, X.25 VCs oder auch mit asynchronem Übertragungsmodus arbeiten.
- L2TP unterstützt im Gegensatz zu PPTP die Headerkomprimierung. Wenn die Headerkomprimierung aktiviert ist, arbeitet L2TP mit einem Overhead von 4 Byte. PPTP arbeitet im Vergleich dazu mit 6 Byte Overhead.
- L2TP unterstützt im Gegensatz zu PPTP die Tunnelauthentifizierung. Wenn jedoch entweder L2TP oder PPTP mit IPSec zusammen verwendet wird, wird die Tunnelauthentifizierung in jedem Fall von IPSec zur Verfügung gestellt, sodass die L2TP-Tunnelauthentifizierung entfallen kann.
- PPTP verwendet PPP-Verschlüsselung, während L2TP zum Verschlüsseln IPSec benötigt.

Bandwidth Allocation Protocol

In Windows NT 4 werden die grundlegenden Funktionalitäten zur Unterstützung von Mehrfachverbindungen von Remote Access Service (RAS) zur Verfügung gestellt. Dabei werden mehrere physische Verbindungen zu einer logischen Verbindung zusammengefasst. In der Regel werden mehrere ISDN- oder Modemleitungen gebündelt, um eine größere Bandbreite zu erhalten.

In Windows 2000 erweitern die beiden Protokolle Bandwidth Allocation Protocol (BAP) und Bandwidth Allocation Control Protocol (BACP) die Funktionalität von Mehrfachverbindungsgeräten, denn sie können je nach Bedarf dynamisch einzelne Verbindungen hinzu- oder auch herausnehmen. BAP erweist sich besonders bei Operationen als nützlich, bei denen die Gebühren für die Übertragung nach der beanspruchten Bandbreite abgerechnet werden. Die Begriffe BAP und BACP werden manchmal auch synonym für die Funktionalität verwendet, die Bandbreite nach Bedarf zu gestalten. Bei beiden handelt es sich um PPP-Steuerungsprotokolle, und beide arbeiten zusammen, um je nach Bedarf die Bandbreite zu verändern. So können Sie mithilfe von BAP die Kosten Ihrer Verbindungen in Grenzen halten, während Sie trotzdem immer die optimale Bandbreite zur Verfügung haben.

Mehrfachverbindungen und die BAP-Protokolle können Sie im Dialogfeld *Eigenschaften* der verschiedenen RAS-Server auf der Registerkarte *PPP* aktivieren. Die BAP-Einstellungen werden über die RAS-Richtlinien konfiguriert. Mithilfe dieser Richtlinien können Sie festlegen, dass eine Leitung aus dem Bündel herausgenommen wird, wenn die Auslastung der Verbindung in einer Gruppe unter 75 Prozent und in einer anderen Gruppe unter 25 Prozent sinkt. Die RAS-Richtlinien werden weiter hinten in diesem Kapitel erläutert.

Hinweis Die Sicherheitsmechanismen für IP sind in RFC 1825 definiert.

Zusammenfassung der Lektion

In dieser Lektion haben Sie gelernt, dass die Version 4 von Windows NT mehrere Authentifizierungsprotokolle unterstützt, mit deren Hilfe die Anmeldeinformationen der Benutzer, die eine Verbindung zu einem Netzwerk herstellen, überprüft werden können. Es handelt sich um folgende Protokolle: PAP, CHAP, MS-CHAP, SPAP und PPTP als Tunnelprotokoll.

Außerdem haben Sie gelernt, dass Windows 2000 sowohl diese als auch eine Reihe weiterer Protokolle unterstützt, sodass Ihnen wesentlich mehr Optionen als bisher für Authentifizierung, Verschlüsselung und Mehrfachverbindungen zur Verfügung stehen. Die neuen Protokolle sind EAP, eine Erweiterung zu PPP, die mit DFÜ-, PPTP- und L2TP-Clients verwendet werden kann; RADIUS, das die Authentifizierung von Benutzern auf allen Geräten unabhängig von deren Herstellern durchführen kann und vielfältig skalierbare sowie fehlertolerante Authentifizierungsmodelle bietet, die einerseits die Leistung und andererseits die Verlässlichkeit erhöhen; IPSec, eine Grundstruktur aus offenen Standards, die mithilfe von Verschlüsselungsdiensten die Sicherheit von privaten Übertragungen in IP-Netzwerken sicher stellt; L2TP, das PPTP insofern ähnlich ist, als sein Hauptzweck darin besteht, einen verschlüsselten Tunnel durch ein nicht vertrauenswürdiges Netzwerk zu schaffen, das sich aber von PPTP dadurch unterscheidet, dass es die Verschlüsselung nicht selbst zur Verfügung stellt; und BAP bzw. BACP, die die Funktionalität von Mehrfachverbindungsgeräten erweitern, da sie je nach Bedarf Verbindungen aufnehmen oder wieder trennen können.

Lektion 2: Eingehende Verbindungen konfigurieren

In Windows 2000 Professional laufen alle Prozesse zur Herstellung von Netzwerkverbindungen über den Netzwerkverbindungs-Assistenten. Eine Verbindungsart, die Sie mithilfe des Netzwerkverbindungs-Assistenten erstellen können, sind die eingehenden Verbindungen.

Am Ende dieser Lektion werden Sie in der Lage sein, die folgenden Aufgaben auszuführen:

- Sie können eingehende Verbindungen in Windows 2000 konfigurieren.
- Sie können RAS so konfigurieren, dass eingehende VPN-Verbindungen zugelassen werden.

Veranschlagte Zeit für die Lektion: 20 Minuten

Eingehende DFÜ-Verbindungen zulassen

Zur Konfiguration und Verwaltung eingehender Verbindungen auf einem Computer mit dem Betriebssystem Windows 2000 Professional verwenden Sie den Netzwerkverbindungs-Assistenten. Wenn Sie ihn aufrufen wollen, klicken Sie auf die Schaltfläche *Start*, zeigen Sie auf *Einstellungen*, dann auf *Netzwerk- und DFÜ-Verbindungen* und klicken auf *Neue Verbindung erstellen*. Daraufhin wird das Dialogfeld *Willkommen* des Netzwerkverbindungs-Assistenten eingeblendet. Wenn Sie auf die Schaltfläche *Weiter* klicken, wird das Dialogfeld *Netzwerkverbindungstyp* geöffnet. Aktivieren Sie hier die Option *Eingehende Verbindungen akzeptieren*, wie in Abbildung 21.1 gezeigt.

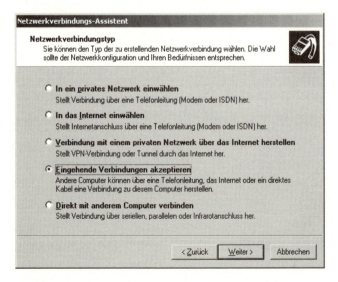

Abbildung 21.1 Das Dialogfeld *Netzwerkverbindungstyp*

Geräte für eingehende Verbindungen konfigurieren

Nachdem Sie die Option *Eingehende Verbindungen akzeptieren* aktiviert haben, klicken Sie auf *Weiter*. Das Dialogfeld *Geräte für eingehende Verbindungen* wird geöffnet. Hier können Sie eines der verfügbaren Geräte auswählen, das an Ihrem Computer die eingehenden Anrufe entgegennimmt. Wenn das ausgewählte Gerät konfigurierbar ist, klicken Sie auf die Schaltfläche *Eigenschaften*, um es zu konfigurieren. Wenn Sie beispielsweise ein Modem ausgewählt haben, können Sie die Übertragungsrate, die Komprimierung und die Datenflusssteuerung einstellen, wie in Abbildung 21.2 gezeigt. Auf der Registerkarte *Erweiterte Optionen* finden Sie weitere konfigurierbare Optionen, unter anderem wahrscheinlich die Anzahl der Datenbits, die Parität und die Anzahl der Stoppbits.

Abbildung 21.2 Das Dialogfeld *Verbindungseinstellungen*

Virtuelle private Verbindungen zulassen

Nachdem Sie das Gerät konfiguriert haben, klicken Sie auf *OK*, um das Dialogfeld *Eigenschaften* zu schließen. Anschließend klicken Sie im Dialogfeld *Geräte für eingehende Verbindungen* auf *Weiter*. Das Dialogfeld *Eingehende VPN-Verbindung* wird geöffnet. Wählen Sie hier, ob VPN-Verbindungen zugelassen werden sollen oder nicht, und klicken Sie dann auf *Weiter*.

Benutzer und Rückrufoptionen angeben

Die Benutzer, die die eingehende Verbindung annehmen können, müssen Sie im Dialogfeld *Zugelassene Benutzer* angeben. Dieses Dialogfeld sehen Sie in Abbildung 21.3.

Abbildung 21.3 Die Seite *Zugelassene Benutzer*

Nachdem Sie einen Benutzer ausgewählt haben, klicken Sie auf *Eigenschaften* und anschließend auf die Registerkarte *Rückruf*. Hier können Sie die Rückrufoptionen einstellen. Sie können eine der Optionen *Rückruf nicht gestatten*, *Anrufer gestatten, die Nummer für den Rückruf einzurichten* oder *Immer folgende Nummer für den Rückruf verwenden* aktivieren. Wenn Sie die Rückruffunktion aktivieren, unterbricht der Remoteserver – in diesem Fall Ihr Computer – die Verbindung zu dem anrufenden Client und ruft den Clientcomputer anschließend zurück.

Wenn Sie die Rückruffunktion verwenden, übernehmen also Sie an Stelle des anrufenden Benutzers die Gebühren für die Verbindung. Außerdem erhöhen Sie dadurch die Sicherheit. Wenn Sie die Rückrufnummer angeben, brauchen Sie nicht zu fürchten, dass jemand in Ihr System einbricht. Selbst wenn es ein Unbefugter schafft, sich einzuwählen, ruft das System anschließend nicht seine Nummer, sondern die von Ihnen angegebene Nummer zurück.

Netzwerkkomponenten auswählen

Nachdem Sie die Rückrufoptionen festgelegt haben, klicken Sie auf *Weiter*. Das Dialogfeld *Netzwerkkomponenten* wird eingeblendet. Hier können Sie die Netzwerkkomponenten auswählen, die für eingehende DFÜ-Verbindungen aktiviert werden sollen. Wenn Sie auf die Schaltfläche *Installieren* klicken, können Sie zudem noch weitere Netzwerkkomponenten installieren. Wenn Sie beispielsweise das NWLink IPX/SPX/NetBIOS-kompatible Transportprotokoll installieren wollen, klicken Sie auf *Installieren*, wählen *Protokoll* und klicken Sie dann auf *Hinzufügen*.

Markieren Sie im Dialogfeld *Netzwerkprotokoll wählen* die Option *NWLink IPX/SPX/NetBIOS-kompatibles Transportprotokoll*, legen Sie die Windows 2000 Professional-CD-ROM in das CD-ROM-Laufwerk ein und klicken Sie auf *OK*. Windows 2000 installiert dann das gewünschte Protokoll.

Nachdem das Protokoll installiert wurde, gelangen Sie in das Dialogfeld *Netzwerkkomponenten* zurück. Wenn Sie auf *Weiter* klicken, werden Sie aufgefordert, einen Namen für die Verbindung einzugeben. Anschließend klicken Sie auf *Fertig stellen*, um die Verbindung herzustellen.

Praxis: Eine eingehende DFÜ-Verbindung konfigurieren

In diesem Praxisabschnitt konfigurieren Sie eine eingehende Verbindung.

▶ **So konfigurieren Sie eine eingehende Verbindung**

1. Melden Sie sich als Administrator mit dem Kennwort *kennwort* an.

2. Zeigen Sie im Menü *Start* auf *Einstellungen*, dann auf *Netzwerk- und DFÜ-Verbindungen* und klicken Sie auf *Neue Verbindung erstellen*.

   Der *Netzwerkverbindungs-Assistent* wird geöffnet.

3. Klicken Sie auf *Weiter*.

   Das Dialogfeld *Netzwerkverbindungstyp* wird geöffnet.

4. Markieren Sie die Option *Eingehende Verbindungen akzeptieren* und klicken Sie auf *Weiter*.

   Das Dialogfeld *Geräte für eingehende Verbindungen* wird geöffnet.

5. Wählen Sie für Ihren Computer in der Liste *Verbindungsgerät* die Modemoption aus und klicken Sie auf *Weiter*.

   Das Dialogfeld *Eingehende VPN-Verbindung* wird geöffnet.

6. Markieren Sie die Option V*irtuelle private Verbindungen zulassen* und klicken Sie auf *Weiter*.

   Das Dialogfeld *Zugelassene Benutzer* wird geöffnet.

7. Markieren Sie das Kontrollkästchen *Administrator* und klicken Sie auf *Eigenschaften*.

   Das Dialogfeld *Eigenschaften von Administrator* wird geöffnet.

8. Klicken Sie auf die Registerkarte *Rückruf*.

9. Prüfen Sie die eingestellten Optionen auf der Registerkarte *Rückruf*, lassen Sie die standardmäßig ausgewählte Option *Rückruf nicht gestatten* markiert und klicken Sie auf *OK*.

10. Klicken Sie auf *Weiter*.

    Das Dialogfeld *Netzwerkkomponenten* wird geöffnet.

11. Prüfen Sie die verfügbaren Netzwerkkomponenten und klicken Sie auf *Internetprotokoll (TCP/IP)* und anschließend auf *Eigenschaften*.

    Das Dialogfeld TC*P/IP-Eigenschaften für eingehende Verbindungen* wird geöffnet.

12. Markieren Sie die Option *TCP/IP-Adressen angeben*.

13. Geben Sie in das Feld *Von* **192.168.1.201** und in das Feld *Bis* **192.168.1.205** ein und klicken Sie auf *OK*.

> **Hinweis** Wenn Ihr Computer Teil eines Netzwerks ist und wenn Sie die soeben erstellte eingehende Verbindung mithilfe einer gültigen Adresse testen können, geben Sie hier einen Bereich ein, in dem sich diese Adresse befindet.

14. Klicken Sie auf *Weiter*.

15. Akzeptieren Sie im Feld *Name der Verbindung* die standardmäßig aktivierte Option *Eingehende Verbindungen* und klicken Sie auf *Fertig stellen*.

Zusammenfassung der Lektion

In dieser Lektion haben Sie gelernt, dass Sie in Windows 2000 Professional eingehende Verbindungen mithilfe des Netzwerkverbindungs-Assistenten konfigurieren. Sie können auswählen, welche der an Ihrem Computer verfügbaren Geräte eingehende Anrufe entgegennehmen sollen. Wenn diese Geräte konfigurierbar sind, können Sie auf die Schaltfläche *Eigenschaften* klicken, um die gewünschten Optionen einzustellen. Außerdem müssen Sie festlegen, welche Benutzer eingehende Verbindungen annehmen dürfen. Für jedes der ausgewählten Benutzerkonten können Sie die Möglichkeit des Rückrufs aktivieren. Wenn Sie sie aktivieren, können Sie noch zusätzlich festlegen, ob der Anrufer die Rückrufnummer angeben darf oder ob Sie die Rückrufnummer selbst einstellen wollen.

Lektion 3: Ausgehende Verbindungen konfigurieren

In Windows 2000 Professional können Sie alle ausgehenden Verbindungen im Netzwerkverbindungs-Assistenten konfigurieren. Ein großer Teil der Konfiguration von Protokollen und Diensten läuft bei diesem Prozess automatisch ab. Bei eingehender Kenntnis der Optionen, die Ihnen dieser Assistent zur Verfügung stellt, können Sie die Verbindungen effizient konfigurieren.

Es gibt drei grundlegende Arten von ausgehenden Verbindungen:

- DFÜ-Verbindungen
- Verbindungen zu einem virtuellen privaten Netzwerk (VPN)
- Direkte Kabelverbindungen zu anderen Computern

Am Ende dieser Lektion werden Sie in der Lage sein, die folgenden Aufgaben auszuführen:

- Sie können ausgehende Verbindungen in Windows 2000 konfigurieren.

Veranschlagte Zeit für die Lektion: 25 Minuten

DFÜ-Verbindungen

Eine ausgehende DFÜ-Verbindung stellen Sie entweder zu einem privaten Netzwerk oder zu einem ISP her. Zum Erstellen und Konfigurieren einer ausgehenden DFÜ-Verbindung verwenden Sie den Netzwerkverbindungs-Assistenten. Wenn Sie eine Verbindung zu einem privaten Netzwerk herstellen wollen, aktivieren Sie im Dialogfeld *Netzwerkverbindungstyp* die Option *In ein privates Netzwerk einwählen*, wenn Sie eine Verbindung zum Internet herstellen wollen, aktivieren Sie die Option *In das Internet einwählen*.

Die Option *In ein privates Netzwerk einwählen*

Wenn Sie die Option *In ein privates Netzwerk einwählen* aktivieren und auf *Weiter* klicken, werden Sie aufgefordert, die Telefonnummer des Computers oder des Netzwerks einzugeben, zu dem Sie eine Verbindung herstellen wollen. Bei einer Verbindung zum Internet ist dies die Nummer eines ISP, bei einer Verbindung zu einem privaten Netzwerk ist dies eine Modemnummer. Nachdem Sie die Telefonnummer eingegeben und erneut auf *Weiter* geklickt haben, werden Sie aufgefordert anzugeben, wer diese Verbindung benutzen darf. Wenn die Verbindung für alle Benutzer an Ihrem Computer zur Verfügung stehen soll, klicken Sie auf *Für alle Benutzer verwenden* und dann auf *Weiter*. Wenn nur Sie selbst die Verbindung nutzen wollen, klicken Sie auf *Nur selbst verwenden*. Wenn Sie auf Weiter klicken, werden Sie aufgefordert, einen Namen für die Verbindung anzugeben. Klicken Sie auf *Fertig stellen*, um die Verbindung herzustellen.

Die Option *In das Internet einwählen*

Wenn Sie die Option *In das Internet einwählen* aktiviert und auf *Weiter* geklickt haben, wird das Dialogfeld *Assistent für den Internetzugang* eingeblendet (siehe Abbildung 21.4).

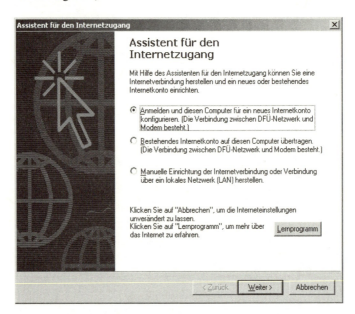

Abbildung 21.4 Das Einstiegsdialogfeld des Assistenten für den Internetzugang

Dieser Assistent stellt Ihnen die folgenden drei Optionen zur Verfügung:

- **Anmelden und diesen Computer für ein neues Internetkonto konfigurieren.** Wenn Sie diese Option wählen, öffnet der Assistent nacheinander drei weitere Dialogfelder, in denen Sie einen ISP auswählen, Ihre Adresse und Informationen für die Rechnungsstellung eingeben und ein E-Mail-Konto einrichten können.

- **Bestehendes Internetkonto auf diesen Computer übertragen.** Wenn Sie bereits ein Konto bei einem ISP und alle erforderlichen Informationen zum Erstellen einer Verbindung haben, können Sie diese Option auswählen, um die Verbindung zu Ihrem Konto über Ihre Telefonleitung herzustellen. Wenn Sie diese Option aktivieren und auf *Weiter* klicken, werden Sie aufgefordert, die Telefonnummer einzugeben, mit der Sie entweder die Verbindung zu Ihrem ISP oder die Verbindung zu einem Modem in einem privaten Netzwerk herstellen können. Dann werden Sie aufgefordert, den Benutzernamen und das Kennwort einzugeben, mit denen Sie sich bei Ihrem ISP anmelden, und schließlich müssen Sie noch einen Namen für die DFÜ-Verbindung angeben.

- **Manuelle Einrichtung der Internetverbindung oder Verbindung über ein lokales Netzwerk (LAN) herstellen.** Wenn Sie diese Option auswählen, können Sie daraufhin festlegen, ob die Verbindung zum Internet über eine Telefonleitung und ein Modem oder über ein LAN hergestellt werden soll. Sie werden aufgefordert, einen Proxyserver anzugeben und weitere Einstellungen vorzunehmen.

Hinweis Wenn die Internetverbindung für andere Benutzer freigegeben werden soll, dürfen Sie nicht vergessen, im Dialogfeld *Eigenschaften* dieser Verbindung auf der Registerkarte *Freigabe* die Option *Gemeinsame Nutzung der Internetverbindung aktivieren* zu aktivieren.

Verbindungen zu einem virtuellen privaten Netzwerk

Ein virtuelles privates Netzwerk (VPN) wird durch Tunnelprotokolle wie PPTP und L2TP erzeugt. Es soll eine sichere Verbindung in einem nicht vertrauenswürdigen Netzwerk garantieren. Auch zum Herstellen einer VPN-Verbindung verwenden Sie den Netzwerkverbindungs-Assistenten. Aktivieren Sie im Dialogfeld *Netzwerkverbindungstyp* die Option *Verbindung mit einem privaten Netzwerk über das Internet herstellen*, klicken Sie auf *Weiter* und fahren Sie mit einem der beiden folgenden Schritte fort:

- Wenn Sie vor der Verbindung mit dem VPN erst eine Verbindung mit Ihrem ISP oder einem anderen Netzwerk herstellen müssen, klicken Sie auf die Option zur automatischen Anwahl der Verbindung, wählen Sie eine Verbindung aus der Liste und klicken Sie auf *Weiter*.

- Wenn zuvor keine automatische Verbindung erstellt werden muss, klicken Sie auf die entsprechende Option und anschließend auf *Weiter*.

Sie werden aufgefordert, den Hostnamen oder die IP-Adresse des Computers oder Netzwerks anzugeben, zu dem die Verbindung hergestellt werden soll. Klicken Sie dann auf *Weiter*. Wenn die Verbindung für alle Benutzer auf dem Computer zur Verfügung stehen soll, klicken Sie auf *Für alle Benutzer verwenden* und dann auf *Weiter*. Wenn Sie die Verbindung nur selbst nutzen wollen, klicken Sie auf *Nur selbst verwenden*. Wenn Sie auf *Weiter* klicken, werden Sie aufgefordert, einen Namen für die Verbindung einzugeben. Anschließend klicken Sie auf *Fertig stellen*. Klicken Sie auf *Fertig stellen*, um die Verbindung herzustellen.

Direkte Kabelverbindungen zu anderen Computern

Mit dem Netzwerkverbindungs-Assistenten können Sie auch eine direkte Verbindung über Kabel zu einem anderen Computer herstellen. Klicken Sie im Dialogfeld *Netzwerkverbindungstyp* auf *Direkt mit anderem Computer verbinden*, klicken Sie auf *Weiter* und führen Sie dann einen der folgenden Schritte aus:

- Wenn Ihr Computer in dieser Verbindung als Host fungiert, klicken Sie auf *Host* und anschließend auf *Weiter*.
- Wenn Ihr Computer in dieser Verbindung als Gast fungiert, klicken Sie auf *Gast* und anschließend auf *Weiter*.

Daraufhin wählen Sie das Verbindungsgerät für die Verbindung mit dem anderen Computer und klicken auf *Weiter*. Geben Sie an, welche Benutzer diese Verbindung nutzen können, und klicken Sie auf *Weiter*. Sie werden aufgefordert, einen Namen für die Verbindung einzugeben. Klicken Sie auf *Fertig stellen*, um die Verbindung herzustellen.

Praxis: Eine ausgehende Verbindung konfigurieren

In diesem Praxisabschnitt konfigurieren Sie eine ausgehende Verbindung.

▶ **So konfigurieren Sie eine ausgehende Verbindung**

1. Melden Sie sich als Administrator mit dem Kennwort *kennwort* an.
2. Zeigen Sie im Menü *Start* auf *Einstellungen*, dann auf *Netzwerk- und DFÜ-Verbindungen* und klicken Sie auf *Neue Verbindung erstellen*.

   Der *Netzwerkverbindungs-Assistent* wird geöffnet.
3. Klicken Sie auf *Weiter*.
4. Klicken Sie im Dialogfeld *Netzwerkverbindungstyp* auf *Verbindung mit einem privaten Netzwerk über Internet herstellen* und klicken Sie auf *Weiter*.
5. Aktivieren Sie im Dialogfeld *Öffentliches Netzwerk* die Option *Keine Anfangsverbindung automatisch wählen* und klicken Sie auf *Weiter*.
6. Geben Sie in das Dialogfeld *Zieladresse* **192.168.1.202** ein und klicken Sie auf *Weiter*.

   Hinweis Wenn Ihr Computer Teil eines Netzwerks ist, und wenn Sie die soeben erstellte eingehende Verbindung mithilfe einer gültigen Adresse testen können, verwenden Sie an Stelle von 192.168.1.202 diese Adresse.

7. Aktivieren Sie im Dialogfeld *Verfügbarkeit der Verbindung* die Option *nur selbst verwenden* und klicken Sie auf *Weiter*.
8. Klicken Sie auf *Fertig stellen*.

   Das Dialogfeld *Verbindung mit „Virtuelle private Verbindung" herstellen* wird geöffnet.

9. Stellen Sie sicher, dass im Feld *Benutzername* der Eintrag *Administrator* angezeigt wird, und geben Sie in das Feld *Kennwort* **kennwort** ein.

> **Hinweis** Wenn Ihr Computer Teil eines Netzwerks ist und wenn Sie in Schritt 6 eine gültige Adresse eingegeben haben, geben Sie in Schritt 9 auch einen gültigen Benutzernamen mit dem dazugehörigen Kennwort ein.

10. Klicken Sie auf *Verbinden*.

> **Hinweis** Wenn Sie an einem Stand-Alone-Computer arbeiten, schlägt diese Operation fehl. Wenn Ihr Computer dagegen Teil eines Netzwerks ist und wenn Sie in Schritt 6 eine gültige Adresse und in Schritt 9 einen gültigen Benutzernamen mit dem dazugehörigen Kennwort eingegeben haben, wird eine Meldung eingeblendet, die besagt, dass die virtuelle private Verbindung nun besteht.

11. Wenn Sie keine Verbindung herstellen konnten, klicken Sie auf *Abbrechen*. Wenn Sie die Verbindung zu einem anderen Computer erfolgreich herstellen konnten, doppelklicken Sie auf das Verbindungssymbol in der Taskleiste, klicken Sie auf *Verbindung trennen* und anschließend auf *Ja*.

    Das Dialogfeld *Netzwerk- und DFÜ-Verbindungen* wird wieder angezeigt. Beachten Sie das VPN-Symbol für die soeben von Ihnen erstellte ausgehende Verbindung.

12. Schließen Sie alle Fenster und melden Sie sich ab.

Zusammenfassung der Lektion

In dieser Lektion haben Sie gelernt, dass Sie in Windows 2000 Professional ausgehende Verbindungen mithilfe des Netzwerkverbindungs-Assistenten konfigurieren. Ein großer Teil der Konfiguration von Protokollen und Diensten wird von dem Netzwerkverbindungs-Assistenten automatisch erledigt. Bei eingehender Kenntnis der Optionen, die Ihnen dieser Assistent zur Verfügung stellt, können Sie die drei grundlegenden Arten von Verbindungen effizient konfigurieren. Diese drei Arten sind DFÜ-Verbindungen, Verbindungen mit einem VPN und direkte Verbindungen zu einem anderen Computer über ein Kabel.

Lernzielkontrolle

Mithilfe der folgenden Fragen können Sie feststellen, ob Sie genug gelernt haben, um mit dem nächsten Kapitel fortfahren zu können. Sollten Sie einige der Fragen nicht vollständig beantworten können, lesen Sie sich die Informationen in diesem Kapitel noch einmal durch, bevor Sie zum nächsten Kapitel übergehen. Die Antworten zu den Fragen finden Sie in Anhang A.

1. Welche Vorteile hat L2TP gegenüber PPTP?

2. Wenn Sie mit dem Netzwerkverbindungs-Assistenten arbeiten, müssen Sie zwei neue Einstellungen konfigurieren, die die Freigabe der Verbindung betreffen. Beschreiben Sie den Unterschied zwischen den beiden Einstellungen.

3. Was bedeutet Rückruf, und in welchen Fällen sollten Sie ihn aktivieren?

KAPITEL 22

Der Startprozess von Windows 2000

Lektion 1: Der Startprozess . . . 568

Lektion 2: Die Steuersätze in der Registrierung . . . 575

Lektion 3: Erweiterte Startoptionen . . . 580

Lektion 4: Die Datei Boot.ini . . . 583

Lektion 5: Die Wiederherstellungskonsole . . . 588

Lernzielkontrolle . . . 594

Über dieses Kapitel

Dieses Kapitel behandelt den Startprozess von Microsoft Windows 2000, der auch als Bootvorgang bezeichnet wird. Sie lernen den Startprozess auf Intel-basierten Computern kennen und erfahren, wie die Datei Boot.ini verwendet und eine Windows 2000-Startdiskette angelegt wird.

Bevor Sie beginnen

Zur Bearbeitung dieses Kapitels benötigen Sie Folgendes:

- Einen Rechner, der die im Abschnitt *Hardwarevoraussetzungen* des Kapitels *Zu diesem Buch* angegebenen Mindestvoraussetzungen erfüllt.
- Eine leere High-Densitiy-Diskette für die Erstellung einer Windows 2000-Startdiskette.
- Windows 2000 Professional muss auf dem Computer installiert sein.

Lektion 1: Der Startprozess

In dieser Lektion wird der Startprozess von Windows 2000 beschrieben, der aus fünf Phasen besteht: die Phase vor dem Start, die eigentliche Startsequenz, das Laden des Kernels, die Kernel-Initialisierung und die Anmeldung. Wenn Sie den Ablauf des Startprozesses und die daran beteiligten Dateien kennen, können Sie auftretende Probleme schneller analysieren und beheben.

Am Ende dieser Lektion werden Sie in der Lage sein, die folgende Aufgabe auszuführen:

- Sie können den Startprozess auf Intel-basierten Computern erläutern.

Veranschlagte Zeit für die Lektion: 25 Minuten

Verwendete Dateien

Für den Start von Windows 2000 auf einem Intel-basierten Computer sind bestimmte Dateien erforderlich. Tabelle 22.1 listet diese Dateien auf, zusammen mit ihrem Speicherort sowie der Angabe der Startphase, in der sie verwendet werden. In der Tabelle steht *Windows2000* für den Installationsordner von Windows 2000. Wenn Sie die Installationsanleitungen in Kapitel 2 ausgeführt haben, hat er den Namen C:\Winnt.

Hinweis Um die in Tabelle 22.1 aufgeführten Dateien anzuzeigen, öffnen Sie den Windows-Explorer und klicken im Menü *Extras* auf den Befehl *Ordneroptionen*. Klicken Sie anschließend auf der Registerkarte *Ansicht* des Dialogfelds *Ordneroptionen* auf *Alle Dateien und Ordner anzeigen* und deaktivieren Sie das Kontrollkästchen *Geschützte Systemdateien ausblenden (empfohlen)*. Es wird ein Warnungsfenster eingeblendet, in dem Ihnen von der Anzeige der geschützten Betriebssystemdateien abgeraten wird. Klicken Sie auf *Ja*, um die Dateien trotzdem anzeigen zu lassen.

Tabelle 22.1 Dateien für den Windows 2000-Startprozess

Datei	Speicherort	Startphase
Ntldr	Stammverzeichnis der Systempartition (C:\)	Phase vor dem Start und Startsequenz
Boot.ini	Stammverzeichnis der Systempartition	Startsequenz
Bootsect.dos	Stammverzeichnis der Systempartition	Startsequenz (optional)
Ntdetect.com	Stammverzeichnis der Systempartition	Startsequenz
Ntbootdd.sys	Stammverzeichnis der Systempartition	Startsequenz (optional)
Ntoskrnl.exe	*Windows2000*\System32	Laden des Kernels

(Fortsetzung)

Datei	Speicherort	Startphase
Hal.dll	*Windows2000*\System32	Laden des Kernels
System	*Windows2000*\System32\Config	Initialisierung des Kernels
Gerätetreiber (*.sys)	*Windows2000*\System32\Drivers	Initialisierung des Kernels

Hinweis Die Bezeichnung *Windows2000* ist ein Platzhalter für den Ordner in der Startpartition, in dem sich die Windows 2000-Systemdateien befinden.

Die Phase vor dem Start

Nach dem Einschalten wird ein Intel-basierter Windows-Computer zunächst initialisiert. Danach wird die Startposition auf der Festplatte gesucht.

Diese Phase vor dem eigentlichen Start des Betriebssystems gliedert sich in vier Abschnitte:

1. Der Computer führt die POST-Testroutinen (Power-On Self Test) aus, um den Umfang des physischen Speichers, das Vorhandensein der Hardwarekomponenten usw. zu überprüfen. Wenn der Computer mit einem Plug & Play-BIOS (Basic Input/Output System) ausgestattet ist, erfolgt in diesem Abschnitt die Auflistung und Konfiguration der Hardwarekomponenten.

2. Das BIOS sucht das Startgerät, lädt den MBR (Master Boot Record) und führt ihn aus.

3. Der MBR durchsucht die Partitionstabelle, um die aktive Partition zu ermitteln, lädt den Startsektor der aktiven Partition in den Speicher und führt ihn aus.

4. Der Computer lädt und initialisiert den Betriebssystemlader, eine Datei mit dem Namen Ntldr.

Hinweis Windows 2000 ändert bei der Installation den Startsektor, damit Ntldr während des Systemstarts geladen wird.

Startsequenz

Wenn die Datei Ntldr in den Speicher geladen ist, werden in der Startsequenz Informationen über Hardware und Treiber gesammelt, um die Windows 2000-Ladephasen vorzubereiten. Zu diesem Zweck werden folgende Dateien verwendet: Ntldr, Boot.ini, Bootsect.dos (optional), Ntdetect.com und Ntoskrnl.exe.

Die eigentliche Startsequenz besteht aus vier Phasen: Urlader, Betriebssystemauswahl, Hardwareerkennung und Konfigurationsauswahl.

Urlader

Während dieser Phase schaltet die Datei Ntldr den Mikroprozessor vom Real Mode in den linearen 32-Bit-Speichermodus um. Dies ist erforderlich, damit Ntldr weitere Funktionen ausführen kann. Ntldr startet die entsprechenden Mini-Dateisystemtreiber. Diese Treiber sind in Ntldr integriert, sodass Ntldr Windows 2000 in Partitionen finden und von dort laden kann, die mit FAT oder NTFS (Microsoft Windows 2000 File System) formatiert wurden.

Betriebssystemauswahl

Während des Startprozesses liest Ntldr die Datei Boot.ini. Wenn in dieser Datei mehrere Betriebssysteme genannt sind, wird auf dem Bildschirm eine Liste mit diesen Betriebssystemen angezeigt und sie haben die Möglichkeit, eine Auswahl zu treffen. Wenn Sie nicht innerhalb eines bestimmten Zeitraums eine Option auswählen, lädt Ntldr das Betriebssystem, das im Parameter *default* der Datei Boot.ini festgelegt ist. Windows 2000-Setup weist diesem Parameter die neueste Windows 2000-Version zu. Wenn die Datei Boot.ini nur ein Betriebssystem enthält, wird keine Auswahlliste angezeigt, sondern das vorgegebene Betriebssystem automatisch geladen.

Hinweis Wenn die Datei Boot.ini nicht vorhanden ist, versucht Ntldr, Windows 2000 aus dem Ordner Winnt der ersten Partition auf der ersten Festplatte zu laden. Normalerweise ist dies C:\Winnt.

Hardwareerkennung

Auf Intel-basierten Computern führen die Dateien Ntdetect.com und Ntoskrnl.exe eine Hardwareerkennung durch. Ntdetect.com wird ausgeführt, nachdem Sie bei der Auswahl des Betriebssystems Windows 2000 gewählt haben oder nachdem der Zeitraum, innerhalb dessen gewählt werden kann, verstrichen ist.

Hinweis Wenn Sie nicht Windows 2000, sondern ein anderes Betriebssystem (z. B. Microsoft Windows 98) auswählen, lädt und führt Ntldr die Datei Bootsect.dos aus. Diese Datei enthält ein Kopie des Startsektors, der sich zum Zeitpunkt der Windows 2000-Installation in der Systempartition befunden hat. Sobald die Ausführung an Bootsect.dos übergeben wird, beginnt der Startprozess für das ausgewählte Betriebssystem.

Ntdetect.com stellt eine Liste der installierten Hardwarekomponenten zusammen und übergibt sie an Ntldr. Die Liste wird später unter dem Schlüssel HKEY_LOCAL_MACHINE\HARDWARE in die Registrierung eingefügt.

Ntdetect.com erkennt folgende Komponenten:

- Bus-/Kartentyp
- Kommunikationsanschlüsse
- Gleitkomma-Koprozessor
- Diskettenlaufwerke
- Tastatur
- Maus/Zeigegeräte
- Parallele Anschlüsse
- SCSI-Adapter
- Videokarten

Konfigurationsauswahl

Nachdem Ntldr mit dem Laden von Windows 2000 und dem Sammeln von Hardwareinformationen begonnen hat, wird das Fenster *Hardwareprofil und Wiederherstellung der Konfiguration* eingeblendet. Das Fenster enthält eine Liste der auf dem Computer konfigurierten Hardwareprofile. Das erste Profil ist optisch hervorgehoben. Verwenden Sie die Cursortasten *Oben* und *Unten*, um ein anderes Profil auszuwählen. Sie können auch die Taste L drücken, um die Option *Letzte als funktionierend bekannte Konfiguration* zu aktivieren.

Wenn nur ein Hardwareprofil vorhanden ist, wird das Fenster *Hardwareprofil und Wiederherstellung der Konfiguration* nicht angezeigt. Ntldr lädt dann Windows 2000 mit der Standardhardwareprofilkonfiguration.

Laden des Kernels

Nach der Konfigurationsauswahl wird der Windows 2000-Kernel (Ntoskrnl.exe) geladen und initialisiert. Ntoskrnl.exe lädt Gerätetreiber und Dienste. Die Treiber werden bei diesem Vorgang auch initialisiert. Wenn Sie bei der Anzeige des Fensters *Hardwareprofil und Wiederherstellung der Konfiguration* die Eingabetaste drücken, oder wenn Ntldr eine automatische Auswahl vornimmt, beginnt das Laden des Kernels. Der Bildschirm wird gelöscht und am unteren Rand werden weiße Rechtecke angezeigt.

Während der Ladephase des Kernels geschieht Folgendes:

- Ntoskrnl.exe wird geladen, aber nicht initialisiert.
- Die Datei Hal.dll (Hardwareabstraktionsschicht) wird geladen.
- Der Registrierungsschlüssel HKEY_LOCAL_MACHINE\SYSTEM wird aus *Windows2000*\System32\Config\System geladen.

- Der Steuersatz für die Initialisierung des Computers wird ausgewählt. Ein *Steuersatz* enthält die Konfigurationsdaten für die Steuerung des Systems. Dazu gehört beispielsweise eine Liste der Gerätetreiber und Dienste, die geladen und gestartet werden müssen.

- Die Gerätetreiber werden mit dem Wert 0x0 für den Eintrag Start geladen. Es handelt sich dabei normalerweise um Low-Level-Hardwaregerätetreiber, beispielsweise um die Treiber für eine Festplatte. Der Wert für den Eintrag *List* im Unterschlüssel HKEY_LOCAL_MACHINE\SYSTEM\CurrentControlSet\Control\ServiceGroupOrder der Registrierung legt die Reihenfolge fest, in der Ntldr die Gerätetreiber lädt.

Kernel-Initialisierung

Wenn die Kernel-Ladephase beendet ist, wird der Kernel initialisiert und die Steuerung an den Kernel übergeben. Auf dem Bildschirm wird ein Fenster mit einer Statusleiste eingeblendet, die den Ladestatus anzeigt. Während der Kernel-Initialisierungsphase geschieht Folgendes:

1. **Der Hardware-Schlüssel wird erstellt.** Nach einer erfolgreichen Initialisierung erstellt der Kernel auf der Grundlage der Daten, die während der Hardwareerkennung gesammelt wurden, den Registrierungsschlüssel HKEY_LOCAL_MACHINE\HARDWARE. Der Schlüssel enthält Informationen über Hardwarekomponenten auf der Systemplatine und über die Interrupts, die von bestimmten Hardwaregeräten verwendet werden.

2. **Der Steuersatz *Clone* wird erstellt.** Der Kernel erstellt den Steuersatz *Clone*. Zu diesem Zweck wird der Steuersatz kopiert, auf den der Wert des Eintrags *Current* im Registrierungsunterschlüssel HKEY_LOCAL_MACHINE\SYSTEM\Select verweist. Der Steuersatz *Clone* ändert sich nie, da es sich bei ihm um eine Kopie der Daten handelt, die für die Konfiguration des Computers verwendet wurden. Dieser Steuersatz soll nicht die Änderungen reflektieren, die während des Startprozesses durchgeführt wurden.

3. **Gerätetreiber werden geladen und initialisiert.** Nach der Erstellung des Steuersatzes *Clone* initialisiert der Kernel die Low-Level-Gerätetreiber, die während der Ladephase des Kernels geladen wurden. Danach durchsucht der Kernel den Registrierungsunterschlüssel HKEY_LOCAL_MACHINE\SYSTEM\CurrentControlSet\Services nach Gerätetreibern, denen im Eintrag *Start* der Wert 0x1 zugewiesen ist. Wie bei der Ladephase des Kernels legt auch hier der Wert des Gerätetreibers für den Eintrag *Group* die Reihenfolge fest, in der die Treiber geladen werden. Sobald ein Gerätetreiber geladen ist, wird er sofort initialisiert.

Wenn beim Laden oder Initialisieren von Gerätetreibern Fehler auftreten, wird der Startprozess gemäß dem Wert fortgesetzt, der im Eintrag *ErrorControl* des Treibers angegeben ist.

Tabelle 22.2 enthält eine Beschreibung der verfügbaren *ErrorControl*-Werte und der resultierenden Aktionen in der Startsequenzphase.

Die *ErrorControl*-Werte sind in der Registrierung unter dem Unterschlüssel HKEY_LOCAL_MACHINE\SYSTEM\CurrentControlSet\Services\ *Name_des_Dienstes_oder_Treibers*\ErrorControl gespeichert.

4. **Dienste werden gestartet.** Sobald der Kernel die Gerätetreiber geladen und initialisiert hat, startet der Session-Manager (Smss.exe) die höherrangigen Subsysteme und Dienste für Windows 2000. Der Session-Manager führt die Anweisungen im Datenelement *BootExecute* und in den Schlüsseln *Memory Management*, *DOS Devices* und *SubSystems* aus.

Tabelle 22.3 enthält eine Beschreibung aller Anweisungssätze und die resultierende Aktion des Session-Managers.

Tabelle 22.2 ErrorControl-Werte und resultierende Aktionen

ErrorControl-Wert	Aktion
0x0 (Ignorieren)	Der Fehler wird ignoriert und die Startsequenz wird ohne Anzeige einer Fehlermeldung fortgesetzt.
0x1 (Normal)	Es wird zwar eine Fehlermeldung angezeigt, aber der Fehler wird ignoriert und die Startsequenz fortgesetzt.
0x2 (Schwer wiegend)	Die Startsequenz schlägt fehl und wird mit dem Steuersatz *LastKnownGood* neu gestartet. Wenn die Startsequenz bereits diesen Steuersatz verwendet, wird der Fehler ignoriert und die Startsequenz fortgesetzt.
0x3 (Kritisch)	Die Startsequenz schlägt fehl und wird mit dem Steuersatz *LastKnownGood* neu gestartet. Wenn dieser Steuersatz den kritischen Fehler verursacht hat, wird die Startsequenz gestoppt und eine Fehlermeldung eingeblendet.

Tabelle 22.3 Vom Session-Manager gelesene und ausgeführte Anweisungssätze

Datenelement oder Schlüssel	Aktion
Das Datenelement *BootExecute*	Der Session-Manager führt vor dem Laden der Dienste die Befehle aus, die in diesem Datenelement angegeben sind.
Der Schlüssel *Memory Management*	Der Session-Manager erstellt die Auslagerungsdateiinformationen, die für die Verwaltung des virtuellen Speichers benötigt werden.
Der Schlüssel *DOS Devices*	Der Session-Manager erstellt symbolische Verknüpfungen, über die bestimmte Befehlsklassen an die entsprechende Komponente im Dateisystem geleitet werden.
Der Schlüssel *SubSystems*	Der Session-Manager startet das Subsystem Win32, das alle Ein-/Ausgaben und Zugriffe auf den Bildschirm steuert und den Anmeldeprozess startet.

Anmeldung

Der Anmeldeprozess beginnt nach dem Abschluss der Kernel-Initialisierungsphase. Das Subsystem Win32 startet automatisch Winlogon.exe. Diese Datei startet Lsass.exe (Local Security Authority) und zeigt das Anmeldedialogfeld an. Sie können sich zu diesem Zeitpunkt bereits anmelden, obwohl die Initialisierung der Netzwerkgerätetreiber möglicherweise noch nicht beendet ist.

Als Nächstes wird der Service-Controller gestartet. Er durchsucht ein letztes Mal den Unterschlüssel HKEY_LOCAL_MACHINE\SYSTEM\CurrentControlSet\Services nach Diensten, deren Start-Eintrag den Wert 0x2 hat. Dienste mit diesem Wert werden automatisch geladen. Dies gilt sowohl für Server- als auch für Workstationdienste.

Das Laden der Dienste während der Anmeldephase erfolgt auf der Grundlage der Werte, die diese Dienste in den Einträgen *DependOnGroup* und *DependOnService* im Registrierungsunterschlüssel HKEY_LOCAL_MACHINE\SYSTEM\CurrentControlSet\Services haben.

Der Startprozess von Windows 2000 gilt erst dann als erfolgreich beendet, wenn sich ein Benutzer problemlos beim System anmelden konnte. Nach einer erfolgreichen Anmeldung kopiert das System den Steuersatz *Clone* in den Steuersatz *LastKnownGood*.

Zusammenfassung der Lektion

In dieser Lektion haben Sie gelernt, dass der Start von Intel-basierten Windows 2000-Computern fünf Phasen umfasst: die Phase vor dem Start, die eigentliche Startsequenz, das Laden des Kernels, die Kernel-Initialisierung und die Anmeldung. Sie haben erfahren, welche Dateien für den Startprozess verwendet werden, wo sich diese Dateien befinden und in welcher Startphase sie benötigt werden.

Lektion 2: Die Steuersätze in der Registrierung

In dieser Lektion werden die Steuersätze von Windows 2000 erläutert. Ein *Steuersatz* enthält Konfigurationsdaten für die Steuerung des Systems, beispielsweise eine Liste mit den Gerätetreibern und Diensten, die geladen und gestartet werden müssen.

Am Ende dieser Lektion werden Sie in der Lage sein, die folgende Aufgabe auszuführen:

- Sie können die Windows 2000-Steuersätze beschreiben.

Veranschlagte Zeit für die Lektion: 15 Minuten

Windows 2000-Steuersätze

Eine typische Windows 2000-Installation umfasst die folgenden Steuersatzunterschlüssel: *Clone*, *ControlSet001*, *ControlSet002* und *CurrentControlSet*. Steuersätze werden als Unterschüssel des Registrierungsschlüssels HKEY_LOCAL_MACHINE\SYSTEM gespeichert. Wenn Systemeinstellungen geändert werden oder öfter Probleme bei Systemeinstellungen auftreten, kann die Registrierung weitere Steuersätze enthalten.

Der Unterschlüssel *CurrentControlSet* ist ein Zeiger auf einen der *ControlSet00x*-Schlüssel. Der Steuersatz *Clone* ist eine Duplikat des Steuersatzes, der für die Initialisierung des Computers (entweder *Default* oder *LastKnownGood*) verwendet wird. Er wird bei jedem Start des Computers während der Kernel-Initialisierung erstellt. Sobald Sie sich angemeldet haben, steht der Steuersatz *Clone* nicht mehr zur Verfügung.

Zum besseren Verständnis von Steuersätzen ist es von Vorteil, wenn Sie die Bedeutung der Registrierungsunterschlüssels HKEY_LOCAL_MACHINE\SYSTEM\Select kennen. Dieser Unterschlüssel enthält die folgenden Einträge: *Current*, *Default*, *Failed* und *LastKnownGood*.

- **Current.** Dieser Eintrag identifiziert den aktuellen Steuersatz (*CurrentControlSet*). Wenn Sie die Registrierung über Optionen der Systemsteuerung oder mit dem Registrierungs-Editor bearbeiten, werden die Informationen in *CurrentControlSet* geändert.

- **Default.** Dieser Eintrag enthält den Steuersatz, der beim nächsten Start von Windows 2000 verwendet wird. *Default* kann durch die Auswahl des Steuersatzes *LastKnownGood* außer Kraft gesetzt werden. Die Einträge *Default* und *Current* enthalten normalerweise dieselbe Steuersatznummer.

- **Failed.** Dieser Eintrag enthält den Steuersatz, der durch den letzten Start des Computers unter Verwendung des Steuersatzes *LastKnownGood* als fehlgeschlagen gekennzeichnet wurde.

- **LastKnownGood.** Dieser Eintrag enthält eine Kopie des Steuersatzes, der beim letzten erfolgreichen Start von Windows 2000 verwendet wurde. Nach einer erfolgreichen Anmeldung wird der Steuersatz *Clone* in den Steuersatz *LastKnownGood* kopiert.

Alle Einträge im Unterschlüssel HKEY_LOCAL_MACHINE\SYSTEM\Select sind vom Datentyp REG_WORD und der Wert jedes Eintrags entspricht einem bestimmten Steuersatz. Wenn der Eintrag *Current* z. B. den Wert 0x1 hat, zeigt *CurrentControlSet* auf *ControlSet001*. Wenn der Wert für den Eintrag *LastKnownGood* auf 0x2 gesetzt ist, zeigt *LastKnownGood* auf den Steuersatz *ControlSet002*.

Der LastKnownGood-Prozess

Wenn Sie die Windows 2000-Konfiguration geändert haben und ein bestimmter Treiber den Neustart des Computers verhindert, können Sie anhand des *LastKnownGood*-Prozesses die funktionsfähige Konfiguration wiederherstellen. Dabei wird der in der Registrierung gespeicherte Steuersatz *LastKnownGood* zum Starten von Windows 2000 verwendet.

Windows 2000 stellt für den Start eines Computers die beiden Konfigurationen *Default* und *LastKnownGood* bereit. Im oberen Teil der Abbildung 22.1 sehen Sie, was geschieht, wenn Sie die Systemkonfiguration ändern. Alle Konfigurationsänderungen (z. B. das Hinzufügen oder Entfernen von Treibern) werden im Steuersatz *Current* gespeichert.

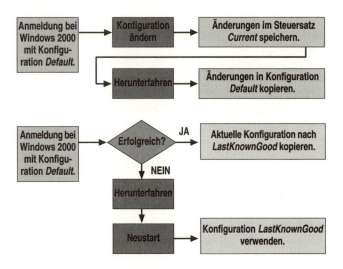

Abbildung 22.1 Die Konfigurationen Default und LastKnownGood

Nach dem Neustart des Computers kopiert der Kernel während seiner Initialisierungsphase die Informationen im Steuersatz *Current* in den Steuersatz *Clone*. Wenn Sie sich erfolgreich bei Windows 2000 angemeldet haben, werden die Informationen des Steuersatzes *Clone* in den Steuersatz *LastKnownGood* kopiert (siehe den unteren Teil der Abbildung 22.1).

Falls Startprobleme auftreten, die mit Konfigurationsänderungen von Windows 2000 zusammenhängen könnten, fahren Sie den Computer herunter, *ohne sich abzumelden*, und starten ihn anschließend neu. Wenn Sie aufgefordert werden, aus der Liste der in Boot.ini genannten Betriebssysteme ein System auszuwählen, drücken Sie F8, um den Bildschirm *Erweiterte Windows 2000-Startoptionen* einblenden zu lassen. Wählen Sie die Option *Letzte als funktionierend bekannte Konfiguration*. Wenn Sie zuvor in der Liste zur Auswahl des Betriebssystems Windows 2000 ausgewählt haben, können Sie durch Drücken der Leertaste den Bildschirm *Hardwareprofil und Wiederherstellung der Konfiguration* anzeigen lassen. Drücken dann zur Auswahl der Option *Letzte als funktionierend bekannte Konfiguration* die Taste L.

Wenn die Konfigurationsänderungen korrekt funktionieren, wird die Konfiguration *Current* bei der nächsten Anmeldung in die *Default*-Konfiguration kopiert. Kommt es auf Grund der Änderungen zu Startproblemen, starten Sie den Computer neu und melden sich mit der Option *Letzte als funktionierend bekannte Konfiguration* an.

Tabelle 22.4 enthält eine Beschreibung der Steuersätze für die Konfiguration *Default* und *LastKnownGood*.

Tabelle 22.4 Default- und LastKnownGood-Konfiguration

Konfiguration	Beschreibung
Default	Diese Konfiguration enthält Informationen, die das System beim Herunterfahren des Computers speichert. Um einen Computer mit der Konfiguration *Default* zu starten, wählen Sie im Menü zur Auswahl des Betriebssystems Windows 2000 (die entsprechenden Auswahlmöglichkeiten sind in der Datei Boot.ini gespeichert).
LastKnownGood	Diese Konfiguration enthält Informationen, die nach einer erfolgreichen Anmeldung gespeichert werden. Der Steuersatz *LastKnownGood* wird nur dann geladen, wenn das System nach einem schwer wiegenden oder kritischen Fehler, der durch das Laden eines Treibers verursacht wurde, wiederhergestellt werden muss oder wenn diese Konfiguration während des Startprozesses ausgewählt wird.

In Tabelle 22.5 werden Situationen beschrieben, in denen Sie die Option *Letzte als funktionierend bekannte Konfiguration* einsetzen können.

Tabelle 22.5 Verwendung der Option *Letzte als funktionierend bekannte Konfiguration*

Problem	Lösung
Nach der Installation eines neuen Treibers wird Windows 2000 neu gestartet, aber das System reagiert nicht.	Verwenden Sie die Option *Letzte als funktionierend bekannte Konfiguration* zum Start von Windows 2000, da der Steuersatz *LastKnownGood* keine Referenzen auf den neuen (und möglicherweise falschen) Treiber enthält.
Sie haben versehentlich einen wichtigen Gerätetreiber deaktiviert (z. B. den ScsiPort-Treiber).	Einige wichtige Treiber sind so konfiguriert, dass ihre Deaktivierung durch Benutzer unmöglich ist. Wenn der Benutzer einen solchen Treiber deaktiviert, wird automatisch der Steuersatz *LastKnownGood* verwendet. Bei Treibern, die die automatische Verwendung dieses Steuersatzes nicht unterstützen, müssen Sie die Option *Letzte als funktionierend bekannte Konfiguration* manuell auswählen.

In folgenden Situationen kann mit dem Steuersatz *LastKnownGood* keine Lösung herbeigeführt werden:

- Die Ursache des Startproblems liegt nicht in einer Änderung der Windows 2000-Konfiguration. Beispielsweise können auch fehlerhaft konfigurierte Benutzerprofile oder falsche Dateiberechtigungen den Start verhindern.
- Es hat bereits eine Anmeldung stattgefunden. Nach einer erfolgreichen Anmeldung überträgt das System die Windows 2000-Konfigurationsänderungen in den Steuersatz *LastKnownGood*.
- Der Startfehler beruht auf einem Hardwareproblem oder fehlenden bzw. beschädigten Dateien.

Wichtig Wenn Sie Windows 2000 mit dem Steuersatz *LastKnownGood* starten, gehen alle Änderungen verloren, die seit dem letzten erfolgreichen Start von Windows 2000 durchgeführt wurden.

Zusammenfassung der Lektion

In dieser Lektion haben Sie gelernt, dass ein Steuersatz Konfigurationsdaten enthält, die zur Steuerung des Systems verwendet werden (z. B. eine Liste der Gerätetreiber und Dienste, die geladen und gestartet werden müssen). Steuersätze werden als Unterschlüssel des Registrierungsschlüssels HKEY_LOCAL_MACHINE\SYSTEM gespeichert. Eine typische Windows 2000-Installation verfügt über folgende Steuersätze: *Clone*, *ControlSet001*, *ControlSet002* und *CurrentControlSet*. Wenn Systemeinstellungen geändert werden oder Probleme bei Systemeinstellungen auftreten, kann die Registrierung weitere Steuersätze enthalten.

Sie haben erfahren, dass bei einem Neustart des Computers Probleme auftreten können, wenn Sie unzulässige Änderungen an der Konfiguration durchgeführt haben. In diesem Fall können Sie mit dem *LastKnownGood*-Prozess die funktionsfähige Konfiguration wiederherstellen. Dies erspart Ihnen eine Neuinstallation von Windows 2000. Der Steuersatz *LastKnownGood* enthält die Konfigurationseinstellungen des letzten erfolgreichen Neustarts und der letzten erfolgreichen Anmeldung. Nachdem Sie den Computer mithilfe dieses Steuersatzes neu gestartet haben, können Sie die Systemkonfiguration ändern. Bei Auswahl der Option *Letzte als funktionierend bekannte Konfiguration* wird zum Neustart der in der Registrierung gespeicherte Steuersatz *LastKnownGood* verwendet.

Lektion 3: Erweiterte Startoptionen

In dieser Lektion lernen Sie die erweiterten Startoptionen von Windows 2000 kennen. Zu diesem Optionen gehören *Abgesicherter Modus*, *Startprotokollierung aktivieren*, *VGA-Modus aktivieren*, *Letzte als funktionierend bekannte Konfiguration*, *Verzeichnisdienstwiederherstellung* und *Debugmodus*.

Am Ende dieser Lektion werden Sie in der Lage sein, die folgende Aufgabe auszuführen:

- Sie können die erweiterten Startoptionen erläutern.

Veranschlagte Zeit für die Lektion: 5 Minuten

Abgesicherter Modus

Bei schwer wiegenden Startproblemen ist oft noch ein Start im abgesicherten Modus möglich. Drücken Sie während der Betriebssystemauswahl die Taste F8, um das Fenster mit den erweiterten Startoptionen von Windows 2000 zu öffnen. Wenn Sie *Abgesicherter Modus* wählen, lädt Windows 2000 nur die Basisdateien und -treiber (Maus, VGA-Monitor, Tastatur, Massenspeicher, Standardsystemdienste), aber keine Netzwerkverbindungen. Beim Start des Computers im abgesicherten Modus wird der Bildschirmhintergrund schwarz dargestellt und in allen vier Ecken des Bildschirms *Abgesicherter Modus* angezeigt (siehe Abbildung 22.2). Wenn der Computer in diesem Modus nicht startet, können Sie noch versuchen, die automatische Systemwiederherstellung von Windows 2000 zu verwenden.

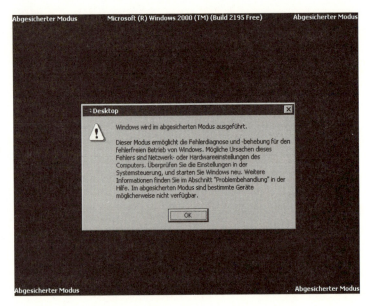

Abbildung 22.2 Windows 2000 im abgesicherten Modus

Der abgesicherte Modus steht in zwei weiteren Varianten zur Verfügung. Wenn Sie die Option *Abgesicherter Modus mit Netzwerktreibern* wählen, werden beim Neustart des Computers alle erforderlichen Netzwerktreiber und -dienste geladen. Ansonsten ist dieser Modus mit dem „normalen" abgesicherten Modus identisch. Die Option *Abgesicherter Modus mit Eingabeaufforderung* entspricht dem abgesicherten Modus, nach dem Neustart des Computers wird aber die Eingabeaufforderung angezeigt.

Zusätzliche erweiterte Startoptionen

Nachstehend finden Sie eine kurze Beschreibung weiterer Optionen, die einen Start des Computers im Fehlerfall ermöglichen und Ihnen helfen, die Ursachen für das Startproblem festzustellen.

- **Startprotokollierung aktivieren.** Wenn Sie diese Option auswählen, werden alle geladenen und initialisierten Treiber und Dienste protokolliert. Das Protokoll enthält aber auch Treiber und Dienste, die nicht geladen werden konnten. Sie können die Informationen in diesem Protokoll zur Behebung von Startproblemen verwenden. Die Protokolldatei hat den Namen Ntbtlog.txt und befindet sich im Ordner windir. Diese Protokolldatei wird von allen drei Varianten der Option *Abgesicherter Modus* automatisch erstellt.

- **VGA-Modus aktivieren.** Wählen Sie diese Option, um Windows 2000 mit einem Basis-VGA-Treiber zu starten.

- **Letzte als funktionierend bekannte Konfiguration.** Wenn Sie diese Option wählen, wird Windows 2000 mit den Registrierungsinformationen gestartet, die beim letzten Herunterfahren des Computers gespeichert wurden.

- **Verzeichnisdienstwiederherstellung.** Mit dieser erweiterten Startoption können Verzeichnisdienste, die auf der Active Directory-Technologie basieren, auf Domänen-Controllern wiederhergestellt werden. Diese Option bezieht sich auf Windows 2000 Server und nicht auf Windows 2000 Professional.

- **Debugmodus.** Durch die Auswahl dieser Option wird das Debugging aktiviert. Mithilfe dieser Funktion können Administratoren Probleme bis auf Programmcode-Ebene nachverfolgen. Diese Option bezieht sich auf Windows 2000 Server und nicht auf Windows 2000 Professional.

- **Normal starten.** Diese Option bietet Ihnen die Möglichkeit, den Bildschirm mit den erweiterten Startoptionen auszublenden und einen normalen Startvorgang durchzuführen.

> **Hinweis** Bei allen erweiterten Startoptionen mit Ausnahme von *Letzte als funktionierend bekannte Konfiguration* wird der Standard-VGA-Treiber geladen und die Protokollierung aktiviert. Die erstellte Protokolldatei (Ntbtlog.txt) wird im Ordner *Windows2000* gespeichert.

Wenn Sie den Systemstart mit einer dieser erweiterten Startoptionen vornehmen, wird der verwendete Modus in der Umgebungsvariablen SAFEBOOT_OPTION gespeichert.

Zusammenfassung der Lektion

In dieser Lektion haben Sie gelernt, dass in Windows 2000 folgende erweiterte Startoptionen zur Verfügung stehen: *Abgesicherter Modus*, *Abgesicherter Modus mit Netzwerktreibern*, *Abgesicherter Modus mit Eingabeaufforderung*, *Startprotokollierung aktivieren*, *VGA-Modus aktivieren*, *Letzte als funktionierend bekannte Konfiguration*, *Verzeichnisdienstwiederherstellung* und *Debugmodus*. Mithilfe dieser Optionen können Sie den Computer neu starten, wenn beim normalen Start ein Problem auftritt. Die Optionen *Verzeichnisdienstwiederherstellung* und *Debugmodus* sind nur für Produkte der Windows 2000 Server-Familie anwendbar. Mit der Option *Normal starten* können Sie das Fenster mit den erweiterten Optionen ausblenden und einen normalen Start durchführen.

Lektion 4: Die Datei Boot.ini

Diese Lektion befasst sich mit der Datei Boot.ini. Bei der Installation von Windows 2000 auf einem Intel-basierten Computer wird diese Datei in der aktiven Partition gespeichert. Ntldr verwendet die Informationen in dieser Datei, um eine Liste mit Optionen anzuzeigen, aus der Sie das gewünschte Betriebssystem auswählen können. Sie lernen in dieser Lektion, wie Sie die Datei Boot.ini bearbeiten, die ARC-Pfade ändern und Boot.ini-Optionen verwenden.

Am Ende dieser Lektion werden Sie in der Lage sein, die folgende Aufgabe auszuführen:

- Sie können Zweck und Funktion der Datei Boot.ini erläutern.

Veranschlagte Zeit für die Lektion: 15 Minuten

Inhalt der Datei Boot.ini

Die Datei Boot.ini ist in die beiden Abschnitte [boot loader] und [operating systems] unterteilt. Diese Abschnitte enthalten die Informationen, die Ntldr für die Anzeige des Menüs zur Auswahl eines Betriebssystems verwendet. Eine typische Boot.ini-Datei könnte folgenden Inhalt haben:

```
[boot loader]

timeout=30

default=multi(0)disk(0)rdisk(1)partition(2)\ WINNT


[operating systems]

multi(0)disk(0)rdisk(1)partition(2)\ WINNT="Microsoft Windows 2000 Professional" /fastdetect

multi(0)disk(0)rdisk(1)partition(1)\ WINNT="Windows NT Workstation Version 4.00""

multi(0)disk(0)rdisk(1)partition(1)\ WINNT="Windows NT Server Workstation 4.00 [VGA-Modus]" /basevideo /sos

C:\ ="Vorheriges Betriebssystem auf C:""
```

Der Abschnitt [operating systems] einer Boot.ini-Datei, der während einer Standardinstallation von Windows 2000 Professional erstellt wird, enthält nur den Eintrag für Windows 2000. Wenn sich auf Ihrem Computer ein Dual Boot-System aus Windows 2000 und Windows 95 bzw. Windows 98 befindet, enthält der Abschnitt [operating systems] auch einen Eintrag für den Start des anderen Betriebssystems.

Wurde Windows 2000 auf einen Computer installiert, auf dem sich in einer anderen Partition eine Version von Windows NT 4 befindet, enthält der Abschnitt [operating systems] auch einen Eintrag für den Start dieses Betriebssystems, z. B. `C:\ ="Windows NT Workstation Version 4.00"`.

ARC-Pfade

Während der Installation erzeugt Windows 2000 in der Datei Boot.ini ARC-Pfade (Advanced RISC Computing), die auf die Startpartition des Computers verweisen. (RISC ist die Abkürzung für *Reduced Instruction Set Computing*, ein Mikroprozessordesign, das sich auf die schnelle und effiziente Verarbeitung eines relativ kleinen und einfachen Befehlssatzes konzentriert.) Im Folgenden sehen Sie ein Beispiel für einen ARC-Pfad:

`multi(0)disk(0)rdisk(1)partition(2)`

Tabelle 22.6 enthält eine Beschreibung der Namenskonventionen für ARC-Pfade:

Tabelle 22.6 Namenskonventionen für ARC-Pfade

Konvention	Beschreibung
Multi(x) I scsi(x)	Der Adapter-/Disk-Controller. Verwenden Sie *scsi* zur Kennzeichnung eines SCSI-Controllers, auf dem SCSI BIOS *nicht* aktiviert ist. Verwenden Sie für alle anderen Adapter-/Disk-Controller die Konfiguration *multi*. Dies gilt auch für SCSI-Disk-Controller, auf denen BIOS aktiviert ist. x ist eine Nummer, die festlegt, in welcher Reihenfolge die Adapter geladen werden. Wenn Ihr Computer beispielsweise mit zwei SCSI-Adaptern ausgestattet ist, wird demjenigen, der zuerst geladen und initialisiert werden soll, die Nummer 0 zugewiesen und dem zweiten die Nummer 1.
Disk(y)	Die SCDI-ID. Für *multi* lautet der Wert für (y) immer 0.
Rdisk(z)	Eine Nummer, die zur Identifikation des Laufwerks dient (wird bei SCSI-Controllern ignoriert).
Partition(a)	Eine Nummer, die zur Identifizierung der Partition dient.

Bei den Konventionen *scsi*, *multi*, *disk* und *rdisk* beginnt die Nummerierung bei 0, während bei Partitionsnummern mit 1 begonnen wird. Zunächst werden allen nicht erweiterten Partitionen und danach den logischen Laufwerken in erweiterten Partitionen Nummern zugewiesen.

In Abbildung 22.3 sehen Sie Beispiele für ARC-Pfadnamen.

Bei der *scsi*-Namenskonvention für ARC-Pfade ändert sich für die nachfolgenden Laufwerke auf einem Controller der Parameter disk(y), während bei dem Format multi der Parameter rdisk(z) geändert wird.

multi(0)disk(0)rdisk(1)partition(2)

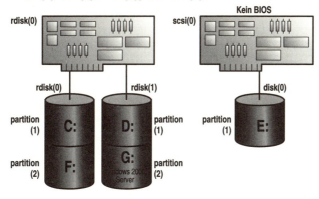

Abbildung 22.3 ARC-Pfade

Optionen der Datei Boot.ini

Sie können den Einträgen im Abschnitt [operating systems] der Datei Boot.ini verschiedene Optionen hinzufügen, um ihre Funktionalität zu erweitern. Tabelle 22.7 enthält eine Beschreibung einiger dieser Optionen.

Tabelle 22.7 Optionen der Datei Boot.ini

Option	Beschreibung
/basevideo	Der Computer wird mit dem Standard-VGA-Videotreiber gestartet. Wenn ein neuer Videotreiber nicht korrekt funktioniert, starten Sie Windows 2000 mit dieser Option und wechseln dann zu einem anderen Treiber.
/fastdetect=[com$x$ | comx,y,z.]	Die serielle Mauserkennung wird deaktiviert. Ohne die Festlegung eines Anschlusses deaktiviert diese Option die Peripherie-Erkennung an allen COM-Anschlüssen. Jeder Eintrag in der Datei Boot.ini verfügt per Voreinstellung über diese Option.
/maxmem:n	Der RAM-Umfang, der von Windows 2000 genutzt werden kann. Verwenden Sie diese Option, wenn der Verdacht besteht, dass ein Speicherchip defekt ist.
/noguiboot	Beim Start des Computers wird der Bildschirm mit dem Ladestatus nicht angezeigt.
/sos	Die Gerätetreibernamen werden beim Laden angezeigt. Verwenden Sie diese Option, wenn der Start während des Ladens von Treibern fehlschlägt, um den fehlerauslösenden Treiber zu ermitteln.

Die Datei Boot.ini bearbeiten

Die Werte für die Parameter *timeout* und *default* in der Datei Boot.ini können über die Systemsteuerung geändert werden. Es ist aber auch möglich, diese und alle anderen Parameterwerte in Boot.ini manuell zu ändern. Sie können beispielsweise die Einträge für das Betriebssystem-Auswahlmenü aussagekräftiger formulieren oder Optionen hinzufügen, die eine Behebung von Startproblemen erleichtern.

Während der Installation von Windows 2000 werden für die Datei Boot.ini die Attribute *Schreibgeschützt* und *System* gesetzt. Damit die Datei angezeigt und mit einem Texteditor bearbeitet werden kann, müssen Sie diese Attribute entfernen. Sie können die Dateiattribute im Fenster *Arbeitsplatz*, mit dem Windows-Explorer oder über die Befehlszeile ändern.

So ändern Sie die Dateiattribute im Fenster *Arbeitsplatz* oder mit dem Windows-Explorer:

1. Doppelklicken Sie auf das Symbol des Laufwerks, auf dem sich die Datei Boot.ini befindet.
2. Wählen Sie im Menü *Extras* den Befehl *Ordneroptionen*.
3. Klicken Sie im angezeigten Dialogfeld auf die Registerkarte *Ansicht*.
4. Klicken Sie unter *Versteckte Dateien und Ordner* auf *Alle Dateien und Ordner anzeigen* und klicken Sie anschließend auf *OK*.
5. Klicken Sie im Fenster *Arbeitsplatz* oder im Windows-Explorer auf den Befehl *Ansicht* und wählen Sie *Aktualisieren*.
6. Klicken Sie mit der rechten Maustaste auf Boot.ini und klicken Sie anschließend auf *Eigenschaften*.
7. Deaktivieren Sie auf der Registerkarte *Allgemein* unter *Dateiattribute* das Kontrollkästchen *Schreibgeschützt* und klicken Sie danach auf *OK*.

Wenn Sie die Dateiattribute über die Befehlszeile ändern wollen, wechseln Sie zu dem Ordner, in dem sich die Datei Boot.ini befindet, und geben folgenden Befehl ein:

```
attrib -s -r -h boot.ini
```

Nachdem Sie die Attribute der Datei Boot.ini geändert haben, können Sie die Datei mit einem Texteditor öffnen und bearbeiten.

Zusammenfassung der Lektion

In dieser Lektion haben Sie gelernt, dass bei der Installation von Windows 2000 auf einem Intel-basierten Computer die Datei Boot.ini in der aktiven Partition gespeichert wird. Ntldr verwendet die Informationen in der Datei Boot.ini für die Anzeige des Menüs zur Auswahl eines Betriebssystems, in dem Sie das Betriebssystem auswählen, das gestartet werden soll. Sie können die Datei Boot.ini bearbeiten und dabei die ARC-Pfade ändern und zusätzliche Optionen festlegen.

Lektion 5: Die Wiederherstellungskonsole

Die Windows 2000-Wiederherstellungskonsole ist ein Befehlszeilenprogramm zur Fehlerbehebung und Wiederherstellung. Sie können damit folgende Aktionen ausführen:

- Starten und Stoppen von Diensten.
- Lesen und Speichern von Daten auf einem lokalen Laufwerk (dies gilt auch für Laufwerke, die mit dem NTFS-Dateisystem formatiert sind).
- Formatieren von Festplatten.

Am Ende dieser Lektion werden Sie in der Lage sein, die folgende Aufgabe auszuführen:

- Sie können die Wiederherstellungskonsole installieren und verwenden.

Veranschlagte Zeit für die Lektion: 20 Minuten

Die Wiederherstellungskonsole installieren und starten

Um die Wiederherstellungskonsole zu installieren, legen Sie die Microsoft Windows 2000 Professional-CD in das CD-ROM-Laufwerk und schließen das Dialogfeld *Windows 2000-CD*, falls es geöffnet wird. Öffnen Sie das Dialogfeld *Ausführen* oder ein Eingabeaufforderungsfenster, wechseln Sie zum Ordner i386 auf der Windows-CD und führen Sie dann den Befehl *winnt32* mit der Option */cmdcons* aus. Nach der Installation der Wiederherstellungskonsole wird das Menü zur Auswahl des Betriebssystems um einen Befehl für den Zugriff auf die Konsole erweitert. Alternativ haben Sie die Möglichkeit, den Computer mit den Windows 2000 Setup-Disketten oder der Windows 2000-CD zu starten und die Option *Wiederherstellungskonsole* auszuwählen, wenn Sie zur Auswahl von Reparaturoptionen aufgefordert werden.

Wenn Sie über eine Dual Boot- oder Multi Boot-Konfiguration verfügen, müssen Sie nach dem Start der Wiederherstellungskonsole angeben, bei welcher Windows 2000-Installation Sie sich anmelden wollen. Nach der Auswahl des gewünschten Betriebssystems melden Sie sich als Administrator an.

Die Wiederherstellungskonsole verwenden

Sie können die Wiederherstellungskonsole auch von der Windows 2000-CD ausführen. Die Konsole stellt eine Anzahl von Verwaltungsbefehlen zur Reparatur einer Windows 2000-Installation bereit. Führen Sie folgende Schritte aus, um die Wiederherstellungskonsole von der Windows 2000-CD aus zu starten:

1. Legen Sie die Windows 2000 Professional-CD in das CD-ROM-Laufwerk und starten Sie den Computer neu.

Wenn der Computer oder die Arbeitsstation, die repariert werden soll, kein CD-ROM-Laufwerk besitzt, legen Sie zunächst die Windows 2000 Setup-Startdiskette und danach (bei der entsprechenden Aufforderung) die weiteren Windows 2000 Setup-Disketten in das Diskettenlaufwerk ein.

2. Lesen Sie die eingeblendete Setup-Meldung und drücken Sie die Eingabetaste.

    Der Willkommens-Bildschirm wird angezeigt. Sie können mit Windows 2000 Setup nicht nur eine Erstinstallation von Windows 2000 vornehmen, sondern auch eine beschädigte Windows 2000-Installation reparieren oder wiederherstellen.

3. Drücken Sie die Taste R, um eine Windows 2000-Installation zu reparieren.

    Der Bildschirm mit den Windows 2000-Reparaturoptionen wird angezeigt. Sie können zur Reparatur einer Windows 2000-Installation die Wiederherstellungskonsole oder den Notfallreparaturprozess verwenden.

4. Drücken Sie die Taste K, um die Wiederherstellungskonsole zu starten.

    Wenn mehrere Windows 2000-Installationen auf Ihrem Computer vorhanden sind, werden Sie aufgefordert, die zu reparierende Installation auszuwählen.

5. Geben Sie **1** ein und drücken Sie die Eingabetaste.

    Sie werden zur Eingabe des Administratorkennworts aufgefordert.

6. Geben Sie dieses Kennwort ein und drücken Sie die Eingabetaste.

    Eine Eingabeaufforderung wird angezeigt.

7. Geben Sie **help** ein und drücken Sie die Eingabetaste, um eine Liste der verfügbaren Befehle einzublenden.

8. Wenn der Reparaturprozess beendet ist, geben Sie **exit** ein und drücken die Eingabetaste.

    Der Computer wird neu gestartet.

Befehle der Wiederherstellungskonsole

In der Wiederherstellungskonsole stehen verschiedene Befehle zur Verfügung. Tabelle 22.8 enthält eine Beschreibung einiger dieser Befehle.

Tabelle 22.8 Befehle der Wiederherstellungskonsole

Befehl	Beschreibung
Chdir(cd)	Der Name des aktuellen Ordners wird angezeigt oder der aktuelle Ordner wird geändert.
Chdisk	Eine Festplatte/Diskette wird überprüft und ein Statusbericht angezeigt.
Cls	Der Bildschirm wird gelöscht.
Copy	Eine Datei wird an eine andere Position kopiert.

(Fortsetzung)

Befehl	Beschreibung
Delete (del)	Eine oder mehrere Dateien werden gelöscht.
Dir	Eine Liste mit den Dateien und Unterordnern eines Ordners wird angezeigt.
Disable	Ein Systemdienst oder ein Gerätetreiber wird deaktiviert.
Enable	Ein Systemdienst oder ein Gerätetreiber wird gestartet oder aktiviert.
Exit	Die Wiederherstellungskonsole wird beendet und der Computer neu gestartet.
Fdisk	Verwaltungsaufgaben für Partitionen auf den Festplatten werden durchgeführt.
Fixboot	Auf der Systempartition wird ein neuer Partitionstartsektor angelegt.
Fixmbr	Der MBR (Master Boot Record) des Patitionstartsektors wird repariert.
Format	Eine Festplatte/Diskette wird formatiert.
Help	Die Befehle für die Wiederherstellungskonsole werden angezeigt.
Logon	Es wird eine Anmeldung bei einer Windows 2000-Installation durchgeführt.
Map	Die Laufwerkbuchstabenzuordnungen werden angezeigt.
Mkdir (md)	Ein Ordner wird angelegt.
More	Eine Textdatei wird angezeigt.
Rmdir (rd)	Ein Ordner wird gelöscht.
Rename (rem)	Eine Datei wird umbenannt.
Systemroot	Der aktuelle Ordner wird als Systemstammordner des Systems festgelegt, bei dem Sie gegenwärtig angemeldet sind.
Type	Eine Textdatei wird angezeigt.

Praxis: Die Wiederherstellungskonsole von Windows 2000 verwenden

In diesem Abschnitt werden Sie mit der Wiederherstellungskonsole einen Fehler in einer Windows 2000-Installation beheben, die nicht gestartet werden kann. Danach installieren und starten Sie die Konsole und zeigen mit dem Befehl *help* die verfügbaren Befehle an. Mit dem Befehl *listsvc* zeigen Sie eine Liste der verfügbaren Dienste an und deaktivieren dann mit dem Befehl *disable* den Warndienst.

Übung 1: Fehler in einer Windows 2000-Installation beheben

In dieser Übung generieren Sie einen Startfehler in einer Windows 2000-Installation und reparieren ihn mithilfe der Wiederherstellungskonsole.

▶ **So generieren Sie einen Systemstartfehler**

1. Benennen Sie die Datei Ntldr in Oldntldr um.
2. Starten Sie den Computer neu.

   Welche Fehlermeldung wird beim Neustart des Computers angezeigt?

   _____

   _____

▶ **So reparieren Sie die Installation mit der Wiederherstellungskonsole**

1. Legen Sie die Windows 2000-Installations-CD in das CD-ROM-Laufwerk ein und starten Sie den Computer neu.

   Hinweis Wenn Ihr Computer nicht mit einem CD-ROM-Laufwerk ausgestattet ist, von dem aus ein Systemstart durchgeführt werden kann, legen Sie in Schritt 3 die Window 2000 Setup-Startdiskette in das Diskettenlaufwerk ein. Danach legen Sie bei der entsprechenden Aufforderung die anderen drei Windows 2000 Setup-Disketten ein. Informationen zur Erstellung von Setup-Disketten finden Sie in Anhang B.

2. Lesen Sie die eingeblendete Setup-Meldung und drücken Sie die Eingabetaste.

   Der Willkommensbildschirm von Setup wird angezeigt.
3. Drücken Sie die Taste R, um eine Windows 2000-Installation zu reparieren.

   Der Bildschirm mit den Windows 2000-Reparaturoptionen wird angezeigt.
4. Drücken Sie die Taste K, um die Wiederherstellungskonsole zu starten.
5. Geben Sie **1** ein und drücken Sie die Eingabetaste.

   Sie werden zur Eingabe des Administratorkennworts aufgefordert.
6. Geben Sie **Kennwort** ein und drücken Sie die Eingabetaste.

   Die Eingabeaufforderung C:\Winnt wird angezeigt.
7. Geben Sie **cd ..** ein und drücken Sie die Eingabetaste, um zum Stammordner (C:\) zu wechseln (vergessen Sie nicht das Leerzeichen zwischen *cd* und *..*).
8. Geben Sie **copy oldntldr ntldr** ein und drücken Sie die Eingabetaste.
9. Falls sich im Diskettenlaufwerk eine Diskette befindet, nehmen Sie diese jetzt heraus. Wenn Sie den Computer vom CD-ROM-Laufwerk aus starten können, müssen Sie die Windows 2000 Professional-CD aus dem CD-ROM-Laufwerk entfernen.

10. Geben Sie **exit** ein und drücken Sie die Eingabetaste.

    Der Neustart des Computer sollte nun problemlos möglich sein.

Übung 2: Die Wiederherstellungskonsole installieren

In dieser Übung installieren Sie die Wiederherstellungskonsole von Windows 2000.

▶ **So installieren Sie die Wiederherstellungskonsole**

1. Melden Sie sich als Administrator an.
2. Legen Sie die Windows 2000 Professional-CD in das CD-ROM-Laufwerk ein.
3. Wenn das Fenster *Microsoft Windows 2000-CD* angezeigt wird, schließen Sie es.
4. Geben Sie im Dialogfeld *Ausführen* den Befehl **<cd_Laufwerk>:\i386\winnt32 /cmdcons** ein und klicken Sie auf *OK*. (*<cd_Laufwerk>* steht für den Buchstaben, der Ihrem CD-ROM-Laufwerk zugewiesen ist).

    Das Meldungsfenster von Windows 2000 Setup wird eingeblendet.

5. Klicken Sie auf *Ja*, um die Wiederherstellungskonsole zu installieren.

    Die Konsole wird nun auf der Festplatte installiert.

6. Klicken Sie auf *OK*, um das Dialogfeld *Windows 2000 Professional Setup* zu schließen.

Übung 3: Die Wiederherstellungskonsole verwenden

In dieser Übung zeigen Sie mit dem Befehl *help* die verfügbaren Befehle der Wiederherstellungskonsole an. Danach verwenden Sie die Befehle *listsvc* und *disable*.

1. Starten Sie den Computer neu.
2. Wählen Sie im Bootmenü den Befehl *Microsoft Windows 2000-Wiederherstellungskonsole*.

Die Windows 2000-Wiederherstelllungskonsole wird gestartet und Sie werden zur Angabe der Windows 2000-Installation aufgefordert, bei der Sie sich anmelden wollen. Wenn auf dem Computer mehrere Windows 2000-Installationen vorhanden sind, werden diese angezeigt.

1. Geben Sie **1** und drücken Sie die Eingabetaste.
2. Geben Sie **Kennwort** ein, wenn Sie zur Eingabe des Administratorkennworts aufgefordert werden. Drücken Sie danach die Eingabetaste.
3. Geben Sie **help** ein und drücken Sie die Eingabetaste, um eine Liste der verfügbaren Befehle einzublenden.

    Mit dem Befehl *listsvc* können alle verfügbaren Dienste angezeigt werden.

4. Geben Sie **listsvc** ein und drücken Sie die Eingabetaste. Blättern Sie dann durch die Liste der verfügbaren Dienste.

5. Drücken Sie Esc.

6. Geben Sie **disable /?** ein und drücken Sie die Eingabetaste.

   Mit dem Befehl *disable* können Sie einen Windows-Systemdienst oder einen Treiber deaktivieren.

7. Geben Sie **disable alerter** ein und drücken Sie die Eingabetaste.

   In der Wiederherstellungskonsole wird kurz beschrieben, wie der Registrierungseintrag für den Warndienst geändert wurde. Der Dienst ist nun deaktiviert.

8. Geben Sie **exit** ein und drücken Sie die Eingabetaste, um den Computer neu zu starten.

Übung 4: Den Warndienst wieder starten

In dieser Übung bestätigen Sie zunächst die Deaktivierung des Warndienstes und aktivieren den Dienst anschließend wieder.

1. Melden Sie sich als Administrator an.

2. Öffnen Sie das Fenster *Computerverwaltung*, erweitern Sie *Dienste und Anwendungen* und klicken Sie auf *Dienste*.

   In der Spalte *Autostarttyp* des Eintrags *Warndienst* enthält den Wert *Deaktiviert*.

3. Doppelklicken Sie auf den Eintrag *Warndienst* und ändern Sie den Eintrag im Feld *Starttyp* in *Automatisch*. Klicken Sie anschließend auf *OK*.

4. Klicken Sie mit der rechten Maustaste auf den Eintrag *Warndienst* und klicken Sie danach auf *Starten*.

5. Schließen Sie das Fenster *Computerverwaltung*.

Zusammenfassung der Lektion

Die Windows 2000-Wiederherstellungskonsole ist eine Befehlszeilenschnittstelle zur Fehlerbehebung und Wiederherstellung. Sie können damit beispielsweise Dienste starten und stoppen, Daten auf einem lokalen Laufwerk lesen und speichern sowie Festplatten formatieren.

Um die Wiederherstellungskonsole zu installieren, aktivieren Sie ein Eingabeaufforderungsfenster, wechseln zum Ordner i386 auf der Windows 2000-CD und führen den Befehl *winnt32* mit der Option */cmdcons* aus. Nach der Installation können Sie über das Startmenü auf die Konsole zugreifen. Sie haben aber auch die Möglichkeit, den Computer mit den Windows 2000 Setup-Disketten oder der Windows 2000-CD zu starten und die Option *Wiederherstellungskonsole* auszuwählen, wenn Sie zur Auswahl von Reparaturoptionen aufgefordert werden.

Lernzielkontrolle

Anhand der folgenden Fragen können Sie feststellen, ob Sie genug gelernt haben, um mit dem nächsten Kapitel fortfahren zu können. Wenn Ihnen die Beantwortung der Fragen Schwierigkeiten bereitet, sollten Sie das vorliegende Kapitel noch einmal lesen, bevor Sie mit der Lektüre des nächsten Kapitels beginnen. In Anhang A finden Sie die Antworten zu den folgenden Fragen.

1. Welche fünf Phasen umfasst der Startprozess bei Intel-basierten Computern?

2. Wie lauten die erweiterten Startoptionen des abgesicherten Modus für den Start von Windows 2000 und wodurch unterscheiden sie sich voneinander?

3. Wie heißen die beiden Abschnitte der Datei Boot.ini und welche Informationen enthalten sie?

4. Sie installieren einen neuen Gerätetreiber für einen SCSI-Adapter in Ihrem Computer. Wenn Sie den Computer neu starten, reagiert Windows 2000 jedoch nach der Kernel-Ladephase nicht mehr. Wie können Sie Windows 2000 erfolgreich starten?

KAPITEL 23

Windows 2000 in Netzwerken verteilen

Lektion 1: Installationen automatisieren . . . 596

Lektion 2: Windows 2000 mithilfe von Datenträgerduplikaten verteilen . . . 606

Lektion 3: Remoteinstallationen durchführen . . . 613

Lektion 4: Ältere Windows-Versionen mit Windows 2000 aktualisieren . . . 623

Lektion 5: Service Packs installieren . . . 630

Lernzielkontrolle . . . 632

Über dieses Kapitel

Dieses Kapitel zeigt Ihnen, wie Sie die Installation von Windows 2000 Professional automatisieren können. Es stellt Ihnen das Windows 2000 Systemvorbereitungsprogramm und die Remoteinstallationsdienste vor und behandelt außerdem Fragen im Zusammenhang mit der Aktualisierung älterer Windows-Versionen auf Windows 2000 und der Installation von Service Packs.

Bevor Sie beginnen

Zur Bearbeitung dieses Kapitels benötigen Sie Folgendes:

- Einen Rechner, der die im Abschnitt *Hardwarevoraussetzungen* des Kapitels *Zu diesem Buch* angegebenen Mindestvoraussetzungen erfüllt.

- Die Windows 2000 Professional-CD-ROM beziehungsweise Zugriff auf einen Verteilungsserver mit den Windows 2000-Installationsdateien, falls Ihr Computer an ein Netzwerk angeschlossen ist.

Lektion 1: Installationen automatisieren

Diese Lektion stellt Ihnen einige Methoden vor, mit denen Sie die Windows 2000-Installation automatisieren können. Wenn Windows 2000 auf Rechnern mit unterschiedlichen Konfigurationen installiert werden soll, bieten Skripts sehr flexible Möglichkeiten zur Automatisierung. Sie werden erfahren, wie einfach es ist, mit dem verbesserten Installations-Manager die für skriptgestützte Installationen erforderlichen Unattend.txt-Dateien zu erstellen.

Am Ende dieser Lektion werden Sie in der Lage sein, die folgenden Aufgaben auszuführen:

- Sie können mithilfe des Assistenten für den Installations-Manager automatisierte Windows 2000-Installationen erstellen.
- Sie können Anwendungsaktualisierungspakete im Zuge der Aktualisierung älterer Windows 2000-Versionen installieren.

Veranschlagte Zeit für die Lektion: 45 Minuten

Installationen mit dem Windows 2000-Installations-Managers automatisieren

Die Computer in einem Netzwerk sind zwar meistens nicht identisch, weisen aber dennoch viele Gemeinsamkeiten auf. In Installationsskripts können Sie die Unterschiede in der Hardwarekonfiguration der Computer angeben, auf denen Windows 2000 installiert werden soll.

Eine der auffälligsten Verbesserungen von Windows 2000 ist die Einfachheit und Flexibilität, mit denen sich Installationsskripts erstellen lassen. Mithilfe des neuen Windows 2000-Assistenten für den Installations-Manager können Sie sehr schnell ein Skript für eine benutzerdefinierte Installation von Windows 2000 erstellen, ohne sich lange in eine rätselhafte Syntax für Anweisungen einarbeiten zu müssen. Mit dem Installations-Manager können Sie auch benutzerdefinierte Installationen für Workstations und Server erstellen, die auf die speziellen Software- und Hardwarevoraussetzungen Ihrer Organisation zugeschnitten sind.

Antwortdateien lassen sich mit dem Installations-Manager (siehe Abbildung 23.1) erstellen und bearbeiten. Sie könnten zwar auch einfache Texteditoren wie beispielsweise den Windows-Editor zur Erstellung der Unattend-Dateien verwenden, aber mit dem Installations-Manager werden Sie sehr viel weniger Syntaxfehler machen. Kopieren Sie den Installations-Manager einfach auf Ihre Festplatte. Extrahieren Sie dazu die Dateien in der Datei *Deploy.cab*, die sich auf der Windows 2000 Professional-CD-Rom im Ordner *Support\Tools* befindet. Doppelklicken Sie zum Extrahieren der Dateien auf die CAB-Datei, um die einzelnen Dateien anzuzeigen.

Markieren Sie die zu extrahierenden Dateien, klicken Sie mit der rechten Maustaste auf eine dieser Dateien und markieren Sie im daraufhin angezeigten Kontextmenü den Befehl *Extrahieren*.

Hinweis Ausführliche Anweisungen zur Installation des Installations-Managers finden Sie in der nächsten Übung dieses Kapitels.

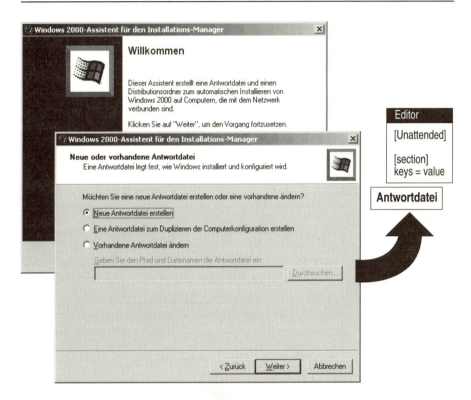

Abbildung 23.1 Der Installations-Manager von Windows 2000

Der Installations-Manager erfüllt folgende Funktionen:

- Er bietet eine neue benutzerfreundliche grafische Oberfläche, mit der Sie Antwortdateien und UDFs erstellen können.
- Er vereinfacht die Eingabe benutzer- oder computerspezifische Daten.
- Er vereinfacht die Aufnahme von Anwendungsinstallationsskripts in die Antwortdatei.
- Er erstellt automatisch den für die Installationsdateien erforderlichen Distributionsordner.

Beim Start des Installations-Managers können Sie unter folgenden Optionen auswählen:

- Sie können eine neue Antwortdatei erstellen.
- Sie können eine Antwortdatei erstellen, welche die Konfiguration des betreffenden Computers dupliziert.
- Sie können eine vorhandene Antwortdatei bearbeiten.

Wenn Sie die Option *Neue Antwortdatei erstellen* wählen, müssen Sie danach den Typ der zu erstellenden Antwortdatei festlegen. Der Installations-Manager kann die folgenden Antwortdateitypen erstellen:

- Unbeaufsichtigte Windows 2000-Installation
- Systemvorbereitungsinstallation
- Remoteinstallationsdienste (RIS = Remote Installation Services)

Hinweis Die Remoteinstallationsdienste werden in Lektion 3 dieses Kapitels besprochen.

In den restlichen Schritten des Windows 2000-Assistenten für den Installations-Manager können Sie angeben, im welchem Umfang der Benutzer bei der Installation mitwirken soll, und all die Daten angeben, die zur Fertigstellung der Installation erforderlich sind.

Hinweis Das Programm Sysdiff.exe wird häufig zusammen mit dem Installations-Manager zur Installation von Windows mithilfe von Differenzdateien verwendet. Das Programm Sysdiff.exe wird genauso wie unter Windows NT 4 verwendet.

Praxis: Die Windows-Programme zur Verteilung von Installationen installieren

In diesem Übungsabschnitt werden Sie die Verteilungstools für Installationen von der gleichen Windows 2000 Professional-CD-ROM extrahieren, von der aus Sie auch Windows 2000 installiert haben. Danach werden Sie mit dem Installations-Manager ein Skript für eine unbeaufsichtigte Installation erstellen.

▶ **So installieren Sie die Installationsverteilungstools**

1. Melden Sie sich als Administrator an und legen Sie die Windows 2000 Professional-CD-ROM in Ihr CD-ROM-Laufwerk ein.

2. Starten Sie den Windows-Explorer und erstellen Sie einen Ordner namens *Deploy* im Stammordner von Laufwerk *C* (oder im Stammordner Ihres Systemlaufwerks).

Der Ordner *Deploy* soll die aus der Datei *Deploy.cab* auf der Windows 2000 Professional-CD-ROM extrahierten Dateien aufnehmen.

3. Doppelklicken Sie auf die Datei *Deploy* im Ordner *Support\Tools* auf Laufwerk *D*.

Hinweis Wenn Ihrem CD-ROM-Laufwerk ein anderer Laufwerksbuchstabe zugeordnet ist, ersetzen Sie das *D* durch den Buchstaben, der Ihrem CD-ROM-Laufwerk entspricht.

Windows 2000 zeigt den Inhalt der Datei *Deploy.cab* an.

4. Markieren Sie alle Dateien in der Datei *Deploy.cab*.

Hinweis Um alle Dateien in der Datei *Deploy.cab* zu markieren, klicken Sie mit gedrückter Strg-Taste nacheinander auf alle Dateien. Werden die Dateisymbole in einer einzigen Spalte untereinander angezeigt, können Sie die Dateien auch dadurch markieren, dass Sie die erste Datei auf der Liste anklicken und dann mit gedrückter Umschalttaste auf die letzte Datei der Liste klicken.

5. Klicken Sie mit der rechten Maustaste auf eine der markierten Dateien und markieren Sie im daraufhin angezeigten Kontextmenü den Befehl *Extrahieren*.

  Das Dialogfeld *Ordner suchen* wird geöffnet.

6. Markieren Sie den Ordner *Weitergabe* auf Laufwerk *C* (oder auf dem Systemlaufwerk, wenn es sich um ein anderes Laufwerk als C handelt) und klicken Sie dann auf *OK*.

  Während die Dateien extrahiert und in den Ordner *Deploy* kopiert werden, wird kurz das Dialogfeld *Kopieren* angezeigt.

7. Klicken Sie im Windows-Explorer auf den Ordner *Deploy*, um dessen Inhalt anzuzeigen.

  Sie sollten jetzt die sieben aus der Datei *Deploy.cab* extrahierten Dateien sehen. Mit diesen Dateien können Sie jetzt arbeiten.

8. Doppelklicken Sie auf die Datei *Readme.txt*.

9. Nehmen Sie sich einen Moment Zeit, um sich einen Überblick über die in der Datei *Readme.txt* behandelten Themen zu verschaffen. Schließen Sie anschließend den Windows-Editor.

Übung 2: Mit dem Installations-Manager ein Skript für eine unbeaufsichtigte Installation erstellen

In dieser Übung werden Sie mit dem Windows 2000-Installations-Manager ein Skript für eine unbeaufsichtigte Installation erstellen. Der Installations-Manager erstellt dabei automatisch einen Distributionsordner und eine UDF-Datei.

▶ **So erstellen Sie mit dem Installations-Manager ein Skript für eine unbeaufsichtigte Installation**

1. Doppelklicken Sie im Windows-Explorer auf die Datei *Setupmgr.exe*.

   Der Windows 2000-Assistent für den Installations-Manager wird gestartet.

2. Klicken Sie auf *Weiter*.

   Die Seite *Neue oder vorhandene Antwortdatei* wird geöffnet.

3. Sorgen Sie dafür, dass die Option *Neue Antwortdatei erstellen* markiert ist, und klicken Sie danach auf *Weiter*.

   Die Seite *Zu installierendes Produkt* wird angezeigt. Beachten Sie die drei Optionen: *Unbeaufsichtigte Windows 2000-Installation*, *Systemvorbereitungsinstallation* und *Remoteinstallationsdienste*.

4. Sorgen Sie dafür, dass die Option *Unbeaufsichtigte Windows 2000-Installation* markiert ist, und klicken Sie danach auf *Weiter*.

   Die Seite *Plattform* wird geöffnet. Hier haben Sie die Auswahl unter zwei Optionen: *Windows 2000 Professional* und *Windows 2000 Server*.

5. Sorgen Sie dafür, dass die Option *Windows 2000 Professional* markiert ist, und klicken Sie auf *Weiter*.

   Die Seite *Benutzereingriff* wird geöffnet. Hier haben Sie die Auswahl unter fünf Optionen:

   - **Standardeinstellungen angeben** Bei den Antworten, die Sie in den Antwortdateien zur Verfügung stellen, handelt es sich um die Antworten, die der Benutzer später zu sehen bekommt. Der Benutzer kann die Standardantworten akzeptieren oder ändern.

   - **Vollautomatisiert** Die Installation erfolgt vollautomatisch. Der Benutzer hat keine Möglichkeit zum Überprüfen oder Ändern der im Skript zur Verfügung gestellten Antworten.

   - **Seiten ausblenden** Die vom Skript zur Verfügung gestellten Antworten werden während der Installation angezeigt. Alle Seiten, für die das Skript die Antworten zur Verfügung stellt, werden vor dem Benutzer verborgen, damit er die vom Skript zur Verfügung gestellten Antworten nicht überarbeiten oder ändern kann.

   - **Schreibgeschützt** Das Skript stellt die Antworten zur Verfügung. Der Benutzer kann die Antworten auf den nicht ausgeblendeten Seiten zwar ansehen, nicht aber verändern.

   - **GUI gesteuert** Der Textmodusabschnitt der Installation ist automatisiert. Der Benutzer muss aber für den GUI-Modus-Abschnitt der Installation die Antworten liefern.

6. Markieren Sie die Option *Vollautomatisiert* und klicken Sie dann auf *Weiter*. Der Lizenzvertrag wird angezeigt.

   Hinweis Hätten Sie eine andere Option als *Vollautomatisiert* markiert, würde diese Vereinbarung nicht angezeigt werden.

7. Klicken Sie auf die Option *Lizenzvertrag annehmen* und anschließend auf *Weiter*.

   Die Seite *Software anpassen* wird geöffnet.

8. Geben Sie Ihren Namen in das Feld *Namen* und Ihre Organisation in das Feld *Organisation* ein und klicken Sie dann auf *Weiter*.

   Die Seite *Computernamen* wird geöffnet. Hier stehen Ihnen drei Optionen zur Verfügung:

   - Sie können mehrere Namen eingeben, die während der verschiedenen Iterationen des Skripts verwendet werden sollen.
   - Sie können den Namen einer Textdatei mit einem Computernamen pro Zeile angeben, die importiert werden soll. Das Setupprogramm importiert und verwendet diese Namen als Computernamen in den verschiedenen Iterationen des Skripts.
   - Sie können das Kontrollkästchen *Computernamen automatisch basierend auf Organisationsnamen generieren*, um das System zu veranlassen, die zu verwendenden Computernamen automatisch zu erzeugen.

9. Geben Sie **PRO2** ein und klicken Sie dann auf *Hinzufügen*. Wiederholen Sie diesen Schritt, um *PRO3* und *PRO4* in die Namensliste aufzunehmen.

   Die Namen *PRO2*, *PRO3* und *PRO4* werden im Feld *Zu installierende Computer* angezeigt.

10. Klicken Sie auf *Weiter*.

    Die Seite *Administratorkennwort* wird angezeigt. Beachten Sie die hier verfügbaren Optionen: *Administratorkennwort vom Benutzer anfordern* und *Folgendes Administratorkennwort verwenden (max. 127 Zeichen)*.

    Hinweis Da Sie auf der Seite *Benutzereingriff* die Option *Vollautomatisiert* markiert haben, steht die Option *Administratorkennwort vom Benutzer anfordern* nicht zur Verfügung.

    Beachten Sie, dass Sie hier auch die Option zur automatischen Anmeldung als Administrator haben. Sie können außerdem festlegen, wie oft der Administrator beim Neustart des Rechners automatisch angemeldet wird.

11. Sorgen Sie dafür, dass *Folgendes Administratorkennwort verwenden (max. 127 Zeichen)* markiert ist und geben Sie **Kennwort** in die Felder *Kennwort* und *Kennwort bestätigen* ein. Klicken Sie anschließend auf *Weiter*.

Die Seite *Anzeigeeinstellungen* wird geöffnet. Hier können Sie die Farben, die Auflösung und die Bildschirmfrequenz einstellen. Wenn Sie auf die Schaltfläche *Benutzerdefiniert* klicken, können Sie spezielle Anzeigeoptionen definieren. Sie sind bei Ihrer Auswahl nicht auf die Einträge in den drei Feldern beschränkt.

12. Klicken Sie auf *Weiter*, um die Standardeinstellungen zu übernehmen.

    Die Seite *Netzwerkeinstellungen* wird geöffnet. Hier haben Sie die Auswahl unter zwei Optionen: *Standardeinstellungen*, wobei TCP/IP installiert, DHCP aktiviert und der Client für Microsoft-Netzwerke installiert wird; Sie können allerdings auch *Benutzerdefinierte Einstellungen* wählen.

13. Wählen Sie *Benutzerdefinierte Einstellungen* und klicken Sie danach auf *Weiter*.

    Die Seite *Anzahl der Netzwerkadapter* wird angezeigt.

14. Sorgen Sie dafür, dass die Option *Ein Netzwerkadapter* markiert ist, und klicken Sie dann auf *Weiter*.

    Die Seite *Netzwerkkomponenten* wird geöffnet. Beachten Sie, dass die Komponenten *Client für Microsoft-Netzwerke*, *Datei- und Druckerfreigabe für Microsoft-Netzwerke* und *Internetprotokoll (TCP/IP)* standardmäßig installiert werden.

15. Markieren Sie den Eintrag *Internetprotokoll (TCP/IP)* und klicken Sie dann auf *Eigenschaften*.

    Die Registerkarte *Allgemein* des Dialogfeldes *Internetprotokolleigenschaften (TCP/IP)* wird geöffnet. Diese Registerkarte wird auch angezeigt, wenn Sie TCP/IP über die Netzwerkumgebung konfigurieren.

16. Klicken Sie auf *Abbrechen*. Klicken Sie danach auf *Weiter*, um die Standardeinstellungen für die Netzwerkkomponenten zu übernehmen.

    Die Seite *Arbeitsgruppe oder Domäne* wird geöffnet.

17. Klicken Sie auf *Weiter*, um die Standardoption *Arbeitsgruppe* und den Arbeitsgruppennamen *ARBEITSGRUPPE* zu übernehmen.

    Die Seite *Zeitzone* wird angezeigt.

18. Wählen Sie die gewünschte Zeitzone und klicken Sie danach auf *Weiter*.

    Die Seite *Zusätzliche Einstellungen* wird angezeigt.

19. Sorgen Sie dafür, dass die Option *Ja, zusätzliche Einstellungen bearbeiten* markiert ist, und klicken Sie danach auf *Weiter*.

    Die Seite *Telefonie* wird geöffnet.

20. Wählen Sie eine Einstellung für die Option *Land/Region*.

21. Geben Sie eine Zahl in das Feld *Ortskennzahl* ein.

22. Geben Sie eine Zahl in das Feld *Amtskennziffer (falls erforderlich)* ein.

23. Wählen Sie die Einstellungen für die Option *Wählverfahren für den Standort* und klicken Sie dann auf *Weiter*.

    Die Seite *Ländereinstellungen* wird angezeigt. *Standardländereinstellungen für die zu installierende Windows-Version* ist die vorgeschlagene Einstellung.

24. Klicken Sie auf *Weiter*, um die vorgeschlagene Einstellung zu übernehmen.

    Die Seite *Sprache* wird geöffnet. Auf dieser Seite können Sie die Unterstützung für weitere Sprachen hinzufügen.

25. Klicken Sie auf *Weiter*, um die Standardeinstellung zu übernehmen.

    Die Seite *Browser- und Shelleinstellungen* wird geöffnet. Hier können Sie unter folgenden drei Optionen auswählen: *Standardeinstellungen für den Internet Explorer verwenden, Den Browser mit einem vom Internet Explorer Administration Kit (IEAK) erstellten Skript für die automatische Konfiguration konfigurieren* und *Einstellungen für den Proxy und die Startseite individuell festlegen*.

26. Klicken Sie auf *Weiter*, um die vorgeschlagene Einstellung *Standardeinstellungen für den Internet Explorer verwenden* zu übernehmen.

    Die Seite *Installationsordner* wird geöffnet. Drei Optionen werden Ihnen hier angeboten: *Im Ordner "Winnt", In einem eindeutig benannten und von Setup generierten Ordner* und *In diesem Ordner*.

27. Markieren Sie die Option *In diesem Ordner* und geben Sie anschließend **W2000Pro** in das Feld *In diesem Ordner* ein. Klicken Sie danach auf *Weiter*.

    Die Seite *Drucker installieren* wird geöffnet.

28. Klicken Sie auf *Weiter*. Damit verhindern Sie, dass das Skript Netzwerkdrucker installiert.

    Die Seite *Einmaliges Ausführen* wird geöffnet. Auf dieser Seite können Sie festlegen, dass Windows einen oder mehrere Befehle ausführt, wenn der Benutzer sich zum ersten Mal anmeldet.

29. Klicken Sie auf *Weiter*. Damit verhindern Sie, dass das Skript Befehle ausführt.

    Die Seite *Distributionsordner* wird geöffnet. Auf dieser Seite können Sie festlegen, dass der Windows 2000-Assistent für den Installations-Manager einen Distributionsordner mit den erforderlichen Installationsdateien auf Ihrem Rechner oder im Netzwerk erstellt. Sie können in diesem Ordner auch noch weitere Dateien aufnehmen.

Hinweis Wenn Sie ein System auf Windows 2000 Professional aktualisieren, können Sie Anwendungsaktualisierungspakete in den Distributionsordner aufnehmen und die entsprechenden Befehle eingeben, um die Aktualisierungspakete im Zuge der Windows-Aktualisierung zu übertragen.

30. Sorgen Sie dafür, dass die Standardoption *Ja, einen Distributionsordner erstellen oder ändern* markiert ist, und klicken Sie dann auf *Weiter*.

   Hinweis Als weitere Möglichkeit steht Ihnen hier auch die Option *Nein, diese Antwortdatei wird für die Installation von CD verwendet* zur Verfügung. Wenn Sie eine größere Anzahl von Installationen durchführen wollen, sollten Sie nicht versuchen, alle Installationen gleichzeitig auf mehreren Computern durchzuführen. Erstellen Sie stattdessen lieber einen oder mehrere Distributionsordner.

   Die Seite *Distributionsordnername* wird geöffnet.

31. Klicken Sie auf *Weiter*, um die Standardoption *Neuen Distributionsordner erstellen* zu übernehmen.

   Die Seite *Zusätzliche Massenspeichertreiber* wird geöffnet.

32. Klicken Sie auf *Weiter*, um ohne Aufnahme weiterer Massenspeichertreiber fortzufahren.

   Die Seite *Hardwareabstraktionsschicht* wird geöffnet. Auf dieser Seite können Sie die Standard-HAL ersetzen.

33. Klicken Sie auf *Weiter*, um die vorgegebene Hardwareabstraktionsschicht zu verwenden.

   Die Seite *Zusätzliche Befehle* wird geöffnet. Auf dieser Seite können Befehle festlegen, die nach Abschluss der unbeaufsichtigten Installation ausgeführt werden.

34. Klicken Sie auf *Weiter*, da keine zusätzlichen Befehle ausgeführt werden sollen.

   Die Seite *OEM-Branding* wird geöffnet. Auf dieser Seite Sie können die Windows-Installation anpassen, indem Sie das OEM-Branding Ihrer Firma hinzufügen. Sie können sowohl eine Bitmap für ein Logo als auch eine Bitmap für den Hintergrund angeben.

35. Klicken Sie auf *Weiter*, um ohne OEM-Branding fortzufahren.

   Die Seite *Zusätzliche Dateien oder Ordner* wird angezeigt. Auf dieser Seite können Sie Dateien und Ordner angeben, die in den Distributionsordner kopiert werden sollen.

36. Klicken Sie auf *Weiter*, um fortzufahren, ohne zusätzliche Dateien und Ordner zum Kopieren festzulegen.

   Die Seite *Antwortdateiname* wird geöffnet.

37. Geben Sie den Pfad **C:\Deploy\Unattend.txt** in das Feld *Pfad und Dateiname* ein und klicken Sie dann auf *Weiter*.

   Die Seite *Pfad der Installationsdateien* wird geöffnet. Hier können Sie angeben, ob die Installationsdateien von der CD-ROM oder von einem Standort im Netzwerk kopiert werden sollen.

38. Klicken Sie auf *Weiter*, um die Standardoption *Dateien von CD kopieren* zu übernehmen.

    Die Seite *Dateien kopieren* wird angezeigt, während der Assistent für den Installations-Manager die Distributionsdateien kopiert. Dieser Vorgang kann einige Minuten dauern. In einer Statusanzeige können Sie den Fortschritt des Kopiervorgangs verfolgen.

39. Klicken Sie auf *Fertig stellen*.

    Im Ordner *C:\Weitergabe* werden drei neue Dateien erstellt: *Unattend.txt*, *Unattend.bat* und *Unattend.udf*. Sie werden außerdem feststellen, dass ein Ordner namens *C:\Win2000dist* erstellt und freigegeben worden ist.

▶ **So überprüfen Sie, ob die Distributionsdateien alle vorhanden sind**

1. Klicken Sie auf *C:\Wind2000dist*, um die Distributionsdateien anzuzeigen.
2. Schließen Sie den Windows-Explorer.

Zusammenfassung der Lektion

In dieser Lektion haben Sie erfahren, wie einfach Sie mit dem Windows 2000-Assistenten für den Installations-Manager die für skriptgestützte Installationen erforderlichen *Unattend*-Dateien generieren können. Der Installations-Manager stellt eine benutzerfreundliche grafische Oberfläche zur Verfügung, mit der Sie Antwort- und UDF-Dateien erstellen können.

Sie haben weiterhin gesehen, dass Sie vor der Arbeit mit dem Windows 2000-Assistenten für den Installations-Manager die Windows 2000-Verteilungstools, beispielsweise den Installations-Manager, auf Ihren Rechner kopieren müssen. Dazu müssen Sie die in der Datei *Deploy.cab* auf der Windows 2000 Professional-CD-ROM enthaltenen Dateien extrahieren. Der Windows 2000-Assistent für den Installations-Manager macht es einfach, computer- oder benutzerspezifische Daten anzugeben und Anwendungsinstallationsskripts in die Antwortdatei aufzunehmen. Dieser Assistent erstellt außerdem den für die Installationsdateien erforderlichen Distributionsordner.

Lektion 2: Windows 2000 mithilfe von Datenträgerduplikaten verteilen

Wenn Sie Windows 2000 auf mehreren Computern mit identischen Hardwarekonfigurationen installieren wollen, wäre die so genannte Festplattenduplikation die optimale Installationsmethode. Sie erstellen dabei das Festplattenimage einer Windows 2000-Installation und kopieren dieses Image auf mehrere Zielrechner, was für das Verteilung von Windows 2000 eine große Zeitersparnis bedeutet. Mit dieser Methode erstellen Sie gleichzeitig eine Basis, die Sie bequem kopieren können, falls es bei einem Rechner zu ernsthaften Problemen kommt.

Die Technologien zur Erstellung von Festplattenimages und zur Festplattenduplikation sind in Windows 2000 weiter verbessert worden. Eines der für die Festplattenduplikation verwendeten Tools ist das Windows 2000 Systemvorbereitungsprogramm (Sysprep.exe), das jetzt zum Lieferumfang von Windows 2000 gehört. Mit diesem Tool lassen sich Masterfestplattenimages für eine leistungsfähige Masseninstallation erstellen. Zum Kopieren der Festplattenimages auf andere Computer können Sie verschiedene Tools von Fremdherstellern verwenden. Diese Lektion erklärt, wie Sie mit dem Windows 2000 Systemvorbereitungsprogramm ein Masterimage erstellen können.

Am Ende dieser Lektion werden Sie in der Lage sein, die folgenden Aufgaben auszuführen:

- Sie wissen, wie das Windows 2000 Systemvorbereitungsprogramm zur Verteilung von Windows 2000 installiert und bedient wird.

Veranschlagte Zeit für die Lektion: 25 Minuten

Grundlagen der Festplattenduplikation

Um Windows 2000 mithilfe von Festplattenduplikaten zu installieren, müssen Sie Windows 2000 zunächst auf einem Testcomputer installieren und konfigurieren. Danach müssen Sie alle Anwendungen und Anwendungsaktualisierungspakete auf dem Testrechner installieren und konfigurieren. Anschließend können Sie *Sysprep.exe* auf dem Testcomputer ausführen, um den Rechner für die Duplizierung vorzubereiten.

Das Windows 2000 Systemvorbereitungsprogramm extrahieren

Bevor Sie mit dem Windows 2000 Systemvorbereitungsprogramm arbeiten können, müssen alle dazu erforderlichen Dateien auf den Rechner kopieren, auf dem das Masterimage erstellt werden soll.

Vor dem Kopieren des Windows 2000 Systemvorbereitungsprogramms müssen Sie die betreffenden Dateien in der Datei *Deploy.cab* im Ordner *Support\Tools* auf der Windows 2000 Professional-CD-ROM extrahieren. Die Einzelheiten zu diesem Vorgang finden Sie im Übungsabschnitt von Lektion 1 dieses Kapitels.

Masterimages mit dem Windows 2000 Systemvorbereitungsprogramm erstellen

Mit dem Windows 2000 Systemvorbereitungsprogramm lassen sich bestimmte Probleme vermeiden, auf die man beim Kopieren einer Festplatte möglicherweise stoßen könnte. Erstens: Jeder Rechner muss eine eindeutige Sicherheits-ID (SID) besitzen. Wenn Sie ein vorhandenes Festplattenimage auf einen anderen Rechner kopieren würden, würde jeder Rechner die gleiche SID erhalten. Um dieses Problem zu vermeiden, fügt das Windows 2000 Systemvorbereitungsprogramm dem Masterimage einen Systemdienst hinzu. Dieser Dienst erstellt eine eindeutige lokale Domänen-SID, wenn der Computer, auf den das Master-Image kopiert wird, das erste Mal gestartet wird.

Das Windows 2000 Systemvorbereitungsprogramm fügt der Masterkopie außerdem einen Mini-Setupassistenten hinzu. Der Mini-Setupassistenten wird nach dem Start des Rechners ausgeführt, auf den das Masterimage kopiert wird. Dieser Assistent führt den Benutzer durch die Eingaben von benutzerspezifischen Daten wie den folgenden:

- Endbenutzer-Lizenzvertrag
- Produkt-ID
- Ländereinstellungen
- Benutzername
- Firmenbezeichnung
- Netzwerkkonfiguration
- Angaben, ob der Rechner zu einer Arbeitsgruppe oder Domäne gehört
- Auswahl einer Zeitzone

Hinweis Für den Mini-Setupassistenten kann ein Skript erstellt werden, mit dessen Hilfe sich diese benutzerspezifischen Daten auch automatisch eingeben lassen.

Das Windows 2000 Systemvorbereitungsprogramm sorgt dafür, dass das Masterimage auf dem Computer, auf den das Masterimage kopiert wird, eine vollständige Plug & Play-Hardwaresuche durchgeführt. Der Gerätetreiber für den Festplattencontroller und die Hardwareabstraktionsschicht (HAL) auf dem Rechner, auf dem das Festplatten-Image erzeugt wurde, und auf dem Rechner, auf den das Image kopiert wird, müssen identisch sein.

Die übrigen Peripheriegeräte, beispielsweise Netzwerk-, Grafik- und Soundkarten müssen dagegen auf diesen beiden Computern nicht identisch sein.

Das Windows 2000 Systemvorbereitungsprogramm kann angepasst werden. Tabelle 23.1 zeigt eine Zusammenstellung der Befehlszeilenoptionen, mit denen Sie *Sysprep.exe* anpassen können.

Tabelle 23.1 Die für Sysprep.exe verfügbaren Befehlszeilenoptionen

Parameter	Beschreibung
/quiet	Das Systemvorbereitungsprogramm wird ohne Benutzerinteraktion ausgeführt.
/pnp	Diese Option zwingt das Installationsprogramm, auf dem Zielrechner nach Plug & Play-Geräte zu suchen.
/reboot	Diese Option sorgt dafür, dass der Quellcomputer neu gestartet wird.
/nosidgen	Diese Option sorgt dafür, dass auf den Zielcomputern keine SIDs erzeugt werden.

Praxis: Ein Masterfestplattenimage mit dem Windows 2000 Systemvorbereitungsprogramm erstellen

In dieser Übung erstellen Sie mit dem Windows 2000 Systemvorbereitungsprogramm ein Masterimage für die Festplattenduplikation.

Hinweis Wenn Sie die Übung 1 von Lektion 1 dieses Kapitels noch nicht bearbeitet haben, sollten Sie jetzt zurückblättern und das Windows 2000 Systemvorbereitungsprogramm von der Windows 2000-CD-ROM extrahieren. Danach können Sie mit dieser Übung beginnen.

Achtung Wenn Sie die folgende Übung bearbeiten, werden Sie anschließend eine Neuinstallation von Windows 2000 Professional auf Ihrem Rechner durchführen müssen.

▶ **So arbeiten Sie mit dem Windows 2000 Systemvorbereitungsprogramm**

1. Melden Sie sich als Administrator an.
2. Doppelklicken Sie im Windows-Explorer auf die Datei *Sysprep.exe* aus dem Ordner *Weitergabe*.

Hinweis Wenn Sie die Weitergabetools noch nicht in den Ordner *Deploy* auf dem Systemlaufwerk C: extrahiert haben, achten Sie auf den korrekten Pfad für die Datei Sysprep.exe.

Sie werden in einer Meldung des Windows 2000 Systemvorbereitungsprogramms gewarnt, dass die Ausführung des Installationsprogramms die Sicherheitsparameter des betreffenden System verändern könnte.

Hinweis Wenn Sie die Datei *Sysprep.exe* auf Ihrem Rechner ausführen, werden Sie einige der Sicherheitsparameter für Ihren Rechner verlieren.

3. Wenn es Ihnen nichts ausmacht, Windows 2000 Professional neu installieren zu müssen, klicken Sie zum Fortfahren auf *OK*.

4. Ihr Rechner wird heruntergefahren. Anschließend werden Sie aufgefordert, den Computer auszuschalten.

5. Schalten Sie Ihren Computer aus.

Hinweis Mithilfe des Windows 2000-Assistenten für den Installations-Manager können Sie die Datei *Sysprep.inf* erstellen. *Sysprep.inf* stellt dem Mini-Setupassistenten auf dem Zielrechner Antworten zur Verfügung. In dieser Datei können Sie außerdem benutzerdefinierte Treiber angeben. Der Windows 2000-Assistent für den Installations-Manager erstellt im Stammverzeichnis des Laufwerksimages den Ordner *Sysprep* und legt die Datei *Sysprep.inf* in diesem Ordner ab. Der Mini-Setupassistenten sucht nach der Datei *Sysprep.inf* im Ordner *Sysprep* im Stammverzeichnis des Laufwerks, auf dem Windows 2000 gerade installiert wird.

Windows 2000 von einem Masterfestplattenimage installieren

Nachdem Sie das Programm *Sysprep* auf Ihrem Testcomputer ausgeführt haben, können Sie jetzt mit dem Tool eines beliebigen Fremdherstellers das Masterfestplattenimage kopieren. Speichern Sie das neue Masterfestplattenimage in einem freigegebenen Ordner oder auf einer CD-ROM. Kopieren Sie anschließend das Image auf die Zielcomputer.

Die Endbenutzer können jetzt die Zielrechner starten. Der Mini-Setupassistent fordert den Endbenutzer zur Eingabe von rechnerspezifischen Variablen wie etwa des Administratorkennworts für den Computer und des Computernamens auf. Wenn Sie eine Sysprep.inf-Datei zur Verfügung gestellt haben, wird der Mini-Setupassistent umgangen, und das System lädt Windows 2000 ohne weitere Benutzerbeteiligung. Sie können die Arbeit des Mini-Setupassistenten durch Erstellung einer Sysprep-inf-Datei noch weiter automatisieren.

Hinweis Wenn Sie mit der Festplattenduplikation arbeiten, müssen die Controller für die Massenspeicher und die HALs für den Testrechner und alle Zielcomputer identisch sein.

Praxis: Windows 2000 Professional mithilfe des Windows 2000 Systemvorbereitungsprogramms installieren

In dieser Übung werden Sie Windows 2000 mithilfe eines Masterfestplattenimages installieren. Dieses Masterfestplattenimage haben Sie weiter vorne erstellt. Normalerweise würden Sie dieses Image mit dem Tool eines Fremdherstellers auf einen anderen Rechner kopieren. Für diese Übung aber werden Sie so tun, als wäre das Masterfestplattenimage bereits auf den Rechner kopiert worden, auf dem Sie Windows 2000 installieren wollen.

▶ **So installieren Sie Windows 2000 von einem Masterfestplattenimage**

1. Schalten Sie Ihren Rechner ein.

   Nach einigen Minuten wird eine Willkommensmeldung des Setupassistenten angezeigt.

2. Klicken Sie auf *Weiter*.

   Der Lizenzvertrag wird angezeigt.

3. Lesen Sie die Vereinbarung, klicken Sie auf *Lizenzvertrag annehmen* und anschließend auf *Weiter*.

   Die Seite *Ländereinstellungen* wird geöffnet.

4. Sorgen Sie dafür, dass die Einstellungen für das Systemgebietsschema, das Benutzergebietsschema und das Tastaturlayout stimmen, und klicken Sie danach auf *Weiter*.

   Die Seite *Benutzerinformationen* wird geöffnet.

5. Geben Sie Ihren Namen in das Feld *Name* und die Bezeichnung Ihrer Organisation in das Feld *Organisation* ein und klicken Sie dann auf *Weiter*.

   Die Seite für die Eingabe des Produktschlüssels wird geöffnet.

6. Geben Sie Ihren Produktschlüssel ein und klicken Sie dann auf *Weiter*.

   Die Seite *Computername und Administratorkennwort* wird geöffnet.

7. Geben Sie **PRO1** in das Feld *Computername* ein. (Wenn Sie in Ihrem Netzwerk einen anderen gültigen Namen für Ihren Rechner verwenden, geben Sie diesen ein.)

8. Geben Sie **Kennwort** in die Felder *Kennwort* und *Kennwort bestätigen* ein und klicken Sie danach auf *Weiter*.

   Das Dialogfeld *Modemwählinformationen* wird geöffnet.

9. Wählen Sie eine Einstellung für die Option *Land/Region*.

10. Geben Sie die Vorwahlnummer in das Feld *Ortskennzahl* an.

11. Geben Sie die Nummer in das Feld *Amtskennziffer (falls erforderlich)* an.

12. Wählen Sie eine Einstellung für die Option *Wählverfahren für den Standort* aus.

    Die Seite *Datum- und Uhrzeiteinstellungen* wird geöffnet.

13. Stellen Sie sicher, dass die Einstellungen für die Zeit, das Datum und die Zeitzone richtig sind (und das Kontrollkästchen *Uhr automatisch auf Sommer-/Winterzeit umstellen* markiert ist, wenn Windows 2000 die Uhrzeit automatisch anpassen soll). Klicken Sie anschließend auf *Weiter*.

    Die Seite *Netzwerkeinstellungen* wird geöffnet.

14. Sorgen Sie dafür, dass die Standardoption *Standardeinstellungen* markiert ist, und klicken Sie dann auf *Weiter*.

    Die Seite *Arbeitsgruppe oder Computerdomäne* wird geöffnet.

15. Sorgen Sie dafür, dass die Option *Nein, dieser Computer ist entweder nicht im Netzwerk oder ist ohne Domäne im Netzwerk* markiert ist.

16. Sorgen Sie dafür, dass *ARBEITSGRUPPE* im Feld *Arbeitsgruppe oder Computerdomäne* angezeigt wird, und klicken Sie dann auf *Weiter*.

    Die Seite *Abschließende Vorgänge durchführen* wird kurz angezeigt. Danach wird die Seite *Fertigstellen des Assistenten* für einige Minuten geöffnet, während die abschließenden Vorgänge durchgeführt werden.

17. Klicken Sie auf *Fertig stellen*.

    Der Computer wird neu gestartet, und das Dialogfeld *Willkommen* des Assistenten für die Netzwerkanmeldung wird eingeblendet.

18. Klicken Sie auf *Weiter*.

    Die Seite *Benutzer für diesen Computer* wird geöffnet.

19. Aktivieren Sie die Option *Benutzer müssen für diesen Computer Benutzernamen und Kennwort eingeben* und klicken Sie auf *Weiter*.

    Das Dialogfeld *Fertigstellen des Assistenten* wird eingeblendet.

20. Klicken Sie auf *Fertig stellen*.

21. Melden Sie sich als Administrator mit dem Kennwort *Kennwort* an.

Zusammenfassung der Lektion

Das in dieser Lektion behandelte Windows 2000 Systemvorbereitungsprogramm (Sysprep.exe) bereitet den Mastercomputer für die Duplikation vor. Eine der wichtigsten Aufgaben des Windows 2000 Systemvorbereitungsprogramms besteht darin, alle SIDs und andere Benutzer- oder computerspezifische Daten zu löschen. Zur Anpassung des Programms *Sysprep.exe* an Ihre persönlichen Anforderungen stehen Ihnen vier Befehlszeilenoptionen zur Verfügung.

In dieser Lektion haben Sie außerdem erfahren, dass Sie das mit Sysprep.exe erzeugte Image mithilfe eines Fremdprogramms auf die Zielcomputer kopieren können. Wenn der Benutzer danach den Zielcomputer startet, wird der Mini-Setupassistent aufgerufen, der aber nur wenige Benutzerangaben benötigt. Mithilfe einer Sysprep.inf-Datei können Sie die Arbeit des Assistenten noch weiter automatisieren.

Lektion 3: Remoteinstallationen durchführen

Die effizienteste Methode zur Verteilung von Windows 2000 Professional ist die Remoteinstallation. Sie können eine Remoteinstallation durchführen, wenn Sie über eine Windows 2000-Serverinfrastruktur verfügen und die Rechner in Ihrem Netzwerk die Möglichkeiten zum Remotestart unterstützen.

Am Ende dieser Lektion werden Sie in der Lage sein, die folgenden Aufgaben auszuführen:

- Sie können beschreiben, wie Windows 2000 mithilfe der Remoteinstallationsdienste installiert wird.
- Sie können die Remoteinstallationsdienste installieren.
- Sie können eine Startdiskette erstellen.

Veranschlagte Zeit für die Lektion: 40 Minuten

Hinweis Zur Installation der Remoteinstallationsdienste und zur Erstellung von Startdisketten für Netzwerkkarten, die nicht mit einer PXE-Start-ROM (PXE = Pre-Boot Execution Environment) ausgerüstet sind, oder für Systeme mit einem BIOS, das den Start von einer PXE-Start-ROM nicht unterstützt, muss auf dem Rechner eines der Windows 2000 Server-Produkte ausgeführt werden. Sie benötigen außerdem die CD-ROM oder müssen Zugriff auf eine Dateiquelle im Netzwerk haben, mit deren Hilfe die Server-Produkte installiert werden. Nähere Einzelheiten finden Sie im Abschnitt *Voraussetzungen der Remoteinstallation* weiter unten.

Grundlagen der Remoteinstallation

Die so genannte *Remoteinstallation* ist ein zweistufiger Prozess: Zuerst wird eine Verbindung zu einem Server (RIS-Server) hergestellt, auf dem die Remoteinstallationsdienste (RIS = Remote Installation Services) ausgeführt werden. Danach wird eine automatisierte Installation von Windows 2000 Professional auf einem lokalen Rechner gestartet. Mithilfe der Remoteinstallation kann ein Administrator von einer zentralen Stelle aus Windows 2000 Professional auf Clientcomputern im gesamten Netzwerk installieren. Damit lässt sich eine Menge Zeit einsparen, die ein Administrator anderenfalls damit zubringen müsste, alle Rechner im Netzwerk einzeln aufzusuchen. Diese Zeiteinsparung führt wiederum zur einer Senkung der Kosten für die Verteilung von Windows 2000.

Die Remoteinstallationsdienste bieten die folgenden Vorteile:

- Sie erlauben die Remoteinstallation von Windows 2000 Professional.
- Sie vereinfachen die Verwaltung von Serverimages, weil sie hardwarespezifische Images eliminieren und Plug & Play-Hardware während der Installation ermitteln.
- Sie unterstützen die Wiederherstellung des Betriebssystems und des Rechners nach einem eventuellen Rechnerausfall.
- Sie sorgen dafür, dass die Sicherheitseinstellungen nach dem Neustart des Zielcomputers erhalten bleiben.
- Sie reduzieren die Gemeinkosten, weil Sie sowohl Benutzern als auch Supportmitarbeitern erlauben, das Betriebssystem auch auf einzelnen Rechner zu installieren.

Die Remoteinstallationsdienste installieren und konfigurieren

Bevor Sie mit der Verteilung von Windows 2000 Professional mittels RIS beginnen können, sollten Sie sich mit den Voraussetzungen bekannt machen und die Dienste dann mithilfe des Assistenten zur Installation der Remoteinstallationsdienste installieren.

Voraussetzungen für die Remoteinstallationsdienste

Die Remoteinstallationsdienste stehen nur auf Rechnern zur Verfügung, auf denen eines der Windows 2000 Server-Produkte ausgeführt wird. Der RIS-Server kann ein Domänencontroller oder ein Mitgliedsserver sein. Tabelle 23.2 listet die Netzwerkdienste auf, die für die Remoteinstallationsdienste deren RIS-Funktionen erforderlich sind. Diese Netzwerkdienste müssen nicht auf dem gleichen Computer installiert sein wie RIS, müssen aber irgendwo im Netzwerk zur Verfügung stehen.

Tabelle 23.2 Die für die Remoteinstallationsdienste erforderlichen Netzwerkdienste

Netzwerkdienst	RIS-Funktion
DNS-Dienst	RIS stützt sich bei der Suche nach dem Verzeichnisdienst und den Clientcomputerkonten auf den DNS-Server.
DHCP-Dienst	Clientrechner, die einen Netzwerkstart unterstützen, erhalten vom DHCP-Server eine IP-Adresse.
Active Directory-Dienst	RIS stützt sich auf die auf der Active Directory-Technologie basierenden Verzeichnisdienste von Windows 2000, um nach vorhandenen Clientrechnern und vorhandenen RIS-Servern zu suchen.

Für eine Remoteinstallation muss RIS (auf der Windows 2000 Server-CD-ROM) auf einem im Netzwerk freigegebenen Datenträger installiert sein. Dieser freigegebene Datenträger muss folgenden Kriterien entsprechen:

- Der freigegebene Datenträger darf nicht auf dem Laufwerk liegen, auf dem Windows 2000 Server ausgeführt wird.
- Er muss groß genug sein, um die RIS-Software und die verschiedenen Windows 2000 Professional-Images aufzunehmen.
- Er muss mit dem Microsoft Windows 2000-Dateisystem (NTFS) formatiert sein.

Mit dem Assistenten zur Installation der Remoteinstallationsdienste arbeiten

Wenn Ihr Netzwerk die RIS-Voraussetzungen erfüllt, können Sie den Assistenten zur Installation der Remoteinstallationsdienste ausführen. Dieser Assistent erledigt folgende Aufgaben:

- Er installiert die RIS-Software.
- Er erstellt den Remoteinstallationsordner und kopiert die Installationsdateien von Windows 2000 Professional auf den Server.
- Er fügt die SIF-Dateien hinzu. Eine SIF-Datei ist eine Variante einer Unattend.txt-Datei.
- Er konfiguriert die einzelnen Bildschirmseiten des Clientinstallations-Assistenten, die während der Remoteinstallation angezeigt werden.
- Er aktualisiert die Registrierung.
- Er startet die erforderlichen Remoteinstallationsdienste.

Nachdem die RIS-Installation fertig gestellt ist, können Sie sie mithilfe des Server-Computerobjekts im Snap-In *Active Directory-Benutzer und Computer* konfigurieren. Nähere Einzelheiten über die Verwaltung von Active Directory-Objekten finden Sie in Kapitel 9.

Der RIS-Server speichert die zur automatischen Installation von Windows 2000 Professional erforderlichen RIS-Images auf netzwerkstartfähigen Clientrechnern. Der RIS-Server kann ein Domänencontroller oder ein eigenständiger Server sein. Dieser eigenständige Server muss Mitglied einer Domäne mit Active Directory-Verzeichnisdiensten sein.

Praxis: Die Remoteinstallationsdienste installieren

In diesem Übungsabschnitt werden Sie die Remoteinstallationsdienste von der Windows 2000 Server-CD-ROM installieren.

Hinweis Um diese Übung bearbeiten zu können, müssen Sie die Windows 2000 Professional-CD-ROM oder Zugriff auf einen freigegebenen Ordner mit den Windows 2000 Professional-Installationsdateien haben. Auf einem Laufwerk Ihres Rechners, das mit Windows NTFS, Version 5 oder neuer, formatiert ist und über genügend freien Speicherplatz verfügt, um die Windows 2000 Professional-Installationsdateien aufnehmen zu können, muss außerdem eines der Windows 2000 Server-Produkte ausgeführt werden und RIS installiert sein. In Ihrem Netzwerk müssen außerdem ein DHCP-Server, ein DNS-Server und eine Domäne zur Verfügung stehen.

Übung 1: Die Remoteinstallationsdienste installieren

In dieser Übung werden Sie die Remoteinstallationsdienste auf einem Rechner mit Windows 2000 Server als Betriebssystem installieren.

▶ **So installieren Sie die Remoteinstallationsdienste auf einem Rechner mit Windows 2000 Server als Betriebssystem**

1. Melden Sie sich als Administrator an und legen Sie die Windows 2000 Server-CD-ROM in Ihr CD-ROM-Laufwerk ein.

2. Öffnen Sie die Systemsteuerung und doppelklicken Sie auf *Software*.

   Das Fenster *Software* wird geöffnet.

3. Klicken Sie auf das Symbol Windows-Komponenten hinzufügen/entfernen.

   Die Seite *Windows-Komponenten* des Assistenten für Windows-Komponenten wird geöffnet.

4. Markieren Sie im Feld *Komponenten* den Eintrag *Remoteinstallationsdienste* und klicken Sie danach auf *Weiter*.

   Das Setupprogramm installiert und konfiguriert die Remoteinstallationsdienste.

   Die Seite *Fertigstellen des Assistenten* wird angezeigt.

5. Klicken Sie auf *Fertig stellen*.

   Das Dialogfeld *Geänderte Systemeinstellungen* wird geöffnet und teilt Ihnen mit, dass Sie einen Neustart durchführen müssen, damit die neuen Einstellungen wirksam werden.

6. Entfernen Sie die Windows 2000 Server-CD-ROM aus dem Laufwerk und klicken Sie dann auf *Ja*.

Übung 2: Die Remoteinstallationsdienste konfigurieren

In dieser Übung konfigurieren Sie die Remoteinstallationsdienste.

▶ **So konfigurieren Sie die Remoteinstallationsdienste**

1. Melden Sie sich als Administrator an.

    Die Seite *Server konfigurieren* wird geöffnet und weist Sie darauf hin, dass Sie Komponenten ausgewählt haben, die eine zusätzliche Konfiguration erfordern.

    Hinweis Wenn die Seite *Server konfigurieren* nach dem Neustart des Rechners und Ihrer Anmeldung als Administrator nicht angezeigt wird, öffnen Sie die Systemsteuerung, doppelklicken Sie auf *Software* und klicken Sie dann auf *Windows-Komponenten hinzufügen/entfernen*. Unter *Remoteinstallationsdienste* sollten Sie das Element *Remoteinstallationsdienste konfigurieren* mit der dazugehörigen Schaltfläche *Konfigurieren* sehen. In diesem Fall können Sie Schritt 2 überspringen und mit Schritt 3 fortfahren.

2. Klicken Sie auf *Installation fertig stellen*.

    Das Fenster *Software* wird geöffnet und teilt Ihnen mit, dass Sie jetzt die Remoteinstallationsdienste konfigurieren müssen.

3. Klicken Sie auf *Konfigurieren*.

    Der Assistent zur Installation der Remoteinstallationsdienste wird gestartet.

4. Legen Sie die Windows 2000 Professional-CD-ROM in das CD-ROM-Laufwerk des Servers ein. Falls das Fenster *Windows 2000-CD* angezeigt wird, klicken Sie auf *Beenden*.

5. Lesen Sie die Informationen auf dem Begrüßungsbildschirm und klicken Sie danach auf *Weiter*.

    Die Seite *Remoteinstallationsordner* wird geöffnet.

    Bedenken Sie, dass das Laufwerk, auf dem Sie den Remoteinstallationsordner erstellen wollen, nicht das Systemlaufwerk sein darf und mit NTFS, Version 5 oder neuer, formatiert sein muss.

6. Geben Sie **E:\RemoteInst** in das Feld *Pfad* ein und klicken Sie dann auf *Weiter*.

    Hinweis Geben Sie einen Pfad ein, der auf Ihr System abgestimmt ist. Der Ordner sollte noch nicht vorhanden sein; er wird als Teil des Installationsvorganges erstellt. Bedenken Sie, dass das Laufwerk zu dem Rechner gehören muss, auf dem Sie RIS installiert haben, dass es mit NTFS Version 5 oder neuer formatiert sein muss, und dass Sie wenigstens 300 MB freier Speicherplatz verfügbar sein muss, um die Windows 2000 Professional-Installationsdateien aufnehmen zu können.

    Die Seite *Anfangseinstellungen* wird angezeigt.

> **Hinweis** In der Standardeinstellung unterstützt der RIS-Server Clientcomputer nur dann, wenn Sie ihn entsprechend konfiguriert haben.

7. Markieren Sie das Kontrollkästchen *Auf Dienstanfragen von Clients antworten* und klicken Sie dann auf *Weiter*.

   Die Seite *Pfad der Installationsquelldateien* wird geöffnet.

8. Geben Sie den Pfad zu den Installationsquelldateien ein und klicken Sie dann auf *Weiter*.

> **Hinweis** Wenn Sie die Windows 2000 Professional-CD-ROM in das CD-ROM-Laufwerk auf dem Server einlegen würden, auf dem Sie RIS konfigurieren wollen, müssten Sie X:\i386 eingeben, wobei X für den Laufwerksbuchstaben des CD-ROM-Laufwerks steht.

   Die Seite *Name des Windows-Installationsabbildordners* wird geöffnet.

9. Klicken Sie auf *Weiter*, um den Standardnamen *Win2000.pro* zu übernehmen.

   Die Seite *Beschreibung und Hilfetext* wird geöffnet.

10. Klicken Sie auf *Weiter*, um die Vorgaben für die Beschreibung und den Hilfetext zu übernehmen.

    Die Seite *Einstellungen überprüfen* wird angezeigt.

> **Hinweis** Die Standardbeschreibung lautet *Microsoft Windows 2000 Professional*. Der Standardhilfetext lautet *Windows 2000 Professional wird automatisch installiert, ohne dass der Benutzer zur Eingabe aufgefordert wird*.

11. Überprüfen Sie die Einstellungen und klicken Sie danach auf *Fertig stellen*.

    Die Bearbeitung der folgenden Einzelschritte erfordert mehrere Minuten:

    - Der Remoteinstallationsordner wird erstellt.
    - Die von den Diensten benötigten Dateien werden kopiert.
    - Die Windows-Installationsdateien werden kopiert.
    - Die Screendateien des Clientinstallations-Assistenten werden aktualisiert.
    - Eine neue Antwortdatei für eine unbeaufsichtigte Installation wird erstellt.
    - Die Remoteinstallationsdienste werden erstellt.
    - Die Registrierung wird aktualisiert.
    - Die erforderlichen Remoteinstallationsdienste werden gestartet.

12. Klicken Sie anschließend auf *Schließen* und schließen Sie alle geöffneten Fenster.

Clientvoraussetzungen für die Remoteinstallation

Clientcomputer, die die Remoteinstallation unterstützen, müssen nach einem der folgenden Muster konfiguriert sein:

- Sie sind gemäß der Net PC-Spezifikation konfiguriert.
- Sie verfügen über eine Netzwerkkarte mit einem PXE-Start-ROM und ein BIOS, das den Start von der PXE-Start-ROM unterstützt.
- Sie verfügen über eine unterstützte Netzwerkkarte und eine Remoteinstallationsstartdiskette.

Net PCs

Die Net PC-Spezifikation definiert definiert Rechner, die sehr effizient verwaltet werden können: Sie sind in der Lage über das Netz zu starten, können mithilfe des Netzwerks aktualisiert werden und es kann dafür gesorgt werden, dass Benutzer die Konfiguration von Hardware und Betriebssystem nicht verändern können. Die Net PC-Spezifikation stellt außerdem folgende Anforderungen:

- Die Netzwerkkarte muss im System-BIOS als primäres Startgerät festgelegt sein.
- Das Benutzerkonto, das zur Installation verwendet wird, muss das Benutzerrecht *Anmelden als Stapelverarbeitungsauftrag* haben.

> **Hinweis** Die Administratorgruppe hat in der Standardeinstellung nicht das Benutzerrecht *Anmelden als Stapelverarbeitungsauftrag*. Dieses Recht müssen Sie der Gruppe vor der Remoteinstallation zuweisen.

- Die Benutzer müssen das Recht zur Erstellung von Computerkonten in der Domäne haben, der sie angehören werden. Die Domäne wird in den erweiterten Einstellungen für den RIS-Server festgelegt.

Computer, die der Net PC-Spezifikation nicht entsprechen

Auch Computer, die der Net PC-Spezifikation nicht entsprechen, können mit dem RIS-Server interagieren. Für einen Rechner, der der Net PC-Spezifikation nicht entspricht, können Sie die Remoteinstallation folgendermaßen aktivieren:

1. Installieren Sie eine Netzwerkkarte mit einem PXE-Start-ROM.
2. Legen Sie im BIOS fest, dass der Rechner vom PXE-Start-ROM gestartet werden soll.
3. Weisen Sie dem Benutzerkonto, das zur Installation verwendet wird, das Recht *Anmelden als Stapelverarbeitungsauftrag* zu.
4. Weisen Sie den Benutzern das Recht zu, Computerkonten in der Domäne zu erstellen, der sie angehören werden. Die Domäne wird in den erweiterten Einstellungen für den RIS-Server festgelegt.

Startdisketten erstellen

Falls die Netzwerkkarte eines Clients nicht mit einem PXE-Start-ROM ausgestattet ist, oder das BIOS einen Start von den Netzwerkkarte nicht zulässt, erstellen Sie eine Remoteinstallationsstartdiskette. Die Startdiskette simuliert den PXE-Startvorgang. Windows 2000 enthält das Hilfsprogramm *Windows 2000-Remotestart-Diskettenerstellung*, mit dem die Erstellung einer Startdiskette sehr einfach ist (siehe Abbildung 23.2).

Abbildung 23.2 Das Dialogfeld Windows 2000-Remotestart-Diskettenerstellung

Zum Start des Windows 2000-Remotestart-Diskettenerstellung müssen Sie die Datei *Rbfg.exe* ausführen. Diese Datei finden Sie im Ordner *RemoteInst\admin\i386* auf dem Remoteinstallationsserver. Die Startdisketten unterstützen nur die in der Adapterliste aufgeführten PCI-Netzwerkkarten. Klicken Sie zur Anzeige dieser Liste auf die in Abbildung 23.3 dargestellte Schaltfläche *Adapterliste*. In Abbildung 23.3 sehen Sie einen Auszug aus der Liste der unterstützten Netzwerkkarten.

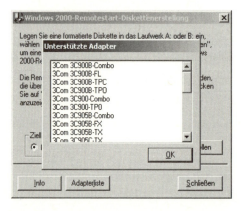

Abbildung 23.3 Diese Netzwerkkarten werden von Startdisketten unterstützt

Sie müssen außerdem die Benutzerrechte und Berechtigungen festlegen. Das Benutzerkonto, das zur Durchführung der Remoteinstallation verwendet wird, muss das Benutzerrecht *Anmelden als Stapelverarbeitungsauftrag* haben. Den Benutzern müssen Sie die Berechtigung zum Erstellen von Computerkonten in den Domänen zuweisen, deren Mitglieder sie sind. Die Domäne wird in den erweiterten Einstellungen für den RIS-Server festgelegt.

Praxis: Remotestartdisketten erstellen

In dieser Übung erstellen Sie eine Remotestartdiskette.

1. Melden Sie sich als Administrator an.
2. Klicken Sie auf *Start* und anschließend auf *Ausführen*.

   Das Dialogfeld *Ausführen* wird geöffnet.
3. Geben Sie **E:\RemoteInst\Admin\i386\rbfg** in das Feld *Öffnen* ein.

   Hinweis Der Zugriffspfad zur Datei Rbfg.exe ist bei Ihnen wahrscheinlich ein anderer. Siehe Schritt 6 der zweiten Übung in der letzten Lektion.

4. Klicken Sie auf *OK*.

   Das Dialogfeld *Windows 2000-Remotestart-Diskettenerstellung* wird geöffnet.
5. Lesen Sie die Informationen im Dialogfeld *Windows 2000-Remotestart-Diskettenerstellung* und klicken Sie danach auf die Schaltfläche *Adapterliste*.
6. Führen Sie einen Bildlauf durch die Liste der unterstützten Adapter durch und klicken Sie danach auf *OK*, um zum Dialogfeld *Windows 2000-Remotestart-Diskettenerstellung* zurückzuwechseln.
7. Legen Sie eine formatierte 3,5-Zoll-Diskette in Ihr Diskettenlaufwerk ein.

   Hinweis Verfügt Ihr Rechner über mehr als ein einziges Diskettenlaufwerk, denken Sie daran, im Dialogfeld *Windows 2000-Remotestart-Diskettenerstellung* das richtige Laufwerk auszuwählen.

8. Klicken Sie auf *Diskette erstellen*.

   Das Dialogfeld *Windows 2000-Remotestart-Diskettenerstellung* wird wieder angezeigt. Sie werden gefragt, ob Sie eine weitere Remotestartdiskette erstellen möchten.
9. Klicken Sie auf *Nein*.
10. Klicken Sie auf *Schließen*, um das Dialogfeld *Windows 2000-Remotestart-Diskettenerstellung* zu schließen.

Zusammenfassung der Lektion

In dieser Lektion haben Sie die effektivste Methode zur Weitergabe von Windows 2000 Professional kennen gelernt. Falls Sie über eine Windows 2000 Server-Infrastruktur verfügen und Ihr Computer Remotestarts in einem Netzwerk unterstützt, nutzen Sie zur Weitergabe am besten die Möglichkeiten der Remoteinstallation. Eine Remoteinstallation besteht aus folgenden Hauptschritten: Zuerst wird eine Verbindung mit einem RIS-Server hergestellt und danach eine automatisierte Installation auf einem lokalen Rechner gestartet. Mithilfe der Funktionen der Remoteinstallation kann ein Administrator von einer zentralen Stelle aus Windows 2000 Professional auf den Clientrechnern eines Netzwerks installieren. Sie können damit einem Administrator eine Menge Zeit einsparen, weil er sich nicht mit jedem Rechner einzeln beschäftigen muss, was im Ergebnis zu einer Kosteneinsparung für die Windows 2000-Weitergabe führt.

Damit Clientrechner die Remoteinstallationsmöglichkeiten unterstützen können, müssen sie nach einem der folgenden Muster konfiguriert sein: Sie können entsprechend der Net PC-Spezifikation konfiguriert sein, wobei die Netzwerkkarte im BIOS als primäres Startgerät festgelegt sein muss. Der betreffende Rechner könnte aber auch mit einer Netzwerkkarte mit einer PXE-Start-ROM und einem BIOS ausgerüstet sein, das den Start von der PXE-Start-ROM unterstützt. Als dritte Möglichkeit könnten Sie mit einer unterstützten Netzwerkkarte und einer Remoteinstallationsstartdiskette arbeiten.

Zum Abschluss haben Sie gelernt, dass das Benutzerkonto, das zur Installation verwendet wird, das Benutzerrecht *Anmelden als Stapelverarbeitungsauftrag* haben muss. Den Benutzern muss die Berechtigung zur Erstellung von Computerkonten in der Domäne, der sie angehören, zugewiesen werden. Die Domäne wird in den erweiterten Einstellungen für den RIS-Server festgelegt.

Lektion 4: Ältere Windows-Versionen mit Windows 2000 aktualisieren

Wenn Sie die Vorteile der neuen Windows 2000 Professional-Features nutzen wollen, können Sie die meisten älteren Windows-Betriebssysteme direkt auf Windows 2000 Professional aktualisieren. Vor einer Aktualisierung sollten Sie allerdings überprüfen, ob die Computerhardware den Windows 2000-Mindestvoraussetzungen entspricht. Sie sollten außerdem die Microsoft Windows 2000-Hardwarekompatibilitätsliste überprüfen oder den Rechner mit dem *Microsoft Windows 2000 Readiness Analyzer* auf Hardwarekompatibilität testen. Sie sollten rechtzeitig sicher stellen, dass die Hardware mit Windows 2000 kompatibel ist, damit Sie bei der Aktualisierung einer größeren Anzahl von Clientrechnern keine bösen Überraschungen erleben.

Computer mit älteren Windows-Versionen und kompatibler Hardware können direkt auf Windows 2000 aktualisiert werden. Aber auch wenn Windows 95- oder Windows 98-Systeme inkompatible oder unzureichende Hardware verwenden, können Sie die Funktionalität der Active Directory-Verzeichnisdienste nutzen, die von einer Windows 2000-Domäne zur Verfügung gestellt werden. Sie müssen dazu nur den Windows 2000 Directory Service Client auf diesen Systemen installieren.

Am Ende dieser Lektion werden Sie in der Lage sein, die folgenden Aufgaben auszuführen:

- Sie wissen, wie ältere Windows-Clientbetriebssysteme auf Windows 2000 aktualisiert werden.

Veranschlagte Zeit für die Lektion: 25 Minuten

Aktualisierungsmöglichkeiten für Clientbetriebssysteme

Die meisten Clientrechner, auf denen ältere Windows-Versionen ausgeführt werden, lassen sich direkt auf Windows 2000 aktualisieren. Für Rechner mit Windows NT 3.1 oder 3.5 als Betriebssystem ist jedoch ein zusätzlicher Zwischenschritt erforderlich. Tabelle 23.3 enthält eine Zusammenstellung der Aktualisierungmöglichkeiten für Clientbetriebssysteme.

Tabelle 23.3 Aktualisierungsmöglichkeiten für Clientbetriebssysteme

Die Betriebssysteme	lassen sich aktualisieren auf:
Windows 95 und Windows 98	Windows 2000 Professional
Windows NT Workstation 3.51 und 4	Windows 2000 Professional

(Fortsetzung)

Die Betriebssysteme	lassen sich aktualisieren auf:
Windows NT 3.1 und 3.5	Windows NT 3.51 und danach auf Windows 2000 Professional

Hinweis Windows 2000 Professional aktualisiert auch alle bisher erschienenen Service Packs für Windows NT Workstation 3.51 und 4.

Hardwarevoraussetzungen und Kompatibiltätsfragen

Bevor Sie einen Clientrechner auf Windows 2000 Professional aktualisieren, sollten Sie überprüfen, ob er die Mindestvoraussetzungen hinsichtlich der Hardwareausstattung erfüllt. In Tabelle 23.4 finden Sie eine Zusammenstellung dieser Mindestvoraussetzungen.

Tabelle 23.4 Windows 2000-Mindestvoraussetzungen für die Clienthardware

Hardware	Mindestvoraussetzungen
Prozessor	Ein Prozessor, ein mit 166 MHz oder höher getakteter Intel-Pentium
Arbeitsspeicher	Pentium-basiert: 32 MB
Festplatte	Mindestens 650 MB freier Speicherplatz auf der Startpartition
Video	VGA-Monitor und -Grafikkarte oder höher
Andere Komponenten	CD-ROM-Installation; CD-ROM- oder DVD-ROM-Laufwerk
Netzwerk	Netzwerkkarte und entsprechende Verkabelung
Zubehör	Tastatur und Maus oder ein anderes Zeigegerät

Die meisten Hardwarekomponenten, die unter Windows NT Workstation 4 ordnungsgemäß funktioniert haben, werden auch unter Windows 2000 Professional korrekt arbeiten. Allerdings werden Sie wahrscheinlich einige Treiber von Fremdherstellern durch speziell für Windows 2000 konzipierte Treiber ersetzen müssen, die Sie bei den Herstellern der betreffenden Geräte erhalten.

Hardwarekompatibiltätsberichte erstellen

Hardware- und Softwarekompatibilitätsberichte lassen sich mit dem *Microsoft Windows 2000 Readiness Analyzer* erstellen. Dieses Programm wird automatisch während einer Systemaktualisierung ausgeführt. Microsoft empfiehlt aber, das Programm bereits vor der Aktualisierung auszuführen, um mögliche Hardware- und Softwareprobleme möglichst frühzeitig zu entdecken.

Diese Empfehlung gilt besonders dann, wenn Sie sehr viele Rechner mit gleicher Hardwareausstattung aktualisieren wollen, weil Sie dann Kompatibilitätsprobleme schon vor der Aktualisierung beheben können.

Kompatibilitätsberichte erstellen

Zur Erstellung eines Kompatibilitätsberichts mithilfe des *Microsoft Windows 2000 Readiness Analyzer* haben Sie zwei Möglichkeiten:

- Sie können *Winnt32 /checkupgradeonly* ausführen.

    Die Option */checkupgradeonly* nach dem Befehl *Winnt32* sorgt dafür, dass der erste Teil des Windows 2000-Installationsprogramms gestartet wird. Aber anstatt die gesamte Installation auszuführen, überprüft dieser Teil nur die Kompatibilität von Hardware und Software. Danach wird ein Bericht erstellt, anhand dessen Sie feststellen können, welche Systemkomponenten kompatibel sind.

- Sie können das Programm *Chkupgrd.exe* ausführen.

    Dieses Programm erstellt den Kompatibilitätsbericht sofort. Sie können das Programm von der Webseite http://www.microsoft.com/windows/downloads/default.asp herunterladen.

Kompatibilitätsberichte auswerten

Winnt32 /checkupgradeonly und das Programm *Chkupgrd.exe* erstellen denselben Kompatibilitätsbericht in Form eines Textdokuments. Sie können ihn im Fenster des betreffenden Dienstprogramms anzeigen und als Textdatei speichern.

Der Bericht dokumentiert die Hardware- und Softwarekomponenten des Systems, die mit Windows 2000 nicht kompatibel sind. Er gibt außerdem an, welche Software aktualisiert werden muss und welche zusätzlichen Änderungen Sie gegebenenfalls am System vornehmen müssen, damit Ihnen auch unter Windows 2000 die gleiche Funktionalität wie vorher zur Verfügung steht.

Die Softwarekompatibilität überprüfen

Die meisten Anwendungen, die unter Windows NT Workstation 4 oder Windows NT Workstation 3.51 funktionieren, werden auch unter Windows 2000 Professional ordnungsgemäß arbeiten. Vor einer Aktualisierung auf Windows 2000 Professional sollten Sie jedoch die folgenden inkompatiblen Anwendungen löschen:

- Alle Netzwerkprotokolle und Clientsoftware von Fremdherstellern, für die im Ordner *i386\Winntupg* auf der Windows 2000-CD-ROM keine Aktualisierung zur Verfügung steht.

- Alle Antivirenprogramme und Programme zur Verwaltung von Datenträgerkontingenten müssen wegen des Dateisystemwechsels von NTFS Version 4, das in Windows NT 4 verwendet wurde, zu NTFS Version 5, das in Windows 2000 Professional verwendet wird, entfernt werden.

- Alle Programme für eine benutzerdefinierte Energieverwaltung müssen entfernt werden, Diese Tools werden durch die in Windows 2000 integrierte Unterstützung für ACPI (Advanced Configuration and Power Interface) und APM (Advanced Power Management) ersetzt.

Kompatible Windows 95- und Windows 98-Rechner aktualisieren

Bei Clientsystemen, die sich im Test als kompatibel mit Windows 2000 herausgestellt haben, führen Sie zur Aktualisierung das Setupprogramm (*winnt32.exe*) aus. Gehen Sie dazu nach folgenden Schritten vor:

1. Starten Sie das Programm *Winnt32.exe*.

2. Nehmen Sie den Lizenzvertrag an.

3. Ist der zu aktualisierende Computer bereits Mitglied einer Domäne, müssen Sie in dieser Domäne ein Computerkonto einrichten. Windows 95- und Windows 98-Clients benötigen im Gegensatz zu Windows 2000-Professional-Clients kein Computerkonto.

4. Sie werden aufgefordert, Aktualisierungspakete für Anwendungen zur Verfügung zu stellen, mit denen die betreffenden Anwendungen für die Zusammenarbeit mit Windows 2000 Professional optimiert werden. Diese Pakete werden von den Softwareherstellern herausgegeben.

5. Sie werden aufgefordert, Ihr Dateisystem auf NTFS zu aktualisieren. Wählen Sie eine bestimmte Aktualisierung aus, wenn Sie nicht vorhaben, den Clientrechner als System mit zwei Betriebssystemen einzurichten.

6. Der *Microsoft Windows 2000 Readiness Analyzer* wird ausgeführt und erstellt einen Bericht. Wenn dieser Bericht zeigt, dass der Rechner mit Windows 2000 kompatibel ist, fahren Sie mit der Aktualisierung fort. Zeigt der Bericht jedoch, dass der Rechner nicht kompatibel ist, beenden Sie den Aktualisierungsvorgang.

7. Die Aktualisierung wird ohne weitere Benutzerinterventionen abgeschlossen. Nach diesem Vorgang werden Sie aufgefordert, ein Kennwort für das Konto *Administrator* einzugeben.

Ist Ihr Computer Windows 2000-kompatibel, wird er jetzt aktualisiert und zu einem Mitglied Ihrer Domäne. Ist der Rechner jedoch nicht kompatibel, müssen Sie gegebenenfalls Ihre Hardware aktualisieren oder den Windows 2000-Verzeichnisdienstclient installieren.

Den Verzeichnisdienstclient installieren

Windows 95- und Windows 98-Computer, die den Kompatibilitätsvorausetzungen für Hardware nicht entsprechen, können mithilfe des Verzeichnisdienstclient dennoch die Vorteile der Active Directory-Verzeichnisdienste nutzen. Eine Aktualisierung mit Verzeichnisdienstclient führt dazu, dass auch Windows 95- und Windows 98-Systeme Active Directory-Leistungsmerkmale unterstützen. Dazu gehören unter anderem folgende Funktionen:

- Sie können fehlertolerante DFS-Redirector-Dienste verwenden.
- Sie können Active Directory-Verzeichnisdienste durchsuchen.
- Sie können Ihr Kennwort auf jedem Domänencontroller ändern.

Hinweis Vor der Installation des Verzeichnisdienstclient auf einem Computer mit Windows 95 als Betriebssystem müssen Sie den Internet Explorer 4.01 oder neuer installieren und die Active Desktop-Komponente aktivieren. Anderenfalls kann der Installations-Assistent für den Verzeichnisdienstclient nicht ausgeführt werden.

Gehen Sie zur Installation des Verzeichnisdienstclient auf einem Computer, der nicht mit Windows 2000 kompatibel ist, folgendermaßen vor:

1. Führen Sie das Programm *Dsclient.exe* aus dem Ordner Clients\Win9x auf dem Windows 2000-Server oder der Advanced Server-CD-ROM aus.

   Der Installations-Assistent für den Verzeichnisdienstclient wird gestartet.

2. Klicken Sie auf *Weiter*.

   Die Seite *Die Installation kann jetzt durchgeführt werden* wird geöffnet.

3. Klicken Sie auf *Weiter*.

   Der Assistent kopiert die Dateien und zeigt dabei eine Statusmeldung an. Nach Beendigung des Kopiervorganges wird die Seite *Abschluss der Installation* angezeigt.

4. Klicken Sie auf *Fertig stellen*, um die Installation fertig zu stellen.

   Im Dialogfeld *Geänderte Systemeinstellungen* werden Sie darüber informiert, dass der Rechner neu gestartet werden muss, damit die Änderungen wirksam werden können.

5. Klicken Sie auf *Ja*, um den Rechner neu zu starten.

Windows NT 3.51- und Windows NT 4-Clients aktualisieren

Die Aktualisierung für Rechner mit Windows NT 3.51 oder Windows NT 4 als Betriebssystem ähnelt der Aktualisierung für Windows 95- oder Windows 98-Rechner.

Die Kompatibilität überprüfen

Vor der Aktualisierung müssen Sie feststellen, ob das System mit Windows 2000 kompatibel ist. Ermitteln Sie mit dem *Microsoft Windows 2000 Readiness Analyzer* eventuelle Kompatibilitätsprobleme.

Kompatible Systeme aktualisieren

Windows NT 3.51- und Windows NT 4-Rechner, die den Kompatibilitätsvoraussetzungen für Hardware entsprechen, lassen sich direkt auf Windows 2000 aktualisieren. Gehen Sie dazu nach folgenden Schritte vor:

1. Legen Sie die Windows 2000-CD-ROM in das CD-ROM-Laufwerk ein.
2. Klicken Sie auf *Start* und anschließend auf *Ausführen*.
3. Geben Sie **D:\i386\winnt32** (wobei D: der Laufwerksbuchstabe für Ihr CD-ROM-Laufwerk sein soll) in das Dialogfeld *Ausführen* ein und drücken Sie dann die Eingabetaste.

   Die Begrüßungsseite des Assistenten wird angezeigt.
4. Markieren Sie *Aktualisiert auf Windows 2000 (empfohlen)* und klicken Sie danach auf *Weiter*.

   Der Lizenzvertrag wird angezeigt.
5. Lesen Sie die Vereinbarung und klicken Sie dann auf *Lizenzvertrag annehmen*.
6. Klicken Sie auf *Weiter*.

   Die Seite *Aktualisierung auf das Windows 2000-NTFS-Dateisystem* wird geöffnet.
7. Klicken Sie auf *Ja, Laufwerk aktualisieren* und danach auf *Weiter*.

   Die Seite *Kopieren der Installationsdateien* wird geöffnet.

   Die Seite *Neustart des Computers* wird angezeigt, und der Rechner wird neu gestartet.

Die Aktualisierung wird jetzt ohne weitere Mitwirkung des Benutzers fertig gestellt.

Mit inkompatiblen Systemen arbeiten

Windows NT 3.51- und Windows NT 4-Rechner, die den Kompatibilitätsvoraussetzungen für Hardware nicht entsprechen, können sich trotzdem bei einem Windows 2000-Netzwerk anmelden, werden aber viele der Windows 2000-Features nicht nutzen können. Auf Windows NT 3.51- und Windows NT 4-Rechnern kann kein Verzeichnisdienstclient installiert werden.

Zusammenfassung der Lektion

In dieser Lektion haben Sie gelernt, dass die meisten Rechner mit älteren Windows-Versionen als Betriebssystem sich direkt auf Windows 2000 aktualisieren lassen. Windows NT 3.1- und Windows NT 3.5-Rechner müssen Sie vor der Aktualisierung auf Windows 2000 in einem Zwischenschritt allerdings erst auf Windows NT 3.51 oder Windows NT 4 aktualisieren.

Sie haben ferner erfahren, dass Sie vor einer Aktualisierung eines Clientcomputers überprüfen müssen, ob dessen Hardware die Mindestvoraussetzungen für Windows 2000 erfüllt. Einen Bericht über die Kompatibilität von Software und Hardware können Sie mit dem *Microsoft Windows 2000 Readiness Analyzer* erstellen. Dieses Programm wird automatisch bei einer Systemaktualisierung ausgeführt. Microsoft empfiehlt aber, bereits vor der Aktualisierung mit diesem Tool eventuelle Hardware- oder Softwareprobleme zu ermitteln. Diese Empfehlung gilt besonders dann, wenn Sie sehr viele Rechner mit gleicher Hardware aktualisieren wollen, weil Sie dann die Kompatibilitätsprobleme schon vor der eigentlichen Aktualisierung beheben können.

Zum Abschluss haben Sie gelernt, dass Sie bei Clientsystemen, die sich bei der Überprüfung als kompatibel mit Windows 2000 herausgestellt haben, mit dem Windows 2000-Installationsprogramm (*Winnt32.exe*) aktualisieren können. Wenn Ihr Computer nicht Windows 2000-kompatibel ist, müssen Sie zunächst Ihre Hardware aktualisieren oder können den Verzeichnisdienstclient installieren. Windows 95- und Windows 98-Computer, welche die Hardwarevoraussetzungen nicht erfüllen, können mithilfe des Verzeichnisdienstclient dennoch die Vorteile der Active Directory-Verzeichnisdienste nutzen. Der Verzeichnisdienstclient aktualisiert Windows 95- und Windows 98-Systeme teilweise und installiert dabei eine Unterstützung für die die Active Directory-Verzeichnisdienste. Sie könnten dann zum Beispiel fehlertolerante DFS-Redirector-Dienste nutzen, Active Directory-Verzeichnisdienste durchsuchen und Ihr Kennwort auf jedem beliebigen Domänencontroller ändern.

Lektion 5: Service Packs installieren

Bei früheren Windows-Versionen installierte man zunächst das Windows-Betriebssystem und nahm danach jedes weitere erforderliche Service Pack einzeln auf. Bei der Installation von Service Packs in vorhandene Systeme mussten bei früheren Windows-Versionen viele der bereits installierten Komponenten noch einmal neu installiert werden. Wenn Sie zum Beispiel ein Service Pack auf einen Rechner mit Windows NT Workstation 4 als Betriebssystem installierten, mussten Dienste wie IPX oder RAS neu installiert werden. Bei Windows 2000 Professional ist es nicht mehr erforderlich, bestimmte Komponenten nach Aufnahme eines Service Packs neu zu installieren. Sie können jetzt ein Service Pack gleichzeitig mit der Installation von Windows 2000 aufnehmen. Dies ist nur einer der Vorteile von Windows 2000, die zu einer Reduzierung der Gemeinkosten beitragen.

Am Ende dieser Lektion werden Sie in der Lage sein, die folgenden Aufgaben auszuführen:

- Sie können Service Packs verteilen.

Veranschlagte Zeit für die Lektion: 5 Minuten

Slipstreaming von Service Packs

Windows 2000 Professional unterstützt das Slipstreaming von Service Packs. Slipstreaming bedeutet: Service Packs werden in die Windows 2000 Professional-Installationsdateien integriert und zusammen mit diesen installiert. Es reicht deshalb, nur ein einziges Masterimage Ihres Betriebssystems zu speichern. Wenn Windows 2000 Professional von dieser Masterquelle installiert wird, werden auch die betreffenden Dateien des Service Packs installiert. Damit sparen Sie sich die Zeit, die Sie sonst nach jeder Windows 2000 Professional-Installation für die manuelle Installation der Service Packs aufwenden müssten.

Um ein neues Service Pack aufzunehmen, führen Sie das Programm *Update.exe* mit der Befehlszeilenoption */slip* aus. Dieses Programm ersetzt die vorhandenen Windows 2000-Dateien durch die betreffenden Dateien des Service Packs. Einige der wichtigsten Windows 2000-Dateien, die bei der Installation eines Service Packs ersetzt werden, sind folgende: *Layout.inf*, *Dosnet.inf*, *Txtsetup.sif*. Falls inzwischen Treiber geändert wurden, wird auch die Datei *Driver.cab* ersetzt.

Service Packs nach der Installation von Windows 2000 verteilen

Um ein Service Pack auf einen Rechner mit Windows 2000 als Betriebssystem zu verteilen, führen Sie die Datei *Update.exe* aus. Dieses Programm ersetzt die vorhandenen Windows 2000-Dateien durch die entsprechenden neuen Dateien aus dem Service Pack.

Bei früheren Windows-Versionen mussten Sie nach jeder Änderung des Systemstatus – zum Beispiel nach der Aufnahme beziehungsweise Entfernung von Diensten – alle Service Packs neu installieren. Windows 200 erkennt automatisch, dass ein Service Pack in das System aufgenommen wurde und welche Dateien ersetzt oder aktualisiert wurden. Wann immer Sie Dienste von einem Windows 2000-Rechner entfernen oder Dienste neu aufnehmen, kopiert das System die erforderlichen Dateien entweder von den Windows 2000-Installationsdateien oder von dem Service Pack-Installationspfad. Sie müssen also das Service Pack nicht erneut anwenden.

Zusammenfassung der Lektion

Wie Sie in dieser Lektion erfahren haben, vereinfacht Windows 2000 Professional die Installation und Verwaltung von Service Packs und unterstützt die Integration von Service Packs in die Windows 2000 Professional-Installationsdateien. Während der Installation von Windows 2000 werden dann die Dateien des Service Packs automatisch ebenfalls installiert.

Wenn Sie nach der Installation eines Service Packs auf einem Windows 2000-Rechner bestimmte Dienste entfernen oder neu hinzufügen, müssen Sie das betreffende Service Pack nicht neu installieren. Windows 2000 erkennt, dass ein Service Pack in das System aufgenommen worden ist, und kopiert die erforderlichen Dateien entweder von den Windows 2000-Installationsdateien oder aus dem Service Pack-Installationspfad. Damit sind Sie von der Notwendigkeit befreit, ein Service Pack jedes Mal neu installieren zu müssen, wenn Dienste neu in das System aufgenommen oder aus ihm entfernt wurden.

Lernzielkontrolle

Anhand der folgenden Fragen können Sie feststellen, ob Sie genug gelernt haben und zur nächsten Lektion wechseln können. Wenn Sie bei der Beantwortung dieser Fragen Schwierigkeiten haben, wiederholen Sie den Stoff dieses Kapitels, bevor Sie sich mit dem nächsten Kapitel beschäftigen. Die Antworten auf diese Fragen finden Sie in Anhang A.

1. Wie werden die Windows 2000-Verteilungstools, beispielsweise der Assistent für den Installations-Manager und das Systemvorbereitungsprogramm installiert?

2. Welche fünf Ressourcen sind erforderlich, um Windows 2000 Professional mithilfe der Remoteinstallationsdienste zu installieren?

3. Mit welchem Dienstprogramm können Sie Startdisketten erstellen und wie rufen Sie dieses Programm auf?

4. Sie beabsichtigen, Windows 2000 Professional auf 45 Rechnern zu installieren. Sie haben festgestellt, dass auf diesen Rechnern insgesamt sieben unterschiedliche Netzwerkkarten verwendet werden. Wie können Sie feststellen, ob diese sieben Kartentypen von den von Ihnen erstellten Startdisketten unterstützt werden?

5. Sie haben einen Windows 95-Laptop und wollen ihn auf Windows 2000 aktualisieren. Der Rechner hat 16 MB Arbeitsspeicher, der sich bis auf 24 MB erweitern lässt. Können Sie diesen Rechner auf Windows 2000 aktualisieren? Wenn das nicht möglich ist, was könnten Sie unternehmen, damit dieser Rechner trotzdem auf die Active Directory-Verzeichnisdienste zugreifen kann?

6. Nennen Sie wenigstens zwei Probleme, bei deren Behebung das Systemvorbereitungsprogramm helfen kann. Warum wird dadurch die Erstellung und das Kopieren eines Masterfestplattenimages auf andere Rechner sehr viel einfacher?

KAPITEL 24

Windows 2000 für mobile Computer konfigurieren

Lektion 1: Offlineordner und -dateien verwenden . . . 636

Lektion 2: Die Energieoptionen konfigurieren . . . 643

Lernzielkontrolle . . . 647

Über dieses Kapitel

In diesem Kapitel erfahren Sie, wie Sie Microsoft Windows 2000 auf mobilen Computern konfigurieren und verwalten. Sie lernen, wie Sie Offlineordner und -dateien, Energieschemas, den Ruhezustand und das Advanced Power Management (APM) einstellen.

Bevor Sie beginnen

Zur Bearbeitung dieses Kapitels benötigen Sie Folgendes:

- Einen Rechner, der die im Abschnitt *Hardwarevoraussetzungen* des Kapitels *Zu diesem Buch* angegebenen Mindestvoraussetzungen erfüllt.

Lektion 1: Offlineordner und -dateien verwenden

Wenn das Netzwerk nicht aktiv ist oder wenn Sie unterwegs sind, sodass Ihr Laptop nicht angedockt ist, können Sie mit Offlineordnern und -dateien arbeiten, die ansonsten in freigegebenen Ordnern im Netzwerk gespeichert sind. Diese Netzwerkdateien werden auf der lokalen Festplatte des Laptops zwischengespeichert, sodass sie Ihnen auch ohne Netzwerk zur Verfügung stehen. Wenn dann das Netzwerk wieder hochgefahren wird oder wenn Sie den Laptop wieder andocken, wird die Verbindung mit dem Netzwerk wieder hergestellt. Die zwischengespeicherten Offlinedateien und -ordner auf der lokalen Festplatte Ihres Laptops werden dann mit den im Netzwerk gespeicherten Dateien und Ordnern synchronisiert.

Am Ende dieser Lektion werden Sie in der Lage sein, die folgenden Aufgaben auszuführen:

- Sie können Offlineordner und -dateien konfigurieren und verwenden.

Veranschlagte Zeit für die Lektion: 30 Minuten

Den Computer für die Verwendung von Offlineordnern und -dateien konfigurieren

Damit Sie Offlineordner und -dateien verwenden können, müssen Sie den Server oder die freigegebene Netzwerkressource und Ihren Laptop konfigurieren. Dies geschieht über die Registerkarte *Offlinedateien* im Dialogfeld *Ordneroptionen*. Auf dieses Dialogfeld können Sie entweder über das Menü *Extras* im Fenster *Arbeitsplatz* oder über den Windows Explorer zugreifen. Wenn Sie mit Offlinedateien arbeiten wollen, müssen Sie die Kontrollkästchen *Offlinedateien aktivieren* und *Vor dem Abmelden alle Offlinedateien synchronisieren* markieren, wie in Abbildung 24.1 gezeigt.

Mithilfe der Schaltfläche *Dateien löschen* auf der Registerkarte *Offlinedateien* können Sie die lokal zwischengespeicherte Kopie einer Netzwerkdatei löschen. Wenn Sie auf die Schaltfläche *Dateien anzeigen* klicken, werden die Dateien angezeigt, die im Ordner *Offlinedateien* gespeichert sind, also die lokal auf Ihrem System zwischengespeicherten Dateien. Mithilfe der Schaltfläche *Erweitert* können Sie einstellen, wie Ihr Computer reagieren soll, wenn die Verbindung zu dem Netzwerk getrennt wird. Sie können Ihren Computer beispielsweise so konfigurieren, dass er Sie darauf aufmerksam macht, wenn die Verbindung zum Netzwerk getrennt wird, und dass Sie daraufhin offline weiter arbeiten können.

Kapitel 24 Windows 2000 für mobile Computer konfigurieren

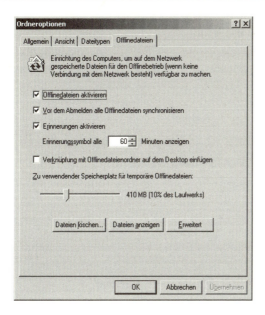

Abbildung 24.1 Die Registerkarte *Offlinedateien* im Dialogfeld *Ordneroptionen*

Praxis: Offlineordner konfigurieren

In diesem Praxisabschnitt konfigurieren Sie Ihren Computer mit dem Betriebssystem Windows 2000 Professional so, als sei er ein Laptop und als wollten Sie Offlinedateien und -ordner verwenden. Auf diese Weise können Sie offline arbeiten.

▶ **So konfigurieren Sie einen Laptop für die Verwendung von Offlineordnern und -dateien**

1. Melden Sie sich als Administrator an.

2. Klicken Sie mit der rechten Maustaste auf das Symbol *Arbeitsplatz* und klicken Sie dann auf *Öffnen*.

3. Klicken Sie im Menü *Extras* auf *Ordneroptionen*.

   Das Dialogfeld *Ordneroptionen* wird geöffnet.

4. Klicken Sie auf die Registerkarte *Offlinedateien*.

5. Stellen Sie sicher, dass die Kontrollkästchen *Offlinedateien aktivieren* und *Vor dem Abmelden alle Offlinedateien synchronisieren* markiert sind, und klicken Sie auf OK.

> **Hinweis** Die Kontrollkästchen *Offlinedateien aktivieren* und *Vor dem Abmelden alle Offlinedateien synchronisieren* sind in Windows 2000 Professional standardmäßig markiert, in Windows 2000 Server jedoch nicht.

6. Schließen Sie das Fenster *Arbeitsplatz*.

Den Computer so konfigurieren, dass er Offlineordner und Dateien zur Verfügung stellt

Damit andere Benutzer im Netzwerk die Offlineordner und -dateien auf Ihrem Computer nutzen können, müssen Sie die Dateien bzw. Ordner so konfigurieren, dass sie für die Offlineverwendung zwischengespeichert werden können. Offlineordner und -dateien können Sie entweder im Windows Explorer, im Fenster *Arbeitsplatz* oder im Internet Explorer konfigurieren. In Abbildung 24.2 sehen Sie das Dialogfeld *Einstellungen für die Zwischenspeicherung*, in dem das Kontrollkästchen *Zwischenspeichern der Dateien in diesem freigegebenen Ordner zulassen* markiert ist.

Abbildung 24.2 Das Kontrollkästchen *Zwischenspeichern der Dateien in diesem freigegebenen Ordner zulassen*

Praxis: Offlineordner konfigurieren

In diesem Praxisabschnitt werden Sie eine im Netzwerk freigegebene Ressource auf einem Computer mit dem Betriebssystem Windows 2000 Professional so konfigurieren, dass die Benutzer Zugriff auf die darin enthaltenen Dateien erhalten und offline mit ihnen arbeiten können.

▶ **So erreichen Sie, dass die Dateien aus einer freigegebenen Ressource im Netzwerk zur Offlineverwendung zur Verfügung gestellt werden**

1. Stellen Sie sicher, dass Sie weiterhin als Administrator angemeldet sind, und starten Sie den Windows Explorer.

2. Erstellen Sie einen Ordner mit dem Namen *C:\Offline*.

3. Klicken Sie mit der rechten Maustaste auf den Ordner *Offline* und klicken Sie auf *Freigabe*.

    Das Dialogfeld *Eigenschaften von Offline* wird geöffnet. Die Registerkarte *Freigabe* ist aktiv.

4. Klicken Sie auf *Diesen Ordner freigeben* und anschließend auf *Zwischenspeichern*.

    Das Dialogfeld *Einstellungen für die Zwischenspeicherung* wird geöffnet.

5. Klicken Sie auf den nach unten weisenden Pfeil im Listenfeld *Einstellung*.

    Beachten Sie die drei möglichen Einstellungen:

    - **Manuelles Zwischenspeichern für Dokumente.** Dies ist die Standardeinstellung. Benutzer müssen alle Dokumente, mit denen sie offline arbeiten wollen, manuell kennzeichnen.

    - **Automatisches Zwischenspeichern für Dokumente.** Jede Datei, die ein Benutzer öffnet, wird automatisch auf die Festplatte des Computers geladen, an dem dieser Benutzer arbeitet, und dort zwischengespeichert, sodass sie ihm auch offline zur Verfügung steht. Wenn bereits eine ältere Version der Datei auf der Festplatte des Benutzers gespeichert ist, wird sie automatisch durch die neuere Version ersetzt.

    - **Automatisches Zwischenspeichern für Programme.** Geöffnete Dateien werden automatisch auf die Festplatte heruntergeladen und dort zwischengespeichert, sodass sie offline zur Verfügung stehen. Wenn bereits eine ältere Version der Datei auf der Festplatte des Benutzers gespeichert ist, wird sie automatisch durch die neuere Version ersetzt.

6. Stellen Sie sicher, dass die Option *Manuelles Zwischenspeichern für Dokumente* aktiviert ist, und klicken Sie auf OK.

7. Klicken Sie auf OK, um das Dialogfeld *Eigenschaften von Offline* zu schließen.

    Lassen Sie das Fenster des Windows Explorers geöffnet.

Dateien synchronisieren

Wenn das im Netzwerk gespeicherte Exemplar der Datei, deren zwischengespeicherte Version Sie bearbeiten, während dieser Zeit nicht verändert wird, ist die anschließende Synchronisierung sehr einfach. Die von Ihnen vorgenommenen Änderungen werden dann in die Datei im Netzwerk geschrieben.

Es kann aber vorkommen, dass ein weiterer Benutzer die im Netzwerk gespeicherte Version der Datei bearbeitet, während Sie die Datei offline bearbeiten. In diesem Fall der gleichzeitigen Bearbeitung beider Exemplare der Datei haben Sie die Wahl zwischen drei Möglichkeiten. Sie können Ihre bearbeitete Version behalten, die Datei im Netzwerk aber nicht aktualisieren, Sie können Ihre zwischengespeicherte Version mit der Version im Netzwerk überschreiben oder Sie können je eine Kopie beider Versionen der Datei behalten. Im letzteren Fall müssen Sie Ihre Version der Datei umbenennen. Sowohl auf Ihrer Festplatte als auch im Netzwerk sind dann beide Versionen der Datei gespeichert.

Die Synchronisationsverwaltung konfigurieren

Wenn Sie die Synchronisationsverwaltung konfigurieren wollen, öffnen Sie den Windows Explorer, klicken Sie auf das Menü *Extras* und klicken Sie auf *Synchronisieren*. Sie können Ihre Offlinedateien manuell mit den Dateien im Netzwerk synchronisieren, indem Sie auf die Schaltfläche *Synchronisieren* klicken. Wenn Sie dagegen auf die Schaltfläche *Einrichten* klicken, können Sie die Synchronisationsverwaltung konfigurieren.

In der Synchronisationsverwaltung stehen Ihnen drei Optionsgruppen zur Verfügung. Die erste Gruppe befindet sich auf der Registerkarte *An-/Abmelden* (siehe Abbildung 24.3). Sie können einstellen, ob die Dateien beim Anmelden, beim Abmelden oder sowohl bei der Anmeldung wie bei der Abmeldung synchronisiert werden sollen. Darüberhinaus können Sie angeben, dass Sie eine Meldung erhalten wollen, bevor die Synchronisation durchgeführt wird. Sie können festlegen, welche Objekte jeweils synchronisiert werden sollen, und außerdem können Sie die Netzwerkverbindung angeben.

Die zweite Optionsgruppe für die Konfiguration der Synchronisationsverwaltung befindet sich auf der Registerkarte *Bei Leerlauf*. Hier können Sie dieselben Objekte konfigurieren wie auf der Registerkarte *An-/Abmelden*. Es stehen dafür folgende Einstellungen zur Verfügung:

- **Bei Verwendung dieser Netzwerkverbindung.** Mit dieser Option können Sie die Netzwerkverbindung angeben.

- **Folgende markierte Objekte synchronisieren.** Mit dieser Option können Sie festlegen, welche Objekte synchronisiert werden sollen.

- **Objekte synchronisieren, wenn der Computer im Leerlauf ist.** Wenn Sie diese Option aktivieren, können Sie die Synchronisation ein- und ausschalten, während der Computer im Leerlauf ist.

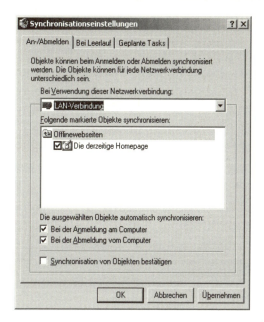

Abbildung 24.3 Die Registerkarte *An-/Abmelden* im Dialogfeld *Synchronisationseinstellungen*

Wenn Sie auf der Registerkarte *Bei Leerlauf* auf die Schaltfläche *Erweitert* klicken, können Sie folgende Optionen konfigurieren: *Offlineobjekte automatisch synchronisieren, wenn der Computer im Leerlauf ist für mindestens X Minuten, Wiederholungsintervall für die Synchronisation im Leerlaufbetrieb X Minuten* und *Keine Synchronisation, wenn der Computer im Akkubetrieb läuft.*

Die dritte Optionsgruppe befindet sich auf der Registerkarte *Geplante Tasks*. Sie dient der Vorausplanung der Synchronisation. Wenn Sie auf *Hinzufügen* klicken, wird der *Assistent für geplante Synchronisation* gestartet. Mit seiner Hilfe können Sie die Verbindung und die Objekte angeben, Sie können entscheiden, ob der Computer die Verbindung automatisch herstellen soll, Sie können feststellen, ob die Verbindung besteht oder nicht, wenn der Zeitpunkt für die Synchronisation gekommen ist, Sie können eine Uhrzeit für den Beginn der Synchronisation angeben und festlegen, dass die Synchronisation entweder jeden Tag, jeden Arbeitstag oder alle X Tage durchgeführt wird, und außerdem können Sie das Datum des Tages angeben, an dem die Synchronisation zum ersten Mal durchgeführt wird.

Praxis: Die Synchronisationsverwaltung konfigurieren

In diesem Praxisabschnitt konfigurieren Sie die Synchronisationsverwaltung.

▶ **So konfigurieren Sie die Synchronisationsverwaltung**

1. Stellen Sie sicher, dass Sie weiterhin als Administrator angemeldet sind.

   Der Windows Explorer sollte noch von der vorhergehenden Übung geöffnet sein.

2. Klicken Sie auf das Menü *Extras* und anschließend auf *Synchronisieren*.

   Das Dialogfeld *Zu synchronisierende Objekte* wird geöffnet. Darin können Sie angeben, welche Ordner synchronisiert werden sollen.

3. Wenn nichts ausgewählt ist, klicken Sie auf *Die derzeitige Homepage* und anschließend auf *Einrichten*.

   Das Dialogfeld *Synchronisationseinstellungen* wird geöffnet. Die Registerkarte *An-/Abmelden* ist aktiv.

4. Überprüfen Sie die Optionen auf der Registerkarte *An-/Abmelden*, auf der Registerkarte *Bei Leerlauf* und auf der Registerkarte *Geplante Tasks*.

5. Markieren Sie auf der Registerkarte *An-/Abmelden* den Eintrag *Die derzeitige Homepage*.

6. Stellen Sie sicher, dass die Kontrollkästchen *Bei der Anmeldung am Computer* und *Bei der Abmeldung vom Computer* markiert sind.

7. Markieren Sie das Kontrollkästchen *Synchronisation von Objekten bestätigen* und klicken Sie auf OK.

8. Klicken Sie auf *Schließen*, um das Dialogfeld *Zu synchronisierende Objekte* zu schließen, und schließen Sie dann das Fenster des Windows Explorer.

Zusammenfassung der Lektion

Wie Sie in dieser Lektion erfahren haben, ist es mit Windows 2000 sehr leicht, offline zu arbeiten. Wenn Sie mit Offlinedateien und der Synchronisationsverwaltung arbeiten, können Sie die Versionen der Dateien, die auf der lokalen Festplatte Ihres Computers zwischengespeichert sind, problemlos mit den Versionen der Dateien auf Netzwerkservern bzw. in freigegebenen Ressourcen synchronisieren. Damit Sie Offlineordner und -dateien verwenden können, müssen Sie den Server oder die freigegebene Ressource im Netzwerk und auch Ihren Laptop konfigurieren. In dieser Lektion wurde auch behandelt, wie Sie die Synchronisationsverwaltung konfigurieren können und welche Optionen für die Synchronisation der Dateien zur Verfügung stehen.

Lektion 2: Die Energieoptionen konfigurieren

Das Programm *Energieoptionen* in der Systemsteuerung von Windows 2000 Professional ist für die Benutzer von Laptops sehr wichtig. Mit diesem Dienstprogramm können Sie Energieschemas, den Ruhezustand und die APM-Spezifikation aktivieren. In dieser Lektion werden diese drei Themen behandelt, und es wird erklärt, wie Sie diese Energieoptionen konfigurieren.

Am Ende dieser Lektion werden Sie in der Lage sein, die folgenden Aufgaben auszuführen:

- Sie können Energieoptionen konfigurieren.
- Sie können den Ruhezustand aktivieren.
- Sie können das Advanced Power Management aktivieren.

Veranschlagte Zeit für die Lektion: 15 Minuten

Energieschemas konfigurieren

Mithilfe von Energieschemas können Sie Windows 2000 so konfigurieren, dass die Stromzufuhr zum Bildschirm und zur Festplatte ausgeschaltet wird, wenn Sie Ihren Computer vorübergehend nicht benutzen, sodass Sie Energie sparen. Zur Konfiguration von Energieschemas verwenden Sie das Dienstprogramm *Energieoptionen* in der *Systemsteuerung*. Allerdings benötigen Sie dazu auch die entsprechende Hardware, die eine Unterbrechung der Stromzufuhr zum Bildschirm und zur Festplatte unterstützt.

Den Ruhezustand verwenden

Wenn Ihr Computer in den Ruhezustand wechselt, speichert er den aktuellen Zustand des Systems auf die Festplatte und schaltet sich ab. Wenn Sie den Computer wieder in Betrieb nehmen, nachdem er im Ruhezustand war, wird der zuvor aktuelle Zustand wiederhergestellt. Dazu gehört, dass alle Programme, die vor dem Ruhezustand ausgeführt wurden, wieder gestartet werden, und dass alle Netzwerkverbindungen, die in der Zeit vor dem Ruhezustand aktiv waren, wiederhergestellt werden. Wenn Sie Ihren Computer für den Ruhezustand konfigurieren wollen, öffnen Sie dazu das Dienstprogramm *Energieoptionen* in der *Systemsteuerung*. Aktivieren Sie im Dialogfeld *Eigenschaften von Energieoptionen* die Registerkarte *Ruhezustand* und markieren Sie das Kontrollkästchen *Unterstützung für den Ruhezustand aktivieren*.

Achtung Bei vielen kommerziellen Fluggesellschaften gilt die Bestimmung, dass tragbare Computer in bestimmten Phasen des Fluges ausgeschaltet sein müssen. Im Ruhezustand sieht Ihr Computer so aus, als sei er ausgeschaltet, er ist es aber nicht. Um den Bestimmungen der Fluggesellschaften zu entsprechen, müssen Sie ihn herunterfahren und ausschalten.

Advanced Power Management konfigurieren

Windows 2000 unterstützt die Spezifikation APM 1.2. Mit APM können Sie den Energieverbrauch Ihres Systems verringern. Wenn Sie Ihren Computer für die Verwendung von APM konfigurieren wollen, öffnen Sie das Dienstprogramm *Energieoptionen* in der *Systemsteuerung*. Aktivieren Sie im Dialogfeld *Eigenschaften von Energieoptionen* die Registerkarte *APM* und markieren Sie dort das Kontrollkästchen *Unterstützung für Advanced Power Management aktivieren*. Damit Sie APM konfigurieren können, müssen Sie als Mitglied der Gruppe *Administratoren* angemeldet sein.

Hinweis APM steht nur in Windows 2000 Professional, und nicht in Windows 2000 Server, Windows 2000 Advanced Server und Windows 2000 Datacenter zur Verfügung.

Wenn auf Ihrem Computer kein APM-BIOS installiert ist, wird APM von Windows 2000 nicht installiert. In diesem Fall gibt es im Dialogfeld *Eigenschaften von Energieoptionen* keine Registerkarte *APM*. Ihr Computer kann aber trotzdem als ACPI-Computer funktionieren, wenn er ein ACPI-basiertes BIOS besitzt. Bei ACPI (*Advanced Configuration and Power Interface*) handelt es sich um einen offenen Industriestandard, der die Energieverwaltung für eine Vielzahl von tragbaren Computern definiert. Das ACPI-basierte BIOS übernimmt dann die Systemkonfiguration und die Energieverwaltung vom Plug&Play-BIOS.

Wenn Ihr Laptop ein ACPI-basiertes BIOS hat, können Sie PC-Karten während des Betriebs einstecken bzw. entfernen. Windows 2000 erkennt und konfiguriert sie, ohne dass Sie das System neu starten müssen. Diese Fähigkeit wird als *dynamische Konfiguration von PC-Karten* bezeichnet. Es gibt noch zwei weitere ähnliche Leistungsmerkmale, die auf dieser Art von dynamischem Plug & Play basieren und für mobile Computer wichtig sind, nämlich das An- und Ausdocken während des Betriebs und das Austauschen von IDE- und Diskettenlaufwerken während des Betriebs.

An- und Ausdocken während des Betriebs bedeutet, dass Sie den Laptop über die Schaltfläche *Start* in Windows 2000 an- und ausdocken können, ohne ihn ausschalten zu müssen. Windows 2000 erstellt für Laptops automatisch zwei Hardwareprofile, eines für den angedockten Zustand und eines für den ausgedockten Zustand. (Weitere Informationen über Hardwareprofile finden Sie in Kapitel 4.)

Austausch von IDE- und Diskettenlaufwerken während des Betriebs bedeutet, dass Sie Geräte wie Diskettenlaufwerke, DVD- oder CD-Laufwerke sowie Festplatten herausnehmen oder austauschen können, ohne das System zuvor ausschalten und neu starten zu müssen. Windows 2000 erkennt und konfiguriert diese Geräte automatisch.

Praxis: Energieoptionen konfigurieren

In dieser Übung konfigurieren Sie die Energieoptionen über die Systemsteuerung.

▶ **So konfigurieren Sie die Energieoptionen**

1. Stellen Sie sicher, dass Sie als Administrator angemeldet sind.

2. Klicken Sie auf *Start*, zeigen Sie auf *Einstellungen* und klicken Sie auf *Systemsteuerung*.

   Das Fenster der *Systemsteuerung* wird geöffnet.

3. Doppelklicken Sie auf *Energieoptionen*.

   Das Dialogfeld *Eigenschaften von Energieoptionen* wird geöffnet. Die Registerkarte *Energieschemas* ist aktiv. Sie können entweder eines der vordefinierten Energieschemas im Feld *Energieschema* auswählen oder ein eigenes Energieschema erstellen.

4. Wählen Sie im Feld Energieschemas das Schema *Tragbar/Laptop* aus.

5. Wählen Sie in der Dropdown-Liste *Monitor ausschalten* den Eintrag *Nach 10 Min.* aus.

6. Wählen Sie in der Dropdown-Liste *Festplatten abschalten* den Eintrag *Nach 20 Min.* aus.

7. Klicken Sie auf *Speichern unter* und geben Sie in das Feld *Schema speichern* **Flugzeug** ein. Klicken Sie auf OK.

8. Klicken Sie auf *Übernehmen*.

9. Klicken Sie auf den nach unten weisenden Pfeil in der Dropdown-Liste *Energieschema*, um zu überprüfen, ob Sie auf diese Weise ein eigenes Schema erstellt haben. Das Schema *Flugzeug* sollte in der Liste aufgeführt werden.

   Wenn Sie dieses Energieschema jetzt oder zu einem späteren Zeitpunkt verwenden wollen, müssen Sie es nur in der Liste markieren und auf die Schaltfläche *Übernehmen* klicken.

10. Aktivieren Sie die Registerkarte *Ruhezustand*.

11. Markieren Sie das Kontrollkästchen *Unterstützung für den Ruhezustand aktivieren* und klicken Sie auf *Übernehmen*.

    Indem Sie dieses Kontrollkästchen markieren und auf *Übernehmen* klicken, aktivieren Sie den Modus *Ruhezustand* auf Ihrem Computer.

12. Aktivieren Sie die Registerkarte *APM*.

   Hinweis Sollte die Registerkarte *APM* bei Ihnen nicht vorhanden sein, weil auf Ihrem System kein APM-BIOS installiert ist, überspringen Sie diesen Schritt und fahren Sie bei Schritt 14 fort.

13. Markieren Sie das Kontrollkästchen *Unterstützung für Advanced Power Management aktivieren* und klicken Sie auf *Übernehmen*.

   Indem Sie dieses Kontrollkästchen markieren und auf *Übernehmen* klicken, aktivieren Sie die Unterstützung für APM auf Ihrem Computer.

14. Klicken Sie auf OK, um das Dialogfeld *Eigenschaften von Energieoptionen* zu schließen.

Zusammenfassung der Lektion

In dieser Lektion haben Sie gelernt, dass Sie mithilfe des Dienstprogramms *Energieoptionen* in der *Systemsteuerung* Energieschemas, den Ruhezustand und die APM-Spezifikation aktivieren können. Alle drei Möglichkeiten wurden beschrieben, und es wurde erklärt, wie Sie sie konfigurieren können. Mithilfe der Energieschemas können Sie Windows 2000 zum Zweck der Energieeinsparung so einstellen, dass die Stromzufuhr zu Monitor und Festplatte unterbrochen wird, wenn Sie das System vorübergehend nicht benutzen.

Wenn Ihr Computer in den Ruhezustand übergeht, wird vor dem Herunterfahren der aktuelle Systemzustand auf der Festplatte gespeichert, sodass beim anschließenden erneuten Hochfahren des Computers der gleiche Zustand wiederhergestellt werden kann. Dabei werden alle Programme, die vor dem Übergang in den Ruhezustand ausgeführt wurden, wieder gestartet, und auch alle zuvor aktiven Netzwerkverbindungen wiederhergestellt.

Schließlich haben Sie gelernt, dass Windows 2000 die Spezifikation APM 1.2 unterstützt. Wenn Sie APM einsetzen, verringern Sie dadurch den Energieverbrauch Ihres Systems. Damit Sie APM konfigurieren können, müssen Sie als Mitglied der Gruppe *Administratoren* angemeldet sein. Wenn auf Ihrem Computer kein APM-BIOS installiert ist, wird APM von Windows 2000 nicht installiert. In diesem Fall steht im Dialogfeld *Eigenschaften von Energieoptionen* die Registerkarte *APM* nicht zur Verfügung. Ihr Computer kann aber dennoch als ACPI-Computer funktionieren, wenn sein BIOS auf ACPI basiert.

Lernzielkontrolle

Anhand der folgenden Fragen können Sie feststellen, ob Sie genug gelernt haben, um mit dem nächsten Kapitel fortfahren zu können. Sollten Sie einige der Fragen nicht vollständig beantworten können, lesen Sie sich die Informationen in diesem Kapitel noch einmal durch, bevor Sie zum nächsten Kapitel übergehen. Die Antworten zu den Fragen finden Sie in Anhang A.

1. Ein Freund von Ihnen hat zu Hause gerade Windows 2000 Professional auf seinem Computer installiert. Er rief Sie an, weil er bei der Konfiguration von APM Hilfe brauchte, und als Sie ihm den Tipp gaben, dass er in der *Systemsteuerung* auf *Energieoptionen* doppelklicken und anschließend auf die Registerkarte *APM* klicken solle, teilte er Ihnen mit, dass er die Registerkarte *APM* nicht finden könne. Aus welchem Grund ist diese Registerkarte nicht vorhanden?

2. Eine Benutzerin ruft aufgeregt bei der Service-Hotline an. Sie hat zu Hause bereits insgesamt 15 Stunden auf die Bearbeitung eines Angebots als Offlinedatei verwendet. Am Wochenende kam ihr Chef ins Büro und bearbeitete vier Stunden lang dasselbe Angebot. Sie muss die beiden Dateien nun synchronisieren und darf dabei weder ihre eigenen Änderungen noch die ihres Chefs verlieren. Wie soll sie vorgehen?

3. Viele kommerzielle Fluggesellschaften verlangen, dass tragbare Computer während bestimmter Flugphasen ausgeschaltet werden müssen. Ist es ausreichend, wenn Sie Ihren Computer in den Ruhezustand versetzen? Warum?

KAPITEL 25

Geräte und Treiber implementieren und verwalten

Lektion 1: Mit dem Geräte-Manager und dem Snap-In Systeminformationen arbeiten ... 651

Lektion 2: Treibersignaturoptionen konfigurieren und überprüfen sowie Signaturprobleme beheben ... 659

Lektion 3: Computer mit mehreren Prozessoren konfigurieren und die Systemperformance überwachen ... 663

Lektion 4: Geräte installieren und verwalten ... 668

Lernzielkontrolle ... 673

Über dieses Kapitel

Eines der wichtigsten Programme zur Implementierung und Verwaltung von Hardwarekomponenten und Treibern sowie zur Fehlerbehebung im Zusammenhang mit diesen Objekten ist der Geräte-Manager. Es handelt sich dabei um ein Snap-In, das Sie im Menü Computerverwaltung finden. Dieses Kapitel stellt Ihnen den Geräte-Manager vor und erklärt, wie Sie mit seiner Hilfe Geräte verwalten und Gerätefehler beheben können.

Dieses Kapitel stellt Ihnen außerdem das Snap-In *Systeminformationen* vor und erläutert Ihnen, wie Sie mit seiner Hilfe Ihr System verwalten können. Sie erfahren weiterhin, wie man mit dem Geräte-Manager, dem Windows 2000-Dateiüberprüfungsprogramm und der Dateisignaturverifizierung Treibersignaturoptionen konfiguriert, Dateisignaturen überprüft und Probleme im Zusammenhang mit Dateisignaturen behebt. Sie werden ferner lernen, wie Sie mit dem Geräte-Manager Ihren Rechner von einem Einzelprozessor- zu einem Multiprozessorsystem ausbauen können. Danach erfahren Sie, wie man die Systemleistung mithilfe des Verwaltungsprogramms *Systemmonitor* überwacht.

Zum Abschluss lernen Sie, wie verschiedene andere Geräte, beispielsweise Faxgeräte, Scanner, Kameras, Mäuse, Modems, USB-Geräte, IrDA-Geräte (IrDA = Infrared Data Association), drahtlose Geräte und Tastaturen installiert und konfiguriert werden und wie Sie Probleme mit diesen Geräten beheben können.

Bevor Sie beginnen

Zur Bearbeitung dieses Kapitels benötigen Sie Folgendes:

- Einen Rechner, der die im Abschnitt *Hardwarevoraussetzungen* des Kapitels *Zu diesem Buch* angegebenen Mindestvoraussetzungen erfüllt.
- Windows 2000 Professional muss auf Ihrem Rechner installiert sein.

Lektion 1: Mit dem Geräte-Manager und dem Snap-In Systeminformationen arbeiten

Diese Lektion stellt Ihnen den Geräte-Manager vor und erklärt, wie Sie mit ihm Geräte verwalten und Probleme mit Hardwarekomponenten beheben können. Danach erhalten Sie eine Einführung in das Snap-In *Systeminformationen* und erfahren, wie man mit diesem Snap-In arbeiten und das System verwalten kann.

Am Ende dieser Lektion werden Sie in der Lage sein, die folgenden Aufgaben auszuführen:

- Sie können mit dem Geräte-Manager Hardwarekomponenten konfigurieren und Geräteprobleme beheben.
- Sie wissen, wie man Geräte mit dem Snap-In *Systeminformationen* verwaltet.

Veranschlagte Zeit für die Lektion: 30 Minuten

Einführung in den Geräte-Manager

Der Geräte-Manager ist eines der unter dem Knoten *System* in der Computerverwaltung aufgeführten Snap-Ins. Der Geräte-Manager zeigt Ihnen in einer grafischen Darstellung die auf Ihrem Rechner installierten Hardwarekomponenten (siehe Abbildung 25.1) an und hilft Ihnen bei der Installation und Konfiguration sowie bei der Lösung von Hardwareproblemen. Mithilfe des Geräte-Managers werden außerdem Gerätetreiber deaktiviert, deinstalliert und aktualisiert.

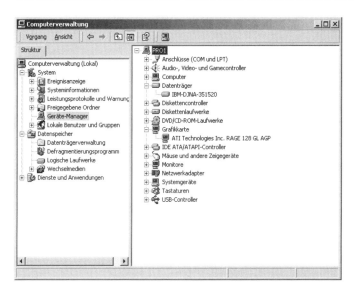

Abbildung 25.1 Das Snap-In *Geräte-Manager*

> **Hinweis** Der Geräte-Manager arbeitet mit Plug & Play-Geräten und von Windows NT 4 unterstützten alten Geräten.

Mit dem Geräte-Manager können Sie feststellen, ob die Hardware Ihres Rechners ordnungsgemäß funktioniert. Er zeigt alle Geräte mit Problemen in einer Liste an. Zu jedem als fehlerhaft gekennzeichneten Gerät werden die entsprechenden Statusinformationen angezeigt. Windows 2000 bietet darüber hinaus in der Onlinehilfe eine Problembehandlung an, mit deren Hilfe Sie Hardwareprobleme beheben können.

Geräte installieren

Windows 2000 Professional unterstützt Plug & Play-Hardware. Die meisten Geräte, die der Plug & Play-Spezifikation entsprechen, werden von Windows 2000 automatisch erkannt, installiert und konfiguriert, wenn der richtige Treiber zur Verfügung steht und das Rechner-BIOS ein Plug & Play-BIOS oder ein ACPI-BIOS ist.

Bei den wenigen Plug & Play-Geräten, die von Windows 2000 nicht automatisch erkannt, installiert und konfiguriert werden, und der nicht Plug & Play-fähigen Hardware, die Windows 2000 nicht erkennt, installiert und konfiguriert, müssen Sie die Hardwareinstallation mit dem Hardware-Assistenten einleiten. Nähere Einzelheiten über die automatische Installation von Plug & Play-Geräten und die Arbeit mit dem Hardware-Assistenten finden Sie in Kapitel 4.

Geräte konfigurieren und Geräteprobleme beheben

Wenn Sie die Gerätekonfiguration manuell ändern und dabei mögliche Probleme vermeiden möchten, sollten Sie mit dem Geräte-Manager arbeiten. Mit dem Geräte-Manager können Sie eine freie Ressource suchen und ihr ein Gerät zuweisen. Sie können außerdem Geräte deaktivieren, um Ressourcen freizugeben und von Geräten verwendete Ressourcen neu zuordnen, um eine erforderliche Ressourcen freizugeben. Um Ressourceneinstellungen ändern zu können, müssen Sie als Mitglied der Administratorgruppe angemeldet sein. Aber auch wenn Sie als Administrator angemeldet sind, Ihr Rechner jedoch mit einem Netzwerk verbunden ist, könnte es passieren, dass bestimmte Netzwerkrichtlinien Ihnen Änderungen an den Ressourcen verbieten.

> **Achtung** Nicht ordnungsgemäß durchgeführte Änderungen an den Ressourceneinstellungen für Geräte kann Ihre Hardware deaktivieren und dazu führen, dass Ihr Rechner nicht mehr funktioniert.

Windows 2000 erkennt Plug & Play-Geräte automatisch und vermittelt zwischen ihren Ressourcenanforderungen. Die Ressourcenzuweisungen für die verschiedenen Plug & Play-Geräte sind jedoch nicht dauerhaft. Falls ein Plug & Play-Gerät eine Ressource anfordert, die bereits zugewiesen ist, startet Windows 2000 einen neuen Vermittlungsvorgang, um alle Ressourcenanforderungen gleichmäßig zu berücksichtigen.

Bei einem Plug & Play-Gerät sollten Sie die Ressourceneinstellungen nicht manuell ändern, weil Windows 2000 dann die zugewiesenen Ressourcen nicht neu vermitteln kann, wenn diese von einem anderen Plug & Play-Gerät angefordert werden. Im Geräte-Manager steht im Dialogfeld *Eigenschaften* für Plug & Play-Geräte die Registerkarte *Ressourcen* zur Verfügung. Um die manuell zugewiesenen Ressourcen freizugeben und Windows 2000 zu erlauben, die Ressourcen neu zu vermitteln, markieren Sie auf der Registerkarte *Ressourcen* das Kontrollkästchen *Automatisch konfigurieren*.

Hinweis Von Windows NT 4 unterstützte Geräte haben feste Ressourceneinstellungen. Diese Einstellungen werden normalerweise während einer Aktualisierung von Windows NT 4 auf Windows 2000 Professional definiert. Sie können sie allerdings auch mithilfe des Hardware-Assistenten aus der Systemsteuerung festlegen.

Gehen Sie zur Konfiguration eines Gerätes oder zur Behebung von Geräteproblemen mit dem Geräte-Manager folgendermaßen vor:

1. Klicken Sie mit der rechten Maustaste auf *Arbeitsplatz* und im daraufhin angezeigten Kontextmenü auf *Verwalten*.

   Das Fenster *Computerverwaltung* wird geöffnet.

2. Klicken Sie unter dem Knoten *System* auf *Geräte-Manager*.

3. Doppelklicken Sie im Detailausschnitt auf den Gerätetyp. Doppelklicken Sie anschließend auf das Gerät, das konfiguriert werden soll.

   Das Dialogfeld *Eigenschaften* für das betreffende Gerät wird geöffnet.

   Welche Registerkarten im Dialogfeld *Eigenschaften* angezeigt werden, hängt vom ausgewähltem Gerät ab. Es sind aber immer einige der in Tabelle 25.1 aufgelisteten Registerkarten enthalten.

4. Um ein Gerät zu konfigurieren, wählen Sie eine der Registerkarten aus. Wenn Sie ein Problem beheben möchten, klicken Sie auf der Registerkarte *Allgemein* auf *Problembehandlung*.

Tabelle 25.1 Die Registerkarten im Dialogfeld *Eigenschaften* für ein Gerät

Registerkarte	Funktion
Erweitert *oder* Erweiterte Eigenschaften	Je nach ausgewähltem Gerät werden unterschiedliche Eigenschaften angezeigt.
Allgemein	Hier werden der Gerätetyp, der Hersteller und der Standort angezeigt. Auf dieser Registerkarte wird außerdem der Gerätestatus angezeigt und Optionen für die Problembehandlung zur Verfügung gestellt, mit deren Hilfe Sie Fehler beseitigen und Geräteprobleme beheben können. Die Problembehandlung stellt Ihnen mehrere Fragen und führt Sie so schrittweise an die Problemlösung heran.
Geräteeigenschaften	Je nach ausgewähltem Gerät werden unterschiedliche Eigenschaften angezeigt.
Treiber	Hier werden der Hersteller, das Herstellungsdatum, die Treiberversion und die digitale Signatur des Treibers angezeigt. Diese Registerkarte enthält außerdem die folgenden drei Schaltflächen: *Treiberdetails*, *Deinstallieren* und *Treiber akzualisieren*. Mit einem Klick auf diese Schaltflächen erhalten Sie weitere Informationen, können einen Treiber deinstallieren oder auf eine neuere Version aktualisieren.
Anschlusseinstellungen	Diese Registerkarte wird nur in einem Dialogfeld *Eigenschaften* für einen Kommunikationsanschluss (COM1) angezeigt. Hier können Sie die Einstellungen für die Übertragungsgeschwindigkeit (Bits pro Sekunde), Datenbits, die Parität, die Stoppbits und Flusssteuerung konfigurieren.
Eigenschaften	Hier werden Optionen angezeigt, mit deren Hilfe Sie festlegen können, wie Windows das Gerät verwendet. Bei einem CD-ROM-Laufwerk würden zu den Eigenschaften zum Beispiel *Lautstärke* und *Digitale CD-Wiedergabe* gehören, mit der Sie die digitale anstelle der analogen Wiedergabe aktivieren können. Diese Einstellungen legen fest, wie Windows das CD-ROM-Laufwerk zum Abspielen von CD-Musik verwendet.
Ressourcen	Hier werden der Ressourcentyp und die Ressourceneinstellungen angezeigt. Außerdem können Sie hier feststellen, ob Ressourcenkonflikte vorliegen und ob Sie die Ressourceneinstellungen ändern können.

Mit dem Snap-In Systeminformationen arbeiten

Das Snap-In *Systeminformationen* können Sie mithilfe der Management-Konsole in eine benutzerdefinierte Konsole aufnehmen. In den Systeminformationen können Sie Informationen über die Konfiguration Ihres Systems sammeln und anzeigen sowie die Geräte verwalten.

Um mit den Systeminformationen arbeiten zu können gehen Sie folgendermaßen vor: Erstellen Sie mithilfe der Management-Konsole eine benutzerdefinierte Konsole und fügen Sie ihr das Snap-In *Systeminformationen* hinzu (siehe Abbildung 25.2). Bei der Aufnahme des Snap-Ins haben Sie die Wahl, ob die Informationen über den lokalen Computer oder über einen Remoterechner angezeigt werden sollen. Mithilfe der Systeminformationen können Sie außerdem Probleme analysieren und beheben. Nähere Einzelheiten über die Erstellung von benutzerdefinierten Konsolen finden Sie in Kapitel 3.

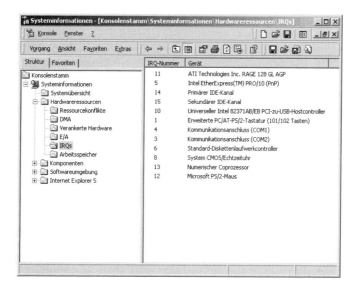

Abbildung 25.2 Das Snap-In *Systeminformationen*

In Tabelle 25.2 finden Sie eine Zusammenstellung der Knoten im Snap-In *Systeminformationen*.

Tabelle 25.2 Die Knoten im Snap-In *Systeminformationen*

Knoten	Beschreibung
Systemübersicht	Hier werden zum Beispiel das Betriebssystem, die Version des Betriebssystems und der Hersteller angezeigt. Darüber hinaus werden der NetBIOS-Computername, der Computerhersteller, die Modellnummer und der Typ sowie Informationen über den Prozessor und das BIOS angezeigt. Auch der Installationsordner, das Gebietsschema und die Zeitzone sind aufgelistet. Ferner finden Sie Angaben über die Gesamtgröße des physischen Arbeitsspeichers und die Größe des verfügbaren Arbeitsspeichers sowie die Größe des gesamten und des verfügbaren virtuellen Arbeitsspeichers sowie die Größe der Auslagerungsdatei.

(Fortsetzung)

Knoten	Beschreibung
Hardwareressourcen	Hier werden die Einstellungen für die Hardwareressourcen angezeigt, beispielsweise Informationen über Konflikte und freigegebene Ressourcen, DMA, IRQs, I/O-Adressen und Speicheradressen.
Komponenten	Hier werden Informationen über die Konfiguration und den Status von Geräten der folgenden Kategorien angezeigt: Multimedia, Anzeige, Infrarot, Eingabe, Modems, Netzwerk, Anschlüsse, Speicher, Drucken, problematische Geräte und USB.
Softwareumgebung	Hier wird angezeigt, was sich zu einem bestimmten Zeitpunkt im Arbeitsspeicher befindet. Angezeigt wird unter anderem, welche Treiber, Umgebungsvariablen, Netzwerkverbindungen, Tasks und Dienste im Arbeitsspeicher geladen sind.
Internet Explorer 5	Hier werden die Konfigurationseinstellungen für den Internet Explorer angezeigt. Die Übersicht enthält die Version, die Build-Nummer, die Produkt-ID, den Installationspfad, die Sprache und die Verschlüsselungsstärke. Außerdem finden Sie eine Liste der zugehörigen Dateien und ihrer Versionsnummern, die Verbindungseinstellungen und Einstellungen für das Zwischenspeichern von Dateien sowie die Sicherheitseinstellungen.

Praxis: Mit dem Geräte-Manager und den Systeminformationen arbeiten

In diesem Übungsabschnitt werden Sie mithilfe des Geräte-Managers und des Snap-Ins *Systeminformationen* die Konfiguration Ihres Systems überwachen und überarbeiten. Danach werden Sie mithilfe der Problembehandlung einen simulierten Fehler an einem Laufwerk beheben.

Übung 1: Geräte mit dem Geräte-Manager überprüfen und Fehler an einem Gerät beheben

In dieser Übung werden Sie mit dem Geräte-Manager die Geräte Ihres Systems und deren Status überprüfen. Danach werden Sie ein simuliertes Problem, das aus einer unterbrochenen SCSI-Kette resultiert, analysieren und lösen.

▶ **So arbeiten Sie mit dem Geräte-Manager**

1. Klicken Sie mit der rechten Maustaste auf *Arbeitsplatz* und markieren Sie anschließend den Befehl *Verwalten*.

   Das Fenster *Computerverwaltung* wird geöffnet.

2. Klicken Sie auf *Geräte-Manager* unter dem Knoten *System*.

3. Doppelklicken Sie im Detailausschnitt auf *Datenträger*. Doppelklicken Sie danach auf einen der aufgeführten Datenträger.

   Die Seite *Eigenschaften* wird geöffnet. Der auf der Registerkarte *Allgemein* angezeigte Gerätestatus gibt an, ob es Probleme mit dem Datenträger gibt.

4. Klicken Sie auf *Problembehandlung*. (Normalerweise würden Sie das nur tun, wenn tatsächlich ein Problem mit diesem Gerät angezeigt werden würde,)

   Die Onlinehilfe wird gestartet und zeigt den *Ratgeber für Laufwerke* an, der Sie mit verschiedenen Fragen schrittweise zur Problemlösung führt.

5. Klicken Sie auf *Es liegt ein Problem mit der Festplatte oder dem Diskettenlaufwerk vor* und danach auf *Weiter*.

6. Klicken Sie auf die *Ja, es liegt ein Problem mit einem SCSII-Gerät vor* und danach auf *Weiter*.

   Der Ratgeber stellt folgende Frage: *Funktioniert das Gerät, wenn die SCSI-Kette terminiert ist?*

7. Klicken Sie auf *Ja, das Gerät funktioniert* und anschließend auf *Weiter*.

   Wenn tatsächlich eine unterbrochene SCSI-Kette das Problem wäre, hätten Sie es jetzt behoben.

8. Schließen Sie die Onlinehilfe. Schließen Sie anschließend das Dialogfeld *Eigenschaften* für das ausgewählte Gerät und danach das Fenster *Computerverwaltung*.

Übung 2: Mit dem Snap-In Systeminformationen arbeiten

In dieser Übung werden Sie mithilfe der Systeminformationen Daten über die Konfiguration Ihres Rechners anzeigen.

▶ **So arbeiten Sie mit den Systeminformationen**

1. Erstellen Sie mithilfe der Management-Konsole eine benutzerdefinierte Konsole und fügen Sie ihr das Snap-In *Systeminformationen* hinzu. Lassen Sie die Systeminformationen des lokalen Rechners anzeigen.

2. Doppelklicken Sie in der Strukturansicht auf *Systeminformationen*.

   Während das Snap-In *Systeminformationen* ein Abbild der aktuellen Systemkonfiguration erstellt, wird im Detailausschnitt die Meldung *Systeminformationen werden aktualisiert* angezeigt.

3. Überprüfen Sie die im Detailausschnitt angezeigten Informationen.

4. Doppelklicken Sie im Detailausschnitt auf *Hardwareressourcen*. Doppelklicken Sie anschließend auf *IRQs*.

   Gibt es IRQs, die von mehreren Ressourcen verwendet werden?

5. Doppelklicken Sie im Detailausschnitt auf *Softwareumgebung*. Doppelklicken Sie anschließend auf *Dienste*.
6. Überprüfen Sie, welche Dienste gerade ausgeführt werden und welche gerade angehalten sind.
7. Speichern Sie die benutzerdefinierte Konsole mit dem Snap-In *Systeminformationen* unter dem Namen *Systeminformationen*. Schließen Sie die Konsole anschließend.

Zusammenfassung der Lektion

In dieser Lektion haben Sie zwei weitere Snap-Ins von Windows 2000 kennen gelernt: *Geräte-Manager* und *Systeminformationen*. Sie haben erfahren, wie Geräte mit dem Geräte-Manager konfiguriert werden und wie man mit ihm Probleme analysieren und beheben kann. Sie haben ferner gelernt, wie Sie mit dem Snap-In *Systeminformationen* die Daten Ihrer Systemkonfiguration schnell zusammenstellen und anzeigen lassen können. Mit diesem Snap-In können Sie außerdem Ihren Computer verwalten und Computerprobleme analysieren und beheben.

Lektion 2: Treibersignaturoptionen konfigurieren und überprüfen sowie Signaturprobleme beheben

Die Treiber und Betriebssystemdateien von Windows 2000 werden von Microsoft zum Nachweis ihrer Integrität mit einer digitalen Signatur versehen. Im Geräte-Manager können Sie auf der Registerkarte *Treiber* überprüfen, ob die digitale Signatur eines installierten Treibers korrekt ist. Bei der Installation mancher Anwendungen werden vorhandene Betriebssystemdateien überschrieben. Diese Dateien können Systemfehler verursachen, die sich nur schwer beheben lassen. Durch die digitale Signatur der Originalbetriebssystemdateien, die Sie auf einfache Weise überprüfen können, wird die Überprüfung und Reparatur geänderter Dateien sehr viel einfacher.

Am Ende dieser Lektion werden Sie in der Lage sein, die folgenden Aufgaben auszuführen:

- Sie können die Treibersignaturoptionen konfigurieren.
- Sie wissen, wie man mit dem Windows 2000-Dateiüberprüfungsprogramm Treibersignaturen überprüft und Systemfehler behebt.
- Sie können mit dem Dienstprogramm *Dateisignaturverifikation* Treibersignaturen überprüfen und Systemfehler beheben.

Veranschlagte Zeit für die Lektion: 20 Minuten

Treibersignaturoptionen konfigurieren

Sie können festlegen, in welcher Weise das System auf nicht signierte Dateien reagieren soll. Gehen Sie dazu folgendermaßen vor: Öffnen Sie in der Systemsteuerung das Programm *System* und klicken Sie dann auf die Registerkarte *Hardware*. Klicken Sie anschließend im Feld *Geräte-Manager* auf *Treibersignierung*, um das Dialogfeld *Treibersignaturoptionen* zu öffnen (siehe Abbildung 25.3).

Folgende drei Einstellungen stehen für die Konfiguration von Treibersignaturoptionen zur Verfügung.

- **Ignorieren** Wenn diese Option markiert ist, werden alle Dateien installiert – unabhängig davon, ob sie digital signiert sind oder nicht.
- **Warnen** Wenn diese Option markiert ist, wird eine Warnmeldung angezeigt, bevor eine unsignierte Datei installiert werden kann. Dies ist die Standardoption.
- **Sperren** Diese Option verhindert die Installation von nicht signierten Dateien.

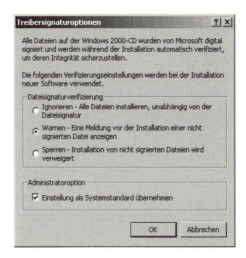

Abbildung 25.3 In diesem Dialogfeld können Sie Treibersignaturoptionen festlegen

Wenn Sie als Administrator oder als Mitglied der Administratorgruppe angemeldet sind, können Sie die Option *Einstellung als Systemstandard übernehmen* markieren, um die Konfiguration der Treiberdateisignatur für alle Benutzer zu übernehmen, die sich bei dem betreffenden Rechner anmelden.

Treibersignaturen überprüfen und Signaturprobleme beheben

Wie Sie in Lektion 1 erfahren haben, können Sie die digitalen Signaturen von Dateien mit dem Geräte-Manager überprüfen. Windows 2000 stellt daneben aber auch noch das Windows 2000-Dateiüberprüfungsprogramm zur Verfügung – ein Befehlszeilenprogramm, mit dem Sie die digitale Signatur von Dateien überprüfen können. Die Syntax des Windows 2000-Dateiüberprüfungsprogramms lautet folgendermaßen:

```
Sfc [/scannow] [/scanonce] [/scanboot] [/cancel] [/quiet] [/enable] [/purgecache]
[/cachesize=x]
```

Tabelle 25.3 erläutert die optionalen Parameter des Windows 2000-Dateiüberprüfungsprogramms.

Tabelle 25.3 Die Parameter des Windows 2000-Dateiüberprüfungsprogramms

Parameter	Beschreibung
/scannow	Dieser Parameter weist das Windows 2000-Dateiüberprüfungsprogramm an, sofort alle geschützten Systemdateien zu überprüfen.

(Fortsetzung)

Parameter	Beschreibung
/scanonce	Dieser Parameter weist das Windows 2000-Dateiüberprüfungsprogramm an, alle geschützten Systemdateien beim nächsten Systemstart zu überprüfen.
/scanboot	Dieser Parameter weist das Windows 2000-Dateiüberprüfungsprogramm an, bei jedem Systemstart alle geschützten Systemdateien zu überprüfen.
/cancel	Dieser Parameter weist das Windows 2000-Dateiüberprüfungsprogramm an, alle aktuellen Überprüfungen geschützter Systemdateien abzubrechen.
/quiet	Dieser Parameter weist das Windows 2000-Dateiüberprüfungsprogramm an, alle falschen Systemdateiversionen zu ersetzen, ohne den Benutzer zu benachrichtigen.
/enable	Dieser Parameter setzt den Windows-Dateischutz in die Standardbetriebsart zurück. Der Benutzer wird aufgefordert, geschützte Systemdateien wiederherzustellen, wenn falsche Datenversionen entdeckt werden.
/purgecache	Dieser Parameter leert den Dateizwischenspeicher und überprüft sofort alle geschützten Systemdateien.
/cachesize=x	Dieser Parameter legt die Größe des Dateizwischenspeichers fest.

Mit der Dateisignaturverifizierung arbeiten

Windows 2000 enthält außerdem ein Dienstprogramm namens *Dateisignaturverifizierung*. Gehen Sie bei der Arbeit mit diesem Dienstprogramm folgendermaßen vor: Klicken Sie auf *Start*, zeigen Sie auf *Ausführen*, geben Sie **sigverif** ein und drücken Sie dann die Eingabetaste. Nach dem Start der Dateisignaturverifizierung können Sie auf die Schaltfläche *Erweitert* klicken, um das Programm zu konfigurieren. Mit der Dateisignaturverifizierung können Sie den Namen, den Zugriffspfad, das Änderungsdatum, den Typ und die Versionsnummer der Datei anzeigen.

Praxis: Mit der Dateisignaturverifizierung arbeiten

In dieser Übung werden Sie mit der Dateisignaturverifizierung (*sigverif*) die Treibersignaturen in Ihrem System überprüfen und Treibersignaturprobleme beheben.

▶ **So arbeiten Sie mit der Dateisignaturverifizierung**

1. Klicken Sie auf *Start*, zeigen Sie auf *Ausführen*, geben Sie **sigverif** ein und drücken Sie anschließend die Eingabetaste.

    Das Dialogfeld *Dateisignaturverifizierung* wird geöffnet.

2. Klicken Sie auf *Erweitert*.

   Das Dialogfeld *Erweiterte Einstellungen der Dateisignaturverifizierung* wird mit aktivierter Registerkarte *Suchen* geöffnet. In der Standardeinstellung werden Sie benachrichtigt, wenn Systemdateien nicht signiert sind. Wenn Sie die Option *Nach Dateien suchen, die nicht digital signiert wurden* markieren, können Sie feststellen, ob auch andere als Systemdateien nicht digital signiert sind. Wenn Sie diese Option wählen, können Sie Suchparameter für die zu überprüfenden Dateien festlegen.

3. Belassen Sie es bei der Standardeinstellung *Benachrichtigung bei nicht signierten Systemdateien* und klicken Sie auf die Registerkarte *Protokoll*.

   In der Standardeinstellung speichert die Dateisignaturverifizierung die ermittelten Daten in einer Protokolldatei namens *Sigverif.txt*.

4. Belassen Sie es bei der Standardeinstellung und klicken Sie auf *OK*, um das Dialogfeld *Erweiterte Einstellungen der Dateisignaturverifizierung* zu schließen.

5. Klicken Sie auf *Start*.

   Wenn das Programm unsignierte Dateien gefunden hat, wird nach der Überprüfung durch die Dateisignaturverifizierung das Fenster *Resultate der Signaturverifizierung* geöffnet. Anderenfalls werden Sie in einem Mitteilungsfeld darüber informiert, dass die Systemdateien überprüft und bei allen digitale Signaturen gefunden wurden.

6. Wenn das Fenster *Resultate der Signaturverifizierung* geöffnet wird, überprüfen Sie die Ergebnisse und schließen Sie danach das Fenster mit einem Klick auf die Schaltfläche *Schließen*. Wurde nur ein Mitteilungsfeld angezeigt, dann klicken Sie auf *OK*, um es zu schließen.

7. Klicken Sie auf *Schließen*, um die Dateisignaturverifizierung zu beenden.

Zusammenfassung der Lektion

In dieser Lektion haben Sie die beiden Dienstprogramme kennen gelernt, mit denen Sie die digitalen Signaturen von Systemdateien überprüfen können. Das eine ist ein Befehlszeilenprogramm namens *Windows 2000-Dateiüberprüfungsprogramm*. Mithilfe zahlreicher Befehlszeilenoptionen können Sie hier festlegen, auf welche Art und Weise und wann das Programm ausgeführt werden soll. Das zweite Dienstprogramm ist ein Windows-Programm namens *Dateisignaturverifizierung*. Zum Abschluss dieser Lektion haben Sie gelernt, wie Sie mithilfe der Dateisignaturverifizierung digitale Signaturen überprüfen können.

Lektion 3: Computer mit mehreren Prozessoren konfigurieren und die Systemperformance überwachen

In dieser Lektion wird erklärt, wie Sie mithilfe des Geräte-Managers Ihren Rechner von einem Einzelprozessor- zu einem Multiprozessorsystem ausbauen können. Hier erfahren Sie außerdem, wie Sie mithilfe des Verwaltungsprogramms *Systemmonitor* die Systemleistung überwachen lassen können.

Am Ende dieser Lektion werden Sie in der Lage sein, die folgenden Aufgaben auszuführen:

- Sie können mit dem Geräte-Manager Gerätetreiber aktualisieren.
- Sie wissen, wie man einen Rechner mit dem Geräte-Manager von einem Einzelprozessor- zu einem Multiprozessorsystem ausbaut.
- Sie können Ihr System mit dem Verwaltungsprogramms *Systemmonitor* überwachen.

Veranschlagte Zeit für die Lektion: 20 Minuten

Skalierung

Die Aufnahme zusätzlicher Prozessoren in ein Rechnersystem zur Performanceverbesserung wird als *Skalierung* bezeichnet. Bei der Skalierung handelt es sich eigentlich um ein Thema, das eher in die Besprechung der Windows 2000 Server-Produktfamilie gehört, weil Multiprozessorkonfigurationen normalerweise für prozessorintensive Anwendungen auf Datenbank- oder Webservern verwendet werden. Tatsächlich können aber alle Computer, auf denen Anwendungen ausgeführt werden, die sehr viele Berechnungen durchführen müssen, zum Beispiel wissenschaftliche oder finanzmathematische Programme oder Grafikanwendungen und CAD-Programme (CAD = Computer Aided Design) von einem Multiprozessorsystem profitieren.

Treiber aktualisieren

Treiber lassen sich mithilfe des Geräte-Managers aktualisieren. Treiber sollten sofort aktualisiert werden, wenn eine neue Treiberversion auf den Markt gekommen ist. Treiber müssen allerdings auch dann aktualisiert werden, wenn Sie zum Beispiel Ihren Rechner von einem Einzelprozessor- zu einem Multiprozessorsystem ausbauen.

Damit Ihr Rechner als Multiprozessorsystem arbeiten kann, aktualisieren Sie die Treiber in Ihrem System nach folgendem Muster.

Achtung Mit der folgenden Prozedur werden nur die Treiber in Ihrem System aktualisiert. Wenn Ihr Rechner nur einen Prozessor hat, kann auch eine Aktualisierung des Treibers ihn nicht zu einem Multiprozessorsystem machen. Tatsächlich ist es sogar so, dass ein Einzelprozessorrechner nicht mehr funktionieren wird, wenn Sie Ihr System mit einem Treiber aktualisieren, der Multiprozessorsysteme unterstützt.

1. Öffnen Sie den Geräte-Manager und doppelklicken Sie auf *Computer*.
2. Klicken Sie mit der rechten Maustaste auf das gewünschte Modell und im daraufhin angezeigten Kontextmenü auf *Eigenschaften*.
3. Klicken Sie auf der Registerkarte *Treiber* auf *Treiber aktualisieren*.

   Die Begrüßungsseite wird geöffnet.
4. Klicken Sie auf *Weiter*.

   Die Seite *Hardwaretreiber installieren* wird geöffnet.
5. Klicken Sie auf *Alle bekannten Treiber für das Gerät in einer Liste anzeigen und den entsprechenden Treiber selbst auswählen* und anschließend auf *Weiter*.

   Die Seite *Gerätetreiber auswählen* wird geöffnet.
6. Klicken Sie auf *Alle Hardwarekomponenten dieser Geräteklasse anzeigen*.
7. Klicken Sie im Feld *Hersteller* auf den betreffenden Hersteller.
8. Klicken Sie im Feld *Modelle* auf das betreffende Computermodell und anschließend auf *Weiter*.

   Möglicherweise wird jetzt das Mitteilungsfeld *Warnung: Aktualisierung des Treibers* angezeigt. In dieser Warnung werden Sie darüber informiert, dass Windows nicht feststellen kann, ob der gewünschte Treiber mit Ihrer Hardware kompatibel ist. Die Installation des gewünschten Treiber könnte dazu führen, dass Ihr Rechner instabil wird oder sogar abstürzt. Wenn Sie trotzdem fortfahren wollen, klicken Sie auf *Ja*.
9. Klicken Sie auf *Weiter* und anschließend auf *Fertig stellen*.

Die Systemleistung mit dem Systemmonitor überwachen

Sie können die Aktivität Ihres symmetrischen Multiprozessorsystems (SMP = Symmetric Multiprocessing System) mithilfe des Systemmonitors und ihrer Leistungsindikatoren überwachen. Anhand der vom Systemmonitor ermittelten Daten können Sie die Leistung eines Computers bewerten und aktuelle sowie potenzielle Probleme lokalisieren und beheben. Im Systemmonitor stehen für jedes Objekt verschiedene Leistungsindikatoren zur Verfügung. Einige der verfügbaren Objekte werden in Tabelle 25.4 beschrieben.

Tabelle 25.4 Objekte des Systemmonitors

Objekt	Beschreibung
Cache	Überwacht das Dateisystemcache, in dem Daten zwischengespeichert werden
Arbeitsspeicher	Überwacht den physischen und virtuellen Arbeitsspeicher des Rechners
Physikalischer Datenträger	Überwacht eine Festplatte
Prozessor	Überwacht Prozessoren

Leistungsindikatoren hinzufügen

Mithilfe von Leistungsindikatoren (siehe Tabelle 25.5), die Sie einem Objekt hinzufügen können, lassen sich bestimmte Aspekte des betreffenden Objekts verfolgen. Gehen Sie folgendermaßen vor, um einem Objekt mithilfe des Systemmonitors Leistungsindikatoren hinzuzufügen:

1. Klicken Sie auf *Start*, zeigen Sie auf *Programme*, danach auf *Verwaltung* und klicken Sie anschließend auf *Systemmonitor*.

   Der Systemmonitor wird gestartet.

2. Klicken im unteren Teil der Konsole mit der rechten Maustaste auf *Leistungsindikator* und danach auf *Leistungsindikatoren hinzufügen*.

   Das Dialogfeld *Leistungsindikatoren hinzufügen* wird geöffnet.

3. Markieren Sie im Feld *Datenobjekt* das Objekt, dessen Leistungsindikatoren Sie hinzufügen möchten.

4. Sorgen Sie dafür, dass der Eintrag *Leistungsindikatoren wählen* markiert ist.

   Sie können theoretisch alle Leistungsindikatoren hinzufügen, würden damit aber mehr Informationen bekommen, als Sie benötigen oder interpretieren könnten.

5. Markieren Sie einen Leistungsindikator aus der Liste und klicken Sie auf *Hinzufügen*.

   Wenn Sie nähere Einzelheiten über einen Leistungsindikator erfahren möchten, markieren Sie ihn und klicken Sie dann auf *Erklärung*.

> **Hinweis** Wenn Sie mehrere Leistungsindikatoren gleichzeitig hinzufügen wollen, markieren Sie die einzelnen Leistungsindikatoren mit gedrückter Strg-Taste. Um mehrere untereinander stehende Leistungsindikatoren zu markieren, klicken Sie auf den ersten Eintrag, drücken Sie die Umschalttaste und klicken Sie dann auf den letzten Eintrag in der Spalte. Alle Leistungsindikatoren zwischen dem zuerst und dem zuletzt angeklickten Eintrag werden automatisch markiert.

6. Nachdem Sie alle gewünschten Objekte und Leistungsindikatoren ausgewählt haben, klicken Sie auf *Schließen*, um zum Systemmonitor zurückzuwechseln.

In Tabelle 25.6 werden einige der Leistungsindikatoren beschrieben, die Sie zur Überprüfung Ihrer Systemleistung gut gebrauchen können.

Tabelle 25.6 Leistungsindikatoren

Leistungsindikator	Beschreibung
Prozessorzeit (Objekt *Prozessor*)	Die Zeit (in Prozent), die der Prozessor für die Ausführung eines Nicht-Leerlaufthreads benötigt. Dieser Leistungsindikator gibt an, wie lange (in Prozent) der Prozessor aktiv ist. Während einiger Operationen können 100 Prozent erreicht werden. Diese Perioden 100-prozentiger Aktivität sollten nur gelegentlich auftreten und nicht das normale Aktivitätsniveau darstellen.
DPC-Zeit (Objekt *Prozessor*)	Gibt an, wie viel Zeit der Prozessor für die Bearbeitung zurückgestellter Prozeduraufrufe (DPC = Deferred Procedure Calls) benötigt. *DPCs* sind Software-Interrupts oder Tasks, die mit niedrigerer Priorität als andere Tasks ausgeführt werden. DPCs repräsentieren daneben die Bearbeitung von Clientanforderungen.
Interrrupts/s (Objekt *Prozessor*)	Die durchschnittliche Anzahl an Hardwareinterrupts, die der Prozessor pro Sekunde erhält und bearbeitet. DPCs sind dabei ausgenommen. Dieser Leistungsindikator zeigt die Aktivität von Geräten wie beispielsweise der Systemuhr, der Maus oder von Netzwerkkarten an, die Interrupts erzeugen. Wenn der Wert für die Prozessorzeit mehr als 90 Prozent erreicht und der Wert von Interrupts/s höher als 15 Prozent liegt, braucht der betreffende Prozessor wahrscheinlich Unterstützung, um die Interrupt-Belastung bearbeiten zu können.
Prozessor-Warteschlangenlänge (Objekt *System*)	Die Anzahl der Threads in der Prozessorwarteschlange. Für Prozessorzeit gibt es nur eine einzige Warteschlange – auch bei Computern mit mehreren Prozessoren. Eine andauernde Warteschlangenlänge von mehr als zwei Threads weist normalerweise darauf hin, dass der Prozessor ein Problem für die Gesamtsystemperformance darstellt.

> **Hinweis** Eine Aufrüstung auf mehrere Prozessoren kann die Belastung für andere Systemressourcen verstärken. Sie müssen dann wahrscheinlich andere Ressourcen erweitern, wie etwa die Festplatten- und Arbeitsspeicherkapazität, oder weitere Netzwerkkomponenten hinzufügen, um die Vorteile der Skalierung optimal nutzen zu können.

Zusammenfassung der Lektion

In dieser Lektion haben Sie etwas über die *Skalierung* erfahren, womit die Aufnahme zusätzlicher Prozessoren zur Verbesserung der Systemleistung zu verstehen ist. Skalierung ist ein Thema, das eher im Zusammenhang mit der Windows 2000 Server-Produktfamilie als mit Windows 2000 Professional interessant ist, weil Multiprozessorkonfigurationen normalerweise für prozessorintensive Anwendungen, beispielsweise auf Datenbank- oder Webservern verwendet werden.

Sie haben weiterhin gelernt, wie Sie Gerätetreiber mithilfe des Geräte-Managers aktualisieren können. Sie können Treiber auch dann aktualisieren, wenn Sie Ihren Computer von einem Einzelprozessor- zu einem Multiprozessorsystem ausbauen möchten.

Zum Abschluss gaben Sie erfahren, wie Sie mithilfe des Systemmonitors und von Leistungsindikatoren die Aktivität Ihres symmetrischen Multiprozessorsystems überwachen können. Der Systemmonitor hilft Ihnen außerdem, die Rechnerleistung zu bewerten sowie aktuelle und potenzielle Probleme festzustellen und zu beheben. Durch die Aufnahme zusätzlicher Leistungsindikatoren können Sie bestimmte Aspekte eines Objekts verfolgen.

Lektion 4: Geräte installieren und verwalten

Diese Lektion erklärt Ihnen, wie verschiedene Geräte (z. B. Faxgeräte und Mäuse) installiert und konfiguriert werden und wie Sie Probleme mit diesen Geräten beheben können.

Am Ende dieser Lektion werden Sie in der Lage sein, die folgenden Aufgaben auszuführen:

- Sie können ein Faxgerät konfigurieren und Probleme im Zusammenhang mit derartigen Geräten beheben.
- Sie können Eingabe-/Ausgabegeräte verwalten und Probleme im Zusammenhang mit derartigen Geräten beheben.

Veranschlagte Zeit für die Lektion: 15 Minuten

Die Faxunterstützung konfigurieren und Probleme mit Faxgeräten beheben

Wenn Sie ein Faxgerät, beispielsweise ein Faxmodem installiert haben, enthält die Systemsteuerung das Symbol *Fax*. Mithilfe des Symbols *Fax* können Sie weitere Faxgeräte, etwa Faxmodems und Faxdrucker aufnehmen und überwachen sowie Fehler an diesen Geräten beheben. Doppelklicken Sie auf das Symbol *Fax* und aktivieren Sie anschließend die Registerkarte *Erweiterte Optionen*.

Hinweis Die Registerkarte *Erweiterte Optionen* steht nur dann zur Verfügung, wenn Sie als Administrator angemeldet sind oder über Administratorrechte verfügen.

Die folgenden drei Optionen stehen auf der Registerkarte *Erweiterte Optionen* zur Verfügung:

- **Konsole für Faxdienstverwaltung öffnen** Mithilfe dieser Option können Sie alle installierten Faxgeräte anzeigen und alle Eigenschaften dieser Geräte ändern.
- **Hilfe für Faxdienstverwaltung öffnen** Mithilfe dieser Option können Sie eine Hilfesitzung für die Konsole für Faxdienstverwaltung starten.
- **Faxdrucker hinzufügen** Mithilfe dieser Option können Sie einen Faxdrucker installieren.

Mit der Konsole für Faxdienstverwaltung arbeiten

Mithilfe des Fensters *Faxdienstverwaltung* können Sie die Faxunterstützung auf dem lokalen Rechner und auf anderen Rechnern im Netzwerk verwalten. In der Standardeinstellung ist das Senden und nicht das Empfangen von Faxnachrichten eingerichtet. Die Konsole für Faxdienstverwaltung stellt folgende Funktionen zur Verfügung:

- Sie können Faxgeräte für den Empfang von Faxnachrichten einrichten.
- Sie können Sicherheitsberechtigungen für Benutzer ändern.
- Sie können die Anzahl der Signaltöne ändern, nach denen ein Faxgerät eine Nachricht annimmt.
- Sie können die Anzahl der Wiederholungen festlegen, nach denen ein Faxgerät seine Sendeversuche beendet.
- Sie können Ordner für gesendete und empfangene Faxnachrichten einrichten.

Die Option *Hilfe für Faxdienstverwaltung öffnen* stellt eine Onlinehilfe für die Konsole für Faxdienstverwaltung zur Verfügung. Mithilfe der Option *Faxdrucker hinzufügen* können Sie einen Faxdrucker installieren. Der neu installierte Faxdrucker wird dabei in den Ordner *Drucker* aufgenommen.

Dokumente als Faxnachrichten versenden

Zum Senden von Dokumenten als Faxnachrichten können Sie alle Windows-Anwendungen verwenden, die über den Befehl *Drucken* verfügen. Klicken Sie im Menü *Datei* auf den Befehl *Drucken*, um das Dialogfeld *Drucken* zu öffnen. Wählen Sie den Faxdrucker aus und klicken Sie dann auf *Drucken*, um den Assistenten zum Senden von Faxen zu öffnen. Der Assistent führt Sie durch die Konfiguration und hilft Ihnen beim Versenden der Faxnachricht.

Faxgeräte überwachen

Doppelklicken Sie in der Systemsteuerung auf das Symbol *Fax* und klicken Sie anschließend auf die Registerkarte *Statusmonitor*. Überzeugen Sie sich, dass die Option *Statusmonitor anzeigen* markiert ist, und klicken Sie dann auf *OK*. Diese Option zeigt das Dialogfeld *Faxmonitor* automatisch an, sobald eine Faxnachricht gesendet oder empfangen wird. Im Dialogfeld *Faxmonitor* werden Einzelheiten über die gesendeten Faxnachrichten angezeigt. Dort finden Sie zum Beispiel Informationen darüber, ob die Faxnachricht tatsächlich gesendet wird oder ob das System immer noch die Rufnummer wählt und eine Verbindung herzustellen versucht. Im Dialogfeld *Faxmonitor* können Sie außerdem einen Faxanruf beenden.

Eingabe-/Ausgabegeräte verwalten und Gerätefehler beheben

Eine Aufzählung aller Geräte, die Sie installieren könnten, würde den Rahmen dieses Buches sprengen. In diesem Abschnitt stellen wir Ihnen jedoch einige der am häufigsten verwendeten Geräte vor und erklären, wie sie installiert, konfiguriert und verwaltet werden.

Scanner und Kameras

Die meisten Scanner und Kameras sind Plug & Play-Geräte, die von Windows 2000 automatisch installiert werden, nachdem Sie sie an Ihren Rechner angeschlossen haben. Werden Sie jedoch nicht automatisch installiert oder sind sie nicht Plug & Play-kompatibel, müssen Sie den Assistenten für die Scanner- und Kamerainstallation starten. Doppelklicken Sie dazu in der Systemsteuerung auf das Symbol *Scanner und Kameras* und klicken Sie anschließend auf *Hinzufügen*.

Um Scanner und Kameras zu konfigurieren, gehen Sie folgendermaßen vor: Doppelklicken Sie in der Systemsteuerung auf *Scanner und Kameras*, um das Dialogfeld *Eigenschaften* für Scanner und Kameras zu öffnen. Markieren Sie das gewünschte Gerät und klicken Sie dann auf *Eigenschaften*. Hier ein Konfigurationsbeispiel: Das Standardprofil für Image Color Management (ICM 2) ist RGB. Sie können aber auch ein Farbprofil für ein Gerät hinzufügen oder entfernen beziehungsweise ein anderes Farbprofil auswählen. Klicken Sie zum Ändern des Farbprofils auf die Registerkarte *Farbverwaltung*. Wenn Sie Probleme mit Ihrer Kamera oder dem Scanner haben, klicken Sie im Dialogfeld *Eigenschaften* für den betreffenden Scanner oder die Kamera auf *Fehlerbehandlung*.

Mausgeräte

Doppelklicken Sie in der Systemsteuerung auf das Symbol *Maus*, um das Dialogfeld *Eigenschaften von Maus* zu öffnen, in dem Sie Ihre Maus konfigurieren und Mausprobleme beheben können. Auf der Registerkarte *Tasten* können Sie Ihre Maus für linkshändige beziehungsweise rechtshändige Bedienung konfigurieren. Dort können Sie außerdem festlegen, ob ein einzelner Mausklick ein Objekt öffnet oder es lediglich markiert. Auf dieser Registerkarte können Sie außerdem die Doppelklickgeschwindigkeit für die Maus festlegen.

Auf der Registerkarte *Zeiger* können Sie ein benutzerdefiniertes Schema für den Mauszeiger auswählen oder erstellen. Auf der Registerkarte *Bewegung* können Sie die Geschwindigkeit und die Maussspur festlegen und die Option *In Dialogfeldern zur Standardschaltfläche springen* festlegen, die den Mauszeiger in Dialogfeldern immer auf die Standardschaltfläche positioniert. Über die Registerkarte *Hardware* können Sie auf die Optionen für die Fehlerbehandlung und die erweiterten Einstellungen für den Mausport zugreifen. Zur erweiterten Konfiguration gehört auch die Deinstallation beziehungsweise Aktualisierung eines Maustreibers und die Anzeige beziehungsweise Änderung der einer Maus zugewiesenen Ressourcen.

An dieser Stelle können Sie außerdem durch Änderung der Abtastrate die Empfindlichkeit der Maus neu festlegen. Die Abtastrate legt fest, mit welcher Frequenz Windows 2000 die Position der Maus neu ermittelt.

Modems

Um ein Modem zu installieren oder zu konfigurieren, doppelklicken Sie in der Systemsteuerung auf *Telefon- und Modemoptionen* und markieren Sie dann die Registerkarte *Modems*. Um ein bereits installiertes Modem zu konfigurieren, markieren Sie es in der Modemliste und klicken Sie dann auf *Eigenschaften*. Aktivieren Sie für die Konfigurationsänderungen, die Sie vornehmen möchten, die geeignete Registerkarte. Auf der Registerkarte *Allgemein* können Sie zum Beispiel die maximale Anschlussgeschwindigkeit festlegen und das Kontrollkästchen *Vor dem Wählen auf Freizeichen warten* markieren, wenn das Modem auf ein Freizeichen warten soll, bevor es einen anderen Computer anwählt. Mithilfe der Registerkarte *Diagnose* können Sie Modemfehler analysieren und beheben. Wenn Sie ein Modem hinzufügen möchten, klicken Sie auf *Hinzufügen*, um den Hardware-Assistenten zu starten. Dieser Assistent führt Sie schrittweise durch die Installation eines Modems. Nähere Einzelheiten über die Arbeit mit dem Hardware-Assistenten finden Sie in Kapitel 4.

USB-Geräte

Um ein USB-Gerät (USB = Universal Serial Bus), zum Beispiel einen USB-Spiele-Controller zu installieren, verbinden Sie das Gerät zunächst einmal mit einem USB-Anschluss. Lässt es sich nicht ordnungsgemäß installieren, dann sehen Sie im Geräte-Manager unter den Eingabegeräten nach. Wenn das Gerät noch immer nicht aufgeführt ist, überprüfen Sie im BIOS, ob USB aktiviert ist. Rufen Sie gegebenenfalls beim Systemstart das BIOS-Setup auf und aktivieren Sie USB. Wenn Sie feststellen, dass USB im BIOS aktiviert ist, fordern Sie beim Hersteller Ihres Rechners eine aktuelle BIOS-Version an.

Um den Controller zu konfigurieren, markieren Sie ihn im Geräte-Manager, klicken Sie ihn anschließend mit der rechten Maustaste an und wählen Sie dann den Befehl *Eigenschaften*. Unter *Gerätestatus* finden Sie eine Beschreibung der Probleme und die empfohlenen Maßnahmen zur Problembehebung. Möglicherweise werden Sie auch den Eintrag für den USB-Anschluss im Geräte-Manager überprüfen müssen. Klicken Sie dazu auf *USB-Controller*, klicken Sie anschließend mit der rechten Maustaste auf *USB-Root-Hub* und markieren Sie dann den Befehl *Eigenschaften*.

IrDA-Geräte und drahtlose Geräte

Die meisten internen IrDA-Geräte sollten während des Windows 2000 Setup oder beim ersten Start von Windows 2000 nach dem Anschluss eines dieser Geräte installiert werden. Wenn Sie einen IrDA-Transceiver an einen seriellen Port anschließen, müssen Sie ihn mit dem Hardware-Assistenten installieren.

Weitere Informationen über die Arbeit mit dem Hardware-Assistenten finden Sie in Kapitel 4.

Gehen Sie zur Konfiguration eines IrDA-Geräts folgendermaßen vor: Klicken Sie in der Systemsteuerung zunächst auf *Drahtlose Verbindung*. Markieren Sie anschließend auf der Registerkarte *Hardware* das Gerät, das Sie konfigurieren möchten, und klicken Sie anschließend auf *Eigenschaften*.

Tastaturen

Um Ihre Tastatur zu konfigurieren, gehen Sie folgendermaßen vor: Doppelklicken Sie in der Systemsteuerung auf *Tastatur*. Auf der Registerkarte *Eingabe* können Sie Gebietsschemas hinzufügen und entfernen sowie die Abkürzungstasten zum Wechseln zwischen den verschiedenen Gebietsschemas festlegen.

Hinweis Welche Symbole in der Systemsteuerung angezeigt werden, hängt davon ab, welche Geräte installiert sind.

Zusammenfassung der Lektion

In dieser Lektion haben Sie erfahren, wie Sie mit dem Programm *Fax* aus der Systemsteuerung Faxgeräte, einschließlich Faxmodems und Faxdrucker, aufnehmen und überwachen sowie Gerätefehler beheben können. In der Standardeinstellung ist die Faxunterstützung für den Versand und nicht für den Empfang von Faxnachrichten eingerichtet. Sie haben weiterhin gelernt, dass Sie mithilfe des Fensters *Faxdienstverwaltung* die Faxunterstützung auf Ihrem lokalen Rechner oder auf anderen Computern in Ihrem Netzwerk verwalten können. Dazu gehört auch die Einrichtung von Faxgeräten für den Empfang von Faxnachrichten, die Änderung von Sicherheitsberechtigungen für Benutzer und die Konfiguration der Ordner zur Aufnahme von gesendeten und empfangenen Faxnachrichten. Sie haben außerdem erfahren, dass Sie mit jeder Windows-Anwendung, die über den Befehl *Drucken* verfügt, Dokumente als Faxnachrichten versenden können. Im Allgemeinen wird dabei der Assistent zum Senden von Faxnachrichten gestartet, der Sie durch die Konfiguration führt und Ihnen anschließend hilft, die Faxnachricht zu senden.

Zum Abschluss der Lektion haben Sie gelernt, wie einige der am häufigsten verwendeten Geräte installiert, konfiguriert und verwaltet werden. Zu diesen Geräten gehören Scanner, Kameras, Mausgeräte, Modems, USB-Geräte und IrDA-Geräte, drahtlose Geräte und Tastaturen.

Lernzielkontrolle

Anhand der folgenden Fragen können Sie feststellen, ob Sie genug gelernt haben und zur nächsten Lektion wechseln können. Wenn Sie bei der Beantwortung dieser Fragen Schwierigkeiten haben, wiederholen Sie den Stoff dieses Kapitels, bevor Sie sich mit dem nächsten Kapitel beschäftigen. Die Antworten auf diese Fragen finden Sie in Anhang A.

1. Ihr Chef hat angefangen, allen Geräten, einschließlich der Plug & Play-Geräte, manuell Ressourcen zuzuweisen und möchte, dass Sie diese Arbeit zu Ende führen. Was werden Sie tun?

2. Welche Vorteile bieten die von Microsoft digital signierten Systemdateien?

3. Welche drei Möglichkeiten bietet Microsoft zur Überprüfung, ob die Dateien in Ihrem System die korrekten digitalen Signaturen haben?

4. Eine Benutzerin, die gerade versucht, die Faxeinstellungen zu konfigurieren, fragt Sie als Mitarbeiter der Supportabteilung, warum bei ihr die Registerkarte *Erweiterte Optionen* nicht zur Verfügung steht. Wo könnte das Problem liegen?

ANHANG A

Fragen und Anworten

Kapitel 1

Lernzielkontrolle

1. Welcher Hauptunterschied besteht zwischen einer Arbeitsgruppe und einer Domäne?

   Eine Arbeitsgruppe und eine Domäne unterscheiden sich durch die Position, an der die Benutzerkontoinformationen für die Anmeldungsauthentifizierung gespeichert sind. Bei einer Arbeitsgruppe befinden sich die Informationen zum Benutzerkonto in der lokalen Sicherheitsdatenbank auf jedem Computer in der Arbeitsgruppe, bei einer Domäne sind sie in der zentralen Active Directory-Datenbank gespeichert.

2. Was versteht man unter den Active Directory-Verzeichnisdiensten und welche Aufgabe erfüllen sie?

   Die Active Directory-Verzeichnisdienste fungieren als Windows 2000-Verzeichnisdienst. Ein Verzeichnisdienst besteht aus einer Datenbank, in der Informationen über Netzwerkressourcen (z. B. Computer und Drucker) gespeichert sind. Die Dienste stellen diese Informationen Benutzern und Anwendungen zur Verfügung. Außerdem ermöglichen die Active Directory-Verzeichnisdienste den Administratoren die Zugriffssteuerung auf die Ressourcen.

3. Welche Informationen muss ein Benutzer eingeben, um sich bei einem Computer anzumelden?

   Es müssen ein Benutzername und ein Kennwort eingegeben werden.

4. Was geschieht, wenn sich ein Benutzer lokal bei einem Computer anmeldet?

   Windows 2000 authentifiziert den Benutzer während des Anmeldevorgangs. Zu diesem Zweck werden die Anmeldeinformationen des Benutzers mit den Benutzerinformationen in der lokalen Datenbank verglichen und die Identität des Benutzers festgestellt.

Nur Benutzer mit der entsprechenden Berechtigung können auf die Ressourcen und Daten des Computers zugreifen.

5. Wie wird das Dialogfeld *Windows-Sicherheit* verwendet?

   Das Dialogfeld *Windows-Sicherheit* ermöglicht einen schnellen und einfachen Zugriff auf wichtige Sicherheitsoptionen, mit denen der Computer gesperrt, ein Kennwort geändert, eine Abmeldung durchgeführt, ein nicht reagierendes Programm beendet und der Computer heruntergefahren werden kann.

Kapitel 2

Lernzielkontrolle

1. In Ihrem Unternehmen wurde beschlossen, Windows 2000 auf allen Computern zu installieren, die für Desktop-Benutzer neu gekauft werden. Was müssen Sie vor dem Kauf neuer Computer erledigen, damit sichergestellt ist, dass Windows 2000 darauf installiert und problemlos ausgeführt werden kann?

   Stellen Sie sicher, dass die Hardwarekomponenten die Mindestanforderungen zur Installation von Windows 2000 erfüllen. Überprüfen Sie außerdem, ob alle in den Computern installierten Hardwarekomponenten in der Kompatibilitätsliste (HCL) von Windows 2000 aufgeführt sind. Wenn eine Komponente nicht in der Liste enthalten ist, fragen Sie beim Hersteller nach, ob ein Treiber für Windows 2000 erhältlich ist.

2. Sie versuchen, Windows 2000 Professional von CD-ROM zu installieren, aber Sie haben festgestellt, dass Ihr Computer nicht vom CD-ROM-Laufwerk aus gestartet werden kann. Wie schaffen Sie es, Windows 2000 zu installieren?

   Starten Sie den Computer mithilfe der Setup-Startdisketten. Wenn Sie die entsprechende Aufforderung erhalten, legen Sie die Windows 2000 Professional-CD-ROM in ein und fahren Sie mit der Installation fort.

3. Sie installieren Windows 2000 Professional auf einem Computer, der ein Client in einer vorhandenen Windows 2000-Domäne sein wird. Sie wollen den Computer während der Installation in die Domäne einfügen. Welche Informationen benötigen Sie dafür und welche Computer müssen im Netzwerk verfügbar sein, bevor Sie das Setupprogramm ausführen?

   Sie brauchen den DNS-Namen der Domäne, deren Mitglied der Computer werden soll. Außerdem müssen Sie entweder dafür sorgen, dass für den Client in der Domäne ein Computerkonto angelegt wurde, oder Sie müssen den Benutzernamen und das Kennwort eines Benutzerkontos in der Domäne kennen, das die Befugnis zum Erstellen von Computerkonten in der Domäne besitzt. Ein Server, auf dem der DNS-Dienst ausgeführt wird, und ein Domänencontroller der betreffenden Domäne müssen im Netzwerk eingeschaltet und online sein.

Anhang A Fragen und Anworten   677

4. Sie installieren Windows 2000 Professional von CD-ROM auf einem Computer, auf dem bisher ein anderes Betriebssystem installiert war. Wie müssen Sie die Festplatte konfigurieren, um den Installationsvorgang möglichst einfach zu gestalten?

   Entfernen Sie mit einem Verwaltungsprogramm zum Partitionieren der Festplatte alle vorhandenen Partitionen und erstellen und formatieren Sie anschließend eine neue Partition zur Installation von Windows 2000.

5. Sie installieren Windows 2000 Professional über das Netzwerk. Was müssen Sie tun, bevor Sie Windows 2000 auf einem Clientcomputer installieren?

   Erkundigen Sie sich nach dem Pfad zu dem Ordner mit den gemeinsam genutzten Installationsdateien auf dem Distributionsserver. Erstellen Sie auf dem Zielcomputer eine FAT-Partition mit einer Größe von mindestens 500 MB (empfohlen werden 1 GB). Erstellen Sie eine Clientdiskette mit einem Netzwerkclient, damit Sie von dem Computer ohne Betriebssystem eine Verbindung zu dem Distributionsserver herstellen können.

Kapitel 3

Praxis

Lektion 2: Konsolen verwenden

Praxis: Eine benutzerdefinierte Management-Konsole erstellen

▶ So entfernen Sie eine Erweiterung aus einem Snap-In:

Seite 76

12. Klicken Sie auf *Computerverwaltung (Lokal)* und dann auf die Registerkarte *Erweiterungen*.

    MMC öffnet eine Liste der verfügbaren Erweiterungen für das Snap-In *Computerverwaltung*.

    Wovon hängt ab, welche Erweiterungen MMC in der Liste *Verfügbare Erweiterungen* anzeigt?

    Die verfügbaren Erweiterungen hängen davon ab, welches Snap-In Sie markieren.

Lernzielkontrolle

1. Wann und warum verwenden Sie eine Erweiterung?

   Sie verwenden eine Erweiterung, wenn ein bestimmtes Snap-In zusätzliche Funktionalität benötigt – unter einer Erweiterungen versteht man Snap-Ins, die ergänzende Verwaltungsfunktionen für andere Snap-Ins enthalten.

2. Sie sollen eine benutzerdefinierte Konsole für einen Administrator erstellen, der lediglich das Snap-In *Computerverwaltung* und Active Directory-Funktionalität benötigt. Der Administrator

   a. darf keine weiteren Snap-Ins hinzufügen können.

   b. braucht vollen Zugriff auf die vorhandenen Snap-Ins.

   c. muss in der Lage sein, zwischen den Snap-Ins hin und her zu wechseln.

   Welchen Konsolenmodus würden Sie einstellen, um die benutzerdefinierte Konsole zu konfigurieren?

   Benutzermodus, Vollzugriff

3. Was müssen Sie machen, um einen Computer mit Windows 2000 Server von einem Computer mit Windows 2000 Professional aus remote zu verwalten?

   Windows 2000 Professional umfasst nicht alle Snap-Ins, die zu Windows 2000 Server gehören. Um die Remoteverwaltung vieler Komponenten von Windows 2000 Server von einem Computer aus zu ermöglichen, der unter Windows 2000 Professional läuft, müssen Sie die benötigten Snap-Ins auf dem Computer hinzufügen, der unter Windows 2000 Professional läuft.

4. Sie müssen einen Zeitplan für ein Wartungsprogramm einrichten, das automatisch einmal in der Woche auf Ihrem Computer ausgeführt wird, der mit Windows 2000 Professional läuft. Was müssen Sie tun?

   Verwenden Sie den Taskplaner, um einen Zeitplan für das benötigte Wartungsprogramm einzurichten, damit dieses zu der gewünschten Zeit ausgeführt wird.

Kapitel 4

Lernzielkontrolle

1. Was können Sie unternehmen, wenn auf dem Sekundärbildschirm nichts angezeigt wird?

   Wenn auf dem Sekundärbildschirm nichts angezeigt wird, versuchen Sie folgendes:

   - **Aktivieren Sie das Gerät im Dialogfeld *Eigenschaften von Anzeige*.**
   - **Überprüfen Sie, ob Sie den korrekten Gerätetreiber installiert haben.**
   - **Führen Sie einen Neustart des Rechners durch, und überprüfen Sie seinen Status mit dem Geräte-Manager.**
   - **Ändern Sie die Reihenfolge der Monitorkarten auf der Hauptplatine.**

2. Sie haben die Wiederherstellungsoptionen auf einem Rechner mit Windows 2000 als Betriebssystem so konfiguriert, dass im Fall eines Systemfehlers Debuginformationen in einer Datei gespeichert werden sollen. Sie bemerken aber, dass diese Datei nicht erstellt wird. Wo liegt das Problem?

    Die Ursache für das Problem könnte einer oder mehrere der folgenden Fehlerpunkte sein:

    - **Die Auslagerungsdatei könnte kleiner sein als der physische Arbeitsspeicher Ihres Systems.**
    - **Die Auslagerungsdatei befindet sich möglicherweise nicht auf der Systempartition.**
    - **Der verfügbare Speicherplatz ist zu klein für die Datei *Memory.dmp*.**

3. Wie lässt sich die Performance des virtuellen Arbeitsspeichers verbessern?

    Gehen Sie zur Optimierung des virtuellen Arbeitsspeichers folgendermaßen vor:

    - **Im Falle mehrerer Festplatten erstellen Sie für jede Festplatte eine eigene Auslagerungsdatei.**
    - **Entfernen Sie die Auslagerungsdatei von der Festplatte, auf der die Windows 2000-Systemdateien abgelegt sind.**
    - **Legen Sie eine Minimalgröße für die Auslagerungsdatei fest, die mindestens genau so groß ist wie der Festplattenplatz, der vom Virtual Memory Manager reserviert wird, wenn das System mit normaler Belastung betrieben wird.**

4. Sie haben eine neue Netzwerkkarte installiert, die aber nicht zu funktionieren scheint. Beschreiben Sie, wie Sie dieses Problem beheben würden.

    Sie könnten zur Lösung dieses Problems folgendermaßen vorgehen:

    - **Überprüfen Sie im Geräte-Manager, ob Windows 2000 die Netzwerkkarte überhaupt erkannt hat.**
    - **Wenn die Karte im Geräte-Manager nicht aufgeführt wird, führen Sie den Hardware-Assistenten aus, damit Windows 2000 nach der neuen Karte suchen kann. Wird die Karte dann im Geräte-Manager zwar aufgeführt, ihr Symbol aber mit einem Stopp- oder ein Ausrufezeichen versehen, zeigen Sie die Eigenschaften der Karte an, um weitere Informationen zu bekommen. Möglicherweise müssen Sie den Treiber für die Karte neu installieren. Es könnte aber auch sein, dass die Karte einen Ressourcenkonflikt verursacht hat.**

Kapitel 5

Praxis

Lektion 2: Der Registrierungs-Editor

Praxis: Den Registrierungs-Editor verwenden

Übung 1: Die Registrierung anzeigen

▶ So zeigen Sie die Informationen in der Registrierung an:

Seite 139

6. Doppelklicken Sie auf den Unterschlüssel HARDWARE\DESCRIPTION\ System, um ihn zu erweitern. Beantworten Sie anschließend die folgenden Fragen:

   Mit welcher BIOS-Version (Basic Input/Output System) ist Ihr Computer ausgestattet und welches Datum trägt sie?

   Die Antworten sind vom Inhalt der Einträge SYSTEMBIOSVERSION und SYSTEMBIOSDATE abhängig.

   Welchen Computertyp hat Ihr lokaler Rechner entsprechend dem Eintrag *Identifier*?

   Die Antwort hängt davon ab, welchen Computertyp Sie verwenden (z. B. einen AT/AT-kompatiblen Computer).

7. Erweitern Sie den Unterschlüssel SOFTWARE\Microsoft\Windows NT\ CurrentVersion, und geben Sie die folgenden Informationen an:

Softwarekonfiguration	Wert und String
Aktuelle Buildnummer	2195 (CurrentBuildNumber)
Aktuelle Version	5.0 (CurrentVersion)
Registrierte Organisation	Organisation (RegisteredOrganization)
Registrierter Besitzer	Besitzer (RegisteredOwner)

Lernzielkontrolle

1. Was versteht man unter der Registrierung und welchen Zweck hat sie?

   Die Registrierung ist eine hierarchisch strukturierte Datenbank, in der Windows 2000 Hardware- und Softwareeinstellungen speichert. Die Registrierung steuert das Betriebssystem Windows 2000 und stellt zu diesem Zweck entsprechende Initialisierungsinformationen für den Start von Anwendungen und das Laden von Komponenten (beispielsweise Laufwerktreiber und Netzwerkprotokolle) bereit. Die Registrierung enthält eine Vielzahl verschiedener Datentypen. Hierzu gehören Informationen über die auf dem Computer installierte Hardware, über die installierten Treiber, Anwendungen und Netzwerkprotokolle sowie über die Einstellungen der Netzwerkkarte.

2. Was ist unter einem Zweig zu verstehen?

Ein Zweig ist ein eindeutiges Element aus Schlüsseln, Unterschlüsseln und Einträgen. Zu jedem Zweig existiert eine entsprechende Registrierungs- und eine .LOG-Datei, die sich im Verzeichnis *Windows2000\System32\ Config* befindet. Windows 2000 verwendet die .LOG-Datei, um Änderungen zu protokollieren und die Integrität der Registrierung sicherzustellen.

3. Welcher Editor sollte für die Anzeige und Bearbeitung der Registrierung herangezogen werden?

Regedt32.exe ist der empfohlene Editor für die Anzeige und Bearbeitung der Registrierung.

4. Welche Option sollten Sie aus welchem Grund bei der Anzeige der Registrierung aktivieren?

Eine unsachgemäße Verwendung des Registrierungs-Editors kann im gesamten System zu schwer wiegenden Problemen führen, die unter Umständen sogar eine erneute Installation von Windows 2000 erforderlich machen. Wenn Sie den Registrierungs-Editor für die Datenanzeige verwenden wollen, sollten Sie zuvor eine Sicherungskopie der Registrierungsdatei anlegen und im Menü *Optionen* auf *Schreibgeschützt* klicken, um Probleme durch eine versehentliche Änderung oder Löschung der Konfigurationsdaten zu vermeiden.

Kapitel 6

Praxis

Lektion 2: Routineaufgaben der Datenträgerverwaltung

Praxis: Mit dynamischen Datenträgern arbeiten

Übung 2: Einen Datenträger erweitern

▶ So testen Sie den neuen Datenträger

Seite 167

8. Wechseln Sie zum Stammverzeichnis von Laufwerk C (wenn nötig) oder zum Stammverzeichnis des Laufwerks, auf dem Sie Ihren Datenträger bereit gestellt haben. Geben Sie **dir** ein und drücken Sie [Eingabe].

Wie viel verfügbarer Speicherplatz wird angezeigt?

Die Antwort ist abhängig von der Rechnerkonfiguration.

Warum gibt es einen Unterschied zwischen dem für Laufwerk *C* und dem für *C:\Bereitstellen* angezeigten verfügbaren Speicherplatz? (Falls Sie Ihren Datenträger auf einem anderen als Laufwerk *C* bereitgestellt haben, ersetzen Sie *C* durch den entsprechenden Laufwerksbuchstaben.)

Der für *C:\Bereitstellen* angezeigte Speicherplatz bezieht sich nur auf den bereitgestellten Datenträger.

Lernzielkontrolle

1. Sie wollen eine neue 10-GB-Festplatte installieren und sie in fünf gleich große 2-GB-Abschnitte aufteilen. Welche Möglichkeiten haben Sie?

   Sie können die Festplatte als Basisdatenträger bestehen lassen und eine Kombination von primären Partitionen (höchstens 3) und logischen Laufwerken in einer erweiterten Partition erstellen. Sie könnten als Alternative allerdings die Festplatte auch in einen dynamischen Speicher umwandeln und fünf einfache Datenträger erstellen.

2. Sie wollen zur Verbesserung der Systemleistung einen Stripesetdatenträger auf Ihrem Windows NT-Server erstellen. Sie stellen fest, dass genug Speicherplatz auf zwei Festplatten Ihres Rechners zur Verfügung steht. Wenn Sie aber mit der rechten Maustaste auf den Bereich des verfügbaren Speicherplatzes auf einer Festplatte klicken, stellen Sie fest, dass Sie nur die Möglichkeit zur Erstellung einer Partition haben. Wo liegt das Problem, und was können Sie zur Lösung dieses Problems unternehmen?

   Stripesetdatenträger lassen sich nur auf dynamischen Festplatten erstellen. Die Option, eine Partition statt eines Datenträgers zu erstellen, weist darauf hin, dass es sich um eine Basisfestplatte handelt. Sie müssen also zunächst einmal alle Festplatten, die Sie für Ihren Stripesetdatenträger verwenden wollen, in dynamische Festplatten umwandeln.

3. Sie haben eine neue Festplatte installiert und versuchen, einen vorhandenen Datenträger so zu erweitern, dass er sich bis auf die neue Festplatte erstreckt. Die Option zur Erweiterung des Datenträgers steht jedoch nicht zur Verfügung. Wo liegt das Problem, und was können Sie zur Lösung dieses Problems unternehmen?

   Der vorhandene Datenträger ist nicht mit dem Windows 2000-Dateisystem (NTFS) formatiert. Erweitern lassen sich aber nur NTFS-Datenträger. Sie sollten alle Daten auf dem vorhandenen Datenträger sichern, ihn anschließend in NTFS konvertieren und anschließend erweitern.

4. Sie können Ihren Rechner sowohl mit Windows 98 als auch mit Windows 2000 Professional betreiben. Sie haben ein zweites Laufwerk – das Sie für Archivdateien verwenden – von einem Basisdatenträger in einen dynamischen Speicher umgewandelt. Wenn Sie versuchen, unter Windows 98 auf die Archivdateien zuzugreifen, können Sie sie nicht lesen. Warum nicht?

   Nur Windows 2000 kann den dynamischen Datenträger lesen.

Kapitel 7

Praxis

Lektion 1: TCP/IP

Praxis: TCP/IP installieren und konfigurieren

Übung 2: TCP/IP zur Verwendung einer statischen IP-Adresse konfigurieren

▶ So testen Sie die statische IP-Adresse

Seite 189

6. Um zu überprüfen, ob die IP-Adresse für Ihre Karte konfiguriert ist und funktioniert, tippen Sie **ping 127.0.0.1** und drücken die Eingabetaste.

   Was geschieht?

   Als Antwort erhalten Sie 127.0.0.1.

7. Wenn Sie einen zusätzlichen Computer zur Verfügung haben, um die Verbindung zu testen, tippen Sie **ping *IP-Adresse*** (wobei *IP-Adresse* die IP-Adresse des Computers darstellt, den Sie zum Testen der Verbindungsfähigkeit Ihres Computers benutzen) und drücken Sie die Eingabetaste. Wenn Sie keinen Computer zum Testen der Verbindungsfähigkeit zur Verfügung haben, fahren Sie mit Schritt 8 fort.

   Was geschieht?

   Als Antwort erhalten Sie die IP-Adresse, die Sie mit dem ping-Programm angesprochen haben.

Übung 3: TCP/IP zum automatischen Bezug einer IP-Adresse konfigurieren

▶ So konfigurieren Sie TCP/IP zum automatischen Bezug einer IP-Adresse

Seite 190

4. Markieren Sie die Option IP-Adresse automatisch beziehen.

   Welche IP-Adresseinstellungen nimmt der DHCP-Dienst für Ihren Computer vor?

   IP-Adresse und Subnetzmaske.

Übung 4: Bezug einer IP-Adresse durch die automatische private IP-Adressierung

Seite 191

▶ So beziehen Sie eine IP-Adresse von der automatischen privaten IP-Adressierung

2. Geben Sie an der Eingabeaufforderung **ipconfig /renew** ein und drücken Sie die Eingabetaste.

Es tritt eine kleine Pause ein, während der Windows 2000 versucht, einen DHCP-Server im Netzwerk zu finden.

Welche Nachricht erscheint, und was bedeutet sie?

Die Fehlermeldung lautet:
Der folgende Fehler ist bei der Erneuerung von Adapter LAN-Verbindung aufgetreten: DHCP-Server nicht verfügbar.
Es stand kein DHPC-Dienst zur Verfügung, von dem der Computer dynamisch eine IP-Adresse hätte beziehen können.

▶ So testen Sie die TCP/IP-Konfiguration

Seite 191

1. Geben Sie an der Eingabeaufforderung **ipconfig | more** ein und drücken Sie die Eingabetaste.

2. Drücken Sie die Leertaste, wenn notwendig, und notieren Sie in folgender Tabelle die augenblicklichen Einstellungen der TCP/IP-Konfiguration für Ihre LAN-Verbindung.

Einstellung	Wert
IP-Adresse	**Hängt von der Konfiguration ab**
Subnetzmaske	**Hängt von der Konfiguration ab**
Standardgateway	**Hängt von der Konfiguration ab**

Ist dies dieselbe IP-Adresse, wie die in Übung 3 zugeordnete? Warum? Oder warum nicht?

Diese Adresse weicht von der in Übung 3 vergebenen ab. Dort wurde eine Adresse vom DHCP-Dienst vergeben, während in dieser Übung die automatische private Adressierung aktiviert wurde, denn es stand kein DHCP-Dienst zur Verfügung.

Seite 192

5. Wenn Ihnen ein zusätzlicher Computer zur Verfügung steht, um die Verbindung zu testen, geben Sie **ping** *IP-Adresse* ein (wobei *IP-Adresse* die IP-Adresse des Computers darstellt, den Sie zum Testen der Verbindungsfähigkeit Ihres Computers benutzen), und drücken Sie die Eingabetaste. Wenn Ihnen kein Computer zum Testen der Verbindungsfähigkeit zur Verfügung steht, fahren Sie mit Übung 5 fort.

Haben Sie Erfolg gehabt? Warum? Oder warum nicht?

Die Antworten fallen je nach Konfiguration verschieden aus. (Wenn Ihnen kein Computer zum Testen der Verbindungsfähigkeit zur Verfügung steht, fahren Sie mit Übung 5 fort.)

- **Nein, wenn der Testcomputer mit einer statischen IP-Adresse eines anderen Netzwerks konfiguriert ist und Ihnen kein Standardgateway zur Verfügung steht.**

- Ja, wenn der Testcomputer ebenfalls für den automatischen Bezug einer IP-Adresse konfiguriert ist und sich in demselben Subnetz befindet, sodass ein Standardgateway nicht erforderlich ist.

Lektion 2: NWLink

Praxis: NWLink installieren und konfigurieren

▶ **So installieren und konfigurieren Sie NWLink**

Seite 199

4. Klicken Sie auf *Protokoll* und dann auf *Hinzufügen*.

   Das Dialogfeld *Netzwerkprotokoll wählen* wird geöffnet.

   Welche Protokolle können Sie installieren?

   AppleTalk-Protokoll, DLC-Protokoll, NetBEUI, Netzwerkmonitortreiber und NWLink IPX/SPX/NetBIOS-kompatibles Transportprotokoll.

Seite 200

6. Markieren Sie den Eintrag NWLink IPX/SPX/NetBIOS-kompatibles Transportprotokoll und klicken Sie auf Eigenschaften.

   Welche Art Rahmentyperkennung ist standardmäßig markiert?

   Automatische Erkennung.

Lektion 4: Netzwerkbindungen

Praxis: Mit Netzwerkbindungen arbeiten

Übung 1: Die Bindungsreihenfolge eines Protokolls ändern

▶ **So ändern Sie die Bindungsreihenfolge der Protokolle**

Seite 207

2. Maximieren Sie das Fenster *Netzwerk und DFÜ-Verbindungen* und klicken Sie im Menü *Erweitert* auf den Befehl *Erweiterte Einstellungen*.

   Das Dialogfeld *Erweiterte Einstellungen* wird geöffnet.

   In welcher Reihenfolge sind in der Liste *Bindungen für LAN-Verbindung* unter *Client für Microsoft-Netzwerke* die Protokolle aufgeführt?

   1. *NWLink IPX/SPX/NetBIOS-kompatibles Transportprotokoll*

   2. *Internetprotokoll (TCP/IP)*

Lernzielkontrolle

1. Auf Ihrem Computer wird Windows 2000 Client für Microsoft-Netzwerke ausgeführt und er wurde von für die Verwendung von TCP/IP konfiguriert. Sie können zwar Verbindungen zu jedem Host in Ihrem eigenen Subnetz herstellen, nicht aber zu einem Host in einem Remote-Subnetz. Auch der Verbindungstest mittels Ping scheitert. Worin besteht vermutlich die Ursache für dieses Problem, und wie können Sie es beheben?

   Sie haben kein Standardgateway angegeben, oder die Eintragung ist falsch.

Sie legen das Standardgateway im Dialogfeld *Eigenschaften von Internetprotokoll (TCP/IP)* fest (das Sie im Kontextmenü von *Netzwerkumgebung* mit dem Befehl *Netzwerk und DFÜ-Verbindungen* erreichen). Andere mögliche Ursachen könnten darin bestehen, dass das Gateway offline ist oder dass der Wert für die Subnetzmaske falsch eingestellt ist.

2. Ihr Computer läuft unter Windows 2000 Professional. Er kann mit einigen, aber nicht mit allen NetWare-Servern im Netzwerk kommunizieren. Manche NetWare-Server verwenden Rahmentyp 802.2, andere 802.3. Worin besteht vermutlich die Ursache für dieses Problem?

Obwohl die Implementierung von NWLink in Windows 2000 den Rahmentyp für IPX/SPX-kompatible Protokolle automatisch ermitteln kann, geschieht dies nur für einen Rahmentyp. In diesem Netzwerk werden aber zwei Rahmentypen benutzt; Sie müssen daher den zusätzlichen Rahmentyp (802.3) manuell konfigurieren.

3. Welche Einschränkungen gelten für das Protokoll NetBEUI?

NetBEUI ist nicht routingfähig und deshalb für WANs nicht geeignet. Wegen dieser Einschränkung können Sie Netzwerke mit Computern, die Windows 2000 und NetBEUI verwenden, nur über Bridges verbinden, nicht aber über Router.

NetBEUI stützt sich bei vielen seiner Funktionen auf Broadcasting, etwa bei der Namensregistrierung oder -auflösung; dadurch entsteht eine höhere Verkehrsbelastung auf dem Netz als bei anderen Protokollen.

4. Welches ist die primäre Aufgabe des Protokolls DLC?

DLC ermöglicht die Kommunikation mit Großrechnern von IBM und Netzwerkdruckern, die unmittelbar mit dem Netzwerk verbunden sind.

5. Worin besteht die Bedeutung der Bindungsreihenfolge von Netzwerkprotokollen?

Sie legen die Bindungsreihenfolge zum Zwecke der Leistungssteigerung eines Netzwerkes fest. Wenn auf einem Computer unter Windows 2000 Professional beispielsweise NetBEUI, NWLink IPX/SPX und TCP/IP installiert sind und die meisten Server, zu denen dieser Computer Verbindungen aufbaut, TCP/IP verwenden, sollten Sie die Reihenfolge der Bindungen so einstellen, dass die Bindung der Workstation an TCP/IP vor den Bindungen der Workstation an andere Protokolle steht. Wenn ein Benutzer beabsichtigt, eine Verbindung zu einem Server aufzubauen, versucht dann Client für Microsoft-Netzwerke zuerst, die gewünschte Verbindung mithilfe von TCP/IP herzustellen.

Kapitel 8

Lernzielkontrolle

1. Welche Funktion haben die folgenden DNS-Komponenten?

   Domain Name Space

   Der Domain Name Space stellt die Hierarchiestruktur für die verteilte DNS-Datenbank zur Verfügung.

   Zonen

   Mithilfe von Zonen wird der Domain Name Space in Verwaltungseinheiten aufgeteilt.

   Namenserver

   Auf Namenservern werden die Informationen einer Zone gespeichert. Sie führen in den Domain Name Spaces, für die Sie Autorität besitzen, die Namensauflösung durch.

2. Warum ist es günstig, mehrere Namenserver einzurichten?

   Mit mehreren Namenservern werden die Informationen redundant gespeichert, die Belastung des Servers, auf dem die Primärdatenbankdatei der Zone gespeichert ist, wird verringert und Remotecomputer können daher schneller auf die Informationen zugreifen.

3. Was ist der Unterschied zwischen einer Forward-Lookup-Abfrage und einer Reverse-Lookup-Abfrage?

   Bei einer Forward-Lookup-Abfrage wird für einen Namen die zugehörige IP-Adresse gesucht, bei einer Reverse-Lookup-Abfrage wird dagegen der zu einer IP-Adresse gehörende Name gesucht.

4. In welchem Fall sollten Sie eine Verbindung so konfigurieren, dass die Adresse des DNS-Servers automatisch abgerufen wird?

   Aktivieren Sie die Option zum automatischen Abruf der Adresse des DNS-Servers nur dann, wenn im Netzwerk ein funktionierender DHCP-Server vorhanden ist, der die IP-Adressen von funktionierenden DNS-Servern zur Verfügung stellen kann.

Kapitel 9

Lernzielkontrolle

1. Wie lauten die vier wichtigsten Funktionen der Active Directory-Verzeichnisdienste?

   Active Directory-Verzeichnisdienste bieten eine vereinfachte Verwaltung und Skalierbarkeit; sie unterstützen offene Standards sowie die Verwendung von standardisierten Namensformaten.

2. Was versteht man unter Standorten und Domänen und wodurch unterscheiden sie sich?

   Ein Standort ist eine Kombination aus einem oder mehreren IP-Subnetzen, die über einen Hochgeschwindigkeitslink miteinander verbunden sein sollten.

   Eine Domäne ist eine logisch strukturierte Gruppe von Servern und anderen Netzwerkressourcen, die unter einem Domänennamen zusammengefasst werden.

   Ein Standort ist eine Komponente der physischen Struktur der Active Directory-Verzeichnisdienste, während eine Domäne eine Komponente der logischen Struktur ist.

3. Was versteht man unter einem Schema und wie können Sie es erweitern?

   Das Schema enthält eine formale Definition für den Inhalt und den Aufbau von Active Directory-Verzeichnisdiensten und umfasst alle Attribute, Klassen und Klasseneigenschaften. Sie können ein Schema mit dem Snap-In *Active Directory-Schema* oder über ADSI (Active Directory Services Interface) erweitern.

4. Welche Windows 2000-Produkte unterstützen Active Directory-Verzeichnisdienste?

   Nur die Windows 2000-Produkte Windows 2000 Server, Windows 2000 Advanced Server und Windows 2000 Datacenter stellen Active Directory-Verzeichnisdienste zur Verfügung. Windows 2000 Professional verfügt nicht über diese Dienste. Wenn sich Windows 2000 Professional-Clients jedoch in einer Windows 2000-Domäne befinden, können sie ebenfalls auf Active Directory-Verzeichnisdienste zugreifen.

Kapitel 10

Lernzielkontrolle

1. An welcher Stelle erstellt Windows 2000 lokale Benutzerkonten?

   Wenn Sie ein lokales Benutzerkonto einrichten, erstellt Windows 2000 dieses Konto nur in der Sicherheitsdatenbank des betreffenden Rechners.

2. Wodurch unterscheiden sich Domänenbenutzerkonten und lokale Benutzerkonten?

   Mithilfe von Domänenbenutzerkonten können Benutzer sich von jedem beliebigen Rechner im Netzwerk bei der Domäne anmelden und auf Ressourcen in der ganzen Domäne zugreifen – vorausgesetzt, sie haben die Berechtigung zum Zugriff auf diese Ressourcen. Ein lokales Benutzerkonto erlaubt einem Benutzer nur, sich bei dem Rechner anzumelden, auf dem das lokale Benutzerkonto erstellt wurde.

3. Welche Punkte sollten Sie bei der Planung neuer Benutzerkonten berücksichtigen?

   - **Sie müssen eine Namenskonvention einrichten, die dafür sorgt, dass Benutzerkontonamen eindeutig sind und nach einem einheitlichen Muster vergeben werden.**
   - **Sie müssen entscheiden, ob Sie allein oder auch der Benutzer das Benutzerkennwort festlegen kann.**
   - **Sie müssen entscheiden, ob das Benutzerkonto zunächst deaktiviert werden soll.**

4. Welche Daten sind zur Erstellung von lokalen Benutzerkonten erforderlich?

   Ein Benutzername.

5. Was sind vordefinierte Konten, und wofür werden sie verwendet?

   Windows 2000 erstellt die so genannten vordefinierten Konten automatisch. Zwei häufig verwendete vordefinierte Konten sind die Konten *Administrator* und *Gast*. Mithilfe des Kontos *Administrator* lassen sich alle Aspekte eines Computers verwalten. So können zum Beispiel Benutzerkonten und Gruppen erstellt und bearbeitet sowie Eigenschaften für Benutzerkonten festgelegt werden. Mithilfe des vordefinierten Kontos *Gast* können Sie gelegentlichen Benutzern die Gelegenheit zum Zugriff auf bestimmte Ressourcen bieten.

Kapitel 11

Lernzielkontrolle

1. In welchen Fällen ist es günstig, mit Gruppen zu arbeiten?

   Mithilfe von Gruppen lässt sich die Verwaltung vereinfachen. Sie müssen Berechtigungen dann nicht an jeden einzelnen Benutzer vergeben, sondern können sie der gesamten Gruppe zuweisen.

2. Wie erstellen Sie eine lokale Gruppe?

   Starten Sie das Snap-In *Computerverwaltung* und erweitern Sie *Lokale Benutzer und Gruppen*. Klicken Sie mit der rechten Maustaste auf *Gruppen* und klicken Sie anschließend auf *Neue Gruppe*. Füllen Sie die entsprechenden Felder aus und klicken Sie auf *Erstellen*.

3. Hat das Löschen von Gruppen irgendwelche Auswirkungen?

   Wenn Sie eine Gruppe löschen, geht die eindeutige Kennung, mit der die Gruppe im System repräsentiert wird, verloren. Selbst wenn Sie wieder eine Gruppe mit demselben Namen erstellen, erhält sie nicht mehr dieselbe Kennung. Daher müssen Sie die Rechte und Berechtigungen, die die Gruppe früher hatte, erneut zuweisen, und Sie müssen auch alle Benutzer, die zu der Gruppe gehören sollen, erneut in die Gruppe aufnehmen.

4. Was ist der Unterschied zwischen vordefinierten lokalen Gruppen und anderen lokalen Gruppen?

Lokale Gruppen werden von Ihnen selbst erstellt, und Sie weisen ihnen auch die gewünschten Berechtigungen zu.

Die vordefinierten lokalen Gruppen sind in Windows 2000 von vornherein vorhanden. Vordefinierte lokale Gruppen können Sie nicht selbst erstellen. Diese Gruppen vergeben jeweils das Recht, auf einem Computer bestimmte Systemaufgaben auszuführen, beispielsweise Dateien zu sichern und wieder herzustellen, die Systemuhr einzustellen oder die Systemressourcen zu verwalten.

Kapitel 12

Lernzielkontrolle

1. Welcher Unterschied besteht zwischen einem logischen Drucker und einem Drucker?

   Ein logischer Drucker ist die Softwareschnittstelle zwischen dem Betriebssystem und dem Drucker. Der Drucker ist das physische Gerät, auf dem der Ausdruck der Dokumente erfolgt.

2. Ein Druckertreiber kann mit zwei verschiedenen Druckertypen verbunden werden. Um welche Typen handelt es sich dabei und wie unterscheiden sie sich voneinander?

   Bei den beiden Druckertypen handelt es sich um lokale Drucker oder Netzwerkdrucker. Ein lokaler Drucker ist direkt an den physischen Anschluss des Druckservers angeschlossen. Ein Netzwerkdrucker ist über das Netzwerk mit dem Druckserver verbunden. Für einen Netzwerkdrucker ist eine Netzwerkschnittstellenkarte erforderlich.

3. Sie haben einen freigegebenen logischen Drucker hinzugefügt. Welche Schritte müssen Sie für die Einrichtung von Clientcomputern, auf denen Windows 2000 installiert ist, ausführen, damit die Benutzer drucken können. Aus welchen Gründen sind diese Schritte notwendig?

   Sie (oder der Benutzer) müssen eine Verbindung vom Clientcomputer zu dem logischen Drucker herstellen. Dabei kopiert Windows 2000 automatisch den Druckertreiber auf den Clientcomputer.

4. Welche Vorteile bringt die Verbindung zu einem logischen Drucker mit http://*Servername*/printers für die Benutzer?

   Die Benutzer können auf diese Weise eine Verbindung zu einem logischen Drucker ohne den Druckerinstallations-Assistenten herstellen. Es wird eine Verbindung zu einer Website erstellt, auf der alle logischen Drucker aufgeführt sind, für die der Benutzer die entsprechenden Berechtigungen besitzt.

Die Website enthält auch Informationen zu den Druckern, die den Benutzern die korrekte Auswahl erleichtern. Ein Webdesigner kann diese Webseite anpassen und beispielsweise einen Stockwerksgrundriss mit den Standorten der Drucker bereitstellen, zu denen die Benutzer eine Verbindung herstellen können. Dies erleichtert den Benutzern die Auswahl eines Druckers.

5. Zu welchem Zweck verbinden Sie mehrere logische Drucker mit einem Drucker?

Wenn Sie mehrere logische Drucker mit einem Drucker verbinden, können Sie den logischen Druckern Prioritäten zuweisen, sodass die Benutzer wichtige Dokumente an den logischen Drucker mit der höchsten Prioritätsstufe senden können. Diese Dokumente werden immer vor den Dokumenten gedruckt, die von logischen Druckern mit einer niedrigeren Prioritätsstufe stammen.

6. Zu welchem Zweck wird ein Druckerpool angelegt?

Ein Druckerpool sorgt für die Beschleunigung des Druckvorgangs. Die Benutzer können ihre Dokumente an einen logischen Drucker senden, der mit mehreren Druckern verbunden ist, sodass die Dokumente nicht in der Druckwarteschlange verbleiben müssen. Ein Druckerpool vereinfacht auch die Verwaltung, da ein logischer Drucker für mehrere Drucker einfacher zu verwalten ist als ein Druckertreiber für jeden Drucker.

Kapitel 13

Praxis

Lektion 2: Drucker verwalten

Praxis: Drucker verwalten

Übung 3: Die Besitzrechte für einen logischen Drucker übergeben

▶ So übergeben Sie die Besitzrechte für einen Drucker

2. Klicken Sie auf der Registerkarte *Sicherheitseinstellungen* auf *Erweitert* und anschließend auf die Registerkarte *Besitzer*.

Wer hat augenblicklich die Besitzrechte an diesem logischen Drucker?

Die Administratorengruppe.

Lektion 3: Dokumente verwalten

Praxis: Dokumente verwalten

▶ **So definieren Sie eine Benachrichtigung**

Seite 336

3. Wählen Sie im Fenster *Drucker* die Datei README.doc aus und klicken Sie im Menü *Dokument* auf den Befehl *Eigenschaften*.

   Windows 2000 öffnet das Dialogfeld *Eigenschaften von Dokument "README.txt"*, in dem die Registerkarte *Allgemein* aktiv ist.

   Welcher Benutzer ist im Feld *Benachrichtigen* angegeben und warum?

   In diesem Feld wird augenblicklich der Administrator als Benutzer angezeigt, weil dieser das Dokument druckt.

▶ **So erhöhen Sie die Priorität eines Dokuments**

Seite 337

1. Aktivieren Sie im Dialogfeld *Eigenschaften von Dokument "README.txt"* die Registerkarte *Allgemein*, und stellen Sie fest, welche Priorität voreingestellt ist.

   Welche Prioritätsstufe ist gegenwärtig eingestellt. Handelt es sich um die niedrigste oder höchste Stufe?

   Die Priorität ist aktuell auf den Wert 1 eingestellt. Dies ist die Voreinstellung und gleichzeitig die niedrigste Prioritätsstufe.

Lernzielkontrolle

1. Welche Druckerberechtigung benötigt ein Benutzer, um die Priorität für ein fremdes Dokument (das Dokument eines anderen Benutzers) zu ändern?

   Die Berechtigung *Dokumente verwalten*.

2. Wie können Sie in einer Umgebung, in der viele Benutzer denselben Drucker verwenden, das Risiko verringern, dass Benutzer die falschen Ausdrucke an sich nehmen?

   Legen Sie eine Trennseite an, mit der ausgedruckte Dokumente identifiziert und voneinander getrennt werden.

3. Kann ein einzelnes Dokument umgeleitet werden?

   Nein. Sie können die Konfiguration des Druckservers nur dahingehend ändern, dass *alle* Dokumente an einen anderen logischen Drucker oder einen anderen physischen Drucker gesendet werden.

4. Sie müssen ein großes Dokument drucken. Wie können Sie den Ausdruck des Dokuments zu einem späteren Zeitpunkt veranlassen, an dem Sie selbst nicht anwesend sind?

   Sie können einen Druckzeitpunkt für Druckaufträge festlegen. Die entsprechenden Einstellungen werden auf der Registerkarte *Allgemein* im Dialogfeld *Eigenschaften* des Dokuments vorgenommen.

Um dieses Dialogfeld zu öffnen, wählen Sie das Dokument im Fenster für den Drucker aus, klicken dann auf das Menü *Dokument* und anschließend auf *Eigenschaften*. Klicken Sie im Bereich *Zeitplan* auf die Option *Nur von*. Geben Sie die Uhrzeit ein, an der das Dokument nach Dienstschluss frühestens gedruckt werden soll. In das Feld *bis* geben Sie eine Uhrzeit ein, die einige Stunden vor dem Beginn der normalen Geschäftszeit liegt. Um den Druckzeitpunkt für ein Dokument festlegen zu können, müssen Sie über die Besitzrechte für dieses Dokument verfügen oder die Berechtigung *Dokumente verwalten* für den entsprechenden logischen Drucker besitzen.

5. Welche Vorteile hat die Druckverwaltung mithilfe eines Webbrowsers?

    Sie können alle logischen Drucker auf einem Windows 2000-Druckserver im Intranet von einem Computer aus verwalten, auf dem ein Webbrowser verfügbar ist. Dabei spielt es keine Rolle, ob auf dem Computer Windows 2000 oder der entsprechende Druckertreiber installiert ist. Es werden eine Zusammenfassungsseite und Echtzeitinformationen über den Status der Drucker angezeigt, und Sie können die Benutzeroberfläche an Ihre Bedürfnisse anpassen.

Kapitel 14

Praxis

Lektion 3: NTFS-Berechtigungen vergeben

Praxis: NTFS-Berechtigungen planen und vergeben

Übung 1: NTFS-Berechtigungen planen

Seite 359

Welche der normalerweise vergebenen Berechtigungen sollten Sie entfernen, wenn Sie eigene Berechtigungen für eine Datei oder einen Ordner festlegen?

Die Berechtigung Vollzugriff für die Gruppe *Jeder*.

Vervollständigen Sie die folgende Tabelle, um die Vergabe von Berechtigungen zu planen und zu dokumentieren:

Pfad	Benutzerkonto oder Gruppe	NTFS-Berechtigungen	Übernahme verhindern (ja/nein)
Anwendungen	Gruppe Administratoren	Vollzugriff	Nein
Anwendungen\Textverarbeitung	Gruppe Benutzer	Lesen & Ausführen	Nein

(Fortsetzung)

Pfad	Benutzerkonto oder Gruppe	NTFS-Berechtigungen	Übernahme verhindern (ja/nein)
Anwendungen\Tabellenkalkulation	Gruppe Buchhaltung	Lesen & Ausführen	Nein
	Gruppe Manager	Lesen & Ausführen	
	Gruppe Sachbearbeiter	Lesen & Ausführen	
Anwendungen\Datenbank	Gruppe Buchhaltung	Lesen & Ausführen	Nein
	Gruppe Manager	Lesen & Ausführen	
	Gruppe Sachbearbeiter	Lesen & Ausführen	
Öffentlich	Gruppe Administratoren	Vollzugriff	Nein
	ERSTELLER-BESITZER	Vollzugriff	
	Gruppe Benutzer	Schreiben	
Öffentlich\Bibliothek	Gruppe Administratoren	Vollzugriff	Ja
	Gruppe Benutzer	Lesen & Ausführen	
Öffentlich\Dokumentation	Gruppe Administratoren	Vollzugriff	Ja
	Gruppe Benutzer	Lesen & Ausführen	
	Benutzer81	Vollzugriff	

Übung 2: NTFS-Berechtigungen für den Ordner *Öffentlich* vergeben

▶ **So entfernen Sie Berechtigungen für die Gruppe *Jeder*.**

Seite 360

4. Klicken Sie auf die Registerkarte *Sicherheitseinstellungen*, um die Eigenschaften des Ordners *Öffentlich* anzuzeigen.

   Windows 2000 zeigt das Dialogfeld *Eigenschaften von Öffentlich* an, wobei die Registerkarte *Sicherheitseinstellungen* aktiv ist.

   Welche Ordnerberechtigungen gelten aktuell?

   Die Gruppe *Jeder* hat *Vollzugriff*.

   Beachten Sie, dass die derzeitigen Berechtigungen nicht verändert werden können.

Anhang A   Fragen und Anworten   695

5. Wählen Sie im Listenfeld *Name* die Gruppe *Jeder*, dann klicken Sie auf *Entfernen*.

Was bemerken Sie?

Windows 2000 zeigt ein Meldungsfenster an, das Ihnen mitteilt, dass Sie die Gruppe *Jeder* nicht löschen können, weil der Ordner die Berechtigungen für die Gruppe *Jeder* vom übergeordneten Ordner übernimmt. Um Berechtigungen für *Jeder* zu ändern, müssen Sie zuerst die Übernahme von Berechtigungen verhindern.

8. Klicken Sie auf *Entfernen*.

Welche Ordnerberechtigungen gelten jetzt noch?

Derzeit sind keine Berechtigungen vergeben.

▶ **So erteilen Sie der Gruppe *Benutzer* Berechtigungen für den Ordner *Öffentlich***

Seite 361

4. Klicken Sie auf *OK*, um zum Dialogfeld *Eigenschaften von Öffentlich* zurückzukehren.

Welche Ordnerberechtigungen gelten jetzt?

Die Gruppe *Benutzer* hat folgende Berechtigungen: *Lesen & Ausführen*, *Ordner auflisten* **und** *Lesen*. **Das sind die normalen Berechtigungen, die Windows 2000 vergibt, wenn Sie die Liste der Berechtigungen um ein Benutzerkonto oder eine Gruppe ergänzen.**

▶ **So erteilen Sie der Gruppe *ERSTELLER-BESITZER* Berechtigungen für den Ordner *Öffentlich***

Seite 362

7. Falls notwendig markieren Sie in der Liste *Berechtigungseinträge* den Eintrag *ERSTELLER-BESITZER*.

Welche Berechtigungen sind für *ERSTELLER-BESITZER* vergeben und worauf beziehen sich diese Berechtigungen?

Die Berechtigung *Vollzugriff* ist nur an Unterordner und Dateien vergeben. Berechtigungen der Gruppe *ERSTELLER-BESITZER* sind nicht an den Ordner vergeben, sondern werden nur an neue Dateien und Ordner vergeben, die in dem übergeordneten Ordner angelegt werden.

▶ **So testen Sie die Ordnerberechtigungen, die Sie dem Ordner *Öffentlich* erteilt haben**

Seite 362

3. Versuchen Sie, im Ordner *Öffentlich* eine Textdatei namens *Benutzer81* anzulegen.

Ist es Ihnen gelungen? Warum oder warum nicht?

Ja, weil die Gruppe *Benutzer* für den Ordner *Öffentlich* über die Berechtigung *Schreiben* verfügt.

Übung 4: NTFS-Berechtigungen testen

▶ **So testen Sie die Berechtigungen für den Ordner *Vermischtes* während Sie als Benutzer81 angemeldet sind**

Seite 365

3. Versuchen Sie, im Ordner *Vermischtes* eine Datei anzulegen.

   Ist es Ihnen gelungen? Warum oder warum nicht?

   Nein, weil lediglich Benutzer82 die NTFS-Berechtigungen zum Anlegen und Ändern von Dateien im Ordner *Vermischtes* erhalten hat.

▶ **So testen Sie die Berechtigungen für den Ordner *Vermischtes* während Sie als Benutzer82 angemeldet sind**

Seite 365

3. Versuchen Sie, im Ordner *Vermischtes* eine Datei anzulegen.

   Ist es Ihnen gelungen? Warum oder warum nicht?

   Ja, weil Benutzer 82 die Berechtigung *Ändern* für den Ordner erhalten hat.

▶ **So testen Sie die Berechtigungen für den Ordner *Dokumentation* während Sie als Administrator angemeldet sind**

Seite 365

3. Versuchen Sie, im Ordner *Dokumentation* eine Datei anzulegen.

   Ist es Ihnen gelungen? Warum oder warum nicht?

   Ja, weil die Gruppe *Administratoren* über die Berechtigung *Vollzugriff* für den Ordner *Dokumentation* verfügt.

▶ **So testen Sie die Berechtigungen für den Ordner *Dokumentation* während Sie als Benutzer81 angemeldet sind**

Seite 365

3. Versuchen Sie, im Ordner *Vermischtes* eine Datei anzulegen.

   Ist es Ihnen gelungen? Warum oder warum nicht?

   Nein, weil Benutzer81 für den Ordner *Dokumentation* nur die Berechtigung *Lesen & Ausführen* erhalten hat.

▶ **So testen Sie die Berechtigungen für den Ordner *Dokumentation* während Sie als Benutzer82 angemeldet sind**

Seite 366

3. Versuchen Sie, im Ordner *Vermischtes* eine Datei anzulegen.

   Ist es Ihnen gelungen? Warum oder warum nicht?

   Ja, weil Benutzer82 die Berechtigung *Ändern* für den Ordner *Vermischtes* erteilt worden ist.

Lektion 6: Probleme bei Berechtigungen lösen

Praxis: NTFS-Berechtigungen verwalten

Übung 1: Besitzrecht an einer Datei übernehmen

▶ **So ermitteln Sie, welche Berechtigungen für eine Datei erteilt wurden**

Seite 377

4. Klicken Sie auf die Registerkarte *Sicherheitseinstellungen*, um die Eigenschaften der Datei *Besitzer.txt* anzuzeigen.

   Welche Dateiberechtigungen bestehen augenblicklich für *Besitzer.txt*?

   Die Gruppe *Administratoren* hat die Berechtigung *Vollzugriff*.

   Die Gruppe *Benutzer* hat die Berechtigung *Lesen & Ausführen*.

6. Klicken Sie auf die Registerkarte *Besitzer*.

   Wer ist der augenblickliche Besitzer der Datei *Besitzer.txt*?

   Die Gruppe *Administratoren*.

▶ **So übernehmen Sie die Besitzrechte an einer Datei**

Seite 379

6. Klicken Sie auf *Erweitert*, um das Dialogfeld *Zugriffseinstellungen für Besitzer* anzuzeigen, und klicken Sie dann auf die Registerkarte *Besitzer*.

   Wer ist der derzeitige Besitzer von *Besitzer.txt*?

   Die Gruppe Administratoren.

7. Wählen Sie im Listenfeld *Besitzer ändern auf* den Eintrag *Benutzer84* aus und klicken Sie auf *Übernehmen*.

   Wer ist jetzt der Besitzer von *Besitzer.txt*?

   Benutzer84.

Übung 2: Ordner kopieren und verschieben

▶ **So legen Sie einen Ordner an, während Sie als Benutzer angemeldet sind**

Seite 379

1. Während Sie als Benutzer84 angemeldet sind, legen Sie im Windows Explorer auf dem Datenträger C einen Ordner namens *Temp1* an.

   Welche Berechtigungen werden für den Ordner vergeben?

   Die Gruppe *Jeder* hat die Berechtigung *Vollzugriff*.

   Wer ist der Besitzer? Warum?

   Benutzer84 ist der Besitzer, weil die Person, die einen Ordner oder eine Datei anlegt, zum Besitzer wird.

Seite 380

▶ **So legen Sie einen Ordner an, während Sie als Administrator angemeldet sind**

2. Legen Sie auf dem Datenträger C zwei Ordner an: *Temp2* und *Temp3*.

Welche Berechtigungen werden für die Ordner vergeben, die Sie gerade angelegt haben?

Die Gruppe *Jeder* hat die Berechtigung *Vollzugriff*.

Wer ist der Besitzer der Ordner *Temp2* und *Temp3*? Warum?

Die Gruppe *Administratoren* ist Besitzer der Ordner Temp2 und Temp3, weil ein Mitglied der Gruppe *Administratoren* diese Ordner angelegt hat.

▶ **So kopieren Sie einen Ordner innerhalb eines Windows 2000 NTFS-Datenträgers in einen anderen Ordner**

Seite 380

2. Markieren Sie C:\Temp1\Temp2 und vergleichen Sie Berechtigungen und Besitzrechte mit C:\Temp2.

Wer ist Besitzer von C:\Temp1\Temp2? Welche Berechtigungen gelten? Warum?

Besitzer ist immer noch die Gruppe *Administratoren*, weil Sie als Administrator angemeldet sind. Wenn ein Ordner oder eine Datei innerhalb eines NTFS-Datenträgers kopiert wird, wird die Person der Besitzer, die den Ordner oder die Datei kopiert.

Die Gruppe *Jeder* hat die Berechtigung *Vollzugriff*, denn wenn ein Ordner oder eine Datei innerhalb eines NTFS-Datenträgers kopiert wird, übernimmt der Ordner oder die Datei die Berechtigungen des Ordners, in den er oder sie kopiert wird.

▶ **So verschieben Sie einen Ordner innerhalb eines NTFS-Datenträgers**

Seite 381

2. Im Windows Explorer markieren Sie C:\Temp3 und verschieben ihn dann in C:\Temp1.

Was geschieht mit den Berechtigungen und Besitzrechten für C:\Temp1\Temp3? Warum?

Die Gruppe *Sicherungs-Operatoren* hat die Berechtigung *Lesen & Ausführen*, die Gruppe *Benutzer* hat die Berechtigung *Vollzugriff*. Die Gruppe *Administratoren* ist Besitzer von C:\Temp1\Temp3.

C:\Temp1\Temp3 behält die ursprünglichen Berechtigungen von C:\Temp3, weil eine Datei oder ein Ordner, die oder der innerhalb eines NTFS-Datenträgers verschoben wird, ihre oder seine ursprünglichen Berechtigungen behält. Obwohl Benutzer84 den Ordner verschoben hat, bleibt der Ersteller des Ordners weiterhin der Besitzer.

Übung 3: Eine Datei löschen während alle Berechtigungen verweigert sind

▶ So sehen Sie das Ergebnis der Berechtigung *Vollzugriff* für einen Ordner

Seite 381

1. Klicken Sie im Windows Explorer auf *KeinZugriff.txt*, um die Datei zu öffnen.

   Ist es Ihnen gelungen? Warum oder warum nicht?

   Nein. Der Gruppe *Jeder* wurde die Berechtigung *Vollzugriff* für C:\VollerZugriff\KeinZugriff.txt verweigert und auch das Benutzerkonto *Administrator* ist Mitglied der Gruppe *Jeder*.

Seite 382

4. Löschen Sie die Datei *KeinZugriff.txt*.

   Ist es Ihnen gelungen? Warum oder warum nicht?

   Ja, weil die Berechtigung *Vollzugriff* in Übereinstimmung mit POSIX die Sonderberechtigung *Unterordner und Dateien löschen* mit einschließt. Diese Sonderberechtigung ermöglicht es einem Benutzer, Dateien in einem Ordner zu löschen, für den der Benutzer die Berechtigung *Vollzugriff* hat. Diese Berechtigung überschreibt die normalen Dateiberechtigungen.

   Wie würden Sie Benutzer mit der Berechtigung *Vollzugriff* für einen Ordner daran hindern, in dem Ordner eine Datei zu löschen, für die Ihnen die Berechtigung *Vollzugriff* verweigert wurde?

   Erteilen Sie Benutzern alle individuellen Berechtigungen, und dann verweigern Sie diesen Benutzern die Sonderberechtigung *Unterordner und Dateien löschen*.

Lernzielkontrolle

1. Welches ist die normale Berechtigung, wenn ein Datenträger mit NTFS formatiert wird? Wer hat Zugriff auf den Datenträger?

   Die Standardberechtigung ist *Vollzugriff*. Die Gruppe *Jeder* hat Zugriff auf den Datenträger.

2. Wenn ein Benutzer für einen Ordner die Berechtigung *Schreiben* hat und auch Mitglied einer Gruppe ist, die über die Berechtigung *Lesen* für den Ordner verfügt, wie sieht dann die effektive Berechtigung des Benutzers für den Ordner aus?

   Der Benutzer hat dann für den Ordner beide Berechtigungen: *Lesen* und *Schreiben*, weil NTFS-Berechtigungen kumulativ wirken.

3. Wenn Sie einem Benutzerkonto für einen Ordner die Berechtigung *Ändern* und für eine Datei die Berechtigung *Lesen* zuweisen und dann diese Datei in den Ordner kopieren, welche Berechtigung hat der Benutzer dann für die Datei?

   Der Benutzer kann die Datei ändern, denn die Datei übernimmt die Berechtigung *Ändern* von dem Ordner.

4. Was geschieht mit den Berechtigungen, die einer Datei erteilt worden sind, wenn die Datei von einem Ordner in einen anderen Ordner auf demselben NTFS-Datenträger verschoben wird? Was passiert, wenn die Datei in einen Ordner auf einem anderen NTFS-Datenträger verschoben wird?

   Wenn die Datei von einem Ordner in einen anderen Ordner auf demselben NTFS-Datenträger verschoben wird, behält die Datei ihre Berechtigungen. Wenn die Datei in einen Ordner auf einem anderen NTFS-Datenträger verschoben wird, übernimmt die Datei die Berechtigungen des Zielordners.

5. Angenommen, ein Mitarbeiter verlässt das Unternehmen. Was müssen Sie tun, um die Besitzrechte an seinen Dateien oder Ordnern an einen anderen Mitarbeiter zu übertragen?

   Sie müssen als Administrator angemeldet sein, um die Besitzrechte des Mitarbeiters an den Dateien und Ordnern zu übernehmen. Vergeben Sie die Sonderberechtigung *Besitzrechte übernehmen* an einen anderen Mitarbeiter, damit dieser die Besitzrechte an den Dateien und Ordnern übernehmen kann. Benachrichtigen Sie den Mitarbeiter, dem Sie die Berechtigung erteilt haben, damit er die Besitzrechte an den Dateien und Ordnern übernimmt.

6. Welche drei Punkte sollten Sie überprüfen, wenn ein Benutzer keinen Zugriff auf eine Ressource erhält?

   Prüfen Sie die Berechtigungen, die an das Benutzerkonto und die Gruppen vergeben wurden, bei denen der Benutzer Mitglied ist.

   Prüfen Sie, ob dem Benutzerkonto oder der Gruppe, deren Mitglied der Benutzer ist, Berechtigungen für Dateien oder Ordner verweigert wurden.

   Prüfen Sie, ob der Ordner oder die Datei kopiert oder auf einen anderen Datenträger verschoben wurde. Wenn das der Fall ist, haben sich die Berechtigungen geändert.

Kapitel 15

Praxis

Lektion 1: Grundlegende Informationen über freigegebene Ordner

Praxis: Zugewiesene Zugriffsrechte

Seite 391

1. *Benutzer101* ist Mitglied von *Gruppe1*, *Gruppe2* und *Gruppe3*. *Gruppe1* hat Lesezugriff und *Gruppe3* hat Vollzugriff auf *OrdnerA*, *Gruppe2* wurden bezüglich *OrdnerA* keine Zugriffsrechte zugewiesen. Welches Zugriffsrecht auf *OrdnerA* hat *Benutzer101*?

   Da *Benutzer101* die Zugriffsrechte aller Gruppen erhält, hat er uneingeschränkten Zugriff auf *OrdnerA*. Darin sind alle Merkmale des Lesezugriffs enthalten.

2. *Benutzer101* ist außerdem Mitglied in der Gruppe *Vertrieb*, die Lesezugriff auf *OrdnerB* besitzt. Als einzelnem Benutzer wurde *Benutzer101* die Berechtigung *Vollzugriff* auf den freigegebenen *OrdnerB* verweigert. Welches Zugriffsrecht auf *OrdnerB* hat Benutzer101?

Benutzer101 hat keinen Zugriff auf *OrdnerB*, obwohl er Mitglied der Gruppe *Vertrieb* ist, die Lesezugriff auf *OrdnerB* besitzt. Ihm selbst jedoch wurde der uneingeschränkte Zugriff verweigert, und die Verweigerung eines Zugriffsrechts setzt alle anderen Berechtigungen außer Kraft.

Lektion 4: Berechtigungen für freigegebene Ordner und NTFS-Berechtigungen kombinieren

Praxis: Freigegebene Ordner verwalten

Übung 1: Berechtigungen kombinieren

Seite 408

1. Im ersten Beispiel wurde der Ordner *Daten* freigegeben. Die Gruppe *Vertrieb* hat die Berechtigung *Lesen* für den freigegebenen Ordner *Daten* und die NTFS-Berechtigung *Vollzugriff* auf den Unterordner *Vertrieb*.

    Welches Zugriffsrecht hat die Gruppe *Vertrieb* effektiv auf den Unterordner *Vertrieb*, wenn eines ihrer Mitglieder über den freigegebenen Ordner *Daten* auf den Ordner *Vertrieb* zugreift?

    Die Gruppe *Vertrieb* hat Lesezugriff auf den Unterordner *Vertrieb*, denn bei der Kombination von Berechtigungen für freigegebene Ordner und NTFS-Berechtigungen gilt jeweils die restriktivere Berechtigung.

Seite 409

2. Im zweiten Beispiel enthält der Ordner *Benutzer* die Basisordner der Benutzer. Jeder Basisordner enthält Daten, die nur für den Benutzer zugänglich sind, nach dem der Ordner benannt wurde. Der übergeordnete Ordner *Benutzer* ist freigegeben, und die Gruppe *Benutzer* hat die Berechtigung *Vollzugriff* für diesen freigegebenen Ordner. *Benutzer1* und *Benutzer2* haben jeweils die NTFS-Berechtigung *Vollzugriff* nur für ihren eigenen Ordner und keine NTFS-Berechtigung für andere Ordner. Sie sind beide Mitglieder der Gruppe *Benutzer*.

    Welche Zugriffsrechte besitzt Benutzer1, wenn er über den freigegebenen Ordner *Benutzer* auf den Unterordner *Benutzer1* zugreift? Welche Zugriffsrechte hat Benutzer1 für den Unterordner *Benutzer2*?

    Benutzer1 hat Vollzugriff auf den Unterordner *Benutzer1*, denn sowohl die Berechtigungen für freigegebene Ordner als auch die NTFS-Berechtigungen erlauben den uneingeschränkten Zugriff. Auf den Unterordner *Benutzer2* hat Benutzer1 dagegen überhaupt keinen Zugriff, denn er hat keinerlei NTFS-Berechtigungen für diesen Ordner.

Übung 2: Die Freigabe von Ordnern planen

Seite 410

Zeichnen Sie Ihre Antworten in der Tabelle auf.

Sie haben zwei Möglichkeiten für die Zuweisung der Berechtigungen. Sie können ausschließlich NTFS-Berechtigungen verwenden und der Gruppe *Jeder* Vollzugriff auf alle freigegebenen Ordner zuweisen oder Sie können je nach den Erfordernissen für die einzelnen Ressourcen Berechtigungen für freigegebene Ordner vergeben. Bei den folgenden Vorschlägen werden auch die Berechtigungen aufgeführt, die erforderlich sind, wenn Sie sich für die Vergabe von Berechtigungen für freigegebene Ordner entscheiden.

- Geben Sie den Ordner *Managementrichtlinien* unter dem Namen *Mgmtrtl* frei. Weisen Sie der Gruppe *Manager* das Zugriffsrecht *Vollzugriff* zu.

- Geben Sie den Ordner *Daten* unter dem Namen *Daten* frei. Weisen Sie der vordefinierten Gruppe *Administratoren* das uneingeschränkte Zugriffsrecht zu.

- Geben Sie den Ordner *Daten\Kundendienst* unter dem Namen *KDienst* frei. Weisen Sie der Gruppe *Kundendienst* das Zugriffsrecht *Ändern* zu.

- Geben Sie den Ordner *Daten\Public* unter dem Namen *Public* frei. Weisen Sie der vordefinierten Gruppe *Benutzer* das Zugriffsrecht *Ändern* zu.

- Geben Sie den Ordner *Programme* unter dem Namen *Prog* frei. Weisen Sie der vordefinierten Gruppe *Benutzer* das Lesezugriffsrecht und der vordefinierten Gruppe *Administratoren* das uneingeschränkte Zugriffsrecht zu.

- Geben Sie den Ordner *Projektmanagement* unter dem Namen *Projmgmt* frei. Weisen Sie der Gruppe *Manager* das Zugriffsrecht *Ändern* und der vordefinierten Gruppe *Administratoren* das uneingeschränkte Zugriffsrecht zu.

- Geben Sie den Ordner *Datenbank\Kunden* unter dem Namen *KundDB* frei. Weisen Sie der Gruppe *KundenDBVoll* das Änderungsrecht, der Gruppe *KundDBLesen* das Lesezugriffsrecht und der vordefinierten Gruppe *Administratoren* das uneingeschränkte Zugriffsrecht zu.

- Geben Sie den Ordner *Benutzer* unter dem Namen *Benutzer* frei. Erstellen Sie unterhalb dieses Ordners einen Ordner für jeden Mitarbeiter. Weisen Sie jedem Mitarbeiter für seinen Ordner das Vollzugriffsrecht zu. Richten Sie es am besten so ein, dass Windows 2000 die Ordner erstellt und automatisch die Zugriffsrechte verteilt, wenn Sie die einzelnen Benutzerkonten erstellen.

Anhang A Fragen und Anworten   703

Übung 4: Berechtigungen für freigegebene Ordner zuweisen

▶ **So weisen Sie der Gruppe *Administratoren* das uneingeschränkte Zugriffsrecht zu**

Seite 412

3. Klicken Sie auf OK.

   Die *Administratoren* werden von Windows 2000 in die Liste der Namen mit Berechtigungen eingefügt.

   Welche Zugriffsart wird den *Administratoren* in Windows 2000 standardmäßig zugewiesen?

   Der Lesezugriff.

4. Klicken Sie im Bereich *Berechtigungen* unter *Zulassen* in das Kontrollkästchen *Vollzugriff*.

   Warum wurde im Windows Explorer zusätzlich automatisch die Berechtigung *Ändern* markiert?

   Der Vollzugriff umfasst sowohl Lesezugriff als auch Änderungszugriff.

Übung 5 (Optional): Eine Verbindung zu einem freigegebenen Ordner herstellen

▶ **So stellen Sie von einem Laufwerk im Netzwerk mithilfe des Befehls *Netzlaufwerk verbinden* eine Verbindung zu einem freigegebenen Ordner her**

Seite 413

5. Klicken Sie auf *Fertig stellen*, um die Verbindung endgültig herzustellen.

   In Windows 2000 wird das Fenster *MktAnw auf 'PRO1'* angezeigt.

   Wie wird im Windows Explorer angezeigt, dass dieses Laufwerk auf einen freigegebenen Ordner auf einem Remotecomputer zeigt?

   Im Windows Explorer wird das Laufwerk als Symbol mit einem Netzwerkkabel angezeigt. Das Netzwerkkabel symbolisiert ein zugeordnetes Laufwerk im Netzwerk.

Übung 8 (Optional): NTFS-Berechtigungen und Berechtigungen für freigegebene Ordner testen

▶ **So testen Sie die Berechtigungen des Ordners *Doku* für einen lokal angemeldeten Benutzer**

Seite 416

3. Versuchen Sie, im Ordner *Doku* eine Datei zu erstellen.

   Hatten Sie damit Erfolg? Warum?

   Nein. Nur die Administratoren haben die NTFS-Berechtigung, Dateien im Ordner *Doku* zu erstellen und zu bearbeiten.

▶ **So testen Sie die Berechtigungen des Ordners *Doku* für einen Benutzer, der sich über das Netzwerk anmeldet**

Seite 416

7. Versuchen Sie im Fenster des Ordners *Doku* eine Datei zu erstellen.

   Waren Sie erfolgreich? Warum?

   Nein. Obwohl die Gruppe *Benutzer* für den freigegebenen Ordner *\\PRO1\MktAnw* die Berechtigung *Vollzugriff* besitzt, haben nur die Administratoren die NTFS-Berechtigung zum Erstellen und Bearbeiten von Dateien im Ordner *Doku*.

▶ **So testen Sie die Berechtigungen des Ordners *Doku* für einen Benutzer, der sich über das Netzwerk als Administrator anmeldet**

Seite 417

4. Versuchen Sie, im Fenster des Ordners *Doku* eine Datei zu erstellen.

   Waren Sie erfolgreich? Warum?

   Ja. Der Administrator hat die NTFS-Berechtigung *Vollzugriff* für den Ordner und auch die Berechtigung *Vollzugriff* für den freigegebenen Ordner *\\PRO1\MktAnw\Doku*.

▶ **So testen Sie die Berechtigungen des Ordners *Public* für einen Benutzer, der sich über das Netzwerk anmeldet**

Seite 417

5. Versuchen Sie, im Fenster des Ordners *Public* eine Datei zu erstellen.

   Waren Sie erfolgreich? Warum?

   Ja. Benutzer1 hat die NTFS-Berechtigung *Vollzugriff* auf den Ordner und auch die Berechtigung *Vollzugriff* für den freigegebenen Ordner *\\PRO1\MktAnw\Public*.

Lernzielkontrolle

1. Wenn ein Ordner auf einem FAT-Laufwerk freigegeben wird, worauf kann dann ein Benutzer mit der Berechtigung *Vollzugriff* zugreifen?

   Auf alle Ordner und Dateien in dem freigegebenen Ordner.

2. Welche Berechtigungen für freigegebene Ordner gibt es?

   Vollzugriff, Ändern und Lesen.

3. Welche Berechtigungen werden einem freigegebenen Ordner standardmäßig zugewiesen?

   Der Gruppe *Jeder* wird der Vollzugriff zugewiesen.

4. Wenn ein Ordner auf einem NTFS-Laufwerk freigegeben wird, worauf kann dann ein Benutzer mit der Berechtigung für freigegebene Ordner *Vollzugriff* zugreifen?

   Nur auf den Ordner, aber nicht unbedingt auf dessen Inhalt. Der Benutzer braucht zusätzlich NTFS-Berechtigungen für jede Datei und jeden Unterordner in dem freigegebenen Ordner, auf die er zugreifen möchte.

5. Warum sollten Sie bei der Freigabe eines öffentlichen Ordners zentralisierte Datenordner verwenden?

   Wenn die Datenordner zentralisiert sind, lassen sich die Daten leichter sichern.

6. Wie können Sie Dateien und Ordner, die Sie auf einem NTFS-Laufwerk freigeben, am besten sichern?

   Speichern Sie alle Dateien, die freigegeben werden sollen, in einem freigegebenen Ordner und behalten Sie die standardmäßig zugewiesene Berechtigung für freigegebene Ordner bei (die Gruppe *Jeder* erhält Vollzugriff auf den freigegebenen Ordner). Weisen Sie dann den verschiedenen Benutzern und Gruppen NTFS-Berechtigungen zu, um den Zugriff auf den gesamten Inhalt des Ordners bzw. auf einzelnen Dateien genau festzulegen.

Kapitel 16

Lernzielkontrolle

1. Nach welchem Muster gehen Sie vor, um Dateizugriffe überwachen zu lassen?

   Als Erstes legen Sie die Überwachungsrichtlinie für Objektzugriffe fest und wählen anschließend aus, welche Zugriffsart überwacht werden soll.

2. Wer kann die Überwachung für einen Computer einrichten?

   In der Standardeinstellung können nur Mitglieder der Administratorgruppe die Überwachung festlegen und verwalten. Sie können aber auch anderen Benutzern das Recht *Verwalten von Überwachungs- und Sicherheitsprotokollen* zuweisen, das zur Konfiguration einer Überwachungsrichtlinie und Anzeige von Überwachungsprotokollen erforderlich ist.

3. Wie erkennen Sie bei der Anzeige eines Sicherheitsprotokolls, ob ein Ereignis erfolgreich war oder fehlgeschlagen ist?

   Erfolgreiche Ereignisse werden mit einem Schlüsselsymbol, fehlgeschlagene mit einem Schlosssymbol gekennzeichnet.

4. Sie haben im Dialogfeld *Eigenschaften* für ein Überwachungsprotokoll die Option *Ereignisse nicht überschreiben* markiert. Was passiert, wenn die Protokolldatei ihre maximale Größe erreicht hat?

Windows 2000 wird angehalten. Sie müssen die Protokolldatei manuell aufräumen.

Kapitel 17

Praxis

Lektion 1: Kontorichtlinien konfigurieren

Praxis: Kontorichtlinien konfigurieren

Übung 2: Weitere Einstellungen für Kontorichtlinien konfigurieren und testen

▶ So konfigurieren Sie Einstellungen für Kontorichtlinien

Seite 452

1. Verwenden Sie das Snap-In *Gruppenrichtlinie* zur Konfiguration der folgenden Kontorichtlinien:
   - Ein Benutzer soll mindestens 5 unterschiedliche Kennwörter verwendet haben, bevor er auf ein bereits verwendetes Kennwort zurückgreifen kann.
   - Nach Änderung des Kennworts muss ein Benutzer mindestens 24 Stunden warten, bevor er es erneut ändern kann.
   - Ein Benutzer soll sein Kennwort mindestens alle drei Wochen ändern.

   Welche Einstellungen verwenden Sie für diese drei Richtlinien?

   Legen Sie 5 als Wert für die Richtlinie *Kennwortchronik erzwingen* fest. Damit zwingen Sie den Benutzer, mindestens fünf verschiedene Kennwörter zu verwenden, bevor er auf ein bereits verwendetes zurückgreifen kann.

   Legen Sie das minimale Kennwortalter auf einen Tag fest. Der Benutzer muss dann 24 Stunden warten, bevor er sein Kennwort erneut ändern kann.

   Legen Sie das maximale Kennwortalter auf 21 Tage fest. Der Benutzer muss dann sein Kennwort alle drei Wochen ändern.

▶ So testen Sie die Einstellungen der Kontorichtlinien

Seite 452

2. Ändern Sie Ihr Kennwort in **Wasser** um.

   War die Änderung erfolgreich? Warum oder warum nicht?

   Die Änderung war erfolgreich, weil die minimale Kennwortlänge auf sechs Zeichen festgelegt ist und das Kennwort *Wasser* sechs Zeichen enthält.

Seite 453

3. Ändern Sie Ihr Kennwort in **Papier** um.

War die Änderung erfolgreich? Warum oder warum nicht?

Die Änderung war nicht erfolgreich, weil Sie 24 Stunden warten müssen, bevor Sie Ihr Kennwort erneut ändern können. Sie werden in einem Dialogfeld darüber informiert, dass Sie das Kennwort jetzt nicht ändern können.

Übung 3: Die Kontosperrungsrichtlinie konfigurieren

▶ **So konfigurieren Sie die Einstellungen der Kontosperrungsrichtlinien**

Seite 453

5. Legen Sie mithilfe der Einstellungen für die Kontosperrungsrichtlinien folgende Punkte fest:

- Lassen Sie ein Benutzerkonto nach fünf ungültigen Anmeldeversuchen sperren.
- Lassen Sie Benutzerkonten so lange sperren, bis der Administrator die Sperrung wieder aufhebt.

Mithilfe welcher Einstellungen der Kontosperrungsrichtlinien legen Sie diese beiden Bedingungen fest?

Legen Sie den Wert für die Kontensperrungsschwelle auf 4 fest, um den Benutzer nach vier fehlgeschlagenen Anmeldeversuchen zu sperren. Wenn Sie nur eine der drei Optionen der Kontosperrungsrichtlinien festlegen, werden Sie in einem Dialogfeld darauf hingewiesen, dass für die beiden anderen Optionen Standardwerte festgelegt werden.

Legen Sie für die Kontosperrdauer den Wert 0 fest, um die Konten so lange zu sperren, bis ein Administrator die Sperre aufhebt.

Lernzielkontrolle

1. Aus welchem Grund sollten Sie Benutzer zwingen, ihre Kennwörter zu ändern?

   Wenn Sie die Benutzer dazu zwingen, ihre Kennwörter regelmäßig zu ändern, verringern Sie die Wahrscheinlichkeit, dass ein unberechtigter Benutzer in Ihr System eindringen kann. Falls ein Benutzerkonto und ein Kennwort in unbefugte Hände fallen, wird ein Zugriffsversuch möglicherweise fehlschlagen, weil das Kennwort inzwischen routinemäßig geändert wurde.

2. Aus welchem Grund sollten Sie eine Länge für die in Ihrem Computersystem verwendeten Kennwörter festlegen?

   Längere Kennwörter sind sicherer, weil sie mehr Zeichen enthalten, die herausgefunden werden müssen. Als Grundregel gilt: Machen Sie es unberechtigten Benutzern immer so schwierig wie möglich, auf Ihre Rechner zuzugreifen.

3. Aus welchem Grund sollten Sie ein Benutzerkonto sperren lassen?

   Wenn ein Benutzer sein Kennwort vergisst, kann er den Administrator bitten, es wieder zurückzusetzen. Falls jemand wiederholt ein falsches Kennwort eingibt, handelt es sich wahrscheinlich um einen unberechtigten Benutzer, der sich Zugriff auf Ihren Computer verschaffen will. Setzen Sie ein Limit für die Anzahl der fehlgeschlagenen Anmeldeversuche und sperren Sie die Benutzerkonten, bei denen diese Zahl überschritten wird. Damit wird es für unberechtigte Benutzer schwieriger, auf Ihren Rechner zuzugreifen.

4. Warum sollten Sie Benutzer zwingen, die Tastenkombination Strg+Alt+Entf zur Anmeldung zu drücken?

   Zur Verbesserung Ihrer Rechnersicherheit können Sie die Benutzer zwingen, die Tastenkombination Strg+Alt+Entf zu drücken, bevor sie sich anmelden können. Diese Tastenkombination wird nur von Windows erkannt und garantiert, dass nur Windows das Kennwort erhält. Ein Trojanisches Pferd, das darauf wartet, das Kennwort abzufangen, kann mit dieser Tastenkombination nichts anfangen.

5. Wie können Sie verhindern, dass der Name des zuletzt angemeldeten Benutzers in den Dialogfeldern *Windows-Sicherheit* und *Window-Anmeldung* angezeigt wird?

   Klicken Sie auf den Knoten *Lokale Richtlinien* und anschließend auf *Sicherheitsoptionen*. Klicken Sie im Detailausschnitt mit der rechten Maustaste auf *Letzten Benutzernamen nicht im Anmeldedialog anzeigen* und danach auf *Sicherheit*. Deaktivieren Sie dann diese Option.

Kapitel 18

Praxis

Lektion 1: NTFS-Komprimierung

Praxis: NTFS-Komprimierung anwenden

Übung 1: Dateien in einer NTFS-Partition komprimieren

▶ So prüfen Sie, welche Kapazität das Laufwerk C hat und wie viel Speicherplatz noch frei ist

Seite 467

2. Klicken Sie mit der rechten Maustaste auf das Laufwerk *C* und anschließend auf *Eigenschaften*.

   Das Dialogfeld *Eigenschaften von Lokaler Datenträger (C:)* wird geöffnet. Die Registerkarte *Allgemein* ist aktiv.

   Welche Kapazität hat Laufwerk C?

   Antwort von Fall zu Fall verschieden.

Wie viel freier Speicherplatz ist auf Laufwerk C vorhanden?
Antwort von Fall zu Fall verschieden.

▶ So dekomprimieren Sie einen Ordner

Seite 469

5. Klicken Sie auf OK, um das Dialogfeld *Eigenschaften von KomprTest2* zu schließen.

   Da der Ordner *KomprTest2* leer ist, wird das Dialogfeld *Änderungen der Attribute bestätigen*, in dem Sie angeben müssten, ob nur der Ordner oder auch die in ihm enthaltenen Unterordner und Dateien komprimiert werden sollen, nicht eingeblendet.

   Woran können Sie erkennen, dass der Ordner *KomprTest2* nicht mehr komprimiert ist?
   Der Name des Ordners KomprTest2 wird schwarz angezeigt.

Übung 2: Dateien kopieren und verschieben

▶ So erstellen Sie eine komprimierte Datei

Seite 469

3. Geben Sie **Text1** ein und drücken Sie die Eingabetaste.

   Wie können Sie feststellen, ob *Text1* komprimiert ist?
   Der Name der Datei wird blau angezeigt. Außerdem könnten Sie die Eigenschaften der Datei prüfen.

▶ So kopieren Sie eine komprimierte Datei in einen dekomprimierten Ordner

Seite 470

2. Prüfen Sie die Eigenschaften der Datei *Text1* im Ordner *KomprTest2*.

   Ist die Datei *Text1* im Ordner *KomprTest2* komprimiert oder nicht? Warum?
   Sie ist nicht komprimiert. Eine neue Datei übernimmt den Komprimierungszustand des Ordners, in dem sie erstellt wird.

▶ So verschieben Sie eine komprimierte Datei in einen dekomprimierten Ordner

Seite 470

1. Prüfen Sie die Eigenschaften der Datei *Text1.txt* im Ordner *KomprTest*.

   Ist die Datei *Text1.txt* komprimiert oder nicht?
   Sie ist komprimiert.

3. Prüfen Sie die Eigenschaften der Datei *Text1.txt* im Ordner *KomprTest2*.

   Ist die Datei *Text1.txt* komprimiert oder nicht? Warum?
   Sie ist komprimiert. Wenn eine Datei in einen neuen Ordner auf derselben Partition verschoben wird, verändert sich ihr Komprimierungszustand nicht.

Lektion 2: Datenträger kontingentieren

Praxis: Datenträgerkontingente aktivieren und deaktivieren

Übung 1: Einstellungen für Datenträgerkontingente konfigurieren

▶ **So konfigurieren Sie Standardeinstellungen für Datenträgerkontingente**

Seite 478

4. Klicken Sie auf der Registerkarte *Kontingent* in das Kontrollkästchen *Kontingentverwaltung aktivieren*.

   Wie hoch ist die standardmäßige Kontingentgrenze für neue Benutzer?

   1 KB

▶ **So konfigurieren Sie Kontingenteinstellungen für einen bestimmten Benutzer**

Seite 479

1. Klicken Sie im Dialogfeld *Eigenschaften von Lokaler Datenträger (C:)* auf der Registerkarte *Kontingent* auf die Schaltfläche *Kontingenteinträge*.

   Das Fenster *Kontingenteinträge für Lokaler Datenträger (C:)* wird geöffnet.

   Wird darin eine Liste mit Benutzerkonten angezeigt? Warum?

   Ja. In der Liste stehen alle Benutzer, die angemeldet waren und auf Laufwerk C zugegriffen haben.

5. Klicken Sie auf OK.

   Das Dialogfeld *Neuen Kontingenteintrag hinzufügen* wird geöffnet.

   Welche Standardeinstellungen gelten für den Benutzer, für den Sie gerade eine Kontingentgrenze festgelegt haben?

   Der Speicherplatz ist auf 10 MB beschränkt, und die Warnstufe liegt bei 6 MB. Diese Werte wurden in dieser Übung als Standard für Laufwerk C festgelegt.

▶ **So prüfen Sie die Einstellungen für die Datenträgerkontingente**

Seite 480

5. Kopieren Sie den Ordner *i386* von der CD-ROM in den Ordner *Benutzer5*.

   Windows 2000 Professional beginnt, die Dateien aus dem Ordner *i386* von der CD-ROM in einen neuen Ordner *i386* innerhalb des Ordners *Benutzer5* auf Laufwerk C zu kopieren. Nachdem einige Dateien kopiert wurden, wird jedoch das Dialogfeld *Fehler beim Kopieren der Dateien oder des Ordners* eingeblendet, das Sie darauf aufmerksam macht, dass auf der Festplatte nicht genügend Speicherplatz zur Verfügung steht.

   Warum haben Sie diese Fehlermeldung erhalten?

   Sie haben als Benutzer5 Ihre Kontingentgrenze überschritten. Da das Kontrollkästchen Speicher bei Kontingentüberschreitung verweigern markiert ist, können Sie nichts mehr auf der Festplatte speichern, sobald Ihre Kontingentgrenze überschritten wurde.

Lektion 3: Mehr Sicherheit mit EFS

Praxis: Dateien ver- und entschlüsseln

Übung 2: Verschlüsselte Dateien testen

▶ So testen Sie eine verschlüsselte Datei

Seite 489

2. Starten Sie den Windows Explorer und öffnen Sie die Datei *Datei1.txt* im Ordner *Geheim*.

   Was geschieht?

   Ein Dialogfeld des Editors wird eingeblendet. Es teilt Ihnen mit, dass Ihnen der Zugriff verweigert wird.

Lernzielkontrolle

1. Sie sind Administrator eines Computers mit dem Betriebssystem Windows 2000 Professional und wollen festlegen, dass jeder Benutzer nur 25 MB des verfügbaren Speicherplatzes nutzen kann. Wie konfigurieren Sie die Laufwerke des Computers?

   Formatieren Sie alle Laufwerke mit NTFS und aktivieren Sie ebenfalls für alle Laufwerke Datenträgerkontingente. Legen Sie einen Grenzwert von 25 MB fest und markieren Sie das Kontrollkästchen *Speicher bei Kontingentüberschreitung verweigern.*

2. Die Vertriebsabteilung archiviert ältere Vertriebsdaten auf einem Netzwerkcomputer mit dem Betriebssystem Windows 2000 Professional. Der Server wird auch von mehreren anderen Abteilungen genutzt. Benutzer in den anderen Abteilungen haben sich bei Ihnen beschwert, weil nur noch wenig freier Speicherplatz auf dem Computer vorhanden ist. Wie können Sie das Problem lösen?

   Komprimieren Sie die Ordner, in denen die Vertriebsabteilung ihre Archivdaten speichert.

3. Ihre Abteilung hat vor Kurzem mehrere Gigabyte Daten von einem Computer mit dem Betriebssystem Windows 2000 Professional auf CD-ROM archiviert. Nun ist Ihnen aufgefallen, dass Zugriffe auf die Festplatte langsamer als früher sind, wenn Benutzer auf dem Computer neue Dateien erstellen. Wie erhöhen Sie die Zugriffsgeschwindigkeit auf die Festplatte?

   Setzen Sie das Defragmentierungsprogramm ein, um die Dateien auf der Festplatte des Computers zu defragmentieren.

Kapitel 19

Praxis

Lektion 2: Daten sichern

Praxis: Dateien sichern

Übung 1: Einen Sicherungsauftrag ausführen

▶ So sichern Sie Dateien mit dem Sicherungs-Assistenten

Seite 513

14. Klicken Sie auf Daten auf dem Medium durch diese Sicherung ersetzen.

    Wann sollte das Kontrollkästchen *Nur dem Besitzer und dem Administrator Zugriff auf die Sicherungsdaten und die angehängten Sicherungen erlauben* aktiviert werden?

    Sie sollten dieses Kontrollkästchen aktivieren, wenn die gesicherten Daten von der Person, die die Sicherung durchgeführt hat, oder vom Administrator wiederhergestellt werden können. Auf dieses Weise verhindern Sie den Zugriff nicht autorisierter Benutzer auf Ihre Daten.

Übung 2: Einen unbeaufsichtigten (automatischen) Sicherungsauftrag erstellen und ausführen

▶ So überprüfen Sie, ob der Sicherungsauftrag ausgeführt wurde

Seite 517

1. Starten Sie den Windows-Explorer und klicken Sie auf Laufwerk C.

   Ist die Datei Backup2.bkf vorhanden?

   Ja.

Lektion 3: Daten wiederherstellen

Praxis: Dateien wiederherstellen

▶ So überprüfen Sie, ob die Daten wiederhergestellt wurden

Seite 524

1. Starten Sie den Windows-Explorer und erweitern Sie Laufwerk C.

   Ist der Ordner *Wiederhergestellte Daten* vorhanden?

   Ja.

   Welchen Inhalt hat dieser Ordner?

   Der Ordner enthält die Datei Boot.ini.

Lernzielkontrolle

1. Welche Voraussetzung muss erfüllt sein, damit ein Benutzer Sicherungen durchführen kann?

   Der Benutzer muss Mitglied der Gruppe Administratoren oder Sicherungs-Operatoren sein.

2. Sie haben an einem Montag eine normale Sicherung durchgeführt. Für die anderen Wochentage möchten Sie nur die Dateien und Ordner sichern, die sich während des Tages geändert haben. Welchen Sicherungstyp wählen Sie?

   Sie wählen die inkrementelle Sicherung. Bei diesem Typ werden nur die Dateien und Ordner gesichert, die mit einer Änderungsmarkierung gekennzeichnet sind. Nach der Sicherung werden die Markierungen wieder zurückgesetzt. Von Dienstag bis Freitag werden demnach nur Dateien und Ordner gesichert, die sich seit der vorhergehenden Sicherung geändert haben.

3. Was spricht für die Verwendung von Bändern als Sicherungsmedium?

   Bänder sind relativ kostengünstig und auf Grund ihrer hohen Speicherkapazität für umfangreiche Sicherungen geeignet. Allerdings haben Bänder eine begrenzte Haltbarkeit.

4. Sie stellen eine Datei wieder her, die denselben Namen hat wie eine Datei auf dem Datenträger, auf dem die Wiederherstellung durchgeführt wird. Sie wissen nun nicht, bei welcher Datei es sich um die aktuelle Version handelt. Was können Sie in diesem Fall tun?

   Sie ersetzen die Datei nicht. Stellen Sie die Datei an einem anderen Speicherort wieder her und vergleichen Sie danach beide Dateien.

Kapitel 20

Lernzielkontrolle

1. Warum sollten Sie den Zugriff auf Netzwerkressourcen überwachen?

   Wenn Sie Wartungsaufgaben erledigen wollen, für die bestimmte Ressourcen dem Benutzerzugriff entzogen werden müssen, sollten Sie die Benutzer warnen können, bevor Sie deren Verbindung mit diesen Ressourcen trennen. Auch zum Schutz des Netzwerks müssen Sie feststellen können, welche Benutzer auf welche Ressourcen zugreifen. Nicht zuletzt zu Planungszwecken sollten Sie feststellen können, welche Ressourcen in welchem Umfang verwendet werden.

2. Was können Sie mithilfe der Snap-Ins *Computerverwaltung* beziehungsweise *Freigegebene Ordner* in einem Netzwerk überwachen?

Sie können überwachen, wie viele Benutzer eine aktuelle Verbindung mit einem bestimmten Computer haben. Sie können außerdem die Dateien ermitteln, auf welche die Benutzer aktuell zugreifen, und feststellen, welche Benutzer Zugriff haben. Sie können ferner die freigegebenen Ordner überwachen und dabei feststellen, welche und wie viele Benutzer zurzeit im Netzwerk auf bestimmte Ordner zugreifen. Sie können all diese Daten sowohl für einen Remoterechner als auch den Rechner überwachen, an dem Sie sich gerade befinden.

3. Aus welchem Grund sollten Sie Benutzern mit einer aktuellen Verbindung Adminwarnungen zusenden?

Um sie darüber zu informieren, dass Sie sie in Kürze von der Ressource trennen werden, weil Sie eine Dateisicherung oder eine Wiederherstellung oder eine Software- bzw. Hardwareaktualisierung vorhaben, oder weil Sie den Rechner herunterfahren wollen.

4. Was können Sie tun, um zu verhindern, dass Benutzer die Verbindung zu einem freigegebenen Ordner wieder herstellen, nachdem Sie sie gerade von diesem Ordner getrennt haben?

Wenn Sie wollen, dass keiner der Benutzer die Verbindung wieder herstellen kann, heben Sie die Freigabe des Ordners auf. Wenn Sie nur einen einzigen Benutzer daran hindern wollen, die Verbindung wieder herzustellen, ändern Sie die Berechtigungen für den Ordner so, dass dieser Benutzer nicht mehr darauf zugreifen kann und trennen Sie ihn dann vom freigegebenen Ordner.

5. Wie können Sie Freigaben auf einem Remotecomputer erstellen und verwalten?

Um Freigaben in einem Remoteordner zu erstellen und zu verwalten, gehen Sie folgendermaßen vor: Erstellen Sie mithilfe der Management-Konsole eine benutzerdefinierte Konsole und nehmen Sie in diese Konsole das Snap-In *Freigegebene Ordner* auf. Geben Sie dabei den Remotecomputer an, auf dem Sie Freigaben erstellen und verwalten wollen. Bei der Aufnahme des Snap-Ins *Freigegebene Ordner* können Sie das Kontrollkästchen *Ändern des ausgewählten Computers zulassen, wenn er von der Eingabeaufforderung gestartet wird* markieren, wenn Sie den Rechner, auf dem Freigaben erstellt und verwaltet werden sollen, später einstellen möchten.

Kapitel 21

Lernzielkontrolle

1. Welche Vorteile hat L2TP gegenüber PPTP?

   L2TP unterstützt mehr Netzwerktypen als PPTP und die Headerkomprimierung; es arbeitet bei der Verschlüsselung mit IPSec zusammen.

2. Wenn Sie mit dem Netzwerkverbindungs-Assistenten arbeiten, müssen Sie zwei neue Einstellungen konfigurieren, die die Freigabe der Verbindung betreffen. Beschreiben Sie den Unterschied zwischen den beiden Einstellungen.

   Sie können erstens einstellen, ob auch andere Benutzer des Computers die Verbindung verwenden können (ob Sie also den Zugriff auf die Verbindung erlauben), und zweitens können Sie einstellen, ob andere Computer über diesen Anschluss auf Ressourcen zugreifen dürfen (ob Sie also die Verbindung freigeben, sobald sie besteht).

3. Was bedeutet Rückruf, und in welchen Fällen sollten Sie ihn aktivieren?

   Wenn die Rückruffunktion aktiviert ist, trennt der Remoteserver die Verbindung, die ein Client hergestellt hat, und ruft den Client zurück. Auf diese Weise übernehmen Sie an Stelle des anrufenden Benutzers die Gebühren für die Verbindung. Außerdem erhöhen Sie die Sicherheit, weil Sie die Nummer angeben können, die zurückgerufen wird. Selbst wenn es dann ein Unbefugter schafft, sich einzuwählen, ruft anschließend das System nicht seine, sondern die von Ihnen angegebene Nummer zurück.

Kapitel 22

Praxis

Lektion 5: Die Wiederherstellungskonsole

Praxis: Die Wiederherstellungskonsole von Windows 2000 verwenden

Übung 1: Fehler in einer Windows 2000-Installation beheben

▶ So generieren Sie einen Systemstartfehler

Seite 591

2. Starten Sie den Computer neu.

   Welche Fehlermeldung wird beim Neustart des Computers angezeigt?

   **NTLDR fehlt.
   Neustart mit Strg+Alt+Entf.**

Lernzielkontrolle

1. Welche fünf Phasen umfasst der Startprozess bei Intel-basierten Computern?

   Der Startprozess für Intel-basierte Computer besteht aus der Phase vor dem Start, der eigentlichen Startsequenz, dem Laden des Kernels, der Kernel-Initialisierung und der Anmeldung.

2. Wie lauten die erweiterten Startoptionen des abgesicherten Modus für den Start von Windows 2000 und wodurch unterscheiden sie sich voneinander?

   Die Option *Abgesicherter Modus* lädt nur die Basisgeräte und Treiber, die für den Start des Systems erforderlich sind, etwa für die Maus, die Tastatur, den Massenspeicher, einen Standardbildschirm und die Standardsystemdienste.

   Die Option *Abgesicherter Modus mit Netzwerktreibern* lädt die Geräte und Treiber, die auch bei der Option *Abgesicherter Modus* geladen werden, und zusätzlich die Dienste und Treiber, die für das Netzwerk erforderlich sind.

   Die Option *Abgesicherter Modus mit Eingabeaufforderung* ist identisch mit der Option *Abgesicherter Modus*, öffnet aber anstatt des Windows-Explorers ein Eingabeaufforderungsfenster.

3. Wie heißen die beiden Abschnitte der Datei Boot.ini und welche Informationen enthalten sie?

   Die beiden Abschnitte der Datei Boot.ini heißen [boot loader] und [operating systems]. Der Abschnitt [boot loader] enthält das Standardbetriebssystem und einen Wert, der den Zeitraum festlegt, innerhalb dessen auf eine Auswahl durch den Benutzer gewartet wird.

   Der Abschnitt [operating systems] enthält eine Liste der Betriebssysteme, die im Menü zur Auswahl des zu startenden Betriebssystems angeboten werden. Zu jedem Eintrag gehört der Pfad zum Betriebssystem und der Name (der Text zwischen den Anführungszeichen), der im Betriebssystemauswahlmenü als Option angezeigt wird. Jeder Eintrag kann um zusätzliche Parameter ergänzt werden.

4. Sie installieren einen neuen Gerätetreiber für einen SCSI-Adapter in Ihrem Computer. Wenn Sie den Computer neu starten, reagiert Windows 2000 jedoch nach der Kernel-Ladephase nicht mehr. Wie können Sie Windows 2000 erfolgreich starten?

   Wählen Sie die Option *Letzte als funktionierend bekannte Konfiguration*, damit der Steuersatz *LastKnownGood* für den Start von Windows 2000 verwendet wird. Dieser enthält keine Referenz auf den neuen und möglicherweise fehlerhaften Treiber.

Kapitel 23

Lernzielkontrolle

1. Wie werden die Windows 2000-Verteilungstools, beispielsweise der Assistent für den Installations-Manager und das Systemvorbereitungsprogramm installiert?

   Gehen Sie zur Installation der Windows 2000-Setupprogramme folgendermaßen vor: Zeigen Sie den Inhalt der Datei *Deploy.cab* an, die Sie im Ordner Supprt\Tools auf der Windows 2000-CD-ROM finden. Markieren Sie alle Dateien, die extrahiert werden sollen, klicken Sie mit der rechten Maustaste auf eine der markierten Dateien, und wählen Sie im daraufhin angezeigten Kontextmenü den Befehl *Extrahieren*. Sie werden danach aufgefordert, ein Ziel für die extrahierten Dateien anzugeben, d. h., einen Pfad und einen Ordnernamen.

2. Welche fünf Ressourcen sind erforderlich, um Windows 2000 Professional mithilfe der Remoteinstallationsdienste zu installieren?

   Ein Windows 2000-Server mit installierten Remoteinstallationsdiensten, ein im Netzwerk verfügbarer DNS-Server, ein im Netzwerk verfügbarer DHCP-Server, eine Windows 2000-Domäne, in der die Active Directory-Verzeichnisdienste zur Verfügung gestellt werden, und Clientrechner, die der Net PC-Spezifikation entsprechen und mithilfe einer Startdiskette eine Verbindung mit dem RIS-Server herstellen können.

3. Mit welchem Dienstprogramm können Sie Startdisketten erstellen und wie rufen Sie dieses Programm auf?

   Zum Lieferumfang von Windows 2000 gehört unter anderem das Programm *Windows 2000-Remotestart-Diskettenerstellung* (Rbfg.exe), mit dem Sie Startdisketten erstellen können. Dieses Dienstprogramm finden Sie auf dem RIS-Server in dem Ordner, in dem die Windows 2000-Installationsdateien abgelegt sind. Der Pfad lautet *RemoteInst\Admin\i386\rbfg.exe*.

4. Sie beabsichtigen, Windows 2000 Professional auf 45 Rechnern zu installieren. Sie haben festgestellt, dass auf diesen Rechnern insgesamt sieben unterschiedliche Netzwerkkarten verwendet werden. Wie können Sie feststellen, ob diese sieben Kartentypen von den von Ihnen erstellten Startdisketten unterstützt werden?

   Startdisketten, die mit dem Dienstprogramm *Rbfg* erstellt werden, unterstützen die in der Adapterliste aufgeführten PCI-basierten Netzwerkkarten. Starten Sie *Rbfg.exe* und klicken Sie dann auf die Schaltfläche *Adapterliste*, um die Liste der unterstützten Netzwerkkarten anzuzeigen.

5. Sie haben einen Windows 95-Laptop und wollen ihn auf Windows 2000 aktualisieren. Der Rechner hat 16 MB Arbeitsspeicher, der sich bis auf 24 MB erweitern lässt. Können Sie diesen Rechner auf Windows 2000 aktualisieren? Wenn das nicht möglich ist, was könnten Sie unternehmen, damit dieser Rechner trotzdem auf die Active Directory-Verzeichnisdienste zugreifen kann?

   Windows 2000 Professional benötigt mindestens 32 MB Arbeitsspeicher. Sie können aber den Verzeichnisdienstclient für Windows 95 oder Windows 98 installieren. Der Laptop könnte dann auf die Active Directory-Verzeichnisdienste zugreifen.

6. Nennen Sie wenigstens zwei Probleme, bei deren Behebung das Systemvorbereitungsprogramm helfen kann. Warum wird dadurch die Erstellung und das Kopieren eines Masterfestplattenimages auf andere Rechner sehr viel einfacher?

   Das Systemvorbereitungsprogramm fügt dem Masterimage einen Systemdienst hinzu, der eine eindeutige lokale Domänenkennung (SID) erstellt, wenn der Rechner, auf den das Masterimage kopiert wird, zum ersten Mal gestartet wird.

   Das Systemvorbereitungsprogramm fügt dem Masterfestplattenimage einen Mini-Setupassistenten hinzu, der ausgeführt wird, sobald der Computer, auf den das Masterimage kopiert wurde, zum ersten Mal gestartet wird. Der Assistent führt durch die Eingabe von benutzerspezifischen Daten (z. B. Annahme der Lizenzierungsvereinbarung, Auswahl der korrekten Zeitzone und Eingabe von Produkt-ID, Benutzername und Firmenbezeichnung).

   Das Systemvorbereitungsprogramm sorgt dafür, dass das Masterimage den Computer, auf den das Masterimage kopiert wurde, zwingt, eine Suche nach Plug & Play-Geräten durchzuführen. Peripheriegeräte wie etwa Netzwerk-, Grafik- und Soundkarten auf dem Rechner, für den das Masterimage bestimmt ist, müssen deshalb nicht identisch sein mit den entsprechenden Komponenten des Rechners, auf dem das Masterimage erzeugt wurde.

Kapitel 24

Lernzielkontrolle

1. Ein Freund von Ihnen hat zu Hause gerade Windows 2000 Professional auf seinem Computer installiert. Er rief Sie an, weil er bei der Konfiguration von APM Hilfe brauchte, und als Sie ihm den Tipp gaben, dass er in der *Systemsteuerung* auf *Energieoptionen* doppelklicken und anschließend auf die Registerkarte *APM* klicken solle, teilte er Ihnen mit, dass er die Registerkarte *APM* nicht finden könne. Aus welchem Grund ist diese Registerkarte nicht vorhanden?

Wahrscheinlich ist auf dem Computer kein APM-basiertes BIOS installiert. Wenn Windows 2000 kein APM-basiertes BIOS findet, installiert das Setupprogramm APM nicht, sodass im Dialogfeld *Eigenschaften von Energieoptionen* die Registerkarte *APM* nicht zur Verfügung steht.

2. Eine Benutzerin ruft aufgeregt bei der Service-Hotline an. Sie hat zu Hause bereits insgesamt 15 Stunden auf die Bearbeitung eines Angebots als Offlinedatei verwendet. Am Wochenende kam ihr Chef ins Büro und bearbeitete vier Stunden lang dasselbe Angebot. Sie muss die beiden Dateien nun synchronisieren und darf dabei weder ihre eigenen Änderungen noch die ihres Chefs verlieren. Wie soll sie vorgehen?

   Wenn sowohl ihre zwischengespeicherte Offlinekopie als auch die Netzwerkkopie der Datei bearbeitet wurden, muss sie ihre Kopie der Datei umbenennen, damit beide Versionen auf ihrer Festplatte und im Netzwerk gespeichert werden können. Anschließend sollte sie die beiden Dateien miteinander vergleichen und alle Änderungen ihres Chefs auch in ihre Datei einfügen.

3. Viele kommerzielle Fluggesellschaften verlangen, dass tragbare Computer während bestimmter Flugphasen ausgeschaltet werden müssen. Ist es ausreichend, wenn Sie Ihren Computer in den Ruhezustand versetzen? Warum?

   Nein. Im Ruhezustand sieht Ihr Computer zwar so aus, als sei er ausgeschaltet, aber er ist es nicht. Sie müssen den Computer vollständig herunterfahren und ausschalten, sonst erfüllen Sie die Bestimmungen der Fluggesellschaften nicht.

Kapitel 25

Praxis

Lektion 1: Mit dem Geräte-Manager und dem Snap-In Systeminformationen arbeiten

Praxis: Mit dem Geräte-Manager und den Systeminformationen arbeiten

Übung 2: Mit dem Snap-In Systeminformationen arbeiten

▶ So arbeiten Sie mit den Systeminformationen

Seite 657

4. Doppelklicken Sie im Detailausschnitt auf *Hardwareressourcen*. Doppelklicken Sie anschließend auf *IRQs*.

   Gibt es IRQs, die von mehreren Ressourcen verwendet werden?

   Das kommt auf die Konfiguration Ihres Rechners an.

Lernzielkontrolle

1. Ihr Chef hat angefangen, allen Geräten, einschließlich der Plug & Play-Geräte, manuell Ressourcen zuzuweisen und möchte, dass Sie diese Arbeit zu Ende führen. Was werden Sie tun?

    Erklären Sie Ihrem Chef, dass es keine gute Idee ist, Ressourcen für Plug & Play-Geräte manuell zuzuweisen. Wenn Sie Ressourcen manuell zuweisen, kann Windows 2000 diese Ressourcen nicht mehr automatisch neu vermitteln, wenn sie von einem anderen Plug & Play-Gerät angefordert werden.

    Haben Sie ihn von Ihrer Auffassung überzeugt, starten Sie den Geräte-Manager. Für Plug & Play-Geräte steht im Dialogfeld *Eigenschaften* die Registerkarte *Ressourcen* zur Verfügung. Sie können die manuell zugewiesenen Ressourcen freigeben und Windows 2000 die Ressourcen vermitteln lassen, indem Sie das Kontrollkästchen *Automatisch konfigurieren* markieren.

2. Welche Vorteile bieten die von Microsoft digital signierten Systemdateien?

    Windows 2000-Treiber und Betriebssystemdateien werden von Microsoft digital signiert. Die digitale Signatur ist eine Garantie für die Integrität der Datei. Während der Installation überschreiben manche Anwendungen bereits vorhandene Dateien. Diese überschriebenen Dateien können zu Systemfehlern führen, die sich nur schwer beheben lassen. Im Geräte-Manager können Sie die Registerkarte *Treiber* anzeigen und überprüfen, ob die digitale Signatur des installierten Treibers korrekt ist. Mit dieser Überprüfung können Sie sich eine Menge Zeit sparen, die Sie ansonsten zur Lösung der Probleme aufbringen müssten, die sich aus dem Überschreiben der Originalbetriebssystemtreiber ergeben.

3. Welche drei Möglichkeiten bietet Microsoft zur Überprüfung, ob die Dateien in Ihrem System die korrekten digitalen Signaturen haben?

    Mit dem Geräte-Manager von Windows 2000 können Sie überprüfen, ob die digitalen Signaturen der installierten Treiber korrekt sind. Windows 2000 bietet außerdem zwei Dienstprogramme, mit denen Sie die digitalen Signaturen überprüfen können: Das erste ist die Dateisignaturverifizierung, das zweite ist das Windows 2000-Dateiüberprüfungsprogramm.

4. Eine Benutzerin, die gerade versucht, die Faxeinstellungen zu konfigurieren, fragt Sie als Mitarbeiter der Supportabteilung, warum bei ihr die Registerkarte *Erweiterte Optionen* nicht zur Verfügung steht. Wo könnte das Problem liegen?

    Die Registerkarte *Erweiterte Optionen* wird nur angezeigt, wenn der Benutzer als Administrator angemeldet ist oder über Administratorrechte verfügt.

ANHANG B

Setup-Disketten erstellen

Sollte bei Ihrem Computer der Start von CD-ROM-Laufwerk nicht möglich sein, dann benötigen Sie die vier Setup-Disketten für Windows 2000 Professional, um die Installation von Windows 2000 Professional einzuleiten. Mit folgenden Schritten können Sie diese vier Setup-Disketten erstellen.

1. Etikettieren Sie vier leere, formatierte Disketten mit dem passenden Produktnamen:

    Windows 2000 Setup-Startdiskette

    Windows 2000 Setup-Diskette 2

    Windows 2000 Setup-Diskette 3

    Windows 2000 Setup-Diskette 4

2. Legen Sie die Windows 2000 Professional CD-ROM in das CD-Laufwerk.

3. Wenn das Dialogfenster der Windows 2000 Professional CD-ROM geöffnet wird, in dem Sie gefragt werden, ob Windows 2000 installiert werden soll, dann klicken Sie auf *Nein*.

4. Öffnen Sie das Fenster der DOS-Eingabeaufforderung.

5. Wechseln sie in der Befehlszeile der DOS-Eingabeaufforderung zu Ihrem CD-Laufwerk. Ist Ihrem CD-Laufwerk zum Beispiel der Laufwerksbuchstabe *E* zugeordnet, dann geben Sie **e:** ein und drücken Sie die Eingabetaste.

6. Wechseln sie in der Befehlszeile der DOS-Eingabeaufforderung in das Verzeichnis *bootdisk*, indem Sie **cd bootdisk** eingeben und dann die Eingabetaste drücken.

7. Ist *bootdisk* das aktive Verzeichnis, dann geben Sie **makeboot a:** ein (wobei a: für das Diskettenlaufwerk steht) und drücken die Eingabetaste.

    Nun wird die Meldung angezeigt, dass dieses Skript die vier Setup-Disketten erstellen wird, die für eine Installation von Windows 2000 von einem CD-ROM notwendig sind. Sie werden auch darauf hingewiesen, dass Sie dazu vier leere, formatierte Disketten bereitlegen müssen.

8. Drücken Sie auf irgendeine Taste, damit der Vorgang fortgesetzt wird.

   Nun werden Sie aufgefordert, die als Diskette 1 etikettierte Diskette in das Laufwerk einzulegen. (Das ist die Diskette, die Sie mit *Windows 2000 Setup-Startdiskette* beschriftet haben.)

9. Legen Sie die leere, formatierte Diskette mit der Aufschrift *Windows 2000 Setup-Startdiskette* in das Laufwerk A und drücken Sie auf irgendeine Taste, damit der Vorgang fortgesetzt wird.

   Nachdem das Diskimage auf die Diskette übertragen wurde, werden Sie in einer Meldung aufgefordert, die zweite Diskette einzulegen.

10. Entfernen Sie die erste Diskette, legen Sie die leere, formatierte Diskette mit der Aufschrift *Windows 2000 Setup-Diskette 2* in das Laufwerk A und drücken Sie auf irgendeine Taste, damit der Vorgang fortgesetzt wird.

    Nachdem das Diskimage auf die Diskette übertragen wurde, werden Sie in einer Meldung aufgefordert, die dritte Diskette einzulegen.

11. Entfernen Sie die zweite Diskette, legen Sie die leere, formatierte Diskette mit der Aufschrift *Windows 2000 Setup-Diskette 3* in das Laufwerk A und drücken Sie auf irgendeine Taste, damit der Vorgang fortgesetzt wird.

    Nachdem das Diskimage auf die Diskette übertragen wurde, werden Sie in einer Meldung aufgefordert, die vierte Diskette einzulegen.

12. Entfernen Sie die dritte Diskette, legen Sie die leere, formatierte Diskette mit der Aufschrift *Windows 2000 Setup-Diskette 4* in das Laufwerk A und drücken Sie auf irgendeine Taste, damit der Vorgang fortgesetzt wird.

    Nachdem das Diskimage auf die Diskette übertragen wurde, informiert Sie eine Meldung darüber, dass der Vorgang abgeschlossen ist.

13. Geben Sie in der Befehlszeile der DOS-Eingabeaufforderung **exit** ein und drücken Sie dann die Eingabetaste.

14. Entfernen Sie die Diskette aus Laufwerk A und die CD-ROM aus dem CD-Laufwerk.

ANHANG C

Mit dem DHCP-Dienst arbeiten

Der DHCP-Dienst (DHCP = Dynamic Host Configuration Protocol) von Windows 2000 ist die zentrale Stelle zur Verwaltung der TCP/IP-Konfigurationsdaten (TCP/IP = Transmission Control Protocol/ Internet Protocol). Der DHCP-Dienst weist Computern, die als DHCP-Clients konfiguriert sind, automatisch IP-Adressen zu. Durch die Implementierung des DHCP-Dienstes lassen sich viele der mit der manuellen TCP/IP-Konfiguration verbundenen Probleme vermeiden.

Als Einführung in den DHCP-Dienst werden in diesem Anhang folgende sechs Themen behandelt:

- Das Bootstrap-Protokoll
- Manuelle und automatische TCP/IP-Konfiguration
- Voraussetzungen für DHCP-Server
- Voraussetzungen für DHCP-Clients
- Der DHCP-Leasingvorgang
- Erneuerung und Freigabe von IP-Leases

Das Bootstrap-Protokoll

Das auf dem UDP/IP-Protokoll (UDP = User Datagram Protocol) basierende Bootstrap-Protokoll erlaubt einem Host, sich beim Start dynamisch selber zu konfigurieren. DHCP ist eine Erweiterung von BOOTP, mit dessen Hilfe Clients ohne Festplatten und Diskettenlaufwerke gestartet werden können und TCP/IP automatisch konfiguriert werden kann. Bei jedem Start eines DHCP-Clients fordert dieser IP-Adressdaten von einem DHCP-Server an. Diese Adressdaten haben folgende Bestandteile:

- Eine IP-Adresse
- Eine Subnetzmaske
- Optionale Werte:
    - Eine Standard-Gatewayadresse
    - Eine DNS-Adresse (DNS = Domain Name Server)
    - Eine WINS-Adresse (WINS = Windows Internet Name Service)

Wenn ein DHCP-Server eine Anforderung für eine IP-Adresse erhält, wählt er die IP-Adressdaten aus einem Adressenpool aus, der in seiner Datenbank definiert ist und bietet sie dem DHCP-Client an (siehe Abbildung C.1). Wenn der Client dieses Angebot annimmt, verleast der DHCP-Server die IP-Adressdaten für eine bestimmte Zeit an den Client.

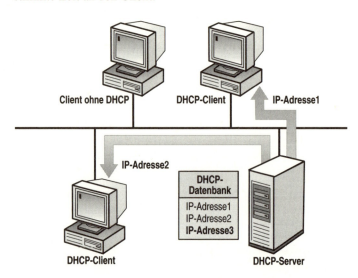

Abbildung C.1 Der DHCP-Server versorgt die DHCP-Clients mit IP-Adressdaten

Manuelle und automatische TCP/IP-Konfiguration

Um zu verstehen, warum der DHCP-Dienst einen Vorteil für die Konfiguration von TCP/IP auf Clients bedeutet, empfiehlt es sich, die manuelle Konfiguration einmal der automatischen DHCP-gestützten Konfigurationsmethode gegenüber zu stellen, wie in Tabelle C.1 dargestellt.

Tabelle C.1 Gegenüberstellung von manueller und automatischer TCP/IP-Konfiguration

Manuelle TCP/IP-Konfiguration	DHCP-gestützte TCP/IP-Konfiguration
Der Benutzer kann sich eine beliebige Adresse aussuchen und ist nicht darauf angewiesen, vom Administrator eine Adresse anzufordern. Die Verwendung falscher Adressen kann zu Netzwerkproblemen führen, deren Ursache sich nur schwer ermitteln lässt.	Der Benutzer muss die IP-Adresse nicht mehr beim Administrator anfordern, um TCP/IP konfigurieren zu können. Der DHCP-Dienst stellt allen DHCP-Clients die erforderlichen Konfigurationsdaten zur Verfügung.

(Fortsetzung)

Manuelle TCP/IP-Konfiguration	DHCP-gestützte TCP/IP-Konfiguration
Die Eingabe der IP-Adresse, der Subnetzmaske oder des Standardgateways kann zu Problemen führen. Diese Probleme können Kommunikationsschwierigkeiten sein, die aus falsch eingegebenen Subnetzmasken oder Standardgateways resultieren, oder Schwierigkeiten, die sich aus mehrfach vorhandenen IP-Adressen ergeben.	Korrekte Konfigurationsdaten sorgen für eine korrekte Konfiguration, die wiederum all die Netzwerkprobleme ausschaltet, die sich äußerst schwer beheben lassen.
Wenn Sie häufig Computer von einem Subnetz in ein anderes verlagern, bedeutet das einen erheblichen Verwaltungsaufwand. In diesem Fall muss nämlich die IP-Adresse und die Standard-Gatewayadresse des Clients geändert werden, damit er auch an seinem neuen Standort kommunizieren kann.	Wenn Sie dafür sorgen, dass auf den Servern in allen Subnetzen der DHCP-Dienst ausgeführt wird, vermeiden Sie beim Verlagern eines Clients in ein anderes Subnetz den Aufwand für die manuelle Konfiguration der IP-Adresse, der Subnetzmasken und Standard-Gatewayadressen.

Zur Implementierung von DHCP müssen Sie den DHCP-Dienst auf mindestens einem Windows 2000 Server-Rechner im Netzwerk installieren und konfigurieren. Der Computer kann als Domänencontroller oder als eigenständiger Server konfiguriert werden. Damit DHCP ordnungsgemäß funktioniert, müssen Sie außerdem den Server und sämtliche Clients konfigurieren.

Voraussetzungen für DHCP-Server

Als DHCP-Server kann nur ein Computer fungieren, auf dem Windows 2000 Server mit folgender Konfiguration ausgeführt wird:

- DHCP-Dienst
- Statische IP-Adresse (die also nicht selbst Client sein kann), eine Subnetzmaske, ein Standardgateway (wenn erforderlich) und weitere TCP/IP-Parameter
- Ein DHCP-Geltungsbereich. Unter *Geltungsbereich* ist der Bereich der Adressen zu verstehen, die Clients zugewiesen werden oder für die Clients eine Lease erhalten können.

Voraussetzungen für DHCP-Clients

Als DHCP-Client kann nur ein Rechner fungieren, der DHCP-aktiviert ist und auf dem eines der folgenden Betriebssysteme ausgeführt wird:

- Windows 2000, Windows NT Server 3.51 oder höher, Windows NT Workstation 3.51 oder höher
- Microsoft Windows 95 oder neuer

- Windows for Workgroups 3.11 mit Microsoft TCP/IP-32, das auf der Windows 2000 Server-CD-ROM enthalten ist
- Microsoft Network Client Version 3 für Microsoft MS-DOS mit dem Realmodus-TCP/IP-Treiber, der auf der Windows 2000 Server-CD-ROM enthalten ist
- LAN Manager Version 2.2c, das auf der Windows 2000 Server-CD-ROM enthalten ist. LAN Manager 2.2c für OS/2 wird nicht unterstützt.

Der Leasingvorgang

Um den Leasingvorgang verstehen zu können, müssen Sie zunächst einmal wissen, wann dieser Vorgang durchgeführt wird. DHCP-Leasing wird eingeleitet, wenn eines der folgenden Ereignisse eintritt:

- TCP/IP wird zum ersten Mal auf einem DHCP-Client initialisiert.
- Ein Client fordert eine bestimmte IP-Adresse an, wird aber zurückgewiesen, weil der Server das Leasing möglicherweise beendet hat.
- Ein Client hat vorher eine IP-Adresse geleast, diese aber freigegeben und fordert jetzt eine neue an.

Die Leasingvergabe für IP-Adressdaten an einen Client für eine bestimmte Zeit erfolgt in einem Prozess, der aus folgenden vier Phasen besteht: DHCPDISCOVER, DHCPOFFER, DHCPREQUEST und DHCPACK (siehe Abbildung C.2).

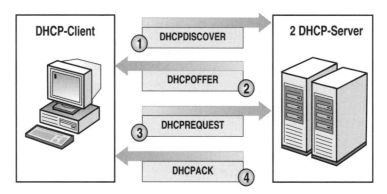

Abbildung C.2 Der DHCP-Leasingprozess

Die Phase DHCPDISCOVER

Der erste Schritt im DHCP-Leasingprozess ist die Phase DHCPDISCOVER. Am Anfang des Leasingvorganges initialisiert der Client eine eingeschränkte TCP/IP-Version und sendet eine DHCPDISCOVER-Meldung, in der er Daten über den Standort eines DHCP-Servers und IP-Adressdaten anfordert.

Da der Client keine IP-Adresse eines Servers kennt, verwendet er 0.0.0.0 als Quell- und 255.255.255.255 als Zieladresse.

Die DHCPDISCOVER-Meldung enthält die Hardwareadresse und den Computernamen des Client, damit der Server erkennen kann, welcher Client die Anforderung gesendet hat.

Die Phase DHCPOFFER

Der zweite Schritt im DHCP-Leasingprozess ist die Phase DHCPOFFER. Alle Server, die die Client-Leasinganforderung erhalten und eine gültige Clientkonfiguration haben, senden eine DHCPOFFER-Meldung mit folgendem Inhalt:

- Die Hardwareadresse des Clients
- Ein IP-Adressangebot
- Eine Subnetzmaske
- Die Leasingdauer
- Eine Serverkennung (die IP-Adresse des Servers, der das Angebot macht)

Der DHCP-Server sendet diese Meldung, weil der Client noch keine IP-Adresse hat. Der DHCP-Client wählt die Adresse des ersten Angebots, das er erhält. Der DHCP-Server, der die IP-Adresse vergeben hat, reserviert die Adresse, damit sie nicht noch einem anderen Client angeboten wird.

Die Phase DHCPREQUEST

Die dritte Phase im DHCP-Leasingprozess beginnt, nachdem der Client eine DHCPOFFER-Meldung von mindestens einem DHCP-Server erhalten und eine IP-Adresse angenommen hat. Der Client informiert daraufhin in einer DHCPREQUEST-Meldung alle DHCP-Server darüber, dass er ein Angebot angenommen hat. Die DHCPREQUEST-Meldung enthält die Serverkennung (IP-Adresse) des Servers, dessen Angebot der Client angenommen hat. Alle anderen DHCP-Server ziehen daraufhin ihre Angebote zurück und halten die IP-Adresse für die nächste Leasinganforderung vor.

Die Phase DHCPACK

Die letzte Phase eines erfolgreichen Leasingvorganges beginnt, wenn der Server, der das angenommene Angebot abgegeben hat, eine Bestätigung an den Client in Form einer DHCPACK-Meldung sendet. Diese Meldung enthält eine gültige Lease für die IP-Adresse und möglicherweise noch andere Konfigurationsdaten.

Nachdem der Client die Bestätigung erhalten hat, ist die TCP/IP-Initialisierung abgeschlossen, und der Client wird damit als gebunden betrachtet. Anschließend kann er mithilfe des TCP/IP-Protokolls im Netzwerk kommunizieren.

Die DHCPNACK-Meldung

Ist die Phase DHCPREQUEST nicht erfolgreich verlaufen, sendet der DHCP-Server eine negative Bestätigung (DHCPNACK für Not ACKnowledged). Diese Nachricht wird gesendet, wenn

- der Client versucht, seine vorherige IP-Adresse zu leasen, diese aber nicht mehr verfügbar ist.
- die IP-Adresse ungültig ist, weil der Client physisch in ein anderes Subnetz verbracht wurde.

Wenn der Client eine negative Bestätigung erhält, beginnt er den Leasingprozess wieder von vorn.

Hinweis Falls ein Computer mehrere Netzwerkkarten mit einer Bindung an TCP/IP hat, wird der DHCP-Prozess für jede dieser Karten durchgeführt. Der DHCP-Dienst weist jeder Netzwerkkarte mit TCP/IP-Bindung eine eindeutige IP-Adresse zu.

Eine IP-Lease erneuern und freigeben

Alle DHCP-Clients versuchen, ihre Lease zu erneuen, wenn 50 Prozent der Leasingdauer abgelaufen ist. Dazu sendet der DHCP-Client eine DHCPREQUEST-Meldung direkt an den DHCP-Server, von dem er seine Lease erhalten hatte. Wenn der Server erreichbar ist, erneuert dieser die Lease und sendet dem Client eine DHCPACK-Meldung mit der neuen Leasingdauer und anderen aktualisierten Konfigurationsparametern (siehe Abbildung C.3). Nach Erhalt der Bestätigung aktualisiert der Client seine Konfiguration.

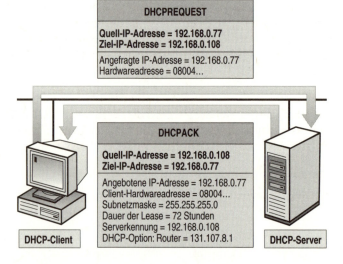

Abbildung C.3 Erneuerung einer IP-Lease

> **Hinweis** Bei jedem Start des DHCP-Client versucht dieser, vom ursprünglichen Server dieselbe IP-Adresse wie vorher zu leasen. Ist zwar die Leasinganforderung nicht erfolgreich, die Leasingdauer aber noch nicht abgelaufen, verwendet der DHCP-Client dieselbe IP-Adresse wie vorher bis zum nächsten Erneuerungsversuch.

Wenn ein DHCP-Client seine Lease beim ursprünglichen DHCP-Server nach Ablauf von 50 Prozent der Leasingzeit nicht erneuern kann, sendet er nach Ablauf von 87,5 Prozent der Leasingzeit eine DHCPREQUEST-Meldung an alle verfügbaren DHCP-Server. Jeder dieser Server kann mit einer DHCPACK-Meldung reagieren (und damit die Lease erneuern) oder eine DHCPNACK-Meldung senden (und damit den DHCP-Client zwingen, TCP/IP neu zu initialisieren und sich eine Lease für eine andere IP-Adresse zu beschaffen).

Wenn die Lease abläuft oder der Client eine DHCPNACK-Meldung erhält, muss er sofort die Arbeit mit der betreffenden IP-Adresse einstellen. Der DHCP-Client startet dann sofort einen Leasingprozess für eine neue IP-Adresse.

Eine Lease mit dem Befehl Ipconfig erneuern

Sie können dem DHCP-Server auch mit dem Befehl *Ipconfig* und der Befehlszeilenoption */renew* eine DHCPREQUEST-Meldung senden, um daraufhin aktualisierte Optionen zu erhalten und die Leasingdauer zu verlängern. Wenn der DHCP-Server nicht erreichbar ist, verwendet der Client weiterhin die vom DHCP-Dienst gelieferten aktuellen Konfigurationsoptionen.

Eine Lease mit dem Befehl Ipconfig freigeben

Mit dem Befehl *Ipconfig* und dem Befehlszeilenparameter */release* können Sie einen DHCP-Client veranlassen, dem DHCP-Server eine DHCPRELEASE-Meldung zuzusenden, um dessen Lease freizugeben. Dies ist praktisch, wenn Sie einen Client in ein anderes Netzwerk stellen und er die vorige Lease nicht mehr benötigt. Die TCP/IP-Kommunikation mit dem Client wird sofort nach der Ausführung dieses Befehls angehalten.

Beim Herunterfahren werden von Microsoft-DHCP-Clients keine DHCPRELEASE-Meldungen gesendet. Wenn ein Client während der gesamten Leasingdauer ausgeschaltet bleibt (und die Lease nicht erneuert wird), kann der DHCP-Server nach Ablauf der Lease die IP-Adresse dieses Client an einen anderen Client vergeben. Ein Client hat also größere Chancen, bei der Initialisierung die gleiche IP-Adresse zu erhalten, wenn er vorher keine DHCPRELEASE-Meldung versendet.

ANHANG D
Sicherungsbänder verwalten

Wenn Sie Bänder als Sicherungsmedium verwenden, sollten Sie den Unterschied zwischen den beiden Methoden *Bandrotation* und *Bandarchivierung* kennen. Bei der *Bandrotation* werden die einzelnen Bänder immer wieder eingesetzt, wenn die auf ihnen gespeicherten Daten nicht mehr für eine Wiederherstellung verwendet werden können. Durch diese häufig angewandte Methode lassen sich Kosten einsparen. Bei der *Bandarchivierung* werden die Bänder längere Zeit gelagert. Der Zweck liegt dabei nicht so sehr in der Möglichkeit der Wiederherstellung der Daten als vielmehr in ihrer Aufbewahrung. Wenn Sie ein Band archivieren, nehmen Sie es aus der Rotationsfolge heraus. Auf einem archivierten Band wird der Stand der Daten zu einem bestimmten Zeitpunkt festgehalten, beispielsweise die Personaldaten am Ende eines Geschäftsjahres.

Bänder rotieren und archivieren

In den folgenden beiden Beispielen werden Strategien zur Bandrotation und -archivierung vorgestellt.

Beispiel 1

In der folgenden Tabelle sehen Sie eine mögliche Strategie zur Bandrotation und -archivierung. Die Erklärung folgt im Anschluss an die Tabelle.

	Montag	**Dienstag**	**Mittwoch**	**Donnerstag**	**Freitag**
Woche 1	Band 1	Band 2	Band 3	Band 4	Band 5 (Archivieren)
Woche 2	Band 1 (Überspielen oder Anhängen)	Band 2 (Überspielen oder Anhängen)	Band 3 (Überspielen oder Anhängen)	Band 4 (Überspielen oder Anhängen)	Band 6 (Archivieren)

- **Woche 1.** An jedem Tag der Woche wird für die Sicherung ein anderes Band verwendet. Das Sicherungsband von Freitag wird aus der Rotation herausgenommen und archiviert.

- **Woche 2.** In dieser Woche verwenden Sie für die einzelnen Wochentage erneut dieselben Bänder (d. h. am Montag werden die Daten auf das Band vom vorhergehenden Montag gesichert). Sie können die vorhandenen Daten entweder überspielen oder die neuen Daten am Ende anhängen. Am Freitag verwenden Sie jedoch ein neues Band, das Sie anschließend wieder aus der Rotation herausnehmen und archivieren.

Beispiel 2

In der folgenden Tabelle sehen Sie eine zweite Strategie zur Bandrotation und -archivierung. Die Erklärung folgt im Anschluss an die Tabelle.

	Montag	Dienstag	Mittwoch	Donnerstag	Freitag
Woche 1	Band 1	Band 1 (Anhängen)	Band 1 (Anhängen)	Band 1 (Anhängen)	Band 2 (Archivieren)
Woche 2	Band 1	Band 1 (Anhängen)	Band 1 (Anhängen)	Band 1 (Anhängen)	Band 3 (Archivieren)

- **Woche 1.** Die Sicherungen der gesamten Woche, mit Ausnahme des Freitags, befinden sich auf einem Band. Die Sicherung von Freitag wird aus der Rotation herausgenommen und archiviert. Für die Sicherungen von Montag bis Donnerstag verwenden Sie immer dasselbe Band, wobei Sie die gesicherten Daten vom Dienstag hinter den gesicherten Daten vom Montag aufzeichnen usw. Für die Sicherung am Freitag verwenden Sie ein neues Band (Band 2), das Sie archivieren.

- **Woche 2.** In dieser Woche verwenden Sie für alle Sicherungen von Montag bis Donnerstag das Band aus der vorhergehenden Woche erneut (Band 1). Die Sicherung am Freitag wird jedoch nicht mit dem Band vom vorhergehenden Freitag, sondern mit einem ganz neuen Band (Band 3) durchgeführt, das wieder aus der Rotation herausgenommen und archiviert wird.

Die Zahl der erforderlichen Bänder ermitteln

Wenn Sie wissen wollen, wie viele Bänder Sie benötigen, überlegen Sie, welche Rotations- und Archivierungsstrategie Sie anwenden, welche Datenmenge Sie sichern müssen und welche Lebensdauer die Bänder haben.

Die Lebensdauer eines Bandes hängt vom Band selbst und von den Lagerbedingungen ab. Richten Sie sich dabei nach den Anweisungen des Herstellers. Wenn in Ihrem Unternehmen kein passender Lagerraum vorhanden ist, können Sie die Bänder auch bei einem Unternehmen lagern, das sich auf diese Art der Dienstleistung spezialisiert hat.

Glossar

A

ACE Siehe **Zugriffskontrolleintrag**.

ACL Siehe **Zugriffskontrollliste**.

Active Directory-Verzeichnisdienste Die in den Windows 2000 Server-Produkten enthaltenen Verzeichnisdienste. Diese Verzeichnisdienste enthalten Daten über alle Ressourcen eines Netzwerks und stellen diese den Benutzern und Anwendungen zur Verfügung.

Adressauflösungsprotokoll (ARP) ARP steht als Abkürzung für *Address Resolution Protocol*. Dieses Protokoll legt die zu einer IP-Adresse gehörenden Hardwareadressen (MAC-Addressen) fest.

ADSL siehe **Asymmetric Digital Subscriber Line (ADSL)**.

Agent Ein Programm, das im Hintergrund eine Aufgabe für einen Benutzer durchführt und den Benutzer benachrichtigt, wenn die Aufgabe erledigt ist oder ein unvorhergesehenes Ereignis eintritt.

American National Standards Institute (ANSI) Eine Einrichtung amerikanischer Industrie- und Handelsverbände, die sich mit der Entwicklung von Handels- und Kommunikationsstandards beschäftigt. ANSI vertritt Amerika in der International Organisation For Standardization (ISO). Siehe auch **International Organisation For Standardization (ISO)**.

ANSI Siehe **American National Standards Institute (ANSI)**.

Anwendungsprogrammierschnittstelle (API) API ist die Abkürzung von *Application Programming Interface*. Ein Satz Routinen, die vom Betriebssystem des Computers für die Verwendung aus Anwendungsprogrammen heraus angeboten werden und diverse Dienste zur Verfügung stellen.

Anwendungsprotokoll Ein Protokoll, das am oberen Ende des OSI-Schichtenmodells ausgeführt wird und die Interaktion zwischen Anwendungen sowie den Austausch von Daten ermöglicht. Folgende Anwendungsprotokolle werden am häufigsten verwendet: FTAM-Protokoll (FTAM = *File Transfer Access and Management*) zum Zugriff auf Dateien; SMTP (SMTP = *Simple Mail Transfer Protocol*), ein TCP/IP-Protokoll zur Übertragung von E-Mail; Telnet, ein TCP/IP-Protokoll zur Anmeldung bei einem Remotehost und zur lokalen Bearbeitung von Daten; NCP-Protokoll (NCP = *NetWare Core Protocol*), das wichtigste Protokoll für die Übertragung von Daten zwischen einem NetWare-Server und dessen Clients.

Anwendungsschicht Die oberste (siebente) Schicht im OSI-Schichtenmodell. Diese Schicht fungiert als Fenster, über das Anwendungsprozesse auf Netzwerkdienste zugreifen. Auf ihr arbeiten die Dienste, die Benutzeranwendungen (z. B. Software für Dateiübertragung, Datenbankverwaltung oder E-Mail) direkt unterstützen.

Arbeitsgruppe Eine Gruppe von Computern, die über ein LAN gemeinsam auf bestimmte Ressourcen wie etwa Daten oder Peripheriegeräte zugreift. Jede Arbeitsgruppe hat einen eindeutigen Namen. Siehe auch **Domäne**, **Peer-to-Peer-Netzwerk**.

Arbeitsspeicher (RAM) RAM steht als Abkürzung für *Read Only Memory* und bezeichnet ein Halbleiterspeicherelement, das vom Prozessor und anderen Hardwarekomponenten gelesen und beschrieben werden kann. Auf die Speicherbereiche kann in jeder beliebigen Reihenfolge zugegriffen werden.

Zwar erlauben auch verschiedene ROM-Speichertypen einen wahlfreien Zugriff, diese können aber nicht beschrieben werden. Unter dem Begriff RAM versteht man im Allgemeinen einen flüchtigen Speicher, der sowohl gelesen als auch beschrieben werden kann. Siehe auch **Nur-Lese-Speicher (ROM)**.

ARP   Siehe **Adressauflösungsprotokoll (ARP)**.

ASCII   Diese Abkürzung steht für *American Standard Code for Information Interchange*. ASCII ist ein Codierschema, das Buchstaben, Zahlen, Satzzeichen und bestimmten anderen Zeichen Nummern zuordnet. Die Standardisierung der für diese Zeichen verwendeten Werte ermöglicht Computern und Computerprogrammen den Austausch von Daten.

Asymmetric Digital Subscriber Line (ADSL)   Eine neue Modemtechnologie, bei der vorhandene Twisted-Pair-Telefonverbindungen als Zugang für die Hochgeschwindigkeitsübertragung von Multimediainhalten und Daten verwendet werden. Diese neuen Verbindungen können Daten mit einer Geschwindigkeit von mehr als 8 Mbps an den Abonnenten und mit einer Geschwindigkeit von über 1 Mbps vom Abonnenten an den Server übertragen. ADSL ist das Übertragungsprotokoll in der physischen Schicht für nicht abgeschirmte Twisted-Pair-Medien.

Asynchrone Datenübertragung   Eine Form der Datenübertragung, bei der die Daten zeichenweise mit unterschiedlich langen Intervallen zwischen den einzelnen Zeichen gesendet werden.

Bei der asynchronen Datenübertragung wird kein gemeinsamer Taktgeber verwendet, der den empfangenden und sendenden Einheiten erlaubt, die Zeichen zeitlich voneinander zu trennen. Jedes übertragene Zeichen besteht aus einer Reihe von Datenbits (zur Definition des Zeichens), der ein Startbit vorangeht und die mit einem (optionalen) Paritätsbit, gefolgt von einem Stoppbit endet.

Asynchroner Übertragungsmodus (ATM)   ATM ist die Abkürzung von *Asynchronous Transfer Mode*. Es handelt sich dabei um eine fortschrittlichere Implementierung der Paketvermittlung, die das Senden von Zellen fester Größe über Breitband-LANs und -WANs mit hoher Geschwindigkeit ermöglicht. Die Zellen haben eine Länge von 53 Byte (48 Byte für Daten und 5 Byte für Adressinformationen). ATM erlaubt die Übertragung von Sprache, Daten, Fax, Video, Audio in Echtzeit (d. h. im Multimegabitbereich). ATM verwendet Switches als Multiplexer und ermöglicht so mehreren Rechnern, gleichzeitig Daten ins Netzwerk einzuspeisen. Die meisten kommerziellen ATM-Karten übertragen Daten mit einer Geschwindigkeit von 155 Mbps, es sind aber theoretisch auch Geschwindigkeiten von bis zu 1,2 Gbps möglich.

ATM   siehe **Asynchroner Übertragungsmodus (ATM)**.

Ausfallzeit   Die Zeitspanne, während der ein Computersystem und die dazu gehörende Hardware nicht betriebsbereit sind. Ausfallzeiten können sowohl durch Hardwareausfälle als auch geplant hervorgerufen werden, wenn zum Beispiel ein Netzwerk wegen Wartungsarbeiten, wegen eines erforderlichen Austausches von Hardwarekomponenten oder zur Archivierung von Dateien heruntergefahren wird.

Auslagerungsdatei   Eine versteckte Datei auf der Festplatte, die Windows 2000 für das Ablegen der aufgrund eines zu geringen Arbeitsspeichers ausgelagerten Programmteile und Datendateien verwendet. Die Auslagerungsdatei und der physische Speicher (das RAM) bilden zusammen den virtuellen Arbeitsspeicher. Windows 2000 lädt Daten bei Bedarf aus der Auslagerungsdatei in den Speicher oder stellt umgekehrt durch das Auslagern nicht benötigter Daten einen größeren Speicherplatz zur Verfügung. Auslagerungsdateien werden auch Swapdateien bezeichnet.

Authentifizierung Eine auf die Angabe von Benutzernamen und Kennwort sowie zeitlichen und kontobezogenen Einschränkungen basierende Überprüfung der Anmeldeberechtigung.

B

Back-End In einer Client-Server-Anwendung der Teil des Programms, der auf dem Server ausgeführt wird.

Backup Die Kopie eines Programms oder eines Datenträgers, die zur Sicherung wertvoller Dateien angefertigt wird.

Backupauftrag Eine einzelne Datensicherung.

Bandwidth Allocation Protocol (BAP) Ein PPP-Steuerungsprotokoll, mit dessen Hilfe Bandbreite bei Bedarf zur Verfügung gestellt wird. BAP steuert auf dynamische Art und Weise die Verwendung von Mehrfachverbindungen und ist ein effizienter Mechanismus, mit dem sich eine optimale Bandbreite bei gleichzeitiger Reduzierung der Verbindungskosten realisieren lässt.

BAP Siehe **Bandwidth Allocation Protocol (BAP)**

Basis-Eingabe/Ausgabe-Anschluss Dieser Anschluss bildet den Kanal, über den Daten zwischen den Hardwarekomponenten eines Computers, etwa einer Netzwerkkarte und der CPU ausgetauscht werden.

Basisspeicheradresse Diese Einstellung definiert die von einer Netzwerkkarte verwendete Adresse im Arbeitsspeicher (RAM) eines Rechners. Sie wird manchmal auch als RAM-Startadresse bezeichnet.

Baud Eine Maßeinheit für die Datenübertragungsgeschwindigkeit. Namensgeber für diese Einheit ist der französische Ingenieur Jean-Maurice-Emile Baudot. Das Baud ist eine Maßeinheit für die Oszillationsgeschwindigkeit einer akustischen Welle, auf der ein Datenbit über eine Telefonleitung übertragen wird. Da die Maßeinheit Baud ursprünglich zur Angabe der Übertragungsgeschwindigkeit im Telegrafiebereich verwendet wurde, wird mit diesem Maß auch manchmal die Datenübertragungsgeschwindigkeit eines Modems bezeichnet. Allerdings können moderne Modems mit einer höheren Geschwindigkeit als von nur einem Bit pro Oszillation senden. Das Baud wurde deshalb durch die genauere Maßeinheit bps (Bit pro Sekunde) als Maßeinheit für die Modemgeschwindigkeit ersetzt.

Baudrate Die Geschwindigkeit, mit der ein Modem Daten übertragen kann. Die Baudrate, die häufig mit der Maßeinheit bps (Anzahl der pro Sekunde übertragenen Bits) verwechselt wird, bezeichnet tatsächlich die Anzahl der Ereignisse oder Signaländerungen, die innerhalb einer Sekunde eintreten. Da bei einer digitalen Hochgeschwindigkeitsverbindung für ein einziges Ereignis mehr als nur ein Bit codiert werden kann, sind Baudrate und bps nicht immer gleichzusetzen.

Im Zusammenhang mit Modems ist bps die genauere Maßeinheit. Beispiel: Ein 9600-Baud-Modem, das 4 Bits pro Ereignis codiert, arbeitet tatsächlich mit 2400 Baud, überträgt jedoch mit einer Geschwindigkeit von 9600 bps (2400 Ereignisse mal 4 Bits pro Ereignis) und sollte deshalb besser als 9600-bps-Modem bezeichnet werden.

Baumstruktur Eine aus mehreren Windows 2000-Domänen bestehende hierarchisch strukturierte Gruppe mit einem gemeinsamen Namespace.

Benutzergruppen Mit diesem Begriff werden Gruppen von Computerbenutzern bezeichnet, die sich online oder persönlich treffen, um Themen im Zusammenhang mit der Installation oder Verwaltung von Netzwerken zu besprechen und die dabei gewonnen Erfahrungen auszutauschen.

Benutzerkonto Ein Konto mit sämtlichen Daten, die einen Benutzer in einem Netzwerk definieren. Dazu gehören der Benutzername, das Anmeldekennwort für den Benutzer, die Gruppen, in denen das Benutzerkonto Mitglied ist, sowie die Rechte und Berechtigungen des Benutzers für die Arbeit mit dem Computer und den Zugriff auf dessen Ressourcen.

Berechtigungen Siehe **Zugriffsberechtigungen**.

Binäres synchrones Kommunikationsprotokoll (Bisync) Ein von IBM entwickeltes Kommunikationsprotokoll, das auch kurz BISYNC (*Binary Synchronous Communications Protocol*) genannt wird. BISYNC-Übertragungen werden in ASCII oder EBCDIC codiert. Die Nachrichten können beliebig lang sein und werden in so genannten Frames gesendet, denen optional ein Nachrichtenheader vorangestellt werden kann. Da bei BISYNC die Daten synchron übertragen werden, d. h. die Nachrichtenelemente werden durch einen festen Zeitabschnitt voneinander getrennt, werden jedem Frame spezielle Zeichen vorangestellt und angehängt, die den sendenden und empfangenden Rechnern eine Taktsynchronisation ermöglichen.

Binden Dieser Ausdruck bezeichnet die Verknüpfung zweier Informationsteile.

Bindung Dieser Ausdruck bezeichnet den Vorgang, mit dem der Kommunikationskanal zwischen Netzwerkkomponenten auf verschiedenen Ebenen hergestellt und die Kommunikation zwischen diesen Komponenten ermöglicht wird. Beispiel: Die Bindung eines Protokolltreibers (etwa TCP/IP) an eine Netzwerkkarte.

Bit Time Die Zeit, die eine Station zum Empfangen und Speichern eines Bits braucht.

Bit Diese Abkürzung steht für *Binary Digit*, womit in einem binären Zahlensystem eine 1 oder eine 0 gemeint ist. Im Zusammenhang mit der Verarbeitung und Speicherung von Daten ist das Bit die kleinste Dateneinheit. Physikalisch wird ein Bit durch einen Impuls in einem Stromkreis oder durch einen kleinen Bereich auf einem magnetischen Datenträger dargestellt, in dem eine 1 oder eine 0 gespeichert werden kann. Acht Bits ergeben ein Byte.

Bits pro Sekunde (bps) Eine Maßeinheit für die Geschwindigkeit, mit der ein Gerät Daten übertragen kann. Siehe auch **Baudrate**.

Bootsektorvirus Ein Virus, der im ersten Sektor einer Diskette oder Festplatte gespeichert ist und beim Start eines Rechners ausgeführt wird. Bei dieser sehr häufig verwendeten Methode zur Übertragung von Viren von einer Diskette zur anderen kopiert sich der Virus bei jedem Diskettenwechsel auf die neu eingelegte Diskette.

Bps Siehe **Bits pro Sekunde (bps)**.

Broadcast Storm Dieses Ereignis tritt ein, wenn so viele Rundsprüche in einem Netzwerk gesendet werden, dass die Netzwerkbandbreite die Belastung nicht mehr aufnehmen kann. Das kann passieren, wenn ein Computer das Netzwerk mit einer Fülle von Frames überschwemmt, sodass es keine Nachrichten von anderen Computern mehr übertragen kann. Ein derartiger Broadcast Storm kann zu einem Zusammenbruch des Netzwerks führen.

Bus Ein Parallelkabel zur Verbindung der Komponenten in einem Rechner.

Byte Eine aus 8 Bits bestehende Dateneinheit. In der Datenverarbeitung repräsentiert ein Byte ein Zeichen (z. B. einen Buchstaben, eine Zahl oder ein Satzzeichen). Da ein Byte nur eine relativ kleine Informationsmenge darstellen kann, wird die Kapazität des Arbeitsspeichers üblicherweise in Kilobyte (1.024 Byte oder 2 hoch 10 Byte), Megabyte (1.048.576 Byte oder 2 hoch 20), Gigabyte (1.024 Megabyte), Terabyte (1.024 Gigabyte), Petabyte (1.024 Terabyte) oder Exabyte (1.024 Petabyte) angegeben.

C

Cache Ein spezielles Speichersubsystem, in dem häufig angeforderte Daten wegen der schnelleren Zugriffsmöglichkeit zwischengespeichert werden. Ein Speichercache nimmt die Daten häufig angesprochener RAM-Speicherzellen und die Adressen, an denen diese Daten gespeichert sind, auf. Wenn der Prozessor auf eine Adresse im Speicher verweist, überprüft der Cache, ob er diese Adresse schon gespeichert hat. Wenn dies zutrifft, werden die Daten an den Prozessor übertragen. Anderenfalls findet ein regulärer Speicherzugriff statt. Ein Cache ist immer dann sinnvoll, wenn die RAM-Zugriffe im Vergleich zur Prozessorgeschwindigkeit zu langsam ablaufen.

Client Ein Computer mit Zugriff auf freigegebene Netzwerkressourcen, die auf einem Serverrechner zur Verfügung gestellt werden.

Client/Server Eine Netzwerkarchitektur, die auf der Idee der verteilten Datenverarbeitung basiert. Das bedeutet: Eine Aufgabe wird zwischen einem Back-End (Server), in dem die Daten gespeichert und verteilt werden, und einem Front-End (Client), der bestimmte Daten vom Server anfordert, aufgeteilt.

Codec Abkürzung für *Compressor/Decompressor*. Eine Technologie zur Komprimierung und Dekomprimierung digitaler Audio- und Videodaten.

Companionvirus Diese Art von Virus verwendet den Namen eines Programms, hat aber eine andere Dateierweiterung als das Programm. Der Virus wird beim Start des Programms aktiviert, dessen Namen es trägt. Der Companionvirus verwendet die Erweiterung .COM, die gegenüber der Erweiterung .EXE vorrangig behandelt wird, weshalb statt des Programms (EXE) der Virus (COM) aktiviert wird.

Computer ohne Laufwerke Computer die weder eine Festplatte noch ein Diskettenlaufwerk besitzen. Die Benutzeroberfläche, über die Benutzer sich bei einem Netzwerk anmelden können, wird aus einem speziellen ROM abgerufen.

CPU Siehe **Prozessor**.

D

Data Encryption Standard (DES) Ein häufig verwendeter, ausgefeilter Algorithmus zur Ver- und Entschlüsselung von Daten, der vom amerikanischen National Bureau of Standards entwickelt wurde.

Dateivirus Ein Virus, der sich an eine Datei oder ein Programm anhängt und bei jedem Aufruf der betreffenden Datei aktiviert wird. Dateivieren existieren in zahlreichen Unterarten. Siehe auch **Companionvirus**, **Makrovirus**, **polymorpher Virus**, **Stealthvirus**.

Datenbankmanagementsystem Wird auch als Abkürzung DBMS (*Database Management System*) verwendet und bezeichnet eine Softwareschicht, die zwischen der physischen Datenbank und dem Benutzer liegt. Das Datenbankmanagementsystem bearbeitet die Anforderungen von Benutzern für Datenbankaktionen. Dazu gehört unter anderem die Protokollierung der physischen Details von Speicherort und Format einer Datei sowie der verschiedenen Indexschemata. Ein Datenbankmanagementsystem ist außerdem die zentrale Stelle zur Kontrolle von Sicherheitsmaßnahmen und Datenintegrität.

Datendurchsatz Ein Maß für die Datenmenge, die über eine Komponente, eine Verbindung oder ein System übertragen wird. In der Netzwerktechnik ist der Datendurchsatz ein gutes Maß für die Gesamtperformance, weil er angibt, wie gut die einzelnen Komponenten bei der Datenübertragung von einem Computer zum anderen zusammenarbeiten. Der Datendurchsatz könnte dabei zum Beispiel angeben, wie viele Bytes oder Datenpakete ein Netzwerk pro Sekunde bearbeiten kann.

Datenframes Logische Pakete zur Aufnahme von Daten. Die übertragenen Daten werden dabei in kleine Einheiten aufgeteilt, die mit Steuerdaten kombiniert werden, zum Beispiel Zeichen zum Hinweis auf Anfang und Ende einer Übertragung. Jedes Datenpaket wird als selbstständige Einheit (Frame) übertragen. Auf der Sicherungsschicht werden die von der physischen Schicht kommenden Rohdaten in Datenframes umgewandelt. Welches Format für das Frame verwendet wird, ist von der jeweiligen Netzwerktopologie abhängig. Siehe auch **Frame**.

Datenpaket Eine Dateneinheit, die in einem Netzwerk als Ganzes von einem Gerät zu einem anderen übertragen wird. In Paketvermittlungsnetzwerken ist ein Datenpaket als Übertragungseinheit mit einer festen Maximalgröße definiert, die aus binären Daten zur Darstellung von Zeichen besteht. Dazu gehören außerdem ein Header mit einer ID-Nummer sowie der Quell- und Zieladresse und manchmal auch zusätzliche Daten, die für eine fehlerfreie Übermittlung sorgen sollen.

Datenstrom Ein undifferenzierter, byteweiser Fluss von Daten.

Datenträgersatz Ein Reihe von Festplattenpartitionen, die wie eine einzige Partition behandelt werden und dadurch den verfügbaren Festplattenspeicherplatz für einen bestimmten Laufwerksbuchstaben vergrößern. Für einen Datenträgersatz können zwischen 2 und 32 Bereiche unformatierten Speicherplatzes auf einer oder mehreren physischen Festplatten kombiniert werden. Diese Bereiche bilden einen logischen Datenträgersatz, der wie eine einzelne Partition behandelt wird.

Datenverschlüsselung Siehe **Verschlüsselung**.

DBMS Siehe **Datenbankmanagementsystem**.

Defragmentierung Das Suchen und Zusammenfassen von fragmentierten Dateien und Ordnern. Dabei werden die Teile von Dateien und Ordnern an einer Stelle zusammengefasst, damit jede Datei und jeder Ordner nur einen einzigen zusammenhängenden Speicherbereich auf der Festplatte einnimmt, was die Zugriffs- und Antwortzeit erheblich verkürzt.

DES Siehe **Data Encryption Standard**.

DHCP Siehe **Dynamic Host Configuration Protocol (DHCP)**.

Dienstzugriffspunkt (Service Access Point, SAP) Die Schnittstellen zwischen den sieben Schichten im OSI-Protokollstapel, die über Verbindungspunkte – die sozusagen als Adressen fungieren – für die Kommunikation zwischen den Schichten verwendet werden. In jeder Protokollschicht können mehrere Dienstzugriffspunkte gleichzeitig aktiv sein.

Digital Ein System, das Daten als Kombination binärer Werte (0 und 1) codiert. Computer verwendet eine digitale Codierung zur Bearbeitung von Daten. Ein digitales Signal stellt immer einen binären Status dar, d. h. Ein oder Aus.

Digitale Verbindung Eine Kommunikationsverbindung, bei der Daten nur in digitaler Codierung übertragen werden. Um Verzerrungen und Störeinflüsse zu verringern, werden bei digitalen Verbindungen Repeater eingesetzt, die das Signal während der Übertragung in regelmäßigen Abständen regenerieren.

Digitale Videodisk (DVD) Ein optisches Speichermedium, das eine höhere Kapazität und Bandbreite hat als eine normale CD. Eine DVD kann einen Film mit einer Länge von bis zu 133 Minuten im MPEG2-Format oder auch Audiodaten aufnehmen.

DIP-Schalter DIP ist die Abkürzung von *Dual In-Line Package*. Ein Schalter, der zur Steuerung von Optionen in einem integrierten Schaltkreis auf einen von zwei möglichen Zuständen (offen und geschlossen) gesetzt werden kann.

Direkter Speicherzugriff Wird häufig auch als Abkürzung DMA (*Direct Memory Access*) verwendet. Ein Speicherzugriff, an dem der Prozessor nicht beteiligt ist. DMA wird häufig eingesetzt für die direkte Datenübermittlung zwischen dem Arbeitsspeicher und einem „intelligenten" Peripheriegerät, etwa einem Diskettenlaufwerk.

Disk-Duplexing Siehe **Festplattenspiegelung; Fehlertoleranz**.

Disk-Striping Eine Technik zur Aufteilung von Daten in 64 KB große Blöcke, die gleichmäßig in einer festgelegten Reihenfolge auf alle Festplatten in einem Array verteilt werden. Wegen der fehlenden Datenredundanz bietet Disk-Striping jedoch keine Fehlertoleranz. Wenn nur eine einzige Partition ausfällt, gehen alle Daten verloren. Siehe auch **Festplattenspiegelung; Fehlertoleranz**.

Distributionsserver Ein Server, auf dem die Distributionsordnerstruktur gespeichert ist, in der die zur Installation eines Produkts, beispielsweise Windows 2000 erforderlichen Dateien enthalten sind.

DMA Siehe **Direkter Speicherzugriff**.

DMA-Kanal Ein Kanal für den direkten Zugriff auf den Arbeitsspeicher, der ohne Mitwirkung des Mikroprozessors abläuft. Über diesen Kanal werden die Daten direkt zwischen dem Speicher und zum Beispiel einen Diskettenlaufwerk übertragen.

DNS Siehe **Domain Name Service**.

Domain Name System (DNS) Ein Allzweckdienst zur Abfrage von verteilten und replizierten Daten, der hauptsächlich im Internet zur Übersetzung von Hostnamen in Internetadressen verwendet wird.

Domäne In Microsoft-Netzwerken eine Reihe von Computern und Benutzern, denen alle eine Datenbank zugeordnet ist und die dieselben Sicherheitsrichtlinien verwenden. Diese beiden Komponenten sind auf einem als Domänencontroller konfigurierten Server mit Windows 2000 Server als Betriebssystem gespeichert. Jede Domäne hat einen eindeutigen Namen. Siehe auch **Arbeitsgruppe**.

Domänencontroller In Microsoft-Netzwerken der Windows 2000 Server-Rechner, der die Domänenanmeldungen authentifiziert und auf dem die Sicherheitsrichtlinien und die Masterdatenbank der Domäne gespeichert sind.

Domänen-Namespace Ein Satz eindeutiger Namen für Ressourcen und Elemente in einer gemeinsam genutzten Computerumgebung. In der Management-Konsole (MMC) wird der Namespace durch die Konsolenstruktur wiedergegeben, in der alle für eine Konsole verfügbaren Snap-Ins und Ressourcen angezeigt werden.

Drucker (virtueller) Die Softwareschnittstelle zwischen dem Betriebssystem und dem Druckergerät. Der virtuelle Drucker legt fest, an welchen (physischen) Drucker das Dokument gesendet wird, wann es gesendet wird und wie verschiedene andere Aspekte des Druckvorganges behandelt werden sollen.

Druckergerät Das zur Druckausgabe von Dokumenten verwendete Gerät.

Druckerpooler Ein (virtueller) Drucker, der über mehrere Anschlüsse auf einem Druckserver mit mehreren physischen Druckern verbunden ist. An dem Druckserver können die Druckgeräte lokal oder über Netzwerkschnittstellen angeschlossen sein. Die verwendeten Druckgeräte sollten identisch sein. Sie können allerdings auch Druckgeräte verwenden, die nicht identisch sind, aber denselben Druckertreiber verwenden.

Druckerport Die Softwareschnittstelle, über die ein Computer mit einem an eine lokale Schnittstelle angeschlossenen Druckergerät kommuniziert. Zu den unterstützten Schnittstellen gehören LPT, COM, USB und über ein Netzwerk verbundene Geräte wie HP JetDirect und Intel NetPort.

Druckertreiber Eine oder mehrere Dateien, die unter Windows 2000 dazu benötigt werden, die Druckbefehle in eine spezielle Druckersprache, etwa PostScript umzuwandeln. Für jedes Druckermodell ist ein spezieller Druckertreiber erforderlich.

Druckserver Der Computer, auf dem die mit lokalen und Netzwerkdruckern verbundenen virtuellen Drucker liegen. Der Druckserver empfängt und bearbeitet Dokumente von Clientrechnern. Netzwerkdrucker werden auf Druckservern eingerichtet und freigegeben.

Druckwarteschlange Ein Puffer, in dem der Druckauftrag so lange zwischengespeichert wird, bis der Drucker bereit ist, ihn zu drucken.

DVD Siehe **Digitale Videodisk**.

Dynamiy Host Configuration Protocol (DHCP) Ein Protokoll zur automatischen TCP/IP-Konfiguration, das eine statische und dynamische Adressenzuweisung und -verwaltung ermöglicht. Siehe auch **TCP/IP-Protokoll**.

E

EAP Siehe **Extensible Authentication Protocol (EAP)**.

EBCDIC-Code EBCDIC steht als Abkürzung für *Extended Binary Coded Decimal Interchange Code* und ist ein von IBM entwickeltes Codierschema zur Verwendung in Mainframe-Rechnern und PCs, mit dem binäre (numerische) Werte Buchstaben, Zahlen, Satz- und Übertragungssteuerungszeichen zugeordnet werden.

Eigenständige Umgebung Eine Arbeitsumgebung, in der jeder Benutzer über einen eigenen PC verfügt mit dem er unabhängig von anderen arbeitet; die jeweils bearbeiteten Daten können jedoch nicht gemeinsam genutzt werden, wie das in einer Netzwerkumgebung möglich wäre.

Eigenständiger Rechner Ein Computer, der nicht mit anderen Computern verbunden oder Teil eines Netzwerks ist.

Endmarke Einer der drei Abschnitte eines Datenpakets. Welchen Inhalt eine Endmarke hat, ist vom eingesetzten Protokoll abhängig. Normalerweise enthält sie aber Daten zur Fehlerüberprüfung oder eine zyklische Redundanzüberprüfung (CRC = Cyclical Redundancy Check).

Engpass Ein Gerät oder Programm, das die Netzwerkperformance erheblich herabsetzt. Eine Einschränkung der Netzwerkleistung ergibt sich immer dann, wenn ein Gerät mehr Prozessorzeit benötigt, als es eigentlich sollte, eine Ressource zu stark beansprucht oder keiner starken Belastung gewachsen ist. Potenzielle Engpässe sind zum Beispiel der Prozessor, der Arbeitsspeicher und die Netzwerkkarte.

Extended Industry Standard Architecture (EISA) Ein im Jahr 1988 eingeführter 32-Bit Busstandard für x86-Rechner. EISA wurde von einem aus neun Firmen aus der Computerbranche bestehenden Konsortium entwickelt (AST Research, Compaq, Epson, Hewlett-Packard, NEC, Olivetti, Tandy,

Wyse und Zenith). EISA-Geräte sind aufwärtskompatibel mit dem ISA-Bussystem. Siehe auch **Industry Standard Architecture (ISA)**.

Extensible Authentication Protocol (EAP) Eine Erweiterung des PPP-Protokolls (PPP = *Point-to-Point Protocol*). EAP kann für DFÜ-, PPTP- und L2TP-Clients verwendet werden. Beim EAP wird die Berechtigung von DFÜ-Verbindungen mittels eines nach dem Zufallsprinzip festgelegten Authentifizierungsmechanismus überprüft. Welche Authentifizierungsmethode tatsächlich verwendet wird, wird zwischen dem DFÜ-Client und dem RAS-Server ausgehandelt.

F

Farbverwaltung (ICM = *Image Color Management*) Eine Betriebssystems-API, die dafür sorgt, dass die auf Ihrem Monitor angezeigten Farben mit denen Ihres Scanners oder Druckers übereinstimmen.

Fehlertoleranz Die Fähigkeit eines Computers oder eines Betriebssystems, auf ein Ereignis, etwa einen Strom- oder Hardwareausfall so zu reagieren, dass keine Daten verloren gehen oder aktuell bearbeitete Dateien beschädigt werden.

Festplatte Ein Gerät, das nichtflexible Platten enthält, die mit einem Material beschichtet sind, auf dem Daten magnetisch aufgezeichnet werden können. Festplatten drehen sich normalerweise mit einer Geschwindigkeit von 7.200 Umdrehungen pro Minute. Die Schreib-Lese-Köpfe schweben dabei auf einem Luftkissen in einem Abstand von 25 bis 65 Millionstel Zentimetern über der Platte. Die Festplatte ist in einem Gehäuse versiegelt, das sie vor Einflüssen schützt, die die engen Toleranzen zwischen den Köpfen und der Platte beeinträchtigen könnten. Festplatten bieten einen schnelleren Datenzugriff als Disketten und können mehr Daten aufnehmen. Da die einzelnen Platten nicht flexibel sind, können sie so gestapelt werden, dass ein Festplattenlaufwerk auf mehr als eine Platte zugreifen kann. Die meisten Festplatten enthalten zwischen 2 und acht Platten.

Festplattenduplizierung Siehe **Festplattenspiegelung**.

Festplattenspiegelung Eine Technik, mit der die gesamte Festplatte oder auch nur Teile einer Festplatte auf eine oder mehrere Festplatten dupliziert wird, von denen jede idealerweise mit einem eigenen Controller ausgerüstet sein sollte. Bei der Festplattenspiegelung wird jede Änderung an der Ausgangsfestplatte gleichzeitig für die andere(n) Festplatte(n) übernommen. Die Festplattenspiegelung wird in Situationen eingesetzt, in denen jederzeit eine Kopie der aktuellen Daten zur Verfügung stehen muss. Siehe auch **Disk-Striping; Fehlertoleranz**.

Fiber Distributed Data Interface (FDDI) Ein ANSI-Standard für Hochgeschwindigkeitsnetzwerke auf Glasfaserbasis. FDDI erlaubt Übertragungsraten von 100 Mbps in Netzwerken nach dem Token-Ring-Standard.

File Transfer Protocol (FTP) Ein Protokoll, das den Datentransfer zwischen lokalen und Remoterechnern erlaubt. FTP unterstützt mehrere Befehle, die die bidirektionale Übertragung von binären und ASCII-Dateien erlauben. Der FTP-Client wird zusammen mit den TCP/IP-Verbindungsprogrammen installiert. Siehe auch **American Standard Code for Information Interchange (ASCII), Transmission Control Protocol/Internet Protocol (TCP/IP)**.

Firewall Ein Sicherheitssystem – normalerweise eine Kombination von Software und Hardware – zum Schutz gegen externe Bedrohungen aus anderen Netzwerken, einschließlich Internet. Firewalls verhindern, dass Computer in einem Netzwerk direkt mit Computern außerhalb des Netzwerks kommunizieren können und umgekehrt. Alle ein- und ausgehenden Übertragungen werden stattdessen über einen Proxyserver außerhalb des Netzwerks geleitet. Über Firewalls lassen sich außerdem Netzwerkaktivitäten überwachen und der Datenverkehr sowie Informationen über Versuche unberechtigten Zugriffs aufzeichnen. Siehe auch **Proxyserver**.

Firmware Dieser Ausdruck wird für Softwareroutinen verwendet, die in ROMs (ROM = *Read Only Memory*) gespeichert sind. Anders als beim RAM bleiben die in einem ROM gespeicherten Daten auch nach Ausschalten der Stromzufuhr erhalten. Startbefehle und maschinennahe E/A-Befehle werden in der Firmware gespeichert.

Flusssteuerung Dieser Ausdruck bezeichnet eine routergestützte Regulierung des Datenflusses, die dafür sorgt, dass kein Segment durch Übertragungen überlastet wird.

Frame Relay Eine moderne Technologie zur schnellen digitalen Vermittlung von Datenpaketen variabler Länge. Es handelt sich dabei um ein Point-to-Point-System, bei dem eine private virtuelle Verbindung (PVC = *Private Virtual Circuit*) zur Übertragung von Frames variabler Länge auf der Sicherungsschicht des OSI-Schichtenmodells verwendet wird. Frame Relay-Netzwerke können Abonnenten bei Bedarf eine Bandbreite zur Verfügung stellen, die nahezu jede Art von Übertragung erlaubt.

Frame Ein in einem Netzwerk als selbstständige Einheit übertragenes Datenpaket. Der Ausdruck Frame wird in erster Linie im Zusammenhang mit Ethernet-Netzwerken verwendet. Frames ähneln den in anderen Netzwerktypen verwendeten Paketen. Siehe auch **Datenframes**, **Pakete**.

Frame-Präambel Headerdaten, die einem Datenframe in der physischen Schicht des OSI-Netzwerkmodells vorangestellt werden.

Freigabe mit Kennwortschutz Dieser Ausdruck bezieht sich auf die Zugriffsberechtigung für eine freigegebene Ressource, die nur dann gewährt wird, wenn der Benutzer das korrekte Kennwort eingibt.

Freigabe Der Vorgang, durch den Dateien oder Ordner in einem Netzwerk für die Verwendung durch alle Netzwerkbenutzer zur Verfügung gestellt werden.

Front-End In einer Client-Server-Anwendung der Teil des Programms, der auf dem Clientrechner ausgeführt wird.

FTP Siehe auch **File Transfer Protocol (FTP)**.

G

Gateway Ein Gerät, das zur Verbindung von Netzwerken mit unterschiedlichen Protokollen verwendet wird und mit dessen Hilfe Daten von einem System zum anderen übertragen werden können. Gateways arbeiten auf der Netzwerkschicht des OSI-Schichtenmodells.

Gb Siehe **Gigabit**.

GB Siehe **Gigabyte**.

Gerät Ein generischer Ausdruck für ein Computersubsystem. Drucker, serielle Anschlüsse und Festplattenlaufwerke werden zum Beispiel als Geräte bezeichnet.

Gesamtstruktur Eine Gruppierung oder hierarchische Anordnung einer oder mehrerer Domänenstrukturen, die einen getrennten Namespace bilden.

Gigabit Eine Maßeinheit, die 1.073.741.824 Bits entspricht.

Gigabyte Eine Maßeinheit, mit der im Allgemeinen 1000 Megabytes bezeichnet werden. Was allerdings genau gemeint ist, ergibt sich erst aus dem Zusammenhang. Eine Gigabyte entspricht einer Milliarde Bytes. Im Zusammenhang mit Computern werden Bytemengen häufig auch als Potenzen von 2 angegeben. Ein Gigabyte kann deshalb sowohl 1.000 Megabytes oder 1.024 Megabytes entsprechen, wobei ein Megabyte 1.048.576 Bytes (2 hoch 20) entspricht.

Globale Gruppe Ein spezieller Gruppenkontotyp von Microsoft Windows 2000. Globale Gruppen werden auf Domänencontrollern in der Domäne erstellt, in der die Benutzerkonten gespeichert sind. Globale Gruppen können nur Benutzerkonten aus der Domäne enthalten, in der die globale Gruppe erstellt wurde. Mitglieder globaler Gruppen erhalten Ressourcenberechtigungen, wenn die betreffende globale Gruppe in die lokale Gruppe aufgenommen wird. Siehe auch **Lokale Gruppe**.

Globaler Katalog Ein Dienst und physischer Speicherbereich, der eine Kopie ausgewählter Eigenschaften für jedes Objekt in den Active Directory-Verzeichnisdiensten enthält.

Gruppen Mit diesem Ausdruck werden in der Netzwerktechnik Konten bezeichnet, in denen andere Konten enthalten sind. Alle einer Gruppe zugewiesenen Rechte und Berechtigungen stehen auch ihren Mitgliedern zur Verfügung. Gruppen bieten daher eine gute Möglichkeit, eine größere Anzahl von Benutzerkonten mit den gleichen Rechten auszustatten. Unter Windows 2000 werden Gruppen mit dem Snap-In *Computerverwaltung* verwaltet. Unter Windows 2000 Server werden Gruppen mit dem Snap-In *Active Directory-Benutzer und Computer* verwaltet.

H

Halbduplexübertragung Eine Kommunikationsform, bei der Übertragungen nur in jeweils einer Richtung möglich sind. Siehe auch **Vollduplexübertragung**.

Handshake Dieser Ausdruck wird im Zusammenhang mit Modemübertragungen verwendet und bezeichnet einen Vorgang, bei dem Informationen zur Steuerung des Datenflusses zwischen dem sendenden und empfangenden Rechner ausgetauscht werden. Der Handshake sorgt dafür, dass das empfangende Gerät bereit zum Empfang ist, wenn das sendende Gerät mit der Übertragung beginnt.

Hardware Die physischen Komponenten eines Computersystems, einschließlich der Peripheriegeräte wie etwa Drucker, Modems und Mäuse.

Hardwarekompatibilitätsliste (HCL) Die Abkürzung HCL steht für *Hardware Compatibility List* und bezeichnet eine Liste mit Computern und Peripheriegeräten, die auf Kompatibilität mit dem Produkt überprüft worden sind, für das die HCL entwickelt wurde. Die Windows 2000-HCL enthält alle Produkte, die getestet und als kompatibel mit Windows 2000 festgestellt worden sind.

Hardware-Loopback Ein Anschluss in einem Rechner, über den sich Hardwareprobleme analysieren lassen. Dabei werden Daten übermittelt und sofort wieder als empfangene Daten zurückgegeben. Wenn die übertragenen Daten nicht zurückgegeben werden, hat der Hardware-Loopback einen Hardwarefehler entdeckt.

HCL Siehe **Hardwarekompatibilitätsliste**.

HDLC Siehe **High-Level Data Link Control (HDLC)**.

Header Im Zusammenhang mit der Datenübertragung in Netzwerken wird mit diesem Ausdruck einer der drei Abschnitte eines Datenpakets bezeichnet. Der Header enthält ein Signal zum Hinweis darauf, dass ein Datenpaket übertragen werden soll, eine Quelladresse, die Zieladresse sowie Daten zur Taktsynchronisation.

Hertz (Hz) Die Maßeinheit der Frequenzmessung. Die Frequenz bezeichnet, wie oft ein Ereignis innerhalb einer bestimmten Zeit eintritt. Ein Hertz entspricht einer Schwingung pro Sekunde. Frequenzen werden auch in Kilohertz (KHz = 1000 Hz), Megahertz (MHz = 1000 KHz), Gigahertz (GHz = 1000 MHz) oder Terahertz (THz = 10.000 GHz) angegeben.

High-Level Data Link Control (HLDC) Ein weithin anerkanntes, von der International Organization for Standardization (ISO) entwickeltes Protokoll zur Steuerung von Datenübertragungen. HLDC ist ein bitorientiertes synchrones Protokoll, das auf der Sicherungsschicht (in der die Nachrichten in Pakete aufgeteilt werden) des OSI-Schichtenmodells arbeitet. Bei Verwendung des HLDC-Protokolls werden die Daten in Frames übermittelt, von denen jedes eine unterschiedliche Anzahl von Daten enthalten kann, die aber auf eine bestimmte Weise organisiert sein müssen. Siehe auch **Datenframes**, **Frame**.

Host Siehe **Server**.

Hot Fixing Siehe **Sektorausgliederung**.

HTML Siehe **Hypertext Markup Language (HTML)**.

Hypertext Markup Language (HTML) Eine einfache Sprache zur Erstellung von Hypertextdokumenten, die zwischen verschiedenen Plattformen portierbar sind. HTML-Dateien sind einfache ASCII-Textdateieen mit eingebetteten Codes (gekennzeichnet durch besondere Markierungen oder Tags) für die Formatierung des Textes und für Hypertextverknüpfungen. HTML ist die gängige Formatierungssprache für Dokumente im World Wide Web.

Hypertext Transport Protocol (HTTP) Dieser Ausdruck bezeichnet die Methode, nach der Webseiten im Netzwerk übertragen werden.

I

ICM Siehe **Farbverwaltung**.

ICMP Siehe **Internet Control Message Protocol (ICMP)**.

IDE Siehe **Integrated Device Electronics (IDE)**.

IEEE Projekt 802 Ein vom IEEE entwickeltes Netzwerkmodell, das nach dem Jahr und dem Monat des Entwicklungsbeginns benannt wurde (Februar 1980). Projekt 802 definiert LAN-Standards für die physische und die Sicherungsschicht des OSI-Schichtenmodells. Projekt 802 unterteilt die Sicherungsschicht in zwei Teilschichten: die Medienzugriffssteuerungsschicht und die logische Sicherungsschicht.

IEEE Siehe **Institute of Electrical and Electronics Eneginieers (IEEE)**.

Industry Standard Architecture (ISA) Eine inoffizielle Bezeichnung für das Busdesign des IBM Personal Computers (PC) PC/XT. Es erlaubt die Aufnahme verschiedener Adapter, die als Plug-In-Karten in die Erweiterungsanschlüsse eingeschoben werden. ISA bezieht sich häufig schon auf die Erweiterungsanschlüsse selbst. Diese Anschlüsse werden auch als 8-Bit- oder 16-Bit-Anschlüsse bezeichnet. Siehe auch **Extended Industry Standard Architecture (EISA)**, **Mikrokanalarchitektur**.

Infrarotübertragung Elektromagnetische Strahlung mit Frequenzen in einem Bereich, der im elektromagnetischen Spektrum gerade unterhalb des sichtbaren roten Lichts liegt. In der Netzwerkkommunikationstechnik erlaubt die Infrarottechnologie extrem hohe Übertragungsgeschwindigkeiten und eine große Bandbreite.

Instutute of Electrical and Electronics Engineers (IEEE) Eine Organisation von Elektrotechnikern und Elektronikern, die die IEEE 802.x-Standards für die physische und die Sicherungsschicht des OSI-Schichtenmodells entwickelt hat. Diese Standards werden in vielen Netzwerkkonfigurationen verwendet.

Integrated Device Electronics (IDE) Ein Laufwerkstyp, bei dem die Controllerelektronik in das Laufwerk integriert ist. Dadurch erübrigt sich eine separate Schnittstellenkarte. Die IDE-Schnittstelle ist mit dem Western Digital ST-506-Controller kompatibel.

Integrated Services Digital Network (ISDN) Ein weltweites digitales Kommunikationsnetzwerk, das sich aus dem Telefonnetz heraus entwickelt hat. ISDN soll die aktuellen Telefonverbindungen ersetzen, die eine Umwandlung von digitalen Signalen in analoge und umgekehrt erfordern. ISDN-Netzwerke erlauben die Verwendung von digitalen Switches und die Übertragung von Sprach-, Computer-, Video-, und Audiodaten. ISDN basiert auf zwei Kommunikationskanälen: Der B-Kanal überträgt Sprache, Bilder und Computerdaten mit einer Geschwindigkeit von 64 Kbps. Der D-Kanal überträgt Steuer- und Signaldaten sowie Daten zur Verbindungsverwaltung mit einer Geschwindigkeit von 16 Kbps. Computer und andere Geräte werden an den ISDN-Leitungen über einfache standardisierte Schnittstellen angeschlossen.

Integrierte Gruppen Ein spezieller Typ von Gruppenkonto unter Windows 2000. Wie der Namen schon sagt, sind integrierte Gruppen im Netzwerkbetriebssystem enthalten. Integrierte Gruppen verfügen über eine sinnvoll zusammengestellte Reihe von Rechten und Funktionen. In den meisten Fällen bieten integrierte Gruppen alle von einem bestimmten Benutzer benötigten Funktionen. Wenn ein Benutzerkonto zum Beispiel zur integrierten Gruppe *Administratoren* gehört, erhält der Benutzer, der sich mit diesem Konto anmeldet, zahlreiche Administratorrechte. Siehe auch **Benutzerkonto**.

International Organization für Standardization (ISO) Diese Organisation setzt sich aus den Standardisierungsverbänden mehrerer Länder zusammen. Das US-amerikanische Mitglied ist das American National Standards Institute (ANSI). Ziel der ISO ist die Einrichtung globaler Standards zur Kommunikation und zum Datenaustausch. Der wichtigste Beitrag von ISO ist die Entwicklung des weithin anerkannten OSI-Schichtenmodells. ISO wird häufig als Abkürzung von **I**nternational **S**tandards **O**rganization verwendet, was aber falsch ist. Der Begriff ISO stammt aus dem Griechischen *isos* und bedeutet soviel wie *gleich*.

Internet Control Message Protocol (ICMP) Ein von IP und den Protokollen der höheren Ebenen verwendetes Protokoll, mit dem Statusberichte zu den aktuell übertragenen Daten gesendet und empfangen werden können.

Internet Protocol (IP) Der Teil des TCP/IP-Protokolls, der für die Weiterleitung von Datenpaketen zuständig ist. Siehe auch **Transmission Control Protocol/Internet Protocol**.

Internet Protocol Security (IPSec) Ein Reihe offener Standards, mit denen sich die vertrauliche Kommunikation über IP-Netzwerke mittels Verschlüsselungsdiensten schützen lässt.

Internetwork Packet Exchange/Sequenced Packet Exchange (IPX/SPX) Ein in Novell-Netzwerken verwendeter Protokollstapel. IPX ist das NetWare-Protokoll zur Adressierung und Weiterleitung von Datenpaketen. Es handelt sich dabei um ein relativ kleines und schnelles Protokoll für ein LAN, das auf dem XNS-Protokoll (XNS = **X**erox **N**etwork **S**ystems) basiert und die Weiterleitung von Daten unterstützt. SPX ist ein verbindungsorientiertes Protokoll, das dafür sorgt, dass die gesendeten Daten vollständig übermittelt werden. NWLink ist die Microsoft-Implementierung des IPX/SPX-Protokolls.

Internetworking Die Kommunikation innerhalb eines aus vielen Teilnetzwerken bestehenden Netzwerks.

Interoperabilität Die Fähigkeit von Komponenten eines Systems, mit Komponenten in anderen System zusammenarbeiten zu können.

Interrupt-Anforderung (IRQ) Dieser Begriff wird meist in abgekürzter Form als IRQ (Interrupt Request) verwendet. IRQs sind elektronische Signale, die an den Prozessor eines Computer gesendet werden, um zu signalisieren, dass ein Ereignis eingetreten ist, das der Prozessor bearbeiten muss.

IP Siehe **Internet Protocol (IP)**: Siehe auch **Transmission Control Protocol/Internet Protocol (TCP/IP)**.

Ipconfig Ein Diagnosebefehl, der alle Werte der aktuellen TCP/IP-Netzwerkkonfiguration anzeigt. Dieser Befehl ist besonders gut für DHCP-Systeme geeignet, weil Benutzer mit seiner Hilfe ermitteln können, welche IP-Konfigurationswerte von DHCP-Server festgelegt worden sind. Siehe auch **Winipcfg**.

IPSec Siehe **Internet Protocol Security (IPSec)**.

IPX/SPX Siehe **Internet Packet Exchange/Sequenced Packet Exchange (IPX/SPX)**.

IRQ Siehe **Interrupt Request (IRQ)**.

ISA Siehe **Industry Standards Architecture (ISA)**.

ISDN Siehe **Integrated Services Digital Network (ISDN)**.

ISO Siehe **International Organization for Standardization (ISO)**.

J

Jumper Ein kleiner, aus Plastik und Metall bestehender Stecker oder eine Metallbrücke zur Verbindung zweier Punkte in einem elektronischen Schaltkreis. Jumper-Schalter werden zur Auswahl eines bestimmten Schaltzustandes oder einer Option bei mehreren möglichen Konfigurationen verwendet. Mithilfe von Jumper-Schaltern können Sie auf Netzwerkkarten den Verbindungstyp (DIX oder BNC) festlegen, über den die Karte Daten übermitteln soll.

K

Kevlar Ein Markenname der DuPont Corporation für die Fasern in der Plastikummantelung von Glasfaserkabeln. Der Name wird oft auch generisch verwendet.

Kilo (K) Im metrischen System eine Maßeinheit zur Bezeichnung von 1000 Einheiten. Da in der Computertechnik alles auf Zweierpotenzen basiert, werden mit Kilo meistens 1024 (d. h. 2 hoch 10) Einheiten bezeichnet. Um zwischen beiden zu unterscheiden, wird ein klein geschriebenes k zur Bezeichnung von 1000, ein groß geschriebenes K jedoch zur Bezeichnung von 1024 Einheiten verwendet. Ein Kilobyte besteht aus 1024 Bytes.

Kilobit (KBit) Eine Bezeichnung für 1024 Bits. Siehe auch **Bit**, **Kilo (K)**.

Kilobyte (KB) Eine Bezeichnung für 1024 Bytes. Siehe auch **Byte**, **Kilo (K)**.

Knoten In der Netzwerktechnik wird damit ein Gerät bezeichnet, das mit einem LAN verbunden ist und mit anderen Netzwerkgeräten kommunizieren kann. Clients, Server und Repeater werden in diesem Zusammenhang als Knoten bezeichnet.

Kommunikationssteuerschicht Die fünfte Schicht im OSI-Schichtenmodell. Diese Schicht erlaubt zwei Anwendungen auf unterschiedlichen Computern, eine Verbindung – eine so genannte Sitzung – einzurichten, zu verwenden und zu beenden. Diese Schicht führt die Namenserkennung durch und ist zum Beispiel auch für Funktionen wie etwa die Sicherheitsmaßnahmen zuständig, die zur Kommunikation zweier Anwendungen im Netzwerk erforderlich sind. Auf der Kommunikationssteuerschicht werden die Benutzertasks aufeinander abgestimmt. Diese Schicht implementiert außerdem die Dialogsteuerung zwischen den Kommunikationsprozessen. Dabei wird festgelegt, welche Seite wann und für wie lange Daten übertragen kann. Siehe auch **OSI-Schichtenmodell**.

Komprimierungsstatus Der Status einer Datei oder eines Ordners auf einem NTFS-Datenträger, d. h. *Komprimiert* oder *Nicht komprimiert*.

Kontensperre Ein Windows 2000-Sicherheitsmerkmal, das ein Benutzerkonto nach einer bestimmten Anzahl fehlgeschlagener Anmeldeversuche innerhalb eines bestimmten Zeitraums sperrt. Die beiden Sperrungskriterien werden in den Kontensperrungsrichtlinien festgelegt. Bei gesperrten Konten ist keine Anmeldung möglich. In den Kontorichtlinien ist festgelegt, in welcher Weise Kennwörter von den Benutzerkonten auf einem einzelnen Rechner oder innerhalb einer Domäne verwendet werden können.

Konto Siehe **Benutzerkonto**.

L

L2TP Siehe **Layer-Two Tunneling Protocol (L2TP)**.

LAN Requester Siehe **Requester (LAN Requester)**.

LAN Siehe **Lokales Netzwerk (LAN)**.

Laserübertragung Ein drahtloses Netzwerk, in dem ein Laserstrahl zur Übertragung von Daten von einem Gerät zum anderen verwendet wird.

LAT Siehe **Local Area Transport (LAT)**

Layer-Two Tunneling Protocol (L2TP) Ein Protokoll, dessen Hauptaufgabe die Erstellung eines verschlüsselten Tunnels durch ein nicht vertrauenswürdiges Netzwerk ist. L2TP ähnelt PPTP insofern, als es zwar auch einen Tunnel erzeugt, jedoch keine Verschlüsselung bietet. L2TP ermöglicht durch seine Zusammenarbeit mit Verschlüsselungstechnologien wie etwa IPSec den Aufbau eines sicheren Tunnels. Durch die Kombination von IPSec und L2TP können Sie eine sichere virtuelle private Netzwerklösung erstellen.

Link Das Kommunikationssystem, das zwei LANs miteinander verbindet. Als Links werden auch die Geräte bezeichnet, die diese Verbindungen ermöglichen, beispielsweise Brücken, Router und Gateways.

Local Area Transport (LAT) Ein nicht-routfähiges Protokoll der Firma Digital Equipment Corporation.

Logical Link Control (LLC) Siehe **Logische Sicherungsschicht**

Logische Sicherungsschicht (Logical Link Control, LLC) Eine der beiden Teilschichten, in die das IEEE Projekt 802 die Sicherungsschicht des OSI-Schichtenmodells unterteilt hat.

Die logische Sicherungsschicht ist die obere Teilschicht, welche die eingehenden Datenpakete verwaltet und die Verwendung der logischen Schnittstellenpunkte, der so genannten Dienstzugriffspunkte (Service Access Points, SAPs), definiert, über die Computer Daten von der logische Sicherungsschicht zu den darüberliegenden OSI-Schichten übertragen. Siehe auch **Medienzugriffssteuerungsschicht**, **Dienstzugriffspunkt**.

Lokale Gruppe Ein in Windows 2000 verwendetes Gruppenkonto. Lokale Gruppen enthalten Benutzerkonten und globale Gruppen, die Rechte und Berechtigungen für den Zugriff auf eine Ressource auf einem lokalen Rechner haben müssen. Lokale Gruppen können keine anderen lokalen Gruppen enthalten.

Lokaler Benutzer Der Benutzer, der bei einem Rechner angemeldet ist.

Lokales Netzwerk (LAN) LAN ist die Abkürzung von *Local Area Network*. Dieser Begriff bezeichnet eine Gruppe von Computern, die über einen relativ begrenzten Bereich (z. B. in einem Gebäude oder in einem Gewerbegebiet) in einem Netzwerk zusammengeschlossen sind.

M

Makrovirus Dieses Virus trägt seinen Namen deshalb, weil es als Makro für eine Anwendung geschrieben wird. Makroviren lassen sich nur schwer entdecken, tauchen immer häufiger auf und infizieren meistens gängige Programme, etwa Textverarbeitungen. Wenn eine infizierte Datei geöffnet wird, hängt der Virus sich an die betreffende Anwendung an und infiziert anschließend alle Dateien, die mit der Anwendung aufgerufen werden. Siehe auch **Dateivirus**.

Mb Siehe **Megabit (Mb)**.

MB Siehe **Megabyte (MB)**.

Mbps Die Abkürzung für **Me**ga**b**its **p**ro **S**ekunde. Die Maßeinheit zur Angabe der unterstützten Übertragungsgeschwindigkeit von folgenden physischen Medien: Koaxialkabel, Twisted-Pair-Kabel und Glasfaserkabel. Siehe auch **Bit**.

Media Access Control-Teilschicht (MAC-Teilschicht) siehe **Medienzugriffssteuerungsschicht**

Media Access Control-Treiber (MAC-Treiber) Der Gerätetreiber auf der MAC-Teilschicht des OSI-Schichtenmodells. Dieser Treiber wird auch NIC-Treiber (NIC = *Network Interface Card*) genannt. Er erlaubt einen maschinennahen Zugriff auf Netzwerkkarten, da er die Datenübertragung und verschiedene NIC-Basisverwaltungsfunktionen unterstützt. Diese Treiber übergeben außerdem Daten von der physischen Schicht an Transportprotokolle auf der Netzwerk- und der Transportschicht.

Medien Die Verkabelung, mit der die Computer in einem LAN miteinander verbunden sind. Die Kabel fungieren als Übertragungsmedium und übermitteln die Daten von einem Computern zum anderen.

Medienzugriffssteuerungsschicht Eine der beiden durch das IEEE Projekt 802 definierten Teilschichten der Sicherungsschicht des OSI-Schichtenmodells. Die Medienzugriffssteuerungsschicht kommuniziert direkt mit der Netzwerkkarte und sorgt dafür, dass die Daten zwischen zwei Rechnern in einem Netzwerk fehlerfrei übermittelt werden. Siehe auch **Logische Sicherungsschicht**.

Megabit (Mb) Eine Maßeinheit, die eigentlich aus 1.048.576 Bits besteht, manchmal aber auch zur Bezeichnung von 1 Million Bits dient. Siehe auch **Bit**.

Megabyte (MB) Eine Maßeinheit, die eigentlich aus 1.048.576 Bytes (2 hoch 20) besteht, manchmal aber auch zur Bezeichnung von 1 Million Bytes dient. Siehe auch **Byte**.

Microcom Network Protocol (MNP) Der von Microcom entwickelte Standard für eine asynchrone Datenfehlerkontrolle. Diese Methode funktioniert so gut, dass andere Unternehmen nicht nur die Urversion, sondern auch neuere Versionen des Protokolls übernommen haben. Heutzutage bieten verschiedene Modemhersteller MNP, Klasse 2, 3, 4 und 5, in Ihren Geräten an.

Microsoft Technical Information Network (TechNet) Ein Netzwerk, das technische Unterstützung zu allen Aspekten der Netzwerktechnik unter besonderer Berücksichtigung der Microsoft-Produkte anbietet.

Mikrokanalarchitektur Das Busdesign in IBM PS/2-Rechnern (außer in den Modellen 25 und 30). Der Mikrokanalbus ist weder elektrisch noch physisch kompatibel mit dem IBM PC/AT-Bus. Im Gegensatz zum PC/AT-Bus funktioniert der Mikrokanalbus entweder als 16-Bit- oder als 32-Bit-Bus. Der Mikrokanal lässt sich außerdem durch mehrere Busmaster-Prozessoren betreiben. Siehe auch **Extended Industry Standard Architecture (EISA)**, **Industry Standard Architecture**.

MNP Siehe **Microcom Network Protocol (MNP)**.

Mobiles Computing Eine Technik, mit der tragbare Computersysteme über drahtlose Adapter und Mobiltelefone eine Verbindung mit einem stationären, kabelgestützten Netzwerk herstellen können.

Modem Ein Kommunikationsgerät, mit dessen Hilfe ein Computer Daten über eine Standardtelefonleitung übermitteln kann. Ein Computer arbeitet mit digitalen Signalen (die entweder eine digitale 1 oder eine digitale 0 repräsentieren). Ein Telefon arbeitet mit analogen Signalen, die unterschiedliche Formen annehmen können. Zur Umwandlung von digitalen Signalen in analoge und umgekehrt sind Modems erforderlich. Beim Senden modulieren Modems die digitalen Signale eines Computers auf eine konstante Trägerfrequenz in der Telefonleitung herauf. Bei Empfang filtern (demodulieren) sie die digitalen Signale aus der Trägerfrequenz und übermitteln sie in digitaler Form an den Computer.

Multitasking Ein von einem Betriebssystem zur Verfügung gestellter Betriebsmodus, bei dem ein Rechner mehr als einen einzigen Task gleichzeitig bearbeiten kann. Die beiden wichtigsten Multitaskingtypen sind das preemptive (oder Zeitscheiben-) Multitasking und das nicht-preemptive Multitasking. Beim preemptiven (Zeitscheiben-) Multitasking kann das Betriebssystem die Steuerung des Prozessors ohne Mitwirkung des Tasks übernehmen. Beim nicht-preemptiven Multitasking unterbricht der Prozessor niemals selbstständig die Bearbeitung eines Tasks, sondern der Task entscheidet, wann der Prozessor freigegeben wird. Ein echtes Multitasking-Betriebssytem kann so viele Tasks ausführen, wie es Prozessoren hat. Wenn mehr Tasks bearbeitet werden müssen, als Prozessoren vorhanden sind, muss der Rechner die Zeit zur Bearbeitung der verschiedenen Tasks aufteilen, wobei die Prozessoren nach der Bearbeitung eines Tasks für eine bestimmte Zeit sich dem nächsten Task zuwenden – so lange, bis alle Task bearbeitet sind.

N

Name Binding Protocol (NBP) Ein Apple-Protokoll, das die Entitäten in einem Netzwerk überwacht und die Namen mit Internetadressen in Übereinstimmung bringt. Dieses Protokoll arbeitet auf der Transportschicht des OSI-Schichtenmodells.

Namespace Ein definierter Bereich, innerhalb dessen ein Name aufgelöst werden kann. Bei der Auflösung eines Namens wird dieser dem Objekt oder der Information zugeordnet, für die der Name steht. Der Active Directory-Namenspace basiert auf der DNS-Namenskonvention, die für die nötige Interoperabilität mit Internettechnologien sorgt.

NBP Siehe **Name Binding Protocol (NBP)**.

nbstat Ein Diagnosebefehl, der Protokolldaten und Informationen über die aktuelle TCP/IP-Verbindungen anzeigt, wobei NetBIOS über TCP/IP (NetBT) verwendet wird. Dieser Befehl steht nur dann zur Verfügung, wenn das TCP/IP-Protokoll installiert ist.

NDIS Siehe **Network Driver Interface Specification (NDIS)**.

NetBIOS (Network Basic Input/Output System) Eine Anwendungsprogrammierschnittstelle (API), die von Anwendungsprogrammen in einem aus IBM-kompatiblen MS-DOS-, OS/2- oder UNIX-Rechnern bestehenden LAN verwendet werden kann. NetBIOS ist in erster Linie interessant für Programmierer und stellt für Anwendungsprogramme einen einheitlichen Befehlssatz zur Anforderung niederer Netzwerkdienste zur Verfügung, die zur Durchführung von Sitzungen zwischen Knoten und zur Datenübertragung in einem Netzwerk erforderlich sind.

NetBIOS Enhanced User Interface (NetBEUI)   Ein zum Lieferumfang aller Microsoft-Netzwerkprodukte gehörendes Protokoll. NetBEUI bietet folgende Vorteile: geringe Stapelgröße (wichtig für MS-DOS-Rechner), hohe Datenübertragungsgeschwindigkeit im Netzwerkmedium und Kompatibilität mit allen Microsoft-Netzwerken. Der wesentliche Nachteil von NetBEUI besteht darin, dass es sich um ein LAN-Transportprotokoll handelt und daher kein Routing unterstützt. Der Einsatz von NetBEUI ist außerdem auf Microsoft-Netzwerke beschränkt.

netstat   Ein Diagnosebefehl, der Protokolldaten und Informationen über die aktuelle TCP/IP-Verbindungen anzeigt. Dieser Befehl steht nur dann zur Verfügung, wenn das TCP/IP-Protokoll installiert ist.

NetWare Core Protocol (NCP)   Dieses Protokoll definiert die Codierung für die Verbindungssteuerung und die Anforderung von Diensten, mit deren Hilfe Clients und Server kommunizieren können. Es stellt Transport- und Kommunikationssteuerungsdienste zur Verfügung und unterstützt die NetWare-Sicherheitsfeatures.

Network Driver Interface Specification (NDIS)   Ein Standard, der eine Schnittstelle zur Kommunikation zwischen der Medienzugriffssteuerungsschicht und den Protokolltreibern definiert. Die Spezifikation definiert die Softwareschnittstelle, die so genannte NDIS-Schnittstelle, welche von Protokolltreibern zur Kommunikation mit der Netzwerkkarte verwendet wird. Der Vorteil von NDIS liegt im angebotenen Protokoll-Multiplexing, d. h., es können mehrere Protokollstapel gleichzeitig verwendet werden. Siehe auch **Open Data-Link Interface (ODI)**.

Netzwerk   Dieser Begriff bezeichnet in der Computertechnik ein System, in dem eine Anzahl selbstständiger Rechner so miteinander verknüpft sind, dass sie Daten und Peripheriegeräte wie etwa Festplatten oder Drucker gemeinsam nutzen können.

Netzwerkkarte   Diese Karte wird häufig auch als NIC-Karte bezeichnet (NIC = *Network Interface Card*). Eine auf allen Clients und Servern eines Netzwerks installierte Erweiterungskarte. Die Netzwerkkarte fungiert als physische Schnittstelle oder als Übergang zwischen Computer und Netzwerk.

Netzwerkmonitore   Diese Monitore zeichnen den gesamten oder nur einen ausgewählten Teil des Netzwerkverkehrs auf. Sie untersuchen Framepakete und sammeln Informationen über Pakettypen, Fehler und den Datenpaketverkehr eines Rechners.

Netzwerkschicht   Die dritte Schicht des OSI-Schichtenmodells. Diese Schicht ist zuständig für die Adressierung der Nachrichten und die Übersetzung logischer Namen und Adressen in physische Adressen. Auf dieser Schicht wird, ausgehend von Netzwerkbedingungen, Dienstprioritäten und anderen Faktoren, der Weg vom Quell- zum Zielcomputer festgelegt. Hier werden außerdem Datenverkehrsdetails behandelt, beispielsweise das Switchen, Weiterleiten und Steuern der Datenpakete bei einem Datenstau im Netzwerk. Siehe auch **OSI-Schichtenmodell**.

NIC   Siehe **Netzwerkkarte**.

Nicht-preemptives Multitasking   Eine Form des Multitasking, bei welcher der Prozessor von sich aus die Bearbeitung eines Tasks niemals unterbricht. Der Task entscheidet in diesem Fall, wann der Prozessor sich mit einem anderen Task beschäftigen kann. Für nicht-preemptives Multitasking geschriebene Programme müssen dafür sorgen, dass die Kontrolle über den Prozessor zeitweise abgegeben wird. Erst wenn das nichtpreemptive Programm die Kontrolle über den Prozessor aufgegeben hat, können die übrigen Programme weiter ausgeführt werden. Siehe auch **Multitasking**, **preemptives Mukltitasking**.

Novell NetWare   Eine der führenden Netzwerkarchitekturen.

Nur-Lese-Speicher (ROM) Ein Halbleiterspeicher, der Anweisungen oder Daten enthält, die gelesen, aber nicht bearbeitet werden können. Siehe auch **Arbeitsspeicher (RAM)**.

O

Objekt Ein fest definierter und benannter Satz Attribute, die eine Netzwerkressource repräsentieren. Als Objektattribute werden die Eigenschaften der Objekte im Verzeichnis bezeichnet. Zu den Attributen eines Benutzerkontos gehören zum Beispiel der Vor- und Nachname des Benutzers, die Abteilung und die E-Mail-Adresse.

ODI Siehe **Open Data-Link Interface (ODI)**.

Ohm Eine Maßeinheit für den elektrischen Widerstand. Ein Widerstand von einem Ohm leitet bei einer angelegten Spannung von einem Volt einen Strom in einer Stärke von einem Ampere. Eine 100-Watt-Glühbirne hat einen Widerstand von ungefähr 130 Ohm.

Open Data-Link Interface(ODI) Eine von Novell und Apple definierte Spezifikation, die die Entwicklung von Treibern erleichtert und Unterstützung für mehrere Protokolle auf einer einzigen Netzwerkkarte ermöglicht. Mithilfe von ODI, das in mancher Hinsicht Ähnlichkeiten mit NDIS aufweist, können Treiber ohne Rücksicht darauf geschrieben werden, welches Protokoll auf ihnen aufsetzt.

Open Shortest Path First (OSPF) Ein Routingprotokoll für IP-Netzwerke (z. B. das Internet), mit dessen Hilfe ein Router zum Senden von Nachrichten den jeweils kürzesten Weg zu jedem Knoten berechnen kann.

Organisationseinheit Ein Container, der zur Anordnung von Objekten in logische administrative Gruppen innerhalb von Domänen verwendet wird. Eine Organisationseinheit kann Objekte wie etwa Benutzerkonten, Gruppen, Computer, Drucker, Anwendungen oder freigegebene Dateien enthalten.

OSI Siehe **Open Systems Interface (OSI)**.

OSI-Schichtenmodell OSI steht als Abkürzung für *Open Systems Interface* und beschreibt eine aus sieben Schichten bestehende Architektur, welche die Dienstebenen und Typen der Interaktion für den Datenaustausch mit Computern über ein Netzwerk definiert. Mithilfe dieses Modells wird der Datenfluss von der physischen Verbindung mit dem Netzwerk bis zur Anwendung beschrieben. Das OSI-Schichtenmodell ist das am besten bekannte und am häufigsten verwendete Modell zur Beschreibung von Netzwerkumgebungen. Die folgende Aufzählung beschreibt die Anordnung der Schichten von der höchsten hinunter zur niedrigsten:

1. physische Schicht. Diese Schicht ist für die Verwaltung der Hardwareverbindungen zuständig.

2. Sicherungsschicht. Hier werden die Daten paketiert, adressiert und übertragen.

3. Netzwerkschicht. Diese Schicht ist für den Übermittlungsweg, die Nachrichtenbehandlung und die Übermittlung verantwortlich.

4. Transportschicht. Diese Schicht ist für die korrekte Datenübermittlung und die Qualität des Dienstes zuständig.

5. Kommunikationssteuerschicht. Diese Schicht behandelt die Einzelheiten, die zur Herstellung, Verwaltung und Koordination des Datenaustausches erforderlich sind.

6. Präsentationsschicht. Textkonvertierung und Interpretation von darstellungsbezogenen Codes.

7. Anwendungsschicht. Datenübertragung von Programm zu Programm.

OSPF Siehe **Open Shortest Path First (OSPF)**.

P

Packet Internet Groper (Ping) Dieses einfache Dienstprogramm überprüft, ob die Netzwerkverbindung zwischen einem Clientrechner und dem Server intakt ist. Das geschieht dadurch, dass ein Rechner eine Nachricht an einen Remoterechner sendet. Wenn die Nachricht beim Remoterechner eintrifft, reagiert dieser mit einer Antwortnachricht. Die Antwort enthält die Remoteadresse, die Anzahl der Bytes, die Zeit (in Millisekunden), die zur Antwort gebraucht wurde, und die Länge der Time to Live (TTL), d. h., die Angabe, wie lange die Daten gespeichert werden sollen. Ping arbeitet auf IP-Ebene und liefert auch dann Antworten, wenn die TCP-basierten Dienste dazu nicht mehr in der Lage sind.

Packet-Assembler/Disassembler (PAD) Ein Gerät, das große Datenabschnitte an der Quelle in kleine Pakete aufteilt und sie am Ziel wieder zusammensetzt. Diese Technologie wird hauptsächlich in X.25-Netzwerken eingesetzt.

PAD Siehe **Packet-Assembler/Disassembler (PAD)**.

Paketvermittlung Eine Datenübertragungstechnik, bei der kleine Dateneinheiten (Pakete) über die verschiedenen Stationen in einem Computernetzwerk auf einem optimalen Weg zwischen Quelle und Ziel weitergeleitet werden. Die Daten werden mithilfe der Packet-Assembler/Disassembler-Technik (PAD) in kleinere Einheiten aufgeteilt und wieder zur Ausgangseinheit zusammengesetzt. Obwohl jedes einzelne Paket auf einem anderen Weg übermittelt und die Pakete zu verschiedenen Zeiten oder in einer anderen Reihenfolge beim Ziel ankommen können, kann der empfangende Rechner sie wieder korrekt zusammensetzen. Paketvermittlungsnetzwerke arbeiten schnell und zuverlässig. Die Standards für die Paketvermittlung in Netzwerken sind in der CCITT-Empfehlung X.25 dokumentiert.

Parität In der Computertechnik bezieht sich dieser Begriff auf eine Fehlerüberprüfungsprozedur, bei der die Anzahl der Einsen für jede fehlerfrei übertragene Bitgruppe, je nach Festlegung, immer gerade oder ungerade sein muss. Mithilfe der Parität werden die übertragenen Daten innerhalb eines Rechnern oder die zwischen zwei Rechnern ausgetauschten Daten überprüft.

Partition Ein Bereich auf einer physischen Festplatte, der wie eine eigene physische Einheit behandelt wird.

PDA Siehe **Personal Digital Assistant (PDA)**.

PDL Siehe **Seitenbeschreibungssprache (PDL)**.

Peer-to-Peer-Netzwerk Ein Netzwerk ohne reservierte Server oder hierarchische Strukturen, in dem alle Computer gleichwertig sind. Alle Computer können sowohl als Server wie auch als Clients fungieren.

Peripheral Component Interconnect (PCI) Ein in den meisten Pentium- und Apple Power Macintosh-Rechnern eingesetztes lokales Bussystem, das die meisten der für Plug & Play erforderlichen Voraussetzungen erfüllt.

Peripheriegeräte Mit diesem Ausdruck werden die an einen Computer angeschlossenen Geräte, etwa Festplattenlaufwerke, Drucker, Modems, Mausgeräte und Joysticks bezeichnet, die über den Prozessor gesteuert werden.

Permanent Virtual Circuit (PVC) Eine permanente logische Verbindung zwischen zwei Knoten in einem Paketvermittlungsnetzwerk, die ähnlich funktioniert wie eine reservierte Verbindung. Im Gegensatz zu reservierten Verbindungen muss der Kunde aber nur für die Zeit bezahlen, in der die Verbindung tatsächlich genutzt wird. Dieser Verbindungsdienst gewinnt an Bedeutung, weil sowohl die Frame-Relay-Technik als auch ATM mit ihm arbeiten. Siehe auch **Paketvermittlung**, **virtuelle Verbindung**.

Personal Digital Assistant (PDA) Ein leichter Palmtop-Computer mit speziellem Funktionsumfang, der sowohl der persönlichen Organisation (Kalender, Notizen, Datenbank, Taschenrechner usw.) als auch der Kommunikation dient. Zur Kommunikation bedient sich der PDA einer drahtlosen Technologie, die häufig in das System integriert ist, auf die aber auch über Zusatzgeräte zugegriffen werden und mithilfe der PC Card-Technologie noch erweitert werden kann.

Petabyte Siehe **Byte**.

Phase Change Rewritable (PCR) Eine Technologie zur Aufzeichnung von Daten auf optischen Medien, bei der das Aufzeichnungsgerät von einem Hersteller (Matsushita/Panasonic) und das Medium von zwei Herstellern stammt (Panasonic und Plasmon).

physische Schicht Die erste (unterste) Schicht im OSI-Schichtenmodell. Diese Schicht ist zuständig für die Übertragung der Daten als unstrukturierter Bitstrom über ein physisches Medium (Netzwerkkabel). Die physische Schicht verbindet die elektrischen/optischen, mechanischen und funktionalen Schnittstellen mit dem Kabel und leitet die Signale weiter, mit denen die in den höheren OSI-Schichten erzeugten Daten übertragen werden. Siehe auch **OSI-Schichtenmodell**.

Ping Siehe **Packet Internet Groper (Ping)**.

Plug & Play (PnP) Die Fähigkeit eines Rechners zur automatischen Konfiguration eines neu aufgenommenen Geräts. Über PnP-Fähigkeiten verfügen auf dem NuBus basierende Macintosh-Rechner sowie PC-kompatible Computer, auf denen mindestens Windows 95 ausgeführt wird. Der Begriff bezieht sich auch auf die von Intel und Microsoft entwickelten Spezifikationen, mit deren Hilfe ein PC sich automatisch selbst konfigurieren kann, um mit Peripheriegeräten (z. B. Bildschirmen, Modems und Druckern) zu kommunizieren.

Point-to-Point-Konfiguration Reservierte Verbindungen, die auch als „private" oder „geleaste" Verbindungen bezeichnet werden. Diese Verbindungen sind heutzutage die am häufigsten eingesetzten WAN-Verbindungen. Der Träger garantiert Vollduplex-Bandbreite durch Einrichtung einer permanenten Verbindung an jedem Endpunkt, wobei für die Verbindung Bridges und Router genutzt werden. Siehe auch **Point-to-Point-Protokoll (PPP)**, **Point-to-Point-Tunneling-Protokoll**.

Point-to-Point-Protokoll (PPP) Ein Protokoll zur Übertragung von TCP/IP-Datenpaketen über Telefonverbindungen, beispielsweise zwischen einem Computer und dem Internet. PPP wurde im Jahr 1991 von der Internet Engineering Task Force entwickelt.

Point-to-Point-Tunneling-Protokoll (PPTP) Eine Erweiterung des Point-to-Point-Protokolls, das für die Kommunikation im Internet verwendet wird. Microsoft entwickelte PPTP zur Unterstützung von virtuellen privaten Netzwerken (VPNs), mit deren Hilfe sich das Internet als sicheres Kommunikationsmedium nutzen lässt. PPTP unterstützt die Kapselung von verschlüsselten Datenpaketen in sicheren Hüllfunktionen, die über eine TCP/IP-Verbindung übertragen werden können. Siehe auch **Virtuelles privates Netzwerk**.

Polymorpher Virus Eine Virusvariante, die ihren Namen der Tatsache verdankt, dass sie ihre Form bei jeder Replikation ändert. Dadurch wird die Entdeckung schwierig, weil keine Version wie die andere aussieht. Siehe auch **Dateivirus**.

Polyvinylchlorid (PVC) Das am häufigsten verwendete Ummantelungs- und Isoliermaterial für Kabel.

Präsentationsschicht Diese (sechste) Schicht des OSI-Schichtenmodells legt die Form fest, in der die Daten zwischen den in einem Netzwerk verbundenen Computern ausgetauscht werden. Auf dem sendenden Rechner werden in dieser Schicht die Daten aus dem Format, in dem sie aus der Anwendungsschicht heruntergeschickt wurden, in ein allgemein anerkanntes Zwischenformat übersetzt. Am empfangenden Ende übersetzt diese Schicht das Zwischenformat in ein Format, mit der die Anwendungsschicht etwas anfangen kann. In der Präsentationsschicht werden Dienste wie etwa die Datenverschlüsselung und Regeln für die Datenübermittlung zur Verfügung gestellt sowie Daten komprimiert, um die Anzahl der zu übertragenden Bits zu reduzieren. Siehe auch **OSI-Schichtenmodell**.

Preemptives Multitasking Eine spezielle Form des Multitasking, d. h., der Fähigkeit eines Computers, mehr als einen einzigen Task gleichzeitig zu bearbeiten. Beim preemptiven Multitasking kann das Betriebssystem die Kontrolle über den Prozessor übernehmen, ohne dass der Task dabei mitwirken müsste. Siehe auch **Nicht-preemptives Multitasking**.

Private Branch Exchange (PBX) oder Private Automated Branch Exchange (PABX) Eine automatische Telefonanlage, die es Benutzern ermöglicht, Anrufe innerhalb des Unternehmens zu tätigen, ohne das öffentliche Telefonnetz in Anspruch nehmen zu müssen.

Protokoll Ein System mit Regeln und Prozeduren zur Steuerung der Kommunikation zwischen zwei Geräten. Protokolle existieren in vielen Varianten, die nicht alle kompatibel sind. Aber sobald zwei Geräte mit dem gleichen Protokoll arbeiten, können Sie auch Daten austauschen. Protokolle können auch innerhalb anderer Protokolle eingesetzt werden und dadurch verschiedene Aspekte der Kommunikation steuern. Manche Protokolle wie etwa der RS-232-Standard definieren die Hardwareverbindungen. Andere Standards steuern die Datenübertragung, einschließlich der in der asynchronen Kommunikation (z. B. mit Modems) verwendeten Parameter und Handshake-Signale wie etwa XON/OFF, und Datencodierungsmethoden wie bit- oder byteorientierte Protokolle. Andere Protokolle, etwa das häufig eingesetzte Xmodem-Protokoll, steuern die Übertragung von Dateien, und wieder andere (beispielsweise CSMA/CD) definieren die Methode, nach der Nachrichten in einem LAN von Station zu Station geleitet werden. Protokolle sind die Lösung, mit deren Hilfe Computer unterschiedlicher Hersteller und Bauweise miteinander kommunizieren können.

Weitere Beispiele für Protokolle sind das OSI-Schichtenmodell, die SNA (System Network Architecture) von IBM und die Internetsuite, einschließlich TCP/IP.

Protokollstapel Mehrere Protokolle, die auf mehreren Schichten zusammenarbeiten, um die Kommunikation in einem Netzwerk zu ermöglichen.

Protokolltreiber Dieser Treiber ist dafür zuständig, anderen Schichten im Netzwerk vier oder fünf der Grunddienste zur Verfügung zu stellen, wobei er gleichzeitig die Details der tatsächlichen Implementierung dieser Dienste „versteckt". Zu diesen Diensten gehören die Sitzungsverwaltung, der Datagrammdienst, Aufteilung und Weiterleitung der Datenpakete, die Empfangsbestätigung und eventuell auch das Routing in einem WAN.

Proxyserver Eine Firewall-Komponente, die den Internetverkehr für ein lokales Netzwerk (LAN) verwaltet. Der Proxyserver entscheidet darüber, ob es sicher ist, eine bestimmte Nachricht oder Datei in das Netzwerk einer Organisation aufzunehmen. Er steuert den Zugriff auf das Netzwerk und kann Anforderungen filtern und ablehnen, einschließlich der Anforderungen für unberechtigte Zugriffe auf proprietäre Daten. Siehe auch **Firewall**.

Prozessor (CPU) CPU steht als Abkürzung für *Central Processing Unit*. Der Prozessor ist die Rechen- und Steuereinheit eines Computers, die die Befehle interpretiert und ausführt. Mikroprozessoren, bei denen alle Komponenten auf einem einzigen Chip zusammengefasst sind, machten den Bau von PCs erst möglich. Beispiele für Mikroprozessoren sind die Intel-Prozessoren der Typen 80286, 80386, 80486 und Pentium.

Puffer Ein reservierter Arbeitsspeicherbereich, in dem Daten so lange temporär gespeichert werden, bis sie von einem Speichergerät zu einem anderen Arbeitsspeicherbereich übertragen werden können.

PVC Siehe **Permanent Virtual Circuit (PVC)**.

R

RADIUS Diese Abkürzung steht für *Remote Authentication Dial-In User Service* (Dienstprotokoll für Remotebenutzerauthentifikation im Einwahlverfahren) und bezeichnet ein von Internetdienstanbietern häufig eingesetztes Authentifizierungsprotokoll. RADIUS stellt Authentifizierungs- und Kontoverwaltungsdienste für verteilte DFÜ-Netzwerke zur Verfügung.

RADIUS Siehe **Remote Authentication Dial-In User Service**.

RAID Siehe **Redundantes Festplattenarray**.

Rechnerbezogene Gesamtkosten Die mit dem Erwerb von Computerhardware und Software sowie der Weitergabe, Konfiguration und Verwaltung dieser Hardware und Software verbundenen Gesamtkosten. In diesen Gesamtkosten sind auch die Kosten für Aktualisierungen, Ausbildung, Verwaltung und für den technischen Support enthalten. Ein weiterer Kostenfaktor ist der durch Benutzerfehler, Hardwareprobleme, Softwareaktualisierungen und anschließende Ausbildungsmaßnahmen verursachte Produktivitätsverlust.

Rechte Die Berechtigungen, die einem Benutzer erlauben, bestimmte Aktionen in einem Computernetzwerk durchzuführen. Rechte gelten immer für das gesamte System, während Berechtigungen sich nur auf bestimmte Objekte beziehen.

Ein Benutzer könnte zum Beispiel über das Recht zur Sicherung eines ganzen Computersystems verfügen – einschließlich der Dateien, für die er keine Zugriffsberechtigung besitzt. Siehe auch **Zugriffsberechtigungen**.

Redirector Eine Netzwerksoftware, die Eingabe-/Ausgabeanforderungen für Remotedateien, benannte Pipes oder Mailslots annimmt und diese Anforderungen an einen Netzwerkdienst auf einem anderen Computer sendet (umleitet).

Reduced Instruction Set Computing (RISC) Dieser Begriff bezeichnet einen Prozessor mit reduziertem Befehlssatz. Es handelt sich dabei um ein Mikroprozessordesign, das sich auf die schnelle und effiziente Verarbeitung eines verhältnismäßig kleinen und einfachen Befehlssatzes konzentriert. Der RISC-Entwurf basiert auf der Prämisse, dass die meisten von einem Computer codierten und decodierten Befehle sehr einfach sind. Das Ergebnis ist ein Befehlssatz, der nur noch die Befehle enthält, die am häufigsten von Mikroprozessoren decodiert und ausgeführt werden. Diese Befehle sind in der RISC-Architektur allerdings derart optimiert, dass sie sehr schnell ausgeführt werden können – meist in einem einzigen Taktzyklus. RISC-Chips können somit einfache Befehle schneller ausführen als Allround-Mikroprozessoren, die einen umfassenderen, komplexerem Befehlssatz (CISC – Complex Instruction Set Computing) verarbeiten können. Langsamer sind die RISC-Mikroprozessoren allerdings in der Ausführung komplexer Befehle, die sie zuerst in zahlreiche Maschinenbefehle aufgliedern müssen.

Redundante Systeme Fehlertolerante Systeme, die Daten dadurch schützen, dass sie sie an anderer Stelle duplizieren. Redundante Daten können auch dann noch abgerufen werden, wenn ein Teil des Datensystems ausgefallen ist. Siehe auch **Fehlertoleranz**.

Redundantes Festplattenarray (RAID) Ein aus preiswerten Festplatten bestehendes Array. RAID ist ein Standardverfahren zur Datenspeicherung, bei dem die Daten zusammen mit Fehlerkorrekturcodes auf mindestens zwei Festplattenlaufwerken verteilt gespeichert werden, um Leistung und Zuverlässigkeit zu erhöhen. Bei RAID unterscheidet man fünf nach Geschwindigkeit, Zuverlässigkeit und Systemkosten klassifizierte Stufen.

Remotebenutzer Ein Benutzer, der sich von einem Remotestandort über ein Modem und eine Telefonleitung bei einem Server einwählt.

Remote-Boot-PROM (PROM = *Programmable Read-Only Memory*) Ein spezieller Chip auf der Netzwerkkarte mit fest definierten Code. Dieser nicht veränderbare Code startet den Rechner und verbindet den Benutzer mit dem Netzwerk. PROMs werden in Computern verwendet, die weder Festplatten- noch Diskettenlaufwerke besitzen. Siehe auch **Computer ohne Laufwerke**.

Remoteinstallation Bei diesem Vorgang wird zunächst eine Verbindung mit einem Server (RIS-Server) hergestellt, auf dem die Remoteinstallationsdienste (RIS = *Remote Installation Services*) ausgeführt werden, und danach eine automatisierte Installation von Windows 2000 Professional auf einem lokalen Rechner gestartet.

Requester (LAN Requester) Eine Software, die Anforderungen für Netzwerkdienste von den Anwendungsprogrammen eines Rechners an einen geeigneten Server weiterleitet. Siehe auch **Redirector**.

Ressourcen Die Teile eines Computersystems oder eines Netzwerks, die man einem Programm oder einem Prozess während der Ausführung zuteilen kann. In einem Netzwerk können Benutzer auf die freigegebenen Ressourcen (z. B. Festplatte, Drucker oder Speicher) zugreifen.

RISC Siehe **Reduced Instruction Set Computing (RISC)**.

ROM Siehe **Nur-Lese-Speicher (ROM)**.

Router Mithilfe dieses Geräts lassen sich Netzwerke unterschiedlicher Typen (z. B. mit unterschiedlichen Architekturen oder Protokollen) miteinander verbinden. Router arbeiten auf der Netzwerkschicht des OSI-Schichtenmodells. Das bedeutet: Sie können über den Austausch protokollspezifischer Daten zwischen den unterschiedlichen Netzwerken Datenpakete an individuelle Netzwerke vermitteln und weiterleiten. Router legen den besten Weg zur Übermittlung von Daten fest und filtern den Rundspruchdatenverkehr, um eine Nachricht an das jeweils richtige lokale Segment übermitteln zu können.

Routfähige Protokolle Protokolle, die die LAN-zu-LAN-Kommunikation auf unterschiedlichen Wegen unterstützen. Siehe auch **Protokoll**.

Routing Information Protocol (RIP) Ein Protokoll, das die Wege für die Datenübermittlung mithilfe die Entfernung berechnender Algorithmen festlegt.

Mit diesem Protokoll können Router Daten über andere Router übertragen lassen, um ihre internen Routingtabellen zu aktualisieren und anhand dieser Informationen die besten Wege mittels Zählung der Übertragungspunkte zwischen den Routern festlegen. TCP/IP und IPX unterstützen RIP.

RS-323-Standard Ein von der Electrical Industries Assiciation (EIA) übernommener Industriestandard für serielle Kommunikationsverbindungen. Dieser empfohlene Standard definiert die spezifischen Leitungen und Signaleigenschaften, die durch serielle Kommunikationscontroller verwendet werden, und bildet damit eine einheitliche Grundlage für die Übertragung serieller Daten zwischen unterschiedlichen Geräten.

Rückruf Dieses Windows 2000-Feature veranlasst den Remoteserver, die Verbindung abzubrechen und den Client, der versucht hat, auf den Server zuzugreifen, zurückzurufen. Auf diese Weise können die Telefonkosten des Clients reduziert und auf den Server verlagert werden. Das Rückruffeature kann auch als zusätzliche Sicherheitsmaßnahme eingesetzt werden, weil die Zugriffe damit serverseitig gesteuert werden können.

Rundspruch Eine Nachricht, die gleichzeitig an mehr als einen Empfänger gesendet wird. In der Netzwerkkommunikationstechnik bezeichnet dieser Ausdruck eine Nachricht, die an alle Stationen oder Rechner im Netzwerk verteilt wird.

S

SAP Siehe **Dienstzugriffspunkt, Service Advertising Protocol (SAP)**.

Schema Die Beschreibung einer Datenbank für ein Datenbank-Managementsystem (DBMS), in der der Inhalt und die Struktur von Active Directory-Verzeichnissen, einschließlich aller Attribute, Klassen und Klasseneigenschaften, definiert ist. Für jede Objektklasse definiert ein Schema, welche Attribute eine Instanz der Klasse haben muss, welche zusätzlichen Attribute sie haben kann, und welche Objektklasse die übergeordnete Klasse der aktuellen Objektklasse sein kann.

Schichtenanordnung Die Anordnung verschiedener Protokolle in einer speziellen Architektur, mit deren Hilfe die Protokolle zusammenarbeiten und die Daten aufbereiten, übertragen, empfangen und entsprechend reagieren können.

Schlüssel In der Datenbankverwaltung ein Bezeichner für einen Datensatz oder eine Gruppe von Datensätzen in einer Datendatei. Meistens ist der Schlüssel als Inhalt eines Feldes definiert, das in manchen Datenbankprogrammen Schlüsselfeld, in anderen Indexfeld genannt wird. Schlüssel werden in Tabellen verwaltet. Um den Abruf von Datensätzen zu beschleunigen, werden die Schlüssel indiziert. Als Schlüssel wird auch der zur Entschlüsselung von Daten verwendete Code bezeichnet.

Schnittstellen Die Punkte, über welche die verschiedenen Schichten miteinander kommunizieren. Im OSI-Schichtenmodell wird auf jeder Schicht ein Dienst oder eine Aktion zur Verfügung gestellt, welche die Daten für die Übertragung über ein Netzwerk zu einem anderen Computer aufbereiten.

SCSI Siehe **Small Computer System Interface (SCSI)**.

SDLC Siehe **Synchrone Datenübertragungssteuerung (SDLC)**.

Segment Mit diesem Begriff wird in der Netzwerktechnik ein Kabelabschnitt bezeichnet, der zwischen zwei Abschlusswiderständen liegt. Dieser Ausdruck wird außerdem im Zusammenhang mit Nachrichten verwendet, die von Protokolltreiber in kleine Einheiten (Segmente) aufgeteilt werden.

Seitenbeschreibungssprache Dieser Begriff wird auch als Abkürzung PDL (*Page Description Language*) verwendet. Mit dieser Sprache wird dem Drucker mitgeteilt, wie der Ausdruck aussehen soll. Mithilfe der PDL erzeugt der Drucker den Text und die Grafiken des geforderten Seitenbildes. Eine Seitenbeschreibungssprache gibt in einer Art Blaupause die Spezifikationen (etwa für Schriftarten und Schriftgrößen) heraus, überlässt aber die eigentliche Zeichenarbeit für Zeichen und Grafiken dem Ausgabegerät selbst.

Sektor Ein Teil des Datenspeicherbereichs auf einem Datenträger. Eine Diskette oder eine Festplatte ist in Seiten (Vorder- und Rückseite), Spuren (konzentrische Ringe auf jeder Oberfläche) und Sektoren (Abschnitte jedes Rings) unterteilt. Sektoren sind die kleinsten physischen Speichereinheiten auf dem Datenträger und haben normalerweise eine Größe von 512 Byte.

Sektorausgliederung Ein fehlertolerantes System, das auch unter dem Namen Hot Fixing bekannt ist. Das System erweitert ein Dateisystem automatisch um Funktionen zur Wiederherstellung von Sektoren. Falls während Schreib-/Leseoperationen fehlerhafte Sektoren gefunden werden, wird der fehlertolerante Treiber versuchen, die betreffenden Daten in einen fehlerfreien Sektor zu verschieben und den fehlerhaften Sektor für die weitere Benutzung zu sperren. Verläuft dieser Vorgang erfolgreich, erhält das Dateisystem keine Warnung. SCSI-Geräte können eine Sektorausgliederung durchführen, AT-Geräte (ESDI- und IDE-Geräte) jedoch nicht.

Sequenced Packet Exchange (SPX) Teil der IPX/SPX-Protokollsuite von Novell für die sequentielle Datenübermittlung. Siehe auch **Internetwork Packet Exchange/Sequenced Packet Exchange (IPX/SPX)**.

Serial Line Internet Protocol (SLIP) Gemäß der Definition von RFC 1055 ein Internetprotokoll, das in Ethernet-Netzwerken für die Datenübertragung über einen seriellen Anschluss (z. B. über einen mit einem Modem verbundenen RS-323-Anschluss) verwendet wird.

Serielle Übertragung Eine Datenübertragung, die nur in einer einzigen Richtung erfolgt. Die Daten werden dabei bitweise über ein Netzwerkkabel übertragen.

Server Message Block (SMB) Ein von Microsoft, Intel und IBM entwickeltes Protokoll, das eine Reihe von Befehlen definiert, mit deren Hilfe sich Daten von einem Netzwerkrechner zum anderen übergeben lassen. Der Redirector packt die SMB-Anforderungen in eine spezielle Struktur, die über das Netzwerk an ein Remotegerät gesendet werden kann. Der Netzwerkprovider überwacht die an dieses Gerät gerichteten Nachrichten und trennt den Datenabschnitt von der SMB-Anforderung. Danach kann die Anforderung vom lokalen Gerät bearbeitet werden.

Server Ein Computer, auf dem Benutzern freigegebene Ressourcen zur Verfügung gestellt werden.

Servernetzwerk Ein Netzwerk, in dem ein reservierter Server für die Ressourcensicherheit und andere Netzwerkfunktionen zuständig ist. Servernetzwerke sind der Standard bei Netzwerken mit mehr als zehn Benutzern. Siehe auch **Peer-to-Peer-Netzwerk**.

Service Access Point (SAP) siehe **Dienstzugriffspunkt**

Service Advertising Protocol (SAP) Ein Protokoll, das von einem Dienste anbietenden Knoten in einem Netzwerk verwendet wird (z. B. einem Datei- oder Anwendungsserver), um andere Knoten im Netzwerk auf die Zugriffsbereitschaft aufmerksam zu machen.

Shell In der Regel ein separates Programm, das als Softwareschnittstelle dem Benutzer die direkte Kommunikation mit dem Betriebssystem erlaubt. Die Shell hat normalerweise die Form einer Befehlszeilenschnittstelle. Beispiele für Shells sind der Macintosh Finder und das MS-DOS-Befehlszeilenprogramm *Command.com*.

Sicherheit Der Schutz eines Computersystems und der darauf gespeicherten Daten gegen Beschädigung oder Verlust. Ein Hauptaspekt der Computersicherheit betrifft die unberechtigte Nutzung von Systemen. Insbesondere gilt das für Systeme, auf die viele Personen Zugriff haben oder die über Kommunikationsleitungen erreichbar sind.

Sicherheitsprotokoll Ein Protokoll, in dem sicherheitsbezogene Ereignisse aufgezeichnet werden. Sicherheitsbezogene Ereignisse sind zum Beispiel gültige und ungültige Anmeldeversuche und Ereignisse im Zusammenhang mit dem Erstellen, Öffnen oder Löschen von Dateien oder anderen Objekten.

Sicherungsschicht Die zweite Schicht im OSI-Schichtenmodell. In dieser Schicht werden die von der physischen Schicht kommenden Rohdaten in Datenframes umgewandelt. Siehe auch **OSI-Schichtenmodell**.

Simple Mail Transfer Protocol (SMTP) Ein TCP/IP-Protokoll für die Übertragung von Nachrichten. Siehe auch **Anwendungsprotokoll**, **Transmission Control Protocol/Internet Protocol (TCP/IP)**.

Simple Network Management Protocol (SNMP) Ein TCP/IP-Protokoll zur Überwachung von Netzwerken. SNMP arbeitet nach dem System „Anforderung – Reaktion". In SNMP überwachen kleine Dienstprogramme – die so genannten Agenten – die Aktivitäten der verschiedenen Geräte des Netzwerks und sammeln dabei statistische Daten, die sie in ihrer Verwaltungsdatenbank ablegen.

Um die Daten in eine aussagekräftige Form zu bringen, fragt ein Programm der Management-Konsole die Agenten regelmäßig ab und lädt die in deren Verwaltungsdatenbanken abgelegten Daten herunter. Wenn bestimmte Daten die vom Manager festgelegten Parameter nicht erfüllen, kann das Management-Konsolenprogramm den Ort des Problems auf dem Monitor anzeigen und die Supportmitarbeiter dadurch benachrichtigen, dass es zum Beispiel automatisch eine bestimmte Pagernummer wählt.

Sitzung In der Datenübertragungstechnik bezeichnet dieser Ausdruck die Zeit, während der zwei Computer eine Verbindung unterhalten.

Sitzungsverwaltung Der Vorgang, mit dem Verbindungen zwischen Stationen in einem Netzwerk hergestellt, unterhalten und beendet werden.

Small Computer System Interface (SCSI) Die Abkürzung wird „Skuzzy" ausgesprochen. Es handelt sich dabei um eine genormte Hochgeschwindigkeits-Parallelschnittstelle, die durch das American National Standards Institute (ANSI) definiert wurde. Eine SCSI-Schnittstelle dient dem Anschluss peripherer Geräte wie Festplatten und Drucker an Mikrocomputer sowie der Verbindung zu anderen Computern und lokalen Netzwerken.

SMB Siehe **Server Message Block (SMB)**.

SMP Siehe **Symmetrische Parallelverarbeitung (SMP)**.

SMTP Siehe **Simple Mail Transfer Protocol (SMTP)**.

SNMP Siehe **Simple Network Management Protocol (SNMP)**.

Software Computerprogramme, die die Computerhardware zur Ausführung von Aktionen veranlassen. Software lässt sich in vier Kategorien aufteilen: Systemsoftware (Betriebssysteme) zur Steuerung der internen Abläufe in einem Computer; Anwendungen, die Aufgaben für den Benutzer eines Computers ausführen, z. B. Programme für Textverarbeitung, Tabellenkalkulation oder Datenbanken; Netzwerksoftware für die Kommunikation zwischen Computern; Entwicklungssoftware, die dem Programmierer die erforderlichen Werkzeuge zum Schreiben von Programmen an die Hand gibt.

SONET Siehe **Synchrones optisches Netzwerk (SONET)**.

Spanning Tree Algorithm (STA) Ein vom IEEE 802.1 Network Management Committee implementierter Algorithmus (d. h. eine mathematische Prozedur), mit dem sich redundante Routen eliminieren und Situationen vermeiden lassen, in denen mehrere lokale Netzwerke über mehr als einen Weg miteinander verbunden sind. Bei STA tauschen Brücken Steuerdaten aus, um redundante Routen herauszufinden. Die Brücken stellen fest, welches die effizienteste Route ist, verwenden diese und deaktivieren alle anderen. Alle deaktivierten Routen können wieder aktiviert werden, falls die zuerst ermittelte, effizienteste Route nicht mehr zur Verfügung steht.

Spooler Ein Prozess auf einem Server, bei dem Druckaufträge so lange auf einem Datenträger gespeichert werden, bis ein Drucker für die Bearbeitung zur Verfügung steht. Ein Spooler nimmt sämtliche Dokumente der Clients entgegen, speichert sie und sendet sie an den Drucker, sobald dieser bereit ist.

SPX Siehe **Sequenced Packet Exchange (SPX)**.

SQL Siehe **Strukturierte Abfragesprache (SQL)**.

STA Siehe **Spanning Tree Algorithm (STA)**.

Stealthvirus Dieser Virustyp versucht, sich der Entdeckung durch ein Virensuchprogramm zu entziehen. Er fängt den Suchbefehl eines Antivirusprogramms ab und gibt falsche Daten zurück, die anzeigen, dass kein Virus gefunden wurde.

Stripeset Eine Partition, für die mehrere Bereiche unformatierten freien Speicherplatzes zu einem großen logischen Laufwerk zusammengesetzt werden, wobei die Daten gleichzeitig auf allen Laufwerke gespeichert werden können. Unter Windows 2000 kann ein Stripeset zwei bis 32 physische Laufwerke umfassen. In einem Stripeset können unterschiedliche Laufwerkstypen, beispielsweise SCSI-, ESDI- und IDE-Laufwerke miteinander kombiniert werden.

Strukturierte Abfragesprache (SQL) Eine Standardsprache zur Erstellung, Aktualisierung und Abfrage von relationalen Datenbanksystemen.

Switched Multimegabit Data Services (SMDS) Ein Hochgeschwindigkeits-Datenvermittlungsdienst, der Geschwindigkeiten von bis zu 32 Mbps erlaubt.

Switched Value Circuit (SVC) Eine logische Verbindung zwischen Computern, die eine spezielle Route durch das Netzwerk verwendet. Bestimmte Netzwerkressourcen werden eigens für die Verbindung reserviert, und die Route wird so lange aufrechterhalten, bis die Verbindung beendet wird. Diese Verbindungen werden auch als Point-to-Multipoint-Verbindungen bezeichnet. Siehe auch **Virtuelle Verbindung**.

Symmetrische Parallelverarbeitung (SMP) Die Abkürzung SMP steht für *Symmetric Multiprocessing*. Bei dieser symmetrische Parallelverarbeitung wird bei Bedarf jeder verfügbare Prozessor verwendet. Dank dieser Lösung lassen sich die Systembelastung und die Anwendungsbedürfnisse gleichmäßig auf alle verfügbaren Prozessoren verteilen.

Synchrone Kommunikation Eine Kommunikationsform, die sich auf ein Zeitschema stützt, das zwischen zwei Geräten vereinbart wird, um Blöcke von Bits zusammenzufassen und sie in so genannten Frames zu übertragen. Mithilfe von Steuerzeichen wird die Übertragung eingeleitet und die Genauigkeit der Übertragung regelmäßig überprüft. Da die Bits in einer zeitlich gesteuerten Weise (d. h. synchronisiert) übertragen werden, sind Start- und Stoppbits nicht erforderlich. Die Übertragung wird am Ende angehalten; anschließend beginnt eine neue Übertragung. Es handelt sich dabei um eine Start/Stopp-Lösung, die effizienter als die asynchrone Übertragung ist. Falls ein Fehler auftritt, implementiert die synchrone Fehlerermittlung und -korrektur eine neue Übertragung. Da aber zur synchronen Datenübertragung fortschrittlichere Technologien und Geräte erforderlich sind, ist sie auch teurer als die asynchrone Datenübertragung.

Synchronous Data Link Control (SDLC) Das in Netzwerken, die der SNA (Systems Network Architecture) von IBM entsprechen, am häufigsten eingesetzte Datenübertragungsprotokoll. SDLC ist eine Kommunikationsrichtlinie, die das Format für die Datenübertragung definiert. Wie der Name schon andeutet, gilt SDLC für synchrone Datenübertragungen. SDLC ist außerdem ein bitorientiertes Protokoll, das die Daten in strukturierten Einheiten – den so genannten Frames – anordnet.

Synchronous Optical Network (SONET) Ein synchrones optisches Netzwerk. Dieser Ausdruck bezeichnet eine Technologie, die sich zur Übertragung mit Geschwindigkeiten von mehr als 1 Gbps auf Glasfaserkabel stützt. Die auf dieser Technologie basierenden Netzwerke können Sprach-, Computerdaten- und Videodaten übertragen. SONET wurde als Standard für die optische Datenübertragung von der Exchange Carriers Standards Assiciation (ECSA) für das ANSI entwickelt.

Systems Network Architecture (SNA) Ein von IBM entwickelter Netzwerkprotokollstandard für IBM- und IBM-kompatible Mainframerechner. Siehe auch **Protokoll**.

T

TCO Abkürzung von *Total Cost of Ownership*; siehe **Rechnerbezogene Gesamtkosten**

TCP Siehe **Transmission Control Protocol (TCP)**.

TCP/IP Siehe **Transmission Control Protocol/Internet Protocol (TCP/IP)**.

TDI Siehe **Transport Driver Interface (TDI)**.

TechNet Siehe **Microsoft Technical Information Network (TechNet)**.

Telnet Ein Protokoll, das einen Internetbenutzer befähigt, sich in gleicher Weise auf einem entfernten, an das Internet angeschlossenen Computer anzumelden und diesem Befehle zu übermitteln, wie bei einer direkten Verbindung mit einem textbasierenden Terminal.

Terabyte Siehe **Byte**.

Topologie Die Anordnung vom Computern, Kabeln und anderen Komponenten in einem Netzwerk. Topologie ist der Standardausdruck, mit dem die Grundstruktur eines Netzwerks von Netzwerkfachleuten beschrieben wird.

Tracert Ein Befehlszeilenprogramm, das alle Router-Schnittstellen anzeigt, die ein TCP/IP-Datenpaket auf seinem Weg zum Ziel passiert.

Transceiver Transceiver ist die Abkürzung für **Trans**mitter/**Re**ceiver (Sendeempfänger). Dieser Ausdruck bezeichnet ein Gerät, das einen Computer mit dem Netzwerk verbindet und Daten sowohl senden als auch empfangen kann. Er wandelt den parallelen Datenstrom des Computerbussystems in einen seriellen Datenstrom um, der in den Kabeln verwendet wird, die die Computer miteinander verbinden.

Transmission Control Protocol (TCP) Das Protokoll innerhalb von TCP/IP, das die Trennung von Daten in Pakete steuert. Siehe auch **Transmission Control Protocol/Internet Protocol (TCP/IP)**.

Transmission Control Protocol/Internet Protocol (TCP/IP) Eine Protokollsuite nach Industriestandard für die Kommunikation in heterogenen Umgebungen. TCP/IP stellt daneben ein routfähiges Unternehmensnetzwerkprotokoll zur Verfügung und erlaubt den Zugriff auf das Internet und dessen Ressourcen. TCP/IP ist eigentlich ein Protokoll der Transportschicht, besteht aber tatsächlich aus mehreren Protokollen in einem Stapel, der auf der Kommunikationssteuerschicht arbeitet. Die meisten Netzwerke unterstützen TCP/IP.

Transport Driver Interface (TDI) Eine Schnittstelle, die zwischen dem Dateisystemtreiber und den Transportprotokollen arbeitet und dadurch jedem TDI-fähigen Protokoll ermöglicht, mit den Dateisystemtreibern zu kommunizieren.

Transportprotokolle Protokolle, die Kommunikationssitzungen zwischen Computern ermöglichen und dafür sorgen, dass Daten zuverlässig zwischen Computern übertragen werden.

Transportschicht Die vierte Schicht des OSI-Schichtenmodells. Diese Schicht sorgt dafür, dass Nachrichten fehlerfrei, in der richtigen Reihenfolge und ohne Verluste oder Duplikate verschickt werden. Beim Sender werden in dieser Schicht die Nachrichten in Datenpakete aufgeteilt, um eine effiziente Übertragung im Netzwerk sicher zu stellen. Beim Empfänger werden die Nachrichten in dieser Schicht wieder zusammengesetzt, und an den sendenden Computer wird eine Empfangsbestätigung geschickt. Siehe auch **OSI-Schichtenmodell**.

Treiber Eine Softwarekomponente, mit deren Hilfe ein Computersystem mit einem Gerät kommuniziert. Ein Druckertreiber ist zum Beispiel ein Gerätetreiber, der Computerdaten in eine Form überträgt, die vom Zieldrucker verstanden werden kann. In den meisten Fällen manipuliert der Treiber auch die Hardware, um die Daten an das betreffende Gerät zu senden.

Trojanisches Pferd Ein Virus, der als legitimes Programm getarnt ist. Ein Trojanisches Pferd kann Dateien zerstören und physische Schäden an Festplatten verursachen.

U

UART Siehe **Universal Asynchronous Receiver Transmitter (UART)**.

Überwachung Ein Vorgang, bei dem die von Benutzerkonten ausgehenden Netzwerkaktivitäten aufgezeichnet werden. Die Überwachung ist ein Standardelement der Maßnahmen zur Netzwerksicherheit. Mit der Überwachung lassen sich Berichte darüber erstellen, welche Benutzer auf bestimmte Netzwerkressourcen zugegriffen haben oder einen Zugriff versucht haben. Mit ihrer Hilfe kann ein Administrator unberechtigte Netzwerkaktivitäten feststellen und Aktivitäten wie etwa Anmeldeversuche, Aufnahme oder Beenden von Verbindungen mit reservierten Ressourcen, Änderungen an Dateien und Verzeichnissen, Serverereignisse. Kennwort- und Anmeldeparameteränderungen protokollieren lassen.

Überwachungsrichtlinien Diese Richtlinien definieren die sicherheitsrelevanten Ereignisse, die von Windows 2000 im Sicherheitsprotokoll eines Rechners aufgezeichnet werden.

UDP Siehe **User Datagram Protocol**.

Uniform Resource Locator (URL) Eine Adresse für eine Ressource im Internet, auf der Hypertextlinks zu Dokumenten im World Wide Web zur Verfügung gestellt werden. Jede Ressource im Internet hat ihre eigene Adresse (URL), die angibt, auf welchen Server mit welcher Zugriffsmethode an welchem Standort zugegriffen werden muss. In der URL wird außerdem angegeben, welches Protokoll (z. B. FTP oder HTTP) verwendet werden soll.

Universal Asynchronous Receiver Transmitter (UART) (universeller asynchroner Sende- und Empfangsbaustein) Ein meist nur aus einem einzelnen integrierten Schaltkreis bestehendes Modul, das die erforderlichen Schaltungen für die asynchrone serielle Kommunikation sowohl zum Senden als auch zum Empfangen vereinigt. Zwei mit UART ausgestattete Rechner können über eine einfache Leitung miteinander kommunizieren. Der Betrieb der sendenden und der empfangenden Einheit wird nicht durch ein gemeinsames Taktsignal synchronisiert. Der Datenstrom selbst muss deshalb Informationen darüber enthalten, wo der Datenbereich beginnt und endet. Diese Informationen über Anfang und Ende des Datenbereichs werden in Form von Start- und Stoppbits im Datenstrom geliefert. Bei Modems für Personalcomputer stellt der UART den gebräuchlichsten Schaltkreistyp dar.

Universal Serial Bus (USB) Deutsch: universeller, serieller Bus. Ein serieller Bus mit einer Bandbreite von bis zu 12 Megabit pro Sekunde (Mbps) für den Anschluss von Peripheriegeräten an einen Mikrocomputer. Über den USB-Bus können an einem einzigen Anschluss bis zu 127 Geräte an das System angeschlossen werden. Dies wird durch Hintereinanderreihen der Geräte realisiert. USB ermöglicht den Wechsel und die Konfiguration von Geräten, ohne dass ein anschließender Neustart des Rechners erforderlich wäre.

Unterbrechungsfreie Stromversorgung (UPS = *Uninterruptible Power Supply*) Dieser Begriff bezeichnet ein Gerät, das zwischen einen Computer (oder ein anderes elektrisches Gerät) und eine Energiequelle (normalerweise eine Netzsteckdose) geschaltet wird, um Unterbrechungen der Stromversorgung durch einen Netzausfall zu überbrücken und meist auch den Computer gegen mögliche Schäden aufgrund von Spannungsspitzen oder Brownouts zu schützen. Die verschiedenen UPS-Modelle bieten ein unterschiedliches Schutzniveau. Alle UPS-Einheiten sind mit einer Batterie und einem Unterspannungssensor ausgerüstet. Stellt der Sensor einen Spannungsabfall fest, schaltet das Gerät auf Batteriebetrieb um, sodass dem Benutzer noch Zeit bleibt, seine Arbeit zu sichern und den Computer abzuschalten.

Die aufwändigeren Modelle verfügen heutzutage über weitere Merkmale, beispielsweise zur Filterung der Spannung, einen noch raffinierteren Schutz gegen Spannungsspitzen und einen seriellen Anschluss. Über diesen Anschluss kann ein UPS-fähiges Betriebssystem wie etwa Windows 2000 zusammen mit der unterbrechungsfreien Stromversorgung dafür sorgen, dass das System rechtzeitig heruntergefahren wird.

UPS Siehe **Unterbrechungsfreie Stromversorgung**.

URL Siehe **Uniform Resource Locator (URL)**.

USB Siehe **Universal Serial Bus (USB)**.

User Datagram Protocol (UDP) Ein verbindungsloses Protokoll, das die von einer Anwendung erzeugten Datennachrichten in einzelne Pakete für die Übertragung über IP umwandelt, deren ordnungsgemäße Zustellung jedoch nicht überprüft.

V

Vertrauensbeziehung Eine Verbindung zwischen Domänen, die eine domänenübergreifende Authentifizierung ermöglicht, bei der ein Benutzer nur ein einziges Konto in einer Domäne hat, aber auf das gesamte Netzwerk zugreifen kann. Die in einer vertrauenswürdigen Domäne definierten Benutzerkonten und globalen Gruppen können Rechte und Ressourcenberechtigungen für die vertrauende Domäne erhalten, auch wenn diese Konten in der Datenbank der vertrauende Domäne nicht vorhanden sind. Eine vertrauende Domäne anerkennt die Anmeldeauthentifizierung durch die vertrauenswürdige Domäne.

Verzeichnis Ein Speicherplatz für Informationen über Netzwerkressourcen sowie all die Dienste, über die diese Informationen abgerufen werden können. Die im Verzeichnis gespeicherten Ressourcen (z. B. Daten über Benutzer, Drucker, Server, Datenbanken, Gruppen, Computer und Sicherheitsrichtlinien) werden als Objekte bezeichnet. Das Verzeichnis ist ein Teil der Active Directory-Verzeichnisdienste.

Verzeichnisdienst Ein Netzwerkdienst, über den Benutzer und Anwendungen die Ressourcen in einem Netzwerk suchen und abrufen können.

Virtuelle Verbindung Eine Folge logischer Verbindungen zwischen einem sendenden und einem empfangenden Rechner. Diese Verbindung wird hergestellt, nachdem beide Rechner sich über die Kommunikationsparameter verständigt haben, welche die Verbindung herstellen und aufrecht erhalten, einschließlich der maximalen Nachrichtenlänge und des Pfades. Für die Zuverlässigkeit der Verbindung sorgen Kommunikationsparameter, die das Senden von Empfangsbestätigungen, eine Übertragungskontrolle und Fehlerüberprüfung veranlassen. Virtuelle Verbindungen können vorübergehend bis zum Ende einer Übertragung oder aber so lange bestehen, wie der Benutzer den Kommunikationskanal offen hält.

Virtueller Arbeitsspeicher Ein Speicherbereich auf einer oder mehreren Festplatten, der von Windows 2000 als Arbeitsspeicher genutzt wird. Dieser Bereich auf der Festplatte wird auch als Auslagerungsdatei bezeichnet. Der Vorteil eines virtuellen Arbeitsspeichers liegt darin, dass man mehr Anwendungen gleichzeitig ausführen kann, als es bei ausschließlicher Verwendung des physischen RAMs möglich wäre.

Virtuelles privates Netzwerk (VPN) Eine Gruppe von Computern innerhalb eines öffentlichen Netzwerks (z. B. des Internet), die sich untereinander mit einer Verschlüsselungstechnologie verständigen. Die Nachrichten können somit von Unbefugten nicht abgefangen werden. Durch diese Knoten wird in einem öffentlichen Netzwerk sozusagen ein Privatnetzwerk integriert.

Virus Ein Computerprogramm, das sich in anderen Programmen oder in den Startsektoren von Speichergeräten, beispielsweise Festplatten versteckt. Die Hauptaufgabe eines Virus besteht darin, sich selbst so oft wie möglich zu reproduzieren. Die zweite Aufgabe eines Virus besteht darin, die Arbeit eines Computers oder eines Programms zu stören.

Vollduplexübertragung Eine Form der Kommunikation, die gleichzeitig in beiden Richtungen erfolgt. Wird auch als Duplexübertragung bezeichnet. Siehe auch **Halbduplexübertragung**.

VPN Siehe **Virtuelles privates Netzwerk (VPN)**.

W

Website Dieser Begriff bezeichnet eine Gruppe zusammengehöriger HTML-Dokumente und die mit ihr verknüpften Dateien, Skripts und Datenbanken, die auf einem HTTP-Server im World Wide Web bereitgestellt werden.

Weitbereichsnetz (WAN) WAN steht als Abkürzung für *Wide Area Network*. Mit diesem Begriff wird ein Netzwerk bezeichnet, in dem die Computer über Telekommunikationsleitungen in geografisch voneinander getrennten Regionen verbunden sind.

Winipcfg Ein unter Windows 95 und Windows 98 zur Verfügung stehender Diagnosebefehl. Dieses GUI-Dienstprogramm weist zwar dieselbe Funktionalität wie der Befehl *ipconfig* auf, ist aber wegen der grafischen Benutzeroberfläche leichter zu bedienen. Siehe auch **Ipconfig**.

World Wide Web (WWW) Der Multimediadienst des Internet mit einem unüberschaubar großen Bestand an in HTML geschriebenen Hypertextdokumenten. Siehe auch **Hypertext Markup Language (HTML)**.

WORM Siehe **Write-Once Read Many (WORM)**.

Write-Once Read Many (WORM) (Deutsch: einmal schreiben, mehrmals lesen) Ein spezieller optischer Datenträger, der nur einmal beschrieben, aber unbegrenzt oft gelesen werden kann. Normalerweise handelt es sich dabei um eine optische Platte, auf deren Oberfläche die Daten mit einem Laser dauerhaft eingebrannt werden.

Z

Zone Ein Teil des Domänen-Namespace. Mithilfe von Zonen lässt sich der Domänen-Namespace in einzelne verwaltbare Abschnitte aufteilen.

Zugriffsberechtigungen Sie steuern in Windows 2000 den Zugriff auf freigegebene Ressourcen.

Zugriffskontrolleintrag (ACE) ACE ist die Abkürzung für *Access Control Entry*. Die Einträge in der Zugriffskontrollliste legen fest, welche Benutzer und Gruppen auf eine Ressource zugreifen können. Der Eintrag gibt außerdem an, auf welche Art und Weise ein Benutzer auf eine bestimmte Ressource zugreifen kann (z. B. Lesezugriff oder Vollzugriff). Wenn die Zugriffskontrollliste keinen entsprechenden Eintrag enthält, kann der Benutzer nicht auf die Ressource oder den Ordner auf einer NTFS-Partition zugreifen.

Zugriffskontrollliste (ACL) ACL ist die Abkürzung für *Access Control List*. Die Zugriffskontrollliste enthält alle Benutzerkonten und Gruppen, denen Zugriff auf die Datei oder den Ordner einer NTFS-Partition oder einem NTFS-Datenträger gewährt wurde. Die Einträge geben außerdem die Zugriffsart an. Damit ein Benutzer auf eine Ressource zugreifen kann, muss die ACL einen so genannten Zugriffskontrolleintrag für das Benutzerkonto oder die Gruppe enthalten, der der Benutzer angehört.

Index

A

ACL (Access Control List, Zugriffssteuerungsliste) 349
  Eintrag (ACE) 349
ACPI (Advanced Configuration and Power Interface)
  An- und Ausdocken während des Betriebs 644
  Austauschen von Laufwerken während des Betriebs 645
  dynamische Konfiguration von PC-Karten 644
Active Directory-Verzeichnisdienste 229 ff.
  definierte Namen 244 f.
  Definition 230
  Domain Name System (DNS) 231
  Domäne 236
  Gesamtstruktur 236 f.
  global eindeutige Kennung 245
  globaler Katalog 242 f.
  Grundlagen 241 ff.
  HTTP 232
  LDAP 232
  logische Struktur 234
  Namenskonventionen 244
  Namespace 243 f.
  Objekte 234
  offene Standards 231
  Organisationseinheiten 235
  relative definierte Namen 245
  Replikation 234 ff.
  Schema 241
  Skalierbarkeit 231
  Standardnamensformate 232
  Standort 237
  Struktur 234 ff.
  vereinfachte Verwaltung 230
Address Resolution Protocol (ARP) 173
Admin$ (Freigabename) 398
Administrative Ordner
  automatische Freigabe 398
  Freigabenamen 398
Administratoren (vordefinierte lokale Gruppe) 280
Administratorkonten 252
Adminwarnungen
  an Netzwerkbenutzer senden 545

Advanced Configuration and Power Interface (ACPI)
  An- und Ausdocken während des Betriebs 644
  Austauschen von Laufwerken während des Betriebs 645
  dynamische Konfiguration von PC-Karten 644
Advanced Power Management (APM)
  aktivieren 644, 646
Aktionsprotokoll 58
Aktivieren
  Hardwareprofile 88
  Überwachungsrichtlinien 439 f.
  Überwachungsrichtlinien für Drucker 440 f.
Aktualisieren
  ältere Windows-Versionen 623 ff.
  Datenträgerinformationen 161
  Festplatten 159
  Treiber 663 f.
  Windows 95- und Windows 98-Rechner 626 f.
  Windows NT 3.51- und Windows NT 4-Rechner 627 f.
Ändern
  Benutzerkontoeigenschaften 267 ff.
  Datenträgertyp 158
Ändern (Berechtigung) 347, 388
Änderungen der Attribute bestätigen (Dialogfeld) 464
Anfordern
  IP-Leases 726
Anmelden
  nur mit Strg+Alt+Entf 456
Anmeldung 574
  lokale 19
  Windows 2000 19
Anonymous-Anmeldung (vordefinierte Systemgruppe) 282
Antwortdateien 54, 56
  erstellen 596
Anzeigen
  Datenträgereigenschaften 160 f.
  Festplatteneigenschaften 160
  geöffnete Dateien 537
  Hardwareprofileigenschaften 89
  Konfigurationsdaten in den Systeminformationen 657 f.
  Protokolle 433
  Sicherheitsprotokoll 434 f.
  Sicherheitsprotokolle 441
  unsignierte Dateien 659

Index

APM (Advanced Power Management)
   aktivieren 644, 646
AppleTalk (Protokoll) 202
Arbeitsgruppen 14 ff.
   beitreten 35
   Sicherheitsdatenbank 14
Arbeitsspeicher
   konfigurieren 98 f.
   Virtual Memory Manager (VMM) 98
   virtueller Adressraum 99 f.
ARC-Pfade 584
Archivieren
   Protokolle 437
   Sicherungsbänder 731 f.
ARP (Address Resolution Protocol) 173, 182
ASCII-Zeichensatz 215
Assistent für den Installations-Manager 599, 601 ff., 605
Assistent für den Internetzugang 562 f.
Assistent für geplante Tasks 78 f.
   Erweiterte Eigenschaften 79
Assistent zum Erstellen von Datenträgern 154
Assistent zum Hinzufügen eines Standard-TCP/IP-Druckerports
   Druckername oder IP-Adresse (Option) 296
   Portname 296
Assistent zur Installation der Remoteinstallationsdienste 615
Assistenten
   Assistent für den Installations-Manager 599, 601 ff., 605
   Assistent für den Internetzugang 562 f.
   Assistent für geplante Tasks 78 f.
   Assistent zum Erstellen von Datenträgern 154
   Assistent zum Hinzufügen eines Standard-TCP/IP-Druckerports 296
   Assistent zur Installation der Remoteinstallationsdienste 615
   Hardware-Assistent 9, 113
   Mini-Setupassistent 607
   Netzlaufwerk verbinden 404 f.
   Netzwerkverbindungs-Assistent 556 f., 559 ff.
Asymmetric Multiprocessing 11
Aufzeichnen
   Ereignisse 422
Ausführen (Befehl) 404
Ausgehende Verbindungen
   DFÜ-Verbindungen 561
   DFÜ-Verbindungen konfigurieren 561, 563
   direkte Kabelverbindungen 561
   direkte Kabelverbindungen konfigurieren 563
   konfigurieren 561 ff.
   VPN-Verbindungen 561
   VPN-Verbindungen konfigurieren 563
Auslagerungsdateien
   beim Herunterfahren löschen (Option) 456
   erstellen 100 f.
   Größe ändern 109
   Größe festlegen 101, 103

Authentifizierte Benutzer (vordefinierte Systemgruppe) 282
Authentifizierungsmethoden
   Netzhautscanner 552
   Smartcards 552
   Tokenkarten 552
Authentifizierungsprotokolle
   Bandwidth Allocation Control Protocol (BACP) 554
   Bandwidth Allocation Protocol (BAP) 554
   Challenge Handshake Authentication Protocol (CHAP) 551
   Extensible Authentication Protocol (EAP) 551
   Internet Protocol Security (IPSec) 553
   Message Digest 5 Challenge Handshake Authentication Protocol (MD5-CHAP) 551
   Microsoft Challenge Handshake Authentication Protocol (MS-CHAP) 551
   Password Authentication Protocol (PAP) 551
   Remote Authentification Dial-in User Service (RADIUS) 552
   Shiva Password Authentication Protocol (SPAP) 551
Authentifizierungsprozess 21 f.
Automatische IP-Adressierung 179 f.
   deaktivieren 181
Automatisieren
   Installationen 596
Automatisierte Installationen erstellen 596
Autorenmodus 68

B

Bänder
   archivieren 731 f.
   rotieren 731 f.
   verwalten 731 f.
Bandlaufwerke 500
Bandwidth Allocation Control Protocol (BACP)
   aktivieren 554
   konfigurieren 554
   Mehrfachverbindungen 554
Bandwidth Allocation Protocol (BAP)
   aktivieren 554
   konfigurieren 554
   Mehrfachverbindungen 554
Basisdatenträger
   Definition 147
Befehle
   Ausführen 404
   Konvertieren 45
Benutzer
   Ressourcen gemeinsam nutzen 385 ff.
Benutzer (vordefinierte lokale Gruppe) 281
Benutzer oder Gruppen auswählen (Dialogfeld) 275
Benutzer, Computer oder Gruppen auswählen (Dialogfeld) 402
Benutzerfreundlichkeit 6

Benutzerinformationen
  eingeben 46
Benutzerkonten
  Administrator 252
  aus Gruppen entfernen 278
  Eigenschaften ändern 267 ff.
  Eigenschaften bearbeiten 267 ff.
  Eigenschaften festlegen 262
  einrichten 249 ff.
  erstellen 257 f., 260
  Gast 253
  in Gruppen einfügen 275 f., 278
  in Gruppen verwalten 272 f., 275 ff.
  Kennwortlänge festlegen 451 f.
  Kennwortrichtlinien entwickeln 255
  Kontosperrungsoptionen festlegen 453
  mehrere gleichzeitig in Gruppe einfügen 276
  Namenskonventionen entwickeln 254
  Profile festlegen 264
  Richtlinien konfigurieren 446 f., 449
  vordefinierte 252
Benutzermodus 68
  beschränkter Zugriff, Einzelfenster 68
  beschränkter Zugriff, mehrere Fenster 68
  Typen 68
Benutzernamen
  im Anmeldedialogfeld nicht anzeigen (Option) 457
  Windows-Anmeldung (Dialogfeld) 20
Benutzeroberfläche 6
Benutzerprofile
  Registrierung 129
  servergespeicherte 265
  verbindliche 265
Benutzersitzungen
  überwachen 543
Benutzervariablen
  anzeigen 105
Berechtigungen
  ändern 347, 388, 403
  auf FAT-Laufwerken 387, 389
  auf NTFS-Laufwerken 387, 389
  bei kopierten Dateien und Ordnern 372 ff.
  bei verschobenen Dateien und Ordnern 372 ff.
  beschränkte 367
  Besitzrechte übernehmen 377 ff.
  Dateiberechtigungen 347, 350 f.
  Datensicherung 498
  durch Verweigern überschreiben 350 f.
  effektive 349
  für freigegebene Ordner 387
  für freigegebene Ordner entfernen 411
  für freigegebene Ordner planen 393 ff., 409 f.
  für freigegebene Ordner zuweisen 402, 411
  gewähren 389
  Grundlagen 389
  Grundregeln zur Vergabe 353 f., 356
  kombinieren 406, 408 f.

Berechtigungen *(Fortsetzung)*
  kumulierte 349
  Lesen 346 f., 388
  Lesen & Ausführen 346 f.
  mehrfache 349
  Ordner kopieren 379 f.
  Ordner verschieben 379 f.
  Ordnerberechtigungen 346, 350 f.
  Ordnerinhalt auflisten 346
  planen 353 f., 356 ff., 367 ff.
  Problembehandlung 375 f.
  Richtlinien zur Vergabe 390
  Schreiben 346 f.
  Sonderberechtigungen 367 f.
  testen 415
  überschreiben 350
  vererben 351
  Vererbung verhindern 352, 356
  vergeben 356 ff.
  verwalten 377 ff.
  verweigern 350 f., 389
  Vollzugriff 347, 388
Berechtigungen (Dialogfeld) 402
Berechtigungen ändern (Sonderberechtigung) 367 f.
Berechtigungsvererbung 351
  verhindern 352, 356
Bereitstellen
  Datenträger 165 ff.
Besitzrechte
  Druckerverwaltung 329 ff.
Besitzrechte übernehmen (Sonderberechtigung) 367 f., 370
Betriebssystemauswahl 570
Betriebssystemeinstellungen
  konfigurieren 97 f., 100 f., 103, 105
Bildschirme
  Eigenschaften festlegen 90, 92 ff.
Boot-Wartezeit
  ändern 108 ff.
Boot.ini 569, 583 ff.
  bearbeiten 586
  Optionen 585
Bootprozess 567 ff.
Bootsect.dos 569 f.
Bootstrap-Protokoll 723

C

Challenge Handshake Authentication Protocol (CHAP) 551
Cipher (Dienstprogramm) 482, 485
  Optionen 485
Client für Microsoft-Netzwerke
  installieren 42
Clientcomputer 17
  einrichten 296 ff.
  Voraussetzungen für eine Remoteinstallation 619
Clone (Steuersatz) 572, 575, 577

770 Index

Computer auswählen (Befehl)
  Registrierungs-Editor 137
Computer sperren (Option)
  Windows-Sicherheit (Dialogfeld) 24
Computernamen
  zuweisen 41, 47
Computerverwaltung (Snap-In) 274
comsetup.log 59
ControlSet00x (Steuersatz) 575
Current (Steuersatz) 577
CurrentControlSet (Steuersatz) 575

D

Datei- und Druckerfreigabe für Microsoft-Netzwerke
  installieren 42
Dateiberechtigungen 347, 350 f.
Dateien
  dekomprimieren 469
  extrahieren 599
  für Offlinenutzung freigeben 638 f.
  komprimieren 462, 467
  überwachen 440
  unsignierte Dateien anzeigen 659
  verschlüsseln 484, 487
  Verschlüsselung aufheben 485, 489
  wiederherstellen 522 ff.
Dateisignaturverifizierung (Dienstprogramm) 661
Dateisysteme
  ändern 45
  auswählen 45
  FAT 31 f., 150
  FAT32 31 f., 150
  Festplatten konvertieren 151
  für Dual-Boot-Systeme 150
  NTFS 31, 150
Dateiverwaltung 11
Datenordner
  Freigabe planen 394 f.
Datensicherung 497 ff.
  Alle Dateien auf dem Computer sichern (Option) 507
  Ausgewählte Dateien, Laufwerke oder Netzwerkdaten
    sichern (Option) 507
  Bänder archivieren 731 f.
  Bänder rotieren 731 f.
  Bänder verwalten 731 f.
  Berechtigungen 498
  Dateien 506 f.
  Medieneinstellungen 507 f.
  Ordner 506 f.
  Planung 499 ff.
  Sicherungsziel 507 f.
  Vorbereitung 505 f.
  Voreinstellungen 525 f.
Datenträger
  bereitstellen 165 ff.
  defragmentieren 491 ff.

Datenträger *(Fortsetzung)*
  duplizieren 606, 608
  Eigenschaften 160 f.
  einfache 149
  einfache erstellen 153 f.
  erweitern 165 ff.
  Festplatten aufnehmen 157 f.
  Informationen aktualisieren 161
  Informationen neu einlesen 161
  Kapazität prüfen 467
  Partitionen 147
  Speicherorganisation von Basisfestplatten 159
  Speicherorganisation von dynamischen Festplatten 159
  Stripeset erstellen 156
  Stripesets 150
  Typ ändern 158
  Typen 147, 149
  übergreifende 150
  übergreifende erstellen 154 f.
  übergreifende erweitern 155
  verwalten 145 ff., 461 f., 464 ff., 477 ff., 489, 491 ff.
Datenträgerduplikation 606, 608
Datenträgerkontingente
  aktivieren 478
  Beschreibung 472
  deaktivieren 480
  Eigenschaften 472
  Einstellungen prüfen 480
  festlegen 474
  Grenzwert festlegen 473
  konfigurieren 478 f.
  Richtlinien 477
  Status prüfen 475
  überwachen 476
  Warnstufe festlegen 473
Datenträgertypen 149
  ändern 158
  Basisdatenträger 147
  dynamische Datenträger 148
Datenträgerverwaltung (Snap-In) 153 ff.
Datentypen
  Registrierung 131
Datenwiederherstellung 497 ff.
  Dateien 519 f.
  Ordner 519 f.
  Sicherungssätze 519 f.
  Vorbereitung 518 f.
  Voreinstellungen 525 f.
Datum- und Zeiteinstellungen 41, 48
Default (Steuersatz) 577
Definierte Namen
  Active Directory-Verzeichnisdienste 244 f.
Defragmentieren
  Festplatten 491 ff.
Defragmentierungsprogramm 11
  Fenster 491
  Optionen 492

Defragmentierungsprogramm *(Fortsetzung)*
   Richtlinien 493
   starten 491 f.
Dekomprimieren
   Dateien 469
   Ordner 469
Desktop
   Gebietsschemas konfigurieren 120 ff.
   konfigurieren 120 f.
   Spracheinstellungen konfigurieren 120 ff.
Detailfensterausschnitt 65
DFÜ-Verbindungen
   ausgehende konfigurieren 561, 563
   eingehende akzeptieren 556
   eingehende konfigurieren 556 f., 559 f.
DHCP-Dienst 723 ff.
   Clientvoraussetzungen 725
   Lease 726
   Leasephasen 726
   Servervoraussetzungen 725
Dialogfelder
   Änderungen der Attribute bestätigen 464
   Benutzer oder Gruppen auswählen 275
   Benutzer, Computer oder Gruppen auswählen 402
   Berechtigungen 402
   Eigenschaften von Energieoptionen 643
   Eigenschaften von Internetprotokoll (TCP/IP) 224
   Einstellungen für die Zwischenspeicherung 401, 638
   Erweiterte Attribute 463
   Geräte für eingehende Verbindungen 557
   Lokale Benutzer und Gruppen 279
   Netzwerk- und DFÜ-Verbindungen 224
   Netzwerkkomponenten 558
   Netzwerkprotokoll wählen 559
   Netzwerkverbindungstyp 556
   Neue Gruppe 274
   Ordneroptionen 636
   Synchronisationseinstellungen 641
   Windows-Anmeldung 19 ff.
   Windows-Sicherheit 23 f.
   Zugelassene Benutzer 557
Dialup (vordefinierte Systemgruppe) 282
Dienstprogramme
   Cipher 482, 485
   Dateisignaturverifizierung 661 f.
   Energieoptionen 643 ff.
   Microsoft Windows 2000 Readiness Analyzer 625
   Verzeichnisdienstclient 627
   Windows 2000 Systemvorbereitungsprogramm 606, 608
   Windows 2000-Remotestart-Diskettenerstellung 620
Differenziell (Sicherungstyp) 502
Direct Memory Access (DMA) 117
Direkte Kabelverbindungen
   ausgehende konfigurieren 563
Distributionsserver 50 f.
   erstellen 51 f.

DLC (Protokoll) 202
DMA (Direct Memory Access) 117
DNS (Domain Name System) 231
   Beschreibung 211 ff.
   Clients konfigurieren 224 ff.
   Namensauflösung 219
   Namenserver 216
   Zonen 215 f.
DNS-Clients
   Konfiguration vorbereiten 225
   konfigurieren 224 ff.
DNS-Datenbank 212
DNS-Dienst
   Namensauflösung 219
   verwenden 211, 224 ff.
DNS-Namenserver
   Forward-Lookup-Abfragen auflösen 219
   Namensauflösung 219
   Primärdatenbankdatei 216
   Reverse-Lookup-Abfragen auflösen 221
   Zonentransfers 217
   Zwischenspeicherung von Abfrageergebnissen 220
Dokumentdruck
   abbrechen 332 f., 337
   anhalten 332 f.
   neu starten 332 f.
   umleiten 327 f.
Dokumentverwaltung 318, 332 ff.
   Benachrichtigung 334 ff.
   Druckzeitpunkt 334 ff.
   Priorität 334 ff.
Domain Name Space
   Namenskonventionen 215
   Zonen 215 f.
Domain Name System (DNS)
   Beschreibung 211 ff.
   Clients konfigurieren 224 ff.
   Datenbank 212
   Namensauflösung 219
   Namenserver 216
   Vorteile 212
   Zonen 215 f.
Domänen 14 ff.
   Active Directory-Verzeichnisdienste 15
   beitreten 34
   Clientcomputer 17
   Hostnamen 214
   in-addr.arpa 222
   Mitgliedsserver 17
   Namenskonventionen 215
   Stammdomäne 212 f.
   Subdomänen 212, 214
   Top-Level-Domänen 212 f.
   Verzeichnisdatenbank 15
Domänenbenutzerkonten (Definition) 251
Domänencontroller 15

Domänennamen
    Hierarchiestruktur 212 ff.
    Richtlinien 215
    voll qualifizierte Domänennamen (FQDN) 214
Druckaufträge
    abbrechen 326 f.
    anhalten 326 f.
    fortsetzen 326 f.
Drucker
    Definition 287
    überwachen 440 f.
Drucker (Option)
    Druckerinstallations-Assistent 292
Druckeranschluss (Definition) 287
Druckerberechtigungen
    ändern 322 f.
    zuweisen 321 f.
Druckerinstallations-Assistent 8, 291 f., 304 ff.
    Drucker (Option) 292
    Einen neuen Anschluss erstellen (Option) 295
    Freigeben als (Option) 293
    Hersteller (Option) 292
    Kommentar (Option) 293
    Lokaler Drucker (Option) 292
    Standarddrucker (Option) 293
    Standort (Option) 293
    Typ (Option) 295
    Vorhandenen Anschluss verwenden (Option) 292
Druckername oder IP-Adresse
    Assistent zum Hinzufügen eines Standard-TCP/IP-Druckerports 296
Druckerpool 309
    anlegen 310 f.
Druckertreiber
    Definition 287
    herunterladen 307
Druckerverwaltung 318 ff., 326 ff.
    Besitzrechte 331
    Besitzrechte übernehmen 329 f.
    Dokumente umleiten 327 f.
    Papierformate 330
    Papierformate zuweisen 324 f.
    Trennseiten 326, 330 f.
    Trennseiten festlegen 325 f.
    Webbrowser 339 f.
Druckerzugriff 319 ff.
Druckmöglichkeiten 8
Druckserver (Definition) 287
Duplizieren
    Datenträger 606, 608
    Festplatten 606, 608
Dynamische Festplatten
    Definition 148
    Vorteile 148

E

EFS (Verschlüsselndes Dateisystem) 12
    128-Bit-Verschlüsselung 485
    56-Bit-Verschlüsselung 485
    Beschreibung 482
    Leistungsmerkmale 483
    Wiederherstellungsagenten 486 f.
Eigenschaften
    für Benutzerkonten festlegen 262
    von Benutzerprofilen festlegen 264
    von Bildschirmen festlegen 90, 92 ff.
    von Grafikkarten festlegen 91
    von Internetprotokoll (TCP/IP) (Dialogfeld) 224
    von Mehrfachbildschirmanzeigen festlegen 93
    von Netzwerkressourcen festlegen 533
    von Protokollen festlegen 437
Eigenständige Snap-Ins 66
Einen neuen Anschluss erstellen (Option)
    Druckerinstallations-Assistent 295
Einfache Datenträger erstellen 153 f.
Eingabehilfen konfigurieren 122, 124
    Anschlagverzögerung 123
    Anzeigeoptionen 123
    Darstellungsoptionen 123
    Einrastfunktion 123
    Mausoptionen 123
    Statusanzeige 123
Eingehende Verbindungen
    akzeptieren 556
    Benutzer angeben 557
    Geräte konfigurieren 557
    konfigurieren 556 f., 559 f.
    Netzwerkkomponenten auswählen 558
    Rückrufoptionen festlegen 558
    virtuelle private zulassen 557
Einlesen
    Datenträgerinformationen 161
Einrichten
    Benutzerkonten 249 ff., 257 f.
    Clientcomputer 296 ff.
    logischen Drucker 291
    lokale Benutzerkonten 260
    Netzwerkdrucker 285 ff., 294
Einstellen
    Auslagerungsdateigröße 101, 103, 109
    Benutzervariablen 105
    Größe der Registrierung 103
    Systemstartoptionen 105, 107 ff.
    Systemvariablen 104
    Umgebungsvariablen 104 f.
Einstellungen für die Zwischenspeicherung (Dialogfeld) 401, 638
Einträge
    Registrierung 131
Encrypting File System (EFS) 12
    128-Bit-Verschlüsselung 485

Encrypting File System (EFS) *(Fortsetzung)*
 56-Bit-Verschlüsselung 485
 Beschreibung 482
 Leistungsmerkmale 483
 Wiederherstellungsagenten 486 f.
Energieoptionen 10
 Dienstprogramm 643 ff.
 konfigurieren 643 ff.
 Ruhezustand 10
 Standby 10
Energieschemas
 konfigurieren 643, 645
Ereignisanzeige
 Aufgaben 433
 Protokolle anzeigen 433
 Sicherheitsprotokoll anzeigen 434 f.
Ereignisse
 aufzeichnen 422
 filtern 435 f.
 für Überwachung festlegen 425 ff.
 suchen 435 ff.
Ereignistypen
 Aufzählung 425 f.
Erneuern
 IP-Leases 728
Ersteller-Besitzer (vordefinierte Systemgruppe) 282
Erweitern
 Datenträger 165 ff.
 übergreifende Datenträger 155
Erweiterte Attribute (Dialogfeld) 463
Erweiterte Eigenschaften 79
Erweiterte Partitionen 149
Erweiterungs-Snap-Ins 66
Extensible Authentication Protocol (EAP) 551
 generische Tokenkarten 551
 Transport Level Security (TLS) 552
Extrahieren
 Dateien 599
 Windows 2000 Systemvorbereitungsprogramm 606, 608

F

Farbverwaltung
 ICM 2 8
FAT-Dateisystem 31
 Eigenschaften 32
 in NTFS ändern 45
FAT-Laufwerke
 Berechtigungen für freigegebene Ordner 387, 389
FAT32-Dateisystem 11, 31
 Eigenschaften 32
Faxgeräte
 Nachrichten senden 669
FDDI (Fiber Distributed Data Interface) 197
Fehlerbeseitigung
 Netzwerkdrucker 314 f., 319, 341 f.
 Wiederherstellungskonsole 588, 591

Fehlerprotokoll 58
Festlegen
 Benutzerprofile 264
 Eigenschaften für Benutzerkonten 262
 Ereignistypen für Überwachung 425 ff.
 Protokolleigenschaften 437
 Reaktionsgeschwindigkeit der Anwendung 98
 Überwachungsrichtlinien 424 f.
Festplatten
 aktualisieren 159
 auf Remoterechner verwalten 162
 aufnehmen 157 f.
 Basisfestplatte in dynamische ändern 158, 163 ff.
 Dateisystem auswählen 45
 Datenträgertypen 149
 defragmentieren 491 ff.
 duplizieren 606 ff.
 Eigenschaften 160
 herabstufen 159
 heraufstufen 159
 in Basisfestplatten umwandeln 159
 in dynamische umwandeln 159
 Kapazität prüfen 467
 mit anderem Dateisystem formatieren 151
 partitionieren 30, 45
 Partitionstypen 148 f.
 Speicherorganisation von Basisfestplatten 159
 Speicherorganisation von dynamischen Festplatten 159
 Typ ändern 163 ff.
 verwalten 461 ff., 477 ff., 489 ff.
Festplattenduplikation 606 ff.
Festplattenimages
 erstellen 608 f.
 kopieren 609
Festplattenkontingente
 aktivieren 478
 Beschreibung 472
 deaktivieren 480
 Eigenschaften 472
 Einstellungen prüfen 480
 festlegen 474
 Grenzwert festlegen 473
 konfigurieren 478 f.
 Richtlinien 477
 Status prüfen 475
 überwachen 476
 Warnstufe festlegen 473
Fiber Distributed Data Interface (FDDI) 197
File And Print Services For NetWare (FPNW) 194
Filtern
 Ereignisse 435 f.
Finger (TCP/IP-Dienstprogramm) 183
Formatieren
 Dateisysteme 150
Forward-Lookup-Abfragen
 auflösen 219
 Prozess 219

Index

FQDN (Fully Qualified Domain Name)
    Definition 214
Freigabeberechtigungen
    Ordnern zuweisen 538
Freigaben
    aufheben 540
    verwalten 538
Freigabenamen
    Administrative Ordner 398
    ändern 403
    entfernen 403
    Format 390
Freigeben
    administrative Ordner 398
    IP-Leases 728
    logischer Drucker 291 f., 309 f.
    Ordner 385, 387, 389 ff., 393, 395 ff., 402 ff., 406 f., 409 ff., 413 ff., 417 f., 538
    Ordner auf Remoterechnern 540
Freigeben als (Option)
    Druckerinstallations-Assistent 293
Freigegebene Datenordner
    Berechtigungen planen 394 f.
Freigegebene Ordner
    ändern 403
    Berechtigungen 387
    Berechtigungen ändern 403
    Berechtigungen entfernen 411
    Berechtigungen gewähren 389
    Berechtigungen planen 409 f.
    Berechtigungen testen 415
    Berechtigungen verweigern 389
    Berechtigungen zuweisen 402, 411
    Datenordner 394 f.
    erstellen 539
    Freigabe aufheben 403, 414
    Freigabe planen 393
    Freigabenamen 390
    Freigabenamen ändern 403
    Freigabenamen entfernen 403
    Grundlagen 387
    Grundlagen über Berechtigungen 389
    mehrfach freigeben 403
    NTFS-Berechtigungen zuweisen 414
    Offline-Zugriff 400
    Programmordner 393 f.
    Richtlinien für Berechtigungen 390
    Symbol 388
    überwachen 532
    Verbindung herstellen zu 404, 412 f.
    Verbindung trennen 414
    verwalten 536
    Zugriffsanzahl festlegen 533
Freigegebene Programmordner
    Berechtigungen planen 393 f.
FTP (TCP/IP-Dienstprogramm) 183

G

Gäste (vordefinierte lokale Gruppe) 281
Gastkonten 253
Gebietsschemas
    mehrere konfigurieren 122
Geöffnete Dateien
    anzeigen 537
    überwachen 534
Geräte
    im Geräte-Manager überprüfen 656 f.
    installieren 652, 668 ff.
    konfigurieren 652 ff.
    Probleme beheben 652 ff.
    verwalten 649, 651 f.
Geräte für eingehende Verbindungen (Dialogfeld) 557
Geräte-Manager
    Geräte konfigurieren 653
    Geräte überprüfen 656 f.
    Snap-In 651, 656 f., 663 f.
    starten 118
    Treiber für Multiprozessorsystem aktualisieren 663 f.
Gerätetreiber
    laden 571 f.
    Registrierung 129
Global eindeutige Kennung
    Active Directory-Verzeichnisdienste 245
Globaler Katalog
    Active Directory-Verzeichnisdienste 242 f.
Grafikkarten
    Eigenschaften festlegen 91
Gruppen
    Beschreibung 272
    erstellen 271
    lokale Gruppen definieren 274
    lokale Gruppen erstellen 272 f., 277 ff.
    lokale Gruppen löschen 275, 279
    lokale Gruppen verwalten 272 f., 275 ff.
    mehrere Benutzerkonten gleichzeitig einfügen 276
    Mitglieder entfernen 278
    Mitglieder hinzufügen 275 f., 278
    verwalten 271
    vordefinierte implementieren 280
    vordefinierte Systemgruppen 281 f.
Gültigkeitsdauer (TTL) 220

H

Hardware
    Installation überprüfen 113, 115
    installieren 112 f., 115
    konfigurieren 87 ff.
    mit Hardware-Assistenten installieren 113
    Profileigenschaften anzeigen 89

Hardware *(Fortsetzung)*
  Ressourcen zuweisen 118 f.
  Voraussetzungen 624
Hardware-Assistent 9, 113
Hardwareanforderungen 28
Hardwareerkennung 570
Hardwarekompatibilitätsliste (HCL) 29
Hardwareprofile
  aktivieren 88
  erstellen 87 f.
  Registrierung 130
Hardwareressourcen
  Direkter Speicherzugriff (DMA) 117
  E/A-Anschlüsse 116
  IRQs 116
  verfügbare ermitteln 117 f.
  zuweisen 118 f.
Hardwareunterstützung 5, 9
Hauptbenutzer (vordefinierte lokale Gruppe) 281
Herabstufen
  Festplatten 159
Heraufstufen
  Festplatten 159
Hersteller (Option)
  Druckerinstallations-Assistent 292
Herunterfahren
  nur für angemeldete Benutzer (Option) 455
  Windows-Anmeldung (Dialogfeld) 20
  Windows-Sicherheit (Dialogfeld) 24
Herunterladen
  Druckertreiber 307
Hierarchische Struktur
  Registrierung 130
Hinzufügen
  logischer Drucker 292
HKEY_CLASSES_ROOT (Registrierungsteilstruktur) 131 f.
HKEY_CURRENT_CONFIG (Registrierungsteilstruktur) 131 f.
HKEY_CURRENT_USER (Registrierungsteilstruktur) 131 f.
HKEY_LOCAL_MACHINE (Registrierungsteilstruktur) 131 ff.
HKEY_USERS (Registrierungsteilstruktur) 131 f.
Hostname (TCP/IP-Dienstprogramm) 182
Hostnamen 214

I

ICM 2 (Farbverwaltung) 8
Images
  kopieren 609
  von Festplatten erstellen 608 f.
in-addr.arpa (Domäne) 222
Inkrementell (Sicherungstyp) 502
Installation
  ältere Windows-Versionen mit Windows 2000
    aktualisieren 623 ff.
  Antwortdatei 54, 56

Installation *(Fortsetzung)*
  Antwortdateien erstellen 596
  automatisieren 596
  beenden 42
  Benutzerinformationen eingeben 46
  Checkliste 35
  Computernamen zuweisen 41, 47
  Dateisystem festlegen 31
  Datum- und Zeiteinstellungen 41, 48
  einer Arbeitsgruppe beitreten 35
  einer Domäne beitreten 34
  Festplattenpartitionen 30, 45
  Hardwareanforderungen 28
  Hardwarekompatibilitätsliste 29
  Hardwarevoraussetzungen 624
  Ländereinstellungen 41, 46
  Lizenzierung 32
  mithilfe des Systemvorbereitungsprogramms 610 ff.
  mithilfe von Datenträgerduplikaten 606, 608
  mithilfe von Masterimages 610 ff.
  Modemeinstellungen 41, 47
  Netzwerkdrucker 299 ff.
  Netzwerkkomponenten 42
  Optionen 53 f.
  Problemlösung 57 f.
  Remoteinstallationen 613 ff.
  Remoteinstallationsdienste 614 ff.
  Service Packs 630 f.
  Setup-Assistent 46
  Setup-Assistenten ausführen 40
  Setupprogramm 38, 44
  Setupprogramm ausführen 39
  Setupprotokolle 58
  Skripts erstellen 596
  Softwarekompatibilität 625
  unbeaufsichtigt 54, 56
  Verteilungsprogramme 598 f.
  von einem Remoterechner 613 ff.
  Vorbereitungen 28, 36
  Winnt.exe 53
  Winnt32.exe 53
Installations-Manager
  Aufgaben 597 f.
Installationsskripts erstellen 596
Installieren
  Geräte 652, 668 ff.
  Hardware 112 f., 115
  Hardware manuell 116 f., 119
  IrDA-Geräte 671
  Kameras 670
  mit Hardware-Assistent 113
  Modems 671
  nicht Plug&Play-fähige Hardware 112
  Plug&Play-Hardware 112
  Scanner 670
  USB-Geräte 671
  Windows 2000 Professional 27 ff., 34 f., 57 f.

Installieren *(Fortsetzung)*
  Windows 2000 Professional über Netzwerk 50 ff.
  Windows 2000 Professional von CD-ROM 38 ff., 42, 44 ff., 48 f.
  Zeigergeräte 670
Interaktiv (vordefinierte Systemgruppe) 282
Interne Netzwerknummer 198
Internet Control Message Protocol (ICMP) 173 f.
Internet Group Management Protocol (IGMP) 173 f.
Internet Protocol (IP) 173
Internet Protocol Security (IPSec) 553
  Windows 2000 IP-Sicherheitsrichtlinienverwaltung 553
Internetschicht 173
Interprocess Communication (IPC) 194
IP-Adressen 175 ff., 184
  automatische IP-Adressierung 179 f.
  automatische IP-Adressierung deaktivieren 181
  automatischer Bezug 177
  DHCP-Dienst 177
  doppelte 177, 184
  konfigurieren 175
  Namen zuordnen 219, 221
  statische 175
  zuweisen 726
IP-Leases
  anfordern 726
  erneuern und freigeben 728
Ipconfig (TCP/IP-Dienstprogramm) 182 ff.
IPP (Internet Printing Protocol) 8
IrDA-Geräte
  installieren 671

J

Jeder (vordefinierte Systemgruppe) 282

K

Kabelverbindungen
  ausgehende konfigurieren 563
Kameras
  installieren 670
Kennwort (Option)
  Windows-Anmeldung (Dialogfeld) 20
Kennwort ändern (Option)
  Windows-Sicherheit (Dialogfeld) 24
Kennwortrichtlinien
  für Benutzerkonten 255
  konfigurieren 446 f.
  Optionen 447
Kerberos 5 (Sicherheitsfunktion) 12
Kernel
  laden 571 f.
Kompatibilität 9
  Berichte erstellen 624

Komprimieren
  Dateien 462, 467
  Ordner 462, 467
  Richtlinien 466
Komprimierte Dateien
  Farbe der Anzeige ändern 464, 468
  kopieren 464, 469 f.
  verschieben 464, 469 f.
  Zugriff auf 462
Komprimierte Ordner
  Farbe der Anzeige ändern 464, 468
  kopieren 464, 469 f.
  verschieben 464, 469 f.
  Zugriff auf 462
Konfigurieren
  Anschlagverzögerung (Eingabehilfe) 123
  Anzeigeoptionen (Eingabehilfe) 123
  Arbeitsspeicher 98 f.
  Auswahl 571
  Betriebssystemeinstellungen 97 f., 100 f., 103, 105
  Bildschirmeigenschaften 90, 92 ff.
  Darstellungsoptionen (Eingabehilfe) 123
  Desktop 120 f.
  Einrastfunktion (Eingabehilfe) 123
  Faxgeräte 668 f.
  Gebietsschemas 120 ff.
  Geräte 652 ff.
  Hardware 87 ff.
  Hardwareprofile 87 f.
  Kennwortrichtlinien 446 f.
  Kontorichtlinien 446 f., 449
  Kontosperrungsrichtlinien 449 ff., 453
  Mausoptionen (Eingabehilfe) 123
  Mehrfachbildschirmanzeigen 93 f.
  minimale Kennwortlänge 451 f.
  Netzwerkdrucker 285 ff.
  Remoteinstallationsdienste 616 ff.
  Sicherheitseinstellungen 455 ff.
  Spracheinstellungen 120 ff.
  Sprachunterstützung 121
  Statusanzeige (Eingabehilfe) 123
  TCP/IP 724
  Treibersignaturoptionen 659 ff.
Konsole für Faxdienstverwaltung 669
Konsolen 64
  Autorenmodus 68
  benutzerdefinierte 70 f., 73 f.
  Benutzermodus 68
  erstellen 70 f.
  erweitern 74
  Konsolendatei 65
  Konsolenmodus 68
  Konsolenstamm 65
  Konsolenstruktur 65
  Remoteverwaltung 71
  Meldungen senden an 546
  speichern 68

Konsolen *(Fortsetzung)*
    Speicherort 73
    verteilen an Administratoren 68, 70
Kontingente
    aktivieren 478
    Datenträger kontingentieren 472
    deaktivieren 480
    Einstellungen prüfen 480
    Grenzwert festlegen 473 f.
    konfigurieren 478 f.
    Kontingenteinträge erstellen 476
    Richtlinien 477
    Status prüfen 475
    überwachen 476
    Warnstufe festlegen 473
Kontorichtlinien
    konfigurieren 446 f., 449
    Kontosperrungsrichtlinie konfigurieren 453
    Minimale Kennwortlänge konfigurieren 451 f.
Kontosperrungsrichtlinien
    konfigurieren 449 ff.
    Optionen 450
Kontrollkästchen
    aktivieren mit Tastatur xxviii
Konvertieren (Befehl) 45
Kopieren
    Dateien und Ordner 372 ff.
    Festplattenimages 609
    Images 609
    komprimierte Dateien 464, 469 f.
    komprimierte Ordner 464, 469 f.
Kopieren (Sicherungstyp) 502

L

Ländereinstellungen 41, 46
Laptops
    An- und Ausdocken während des Betriebs 644
    Austauschen von Laufwerken während des Betriebs 645
    dynamische Konfiguration von PC-Karten 644
    Energieoptionen konfigurieren 643 ff.
    für Offlinedateien konfigurieren 636 ff.
    Offlinedateien verwenden 636
    Windows 2000 konfigurieren 635 ff., 641 ff.
LastKnownGood (Steuersatz) 576 ff.
Laufwerke
    während des Betriebs austauschen 645
Layer 2-Tunnelprotokoll (L2TP)
    Unterschiede zu PPTP 553
Leasephasen (DHCP) 726
Leistungsindikatoren
    zum Systemmonitor hinzufügen 665 f.
Lesen & Ausführen (Berechtigung) 346 f.
Lesen (Berechtigung) 346 f., 388

Lizenzierung
    Arbeitsplatzlizenzierung 33
    Serverlizenzierung 33
    Zugriffslizenz für Clients (CAL) 32
Logische Drucker
    Definition 287
    einrichten 291
    freigeben 291 f., 309 f.
    hinzufügen 292
    Netzwerkdrucker 294 ff.
    Priorität 309, 312 f.
Logischer Aufbau
    Active Directory-Verzeichnisdienste 234
Lokale Anmeldung 19
Lokale Benutzer und Gruppen (Dialogfeld) 279
Lokale Benutzerkonten (Definition) 250
Lokale Gruppen
    definieren 274
    erstellen 272 f., 277 ff.
    löschen 275, 279
    mehrere Benutzerkonten gleichzeitig einfügen 276
    Mitglieder entfernen 278
    Mitglieder hinzufügen 275 f., 278
    verwalten 272 f., 275 ff.
    Vorbereitungen 273
Lokaler Drucker (Definition) 287
Lokaler Drucker (Option)
    Druckerinstallations-Assistent 292

M

MAC (Media-Access-Control) 173
Masterimages
    erstellen 607
MCP-Programm xxxviii
Media-Access-Control (MAC) 173
Medieneinstellungen
    Datensicherung 507 f.
Mehrfachbildschirmanzeigen
    AGP (Accelerated Graphics Port) 93
    Bildschirme konfigurieren 94
    Eigenschaften festlegen 93
    konfigurieren 93 f.
    PCI (Peripheral Component Interconnect) 93
    Problembehandlung 95
    und Laptops 93
Mehrfachverbindungen
    aktivieren 554
    Bandwidth Allocation Control Protocol (BACP) 554
    Bandwidth Allocation Protocol (BAP) 554
Message Digest 5 Challenge Handshake Authentication Protocol (MD5-CHAP) 551
Microsoft Certified Professional-Programm xxxviii
Microsoft Challenge Handshake Authentication Protocol (MS-CHAP) 551

Microsoft Management Console (MMC) 64
Microsoft Windows 2000
    für mobile Computer konfigurieren 635 ff., 641 ff.
Mini-Setupassistent 607
Mitgliedsserver 17
MMC (Microsoft Management Console) 64
mmdet.log 59
Mobile Benutzer 7
Mobile Computer
    Energieoptionen konfigurieren 643 ff.
    für Offlinedateien konfigurieren 636 ff.
    Offlinedateien verwenden 636
    Windows 2000 konfigurieren 635 ff., 641 ff.
Modems
    Einstellungen konfigurieren 41, 47
    installieren 671
MSC (Dateinamenserweiterung) 65

N

Namen
    IP-Adressen zuordnen 219
Namensauflösung 219
    Forward-Lookup-Abfragen 219
    Reverse-Lookup-Abfragen 221
    Zwischenspeicherung von Abfrageergebnissen 220
Namenskonventionen
    Active Directory-Verzeichnisdienste 244
    für Benutzerkonten 254
Namespace
    Active Directory-Verzeichnisdienste 243 f.
Nbtstat (TCP/IP-Dienstprogramm) 182
Net PCs (Spezifikation) 619
NetBEUI (Protokoll) 201
NetBIOS 175, 182, 194
NetBT 175
NetSetup.log 59
Netstat (TCP/IP-Dienstprogramm) 182
NetWare (Protokoll) 194
NetworkNumber (Registrierungseintrag) 198
Netzhautscanner 552
Netzlaufwerk verbinden (Assistent) 404 f.
Netzwerk (vordefinierte Systemgruppe) 282
Netzwerk- und DFÜ-Verbindungen (Dialogfeld) 224
Netzwerkanwendungsschnittstellen 175
    NetBIOS 175, 194
    NetBT 175
    Winsock 175, 194
Netzwerkbenutzer
    Adminwarnungen zusenden 545
    überwachen 543
    Verbindungen trennen 544
Netzwerkbindungen 171, 204, 206, 208
    kombinieren 205
    konfigurieren 205
    Reihenfolge festlegen 205

Netzwerkdateien
    mit Offlinedateien synchronisieren 639, 641
Netzwerkdrucker
    Anforderungen 288
    Definition 287
    einrichten 285 ff.
    Fehlerbehandlung 314 f., 319, 341 f.
    installieren 299 ff.
    konfigurieren 285 ff.
    logische Drucker 294 ff.
    Richtlinien 288 f.
    Verbindung herstellen 304 ff.
    verwalten 317 ff., 339 ff.
Netzwerke
    Distributionsserver 50 f.
    Distributionsserver erstellen 51 f.
    konfigurieren 49
    Remoteinstallationen durchführen 613 ff.
    Windows 2000 verteilen 595 ff.
Netzwerkkomponenten
    Client für Microsoft-Netzwerke 42
    Datei- und Druckerfreigabe für Microsoft-Netzwerke 42
    für Verbindungen auswählen 558
    installieren 42
    TCP/IP 42
Netzwerkkomponenten (Dialogfeld) 558
Netzwerkmonitortreiber 203
Netzwerknummern 197
    interne 198
Netzwerkprotokoll wählen (Dialogfeld) 559
Netzwerkressourcen
    Eigenschaften festlegen 533
    überwachen 530 f.
Netzwerkschnittstellenschicht 172
Netzwerkumgebung (Symbol) 405
Netzwerkverbindungs-Assistent 7, 556 f., 559 ff.
Netzwerkverbindungstyp (Dialogfeld) 556
Neue Gruppe (Dialogfeld) 274
Nicht Plug&Play-fähige Hardware
    installieren 112
    manuell installieren 116 f., 119
Normal (Sicherungstyp) 502
Ntbtlog.txt 581
Ntdetect.com 569, 571
NTFS-Berechtigungen
    Anwendungsregeln 406
    Dateiberechtigungen 347, 350 f.
    mit anderen Berechtigungen kombinieren 406, 408 f.
    Ordnerberechtigungen 346, 350 f.
    testen 415
    zuweisen 414
NTFS-Dateisystem 11, 31
    Eigenschaften 31
    Vorteile 150
NTFS-Komprimierung
    Beschreibung 462
    Richtlinien 466

NTFS-Laufwerke
　Berechtigungen für freigegebene Ordner 387, 389
　Datenträgerkontingente festlegen 472 f.
　defragmentieren 491 ff.
　EFS (Verschlüsselndes Dateisystem) 482
　Speicherung verwalten 461 f., 464 ff., 477 ff., 489, 491 ff.
Ntldr 569 ff.
Ntoskrnl.exe 569, 571
Nur Systemstatusdaten sichern (Datensicherungsoption) 507
NWLink (Protokoll) 194
　installieren 195
　konfigurieren 196

O

Objekte
　Active Directory-Verzeichnisdienste 234
Offene Standards
　Active Directory-Verzeichnisdienste 231
Offline-Zugriff
　auf freigegebene Ordner 400
Offlinedateien
　Computer konfigurieren für 636 ff.
　mit Netzwerkdateien synchronisieren 639, 641
　Synchronisationsverwaltung konfigurieren 640 f.
　verwenden 636
Offlineordner 7
　Computer konfigurieren für 636 ff.
　verwenden 636
Optimieren
　Systemleistung 97 f., 100, 102, 104
Optionen (Option)
　Windows-Anmeldung (Dialogfeld) 21
Optionsschaltflächen
　aktivieren mit Tastatur xxviii
Ordner
　administrative 398
　auf Remoterechnern freigeben 540
　dekomprimieren 469
　Freigabe planen 393, 409 f.
　Freigabeberechtigungen 538
　freigeben 397, 399, 411, 415, 538
　freigegebene verwalten 385 ff., 393 ff., 402 ff., 406 f., 409 ff., 413 ff., 417 f.
　für Offlinenutzung freigeben 638 f.
　komprimieren 462, 467
　mehrfach freigeben 403
　verborgene 398
　verschlüsseln 484, 487
　Verschlüsselung aufheben 485, 489
　verwalten 536
Ordnerberechtigungen 346, 350 f.
　durch Dateiberechtigungen überschreiben 350
Ordnerinhalt auflisten (Berechtigung) 346
Ordneroptionen (Dialogfeld) 636

Organisationseinheiten
　Active Directory-Verzeichnisdienste 235

P

Papierformate 324 f.
　zuweisen 324 f., 330
Partitionen
　aktive 149
　erweiterte 148 f.
　primäre 148 f.
　Systempartitionen 149
　Typen 148 f.
Password Authentication Protocol (PAP) 551
PC-Karten
　dynamische Konfiguration 644
Persönlich angepasstes Startmenü 6
Physischer Arbeitsspeicher 98 f.
Ping (TCP/IP-Dienstprogramm) 182, 184
PktType (Registrierungseintrag) 198
Planen
　Freigabe von Ordnern 393
　Überwachungsstrategien 422 f.
Plug & Play 9
　Hardware automatisch installieren 112
Point-to-Point-Tunnelprotokoll (PPTP) 551
Portname
　Assistent zum Hinzufügen eines Standard-TCP/IP-Druckerports 296
Primärdatenbankdatei
　für eine DNS-Zone 216
Primäre Partitionen 149
Print$ (Freigabename) 398
Prioritäten
　logischer Drucker 309, 312 f.
Problembehandlung 9
　Mehrfachbildschirmanzeigen 95
　mit Snap-Ins 64
Probleme
　abhängiger Dienst wird nicht gestartet 57
　bei Installation beseitigen 57 f.
　CD-ROM-Laufwerk nicht unterstützt 57
　Datenträgerfehler 57
　Festplattenspeicher ungenügend 57
　keine Verbindung zum Domänencontroller 58
　Windows 2000 startet nicht 58
　Windows 2000 wird nicht installiert 58
Programmordner
　Freigabe planen 393 f.
Protokolle
　Address Resolution Protocol (ARP) 173
　AppleTalk 202
　archivieren 437
　ARP 173
　Bandwidth Allocation Control Protocol (BACP) 554
　Bandwidth Allocation Protocol (BAP) 554

Protokolle *(Fortsetzung)*
  Bootstrap-Protokoll 723
  Challenge Handshake Authentication Protocol (CHAP) 551
  Definition 171
  DLC 202
  Eigenschaften festlegen 437
  Ereignisse filtern 435 f.
  Ereignisse suchen 435 f.
  Extensible Authentication Protocol (EAP) 551
  in der Ereignisanzeige darstellen 433
  Internet Control Message Protocol (ICMP) 173 f.
  Internet Group Management Protocol (IGMP) 173 f.
  Internet Protocol (IP) 173
  Internet Protocol Security (IPSec) 553
  Layer 2-Tunnelprotokoll (L2TP) 553
  Message Digest 5 Challenge Handshake Authentication Protocol (MD5-CHAP) 551
  Microsoft Challenge Handshake Authentication Protocol (MS-CHAP) 551
  NetBEUI 201
  NetWare 194
  NWLink 194
  Password Authentication Protocol (PAP) 551
  Point-to-Point-Tunnelprotokoll (PPTP) 551
  Remote Authentication Dial-in User Service (RADIUS) 552
  Shiva Password Authentication Protocol (SPAP) 551
  TCP/IP 171 f.
  Transmission Control Protocol (TCP) 174
  Typen 433
  User Datagram Protocol (UDP) 174
  verwalten 436 f.
  Windows 2000-Standardprotokolle 433
PXE-Start-ROMs 619

R

Rahmentypen 196
  802.2 197
  802.3 197
  802.5 197
  Ethernet II 197
  SNAP 197
  Sub Network Access Protocol 197
RCP (TCP/IP-Dienstprogramm) 183
Reaktionsgeschwindigkeit der Anwendung 98
Registrierung 127 ff.
  Benutzerprofile 129
  Datentyp 131
  Einträge 131
  Funktion 128
  Gerätetreiber 129
  Größe festlegen 103
  Hardwareprofile 130
  hierarchische Struktur 130
  NetworkNumber (Eintrag) 198

Registrierung *(Fortsetzung)*
  PktType (Eintrag) 198
  Registrierungs-Editor 136 ff.
  Schlüssel 131
  Setupprogramme 129
  Startprozess 572, 574 ff.
  Teilstrukturen 131 f.
  Windows Kernel 129
  Zweig 131
Registrierungs-Editor
  Computer auswählen (Befehl) 137
  Einträge bearbeiten 136 ff., 141
  Registrierung ändern 140
  Registrierungsinhalt anzeigen 138 f.
  Schlüssel speichern (Befehl) 137
  Schlüssel suchen 139 f.
  Schlüssel suchen (Befehl) 138
  starten 136
  Teilstruktur speichern 141 f.
  Teilstruktur speichern unter (Befehl) 137
  Wiederherstellen (Befehl) 137
REG_BINARY (Registrierungsdatentyp) 131
REG_DWORD (Registrierungsdatentyp) 131
REG_EXPAND_SZ (Registrierungsdatentyp) 131
REG_FULL_RESOURCE_DESCRIPTOR (Registrierungsdatentyp) 132
REG_MULTI_SZ (Registrierungsdatentyp) 132
REG_SZ (Registrierungsdatentyp) 131
Relative definierte Namen
  Active Directory-Verzeichnisdienste 245
Remote Authentification Dial-in User Service (RADIUS) 552
  RADIUS-Clients konfigurieren 552
  RADIUS-Server 552
  Windows 2000 Internet Authentication Services 552
Remote Copy Protocol (RCP) 183
Remote Execution 183
Remote Shell (RSH) 183
Remoteinstallation 613 ff.
  Clientvoraussetzungen 619
  Dienste installieren 614
  Dienste konfigurieren 616 ff.
  Net PC-Spezifikation 619
  Startdisketten erstellen 620 f.
Remotestartdisketten
  erstellen 621
Remoteverwaltung 71
Remotezugriff
  konfigurieren 549, 551 ff., 555 f., 558 ff.
Replikation
  Active Directory-Verzeichnisdienste 234 ff.
Replikations-Operator (vordefinierte lokale Gruppe) 281
Ressourcen
  gemeinsam nutzen 385 ff., 393 ff., 402 ff., 406 f., 409 ff., 413 ff.
Reverse-Lookup-Abfragen
  auflösen 221
REXEC (TCP/IP-Dienstprogramm) 183

RIS-Server 614
Rotieren
    Sicherungsbänder 731 f.
Route (TCP/IP-Dienstprogramm) 182
RSH (TCP/IP-Dienstprogramm) 183
Rückruf
    Optionen festlegen 558
Ruhezustand (Energieoption) 10
    aktivieren 643, 645

S

SAP (Service Advertising Protocol) 199
Scanner
    installieren 670
Schema
    Active Directory-Verzeichnisdienste 241
Schichten-Modell *Siehe* Vier-Schichten-Networkingmodell
Schlüssel
    öffentliche 482, 484 ff.
    private 482, 484 ff.
    Registrierung 131
Schlüssel speichern (Befehl)
    Registrierungs-Editor 137
Schlüssel suchen (Befehl)
    Registrierungs-Editor 138
Schnittstellen
    für Netzwerkanwendungen 175
Schreiben (Berechtigung) 346 f.
Senden
    Adminwarnungen 545
    Faxnachrichten 669
    Konsolenmeldungen 546
Servergespeicherte Benutzerprofile 265
Service Advertising Protocol (SAP) 199
Service Packs
    installieren 630 f.
    Slipstreaming 630
    verteilen 630 f.
Setup-Assistent 46
    ausführen 40
Setupact.log 58
setupapi.log 59
Setuperr.log 58
Setupprogramm 38, 44
    ausführen 39
    beenden 42
    Registrierung 129
    verlassen 44
    Winnt.exe 53
    Winnt32.exe 53
Setupprotokolle
    comsetup.log 59
    mmdet.log 59
    NetSetup.log 59
    Setupact.log 58

Setupprotokolle *(Fortsetzung)*
    setupapi.log 59
    Setuperr.log 58
Shiva Password Authentication Protocol (SPAP) 551
Sicherheitsdatenbanken
    Arbeitsgruppen 14
    lokale 250
Sicherheitsfunktionen 12
Sicherheitsoptionen 12
    Anmelden nur mit Strg+Alt+Entf 456
    Auslagerungsdatei beim Herunterfahren löschen 456
    Benutzernamen im Anmeldedialogfeld nicht anzeigen 457
    Computer herunterfahren, ohne angemeldet zu sein 455
    Einstellungen konfigurieren 458 f.
    konfigurieren 455 ff.
Sicherheitsprotokolle
    anzeigen 434 f., 441
    archivieren 437
    Datei- und Ordnerzugriffe überwachen 428 ff.
    Definition 420
    Drucker überwachen 430 f.
    Eigenschaften festlegen 437
    Ereignisanzeige 433
    Ereignisse aufzeichnen 422 f.
    Ereignisse filtern 435 f.
    Ereignisse suchen 435 f.
    Ereignistypen 425 ff.
    in der Ereignisanzeige überprüfen 421
    Überwachungsrichtlinien festlegen 424
    verwalten 436 f., 441
Sicherung
    Bänder archivieren 731 f.
    Bänder rotieren 731 f.
    Bänder verwalten 731 f.
Sicherungs-Assistent 498, 512
Sicherungs-Operatoren (vordefinierte lokale Gruppe) 280
Sicherungsaufträge 497 ff.
    ausführen 512 ff.
    Definition 498
    planen 510 f.
    Taskplaner 511
Sicherungseinstellungen
    erweiterte 510
Sicherungsmedien
    Bandlaufwerke 500
    Dateien 500
Sicherungsprogramm 11
Sicherungstypen 501 f.
    differenziell 502
    inkrementell 502
    kombinieren 503
    kopieren 502
    normal 502
    täglich 502
Signaturen
    Optionen konfigurieren 659 ff.
    überprüfen 660 ff.

Index

Skalierbarkeit 4
    Active Directory-Verzeichnisdienste 231
    Definition 663
Skripts
    Antwortdateien erstellen 596
    für automatisierte Installationen 596
    für unbeaufsichtigte Installationen 599 ff., 605
Slipstreaming 630
Smartcards 12, 552
SNA-Server 194, 199
Snap-Ins 64, 66
    Computerverwaltung 257, 274
    Datenträgerverwaltung 153 ff.
    eigenständige 66
    entfernen 68
    Erweiterung entfernen 75
    Erweiterungen 66
    Geräte-Manager 651, 656 f., 663 f.
    Hierarchie 65
    hinzufügen 68
    Problembehandlung 64
    Remoteverwaltung 71
    Systeminformationen 654 ff.
Software-Assistent 8
Sonderberechtigungen
    Berechtigungen ändern 367 f.
    Besitzrechte übernehmen 367 f., 370
    festlegen 369
    vergeben 367 ff.
Speicherkapazität
    prüfen 467
Speicherung
    verwalten 461 f., 464 ff., 477 ff., 489, 491 ff.
Sprachunterstützung
    konfigurieren 121
SQL-Server 194, 199
Stammdomäne 212 f.
Standarddrucker (Option)
    Druckerinstallations-Assistent 293
Standardgateways 177, 184
Standardnamensformate
    Active Directory-Verzeichnisdienste 232
Standby (Energieoption) 10
Standorte
    Active Directory-Verzeichnisdienste 237
    Option des Druckerinstallations-Assistenten 293
    Replikation 237
Startdisketten
    erstellen 620 f.
    für Remoteinstallationen erstellen 620 f.
Startmenü
    persönlich angepasstes 6
Startoptionen
    ändern 105, 107 f.
    Boot-Wartezeit ändern 108 ff.
    erweiterte 580 ff.
    festlegen 105, 107 f.

Startoptionen *(Fortsetzung)*
    Systemfehler 106, 108
    Systemstart 106
Startprozess 567 ff., 581 ff., 588, 590 ff.
Steuersätze (Systemstart) 575 ff.
Stripesetdatenträger
    erstellen 156
Struktur
    Active Directory-Verzeichnisdienste 234 ff.
Subdomänen 212, 214
Subnetzmasken 176, 184
Symmetric Multiprocessing 10
Synchronisationseinstellungen (Dialogfeld) 641
Synchronisationsverwaltung 7
    konfigurieren 640 f.
Synchronisieren
    Offlinedateien mit Netzwerkdateien 639, 641
Systeminformationen (Snap-In) 654 ff.
    Konfigurationsdaten anzeigen 657 f.
Systemleistung optimieren 97 f., 100, 102, 104
Systemmonitor
    Leistungsindikatoren hinzufügen 665 f.
    Systemleistung überwachen 664 ff.
    zu überwachende Objekte 664 f.
Systemstart 567 ff., 581 ff., 588, 590 ff.
Systemvariablen
    anzeigen 104

T

Täglich (Sicherungstyp) 502
Task-Manager (Option)
    Windows-Sicherheit (Dialogfeld) 24
Taskplaner 6, 78 f.
    Assistent für geplante Tasks 78 f.
    Erweiterte Eigenschaften 79
    Sicherungsaufträge 511
TCP/IP 172
    Dateiübertragung 182
    installieren 42, 185 ff., 189, 191 f.
    Konfiguration testen 183
    konfigurieren 185 ff., 189, 191 f., 724
    Problembehandlung 182
    Tests 182 f.
TCP/IP-Dienstprogramme 181
    ARP 182
    Dateiübertragung 182
    Finger 183
    FTP 183
    Hostname 182
    Ipconfig 182 ff.
    Konfiguration testen 183
    Nbtstat 182
    Netstat 182
    Ping 182, 184
    Problembehandlung 182
    RCP 183

TCP/IP-Dienstprogramme *(Fortsetzung)*
  Remote Copy Protocol 183
  Remote Execution 183
  Remote Shell 183
  REXEC 183
  Route 182
  RSH 183
  Telnet 183
  Tests 182
  TFTP 183
  Tracert 182
TCP/IP-Netzwerke
  Clients konfigurieren 224 ff.
  DNS-Dienst verwenden 211, 224 ff.
Teilstruktur speichern unter (Befehl)
  Registrierungs-Editor 137
Teilstrukturen
  Registrierung 131 f.
Telnet (TCP/IP-Dienstprogramm) 183
TFTP (TCP/IP-Dienstprogramm) 183
Token Ring 197
Top-Level-Domänen 212 f.
Tracert (TCP/IP-Dienstprogramm) 182
Transmission Control Protocol (TCP) 174
Transport Level Security (TLS) 552
Transportschicht 174
Treiber
  für Multiprozessorsystem aktualisieren 663 f.
  Signaturen überprüfen 660 ff.
  Signaturoptionen konfigurieren 659 ff.
  verwalten 649, 651 f.
Trennseiten
  für Druckaufträge festlegen 325 f., 330 f.
Trivial File Transfer Protocol (TFTP) 183
TTL (Gültigkeitsdauer) 220
Tunnelprotokolle
  Layer 2-Tunnelprotokoll (L2TP) 553
  Point-to-Point-Tunnelprotokoll (PPTP) 551
Typ (Option)
  Druckerinstallations-Assistent 295

U

Übergreifende Datenträger erstellen 154 f.
Überprüfen
  Treibersignaturen 660 ff.
  von Geräten im Geräte-Manager 656 f.
Überwachen
  Benutzersitzungen 543
  Definition 420
  Datei- und Ordnerzugriffe 428 ff.
  Dateien 440
  Drucker 440 f.
  Druckerzugriffe 430 f.
  freigegebene Ordner 532
  geöffnete Dateien 534
  Netzwerkbenutzer 543

Überwachen *(Fortsetzung)*
  Netzwerkressourcen 530 f.
  Sicherheitsprotokolle 420
  Systemleistung mit dem Systemmonitor 664 ff.
Überwachungsrichtlinien
  aktivieren 439 f.
  Aufgaben 422
  Datei- und Ordnerzugriffe 428 ff.
  definieren 438
  Definition 420
  Drucker überwachen 430 f.
  entwickeln 438
  Ereignistyen festlegen 425 ff.
  festlegen 424 f.
  für Drucker einrichten 440 f.
  Strategien planen 422 f.
  Voraussetzungen 424
Umgebungsvariablen
  anzeigen 104 f.
  Prioritäten 105
Umwandeln
  Basisfestplatten in dynamische Festplatten 159
  dynamische Festplatten in Basisfestplatten 159
  Status von Festplatten 163 ff.
Unbeaufsichtigte Installationen 599 ff., 605
UNICODE-Zeichensatz 215
Urlader 570
USB-Geräte
  installieren 671
User Datagram Protocol (UDP) 174

V

Verbindliche Benutzerprofile 265
Verbindungen
  ausgehende konfigurieren 561 ff.
  Benutzer angeben 557
  eingehende akzeptieren 556
  eingehende konfigurieren 556 f., 559 f.
  Mehrfachverbindungen 554
  Mehrfachverbindungen aktivieren 554
  Netzwerkkomponenten auswählen 558
  Rückrufoptionen festlegen 558
  virtuelle private zulassen 557
  von Netzwerkbenutzern trennen 544
  zu freigegebenen Ordnern herstellen 404, 412 f.
  zu freigegebenen Ordnern trennen 414
  zu geöffneten Dateien trennen 536
  zu Netzwerkdruckern 304 ff.
Vereinfachte Verwaltung
  Active Directory-Verzeichnisdienste 230
Verschieben
  Dateien innerhalb eines NTFS-Datenträgers 373
  Dateien und Ordner 372 ff., 373
  komprimierte Dateien 464, 469 f.
  komprimierte Ordner 464, 469 f.
  Objekte zwischen NTFS-Datenträgern verschieben 374

Verschlüsseln
    Dateien 484, 487
    Ordner 484, 487
    Verschlüsselung aufheben 485, 489
Verschlüsselndes Dateisystem (EFS) 12
    128-Bit-Verschlüsselung 485
    56-Bit-Verschlüsselung 485
    Beschreibung 482
    Leistungsmerkmale 483
    Wiederherstellungsagenten 486 f.
Verteilen
    Service Packs 630 f.
    Windows 2000 595 ff.
Verteilungsprogramme installieren 598 f.
Verwalten
    Datenträger 145 ff.
    Festplatten auf Remoterechnern 162
    Freigaben 538
    freigegebene Ordner 385 ff., 393 ff., 402 ff., 409 ff.,
        413 ff., 417 f., 536
    Geräte 649, 651 f.
    Netzwerkdrucker 317 ff., 339 ff.
    Ordner 536
    Protokolle 436 f.
    Sicherheitsprotokolle 441
    Treiber 651 ff.
Verwaltungstools 66
Verzeichnisdienste 4
    Clients 627
Vier-Schichten-Networkingmodell 172, 193
    Internetschicht 173
    MAC 173
    Media-Access-Control 173
    Netzwerkschnittstellenschicht 172
    Transportschicht 174
Virtual Memory Manager (VMM) 98
Virtuelle private (VPN-) Verbindungen
    ausgehende konfigurieren 563
    zulassen 557
Virtueller Adressraum
    Arbeitsspeicher 98 f.
VMM (Virtual Memory Manager) 98
Vollzugriff (Berechtigung) 68, 347, 388
Vordefinierte Benutzerkonten (Definition) 252
Vordefinierte Gruppen
    implementieren 280
    Recht zur Ausführung von Systemaufgaben 280
    Systemgruppen 281 f.
Vordefinierte lokale Gruppen
    Administratoren 280
    Benutzer 281
    Gäste 281
    Hauptbenutzer 281
    Replikations-Operator 281
    Sicherungs-Operatoren 280

Vordefinierte Systemgruppen
    Anonymous-Anmeldung 282
    Authentifizierte Benutzer 282
    Dialup 282
    Ersteller-Besitzer 282
    Interaktiv 282
    Jeder 282
    Netzwerk 282
Vorhandenen Anschluss verwenden (Option)
    Druckerinstallations-Assistent 292
Vorkenntnisse
VPN (Virtuelles privates Netzwerk) 7
    ausgehende Verbindungen konfigurieren 563
    Verbindungen zulassen 557

W

WDM (Win32 Driver Model) 9
Webbrowser
    Druckerverbindung 306 f.
    für Druckerverwaltung einsetzen 339 f.
Wiederherstellen
    Dateien 522 ff.
    erweiterte Optionen 520 f.
    Daten 497 ff.
Wiederherstellen (Befehl)
    Registrierungs-Editor 137
Wiederherstellungsagenten
    Dateien entschlüsseln 487
    einsetzen 486 f.
Wiederherstellungskonsole 588, 590
    Befehle 589
    installieren 588
    starten 588
Windows 2000 Internet Authentication Services 552
Windows 2000 IP-Sicherheitsrichtlinienverwaltung 553
Windows 2000 Professional 2
    Hardwareanforderungen 28
    Hardwarekompatibilitätsliste 29
    Installation beenden 42
    installieren 27 ff., 34 f., 57 f.
    Netzwerkkomponenten installieren 42
    Setup-Assistent 46
    Setup-Assistenten ausführen 40
    Setupprogramm 38, 44
    Setupprogramm ausführen 39
    über Netzwerk installieren 50 ff.
    von CD-ROM installieren 38 ff., 42, 44 ff., 48 f.
Windows 2000-Plattform
    Advanced Server 3
    Anmeldung 19
    Arbeitsgruppen 14 ff.
    Authentifizierungsprozess 21 f.
    Datacenter Server 3
    Domänen 14 ff.
    Einführung 1 ff.
    Hardwareunterstützung 5

Windows 2000-Plattform *(Fortsetzung)*
   Server 3
   Skalierbarkeit 4
   Überblick 2 ff.
   Verzeichnisdienste 4
   verteilen 595 ff.
Windows 2000-Standardprotokolle
   Protokolltypen 433
Windows Installer (Dienst) 9
Windows-Anmeldung (Dialogfeld) 19 ff.
Windows-Sicherheit (Dialogfeld) 23 f.
Winlogon.exe 574
Winnt.exe 53
   Option a 54
   Option e 54
   Option r 54
   Option rx 54
   Option s 54
   Option t 54
   Option u 54
   Option udf 54
Winnt32.exe 53
   Option checkupgradeonly 55
   Option cmd 55
   Option cmdcons 55
   Option copydir 55
   Option copysource 55
   Option debug 55
   Option m 55
   Option makelocalsource 55
   Option noreboot 55
   Option s 56
   Option tempdrive 56
   Option udf 56
   Option unattend 56
Winsock 172, 175, 194

Z

Zeigergeräte
   installieren 670
Zeitplan
   Sicherungsaufträge 510 f.
Zonen
   DNS-Namenserver 216
   im Domain Name Space 215 f.
   im Domain Name System 215 f.
   Primärdatenbankdatei 216
   Transfers 217
Zugelassene Benutzer (Dialogfeld) 557
Zugriffe
   auf Drucker überwachen 430 f.
   überwachen 428 ff.
Zugriffslizenz für Clients (CAL) 33
Zugriffsrechte
   ändern 388, 403
   für freigegebene Ordner 387
   für freigegebene Ordner entfernen 411
   für freigegebene Ordner planen 393 ff., 409 f.
   für freigegebene Ordner zuweisen 402, 411
   gewähren 389
   Grundlagen 389
   kombinieren 406, 408 f.
   Lesen 388
   Richtlinien zur Vergabe 390
   testen 415
   verweigern 389
   Vollzugriff 388
Zugriffssteuerungslisten 349
   ACL-Eintrag (ACE) 349
Zuweisen
   Freigabeberechtigungen 538
   Hardwareressourcen 118 f.
   IP-Adressen 726